协同创新视域中的工程法学研究

绿色、工程、文化与法治研究系列成果

山东建筑大学特色名校建设工程成果

刘国涛
马凤玲
隋卫东
等 著

法律出版社 LAW PRESS · CHINA

本书编写委员会

主　编：刘国涛

副主编：马凤玲　隋卫东

编　委（按姓氏笔画排序）：

马　聪　王　萍　王淑华　王翠敏
左　敏　田　媛　边广生　巩克菊
曲洪祎　朱宝丽　刘晓宏　孙　灿
孙　凯　孙慧琳　李彦凤　李媛媛
纪　燕　吴小帅　张　晓　张　鹏
张文雅　张希华　周　浩　郑昭佩
房　涛　赵　静　赵凤梅　赵维燕
郭　宁　高衍超　曹　枫　曹鸿雁
崔玉珍　梁　飞　董蕾红

前言:协同创新,开展工程法学研究正当其时

近年来,本人一直在思索一些问题,例如,在工科见长的院校,如何将法学和工程学结合起来,如何更好地在教学、科研中发挥工程法学的作用等。

困惑之际,工程哲学起到了指路明灯的作用,引领我关注和热爱上了工程法学。我校的绿色建筑特色、优势,进一步促使我更好地将教学、科研方向定在“绿色工程法学”。

我积极参加工程哲学会议,拜识工程哲学名家。我还有意识地参加工程哲学家鼎力支持的工程社会学会议、工程史学会议、工程方法论会议以及工程法学会议、工程司法鉴定会议、古建筑保护会议、建设美丽中国论坛、生态恢复会议、城市矿山和循环经济会议、环境资源能源法学会议等相关会议。拜读工程哲学、工程伦理学、工程社会学、工程管理学、工程经济学、工程法学等与工程有关的学科研究成果。工程哲学、伦理学等相关学科名家亲临山东建筑大学进行学术指导。通过这一系列工作和学习,拓展了我们的视野,寻找到并坚定了我们搞好“工程法学”的信心。

山东建筑大学有“绿色建筑技术及其理论”博士人才培养项目,获批山东省首批全国首个绿色建筑协同创新中心、山东省土木结构防灾减灾协同创新中心等,国家文物局批准我校设立了国家乡土文化遗产保护研究重点科研基地等。我校法学院在“入主流、倡交叉、重应用、创特色”的办学方针指导下,长期积累、不懈努力,在与环保和建筑有关的工程法学研究方面取得了较为优秀的成绩,与最高人民法院应用法学研究所环境司法研究中心共同建设了“工程建设与生态法治理论及实务研究基地”,经学校批准建立了“山东建筑大学工程法学研究中心”等,牵头成立了济南市法学会工程法学研究会,正在牵头山东省工程法学研究会的筹备工作,形成了围绕“绿色建筑”有特色、有重点、多层次、多角度的“绿色、工程、文化与法治”协同创新研究平台。本书在一定程度上反映了这一研究基础、研究思路,是协同创新的阶段性结果。此外,学校相继给研究生开设了工程哲学、工程伦理学课程,工程法学有关课程更是我校法学专业的特色,也是我们法学院给兄弟学院开设课时最多的课程。这也进一步促使我们的工程法学研究中心将研究重心凝练为“工程哲学、伦理与法治(侧重工程法治理论)”“绿色工程法学(侧重工程法治实践)”。

国内外有关工程法学(相关内容或称营造法学、建设法学、建设工程法学、建筑法规等)研究成果,相对集中于“建设工程领域”。一些优秀研究成果主要围绕工

程营建与政府规制中的法律展开，主要涉及工程合同、工程领域劳动法律关系、工程领域环境与可持续发展、工程职业伦理、企业资质和人员资格管理、政府采购、工程招投标、工程风险管理与保险，工程争议解决等方面。英美法系国家在长期的历史发展中形成了较为丰富的工程法案例，其研究更多是从案件出发，较少注重概念的抽象概括和理论探讨。大陆法系国家对工程法学的研究更多是从概念的界定及法律体系的构建展开，但是基本上都是以一章的内容对“工程”“工程法(或建设法等类似概念)”等做一个“总论”式介绍，然后则重点分章介绍有关工程合同、工程担保与风险、工程争议解决与司法鉴定、工程领域犯罪与责任等类似“分论”的内容。概括地看，工程法学发展迅速，优秀、实用成果日益增多。但是，有关研究成果多局限于建设工程领域，“重法律、轻法学”，即重视工程法律实用知识的研究与梳理，工程法学发展可以说是刚刚起步。而这恰恰表明工程法学发展前景广阔，大有可为。

工程法领域研究“重法律、轻法学”的现状正在发生改变。2013 年 12 月 28 日，东南大学牵头成立了江苏省工程法学研究会；2015 年 12 月 26 日，在济南市法学会的领导下，在兄弟单位的支持下，我校牵头成立了济南市法学会工程法学研究会；2017 年 11 月 26 日，长沙理工大学牵头成立了湖南省工程法学研究会；还有一些建设工程法研究会、公路法学研究会、交通法学研究会等更为专门性的研究会在活动。我校已经得到了山东省法学会的同意，正在积极牵头筹备成立山东省工程法学研究会。这充分表明工程法学方兴未艾。

近十多年来，工程哲学迅猛发展，围绕“工程”而兴起的工程伦理学、工程社会学、工程史学、工程经济学、工程管理学、工程文化学、工程美学等，均为工程法学(而非工程法律)学科的形成和深入发展提供了有力佐证和丰富的理论营养。

风物长宜放眼量。当前，已经有一些优秀的工程法学研究成果面世。相信本书也将和这些研究成果一样，成为工程法学初创时期的重要标志性成果。

与已有工程法学研究成果有所不同，本书力图从以下几个方面开展一点探讨：(1)借鉴工程哲学关于科学、技术、工程“三元论”的理论成果，将工程法学中的工程扩展到“造物”层面。(2)对工程法学“总论”内容做出拓展。(3)从“摸清家底、拓展视野”的角度出发，选择了一些人文社科学科和理工科学科，做了学科知识梳理及其与工程法学关系的研究，以期寻找更多的“协同创新伙伴”，为当前和今后工程法学的研究与发展提供“协同创新视域”。协同创新思维是当今创新理论的核心理念之一，其本质就是打破部门、领域等界限，构建创新网络，实现创新要素最大限度的整合，是一个最终实现“共振”和推陈出新的过程，是中国大学提升创新能力和水平的重要路径。

鉴于以上研究思路，本书主要从以下四个方面进行研究：(1)我们力图从工程哲学入手，以工程哲学为引导，加厚工程法学的哲学理论基础。(2)模仿环境法学，我们构建了一个工程法学的扼要框架。(3)“工程”相关学科的蓬勃发展，注定了工程法学一定具有较强的学科交叉性和较多的边缘知识、理论，这就需要有“协同创新视域”。因而我们选择了与工程密切相关的典型人文社会科学学科，介绍了该学科的基本知识和理论，探讨了其与工程法学的关系。(4)我们选择了部分理工科学科，介绍了该学科的基本知识理论，探讨了其与工程法学的关系。鉴于有的学科属性具有交叉性以及与工程法学关系密切程度不同，故在目录中只是将大致内容相近的章相邻排列，没有明确设置各部分划分的标志，请专家、读者谅解。

2014年开始构思、组织本书的撰写，从“十年磨一剑”的角度来看，时间不算长。但是，对我这么一位对“工程”知之较少、知之较晚的人来讲，对工程法学(而非工程法律)的构思和填充，却是一个“艰难并快乐”的漫长过程。相关学科学者看来一个非常简单的概念、理论，于我却可能是一个值得惊喜的发现。这个过程应当是一个无止境的漫长过程，需要“活到老，学到老”的精神。毫无疑问，本书也注定是一个“阶段性成果”。本书是四年多心血的结晶，但又因其“新兴”和本人的知识浅薄，而显得不成熟，或者说得好听一些是具有“探索性”。可是，我相信，本书中的哲学、人文社会科学合作者们撰写的有关章节，将有利于工程法学更具时代精神和人文精神；理工科的合作者们撰写的各章节，将有利于工程法学拓展到“造物”视域并使之更具有科学精神；法学的合作者们也将更有信心地在不久的将来，将今天的“一章”变成工程法学系列研究成果中更为成熟、更为深入的“一部学术专著”。加油吧，亲爱的朋友们！工程法学研究方兴未艾，正当其时。

本书还有利于从“造物(生产)”视角创新性地构建富有中国特色的法学体系和法学话语体系，将为法理学、民商法学、经济法学、刑法学、国际法学、诉讼法学、环境资源能源法学、劳动和社会保障法学等法学学科的研究者和学习者，提供研究新视角或批评新靶子。尤其是本书中那些非法学学科学者花费心血撰写的内容，对协同创新、交叉研究、边缘研究，更是难能可贵。本书有利于促进将工程法律研究上升为工程法学研究。法学理论和法治实践是相互促进的，工程法学研究必将为广大工程法律实践工作者提供理论研究新思路，进而转变为实践新方法。

2014年11月，本人撰写的文章《依法治国呼唤工程领域立法》作为封面文章之一发表于人民日报社创办的《国家治理》总第18期。在该文中，本人认为：“工程法学是适应改革和经济社会发展需要下应运而生的时代产物，是在人们越来越关注作为人类改造自然的结果的工程与自然生态的和谐这一背景下产生的。以绿色建筑发展为例，1993年国际建筑师协会(Union International des Architectes, UIA)发表《芝加哥宣言》，号召以探求自然生态的可持续发展作为建筑设计的重要依据，认为经济持续发展是社会发展的前提与基础，社会持续发展是经济发展的结果与目的，环境生态持续发展是经济、社会发展的条件，而绿色建筑应是三者的综合体，是经济持续发展、社会持续发展、环境生态持续发展理论在绿色建筑中的综合运用。工程法学正是人类反思传统工程行为后果，适应和满足以注重节约和环保为主要内容的可持续发展的人的需求，适应时代发展的趋势产生的。”“从相关法律和法学学科来看，我们有《物权法》《合同法》《专利法》《安全生产法》《建筑法》等，却没有系统的《工程法》《生产法》《造物法》。我们有民法学、刑法学、经济法学、诉讼法学、知识产权法学、科技法学等，却没有‘大工程（不局限于建筑、建设）’概念下的‘工程法学’‘生产法学’‘造物法学’。期待在中央‘全面推进依法治国’的大力驱动下，‘工程法学’能够引起社会各界更多的关注和思考，以此吹响工程法立法和工程法学研究的‘集结号’。”[①]

刘国涛

2019年9月，于山东建筑大学映雪湖畔

① 刘国涛：《依法治国呼唤工程领域立法》，载《国家治理》2014年第18期。

目 录

第一章　工程法学的哲学视野

从学科特点来看,哲学是围绕世界观和方法论问题的一种系统化的理论探索。从哲学的维度来审视工程法学,其实质在于通过在形而上学层面挖掘工程与法律的存在论基础,阐释和剖析工程与法律的内在关联,进而厘清工程法学在法理层面的内涵。因此,追溯工程法学的哲学基础对于我们从本质上把握和理解工程法学具有指导意义。

第一节　不同于经验科学的理论视野

人类能够超越一切动物的特质在于人类的创造性。这种创造性使人类能够跳出"自在"的状态而走向自为。正是有了人类的创造,人类才能够破除感性直观的蒙蔽而趋向真正的自由。当然,真正的自由并非为所欲为,为感性欲望所驱使,成为感性欲望的奴隶恰恰是最不自由的。哲学正是人的创造力在思维层面的一种最精粹的呈现形式。

哲学具有什么样的理论特征?哲学永远在途中,不同哲学家的哲学形态五花八门,彼此大异其趣。与科学不同,哲学的问题并不存在确定的答案。即使对于"什么是哲学"这个用来为哲学划界的有关哲学的最为基本的问题,古今中外的不同学者对于哲学的理解也是见仁见智,并不能给我们一个确切明晰的答案。海德格尔认为,"哲学是某种决定着希腊人生存的东西"。冯友兰先生认为,哲学的功用在于使人成其为人。哲学所反映的内容正是人之所以为人的东西。高清海先生提出,哲学是理论形态的人类自我意识,哲学的奥秘在于人。孙正聿教授认为,20世纪以来,对于哲学的理解主要有普遍规律说、认识论说、语言分析说、存在意义说、精神境界说、文化样式说、文化评判说、实践论说等八种主要观点。① 胡军教授则认为,哲学是一个关照生活的超越的和无限的视点。② 从上述学者对哲学的划分我们可以发现,这些理解虽然不尽相同,但却存在内在的一致性,他们大都认为,哲学的核心问题在于对人的本质和存在的规定。这样看来,"人的本质和存在的规定"是我们进行哲学思考的基点和前提。哲学理论存在的意义不在于其形式的繁复,也不在于其内涵的玄妙,而是为人本身的生存确立反思的根基和批判的维度。

---

① 参见孙正聿:《哲学通论》,复旦大学出版社2005年版,第21页。

② 参见胡军:《哲学是什么》,北京大学出版社2002年版,第29页。

从哲学的角度考察工程法学的本质内涵，其实质在于思考工程法学存在的意义。反观工程法学的研究自身来说，其目的并不单纯在于追求法律条文自身的内涵与外延的周全，还要关注法律所服务对象的情况，法律的使用语境，让法律更好地围绕人的生活发挥作用，能够更好地从法理层面去解决人们在工程中遇到的问题。良法能够为人类更好地生活，为实现人的自由提供制度保障，而很多恶法则会限制人的自由，对恶的行为束手无策，甚至使好人身陷囹圄、百口莫辩。因此，是积极地在观念的层面扫清道路，还是把既有的法律作为尺子，生硬地在现实生活中削足适履？实际上，工程的本质扎根于人类本质，工程的产生同样是由人类的目的所决定的。要理解工程法学对于工程的意义就必须从经验层面去认识和体验工程对于人的生存意义。如此，在法律进入这个语境时，我们就能够自然而然地理解工程法学对于工程的意义。

另外，哲学对于存在的把握方式与其他学科不同的地方在于，科学和技术关注的是物质世界、操作层面的具体问题，而哲学关心的是超越有形实物之上的普遍性、基础性的问题。作为一种理论化、系统化思维的方式，哲学以概念体系去诠释和表述对象的本质和规律，这种认识必须从经验常识出发却又必须超越经验常识。因此，哲学的理论进路具有超越于常识之上的思考指向，表现出与经验科学所不同的理论视野。从哲学的理论视野去审视我们所研究的对象，要求我们必须要悬置我们在日常生活层面所采取的自然主义的思考模式，从哲学特有的致思理路出发去理解我们的研究对象。哲学的致思理路有以下代表性特征：

一、概念化的致思方式

“概念”是人类进行理论思维的基本单元，是作为主体的人以内涵加外延的形式对研究对象进行界定的一种把握方式。要对研究对象进行诠释和规范，需要借助概念来确定研究主体与研究对象之间的联系，并在此基础上建构对研究对象的理论认识。因此，人们要得到有关外部经验世界的普遍性、本质性的认识就无法摆脱概念化的思维方式。这是因为，概念是人类思想构筑对外部世界的认知的基本方式，是人类思想得以不断延续和进步的支点。事实上，概念的形成、演化和发展的历史也就是人类思想进步和深入的历史。

概念是哲学理解所不可或缺的基本要素。但是，形形色色的概念的总和并不是哲学。这些概念彼此之间并非是以一种相互独立的形态存在的，每个概念的内涵和外延的演进和扩展都与这个概念所存在的语境有直接的联系。同一个概念在不同的语境下，其含义和性质可能会有很大的不同。这个语境也就是我们所常说的“概念框架”。概念框架决定了概念之间的层次演进和彼此的关系，也使概念与概念之间实现了相互制约和相互规定。因此，哲学实质上是围绕着概念以及概念之间的关系展开的思考。例如，我们要研究工程哲学，其实是围绕工程的概念以及概念框架所进行的系统研究，而并非从工程实体本身来研究工程。对工程实体的研究是工程学科内部的问题，并非哲学问题。工程学科自身的问题无法取代工程哲学。这是因为，经验对象是形成概念的基础，但哲学并非以经验对象作为自己的研究对象，哲学的研究对象是我们的思维。依靠思维，人们能够构建人与经验实体之间的关系，去考察经验实体对于人类存在的本质意涵，但这些内容绝非是经验实体自身所蕴含的，而是作为主体的人进行思维建构的产物。没有思维，就不存在经验实体对于人的意义。而在自然主义的表象思维之下，人们通常对此是无意识的。所以，我们只有从自然主义的表象思维转换成概念式的思维方式，才真正进入了哲学的思考之中。

二、超越常识的理论思维

常识是日常经验的产物，是人与人进行沟通和交流的重要媒介。常识来自经验表象，并且仅仅停留于对经验表象的描述和表征，因此具有直观性的特征。日常生活中，常识的思维方式通常表现为非此即彼、两极对立的模式。在恩格斯看来，这种思维方式就是一种绝对性的、不相容的对立思维。“是就是，不是就不是；除此之外，都是鬼话。”[①]在日常生活约定俗成的狭小语境中，这种思维模式是有效的。但是，常识的思维所具有的天然缺陷在于，它是含混的，难以普遍化。并且常识对于经验世界的认知仅仅停留于表象，而且不能够超越经验表象。因此，我们要对经验世界中存在的本质和共性的问题进行研究和诠释，对它们的共性问题进行抽象，那么我们必须超越经验表象的思维方式。超越常识的思维方式是深化对于研究对象的理解，进行理论化思考的必经之路。哲学问题的重点不在于去挑战研究内容上的独特性，而侧重于在寻常观念之中发现反常问题。哲学的思考需要在习焉不察之中发现人们所忽视和遗忘的东西，进而以此为切入点将这些被遗忘的元素重新纳入考量的范围，将研究对象与这些被遗忘的元素重新建立关联，从而洞悉研究对象的更深层的本质内涵。因此，哲学的反思往往并不一味追逐、迎合现实的需要。与此相反，哲学非常需要与现实存在保持一定的距离。于是，我们就不难理解，为什么哲学虽然与现实存在有一定的间距，却能够比其他学科更加深刻地认识和把握现实存在，甚至对现实的发展进行预言。事实上，哲学在理论层面上的魅力也正来自于此。

三、对现实存在的逆向追问

“反思”作为一种思维方式，顾名思义，是一种逆向的思考。反思作为哲学所特有的思维方式，指的是以现存的状态为出发点，去追溯现实存在何以实现的前提的一种思维过程。我们在日常话语中也经常使用“反思”这一概念，但是，日常话

① 马克思、恩格斯：《马克思恩格斯选集》（第3卷），中共中央马克思恩格斯列宁斯大林著作编译局编译，人民出版社1995年版，第61页。

语中的反思往往意指对于经验世界的现实存在进行“反复思考”。反思的理论内涵绝非是“反复思考”的意思，而指的是“反过头去思考”。不过此反思非彼反思，“反思”的思维对象是思想本身，所揭示的是隐含在理论思维背后的习焉不察的、理所当然的现象背后的问题。这种思考问题的方式是一种溯源式的思考，决定了哲学理论的超越性。以工程哲学为例，工程哲学是对工程理念的哲学思考，是以人们对于工程的理解为对象所进行的“二阶”思考，要研究的是工程的一般性的特征，通过对不同工程在其思维方式和组织方式上的共同点的分析，进而可以了解其本质特征及其对人类的生活、思想、行为等方面的意义。对工程问题本身进行思考不属于哲学的研究范畴，而是工程技术人员所主要从事的工作和需要解决的问题。工程师借助于自己的知识基础和施工实践会形成对于工程的认知。但是，这种认知大都是围绕具体的工程和工程环节的具体问题。这些问题直接联系着工程领域中的各种具体的情境，但是工程哲学所研究的并非是工程的具体组织和操作，而是以工程师对于工程的认知和理解为对象，去思考和把握工程师的这种理解如何产生、何以成立及对于社会的意义在哪里。因此，尽管工程师在工作中现实地实现思维与存在的统一，但并不主动去“反思”实现这种统一的合理性。哲学以反思的思维方式去考察研究对象，克服了自然主义的思维定式，对很多原本被视作理所当然的对象进行重新考察，把很多过去完全没有被意识到的东西重新发现并进行更为深入地思考。

由此可见，哲学不同于常识思维和科学思维，它是一种超越性和批判性的思考。这是一种重要的理论视角，这一视角所关注的不是“是什么”，而是“为什么”，不仅关注其真理性，更加关注其背后的意义。因此，这一种理论视角所具有的不可替代的独特性对我们更为深入地思考工程与法律之间的内在关联具有深刻意义。

第二节　哲学视野中的工程

一、当哲学遇到工程

工程的英文“engineering”源于“ingenerare”，意思是“创造”。因此，工程本身来自人类的实践，是一种人类实现自身目的的创造性的活动。工程的创造性特征意味着人工物的制造。作为人类文明和人类生存的重要实践活动，人工物制造这一主题在哲学上也越来越受到关注，由此而产生了一个新的研究领域——工程哲学。工程哲学的研究主题聚焦在工程现象，但是，这并不意味着哲学所关注的对象发生了改变。实际上，工程哲学是将工程活动作为一个透镜，透过工程去反思和批判人的生存。不过，与一般意义上的哲学不同的是，工程哲学所关注的情境更为具体化。哲学家对工程情境的把握决定了他的工程哲学所关注的哲学范畴都有什么，而这些哲学范畴在以往的一般性的哲学研究中，有相当一部分是无足轻重甚至是基本没有得到多少关注的。但正是由于聚焦于工程问题,语境的改变使这些范畴对于人的生存意义得以凸显出来,进入了哲学研究的视野,也就让人们开始在更广泛的场域中展开思考,从而更深入地理解工程。

工程活动的起点是制订计划。哲学通常关注的是普遍化的问题,但是工程中的计划所关注的是特定的研究对象,是一种目的性十分明确的创造活动。这意味着,工程哲学与以往的哲学体系的思想传统不太一致。以往的哲学更倾向于理论思维本身,对于技术活动的关注不够,甚至轻视和贬低技术和工程活动。例如,亚里士多德把知识分为三类:有关思辨的科学,实践的科学,创制的科学。思辨的科学是为了追求知识本身,实践的科学是为了研究人的行为,创制的科学则是为了研究制造出来的事物即成果。西方哲学从其发端开始就轻视有关于制造的主题,他们认为制造活动是奴隶从事的活动,与理论思维无关,并不算是智慧。因为在古代,工程活动还相对比较简单,其中很少包含体系化的理论认识。这种理解有其历史的局限性,因此,以当时的思维水平是不会将工程纳入理论反思视野的。

直到近代以来,工程活动越来越复杂,特别是科学技术成为工程的理论基础之后,人们对于工程也有了新的认识。工程哲学对于工程的考察主要从两个层面进行。一个是从设计的层面去考察,另一个层面是把工程理解为制造。在设计的层面来看工程,将工程师理解为设计师,偏重于工程的制订计划的阶段,而后者则重视工程计划的实施阶段。事实上,随着工程技术的不断发展,人们对于工程的理解也在不断深化。例如,传统的视角认为,工程师施工的结束,将工程交付使用就意味着一个工程完成了。但是,在今天看来,交付使用仅仅是工程的一个环节。用户在使用中对于工程的反馈,在售后阶段对工程项目的持续更新和服务的重要性对于工程目的实现越来越得到强调。因此,当前的工程所体现出的特征不仅仅是为用户提供阶段性的产品,更重要的是提供持续性的服务。在这样一种视角下,工程的内涵也在进一步扩大。工程体现出工程师与用户之间双向互动的过程,改变了传统意义上工程师单方面为用户负责的模式。这种工程创新的模式凸显了用户在工程活动中的主导作用,用户的需求和意见必须得到工程师的重视,用户提出的要求在工程师的设计和决策中的权重得以增强,从而影响了工程技术的走向,影响了工程创新的模式,也在一定程度上使传统的工程权责模式出现了变化。

二、工程的基本特征

(一)社会性

工程作为具有高度目的性和计划性的一种实践活动,它的设计目标必须要置身于具体的社会环境和时代背景之下才能够顺利实现。工程的社会影响直接决定了我们对工程是否成功地评价。工程师在进行工程的规划和设计之前,必须对工程的社会影响有明确的自我认知和预判。工程是将科学、技术的理论层面的创新向现实转化的必经环节。工程活动如果受到制约,势必会使与之具有连带作用的科学和技术的发展也受到不利的影响。另外,工程建设不仅需要在功能上最大限度地满足社会上某一特定的需要,而且必须慎重考量这一工程在经济、文化、环境等方面所可能产生的影响。一个工程的成功必须是多维度的,单纯的技术层面的实现不足以使工程得到预想的社会认可。如果在社会层面不能够得到认可和良好的评价,这个工程必然受到用户的诟病,并不能够算作一个成功的工程。例如,一个垃圾处理厂的选址和建设就体现出这一特征。这其中不仅需要充分地对其选址、安全水平、环保状况进行考虑,还要考虑该设施在公众层面的可接受水平。无论建设方如何承诺工厂的环保水平,公众都很难接受垃圾处理厂建设在自己居住的社区附近。但是,这种状况也在改变。例如,我国台湾地区在很多垃圾处理厂的设计过程中充分考虑到居民对邻避问题的关切,很好地兼顾了附近居民的需要,在严格控制不会对周边环境污染的前提下利用垃圾发电降低居民电价,在垃圾处理厂周边提供健身游乐设施,千方百计通过工程为公众的生活带来便利,得到实惠让居民的负面感观得以改变,从而得到公众的接受和认可。可见,工程的社会因素是一项工程得以顺利实现的基础,需要予以充分重视。

(二)综合性

工程是一项系统性的组织活动,需要全面考量和整合各方面的要素来实现设计师的设计目标。在工程实施的过程中,涉及对人员、设备、原材料、信息等多方面的筹划。所以,对于任何一项工程而言,不仅要对工程中的科学技术要素进行调配和筹划,还要以整个工程为背景去通盘考虑这一项目在社会、经济、文化、产业、生态、舆论等层面可能涉及的相关问题。工程的实施活动并不是唯一的,可能会存在多个可替代的方案,因此如何科学决策,选择合理的实现方式原则成为工程实施的关键。工程师需要从战略性的高度去进行设计和组织,筹划最优化的方案,力争以最小代价,最大限度地实现设计目标。

(三)创新性

工程是人工物的制造过程。工程活动的创造性特征尤为明显。工程绝非是科学技术的扩展,其自身有着相当大的自主性。工程活动的创新性在于,这一过程要全面调配和组织各种技术和资源,所利用的技术和资源本身并非不存在创新的空间。但是,这些问题对工程师来说并不是核心任务。工程需要一种全新的理论视野,在这种新的理论视野之下赋予原有的技术与资源以新的功能。这些技术与资源在新的组织形式之下产生了“1 + 1 > 2”的效果,也是很多工程创新生长点的来源。

(四)复杂性

工程需要按照一个确定目标对科技、社会、资源等要素进行有机整合,涉及多方面的组织协调,具有许多不确定的限制因素。随着工程的进步和发展,在工程设计的过程中,对于要素和方案的选择也越来越复杂,工程的复杂性、系统性特征越来越明显。

三、工程的设计与实施中的哲学

(一)工程的目的

工程是人类有目的的实践过程,目的是工程哲学中最重要的一个哲学范畴。工程的目的性源于工程师的主体性和主观意志与客观现实的辩证统一。工程之所以是目的性指向的,是因为工程是工程师有意识地发挥自身的主观能动性而实现的一个结果。目的也有两重含义:其一,是指工程的最初设计,对于工程应然性的一个指向;其二,是指现实的施工操作的结果,即工程实体。只有这两个层面的目的能够很好地彼此匹配,才意味着工程目的的实现。如果仅仅实现了前者,那就仅仅是一种设想;仅仅实现了后者则意味着工程仅仅是实现了一个结果,而并没有所谓的"目的"指向。当然,我们知道,事物未来的发展方向并不是确定的,因此,人实现目标的能力必须是综合性的。李伯聪教授指出,设定目标的能力有四个方面:一是确立规范和赋予价值的能力。这就是说,目的的设定是通过人赋予客体价值,进而进行价值判断从而实现的。人赋予客体价值的前提是人对于客体充分地理解,这样才能确保人所构建的价值原则具有真理性。脱离现实和违背客观规律的价值原则只能是空中楼阁,不具有现实意义,倘若真付诸行动,也必然是"巧妇难为无米之炊"。二是模态思维能力。其中的形式包括必然与可能、应当、允许、相信、知道,等等。三是选择能力和殊相判断能力。因为工程的结果往往是可能结果的其中一种,涉及如何从多个方案或可能性中选取一个合理的方案。这个过程是在共性中寻找特殊性,而不同于一般理论思维在个别中寻求一般性的特征。这种判断能力能够打破事物之间建立在物质性质层面的认识鸿沟,而是以功能视角出发重新构建各要素之间的联系。四是批判能力。对于所有可替代的方案,应该给予严格的质疑辩难,这样才能尽最大努力淘汰掉不符合要求的方案,充分考量存在的技术风险和认识误区,最终使经受住层层考验的方案胜出。[①]

目的在工程中具有导向作用,是工程意义和价值的终极载体。在工程活动中,任何从方向上偏离工程目的的活动都是无意义的。工程中的一切活动最终都必须指向目的的完成。

在工程哲学的视域来看,对于目的问题主要是从一般的意义上去进行考察。在工程实践活动中,既存在直接目的,还存在间接目的以及终极目的。所以,工程的目的也是多维度的,要对此进行深入考察。

---

① 参见李伯聪:《工程哲学引论——我造物故我在》,大象出版社 2002 年版,第 97 ~ 99 页。

图书在版编目(CIP)数据

故意伤害罪无罪判例规则与辩护攻略 / 郑飞,梁雅丽主编. -- 北京 : 法律出版社, 2020
(无罪辩护系列丛书 / 梁雅丽主编)
ISBN 978-7-5197-4705-3

Ⅰ. ①故… Ⅱ. ①郑… ②梁… Ⅲ. ①故意(法律)-伤害罪-研究-中国 ②刑事诉讼-辩护-研究-中国 Ⅳ. ①D924.344 ②D925.210.4

中国版本图书馆 CIP 数据核字(2020)第117947号

无罪辩护系列丛书

故意伤害罪无罪判例规则与辩护攻略
GUYI SHANGHAIZUI WUZUI PANLI GUIZE YU BIANHU GONGLÜE

郑 飞 梁雅丽 主编
杨默涵 副主编

策划编辑 冯雨春
责任编辑 冯雨春 张 颖
装帧设计 汪奇峰

出版 法律出版社
总发行 中国法律图书有限公司
经销 新华书店
印刷 天津嘉恒印务有限公司
责任校对 王晓萍
责任印制 吕亚莉

编辑统筹 法律应用出版分社
开本 710毫米×1000毫米 1/16
印张 31.75
字数 534千
版本 2020年9月第1版
印次 2020年9月第1次印刷

法律出版社/北京市丰台区莲花池西里7号(100073)
网址/www.lawpress.com.cn
投稿邮箱/info@lawpress.com.cn
举报维权邮箱/jbwq@lawpress.com.cn
销售热线/400-660-8393
咨询电话/010-63939796

中国法律图书有限公司/北京市丰台区莲花池西里7号(100073)
全国各地中法图分、子公司销售电话:
统一销售客服/400-660-8393/6393
第一法律书店/010-83938432/8433 西安分公司/029-85330678 重庆分公司/023-67453036
上海分公司/021-62071639/1636 深圳分公司/0755-83072995

书号:ISBN 978-7-5197-4705-3 **定价**:118.00元

工程活动的目的是多方面的,其中工程技术领域的标准是目的实现的主要依托,但是这并非全部。经济的、政治的、文化的、伦理的诸多方面也都是工程决策需要考察的。所以,工程的目的需要进行整体化的研究。在此,我们必须要对工程的总体目的先有一个明确的概念认同。实际上,我们常常提到的工程理念不过就是对一个工程的总体目的的概括。尽管这种理解可能存在很强的主体间性,但是对于工程理念的深化将会更好地有助于工程目的的实现。

(二)工程的合理性

合理性很大程度上也被等同于理性。但是合理性这种表述方式通常用来表述人的思想和行为中理性思维的反映。而工程活动本身极强的社会属性直接决定了工程的合理性问题在工程哲学当中占有重要地位。马克斯·韦伯把社会行动中的合理性活动分为工具合理性行动和价值合理性行动。工具合理性行动也叫形式合理性行动,指的是以能够计算和预测后果为条件来实现目的的行动。价值合理性行动也被称为实质合理性行动,指的是主观相信行动具有无条件的、排他的价值,而不顾后果如何、条件怎样都要完成的行动。如果以工具合理性为标准,那么就意味着要着重考虑,用哪些更加合理的方式和手段去实现特定的目的。如果要以价值合理性为标准则完全不考虑行动可能产生的后果,只考虑所采取的方式和手段是否符合绝对价值。实际上,在现实当中,这两种绝对纯粹的理想化模型并不存在,两种情况大多是彼此相互渗透的。一般来说,在工程的计划阶段,要确定工程活动的目的主要涉及价值合理性的问题,而在运筹和设计行动方案时主要涉及工具合理性的问题。由于两种理论视角各有偏重,从其中一种视角考虑问题的时候,并没有合适的方法可以向另外一种合理性问题提供。因此,偏重其中一种合理性问题往往会在另外一种合理性问题上给出较为偏颇的评价。实际上,现实中很难完全实现工具合理性与价值合理性的统一。在绝大多数情况下,工程师往往都致力于在一个工程上最大限度地实现工具合理性与价值合理性的统一。这两者的综合直接反映了工程师的创造性和工程的价值。

(三)工程中的制度

工程是由许多人共同完成的具有高度的计划性和组织性的实践活动。在这个过程中,制度对于工程的组织和实施发挥了关键的作用。对于制度问题以往的哲学很少给予足够的关注。诺斯认为,“制度是一个社会的游戏规则”。[①] 诺斯还说:“制度是一个社会的游戏规则,更规范地说,它们是为决定人们的相互关系而人为设定的一些制约。”[②]卢现祥将制度理解为人们创造的、用以约束人们相互交流行

---

① [美]道格拉斯·C. 诺斯:《制度、制度变迁与经济绩效》,刘守英译,上海三联书店 1994 年版,第 3、5、100 页。

② 同上。

为的框架。[①] 除此之外，还有很多西方学者用规则来定义制度。规则是人有意识地制定的，对于规则的理解是理解制度的前提和基础。规则的形式是多种多样的，一般以法律法规、规范守则等形式出现在我们的视野中。规则是对被其约束的人员在具体语境中应当如何行动的纪律和规范。在面对诸多可能性因素的时候，是规则决定了要如何行动，对于人的自由意志进行了限定。规则的制定必须在客观规律的范围内进行。违背自然规律的规则是无效的规则。任何规则的制定都要建立在了解和遵守客观规律的条件下才能进行。规律是研究客体“是什么”的问题，但是规则要求研究主体“怎么做”。在工程实践当中，我们通常讲要遵循客观规律，但是现实中的真实情况其实是按照人为约定的“规则”在办事。操作规则制定的是否科学，对于工程运行的安全和稳定具有至关重要的意义。在工程项目交付使用之前，工程师必须在严格的测试和试验的基础上，为工程项目配备完备的工程操作规则，如果有必要，还必须对用户方面的工作人员进行相关的技术培训，以确保工程能够顺利运转。在规则的制定过程中，工程师往往是从自身的主观理解出发来进行建构的。因此，任何规则都无法摆脱工程的目的指向。工程的规则需要建立在充分了解工程结构和性能的基础上来进行。如此，工程师经验的丰富程度或者说他对于工程项目的“上手”程度对他的工作质量起到十分关键的作用。规则一旦制定，在工程的操作中就不能够再容许任何违反原则的情况。因为规则是工程在常规范围内有效运行的根本依托。当然，规则是人为制定的，没有任何一个规则是绝对完备的，规则的边界也会随着工程技术的进步予以修改和调整。但是，这并不足以反驳规则在当下的权威性和正当性。规则的调整是一个需要进行长期试验和系统论证之后才能妥善解决的问题。以规则存在的缺漏来全面否定规则的“后现代”思潮对于中国工程理念的成长是弊大于利的。应该说当下这种诘难在条件上不成熟。因此，任何人都不能以“没有绝对完备的规则”为理由为自己违反规则找借口。

第三节　工程哲学视野中的法学

一、工程法学：实现工程目标的消极约束力

哲学的基本问题是思维与存在的关系问题。因此，哲学所关注的并不是“思维和存在”，因为这样哲学就变成了无所不包的一切学科体系的大口袋，这不但僭越了其他专门学科的领域，也丧失了自身在理论层面的独立性。哲学集中于对思维和存在之间的关系的研究。从这个视角反观工程法学，我们就是要探讨工程法学与工程之间的相互作用，譬如工程的演化和发展如何催生和影响了法学理论的关

① 参见卢现祥：《西方制度经济学》，中国发展出版社 1996 年版，第 19 页。

切和演变,法律的变化对工程的组织和管理产生了怎样的影响等。另外,在工程法学的一些固定主题上,不同学者的观点之间具有什么样的关系,这也是很重要的。

工程的组织与其他社会活动的组织具有很多的共同特征,但是,由于技术领域的专业性和复杂性以及针对每个工程自身“量身定做”的设计决定了工程活动自身的特殊性。法律面前人人平等,这句话已经成为一个常识。与社会上普遍强调的平权不同,工程共同体总体在组织上却体现出一种森严的等级制度,并且这种等级制度在绝大多数的工程实现过程中都在很大程度上被视为理所当然的。在工程决策、实施及运行中,上级具有更高的话语权重,也承担着更多的责任。上级对下级的管理和支配被视为工程顺利地完成所必需的一种无条件的纪律。那么在工程的语境中,法律在这样一种等级体系中又将扮演什么样的角色呢?

工程是目的指向的人类活动,目标的实现是工程最核心的内容。一切的设计和决策实际上都是围绕着目标的实现来进行组织的。在这个过程中,各种规范和人员的专业训练都为目标的实现提供保障和支撑,法律在这个过程中也发挥着重要的作用。不过,法律实际上是一种消极的约束力。具体对于工程而言,法律的作用不言自明,那就是从制度上保证工程的各个环节在目标实现这一问题上的强制性。工程从设计到施工再到投入使用,是一个高度集成化的组织活动,要确保工程活动中各流程的顺利开展,需要科技、资源、组织等多方面因素的保障,每一个环节都要受到法律的约束。这一点体现了法律背后的契约文化,工程中每个环节都是“履约”的一个部分,一旦工程出现问题必须层层追溯到责任人,确定问题点。如果在法律上不能够明确哪些人员、哪些环节、哪些要素所应当承担的权责,那么就无法从管理上保证整个工程处于一种严密的监管之下,当然也就没有办法真正做到对工程质量的监控以及出现问题的追责。有鉴于此,在面对工程领域的问题时工程法学的专业优势就凸显出来,在工程领域的诉讼中,法务人员的工程法学素养会增强他们对问题的敏感性,使他们更好地明确工程诉讼中的各方权责,从而更好地彰显法律惩恶扬善以及公平正义的原则。

二、工程法学在工程各环节中的作用

一个工程从无到有,大致可以分为设计、施工、交付使用三个环节。在这三个阶段,工程法学的出现能够有效覆盖和保障对工程各方权利的维护,确保工程的稳步推进。

在工程设计阶段,工程师必须在所提供条件的基础上尽最大可能实现用户对工程的需求,并且有义务在安全性和可靠性等方面为用户留有必要的安全冗余。在这个部分,工程师必须做到知情同意,让用户充分了解工程设计的情况,工程设计方案的理由以及现时提供条件是否充分合理,并根据需要及时做出调整。另外,工程的设计需要以双方的合同为准。合同是具有法律效力的契约文件。双方在经过充分沟通和协商的基础上，订立合同，把所能够想到的有关工程的各方面权责约定以合同条款的形式列出并作出双方认可的规定。合同一旦签署，双方都要对此承担法律责任。用户方面必须严格按照合同为工程设计方提供约定的工作条件，工程设计方也必须无条件履行合同中对他们的要求，对项目的科学合理性、工程设计要求的实现、工程的可靠性等承担法律责任，确保工程质量。如果工程设计方没有实现预期目标，那么必须向用户一方赔偿相应的损失。当然，这一问题可能很难发现，事故出现之后，经过功能失灵的归因，如果发现是工程设计层面存在的问题，那么就必须追究设计人员的法律责任。

在工程的实施阶段，需要组织人员进行施工。大规模的工程所进行的人员调配是十分复杂的，其中包含着人、财、物等多方面的组织协调工作。这个关系如果不能很好地处理，工程的施工很难保质保量地实现。对此，工程法学的贡献就此显现。工程法学要充分聚焦工程施工阶段的具体法律问题，研究所涉及的权责关系。例如，施工人员必须严格按照设计要求进行施工。施工监理方对于施工单位的工程资质、关键步骤的操作执行情况、物料的使用状况等方面都必须恪尽职守进行监督。如果发现违反工程设计的问题必须及时纠正并追究责任。施工方和监理方也必须本着为用户负责的态度对待自己的工作。面对现实中利益的诱惑，很多时候仅仅靠道德来约束是非常不够的。因此，对于施工方和监理方必须要由具有法律效力的合同进行约束。合同的制定必须以充分了解工程为前提，这样才能最大限度地规避可能出现的风险。一旦出现问题，要落实责任，发现是谁的责任，就要对谁诉诸法律。只有依靠法律来对工程的施工进行监管，才能有效地保证工程施工的质量，实现责任到人的精细管理，从而最大限度地实现工程的目的。

工程已经交付使用，是不是就不存在法律问题了呢？当然不是。工程诉讼常常集中发生在工程使用之后，这个共性问题告诉我们，工程质量问题的显现往往需要一段时间。特别是在工程交付使用之后，会出现功能失灵现象，这个问题的归因比较复杂。对于工程系统的功能失灵一般要追查原因。工程法学在工程领域的全周期覆盖在这个时候就会发挥作用。对于工程功能失灵的原因要进行深入的分析和考察，从而落实责任。如果是由于工程设计方在设计环节对于可能出现的情况估计不足，或者在指导思想方面出现重大失误，那么就要对设计方追究责任。如果是由于工程施工建设的过程中由于种种原因没有达到工程设计的要求，譬如，在施工中存在偷工减料的行为，或者监理方监管中存在徇私舞弊、玩忽职守的行为，那么就必须追究施工单位以及监理单位的法律责任。如果是由于用户在使用过程中没有严格按照操作规则去使用，那就要追究操作人员的责任。如果工程受到了破坏是由于灾害等原因超出了原有的设计承载能力，那么也就只能由用户自行承担损失了。

由此，我们可以看到，法律在整个工程领域的全过程覆盖使工程目的的实现更有保障了。社会运行不能没有法律。工程是一种社会化的实践活动，如果离开法律同样也是寸步难行的。但是,工程自身的特殊性决定了必须专门对工程活动的法律问题“量身定制”,进行深入研究,在宏观法律原则之下找准微观的切入点。如果工程法学的研究仍然附属于民商法的框架下进行,在工程领域的具体权责问题上就会呈现“无意识状态”,在一定程度上就会影响对于工程中法律问题的深入探讨。当前,法治的理念已经逐步深入社会的方方面面,这是工程法学发展的一个良好契机。实际上,工程法学进一步完善和深化的理论基础在于工程哲学对于工程理念反思的深刻程度。对于工程中所出现的理论范畴之间的关系要进一步明确,对于工程在宏观上以及微观的各个要素对当前人类的生存起到了什么样的意义?工程中哪些问题影响到了工程的实施以及工程目标的实现?如何从微观层面进一步确立权责明确的法律体系?这些问题都应当从法理学的层面进行深入思考。当然,研究工程法学必须了解工程技术的发展,特别是工程思想的演进。对工程技术进行形而上思考的前沿是工程哲学,这是工程法学在理念层面最初的学术生长点。法学理论的不断进步是要面向现实问题的。只有在现实法务实践中能够发挥作用,法学研究才有生命。因此,工程法学必须面向鲜活的工程实践本身去寻找理论问题,要关注工程前沿,特别是新技术所带来的对于工程的新变化要尤为关注。例如,基因工程引发的法律问题,云计算以及物联网技术会带来什么样的法律疑难,大科学工程中可能会存在什么样的法律问题。这些问题的视角越来越呈现“微观化”的特点,需要从现实的特定问题中看到一般性的本质问题,并寻求答案。

就工程法学而言,哲学智慧是其克服自身理论局限性的必要批判维度。工程哲学是在理念层面对工程的考察。没有理论思维作为基础,对于工程中法律问题的提炼就无从谈起。哲学理解的高度决定了法律视角的合理程度。法律的终极目标是公平正义,工程哲学要思考的是工程与人的关系问题,是工程对于人类的意义。这两种理论之间是相辅相成的,工程法学的目标其实正是从自身的理论视角对工程与人的和谐关系的维护。对于法律的制定者和研究者而言,多了解一些哲学意味着法律更加以人为本,意味着法律可以在更深入的层面去厘清每个人所享有的权利和承担的义务。所以,哲学的理论思考其实是以与现实存在保持距离的方式去关照现实,反映时代精神和主题。工程法学关注现实与工程哲学一定程度地远离现实其实并不矛盾。工程法学要有什么样的结构,取决于工程与人之间存在什么样的作用关系。这正类似于,哲学与艺术之间的区别仅仅在于思考的方向不同,其内在的关照和精神内涵实则是一致的。

第二章　工程法学的哲学基础

工程法学是与哲学密切相关的学科。本章首先介绍哲学是什么，然后深入阐明与工程法学密切相关的工程哲学及其二者之间的相互关系，为学好工程法学奠定坚实的哲学基础。

第一节　哲　　学

一、哲学是什么

从词源上看，哲学，英语的单词是 philosophy，希腊语的单词是 Φιλοσοφία。按照词源的本意就是“爱智慧”的意思。希腊语 Φιλοσοφία 的本意是爱智慧。“爱智慧”就是人类认知自我和理解自己和周围的世界，从而为了提升自己的认识思维能力，为了获得更多更高的智慧而进行的思想认知思维和活动。亚里士多德在《形而上学》中说，一个感到困惑和惊奇的人，便自觉其无知，求知是人类的本性。人都是基于惊奇而开始哲学思维的，刚开始是对自己周围不解的东西感到惊奇，继而逐步扩大，进而对更大范围的事情发生疑问，如对于月亮的变化，关于星辰的演变，以及关于万物的生成。亚里士多德指出：“研究原因的学术较之不问原因的学术更为有益；只有那些能识万物原因的人能教诲我们。”①

目前学界一般认为，西方最早的哲学家是古希腊时期的自然主义哲学家。因为无论这些自然主义的哲学家认知世界的方式是否科学正确，但他们的主张有别于以往的迷信。这些哲学家通过以理性论证和辅佐证据的方式归纳出大自然界的奥秘和规律。苏格拉底、柏拉图与亚里士多德这三位哲学家奠定了西方哲学的讨论范畴，他们提出的形而上学、知识论与伦理学的问题，至今依然是哲学界研究的课题。甚至一些现代的哲学家承认我们现在的哲学理论仍然是在为他们三位哲学家做注解而已，依然无法脱离他们所提出的三大问题。这也就是说，虽然过了数千年，我们仍然在解答着他们提出的问题，我们仍然在被这些问题或这些问题延伸的更多问题所困惑着。

1874 年，日本哲学家西周，在《百一新论》中第一次使用汉文“哲学”翻译了“philosophy”一词。1896 年前后，康有为等中国学者将日本的译称介绍到中国，后

---

① ［古希腊］亚里士多德：《形而上学》，吴彭寿译，商务印书馆 1959 年版，第 4 页。

在我国渐渐通行。在我国,在日常生活中哲学通常是说明一个人对生活的某种态度、见解、看法、信仰和基本原则。在学术上,哲学则是对人们的见解和确认持有的基本原则的理性反思和质疑,进而提出阐释根据和进一步重建的理由以及提出新的建构。

对于哲学是什么?马克思主义认为,哲学是理论化、系统化的世界观,是自然知识、社会知识、思维知识的概括和总结,是世界观和方法论的统一,是社会意识的具体存在和表现形式,是以追求世界的本源、本质、共性或绝对、终极的形而上者为形式,以确立哲学世界观和方法论为内容的社会科学。

二、哲学的基本问题

恩格斯在1886年写的《路德维希·费尔巴哈和德国古典哲学的终结》一书中第一次提出了任何哲学都必须回答思维和存在的关系问题,即哲学的根本问题也就是哲学的基本问题,也称为哲学的最高问题。思维和存在的关系问题是区分唯物主义和唯心主义两种对立的哲学体系、哲学派别以及对它们的客观评价提供正确的标准。

哲学基本问题有以下两方面的内容:

哲学基本问题的第一个方面是思维和存在、意识和物质谁为本源的问题。对此问题历来有两种截然不同的回答,由于观点的不同在哲学上就形成了唯心主义和唯物主义两个阵营、两个基本派别、两条对立的哲学路线。凡是认为意识是第一性的,物质是第二性的,即意识先于物质,物质依赖意识而存在,物质是意识的产物的哲学派别属于唯心主义;凡是认为物质是第一性的,意识是第二性的,即物质先于意识,意识是物质的产物的哲学派别属于唯物主义。除了这两种根本对立的回答外,还有一种回答,认为物质和意识是两个独立的、互不依赖的本源。持这种观点的哲学流派称为二元论,它是动摇于唯物主义和唯心主义之间的不彻底的哲学,最终往往倒向唯心主义。

根据第一个方面可以将哲学划分为“唯物主义”和“唯心主义”两个基本派别。

唯物主义将世界的本源归结为物质。主张物质第一性,意识第二性,认为意识是物质的产物,具体又分为古代朴素唯物主义、近代形而上学唯物主义与辩证唯物主义。

唯心主义将世界的本源归结为精神,主张意识第一性,物质第二性,物质是意识的产物。唯心主义内容十分复杂,大体可以分为以下五类:(1)客观唯心主义,强调宇宙意识的客观存在,认为早期宇宙由意识构成,意识形成物质。(2)主观唯心主义,认为物质的存在是意识的外在表现。人人都有一个世界,而这个世界只是你的世界。真实的世界是宇宙意识外在表现的总和。(3)绝对唯心主义,包含唯心主义的所有共同特点,在追究世界本源的元素时“绝对唯心”陷入了与“客观唯心”一样的观点,但不同的是绝对唯心对“神灵是实体”进行了否定。(4)唯灵主义,也即唯灵论,是主张灵魂和精神是世界的本原的宗教和唯心主义哲学学说。由唯灵论思想凝聚并抽象而成的一种立场叫作唯灵主义。唯灵论所说的“世界灵魂”,是一个包括一切的大灵魂,也就是宇宙意识。其他一切灵魂,都是包括在这个大灵魂中的小灵魂。世界的存在不过是灵魂的外在表现。世界的统一,就统一在上帝这个大灵魂中。而感知灵魂的主体则是精神。(5)唯理主义,检验真理的标准不是实践而是理性,或者检验真理的标准最重要的是理性,其次才是实践。提倡理性看待问题和理性去做事情,反对无理论指导的盲目实践。

哲学基本问题的第二个方面是思维和存在有无同一性的问题。对这一方面的问题,绝大多数的哲学家,无论唯物主义哲学家还是唯心主义哲学家都做了肯定的回答。但是,唯物主义和唯心主义对这个问题的解决在原则上是不同的。唯物主义是在承认物质世界及其规律的客观存在,承认思维是存在于反映的基础上,承认世界是可以认识的;唯心主义则把客观世界看作思维、精神的产物,认为认识世界就是精神上的自我认识。而一些哲学家认为思维和存在没有同一性,如休谟和康德,否认认识世界的可能性,或者否认彻底认识世界的可能性,他们是哲学史上的不可知论者。

根据以上的第二个方面也就是思维和存在有无同一性的问题,可以将哲学划分为“可知论”和“不可知论”两个基本观点。

可知论,认为世界是可以被认知的。持该观点者多为唯物论者,认为人可以凭借感觉器官及其延伸(科学仪器)完全认知世界,而至今尚未被认知的部分只是因为技术的不发达,人完全认识世界是必然的。

不可知论,认为世界是不能被认知的或不能完全被认知的。此处的不能完全被认知并非“尚未被认知”,而是指世界的某些部分或某些层面,人类是永远无法知道其真相的。持该观点的多为唯心主义者,“概念世界”是研究不可知论时不可不提的概念。

三、哲学对科学的指导作用

哲学对科学的指导作用具有双重性,具有积极的和消极的两种指导作用。第一,对科学起积极指导作用的哲学,首先是唯物主义哲学。古希腊时期,朴素唯物主义指导人们开展对自然的研究,由此产生了古典意义上的物理学等。被后人称为“自然哲学”的古希腊物理学,是西方科学的原始形态,它赖以产生和发展的思想动力和观念基础是朴素唯物主义。朴素唯物主义指导人们开展古典物理学研究,这对于人类的科学发展来说,无疑是哲学对科学所起的积极指导作用。第二,哲学对科学的消极指导作用。一方面,唯心主义则指导人们开展对人类心灵活动的研究,使他们离开古典物理学研究的轨道,这对于古典物理学的发展来说显然具有消极意义。另一方面,对人类心灵活动的研究,却使古希腊智者的论辩术最终发展成为逻辑学,到亚里士多德时形成了一套相当完备的三段论逻辑体系。这个逻辑体系后来一直是人们探索现实世界的重要认识工具,对于人类的科学发展起到了巨大的积极作用。从这方面来看,唯心主义对科学的指导作用也不完全是消极的,而是也有其积极的一面。反之,如果只是在朴素唯物主义指导下去研究自然,而不研究人的心灵活动,逻辑学就无从产生,这同样会消极地影响到科学的发展。可见,哲学对科学的指导作用其实具有双重性,其积极作用和消极作用乃是相互交织、难以剥离的。据此可以认为,对科学纯粹起积极作用而无消极作用,或对科学只起消极作用而没有积极作用的哲学,应该是不存在的。除非其哲学不是具体的哲学活动而只是哲学的绝对理念,抑或貌似哲学而实为痴人说梦之类。

马克思主义认为,自然理论科学离不开理论思维,尤其是哲学辩证法的指导。辩证法"为理论自然科学本身所建立起来的理论提供了一个准则";[①]作为研究自然科学的人潜移默化地受到哲学影响,"不管自然科学家采取什么样的态度,他们还是得受哲学的支配。问题只在于:他们是愿意受某种坏的时髦哲学的支配,还是愿意受一种建立在通晓思维的历史和成就的基础上的理论思维的支配"。[②]

哲学有助于正确地选择科学研究的方向。爱因斯坦说:"相信世界在本质上是有秩序的和可以认识的这一信念,是一切科学工作的基础。"[③]科学家关于科学成果哲学意义的思考水平与科学家本身的哲学素养紧密相关。在这方面,科学家迫切需要哲学的帮助。普朗克在年轻时代就树立了如下信念,外部世界乃是独立于我们的绝对的东西,而去寻找那些适合于这个绝对东西的规律,在我看来,就是科学生涯最美好的使命了。正是基于这一信念,1897 年他为了从黑体辐射光谱中寻找绝对东西的规律,而开始了黑体辐射的研究。哲学有助于丰富科学研究的方法。从根本上说,哲学乃是世界观和方法论的统一。当然,哲学并不提供包括自然科学在内的各门科学的具体方法理论,而是提供最一般的方法理论,即提供关于如何理解、掌握和运用一切具体方法的理论。"我认为波普尔是有史以来无与伦比的最伟大的哲学家";英国天文学家邦迪说:"科学就是科学的方法,科学的方法就是波普尔所说的";法国分子生物学家、诺贝尔奖奖金获得者莫诺声称,波普尔对他的研究工作有过重要影响;澳大利亚生理学家、诺贝尔奖奖金获得者艾克尔斯说,科学家应该"阅读和思考波普尔关于科学哲学的著作,并作为他们科学生涯的基础";当波普尔 60 岁寿辰时,29 位著名科学家和哲学家发表文章评述他的思想,加拿大物理学家和哲学家邦格在纪念文集的序言中说:波普尔"已被公认为当代最具独创性、最深刻、最严谨以及最为多才多艺的思想家","波普尔的追随者和他在学术上

---

① 马克思、恩格斯:《马克思恩格斯选集》(第 3 卷),中共中央马克思恩格斯列宁斯大林著作编译局编译,人民出版社 1975 年版,第 466 页。

② 同上书,第 533 页。

③ [德]爱因斯坦:《爱因斯坦文集》(第 1 卷),许良英、范岱年编译,商务印书馆 1976 年版,第 284 页。

的对手都对他怀有极大的尊敬”。[①] 哲学对科学的作用有助于对科学成果的伦理、文化等社会价值的正确评价，哲学有助于科学家端正对科学的整体认识和掌握科学发展的规律，从而增强一个国家和民族的科学发展方针和政策的自觉性。

第二节　工程哲学

哲学作为人类的一种特殊的思维活动，随着时代的变迁而不断拓展和丰富。根据关涉领域、考察对象、研究方式等可以划分为不同的哲学门类，哲学有很多分支。与工程法学最为密切的哲学就是现在方兴未艾的工程哲学。

一、工程哲学的产生

工程是人类一项根据自己的意志和认识而产生的创造性实践活动，是人类为了改善自身生产和生活条件，并根据当时对客观自然规律的认识水平和实践能力对自然界和人类社会进行的一项物化劳动的过程。工程是人类所特有的有一定规模并产生一定影响和作用的建造活动。工程是人类文明不断发展和塑造自身过程中体现人类文明自身的特有现象。不同的民族、不同时代、不同的国家，不同的文明总是以特定的工程作为自身文明的特色标志，如古埃及的金字塔、中国的万里长城和印度的泰姬陵等都是令人叹为观止的神奇工程。在人类的农业文明时期，由于人类改造自然和利用自然的能力有限，工程的规模小、数量少，对生产和生活产生巨大影响的工程并不普遍，人类基本上还是过着“天人合一”的生活，受到自然环境的严重制约。工业文明的来临开启了人类社会一个建造工程的新时代。现代人的生产、生活处于一个个人造工程所构造的体系之中，人们的存在和发展越来越依赖于各项工程。在一定程度上可以说，工业文明就是工程的文明。

工程就是工业文明、社会经济繁荣和社会和谐发展的主要内容和本质体现。目前，与工程有关的工程决策、工程思维、工程意识、工程技术、工程施工、工程管理、工程教育等，已经日益成为政府、企业和大专院校关注的核心。因为工程决策特别是关系国计民生的重大工程的决策，不仅关乎一个地区局部的发展和未来，而且还会对所有地区和全局产生影响和辐射，如核电站的生产中核事故的爆发必然会造成对当地经济和社会发展的破坏，甚至改变更多地区人们的命运和未来。

工程有利有弊，是一把“双刃剑”。一方面，工程能实现人们的愿望带来更多的便利和物质财富，更好地提升人们的生产和生活；另一方面，工程的实施必然带来生态环境的改变甚至毁坏，威胁到原本正常存在的人们的生存以及人类自身的命运。工程的设计、施工和运转，必须要兴利避害，科学处理工程施工和运转过程

① ［英］卡尔·波普尔：《无穷的探索——思想自传》，邱仁宗、段娟译，福建人民出版社 1984 年版，“译言前言”。

中与环境的辩证统一关系,分清工程实施和运转后的本与末。抓住工程全过程的源和流,权衡利弊达到工程利益最大化的合理状态。这就要求,首先必须对工程进行科学合理的设计,科学合理的设计是一个好工程的前提和基础。当然,有了科学合理的设计以后,还必须在工程的施工和工程的运转上进行科学的管理、监督和反馈。这是一个动态的复杂的过程,里面关涉到一系列的哲学问题。"我感兴趣的是,哲学是否可以是这种工程实践易于理解。一方面,弄清楚改进实践必须做些什么改变;另一方面,弄清楚什么必须不可避免地保留在未解决状态。"①面对这些问题,就必须运用哲学的思维来科学分析和研究工程,从整体上来把握工程、统筹综合系统分析,尽可能接近事物的客观规律,努力与周边的生态环境、与社会和谐相处。工程是人们的一项具体实践活动,哲学是人类的抽象思辨艺术,二者是内在勾连和辩证统一的。"工程哲学"就是把工程和哲学融合在一起,对现实工程中遭遇的矛盾和尴尬进行哲学上的反思,从而调整和反思人们的工程理念和思维,为破解工程难题提供科学合理的、有效的解决思路和解决方法。原中国工程院院长徐匡迪说:"工程问题显然不单纯是技术问题,重大的工程问题中必定有深刻、复杂的哲学问题。工程需要哲学支撑。工程师需要有哲学思维。"②

工程哲学是现代哲学中刚刚兴起的一个新的哲学分支,工程哲学的研究领域涉及工程实践活动的全过程,以作为改造世界的具体构建过程的工程活动为整体研究对象,包括工程的调研、论证,工程所用技术、工艺,工程决策、质量评价等,是关于工程活动的一般性质及发展的一般规律的哲学学说。工程是一个全面和系统的流程,与工程的设计、组织实施和管理、决策的过程都息息相关。现实的需求和形势的发展,都要求人们从哲学的高度上来把握工程问题、反思工程,探究工程的利弊,科学把握工程的规律,从而更加有利于工程造福于民、造福于人类。工程作为人的本质力量的物化,在实践上需要作为人类时代精神精华的哲学的指导,哲学同时必须面向现实的工程实践,不断丰富自己。工程设计和施工中的技术人员虽然有丰富的实践经验,但往往欠缺对工程全过程的整体理解和系统把握。工程是一个整体性的系统,作为实施工程的工程师必须具有哲学素养。工程师们如果对工程的认识仅仅停留在经验层面的认识上而没有上升到哲学理论层面上,难免在工程实施过程面对困惑或考虑不深不透,出现盲目性。工程深刻地改变了周边环境和人类自身,工程师必须运用哲学思维对工程进行一系列的全面考察。工程哲学就是要对人类的工程活动进行全面理性的分析和探讨,这不但是工程师的任务,而且也是哲学家的任务。工程师不仅需要具有丰富的专业知识,而且更应该具有深邃的哲学思维,这是新时代工程师应当具有的基本素养。

---

① ［荷］路易斯·L. 布西亚瑞利:《工程哲学》(第2版),安维复等译,辽宁人民出版社2012年版,第31页。

② 徐匡迪:《树立工程新理念,推动生产力的新发展》,载杜澄、李伯聪主编:《工程研究:跨学科视野中的工程》(第1卷),北京理工大学出版社2004年版,第7页。

工程哲学的兴起、研究对于我国实现中华民族伟大复兴的中国梦具有重大意义。工程哲学作为一个交叉学科，具有很强的现实应用性和指导性。在实现中国梦的伟大征程中，工程的决策者、管理者和施工中的工程师都必须系统地、科学地以正确的哲学理论来分析、研究和指导工程本身，避免决策中的主观主义和政绩工程。当前我国正在大力推进新型城镇化建设和新型工业化发展，必然会建设和建成一系列的重大工程项目。立项一个工程项目，不仅要考虑其眼前的利益，还要思虑其长远的价值、历史地位；不仅要考察其经济利益，而且要考虑其生态价值、社会效益和艺术价值等。这些工程的决策、分析、设计、建造、运行等需要大量的科学论证，这就要求大力推进工程哲学的发展和研究，推进对工程项目的跨学科研究和多学科分析。工程哲学是伴随着工业文明应运而生的产物，是指导工程有关各方自觉地运用哲学的思维来深刻地把握工程问题和科学地解决工程疑惑，实现人文与工程、社会与工程、生态与工程之间的互融互通、和谐发展。工程哲学作为现代哲学刚刚崛起的一个新兴学科，是以改变自然、社会和人类实际建设的工程作为一个整体为研究对象，是研究工程的决策、设计、施工、使用和维修全过程及其发展变化规律的哲学理论。工程哲学作为一种新兴的哲学理论就是要深入研究和科学分析在工程全过程中可能会出现的各类问题，尤其是关于工程的决策及其未来的影响等一系列战略性问题、最新的科学和技术成果在工程项目施工过程中的现实转化问题、工程对自然和人类社会的直接和后续影响、工程组织实施中的体制机制和组织架构等是一个综合跨专业的多学科系列研究。

实现工程哲学的健康有序发展，必须促使科学技术工程界和人文社会哲学界专家学者相互借鉴、相互融合和协同研究，走工程界和哲学界的联盟之路，只有这样才能使工程的设计、实施更好地造福人类社会。

二、工程哲学研究的主要内容

工程哲学以人类的工程活动为研究对象，工程哲学把现代人类的主要实践方式——工程活动，提升到哲学理论的高度来加以研究。它研究工程的特点和本质及工程在社会中的地位和作用，它通过对现代工程与工程活动的哲学省思，来透视人的本性和工程活动的本质，把握工程的发展规律，研究工程对文明进程、社会发展和人类生存状态的价值和意义。

（一）什么是工程

什么是工程，工程的定义是工程哲学研究的起点和出发点，我们必须给工程一个明确的定义。但目前给工程下一个普遍认可的定义是非常困难的，因为在认识工程时不同的学科有不同的角度，哲学家、科学工程专家对工程的理解存在学科上的差异；工程的决策者、管理者与具体实施者对工程的理解因为角色相异也各不相同。对于工程的范畴，是在什么是工程的基础上进一步分析和探讨基础概念，值得我们不断进行深入的分析和研究。因此对于工程的定义,我们可以从不同的学科给予界定和分析,在"不同尺度"上给予概括和总结。

首先,我们可以把工程区分为广义工程和狭义工程。广义工程就是把人们的所有活动都看成工程,不仅包括社会的生产领域,也包括人们的生活领域。例如,985 工程、安居工程、希望工程、菜篮子工程等。狭义的工程特指与人们的生产实践密切关联、根据相关科学技术理论得以实施的实践活动。例如,"三峡工程"、南水北调工程、铁路工程等。在一般意义上讲,工程哲学中所研究的工程是狭义的工程。

其次,从狭义的工程视角给工程更具体的内涵定位,可以从三个方面来把握。第一个方面,是从科学、技术、工程"三元论"角度所界定的工程。"根据科学、技术、工程'三元论'的理论框架,我们不但应该重视研究科学、技术和工程三者各自的本性、特点、社会作用和运行机制等问题,而且应该重视研究它们之间的联系、渗透、转化和互动关系。"①科学是以发现为核心的人类活动,科学是发现自然规律,讲求真善美,追求真理;技术是以发明为核心的人类活动,技术是发明方法,讲求巧,追求诀窍;工程是以建造为核心的人类活动,工程是按照社会需要设计造物,构筑与协调运行,讲求价值,追求一定边界条件下的优化。"工程活动是一项最基础、最重要的人类活动。工程现实地塑造了自然的面貌、人和自然的关系,现实地塑造了人类的生活世界和人本身,塑造了社会的物质面貌,并且具体体现了人与人之间的社会联系。"②第二个方面,是从工程与生产、实践的相互关系中所界定的工程。工程就是包含了设计和制造活动在内的生产实践活动。"工程作为人类的一项物质性的集成建构活动,工程不但涉及思想、价值、知识方面的因素,而且必然涉及资源、资本、土地、设备、劳动力、市场、环境等要素,而且要经过对这些知识、工具、手段和要素进行选择、整合、互动、集成在一起,才能进行有结构、可运行,有功能、有价值的工程实体体现为直接生产力。"③第三个方面,把前两个方面统一起来的更大的"尺度",这是从"科学——技术——工程——产业——经济——社会"的"链条"和"网络"中来认识工程和把握工程的定位。工程的实施,一方面,为科学技术的实现提供平台;另一方面,推动产业、经济的发展,服务于社会。通过这样一个全面的认识和分析,我们可以较为准确地把握工程在人类实践活动中的定位。"工程是人类有目的、有计划、有组织地运用知识(技术知识、科学知识、工程知识、产业知识、、社会经济知识等),有效地配置各类资源(自然资源、经济资源、社会资源、知识资源等),通过优化选择和动态的、有效的集成,构建并运行一个'人工实在'的

---

① 李伯聪:《略谈科学技术工程三元论》,载杜澄、李伯聪主编:《工程研究:跨学科视野中的工程》(第 1 卷),北京理工大学出版社 2004 年版,第 15 页。

② 殷瑞钰、李伯聪:《关于工程本体论的认识》,载《自然辩证法研究》2013 年第 7 期。

③ 同上。

物质性实践过程。”①

（二）工程的特征

1. 工程依据科学技术原理

任何工程都是自己时代科学技术的现实应用和转化。人类的工程实践活动是人类科学技术发展的运用和发展。任何一个工程的实施都必然有其科学原理的根基，是一定的科学技术理论的展现。工程是科学技术的现实应用，并不是密切相关技术的简单拼凑，而是众多科学技术要素的集成、选择和优化。人类的工程活动的历程：原始时代——制作各种石器的劳动工具；古代——人类建造的长城、金字塔、都江堰等建筑物；近代——土木、机械、矿冶、电机、化学、纺织等工程；现代——航天、生物、信息、环境工程等都是当时社会科学技术的应用和发展。当前人类社会实施的工程日益浩大和复杂，这些都是建立在现代科学技术基础之上，是现代先进技术的应用和发展。例如，火星计划，就是航空动力学、航天技术、新材料技术、微电子技术、自动控制技术等的综合应用和发展。

2. 工程具有特定效益和目的

工程是人类社会对于客观世界直接的利益实现和内在需求。工程的实施需要投入大量的人力、物力，财力。而人力、物力、财力的投入必须产生和实现特定效益和目的。工程项目都有其明确的施工对象，有明确的目的、目标和要求，有明确的实施工序、实施阶段和明确的实际效益。实现工程的特定效益和目的是工程得以实施的动力，因此工程的质量是工程的生命和价值所在。所以需要对工程进行深入的科学论证和理论的探讨。只有确定好工程的目标、设计好工程工序、完成好工程的质量，才能确保工程实现其特定效益和目的。

3. 工程是人造物

马克思指出：“通过实践创造对象世界，改造无机界，人证明自己是有意识的类存在物。”②李伯聪在2002年出版的力作《工程哲学引论——我造物故我在》对工程哲学的一系列重要问题进行了科学的分析和论述，强调工程活动是以建造为核心的活动。人类所有实施的工程都是要通过循序渐进的工序、工艺、工期来实施。工程是最为直接和有效的现实生产力，工程创新是创新活动的主战场。工程架起了科学发现、技术发明与产业发展之间的桥梁，是促进产业革命、经济发展和社会进步的强大杠杆。各种类型的创新成果、知识成果的转化，归根结底都需要在工程活动中实现，并据此检验其有效性与可靠性。工程创新的目标就是通过工程理念、工程决策、工程设计、施工技术和生产运行、控制管理等方面的创新，努力寻求和实现在一定边界条件下的集成和优化。可以说，工程创新具有广泛的关联度和综合

---

① 殷瑞钰、李伯聪：《关于工程本体论的认识》，载《自然辩证法研究》2013年第7期。

② 马克思、恩格斯：《马克思恩格斯选集》（第1卷），中共中央马克思恩格斯列宁斯大林著作编译局编译，人民出版社1995年版，第46页。

显示度，工程创新的状况往往直接决定着国家、地区、产业、企业和有关单位的发展水平和发展进程。

4. 工程是生态的

工程必须要考虑“生态规律的约束和生态环境的优化”。[①] 工程与生态环境的和谐与协调是实现工程造福人类的内在要求，在工程的建造和实施过程中必须使用生态技术，进行生态建设，这是现代工程理念的重要内涵。随着人类社会大量浩大工程的建成和运行，人类日益认识到这些工程对自然生态系统产生的生态影响，因此工程和生态环境是一个矛盾统一体，因此在工程的实施过程中必须把对生态环境的改变和影响放在重要的位置，必须充分预见到工程可能引起的生态问题。生态问题日益成为国家和社会发展的中心议题，党的十八大报告明确提出要在全社会牢固树立生态文明理念。习近平同志在中共中央政治局第六次集体学习时强调：“要牢固树立生态红线的观念。在生态环境保护问题上，就是要不能越雷池一步，否则就应该受到惩罚。”[②]在工程的实施过程中，应大力发展和应用生态技术。生态技术是成熟地应对环境危机的技能，以生态科学为基础，“新技术的‘最高生产率和盈利能力的经济标准服从于社会的生态标准’”。[③] 生态技术是动态的、不断发展的技术工程体系。因此，工程必须是生态工程，工程人员必须实现工程的经济效益、生态效益和社会效益的最大化。

5. 工程是一个复合系统

工程是通过研究与实践应用密切相关的自然科学和人文社会科学等学科的知识，来实现修建和改造水利、土木建筑、机械、仪器等工程，是一个复杂的组织系统和社会化系统。随着科学技术的飞速发展，人类实施的工程规模越来越大，上天入地几乎无所不能，现代工程的复杂程度也日益增大。从工程决策到组织实施，都需要各方的齐心协力，既有决策层、技术人员，还有施工建设者等。一个工程往往有多种技术、多个方案、多种路径可被选择。如何利用最小的投入获得最大回报，取得良好的经济效益和社会效益，这就要求工程努力实现在现有的限制条件下的优化和集成。在工程的设计、施工过程中，努力根据现有的技术和制约条件寻求和实现工程的综合效益的最大化，这是工程实施的核心问题。

（三）工程的建设

我们应该在“科学——技术——工程——产业——经济——社会”的“链条”和“网络”中认识和把握工程的问题。对科学和技术来说，工程发挥“集成”的作用；对产业和经济来说，工程是“基层单位”和“构成单位”，产业是由工程“集聚”而

---

① 殷瑞钰等：《工程哲学》，高等教育出版社 2007 年版，第 200 页。

② 习近平：《坚持节约资源和保护环境基本国策 努力走向社会主义生态文明新时代》，载《人民日报》2013 年 5 月 29 日，第 1 版。

③ 梁飞：《高兹资本主义核电技术批判理论及其当代价值》，载《学术探索》2012 年第 1 期。

形成的。产业是"整体"概念,工程是"个体"概念。应该注意研究"工程链"、"工程群"和"工程网络"等方面的问题。在工程这个链条中,工程与技术、工程与产业的关系最密切,是人们首先应当探讨和把握的重点问题。关于工程的决策和实施问题的理论分析,许多人认为仅仅是工程自身的问题,但事实上,工程问题在很大程度上是个社会问题。这突出表现在为什么实施和如何实施工程上。在决策层面上,科学的决策怎么样实现?有效技术如何确定等都有深刻的社会意蕴。工程哲学的核心和灵魂是"理论联系实际,密切联系群众",既要实现精品工程、优质工程,又要使人们受益、社会增效。

(四)工程的作用

"工程是现实的、直接的生产力,是人类最基础的改变世界的物质实践活动。"①工程活动是社会存在和发展的基础,现代化过程在很大程度上也是进行现代工程建设的过程。工程活动不只是技术层面的操作活动,而且是经济、文化、环境等综合作用的社会活动。工程活动是进行直接物质创造的活动,工程活动的本质是集成技术要素和其他要素实现优化的价值目标,其"结果"是直接的物质财富,它不但直接关系到"工程主体"的利益而且关系到社会许多方面的利益。工程要实现最佳决策,必须要有合理的工程理念和工程意识作支撑。"以人为本"的理念是一个基本理念,工程建设必须"以人为本",不能"以物为本"。

一个重大工程,不仅要考虑其经济价值,而且要考虑其生态价值、社会价值、艺术价值;不仅要考虑其眼前的价值,还要考虑其长远的价值、历史价值。而这些都关系到人的发展观问题。重大工程案例分析和工程史研究是工程哲学的"基础性"工作。比如,国外的曼哈顿工程、阿波罗登月工程,我国的三峡水利工程和"神五"航天工程、西气东送工程等,都是可以作为案例进行专题研究的。我们不仅要总结成功工程的经验,也要分析失败工程的教训。重大工程案例分析和工程史研究是开展工程哲学研究的突破口。

三、工程哲学与工程法学的关系

工程法学是随着现代工程经济与科技的发展而出现的一门新兴的法学交叉学科。它通过跨学科研究,系统、综合地研究现代工程营建与政府管制中的法律现象及其规律,其主要特色是学科之间的交叉融合。这种学科交叉既涉及法学之外学科之间的交叉,也涉及法学之内学科之间的交叉。法学之外学科即与工程相关的土木、建筑、管理、投资、保险等学科;法学之内学科即行政法、民法、刑法等部门法学学科。这种独特的研究方法与研究对象使工程法学日益成为一门独立的法学边缘学科。

---

① 李伯聪:《工程哲学在21世纪的兴起》,载《中国社会科学报》2016年4月19日,第5版。

(一)工程哲学和工程法学是一般和个别的内在关系

工程哲学与工程法学是现代社会不可或缺的两项基本活动,工程哲学就是沟通工程和哲学的一个桥梁。工程哲学具体体现在人类赖以生存的物质文明的建设进程中,要着重在工程活动中反思并贯彻"人的全面发展"和终极关怀的精神,使工程由哲学层面实现从"征服自然观"到"合法工程观"的理念变迁。而工程法学则是从法学的视角对工程的全过程进行审查和审视,是对工程哲学的进一步具体化和法制化。

(二)技术、法律与工程是工程法学得以成立的基础

技术、法律与工程,这是三类既有密切联系又有本质区别的社会活动。工程是成熟技术应用,但并不是相关技术的简单堆砌和剪贴拼凑,而是科学要素、技术要素、经济要素、管理要素、社会要素、文化要素、制度要素、环境要素等多要素的集成、选择和优化,这些都关涉一系列的法律问题。工程法学需要在法律上科学地界定技术与工程的关系,确认以及保护它们之间的转化关系,强调"工程化"环节对于转化为直接生产力的关键作用、价值和意义,强调维护实现工程科学、工程技术和工程实践活动的和谐有序。从知识层面看,"工程位于'技术——工程——产业——经济——社会'的知识链和知识网络的中心位置,工程是知识转化为现实生产力过程中的关键环节"。[①] 对于技术来说,工程发挥集成的作用,而这种集成还有赖于工程法学的指导和支撑。对产业和经济来说,工程是构成单元,各类相关工程的关联、集聚就形成了各种不同的产业。因此,现代工程活动需要在相关知识网络链接的大背景中,研究和总结工程活动中所遇到的各类事物和现象,要受到法律的审视、规范和保护。

(三)法治理念和价值观是工程活动的总体观念和基本要求

法治理念和价值观是人们对工程活动所形成的总体观念和基本要求的重要组成部分。

法治理念和价值观必然渗透到工程活动的全过程,并深刻影响着工程战略、工程决策、工程规划、工程设计、工程建构、工程运行以及工程管理的各个阶段和环节。只有从法学的理念和价值观的高度重新审视各类工程,才能创造出更加美好的工程和工程世界。近代以来,工程往往被不恰当地视为人类征服自然、改造自然的活动,对工程活动可能产生的长期的、多方面的生态效应和各种风险估计不足,这种"征服自然"的工程理念已经对工程实践产生了严重的负面影响。中国工程院院士、原武汉大学校长刘经南指出:"工程直接关系到大众的利益和社会的福祉,工程决不是、也决不能成为一个被专家垄断的领域,工程活动必须得到公众的理

---

① 殷瑞钰:《科学发展观中的工程哲学》,载《中国科技奖励》2011 年第 5 期。

解,也必须有公众的参与。”①公众作为重大工程创新的利益相关者,有权以适当方式参与有关工程创新的决策和实施过程。社会应鼓励公众真正作为有资质的行动者,介入重大工程的决策、设计和价值评价过程,从而促成重大工程决策的科学化、民主化,从根本上将未来可能发生的利益冲突尽量解决在工程实施之前,并使可能产生的负面影响尽量消灭在萌芽之中。新的工程理念和工程观要求工程活动必须建立在遵循自然规律和社会规律的基础上,遵循社会道德、社会伦理以及社会公正、公平的准则,坚持以人为本、生态环保、促进人与自然、人与社会协调发展的理念。

① 刘经南:《搞建设要讲“工程哲学”》,载央视网:http://news.cntv.cn/20110626/109859.shtml,最后访问日期:2018年1月12日。

第三章　工程法学的法哲学基础

法哲学是法学的一般理论、基础理论和方法论。① 20世纪美国著名的法哲学家庞德(Roscoe Pound,1870～1964)曾经指出:"从古希腊思想家们提出权利正当性问题到当代法哲学家们提出社会控制目标、伦理基础和永恒原理问题的两千四百年来,在关于人类制度的所有社会科学的研究中,法哲学一直占据着主导地位。"②工程法学作为法律科学中的一门学问,其研究也必然深受法哲学的影响。

第一节　法　哲　学

法哲学是怎样一门学科？其研究对象和范围是什么？它与其他学科的关系如何？前述三个问题是了解法哲学的起点。下文将对此作出简要阐释。

一、法哲学是什么

(一)法哲学与法理学

法哲学属于应用哲学,这门学科的主旨是对法的一般基础和发展规律进行哲学反思。正因如此,法哲学成了法学与哲学的一门中间学科,它植根于法学,并与哲学相连,是一座沟通哲学和法学的桥梁。由于法哲学具有前述双重学科属性,哲学家将其归入哲学体系,法学家则将其归入法学体系,这使有关法哲学的理论既见之于哲学家的著述,也见之于法学家的著述。

上述意义的"法哲学"与"法理学"是同一概念,可以互相代替,其内容是一元的,而非二元的。"法哲学"一词,从语源上考察,其源于德国近代哲学。作为包罗万象的知识体系的德国近代哲学,试图将自身建构成"科学之科学"。在这种背景下,关于法律的哲学(法哲学)自然而然地就成了哲学的组成部分。因此,也就有了"法哲学"或"法律哲学"的概念。"法理学"一词,从语源上考察,其源于拉丁语"jurisprudentia",其最初意指"法律中的技术"或"法律的知识"。在古罗马时期,法学家们用"jurisprudentia"指称"有关正义或非正义的概念"和"人或神的事务的概念",大体上相当于后世所言的广义的法学或法律科学。

---

① 参见张文显:《二十世纪西方法哲学思潮研究》,法律出版社2006年版,第5～6页。

② [美]罗斯科·庞德:《法理学》(第1卷),邓正来译,中国政法大学出版社2004年版,第12页。

最早使用“法哲学”这一概念的是德国哲学家莱布尼茨(Gottfried Wilhelm Leibniz,1646～1716)。此后,德国哲学家康德(Immanuel Kant,1724～1804)、黑格尔(Georg Wilhelm Friedrich Hegel,1770～1831)等沿用“法哲学”这一概念,用来指称“以法律为内容的哲学部门”。黑格尔的名著《法哲学原理》的出版则使“法哲学”这一概念在西方各国得以广泛传播、认可和使用。从当时的情况来看,“法哲学”一词的使用是法学尚未从哲学中分化出来的一种表现。后来,随着学科的精细化发展,法学从哲学中分化出来,“法哲学”一词便主要意指关于法的一般理论和方法论。由此一来,其便与英美法学界通常使用的“法理学”一词具有了相同的意涵。

分析法学派早期的代表人物,英国法学家奥斯丁(John Austin,1790～1859)曾将自己的讲演命名为《法理学或实在法哲学讲演》(*Lectures in Jurisprudence, or Lectures on the Philosophy of Positive Law*),综合(统一)法学派的代表人物、美国法学家博登海默(Edgar Bodenheimer, 1908～1991)将其代表性著作定名为《法理学——法律的哲学及其方法》(*Jurisprudence—The Philosophy and Method of the Law*),均已表明法哲学和法理学是同一学科。

不过,也有学者认为,法哲学和法理学是有区别的。例如,美国著名的法学家庞德认为:“哲理法理学是法律科学的一个方面,它由哲学方法组成,其主要任务是研究法律的理想成分以及对法律制度、法律学说展开哲学批判。法律哲学是实用哲学的一个方面,它是适用于法律秩序及其问题的实用哲学,是适用于维护法律秩序所依赖的权威性法律文献的实用哲学。”①实际上,庞德针对法哲学和法理学所做的区分,除了说明法哲学和法理学分属于哲学和法学这两个学科之外,并无其他创见。

(二)法哲学的意涵

“法哲学”一词,在西方的学术脉络中,一般在两个意涵上被使用,其一是指称思想体系,其二是指称学术领域。

1. 思想体系意涵上的法哲学

在思想体系的意涵上,法哲学作为整体社会意识形态的组成部分,是关于制度层面的法律和实践层面的法律在认知和评价等方面的观念系统。意识形态是指“反映一定社会物质基础的政治、法律、哲学、道德、艺术和宗教等社会学说的完整的思想体系,其目的是建立或巩固一定的政治制度,维护本阶级或集团的根本利益。它是一定社会统治阶级或集团的政治纲领、行为准则、价值取向和社会理想的理论依据”。②

---

① [美]罗斯科·庞德:《法理学》(第1卷),邓正来译,中国政法大学出版社2004年版,第7～8页。

② 张文显主编:《法理学》(第4版),高等教育出版社2011年版,第17页。

在法律已然渗透于社会生活方方面面的现代法治国家中，法哲学作为社会意识形态的重要组成部分，其必然具有社会意识形态的全部属性，并发挥着社会意识形态的巨大功能。正因如此，很多国家的法学教育都十分重视法哲学。曾经担任过美国总统的尼克松（Richard Milhous Nixon，1913～1994）回忆说，他在北卡罗来纳州的杜克大学学习时，由于有以后涉足政坛的理想，便选修了他认为最有价值的一门课程——朗·富勒（Lon L. Fuller，1902～1978）博士讲授的法哲学课。尼克松认为，对于有志于参与公共生活的法学院学生而言，法哲学是一门基础课，原因在于，公职人员不仅需要知道法律是怎样的，还需要知道法律是怎样成为这样的以及为什么会成为这样的。① 在我国，有关法律专业最重要的两类国家性考试——全国统一司法考试（2018 年更名为国家统一法律职业资格考试）和法学（法律）硕士研究生入学考试，均将法理学（法哲学）作为重要的考试科目。

2. 学术领域意涵上的法哲学

在学术领域的意涵上，法哲学是法学体系中最抽象的理论。作为法学体系中最抽象的理论，法哲学是法学的一般理论、基础理论和方法论。

（1）法哲学是法学的一般理论

法哲学与部门法不同，部门法是以某一具体的法律部门所涉及的法律现象作为研究对象，而法哲学则是以“一般法”即整体的法律现象作为研究对象。首先，“一般法”是指整个法律领域，既包括宪法及宪法相关法、民商法、经济法、行政法、社会法和刑法等实体法领域，也包括诉讼与非诉程序法领域。其次，“一般法”是指法律“从无到有”以及“从有到活”的全部过程，既包括法律的制定过程，也包括法律的实施过程（法律的适用、法律的执行、法律的遵守）以及对法律制定和实施的监督过程。最后，“一般法”是指古往今来的一切法，既包括曾在人类社会中存在的现今已然消亡的法律，也包括当今正在适用的法律，甚至还包括人类社会在未来将要制定的法律。

法哲学以“一般法”作为研究对象，一方面，其意欲通过综合考察自古及今一切类型的法律以及其在各个阶段的发展状况，从而在宏观层面上探究法律发展的一般特征及规律；另一方面，其意欲通过综合考察整个法律领域以及法律运行的全部过程，从而在抽象层面上分析法学范畴的联系及差异。从而在法律史学和比较法学的意义上，为当下的法律制度提供参照和镜鉴，并在宏观和抽象层面上，为各个部门法的发展提供指导和解释。正因为法哲学以“一般法”作为研究对象，它也被一些学者称为“法的一般理论”。②

（2）法哲学是法学的基础理论

法哲学以“一般法”作为研究对象，但其并不是研究一般法的全部内容，而只

① 参见沈宗灵：《现代西方法理学》，北京大学出版社 2005 年版，第 12 页。

② ［奥］凯尔森：《法与国家的一般理论》，沈宗灵译，中国大百科全书出版社 1995 年版，第 1 页。

是研究包含在一般法中的普遍性和根本性问题。在法学的知识体系中,法哲学居于最高层次,它承担着探讨法的普遍原理和一般规律,为法学的其他学科提供思想指导和理论根据的任务。它通过系统地阐释法的概念和理论,来引导人们正确理解法的性质和作用。它提供的不是关于法律的具体知识,而是关于法律的一般思想。

法哲学研究的是法学理论和法律实践中具有根本性的问题。例如,在本体论中,法哲学研究法"是什么"的问题;在价值论中,法哲学研究法"应当是什么"的问题;在发展论中,法哲学研究法是"怎样产生以及如何演进"的问题;在运行论中,法哲学研究法是"如何制定并怎样落实到现实生活中"的问题;在关联论中,法哲学研究法是"如何与社会中的其他现象发生联系"的。法哲学对前述相关问题的探讨,为各部门法学解决其具体问题提供了思想前提和理论前提。在研究包含于一般法中的普遍性和根本性问题的同时,法哲学还负担着概括和阐述法学基本范畴的任务,这些基本范畴包括法、法律规则、法律原则、法律权利、法律义务、法律主体、法律行为、法律关系、法律责任、法律解释、法律推理、法律论证、法律价值、法治等。前述范畴是各个部门法学所共同的。从法哲学所探讨的论题可以看出,法哲学是法学体系的理论基础(foundations of legal theory)或法学的基础理论(basic theory of law)。

(3)法哲学是法学的方法论

法哲学既是法学的一般理论和基础理论,也是法学的方法论。方法论是与本体论相对应的概念,本体论回答的是,是什么的问题,方法论回答的是,怎么办的问题。一系列方法按照一定的规则组成的整体,即为方法论,换言之,方法论是关于方法的理论。法学发展的历史表明,研究方法的有效性,对法学研究的进步至关重要。原因在于,研究方法在很大程度上影响着主体的志趣、论题的设计、资料的取舍以及推理的展开。由此,研究方法的有效与否直接关系着研究任务能否顺利完成。

科学的研究方法在研究主体与研究对象之间铺设起了通道,架设起了桥梁。在法学研究领域,任何一个法学流派,其能够在众多法学流派中独树一帜,占有一席之地,表现出其理论的特色和优势,一定是得益于其研究方法所具有的特色和优势。在法学的发展史上,法哲学领域的变革往往是由法学方法论的更新引起的。随着时间的推移,法哲学中的许多具体观点会因为社会的变革、制度的调整、思想的变化而归于沉寂甚或消亡,但研究问题的方法却能够长久地保留下来。因此,方法本身也就成为法哲学的研究对象。当然,在有关方法问题的研究中,法哲学侧重考察法学的根本方法和基本方法,而把对具体方法的研究工作留给各个部门法学。

二、法哲学的研究对象和范围

作为法学的一般理论、基础理论和方法论,法哲学的研究对象极其广泛。对此,中西方学者的观点也不尽相同。

(一)西方学者的观点

曾经担任过美国政治哲学和法律哲学协会会长的美国法学家霍尔(Jerome Hall)认为,法哲学由四大板块构成:其一,是本体论,主要研究法律的基本概念问题。其二,是价值论,主要研究法律强制,尤其是法律强制的伦理问题。其三,是形式论,主要从逻辑角度研究法律术语、法律规则以及法律裁决等问题。其四,是社会论,主要研究法律规范的目的、应用和效果问题。霍尔认为,法哲学所研究的前述四个方面的问题是紧密联系的,并且它们是以对本体论问题的研究为中心的。①

牛津大学法理学教授,英国著名的法学家哈特(Herbert Hart,1907 ~ 1992)认为,法哲学关心的是有关法律的思想(thought),而不是有关法律的知识(knowledge)。法哲学是"关于法律的普遍本质的思考",其研究的基本问题包括定义问题、分析问题、推理问题、批评问题。②

英国法学家沃克(David M. Walker)曾经编写过一本叫做《牛津法律指南》的工具书。在该书中,沃克指出:法哲学是"从哲学的观点来研究法或者把哲学适用于法律问题的一个学科。法哲学的论题包括:法的定义、性质、目的,法律推理,法律的遵守,法律和国家、社会、道德的关系,等等。法哲学必然同政治哲学、道德哲学以及社会哲学互相联系和部分重合"。③

《法律与哲学》(其为国际法理学和法哲学的会刊)将法哲学界定为:"对法律进行的具有法律内容的哲学思考,或根据哲学观点和方法进行的法律分析。"该刊列出的法哲学论题包括:法的理论、法律的概念、法律的性质、法律效力、责任和惩罚、道德与法律、正义与法律、法律推理、司法、法律职业道德、义务和不服从、法律对哲学的影响、法律与政治的关系、法律与其他社会制度的关系、关于法律问题的经济学分析等。④

(二)中国学者的观点

在我国,学者们一般认为,法哲学的研究对象,可以概括为两类关系:一类是法律现象内部的关系,另一类是法律与其他社会现象之间的关系。⑤ 美国法学家帕特森(E. Patter Son)认为,法哲学由"general theory of law(法的一般理论)"和

---

① 参见沈宗灵:《现代西方法理学》,北京大学出版社 2005 年版,第 3 页。

② See *The Encyclopedia of Philosophy*, The Macmillan Publishing Company & The Free Press, 1967, p. 567.

③ *The Oxford Companion to Law*, Oxford University Press, 1980, p. 746.

④ 参见张文显:《二十世纪西方法哲学思潮研究》,法律出版社 2006 年版,第 10 页。

⑤ 张文显:《法哲学范畴研究》,中国政法大学出版社 2001 年版,第 4 页。

“general theory about law(关于法的一般理论)”两部分构成。[1] 这一认识与我国学者的前述观点是一致的。易言之,法哲学是围绕着两类问题进行研究的:一类是关于法律的内在方面,另一类是关于法律的外在方面。

关于法律内在方面的研究,界定法律的范围,分析法律的概念,厘清法律体系各个组成部分之间的关系。它统领宪法及宪法相关法、民商法、经济法、行政法、社会法、刑法、程序法等法律部门,分析它们的共有概念和一般规律。在此基础上,为制定和实施现行法提供理论指导,为分析和解决部门法问题提供一般参照。

关于法律外在方面的研究,包括研究法与政治的关系(尤其是法与国家和民主的关系),法与经济的关系(主要是法与市场经济的关系),法与文化的关系(尤其是法与道德、宗教和传统的关系),以及法与社会的关系(主要是法与社会的综合治理问题)。徒法不足以自行,法律问题的解决,往往需要借助法律以外的其他社会控制手段,往往需要借助法律以外的其他社会智识资源。

当然,前述有关法哲学的研究对象和范围的观点,是就整体的法哲学学科而言的,而不是指某个个别的法哲学家的理论体系。由于文化传统、教育背景、生活阅历、工作环境、个人志趣等方面具体差别的现实存在,不同的法哲学家为自己确定的具体研究对象是极为不同的。[2] 在这一意义上,甚至可以说,有多少位法哲学大家,就有多少种法哲学体系。

特别值得注意的是,近年来,在我国的法学研究中,法哲学逐渐扩大和深入到具体的法律领域之中,出现了一批立基于法哲学层面、运用法哲学方法探讨部门法的一般理论的著述,王利明教授的《法律解释学》和陈兴良教授的《刑法哲学》便属此例。这些法哲学著述对部门法的发展规律、价值基础、伦理基础、社会基础等问题进行了哲学反思,提供了联结法哲学与部门法学的纽带。

三、法哲学与其他学科的关系

科学既是人类认识世界的成果,也是人类改造世界的工具。以研究对象为标准,科学可以分为自然科学、社会科学和人文科学等三大类。每一类又可以细分为一系列的科学部门。不同的科学部门之间还存在若干门类的边缘科学。各门科学均以特定的客体作为研究对象,它们正是因为研究对象的不同而得以区别开来;同时,由于研究对象所具有的共性,它们又得以相互联系。包括法哲学在内的法学属于社会科学中的一个门类,因此,法哲学也处于前述那种既相互区别又紧密联系的关系当中。一方面,法哲学积极吸收其他学科的认识成果用以审视自身,从而既能够更为深入地挖掘法的本质和价值问题,也能更为全面地分析法的外在方面和客观倾向。另一方面,法哲学也以自身的认识成果积极推动其他学科的产生和发展。

---

① See *Patterson*, *Jurisprudence—Men and Ideas of the Law*, The Foundation Press, Inc., 1953, p. 2.

② 参见沈宗灵:《现代西方法理学》,北京大学出版社 2005 年版,第 69 页。

综合审视法哲学的产生和发展历程,可以发现其与哲学、政治学、经济学、社会学、历史学、逻辑学等学科的联系极为密切。

(一)法哲学与哲学

哲学是基于对人类知识进行总结和概括而产生的一个学科。哲学意欲探求的是自然界、社会和人类思维领域发展的一般规律,而非某一特殊领域的具体规律。在知识阶梯中,哲学居于最高层次,正因如此,无论何种流派的法哲学,均会以某种哲学作为自身的理论基础。在人类的思想史上,哲学曾经以"科学之科学"的面目自居,企图独立地创立一个知识体系,包罗万象。例如,德国古典哲学家黑格尔就曾经明确宣布,"法学是哲学的一个部门"①。在这种境况下,作为法学的一个组成部分的法哲学自然只能被当作这一体系中的一个环节。即便后来包括法哲学在内的法学从哲学中分化出来,成为独立学科之后,法哲学与哲学仍存在千丝万缕的联系。

法哲学从产生之初起,便一直深受哲学的巨大影响。这种影响突出地表现为,哲学体系的每一次更新,都会引起法哲学研究方法的更新;哲学中每一种新的较有影响的流派的出现,都会引起法哲学中新流派的出现或既有流派的变化。例如,分析法学派是随着哲学中实证主义流派的出现而出现的,又是随着哲学中实证主义流派分化出语义分析哲学而由"分析法学派"转变为"新分析法学派"(语义分析法学派)的。② 至于新黑格尔主义法学、行为主义法学、存在主义法学等,则更是随着相应哲学的产生和发展而产生和发展的。

(二)法哲学与政治学

作为一门社会科学的政治学,其研究对象是政治现象及其规律。政治学的研究范围极为广泛,具体包括政治理论、政治本质、政治规范、政治结构、政治权力、政治决策、政治权利、政治组织、政治动力、政治运行、政治秩序、政治文化、国际政治等内容。在法治国家,法是进行政治活动的常规形式,也是实现政治目标的常规手段。在现代社会,民主政治即法治政治。政治必须遵循合法性原则,在合法的权限内通过合法的程序来运行。就此而言,在当今法治国家,法和政治具有内在的统一性,也正因如此,以法律现象为研究对象的法哲学和以政治现象为研究对象的政治学便紧密地联系起来。也正是在这一意义上,有学者称,法哲学和政治学是一个硬币的两面。③

在历史上,法哲学和政治学曾经长期保持着"你中有我,我中有你"的关系。例如,在古希腊,柏拉图(Plato,公元前 427 年 ~ 公元前 347 年)和亚里士多德

---

① 参见[德]黑格尔:《法哲学原理》,张企泰、范扬译,商务印书馆 1997 年版,第 29 页。

② 参见张文显:《二十世纪西方法哲学思潮研究》,法律出版社 2006 年版,第 435 页。

③ 参见张文显主编:《法理学》(第 4 版),高等教育出版社 2011 年版,第 25 页。

(Aristotle,公元前 384 年 ~ 公元前 322 年)就经常将法和政治放在一起进行论述,这方面的典型实例见之于《理想国》和《政治学》。在中世纪,万流归宗,哲学、法哲学以及政治学均附庸于神学。直到资产阶级革命时期,这些学科才逐步从神学中分化出来。不过,法哲学和政治学的关系仍然十分紧密。

被誉为资产阶级革命总设计师的古典自然法学家们,无一例外地身兼法学家和政治学家的角色。他们的著述同时包含法哲学和政治学两方面内容,这里典型的实例,如英国洛克(John Locke,1632 ~ 1704)所著的《政府论》、法国卢梭(Jean Jacques Rousseau,1712 ~ 1778)所著的《社会契约论》以及法国孟德斯鸠(Charles Louis de Secondat Montesquieu,1689 ~ 1755)所著的《论法的精神》。美国法学家弗里德曼(Lawrence M. Friedman,1930 ~)曾精辟地对这一时期的法学与哲学和政治学的关系进行了阐释。弗里德曼指出:法律理论一方面与哲学相连,另一方面与政治学相连。有时,法学以哲学为基点,政治学发挥第二位的作用;有时,法学以政治学为基点,哲学则发挥第二位的作用。不过,无论法学以何种形式与哲学和政治学结合,法律理论一定既包含哲学的因素,也包含政治学的内容。这一时期的法学家,有的最初是哲学家,他们进行法律研究,是为了完成其哲学体系或参与政治制度建设,并因此而成为法学家;有的最初是政治家,他们从事法律研究,是为了运用法律的形式表达政治主张,并因此而成为法学家。①

直到 19 世纪以后,法学和政治学才各自独立,成为专门的学科。尽管如此,法哲学和政治学仍然保持着紧密的联系,原因在于,现代法治国家的许多问题,诸如国家、政府、政党、分权和制衡、民主与法制、公民与国家的关系、立法政策、政治程序等,是法哲学和政治学均需面对的问题。

(三)法哲学与经济学

经济学是一门以经济规律和经济关系为研究对象的科学。分为微观经济学、宏观经济学、政治经济学、市场经济学、技术经济学、数量经济学等。按照马克思主义的观点,经济基础决定上层建筑。由此,以经济基础作为主要研究内容的经济学必然与以上层建筑的重要组成部分即法律现象为主要研究内容的法哲学存在紧密的联系。

历史上,资产阶级法学家曾长期忽视法与经济的联系,并据此否定经济学对法律现象的解释力。这一做法,与 20 世纪以前自由放任的经济理论是相适应的。人类社会进入 20 世纪以后,以科学技术为代表的生产力的社会化和国际化程度空前增强,自由资本主义的弊端不断暴露,资本主义社会的基本矛盾不断加深,这迫使资本主义国家担负起经济“总调节器”和“总指挥者”的职能,国家直接地、经常地、大量地介入经济生活,各类调整经济关系的法律法规也被制定出来并迅速实施。

---

① See M. Friendmann, *Legal Theory*, (Fifth Ed.), Columbia University Press, 1967, pp. 3, 19.

这一情况在很大程度上冲击了传统的法律理论。[①] 此后,法学家开始重视法律的经济职能,并将其作为一种基本的法律现实加以研究。这就把法学,特别是法哲学与经济学联系在一起了。

将经济学的理论、方法引入法学领域,可以丰富人们看待法律现象的视角,增加人们解决法律问题的手段。特别是政治经济学理论和方法的引入,更是有助于人们从宏观层面解释法律制度和推动法制变革。

(四)法哲学与社会学

社会学的创立,已有一百多年的历史。在创立之初,社会学是以整个社会作为研究对象的。后来,随着政治学、经济学、法学、教育学等学科的独立和成熟,社会学自觉收缩自己的研究领域,逐步将研究重心放在社会结构和进程等宏观问题上。这些问题包括社会规范、社会组织、社会关系、社会制度、社会文化、社会和谐与冲突、社会越轨与控制、社会运动与变迁等。

法哲学与社会学的关系相当密切。一方面,法哲学是以社会现象之组成部分的法律现象作为研究对象的;另一方面,社会学研究也会大幅度地涉及社会中的法律问题。因而,法哲学和社会学共同论题的范围相当广泛。例如,法律的社会根源,法律效力的社会标准,法律的社会实效,法律的社会化,法律行为的社会基础,社会变迁中的法律变迁,法律与社会秩序,法律与社会冲突,法律观念的社会基础,法律与意识形态,法律的实施与社会舆论,法律职业的社会化,法律制度的变革等。

正是由于法哲学和社会学有着广泛的共同论题,在学术领域便产生了将二者结合起来的需要,这一需要推动了法律社会学这一交叉学科的产生和发展。法律社会学的产生和发展是20世纪法学领域的伟大成就之一。该学科以理论模型的设计、实证分析和经验考察的结合为方法论,注重研究法律角色、法律运作、法律文化和法律实效等问题,以积极的姿态参与法制建设进程,推动法制现代化。

(五)法哲学与历史学

历史学是一门以人类社会发展过程及其规律为研究对象的科学。法哲学与历史学有着密切的联系。这主要表现在以下四个方面:

其一,法律的生命不仅是逻辑,更重要的是经验。[②] 而经验总是时间维度中的经验。历史学在探究古今之变、研讨盛衰之道的过程中,也以时间顺序和历史事实,再现不同国家怎样分配社会的利益(权利和权力)和负担(义务和职责),以及如此分配的依据和由此产生的社会效果,也会再现历代思想家对待法律遗产的态度。同时,从一个较长的时间段来看,历史还会向我们呈现不同时代法律权利和法律义务的变化过程及基本特征。这些都有助于我们更全面、系统地看待法律。因

---

① 参见张文显主编:《法理学》(第4版),高等教育出版社2011年版,第13页。

② 参见[美]奥利弗·温德尔·霍姆斯:《法律的道路》,张千帆等译,载《南京大学法律评论》2000年第2期。

此,法哲学家们都十分重视对历史学研究成果的参考和借鉴,注重从中汲取营养来丰富自己的理论。

其二,法律是历史的产物。人类社会的重要变革,往往会和法律相关。费特利克·凯尔编辑的《世界伟大文献汇编》一书,一共收集了 30 份世界性的重要文献,其中,有 1/3 是法律文献。它们包括公元前 1700 年的《汉谟拉比法典》、公元前 590 年的《梭伦法典》、1215 年的《英国大宪章》、1625 年的《论国际秩序》、1776 年的《独立宣言》、1787 年的《美国宪法》、1789 年的《人权宣言》、1804 年的《拿破仑法典》、1945 年的《联合国宪章》等。这些文献在人类历史中被看作一个个里程碑。不认真研习这些文献,就不可能全面地理解历史。这也从一个侧面说明了,历史学对社会进程中法律因素的探究有助于法哲学开展法律的历时性研究工作。

其三,法哲学中涉及的范畴、理论、学派、学说也都是历史的产物,它们都有其演变过程。只有细致地了解它们的演变过程,才能准确而深刻地把握它们。德国教育学家哈尔拿克曾说:"不要忽视历史……任何重要的科学真理都不会是一种露骨的事实;每个科学真理都有其丰富的经历,而它的文化价值正因此而被赋予。只满足于结果而不关注过程的人就像只会种插花的园丁。"①哈尔拿克的这段话深刻地说明了在法哲学的研究中,历史维度的重要性。

其四,法学可以借鉴历史学最重要的研究方法——实证研究方法。实证研究方法,是指建立和检验知识性命题的方法。具体又可分为社会调查法、历史研究法、比较研究法、逻辑分析法和语义分析法。将实证研究方法引入法哲学,有助于克服研究中容易出现的形而上学倾向和唯心主义倾向,有助于把研究结论建立在切实可靠的实证材料的基础之上,从而有助于研究结论经受得起实践的检验。

(六)法哲学与逻辑学

逻辑学是以人的思维及其规律为研究对象的科学。法律运行的各个环节均离不开逻辑问题,故而法哲学和逻辑学的关系非常密切。法哲学与逻辑学共同关注的焦点问题是法律概念、法律判断、法律推理和法律论证。下面仅以法律推理中的形式推理为例,简要描述一下法哲学与逻辑学的联系。

法律推理是法律人从若干已知前提中推导出法律结论的思维过程。这些前提包括法律事实、法律规则、法律原则、判例等。法律推理分为形式推理和实质推理(或辩证推理)两种类型。形式推理与实质推理的区别在于,前者有较为确定的前提和大体确定的结论。

形式推理包含三种典型形式,即演绎推理、归纳推理和类比推理。法哲学中涉及的演绎推理是以法律规定为大前提,以案件事实为小前提,从而推导出唯一确定

---

① [德]弗里德里希·包尔生:《德国大学与大学学习》,张弛等译,人民教育出版社 2009 年版,第 35 页。

的结论的思维形式。[①] 演绎推理是大陆法系的法律适用者在作出法律决定的过程中最常用的推理形式。演绎推理需要严格遵循逻辑学中的"司法三段论"推理规则。法哲学中涉及的归纳推理,一般是以若干具有某些相同点的案例为前提,从中推导出普遍适用的一般性规则的推理形式。运用归纳推理也需遵循相应的逻辑规则,如尽可能保证推理前提的相似性和代表性。法哲学中涉及的类比推理,一般是以一个或若干类似的案例与待处理的案件进行比较,寻找被比案例与类比案件的异同,从而参照已有案例对待处理案件作出法律处理决定的思维形式。运用类比推理同样需要遵循相应的逻辑规则,如尽可能保证被比案例与类比案件具有可比性,全面分析被比案例与类比案件的各个关键异同点等。

从以上所举的有限的实例可以看出,为了解决法律的适用问题,法哲学家必须借助逻辑学知识。当然,逻辑学家为了保证其理论与社会生活的关联性,也常常到最具辩证意义的法哲学中汲取营养。于是,法哲学与逻辑学便具有了相互借鉴、共同发展的基础。近一百年来,有关法律逻辑、实践理性、语义分析的著述大量涌现,便是法哲学与逻辑学相互借鉴、共同发展的证明。

第二节 工程法学的价值目标

学者丹尼尔·贝尔(Daniel Bell,1919 ~ 2011)把人类历史划分为三个发展阶段:前工业社会、工业社会和后工业社会。工业社会是指以工业生产为经济主导成分的社会,从时间上来看,大约是蒸汽机出现之后到 20 世纪七八十年代电子信息技术广泛应用之前。此后为后工业社会,亦即学者贝克(Ulrich Beck,1944 ~ 2015)所言的风险社会。我国作为一个后发现代化国家,共时性地经历着一些历史性问题,具体到社会发展阶段层面,我国当下,兼具工业社会和风险社会的双重性质。工业社会最为重要的价值是平等,而风险社会最为重要的价值是安全。

一、工业社会和风险社会

"全球化"时代并不是对此前西方现代性的简单延续或展开——其在对既有的国家制度或边界形成冲击的同时,还致使"世界结构"发生了根本性的变化。该变化表现为,"全球化"时代建构出了第一现代世界和第二现代世界这两个不尽相同的世界。第一现代世界,主要是指资本主义"工业—民主"社会在"全球化"时代的扩展过程,其主要表现形式是经济、政治和文化以跨越国家边界的方式在"全球"的展开。第二现代世界,主要是指被贝克等论者所称的"风险社会"或"生态社会"。"第一现代世界"(或称"工业社会")与"第二现代世界"(或称"风险社会")的界分,套用贝克的话,便是:"阶级社会的驱动力可概括为:我饿! 风险社会的驱

① 参见张文显主编:《法理学》(第 3 版),法律出版社 2007 年版,第 144 页。

动力可表达为：我害怕！”

工业社会最为重要的价值是平等，而风险社会最为重要的价值是安全。在当今学术界，以“平等”为首要价值，进行系统性理论建构的，当首推罗尔斯的正义理论；以“安全”为首要价值，进行系统性理论建构的，当首推贝克的风险社会理论。为了揭示作为工程法学价值追求的平等与安全的基础性理论内涵，本节尝试就罗尔斯和贝克的理论进行一些简要的介绍和比较。

1986 年，德国社会学家贝克用德文发表了《风险社会：走向新的现代性》这一著作，该著作很快引起了人们的关注。1992 年，该书被翻译成英文出版，随即得到广泛传播，并被公认为风险社会理论的开山之作。在此之前，虽然也有一些学者研究新型社会风险问题，但都没有把风险社会作为一种新的社会结构类型，也没有建立风险社会的完整理论体系。现在关于风险社会的众多讨论，几乎都是从贝克的这本书开始的。在《风险社会》一书中，贝克对风险社会的描述是通过它与工业社会的对比来进行的，作为乌托邦目标，风险社会追求的是安全，而工业社会追求的是平等。

对于平等这一问题作了卓有建树的研究的，我们大概要首推罗尔斯（John Rawls，1921 ~ 2002）。自由和平等是西方政治哲学的两大主题。自由问题包括两个方面——自由价值和自由制度。通过霍布斯（Thomas Hobbes，1588 ~ 1679）、洛克和康德等启蒙思想家的卓越工作，特别是约翰·密尔（John Mill，1806 ~ 1873）的《论自由》和《代议制政府》出版之后，在理论上，自由的问题已经基本解决了。然而平等问题，是直到罗尔斯的《正义论》发表之时，才算得到了认真对待。[①]《正义论》发表之后，产生了举世公认的巨大影响。它不仅在欧美哲学界乃至整个学术界形成了布赖恩·巴瑞所说的“罗尔斯产业”之学术现象，而且，由于它以一种更新西方古典社会契约论和自由主义传统的理论方式，力图为现代社会重建“公平正义”的“道德基础”，因而使它在重新开启西方规范伦理学传统的同时，引发了当代西方学界对个人权利（自由）与社会“共同体”要求、个人价值与社会正义、社会多元与社会统一或稳定、自由与平等、民主与秩序等重大理论课题的广泛讨论。从而形成了当今西方社会政治哲学的繁荣局面。[②]

二、价值目标的提出

罗尔斯的以平等为目标的社会正义理论是针对在西方长期占优势地位的功利主义理论提出的；贝克的以安全为目标的风险社会理论则是在对现代社会的发展所做的预言的基础上提出的。

---

① 参见姚大志：《现代之后——20 世纪晚期西方哲学》，东方出版社 2000 年版，第 9 ~ 10 页。

② 参见［美］约翰·罗尔斯：《政治自由主义》，万俊人译，译林出版社 2000 年版，第 561 页。

（一）平等目标的提出

1. 功利主义的缺陷

罗尔斯在《正义论》一书的序言中称，他要以“公平的正义”理论取代在西方长期占优势地位的功利主义理论。

罗尔斯认为，一个人恰当地调整自己的利益，为了长远的较大利益而牺牲眼前的较小利益是合理的；但若像功利主义主张的那样，把个人的合理选择原则扩大到社会，应用于制度本身，即为了满足多数人的愿望而牺牲少数人的利益，以求达到从总体上看的最大利益和满足的净余额，则是不合理的。因为社会并非一种生物体——它不是一个放大的个人，个人有自己独特的生命，社会并无这样的生命；如果再考虑到每个人只有一次生命这个事实，个人的分量就不能不更重了。社会和国家不能对哪个或一些人偏心，它必须在所有公民中间保持中立。这并不是说个人不可以为他人或社会牺牲自己的利益甚至生命，而只是说社会不能强迫个人这样做。

用功利主义原则来调节社会制度至少可能带来两个严重后果：第一，它可能允许以社会整体或多数人利益的名义，侵犯少数人的自由权利；第二，它可能允许一种经济利益分配上的严重差别，造成贫富悬殊。

2. 直觉主义的不足

罗尔斯认为，对功利主义最严重的指责就是它容有对个人权利的严重侵犯。但以前人们对功利主义理论一直是只有批评而无建树，或者说，人们的建树至多只是一些直觉主义观点，他们感觉到功利主义作为社会的一种伦理原则实行时，在理论上容易严重侵犯个人权利的缺陷，这与人们直觉中的一些正义准则不符，但他们无法提出系统有序的正义原则与之抗衡。

在罗尔斯看来，直觉主义不考虑优先性问题，正义原则在它那里总是复数，而究竟孰先孰后则不可知，而若不解决优先性问题，直觉主义正义观就很难取得对功利主义原则的优势地位。罗尔斯试图借助契约论来打破这一僵局。他设计了一个原初状态，认为那里的人们将选择两个正义原则作为调节社会基本结构的正义原则。

（二）安全目标的提出

贝克认为，正如现代化消解了19世纪封建社会的结构并产生了工业社会一样，今天的现代化正在消解工业社会，与此同时，另一种现代性开始逐渐形成，这是一种超越了古典工业设计的现代性。① 这种现代性的载体是风险社会。

1. 风险社会的逻辑

在古典工业社会中，财富生产的逻辑统治着风险生产的逻辑，而在风险社会中，这种关系颠倒过来了。在对现代化进程的反思之中，生产力不再是清白无辜的：从技术和经济进步的力量中增加的财富，日益为风险生产的阴影所笼罩。在早

---

① 参见［德］乌尔里希·贝克：《风险社会》，何博闻译，译林出版社2004年版，第3页。

期阶段,它们还能被合法化为“潜在的副作用”。但当它们日益全球化,并成为公众批判和科学审查的主题时,便在社会和政治辩论中获得了核心的重要性。

风险生产和分配的逻辑比照着财富分配的逻辑发展起来。在风险社会中,占据中心舞台的将是现代化的风险和后果,它们表现为对植物、动物和人类生命的不可抗拒的威胁。与 19 世纪和 20 世纪上半期同工厂相联系的或职业性的危险不同,它们不再局限于特定的地域或团体,而是跨越了生产和再生产,跨越了国家界限,呈现出一种全球化趋势。可以说,现代化的风险是带有一种新型的社会和政治动力的非阶级化的全球性风险。这些“社会风险”与它们所拥有的文化和政治潜力仅是风险社会的一个方面。

2. 风险社会对工业社会的颠覆

风险社会的另一个方面表现为,把生活和思考紧紧地束缚于工业现代性之上的坐标体系——阶级之轴、家庭之轴和职业之轴,对科学和民主的信念开始动摇。这表现在以下几个方面:

第一,工业社会被筹划为一个扩展的群体社会,阶级依赖于社会阶级文化和传统的有效性,而在战后的发展中,这种社会阶级文化和传统正处在不断丧失传统特性的过程之中。

第二,在工业社会中,核心家庭范围内的社会生活变成了常规的和标准化的。核心家庭奠基于男人和女人被硬性划定的和“封建的”性别角色。现代化过程与此展开了持续的较量,如女性大量进入工作岗位中,离婚日益频繁。这样,“核心家庭的传统”与生产和再生产关系一样,开始发生改变。

第三,工业社会是根据(工业)工作社会而设想出来的。当前的理性化却直接将目标对准了工业社会的有序模式,工作时间和场所的弹性化模糊了工作与非工作之间的界限。大规模失业被整合进以一种崭新的多元化、不充分就业形式出现的职业体系,伴随而来的是所有与之相应的危险和机会。

第四,在工业社会中,科学获得了制度化。怀疑论局限于外在的研究对象,而反思性现代化则意味着怀疑论延伸到了科学工作的基础和危险中,科学被普遍化了,也被解神秘化了。

第五,随着工业社会的建立,议会民主制的要求和形式也建立起来了。但是,在反思性现代化进程中,民主制原则的有效性范围被缩减。被制度化为“进步”的亚政治的创新依然处于商业、科学和技术的管辖范围之内,对它们而言,民主程序是虚弱无效的。面对日益增长的或危险的生产力,亚政治取代政治,担当了塑造社会的领导性角色。反思性现代性瓦解了传统工业社会的标志性要素(阶级、核心家庭、专业工作),并否定了它对科学和民主的理解。

以上论述勾画出了风险社会的轮廓。与以上论述相对应,贝克认为,风险社会中的风险主要表现为两种形式:其一,是脱离了传统的阶级之轴、家庭之轴和职业之轴的个人所面临的选择和改变个人认同的个人风险;其二,是被工业化改造的自然和社会不断产生的社会风险。这些风险占据了社会的各个主要领域。贝克认为,与财富稀缺的工业社会所追求的平等目标相对应,风险无处不在的风险社会所追求的目标是安全。

三、价值目标的实现途径

在罗尔斯那里,他是求助于契约论来演绎出一套正当理论的;贝克则寄希望通过借助世界社会的乌托邦(联合国)、个体化、重建科学和政治来化解风险,实现安全。

(一)平等目标的实现途径

罗尔斯认为,可从契约论中演绎出一种完善的正当理论,它包括应用于制度的原则(两个正义原则)、应用于个人的原则(包括职责和自然义务)以及国际法原则(包括尊重人权等八项正义原则)。① 罗尔斯最为关注的是应用于制度的两个正义原则。

1. 两个正义原则的内容

罗尔斯在《作为公平的正义——正义新论》中对两个正义原则所做的最新表述如下:"(1)每一个人对于一种平等的基本自由之完全适当体制都拥有相同的不可剥夺的权利,而这种体制与适于所有人的同样自由体制是相容的;以及(2)社会和经济的不平等应该满足两个条件:第一,它们所从属的公职和职位应该在公平的机会平等条件下对所有人开放;第二,它们应该有利于社会之最不利成员的最大利益(差别原则)。"②

第一个正义原则是平等的基本自由原则。对由于各种原因导致的人们享有的自由不够平等的难题,罗尔斯引入了"自由的价值"这一概念。他将"自由的平等权利"与"自由的平等价值"区别开来,并认为,由于贫困、无知和缺乏手段,有些人不能利用他们的自由,这并不意味着限制了他们的自由,而只是降低了他们"自由的价值"。

这个差别可通过第二个正义原则(尤其是差别原则)去缩小,因为该原则强调收入和财富的分配要符合最不利者的最大利益,故而它能够补偿较少价值的自由,提高那些较不利者的自由的价值。这也就是说,罗尔斯实际上把这一难题交给第二个正义原则去处理了。这意味着,提高最不利者的物质生活水准,并不只是为了改善物质生活而改善物质生活,还有一种希望他们能运用这些物质手段去享受基本自由的目的。在罗尔斯看来,由公平的机会平等原则和差别原则结合构成的第二个正义原则倾向于最大限度地提高社会的最低受惠值。从长远来讲,它与第一

---

① 参见[美]约翰·罗尔斯:《万民法》,张晓辉等译,吉林人民出版社2001年版,第40页。

② [美]约翰·罗尔斯:《作为公平的正义——正义新论》,姚大志译,上海三联书店2002年版,第31页。

个正义原则一起，将构筑一个拥有最大限度的平等的社会。

2. 两个正义原则的可能性

那么这个平等的社会是如何可能的呢？对此罗尔斯分两个步骤来论述：首先，他论证了两个正义原则是应用于社会基本结构的最佳正义原则；其次，他对两个正义原则的现实性作了考察。

为了证明前一论断，罗尔斯提出了一种新契约论，设计了“原初状态”和“无知之幕”这两个重要概念（它们保证了罗尔斯所坚持的两个正义原则能够作为最合适的正义原则被选出来）；而后，他将两个正义原则同功利主义原则进行比较，以表明两个正义原则的优越性，从而证明人们必然选择它们作为应用于社会基本结构的正义原则。

因为两个正义原则是在无知之幕后面选择出来的，这就引发了一个问题，即当“无知之幕”打开，人们回到了现实政治生活中以后，在“无知之幕”后面选择出来的两个正义原则是否依然能够为人们所接受？这就涉及两个正义原则的现实性问题。在罗尔斯的理论中，这个问题是通过“重叠共识”概念的引入来解决的。通过对历史所提供的各种完备性学说就政治正义观念达成“重叠共识”的范例的考察，罗尔斯认为，现实社会中的人们就两个正义原则达成“重叠共识”是完全可能的。由此，社会便完全可以实现最大限度的平等。

（二）安全目标的实现途径

风险社会理论的基本假设是，我们正从一个现代化的社会进入一个新型的风险社会，现代化的科学技术发展和工业化推动，使人类进入一个陌生的世界，现代化逻辑本身所产生的新的社会风险，完全不同于传统的社会问题、社会矛盾和社会冲突。过去的生活经验、技术手段和组织制度，已不足以使我们防止、规避和应对新的社会风险的威胁。

贝克指出，关于什么是现代性的出路，在古典理论中，马克思的回答是“资本主义”的转向，韦伯的回答是“理性化”，帕森斯和卢曼的回答是“功能分化”，但是这些回答都还不够，“风险社会理论”的回答，是走向自我批判的、具有更高政治自由和社会正义的公民社会。① 这就需要寻求化解社会风险和个人风险的途径。

1. 社会风险的化解途径

在风险社会，一方面，传统的、威胁个人生活的因素在减少；另一方面，全球化带来一种内在的、不稳定的风险气候，它可能会产生高风险的后果，没有人能逃脱这种风险气候。②

工业社会的中心是社会阶级，而风险社会的中心则是风险。然而，风险和阶级

---

① See Beck, U. 1999, *World Risk Society*, Cambridge, Polity Press, pp. 1 – 18.

② See Giddens, A. 1991, *Modernityand Self-identity: Self and Society in the Late Modern Age*, Cambridge, Polity Press, p. 124.

并不是没有联系的。阶级社会和风险社会存在很大范围的重叠。风险在不同职业和不同教育程度的阶层之间的分配是不平等的。风险分布的历史显示,如同财富一样,风险追随阶级模式,只有一点相反,财富积聚在顶部,风险却积聚在底部。在一定程度上,风险似乎强化而不是废除了阶级社会。贫困引起风险的增多。相反,财富(收入、权力或教育方面的)则能够购买安全,逃避风险。现代风险有可能加剧传统的财富分配的不平等,极度贫困和极度风险是联系在一起的。这对社会阶级来讲如此,对国家来讲也是如此。在某种程度上,风险也是集中在贫困国家当中,而富裕的国家则能把很多风险排除,甚至能从贫困国家的风险中获利(如向它们出卖预防某些风险的技术)。

然而,风险社会又确实不是阶级社会。因为,首先,贫困是等级制的,而化学烟雾却是民主的:有些风险是不理会财富的多寡、权力的有无的,它不受空间(在某个地理位置上的核事故能够影响其他许多国家)和时间(核事故能够造成遗传上的影响,从而可能危及未来子孙)的限制,它的扩散超越了人类精心设计的各种社会边界,如阶级和民族。① 风险社会在这个意义上是世界性的风险社会。其次,风险具有传染性。有些风险只是可以暂时逃避,却不能永久避免,例如,发达国家曾希望通过将农药带来的危害转移到国外的方法来根除它们,却因此不得不进口廉价的食物,杀虫剂通过水果、可可和茶叶回到了它们高度工业化的故乡。现代风险所包含的这种"飞去来器效应"打破了阶级和民族国家的界限。在现代化风险的屋檐之下,它同样会冲击那些生产它们和得益于它们的人,罪魁祸首与受害者迟早会同一起来。无论个体还是国家,都不能逃离风险而独获安全。这就是风险与财富的不同,风险即使产生两极分化,也总仅仅是局部的两极分化。这些分化基于风险也同时生产的益处,至少当它们还没有充分发展时是这样。只要增长的破坏因素被发现,这些益处和差异就消失了。

迟早,风险仅呈现给我们威胁,它将使与之相关的益处相对化并削弱,并且正是随着危险的增长,在不同的利益间,风险的共同性成为现实。这样不同阶级、党派、职业群体和年龄群体的成员就会团结起来形成公民运动。同时,全球性与本土性的对比也因风险而出现"短路"。新类型的风险既是本土的又是全球的,或者说是"全球本土"的。② 只要现代风险普遍化,风险社会就会出现一种团结处于全球风险地位上的受害者的趋势。阶级社会能够被组织为民族国家,风险社会则带来了"危险社区",它最终只能被组织为联合国。③ 因而,贝克认为,在现代化进程中文明所发展的自陷危境的潜在可能性,也使世界社会的乌托邦有了更多的现实性

① 参见[德]乌尔里希・贝克:《世界风险社会》,吴英姿、孙淑敏译,南京大学出版社 2004 年版,第 174 ~ 189 页。

② 参见[德]乌尔里希・贝克:《风险社会再思考》,郗卫东编译,载李惠斌主编:《全球化与公民社会》,广西师范大学出版社 2003 年版,第 291 页。

③ 参见[德]乌尔里希・贝克:《风险社会》,何博闻译,泽林出版社 2004 年版,第 54 页。

或者至少有了更大的紧迫性。同时，贝克强调，风险社会的乌托邦依旧是特别消极的和防御性的，其目标是：每个人都应该免受毒害；人们不再关心获得“好的”东西，而是关心如何预防更坏的东西。

2. 个人风险的化解途径

贝克认为，在反思性现代化中，传统的阶级之轴、家庭之轴和职业之轴已经动摇，人们被接连不断的浪潮拉动着脱离了传统、家庭、邻里、职业和文化，因此，个体化具有了更大的意义。“个体化”是指文明进程的某些主观——生涯性的方面。现代化导致了一种三重的个体化：从传统的社会形式与义务中脱离，随之而来的是传统安全感的丧失，最后是重新进入新形式的社会义务中。

由于教育的推广，工业劳动内部以及农村和城市人口间的区别被抹平了，阶级不复存在。劳动分工的等级模式不再能顺利地发挥其功能，同时，个人命运的经验成为可能。每一个人的生涯都从预定的命数中解脱出来，并为人们自己所掌握，个人的生涯模式依赖于行动者的决定。根本不受决定影响的生活机会的概率正在减少，而开放的必须个人化地建构的生涯概率正在增加。人们需要选择个人的社会认同和成员资格以及社会关系。这就需要个体自身来应付焦虑和不安全感。由此，预期和承受风险的能力，以及在个人生涯中处置风险的能力，拥有了重要的意义。与个体化过程相伴生的是生活方式的多样化。人们要求发展他们自己的生活观念和能够据以行动的权利的愿望增强。它为个人的自我形成，在相对的社会保障下发展私人空间和传统权威的衰微提供了可能。与此同时，社会隔离和寂寞可能成为关系的主要模式。这些问题的解决将交给教育、咨询、医疗和法律等机构。

在工业社会的核心家庭中，男女地位是不平等的——丈夫工作，妻子操持家务并依赖于丈夫的供养。在反思性现代化的进程中，女性要求从家务劳动中解放，投入工作的呼声越来越强烈，并且已经付诸行动。这样随着劳动者流动性的增强，一方在必要的时候就需要放弃自己的工作而随另一方流动。这种流动在某种程度上导致了家庭矛盾的增加。怎样解决这种矛盾？贝克提出了三种方案：复归核心家庭（恢复到工业社会中的那种男女不平等状态），男女平等（个人完全自由，这将导致家庭的分裂），超越男女角色。贝克力倡在反思性现代化的进程中实行第三种方案。它是制度化的流动的共同模式。它的基本要求是：如果你需要他或她，你必须给他或她的配偶找到一个工作机会。① 同时，贝克认为，这样的劳动市场模式仅仅是解决问题的一个方面，他主张超越单个家庭模式，实现一种邻里互助的共同生活模式。对于这一乌托邦的实现和维持当然有很多可说的。然而，这不是我们在这里所关心的。某种制度改革仅意味着创造并保护一种可能性的领域。男女自身将创造和试验超越封建归因角色的新的共同生活形式。②

① 参见[德]乌尔里希·贝克：《风险社会》，何博闻译，译林出版社 2004 年版，第 105 页。
② 同上书，第 153～154 页。

在反思性现代化中,工作场所失去了作为冲突和认同形成的场所的意义。在当今和即将到来的自动化浪潮中,标准化的充分就业体系逐渐会被灵活而多元化的不充分就业形式所取代。在后者中,劳动法、工作时间和工作场所变得灵活。这样个人谋生的关键就在于能否适应劳动市场的需求,而进入劳动市场的条件是由教育提供的。① 由此,消除由职业给个人带来的风险的任务就交给了法律和教育,即在法律上保证最低工资,同时,对教育资源进行合理分配。

3. 重建科学和政治

贝克认为,今天不断涌现的风险与此前风险的主要区别表现在两个方面:风险的特殊的科学构造以及它们的社会变迁范围。在威胁和危险就要变得更加危险和更加显而易见时,我们却处于两难的境地,越发不能通过科学的、合法的和政治上的方法来确定其证据、归因和补偿。② 这就要求我们重建科学和政治。这种重建的目标是,知识和政治行动不再被垄断,它们将呈现普遍化趋势。

贝克强调,与高度分化的劳动分工相一致,对于风险的产生来讲,存在一种总体的共谋,而且这种共谋与责任的缺乏相伴。这表现为,在提高生产力的努力中,相伴随的风险总是受到而且还在受到忽略。科技的好奇心首先是对生产力有用,而与之相联系的危险总是被推后考虑或完全不加考虑。这样,发达工业社会从它自己产生的危险中得到"滋养",并因而创造了社会风险地位和政治潜能,这种潜能唤起了对现代化基础的质疑。

风险的受害者开始观察和收集关于风险和风险后果的资料,于是他们变成了质疑高级现代性及其风险的专家。他们之所以这样做,部分原因是,他们不再能够依靠科学家来为他们做这些事情(因为科学中存在普遍的欺骗③)。完全逃脱人类感知能力的放射性、空气、水和食物中的毒素和污染物,以及与此相伴随的短期和长期的对植物、动物和人的影响。风险引致的伤害一般是不可见的,并且最初仅仅是以有关它们的知识的形式存在,因此,它们在知识里可以被改变、夸大、转化或削减,就此而言,它们是可以随意被科学界定和建构的。通过利用潜在冲突与知识之间的缺口,事实可能会被隐藏、否认或歪曲。④ 科学已经变成了全球性人类和自然污染的保护者。在那些方面,可以毫不夸张地说,就这些专家在许多领域中处理风险的方式而言,直到得到进一步注意之前,科学已经滥用了它在理性方面所具有的历史声誉。由此,科学理性发生了断裂。由此,科学文明进入了一个不再只是去科学地认识自然、人和社会,而是去认识它自己、它的产物、影响和错误的阶段。

---

① 参见[德]乌尔里希·贝克:《风险社会》,何博闻译,译林出版社 2004 年版,第 163 页。

② 参见[德]乌尔里希·贝克:《风险社会再思考》,郗卫东编译,载李惠斌主编:《全球化与公民社会》,广西师范大学出版社 2003 年版,第 295 页。

③ 参见[德]乌尔里希·贝克:《风险社会》,何博闻译,译林出版社 2004 年版,第 67 ~ 85 页。

④ 参见[德]乌尔里希·贝克:《风险社会再思考》,郗卫东编译,载李惠斌主编:《全球化与公民社会》,广西师范大学出版社 2003 年版,第 295 页。

贝克认为，需要一种受到制度上加强和保护的道德和政治的支柱来指导完全恰当的科学研究。以某种方式，科学工作的实质特征和政治意义可能在某一天和谐一致。首先，与在危害产生后为应对症状而采取措施的传统解决风险的方式不同，重建的科学要求从科学内部减少不安全感，在初级科学化中消除风险得以产生的原因。其次，在反思性现代化过程中，不再将科学看成是确定无误的，而是必须选择那些没有封闭未来，但将现代化进程自身转化为一个学习过程的变量。在这个过程中决策的可修正性使对以后发现的副作用的消除成为可能。再次，科学要实现新形式的专业化，要对经济和技术的细节以一种新的生态伦理的观点来研究。它应考虑解决问题的多种途径，并选择最好的途径解决问题。最后，对于科学研究，在某些步骤和计划实施前就其可能产生的风险这一问题进行讨论是必需的。不仅要在学科圈子中进行，而且也需要在局部公共领域中进行。与初级科学化不同，反思性科学化带有批判和废除自身的标准。在这个意义上，科学发展通过其不断的成功削弱了自己的界限和基础。贝克认为，激活并调动在科学中沉寂的理性来反对它的希望仍旧存在。科学可以改变自身，并通过对自己历史上的自我概念的批判而在理论和实践上启蒙复兴。

随着工业社会的全球化，政治和技术—经济这两个彼此对立的组织社会变迁的过程相互贯穿起来，政治和非政治的界限变得模糊。与技术—经济发展不断增长的变迁和危险的潜在可能性相对应，它失去了非政治的特征。与此同时，贝克认为，当威胁增加时，为了预防风险，政治上的极权主义就有被合法化的倾向。或者在面对系统产生的危险时失败，或者通过集权和压迫性的“支持力量”的增加去怀疑根本的民主原则。在已经明显的风险生活的未来，突破这两难选择是民主制的中心任务之一。[①] 让政治与亚政治和谐共处，成为贝克重建政治的目标。

亚政治是要用一些具有政治性的行为方式取代私人领域的非制度和反规范的习惯做法，即将这些做法转变成公共领域的制度化和规范化的东西。亚政治最重要的作用在于，其核心可以对技术—经济发展实行直接协商、共同控制。这表现为，通过各种各样亚政治的核心——媒体公开性、公民自发组织、新社会运动、持批判观点的工程师和法官对工业亚政治中的运作决策和生产方法进行公开的批判。这就使亚政治不受决策影响，排除外在的监督和协商的状况得以消除。

贝克认为，未来规划的出发点是政治的解放。主流政治、附属政治、亚政治和替代性政治的光谱在彻底分化的社会中发达民主制的状况下出现了。新的政治文化体现了一种多元化、相互依赖性和过程性特征。这样，政治自我失势和信用丧失的循环可以被打破。风险界定开启了新的政治选择，借此可以重新获得并巩固民主代议制的影响力。政治不再是唯一甚或核心的对政治未来作出安排决策的领域。亚政治改变了社会生活的状况，并进而以它们自己的方式创造了政策。而政

① 参见[德]乌尔里希·贝克：《风险社会》，何博闻译，译林出版社 2004 年版，第 97 页。

治可以规定整个的(司法)条件,核实法规的普遍适用性并产生一致意见。政治的保护、决定和论证功能会成为政治任务的核心。在反思性现代化阶段,形式上继续存在的权力和决策权威衰弱了。亚政治中心对政治上形成并推行的决策拥有某种影响。亚政治的中心与议会平行发展并分化自身,加之人们对基本权利的争取,使民主发展史翻开了新的一页。贝克认为,风险给人类带来不确定性的同时,也给人类带来了机会,即发现并促进现代性所允诺的平等、自由和个性表现的增加,反对工业社会中的限制、基本规则和进步的宿命论。

第四章 工程法学概述

第一节 工程与法学

一、工程概念及法律界定

(一)工程的内涵

工程广泛地存在于人们生活之中,但其本身并不是一个明确清晰的法律概念,因学科背景和使用语境之不同,往往呈现出不同之含义。我国现行法律法规都未正面对工程进行内涵式界定,作为我国工程建设的基本法《建筑法》也没有对“工程”一词进行界定。而是分别使用了“建筑活动”“工程项目”“建设工程”“工程建设”等术语。在对工程法学进行界定之前首先需要明确“工程”一词的内涵。

1.“工程”一词内涵的历史发展

《新唐书·魏知古传》:“会造金仙、玉真观,虽盛夏,工程严促。”李东阳(明)《应诏陈言奏》:“今纵以为紧急工程不可终废,亦宜俟雨泽既降,秋气稍凉,然后再图修治。”刘大櫆(清)《芋园张君传》:“相国创建石桥,以利民涉,工程浩繁,惟君能董其役。”其中“工程”一词均指土木构筑。元代《来生债》第一折:“只怕睡着了误了工程,因此上我唱歌咀曲。”其中“工程”指各项劳作。程端礼(元)《程氏家塾读书分年日程》卷二:“六日一周,详见工程。”其中“工程”指功课的日程。

18世纪,欧洲创造了“engineering”一词,其本来含义是有关兵器制造、具有军事目的的各项劳作,后扩展到许多领域,如建筑屋宇、制造机器、架桥修路等。随着人类文明的发展,人们可以建造出比单一产品更大、更复杂的产品,这些产品不再是结构或功能单一的东西,而是各种各样的所谓“人造系统”(如建筑物、轮船、铁路工程、海上工程、飞机等),于是工程的概念就产生了,并且它逐渐发展为一门独立的学科和技艺。[①]

2.“工程”的词义学内涵

人们从不同的角度对工程有不同的理解和解释,目前国内外较为典型和全面的工程的词义学内涵有以下几种:

《朗文当代高级英语辞典》给出的工程定义是:一项重要且精心设计的工作,其目的是建造或制造一些新的事物或解决某个问题。

---

① 参见钱学森等:《论系统工程》,湖南科学技术出版社1982年版,第80页。

《牛津高阶英语词典》给出的工程定义是：一项以寻找某些事物的信息、生产某些新的东西或改善某些事物为目的的有计划的工作。

《不列颠百科全书》对工程的解释为：应用科学原理使自然资源最佳地转化为结构、机械、产品、系统和过程以造福人类的专门技术。

《现代汉语大词典》对工程的解释为：①指土木建筑及生产、制造部门用比较大而复杂的设备来进行的工作；②泛指某项需要投入巨大人力、物力的工作。

《辞海》对工程的解释为：①将自然科学的原理应用到工农业生产部门中去而形成的各门学科的总称。这些学科是应用数学、物理学、化学、生物学等基础科学的原理，结合在科学实验与生产实践中积累的经验而发展出来的。②指具体的基本建设项目。

中国工程院咨询课题《我国工程管理科学发展现状研究——工程管理科学专业领域范畴界定及工程管理案例》研究报告中，有关工程的界定为：工程是人类为了特定的目的，依据自然规律，有组织地改造客观世界的活动。一般来说，工程具有产业依附性、技术集合性、经济社会的可取性和组织协调性。

美国工程院认为，工程的定义有很多种，可以被视为科学应用，也可以被视为有限条件下的设计。

从上述国内外工程的定义或解释的对比可知，符合“工程”定义的事物具有普遍性。一般认为，工程是将自然科学原理应用到工农业生产部门中去而形成的各学科的总称。

3. 不同学者的观点

不同学者从不同学科的角度，也对工程予以不同的阐释。钱学森把服务于特定目的的各项工作的总体称为工程，如土木工程、机械工程、化学工程、采矿工程、水利工程等。①

徐匡迪认为，工程是人类的一项创造性的实践活动，是人类为了改善自身生存、生活条件，并根据当时对自然规律的认识，而进行的一项物化劳动的过程，它应早于科学，并成为科学诞生的一个源头。所谓改善生存、生活条件，中国人自古以来就习惯地把它们简约为“衣、食、住、行”。可以说一部人类文明进化的历史，从物质方面来看无非是从狩猎捕鱼、刀耕火种到驯养畜禽、育种精耕；从树叶、兽皮蔽体到纺织制衣，乃至以服饰成为官阶、时尚的标识；从搭巢挖穴而居，到造屋筑楼、兴建市镇；从修土路搭木桥、乘坐马车、帆船，到构建高速公路、铁路四通八达，洲际航线朝发夕至。总之这一切都离不开工程活动，都和每个时期人类对自然规律的认识水平及对相关技术的综合集成能力有关。因此，工程绝不是单一学科的理论知识的运用，而是一项复杂的综合实践过程，它具有巨大的包容性和与时俱进的创新性特点。

---

① 参见钱学森等：《论系统工程》，湖南科学技术出版社1982年版，第80页。

张顺江认为，工程就是系统地综合应用物质的和自然界的资源来创造、研究、制造并支持能经济地为人类提供某种用途的产品或工艺。①

李伯聪赋予工程一种更广义的定义，认为工程是对人类改造物质自然界的完整的、全部的实践活动和过程的总称。② 工程是物化过程，最显著的特征是创造一个世上没有的存在物。他明确地提出了科学、技术、工程三元论③："为了更简明地辨析与把握科学、技术与工程的不同特性，我们可以简要地把科学活动解释为以发现为核心的人类活动，把技术活动解释为以发明为核心的人类活动，把工程活动解释为以建造为核心的人类活动。""很显然，这个'工程'的含义与'生产'一词的含义是有很多'重叠'之处的。""在现代社会中，只有工程化的活动才是最发达、最典型的生产活动。"殷瑞珏进一步指出，可以从科学、技术、生产与工程的关系中把握工程，从"科学—技术—工程—产业—经济—社会"的"知识链"和"价值链"的"网络"中认识工程的本质、把握工程的定位。④

"工程"是科学的某种应用，通过这一应用，使自然界的物质和能源的特性能够通过各种结构、机器、产品、系统和过程，以最短的时间和较少的人力作出高效、可靠且对人类有用的东西。在现代社会中，"工程"一词有广义和狭义之分。就狭义而言，工程定义为"以某组设想的目标为依据，应用有关的科学知识和技术手段，通过有组织的一群人将某个（或某些）现有实体（自然的或人造的）转化为具有预期使用价值的人造产品过程"。例如，水利工程、化学工程、土木建筑工程、遗传工程、系统工程、生物工程、海洋工程、环境微生物工程等。就广义而言，工程则被定义为由一群人为达到某种目的，在一个较长时间周期内进行协作活动的过程。例如，城市改造工程、菜篮子工程、南水北调工程等。我国工程建设领域内，一般将工程局限于建设工程。本书认为"工程是指人们有计划、有目的地根据某种特定设计，整合各种材料、设备、技术和劳力而于地上或地下建造的永久而固定的设备或装置"。⑤ 其类型包括土木工程、建筑工程、线路管道和设备安装工程等的新建、改建、扩建、装修、拆除和修缮活动。

（二）建设工程与建筑工程的内涵

1. 建设工程与建筑工程在词义学中的解释

建设、建筑、建设工程和建筑工程经常出现在我们的视野和语言表达中，但我们对于上述词语的明确含义却经常含糊不清。《辞海》也仅仅对建设、建筑、工程

---

① 参见张顺江等：《重大工程立项决策研究》，中国科学技术出版社 1990 年版，第 17 页。

② 参见李伯聪：《工程哲学引论——我造物故我在》，大象出版社 2002 年版，第 1 ~ 3 页。

③ 同上。

④ 参见殷瑞珏：《关于工程与工程哲学的若干认识》，载《"工程科技论坛"暨首届中国自然辩证法研究会工程哲学委员会学术年会工程哲学与科学发展观论文集》2004 年。

⑤ 周佑勇主编：《工程法学》（第 2 版），中国人民大学出版社 2017 年版，第 3 页。

作出了一般意义上的概括。“建设”是指“(1)设置、创立。(2)陈设、布置”。[①]“建筑”是指“(1)建筑物和构筑物[②]的统称。(2)工程技术和建筑艺术的综合创作。(3)各种土木工程、建筑工程的建造活动”。[③]“工程”是指“(1)将自然科学的原理应用到工农业生产部门中去而形成的各学科的总称。如土木建筑工程、水利工程、冶金工程、生物工程等。(2)指具体的基本建设项目。如南京长江大桥工程、成昆铁路工程、葛洲坝水利枢纽工程等”。[④]“新建、改建、修复建筑物和构筑物,装设暖气、卫生、通风、照明、煤气等设备,建造机器设备基础,敷设管道等称为建筑工程。”但“建设工程”一词在《辞海》中没有得到解释。

2. 建设工程与建筑工程在法律法规中的解释

我国现行法对“建设工程”和“建筑工程”用语的规定主要体现在《建筑法》《合同法》《政府采购法》《建设工程质量管理条例》《建设工程安全生产管理条例》等法律法规中。

我国现行《建筑法》第 2 条第 2 款规定:“本法所称建筑活动,是指各类房屋建筑及其附属设施的建造和与其配套的线路、管道、设备的安装活动。”《建筑法》以“建筑活动”来代称“工程”,而没有对工程的概念进行明确界定。在该法中,建筑活动与建筑工程是活动与客体、动态与静态的关系,是一个事物的两面。但该法中的工程是我国目前在法律法规中最狭义的工程概念,仅仅局限于“各类房屋建筑及其附属设施的建造和与其配套的线路、管道、设备”。《合同法》第十六章对“建设工程合同”做了规定,第 269 条规定:“建设工程合同是承包人进行工程建设,发包人支付价款的合同。建设工程合同包括工程勘察、设计、施工合同。”第 276 条规定:“建设工程实行监理的,发包人应当与监理人采用书面形式订立委托监理合同。发包人与监理人的权利和义务以及法律责任,应当依照本法委托合同以及其他有关法律、行政法规的规定。”《建设工程质量管理条例》第 2 条第 2 款规定:“本条例所称建设工程,是指土木工程、建筑工程、线路管道和设备安装工程及装修工程。”《建设工程安全生产管理条例》第 2 条第 2 款规定:“本条例所称建设工程,是指土木工程、建筑工程、线路管道和设备安装工程及装修工程。”《建设工程质量条例》和《建设工程安全生产管理条例》对工程的概念有所扩大。我国《政府采购法》第 2 条第 6 款规定:“本法所称工程,是指建设工程,包括建筑物和构筑物的新建、改建、扩建、装修、拆除、修缮等。”我国台湾地区“政府采购法”对工程进行了相对全面的内涵加外延式的界定,该法第 7 条第 1 款将“工程”定义为:在地面上下新建、增建、

---

① 辞海编辑委员会编纂:《辞海》(缩印本),上海辞书出版社 1990 年版,第 570 页。

② 通常情况下,所谓构筑物就是不具备、不包含或不提供人类居住功能的人工建筑物,如水塔、水池、过滤池、澄清池、沼气池等。一般具备、包含或提供人类居住功能的人工建筑物称为“狭义的建筑物”,如民用建筑、工业建筑等。

③ 辞海编辑委员会编纂:《辞海》(缩印本),上海辞书出版社 1990 年版,第 571 页。

④ 同上书,第 575 页。

改建、修建、拆除构造物与其所属设备及其改变自然环境的行为,包括建筑、土木、水利、环境、交通、机械、电气及其他经主管机关认定的工程。

自2014年6月1日起实施《建筑工程施工质量验收统一标准》(GB 50300—2013)对建筑工程下了一个定义,即通过对各类房屋建筑及其附属设施的建造和与其配套线路、管道、设备等的安装所形成的工程实体。

《建设工程质量管理条例》《建设工程安全生产管理条例》虽然对建设工程作出了一般的界定,即建设工程,是指土木工程、建筑工程、线路管道和设备安装工程及装修工程。但是这种界定仅仅局限于行政法规的层次,而且和工程建设的实际相比仍不全面。《建筑工程施工质量验收统一标准》虽然对建筑工程下了一个明确的定义,但由于《建筑工程施工质量验收统一标准》仅仅为一个部颁标准,而且它将建筑工程主要局限于房屋建筑工程,范围较窄。

我国现行法律和行政法规对于建筑工程的内涵、建设工程与建筑工程的区别,以及在何种情况下采用"建设工程"和"建筑工程"并没有作出统一、明确的概念界定。笔者认为,"建设工程"与"建筑工程"的词义差别,工程类别、等级与工程项目的类别、等级差异,立法技术的欠缺,工程分行业归口不同部门管理产生的部门立法倾向严重,立法机关对工程立法的统一性、整体性缺乏足够的认识和把握等主客观因素,造成我国现行法律法规对"建设工程"与"建筑工程"及"建设工程项目"的法律界定存在交叉,甚至遗漏、错位等问题,进而导致部门规章、地方法规、规范性文件等对"建设工程"及"建筑工程"交叉混淆使用更加严重,存在更多不一致、甚至矛盾和冲突之处。

根据法律和行政法规对"建设工程"及"建筑工程"的用语和界定,笔者认为,"建设工程"与"建筑工程"不仅在专业含义上是不同的,而且在法律上的含义也是不同的,《建筑法》作为我国工程领域的基本法律,规定的"建筑工程"主要是针对房屋建筑工程和市政基础设施工程,而"建设工程"是一个较为宽泛的概念,在法律上涵盖了"房屋建筑工程"在内的各专业工程。显然,建筑工程为建设工程的一部分,与建设工程的范围相比,建筑工程的范围相对较窄,其专指各类房屋建筑及其附属设施和与其配套的线路、管道、设备的安装工程,因此也被称为房屋建筑工程。

同时,我国现行《建筑法》第81条规定,建筑法关于施工许可、建筑施工企业资质审查和建筑工程发包、承包、禁止转包,以及建筑工程监理、建筑工程安全和质量管理的规定,适用于其他专业建筑工程的建筑活动,具体办法由国务院规定。我国《建筑法》第83条、第84条规定,省、自治区、直辖市人民政府确定的小型房屋建筑工程的建筑活动,参照该法执行。依法核定作为文物保护的纪念建筑物和古建筑等的修缮,依照文物保护的有关法律规定执行。抢险救灾及其他临时性房屋建筑和农民自建低层住宅的建筑活动,不适用该法。军用房屋建筑工程建筑活动的具体管理办法,由国务院、中央军事委员会依据该法制定。由此可见,其他专业建筑工程，省、自治区、直辖市人民政府确定的小型房屋建筑工程，依法核定作为文物保护的纪念建筑物和古建筑，抢险救灾及其他临时性房屋建筑和农民自建低层住宅以及军用房屋建筑工程都不属于我国现行《建筑法》中规定的建筑工程。

根据我国现行《建筑法》，工程施工许可、企业资质和工程发包、承包、禁止转包，以及工程勘察、设计、监理、安全和质量管理等基本法律制度均适用于包括我国房屋建筑工程在内的各专业工程。[①] 本书一般采用“建设工程”这一用语。囿于《建筑法》的原因，关于小型房屋建筑工程、抢险救灾及其他临时性房屋建筑工程、农民自建低层住宅工程、文物工程、军事工程不是本书研究的内容，故在本书中将不再涉及。

（三）工程的特征

尽管各类工程所属学科领域不同，但是总的来讲作为工程本身也有相同的特征。

有学者认为工程就是工程要素的集成过程，工程要素主要包括科技要素与非科技要素，工程是科技要素和非科技要素的统一体，这两类要素相互作用、相互制约。其中科技要素构成了工程的内核，非科技要素构成了工程的边界，包括资源环境、文化政治和经济社会等各种要素。从工程活动的基本构成和基本过程看工程的特征至少有：（1）建构性与实践性；（2）集成性与创造性；（3）科学性与经验性；（4）复杂性与系统性；（5）社会性与公众性；（6）效益性与风险性等。[②] 有学者认为工程特征包括：（1）工程具有明确的目标；（2）工程多是一次性的过程；（3）工程具有特定的功能；（4）工程受到各种资源的约束；（5）工程是集成多门专业技术和各种资源的有机复杂系统；（6）工程的建设与开发具有风险。[③] 也有学者认为工程具有以下特征：（1）公共性；（2）唯一性；（3）长期性；（4）动态性；（5）安全性。[④]

由于本书中对工程的界定倾向于建设工程，故本书中对工程特征的界定，也多围绕建设工程展开。具体而言，工程具有以下特征：

1. 公共性

工程建设是社会性很强的活动，工程建设过程及建成的工程本身，都与社会公共利益及社会公众的生命财产安全息息相关。首先，工程本身具有公共性。虽然社会生活中存在各种各样的工程，但是绝大部分工程为基础设施工程和公用事业工程，这些工程都属于公共工程。即使住宅小区工程，因其质量和安全关系社会公共利益和公共安全，因而也具有公共性。其次，工程资金投入具有公共性。从工程建设资金来看，资金投入具有公共性。绝大多数的基础设施工程和公用事业工程

① 参见李恒、马凤玲：《建设工程法：法律制度与实务技能》（最新修订版），法律出版社 2014 年版，第 5 ~ 8 页。
② 参见殷瑞钰等：《工程哲学》，高等教育出版社 2007 年版，第 70 ~ 75 页。
③ 参见孙绍荣主编：《工程管理学》，机械工业出版社 2014 年版，第 2 ~ 3 页。
④ 参见周佑勇主编：《工程法学》（第 2 版），中国人民大学出版社 2017 年版，第 3 ~ 5 页。

使用的是财政性资金,政府投资建设项目绝大多数都是涉及国计民生的重要工程。再次,工程的公共性还体现在社会公众是工程利益相关者,社会公共利益的实现是评价工程是否具有道德正当性的终极标准。工程活动与社会公众的利益休戚相关,工程项目不仅在建设实施中有可能影响到附近居民的切身利益,而且工程项目在建成后也会对社会公众产生持久而深远的影响。不仅土木建筑工程如此,其他任何工程活动都会直接或间接地影响到公众的利益。最后,工程的目的具有社会性。工程的根本目的在于造福公众。工程技术特别是民用工程技术的发展,主要是为了提升公众的生活品质。以中国古代的都江堰工程为例,这项著名的水利工程通过改造自然,建堰引水,造福巴蜀民众近千年,至今仍在发挥着防洪与灌溉的作用。近现代工程活动更是如此,自英国工业革命以来,从机械工程到电子电气工程,再到信息网络工程、生物基因工程等,每一项新的突破,都是在为提升公众的生活品质而努力。

2. 风险性

由于工程的一次性,且存在较多的约束条件,因此工程的建设与开发过程中各种不确定因素有很多。这些因素包括自然、社会、经济、资源、市场、技术、法律和宏观政策等,这些因素的变化使工程具有动态的、不确定的内部和外部环境,造成了工程的风险性。首先,风险来源于工程活动环节的复杂性。工程活动作为一个过程包括诸多环节,如决策、规划、设计、建设、运行和维护、管理等,不同的环节都由不同的社会群体来完成,每一个建设者和参与者不可能都对工程建设进行科学和准确的考虑,诸多环节也不可能完全做到科学、准确和无偏差的整合。其次,风险来源于工程利益相关者的矛盾。工程涉及政府部门、企业、工程专家技术人员、工人、社区环境中的居民等多方利益相关者,往往存在诸多利益冲突,使得工程人为地存在着不安全和风险。最后,科学知识本身的局限性和不确定性以及当前的科技水平的限制也是工程产生风险的原因。

3. 长期性

工程项目生命周期的长期性既包括工程建设周期一般比较长,也包括工程建成后的使用周期比较长。一般认为,工程项目的生命周期可分为决策阶段、准备阶段、实施阶段及运维阶段等四个阶段。一个工程项目从决策阶段到结束阶段,少则数月多则数年、几十年乃至上百年。工程产品的使用周期也很长,其自然寿命主要是由设计寿命决定的。

4. 唯一性

工程的唯一性不仅体现在工程建设多是一次性的过程,还体现在工程本身的独特性。

尽管各种工程之间有许多相似之处,但是在特定的目的之下,由于工程建设的任务不同,工程建设的时间、地点不同,完成的过程不同,最终的成果不同,致使任何工程都有其独特性,具有唯一性。工程多是一次性开发或建设的过程,工程项目建设地点一次性确定,达成后不可移动,设计的单一性,施工的单件性。这与生产中的批量生产和重复生产具有明显的不同。例如,建设一项工程,需要单件报批、单件设计、单件施工和单独地进行工程造价结算。任何一个工程过程都集成了各种复杂的要素,这种集成建构的过程就是工程创造、创新的过程。事实上,由于不同工程的"边界条件"不同,每个工程都是独一无二的,几乎没有完全相同的工程。尤其对重大工程而言,我们完全可以说:每一项重大工程都是创造的产物,其创造性往往体现在工程理念、工程设计、工程实施和工程管理等工程活动的全过程。①

5. 复杂性

工程自身的特点决定了它的复杂性特点。工程是根据自然界的规律和人类的需求规律创造一个自然界原本并不存在的人工事物,工程由人、财、物等要素有机组成,在特定条件下,会受到自然、科学、技术、社会、政治、经济、文化等诸多因素的约束。现代工程活动涉及的因素众多、关系复杂,需要考虑的外围因素越来越多,还要考虑到管理、组织等社会科学的要素以及环境科学的制约。② 工程是集成多门专业技术和各种资源的有机复杂系统,工程的实现需要在一定的时间和空间条件下进行。任何工程都具有明确的建设目标,工程实现其建设目标受到包括时间、空间、资源和功能等多方面因素的限制。时间约束,即工程要有合理的工期时限;资源约束,即工程要在一定的人力、财力、物力条件下完成;质量约束,即工程要达到预期的生产能力、技术水平、产品等级的要求;空间约束,即工程要在一定的施工空间范围内通过科学合理的方法来组织完成。

二、工程的类别和等级

(一)工程的学理分类

1. 根据投资的再生产性质的不同划分

工程项目按投资的再生产性质可以分为基本建设项目和更新改造项目。基本建设项目如新建、扩建、改建、迁建、重建,更新改造项目如技术改造项目、技术引进项目、设备更新项目等。(1)新建项目。新建项目是指从无到有,"平地起家"的项目,即在原有固定资产为零的基础上投资建设的项目。按国家规定,若建设项目原有基础很小,扩大建设规模后,其新增固定资产价值超过原有固定资产价值 3 倍以上的,也当作新建项目。(2)扩建项目。扩建项目是指企事业单位在原有的基础上投资扩大建设的项目。例如,在企业原有场地范围内或其他地点为扩大原有产品的生产能力或增加新产品的生产能力而建设的主要生产车间,独立的生产线或总厂下的分厂,事业单位和行政单位增建的业务用房(如办公楼、病房、门诊部等)。(3)改建项目。改建项目是指企事业单位对原有设施、工艺条件进行改造的

---

① 参见殷瑞钰等:《工程哲学》,高等教育出版社 2007 年版,第 70 ~ 75 页。

② 同上。

项目。我国规定,企业为消除各工序或车间之间生产能力的不平衡,增加或扩建的不直接增加本企业主要产品生产能力的车间为改建项目。现有企业、事业、行政单位增加或扩建部分辅助工程和生活福利设施并不增加本单位主要效益的,也为改建项目。(4)迁建项目。迁建项目是指原有企事业单位,为改变生产力布局,迁移到另地建设的项目,无论其建设规模扩大与否,都属于迁建项目。(5)重建/恢复项目。重建/恢复项目是指企事业单位因自然灾害、战争等原因,使已建成的固定资产的全部或部分报废以后又投资重新建设的项目。但是尚未建成投产的项目,因自然灾害损坏再重建的,仍按原项目看待,不属于重建项目。(6)技术改造项目。技术改造项目是指企业采用先进的技术、工艺、设备和管理方法,为增加产品品种、提高产品质量、扩大生产能力、降低生产成本、改善劳动条件而投资建设的改造项目。(7)技术引进项目。技术引进项目是技术改造项目的一种,少数是新建项目,主要特点是由国外引进专利、技术许可证和先进设备,再配合国内投资建设的工程。(8)设备更新工程。设备更新工程是指用新的设备更换原有设备,或用先进的技术对原有设备进行局部改造的工程。

2. 根据建设规模划分

按国家规定的标准,基本建设项目可分为大型项目、中型项目、小型项目;更新改造项目分为限额以上项目、限额以下项目。基本建设大中小型项目是按项目的建设总规模或总投资来确定的。习惯上将大型和中型项目合称为大中型项目。新建项目按项目的全部设计规模(能力)或所需投资(总概算)计算;扩建项目按扩建新增的设计能力或扩建所需投资(扩建总概算)计算,不包括扩建以前原有的生产能力。但是,新建项目的规模是指经批准的可行性研究报告中规定的建设规模,而不是指远景规划所设想的长远发展规模。明确分期设计、分期建设的,应按分期规模计算。基本建设项目大中小型划分标准,是国家规定的,按总投资划分的项目,能源、交通、原材料工业项目5000万元以上,其他项目3000万元以上的为大中型项目,在此标准以下的为小型项目。

3. 根据建设阶段划分

根据建设阶段划分,工程可以分为筹建项目、施工项目、投产项目、收尾项目和停缓建项目。(1)筹建项目,指尚未开工,正在进行选址、规划、设计等施工前各项准备工作的建设项目。(2)施工项目,指报告期内实际施工的建设项目,包括报告期内新开工的项目、上期跨入报告期续建的项目、以前停建而在本期复工的项目、报告期施工并在报告期建成投产或停建的项目。(3)投产项目,指报告期内按设计规定的内容,形成设计规定的生产能力(或效益)并投入使用的建设项目,包括部分投产项目和全部投产项目。(4)收尾项目,指已经建成投产和已经组织验收,设计能力已全部建成,但还遗留少量尾工需继续进行扫尾的建设项目。(5)停缓建项目,指根据现有人力、财力、物力和国民经济调整的要求,在计划期内停止或暂缓建设的项目。

4. 根据项目在国民经济中的作用划分

按项目在国民经济中的作用划分生产性项目和非生产性项目。(1)生产性项目,指直接用于物质生产或直接为物质生产服务的项目,主要包括工业项目(含矿业)、建筑业、地质资源勘探及农林水有关的生产项目、运输邮电项目、商业和物资供应项目等。(2)非生产性项目指直接用于满足人民物质和文化生活需要的项目,主要包括文教卫生、科学研究、社会福利、公用事业建设、行政机关和团体办公用房建设等项目。

5. 根据项目工作阶段划分

根据项目工作阶段划分前期工作项目、预备项目、新开工项目和续建项目。(1)前期工作项目指已批准项目建议书,正在做可行性研究或者进行初步设计(或扩初设计)的项目。(2)预备项目指已批准可行性研究报告和初步设计(或扩初设计),正在进行施工准备待转入正式计划的项目。(3)新开工项目指施工准备已经就绪,经批准,报告期内计划新开工建设的项目。(4)续建项目(包括报告期建成投产项目),是指在报告期之前已开始建设,跨入报告期继续施工的项目。

6. 根据按项目隶属关系划分

根据按项目隶属关系划分中央项目和地方项目。(1)中央项目,亦称部直属项目。它是指中央各主管部门直接安排和管理的企业、事业和行政单位的建设项目。这些项目的基本建设计划,由中央各主管部门编制、报批和下达。所需的统配物资和主要设备以及建设过程中存在的问题,均由中央各主管部门直接供应和解决。(2)地方项目,是指由省、市、自治区和地(市)、县等各级地方直接安排和管理的企业、事业、行政单位的建设项目。这些项目的基本建设计划由各级地方主管部门编制、报批和下达,所需物资和设备由各地方主管部门直接供应。

7. 根据资金来源划分

根据资金来源划分,工程项目可分为:(1)国家预算拨款项目。国家预算拨款项目是由国家财政预算中拨给建设单位的一种无偿性基本建设资金投资的建设项目。从1986年起,国家预算直接安排的基本建设投资,分列为国家预算内拨款投资和国家预算内"拨改贷"投资两部分。实行拨款的建设项目与实行"拨改贷"的建设项目,在资金渠道上分别管理,分别核算,不相混同,不相挪用。用拨款投资安排的基本建设项目的范围限于:国防科研项目;各级各类学校项目;国务院各部门和各地方所属医院、救护中心、卫生检疫站;国务院各部门、各省、自治区、直辖市和计划单列省辖市所属没有直接收益的科研建设项目;由国家行政经费开支、列入国家行政编制的机关办公楼及其机关所属职工宿舍、食堂、幼儿园、托儿所和培训中心的建设;由国家财政拨事业经费,且没有经济收入的事业单位的建设;国家物资储备局的仓库建设;防洪、排涝工程、市政工程、国防边防公路和边境县以下邮电通信工程;不实行收费办法的公路和独立公路大桥建设;其他非经济部门所属非营业性的,无还款能力的项目。(2)国家拨改贷项目。国家预算内基建拨款改贷款投资简称“拨改贷投资”,国家拨改贷项目是指原为国家财政预算拨款改为建设银行贷款安排的基本建设投资的建设项目。其资金使用的实质是对国家预算内财政拨款实行信贷管理,将基本建设投资的无偿使用改为有偿使用。(3)银行贷款项目。其是指通过向银行借款以筹集所需的资金的建设项目。(4)企业联合投资项目。其是指不同企业联合使用企业自有资金建设的建设项目。(5)企业自筹项目。其是指单一企业使用自有资金建设的建设项目。(6)利用外资项目。其是指通过国际信贷关系或直接吸收外国投资来筹集资金(包括设备、材料、技术在内),在国内进行固定资产建设的项目。它包括利用中国银行、中国投资银行、中国国际信托投资公司筹集的外国资金在国内进行投资的项目。(7)外资项目。其是指中外合资、中外合作、外商独资、外商购并境内企业、外商投资企业增资等各类外商投资项目。

(二)工程的法律分类

我国现行法律和行政法规对工程分类方法和标准并没有作出规定,但相关部门规章、工程技术类标准规范、地方规范性文件根据不同的标准,对建设工程作出了不同的类型区分。

1. 根据2015年5月4日修订后施行的《工程监理企业资质管理规定》对建设工程的分类

建设工程主要包括房屋建筑工程、冶炼工程、矿山工程、化工石油工程、水利水电工程、电力工程、农林工程、铁路工程、公路工程、港口与航道工程、航天航空工程、通信工程、市政公用工程和机电安装工程。

(1)房屋建筑工程。房屋建筑工程包括一般公共建筑、高耸构筑工程和住宅工程。房屋建筑工程包括结合城市建设与民用建筑修建的附建人防工程。每类房屋建筑工程等级均分别划分为一、二、三级。

(2)冶炼工程。冶炼工程包括钢铁冶炼、连铸工程;轧钢工程;冶炼辅助工程;有色冶炼工程;建材工程等五种具体类别,每类冶炼工程等级均分别划分为一、二级。

(3)矿山工程。矿山工程包括煤矿工程、冶金矿山工程、化工矿山工程、铀矿工程和建材类非金属矿工程等五个具体类别,每类矿山工程等级均分别划分为一、二级。

(4)化工石油工程。化工石油工程包括油田工程、油气储运工程、炼油化工工程、基本原材料工程、化肥工程、酸碱工程、轮胎工程、核化工及加工工程、医药及其他化工工程等九个具体类别。每类化工石油工程等级均划分为一、二级。

(5)水利水电工程。水利水电工程包括水库工程、水力发电站工程和其他水利工程等三个具体类别。每类水利水电工程等级均划分为一、二、三级。

(6)电力工程。电力工程包括火力发电站工程、输变电工程和核电工程等三个具体类别。火力发电站工程分为一级和二级两个级别,输变电工程可以分为一级和二级两个级别,核电工程只有一级一个级别。

(7)农林工程。农林工程包括林业局(场)总体工程、林产工业工程、农业综合开发工程、种植业工程、兽医/畜牧工程、渔业工程、设施农业工程和核设施退役及放射性三废处理处置工程等八个具体类别。每类农林工程等级均划分为一、二级。

(8)铁路工程。铁路工程可以分为铁路综合工程、铁路桥梁工程、铁路隧道工程和铁路通信、信号、电力电气化工程等四个具体类别。每类铁路工程等级均划分为一、二级。

(9)公路工程。公路工程可以分为公路工程、公路桥梁工程、公路隧道工程和其他工程等四个具体类别。每类公路工程等级划分一、二、三级。

(10)港口与航道工程。港口与航道工程包括港口工程、通航建筑与整治工程、航道工程、修造船水工工程、防波堤、导流堤等水工工程和其他水运工程项目工程。每类港口与航道工程等级均划分为一、二级。

(11)航天航空工程。航天航空工程包括民用机场工程、航空飞行器和航天空间飞行器三个具体类别。每类航天航空工程等级均划分为一、二级。

(12)通信工程。通信工程包括有线、无线传输通信工程,卫星、综合布线通信工程;邮政、电信、广播枢纽及交换工程和发射台工程三个具体类别。每类通信工程等级均划分为一、二级。

(13)市政公用工程。市政公用工程包括城市道路工程、给水排水工程、燃气热力工程、垃圾处理工程、地铁轻轨工程、风景园林工程等六个具体类别。除地铁轻轨工程只有一个级别外,其余各类市政公用工程等级均划分为一、二、三级。

(14)机电安装工程。机电安装工程包括机械工程、电子工程、轻纺工程、兵器工程、船舶工程和其他工程等六个具体类别。每类机电安装工程等级均划分为一、二级。

2.《建设工程工程量清单计价规范》中关于建设工程的分类

《建设工程工程量清单计价规范》(GB 50500—2003)明确规定建设工程工程量清单计价规范适用于工业与民用建筑物和构筑物工程、工业与民用建筑物和构筑物的装饰装修工程、工业与民用安装工程、城市市政建设工程、园林绿化工程。《建设工程工程量清单计价规范》(GB 50500—2008)将该规范增加适用于矿山工程,即《建设工程工程量清单计价规范》将建设工程的范围界定为工业与民用建筑物和构筑物工程、工业与民用建筑物和构筑物的装饰装修工程、工业与民用安装工程、城市市政建设工程、园林绿化工程和矿山工程。《建设工程工程量清单计价规范》(GB 50500—2013)进行了精细化调整,新增了构筑物、城市轨道交通、爆破工程三个专业。其中,将建筑与装饰专业合并为一个专业,将仿古从园林专业中分开,拆解为一个新专业。调整后,该规范适用的专业包括:01—房屋建筑与装饰工程、02—仿古建筑工程、03—通用安装工程、04—市政工程、05—园林绿化工程、06—矿山工程、07—构筑物工程、08—城市轨道交通工程和09—爆破工程九个专业。

3. 有关部门规章对专业工程的分类

我国有关部门规章对部分专业工程做了相应分类。例如，邮电部于1995年12月28日发布的《通信建设工程类别划分标准》规定，通信建设工程包括电信工程和邮政工程，按建设项目划分为一类工程、二类工程、三类工程、四类工程，按单项工程分为通信线路工程、电信设备安装工程。再如，国家煤炭工业局于1999年3月10日发布的《煤炭工业建（构）筑物工程项目（结构）等级分类标准》（煤规字〔1999〕第53号）将煤炭工业建（构）筑物工程分为一级、二级、三级工程。

4. 有关地方法规中关于建设工程的分类

2003年7月1日起施行《深圳市建设工程类别划分标准》（深建字〔2003〕55号）将建筑工程分为土石方工程、打桩工程、软基加固及支护工程、住宅建筑、公共建筑、特殊建筑、工业建筑、其他建筑、构筑物等九种，将安装工程分为民用（住宅、公共）建筑安装工程、工业建筑及其他建筑安装工程（包含变配电设备安装工程、送配电线路安装工程、电梯安装工程、室外管网安装工程、空调通风安装工程、消防安装工程、自动化控制设备安装工程、锅炉安装工程、起重设备安装工程、各类工业设备安装、车间工艺设备安装及其相配套的安装工程）及其他工程，将市政工程分为土石方工程、道路工程、桥涵工程、隧道工程、给水工程、排水工程、燃气工程、路灯工程、地铁工程、其他工程，将园林建筑绿化工程分为土石方工程、打桩工程、支护、软基加固及围堰工程、园林建筑工程、绿化种植工程、绿化养护工程。①

《深圳市建设工程类别划分标准》仅为地方性的工程建设标准，其对建设工程的类别划分也仅仅局限于特定的区域。我国各个地方对于建设工程的类型划分不尽相同，各地划分标准不统一，如原湖北省建设厅颁布的《湖北省工程类别的划分标准及应用说明》，将工程分为一般土建工程（工业建筑、民用建筑、构筑物）、安装工程（设备安装工程、建筑安装工程）、市政工程等。湖北省的工程类别、划分标准和等级与深圳市不尽相同。

5. 基本建设工程项目的工程分类

基本建设工程项目，亦称建设项目，是指按一个总体设计组织施工，建成后具有完整的系统，可以独立地形成生产能力或者使用价值的建设工程。一般以一个企业（或联合企业）、事业单位或独立工程作为一个建设项目。凡属于一个总体设计中的主体工程和相应的附属配套工程、综合利用工程、环境保护工程、供水供电工程以及水库的干渠配套工程等，都统一作为一个建设项目；凡是不属于一个总体设计，经济上分别核算，工艺流程上没有直接联系的几个独立工程，应分别列为几个建设项目。按照建设项目分解管理的需要，可将建设项目分解为单项工程、单位工程（子单位工程）、分部工程（子分部工程）、分项工程和检验批。

（1）单项工程。单项工程，是指具有独立的设计文件，竣工后可以独立发挥生

---

① 李恒、马凤玲：《建设工程法：法律制度与实务技能》（最新修订版），法律出版社2014年版，第9~10页。

产能力或效益的工程。例如,工厂中的生产车间、办公楼、住宅;学校中的教学楼、食堂、宿舍等,它是基建项目的组成部分。

(2)单位工程。单位工程,是指具有单独设计和独立施工条件,不能独立发挥生产能力或效益的工程,它是单项工程的组成部分。例如,生产车间这个单项工程是由厂房建筑工程和机械设备安装工程等单位工程组成的。建筑工程还可以细分为一般土建工程、水暖卫工程、电器照明工程和工业管道工程等单位工程。

(3)分部工程。分部工程是单位工程的组成部分,是建筑工程和安装工程的各个组成部分。分部工程一般是按单位工程的结构形式、工程部位、构件性质、使用材料、设备种类等的不同而划分的工程项目。例如,一般土建工程可以划分为地基与基础工程、主体结构工程、建筑装饰装修工程、屋面工程、建筑电气工程等。按建筑工程的主要部位或工种工程及安装工程的种类划分,如土方工程、地基与基础工程、砌体工程、地面工程、装饰工程,管道工程、通风工程,通用设备安装工程、容器工程、自动化仪表安装工程、工业炉砌筑工程等。当分部工程较大时,可将其分为若干子分部工程,如装饰工程可分为:地面、门窗、吊顶工程;建筑电气工程可划分为:室外电气、电气照明安装、电气动力等子分部工程。

(4)分项工程。分项工程是分部工程的组成部分,是施工图预算中最基本的计算单位。它是按照不同的施工方法、不同材料的不同规格等,将分部工程进一步划分的。例如,钢筋混凝土分部工程,可分为捣制和预制两种分项工程。分项工程是最小的,再也分不下去的,若干个分项工程合在一起就形成一个分部工程,分部工程合在一起就形成一个单位工程,单位工程合在一起就形成一个单项工程,一个单项工程或几个单项合在一起构成一个建设项目。

(5)检验批。检验批,是指按同一生产条件或按规定的方式汇总起来供检验用的,由一定数量样本组成的检验体。检验批是工程质量验收的基本单元,如果一个分项工程需要验评多次,那么每一次验评就叫一个检验批,行业规定每个检验批的检验部位必须完全相同。检验批只作检验,不作评定。检验批通常按下列原则划分:检验批内质量均匀一致,抽样应符合随机性和真实性的原则;贯彻过程控制的原则,按施工次序、便于质量验收和控制关键工序的需要划分检验批。

三、工程中的法学问题

工程法学系统、综合地研究现代建设工程建造与政府管制中的法律现象及其规律,交叉融合研究是该学科的最大特点。这种交叉既涉及法学与工程相关的土木、建筑、管理、投资、保险等学科,又涉及行政法、民法、刑法等部门法学学科。

(一)工程民法

我国民法是调整平等主体的自然人、法人和非法人组织之间的财产关系和人身关系的法律规范的总和。而工程民法学是指调整有关工程建设活动中平等主体之间财产关系和人身关系的法律规范的总称。工程民法学研究对象主要是工程建设中的平等主体之间的财产归属关系和财产流转关系，主要涉及工程建设民事主体制度、工程物权制度、工程建设招标投标与政府采购制度、工程建设合同制度、工程建设知识产权制度、工程建设中的民事责任等。工程民法学反映了市场经济交换过程中形成的商品关系内在的要求，进而形成了以调整财产所有和财产交换为目的，由民事主体、物权、债和合同等制度组成的具有内在联系的工程民法学体系。工程民法学涉及的法律规范主要体现在我国的基本民事法律规范之中，如《物权法》《合同法》《侵权责任法》《招标投标法》等。工程民法学调整的是平等的建设活动中各个参与主体之间的民事关系，以财产关系为主。这种民事关系主要是指因从事建设活动而产生的国家、法人、自然人之间的民事权利、义务关系，主要包括：在建设活动中发生的有关自然人的损害、侵权、赔偿关系；建设领域从业人员的人身和经济权利保护关系；房地产交易中买卖、租赁、产权关系；土地征收、房屋拆迁导致的拆迁安置关系；建设单位、勘察设计单位、施工单位之间的建设工程合同关系等。

（二）工程行政法

工程行政法是有关建设行政主管部门行使职权管理行政相对人的各种法律规范的总称。工程行政法学的调整对象是建设工程领域中的行政法律关系。工程行政法主要调整国家建设行政主管部门在管理建设活动中所发生的各种社会关系，主要法律规范包含在《建筑法》《土地管理法》《城市房地产管理法》以及其他行业中有关建设工程监督管理方面的法律法规中。建设工程领域中典型的行政法律制度包括建设行政许可、行政处罚、监督管理、行政责任等。工程行政法的主要内容包括：建设计划法、建设规划法、建设市场管理法、工程建设政府投资与采购法、建设监督检查法、建设责任法等。

（三）工程经济法

我国经济法是调整国家在协调本国经济运行过程中发生的经济关系的法律规范的总称。经济法的调整对象是在国家协调、干预、控制和管理的本国经济运行过程中发生的经济关系。工程建设活动是一种重要的社会经济行为，直接对国家政治、经济、军事等方面的安全与发展产生重要影响。对于工程建设活动而言，其本质属性应当是一种重要的经济活动（既包括生产，也包括消费、分配等），并且这种经济活动及其所形成的社会关系要受到国家的协调、干预、控制和管理。在现行市场经济条件下，这种经济关系主要包括工程建设市场规制关系和工程建设宏观调控关系。结合国内经济法学界的一般观点，在社会主义市场经济体制之下，我国工程建设经济法律规范体系主要包括：工程建设主体法、工程建设市场监管法、工程建设宏观调控法和工程建设涉外管理法等内容。其调整对象应当主要分别涉及工程建设主体资质与资格管理、工程建设市场监管、工程建设宏观调控、工程建设涉外管理等内容。

(四)工程刑法学

工程刑法学,是指研究工程刑法及其规定的工程犯罪和刑事责任及刑罚的科学。我国刑法典在多个章节对不同的工程犯罪分别做了规定,我国的工程法律也有关于刑事责任的条款。工程犯罪,是指发生在工程建设领域,直接危害工程建设,危害国家和人民利益,触犯刑律,需要追究刑事责任的行为。我国现行《刑法》共规定了六类与工程活动有关的犯罪,即工程事故类犯罪、工程欺诈类犯罪、工程环境类犯罪、工程腐败类犯罪、工程侵权类犯罪和工程渎职类犯罪。[①] 这些犯罪都只能或者可能发生在工程建设领域,对于公共安全、社会主义市场经济秩序、公民的人身权利、财产权利、国家的环境资源保护以及国家机关工作人员的监管制度等造成严重危害。

(五)工程争议解决

1. 建设工程争议的种类

建设工程争议,是指建设工程当事人之间对建设过程中因行使权利和履行义务发生分歧而引起的争议。建设工程争议的种类区分如下:

(1)按照争议的性质不同,可以把建设工程争议划分为民事争议和行政争议。民事争议,是指发生在平等建设主体之间,因建设主体对于自己与他人之间的权利行使、义务履行以及利益分配有不同的主张、意见、要求的法律事实。民事争议发生在平等的建设主体之间,争议的主体的法律地位是平等的。建设工程民事争议最常见的主要为发包人和承包人之间有关工期、质量、造价等问题产生的争议,这种争议主要有合同争议和侵权损害赔偿争议两类。行政争议,是指发生在建设相关主体与其主管机关之间的争议,主要是指建设行政相对人对建设工程行政管理主体作出的具体行政行为不服或者不予作出具体行政行为而发生的争议。

(2)按照建设工程争议的具体内容,可划分若干类。按照建设工程争议的具体内容划分,主要包括建设工程施工合同争议、勘察设计合同争议、监理合同争议、物资采购合同争议、相邻关系争议、建设项目施工对环境影响的争议等。建设工程施工合同的争议主要有以下类型:主体争议、工程款争议、工程质量争议、工程分包与转包争议、合同变更与解除的争议、工程竣工验收争议、合同审计争议等。[②]

2. 建设工程争议的处理方式

根据《建筑法》《行政诉讼法》《行政复议法》《民事诉讼法》《仲裁法》《合同法》等相关法律的规定,建设争议当事人可以通过五种途径解决建设争议,即协商和

---

① 参见马长生、田兴洪:《论工程刑法学的几个问题》,载《湖南工业大学学报》(社会科学版)2015 年第 1 期。

② 马凤玲编著:《工程建设法规》,中国建筑工业出版社 2014 年版,第 320 ~ 323 页。

解;调解或者建设工程争议评审;提起行政复议或者行政诉讼;提起民事诉讼;提请仲裁机构仲裁。横向建设争议的当事人不愿和解、调解或者和解、调解不成的,可以根据仲裁协议提请仲裁机构申请仲裁或者向人民法院提起民事诉讼。当事人没有订立仲裁协议或者仲裁协议无效的,可以向人民法院起诉。纵向建设争议的行政相对人不服行政主体的具体行政行为或者对其作出的具体行政行为有异议的,则可以提请行政复议或者行政诉讼。

第二节　工程法学的概念和调整对象

一、工程法学的概念

工程法学是随着现代工程经济与科技的发展而出现的一门新兴的法学交叉学科[①]。它以跨学科的研究方法,系统、综合地研究工程建设过程中涉及的法律关系,属于工程学和法学的交叉学科。工程法学是直接体现国家组织、管理、协调城市建设、乡村建设、工程建设、建筑业、房地产业、市政公用事业等各项工程建设活动的方针、政策和基本原则。工程法学调整国家机关、企业、事业单位、经济组织、社会团体和自然人在工程建设活动中发生的社会关系,是研究按照工程建设的程序,以建设行为为规范内容,以建设市场行为、建设工程质量、安全为规范目的,与工程建设各个阶段紧密相关的法律法规总和的法律部门。

二、工程法学的调整对象

工程法学的调整对象,是指工程法学所规范调整的社会关系,涉及工程建设全过程,主要包括横向的工程民事关系和纵向的工程行政关系。

(一)横向的工程民事关系

横向的工程民事关系,是指工程建设中的民事关系,该种民事关系是指平等主体自然人、法人和非法人组织之间因从事工程建设活动而产生的民事权利义务关系。这种民事义务关系可以发生在工程的勘察、设计、施工、监理、运营、维护等各个阶段。这一类型的工程关系主要属于民法规范调整的范畴。其主要包括:建设单位、勘察设计单位、监理单位和施工企业之间的建设工程合同关系;相关工程建设业从业单位的原材料采购合同关系、租赁合同关系、运输合同关系、保险合同关系等;在工程建设活动中发生的侵权损害赔偿关系;房地产交易中买卖、租赁关系等。建设活动中的民事关系既涉及国家社会利益,更关系着个人的权益和自由,因此必须按照民法和建设法规中的民事法律规范予以调整。

横向的工程民事关系的特点是:第一,横向的工程民事关系的主体之间具有平

---

① 周佑勇主编:《工程法学》,中国人民大学出版社 2010 年版,第 1 页。

等性。[1] 平等，是指工程关系主体在法律地位上平等，不存在隶属或者管理与被管理的关系。主体彼此间的关系应该是平等的、互利的，当财产利益受到损害时，应该得到同等价值的补偿。第二，平等主体间的关系主要为合同关系。合同关系是横向工程民事关系中最为重要的一种关系，或者说合同关系是横向工程民事关系中的核心关系。当事人在缔结合同关系时意思表示自由，非经双方自愿协商，不能缔结合同，更不能将一方意志强加于另一方。工程中的合同关系最重要的为建设工程合同关系，包括建设工程勘察、设计和施工合同。《合同法》将"建设工程合同"作为15种有名合同中的一种设专章予以规定。除此之外，还包括围绕建设工程合同展开的各种合同关系：买卖合同、租赁合同、保管合同、运输合同、融资租赁合同、委托合同等。第三，横向的工程民事关系主要表现为财产关系，财产关系中确认的权利是财产权利，通常可以转让。这种财产关系遵循等价有偿的原则。当财产关系受到破坏时，主要适用财产补救法，通过返还原物、赔偿损失等民事责任的方式加以保护。第四，横向的工程民事关系产生争议时可以协商解决，也可以根据仲裁协议提请仲裁机构申请仲裁或者向人民法院提起民事诉讼。

（二）纵向的工程行政关系

纵向的工程行政关系，是指工程建设中的行政关系。该种关系主要指属于行政权行使过程中的工程行政计划关系、工程行政规划关系，以及政府行政主管部门对工程主体、工程建设、工程产品等的监督管理关系。工程建设活动是社会发展中的重大活动，同社会发展息息相关，关乎国计民生，国家对这类活动必然要实行严格的管理，具体包括对建设工程的立项、计划、资金筹集、设计、施工、验收等均进行严格监督管理。进而形成建设活动中的行政管理关系。建设活动中的行政管理关系，是国家及其建设行政主管部门同建设单位、设计单位、施工企业及有关单位（如中介服务机构）之间发生的相应的管理与被管理关系。它包括两个相互关联的方面：一方面，是规划、指导、协调与服务；另一方面，是检查、监督、控制与调节。这其中不但明确各种建设行政管理部门相互间及内部各方面的责权利关系，而且还要科学地建立建设行政管理部门同各类建设活动主体及中介服务机构之间规范的管理关系。这些都必须纳入法律调整范围，由有关的行政法规来承担。

纵向的工程行政关系的特点是：第一，主体之间的隶属性。纵向的工程行政关系的主体双方为行政主体和行政相对人。在行政性质的工程关系中，其主体之间存在着管理与被管理的关系、权力服从关系。行政主体是行政关系的一方。行政主体是行政职能的承担者，这决定了行政关系中必有一方是行政主体。第二，行政关系当事人的权利、义务由有关法律规范事先加以规定，并经常具有重合性。行政

---

[1] 参见周佑勇主编：《工程法学》，中国人民大学出版社2010年版，第7～8页。

关系中的一个重要特点是其主体之间不能相互约定权利(职权)、义务(职责),不能自由选择权利(职权)、义务(职责),而必须依据法律规范取得权利(职权)、并承担义务(职责);这与民事法律关系主体可以相互约定权利、义务,协商改变权利、义务,共同选择权利、义务完全不同。行政主体实体权利(职权)、义务(职责)的重合性,通常意味着其权利(职权)或义务(职责)的双重性。在这种情况下,行政主体不能擅自转让、放弃其权利(职权),否则就是失职。第三,管辖主体的多元性。一方面,不同的行政主体依据其职权管辖着不同类型的工程并由此形成不同的行政关系。[①] 例如,根据我国现行《建筑业企业资质管理规定》(住房和城乡建设部令第22号),负责全国建筑业企业资质的统一监督管理。国务院交通运输、水利、工业信息化等有关部门配合国务院住房城乡建设主管部门实施相关资质类别建筑业企业资质的管理工作。在施工资质管理方面,国务院住房城乡建设主管部门和国务院交通运输、水利、工业信息化等有关部门,协调管理施工企业的资质管理工作。另一方面,在一个工程的不同阶段也分别由不同的行政主体进行管辖。例如,立项、决策阶段由地方政府或者中央政府作出决定,规划阶段则由不同行政层级的政府规划主管部门行使规划权,建设阶段则由建设行政主管部门、环境保护主管部门等行使监督管理职权。第四,行政关系引起的争议,大多由行政机关或行政裁判机关依照行政程序或准司法程序解决。

第三节　工程法学的地位和特征

一、工程法学的地位

(一)工程法学的地位

工程法学的地位,是指其在整个法律体系中所处的状态,具体是指工程法学属于哪个部门法且居于何层次。部门法的划分标准,是以某一类社会关系为共同的调整对象,在此基础上所形成的所有法律规范的总和即构成同一法的部门。比如,以平等主体之间的财产关系和人身关系为共同调整对象所形成的所有法律规范,其总和即构成独立的民法部门。从工程法学的法律性质来看,它主要还是属于行政法和经济法的范畴。关于工程法学的地位,我国主要存在两种观点:

1. 工程法学是行政法的特别法

行政法泛指有关国家行政管理的法律、法规,其调整对象为行政管理关系、行政法制监督关系、行政救济关系、内部行政关系。国家行政机关在建设活动中同建设单位、设计单位、施工单位及其他有关单位(如中介服务机构)之间形成的管理与被管理的法律关系,是工程法学的主要调整对象。这与行政法的调整对象相同,

---

① 参见周佑勇主编:《工程法学》,中国人民大学出版社2010年版,第7~8页。

因此说工程法学是行政法的特别法。

2. 工程法学是经济法的特别法

经济法是调整国家对经济实行宏观调控和对经济活动进行协调过程中所发生的经济关系的法律规范的总称,其调整对象为国家干预市场经济运行过程中发生的经济关系、国家在经济调控中发生的经济关系和国家规范经济组织过程中发生的经济关系。工程法学的调整对象与经济法的调整对象具有相似性,既包括行政管理关系,又包括民事关系,兼具公法性和私法性,因此工程法学是经济法的特别法。

(二)工程法学属于相对独立的法律部门

工程法学的调整对象本质上是由工程法学调整对象的客观性、特殊性和重要性决定的。建设活动是人类生存发展和经济建设的基本活动,随着社会的发展,工程建设活动涉及的法律关系更加广泛和复杂,工程法学作为相对独立的法律部门是社会发展的客观要求。法律部门的划分也不应仅仅是传统法学理论界定的标准——调整对象和调整手段,取而代之的是调整对象所包含的具体社会关系。随着社会的发展,社会关系所涉及的领域越来越细化,任何一个法律部门都不可能包罗万象地调整所有领域的法律关系,因此,划分法律部门不能局限于传统的调整对象这一标准。"领域法律规范系统"理论的出现,既是对传统法学理论的挑战,也是社会发展给法学理论研究带来的新的思维方法。① 工程法学将对工程建设活动领域中的所有社会关系视为一个有机联系的整体进行全面调整,并统一地发挥其确认、保护、促进、协调社会关系的功能。因此,工程法学是并列于教育法规、军事法规、交通法规等的应用部门法,依托于民法、行政法、刑法、经济法、民事诉讼法、行政诉讼法、刑事诉讼法等基础法律部门的一个相对独立的应用法律部门。工程法学作为一门独立的交叉法学学科,具有双重交叉属性,是由于工程法学以工程涉及法律法规为主导这一特性决定的,既体现工程法学的"法学属性",又体现工程法学的"工程专业属性",并将二者进行有机融合。②

按照一般法学学科的体系构建工程法学的体系,工程法学作为一门学科应该包括工程法学总论和工程法学分论。工程法学总论包括工程法学的概念和调整对象,工程法学的特征和基本原则,工程法学的历史发展,工程法律关系及其构成要素,工程法学的渊源等工程法学的一般理论。工程法学分论应该包括工程建设主体法律制度、工程计划和规划法律制度、工程用地法律制度、工程许可法律制度、工程承发包法律制度、工程招投标和合同法律制度、工程监管法律制度、工程知识产权法律制度、工程法律责任制度和工程争议解决法律制度等。

---

① 领域法律规范系统,是指综合了多种调整方法,对统一领域的多种社会关系进行统一调整的若干法律规范,可以被视为一个整体。

② 参见周佑勇主编:《工程法学》,中国人民大学出版社 2010 年版,第 23 ~ 26 页。

二、工程法学的特征

工程法学作为调整工程法律关系的法律规范，除具备一般法律基本特征外，还具有一些特殊的法律特征。

（一）行政隶属性与平等性并存

工程法学调整的纵向行政关系决定了工程法学的行政隶属性特征。工程法学是国家干预、从事工程建设活动，参与工程法律关系的产物，调整的是直接体现国家意志或公共、集体利益的工程经济关系，从而与政府的管理和参与有着密切的关系。工程法学更多地通过政府以法规制定权、自由裁量权和准司法决定权，体现了明显的行政隶属性。这一特征决定了工程法学必然要采用直接体现行政权力活动的调整方法，即以行政指令为主的方法调整工程建设活动中的法律关系。此类调整方式包括授权、命令、禁止、许可、免除、确认、计划和撤销。①

工程法学调整的横向民事关系决定了工程法学的平等性特征。工程建设各个从业主体展开经营活动的基本依据为合同，通过订立并履行合同，实现勘察单位、设计单位、施工企业、监理单位以及原材料、设备的提供单位各自的经济利益。合同作为横向民事关系主要体现了工程法学的平等性。

（二）经济性和专业性

工程建设活动与生产、分配、交换、消费紧密相连，直接为社会创造财富，为国家增加积累。例如，工程建设勘察设计、房地产开发、住宅商品化、施工安装等都直接为社会创造财富。在我国，工程建设业已成为国民经济的支柱产业之一。工程建设的可持续发展，不仅涉及普通人的社会生活，而且关系国民经济的健康可持续发展。可见，作为调整工程行业的工程法学的经济性是非常明显的。

建造一项工程一般要经过勘察、设计和施工三个阶段，牵扯的领域相当的多，涉及工程地质勘查、水文地质勘查、工程测量、土力学、工程力学、工程设计、建筑材料、建筑设备、工程机械、建筑经济等学科和施工技术、施工组织等领域的知识以及电子计算机和力学测试等技术。工程法学的专业性特征不仅指工程法学的内容涉及工程建设的各个方面，而且还包括工程法学的立法过程本身就是一个专业性的过程，其呈现专业性的立法文件具有专业性。

（三）政策性

在很多情况下，工程建设的法律调整往往政策先行，并赋予政策以法的效力。工程法学比其他任何部门法更有显著的政策性特征。工程法学一方面是实现国家工程建设政策的工具，另一方面也实现了国家工程建设政策规范化。国家工程建

---

① 参见马凤玲编著：《工程建设法规》，中国建筑工业出版社 2014 年版，第 25 ~ 26 页。

设形势总是处于不断发展变化之中，工程法学不免要随着工程建设政策的变化而变化；如国家人力、财力、物力紧张时，基建投资就要压缩，通过法律规范加以限制；国力储备充足时，就可以适当增加基建投资，同时，以法律规范予以扶植、鼓励。

（四）技术性

工程建设产品的质量与人民的生命财产紧紧联系在一起，工程法学的技术性十分明显。为保证工程建设产品的质量和人民生命财产的安全，大量的工程建设法规以技术规范形式出现，直接、具体、严密、系统，便于广大工程技术人员及管理机构遵守和执行；比如，各种设计规范、施工规范、验收规范、产品质量监测规范等。有些非技术规范的建设法规中也包含技术性的规定，比如，我国现行《城乡规划法》含有计量、质量、规划技术、规划编制内容等技术性规范。

第四节　工程法的体系

一、工程法律体系

法律体系的构成，就是指法律体系采取的结构形式。从法学意义上讲，法律体系应该包括两层含义：一是指它的实然状态，即客观存在的、实际的法律体系；二是指它的应然状态，即理想的应当具有的法律体系。在通常意义上探讨法律体系往往指的是前者。

（一）工程法律体系的概念

工程法律体系，是指把已经制定和需要制定的建设法律、建设行政法规和建设部门规章衔接起来，形成一个相互联系、相互协调的、完整统一的框架结构。就广义的工程法学的法规体系而言，体系中还包括地方性建设法规和建设规章，还应包括国家制定或认可的技术法规和与建设工程有关的国际公约、国际惯例和国际标准等。工程法学的法规体系是国家法律体系的重要组成部分，与宪法和相关法律保持一致，但又相对独立，自成体系。它应覆盖建设活动的各个行业、各个领域以及工程建设的全过程，使建设活动的各个方面都有法可依；同时，它还应该注意纵向不同层次法规之间的相互衔接和横向同层次法规之间的配套和协调，防止不同法规之间出现立法重复、矛盾和抵触的现象。

（二）我国工程法体系采用梯形结构

建设工程法律体系是由很多不同层次的法规组成的，它的结构形式一般有宝塔形和梯形两种。宝塔形结构形式，是先制定一部基本法律，将领域内业务可能涉及的所有问题都在该法中作出规定，然后再分别制定不同层次的专项法律、行政法规、部门规章，对一个个具体问题作出补充规定。梯形结构是不设立基本法律，而以若干并列的专项法律组成法规体系的最顶层，然后对每部专项法律再配置相应的不同层次的行政法规和部门规章作补充，形成若干相互联系而又相对独立的小体系。

我国建设工程法律体系采用的是梯形结构方式，由宪法（建筑业的立法依据，同时又明确规定国家基本建设的方针和原则）、建设法律（由全国人民代表大会及其常务委员会制定颁布的建设工程各项法律）、建设行政法规（国务院依法制定并颁布的建设工程各项行政法规）、建设部门规章（由国务院各部委颁布的建设工程部门规章）、地方性建设法规（由省、自治区、直辖市人民代表大会及其常委会制定颁行的或经其批准颁行的由下级人大或常委会制定的建设方面的法规）、地方性建设规章（省、自治区、直辖市人民政府及省、自治区人民政府所在地、包括经国务院批准的较大的市的人民政府根据法律、行政法规制定的地方性规章）、有关建设工程的司法解释（最高人民法院颁布的有关建设工程的司法解释）、建设工程技术法规（国家制定或认可的，在全国范围内有效的技术规程、规范、标准、定额、方法等技术文件）、有关建设工程的国际条约、国际惯例和国际标准。

二、工程法的横向体系

1989 年，原建设部组织了工程建设法规体系的研究、论证工作，并于 1991 年制定出《建设法律体系规划方案》，使我国工程建设立法走上了系统化、科学化的健康发展之路。根据规划方案我国工程建设法规体系采用了梯形结构形式，由城市规划法、市政公用事业法、村镇建设法、风景名胜区法、工程勘察设计法、建筑法、城市房地产管理法、住宅法 8 部关于专项业务的法律构成我国建设法规体系的顶层；并由城市规划法实施条例等 38 部行政法规对这些法律加以细化和补充。根据具体问题和各地不同情况，建设行政主管部门和各省人大及人民政府还可制定颁行相应的建设规章及法规。目前，我国建设立法正按照这一规划建立与完善，至 2003 年 5 月底，已制定颁行的建设法律有 3 部（《城市规划法》《建筑法》《城市房地产管理法》），行政法规 15 部，建设行政规章 88 部，地方性建设法规及地方建设规章则有几百部。需要指出的是，与建设活动关系密切的相关法律、行政法规和部门规章，它们虽不属于建设法规体系，但其有些规定，对调整建设活动有着十分重要的作用，也应予以关注。

（一）我国工程法的横向体系

1. 城乡规划法

城乡规划法是调整城乡规划制定和实施过程中和在规划区内进行建设活动中发生的社会关系的法律规范的总称。其立法目的在于加强城乡规划管理，协调城乡空间布局，改善人居环境，促进城乡经济社会全面协调可持续发展。现行《城乡规划法》于 2008 年 1 月 1 日起施行，《城市规划法》同时废止。2015 年和 2019 年全国人大常委会对现行《城乡规划法》作了部分修正。

2. 城市房地产管理法

城市房地产管理法，是指调整城市房地产业和各项房地产经营活动及其社会关系的法律规范的总称。其立法目的是加强对城市房地产的管理,维护房地产市场秩序,保障房地产权利人的合法权益,促进房地产业的健康发展。《城市房地产管理法》于1994年7月5日第八届全国人大常委会第八次会议通过,自1995年1月1日起施行。2017年8月30日,中华人民共和国第十届全国人民代表大会常务委员会第二十九次会议通过《全国人民代表大会常务委员会关于修改〈中华人民共和国城市房地产管理法〉的决定》。根据2009年8月27日第十一届全国人民代表大会常务委员会第十次会议《关于修改部分法律的决定》第二次修正。2019年8月26日,十三届全国人大常委会第十二次会议表决通过关于修改土地管理法、城市房地产管理法的决定。本决定自2020年1月1日起施行。

3. 建筑法

建筑法是调整建筑活动及其社会关系的法律规范的总称。其立法目的是加强对建筑活动的监督管理,维护建筑市场秩序,保证建筑工程的质量和安全,促进建筑业健康发展。《建筑法》于1997年11月1日第八届全国人大常委会第二十八次会议通过,自1998年3月1日起施行。根据2011年4月22日第十一届全国人民代表大会常务委员会第二十次会议《关于修改〈中华人民共和国建筑法〉的决定》第一次修正,根据2019年4月23日第十三届全国人民代表大会常务委员会第十次会议《关于修改〈中华人民共和国建筑法〉等八部法律的决定》第二次修正。

4. 住宅法

住宅法是调整城市住宅所有权、房屋建设的融资、房屋建筑管理与维修等活动及其社会关系的法律规范的总称。其立法目的是保障公民享有住房的权利,保证住宅所有者的合法权益,促进住宅的建设发展,不断改进公民的住房条件和提高居住水平。我国目前尚无住宅法。

5. 工程设计法

工程设计法是调整工程设计的资质管理、质量管理、技术管理,以及制定设计文件全过程及其社会关系的法律规范的总称。其立法目的是在于加强对工程设计的管理,保证设计质量,提高工程设计水平。

6. 市政公用事业法

市政公用事业法是调整城市市政设施公用事业、市容环境卫生、园林绿化等建设、管理活动及其社会关系的法律规范的总称。其立法目的是加强市政公用事业的统一管理,保证城市市政公用事业建设和管理工作的顺利进行,发挥城市多功能的作用。

7. 风景名胜区法

风景名胜区法是调整人们保护、利用、开发和管理风景名胜资源各项活动中产生的各种社会关系的法律规范的总称。其立法目的是在于加强风景名胜区的管理、保护、利用和合理开发风景名胜资源。

8. 村镇建设法

村镇建设法是调整村庄、集镇的规划、综合开发、设计、施工、公用基础建设、住宅和环境管理等活动及其社会关系的法律规范的总称。其立法目的是加强村镇建设管理、不断改善村镇的环境,促进城乡经济、社会协调发展,推动社会主义新村镇的建设。由于《城乡规划法》的颁布,城乡统筹规划,村镇建设法纳入城乡建设法的范畴。

(二)工程全过程的工程法体系

工程建设活动是一项复杂的经济活动,一个建设工程项目从可行性报告的提出、决策、设计、施工到竣工验收、投入生产使用的全过程,各个阶段都应该有相应的法律、行政法规和规章进行规范。工程法律体系的横向结构,是指工程建设法律的涵盖范围。因此从横向上看,工程法律体系应该包括规划决策阶段的工程建设法律,主要包括规划、报建、取得土地使用权、拆迁等内容,以及建设工程相应主体的确立或确认;合同签订包含招标投标阶段的工程建设法律;勘察设计阶段的工程建设法律;施工阶段(包含监理)的工程建设法律和工程竣工验收阶段及竣工结算、交付阶段的工程建设法律。这样根据工程建设主要阶段进行划分的工程建设法律,基本上符合一个工程从规划决策到竣工验收的全过程,但是不够全面。还有一些内容与工程建设过程紧密相关,如建设工程知识产权、对外工程承包等,应该纳入建设工程法律体系,这样才能使建设工程法律体系的结构更加完整。

工程法律法规所确认的制度是一系列规范工程行为的内容体系,它以规范工程市场行为为起点、以工程质量和安全为重点,确立了工程行为的一些基本制度。基于此。工程法学的法规横向体系包括:工程规划法、土地法、拆迁法规、工程市场主体法律法规、工程合同法律法规、工程勘察设计法律法规、工程监理法律法规、工程发包与承包法律法规、工程安全管理法律法规、工程质量管理法律法规、工程知识产权法律法规、工程环境保护法律法规和工程争议解决法律法规等。

三、工程法的纵向体系

(一)我国工程法的纵向体系

目前,根据我国现行《立法法》有关立法权限的规定,我国工程法的纵向体系涉及以下五个层次:

1. 工程法律

工程法律,是指由全国人民代表大会及其常务委员会制定颁布的属于国务院建设法规主管部门主管业务范围的各项法律,是工程法规体系的核心和基础;主要有:《建筑法》《城市房地产管理法》《城乡规划法》《招标投标法》《安全生产法》《合同法》《物权法》等。

2. 工程行政法规

工程行政法规,是指由国务院制定颁行的属于建设行政主管业务范围的条例、规定和办法等。例如,国务院颁布的《建设工程质量管理条例》《建设工程安全生产管理条例》《建设工程勘察设计管理条例》《国有土地上房屋征收与补偿条例》

《招标投标法实施条例》等。

3. 工程部门规章

工程部门规章，是指由国务院建设行政主管部门或国务院建设行政主管部门与国务院其他相关部门根据国务院规定的职责范围，依法制定并颁布的各项规定、颁发以及条例实施细则与建设技术规范等。例如，《建筑业企业资质管理规定》《建设工程勘察设计企业资质管理规定》《工程监理企业资质管理规定》等。建设技术规范包括实施工程建设勘察、设计、规划、施工、安装、检测、验收等技术规程、规范、条例、颁发、定额等规范性文件，作为全国建设业共同遵守的准则和依据。

4. 工程地方性法规

工程地方性法规，是指在不与宪法、法律、行政法规相抵触的前提下，由省、自治区、直辖市人大及其常委会制定颁行的或经其批准颁行的由下级人大或常委会制定的建设方面的法规。

5. 工程地方性规章

工程地方性建设规章，是指由省、自治区、直辖市人民政府制定颁行的或经其批准颁行的由其所辖城市人民政府制定的建设方面的规章。

此外，还有最高人民法院关于建设法律适用的司法解释。例如，最高人民法院《关于审理建设工程施工合同纠纷案件适用法律问题的解释》(法释〔2004〕14号)、最高人民法院《关于建设工程价款优先受偿权问题的批复》(法释〔2002〕16号)、最高人民法院《关于审理建设工程施工合同纠纷案件适用法律问题的解释(二)》(法释〔2018〕20号)等。

(二)我国工程法的效力层级

在建设工程法律体系内部，纵向不同层次的法规之间，应当相互衔接，不能抵触；横向同层次的法规之间，应当协调配套，不能互相矛盾、重复或者留有“空白”。此外，建设工程法律体系作为国家法律体系的一个子系统，还应当考虑与其他法律体系的相互衔接。

建设工程法律体系是一个有机联系的整体，但由于法规制定权属于不同的部门，涉及建设领域的各个方面。在该体系的内部，建设法律的法律效力最高，层次越往下的法规的法律效力越低。法律效力低的建设法规不得与比其法律效力高的建设法规相抵触，否则，其相应规定将被视为无效。根据《立法法》的规定，部门规章之间、部门规章与地方政府规章之间具有同等效力，在各自的权限范围内施行，对同一事项规定不一致的，由国务院裁决。而地方性法规的效力高于本级和下级地方政府的规章。部门规章与地方性法规之间对同一事项的规定不一致的，由国务院决定或者由国务院提请全国人大常委会裁决。在适用法律法规过程中，还应注意遵循新法优于旧法、特别法优于一般法、法律文本优于法律解释原则等。

第五章　工程法学的基本原则

工程法学的基本原则是工程法学的本质和特征的集中反映，贯彻于工程法学的全部法律规范，对工程活动起着指导作用的行为准则，对工程立法、工程执法、工程司法和工程守法具有指导意义。我们认为工程法学的基本原则包括工程质量原则，工程安全原则，国家适度干预原则，公平、公正、公开和诚实信用原则以及可持续发展原则。

第一节　工程法学基本原则的意义

一、工程法学的基本原则是工程立法的准则

工程法学的基本原则，蕴含着工程法学调控社会生活所欲实现的目标，所欲达致的理想，是我国工程法学所调整的社会关系本质特征的集中反映，集中体现了工程法学区别于其他法律部门的特征。它贯穿于整个工程立法，确定了工程立法的基本价值取向，是制定具体工程法律制度和规范的基础。

二、工程法学的基本原则是工程相关主体进行工程建设活动的基本准则

工程相关主体组织和进行的各项工程建设活动，不仅要遵循具体的工程法律规范，还要遵循工程法学的基本原则。在现行法上对于工程相关主体的工程建设活动欠缺相应的工程法律规范进行调整时，工程相关主体应依工程法学的基本原则的要求进行工程建设活动。

三、工程法学的基本原则是法院解释法律、补充法律漏洞的基本依据

工程法学的基本原则是法院对工程法律、法规进行解释的基本依据。法院在审理工程案件时，须对所应适用的法律条文进行解释，以阐明法律规范的含义，确定特定法律规范的构成要件和法律效果。法院在对法律条文进行解释时，如有两种相反的含义，应采用其中符合工程法学的基本原则的含义。无论采用何种解释方法，其解释结果均不能违反工程法学的基本原则。如果法院在审理工程案件时，在现行法上未能获得据以作出裁判的依据，这就表明在现行法上存在法律漏洞。此时，法院应依据工程法学的基本原则来进行法律漏洞的补充。

四、工程法学的基本原则是解释、研究工程法学的出发点

学者在对工程法学进行解释、研究时,应以工程法学的基本原则作为出发点,无论何种学说,违背了工程法学的基本原则,就不是妥当的学说。

第二节 工程法学的基本原则

一、工程质量原则

工程法学应该将确保工程质量和安全作为工程建设必须遵循的首要基本原则。工程质量原则,是指工程符合国家现行有关法律、法规、技术标准、设计文件和合同对工程的安全、适用、经济、环保、美观等特性的综合要求。工程特别是公共工程的使用对象具有不确定性,使用期限上也具有长期性。因此工程质量如何,不仅关系到工程本身的使用价值和交换价值,关系到人民的生命、健康和财产安全,也关乎国民经济的健康发展。工程质量合格是对工程质量的最低要求。建设工程质量的优劣直接关系到国民经济的发展和人民生命的安全,因此,加强建设工程质量的管理,是一个十分重要的问题。要搞好工程质量,一方面,要依靠勘察设计、施工、建材等企事业单位,积极推行全面质量管理,搞好质量控制;另一方面,必须强化政府对建筑工程质量的监督工作。这两方面是相辅相成的。根据相关法律法规的规定,我国已经建立了对建设工程质量进行管理的体系,具体包括宏观管理和微观管理两个方面。建设工程质量的纵向管理是国家对建设工程质量所进行的监督管理,它具体由建设行政主管部门及其授权机构实施,这种管理贯穿在工程建设的全过程和各个环节之中。它既对工程建设从计划、规划、土地管理、环保消防等方面进行监督管理,又对工程建设的主体从资质认定和审查、成果质量检测、验证和奖惩等方面进行监督管理,还对工程建设中各种活动如工程招投标、工程施工、验收、维修等进行监督管理。建设工程质量的横向管理包括两个方面:一是工程承包单位,如勘察单位、设计单位、施工单位自己对所承担工作的质量管理。它们要按要求建立专门质检机构,配备相应的质检人员,建立相应的质量保证制度,如审核校对制、培训上岗制、质量抽检制、各级质量责任制和部门领导质量责任制等。二是建设单位对所建工程的管理。它可成立相应的机构和人员,对所建工程的质量进行监督管理。也可委托社会监理单位对工程建设的质量进行监理。

工程质量原则在工程法学上的体现主要包括:第一,工程法学中包括各类工程建设质量标准,对工程建设及工程本身质量是否合格设定了合格的标准。这些标准中存在大量的强制性条文。第二,工程法学严格设定工程建设市场的市场准入制度,要求从业企业具有相应的资质,并在资质许可范围内承揽工程,要求从业人员具有相应的从业资格。第三,施工许可和验收制度。工程开工之前,建设单位应

当申领施工许可证或者办理开工报告手续，确认符合各项条件后，方可开工。建设单位收到建设工程竣工报告后，应当组织设计、施工、工程监理等有关单位进行竣工验收。工程施工质量验收是工程建设质量控制的一个重要环节，它包括工程施工质量验收和工程的竣工验收两个方面。通过对工程建设中间产出品和最终产品的质量验收，从过程控制和终端把关两个方面进行工程项目的质量控制，以确保达到业主所要求的使用价值，实现建设投资的经济效益和社会效益。第四，严格落实工程质量责任。全面落实各方主体的工程质量责任，特别要强化建设单位的首要责任和勘察、设计、施工单位的主体责任。严格执行工程质量终身责任制，在建筑物明显部位设置永久性标牌，公示质量责任主体和主要责任人。对违反有关规定、造成工程质量事故的，依法给予责任单位停业整顿、降低资质等级、吊销资质证书等行政处罚并通过国家企业信用信息公示系统予以公示，给予注册执业人员暂停执业、吊销资格证书、一定时间直至终身不得进入行业等处罚。对发生工程质量事故造成损失的，要依法追究经济赔偿责任，情节严重的要追究有关单位和人员的法律责任。

二、工程安全原则

“安全生产”，就是指在生产经营活动中，为避免发生造成人员伤害和财产损失的事故，有效消除或控制危险和有害因素而采取的一系列措施，使生产过程在符合规定的条件下进行，以保证从业人员的人身安全与健康、设备和设施免受损害，环境免受破坏，保证生产经营活动得以顺利进行的相关活动。建设工程施工具有人员流动性大，露天高处作业多，手工操作，体力劳动繁重等特点，这决定了建设工程施工安全事故的多发性和易发性。随着我国建设工程和科学技术的发展，新材料、新工艺、新设备被广泛应用，国家鼓励建设工程安全生产的科学技术研究和先进技术的推广应用，推进建设工程安全生产的科学管理。

工程安全原则在工程法学上的体现主要包括：第一，工程法学中包括各类工程建设安全标准，工程建设中确保工程安全的基本要求必须符合国家的建筑工程安全标准。凡是依法制定的有关建筑工程安全的国家标准和行业标准，包括列入国家标准或行业标准的有关建筑工程安全的勘察、设计、施工、验收的技术规范、技术要求和方法，都属于强制性标准，各有关方面必须严格按照执行。第二，加强建设工程安全生产管理。在新建、改建、扩建和拆除等建设活动中，运用各种有效资源，通过计划、组织、协调和控制等手段，控制物的不安全因素和人的不安全行为，防止和减少安全事故，实现安全生产的管理活动。与该管理活动相关的法律制度包括建设工程安全生产监督管理制度、建设工程安全生产责任制度、建设工程安全生产许可制度、建设工程重大安全事故的处理制度以及建设工程安全生产法律责任制度等。这些制度作为一个整体，共同发挥着保障建设工程生产安全的作用。建设单位、勘察单位、设计单位、施工单位、工程监理单位及其他与建设工程安全生产有关的单位,必须遵守安全生产法律、法规的规定,保证建设工程安全生产,依法承担建设工程安全生产责任。第三,全面落实安全生产责任。加强施工现场安全防护,特别要强化对深基坑、高支模、起重机械等危险性较大的分部分项工程的管理,对不良地质地区重大工程项目进行风险评估或论证。推进信息技术与安全生产深度融合,加快建设建筑施工安全监管信息系统,通过信息化手段加强安全生产管理。建立健全全覆盖、多层次、经常性的安全生产培训制度,提升从业人员安全素质以及各方主体的安全从业水平。

三、适度干预原则

适度干预原则既强调国家应对工程建设进行干预,又强调国家对工程建设的干预应当适度。适度干预是实现工程各相关主体利益协调的方法和手段,适度干预包含以下两点:第一,适度干预应当合法。任何类型的国家干预必须在主体、内容以及程序方面具有法律依据。具体来讲,合法干预的内容包括:干预主体合法,即干预主体必须是法定的,除此之外,任何国家机关和社会组织不得为国家干预行为;干预行为合法,即干预主体必须依据宪法、法律规定或者授权为国家干预行为,不得与法律相抵触,干预主体不得为自己或者特定机构创设无法律依据之干预行为;干预程序合法,即国家干预行为必须符合程序法规范的要求,使干预行为具有程序性,它是正确行使干预行为的根本保证。第二,适度干预应当合理。合理干预,是指国家干预行为必须尊重市场经济规律,凡是市场自身能够调节的就无须进行干预,否则,必然会破坏市场经济的基础性作用。这是在合法干预基础上更进一步的要求。合理干预主要包括干预范围合理以及干预力度合理。干预范围合理,是指国家干预的范围不应超出市场失灵的领域,应从维护社会整体经济效益的角度出发,权衡考量。

2014 年 7 月 1 日,住房和城乡建设部颁布《关于推进建筑业发展和改革的若干意见》(建市〔2014〕92 号),加快完善现代市场体系,充分发挥市场在资源配置中的决定性作用和更好地发挥政府作用,紧紧围绕正确处理好政府和市场关系的核心,切实转变政府职能,全面深化建筑业体制机制改革。简政放权,开放市场,坚持放管并重,消除市场壁垒,构建统一开放、竞争有序、诚信守法、监管有力的全国建筑市场体系。

工程法学中适度干预原则的体现主要包括:第一,优化资质资格管理。坚持淡化工程建设企业资质、强化个人执业资格的改革方向,探索从主要依靠资质管理等行政手段实施市场准入,逐步转变为充分发挥社会信用、工程担保、保险等市场机制的作用,实现市场优胜劣汰。加快完善信用体系、工程担保及个人执业资格等相关配套制度,加强事中事后监管。强化个人执业资格管理,明晰注册执业人员的权利、义务和责任,加大执业责任追究力度。有序发展个人执业事务所,推动建立个人执业保险制度。大力推行“互联网 + 政务服务”,实行“一站式”网上审批,进一步提高建筑领域行政审批效率。第二,完善招标投标制度。缩小并严格界定必须进行招标的工程建设项目范围,放宽有关规模标准,防止工程建设项目实行招标“一刀切”。在民间投资的房屋建筑工程中,探索由建设单位自主决定发包方式。将依法必须招标的工程建设项目纳入统一的公共资源交易平台,遵循公平、公正、公开和诚信的原则,规范招标投标行为。进一步简化招标投标程序,尽快实现招标投标交易全过程电子化,推行网上异地评标。对依法通过竞争性谈判或单一来源方式确定供应商的政府采购工程建设项目,符合相应条件的应当颁发施工许可证。第三,全面提高监管水平。完善工程质量安全法律法规和管理制度,健全企业负责、政府监管、社会监督的工程质量安全保障体系。强化政府对工程质量的监管,明确监管范围,落实监管责任,加大抽查抽测力度,重点加强对涉及公共安全的工程地基基础、主体结构等部位和竣工验收等环节的监督检查。加强工程质量监督队伍建设,监督机构履行职能所需经费由同级财政预算全额保障。政府可采取购买服务的方式,委托具备条件的社会力量进行工程质量监督检查。推进工程质量安全标准化管理,督促各方主体健全质量安全管控机制。强化对工程监理的监管,推动发展工程质量保险。

四、公平、公正、公开和诚实信用原则

公平,是指任何一个法律关系的主体,在以一定的物质利益为目标的活动中,都能够在同等的法律条件下,实现建立在价值规律基础之上的利益平衡。工程法学必须按照社会主义市场经济的要求把实现经济公平作为自己的一项基本原则。公平作为一项基本原则,它要求当事人在工程活动中应以社会正义、公平的观念指导自己的行为、平衡各方的利益,要求以社会正义、公平的观念来处理当事人之间的纠纷。当事人应当遵循公平原则确定各方的权利和义务。公平原则强调在市场经济中,对任何经营者都只能以市场交易规则为准则,享受公平合理的对待,既不享有任何特权,也不履行任何不公平的义务,权利与义务相一致。在招标投标活动中,招标人要严格按照公开的招标条件和程序办事,同等地对待每一个投标竞争者。投标人应当以正当的手段参加投标竞争,不得串通投标,不得有向招标方及其工作人员行贿、提供回扣或给予其他好处等不正当竞争行为。公平最重要的价值是保障法律面前人人平等和机会均等,避免歧视对待。“公正”是相对于行政机关而言的,它维护正义和中立,防止徇私舞弊。在招投标活动中,对招标人与投标人之间的关系来说,双方在招标投标活动中地位平等,任何一方不得向另一方提出不合理的要求,不得将自己的意志强加给对方。公开的本意是不加隐蔽。行政程序中的公开,其基本含义是政府行为除依法应当保密的以外,应一律公开进行;行政法规、规章、行政政策以及行政机关作出影响行政相对人权利、义务的行为的标准、条件、程序应当依法公布,允许相对人依法查阅、复制;有关行政会议、会议决议、决定以及行政机关及其工作人员的活动情况应允许新闻媒介依法采访、报道和评论。

公开最重要的价值是建立透明政府、廉洁政府,保障相对人和社会公众的知情权,防止腐败。招标投标程序中的公开,是指进行招标活动的信息要公开,开标的程序要公开,评标的标准和程序要公开以及中标的结果要公开。诚实信用原则是市场经济活动的一项基本道德准则,是现代法治社会的一项基本法律规则,诚实信用原则是一种具有道德内涵的法律规范。一般认为,诚实信用原则的基本含义是,当事人在市场活动中应讲信用,恪守诺言,诚实不欺,在追求自己利益的同时不损害他人和社会利益,要求工程相关主体在工程建设活动中维持双方的利益以及当事人利益与社会利益的平衡。在招标投标活动中遵守诚实信用原则,要求招标投标各方都要诚实守信,不得有欺骗、背信的行为。

工程法学中公平、公正、公开和诚实信用原则的体现主要包括:第一,建立统一开放的市场。打破区域市场准入壁垒,取消各地区、各行业在法律、行政法规和国务院规定外对建筑业企业设置的不合理准入条件;严禁擅自设立或变相设立审批、备案事项,为建筑业企业提供公平的市场环境。完善全国建筑市场监管公共服务平台,加快实现与全国信用信息共享平台和国家企业信用信息公示系统的数据共享交换。建立建筑市场主体黑名单制度,依法依规全面公开企业和个人信用记录,接受社会监督。第二,推进建筑市场监管信息化与诚信体系建设。加快推进全国工程建设企业、注册人员、工程项目数据库建设,印发全国统一的数据标准和管理办法。建立建筑市场和工程质量安全监管一体化工作平台,动态记录工程项目各方主体市场和现场行为,有效实现建筑市场和现场的两场联动。加大信息的公开力度,通过全国统一信息平台发布建筑市场和质量安全监管信息,及时向社会公布行政审批、工程建设过程监管、执法处罚等信息,公开曝光各类市场主体和人员的不良行为信息,形成有效的社会监督机制。鼓励有条件的地区研究、试行开展社会信用评价,引导建设单位等市场各方主体通过市场化运作综合运用信用评价结果。

五、可持续发展原则

可持续发展是在人类面临文明加速进化与生态环境不断恶化、富裕与贫穷的差距不断拉大这两大失衡的背景下产生的一种新的发展模式和发展观。应当承认,发展是一个内涵不断丰富的概念和范畴。传统的发展观是单纯的经济增长观,即片面强调物质财富的增长,而经济社会发展到目前这个阶段,应当强调经济、社会诸方面的协调可持续发展。1987 年联合国世界环境与发展委员会在《我们共同的未来》中,对可持续发展给出了一个较为权威性的概念,即“既满足当代人的需求,又不对后代人满足其自身需求的能力构成危害的发展”。因而,可持续发展的核心,即在于正确处理人与自然、人与人之间的关系,要求人类以最高的智力水平和泛爱的责任感去规范自己的行为,创造和谐的世界。要求人们在作出每一个行为选择时,不仅要考虑本代人的利益平衡,同时要考虑代际人的利益平衡。在对可持续发展概念的一般解释中,可持续发展战略本身便蕴含着为保证这个战略实现的法治机理，或者说可持续发展战略的实现是要以相应的法治发展战略为后盾的。我国已经将可持续发展战略提到议事日程。《中国21世纪议程》明确提出，“要在2000年前后初步建立起与可持续发展有关的立法体系”。

值得关注的是，2004年胡锦涛总书记在《中央人口资源环境工作座谈会上的讲话》中，明确提出了“树立和落实科学发展观”的观点。科学发展观的核心是坚持以人为本，全面、协调、可持续的发展观，相比于可持续发展而言，其内涵更加宏大与深刻。具体而言，“以人为本”即以人的利益需求为基点，以实现人的全面发展为目标，保障人的经济、政治和文化权益，确保最广泛的人得以享受发展的成果。这一发展理念着重从受惠于发展利益的主体范围的角度阐释科学发展的内涵。“全面发展”强调社会经济生活诸多方面应并进而不能顾此失彼，更不能以人的基本生活权益的丧失为代价换取一时一地经济的繁荣。这一发展理念着重架构主体获得发展权益的客体内容。“协调发展”倡导城乡之间、区域之间、经济与社会之间、人与自然之间、国内发展与对外开放之间统筹协调发展。显然这一发展理念将视域投射到个人之外，力图搭建更为广泛的人与人、人与社会、人与自然的有机联系，也是从横向层面构设发展的空间维度，确保特定空间下发展的平衡性。“可持续发展”则从纵向角度提出发展的时间维度，将发展置于特定时间之下，确保发展的永续性。概括起来，科学发展观的理念是一种让最广泛的人获得最全面的发展权益，保持横向维度上发展的平衡性与纵向维度上发展的永续性，促进公平发展、全面发展、协调发展与可持续发展的思维模式和发展路径。而此发展的公平性、全面性、协调性与可持续性恰与工程法之理念形成内在契合。这内在地要求工程法学应当将包括可持续发展在内的新的发展观纳入其原则体系。①

生态文明是人类文明发展的一个新的阶段，即工业文明之后的文明形态；生态文明是人类遵循人、自然、社会和谐发展这一客观规律而取得的物质与精神成果的总和；生态文明是以人与自然、人与人、人与社会和谐共生、良性循环、全面发展、持续繁荣为基本宗旨的社会形态。② 党的十八大报告明确提出大力推进生态文明建设。建设生态文明，是关系人民福祉、关乎民族未来的长远大计。面对资源约束趋紧、环境污染严重、生态系统退化的严峻形势，必须树立尊重自然、顺应自然、保护自然的生态文明理念，把生态文明建设放在突出地位，融入经济建设、政治建设、文化建设、社会建设各方面和全过程，努力建设美丽中国，实现中华民族永续发展。坚持节约资源和保护环境的基本国策，坚持节约优先、保护优先、自然恢复为主的方针，着力推进绿色发展、循环发展、低碳发展，形成节约资源和保护环境的空间格局、产业结构、生产方式及生活方式，从源头上扭转生态环境恶化趋势，为人民创造良好的生产生活环境，为全球生态安全作出贡献。党的十八届三中全会进一步指

---

① 参见隋卫东等编著：《建设工程环保节能法规及应用》，中国电力出版社2016年版，第125～128页。

② 同上。

出,建设生态文明,必须建立系统完整的生态文明制度体系,用制度保护生态环境。要健全自然资源资产产权制度和用途管制制度,划定生态保护红线,实行资源有偿使用制度和生态补偿制度,改革生态环境保护管理体制。

绿色建筑遵循可持续发展原则,体现绿色平衡理念,通过科学的整体设计,集成绿化配置、自然通风、自然采光、低能耗围护结构、太阳能利用、地热利用、中水利用、绿色建材和智能控制等高新技术,充分展示人文与建筑、环境及科技的和谐统一。绿色建筑具有选址规划绿色合理、资源利用高效循环、综合措施有效节能、建筑环境健康舒适、废物排放减量无害、建筑功能灵活适宜等六大特点,不仅可以满足人们的生理和心理需求,而且能源和资源的消耗最为经济合理,对绿色环境的冲击最小。推进发展绿色建筑,把节能环保和绿色低碳理念体现到城市规划、工业生产、建筑施工与生活消费等各个领域,将有效提高生态文明水平。大力发展绿色建筑是有效促进资源节约与环境保护,也是保障和改善民生的有效手段。绿色建筑标准充分体现了以人为本的理念,要求为人们提供健康、舒适、安全的居住、工作和活动空间,对建筑物日照环境、采光通风和热舒适性都有明确规定,将为城乡居民改善居住条件、促进消费升级提供基本制度保障。在我国大力推动发展绿色建筑,将有效带动新型建材、新能源、节能服务等产业发展,推动我国建筑行业集约内涵式增长,极大地促进经济结构调整。国务院办公厅《关于促进建筑业持续健康发展的意见》(国办发〔2017〕19 号)指出,统筹推进"五位一体"总体布局和协调推进"四个全面"战略布局,牢固树立和贯彻落实创新、协调、绿色、开放、共享的发展理念,坚持以推进供给侧结构性改革为主线,按照适用、经济、安全、绿色、美观的要求,深化建筑业"放管服"改革,完善监管体制机制,优化市场环境,提升工程质量安全水平,强化队伍建设,增强企业核心竞争力,促进建筑业持续健康发展,打造"中国建造"品牌。

工程法学中可持续发展原则的体现主要包括:第一,推动建筑产业现代化。统筹规划建筑产业现代化发展目标和路径。推动建筑产业现代化结构体系、建筑设计、部品构件配件生产、施工、主体装修集成等方面的关键技术研究与应用。制定完善有关设计、施工和验收标准,组织编制相应标准设计图集,指导建立标准化产品构件体系。建立适应建筑产业现代化发展的工程质量安全监管制度。鼓励各地制定建筑产业现代化发展规划以及财政、金融、税收、土地等方面激励政策,培育建筑产业现代化龙头企业,鼓励建设、勘察、设计、施工、构件生产和科研等单位建立产业联盟。进一步发挥政府投资项目的试点示范引导作用并适时扩大试点范围,积极稳妥推进建筑产业现代化。第二,提升建筑设计水平。坚持以人为本、安全集约、生态环保、传承创新的理念,建筑设计应体现地域特征、民族特点和时代风貌,突出建筑使用功能及节能、节水、节地、节材和环保等要求,提供功能适用、经济合理、安全可靠、技术先进、环境协调的建筑设计产品。健全适应建筑设计特点的招标投标制度,推行设计团队招标、设计方案招标等方式。促进国内外建筑设计企业公平竞争,培育有国际竞争力的建筑设计队伍。倡导开展建筑评论,促进建筑设计理念的融合和升华。第三,加强技术研发应用。加快先进建造设备、智能设备的研发、制造和推广应用,提升各类施工机具的性能和效率,提高机械化施工程度。限制和淘汰落后、危险工艺工法,保障生产施工安全。积极支持建筑业科研工作,大幅提高技术创新对产业发展的贡献率。加快推进建筑信息模型(Building Information Model,BIM)技术在规划、勘察、设计、施工和运营维护全过程的集成应用,实现工程建设项目全生命周期数据共享和信息化管理,为项目方案优化和科学决策提供依据,促进建筑业提质增效。第四,大力发展绿色建筑。加快推动我国绿色建筑发展,必须遵循因地制宜、经济适用,充分考虑各地经济社会发展水平、资源禀赋、气候条件、建筑特点,合理制定地区绿色建筑发展规划和技术路线,建立健全地区绿色建筑标准体系,实施有针对性的政策措施。整体推进、突出重点,积极完善政策体系,从整体上推动绿色建筑发展,并注重集中资金和政策,支持重点城市及政府投资公益性建筑在加快绿色建筑发展方面率先突破。合理分级、分类指导,按照绿色建筑星级的不同,实施有区别的财政支持政策,以单体建筑奖励为主,支持二星级以上的高星级绿色建筑发展,提高绿色建筑质量水平;以支持绿色生态城区发展为主要抓手,引导低星级绿色建筑规模化发展。激励引导、规范约束,在发展初期,以政策激励为主,调动各方加快绿色建筑发展的积极性,加快标准标识等制度建设,完善约束机制,切实提高绿色建筑标准执行率。建立健全绿色建筑标准规范及评价标识体系,建立高星级绿色建筑财政政策激励机制,推进绿色生态城区建设,规模化发展绿色建筑,引导保障性住房及公益性行业优先发展绿色建筑,引导更高水平绿色建筑建设。

第六章　工程法学的基本制度

工程法学的基本制度，是指按照工程法学的基本理念和基本原则确立的，通过工程法学立法具体表现的，普遍适用于工程法学各个领域的法律制度。

第一节　工程法学的基本制度(上)

一、工程建设许可制度

(一)行政许可与工程建设许可

行政许可，顾名思义就是行政上的允许、准许。世界各国对行政许可的理解和规定不同。在英国没有统一的许可法，但存在行政许可制度，英国的行政许可主要是涉及土地开发利用的规划和无线电视的收视许可。① 美国《联邦行政程序法》第551节第8项规定："'许可证'包括机关核发的执照、证书、批准、登记、特许状、成员资格法定豁免或其他形式的许可的全部或一部。"同节第9项规定："'审批许可证'包括机关对许可证的允许、延长、拒绝、撤销、暂停、废除、撤回、限制、修改、变更、附加条件等行为。"在德国，行政许可，是指对法律禁止的解除，而批准特定的行为或者特定的计划的行为。在日本，将行政许可统称为"许认可"，是指行政机关在具备特定的法定要件时作的具有解除法律、法规设定的一般禁止(不作为义务)的法律效果的行为。我国《行政许可法》第2条规定："本法所称行政许可，是指行政机关根据公民、法人或者其他组织的申请，经依法审查，准予其从事特定活动的行为。"

依据我国《行政许可法》的上述规定，行政许可就是行政机关根据相对人的申请，对符合法定条件的行政相对人，以颁发许可证或执照等形式，确立其从事某种活动或实施某种行为的权利和资格，并通过审查、确认等实施了对相关事务的监督和管理的行政行为。一经行政许可则意味着：一方面，行政机关对相对人予以一般禁止的解除；另一方面，行政相对人因此获取了从事某种活动或实施某种行为的权利和资格。行政许可的真正目的在于追求社会秩序的规范化、有序化和稳定性，限制和禁止只不过是行政许可的手段和方式，是行政许可的外在表现形式。因此，可以说，行政许可是一种以控制、规范某类权利或资格的享有为主导，兼具赋权性的

---

① 参见张越编著：《英国行政法》，中国政法大学出版社2004年版，第471～472页。

行政行为和法律制度。[①]

工程建设许可,是指建设行政主管部门或者其他有关行政主管部门准许、变更和终止公民、法人和其他组织从事建筑活动的具体行政行为。工程建设许可的表现形式为施工许可证、批准证件(开工报告)、资质证书、职业资格证书等。实行工程建设许可制度旨在有效保证建设工程质量和安全,也是国际上的通行做法。我国现行《建筑法》规定的工程建设许可包括施工许可与从业资格许可两种。实行施工许可,既可以保证建设工程的合法性和可行性,又能保证建设项目开工后能够顺利进行,同时也有助于建设行政主管部门对在建项目实施有效的监督管理。实行从业资格制度,有利于确保从事工程建设活动的单位和个人的素质,提高工程建设的质量,确保工程建设的安全和国家财产安全,从而维护建设市场秩序,保证建设业健康、有序地发展。

(二)工程建设许可的类别

工程建设许可包括工程施工许可和工程建设从业资格许可。

1. 工程施工许可

工程施工许可制度,是指建设行政主管部门根据建设单位的申请,依法对建设工程是否具备施工条件进行审查,符合条件者,准许该建筑工程开始施工并颁发施工许可证的一种特殊行政许可。我国《建筑法》第7条第1款规定:"建筑工程开工前,建设单位应当按照国家有关规定向工程所在地县级以上人民政府建设行政主管部门申请领取施工许可证;但是,国务院建设行政主管部门确定的限额以下的小型工程除外。"这个规定确立了我国工程建设的施工许可制度。施工许可证,是指建设工程开始施工前,建设单位向建筑行政主管部门申请的可以施工的证明。我国目前对建设工程开工条件的审批,存在颁发"施工许可证"和批准"开工报告"两种形式。

我国《建筑法》第7条规定,建筑工程开工前,建设单位应当按照国家有关规定向工程所在地县级以上人民政府建设行政主管部门申请领取施工许可证;但是,国务院建设行政主管部门确定的限额以下的小型工程除外。按照国务院规定的权限和程序批准开工报告的建筑工程,不再领取施工许可证。2018年修订后施行的《建筑工程施工许可管理办法》第2条进一步规定,在中华人民共和国境内从事各类房屋建筑及其附属设施的建造、装修装饰和与其配套的线路、管道、设备的安装,以及城镇市政基础设施工程的施工,建设单位在开工前应当依照该办法的规定,向工程所在地的县级以上地方人民政府住房城乡建设主管部门申请领取施工许可证。工程投资额在30万元以下或者建筑面积在300平方米以下的建筑工程,可以不申请办理施工许可证。省、自治区、直辖市人民政府住房城乡建设主管部门可以

---

① 参见肖金明主编:《行政许可要论》,山东大学出版社2003年版,第60页。

根据当地的实际情况，对限额进行调整，并报国务院住房城乡建设主管部门备案。按照国务院规定的权限和程序批准开工报告的建筑工程，不再领取施工许可证。

根据我国《建筑法》和《建筑工程施工许可管理办法》，建设单位申请领取施工许可证，应当具备下列条件，并提交相应的证明文件：(1)依法应当办理用地批准手续的，已经办理该建筑工程用地批准手续。(2)在城市、镇规划区的建筑工程，已经取得建设工程规划许可证。(3)施工场地已经基本具备施工条件，需要征收房屋的，其进度符合施工要求。(4)已经确定施工企业。按照规定应当招标的工程没有招标，应当公开招标的工程没有公开招标，或者肢解发包工程，以及将工程发包给不具备相应资质条件的企业的，所确定的施工企业无效。(5)有满足施工需要的技术资料，施工图设计文件已按规定审查合格。(6)有保证工程质量和安全的具体措施。施工企业编制的施工组织设计中有根据建筑工程特点制定的相应质量、安全技术措施。建立工程质量安全责任制并落实到人。专业性较强的工程项目编制了专项质量、安全施工组织设计，并按照规定办理了工程质量、安全监督手续。(7)建设资金已经落实。建设单位应当提供建设资金已经落实承诺书。(8)法律、行政法规规定的其他条件。县级以上地方人民政府住房城乡建设主管部门不得违反法律法规规定，增设办理施工许可证的其他条件。

2. 工程建设从业资格许可

工程建设从业许可包含工程建设单位从业许可和个人工程建设从业许可。

(1)工程建设单位从业许可

工程建设从业单位资质管理制度，是指建设行政主管部门对从事建设活动的建筑施工企业、勘察单位、设计单位和工程监理单位等的人员素质、管理水平、资金数量、业务能力等进行审查，以确定其承揽的工程的范围，并发给相应资质证书的一种制度。工程建设从业单位资质管理制度是对从事工程建设活动的企业进入市场的准入性资格审查，属于行政许可法的调整范围，是一种准入性的行政许可制度，属于政府管制行为。国家对从事工程建设活动的单位实行严格的资质审查制度。我国《建筑法》第13条明确规定："从事建筑活动的建筑施工企业、勘察单位、设计单位和工程监理单位，按照其拥有的注册资本、专业技术人员，技术装备和已完成的建筑工程业绩等资质条件，划分为不同的资质等级，经资质审查合格。取得相应等级的资质证书后，方可在其资质等级许可的范围内从事建筑活动。"这在法律上确定了我国从业资格许可制度。

2018年12月13日修订后施行的《建筑业企业资质管理规定》第3条进一步规定，建筑业企业应当按照其拥有的资产、主要人员、已完成的工程业绩和技术装备等条件申请建筑业企业资质，经审查合格，取得建筑业企业资质证书后，方可在资质许可的范围内从事建筑施工活动。工程建设从业单位的资质等级划分标准，是从其拥有的资产、专业技术人员数量和等级、技术装备和已完成的建筑工程的业绩等方面来加以规定的。每一类从业单位的资质等级标准都由相应的法规作出具体规定,其资质等级标准中存在共性的基本要求。

建筑业企业资质分为施工总承包资质、专业承包资质、施工劳务资质三个序列。施工总承包资质、专业承包资质按照工程性质和技术特点分别划分为若干资质类别,各资质类别按照规定的条件划分为若干资质等级。施工劳务资质不分类别与等级。施工总承包资质的企业,可以对工程实施总承包或者主体工程实行施工承包。承担施工总承包的企业可以对所承接的工程全部自行施工,也可以将非主体工程或者劳务作业分包给具有相应专业承包资质或者劳务分包资质的其他建筑业企业。专业承包资质的企业,可以承接施工总承包企业分包的专业工程或者建设单位按照规定发包的专业工程。专业承包企业可以对所承接的工程全部自行施工,也可以将劳务作业分包给具有相应劳务分包资质的劳务分包企业。劳务分包资质的企业,可以承接施工总承包企业或者专业承包企业分包的劳务作业。

根据住房和城乡建设部《关于印发〈建筑业企业资质标准〉的通知》(自 2015 年 1 月 1 日起施行)规定,建筑业企业资质分为施工总承包、专业承包和施工劳务三个序列。其中施工总承包序列设有 12 个类别,一般分为 4 个等级(特级、一级、二级、三级);专业承包序列设有 36 个类别,一般分为 3 个等级(一级、二级、三级);施工劳务序列不分类别和等级。以施工总承包为例,施工总承包序列设有 12 个类别,分别是建筑工程施工总承包、公路工程施工总承包、铁路工程施工总承包、港口与航道工程施工总承包、水利水电工程施工总承包、电力工程施工总承包、矿山工程施工总承包、冶金工程施工总承包、石油化工工程施工总承包、市政公用工程施工总承包、通信工程施工总承包、机电工程施工总承包。建筑工程施工总承包资质分为特级、一级、二级、三级。

为进一步深化建筑业简政放权改革,国务院办公厅《关于促进建筑业持续健康发展的意见》(国办发〔2017〕19 号)规定,进一步简化工程建设企业资质类别和等级设置,减少不必要的资质认定。选择部分地区开展试点,对信用良好、具有相关专业技术能力、能够提供足额担保的企业,在其资质类别内放宽承揽业务范围限制。

(2)个人工程建设从业许可

执业资格制度是国家对某些承担较大责任,关系国家、社会和公众利益的重要专业岗位实行的一项管理制度。个人工程建设从业许可是建设行政主管部门及有关部门对从事工程建设活动的专业技术人员,依法进行考试和注册,并颁发执业资格证书的一种特殊行政许可。从 20 世纪 80 年代末开始,住房和城乡建设部在调研国外一些发达国家在专业技术人员资格管理方面好的经验和做法,结合我国建设行业改革与发展的需要,逐步建立了注册建筑师、勘察设计注册工程师、造价工程师、注册城市规划师、监理工程师、房地产估价师、房地产经纪人、建造师、物业管理师等 9 项执业资格制度。执业资格制度虽然是国际上对专业技术人员进行管理,实行市场准入的通行做法,但不同的国家和地区根据各自的实际情况在具体做法上也不尽相同。参照国际上的成熟做法,我国建设行业执业资格制度主要由考试制度、注册制度、继续教育制度、教育评估制度、社会信用制度等五项基本制度组成。

以建造师为例概括介绍我国建设执业师法律制度。注册建造师,是指通过考核认定或考试合格取得中华人民共和国建造师资格证书,并按照规定注册,取得中华人民共和国建造师注册证书和执业印章,担任施工单位项目负责人及从事相关活动的专业技术人员。未取得注册证书和执业印章的,不得担任大中型建设工程项目的施工单位项目负责人,不得以注册建造师的名义从事相关活动。注册建造师实行注册执业管理制度,注册建造师分为一级注册建造师和二级注册建造师。取得资格证书的人员,经过注册方能以注册建造师的名义执业。注册证书和执业印章是注册建造师的执业凭证,由注册建造师本人保管、使用。注册证书与执业印章有效期为 3 年。

注册建造师有下列情形之一的,其注册证书和执业印章失效:(1)聘用单位破产的;(2)聘用单位被吊销营业执照的;(3)聘用单位被吊销或者撤回资质证书的;(4)已与聘用单位解除聘用合同关系的;(5)注册有效期满且未延续注册的;(6)年龄超过 65 周岁的;(7)死亡或不具有完全民事行为能力的;(8)其他导致注册失效的情形。

取得资格证书的人员应当受聘于一个具有建设工程勘察、设计、施工、监理、招标代理、造价咨询等一项或者多项资质的单位,经注册后方可从事相应的执业活动。担任施工单位项目负责人的,应当受聘并注册于一个具有施工资质的企业。注册建造师不得同时在两个及两个以上的建设工程项目上担任施工单位项目负责人。注册建造师可以从事建设工程项目总承包管理或施工管理,建设工程项目管理服务,建设工程技术经济咨询,以及法律、行政法规和国务院建设主管部门规定的其他业务。建设工程施工活动中形成的有关工程施工管理文件,应当由注册建造师签字并加盖执业印章。施工单位签署质量合格的文件上,必须有注册建造师的签字盖章。

注册建造师享有下列权利:(1)使用注册建造师名称;(2)在规定范围内从事执业活动;(3)在本人执业活动中形成的文件上签字并加盖执业印章;(4)保管和使用本人注册证书、执业印章;(5)对本人执业活动进行解释和辩护;(6)接受继续教育;(7)获得相应的劳动报酬;(8)对侵犯本人权利的行为进行申述。注册建造师应当履行下列义务:(1)遵守法律、法规和有关管理规定,恪守职业道德;(2)执行技术标准、规范和规程;(3)保证执业成果的质量,并承担相应责任;(4)接受继续教育,努力提高执业水准;(5)保守在执业中知悉的国家秘密和他人的商业、技术等秘密;(6)与当事人有利害关系的,应当主动回避;(7)协助注册管理机关完成相关工作。

注册建造师不得有下列行为:(1)不履行注册建造师义务;(2)在执业过程中,索贿、受贿或者谋取合同约定费用外的其他利益;(3)在执业过程中实施商业贿赂;(4)签署有虚假记载等不合格的文件;(5)允许他人以自己的名义从事执业活动;(6)同时在两个或者两个以上单位受聘或者执业;(7)涂改、倒卖、出租、出借或以其他形式非法转让资格证书、注册证书和执业印章;(8)超出执业范围和聘用单位业务范围内从事执业活动;(9)法律、法规、规章禁止的其他行为。注册建造师及其聘用单位应当按照要求,向注册机关提供真实、准确、完整的注册建造师信用档案信息。注册建造师信用档案应当包括注册建造师的基本情况、业绩、良好行为、不良行为等内容。违法违规行为、被投诉举报处理、行政处罚等情况应当作为注册建造师的不良行为记入其信用档案。注册建造师信用档案信息按照有关规定向社会公示。

为进一步深化建筑业简政放权改革,国务院办公厅《关于促进建筑业持续健康发展的意见》规定,加快完善信用体系、工程担保及个人执业资格等相关配套制度,加强事中事后监管。强化个人执业资格管理,明晰注册执业人员的权利、义务和责任,加大执业责任追究力度。有序发展个人执业事务所,推动建立个人执业保险制度。

二、工程招标投标制度

招标投标是在市场经济条件下进行工程建设、货物买卖、财产出租、中介服务等经济活动的一种竞争形式和交易方式,是引入竞争机制订立合同的一种法律形式。工程招标,是指招标人对工程建设、货物买卖、劳务承担等交易业务,事先公布采购条件和要求,吸引愿意承接业务的投标人参加竞争,并由招标人按照规定的程序和办法择优选定中标人的经济活动。工程投标,是指投标人依据自身资格和能力,按照招标文件规定的条件和要求,经过初步研究和估算,在指定期限内编制并递交投标文件,争取获得承接业务机会的经济活动。

在工程建设领域实行招标投标,是我国建筑市场走向规范化、完善化的重要举措。其意义在于,将竞争机制引入工程建设领域,反对和防止垄断,通过公平竞争,实现投资效益的最优化;把工程项目的发包方、承包方和中介方统一纳入市场,实现交易公开化,赋予交易行为以极大的透明度;通过严格、规范、科学、合理的运作程序和监督机制,有力地保证了竞争过程的公正和市场交易的安全。

(一)建设工程招标投标在我国的发展

我国的招标投标制度经历了"试行——推广——成熟——法制"等四个发展阶段。

1. 试行阶段

"招标投标"字样,在规范性文件中首次出现的时间可以追溯至改革开放初期。1980年10月17日,国务院发布了《关于开展和保护社会主义竞争的暂行规定》(已失效)。该规定提出,为改革现行经济管理体制,进一步开展社会主义竞争,“对一些适宜于承包的生产建设项目和经营项目,可以试行招标、投标的办法”。20 世纪 80 年代初,深圳市率先推出了由建设单位邀请数家施工单位“商议”“评定”以选择工程承包单位的做法,该做法为其他城市所效仿。国家城乡建设环境保护部及时总结各地的实践经验,于 1983 年 6 月 7 日印发了《建筑安装工程招标投标试行办法》,并在全国试行。该办法第 2 条规定:“凡经国家和省、市、自治区批准的建筑安装工程,均可按本办法的规定,通过招标,择优选定施工单位。持有营业执照的国营建筑企业和集体所有制施工单位,均可通过投标,承揽工程任务。”

1984 年 9 月 18 日,国务院作出了《关于改革建筑业和基本建设管理体制若干问题的暂行规定》。该规定指出,要大力推行工程招标承包制;要改革单纯用行政手段分配建设任务的老办法,实行招标投标;由发包单位择优选定勘察设计单位、建筑安装企业。它是有关工程建设招标投标的第一个行政法规。

在这一时期,工程招标方式以议标为主,招标过程多为暗箱操作,其公正性得不到保障。

2. 推广阶段

20 世纪 90 年代,全国各地普遍加强了对建设工程招标投标活动的监管工作,招标方式实现了从以议标为主到以邀请招标为主的转变,建设工程招标投标管理体系基本形成。1992 年 12 月 30 日,原建设部发布了《工程建设施工招标投标管理办法》。该办法规定:“凡政府和公有制企、事业单位投资的新建、改建、扩建和技术改造工程项目的施工,除某些不适宜招标的特殊工程外,均应按本办法实行招标投标。”它的实施极大地推动了全国建设工程招标投标工作的开展。

1994 年 6 月 2 日,原建设部、监察部印发了《关于在工程建设中深入开展反对腐败和反对不正当竞争的通知》;1996 年 4 月 9 日,国务院办公厅转发了建设部、监察部、国家计委、国家工商行政管理局《关于开展建设工程项目执法监察的意见》,明确了执法监察的范围和重点,进一步规范了建筑市场。

3. 成熟阶段

为了进一步深化工程建设管理体制改革,探索适应社会主义市场经济体制的工程建设管理方式,1997 年 2 月 5 日,原建设部印发了《建立建设工程交易中心的指导意见》。1998 年 3 月 1 日在全国施行《建筑法》正式确立了招标投标活动在建筑工程发包与承包过程中的法律地位。1998 年 8 月 7 日,原建设部印发了《关于进一步加强工程招标投标管理的规定》。该规定要求凡未建立有形建筑市场的地级以上城市,在年内要建立起有形建筑市场。有形建筑市场(建设工程交易中心)的建立,规范了工程建设招标投标工作的管理,结束了工程建设招标投标工作各自为政、执法监察不力等状况。

4. 法制阶段

1999 年 8 月 30 日,第九届全国人大常委会第十一次会议通过了《招标投标法》,该法自 2000 年 1 月 1 日起施行。《招标投标法》是我国招标投标法律体系中的基本法律。它的颁布和施行标志着我国将招标投标活动纳入了法制轨道,这对引导招标投标活动的规范化运作具有重要意义。

《招标投标法》在推进招标采购制度的实施,促进公平竞争,加强反腐败制度建设,节约公共采购资金,保证采购质量等方面发挥了重要作用。随着招标采购方式的广泛运用,招标投标活动中也出现了一系列亟待解决的问题。例如,一些依法必须招标的项目规避招标或者搞"明招暗定"的虚假招标,有的领导干部利用权力干预招标投标活动,搞权钱交易,使工程建设和其他公共采购领域成为腐败现象易发、多发的重灾区;又如,一些招标投标活动的当事人相互串通,严重扰乱招标投标活动的正常秩序,破坏公平竞争。

为了应对招标投标活动中存在的突出问题,国务院于2011年12月20日颁布了《招标投标法实施条例》,该条例于2012年2月1日起施行。《招标投标法实施条例》认真总结了《招标投标法》实施以来的实践经验,将法律规范进一步具体化,增强了可操作性;同时,针对新情况、新问题补充、完善了有关规定。其进一步筑牢工程建设和其他公共采购领域预防和惩治腐败的制度屏障,对维护招标投标活动的有序开展具有积极意义。

全国人大常委会《关于修改〈中华人民共和国招标投标法〉的决定》已由第十二届全国人大常委会第三十一次会议于2017年12月27日通过,自2017年12月28日起施行。正式取消招标代理资格认定,招标方自主选择代理机构属于市场行为,代理机构可以通过市场竞争、发挥行业自律作用予以规范。这次修改加大了对招标代理机构处罚的力度,有利于代理机构进一步规范代理行为。

(二)建设工程招标投标的立法概况

目前,我国规制建设工程招标投标活动的规范性法律文件主要有法律、行政法规、部门规章等形式,详细情况见表6－1;另外,还有一些地方性法规和地方政府规章。

表6－1　建设工程招标投标相关法律文件一览表

法律文件名称	施行时间	性　质
招标投标法	2000年1月1日	法律
招标投标法实施条例	2012年2月1日	行政法规
工程建设项目招标范围和规模标准规定	2000年5月1日	部门规章
工程建设项目施工招标投标办法	2013年5月1日	部门规章
工程建设项目勘察设计招标投标办法	2003年8月1日	部门规章
工程建设项目货物招标投标办法	2005年3月1日	部门规章
评标委员会和评标方法暂行规定	2001年7月5日	部门规章

续表

法律文件名称	施行时间	性　质
工程建设项目招标投标活动投诉处理办法	2004 年 8 月 1 日	部门规章
必须招标的工程项目规定	2018 年 6 月 1 日	部门规章
必须招标的基础设施和公用事业项目范围规定	2018 年 6 月 6 日	部门规章

(三)建设工程招标投标活动的基本原则

我国《招标投标法》第 5 条规定:“招标投标活动应当遵循公开、公平、公正和诚实信用的原则。”招标投标行为是市场经济的产物,其必须遵循市场经济活动的基本原则。

1. 公开原则

公开原则,就是要求建设工程招标投标活动应具有较高的透明度。首先,招标投标的信息应公开,通过建立和完善建设工程项目报建登记制度,及时向社会发布工程招标投标信息,让有资格的投标者均能便捷地知悉该信息;其次,招标投标的条件应公开,招标的适用范围,招标人及投标人的资格须向社会公开,便于社会监督;再次,招标投标的程序应公开,在建设工程招标投标过程中,招标单位的主要招标活动程序、投标单位的主要投标活动程序和招标投标管理机构的主要监管程序,必须公开;最后,招标投标的结果应公开,参与投标的单位以及最终中标的单位,应当予以公开。

2. 公平原则

公平原则,就是要求在招标投标活动中,双方当事人的权利义务要大致相等,合情合理。招标人和投标人在招标投标活动中的地位平等;任何一方不得歧视对方,不得向对方提出不合理要求,不得将自己的意志强加给对方;招标人对不同的投标人应当采用相同标准,投标人不得以不正当手段参加竞争。

3. 公正原则

公正原则,就是要求招标人在评标时按事先公布的程序和标准对待所有投标人。评标标准应当明确、严格,对所有在投标截止日期以后送达的投标文件都应拒收,与投标人有利害关系的人员都不得作为评标委员会的成员。

鉴于“公开、公平、公正”这“三公”原则在招标投标活动中的重要性,《招标投标法》始终以其为主线,在总则及分则的各个条款中予以了具体体现。

4. 诚实信用原则

诚实信用原则,也称诚信原则,是民事活动的基本原则之一。该原则的含义是,招标投标活动的当事人应当以诚实、善意的态度行使权利,履行义务,以维持双方利益的平衡,以及自身利益与社会利益的平衡。在当事人之间的利益关系中,诚信原则要求尊重他人利益，以对待自己事务的注意义务对待他人事务，以确保双方均能在招标投标活动中获得应得利益。在当事人与社会的利益关系中，诚信原则要求当事人不得通过自己的活动损害第三人和社会的利益，其必须在法律范围内以符合社会经济目的的方式行使权利。遵循这一原则，《招标投标法》将招标投标活动中当事人的规避招标、串通投标、泄露标底、骗取中标、非法转包等行为规定为禁止性规范，并设置了相应的罚则。

（四）建设工程强制招标的项目范围和规模标准

工程建设项目，是指工程以及与工程建设有关的货物、服务。工程，是指建设工程，包括建筑物和构筑物的新建、改建、扩建及其相关的装修、拆除、修缮等；与工程建设有关的货物，是指构成工程不可分割的组成部分，且为实现工程基本功能所必需的设备、材料等；与工程建设有关的服务，是指为完成工程所需的勘察、设计、监理等服务。依据招标的自愿与否，工程建设项目分为可以不进行招标的项目和依法必须进行招标的项目（强制招标项目）两种类型。强制招标项目的招标投标活动违反法律和行政法规的规定，对中标结果造成实质性影响，且不能采取补救措施予以纠正的，招标、投标、中标无效，应当依法重新招标或者评标。

1. 强制招标的工程建设项目的范围

我国《招标投标法》第 3 条和 2018 年国家发展改革委发布的《必须招标的工程项目规定》和《必须招标的基础设施和公用事业项目范围规定》对强制招标的工程建设项目的范围问题作出了规定。

（1）《招标投标法》第 3 条的有关规定

《招标投标法》第 3 条第 1 款规定，在中华人民共和国境内进行下列工程建设项目包括项目的勘察、设计、施工、监理以及与工程建设有关的重要设备、材料等的采购，必须进行招标：①大型基础设施、公用事业等关系社会公共利益、公众安全的项目；②全部或者部分使用国有资金投资或者国家融资的项目；③使用国际组织或者外国政府贷款、援助资金的项目。

（2）《必须招标的工程项目规定》和《必须招标的基础设施和公用事业项目范围规定》

《招标投标法》中所规定的强制招标范围，只是一个原则性的规定，针对这种情况，原国家发展计划委员会在《工程建设项目招标范围和规模标准规定》中作出了更为具体的规定。2018 年国家发展改革委在《必须招标的工程项目规定》和《必须招标的基础设施和公用事业项目范围规定》中进一步修改了强制招标项目的具体范围（见表 6－2）。

表6－2　强制招标项目范围

项目类别	具体范围
大型基础设施、公用事业等关系社会公共利益、公众安全的项目	煤炭、石油、天然气、电力、新能源等能源基础设施项目； 铁路、公路、管道、水运，以及公共航空和A1级通用机场等交通运输基础设施项目； 电信枢纽、通信信息网络等通信基础设施项目； 防洪、灌溉、排涝、引(供)水等水利基础设施项目； 城市轨道交通等城建项目
全部或者部分使用国有资金投资或者国家融资的项目	使用预算资金200万元人民币以上，并且该资金占投资额10%以上的项目； 使用国有企业事业单位资金，并且该资金占控股或者主导地位的项目
使用国际组织或者外国政府贷款、援助资金的项目	使用世界银行、亚洲开发银行等国际组织贷款、援助资金的项目； 使用外国政府及其机构贷款、援助资金的项目

2. 强制招标的工程建设项目的规模标准

根据2018年6月1日施行的《必须招标的工程项目规定》的规定，表6－2所列各类工程建设项目，其勘察、设计、施工、监理以及与工程建设有关的重要设备、材料等的采购达到下列标准之一的，必须招标：(1)施工单项合同估算价在400万元人民币以上；(2)重要设备、材料等货物的采购，单项合同估算价在200万元人民币以上；(3)勘察、设计、监理等服务的采购，单项合同估算价在100万元人民币以上。同一项目中可以合并进行的勘察、设计、施工、监理以及与工程建设有关的重要设备、材料等的采购，合同估算价合计达到上述规定标准的，必须招标。

3. 可以不进行招标的工程建设项目

根据《招标投标法》第66条、《招标投标法实施条例》第9条的规定，可以不进行招标的工程建设项目包括8类，详见表6－3。

表6－3　可以不进行招标的工程建设项目

法律规范	可以不进行招标的工程建设项目类型
《招标投标法》第66条	涉及国家安全、国家秘密或抢险救灾而不适宜招标的； 属于利用扶贫资金实行以工代赈，需要使用农民工等特殊情况的
《招标投标法实施条例》第9条	需要采用不可替代的专利或者专有技术的； 采购人依法能够自行建设、生产或者提供的； 已通过招标方式选定的特许经营项目投资人依法能够自行建设、生产或者提供的； 需要向原中标人采购工程、货物或者服务，否则将影响施工或者功能配套要求的； 国家规定的其他特殊情形

为进一步深化建筑业简政放权改革,国务院办公厅《关于促进建筑业持续健康发展的意见》规定,完善招标投标制度,加快修订《工程建设项目招标范围和规模标准规定》,缩小并严格界定必须进行招标的工程建设项目范围,放宽有关规模标准,防止工程建设项目实行招标“一刀切”。在民间投资的房屋建筑工程中,探索由建设单位自主决定发包方式。将依法必须招标的工程建设项目纳入统一的公共资源交易平台,遵循公平、公正、公开和诚信的原则,规范招标投标行为。进一步简化招标投标程序,尽快实现招标投标交易全过程电子化,推行网上异地评标。对依法通过竞争性谈判或单一来源方式确定供应商的政府采购工程建设项目,符合相应条件的应当颁发施工许可证。

三、工程发包与承包制度

建设工程发包与承包,是指发包方通过合同委托承包方为其完成某一工程的全部或其中一部分工程的交易行为。其中,把某项工作交给他人完成并有义务接受工作成果,支付工作报酬的是发包。承揽他人交付的某项工作,并完成该项工作任务,有权利接受工作报酬的是承包。发包方与承包方的权利、义务都由双方签订的承包合同来加以规定。

(一)建设工程发包与承包的历史发展

在计划经济时期,我国的工程建设任务采取由行政主管部门分配的方式。自1982年起,我国建设领域开始进行改革,逐步确定了建设工程发包与承包制度,把工程设计与施工推向市场,由相关企业在公平竞争的环境中竞争承包。实践证明,建设工程发包与承包制度,能鼓励竞争,防止垄断,有效提高工程质量、严格控制工程造价和工期,对市场经济的建设和发展有良好的促进作用。

(二)建设工程发包与承包的立法概况

目前,我国现行的与建设工程承、发包有关的主要法律法规有:《建筑法》(2011年修正)和《招标投标法》(2017年修正)两部法律,以及国家发展和改革委员会与住房和城乡建设部等部委颁布的部门规章和规范性文件,主要包括:2013年5月1日修订后施行的《工程建设项目自行招标试行办法》;2018年9月19日修订后施行的《房屋建筑和市政基础设施工程施工招标投标管理办法》;2013年5月1日修订后施行的《工程建设项目施工招标投标办法》;2014年8月27日修订后施行的《房屋建筑和市政基础设施工程施工分包管理办法》,该办法的目的是规范房屋建筑和市政基础设施工程施工分包活动,维护建筑市场秩序,保证工程质量和施工安全。自2017年5月1日起施行的《建筑工程设计招标投标管理办法》。自2018年6月1日起施行的《必须招标的工程项目规定》和自2018年6月6日起施行的《必须招标的基础设施和公用事业项目范围规定》规定,上述两个文件的目的是规范招标投标活动,提高工作效率、降低企业成本、预防腐败。自2019年1月1

日起施行的《建筑工程施工发包与承包违法行为认定查处管理办法》,该办法的目的是规范建筑工程施工发包与承包活动中违法行为的认定、查处和管理,保证工程质量和施工安全,有效遏制发包与承包活动中的违法行为,维护建筑市场秩序和建筑工程主要参与方的合法权益。

(三)建设工程发包的方式

《建筑法》第19条规定,建筑工程依法实行招标发包,对不适于招标发包的可以直接发包。《建筑法》第22条规定,建筑工程实行招标发包的,发包单位应当将建筑工程发包给依法中标的承包单位。建筑工程实行直接发包的,发包单位应当将建筑工程发包给具有相应资质条件的承包单位。因此,建设工程发包有两种方式:招标投标和直接发包。

1. 招标发包

建设工程招标与投标,是指发包方事先通过招标公告或者投标邀请书标明其拟建工程的内容和要求,由存在承包意愿的单位递交投标书,明确承包工程的价格工期、质量等条件,再由发包方从中择优选择工程承包方的交易方式。招标发包又分为两种方式:公开招标和邀请招标。公开招标,是指由建设单位按照法定程序,在规定的公开媒体上发布招标公告,提供载有招标工程的主要技术要求、主要的合同条款、评标的标准和方法以及开标、评标、定标的程序等内容的招标文件,使所有潜在的投标人都可以平等参加投标竞争,并从中择优选定中标人。邀请招标,是指招标人根据自己所掌握的情况,预先确定符合招标项目基本要求的一定数量的潜在的投标人并发出邀请,从中确定承包单位。

2. 直接发包

建设工程直接发包,是指发包方与承包方直接进行协商,以约定工程建设的价格、工期、质量和其他条件的交易方式。比如,建设单位直接同相应资质等级的建筑施工企业洽谈建设工程的事宜,通过协商来确定承包单位。建设工程招标发包比直接发包更有利于实现承包单位候选人之间的公平竞争,也更符合市场经济的内在规律。通过招投标,建设单位和承包单位进入市场,公平交易、公平竞争,有利于控制建设工期,确保工程质量,提高投资效益。《招标投标法》等相关法律法规都提倡招投标发包方式,对直接发包予以限制。

《建筑法》规定,发包单位将工程发包给不具有相应资质条件的承包单位的,或者违反该法规定将建筑工程肢解发包的,责令改正,处以罚款。发包单位及其工作人员在建筑工程发包中不得收受贿赂、回扣或者索取其他好处。承包单位及其工作人员不得利用向发包单位及其工作人员行贿、提供回扣或者给予其他好处等不正当手段承揽工程。《建筑法》第24条规定:"提倡对建筑工程实行总承包,禁止将建筑工程肢解发包。建筑工程的发包单位可以将建筑工程的勘察、设计、施工、设备采购一并发包给一个工程总承包单位,也可以将建筑工程勘察、设计、施工、设备采购的一项或者多项发包给一个工程总承包单位；但是，不得将应当由一个承包单位完成的建筑工程肢解成若干部分发包给几个承包单位。”

（四）建设工程承包

《建筑法》第26条规定：“承包建筑工程的单位应当持有依法取得的资质证书，并在其资质等级许可的业务范围内承揽工程。禁止建筑施工企业超越本企业资质等级许可的业务范围或者以任何形式用其他建筑施工企业的名义承揽工程。禁止建筑施工企业以任何形式允许其他单位或者个人使用本企业的资质证书、营业执照，以本企业的名义承揽工程。”

1. 建设工程承包的一般规定

建设单位不得直接指定分包工程承包人。任何单位和个人不得对依法实施的分包活动进行干预。承包单位及其工作人员不得利用向发包单位及其工作人员行贿、提供回扣或者给予其他好处等不正当手段承揽工程。禁止承包单位转让、出借企业资质证书或者以其他方式允许他人以本企业名义承揽工程。

禁止承包单位将承包的工程进行违法分包。承包单位分包工程应符合《建筑法》第29条的规定，建筑工程总承包单位可以将承包工程中的部分工程发包给具有相应资质条件的分包单位；但是，除总承包合同中约定的分包外，必须经建设单位认可。施工总承包的，建筑工程主体结构的施工必须由总承包单位自行完成。建筑工程总承包单位按照总承包合同的约定对建设单位负责；分包单位按照分包合同的约定对总承包单位负责。总承包单位和分包单位就分包工程对建设单位承担连带责任。禁止总承包单位将工程分包给不具备相应资质条件的单位。禁止分包单位将其承包的工程再分包。

2. 建设工程总承包

我国总承包制度的相关政策源于1984年第六届全国人大第二次会议《政府工作报告》，该报告提出：“着手组建多种形式的工程承包公司和综合开发公司。工业、交通等生产性建设项目由专业性工程承包公司投标，从可行性研究、设计、设备配套、工程施工到竣工试车进行全过程的总承包；然后再由工程承包公司向各设计、施工、设备供应单位招标，签订分包经济合同。”之后，国务院《关于改革建筑业和基本建设管理体制若干问题的暂行规定》明确指出，各部门、各地区都要组建若干具有法人地位、独立经营、自负盈亏的工程承包公司，并使之逐步成为组织项目建设的主要形式……可以选择部分设计单位或者组织部分设计人员，组建工程咨询公司和工程承包公司。工程承包公司的主要任务，是受主管部门或建设单位的委托，承包项目的建设。可以从项目的可行性研究开始直到建成试车投产的建设全过程实行总承包，也可以实行单项承包。

1984年国务院颁发《关于改革建筑业和基本建设管理体制若干问题的暂行规定》（国发〔1984〕123号）中就提出建立工程总承包企业的设想；1997年颁布的《建

筑法》明确提倡对建筑工程进行总承包，确立了工程总承包的法律地位。2003年2月13日，建设部《关于培育发展工程总承包和工程项目管理企业的指导意见》（建市〔2003〕30号），明确了工程总承包的基本概念，开始在全国范围内全面推广工程总承包。工程总承包，是指从事工程总承包的企业受业主委托，按照合同约定对工程项目的勘察、设计、采购、施工、试运行（竣工验收）等实行全过程或若干阶段的承包。工程总承包企业按照合同约定对工程项目的质量、工期、造价等向业主负责。工程总承包企业可依法将所承包工程中的部分工作发包给具有相应资质的分包企业；分包企业按照分包合同的约定对总承包企业负责。

工程总承包主要有设计—采购—施工（EPC）/交钥匙总承包和设计—施工总承包（D－B）。根据工程项目的不同规模、类型和业主要求，工程总承包还可采用设计—采购总承包（E－P）、采购—施工总承包（P－C）等方式。EPC合同条件更适用于设备专业性强、技术性复杂的工程项目，FIDIC《设计采购施工（EPC）交钥匙工程合同条件》前言推荐此类合同条件为："可适用于以交钥匙方式提供加工或动力设备、工厂或类似设施、基础设施工程或其他类型开发项目。"目前我国国内工程主要采用的是施工总承包。

为进一步深化建筑业简政放权改革，国务院办公厅《关于促进建筑业持续健康发展的意见》规定，加快推行工程总承包，装配式建筑原则上应采用工程总承包模式。政府投资工程应完善建设管理模式，带头推行工程总承包。加快完善工程总承包相关的招标投标、施工许可、竣工验收等制度规定。按照总承包负总责的原则，落实工程总承包单位在工程质量安全、进度控制、成本管理等方面的责任。除以暂估价形式包括在工程总承包范围内且依法必须进行招标的项目外，工程总承包单位可以直接发包总承包合同中涵盖的其他专业业务。

3. 建设工程联合承包

《建筑法》第27条第1款规定："大型建筑工程或结构复杂的建筑工程，可以由两个以上的承包单位联合共同承包。共同承包的各方对承包合同的履行承担连带责任。"《招标投标法》第31条规定："两个以上法人或其他组织，可以组成一个联合体，以一个投标人的身份共同投标。"建设部《关于培育发展工程总承包和工程项目管理企业的指导意见》"四、（一）"中规定："工程勘察、设计、施工企业也可以组成联合体对工程项目进行联合总承包。"根据上述法律、规章的规定，承包人可以单独承包工程，也可以与其他企业联合共同承包（包括联合总承包）。《工程建设项目施工招标投标办法》《工程建设项目货物招标投标办法》做了相同的规定。这些就阐明工程联合承包的定义应为两个以上实行独立核算、能够独立承担民事责任、具备承担工程项目能力的法人或其他组织，组成的以一个承包单位的身份承揽工程项目行为。

共同承包的各方对承包合同的履行承担连带责任。在联合共同承包中，参加联合承包的各方应就承包合同的履行向发包方承担连带责任。两个以上不同资质等级的单位实行联合共同承包的,应当按照资质等级低的单位的业务许可范围承揽工程。两个以上的承包单位联合承包工程,资质类别不同的,按照各方资质证书许可范围承揽工程;资质类别相同的,按照较低资质等级许可范围承揽工程。实行联合承包的,应当明确主承包单位,由其负责整个工程项目的总体协调。

4. 建设工程分包

《合同法》第 272 条第 2 款规定,总承包人或者勘察、设计、施工承包人经发包人同意,可以将自己承包的部分工作交由第三人完成。《建筑法》第 29 条规定,建筑工程总承包单位可以将承包工程中的部分工程发包给具有相应资质条件的分包单位;但是,除总承包合同中约定的分包外,必须经建设单位认可。施工总承包的,建筑工程主体结构的施工必须由总承包单位自行完成。禁止总承包单位将工程分包给不具备相应资质条件的单位。禁止分包单位将其承包的工程再分包。禁止承包人将工程分包给不具备相应资质条件的单位。禁止分包单位将其承包的工程再分包。建设工程主体结构的施工必须由承包人自行完成。

5. BOT 模式

BOT 是 20 世纪 80 年代以后在国际上兴起的一种新的投资合作方式。BOT 广泛应用于一些国家的交通运输、自来水处理、发电、垃圾处理等服务性或生产性基础设施的建设中,显示了旺盛的生命力。1984 年,BOT 投资方式首先出现于土耳其,应用于该国的公共设施的私有化项目,具有融资能力强,自有资本需要量小,投资收益有保障等众多优点,现已受到各国的高度重视和广泛采用。我国的深圳沙角 B 火力发电厂、广西来宾 B 厂、马来西亚纳闽岛淡水供应工程和马来西亚南北高速公路项目、澳大利亚悉尼港隧道工程、香港海底隧道、英法共建的英吉利海峡海底隧道、美国的道斯威尔火电厂等都是实施 BOT 模式成功的案例。

原建设部《关于培育发展工程总承包和工程项目管理企业的指导意见》"四、(七)"提倡具备条件的建设项目,采用工程总承包、工程项目管理方式组织建设。鼓励有投融资能力的工程总承包企业,对具备条件的工程项目,根据业主的要求,按照建设—转让(BT)、建设—经营—转让(BOT)、建设—拥有—经营(BOO)、建设—拥有—经营—转让(BOOT)等方式组织实施。

BOT 是英文 Build-Operate-Transfer 的缩写,即建设—运营—转让,是指"政府授予私营企业以一定期限的特许经营权,许可其融资建设和经营特定的公用基础设施,并准许其通过向用户收取费用或出售产品以清偿贷款、回收投资并赚取利润;特许权期满时,该基础设施无偿移交给政府"。[①] BOT 实质上是基础设施投资、建设和经营的一种方式,以政府和私人机构之间达成协议为前提,由政府向私人机构颁布特许,允许其在一定时期内筹集资金建设某一基础设施并管理和经营该设施及其相应的产品与服务。政府对该机构提供的公共产品或服务的数量和价格可

① 余劲松主编:《国际投资法》,法律出版社 1997 年版,第 142 ~ 143 页。

以有所限制,但保证私人资本具有获取利润的机会。整个过程中的风险由政府和私人机构分担。当特许期限结束时,私人机构按约定将该设施移交给政府部门,转由政府指定部门经营和管理。

6. PPP 模式

党的十八届三中全会确定"允许社会资本通过特许经营等方式参与城市基础设施投资和运营"的改革方向以来,我国首次以《关于创新重点领域投融资机制鼓励社会投资的指导意见》(国发〔2014〕60 号)的形式,大力倡导在若干重点发展领域(不限于城市基础设施)创新投融资体制,吸引和鼓励社会资本(特别是民间资本)参与投资。充分发挥政府投资的引导和带动作用,要求在同等条件下,政府投资优先支持引入社会资本的项目,根据不同项目情况,通过投资补助、基金注资、担保补贴、贷款贴息等方式,支持社会资本参与重点领域建设。抓紧制定政府投资支持社会投资项目的管理办法,规范政府投资安排行为。

PPP 模式即 Public-Private Partnership 的英文简称,财政部在《关于推广运用政府和社会资本合作模式有关问题的通知》(财金〔2014〕76 号)中指出,政府和社会资本合作模式是在基础设施及公共服务领域建立的一种长期合作关系。通常模式是由社会资本承担设计、建设、运营、维护基础设施的大部分工作,并通过"使用者付费"及必要的"政府付费"获得合理投资回报;政府部门负责基础设施及公共服务价格和质量监管,以保证公共利益最大化。

国家发改委在《关于开展政府和社会资本合作的指导意见》(发改投资〔2014〕2724 号)指出,政府和社会资本合作(PPP)模式,是指政府为增强公共产品和服务供给能力、提高供给效率,通过特许经营、购买服务、股权合作等方式,与社会资本建立的利益共享、风险分担及长期合作关系。开展政府和社会资本合作,有利于创新投融资机制,拓宽社会资本投资渠道,增强经济增长内生动力;有利于推动各类资本相互融合、优势互补,促进投资主体多元化,发展混合所有制经济;有利于理顺政府与市场关系,加快政府职能转变,充分发挥市场配置资源的决定性作用。PPP 模式主要适用于政府负有提供责任又适宜市场化运作的公共服务、基础设施类项目。燃气、供电、供水、供热、污水及垃圾处理等市政设施,公路、铁路、机场、城市轨道交通等交通设施,医疗、旅游、教育培训、健康养老等公共服务项目,以及水利、资源环境和生态保护等项目均可推行 PPP 模式。各地的新建市政工程以及新型城镇化试点项目,应优先考虑采用 PPP 模式建设。

《国务院办公厅转发财政部、发展改革委、人民银行〈关于在公共服务领域推广政府和社会资本合作模式指导意见〉的通知》(国办发〔2015〕42 号)中指出,政府和社会资本合作模式是公共服务供给机制的重大创新,即政府采取竞争性方式择优选择具有投资、运营管理能力的社会资本,双方按照平等协商原则订立合同,明确责权利关系,由社会资本提供公共服务,政府依据公共服务绩效评价结果向社会资本支付相应对价,保证社会资本获得合理收益。政府和社会资本合作模式有利于充分发挥市场机制作用，提升公共服务的供给质量和效率，实现公共利益最大化。PPP 模式的典型结构为：政府或部门通过公开采购与中标人签订特许合同，设立特定项目公司（中标人即工程商、服务经营公司即运营商或项目投资第三方即投资商三方共同成立的股份公司），负责合作项目的筹资、建设及经营维护。政府向借贷金融机构承诺将按合同支付费用，使项目公司及时有效获得融资。PPP 模式实质是政府通过公开招标或谈判、委托等方式选定私营公司，给予其长期的特许经营权和收益权，从而换取基础设施等公共产品或服务加快建设及有效运营。

2014 年，国务院及发改委、财政部等中央机关纷纷就基础设施和公共事业领域投资建设改革出台了一些政策文件，力推 PPP 模式。具体包括：国务院《关于加强地方政府性债务管理的意见》（国发〔2014〕43 号）、财政部《关于推广运用政府和社会资本合作模式有关问题的通知》（财金〔2014〕76 号）、国务院《关于创新重点领域投融资机制鼓励社会投资的指导意见》（国发〔2014〕60 号）、财政部《关于印发政府和社会资本合作模式操作指南（试行）的通知》（财金〔2014〕113 号）、国家发展改革委《关于开展政府和社会资本合作的指导意见》（发改投资〔2014〕2724 号）、《政府和社会资本合作项目通用合同指南》、《PPP 项目合同指南（试行）》、财政部《关于印发〈政府和社会资本合作项目政府采购管理办法〉的通知》（财库〔2014〕215 号）、《关于印发〈政府采购竞争性磋商采购方式管理暂行办法〉的通知》和《基础设施和公用事业特许经营管理办法》等。其中《基础设施和公用事业特许经营管理办法》明确了在能源、交通、水利、环保、市政等基础设施和公用事业领域开展特许经营，境内外法人或其他组织均可通过公开竞争，在一定期限和范围内参与投资、建设和运营基础设施和公用事业并获得收益。基础设施和公用事业特许经营，是指政府采用竞争方式依法授权中华人民共和国境内外的法人或者其他组织，通过协议明确权利义务和风险分担，约定其在一定期限和范围内投资建设运营基础设施和公用事业并获得收益，提供公共产品或者公共服务。《基础设施和公用事业特许经营管理办法》确立了社会资本可参与特许经营权的制度性创新，业界均默认其为“PPP 基本法”。

四、“三同时”制度

（一）建设项目安全设施“三同时”制度

为加强建设项目安全管理，预防和减少生产安全事故，保障从业人员生命和财产安全，根据《安全生产法》和国务院《关于进一步加强企业安全生产工作的通知》（国发〔2010〕23 号）等法律、行政法规的规定，国家安全生产监督管理总局审议通过了《建设项目安全设施“三同时”监督管理暂行办法》（国家安全生产监督管理总局令第 36 号），自 2011 年 2 月 1 日起施行。经县级以上人民政府及其有关主管部门依法审批、核准或者备案的生产经营单位新建、改建、扩建工程项目安全设施的建设及其监督管理，适用《建设项目安全设施“三同时”监督管理暂行办法》，法律、行政法规及国务院对建设项目安全设施建设及其监督管理另有规定的，依照其规定。

建设项目安全设施，是指生产经营单位在生产经营活动中用于预防生产安全事故的设备、设施、装置、构(建)筑物和其他技术措施的总称。生产经营单位为了维持或者扩大生产经营规模，经常要进行相关的工程建设。作为建设项目的安全设施是保证生产经营活动的重要设施，与生产经营的主体工程共同组成生产经营设施，必须同步进行设计和施工。建设项目的安全设施未与主体工程同时设计、同时施工、同时投入生产和使用就会留下不安全因素和事故隐患，在生产经营过程中就可能会酿成生产安全事故。《安全生产法》第28条规定，生产经营单位的建设项目的安全设施必须做到“三同时”，即生产经营单位新建、改建、扩建工程项目的安全设施，必须与主体工程同时设计、同时施工、同时投入生产和使用。安全设施投资应当纳入建设项目概算。

建设项目安全设施的施工应当由取得相应资质的施工单位进行，并与建设项目主体工程同时施工。施工单位应当在施工组织设计中编制安全技术措施和施工现场临时用电方案，同时对危险性较大的分部分项工程依法编制专项施工方案，并附具安全验算结果，经施工单位技术负责人、总监理工程师签字后实施。施工单位应当严格按照安全设施设计和相关施工技术标准、规范施工，并对安全设施的工程质量负责。建设项目竣工投入生产或者使用前，生产经营单位应当组织对安全设施进行竣工验收，并形成书面报告备查。安全设施竣工验收合格后，方可投入生产和使用。建设项目安全设施未与主体工程同时设计、同时施工或者同时投入使用的，安全生产监督管理部门对与此有关的行政许可一律不予审批，同时责令生产经营单位立即停止施工、限期改正违法行为，对有关生产经营单位和人员依法给予行政处罚。

(二)环境保护设施“三同时”制度

1. 概述

环境保护设施“三同时”制度，是指一切可能对环境有影响的建设项目，其环境保护设施必须与主体工程同时设计、同时施工、同时投产使用的制度。环境保护设施“三同时”最早出现在1973年经国务院批准的《关于保护和改善环境的若干规定(试行)》中，是作为环境管理的行政规定。1979年《环境保护法(试行)》将其确定为环境保护法的一项重要制度。1998年《建设项目环境保护管理条例》规定，“三同时”制度适用于新建、扩建、改建项目；技术改造项目；一切可能对环境造成污染和破坏的工程建设项目；确有经济效益的综合利用项目。建设项目中防治污染的设施，应当与主体工程同时设计、同时施工、同时投产使用。防治污染的设施应当符合经批准的环境影响评价文件的要求，不得擅自拆除或者闲置。环境保护设施一般分为三种类型：一是防治环境污染的装置、设备、监测手段和工程设施等；二是生产与环境保护两用的设施；三是保护自然资源和生态系统的设施。

2. “三同时”制度的实施要求

建设项目一般包括设计、施工和投产使用三个阶段，“三同时”制度贯穿于建设项目的全过程，对不同阶段提出了特定的管理要求。

(1)同时设计。同时设计，是指在对有关建设项目的主体工程进行设计时，设计单位必须按照国家规定的设计程序进行，执行环境影响报告书(表)的编审制度，并且环境保护的设施必须与主体工程同时进行设计。在建设项目的设计阶段，建设单位必须向生态环境主管部门提交初步设计中的环境保护篇章，经审查批准后，才能纳入建设计划。建设单位提交主体工程的设计任务书应有环境保护的内容，初步设计中应有环境保护篇章。环境保护设施设计单位根据环境保护的内容与要求，依照要求进行设计。环境保护设施和主体工程的设计可以由同一单位承担，也可以由两个设计单位分开设计，若由不同单位分开设计，则环境保护设施设计单位应主动与主体工程设计单位配合，以使环境保护设施设计与主体工程设计协调统一。

(2)同时施工。同时施工，是指建设项目中有关环境保护的设施必须与主体工程同时进行施工。在施工阶段中，环保设施施工单位应按主体工程施工计划安排施工进度，并保证建设进度与资金落实。为确保工程环境保护设施按质按期完成，建设单位应及时向生态环境主管部门书面报告环保工程进展情况，生态环境主管部门根据施工进展及存在的问题提出意见。施工期间，建设单位与施工单位负责落实施工的环境污染防治措施。

(3)同时投产并使用。同时投产并使用，是指要求建设项目在正式投产或使用前，建设单位必须向负责审批的环保部门提交环境保护设施竣工验收报告。经验收合格并发给相应的合格证书，该环境保护设施方可正式投产使用。并且，非经审批部门的许可，该环境保护设施不得停止运营。

3. 违反“三同时”制度的法律后果

企业事业单位和其他生产经营者不正常运行防治污染设施等逃避监管的方式违法排放污染物的，尚不构成犯罪的，除依照有关法律法规规定予以处罚外，由县级以上人民政府环境保护主管部门或者其他有关部门将案件移送公安机关，对其直接负责的主管人员和其他直接责任人员，处 10 日以上 15 日以下拘留；情节较轻的，处 5 日以上 10 日以下拘留。

防治污染设施维护、运营的机构，在有关环境服务活动中弄虚作假，对造成的环境污染和生态破坏负有责任的，除依照有关法律法规规定予以处罚外，还应当与造成环境污染和生态破坏的其他责任者承担连带责任。

五、环境影响评价制度

(一)概述

根据《环境影响评价法》,环境影响评价,是指对规划和建设项目实施后可能造成的环境影响进行分析、预测和评估,提出预防或者减轻不良环境影响的对策和措施,进行跟踪监测的方法与制度。环境影响评价制度是《环境保护法》有关预防原则的具体体现,实行环境影响评价制度的意义在于环境影响评价具有科学技术性、前瞻观测性和内容综合性等优点,是环境现状决策的主要科学依据。

在我国,环境影响评价制度的实施始于20世纪70年代末。1978年,中共中央在批转国务院关于《环境保护工作汇报要点》的报告中首次提出了进行环境影响评价工作的意向。1979年《环境保护法(试行)》第6条规定,在进行新建、改建和扩建工程时,必须提出对环境影响的报告书,经环境保护部门和其他部门审查批准后才能进行设计。其后,一些环境保护的专项立法也对环境影响评价制度作出了规定。《海洋环境保护法》《水污染防治法》《大气污染防治法》《水法》《野生动物保护法》等法律中对海洋环境影响评价、水环境影响评价、大气环境影响评价、水资源环境影响评价、野生动物环境影响评价等作出了明确的规定。《环境噪声污染防治法》和《建设项目环境保护管理条例》等专项立法中对环境影响评价作出了具体的规定。2002年通过的《环境影响评价法》是针对我国环境影响评价制度的内容和程序专门制定的重要法律,标志这项制度的成熟和完善。2016年7月2日和2018年12月29日先后对《环境影响评价法》进行了修订,修订后的《环境影响评价法》明确了建设单位对其建设项目环境影响报告书(表)承担主体责任。取消环境影响报告书(表)编制单位的前置准入审批,《环境影响评价法》对监督管理、责任追究作出了更加严格的规定,赋予了各级生态环境部门更强有力的监管武器,对相关违法行为形成了有效震慑。在建设项目环境保护管理方面有:2017年10月1日修订后施行的《建设项目环境保护管理条例》和自2009年10月1日起施行的《规划环境影响评价条例》。

(二)环境影响评价的分类

我国的环境影响评价分为规划环评、建设项目环评和后评价以及战略环境评价。

1. 规划环评

规划环评也即关于规划的环境影响评价。《环境影响评价法》第二章专门规定了"规划的环境影响评价",《规划环境影响评价条例》对规划环境影响评价、审查、跟踪评价和法律责任等进行了详细规定。

国务院有关部门、设区的市级以上地方人民政府及其有关部门,对其组织编制的土地利用的有关规划,区域、流域、海域的建设、开发利用规划,应当在规划编制过程中组织进行环境影响评价，编写该规划有关环境影响的篇章或者说明。规划有关环境影响的篇章或者说明，应当对规划实施后可能造成的环境影响作出分析、预测和评估，提出预防或者减轻不良环境影响的对策和措施，作为规划草案的组成部分一并报送规划审批机关。未编写有关环境影响的篇章或者说明的规划草案，审批机关不予审批。

国务院有关部门、设区的市级以上地方人民政府及其有关部门，对其组织编制的工业、农业、畜牧业、林业、能源、水利、交通、城市建设、旅游、自然资源开发的有关专项规划（以下简称专项规划），应当在该专项规划草案上报审批前，组织进行环境影响评价，并向审批该专项规划的机关提出环境影响报告书。专项规划的环境影响报告书应当包括下列内容：（1）实施该规划对环境可能造成影响的分析、预测和评估；（2）预防或者减轻不良环境影响的对策和措施；（3）环境影响评价的结论。专项规划的编制机关对可能造成不良环境影响并直接涉及公众环境权益的规划，应当在该规划草案报送审批前，举行论证会、听证会，或者采取其他形式，征求有关单位、专家和公众对环境影响报告书草案的意见。但是，国家规定需要保密的情形除外。编制机关应当认真考虑有关单位、专家和公众对环境影响报告书草案的意见，并应当在报送审查的环境影响报告书中附具对意见采纳或者不采纳的说明。专项规划的编制机关在报批规划草案时，应当将环境影响报告书一并附送审批机关审查；未附送环境影响报告书的，审批机关不予审批。

对环境有重大影响的规划实施后，编制机关应当及时组织环境影响的跟踪评价，并将评价结果报告审批机关；发现有明显不良环境影响的，应当及时提出改进措施。

2. 建设项目环评

《环境影响评价法》根据建设项目对环境的影响程度，对建设项目的环境影响评价实行分类管理。建设单位应当按照下列规定组织编制环境影响报告书、环境影响报告表或者填报环境影响登记表（以下统称环境影响评价文件）：（1）可能造成重大环境影响的，应当编制环境影响报告书，对产生的环境影响进行全面评价；（2）可能造成轻度环境影响的，应当编制环境影响报告表，对产生的环境影响进行分析或者专项评价；（3）对环境影响很小、不需要进行环境影响评价的，应当填报环境影响登记表。建设项目的环境影响评价分类管理名录，由国务院生态环境主管部门制定并公布。

建设项目的环境影响报告书应当包括下列内容：（1）建设项目概况；（2）建设项目周围环境现状；（3）建设项目对环境可能造成影响的分析、预测和评估；（4）建设项目环境保护措施及其技术、经济论证；（5）建设项目对环境影响的经济损益分析；（6）对建设项目实施环境监测的建议；（7）环境影响评价的结论。环境影响报告表和环境影响登记表的内容和格式，由国务院生态环境主管部门制定。

建设项目的环境影响评价，应当避免与规划的环境影响评价相重复。作为一项整体建设项目的规划,按照建设项目进行环境影响评价,不进行规划的环境影响评价。已经进行了环境影响评价的规划包含具体建设项目的,规划的环境影响评价结论应当作为建设项目环境影响评价的重要依据,建设项目环境影响评价的内容应当根据规划的环境影响评价审查意见予以简化。

除国家规定需要保密的情形外,对环境可能造成重大影响、应当编制环境影响报告书的建设项目,建设单位应当在报批建设项目环境影响报告书前,举行论证会、听证会,或者采取其他形式,征求有关单位、专家和公众的意见。建设单位报批的环境影响报告书应当附具对有关单位、专家和公众的意见采纳或者不采纳的说明。建设项目的环境影响报告书、报告表,由建设单位按照国务院的规定报有审批权的生态环境主管部门审批。海洋工程建设项目的海洋环境影响报告书的审批,依照《海洋环境保护法》的规定办理。国家对环境影响登记表实行备案管理。

建设项目的环境影响评价文件经批准后,建设项目的性质、规模、地点、采用的生产工艺或者防治污染、防止生态破坏的措施发生重大变动的,建设单位应当重新报批建设项目的环境影响评价文件。建设项目的环境影响评价文件自批准之日起超过 5 年,方决定该项目开工建设的,其环境影响评价文件应当报原审批部门重新审核;原审批部门应当自收到建设项目环境影响评价文件之日起 10 日内,将审核意见书面通知建设单位。

3. 后评价制度

建设项目建设过程中,建设单位应当同时实施环境影响报告书、环境影响报告表以及环境影响评价文件审批部门审批意见中提出的环境保护对策措施。在项目建设、运行过程中产生不符合经审批的环境影响评价文件的情形的,建设单位应当组织环境影响的后评价,采取改进措施,并报原环境影响评价文件审批部门和建设项目审批部门备案;原环境影响评价文件审批部门也可以责成建设单位进行环境影响的后评价,采取改进措施。

生态环境主管部门应当对建设项目投入生产或者使用后所产生的环境影响进行跟踪检查,对造成严重环境污染或者生态破坏的,应当查清原因,查明责任。对属于为建设项目环境影响评价提供技术服务的机构编制不实的环境影响评价文件的,依法追究其法律责任;属于审批部门工作人员失职、渎职,对依法不应批准的建设项目环境影响评价文件予以批准的,依法追究其法律责任。

4. 战略环境评价与制定经济、技术政策对环境影响的考虑

战略环境评价是对政府部门的战略性决策行为及其可供选择方案的环境影响和效应进行系统的和综合性评价的过程,它为政府政策、规划、计划的制定和实施提供环境影响评价上的技术支持。《环境影响评价法》明确提出,我国环境影响评价的范围不再仅仅局限于建设项目,而是拓展到了政府有关的经济发展规划,即从项目评价进入战略评价阶段。鉴于实施战略环境评价对生态文明的顶层设计具有基础性、重要性以及对经济部门和地方政府的重要性,2014 年《环境保护法》采用

折中的方式隐晦地将战略环境评价写入该法，在第14条规定，国务院有关部门和省、自治区、直辖市人民政府组织制定经济、技术政策，应当充分考虑对环境的影响，听取有关方面和专家的意见。

（三）环境影响评价的法律效力和责任

按照法律要求应当进行环境影响评价的建设项目和开发活动，都必须履行环境影响评价的法定程序。建设项目的环境影响评价文件未依法经审批部门审查或者审查后未予批准的，建设单位不得开工建设。

规划编制机关违反《环境影响评价法》规定，未组织环境影响评价，或者组织环境影响评价时弄虚作假或者有失职行为，造成环境影响评价严重失实的，对直接负责的主管人员和其他直接责任人员，由上级机关或者监察机关依法给予行政处分。建设单位未依法报批建设项目环境影响报告书、报告表，或者未依法重新报批或者报请重新审核环境影响报告书、报告表，擅自开工建设的，由县级以上生态环境主管部门责令停止建设，根据违法情节和危害后果，处建设项目总投资额1%以上5%以下的罚款，并可以责令恢复原状；对建设单位直接负责的主管人员和其他直接责任人员，依法给予行政处分。建设项目环境影响报告书、报告表未经批准或者未经原审批部门重新审核同意，建设单位擅自开工建设的，依照上述的规定处罚、处分。建设单位未依法备案建设项目环境影响登记表的，由县级以上生态环境主管部门责令备案，处5万元以下的罚款。

第二节　工程法学的基本制度（下）

一、工程竣工验收制度

建设工程竣工验收，是指建筑工程完工且具备法定条件后，由建设单位组织有关单位依法定程序及相关依据对所有工程项目进行全面检验与测试。建设工程经验收合格的，方可交付使用。《建设工程质量管理条例》第16条规定，建设单位收到建设工程竣工报告后，应当组织设计、施工、工程监理等有关单位进行竣工验收。建设工程竣工验收应当具备下列条件：（1）完成建设工程设计和合同约定的各项内容；（2）有完整的技术档案和施工管理资料；（3）有工程使用的主要建筑材料、建筑构配件和设备的进场试验报告；（4）有勘察、设计、施工、工程监理等单位分别签署的质量合格文件；（5）有施工单位签署的工程保修书。建设工程经验收合格的，方可交付使用。

（一）竣工验收与竣工验收备案

竣工验收，是建设单位依据建设工程管理制度、竣工验收技术标准，以及建设工程合同的约定，组织有关单位对建设工程进行查验接收的行为。《合同法》第

279条第1款规定,建设工程竣工后,发包人应当根据施工图纸及说明书、国家颁发的施工验收规范和质量检验标准及时进行验收。验收合格的,发包人应当按照约定支付价款,并接收该建设工程。《建设工程质量管理条例》第16条第1款明确规定,建设单位收到建设工程竣工报告后,应当组织设计、施工、工程监理等有关单位进行竣工验收。工程竣工验收系建设单位等平等地位的合同主体基于法律规定及合同约定自主进行的一种行为,是上述平等主体对施工单位是否全面履行合同义务、建设工程质量是否符合合同约定的一种确认,具有民事法律行为的性质,其效力及于合同各方。建设工程的竣工验收备案是国家实行建设工程质量监督管理制度的一个重要组成部分,是建设行政管理机关对建设工程质量进行严格的程序审查的一项具体行政行为。竣工验收备案,则是建设工程质量监督部门在建设单位申请备案并提交有关文件的情况下予以备案,以供查考的行为。

由《建设工程质量管理条例》第46条和第49条规定可知,竣工验收备案是建设行政主管部门对建设工程质量进行监督管理的制度安排之一。是否予以备案是质监部门依法在自身职权范围内行使的权力,具有行政法律行为的性质。竣工验收备案并未对建设工程质量作任何实体的认定,仅是对建设单位自主组织的竣工验收行为等进行程序性、形式性的审查。

《建筑法》第61条第2款明确规定,建筑工程竣工验收合格后,方可交付使用;未经验收或者验收不合格的,不得交付使用。《建设工程质量管理条例》《合同法》对此均有相似规定。按照上述法律法规,建设工程交付使用的条件是建设工程竣工验收合格,而非通过竣工验收备案。因此,在建设工程质量的实体认定上,竣工验收具有决定性的意义,其也是竣工验收备案的必要前提和基础。自《建设工程质量管理条例》实施以后,政府对建设工程质量的监督管理方式在竣工验收上,表现为由各类主体确认结果报政府(通过职能部门)备案的工作方式,即所谓"备案制"。备案制施行后,建设单位成为组织实施建设工程竣工验收的主体,其在收到并确认施工单位提交的竣工报告后,召集设计、勘察、施工、监理等单位进行竣工验收,在综合有关单位的认定意见后认定工程是否验收合格,并在法定期限内将竣工验收文件,如工程竣工验收备案表,工程竣工验收报告,公安消防、规划、环保等部门出具的认可及证明文件,工程质量保修书等交付质监部门,建设工程质量监督部门对竣工验收组织形式、验收程序、执行验收标准等情况进行监督,抽样检查工程实体质量,程序审查竣工验收文件齐全后予以备案。

《建设工程质量管理条例》第17条规定,建设单位应当严格按照国家有关档案管理的规定,及时收集、整理建设项目各环节的文件资料,建立、健全建设项目档案,并在建设工程竣工验收后,及时向建设行政主管部门或者其他有关部门移交建设项目档案。《建设工程质量管理条例》第49条规定,建设单位应当自建设工程竣工验收合格之日起15日内,将建设工程竣工验收报告和规划、公安消防、环保等部门出具的认可文件或者准许使用文件报建设行政主管部门或者其他有关部门备案。建设行政主管部门或者其他有关部门发现建设单位在竣工验收过程中有违反国家有关建设工程质量管理规定行为的,责令停止使用,重新组织竣工验收。

(二)我国建设工程的竣工验收

1. 专业验收

专业验收,是指规划、公安消防、人防等行政管理部门依照法律、法规的规定,对商品住宅建设项目落实工程报建审批事项情况所作的检验和认可。专业验收主要包括以下类型:①规划验收。主要是依据《城乡规划法》及国务院有关规定,审核建设工程是否按批准的"建设工程规划许可证"及其附件、附图确定的内容进行建设等。②消防验收。主要是依据《消防法》及《建筑工程消防监督审核管理规定》,检查建设项目消防设施是否符合消防监督意见要求。③人防验收。主要是依据《人民防空法》,检查防空设施是否实施到位、符合要求。④环保验收("三同时"验收)。主要是依据《建设项目环境保护管理条例》及《建设项目竣工环境保护验收管理办法》,对建设项目水、气、声、渣等环境保护措施落实情况进行查验,以考核该建设项目是否达到环境保护要求。⑤用地验收。主要是依据《土地管理法》及国务院有关规定,对建设项目是否按批准的土地位置和面积使用土地、是否改变土地用途、是否擅自增加容积率等进行检查。⑥房地产开发项目验收。主要是依据《城市房地产开发经营管理条例》,对房地产开发项目涉及公共安全的内容进行检查。

此外,还包括其他涉及工程建设的各类验收。国务院发布《对确需保留的行政审批项目设定行政许可的决定》,将防雷装置检测予以保留,并决定由国家气象局和省、自治区、直辖市气象主管机构实施。国家气象局《防雷装置设计审核和竣工验收规定》第15条规定,防雷装置实行竣工验收制度。申请单位应当向许可机构提出申请,填写《防雷装置竣工验收申请书》。

2. 竣工验收

建设工程竣工验收,是指工程完工后,由建设单位组织勘察、设计、施工、监理单位对建设工程质量进行的查验。因此,现行法律框架下的竣工验收非行政行为,而是市场主体的行为。

(三)未经竣工验收,交付使用的工程质量问题

建设工程的竣工验收在施工合同的履行过程中具有重要的意义,作为施工过程的最后一道程序,是全面检验施工质量的重要环节。为此,国家有关法律、法规及部门规章,对工程的竣工验收规定了严格的程序。

1. 建设工程未经验收不得提前使用的相关法律规定

《合同法》第279条规定:"建设工程竣工后,发包人应当根据施工图纸及说明书、国家颁发的施工验收规范和质量检验标准及时进行验收。验收合格的,发包人应当按照约定支付价款,并接收该建设工程。建设工程竣工经验收合格后,方可交

付使用;未经验收或者验收不合格的,不得交付使用。"《建筑法》第 61 条规定:"交付竣工验收的建筑工程,必须符合规定的建筑工程质量标准,有完整的工程技术经济资料和经签署的工程保修书,并具备国家规定的其他竣工条件。建筑工程竣工验收合格后,方可交付使用;未经验收或者验收不合格的,不得交付使用。"《建设工程质量管理条例》第 16 条第 1 款规定:"建设单位收到建设工程竣工报告后,应当组织设计、施工、工程监理等有关单位进行竣工验收。"同时该条第 3 款规定:"建设工程经验收合格的,方可交付使用。"从上述法律法规可知,建设工程必须经过竣工验收后方可交付使用。但前述规定,仅规定了工程经验收合格方可交付使用,未就建设工程提前使用的原因及建设工程提前使用所产生的法律后果作出具体的规定。

2. 应区分具体的质量类型、质量产生原因等确定责任的承担

尽管现有法律已规定建设工程未经验收不得提前使用,但是提前使用未经验收的建设工程出现质量问题后,不能完全免除承包人的责任,因为建设工程质量问题产生的原因是错综复杂的,并不能单纯地以建设工程是否验收合格或者以发包方是否提前使用作为确定质量责任风险承担的标准,而应综合考虑工程未进行验收的原因,以及具体的质量类型、质量产生原因等情况来确定发包方和承包方应承担的责任。最高人民法院《关于审理建设工程施工合同纠纷案件适用法律问题的解释》第 13 条规定:"建设工程未经竣工验收,发包人擅自使用后,又以使用部分质量不符合约定为由主张权利的,不予支持;但是承包人应当在建设工程的合理使用寿命内对地基基础工程和主体结构质量承担民事责任。"

二、工程质量终身责任追究制度

根据《建筑工程五方责任主体项目负责人质量终身责任追究暂行办法》(建质〔2014〕124 号)第 2 条的规定,建筑工程五方责任主体项目负责人,是指承担建筑工程项目建设的建设单位项目负责人、勘察单位项目负责人、设计单位项目负责人、施工单位项目经理、监理单位总监理工程师。建筑工程开工建设前,建设、勘察、设计、施工、监理单位法定代表人应当签署授权书,明确本单位项目负责人。

(一)工程质量终身责任的内涵

建筑工程五方责任主体项目负责人质量终身责任,是指参与新建、扩建、改建的建筑工程项目负责人按照国家法律法规和有关规定,在工程设计使用年限内对工程质量承担相应责任。

建设单位项目负责人对工程质量承担全面责任,不得违法发包、肢解发包,不得以任何理由要求勘察、设计、施工、监理单位违反法律法规和工程建设标准,降低工程质量,其违法违规或不当行为造成工程质量事故或质量问题应当承担责任。勘察、设计单位项目负责人应当保证勘察设计文件符合法律法规和工程建设强制

性标准的要求，对因勘察、设计导致的工程质量事故或质量问题承担责任。施工单位项目经理应当按照经审查合格的施工图设计文件和施工技术标准进行施工，对因施工导致的工程质量事故或质量问题承担责任。监理单位总监理工程师应当按照法律法规、有关技术标准、设计文件和工程承包合同进行监理，对施工质量承担监理责任。

（二）工程质量终身责任的内容

工程质量终身责任实行书面承诺和竣工后永久性标牌等制度。项目负责人应当在办理工程质量监督手续前签署工程质量终身责任承诺书，连同法定代表人授权书，报工程质量监督机构备案。项目负责人如有更换的，应当按规定办理变更程序，重新签署工程质量终身责任承诺书，连同法定代表人授权书，报工程质量监督机构备案。建筑工程竣工验收合格后，建设单位应当在建筑物明显部位设置永久性标牌，载明建设、勘察、设计、施工、监理单位名称和项目负责人姓名。

符合下列情形之一的，县级以上地方人民政府住房城乡建设主管部门应当依法追究项目负责人的质量终身责任：(1)发生工程质量事故；(2)发生投诉、举报、群体性事件、媒体报道并造成恶劣社会影响的严重工程质量问题；(3)由于勘察、设计或施工原因造成尚在设计使用年限内的建筑工程不能正常使用；(4)存在其他需追究责任的违法违规行为。

建设单位应当建立建筑工程各方主体项目负责人质量终身责任信息档案，工程竣工验收合格后移交城建档案管理部门。项目负责人质量终身责任信息档案包括下列内容：(1)建设、勘察、设计、施工、监理单位项目负责人姓名，身份证号码，执业资格，所在单位，变更情况等；(2)建设、勘察、设计、施工、监理单位项目负责人签署的工程质量终身责任承诺书；(3)法定代表人授权书。

为进一步深化建筑业简政放权改革，国务院办公厅《关于促进建筑业持续健康发展的意见》规定，加强工程质量安全管理，严格落实工程质量责任。全面落实各方主体的工程质量责任，特别要强化建设单位的首要责任和勘察、设计、施工单位的主体责任。严格执行工程质量终身责任制，在建筑物明显部位设置永久性标牌，公示质量责任主体和主要责任人。对违反有关规定、造成工程质量事故的，依法给予责任单位停业整顿、降低资质等级、吊销资质证书等行政处罚并通过国家企业信用信息公示系统予以公示，给予注册执业人员暂停执业、吊销资格证书、一定时间直至终身不得进入行业等处罚。对发生工程质量事故造成损失的，要依法追究经济赔偿责任，情节严重的要追究有关单位和人员的法律责任。

三、工程质量保修制度

建设工程质量保修，是指建设工程自办理竣工验收手续后，在规定的保修期内，因勘察、设计、施工、材料等原因造成的质量缺陷，应当由施工单位负责维修。

《建筑法》第 62 条和《建设工程质量管理条例》第 39 条均明确规定，建设工程实行质量保修制度。《建设工程质量管理条例》则在建设工程的保修范围、保修期限和保修责任等方面，对该项制度作出了更具体的规定。

(一)建设工程质量的保修范围和保修期限

《建设工程质量管理条例》第 39 条第 2 款规定："建设工程承包单位在向建设单位提交工程竣工验收报告时，应当向建设单位出具质量保修书。质量保修书中应当明确建设工程的保修范围、保修期限和保修责任等。"根据《建设工程质量管理条例》第 16 条的规定，有施工单位签署的工程保修书，是建设工程竣工验收应具备的条件之一。工程质量保修书也是一种合同，是发包与承包双方就保修范围、保修期限和保修责任等设立权利义务的协议，集中体现了承包单位对发包单位的工程质量保修承诺。

1. 建设工程保修范围

《建筑法》第 62 条、《建设工程质量管理条例》第六章专章对建设工程质量保修的范围、期限、责任等方面进行了规定。根据《建筑法》第 62 条的规定，建筑工程的保修范围应当包括地基基础工程、主体结构工程、屋面防水工程和其他土建工程，以及电气管线、上下水管线的安装工程，供热、供冷系统工程等项目。除上述法定保修范围外，发包人与施工企业可以在施工合同或保修书中对保修范围进行约定。

2. 建设工程质量保修期

建设工程质量保修期，是指在建设工程竣工验收合格后，建设工程的施工人对工程进行质量维护、维修、抢修，保证建筑物合理寿命年限内的正常使用。质量保修期内建设工程发生质量问题由施工单位及时进行维修，质量保修期内发生的保修费用根据《房屋建筑工程质量保修办法》的规定，由质量缺陷的责任方承担，而非一定由施工单位承担。

《建筑法》第 62 条规定，保修的期限应当按照保证建筑物合理寿命年限内正常使用，维护使用者合法权益的原则确定。具体的最低保修期限由国务院规定。《建设工程质量管理条例》第 40 条规定了在正常使用条件下各自对应的最低保修期限：(1)基础设施工程、房屋建筑的地基基础工程和主体结构工程，为设计文件规定的该工程的合理使用年限；(2)屋面防水工程、有防水要求的卫生间、房间和外墙面的防渗漏，为 5 年；(3)供热与供冷系统，为 2 个采暖期、供冷期；(4)电气管线、给排水管道、设备安装和装修工程，为 2 年。

上述保修范围属于法律强制性规定。超出该范围的其他项目的保修不是强制的，而是属于发包与承包双方意思自治的领域。最低保修期限同样属于法律强制性规定，发包与承包双方约定的保修期限不得低于条例规定的期限，但可以延长。保修期限上规定了各专业工程的"最低保修期"，同时规定当事人双方可以就其他项目的保修期限作出约定。上述规定属于法律、法规强制性规定，合同当事人必须遵守，对保修范围的约定不得少于上述内容，同时保修期限不得低于最低保修期，否则约定无效。

（二）建设工程的保修责任

《建设工程质量管理条例》第 41 条规定："建设工程在保修范围和保修期限内发生质量问题的，施工单位应当履行保修义务，并对造成的损失承担赔偿责任。"最高人民法院《关于审理建设工程施工合同纠纷案件适用法律问题的解释》第 27 条规定，因保修人未及时履行保修义务，导致建筑物毁损或者造成人身、财产损害的，保修人应当承担赔偿责任。保修人与建筑物所有人或者发包人对建筑物毁损均有过错的，各自承担相应的责任。以上法规和司法解释明确施工单位的损害赔偿责任仅仅局限于保修期限内、保修范围内的质量问题。

（三）建设工程质量保证金

根据《建设工程质量保证金管理办法》（建质〔2017〕138 号）的规定，建设工程质量保证金是指发包人与承包人在建设工程承包合同中约定，从应付的工程款中预留，用以保证承包人在缺陷责任期内对建设工程出现的缺陷进行维修的资金。缺陷是指建设工程质量不符合工程建设强制性标准、设计文件，以及承包合同的约定。缺陷责任期一般为 1 年，最长不超过 2 年，由发、承包双方在合同中约定。

缺陷责任期内，实行国库集中支付的政府投资项目，保证金的管理应按国库集中支付的有关规定执行。其他政府投资项目，保证金可以预留在财政部门或发包方。缺陷责任期内，如发包方被撤销，保证金随交付使用资产一并移交使用单位管理，由使用单位代行发包人职责。社会投资项目采用预留保证金方式的，发、承包双方可以约定将保证金交由第三方金融机构托管。推行银行保函制度，承包人可以银行保函替代预留保证金。发包人应按照合同约定方式预留保证金，保证金总预留比例不得高于工程价款结算总额的 3%。合同约定由承包人以银行保函替代预留保证金的，保函金额不得高于工程价款结算总额的 3%。

四、建设工程安全生产许可证制度

根据《安全生产许可证条例》第 2 条的规定，国家对矿山企业、建筑施工企业和危险化学品、烟花爆竹、民用爆破器材生产企业实行安全生产许可制度。企业未取得安全生产许可证的，不得从事生产活动。《建筑施工企业安全生产许可证管理规定》（建设部令第 128 号）第 2 条第 1 款、第 2 款规定，国家对建筑施工企业实行安全生产许可制度。建筑施工企业未取得安全生产许可证的，不得从事建筑施工活动。

建筑施工企业取得安全生产许可证，应当具备下列安全生产条件：（1）建立、健全安全生产责任制，制定完备的安全生产规章制度和操作规程；（2）保证本单位安全生产条件所需资金的投入；(3)设置安全生产管理机构，按照国家有关规定配备专职安全生产管理人员；(4)主要负责人、项目负责人、专职安全生产管理人员经建设主管部门或者其他有关部门考核合格；(5)特种作业人员经有关业务主管部门考核合格，取得特种作业操作资格证书；(6)管理人员和作业人员每年至少进行一次安全生产教育培训并考核合格；(7)依法参加工伤保险，依法为施工现场从事危险作业的人员办理意外伤害保险，为从业人员交纳保险费；(8)施工现场的办公、生活区及作业场所和安全防护用具、机械设备、施工机具及配件符合有关安全生产法律、法规、标准和规程的要求；(9)有职业危害防治措施，并为作业人员配备符合国家标准或者行业标准的安全防护用具和安全防护服装；(10)有对危险性较大的分部分项工程及施工现场易发生重大事故的部位、环节的预防、监控措施和应急预案；(11)有生产安全事故应急救援预案、应急救援组织或者应急救援人员，配备必要的应急救援器材、设备；(12)法律、法规规定的其他条件。

未取得安全生产许可证的，不得从事建筑施工活动。县级以上人民政府建设主管部门应当加强对建筑施工企业安全生产许可证的监督管理。建设主管部门在审核发放施工许可证时，应当对已经确定的建筑施工企业是否有安全生产许可证进行审查，对没有取得安全生产许可证的，不得颁发施工许可证。建筑施工企业不得转让、冒用安全生产许可证或者使用伪造的安全生产许可证。建筑施工企业取得安全生产许可证后，不得降低安全生产条件，并应当加强日常安全生产管理，接受建设主管部门的监督检查。安全生产许可证颁发管理机关发现企业不再具备安全生产条件的，应当暂扣或者吊销安全生产许可证。

五、生产安全事故责任追究制度

《安全生产法》第14条规定："国家实行生产安全事故责任追究制度，依照本法和有关法律、法规的规定，追究生产安全事故责任人员的法律责任。"

生产经营活动中发生安全事故，其直接原因是多种多样的，但究其深层次原因，则大多是由于行为人违反安全生产的法律、法规、标准和有关技术规程、规范等人为因素所致。例如，生产经营活动的作业场所不符合保证安全生产的规定；设施、设备、工具、器材不符合安全标准，存在缺陷；未按规定配备安全防护用品；未对职工进行安全教育培训，职工缺乏安全生产知识；劳动组织不合理；管理人员违章指挥；职工违章冒险作业等。鉴于生产安全事故的巨大危害，对人为原因造成的责任事故，有必要追究责任者的法律责任，以示警诫和教育。为此，《安全生产法》明确规定，对生产安全事故实行责任追究制度。

国务院办公厅《关于促进建筑业持续健康发展的意见》规定，加强工程质量安全管理，加强安全生产管理。全面落实安全生产责任，加强施工现场安全防护，特别要强化对深基坑、高支模、起重机械等危险性较大的分部分项工程的管理，以及对不良地质地区重大工程项目的风险评估或论证。推进信息技术与安全生产深度融合,加快建设建筑施工安全监管信息系统,通过信息化手段加强安全生产管理。建立健全全覆盖、多层次、经常性的安全生产培训制度,提升从业人员安全素质以及各方主体的本质安全水平。

第七章 工程法学的史学基础

工程史学是与工程法学较为密切相关的学科。本章主要介绍与工程法学密切相关的一些工程史学基本概念、基本原理,使读者对与工程法学密切相关的工程史学知识有一定的了解,明确“历史”“工程史学”的演进以及与“工程法学”的联系,为学习工程法学奠定历史学基础知识。

第一节 工程史学概述

一、历史与工程

(一)历史的概念

什么是历史,历来众说纷纭。

在古代汉语中,很长一段时间历、史这两个字是分开的。许慎《说文解字》中释:“历者过也,史,记事者也”这里历表示过去的意思,史的本意就是史官,即官名,周朝时期就已经设立了。随着语言的演进,“史”开始表示历史记载或记录。《隋书·经籍志》有“西观周室,论史记旧闻”。史作为四部之一,表明对过去事情的记载和记录。

《三国志》注引《吴书》孙权“博览书传历史,藉采奇异”,“历史”一词首次出现,主要表示对过去史实的记载。“历史”一词虽然已经出现1700多年,但是普遍使用,是近代才有的事情。

近代以来,中外很多学者对历史进行过探讨。胡适曾提到:“过去种种,上自思想学术之大,下自一个字、一支山歌之细,都是历史。”①首先竖起“史界革命”大旗的梁启超指出:“历史者叙述人群进化之现象,求得公理公例”。② 德国学者雅斯贝斯曾总结:“历史是回忆,这种回忆不仅是我们谙熟的,而且我们也是从那里生活过来的。”③

从这些表述中,我们可以得出历史的含义大约有两层:一是指过去已经发生过的事情,二是指对以往事情的记载和研究。前者是说历史是客观世界的发展过程,

---

① 胡适:《胡适全集》(第2卷),安徽教育出版社2003年版,第9页。

② 梁启超:《新史学》,载蒋大椿主编:《史学探渊》(上卷),吉林教育出版社1991年版,第276页。

③ 张文杰等编:《现代西方历史哲学译文集》,上海译文出版社1984年版,第40页。

后者则是史家撰写的历史。

历史学就是研究人类社会历史现象和过程并揭示其内在规律的一门社会科学，简言之，历史学即研究历史的一门科学。

中国对于研究历史有着悠久的传统，那些史家撰写的历史就是中国早期的历史学著作。中国较早出现的历史学著作是编年体史书，如《春秋》《左传》等。司马迁的《史记》被鲁迅称为"史家之绝唱，无韵之离骚"，这是中国第一部纪传体通史。随着《汉书》《后汉书》《资治通鉴》等众多著作的出现，编年体与纪传体成为中国古代修史的基本范本。此后，纪事本末体、国别史、考据史、起居注、实录、史学理论等各种类型史学著作相继出现，史学研究愈加繁荣。

鸦片战争后，西方史学开始传入中国，梁启超创立新史学，对历史学的系统或结构进行了划分，把历史分成专门史与普通史，突破中国传统史学以史书体例划分历史学的模式。后来学者在此基础上把历史学分为指导、主体、基础三部分，并围绕史学的主体部分，按照时间顺序的重构、空间位置的重构、史实内容的重构进一步划分。史学内容的重构是把历史学划分为专门史及交叉学科。

历史学的研究对象包罗万象，因此，历史学与各种学科都是有广泛联系的。随着社会的进步，现代学术因为研究对象分化越来越小，各学科之间的交融和相互渗透逐渐增强，多学科、跨学科研究成为研究的重要课题，对于历史学科更是如此。工程法学的史学基础成为当前历史学与工程法学的跨学科研究的重要课题。

（二）工程的概念

中国被称为四大文明古国之一。气势恢宏的长城，贯穿南北的大运河，宏伟严谨的故宫、规模宏大的秦始皇兵马俑，都是中国悠久历史的象征，这些本身也是巨大的工程。中国古代的工程与中国历史一样悠久。

"工程"两个字在最初也是分开的。工在中国最早意思是作为一种官职来出现的。《诗经·周颂·臣工》："嗟嗟臣工"，毛传："工，官也。"《尚书·康诰》有百工，直接管理手工业生产管理的官员叫做工。程在古代汉语中有章程、法的意思。如《荀子·致仕》指出，"程者，物之准也"。《吕氏春秋·慎行》有"后世以为法程"。

宋代欧阳修等人编撰《新唐书·魏知古传》有云："会造金仙、玉真观，虽盛夏，工程严促。"据《词源》的考据，这是"工程"一词在典籍中的最早出现，①到现在已经有一千多年的历史了。"工程"这一词在当时表示工事、程式、土木建筑等。元朝无名氏所作《来生债》第一折："只怕睡着了误了工程，因此上我唱歌咀曲。"工程在这里还有各项劳作的意思。由此可见，工程在古代的含义非常丰富，可以表示是各项工事、劳作、程式等。

---

① 宋刚、王续琨：《工程史的学科定位和学科结构初探》，载《工程研究——跨学科视野中的工程》2014 年第 4 期。

近现代意义上的“工程”(engineering)一词源于欧洲18世纪。伴随着第一次工业革命的开展,工程从最初有关兵器制造、具有军事目的的各项劳作,逐步扩展到如建筑屋宇、制造机器、架桥修路等许多领域。

19世纪70~90年代,英国传教士傅兰雅与合作者共同翻译西方科学技术著作,使用中文“工程”一词,对译英文的engineering,中国工程含义开始等同于西方的engineering。

科学技术的进步,使人们可以建造各种各样的所谓“人造系统”(如建筑物、轮船、铁路工程、海上工程、飞机等)来满足自己的需要,于是现代工程的概念就产生了。工程指人类有目的有计划的改造自然界、建造人工自然物的活动过程及其结果。人类对自然界的改造及建造的人工自然物是多种多样的,因此工程范围逐步扩大涵盖建筑、电力、矿业、化工、水利、机械、交通等各个方面。

二、工程史学与工程法制史

(一)工程史学

工程史学是研究人类工程活动历史的学科,属于历史学的一个分支。同中国历史上辉煌灿烂的众多工程不同,对于中国古代工程史的研究是非常少的。中国现有的关于工程史研究的图书,国家图书馆《联机公共目录查询系统》仅查到郑连第于1986年编著的《灵渠工程史述略》和张策于2015年编著的《机械工程史》以工程史命名,其他的著作多以工程技术史命名,如《中国古代防洪工程技术史》《中国古代治瓷工程技术史》等。还有一些与工程有关的著作,如《中国建筑史》《中国交通史》《中国航海史》等,在名字上都与工程史无关。当然这个现象不是中国所独有的,外国的工程史研究也比较零散,如美国在2004年才出现了《工程史的系统分类学和当代背景》这一基础性的研究工程史的著作,日本也只有《明治以前日本土木史》类似工程史的著作。

工程史学的出现非常晚。长期以来,工程史是属于科学技术史范畴的。李约瑟的《中国科学技术史》里面就包含了众多工程史内容。自古以来,工程与科学技术是密不可分的。随着工程的进步,工程学成为一门新兴的学科,与科学技术逐渐分开。中国进入21世纪后,开始意识到工程史独立的重要性,2010年11月召开首届工程史学术研讨会,2014年10月成立工程史学会,工程史作为独立学科分立出来。工程史学虽然是新型的学科,可是任何一个学科都有不断分化延伸的可能性。我们可以仿照现代历史学科的发展把工程史进一步划分为:工程综合史、部门类别工程史、工程社会活动史、专项工程制度史、专项工程成果史。[①] 工程法制史可以作为专项工程制度史的一个分支存在。

---

① 参见宋刚、王续琨:《工程史的学科定位和学科结构初探》,载《工程研究——跨学科视野中的工程》2014年第4期。

(二)工程法学的史学基础——工程法制史

工程法学是研究工程营建与政府管制中的法律现象及其规律的科学。工程法学研究离不开工程法制史,它是工程法学的历史学基础。

工程法制史既属于工程史的一个分支,又属于法制史的一个分支,是工程史与法制史的交叉学科。工程法制史按照中国工程历史划分,可以分为古代工程法制史和近现代工程法制史。中国古代的工程主要包括手工业工程、农田水利工程、交通工程、建筑工程等几个方面。中国的这些工程大多是规模恢宏,需要耗费大量的人力、物力才能完成,这其中的工程有的是临时性的,如汉武帝时治黄,当时一下需要征调几万民众,隋炀帝修建洛阳城,"以尚书令杨素为营作大监,每月役丁两百万人"。[①] 这样巨大的工程需要政府主导,建立临时性的机构,颁布法令,通过国家强制力量实施。中国古代更多的工程是经常性、常规的,如全国各地的驿站制度、每一代皇帝从继位起就要修筑陵墓、历代王朝对长城的修建等。经常性、常规工程的实施需要长期有效的管理机构、与不同工程相适应的政策跟法令,并最终形成制度化。古代工程建设制定颁布法令政策,建立临时性、长期性机构,旨在规范古代各项工程活动,调整工程关系,保证工程营建的顺利进行。这些都属于古代工程法制史的内容。

中国的近现代先后经历了清政府、北洋政府、南京国民政府以及中华人民共和国,共 170 多年的历史。中国近现代的工程相对于古代既有继承也有发展,如近代的交通工程加入了铁路、航空工程,农田水利工程中对黄河治理依然重视等。随着现代工程的发展壮大,根据专业划分大致包含房屋建筑、市政公用、电力、矿山、冶炼、化工石油、通信、机电安装、公路铁路、港口与航道、水利等工程。[②] 与工程发展相适应的是近现代工程建设中的法律规范的制定、机构的设置不断科学化、专门化、现代化、制度化。近现代工程建设制定颁布法律政策,规范了现代各项工程活动,调整工程关系,保证现代工程的顺利进行,属于近现代工程史的内容,系中国近现代工程法制史。同古代工程法制史研究视角不同,当代人研究当代史,很多法规都与中国当前最新情况有关,有的法律机构设立仅仅十几年的历史,有的法律法规才刚刚实施,研究工程法学需要及时把这些新机构与新颁布的法律、法规纳入研究的范围。

第二节 工程法学的史学基础

工程法制史是工程法学的史学基础,本节主要从工程管理部门、手工业工程、

---

① (唐)魏征等撰:《隋书》(第 1 册),中华书局 1973 年版,第 68 页。

② 按照不同专业进行更详细的分类,参见张马林:《论工程法的调整对象》,载《东南法学》2010 年第 1 期。

水利工程、交通工程、建筑工程及工程质量的历史沿革等方面来介绍工程法制史。

一、工程管理部门的历史沿革

（一）中国古代工程管理部门

自夏朝起，中国古代就有专门涉及工程的管理部门，这些部门随着中国从奴隶社会发展到封建社会，逐步细化、发展，形成了完备的工程管理机构。

夏商周时期是中国工程管理机构的初步建立时期。这一时期，手工业逐步从农业、畜牧业分离出来，制造青铜器、玉器、漆器等手工业，成为奴隶制国家重要部门。夏商周的手工业实行的是官营制度，负责这些手工业的部门也就成为最早的工程部门。据《礼记·明堂位》记载，“夏后氏百官”，但是因为史料缺失，百官的具体内容不详。据《中国法制通史》第一卷中指出，在此百官中，有一个专门负责织造轮车的车正，这个车正应该是现存最早的负责工程管理的官员。

商朝时期，手工业生产作坊为便于管理按左右编制起来，由“右工”“左工”分别管理，根据行业不同还有了六工之分，《通典·职官志》载：“天子之六工，曰土工、金工、石工、木工、兽工、草工，典制六材。此亦殷时制也。”

西周时期，国家开始设三司，为司徒、司空、司寇。司空即为主管工程的部门，掌管城郭建都邑，立社稷、宗庙，造公室车服器械，监百工。司空的权力很大，涉及土木工程、手工业制造等行业，综合性较强，地位十分尊崇。从这一时期起，司空成为全国性管理工程的机构。

春秋战国时期，王室衰微，地方诸侯争霸，各诸侯国的官职依旧仿照周王室设“三有司”，名称虽然与西周有所不同，但都是主管工程。西汉以后，司空逐渐失去管理工程的实际意义，隋唐更是变成虚衔，元朝后废除。

秦汉时期，主管工程的机构开始分化，管理土木工程的机构与手工业机构实行分设制度。

秦朝确立三公九卿制度，大兴土木，将作少府是土木工程管理部门，主要掌管皇宫、陵寝、城池、道路等土木工程的修建，与九卿地位相当。工室是秦朝管理手工业的机构，其官吏为工师。汉朝时期，三公九卿制度更加完备，主管工程的为将作少府，公元前144年更名为将作大匠，掌管皇宫、陵寝、城池、道路等工程的修建，各手工业制造的主管部门为少府。

魏晋南北朝时期，政权更迭频繁，这一时期卫尉掌冶炼铸造，将作大匠掌管土木工程，少府掌管手工业（北魏时称太府），都水台掌管河工桥梁。小型工程主要由都官、左民来管理。此外，遇到宫室、宗庙修建等大型工程，国家还经常临时性设立“起部”尚书。

唐宋时期，工程的划分进一步细化，将作少府在不同时期组织结构有所变动。唐代官营手工业包含少府监、军器监、将作监三个管理机构。将作监，主要是建筑业以及制造各种陶器、石器等。宋朝将作监下设修内司,东西八作司、竹内务等十个部门,各有分工。[①] 南宋后将作监划归工部,逐步成为工部下设的部门。

汉武帝时为了加强中央集权,实行中外朝官制度,后来逐步实行三公九卿与中朝官并行的尚书行政管理体制,尚书组织职权扩大到六曹。汉光武帝时,六曹之一的民曹主修缮及建筑,这是工部最早的由来。

隋唐以后,随着封建政权的加强,工部的权力逐渐增大,成为负责管理工程建设的主要部门。

隋朝实行三省六部制,尚书省负责全国政务,下设六部分别为吏、礼、兵、都官、度支、工六部。工部掌管水利土木工程及工匠等事务,从此工部管理工程的制度逐步形成完备。

唐承隋制,仍设工部,工部共置品官 18 人,属吏 105 人。《大唐六典》(以下简称《唐六典》)指出:“工部尚书、侍郎之职,掌天下百工、屯田、山泽之政令。”它属于制定国家基本建设的规划机构,下设工部、屯田、虞部、水部四个部门,部门职责划分十分详细。这里面与工程最密切的是工部与水部。工部“掌经营兴造之众务,凡城池之修浚,土木之缮葺,工匠之程式,咸经度之”,属于管理部门,主管制定工程的规范和定额;水部“掌天下川渎、陂池之政令,以导达沟洫,堰决河渠”,专门负责水利工程。

宋朝时期,工部管理职责更加细化,据《宋史 · 职官志》记载:“工部掌天下城郭、宫室、舟车、器械、符印、钱币,山泽、苑囿、河渠之政。凡营缮,岁计所用财物,关度支和市;其工料,则饬少府、将作监检计其所用多寡之数。凡百工,其役有程,而善否则有赏罚。”这表明工部也注重与少府与将作监的合作,并且与少府和将作监相比,处于主导地位。

元朝的工程建设有工部和将作院两个系统。工部设尚书 3 人,侍郎、郎中、员外郎各 2 人。《元史 · 百官志》指出工部“掌下营造百工之政令”,具体负责“凡城池之修浚,土木之缮萁,材物之给受,工匠之程式,铨注局院司匠之官”诸事项。将作院主掌土木建筑及金银器皿、玉珀石器、棉丝织造、精工刺绣等手工艺品的制作和生产事宜,并管理各种工匠的口粮和柴碳等事物。由此可见,工部系统管理职能更加明显,比将作系统要重要得多。

明朝废除丞相制度,朱元璋把六部提高到正二品,权力扩大,工部管理涉及更多方面,从管理到具体执行更加完备。明朝工部下设营缮、虞衡、都水、屯田四司,营缮清吏司分掌“宫府器仗、城垣、坛庙经营兴造之事”。[②] 虞衡清吏司分掌“天下山泽采捕、陶冶之事”。[③] 都水清吏司分掌“川渎、陂池、桥道、舟车、织造、衡

---

① 《宋史》卷一六五。

② 《明会典》卷一八一《营缮清吏司》。

③ 《明会典》卷一九一《虞衡清吏司》。

量之事”。①

天聪五年，清朝皇太极创设吏、户、礼、兵、刑、工六部。《钦定大清会典》规定工部“掌天下造作之政令，与其经费，以赞上奠万民”，对尚书、侍郎各级官吏职责做了具体规定。工部下设营缮、虞衡、都水、屯田职掌营建陵寝、城堡、墩台、道路等工程。清朝工部名称设置与明朝基本相同，仅是原属于都水清吏司管理衡量之事改为虞衡管理。

(二)中国近现代工程管理部门

光绪三十二年，清政府在“筹备立宪”改革官制时，将工部并入商部，改为农工商部，主管全国的科协技术与工程建设。

南京临时政府时期，设立内务部长，管理田土水利工程机构，实业部管理工、矿、度量衡，交通工程由专门的交通部来管理。北洋政府时期，大致相似。南京国民政府时期把铁道部单独作为一个部独立起来，铁路地位日益增高。

新中国成立后，行政机构几经改革，在国务院的领导下，工程划分更加细化。2008年，国家实行大部制改革，工业和信息化部主管工业，国土资源部主管矿产，水利部主管水利工程，交通运输部主管交通，同时国家民用航空局，国家邮政局也归它管理，住房和城乡建设部主管建筑工程，工程管理部门设置更加科学、规范。

综上可知，随着社会的发展，工程部门的设立是逐步细化，职责逐步制度化的过程。同时，工程管理的部门不是单一的，有时候多个部门并立，这一方面由于工程本身综合性较强，另一方面也是由于工程侧重点不同。但随着工程发展综合复杂化，大部制是工程管理的发展方向。

二、中国手工业工程的历史沿革

(一)中国古代手工业

中国古代手工业是最早的中国工程，也是中国近代机械、矿冶工程的前身。

1. 手工业者

工程的建造者是工匠。各类工匠都是从手工业发展而来的，中国古代关于手工业者的法律也就是工匠的法律。夏商周时期，中国实行“工商食官”的制度，工商业全部实行官营，手工业的生产者都是国家的奴隶，保证国家对手工业的绝对掌控。春秋战国时期，私营工商业开始兴起，但由于政府采取抑制工商的政策，官营手工业者仍然以奴隶为主。秦汉时期官营手工业中依然有奴隶、刑徒，这一时期国家兴建工程，需要老百姓服徭役，即称之为卒。魏晋南北朝时期，对民间手工业者进行控制，工匠单独设立户籍，并且制定严格政策，子孙相袭，不得改业，工匠地位有所下降。

---

① 《明会典》卷一九六《都水清吏司》。

随着社会的发展，手工业者的地位也开始逐步改善。唐朝时期，开始出现短番匠、长上匠、明资匠、和雇匠等形式，虽然管理很严格，但是工匠有一定的自主权，地位有了一定的上升。宋朝官营的工匠有专门的考核、升降制度，民间还出现了各类手工业团体组织。明清时期，政府逐步废除了匠籍制度，提高了工匠地位。清朝政府还颁布《雇工人法》，对工人的地位实行一定的保证。

2. 盐铁政策

盐铁是中国古代手工业的重要部门。盐铁与国家的经济、安全密切相关。中国历代王朝都重视盐铁的地位，政策、法律非常严格。春秋时期，齐国首先任用管仲进行变法，对于工商业采取“官山海”的政策，开始盐铁官营。西汉政府设立专门的盐官、铁官管理盐铁，东汉政府对盐铁实行专门征税。中国此后的王朝大多对盐铁实行官营政策，如唐朝的榷盐法、宋朝完备的专卖政策，明朝的纲运制度，清朝的矿禁与盐业的官卖特许政策。这些政策及法律保证了政府对盐铁的掌控，维护了封建王朝的统治。

（二）中国近现代工业

近代以来，手工业者的地位逐步提高，民国时期，开始实行各行业平等的制度，废除等级分化，工人在法律上获得了与其他行业相同的地位。新中国成立后，《宪法》以国家根本大法的形式保证了工人阶级的领导地位，还制定了如《劳动合同法》（2007 年）、《工会法》（1992 年）、《矿山安全法》（1992 年）等一系列法律保证工人的合法权益。

鸦片战争后，中国的盐税、开矿权逐渐被西方掌控。洋务运动兴起后，清政府开始建立官督商办、官商合办企业，如汉阳铁厂、开平矿务局等，这些企业所有权掌握在国家手中。中华民国成立以后，鼓励盐业与矿产生产，颁布了《矿业条例》（1914 年）、《中华民国矿业法》（1930 年）、《制盐特许条例》（1914 年）、《精盐通则》（1930 年）等法律法规，矿产工业、食盐工业生产迈向法制化。

新中国成立后，盐业矿产的生产均归国家所有，先后颁布了《矿产资源法》（1986 年）以及关于矿业权、探矿权、开采权、矿业权评估的专门法律。1990 年后，国家还制定实施了《盐业管理条例》（1990 年颁布，2017 年 12 月 27 日废止）、《食盐专营办法》（1996 年）等一系列行政法规和规范性文件。此外，对于机械工程、信息化工程也有具体专门的法律，这些法律符合中国特色，促进了我国现代化工业工程的发展。

三、中国水利工程的历史沿革

（一）中国古代水利工程

中国古代水利建设的好坏与王朝兴衰密切相关。历代王朝兴建了众多的水利设施，这些大型水利工程，促进了中国经济的发展。

1. 农田水利建设

中国自古以农立国,政府极为重视农田水利建设。早在夏朝时期,禹"劲力乎沟洫",为了农田灌溉而兴修水利。西周时期实行井田制,井田之间有遂沟洫浍川为灌溉系统,这些灌溉系统可以用来排水蓄洪,雨季蓄水防洪,旱时防水润田,涝则排水防涝。春秋时期,各国都注重兴修水利。《管子·五辅》记载齐国"导水潦,利陂沟,决潘渚",便于灌溉农田,注重雨季排涝。楚国修建我国最早的蓄水灌溉工程芍坡。秦王朝时期先后凿灵渠,治鸿沟,通淮河,修泗水。西汉尤其是汉武帝时期,国力强盛,先后在关中开凿了许多渠道,如白渠、六辅渠、成国渠等,全国形成了一个庞大的水利灌溉系统。汉朝鉴于黄河经常决堤泛滥,政府曾多次大规模地治理黄河,《史记·河渠书》提到,文帝时"河决酸枣、东溃金堤,于是东郡大兴卒塞之"。

三国时期,主要是对旧有的水渠进行修复,如曹操修复天井堰十二渠,曹魏曾兴治芍陂、茹陂、七门等,诸葛亮设立堰官,曾派1200名丁夫对都安大堰(都江堰)进行整修护理,从而形成了左思在《蜀都赋》中所写的"沟洫散脉、疆理绮错、黍授油油,粳稻莫莫"的繁荣景象。两晋南北朝时期,北朝还曾一度兴起兴修水利的高潮。

隋唐时期是中国历史上最辉煌的时期。隋朝修复改造众多水利工程,包括著名的芍陂,灌溉农田达到5000余顷。唐朝前期130多年,修建的水利工程多达160项,分布于全国各大地区。[①]

五代十国时期,南方各国积极修建堤堰、石塘,保护农业生产,最出名的就是,吴越君主钱镠曾在国内修建杭州的悍海石塘。

宋朝时期,王安石变法"人人争言水利"[②],形成了兴建农田水利的高潮,仅在熙宁三年至九年就修建了10,793处水利工程。[③] 南宋时期南方修建水利,大大超过北方。明朝洪武年间,兴修西兴安县灵渠三十六陡,"水可溉田万顷"。元明清三代,政府都非常重视治理黄河。张居正曾推荐水利专家潘季驯治理黄河。清朝时期康熙设立河道总督,专门治理黄河,并对永定河进行修浚,变两岸盐碱地为良田。

2. 水利交通建设

中国古代兴修的水利,一方面为了灌溉,另一方面就是用于交通。

秦王朝时期先后凿灵渠,治鸿沟,通淮河,修泗水。隋朝时期开凿大运河,"诏发河北诸郡男女百万开永济渠",[④]宋时有淮南运河、浙西运河、御河,用以运输北方军粮,元朝时期修会通河与通惠河,成为今天京杭大运河的前身。

---

① 参见齐涛主编:《中国古代经济史》,山东大学出版社1999年版,第168页。

② 《宋史·河渠志》。

③ 参见齐涛主编:《中国古代经济史》,山东大学出版社1999年版,第170页。

④ (唐)魏征:《隋书》(第1册),中华书局1973年版,第70页。

3. 古代水利工程的法令

中国历史上曾先后出现过《水部式》、《农田水利约束》、《漕运则例》及水利专门法令。

(1)《水部式》

唐朝曾颁布《水部式》。《水部式》是个残卷,仅有 29 条,2600 余字,内容涉及农田水利管理,水碾、水磨设置及用水的规定,运河船闸的管理和维护,桥梁的管理和维修,内河航运船只及水手的管理,海运管理,渔业管理以及城市水道管理等。《水部式》是现存最早的中央政府制定的水利法规,是中国第一部综合水利法规。它的出现是社会发展和水利事业发展的必然结果。不过,此后未见全国性的综合水利法规。直至近代,才由国民党政府行政院公布实行了新的水利法。

(2)《农田水利约束》

《农田水利约束》是一部鼓励和规范大兴农田水利建设的行政法规。它是王安石变法的主要产物之一,内容包括修浚的河流,航运、水利管理、应兴修、扩建的灌溉工程、河流监管、堤防修建等诸多奖励修建农田水利工程的法规。

(3)漕运法规

清朝时期,漕运不仅仅是为政府运粮,更成为南北物产交流的大舞台。清朝在明朝漕运法规基础上,专门颁布《漕运则例》和《钦定户部漕运全书》,里面对漕运河道、漕运船只,通漕禁令做了明文规定,并采用法律手段保障,是专门的水运法规。

古代中国政府制定了一些法规优先保证漕运实施。早在汉代《田律》就有"不得阻塞水流"规定。唐朝《水部式》指出在干渠中"不得当渠造堰"。一般来说,它们的用水次序是,首先要保证航运、放木的需求,尔后是灌溉。只有当完成运输任务之后,或在水量充沛,不妨碍行船的情况下,方可允许灌溉。为了调节运河供水,明代还针对"水柜"用水权专门颁布法规。清朝官员渎职致运河堤防损毁也被列为妨害运河漕运的第二种犯罪,惩罚比较重。

古代政府在水利建设中重视防洪建设,有非常详尽的堤防的维修保养制度。

江河防洪堤防至迟在西周时期已经出现。三国时期,蜀国《蜀丞相亮护堤令碑》明文规定,"丞相诸葛令,按九里堤捍护都城,用防水患。今修筑浚。告尔居民,勿许侵占损坏。有犯,治以严法。令即遵行"。这是目前所见最早的防洪法规。我国唐代《营缮令》有关于堤防的条款:"诸水堤内不得造小堤,及人居。其堤内外各五步并堤上种榆柳杂树。"宋代针对黄河决口,制定了系统的河防法规,1120 年(宣和二年)编纂的《宣和编类河防书》就是一部系统的河防法规。

唐代对于掘堤盗水灌溉而引发决溢者和故意破坏堤防者都有相应治罪条文。

对于官员"失时不修堤防"者,我国古代也有相应的惩处措施,历朝刑律中都强调堤防的维修和保护,如对堤防的维修不及时,保护措施不力,渎职、失职官员一律将受到处罚。其中,《唐律疏议 · 杂律》规定:"诸不修堤防及修而失时者,主司杖七十；毁害人家，漂失财物者，坐赃论减五等；以故杀伤人者，减斗杀伤罪三等。”

(二)中国近现代水利工程

近代中国尽管政府更迭频繁，对于水利建设，依然重视。民国时期，兴建一系列防洪工程，如天津南堤工程，北运河工程，成立黄河委员会负责黄河水利建设。据1935年调查，全省已竣工和正在修建的灌溉面积在1万亩以上的工程达16处，总灌溉面积达529,656亩，抗战期间新建了灌溉工程24处，受益农田达598,300亩。到1948年，全国灌溉总面积达到24,000万亩。[①] 为了鼓励水利发展，民国时期还统一水政，颁布《民国水利建设纲领》(1940年)、《水文测验规范》(1941年)、《水利法》(1942年)等，水利立法更加科学化、专门化。

新中国成立后，国家先后多次对淮河、黄河、珠江、长江等几大水系进行规划治理，修建水库8万多座，还先后修建了葛洲坝、三峡水电站等大型水电站，水利事业得到极大发展。

新中国的水利法规建设也十分突出，自1988年新中国第一部规范水事活动的基本法《水法》颁布以来，我国共颁布4件水利法规，22件水利行政法规、60余件水利部规章、800余件水利地方性法规和政府规章，并根据国家形势的变化及时修订、修正、修改，形成了中国特色的社会主义水利法律体系。

四、中国交通工程的历史沿革

(一)古代交通工程

中国古代的交通工程规模宏大，分为陆路、水路、航海三部分。对于水路，前面农田水利建设及水利法规已经讲到，这里不再赘述。因航海主要是为了对外贸易，与本章关系不大，故而略去。

先秦时期，陆路交通已有一定的发展，国家实行馆邮制度。春秋战国时期《周礼》中对邮传制度作了规定。战国时期，陆路交通有专门的道，如粮道、金牛道等。此外，还有专门的馆舍，如孟尝君设立的馆舍，但主要是私人性质的。春秋战国时期的邮传制度，大概是在相当距离间置邮或置传舍。《周礼》对交通制度做了具体的规划，有馆舍制度、招待保护各种旅客制度等。交通工具上，从夏后期已经有专门的交通工具，陆路上主要是车，《考工记》中对车制作了详细的规定，等级划分严格，同时对车驾驶也有专门的要求。

秦汉时期是中国陆路交通迅速发展时期，秦始皇颁布“车同轨”对车辙、车轮度数做了统一划分，用法令的形式保证交通工具的标准性。秦始皇极为重视陆路

---

① 参见姚汉源：《中国水利史纲要》，水利电力出版社1987年版，第508页。

交通建设，他下令修建驰道，“道广五十步，三丈而树”，[①]这一道路成为皇帝的御道。

秦汉时期为了加强中央集权还修建西南夷道、夜郎道、灵山道，开凿褒斜道、子午道、飞狐道、所刊道零陵、桂阳峤道等，形成了全国的交通网络，历代王朝的中央与地方政府都对这些交通道路不断拓展、维护。

除了国内陆路交通，西汉时期政府还注重对外交往，汉武帝派张骞出使西域，为中国的丝绸之路奠定了基础。

秦汉时期馆舍邮驿制度更为完备。住宿的地方为亭，十里一亭，设有专门亭长，有专门的保护制度。邮是传书的机关，可以供人住宿，设置较为密，五里一邮。驿是传达消息的地点，驿以马为交通工具，三十里设一处驿卒。

魏晋南北朝时，同朝鲜半岛交通频繁，交通路线包括上都西北、上都以南、上都西南、上都东北、上都以东、上都东南。

唐朝时期邮驿制度同秦汉有所不同，三十里一置，分为陆驿、水驿、水陆兼办三种。全国建立驿站共1639所。[②] 古代邮驿制度等级严格，驿站根据马匹的不同接待等级不同。《唐律》中对于驿使有着严格规定，如发遣时的符券未得，换乘驿马匹数不符合规定、辄枉道者都有惩罚，最厉害的可以处以绞刑。

唐朝时期，注重城市交通安全，对于在城内街巷无故走车马或者因此造成人身伤害的都有严格的惩罚措施。为了保证国家安全，唐朝不允许私自出关，“诸越度缘边关塞者，徒二年”。[③]

元明清时期道路建设与唐朝略同，设工部都水之官，负责道路桥梁修理维护管理，保证了驿道的畅通。元明清时期也是中国邮驿制度最发达的时候，元朝邮驿有站赤，分陆站、水站、急递铺等；明朝驿邮由兵部车驾清吏司负责设水马驿、急递铺、会同馆等；清朝邮驿归工部车驾清吏司负责。这些朝代的邮驿制度管理比原来更加完备，如明清时期的符信制度，需要专门的“勘合”，非常严格。

（二）中国近现代交通工程

铁路、航空是进入近代以后新出现的交通工程。清朝先后修建了唐胥、京汉、京奉、津浦等铁路。民国时期，修筑了粤汉、汴洛、杭江等铁路，“截止民国二十五年双十节止全国铁路之完成者越一万三千公里，公路完成者，凡九万六千五百四十五公里”。[④] 民国时期，航空运输业有了初步发展。自航空署成立后，中国先后成立中国航空公司、欧亚航空公司、西南航空公司等，开辟沪平、沪粤、平粤、南昆等航线，并开辟了上海到马尼拉的国际航线。

---

① （汉）班固：《汉书》，中华书局1962年版，第2328页。

② 参见白寿彝：《中国交通史》，武汉大学出版社2012年版，第170页。

③ 《唐律·卫禁》。

④ 白寿彝：《中国交通史》，武汉大学出版社2012年版，第173页。

清朝末年还针对水上轮船交通颁布了《华商构造船只章程》《华洋轮船驶赴中国内地港章程》《长江通商条例》等法令,促进了现代水上交通的发展。

民国时期,政府重视交通工程法规,曾经颁布《交通部组织法》(1926年)、《铁道法》(1932年)、《铁道部组织法》(1928年)、《内河航行章程等》(1914年)、《中国航空公司条例》(1929年)、《邮政条例》(1921年)《交通部邮政总局章程》(1928年)等法律法规,交通法规日益专门化。为了宣传交通法规,政府还整理编辑了《铁道法规汇编》(1935年)、《交通法规汇编》(1935年)。

新中国成立后,交通事业进入了快速发展时期,2016年年末全国铁路营业里程达12.4万公里,其中高铁营业里程超过2.2万公里。公路总里程达469.63万公里,内河航道通航里程12.71万公里,颁证民用航空机场218个,其中定期航班通航机场216个,定期航班通航城市214个。全国港口拥有生产用码头泊位30,388个,全国港口拥有万吨级及以上泊位2317个,邮政邮路总条数2.6万条。[①] 中国交通运输业有了较大发展。

新中国成立后交通工程法规建设日渐完善,制定颁布了《公路法》(1997年)、《海上交通安全法》(1983年)、《铁路法》(1990年)、《港口法》(2003年)、《海商法》(1993年)、《航道法》(2014年)等一系列法律及管理条例,交通法规日益科学化、专业化。

国家对环保也很重视,与时俱进地颁布了《防止拆船污染环境管理条例》(1988年)、《防止船舶污染海域管理条例》(1983年颁布,2010年3月1日废止)等,以适应交通工程环保的需求。

2013年9月,习近平同志提出"一带一路"的倡议,提出《推动共建丝绸之路经济带和21世纪海上丝绸之路的愿景与行动》,并积极推动"一带一路"法制建设,这是交通工程的继续与发展,是中国对外开放政策的持续深入,必将促进交通工程法规的进一步发展。

五、中国建筑工程历史沿革

(一)古代建筑工程

中国古代的建筑辉煌灿烂,是中国古代文明的重要组成部分。

1. 古代建筑工程种类

中国古代的建筑种类繁多,包括城市、宫殿、陵寝、坛庙、住宅园林等。

中国历代王朝都重视都城建设。商有殷都;周定都镐京;春秋战国时期各国,韩国的宛、赵国的邯郸等;秦始皇统一六国后,对于咸阳也大兴土木;西汉、隋、唐均以长安为都城,唐朝的长安是当时世界上最大的城市;北宋都城汴梁也是繁华异常;元、明、清三朝定都北京,形成了现在北京城的格局。宫殿是皇权的象征,历代

---

① 参见交通部:《2016年交通运输行业发展统计公报》,载交通运输部信息公开网:http://zizhan.mot.gov.cn/zfxxgk/bnssj/zhghs/201704/t20170417_2191106.html,最后访问日期:2018年1月12日。

王朝宫殿的修筑在当时都代表了建筑的最高水平，如汉朝的长乐宫、未央宫、唐朝大明宫、明清时期的紫禁城，都是气势恢宏，建筑精美绝伦。古代皇帝也极为重视陵寝建设，现存下来有秦始皇陵、唐太宗昭陵、高宗乾陵、明朝十三陵、清东陵、昭陵、西陵等。不仅如此，古代的园林建设也是美轮美奂，如号称万园之园的圆明园，保存比较完好的颐和园以及苏州拙政园等。坛庙建设是古代建筑的重要部分，宋朝崇尚道教，建立玉清照应宫，明清时期北京的天坛为专门祭祀场所。

2. 古代建筑工程法律

（1）礼法等级制度

中国的建筑从城市、宫殿、陵墓到房屋的装饰都体现了礼法等级制度。

在城市建设上，《礼记·王制》记载，"礼有以多为贵者。天子七庙，诸侯五，大夫三，士一"。唐朝时都城每座城门可以开三个门洞，大州的城正门开两个门洞，而县城的门只能开一个门洞，这是建筑组成和建筑布局上的等级要求。陵墓建设上，《钦定大清会典》规定，"亲王享堂五间、门三间，描画五彩飞金小花，围墙一百丈，门外房五间，碑亭一座，守冢人十家；世子、郡王享堂三间、门三间，画五彩小花，围墙八十丈，门外房三间，碑亭一座，守冢人八家，固伦公主同；贝勒、贝子享堂三间、门三间，红油，围墙七十丈，门外房三间，守冢人六家，和硕公主、郡主同；镇国公、辅国公、享堂三间，门三间，红油，围墙六十丈，守冢人四家，县主、郡君、县君同"。[①]礼法等级制度体现在古代建筑的各个方面，用建筑的形式明确地分出等级高低和权势地位的高下。

中国古代建筑的礼法等级制度贯穿于古代建筑始终。以房屋建设法规为例：《唐六典》记载，"王公以下屋舍不得重拱藻井，三品以上堂舍不得过五间九架，厅厦两头，门屋不得过五间五架；五品以上堂舍不得过三间五架，厅厦两头，门屋不得过三间五架，仍通作乌头大门……"明朝规定，"公侯，前厅七间或五间，中堂七间，后堂七间；一品、二品官，厅堂五间九架；三品至五品官，后堂五间七架；六品至九品官，厅堂三间七架"。[②]

《钦定大清会典》规定，"亲王府制，正门五间，启门三、缭以崇垣。基高三尺。正殿七门，基高四尺五寸。翼楼各九间，前墀环护石阑，台基高七尺二寸，后殿五间，基高二尺，后寝七间，基高二尺五寸，后楼七间，基高尺有八寸，共屋五重，正殿设座，基高一尺五寸，广十一尺。后别屏三，高八尺，绘金云龙。凡正门殿寝均复绿琉璃瓦，脊安吻兽，门柱丹雘饰以五采金云龙文，禁雕刻龙首。公侯以下至三品官房屋基高二尺，门柱饰黝垩，中梁饰金，旁绘五采杂花。惟二品以上房脊得立望兽，公门铁钉纵横皆七，侯以下递减至五，四品以下官及士民房屋，基高一尺，其门柱中

① 《钦定大清会典》（康熙朝）卷一四零。

② 《明会典》卷六二《房屋器用等第》。

梁旁绘采花，与三品以上官同”。[①]

由此可见，中国古代的建筑礼法等级制越来越严格并且贯穿于中国古代建筑的始终。

(2)房屋相关法令

随着历史的发展，契约制度在建筑法规中大量出现。

契约制度很早就在中国出现了，先秦时期的“质、剂”是最早的合同。两宋时期，契约制度较为发达，在土地、房屋买卖中有专门的契约。在宫田宅出租和出卖中，可以运用竞争缔约法，类似于今天的招投标，缔约也包括招标、投标、开标和定标等几个阶段。在田宅出租和出卖中，政府作为招标人，须首先正确评估该田宅的面积、位置、田色等，投标、开标也体现了竞争公平原则，已经形成了一套比较完备的程序规范。明朝规定，凡是卖屋、当屋、赁屋必须制定契约。

古代法令中关于房屋权利有很多专门规定。

宋朝对于宅基地使用有专门的“墓禁”制度，不允许在墓禁范围内建造房屋和耕种，但是原本有的受到保护。明朝有“租地造屋，拆屋还基”的法令，这些都维护宅基地使用权。清朝对于房屋典当有专门的法律规定。古代非常重视邻里关系，明太祖曾经颁布“和睦乡里”六条规定，清朝对于房屋相邻的也有专门规定。

(3)《营造法式》和《工程做法则例》

宋朝曾两次颁布《营造法式》，里面包含名例、制度、工限料例、图样四部分内容，对建筑的式样与构件详细介绍，规范建筑的标准，严格控制施工人数和材料份额，在节约的原则下保证工程的质量，这是具有法令性质的建筑手册，成为以后历代王朝建筑的蓝本。《工程做法则例》是清朝 1734 年颁布的关于工程的术书，全书分为各种房屋营造范例和应用工料估算额限两部分，包含 27 种典型建筑及其做法、物料价值，样式房、销算房等，这是清朝管式建筑通行的建筑标准规范，起到建筑法规的监督限制作用。

(4)城市建设制度

中国都城建设有城与郭的分立。“左祖右社，面朝后市”[②]除秦朝外，中国古代的都城建设一直沿用这种制度。从春秋战国到唐朝，城市建设一直有“坊与市”的划分，商业区与居民区分开，北宋后，这种界限才被打破。

古代城市建设重视环保。中国城市绿化建设有着悠久历史，如西汉长安、晋洛阳等都城两侧都种植树木，并且由专门的部门进行种植管理。后周时皇帝下令“其京城内街道阔 50 步占，许两边人户各于五步之内取便种树、掘蚌、修盖凉棚”。[③]

---

① 《钦定大清会典》(乾隆朝)卷七二。

② 佚名:《考工记》，中国戏剧出版社 1999 年版，第 6 页。

③ 李国豪主编:《建苑拾英——中国古代土木建筑科技史料选编》(第 1 辑)，同济大学出版社 1990 年版，第 56 页。

古代城市还重视城市整洁卫生，汉朝已经采用套管和砖砌下水道排污，由专门街道厅负责疏浚挑挖之职。

此外，城市建设还有防火、防盗、防洪等制度。南宋有《临安火禁条约》，清代曾颁行过《京师禁火法》。

（二）近现代建筑工程

南京临时政府与北洋政府时期，由于中国战乱频繁，关于专门建筑法规比较少，主要是租界地区形成自己特色系列法规，如法租界《整顿和美化法租界规划：住宅区》（1938 年）、《公路及建筑章程》（1910 年）等。

新中国成立后，建筑法规发展比较迅速，《建筑法》（1997 年）、《建设工程质量管理条例》（2000 年）、《注册建筑师条例》（1995 年）等法律法规相继颁布实施，建筑工程有了明确的法律规范。国家还针对建筑行业的不同，制定不同的法令，如关于房地产的《城市房地产管理法》（1994 年）、《物权法》（2007 年）；城市建设有《城乡规划法》（2007 年）、《城市规划法》（1994 年）、《城市供水条例》（1994 年）、《城市绿化条例》（1992 年）等；还有针对建筑投标的《政府采购法》（2002 年）、《招标投标法》（1998 年）等，逐步形成了系统性、科学性的建设法律法规。

六、中国工程质量历史沿革

（一）中国古代工程质量

中国古代非常重视工程质量，也重视用法律的手段来保证工程的质量。

1. 中国古代度量衡制度

度量衡作为工程生产的技术基础，首先是以工程建设的标准规范出现的，是古代保证工程质量的最基本法律。度量衡在中国出现非常早。据说，“大禹巡九州，通九道时‘左准绳，右规矩’，立木为表记以规矩准绳作为测量工具”。[①]《考工记》这本先秦古籍，里面提到古代车辆的制造时，对各种构件的尺寸有明确的规定。不仅如此，书中还针对手工业质量提出了六道检测工序，即规、萬（雨）、水、县、量、权，这是我国标准化较早的记载。

春秋战国时期，人们对于度量衡的法制地位更加重视。《管子·七法》中说：“尺寸也，绳墨也，规矩也，衡石也，斗斛也，角量也，谓之法。”度量衡演变成了法制的象征。

秦朝统一六国后，也用法律手段对度量衡做了统一，据《史记·秦始皇本纪》记载，“一法度衡石丈尺”。使度量衡在全国范围内统一，使全国的工程建设有了统一的生产标准。

秦朝以后的历代王朝都重视用法律统一度量衡。汉朝时期的度量衡基本依照

---

① 丘光明：《中国古代度量衡》，天津教育出版社 1991 年版，第 9 页。

秦朝设置的，北魏时期也曾统一度量衡。自南北朝以来，随着经济发展，度量衡出现大小制分流的制度。隋朝用法律的形式确定了南朝小尺测日影，北朝的大尺作为官民日常用尺。唐朝法律明确规定，大小制并行。周武帝建德六年，“曾议定权、衡、度、量，颁于天下，其不依新式者，悉追停”。[①] 元代曾经整顿过度量衡，并且专门就度量衡立法。

明清时期的度量衡也是统一的。明朝规定，“如法制好铜砝子一样三十二副，每副大小二十个，俱其‘正德元年宝源局造’字号，送部印封，发浙江等处布政司及各运司，并南直隶府州，各依式样支给官钱，一体改造，颁降使用”。[②] 清朝乾隆七年，御订《律吕正义后编》规定，衡重以黄铜方寸重六两八钱为标准，并且由工部制造一批标准器，发到各省。乾隆九年又仿造新莽铜嘉量形制，而以莽尺重订度量衡划一办法。这些标准器具的出现，保证了度量衡的质量。

不仅如此，为了保证度量衡的准确性，历代王朝对度量衡都制定了严格的检定制度，秦律竹简《工律》中规定：“县及工室听官为正衡石赢（同累）、斗、桶、升，毋过岁壹。有工者勿为正。假试即正。”每年还必须检测一次度量衡，如果度量衡的误差超过规定，还进行严格的处罚。度量衡需校对，禁止使用私作的度量衡器。唐宋时期，规定度量衡每年 8 月都要统一监校。对于不符合规定的私自制造的度量衡，都要依法进行制裁。

2. 物勒工名

工程建设的质量关键在于工匠。中国古代为了加强对工匠的管理，产品采用物勒工名的制度，可以对工程质量实行追踪管理。《礼记 · 月令》明确规定，“功有不当，必行其罪，以穷其情”。这有效地保证了工程质量。

“物勒工名”就是工匠在他所制作的产品上刻写上自己姓名和生产日期，对于不按照法定的形式进行制作的如“造作不如法”或“造作过限”都要追究责任。西周时期就已经出现手工业“产品上刻上或写上生产者的姓名”。[③] 这可以看作物勒工名制度的萌芽。据《吕氏春秋 · 孟冬记》记载，秦国吕不韦时期，“工师效工，陈祭器……必功致为上，物勒工名，以考其诚”。这表明物勒工名开始作为制度实施。这一制度相当严格，如果质量不过关，一旦查出“举族连生，豪产抄没，充盈府库”，这极大地保证了工程质量。除了在产品上“物勒工名”之外，产品上还标出政府管理产品质量官员的职位，即物勒官名，如“相邦”“大工尹”“左陶尹”，这些法律保证了产品的“坚好便用”。

秦朝时期，物勒工名制度开始用法律形式固定下来。秦始皇统一六国后，将物勒工名制度写入《秦律》中，规定从军事剑、戈、矛、戟等兵器上到各式陶器、漆器和

---

① 乔伟主编：《中国法制史》（第 3 卷），法律出版社 1999 年版，第 614 页。

② 《明会典》卷三七《权量》。

③ 蒲坚主编：《中国法制通史》（第 1 卷），法律出版社 1999 年版，第 47 页。

铜器、甚至建筑材料砖、瓦上和乐器上全都刻有“物勒工名”，对于不刻名字的进行罚款，保证这一制度的实施。

西晋时期，这一制度进一步发展，连私营手工业也必须物勒工名。据李昉《太平御览》所言，“欲作漆物卖者，各先移主吏者名，乃得作，皆得淳漆著布器，器成，以朱题年月姓名”，有利于国家对私营手工业的管控。

唐宋时期，物勒工名制度更加完善。《唐六典》规定：“凡营造修理，土木瓦打不出于所司者，总其料数，上下尚书省。凡营军器，皆镌题年月及工人姓名，辩其名物，而阅其虚实。”《宋会要辑稿·职官》曾记载，当时打造兵器，“各行镌记元造合干人、甲头姓名（谓如刃纫、铁甲，镌凿，弓弩箭之类，用朱添写记），以凭检察”。

明朝时期，这一制度依然适用。例如，明朝修筑南京的城墙所用城砖是来自众多省份以及军队卫、所和工部营缮司制造的，大多数城砖上都刻着府、州、县、总甲，甲首、小甲、制砖人、火窑匠五级到六级责任人的名字，十分严格，保证一旦出现质量问题，可以直接追究到制砖人本身。

3. 专门工程质量法规

对于工程质量历代都有专门的法规。先秦时期，《考工记》对百工提出“审曲面埶，以饬五材，以辨民器”的要求，“以辨民器”就是要对产品进行质量检查，合格者才能使用。

秦朝时期在《工律》中规定：“为器同物者，其大小、长短、了亦必等。”即制作同一种类的器物，其大小、长短和宽窄必须相同，目的在于使产品规范化，以保证产品的质量。《睡虎地秦墓竹简·秦律杂抄》还提到，对于产品他们每年评比一次，对“卜省殿者”，即评为下等不合质最标准者，罚工师一甲，承和曹各一盾，徒络组（穿联甲札用的绦带）一于根。连续二年为下等者，加倍惩罚。

隋唐时期，关于工程质量的法律日益增多。唐朝时期，《唐律疏议·擅兴》（以下简称《擅兴律》）规定，“兴造不言上待报”，这表明工程必须依律申报，非法营造有罪。唐朝的工程项目都需要先申报审批然后进行。同时，对于已经批准的工程，《擅兴律》指出，“即料请材物及人功多少违实者，答五十”，也就是说，如果用料、人工等估算不实的话，也要进行惩罚。此外，“若有所造作及有所毁坏，备虑不谨，而误杀人者，徒一年半；工匠、主司各以所由为罪”，对于因为工程质量导致人员死亡，对工匠及其主管者都要进行惩罚，追究责任。《擅兴律》还涉及产品质量，“诸工作有不如法者，笞四十……其供奉作者，加二等。工匠各以所由为罪。监当官司，各减三等”。工匠所做的产品如果不符合要求，进行治罪。从工程的申报审批到工程的制作，工人的工作状况和产品质量都有所依据的法律，有效地保证了工程质量。

明朝在唐朝《擅兴律》的基础上增添了冒领物料、造作超过时限的规定，对于工程要求更加细化。

清朝对于营造的规定与明朝变动不大，1734 年颁布《工程做法》主要是对宫殿廷陛、仓库城垣，以及各种工艺技术规范与工程管理方面的规定，是一部关于科技与工程行政管理的专门法律。后来清政府又在这一法律的基础上,颁布了《钦定工部细则》《钦定工部续增则例》,使工程管理更加专门化、法制化。对于工程的物料价值,清朝也是格外重视,制定了《钦定物料价值规则》,对于工程所用的石料、砖瓦、灰石等的价值及其运送价值进行逐一审定核定,保证在工程建设中物料的使用标准规范。

(二)中国近现代工程质量

进入近代以来,西方的度量衡制度开始传入中国。1908 年,清廷命农工商部及度支部拟定划一制度以及推行章程,度量衡制度开始向西方靠拢。1915 年,北洋政府颁布了《权度法》,明确了米制与营造尺库平制的比例和折合关系,并且建立了专门的权度制造所和检定所,推行新的度量衡法律。1928 年,中华民国政府制定《民国权度标准方案》,为了保证方案的实施,还设立了度量衡推行委员会,公布《度量衡法》(1929 年),分期、分器推行公制和市用制。由于国家一直处于动乱之中,只有市用制在全国得以推行,成为当时我国唯一合法的计量单位。

这一时期,工程质量的法律规定也逐步向西方学习,朝着专门化发展,如民国时期颁布的《交通组织法》《水利法》中有关于管理船舶造船质量和水利工程质量的专门规定。

新中国成立后,1985 年颁布了《计量法》,采用国际单位制,对计基准器具、计量标准器具和计量检定、管理、监管作了明确的法律规定,进一步健全了我国计量的法制管理。2013 年年底,国家又对《计量法》作了专门的修订,使其更加符合当前对产品建设的要求,适应现代化工程建设质量管理的需要。此外,《建筑法》《安全生产法》《水法》《铁路法》《建设工程质量管理条例》等法律法规中也有关于工程质量的规定,这些法律、法规形成了中国特色的工程质量法律体系。

第八章 工程法学历史沿革和发展概况

第一节 我国工程立法的历史沿革

一、新中国成立以前工程立法概况

梁思成先生在《中国建筑史》中开明宗义称“中国建筑乃一独立之结构系统，历史悠长，散布区域辽阔”。关于建筑工程的规则、规范，梁思成先生在该书中称“我国关于营造之术书极少，宋清两朝，各刊官书一部”，即宋朝的《营造法式》和清朝工部《工程做法则例》，这两部官书主要规定了相关工程技术规范、估工算料等方法。从中华法系立法历史来看，我国并无建筑立法之传统，有的只是各朝代针对工程技术方法进行总结和规范，有的以官方名义制定了相应的工程技术规范和标准，可以认为属于工程技术立法。清末开始借鉴、移植西方法律，从1902年到1911年，清政府拟定的经济法律、法规、章程、则例、办法等，约有62项，[①]其中《公司律》《矿务铁路公共章程》《重订铁路简明章程》等均为我国历史上具有开创性的立法，涉及开矿、铁路等工程的开发主体等方面，但尚未就建设工程专门立法。至民国时期，始专门对建设工程立法，《中华民国建筑法》于1938年12月26日国民政府制定公布(全文47条)，1944年9月21日国民政府修正公布(全文50条，1949年之后又多次修改)，从我国建设工程立法的整体历史上来看，这是具有首创意义的建设工程专门立法。

二、新中国成立以后工程立法概况

有研究者将新中国成立以来的建设工程立法分为8个阶段，[②]即初步建立阶段(1949～1952年)，初步完善阶段(1953～1957年)，第一次曲折发展阶段(1958～1960年)，进一步恢复与完善阶段(1961～1965年)，第二次曲折发展阶段(1966～1976年)，恢复、完善与发展阶段(1977～1983年)，体系化、规范化和科学化的新时期(1984～1994年)，《建筑法》颁布和实施阶段。也有研究者对新中国成

---

① 参见徐卫国:《论清末新政时期的经济政策·清末经济法规一览表》，载《中国经济史研究》1997年第3期。

② 参见李峻编著:《建筑法概论》(第2版)，中国建筑工业出版社2008年版，第5～7页。

立以来的建设工程立法历史做了不同阶段的总结和回顾。①

新中国成立以来,我国建设工程立法取得了巨大的成就,是我国社会主义法律体系中的重要组成部分,经历了从无到有,从粗到细,从初步建立、曲折发展到逐步健全、发展、完善的过程。在我国计划经济时期,我国经济建设完全靠政府的计划手段来调节,各部门的"红头文件"是这一时期工程建设的政策依据。随着我国经济体制改革的不断深入和对外开放的不断扩大,工程建设法治建设围绕着经济体制改革的基本精神和具体要求取得了长足的发展。特别是我国社会主义市场经济的确立,以及 2001 年我国加入 WTO 之后,我国建设工程领域与国际进一步接轨,我国的建设工程立法也逐渐从计划经济体制下的立法,转变到市场经济体制下的立法,进而与国际工程市场接轨的立法。因此,笔者依据我国经济体制改革的发展过程,从经济发展的宏观角度,对新中国成立以来我国建设工程立法历史分为五个阶段,即计划经济体制下的起步、发展阶段(1949 ~ 1978 年),计划经济与市场经济转型阶段的转变、发展阶段(1978 ~ 1992 年),市场经济体制下的快速发展阶段(1992 ~ 2001 年),加入 WTO 后新的完善发展阶段(2001 ~ 2013 年),②简政放权后建筑行业全面转型升级阶段(2013 年至今)。

(一)计划经济体制下的起步、发展阶段(1949 ~ 1978 年)

新中国成立后,在长期的计划经济体制下,我国建设工程领域主要通过行政指令、计划调整,几乎不存在建设工程市场交易行为,从而也不存在规范工程市场交易的法律法规(即使是工程取费的施工定额也是计划经济的产物,而且这种取费方式和标准在我国长期存在)。在这一时期,借鉴苏联模式和经验,结合我国自身实际情况,我国先后颁布实施了一些在计划经济体制下构建和管理我国建设工程的规范性法规、文件,主要有:

1950 年 2 月,政务院发布了《关于决算制度、预算审核、投资的施工计划和货币管理的决定》,规定了必须先设计后施工的工作程序,这是中国政府最早颁布的有关建筑业生产经营的法规性文件。

1951 年 3 月,政务院财经委员会发布了《基本建设工作程序暂行办法》,后来经过试行和补充,修订为《基本建设工作暂行办法》。于 1952 年 1 月由政务院财经委员会主任陈云签署命令颁布,这是中国第一部全面的、纲领性的建设管理法规。

1953 年 3 月,颁发了《包工试行办法(草案)》,于 1954 年 6 ~ 7 月,又相继颁布了《关于试行包工包料的指示》《建筑安装工程包工暂行办法》。

---

① 参见刘亚臣、李闫岩主编:《工程建设法学》,大连理工大学出版社 2009 年版,第 13 页。该书将新中国成立以来的建设工程立法分为 3 个阶段,即稳步发展时期(1949 ~ 1956 年)、曲折发展时期(1957 ~ 1978 年)、蓬勃发展时期(1978 年至今)。

② 参见李恒、马凤玲:《建设工程法:法律制度与实务技能》(最新修订版),法律出版社 2014 年版,第 26 ~ 32 页。

1955 年，颁发了《工业、民用建设设计和预算编制暂行办法》《基本建设工程交工和动用暂行办法》《标准建筑工程公司组织编制草案》《建筑安装工程总承包与分承包试行办法（草案）》《建筑安装企业财务成本责任制暂行办法》。

1956 年 4 月，国家建设委员会颁布了《1956 年度建筑安装工程统一施工定额》。同年 5 月，国务院常务会议通过了《关于加强和发展工业的决定》《关于加强设计工作的决定》《关于加强新工业区和新工业城市建设工作中几个问题的决定》。

1962 年，建筑工程部颁发了《建筑安装企业工作条例（草案）》（“施工管理一百条”）。

在这一时期，由于发生“大跃进”（1958 ~ 1960 年）、“文化大革命”（1966 ~ 1976 年），当时的建设工程立法遭到严重破坏，有关工程质量和安全作业方面的规章制度被大量废除，以致工程质量事故和伤亡事故大幅度上升。在“大跃进”和“文化大革命”后期，国家相关方面对混乱的建设工程领域做了一些调整努力，如 1972 年初国务院批准国家计委、国家建委、财政部《关于加强基本建设管理的几项意见》。同年 5 月，国家基本建设委员会决定对《施工验收规范》《工程质量标准》《施工操作规程》等进行修订并执行。1973 年，又对建设取费、竣工验收做了规定。“文化大革命”结束以后，为全面恢复建设秩序，1977 年、1978 年，国家建委等部门颁发了一系列关于建设程序、安全施工、工程质量等规定。

（二）计划经济与市场经济转型阶段的转变、发展阶段（1978 ~ 1992 年）

从 1978 年开始改革开放，到 1992 年社会主义市场经济体制确立，大致经历了 14 年时间。这 14 年里，我国经济体制转型及社会主义市场经济法制建设真正起步和发展了。笔者认为，从计划经济转向市场经济，最重要的就是建立平等、公平的市场交易制度即合同法律制度，从而取代计划经济体制下自上而下的计划调配、行政指令制度。1981 年 12 月 13 日，第五届全国人大第四次会议通过了《经济合同法》，笔者认为这是我国转向市场经济法制的重要标志。为促进和规范建设工程合同制度的形成，国务院于 1983 年 8 月 8 日颁发了《建设工程勘察设计合同条例》和《建筑安装工程承包合同条例》。1986 年 4 月 12 日，第六届全国人大第四次会议通过了《民法通则》。《民法通则》的颁布实施更直接推进了我国民商事立法进程。毋庸置疑，这些重要的规范平等民事主体之间民事行为的基本法律法规，规范了我国建设工程的市场主体民事行为，对推进我国建设工程发展起到了非常重大的作用。

为了逐渐改变建设工程领域计划经济管理体制，推动我国建设工程管理体制的转型，在这一阶段我国相继发布实施了一些相关规定。1980 年，国家基本建设委员会等五部门颁发了《关于扩大国营施工企业经营管理自主权有关问题的暂行规定》，恢复了 2.5% 的法定利润；1981 年，国家基本建设委员会等四部门颁发了

《关于施工企业推行经济责任制的若干决定》;1983 年,城乡建设环境保护部召开了全国建筑工作会议,制定了建筑业改革大纲,并相继颁布了若干关于工程质量、建筑设计、科技和各类建筑企业综合管理的规定,颁布了《建筑安装工程招标投标试行办法》;1984 年,城乡建设环境保护部提出了建筑领域系统改革的纲领性文件《发展建筑业纲要》,同年 9 月,国务院颁发了《关于改革建筑业和基本建设管理体制若干问题的暂行规定》。这两个文件,是建筑业全面改革的纲领性文件,也为建筑业立法工作走向体系化的道路奠定了基础。1991 年 11 月 21 日,建设部、国家工商局联合发布了《建筑市场管理规定》,进一步完善和规范了建筑市场管理。

关于建设工程的标准、规范方面,在这一经济体制转型阶段,我国逐渐恢复、完善了建设工程领域的有关技术、质量、安全、计价等标准、规范,如 1991 年 7 月 9 日建设部发布了《建筑安全生产监督管理规定》等,特别是 1988 年 12 月 29 日第七届全国人民代表大会常务委员会第五次会议通过《标准化法》,标志着我国建设工程领域标准、规范的制定、完善和修改、实施,有了上位法的支撑和规范。

关于建设工程的立法程序方面,1987 年国务院颁布了《行政法规制定程序暂行条例》,1988 年建设部颁发了《建设部立法工作程序和分工的规定》。在法规体系上,我国已形成建筑法律、行政法规、部门规章和地方法规相结合的法规体系。在建设工程领域的其他方面,国家及地方也相继出台了一些规定,我国建设工程法规体系向全面系统方向发展。

(三)市场经济体制下的快速发展阶段(1992~2001 年)

随着我国市场经济体制的确立,我国市场经济法制建设步伐明显加快。在这一时期,我国先后出台了多部重要的基本法律,构建了市场经济体制下我国的建设工程法律体系。1993 年 12 月 29 日,第八届全国人民代表大会常务委员会第五次会议通过了《公司法》。《公司法》对于按照现代企业模式实施我国国有建筑企业改制、建立规范的公司制建设工程的发包承包主体,无疑起到了非常重大的作用。针对建设工程领域的企业化改造,国家先后出台相关规定,如 1994 年 9 月 29 日国务院发布了《关于工程勘察设计单位改建为企业问题的批复》、2000 年 12 月 13 日建设部发布了《建筑工程设计事务所管理办法》等。

为进一步确立我国建设工程基本法律制度,1997 年 11 月 1 日第八届全国人民代表大会常务委员会第二十八次会议通过了《建筑法》,自 1998 年 3 月 1 日起施行。《建筑法》是我国建设工程的基本法律,是建设工程法律体系的基础。《建筑法》的制定是我国建设工程立法史上的里程碑,标志着我国建设工程法律体系的渐趋完善。

为进一步规范建设工程承包发包市场,1999 年 8 月 30 日第九届全国人民代表大会常务委员会第十一次会议通过《招标投标法》,2000 年、2001 年先后出台相应招标投标具体规定,如 2000 年 4 月 4 日国家发展计划委员会发布的《工程建设项目招标范围和规模标准规定》,2000 年 6 月 1 日原建设部发布的《房屋建筑和市政基础设施工程施工招标投标管理办法》,2000 年 6 月 30 日原建设部发布的《工程建设项目招标代理机构资格认定办法》,2000 年 7 月 1 日国家计委发布的《工程建设项目自行招标试行办法》《招标公告发布暂行办法》,2000 年 10 月 18 日建设部发布的《建筑工程设计招标投标管理办法》,2001 年 8 月 1 日国家计委、经贸委、建设部等七部委联合发布的《评标委员会和评标方法暂行规定》,2001 年 7 月 5 日建设部发布的《建筑工程施工发包与承包计价管理办法》,明确施工图预算、招标标底和投标报价由成本(直接费、间接费)、利润和税金构成。

随着我国改革开放的不断发展,《经济合同法》已不适应市场经济发展的需要。1999 年 3 月 15 日,第九届全国人大第二次会议通过修改《合同法》,对建设工程合同做了专章规定。《合同法》自 1999 年 10 月 1 日起施行,《经济合同法》《涉外经济合同法》《技术合同法》同时废止。《合同法》实施后,国务院于 1983 年 8 月 8 日颁发的《建设工程勘察设计合同条例》和《建筑安装工程承包合同条例》均告失效。

为了进一步规范建设工程市场主体的资格问题,建设部先后出台相应的资质管理规定。1994 年 3 月 22 日建设部发布《在中国境内承包工程的外国企业资质管理暂行办法》、1994 年 6 月 16 日建设部发布《在中国境内承包工程的外国企业资质管理暂行办法实施细则》、1995 年 1 月 7 日建设部发布《建筑施工企业项目经理资质管理办法》、1995 年 4 月 12 日建设部发布《关于工程勘察设计单位分支机构资格证书有关问题的通知》、2000 年 3 月 29 日建设部发布《房地产开发企业资质管理规定》、2001 年 1 月 25 日建设部发布《工程造价咨询单位管理办法》、2001 年 4 月 18 日建设部发布《建筑业企业资质管理规定》、2001 年 7 月 25 日建设部发布《建设工程勘察设计企业资质管理规定》、2001 年 8 月 29 日建设部发布《工程监理企业资质管理规定》等。

关于建筑市场管理、施工、安全、质量管理及标准规范制度,国家先后出台了相应的规定。例如,1992 年 12 月 30 日原建设部发布《工程建设国家标准管理办法》《工程建设行业标准管理办法》、1995 年 7 月 14 日原建设部发布《建设工程施工现场综合考评试行办法》、1995 年 12 月 15 日原建设部发布《工程建设监理规定》、1996 年 10 月 16 日公安部发布《建筑工程消防监督审核管理规定》、1996 年 10 月 17 日劳动部发布《建设项目(工程)劳动安全卫生监察规定》、1997 年 12 月 23 日原建设部发布《超限高建筑工程抗震设防管理暂行规定》、1999 年 1 月 21 日原建设部发布《建设工程勘察设计市场管理规定》、1999 年 2 月 3 日原建设部发布《建设行政处罚程序暂行规定》、2000 年 9 月 25 日国务院发布《建设工程勘察设计管理条例》、2000 年 2 月 17 日原建设部发布《建筑工程施工图设计文件审查暂行办法》、2000 年 1 月 30 日国务院发布《工程质量条例》、2000 年 4 月 7 日原建设部发布《房屋建筑工程和市政基础设施工程竣工验收备案管理暂行办法》、2000 年 6 月

30 日原建设部发布《房屋建筑工程质量保修办法》、2000 年 8 月 1 日原建设部发布《建设工程勘察质量管理办法》、2000 年 8 月 25 日原建设部发布《实施工程建设强制性标准监督规定》、2001 年 7 月 4 日原建设部发布修订后的《建筑工程施工许可管理办法》等。

在这一时期，国家及地方都出台了大量法律法规及政策性规定。不可否认的是，这些法规政策极大地促进了我国建设事业和工程行业的发展，但是也存在不尽如人意之处，如法规重复、冲突等问题。

（四）加入 WTO 后新的完善发展阶段（2001～2013 年）

2001 年 11 月 11 日，我国正式加入世界贸易组织（WTO）。按照加入 WTO“服务贸易协议的谈判”中我国对建设领域开放的承诺，我国加快了健全和完善建设工程法律体系的步伐。为适应加入 WTO 的需要，作为执行我国政府向 WTO 所作承诺的支撑，我国应建立更为完整合理、先进的建筑业法规体系，用以规范和约束国内建筑市场的国际竞争。通过法规及其体系的调整、修改、补充和完善，按照国际建筑业的行业规范来管理中国的建筑市场，做好建筑业法规与国际建筑服务通行规则接轨的工作。

我国加入 WTO 已超过 10 年，一方面，我国建设工程法律法规进行了诸多具体调整和修订（实际上在正式加入 WTO 前的一段时间里，我国就已经着手调整和修订了部分法规，如行业资质管理方面的规定），体现最惠国待遇原则、国民待遇原则、市场准入原则、透明度原则等；同时，借鉴工业发达国家先进的立法经验，进一步健全和完善我国已经形成的法律、行政法规和规章、技术标准与规范这三个层次的建筑业法规体系，进一步完善建筑市场运行机制。这一时期，我国先后颁布、修订实施了一些重要的法律、法规和标准、规范，如 2002 年 6 月 29 日颁布的《安全生产法》、2002 年 12 月 4 日发布的《建设工程勘察质量管理办法》、2003 年 2 月 22 日发布的《评标专家和评标专家库管理暂行办法》、2003 年 3 月 8 日发布的《工程建设项目施工招标投标办法》、2003 年 6 月 12 日发布的《工程建设项目勘察设计招标投标办法》、2003 年 11 月 24 日颁布的《建设工程安全生产管理条例》、2005 年 8 月 31 日实施的《工程建设工法管理办法》、最高人民法院于 2004 年 10 月 25 日发布的《关于审理建设工程施工合同纠纷案件适用法律问题的解释》、2008 年 1 月 1 日开始施行的《城乡规划法》等。

另一方面，加入 WTO 后对中国也产生了“进口高端产品并出口低端产品”的“坏的贸易”，甚至有学者反思并提出“应考虑退出 WTO”。尽管笔者不完全认同其观点，但我国建设工程领域也确实存在一些类似问题，这些问题都需要我国进一步从立法角度进行完善。例如，随着我国加入 WTO，建筑方案设计市场全面对外开放，允许境外设计机构以跨境交付的服务方式，参与我国的建筑方案设计投标，并享受同等国民待遇，但是一些地方盲目追求境外设计，片面求洋，忽视了地方风貌,在设计收费上,不执行国家制定的收费标准,境内外设计单位取费标准差距过大,给境外单位超国民待遇,对国内设计单位不公平,不利于营造平等竞争的市场环境,影响了建筑设计市场的正常有序发展。2008 年 3 月 21 日,住房和城乡建设部印发了《建筑工程方案设计招标投标管理办法》,该办法自 2008 年 5 月 1 日起实施,在境外设计机构的投标主体资格、境外企业的设计收费以及方案设计阶段提交技术投标文件的深度方面作出规定,使其既有利于繁荣我国的建筑设计市场,同时还要有利于对境外企业进入中国参与方案设计投标的行为进行规范。

(五)简政放权后建筑业全面转型升级阶段(2013 年至今)

2013 年 11 月 12 日,中国共产党第十八届中央委员会第三次全体会议通过了《中共中央关于全面深化改革若干重大问题的决定》。该决定指出,必须切实转变政府职能,深化行政体制改革,创新行政管理方式,增强政府公信力和执行力,建设法治政府和服务型政府。为推进建筑业发展和改革,保障工程质量安全,提升工程建设水平,解决当前建筑市场和工程建设管理中存在的突出问题,住房和城乡建设部于 2014 年 7 月 1 日颁布《关于推进建筑业发展和改革的若干意见》(建市〔2014〕92 号),加快完善现代市场体系,充分发挥市场在资源配置中的决定性作用和更好地发挥政府作用,紧紧围绕正确处理好政府和市场关系的核心,切实转变政府职能,全面深化建筑业体制机制改革。简政放权,开放市场,坚持放管并重,消除市场壁垒,构建统一开放、竞争有序、诚信守法、监管有力的全国建筑市场体系;创新和改进政府对建筑市场、质量安全的监督管理机制,加强事中事后监管,强化市场和现场联动,落实各方主体责任,确保工程质量安全;转变建筑业发展方式,推进建筑产业现代化,促进建筑业健康协调可持续发展。国务院办公厅《关于促进建筑业持续健康发展的意见》指出,按照国务院统一部署,统筹推进"五位一体"总体布局和协调推进"四个全面"战略布局,牢固树立和贯彻落实创新、协调、绿色、开放、共享的发展理念,坚持以推进供给侧结构性改革为主线,按照适用、经济、安全、绿色、美观的要求,深化建筑业"放管服"改革,完善监管体制机制,优化市场环境,提升工程质量安全水平,强化队伍建设,增强企业核心竞争力,促进建筑业持续健康发展,打造"中国建造"品牌。

1. 进一步开放建筑市场

根据国务院《关于促进市场公平竞争维护市场正常秩序的若干意见》(国发〔2014〕20 号),住房和城乡建设部《关于印发推动建筑市场统一开放若干规定的通知》(建市〔2015〕140 号)指出,各级住房城乡建设主管部门应当按照简政放权、方便企业、规范管理的原则,简化前置管理,强化事中事后监管,给予外地建筑企业与本地建筑企业同等待遇,实行统一的市场监管,推动建筑市场统一开放。2016 年 6 月 27 日,国务院办公厅发布《关于清理规范工程建设领域保证金的通知》(国办发〔2016〕49 号),清理规范工程建设领域保证金。对建筑业企业在工程建设中需缴纳的保证金,除依法依规设立的投标保证金、履约保证金、工程质量保证金、农民工工资保证金外,其他保证金一律取消。2016 年 12 月 27 日,住房和城乡建设部与财政部共同制定了《建设工程质量保证金管理办法》。为贯彻落实国务院关于进一步清理规范涉企收费、切实减轻建筑业企业负担的精神,2017 年 6 月 20 日对《建设工程质量保证金管理办法》进行了修订,以规范建设工程质量保证金管理。

2. 优化资质资格管理

坚持淡化工程建设企业资质、强化个人执业资格的改革方向,探索从主要依靠资质管理等行政手段实施市场准入,逐步转变为充分发挥社会信用、工程担保、保险等市场机制的作用,实现市场优胜劣汰。加快完善信用体系、工程担保及个人执业资格等相关配套制度,加强事中事后监管。强化个人执业资格管理,明晰注册执业人员的权利、义务和责任,加大执业责任追究力度。住房和城乡建设部陆续修改制定《建筑业企业资质等级标准》《建筑业企业资质管理规定》《建筑业企业资质管理规定和资质标准实施意见》等新的资质管理文件,进一步简政放权,规范行政审批,引导建筑业结构调整和转型升级,促进建筑业人才持续发展。上述资质管理文件保持施工总承包资质、专业承包资质和施工劳务资质三个序列不变。对不符合现行法律法规和职能要求的承包资质予以取消,对部分专业划分过细、市场需求少、经营范围相近的专业承包资质予以合并。施工总承包资质专业类别仍为 12 个,但专业类别名称和等级有所变化;专业承包资质专业类别由原来的 60 个减少为 36 个,同时专业类别名称和等级有所变化,其中取消了 19 个类别;劳务分包资质由原来的 13 个专业类别合并为施工劳务资质企业资质,不再分类别和等级。在资质标准要求方面,对部分与目前工程实际制度不相适应的要求进行了调整,并增加了必要的引导。

为进一步推进简政放权、放管结合、优化服务改革,住房和城乡建设部《关于简化建筑业企业资质标准部分指标的通知》(建市〔2016〕226 号,自 2016 年 11 月 1 日起实施)简化了《建筑业企业资质标准》中部分指标。除各类别最低等级资质外,取消关于注册建造师、中级以上职称人员、持有岗位证书的现场管理人员、技术工人的指标考核。对申请建筑工程、市政公用工程施工总承包特级、一级资质的企业,未进入全国建筑市场监管与诚信信息发布平台的企业业绩,不作为有效业绩认定。省级住房城乡建设主管部门要加强本地区工程项目数据库建设,完善数据补录办法,使真实有效的企业业绩及时进入全国建筑市场监管与诚信信息发布平台。按照国务院推进简政放权、放管结合、优化服务改革的要求,住房和城乡建设部办公厅《关于做好取消城市园林绿化企业资质核准行政许可事项相关工作的通知》(建办城〔2017〕27 号)要求各级住房城乡建设(园林绿化)主管部门不得以任何方式,强制要求将城市园林绿化企业资质或市政公用工程施工总承包等资质作为承包园林绿化工程施工业务的条件。园林绿化资质自 2017 年 4 月 13 日起废止。根据 2017 年 12 月 28 日修订后实施的《招标投标法》,正式取消招标代理资格认定,国家发展和改革委员会于 2017 年年底取消了“中央投资项目招标代理机构资格认定”。

3. 完善招标投标制度

缩小并严格界定必须进行招标的工程建设项目范围，放宽有关规模标准，防止工程建设项目实行招标“一刀切”。在民间投资的房屋建筑工程中，探索由建设单位自主决定发包方式。

将依法必须招标的工程建设项目纳入统一的公共资源交易平台，遵循公平、公正、公开和诚信的原则，规范招标投标行为。进一步简化招标投标程序，尽快实现招标投标交易全过程电子化，推行网上异地评标。对依法通过竞争性谈判或单一来源方式确定供应商的政府采购工程建设项目，符合相应条件的应当颁发施工许可证。电子招标投标在提高采购透明度，节约资源和交易成本，利用技术手段解决弄虚作假、暗箱操作、串通投标、限制排斥潜在投标人等突出问题方面具有独特优势。自 2013 年 5 月 1 日起施行的《电子招标投标办法》第 6 条规定，依法设立的招标投标交易场所、招标人、招标代理机构以及其他依法设立的法人组织可以按行业、专业类别，建设和运营电子招标投标交易平台。国家鼓励电子招标投标交易平台平等竞争。2018 年，国家发展和改革委员会在《必须招标的工程项目规定》和《必须招标的基础设施和公用事业项目范围规定》中进一步缩小必须招标项目的范围，提高必须招标项目的规模标准，明确全国执行统一的规模标准，各地不得另行调整。

4. 推进建筑市场监管信息化与诚信体系建设

为推进建筑市场信用体系建设，2007 年 11 月 5 日，住房和城乡建设部下发文件《关于启用全国建筑市场诚信信息平台的通知》，该通知对全国建筑市场诚信信息平台的功能做了明确的规定，对平台的运行和信息发布工作和责任落实做了初步的规范。

2014 年 7 月 25 日，住房和城乡建设部《关于印发〈全国建筑市场监管与诚信信息系统基础数据库数据标准（试行）〉和〈全国建筑市场监管与诚信信息系统基础数据库管理办法（试行）〉的通知》（建市〔2014〕108 号）的下发，正式启动了“四库一平台”的建设。“四库一平台”暨住房和城乡建设部全国建筑市场监管与诚信发布平台，“四库”指的是企业数据库基本信息库、注册人员数据库基本信息库、工程项目数据库基本信息库、诚信信息数据库基本信息库，“一平台”就是一体化工作平台。四库互联互通，以身份证可以查人员，以单位名可以查人员，以人员可查单位。作用是解决数据多头采集、重复录入、真实性核实、项目数据缺失、诚信信息难以采集、市场监管与行政审批脱离、“市场与现场”两场无法联动等问题，保证数据的全面性、真实性、关联性和动态性，全面实现全国建筑市场“数据一个库、监管一张网、管理一条线”的信息化监管目标。四库互联互通，以身份证可以查人员，以单位名可以查人员，以人员可查单位。作用是解决数据多头采集、重复录入、真实性核实、项目数据缺失、诚信信息难以采集、市场监管与行政审批脱离、“市场与现场”两场无法联动等问题，保证数据的全面性、真实性、关联性和动态性，全面实现全国建筑市场“数据一个库、监管一张网、管理一条线”的信息化监管目标。

第二节 我国工程法学发展概况

一、地方性工程法学研究组织不断发展壮大

为促进工程法学研究的开展，各省市在2010年以后相继成立工程法学研究会。2011年10月，国内首家专门从事建筑法学研究的省级法学研究会——陕西省法学会建筑法学研究会成立。该研究会立足于建筑工程行业的实践问题，密切联系法学研究前沿理论，旨在打造建筑工程法学领域学术交流的优质平台，促进了陕西省建设工程法学界的交流，提升陕西省建筑工程法学研究的整体水平，在全国范围内推动了建筑法研究的繁荣与发展。

2013年12月28日，横跨工程与法学两个学科领域的研究会——江苏省工程法学研究会在东南大学成立。该研究会依托东南大学法学院，开展工程法学理论研究和工程法学学术交流活动，繁荣工程法学研究，推进工程建设领域法治进程，建立完善的工程管理制度，为构建社会主义和谐社会、营造良好的建筑市场秩序提供法学理论支持。

2017年11月26日，湖南法学会工程法研究会成立。该研究会发挥自身具有的优势和特色，推动湖南工程法领域相关问题的研究与交流。

2015年12月26日，山东省济南市法学会工程法学研究会在山东建筑大学成立。该研究会致力于开展工程法学理论研究和工程法学学术交流活动，推进工程建设领域法治进程，为建设社会主义和谐社会、营造良好的工程领域市场秩序提供法学理论支持，为全国工程和法学的学科交叉提供经验样本，不断引领和繁荣工程法学研究。

山东省法学会工程法学研究会依托山东建筑大学于2018年年初成立，该研究会宗旨以“依法促进建设和制造强国的形成与发展”为目标，在规划、勘察、设计、营造(制造)(含安全、质量、环保等)、使用、废弃(含再循环、再利用等)这一链条上，聚焦“造物”有关法治，团结和组织我省法学领域的学者并协同有关学科的专家和政府有关部门、企事业等有关单位，开展学术研究与交流，共同探讨有关理论以及国际工程和国内工程领域中的实践问题，为工程法学理论发展及中国工程实践的高质量进步作出应有贡献。

地方性研究会成立以来，开展了大量工作，取得了显著业绩。一是组织工程建设法方面的学术研讨，撰写了相关论文。二是承担了大量科研项目研究和学科建设工作，在项目研究过程中，形成了一系列可转化的研究报告、论文、决策建言等。

三是举办系列讲座、开展立法和法律咨询服务、法治宣传等工作，多视角地为行业从业人员解析建设工程领域存在的诸多现实法律问题。同时，为地方立法机关提供立法咨询、为建筑企业提供大量法律咨询顾问服务，并响应国家法制化建设需求积极开展各项法律宣传工作。四是与企业加强沟通合作，积极实践校企联合，根据其需求设计主题针对企业中高层管理人员举办系列专题培训。

二、工程法学研究的发展

工程法学是理论研究与工程实践的结合，是法学与工程的交叉学科。虽然工程法学没有被作为法学二级学科，但是工程法学作为法学与工程的交叉学科这样一个新兴学科，随着工程实践的发展，学界也对工程法学的内容进行了深入的研究，取得了一定的成果，推动了我国工程建设的发展。

自2008年以来，东南大学工程法教学和科研团队积极推进工程法研究，构建工程法研究平台，探索工程法跨学科人才培养，参与工程法治实践。2010年，东南大学工程法团队推出《工程法学》一书，该书初步构建工程法学学科基础，展现工程法知识体系基本框架。该书以法律规范的现实逻辑框架为出发点构建工程法知识体系，紧密结合工程法理论与实务新发展前沿，突出对工程决策、投融资、规划、设计、施工等不同阶段典型法律问题的剖析和解释，具体内容涵盖工程行政许可与监管、政府采购与工程招投标、工程合同订立与效力、工程合同履行与变更、公共工程项目投融资、建设工程侵权、工程担保与保险、工程争议解决与鉴定、工程领域犯罪与责任等。这也是从学科的角度对工程法学进行的第一次系统和全面的阐述。建设法规是土木工程、工程管理等专业的必修课程之一，大部分设有土木工程、工程管理等专业的高等院校纷纷自编或者采用该专业规划教材《建设法规》，分章节介绍建设法总论、城乡规划法、招标投标法、建设工程勘察设计法律制度、建设工程监理法律制度、建设工程安全管理法律制度、建设工程质量管理法律制度、建设工程合同管理法律制度、建设纠纷争议解决等法律制度。

山东建筑大学法学专业依托土木建筑类专业传统优势资源，围绕建设行业、城市工作发展需求，探索厚基础宽口径基础上的“建设法学”应用型人才培养模式。围绕建设法学特色，出版《建筑与招标投标法》《建设工程法：法律制度与实务技能》《建设法规》《建设工程安全生产法律法规及其应用》《建设工程环保法律法规及应用》《建设工程法律法规实务》等教材和专著十多部。其中，《建设工程法：法律制度与实务技能》一书着眼于我国经济体制的改革发展过程，从经济发展的宏观角度，对新中国成立以来建设工程立法历史沿革进行了具有创新性的研究总结，并强调以平等民事主体的市场经济原则为建设工程法律制度理论和实务立足点，以我国建设工程实施程序和步骤为“红线”，编排、梳理和研述我国建设工程法律制度，涉及建设工程市场主体法律制度、建设工程合同法律制度、勘察设计法律制度、监理法律制度、承包发包法律制度、开工法律制度、安全管理法律制度、质量管理法律制度、竣工交付法律制度、工程价款法律制度等,视野开阔,论述翔实。

《招标投标法》是我国建筑工程领域常用的法律规范,部分学者围绕招标投标中的法律问题进行深入研究。研究范围涉及《招标投标法》及其实施条例修订探讨、《招标投标法》与《政府采购法》的协调、招标人与评标委员会的关系探讨、强制招标的范围,低价中标的合法性探讨、评标方法与最低价中标法,中标无效的认定探讨、招标投标中的缔约过失责任探讨等。

实践中,大量的建设工程施工合同纠纷最终通过司法审判获得解决。研究司法审判实务不仅可以为今后的审判实践提供经验借鉴,而且可以为工程法学理论研究充实新的素材。结合建设工程案件审判实务,也有学者对建设工程合同及其司法审判中的常见问题等进行了研究。研究内容涉及建设工程合同的效力、建设工程的转包与分包、建设工程价款结算、实际竣工日期认定、固定价合同与情势变更原则的适用、建设工程造价审理、"黑白合同"的法律效力认定、建筑市场普遍存在的"挂靠"、建设工程价款优先受偿权行使过程中存在的权利冲突、建设工程质量保证金、建设工程未经竣工验收而提前使用的法律后果等。

除此之外,还有部分学者对建设工程争议解决法律制度、建设执业师法律责任、工程担保法律问题以及公共工程项目投融资等工程法学法律问题进行了分析和研究。

第九章　工程民法学之一

我国民法是调整平等主体的自然人之间、法人之间、公民与法人之间的财产关系和人身关系的法律规范的总和。而工程民法学是指有关调整有关工程建设活动中平等主体之间财产关系和人身关系的法律规范的总称。其研究对象主要是工程建设中的平等主体之间的财产归属关系和财产流转关系。工程民法学反映了市场经济的交换过程中形成的商品关系内在的要求,进而形成了以调整财产所有和财产交换为目的,由民事主体、物权、债和合同等制度组成的具有内在联系的工程民法学体系。工程民法学涉及的法律规范主要体现在我国的基本民事法律规范之中,如《民法通则》《民法总则》《物权法》《合同法》《侵权责任法》等。

第一节　工程民法学的一般理论

一、工程民法学的内涵

工程民法学调整的是平等的建设活动中各个参与主体之间的民事关系,以财产关系为主。这种民事关系主要是指因从事建设活动而产生的国家、法人、自然人之间的民事权利、义务关系。其主要包括:在建设活动中发生的有关自然人的损害、侵权、赔偿关系;建设领域从业人员的人身和经济权利保护关系;房地产交易中买卖、租赁、产权关系;土地征收、房屋拆迁导致的拆迁安置关系;建设单位、勘察设计单位、施工单位之间的建设工程合同关系等。

工程建设中的民事关系反映了社会主义市场经济的本质需求,保护商品生产者和经营者的利益。建设活动中的民事关系既涉及国家社会利益,又关系着个人的权益和自由,因此必须按照民法和建设法规中的民事法律规范予以调整。工程建设中的人身关系较少,主要体现在相关的知识产权制度中。

二、工程民法学的范围

(一)工程建设民事主体制度

民事主体是民事法律关系主体的简称,是指依法参与民事法律关系,享有民事权利和承担民事义务的人。民事主体应当具有民事权利能力和民事行为能力。民事权利能力,是指民事主体依法享有民事权利和承担民事义务的资格;民事行为能力,是指民事主体以自己的行为享有民事权利和承担民事义务的资格。

传统民事主体判断标准为四要件,即名义独立、意志独立、财产独立、责任独立,缺一者不能被法律确认为独立的民事主体。建设工程市场的民事主体,应当具备"独立的意志"加上"拥有可支配的财产"的实质要件,但是由于建设工程的特殊性,我国建设工程市场的民事主体,主要为法人、其他组织,在特殊情况下如农民自建低层住宅的建筑活动中,承发包人可以是自然人,但是这种特殊情况不适用《建筑法》。另外,我国法律并没有赋予自然人承揽工程业务的主体资格,我国法律仅仅赋予具有建设工程从业资格的自然人(主要是工程专业技术人员)从事工程相关专业的职业,但自然人原则上不能成为建设工程民事法律关系的主体。考察法人、其他组织是否是建设工程市场民事主体的具体内容,应当审查其是否依法设立,是否具有从事建设工程的经营范围或业务范围,其中具有独立法人资格的公司类民事主体,其注册资本应当符合法律、行政法规的规定。

(二)工程物权制度

工程物权制度是规范工程建设中财产所有和使用关系的基本制度。物权,是指权利人依法对特定的物享有直接支配和排他的权利,包括所有权、用益物权和担保物权。物权是财产的归属利用关系,是静态的财产关系。工程建设中的所有权制度包括工程建设各个参与主体对其对财产的占有、使用、收益和处分的权利,是从事市场交换的前提和基础。工程建设中的用益物权制度是工程建设各个参与主体对他人所有的不动产或者动产,依照法律规定享有占有、使用和收益的权利。根据《物权法》的相关规定,工程用益物权包括建设用地使用权、宅基地使用权和地役权。工程担保物权,是指为确保工程债权的实现而设定的,以直接取得或者支配特定财产的交换价值为内容的权利。我国工程建设中的担保物权包括建设用地使用权抵押权、在建工程抵押权、应收账款质押权以及其他类型的担保物权。

(三)工程建设合同制度

工程建设合同制度是直接规范交易行为,规范交易过程、维护交易秩序的基本规则。任何一个建设工程项目的实施,都需要通过签订、履行相应合同来实现,建设工程合同是实施建设工程中所有各类合同的核心。通过对建设工程合同内容、范围、工期、质量、标准和价款等合同条款的设定和履行,建设工程承包发包人的权利得以实现,义务得以履行。我国《合同法》第269条第1款规定:"建设工程合同是承包人进行工程建设,发包人支付价款的合同。"建设工程合同包括工程勘察、设计、施工合同。建设工程合同属于承揽合同的一种,德国、日本、法国及我国台湾地区的民法也均把建设工程合同纳入承揽合同中。《合同法》未将监理合同列入建设工程合同,但因其与勘察、设计、施工等建设工程合同具有密切关联性,广义上也属于建设工程合同。有关工程建设合同的订立、履行、担保、保全、变更、终止与违约责任方面的具体问题将在工程建设合同法律制度一章有专门阐述。

(四)关于知识产权制度

建设工程的实施过程以及最终形成的终端产品建筑物或构筑物,均鲜明地打上了社会、历史、文化的烙印,凝聚了人类的创造才能和智慧,是人类最古老的创作形式,应当得到完善的知识产权保护。建设工程从勘察、设计、施工直至通过竣工验收交工的过程中,往往涉及许多知识产权,我国建设工程施工合同示范文本中也涉及专利技术或特殊工艺使用的法律责任等方面的约定,这说明运用知识产权法保证工程建筑活动的合法运作的观念已经得到确认。

在建设工程实施过程中主要有以下知识产权:(1)工程勘察、设计和工程施工阶段的原始资料、计算书、工程设计图及说明书、技术文件和工程总结报告等勘察、设计、施工文件,包括工程技术方面的计算机软件,这些主要涉及著作权;(2)各种具有新颖性、创造性和实用性的新工艺、新设备、新材料、新结构等新技术和新设计,以及对原有技术的新改进、新组合等专利技术;(3)具有实用性、收益性并采取了保密措施的不为公众所知悉的技术信息,包括各种新工艺、新设备、新材料、新结构、新技术、产品配方、各种技术诀窍及方法等技术秘密;(4)具有实用性、收益性并采取了保密措施的不为公众所知悉的经营信息,包括生产经营、企业管理、科技档案、客户名单、财务账册、统计报表等其他商业秘密。

(五)工程建设中的民事责任

工程建设中的民事责任,是指由于违反民事法律或当事人间约定所应承担的一种法律责任。这种民事责任包括违约责任、侵权责任和缔约过失责任,主要表现为一种财产上的责任。

违约责任,是违反合同的民事责任的简称,是指合同当事人一方不履行合同义务或履行合同义务不符合合同约定所应承担的民事责任。根据《合同法》第 107 条的规定,当事人一方不履行合同义务或者履行合同义务不符合约定的,应当承担继续履行、采取补救措施或者赔偿损失等违约责任。

侵权责任,是指行为人侵害他人财产或对人身造成损害,依法应当承担的法律后果。根据《侵权责任法》第 2 条的规定,侵害民事权益,应当依照该法承担侵权责任。该法所称民事权益,包括生命权、健康权、姓名权、名誉权、荣誉权、肖像权、隐私权、婚姻自主权、监护权、所有权、用益物权、担保物权、著作权、专利权、商标专用权、发现权、股权、继承权等人身、财产权益。根据《侵权责任法》第 6 条的规定,行为人因过错侵害他人民事权益,应当承担侵权责任。根据法律规定推定行为人有过错,行为人不能证明自己没有过错的,应当承担侵权责任。承担侵权责任的方式主要有:停止侵害;排除妨碍;消除危险;返还财产;恢复原状;赔偿损失;赔礼道歉;消除影响、恢复名誉。以上承担侵权责任的方式,可以单独适用,也可以合并适用。

缔约过失责任,是指在合同订立过程中,一方因过错违反依诚实信用原则负有的先合同义务,导致合同不成立,或者合同虽然成立,但不符合法定的生效条件而被确认无效、被变更或被撤销,导致另一方的信赖利益的损失,并应承担损害赔偿责任。《合同法》第42条确立了缔约过失责任制度,该条规定:"当事人在订立合同过程中有下列情形之一,给对方造成损失的,应当承担损害赔偿责任:(1)假借订立合同,恶意进行磋商;(2)故意隐瞒与订立合同有关的重要事实或者提供虚假情况;(3)有其他违背诚实信用原则的行为。"可见缔约过失责任实质上是诚实信用原则在缔约过程中的体现。

第二节 重要的工程民法制度

一、建设工程民事主体制度

我国现行有关法律法规已经构建了建设工程市场主体法律制度。在此法律制度框架下,我国建设工程市场中从事建设工程业务的单位或个人,包括作为发包人和承包人的各类建设单位,勘察、设计、监理、施工、特种设备供应、工程中介服务等有关单位,以及从事勘察、设计、监理、施工、特种设备操作、工程造价等专业的人员,都应当是具备民事权利能力和民事行为能力的民事主体,这是参与建设工程市场活动的基础;同时,建设工程市场主体还应当具备法律规定的特殊从业资格。特殊的从业资格是建设工程的行业、技术、安全等特征和要求所决定的,包括从业单位的资质、安全生产许可,以及从业人员的执业资格等。

(一)建设单位

我国法律允许具有民事行为能力的自然人取得建设用地使用权,因此,理论上依法取得国有建设用地使用权的自然人可以作为利用其土地实施建设工程的建设主体,但是我国《建筑法》《城乡规划法》等法律均将建设工程的建设主体称为"建设单位",并没有法律明确规定自然人可以作为"建设单位"。因此,建设单位应当是依据《公司法》《外资企业法》《合伙企业法》《社会团体登记管理条例》《地方各级人民代表大会和地方各级人民政府组织法》等法律法规成立的法人或其他组织,如公司、合伙企业、政府机关、事业单位、社会团体等。

(二)勘察、设计单位

《建设工程勘察设计管理条例》将从事建设工程勘察设计的主体界定为"勘察设计单位",并且第37条明确规定:"违反本条例规定,建设工程勘察、设计注册执业人员和其他专业技术人员未受聘于一个建设工程勘察、设计单位或者同时受聘于两个以上建设工程勘察、设计单位,从事建设工程勘察、设计活动的,责令停止违法行为,没收违法所得,处违法所得2倍以上5倍以下的罚款;情节严重的,可以责令停止执行业务或者吊销资格证书;给他人造成损失的,依法承担赔偿责任。"因此,我国建设工程市场中具备从事勘察设计业务的民事主体应当是勘察设计单位,而具有勘察、设计执业资格的人员必须受聘于一家勘察设计单位，具有勘察、设计执业资格的人员不得以其个人名义从事工程勘察、设计活动。

在我国实施勘察设计体制改革以前，我国的勘察设计单位主要是事业单位。国务院于1994年9月29日发布《关于工程勘察设计单位改建为企业问题的批复》（国函〔1994〕100号），原则同意实行事业单位企业化管理的工程勘察设计单位逐步改建为企业。目前，勘察、设计单位可以是依法注册设立具有独立法人资格的有限责任公司、股份有限公司。

（三）监理单位

按照我国法律规定，自然人不能成为建设工程市场中承担工程监理业务的"监理单位"，具有监理人员从业资格的自然人，只能受聘于监理单位，从事监理职业。我国建设工程监理市场中的民事主体只能是依法设立的工程监理单位。

根据2015年5月4日修订后施行的《工程监理企业资质管理规定》，工程监理企业资质分为综合资质、专业资质和事务所资质。其中，专业资质按照工程性质和技术特点划分为若干工程类别。综合资质、事务所资质不分级别。专业资质分为甲级、乙级；其中，房屋建筑、水利水电、公路和市政公用专业资质可设立丙级。工程监理单位可以是依法设立的具有法人资格的公司，也可以依法设立为合伙企业。

（四）施工单位

我国工程建设市场中最为活跃、数量最多的民事主体应当是施工单位，我国法律将施工单位分为三大类，即施工总承包企业、专业承包企业和劳务分包企业，施工单位均应当是依法设立的具有独立法人资格的企业，可以是有限责任公司或股份有限公司。《建筑业企业资质等级标准》（建市〔2014〕159号）规定，对不同等级的施工总承包企业、专业承包企业和劳务分包企业的注册资本金作出了明确规定。

（五）工程总承包企业

工程总承包是国际通行的工程建设项目组织实施方式之一，工程总承包，是指从事工程总承包的企业（以下简称工程总承包企业）受业主委托，按照合同约定对工程项目的勘察、设计、采购、施工、试运行（竣工验收）等实行全过程或若干阶段的承包。工程总承包企业按照合同约定对工程项目的质量、工期、造价等向业主负责。工程总承包企业可依法将所承包工程中的部分工作发包给具有相应资质的分包企业；分包企业按照分包合同的约定对总承包企业负责。工程总承包的具体方式、工作内容和责任等，由业主与工程总承包企业在合同中约定。随着我国建设工程特别是对外工程的不断发展，我国工程总承包企业从无到有并不断发展壮大，工程总承包企业也是我国建设工程市场中的重要民事主体。1992年4月3日，建设部发布实施的《工程总承包企业资质管理暂行规定（试行）》规定，工程总承包企业，是指对工程从立项到交付使用全过程承包的企业，不包括以设计院为主体的设计工程公司。工程总承包企业应当是具有独立法人资格的企业，不包括以设计院为主体的设计工程公司，并且企业自有资金 1 亿元以上，其中自有流动资金 3000 万元以上。

2003 年 2 月 13 日，建设部发布《关于培育发展工程总承包和工程项目管理企业的指导意见》（建市〔2003〕30 号）的规定："鼓励具有工程勘察、设计或施工总承包资质的勘察、设计和施工企业，通过改造和重组，建立与工程总承包业务相适应的组织机构、项目管理体系，充实项目管理专业人员，提高融资能力，发展成为具有设计、采购、施工（施工管理）综合功能的工程公司，在其勘察、设计或施工总承包资质等级许可的工程项目范围内开展工程总承包业务。工程勘察、设计、施工企业也可以组成联合体对工程项目进行联合总承包。"故此，实际上改变了工程设计公司不能成为工程总承包企业的规定。我国勘察、设计、施工总承包企业均可以依法成为或依法设立具有独立法人资格的工程总承包企业，也可以组成工程总承包的非法人型联合体，也可以依据我国中外合资、合作等有关法律规定，设立从事工程总承包的中外合资、合作经营企业。

（六）工程项目管理企业

工程项目管理也是国际通行的工程建设项目组织实施方式之一。工程项目管理，是指从事工程项目管理的企业受业主委托，按照合同约定，代表业主对工程项目的组织实施进行全过程或若干阶段的管理和服务。工程项目管理企业不直接与该工程项目的总承包企业或勘察、设计、供货、施工等企业签订合同，但可以按合同约定，协助业主与工程项目的总承包企业或勘察、设计、供货、施工等企业签订合同，并受业主委托监督合同的履行。工程项目管理的具体方式及服务内容、权限、取费和责任等，由业主与工程项目管理企业在合同中约定。

2003 年 2 月 13 日，建设部发布《关于培育发展工程总承包和工程项目管理企业的指导意见》，大力推进我国工程项目管理企业的组建和发展。"鼓励具有工程勘察、设计、施工、监理资质的企业，通过建立与工程项目管理业务相适应的组织机构、项目管理体系，充实项目管理专业人员，按照有关资质管理规定在其资质等级许可的工程项目范围内开展相应的工程项目管理业务。""鼓励大型设计、施工、监理等企业与国际大型工程公司以合资或合作的方式，组建国际型工程公司或项目管理公司，参加国际竞争。"2008 年 11 月 12 日，住房和城乡建设部发布《关于大型工程监理单位创建工程项目管理企业的指导意见》，推进有条件的大型工程监理单位创建工程项目管理企业。《建设工程项目管理试行办法》（建市〔2004〕200 号）第 8 条第 1 款规定："两个及以上项目管理企业可以组成联合体以一个投标人身份共同投标。联合体中标的，联合体各方应当共同与业主方签订委托项目管理合同，对委托项目管理合同的履行承担连带责任。联合体各方应签订联合体协议，明确各方权利、义务和责任，并确定一方作为联合体的主要责任方，项目经理由主要责任方选派。"

故此,我国工程勘察、设计、施工、监理单位均可以依法设立具有独立法人资格的项目管理企业,并且可以设立工程项目管理的中外合作、合资公司。

(七)工程技术咨询和服务类企业

在我国建设工程市场中,工程咨询、招标代理、造价咨询、质量检测等工程技术咨询和服务中介类企业,也是不可或缺的民事主体。

1. 工程咨询单位

根据 2015 年 5 月 30 日修订后施行的《工程咨询单位资格认定办法》、2017 年 10 月 18 日,国家发改委根据国务院《关于取消一批行政许可事项的决定》(国发〔2017〕46 号),正式取消了工程咨询单位资格认定行政许可事项。

工程咨询单位主要从事以下八项服务范围:(1)规划咨询:含行业、专项和区域发展规划编制、咨询;(2)编制项目建议书(含项目投资机会研究、预可行性研究);(3)编制项目可行性研究报告、项目申请报告和资金申请报告;(4)评估咨询:含项目建议书、可行性研究报告、项目申请报告与初步设计评估,以及项目后评价、概预决算审查等;(5)工程设计;(6)招标代理;(7)工程监理、设备监理;(8)工程项目管理:含工程项目的全过程或若干阶段的管理服务。工程设计、工程监理、设备监理资格,由国务院有关主管部门认定。由于工程设计、招标代理、工程监理、设备监理和工程项目管理,另有专门的管理规定,笔者将从事上述第(1)项至第(4)项服务的工程咨询单位称为狭义的工程咨询单位。狭义的工程咨询单位均应当是指在中国境内设立的开展工程咨询业务并具有独立法人资格的企业、事业单位,不包括社会社团、政府机关、不具备独立法人资格的分公司、分院以及外国公司在中国境内设立的不具有中国法人资格的分支机构。2017 年 9 月 22 日,国务院发布《关于取消一批行政许可事项的决定》(国发〔2017〕46 号),取消工程咨询单位资格认定。

2. 工程招标代理机构

工程建设项目招标代理,是指工程招标代理机构接受招标人的委托,从事工程的勘察、设计、施工、监理以及与工程建设有关的重要设备(进口机电设备除外)、材料采购招标的代理业务。根据 2017 年 12 月 27 日修订后施行的《招标投标法》,删除了"从事工程建设项目招标代理业务的招标代理机构,其资格由国务院或者省、自治区、直辖市人民政府的建设行政主管部门认定"。取消了招标代理机构的行政许可,目的是进一步推进简政放权、放管结合、优化服务改革,更大程度激发市场、社会的创新创造活力。2018 年 2 月 12 日住房和城乡建设部通过了《关于废止〈工程建设项目招标代理机构资格认定办法〉的决定》。

3. 工程造价咨询企业

工程造价咨询企业,是指接受委托,对建设项目投资、工程造价的确定与控制提供专业咨询服务的企业。

根据2006年7月1日施行的《工程造价咨询企业管理办法》,工程造价咨询企业依法从事工程造价咨询活动,不受行政区域限制。甲级工程造价咨询企业可以从事各类建设项目的工程造价咨询业务。乙级工程造价咨询企业可以从事工程造价5000万元人民币以下的各类建设项目的工程造价咨询业务。工程造价咨询业务范围包括:(1)建设项目建议书及可行性研究投资估算、项目经济评价报告的编制和审核;(2)建设项目概预算的编制与审核,并配合设计方案比选、优化设计、限额设计等工作进行工程造价分析与控制;(3)建设项目合同价款的确定(包括招标工程工程量清单和标底、投标报价的编制和审核),合同价款的签订与调整(包括工程变更、工程洽商和索赔费用的计算)及工程款支付,工程结算及竣工结(决)算报告的编制与审核等;(4)工程造价经济纠纷的鉴定和仲裁的咨询;(5)提供工程造价信息服务等。工程造价咨询企业可以对建设项目的组织实施进行全过程或者若干阶段的管理和服务。《工程造价咨询企业管理办法》没有将工程造价咨询企业限定为具有法人资格的企业。

4. 工程质量检测机构

建设工程质量检测,是指工程质量检测机构接受委托,依据国家有关法律、法规和工程建设强制性标准,对涉及结构安全项目的抽样检测和对进入施工现场的建筑材料、构配件的见证取样检测。根据2015年5月4日修订后施行的《建设工程质量检测管理办法》,工程质量检测机构应当是具有独立法人资格的中介机构。

二、与工程建设相关的民事权利

(一)土地所有权

1. 土地所有权

《土地管理法》第2条第1款规定,中华人民共和国实行土地的社会主义公有制,即全民所有制和劳动群众集体所有制。土地所有权,是指土地所有人依法对其所有的土地享有的占有、使用、收益、处分并排除他人干涉的权利。我国的土地所有权依土地所有权人的不同在法律上分为国家土地所有权和集体土地所有权。

2. 国家土地所有权

国家土地所有权,是指国家作为土地所有权的权利主体依法对国家所有的土地享有的占有、使用、收益和处分的权利。国家土地所有权是我国土地所有权制度的重要内容,是确定社会主义全民所有制经济占主导地位的经济制度的基础。《土地管理法》第9条规定,城市市区的土地属于国家所有。农村和城市郊区的土地,除由法律规定属于国家所有的以外,属于农民集体所有;宅基地和自留地、自留山,属于农民集体所有。

根据《土地管理法实施条例》第2条的规定,下列土地属于全民所有即国家所有:(1)城市市区的土地;(2)农村和城市郊区中已经依法没收、征收、征购为国有的土地;(3)国家依法征收的土地;(4)依法不属于集体所有的林地、草地、荒地、滩涂及其他土地;(5)农村集体经济组织全部成员转为城镇居民的,原属于其成员集体所有的土地;(6)因国家组织移民、自然灾害等原因,农民成建制地集体迁移后不再使用的原属于迁移农民集体所有的土地。

3. 集体土地所有权

集体土地所有权,是指农村劳动群众集体经济组织对于依法属于自己所有的土地享有占有、使用、收益和处分的权利。新中国成立之初,国家通过土地改革,确认了广大农民对土地的私有权,之后通过引导农民互助合作,成立互助组、合作社和高级合作社,于 1956 年基本完成社会主义改造任务,1958 年在高级合作社的基础上成立人民公社,逐步建立了农村集体所有制和土地的农民集体所有权。我国目前还属于农业国家,绝大部分农用地及农村建设用地都属于集体所有,因而集体土地所有权也是我国一种非常重要的土地所有形式。

根据《土地管理法》的规定,农村和城市郊区的土地,除由法律规定属于国家所有的以外,属于农民集体所有;宅基地和自留地、自留山,属于农民集体所有。农民集体所有的土地,可分为农用地、建设用地和未利用地。农用地,是指直接用于农业生产的用地,包括耕地、林地、草地、农田水利用地、养殖水面用地等;建设用地,是指建造建筑物、构筑物的土地,主要包括乡(镇)村企业用地、工矿用地、乡村公益事业用地和公用设施用地、旅游用地及农村宅基地等。

(二)土地使用权

《土地管理法》第 2 条第 3 款、第 5 款规定,任何单位和个人不得侵占、买卖或者以其他形式非法转让土地。土地使用权可以依法转让。国家依法实行国有土地有偿使用制度。但是,国家在法律规定的范围内划拨国有土地使用权的除外。

1. 土地使用权的概念

土地使用权是土地所有权派生出来的一种权利,是指土地使用人根据法律、合同的规定,在法律允许的范围内,对国家或集体所有的土地享有的占用、使用、收益和限定范围内进行处分的权利。土地使用权人对土地的使用具有直接的支配力,其对土地的占有、使用和收益,不需要他人履行任何义务就可直接实现。土地使用权的这种直接性源于土地使用权的物权性质,具有排除他人干涉的权利。

2. 土地使用权的类型

(1)建设用地使用权(国有土地使用权)。根据《物权法》的规定,建设用地使用权人依法对国家所有的土地享有占有、使用和收益的权利,有权利用该土地建造建筑物、构筑物及其附属设施。建设用地使用权,是指民事主体依法对国家所有的土地享有占有、使用和收益的权利。

(2)集体土地使用权。①土地承包经营权。土地承包经营权,是指由公民或集体组织，对国家所有或集体所有的土地、山岭、草原、荒地、滩涂、水面等，依照承包合同的规定而享有的占有、使用和收益的权利。承包经营权通过订立承包合同方式确立，土地承包经营权自土地承包权合同生效时设立。《土地管理法》第13条规定，农民集体所有和国家所有依法由农民集体使用的耕地、林地、草地，以及其他依法用于农业的土地，采取农村集体经济组织内部的家庭承包方式承包，不宜采取家庭承包方式的荒山、荒沟、荒丘、荒滩等，可以采取招标、拍卖、公开协商等方式承包，从事种植业、林业、畜牧业、渔业生产。家庭承包的耕地的承包期为30年，草地的承包期为30年至50年，林地的承包期为30年至70年；耕地承包期届满后再延长30年，草地、林地承包期届满后依法相应延长。在承包经营期限范围内，承包权人有权根据法律规定，采取转包、互换、转让等方式流转土地承包经营权，流转的期限不得超过承包期的剩余期限。如果采取互换、转让方式流转没有办理登记手续的，不得对抗善意第三人。通过招标、拍卖、公开协商等方式承包荒地等农村土地，依照《农村土地承包法》等法律和国务院的有关规定，其土地承包经营权可以转让、入股、抵押或者以其他方式流转。在承包期内，承包地被征收的，土地承包经营权人有权依照法律规定获得相应补偿。②集体建设用地使用权。《物权法》第151条规定，集体所有的土地作为建设用地的，应当依照《土地管理法》等法律规定办理。《土地管理法》第59条规定，乡镇企业、乡（镇）村公共设施、公益事业、农村村民住宅等乡（镇）村建设，应当按照村庄和集镇规划，合理布局，综合开发，配套建设；建设用地，应当符合乡（镇）土地利用总体规划和土地利用年度计划，并依照《土地管理法》的规定办理审批手续。《土地管理法》第61条规定，乡（镇）村公共设施、公益事业建设，需要使用土地的，经乡（镇）人民政府审核，向县级以上地方人民政府自然资源主管部门提出申请，按照省、自治区、直辖市规定的批准权限，由县级以上地方人民政府批准；其中，涉及占用农用地的，依照《土地管理法》的规定办理审批手续。集体建设用地使用权，是指农民集体和个人进行非农业生产建设依法使用集体所有的土地的权利。集体建设用地包括宅基地、乡镇企业用地和乡（镇）村公共设施及公益事业用地。这种权利的客体是农民集体所有的土地，权利的行使是以非农目的方式进行，其取得主体主要为农村集体经济组织及本社区集体组织的成员，非集体组织成员不能单独成为集体建设用地使用权的主体。集体建设用地使用权的流转受严格限制。③宅基地使用权。宅基地使用权，是指权利人依法对集体所有的土地享有占有和使用，有权依法利用该土地建造住宅及其附属设施的权利。宅基地使用权具有如下特征：第一，权利人具有特定性。宅基地使用权的权利人，具有身份上的要求，权利主体原则上只能是集体经济组织的成员。宅基地与集体经济组织成员的权利和利益是联系在一起的。由于房屋可以继承，所以宅基地使用权实质上也可以继承。第二，宅基地使用权在性质上属于用益物权。宅基地使用权具有特定的用途，只能用于建造住宅及其附属设施。由于宅基地主要是作为生活资料提供，因此权利人不能将宅基地作为生产资料使用，如将宅基地投资建厂或者改为鱼塘等。第三,宅基地使用权的取得不以登记为要件。宅基地使用权经过申请批准以后,自批准之日起就已设立。第四,农村村民一户只能拥有一处宅基地,其宅基地的面积不得超过省、自治区、直辖市规定的标准。《土地管理法》第62条规定,农村村民一户只能拥有一处宅基地,其宅基地的面积不得超过省、自治区、直辖市规定的标准。人均土地少、不能保障一户拥有一处宅基地的地区,县级人民政府在充分尊重农村村民意愿的基础上,可以采取措施,按照省、自治区、直辖市规定的标准保障农村村民实现户有所居。农村村民建住宅,应当符合乡(镇)土地利用总体规划、村庄规划,不得占用永久基本农田,并尽量使用原有的宅基地和村内空闲地。编制乡(镇)土地利用总体规划、村庄规划应当统筹并合理安排宅基地用地,改善农村村民居住环境和条件。农村村民住宅用地,由乡(镇)人民政府审核批准;其中,涉及占用农用地的,依照《土地管理法》第四十四条的规定办理审批手续。农村村民出卖、出租、赠与住宅后,再申请宅基地的,不予批准。国家允许进城落户的农村村民依法自愿有偿退出宅基地,鼓励农村集体经济组织及其成员盘活利用闲置宅基地和闲置住宅。国务院农业农村主管部门负责全国农村宅基地改革和管理有关工作。④乡镇企业建设用地使用权。乡镇企业建设用地使用权与宅基地使用权存在很多类似之处。第一,乡镇企业建设用地使用权具有身份性。我国乡镇企业建设用地的主体有两类:一是农村集体经济组织独资企业;二是农村集体经济组织与其他单位、个人以土地使用权入股、联营等形式共同兴办的企业。非本集体经济组织兴办的企业不能享有此权利。第二,乡镇企业建设用地取得具有无偿性。第三,乡镇企业建设用地使用权的限制性,即乡镇企业建设用地只能用于乡镇企业为开展生产经营所需的建设,不能用做其他用途。第四,乡镇企业建设用地使用权可以抵押流转。《物权法》第183条规定,乡镇、村企业的建设用地使用权不得单独抵押。以乡镇、村企业的厂房等建筑物抵押的,其占用范围内的建设用地使用权一并抵押。《土地管理法》第60条规定,农村集体经济组织使用乡(镇)土地利用总体规划确定的建设用地兴办企业或者与其他单位、个人以土地使用权入股、联营等形式共同举办企业的,应当持有关批准文件,向县级以上地方人民政府自然资源主管部门提出申请,按照省、自治区、直辖市规定的批准权限,由县级以上地方人民政府批准;其中,涉及占用农用地的,依照《土地管理法》第四十四条的规定办理审批手续。按照上述规定兴办企业的建设用地,必须严格控制。省、自治区、直辖市可以按照乡镇企业的不同行业和经营规模,分别规定用地标准。⑤乡(镇)村公共设施及公益事业用地。乡(镇)村公共设施、公益事业建设,需要使用土地的,经乡(镇)人民政府审核,向县级以上地方人民政府土地行政主管部门提出申请,按照省、自治区、直辖市规定的批准权限,由县级以上地方人民政府批准;其中,涉及占用农用地的,依法办理农用地转用的审批手续。

(三)建设用地使用权

建设用地,是指建造建筑物、构筑物的土地,包括城乡住宅和公共设施用地、工矿用地、交通水利设施用地、旅游用地、军事设施用地等。任何单位和个人进行建设,需要使用土地的,必须依法申请使用国有土地;但是,兴办乡镇企业和村民建设住宅经依法批准使用本集体经济组织农民集体所有的土地的,或者乡(镇)村公共设施和公益事业建设经依法批准使用农民集体所有的土地的除外。

1. 建设用地使用权概念

《物权法》《土地管理法》《城市房地产管理法》等法律分别对建设用地使用权进行了规定。《物权法》中使用"建设用地使用权",《土地管理法》和《城市房地产管理法》使用"土地使用权",而土地使用权包括国有土地建设用地使用权和集体建设用地使用权。本节以下建设用地使用权专指国有土地建设用地使用权。

建设用地使用权,是指民事主体依法对国家所有的土地享有占有、使用和收益的权利。建设用地使用权是从国家土地所有权中分离出来的一项民事权利。建设用地使用权独立于土地所有权而存在。建设用地使用权可以在土地的地表、地上或者地下分别设立。新设立的建设用地使用权,不得损害已设立的用益物权。根据《物权法》的规定,建设用地使用权人依法对国家所有的土地享有占有、使用和收益的权利,有权利用该土地建造建筑物、构筑物及其附属设施。

2. 建设用地使用权的设立

(1)建设用地使用权的设立方式。建设用地使用权的取得方式有出让、划拨等方式。其中划拨是无偿取得使用权的方式,因此法律严格限制以划拨方式设立建设用地使用权。采取划拨方式的,应当遵守法律、行政法规关于土地用途的规定。《物权法》规定,工业、商业、旅游、娱乐和商品住宅等经营性用地以及同一土地有两个以上意向用地者的,应当采取招标、拍卖等公开竞价的方式出让。

(2)建设用地使用权的登记。《物权法》第139条规定,设立建设用地使用权的,应当向登记机构申请建设用地使用权登记。建设用地使用权自登记时设立。登记机构应当向建设用地使用权人发放建设用地使用权证书。我国对建设用地使用权的设定采取了严格的登记要件主义,即建设用地使用权出让合同的生效,并不直接发生建设用地使用权这一用益物权设定的效力,而仅发生债的效力。这也就是说,出让人有权请求受让人交付土地出让金;受让人有权请求出让人交付土地并办理建设用地使用权登记。只有完成建设用地使用权登记,才发生建设用地使用权设定的效果,即受让人实际取得建设用地使用权。因此建设用地使用权期限应当自完成登记之日起计算。

3. 建设用地使用权的期限

(1)以划拨方式取得的建设用地使用权没有期限的限制。

(2)以出让方式取得的建设用地使用权有最高期限的限制。《城镇国有土地使用权出让和转让暂行条例》第12条规定,土地使用权出让最高年限按下列用途确定:①居住用地70年;②工业用地50年;③教育、科技、文化、卫生、体育用地50年;④商业、旅游、娱乐用地40年;⑤综合或者其他用地50年。

4. 期限届满时的续期

（1）《城市房地产管理法》的规定。《城市房地产管理法》第 22 条规定，土地使用权出让合同约定的使用年限届满，土地使用者需要继续使用土地的，应当至迟于届满前一年申请续期，除根据社会公共利益需要收回该幅土地的，应当予以批准。经批准准予续期的，应当重新签订土地使用权出让合同，依照规定支付土地使用权出让金。土地使用权出让合同约定的使用年限届满，土地使用者未申请续期或者虽申请续期但依照前款规定未获批准的，土地使用权由国家无偿收回。

（2）《物权法》的规定。《物权法》区分住宅建设用地使用权和非住宅建设用地使用权予以区别对待。《物权法》第 149 条规定，住宅建设用地使用权期间届满的，自动续期。非住宅建设用地使用权期间届满后的续期，依照法律规定办理。该土地上的房屋及其他不动产的归属，有约定的，按照约定；没有约定或者约定不明确的，依照法律、行政法规的规定办理。这也就是说，对于非住宅建设用地使用权的续期，地上建筑物的归属等《物权法》并没有予以规范，而是将其留给了《土地管理法》等其他法律加以解决。

5. 建设用地使用权的出让与划拨

出让与划拨是设立建设用地使用权的两种方式，由于我国实行国有土地有偿使用制度，划拨的适用被严格限制。

（1）建设用地使用权的出让。

建设用地使用权出让，是指国家以土地所有者的身份将建设用地使用权出让，在一定年限内让与土地使用者，并由土地使用者向国家支付土地使用权出让金的行为。

新中国成立后，在社会主义建设过程中确立了我国土地的社会主义公有制地位，并在土地管理和土地利用上形成了一套与计划经济体制相适应的模式。国家的土地使用权以无偿划拨的方式授予用地单位，而用地单位享有无期限的无偿使用权。1988 年 4 月，全国人大通过的《宪法修正案》明确规定，"土地的使用权可以依照法律的规定转让"，从而为建立土地使用权二级市场和完善土地有偿使用制度提供了根本法律依据。1988 年 12 月修改公布的《土地管理法》第 2 条第 4 款规定："国有土地和集体所有的土地使用权可以依法转让。土地使用权转让的具体办法，由国务院另行规定。"该法的颁布，提供了国家依法实行国有土地有偿使用制度的基本法律依据，标志着我国土地有偿使用法制化进入了新的阶段。土地使用权进入市场流动的新机制的建立，使土地资源通过市场配置得到了更为合理的开发和集约利用，从客观上满足了我国社会主义市场经济建设的需要。

《城市房地产管理法》第 13 条规定，土地使用权出让，可以采取拍卖、招标或者双方协议的方式。商业、旅游、娱乐和豪华住宅用地，有条件的，必须采取拍卖、招标方式；没有条件，不能采取拍卖、招标方式的，可以采取双方协议的方式。采取双方协议方式出让土地使用权的出让金不得低于按国家规定所确定的最低价。可见建设用地使用权出让最基本的缔约方式是协议、拍卖、招标、挂牌四种。

(2)建设用地使用权的划拨。

建设用地使用权划拨,是指县级以上人民政府依照相关法律规定的权限和审批程序,将国有土地无偿地交付给符合法律规定的条件的土地使用者,土地使用者因此取得建设用地使用权的行为。与出让不同,划拨是国家为了维护国家利益和社会公共利益需要,依照严格的法律程序授予用地者土地使用权,本质上是一种非市场化的建设用地使用权的设定方式。《城市房地产管理法》第 23 条规定,土地使用权划拨,是指县级以上人民政府依法批准,在土地使用者缴纳补偿、安置等费用后将该幅土地交付其使用,或者将土地使用权无偿交付给土地使用者使用的行为。依照该法规定以划拨方式取得土地使用权的,除法律、行政法规另有规定外,没有使用期限的限制。

以划拨的方式设立建设用地使用权存在不少弊端,因而对划拨方式的适用范围应该予以限制。《物权法》第 137 条第 3 款规定,严格限制以划拨方式设立建设用地使用权。采取划拨方式的,应当遵守法律、行政法规关于土地用途的规定。《城市房地产管理法》第 24 条规定,下列建设用地的土地使用权,确属必需的,可以由县级以上人民政府依法批准划拨:(1)国家机关用地和军事用地;(2)城市基础设施用地和公益事业用地;(3)国家重点扶持的能源、交通、水利等项目用地;(4)法律、行政法规规定的其他用地。

三、典型的工程担保制度

(一)建设用地使用权的抵押

建设用地使用权的抵押,是指抵押人以其建设用地使用权向抵押权人提供债务履行担保的行为,债务人不履行到期债务或出现当事人约定的实现抵押权的条件时,抵押权人有权依法从抵押的建设用地使用权的变价款中优先受偿。

设立建设用地使用权抵押的应当订立书面合同,并应办理抵押登记,抵押权自登记时设立。建设用地使用权抵押时,其地上建筑物、其他附着物也随之抵押。根据“房随地走”和“地随房走”的规则,《物权法》第 182 条规定,以建筑物抵押的,该建筑物占用范围内的建设用地使用权一并抵押。以建设用地使用权抵押的,该土地上的建筑物一并抵押。抵押人未依照前款规定一并抵押的,未抵押的财产视为一并抵押。

(二)在建工程抵押权

在建工程,是指经审批正在建设中的房屋及其他建筑物。在建工程抵押作为抵押的一种特殊形式,因具有良好的加速资金流动和促进资金融通等优点,在满足银行拓展客户的同时,又可解决企业的融资需求,现广泛地被银行所采用。《城市房地产抵押管理办法》第 3 条第 5 款规定:“本办法所称在建工程抵押,是指抵押人为取得在建工程继续建造资金的贷款,以其合法方式取得的土地使用权连同在建工程的投入资产,以不转移占有的方式抵押给贷款银行作为偿还贷款履行担保的行为。”

关于在建工程抵押的法律依据,《担保法》未作明确规定。最高人民法院《关于适用〈中华人民共和国担保法〉若干问题的解释》(法释〔2000〕44 号)第 47 条规定:“以依法获准尚未建造的或者正在建设中的房屋或者其他建筑物抵押的,当事人办理了抵押物登记,人民法院可以认定抵押有效。”该司法解释确立了在建工程抵押的合法性。

《物权法》第 180 条第 1 款第 5 项规定,债务人或者第三人有权处分的正在建造的建筑物可以抵押。以建筑物抵押的,该建筑物占用范围内的建设用地使用权一并抵押。以建设用地使用权抵押的,该土地上的建筑物一并抵押。以正在建造的建筑物抵押的,应当办理抵押登记。抵押权自登记时设立。

(三)建设工程价款优先受偿权

为了规范建筑行业的交易秩序,保护施工承包人的权益,解决工程款拖欠现象,《合同法》第 286 条规定:“发包人未按照约定支付价款的,承包人可以催告发包人在合理期限内支付价款。发包人逾期不支付的,除按照建设工程的性质不宜折价、拍卖的以外,承包人可以与发包人协议将该工程折价,也可以申请人民法院将该工程依法拍卖。建设工程的价款就该工程折价或者拍卖的价款优先受偿。”该条确立了建设工程承包人的优先受偿权。建设工程承包人价款的优先受偿权,是指建筑工程竣工后,建设工程承包人在发包人未按照合同约定给付工程价款时,工程价款的债权与抵押权或其他债权同时并存时,承包人就该工程折价或者拍卖所得的价款,享有优先于抵押权和其他债权受偿的权利。

2002 年 6 月 20 日公布的最高人民法院《关于建设工程价款优先受偿权问题的批复》(法释〔2002〕16 号),对于上海市高级人民法院《关于合同法第 286 条理解与适用问题的请示》,进行了答复,主要内容如下:(1)人民法院在审理房地产纠纷案件和办理执行案件中,应当依照《中华人民共和国合同法》第 286 条的规定,认定建筑工程的承包人的优先受偿权优于抵押权和其他债权。(2)消费者交付购买商品房的全部或者大部分款项后,承包人就该商品房享有的工程价款优先受偿权不得对抗买受人。(3)建筑工程价款包括承包人为建设工程应当支付的工作人员报酬、材料款等实际支出的费用,不包括承包人因发包人违约所造成的损失。(4)建设工程承包人行使优先权的期限为 6 个月,自建设工程竣工之日或者建设工程合同约定的竣工之日起计算。

在上述批复中,最高人民法院一方面,强化了对建筑工程款债权的保护,明确指出建筑工程的承包人的优先受偿权不仅优先于一般债权还优先于抵押权;另一方面,也对建筑工程优先受偿权的行使进行了限制,即在消费者交付购买商品房的全部或者大部分款项后,承包人就该商品房享有的工程价款优先受偿权不得对抗买受人;同时,对享有优先受偿权的工程价款的范围和行使优先受偿权的期限进行了规定。这一司法解释的出台,在司法层面上有针对性地解决了建设工程优先受偿权在实务中的部分问题。2019 年 2 月 1 日施行的最高人民法院《关于审理建设工程施工合同纠纷案件适用法律问题的解释(二)》对建设工程价款优先受偿权作出了进一步的规定。装饰装修工程的承包人,请求装饰装修工程价款就该装饰装修工程折价或者拍卖的价款优先受偿的,人民法院应予支持,但装饰装修工程的发包人不是该建筑物的所有权人的除外。建设工程质量合格,承包人请求其承建工程的价款就工程折价或者拍卖的价款优先受偿的,人民法院应予支持。未竣工的建设工程质量合格,承包人请求其承建工程的价款就其承建工程部分折价或者拍卖的价款优先受偿的,人民法院应予支持。承包人建设工程价款优先受偿的范围依照国务院有关行政主管部门关于建设工程价款范围的规定确定。承包人就逾期支付建设工程价款的利息、违约金、损害赔偿金等主张优先受偿的,人民法院不予支持。承包人行使建设工程价款优先受偿权的期限为 6 个月,自发包人应当给付建设工程价款之日起算。发包人与承包人约定放弃或者限制建设工程价款优先受偿权,损害建筑工人利益,发包人根据该约定主张承包人不享有建设工程价款优先受偿权的,人民法院不予支持。

四、建设工程质量损害赔偿责任

(一)建设工程质量损害赔偿责任的相关法律规定

目前,涉及建设工程质量责任方面的特别法共计 60 余个,主要有《建筑法》《建设工程质量管理条例》《铁路建设工程质量管理规定》《城市房地产开发经营管理条例》等。这些有关建设工程质量责任的法律规范集民事、行政、刑事责任于一体,形成了分散式立法体例。目前,我国对建设工程或建筑物的质量责任条文主要有:

《建筑法》第 80 条规定,在建筑物的合理使用寿命内,因建筑工程质量不合格受到损害的,有权向责任者要求赔偿。

《建设工程质量管理条例》第 41 条规定:"建设工程在保修范围和保修期限内发生质量问题的,施工单位应当履行保修义务,并对造成的损失承担赔偿责任。"第 42 条规定:"建设工程在超过合理使用年限后需要继续使用的,产权所有人应当委托具有相应资质等级的勘察、设计单位鉴定,并根据鉴定结果采取加固、维修等措施,重新界定使用期。"

《房屋建筑工程质量保修办法》(建设部第 80 号令)第 14 条规定:"在保修期限内,因房屋建筑工程质量缺陷造成房屋所有人、使用人或者第三方人身、财产损害的,房屋所有人、使用人或者第三方可以向建设单位提出赔偿要求。建设单位向造成房屋建筑工程质量缺陷的责任方追偿。"

《商品房销售管理办法》(建设部第88号令)第33条规定:"在保修期限内发生的属于保修范围的质量问题,房地产开发企业应当履行保修义务,并对造成的损失承担赔偿责任。因不可抗力或者使用不当造成的损坏,房地产开发企业不承担责任。"

最高人民法院《关于审理建设工程施工合同纠纷案件适用法律问题的解释》第27条规定,因保修人未及时履行保修义务,导致建筑物毁损或者造成人身、财产损害的,保修人应当承担赔偿责任。保修人与建筑物所有人或者发包人对建筑物毁损均有过错的,各自承担相应的责任。

(二)建设工程质量损害赔偿责任的义务主体

《建筑法》第80条规定:"在建筑物的合理使用寿命内,因建筑工程质量不合格受到损害的,有权向责任者要求赔偿。"关于"责任者"的范围,该条并没有明确。《建设工程质量管理条例》第3条对此做了明确规定:"建设单位、勘察单位、设计单位、施工单位、工程监理单位依法对建设工程质量负责。"可见,建设工程质量缺陷的损害赔偿责任主体包括了上述5个单位。因这些主体的原因产生的建筑质量问题,造成他人人身、财产损失的,这些单位应当承担相应的赔偿责任。受损害人可以向上述主体中对建筑物缺陷负有责任者要求赔偿,也可以向各方共同提出赔偿要求,在查明原因的基础上由真正责任者承担赔偿责任。

由于《城市房地产开发经营管理条例》第16条第2款、第3款规定:"房地产开发企业应当对其开发建设的房地产开发项目的质量承担责任。勘察、设计、施工、监理等单位应当依照有关法律、法规的规定或者合同的约定,承担相应的责任。"因此,因建设工程质量缺陷而受到损害的除建设单位以外的受害人,可以直接向建设单位要求损害赔偿,建设单位向受害人承担责任后,在分清责任的基础上,再由勘察、设计、施工、监理等单位对其蒙受的损失进行赔偿的问题,按相应的法律、法规或者合同的约定处理。

1. 建设单位的赔偿责任

根据《建设工程质量管理条例》的规定,建设单位承担赔偿责任的情形有:(1)未组织竣工验收,擅自交付使用,造成损失的;(2)验收不合格,擅自交付使用,造成损失的;(3)对不合格的建设工程按照合格工程验收,造成损失的;(4)涉及建筑主体或者承重结构变动的装修工程,没有设计方案擅自施工,造成损失的。

2. 勘察、设计单位的赔偿责任

根据《建筑法》和《建设工程质量管理条例》的规定,勘察、设计单位承担赔偿责任的情形有:(1)勘察单位未按照工程建设强制性标准进行勘察,造成工程质量事故,并造成损失的;(2)建筑设计单位不按照建筑工程质量、安全标准进行设计,造成工程质量事故,并造成损失的;(3)设计单位未根据勘察成果文件进行工程设计，造成工程质量事故，并造成损失的；(4)设计单位指定建筑材料、建筑构配件的生产厂、供应商，造成工程质量事故，并造成损失的。

3. 施工单位的赔偿责任

根据《建筑法》《建设工程质量管理条例》的规定，施工单位承担赔偿责任的情形有：(1)施工企业转让、出借资质证书或者以其他方式允许他人以本企业的名义承揽工程，对因该项承揽工程不符合规定的质量标准造成的损失，施工企业与使用本企业名义的单位或者个人承担连带赔偿责任；(2)承包单位将承包的工程转包的，或者违反《建筑法》规定进行分包，对因转包工程或者违法分包的工程不符合规定的质量标准造成的损失，与接受转包或者分包的单位承担连带赔偿责任；(3)施工企业在施工中偷工减料、使用不合格的建筑材料、建筑构配件和设备，或者有其他不按照工程设计图纸或者施工技术标准施工的行为，造成建筑工程质量不符合规定的质量标准的，负责返工、修理，并赔偿因此造成的损失；(4)施工企业违反《建筑法》规定，不履行保修义务或者拖延履行保修义务的，对在保修期内因屋顶、墙面渗漏、开裂等质量缺陷造成的损失，承担赔偿责任；(5)施工企业未对建筑材料、建筑构配件、设备和商品混凝土进行检验，或者未对涉及结构安全的试块、试件以及有关材料取样检测，造成损失的，依法承担赔偿责任。

4. 工程监理单位的赔偿责任

根据《建筑法》《建设工程质量管理条例》的规定，工程监理单位承担赔偿责任的情形有：(1)工程监理单位与建设单位或者建筑施工企业串通，弄虚作假、降低工程质量，造成损失的，承担连带赔偿责任；(2)将不合格的建设工程、建筑材料、建筑构配件和设备按照合格签字，造成损失的，承担连带赔偿责任。

另外，根据《建筑法》第79条的规定，负责颁发建筑工程施工许可证的部门及其工作人员对不符合施工条件的建筑工程颁发施工许可证的，负责工程质量监督检查或者竣工验收的部门及其工作人员对不合格的建筑工程出具质量合格文件或者按合格工程验收的……造成损失的，由该部门承担相应的赔偿责任。

最后，对于建筑材料、建筑构配件和设备生产厂商的质量责任追究，适用《产品质量法》的规定和我国相应的法规、规章的规定。《建筑法》《建设工程质量管理条例》对此没有具体规定，并不说明其无须负质量责任。《产品质量法》第2条第2款明确规定："建设工程不适用本法规定；但是，建设工程使用的建筑材料、建筑构配件和设备，属于前款规定的产品范围的，适用本法规定。"这一规定表明，由于建设工程质量缺陷给他人造成损害的，如果能够证明造成损害的原因是建筑材料、建筑构配件和设备存在质量瑕疵，受损害人可以依据《产品质量法》提起民事赔偿诉讼。

（三）建设工程质量损害赔偿责任的主要类型

在缺陷责任期和质量保修期内，如果发生质量问题并造成了损害，则承包人承担保修义务的同时，责任方还应承担损害赔偿责任。在缺陷责任期、质量保修期届满后的建筑物的合理使用寿命内，如果发生质量问题，责任人仍然应当承担赔偿责任。

建设工程质量责任从建设单位与勘察、设计、施工、监理等单位之间的关系来看，是一种合同责任。如果由于质量不合格给建设单位造成损害，则发生侵权责任和违约责任的竞合。《合同法》第 122 条规定："因当事人一方的违约行为，侵害对方人身、财产权益的，受损害方有权选择依照本法要求其承担违约责任或者依照其他法律要求其承担侵权责任。"所以，建设单位可以从保护自身利益的角度出发，对由于不同责任而产生的不同请求权作出选择：如果由于工程质量缺陷仅造成建设单位的财产损失，如修理、重建等，应按合同纠纷处理；如果由于工程质量缺陷造成建设单位的人员伤亡及其精神损害的，应按侵权责任处理。

1. 因施工承包人在质量保修期内未及时履行保修义务，导致建筑物毁损或者造成人身、财产损害的，保修人应当承担赔偿责任。保修人与建筑物所有人或发包人对建筑物毁损均有过错的，各自承担相应的责任。即使施工承包人履行了保修义务，仍因质量缺陷发生了损害后果，经鉴定若属于勘察、设计、施工、监理等单位的责任，这些单位仍应承担损害赔偿责任。

2.《房屋建筑工程质量保修办法》第 15 条规定："因保修不及时造成新的人身、财产损害，由造成拖延的责任方承担赔偿责任。"

3. 最高人民法院《关于审理建设工程施工合同纠纷案件适用法律问题的解释》第 12 条规定，发包人具有下列情形之一，造成建设工程质量缺陷，应当承担过错责任：(1) 提供的设计有缺陷；(2) 提供或者指定购买的建筑材料、建筑构配件、设备不符合强制性标准；(3) 直接指定分包人分包专业工程。承包人有过错的，也应当承担相应的过错责任。

4.《民法通则》第 126 条规定："建筑物或者其他设施以及建筑物上的搁置物、悬挂物发生倒塌、脱落、坠落造成他人损害的，它的所有人或者管理人应当承担民事责任，但能够证明自己没有过错的除外。"

根据这条规定，建筑物或者其他设施倒塌、脱落、坠落造成他人损害的，承担责任的主体是建筑物或者其他设施的所有人或者管理人，而且实行的是过错推定责任原则。由于这一时期的法律、法规未能全面地规定工程质量相关问题的处理方法，使得司法实践中此类侵权行为的受损害者只能诉建筑物或者其他设施的所有人或者管理人。至于与造成损害有关的勘察、设计、施工、监理等单位，则被视为仅与建筑物或者其他设施的所有人或管理人有关的另一法律关系的当事人。这样的规定，对于保护受损害者的合法权益及确定侵权责任人都是不利的。

5. 自 2004 年 5 月 1 日起施行的最高人民法院《关于审理人身损害赔偿案件适用法律若干问题的解释》(法释〔2003〕20 号，以下简称《人身损害赔偿解释》) 第 16 条第 2 款规定，道路、桥梁、隧道等人工建造的构筑物因设计、施工缺陷造成损害的，由所有人、管理人与设计、施工者承担连带责任。

6.《侵权责任法》第 85 条规定,建筑物、构筑物或者其他设施及其搁置物、悬挂物发生脱落、坠落造成他人损害,所有人、管理人或者使用人不能证明自己没有过错的,应当承担侵权责任。所有人、管理人或者使用人赔偿后,有其他责任人的,有权向其他责任人追偿。

7.《侵权责任法》第 86 条规定,建筑物、构筑物或者其他设施倒塌造成他人损害的,由建设单位与施工单位承担连带责任。建设单位、施工单位赔偿后,有其他责任人的,有权向其他责任人追偿。因其他责任人的原因,建筑物、构筑物或者其他设施倒塌造成他人损害的,由其他责任人承担侵权责任。

第 1 款是针对建筑物存在质量缺陷引起倒塌事故的情形,第 2 款是针对除建筑物质量缺陷和自然原因之外的人为原因引起倒塌事故的情形。由此我们可以得出,第 1 款中的"其他责任人"包括勘察设计单位、监理单位和不合格建筑材料供应单位;第 2 款中的"其他责任人"具有兜底条款的作用,包括所有人或管理人和其他任何致建筑物倒塌的第三人。

8.《侵权责任法》第 87 条规定,从建筑物中抛掷物品或者从建筑物上坠落的物品造成他人损害,难以确定具体侵权人的,除能够证明自己不是侵权人的外,由可能加害的建筑物使用人给予补偿。

五、建设工程安全生产事故民事赔偿

工程安全生产事故中涉及的民事责任的情形繁多,分类复杂。工程安全生产民事责任可以按照责任主体进行分类,可以按照赔偿请求权人进行分类。本书中建设工程安全生产事故的民事赔偿主要涉及对劳动者赔偿的相关问题。我们把建设工程安全生产事故中相关的民事责任区分为存在用工关系的民事责任的承担和不存在用工关系的民事责任的承担。而存在用工关系的民事责任的承担中的用工关系又存在合法用工关系与非法用工关系之分。

(一)存在合法用工关系的劳动者受到侵害的情形

1. 因工伤事故遭受人身损害的情形

(1)工伤保险补偿与民事损害赔偿的关系模式在比较法上的考察。

在安全生产事故发生后,工伤保险请求权与侵权损害赔偿请求权之间的关系如何,各国处理规则并不相同,主要形成四种模式:

第一种,择一模式。择一模式,是指工伤事故发生后,受害劳动者在侵权损害赔偿与工伤保险赔偿之间,只能选择其一。这种模式虽然给予受害劳动者选择权,但对受害劳动者十分不利,受害劳动者的选择权名存实亡。侵权损害赔偿需要劳动者承担举证责任,能否得到赔偿通常是不确定的,且诉讼漫长,还要取决于被告是否有赔偿能力。故此,受害劳动者多接受工伤保险赔偿。早期,英国和其他英联邦国家曾一度采用此种模式,现在均已废止。

第二种,取代模式。取代模式,是指在遭受意外伤害的劳动者,以工伤保险机构给付工伤保险金取代民事损害赔偿请求权。这里一般的私法赔偿规则通过公法规范变更为法定工伤保险规范,侵权损害赔偿请求权变得毫无意义。采用这一模式的国家主要有德国、法国、瑞士、挪威等,其中以德国最为典型。取得模式具有减轻雇主责任、减少诉讼,避免劳资对抗、节约社会资源,提高效率等优点,但它剥夺了受害劳动者获得完全赔偿的权利,且不能基于民事法律请求精神损害赔偿,不利于对安全生产事故的制裁和防范。

第三种,兼得模式。兼得模式允许受害劳动者在接受工伤保险给付的同时,还享有侵权行为法上的赔偿救济。采用此种模式的国家甚少,最具典型意义的是英国。这种模式与其他模式相比,最大的优越性是对受害雇员极为有利,即雇员因工伤事故可以同时获得工伤保险给付和侵权赔偿的双重救济,尤其是在工伤保险待遇和民事赔偿标准偏低的情形下,对受害雇员权益的保障极为有利。但也违背了"不应获得意外受益"的基本原则。

第四种,补充模式。补充模式,是指发生安全生产事故后,受害劳动者可同时主张侵权损害赔偿与工伤保险给付,但所得赔偿数额不能超过实际损失。采取这一模式的主要有日本、智利及北欧等国家。这项制度建立在抵销和求偿二项原则之上。这种模式一方面保护了受害劳动者的利益,另一方面能够惩戒和预防安全生产事故。相对于前述三种模式逻辑更为严密,也更符合社会公平正义的观念。①

(2)我国对因工伤事故遭受人身损害的相关规定。

《安全生产法》第 53 条规定:"因生产安全事故受到损害的从业人员,除依法享有工伤保险外,依照有关民事法律尚有获得赔偿的权利的,有权向本单位提出赔偿要求。"《职业病防治法》第 58 条规定:"职业病病人除依法享有工伤保险外,依照有关民事法律,尚有获得赔偿的权利的,有权向用人单位提出赔偿要求。"对这两条的规定,学术界存在不同的认识。有的学者认为,安全生产事故发生后,赔偿权利人不但享有工伤保险请求权,还享有侵权损害赔偿请求权,二者不能相互替代,赔偿权利人可以得到双份赔偿。另有学者则认为,劳动者的损害先由工伤保险支付,不足部分再要求用人单位承担侵权责任。② 我们认为从这两条的法律条文来看,我国允许工伤保险请求权与侵权损害赔偿请求权并存,且民事赔偿的基本原则是"损害填补规则",即赔偿的数额与受害人损失额一致。根据《人身损害赔偿解释》第 12 条规定,劳动者因工伤事故受到人身损害,有权向用人单位主张工伤保险赔偿,如果所受人身损害系因用人单位以外的第三人侵权所致,劳动者同时还有权向第三人主张人身损害赔偿。

---

① 参见吕琳:《工伤保险与民事赔偿适用关系研究》,载《法商研究》2003 年第 3 期。

② 参见最高人民法院民事审判第一庭编著:《最高人民法院人身损害赔偿司法解释的理解与适用》,人民法院出版社 2004 年版,第 197 页。

《人身损害赔偿解释》第11条第1款规定："……雇佣关系以外的第三人造成雇员人身损害的，赔偿权利人可以请求第三人承担赔偿责任，也可以请求雇主承担赔偿责任……"凡是不享受工伤保险待遇的劳动者在建筑施工劳动中受到人身损害，非法的建筑施工劳务使用人要承担赔偿责任。如果伤害是第三人造成的，受害人可以请求第三人承担赔偿责任，也可以请求建筑施工劳务使用人承担赔偿责任。建筑施工劳务使用人承担了赔偿责任以后，还可以向第三人请求追偿。

《人身损害赔偿解释》第12条第1款规定："依法应当参加工伤保险统筹的用人单位的劳动者，因工伤事故遭受人身损害，劳动者或者其近亲属向人民法院起诉请求用人单位承担民事赔偿责任的，告知其按《工伤保险条例》的规定处理。"该条之规定具有以下三层含义：其一，劳动关系中的劳动者因工伤事故遭受人身损害，应当按照《工伤保险条例》(2003年4月27日国务院令第375号公布，自2004年1月1日起施行。2010年12月20日国务院令第586号修改，自2011年1月1日起施行)的相关规定请求工伤保险损害赔偿，不能直接对用人单位提起人身损害赔偿的民事诉讼。其二，即使用人单位没有给劳动者建立工伤保险关系，只要该单位依法应当参加工伤保险统筹，也适用《工伤保险条例》予以赔偿。其三，如果劳动者或者其近亲属对工伤保险赔偿有异议，属于劳动纠纷案件，不属于普通的民事侵权案件，应当先向劳动争议仲裁委员会申请仲裁，对仲裁决定不服的，才可以向人民法院起诉。最高人民法院《关于审理劳动争议案件适用法律若干问题的解释(二)》(法释〔2006〕6号)第6条规定："劳动者因为工伤、职业病，请求用人单位依法承担给予工伤保险待遇的争议，经劳动争议仲裁委员会仲裁后，当事人依法起诉的，人民法院应予受理。"

但是该条款并未对劳动者在获得工伤保险赔偿后，又对用人单位提起民事损害赔偿责任时如何处理作出明确规定。虽然最高人民法院民事审判第一庭编著的《最高人民法院人身损害赔偿司法解释的理解与适用》一书中认为，根据该条规定，在工伤保险赔偿和民事损害赔偿如何协调的问题上，没有采纳"择一模式"的模式。但是，根据本条的规定，实际上将二者之间的关系交给《工伤保险条例》解决，然而《工伤保险条例》对工伤保险赔偿金的数额有明确规定，但在此之外劳动者能否要求民事侵权损害赔偿未作任何规定。司法解释起草人之一的陈现杰法官也认为，在用人单位责任范围内，以完全的工伤保险取代民事损害赔偿。因此，在二者关系上，我国在理论界并没有达成一致。在司法实践中，对于安全生产事故造成劳动者损害的，实际上采取的是"择一模式"，针对本单位的侵权则采取"免除模式"。

2. 用人单位以外的第三人侵权造成劳动者人身损害的情形

《人身损害赔偿解释》第12条第2款规定："因用人单位以外的第三人侵权造成劳动者人身损害，赔偿权利人请求第三人承担民事赔偿责任的，人民法院应予支持。”该规定明确了用人单位以外的第三人侵权造成劳动者人身损害,可以直接对第三人请求民事损害赔偿,属于普通的民事侵权赔偿案件。该规定肯定了受害人(赔偿权利人)对于侵权第三人有独立的赔偿请求权,确立了用人单位以外的第三人的人身损害赔偿责任,符合责任应当由直接责任者负责的原则。

该条虽肯定了受害人(赔偿权利人)对于侵权第三人有独立的赔偿请求权,但是,并未规定劳动者主张工伤保险赔偿和第三人人身损害赔偿时,在具体计算赔偿数额时,是否扣除重复费用。尽管该解释起草人认为,因第三人侵权赔偿与工伤赔偿机制目前在法律上并行不悖,故从学理上解释,受害人有可能得到双份赔偿。但是,也有人主张,第三人加害行为致害的场合,该司法解释用语不明,从语义来看解释为兼得模式和选择模式均可,但此处采用兼得模式显然违背公平原则。如果此处解释为兼得模式,其结果必然是同样的工伤事故造成同样的损害,只因是否有第三人介入,而使受害雇员得到不同的赔偿,这在受害雇员之间显然是不公平的。也有法官根据最高赔偿原则解释该规定不允许工伤保险和人身损害同时全额赔偿。

另外,按我国现行民事法律的规定,工伤并没有被列入“特殊侵权行为”的范围,因此,只能按一般侵权行为来认定。而一般侵权行为是需要“主观过错”这一要件的。因此,当本单位过失或者故意时,受害者才能对单位提起民事赔偿要求。我国虽然没有将工伤作为特殊侵权处理,但《人身损害赔偿解释》第 11 条规定:“雇员在从事雇佣活动中遭受人身损害,雇主应当承担赔偿责任……”可见,雇员因工受伤属于特殊侵权行为,且只要雇员在完成工作任务过程中受到损害的,就可以要求雇主承担民事赔偿责任。所以,即使用人单位对安全生产事故的发生没有过错,只要造成雇员的损失,劳动者对在工伤保险赔偿之外的其他损失,仍可要求单位承担无过错责任。

(二)存在非法用工关系人员受到损害的情形

1. 非法用工关系的认定

《非法用工单位伤亡人员一次性赔偿办法》(2010 年 12 月 31 日人力资源和社会保障部令第 9 号发布,自 2011 年 1 月 1 日起施行)将“非法用工单位伤亡人员”定义为“无营业执照或者未经依法登记、备案的单位以及被依法吊销营业执照或者撤销登记、备案的单位受到事故伤害或者患职业病的职工,或者用人单位使用童工造成的伤残、死亡童工”。从中可看出,劳动力的使用者与提供者只要一方不具备用人单位主体资格或者劳动者主体资格,或者双方皆不具备,那么彼此间就不能形成劳动关系,而基于非劳动关系所产生的事故伤害或疾病自然不能适用工伤认定。

《工伤保险条例》第 66 条规定,无营业执照或者未经依法登记、备案的单位以及被依法吊销营业执照或者撤销登记、备案的单位的职工受到事故伤害或者患职业病的,由该单位向伤残职工或者死亡职工的近亲属给予一次性赔偿,赔偿标准不得低于该条例规定的工伤保险待遇;用人单位不得使用童工,用人单位使用童工造成童工伤残、死亡的,由该单位向童工或者童工的近亲属给予一次性赔偿,赔偿标准不得低于该条例规定的工伤保险待遇。具体办法由国务院社会保险行政部门规定。前款规定的伤残职工或者死亡职工的近亲属就赔偿数额与单位发生争议的,以及前款规定的童工或者童工的近亲属就赔偿数额与单位发生争议的,按照处理劳动争议的有关规定处理。

2. 非法用工单位与职工形成的关系属劳动关系的范畴,受劳动法律、法规的调整

一般情况下在劳动关系中,强调用人单位具有合法的劳动用工权,但用人单位资质上的瑕疵,属于行政管理方面的处罚,是行政法的范畴,和劳动关系的确立没有直接因果关系。因此,非法用工单位雇用劳动者的事实,只要符合劳动关系的实质性要素,就应确立劳动关系。我们认为非法用人单位与职工之间存在劳动关系,这种关系中只是因为主体资格的瑕疵,不能建立合法有效的劳动关系,也不是事实劳动关系,只能是无效的劳动关系。即使是无效的劳动关系也属于劳动法的调整,而不适用《人身损害赔偿解释》。

(三)不存在任何用工关系的人员伤亡的情形

侵权责任,是指因侵权行为发生的民事责任。根据《民法通则》的规定,侵权行为一般是指行为人由于过错侵害他人的财产、人身,依法应承担民事责任的行为;行为人虽无过错,但法律特别规定应对受害人承担民事责任的其他侵害行为,也属于侵权行为。从构成要件区分,侵权行为可分为一般侵权行为与特殊侵权行为。一般侵权行为,是指行为人有过错直接致人损害,因此适用民法上的一般责任条款的行为。这是最常见的侵权行为,如行为人故意损坏他人财产,故意损伤他人身体等。特殊侵权行为指行为虽无过错,但他人的损害确系与行为人有关的行为、事件或特别原因所致,因此适用民法上的特别责任条款或民事特别法的规定应负民事责任的行为。

1. 一般侵权的情形

一般侵权行为的构成要件,是指在一般情况下,构成侵权行为所必须具备的因素。只有同时具备这些因素,侵权行为才能成立。一般侵权行为的构成要件包括:有加害行为、有损害事实的存在、加害行为与损害事实之间有因果关系、行为人主观上有过错四个方面。侵权责任的构成要件,是指行为人承担侵权责任必须具备的条件。根据《侵权责任法》第 15 条的规定,承担侵权责任的方式主要有:(1)停止侵害;(2)排除妨碍;(3)消除危险;(4)返还财产;(5)恢复原状;(6)赔偿损失;(7)赔礼道歉;(8)消除影响、恢复名誉。以上承担侵权责任的方式,可以单独适用,也可以合并适用。损害赔偿是民法上最主要侵权责任的承担方式之一,侵权损害赔偿责任的构成要件包括损害行为、损害事实、损害行为与损害事实之间的因果

关系和行为人过错四个方面。

2. 特殊侵权的情形

地面施工致害责任、建筑物致人损害责任、高度危险作业致人损害责任和环境污染致人损害都是《民法通则》和《侵权责任法》明确规定的特殊侵权行为形态，关于这些种类的特殊侵权均可适用《民法通则》和《侵权责任法》的具体规定。

(1)地面施工致人损害责任。

地面施工致人损害的民事责任，是指在公共场所、道旁或者通道上挖坑、修缮安装地下设施等，没有设置明显标志和采取安全措施造成他人损害时，施工人应当承担的民事责任。《民法通则》第125条规定："在公共场所、道旁或者通道上挖坑、修缮安装地下设施等，没有设置明显标志和采取安全措施造成他人损害的，施工人应当承担民事责任。"《侵权责任法》第91条规定，在公共场所或者道路上挖坑、修缮安装地下设施等，没有设置明显标志和采取安全措施造成他人损害的，施工人应当承担侵权责任。窨井等地下设施造成他人损害，管理人不能证明尽到管理职责的，应当承担侵权责任。地面施工致人损害的受害人为施工作业人员之外的不特定主体。致害人为地面工作物的现实占有人，针对不同具体情况，包括地面工作物的所有者、管理者、使用者、承包者、施工人等，赔偿义务主体相应地与具体致害人一致。

(2)建筑物致人损害责任。

建筑物致人损害责任，是指由于建筑物或者其他设施以及建筑物上的搁置物、悬挂物发生倒塌、脱落、坠落造成他人损害而承担的赔偿责任。建筑物致害的受害人为一般的民事主体。赔偿义务主体是建筑物及其他地上物的所有人和管理人及其他占有人。致害的是土地上的建筑物、地上物以及建筑物上的悬挂物、搁置物等物件，从致害主体上看，包括一般的民事主体，也包括国家行政机关及其委托的单位。

《民法通则》第126条规定，建筑物或者其他设施以及建筑物上的搁置物、悬挂物发生倒塌、脱落、坠落造成他人损害的，它的所有人或者管理人应当承担民事责任，但能够证明自己没有过错的除外。《侵权责任法》第85条规定，建筑物、构筑物或者其他设施及其搁置物、悬挂物发生脱落、坠落造成他人损害，所有人、管理人或者使用人不能证明自己没有过错的，应当承担侵权责任。所有人、管理人或者使用人赔偿后，有其他责任人的，有权向其他责任人追偿。

依照《人身损害赔偿解释》第16条的规定，扩大适用建筑物致人损害的范围：①道路、桥梁、隧道等人工建造的构筑物因维护、管理瑕疵致人损害的；②堆放物品滚落、滑落或者堆放物倒塌致人损害的；③树木倾倒、折断或者果实坠落致人损害的，均实行过错推定责任，而且对于道路、桥梁、隧道等人工构筑物致人损害，由所有人、管理人、设计人、施工人承担连带责任，但能证明自己没有过错的除外。《侵权责任法》中规定建筑物致人损害的责任的范围包括：①建筑物、构筑物或者其他设施及其搁置物、悬挂物发生脱落、坠落造成他人损害；②建筑物、构筑物或者其他设施倒塌造成他人损害；③从建筑物中抛掷物品或者从建筑物上坠落的物品造成他人损害；④堆放物倒塌造成他人损害；⑤在公共道路上堆放、倾倒、遗撒妨碍通行的物品造成他人损害的，有关单位或者个人应当承担侵权责任；⑥因林木折断造成他人损害。

（3）高度危险作业致人损害责任。

高度危险作业致人损害的民事责任，是指因从事对周围环境具有高度危险作业，如高空、高压、易燃、易爆、剧毒、放射性、高速运输工具作业造成他人损害时，依法应承担的民事责任。高度危险作业致人损害的民事责任是一种无过错责任。

《民法通则》第 123 条规定，从事高空、高压、易燃、易爆、剧毒、放射性、高速运输工具等对周围环境有高度危险的作业造成他人损害的，应当承担民事责任；如果能够证明损害是由受害人故意造成的，不承担民事责任。《侵权责任法》对高度危险责任予以单章规定，专设第九章。在其第 69 条规定，从事高度危险作业造成他人损害的，应当承担侵权责任。高度危险作业致人损害适用严格责任归责原则。

占有或者使用易燃、易爆、剧毒、放射性等高度危险物造成他人损害的，占有人或者使用人应当承担侵权责任，但能够证明损害是因受害人故意或者不可抗力造成的，不承担责任。被侵权人对损害的发生有重大过失的，可以减轻占有人或者使用人的责任。从事高空、高压、地下挖掘活动或者使用高速轨道运输工具造成他人损害的，经营者应当承担侵权责任，但能够证明损害是因受害人故意或者不可抗力造成的，不承担责任。被侵权人对损害的发生有过失的，可以减轻经营者的责任。遗失、抛弃高度危险物造成他人损害的，由所有人承担侵权责任。所有人将高度危险物交由他人管理的，由管理人承担侵权责任；所有人有过错的，与管理人承担连带责任。非法占有高度危险物造成他人损害的，由非法占有人承担侵权责任。所有人、管理人不能证明对防止他人非法占有尽到高度注意义务的，与非法占有人承担连带责任。未经许可进入高度危险活动区域或者高度危险物存放区域受到损害，管理人已经采取安全措施并尽到警示义务的，可以减轻或者不承担责任。承担高度危险责任，法律规定赔偿限额的，依照其规定。

高度危险作业致害的受害人，为高度危险作业占有人、所有人或经营者之外的不特定主体，因为高度危险作业致害责任是指对周围环境致害，即对他人致害，而不是对自己致害。赔偿义务主体是高度危险作业的作业人，是指实际控制高度危险作业客体，并利用该客体谋取利益的人，可能是高度危险作业的占有人、所有人或经营者。受害人不能向高度危险作业的具体操作人员请求赔偿。

（4）环境污染致人损害责任。

《民法通则》第 124 条规定，违反国家保护环境防止污染的规定，污染环境造成他人损害的，应当依法承担民事责任。《侵权责任法》对环境污染责任予以单章规定，专设第八章。《侵权责任法》第 65 条规定，因污染环境造成损害的，污染者应当承担侵权责任。

污染环境既包括污染生活环境，也包括污染生态环境。污染环境责任构成要件主要包括：①存在污染环境的事实；②造成他人损害；③损害和加害人污染环境之间存在因果关系。环境污染责任实行严格责任原则，因污染环境发生纠纷，污染者应当就法律规定的不承担责任或者减轻责任的情形及其行为与损害之间不存在因果关系承担举证责任。

环境污染责任由污染者承担，被侵权人可以向污染者请求赔偿。两个以上污染者污染环境，污染者承担责任的大小，根据污染物的种类、排放量等因素确定。因第三人的过错污染环境造成损害的，被侵权人可以向污染者请求赔偿，也可以向第三人请求赔偿。污染者赔偿后，有权向第三人追偿。

第十章　工程民法学之二

工程合同法是工程民法学的重要组成部分，是当前工程法制中研究和出版成果较多的内容。本章主要对工程合同法制进行了提纲挈领式的、全面性的探讨，属本书的重要内容。

第一节　工程合同概述

一、工程合同的概念和特征

（一）工程合同与建设工程合同的概念

1. 工程合同

工程合同是以完成特定不动产的土木建筑工程或水利、交通等各类工程项目为主要内容的合同。无论是建筑工程，还是水利等工程合同的本质均属于加工承揽合同。工程合同的规定，均适用《合同法》关于建设工程合同的规定。

2. 建设工程合同

建设工程合同是承包人进行工程建设，发包方支付价款的合同。《合同法》规定，建设工程合同包括三种，即建设工程勘察合同、建设工程设计合同、建设工程施工合同。因此，建设工程合同就是以建设工程的勘察、设计或施工（土建、装饰、安装）为内容的加工承揽合同。勘察合同，是指发包人与勘察人就完成建设工程地理、地质等状况的调查研究工作而达成的协议。设计合同，是指根据建设工程的要求，对建设工程所需要的技术、经济、资源、环境等条件进行综合分析、论证，编制建设工程设计文件的活动。施工合同又称工程承包合同，是建设单位为发包方，施工企业为承包方，依据基本建设程序，为完成特定建筑安装工程，协商订立的明确双方权利义务关系的协议，是工程建设的主要合同，是工程建设质量控制、进度控制、投资控制的主要依据。

（二）工程合同的特征

1. 工程合同具有严格的计划性和程序性

因建设工程的使用期限长达50年到70年，其资金使用、工程的质量和安全事关国计民生，国家对建设工程的立项、工程合同的招投标备案、审计等都进行了较为严格的监督管理，从合同签订到合同履行，从工程资金投放、使用到工程项目使用前的验收，都受到国家严格的管理和监督。

2. 工程承包人的主体资格受到严格限定

我国对工程合同的主体实行许可制度，要求工程承包主体具备国家相关部门核定的相应资质等级条件。因此，施工、勘察、设计等单位均须是法人单位，同时要具有符合国家规定的注册资本、有与从事建设活动相适应的法定执业资格的专业技术人员、有从事相关活动所必需的技术装备以及法律、行政法规规定的其他条件。例如，根据《建筑法》的规定，从事建筑活动的建筑施工企业、勘察单位、设计单位和工程监理单位，应当在取得相应等级的资质证书后，方可在其资质等级许可的范围内从事建筑活动，否则承包人所签订的建设工程合同是无效的。

3. 工程合同的签订及履行，受到国家的监督管理

对于大型基础设施，公用事业等关系社会公共利益、公众安全的项目等属于强制招标范围的工程建设项目，包括项目的勘察、设计、施工、监理以及与工程建设有关的重要设备、材料等的采购，必须通过招标投标的方式选定承包人，订立工程合同。而且，《建筑法》规定，建设单位必须在建设工程立项批准后，工程发包前，向建设行政主管部门或其授权的部门办理工程报建登记手续，未办理报建登记手续的工程，不得发包，不得签订工程合同。建筑工程开工前，除个别工程外，建设单位应当按照国家有关规定向工程所在地县级以上人民政府建设行政主管部门申请领取施工许可证。未领取施工许可证的，不得开工。

二、工程合同法及体系

工程合同法，是指调整工程项目参建各方作为平等主体之间有关工程交易关系的法律，主要规范工程合同的订立、合同的效力、合同的履行、变更、终止、违约责任等。工程合同的实施与管理应严格按照法律和合同进行，目前我国规范工程合同的法律体系，主要包括法律、行政法规与部门规章、地方性法规四个层级。

1. 法律

规范工程合同的特别法，主要包括全国人大及其常委会制定和通过的《建筑法》《招标投标法》《合同法》。另外，在工程合同的订立和履行中涉及的法律，还主要包括《民法通则》《担保法》《仲裁法》《保险法》《物权法》《民事诉讼法》《民法总则》等，从物权保护、工程保险和民事法律行为等角度，规范着工程合同当事人的各项权利义务关系。

2. 行政法规

国务院制定和通过的与工程有关的行政法规，主要有：《建设工程质量管理条例》《建设工程安全生产管理条例》《建设工程勘察设计管理条例》《城市房地产开发经营管理条例》等。

3. 部门规章

国务院有关部和委员会根据法律和行政法规在本部门权限内制定了基本建设

领域的法律规范，即部门规章。与工程合同有关的部门规章主要有：《房屋建筑工程质量保修办法》《建筑工程施工发包与承包计价管理办法》《建筑业企业资质管理规定》。

4. 地方性法规

省、自治区、直辖市的人民代表大会及其常务委员会根据本行政区域的具体情况和实际需要，在符合宪法、法律、行政法规的前提下，制定了有关工程管理的地方性法规，如《山东省建筑市场管理条例》《山东省建设工程勘察设计管理条例》等。

另外，在工程实践和工程纠纷解决过程中，最高人民法院《关于审理建设工程施工合同纠纷案件适用法律问题的解释》、最高人民法院《关于审理建设工程施工合同纠纷案件适用法律问题的解释（二）》也发挥着重要的规范作用，属于工程合同法体系中不可忽视的组成部分。

三、工程合同的内容

（一）工程合同文件的构成

工程发包人与承包人经过招投标或者经过磋商谈判，依法订立合同，通过合同条款将各方的权利义务明确规定下来，就是合同的内容。工程合同的内容通过合同文件体现出来，一般包括如下文件：（1）合同协议书；（2）中标通知书；（3）投标书及其附件；（4）合同通用条款；（5）合同专用条款；（6）洽商、变更权利义务等纪要、协议；（7）工程量清单、工程报价单或工程预算书、图纸；（8）标准、规范和其他有关技术资料、图纸。

合同文件，可以相互解释，互为说明。如果组成工程合同的文件，存在含糊不清或不相一致，通常按合同文件的优先顺序进行解释，确定当事人之间的权利义务。

工程合同的内容应当具备《合同法》第 12 条的主要内容，一般包括以下条款：当事人的名称或者姓名和住所；标的；数量；质量；价款或者报酬；履行期限、地点和方式；违约责任；解决争议的方法。当事人可以参照各类合同的示范文本订立合同。示范文本为非强制性使用文本，适用于房屋建筑工程、土木工程、线路管道和设备安装工程、装修工程等建设工程的施工承发包活动，合同当事人可结合建设工程具体情况，根据示范文本订立合同，并按照法律法规规定和合同约定承担相应的法律责任及合同权利义务。

（二）1999 年版建设工程施工合同的主要内容

根据《合同法》《建筑法》及其他相关法律、法规的规定，建设部与国家工商局在《建设工程施工合同》（GF 1991 －0201）示范文本的基础上重新制定了《建设工程施工合同》（GF 1999 －0201）示范文本，参考了国际上通行的国际咨询工程师联合会（Fédération Internationale Des Ingénieurs Conseils，FIDIC）制定的《土木工程施

工合同条件》,即“FEDIC 红皮书”,内容和形式上都相当完备。该示范文本包括如下部分:

第一部分“协议书”,是发包人与承包人就合同内容协商达成一致意见后,向对方承诺履行合同而签署的正式协议,主要包括:工程概况、承包范围、工期、质量标准、合同价款、合同文件的范围等基本内容,明确了包括“协议书”在内组成合同的所有文件,并约定了合同生效的方式及合同订立的时间、地点等。

第二部分“通用条款”,是根据法律、行政法规规定及建设工程施工的需要,对双方合同权利义务的详细规定,通用于建设工程施工的条款,具有相对的固定性。

第三部分“专用条款”,是发包人与承包人根据法律、行政法规规定,结合具体工程实际,经协商达成一致意见的条款,是对通用条款的具体化、补充或修改,可以充分体现当事人的意思自治。

第四部分合同附件,包括:承包人承揽工程项目一览表、发包人供应材料设备一览表、工程质量保修书等。

该示范文本的主要条款包括:(1)工程范围;(2)建设工期;(3)中间交工工程的开工和竣工的日期;(4)工程质量;(5)工程造价;(6)技术资料交付时间;(7)材料和设备供应责任;(8)拨款和结算;(9)竣工验收;(10)质量保修范围和质量保证期;(11)相互协作条款。

(三)2013 年版建设工程施工合同的主要内容

为了指导建设工程施工合同当事人的签约行为,维护合同当事人的合法权益,依据我国《合同法》《建筑法》《招标投标法》以及相关法律法规,住房城乡建设部、国家工商行政管理总局对 1999 年版建设工程合同示范文本进行了修订,制定了《建设工程施工合同(示范文本)》(GF 2013 - 0201)(以下简称 2013 年版《示范文本》),包括如下部分:

第一部分“合同协议书”,共计 13 条,主要包括:工程概况、合同工期、质量标准、签约合同价和合同价格形式、项目经理、合同文件构成、承诺以及合同生效条件等重要内容,集中约定了合同当事人基本的合同权利义务。

第二部分“通用合同条款”,共计 20 条,是合同当事人根据《建筑法》《合同法》等法律法规的规定,就工程建设的实施及相关事项,对合同当事人的权利义务作出的原则性约定。具体条款分别为:一般约定、发包人、承包人、监理人、工程质量、安全文明施工与环境保护、工期和进度、材料与设备、试验与检验、变更、价格调整、合同价格、计量与支付、验收和工程试车、竣工结算、缺陷责任与保修、违约、不可抗力、保险、索赔和争议解决。兼顾了现行法律法规对工程建设的有关要求和建设工程施工管理的特殊需要。

第三部分“专用合同条款”,是对通用合同条款原则性约定的细化、完善、补充、修改或另行约定的条款。合同当事人可以根据不同建设工程的特点及具体情况,通过双方的谈判、协商对相应的专用合同条款进行修改补充。

第四部分“附件”,包括11个附件,分别为协议书附件:承包人承揽工程项目一览表;专用合同条款附件:发包人供应材料设备一览表、工程质量保修书、主要建设工程文件目录、承包人用于本工程施工的机械设备表、承包人主要施工管理人员表、分包人主要施工管理人员表、履约担保格式、预付款担保格式、支付担保格式、暂估价一览表。

2013年版《示范文本》针对市场情况的变化和实践中不规范的操作,为妥善解决拖欠工程款、工程质量缺陷与保修等问题,借鉴国际上成熟的菲迪克合同的经验,依据1999年版菲迪克合同文本,在通用条款部分设定了8项新的合同管理制度。包括:承发包的双方互为担保制度(第2.5款、第3.7款);价格市场波动的情势变更调价制度(第11.1款);确定逾期付款的违约双倍赔偿制度(第14.4款);工程移交证书制度(第13.2款、第15.2款);保修金返还的缺陷责任定期制度(第15.2款);风险防范的工程系列保险制度(第18条);索赔过期作废制度(第19.1款、第19.3款);前置程序的争议过程评审制度(第20.3款)。

(四)2017年版建设工程施工合同的主要内容

为规范建筑市场秩序,维护建设工程施工合同当事人的合法权益,2017年9月22日,住房和城乡建设部、国家工商行政管理总局根据住房和城乡建设部、财政部联合发布的《建设工程质量保证金管理办法》,在2013年版《示范文本》的基础上修订形成了《建设工程施工合同(示范文本)》(GF 2017-0201)(以下简称2017年版《示范文本》),自2017年10月1日起执行,包括如下部分:

第一部分“合同协议书”,共计13条,主要包括:工程概况、合同工期、质量标准、签约合同价和合同价格形式、项目经理、合同文件构成、承诺以及合同生效条件等重要内容,集中约定了合同当事人基本的合同权利义务。

第二部分“通用合同条款”,是合同当事人根据《建筑法》《合同法》等法律法规的规定,就工程建设的实施及相关事项,对合同当事人的权利义务作出的原则性约定。通用合同条款共计20条,具体条款分别为:一般约定、发包人、承包人、监理人、工程质量、安全文明施工与环境保护、工期和进度、材料与设备、试验与检验、变更、价格调整、合同价格、计量与支付、验收和工程试车、竣工结算、缺陷责任与保修、违约、不可抗力、保险、索赔和争议解决。前述条款安排既考虑了现行法律法规对工程建设的有关要求,也考虑了建设工程施工管理的特殊需要。

第三部分“专用合同条款”,是对通用合同条款原则性约定的细化、完善、补充、修改或另行约定的条款。合同当事人可以根据不同建设工程的特点及具体情况,通过双方的谈判、协商对相应的专用合同条款进行修改补充。在使用专用合同条款时,应注意以下事项:(1)专用合同条款的编号应与相应的通用合同条款的编号一致;(2)合同当事人可以通过对专用合同条款的修改,满足具体建设工程的特殊要求,避免直接修改通用合同条款;(3)在专用合同条款中有横道线的地方,合同当事人可针对相应的通用合同条款进行细化、完善、补充、修改或另行约定;如无细化、完善、补充、修改或另行约定,则填写“无”或画“/”。

第四部分“附件”。同2013年版《示范文本》。

2017年版《示范文本》对2013年版《示范文本》的修改仅涉及质量缺陷责任期和质量保证金两方面。针对质量缺陷责任期的修改主要在于:(1)将缺陷责任期起算点由实际竣工日期调整为工程通过竣工验收之日(通用条款第15.2.1条、附件3工程质量保修书);(2)补充约定因承包人或发包人原因导致无法在约定期限内进行竣工验收时缺陷责任期的起算点,分别为工程实际通过竣工验收之日,或承包人提交竣工验收报告90天后(通用条款第15.2.1条)。针对质量保证金的修改主要在于:(1)将预留质量保证金的上限由工程价款结算金额5%调减至3%(通用条款第15.3.2条);(2)补充约定发包人在返还质量保证金的同时应当支付同期银行贷款利息(通用条款第15.3.2条);(3)细化质量保证金的返还条款,具体包括返还申请、核实程序,逾期答复的后果,未约定返还期限或返还期限约定不明时的期限确定,逾期返还的违约责任以及争议和纠纷解决程序(通用条款第15.3.3条);(4)将履约保证金、银行保函等履约担保方式增加作为质量保证金的替代方式(通用条款第1.1.4.4条、第14.1条、第15.3条、专用条款第15.3条);(5)增加有关质量缺陷责任期内鉴定及维修费用承担责任主体、质量保证金在扣除鉴定及维修费用后不足的索赔权利之约定(通用条款第15.2.2条)。关于“缺陷责任期的起算时间”的修改,延长了承包人承担缺陷责任的期限,加重了承包人责任。质量保证金的修改,整体上减轻了承包人的义务和责任。

第二节　工程合同的效力、履行、变更与终止

一、工程合同的效力

(一)工程合同的生效要件

根据我国《合同法》《民法总则》等相关法律规定,工程合同生效应当具备以下要件:

1. 工程合同当事人具有合法的主体资格。

工程合同当事人应当具有相应的缔约能力,即建设方应当具备开发建设的条件,承包方应当具备承揽工程的相应资质,并在其资质等级许可的业务范围内承揽工程,才能成为适格的合同主体。如果超越资质承揽工程,或者借用他人资质承揽工程,所签订的建设工程合同无效。自然人不具有作为工程合同承包人的资格,一般不能成为工程合同的主体。但在实践中,有的包工头会因为非法转包等行为成为实际施工人,享有工程承包人的基本权利义务。

2. 工程合同当事人意思表示真实。

工程合同当事人的意思表示应当真实反映其内心意思，即当事人是否订立工程合同，合同对方当事人的选择，以及合同内容的确定等均出于真实的意愿，并非受到欺诈、胁迫或乘人之危，也不属于因产生重大误解而订立的合同或合同订立时内容显失公平，违背对方真实意思而订立合同的情况。由于合同成立后，当事人的意思表示是否真实往往难以从其外部判断，法律对此一般不主动干预，是否缺乏意思表示真实，应当由主张意思不真实的当事人举证证明，证实后，合同可以依法撤销或变更。

3. 工程合同内容不违反法律或者社会公共利益。

合同的内容与目的均应符合法律的规定和社会公共利益的要求，不存在以合法方式掩盖非法目的等规避法律的事实。最高人民法院《关于适用〈中华人民共和国合同法〉若干问题的解释(一)》第 4 条规定："合同法实施以后，人民法院确认合同无效，应当以全国人大及其常委会制定的法律和国务院制定的行政法规为依据，不得以地方性法规、行政规章为依据。"最高人民法院《关于适用〈中华人民共和国合同法〉若干问题的解释(二)》第 14 条进一步明确："合同法第五十二条第(五)项规定的'强制性规定'，是指效力性强制性规定。"《民法总则》第 143 条规定："具备下列条件的民事法律行为有效：行为人具有相应的民事行为能力；意思表示真实；不违反法律、行政法规的强制性规定，不违背公序良俗。"因此，工程合同必须是违反了全国人大及其常委会制定的法律和国务院制定的行政法规，且违反的是其中的强制性规定中的效力性规范，才能导致合同无效，如违反的仅是管理性规范，则不必然导致合同无效。所以，工程合同的内容不违反法律和行政法规中的效力性强制性规定，才有可能有效。

(二)效力有瑕疵的工程合同

1. 效力待定的工程合同

效力待定的工程合同，指的是合同当事人欠缺相应的缔约能力而订立的合同，其法律效力能否发生，尚未确定，一般须经有权人表示追认方能生效，有权人拒绝追认，或无权处分人事后未取得处分权的，或与越权行为人订立合同的相对人为恶意的，则合同不生效。效力待定合同包括四种类型：

(1)限制民事行为能力人订立的工程合同。18 周岁以下的未成年人，或者不能完全识别自己行为与后果的精神病人所订立的工程合同，只有经过法定代理人追认才能有效，否则无法生效。

(2)无权代理人订立的合同。在工程领域中，效力待定的合同主要是无权代理人所订立的，即行为人没有代理权、超越代理权限范围或者代理权终止后仍以被代理人的名义订立的合同。无权代理订立的工程合同，如果无权代理行为具有"外表授权"的假象，客观上使第三人有理由相信该无权代理人有代理权，而与之订立工程合同，则该无权代理行为属于表见代理，对被代理人发生有权代理的法律效果。不具备“外表授权”假象的无权代理合同属于效力待定的合同。未经被代理人追认,对被代理人不发生效力,由无权代理的行为人自己承担责任。

(3)无处分权人处分他人财产的合同。根据《合同法》第51条的规定,无处分权的人处分他人财产,经权利人追认或者无处分权的人订立合同后取得处分权的,该工程合同有效;未经权利人追认或者订立合同后未取得处分权,则工程合同不能生效。

(4)法人或者其他组织的法定代表人、负责人越权订立的工程合同,相对人明知其越权订立的,工程合同无效,否则工程合同有效。

2. 可撤销可变更的工程合同

可撤销可变更的工程合同,指的是欠缺当事人真实意思表示而订立的合同,又称为相对无效的合同,一方当事人可以依照自己的意思,请求人民法院或仲裁机构作出变更或者撤销。

《合同法》规定的可撤销可变更的工程合同包括:因重大误解订立的;在订立合同时显失公平的;一方以欺诈、胁迫的手段或者乘人之危,使对方在违背真实意思的情况下订立的合同。由于2017年实施的《民法总则》修订了可撤销行为的规则,依据新法优于旧法的原则,可撤销可变更的工程合同应当依据《民法总则》认定。具体包括:(1)重大误解订立的工程合同。《民法总则》第147条规定了重大误解(无意识的意思表示不一致):基于重大误解实施的民事法律行为,行为人有权请求人民法院或者仲裁机构予以撤销。(2)欺诈订立的工程合同。《民法总则》第148条规定:“一方以欺诈手段,使对方在违背真实意思的情况下实施的民事法律行为,受欺诈方有权请求人民法院或者仲裁机构予以撤销。”第149条规定:“第三人实施欺诈行为,使一方在违背真实意思的情况下实施的民事法律行为,对方知道或者应当知道该欺诈行为的,受欺诈方有权请求人民法院或者仲裁机构予以撤销。”(3)胁迫订立的工程合同。《民法总则》第150条规定:“一方或者第三人以胁迫手段,使对方在违背真实意思的情况下实施的民事法律行为,受胁迫方有权请求人民法院或者仲裁机构予以撤销。”(4)一方乘人之危,使对方在违背真实意思的情况下订立的工程合同。《民法总则》第151条规定:“一方利用对方处于危困状态、缺乏判断能力等情形,致使民事法律行为成立时显失公平的,受损害方有权请求人民法院或者仲裁机构予以撤销。”

根据《合同法》第55条的规定,具有撤销权的当事人自知道或者应当知道撤销事由之日起一年内没有行使撤销权的,撤销权消灭;如果具有撤销权的当事人知道撤销事由后明确表示或者以自己的行为放弃撤销权的,撤销权消灭。《民法总则》第152条规定:“有下列情形之一的,撤销权消灭:(一)当事人自知道或者应当知道撤销事由之日起一年内、重大误解的当事人自知道或者应当知道撤销事由之日起三个月内没有行使撤销权;(二)当事人受胁迫,自胁迫行为终止之日起一年内没有行使撤销权;(三)当事人知道撤销事由后明确表示或者以自己的行为表明放弃撤销权。当事人自民事法律行为发生之日起五年内没有行使撤销权的，撤销权消灭。”

3. 无效的工程合同

无效的工程合同，是指工程合同虽然已经成立，但因违反法律、行政法规的强制性效力性规定或者社会公共利益，自始不能产生法律约束力的合同。工程合同无效主要是基于合同当事人不具备适格的主体资格或者合同内容违法等原因，除了《合同法》《民法总则》等基本法律规定的合同无效情形[①]之外，还包括具体的行为种类。

根据最高人民法院《关于审理建设工程施工合同纠纷案件适用法律问题的解释》第 1 条和第 4 条规定，有下列情形之一的，应当根据《合同法》第 52 条第 5 项的规定，认定建设工程合同无效：(1)承包人未取得建筑施工企业资质或者超越资质等级而签订的建设工程合同无效。(2)没有资质的实际施工人借用有资质的建筑施工企业名义而签订的建设工程合同无效。(3)建设工程必须进行招标而未招标或者中标无效所签订的建设工程合同无效。(4)承包人非法转包建设工程而订立的建设工程合同无效。(5)承包人违法分包工程所签订的建设工程合同无效。

无效的合同或者被撤销的合同自始没有法律约束力。合同部分无效，不影响其他部分效力的，其他部分仍然有效。建设工程合同被确认无效或者被撤销后，因该合同取得的财产，应当予以返还；不能返还或者没有必要返还的，应当折价补偿。建设工程施工合同无效但工程质量竣工验收合格的，按照最高人民法院《关于审理建设工程施工合同纠纷案件适用法律问题的解释》的规定，可参照合同约定的计价方式与计价标准结算工程价款。建设工程合同无效，且建设工程经竣工验收不合格的，承包人请求支付工程价款，法律不予支持。因建设工程不合格造成的损失，发包人有过错的，也应承担相应的民事责任。根据最高人民法院《关于审理建设工程施工合同纠纷案件适用法律问题的解释(二)》，建设工程施工合同无效，一方当事人请求对方赔偿损失的，应当就对方过错、损失大小、过错与损失之间的因果关系承担举证责任。损失大小无法确定，一方当事人请求参照合同约定的质量标准、建设工期、工程价款支付时间等内容确定损失大小的，人民法院可以结合双方过错程度、过错与损失之间的因果关系等因素作出裁判。

二、工程合同的履行

工程合同签订后，当事人应当按照约定全面履行自己的义务，遵循诚实信用原则，根据合同的性质、目的和交易习惯履行通知、协助、保密等义务。

---

① 按照《合同法》第 52 条的规定，无效合同包括：(1)一方欺诈、胁迫的手段订立合同，损害国家利益的；(2)恶意串通，损害国家、集体或者第三人利益的；(3)以合法形式掩盖非法目的的；(4)损害社会公共利益的；(5)违反法律、行政法规的强制性规定的。

（一）按照合同约定的主体履行

我国实行工程发承包主体的行业资格准入制度，在工程合同履行时，承包人应当自行完成合同约定的工程，不得未经发包人同意分包或者非法转包工程。施工总承包的，建筑工程主体结构的施工必须由工程施工合同约定的总承包人自行完成。发包人支付工程款，应当向工程合同约定的承包人或承包人指定的第三人支付。

（二）按照约定的标的和工程建设强制性标准与合同约定的质量标准履行

《合同法》第 279 条第 1 款规定："建设工程竣工后，发包人应当根据施工图纸及说明书、国家颁发的施工验收规范和质量检验标准及时进行验收。验收合格的，发包人应当按照约定支付价款，并接收该建设工程。"《建筑法》第 61 条，《建设工程质量管理条例》第 10 条、第 16 条都表明，发包人与承包人对建设工程质量的约定必须符合法律法规和强制性标准，工程质量验收合格，方可交付使用。因此，建设工程合同主体按照工程建设强制性标准与合同约定的质量标准履行，是保证工程质量的根本。

（三）按照合同约定的价款或酬金履行

工程合同价可以采用以下方式：(1) 固定价。合同总价或者单价在合同约定的风险范围内不可调整。(2) 可调价。合同总价或者单价在合同实施期内，根据合同约定的办法调整。(3) 成本加酬金。工程合同价款的履行往往包括支付预付款、进度款、结算款，返还质保金。发承包双方根据建设行政主管部门的规定，结合工程款、建设工期和包工包料情况在合同中约定工程款的支付时间，一般是在进场时支付一定比例的预付工程款；按照合同约定定期或者按照工程进度分段支付工程进度款；工程竣工验收合格，按照约定时间进行竣工结算，并及时结算工程尾款；质保期满，按时返还工程质保金。按照最高人民法院《关于审理建设工程施工合同纠纷案件适用法律问题的解释》第 16 条第 1 款、第 2 款规定："当事人对建设工程的计价标准或者计价方法有约定的，按照约定结算工程价款。因设计变更导致建设工程的工程量或者质量标准发生变化，当事人对该部分工程价款不能协商一致的，可以参照签订建设工程施工合同时当地建设行政主管部门发布的计价方法或者计价标准结算工程价款。"

（四）按照合同约定的履行期限与履行地点履行

工程合同约定的履行期限，往往包括开工日期、中间交工日期与竣工日期。发包人应当按照约定的期限提供承包人进场开工的条件、交付工程资料、支付工程预付款等，承包人则按照约定的开工日期进场施工，并在工程合同约定的工期内按时完成工程项目的建设与竣工验收。工程合同的履行地点是指工程项目所在地，工程建设行为是在项目所在地履行，工程合同中约定的交付技术资料与支付工程款等行为，则不一定在工程项目所在地完成，当事人应当按照约定履行。

三、工程合同的变更

(一)协商一致变更工程合同

1. 当事人协商一致可以变更工程合同。

通常情况下,工程量的增减,均有建设单位或设计单位的工程变更单,经发承包双方确认后予以实施。发承包双方可以对工程质量、工期、工程价款等进行协商变更。工程有变更的,应当及时办理工程签证。

2. 擅自变更工程合同构成违约行为。

工程建设中,发包人随意下达更改指令、承包人不按照建设单位交付的图纸施工或无故拖延工期,都导致合同的擅自变更,责任人应承担相应的违约责任。

3. 当事人对工程合同变更内容约定不明的,视为未变更。

当事人有变更的意思但却未达成变更的内容,属于未达成变更合意。当事人对合同变更内容约定不明的,视为未变更,仍应按照原合同内容履行。

(二)因情势变更而变更或解除工程合同

情势变更,是指合同依法有效成立后,全面履行前,因不可归责于当事人的原因,使合同赖以成立的基础或环境发生当事人预料不到的重大变化,若继续维持合同的原有效力则显失公平,受不利影响的一方当事人有权请求法院或仲裁机构变更或解除合同的法律制度。情势变更原则的意义,在于通过司法权力的介入,强行改变合同已经确定的条款或撤销合同,在合同双方当事人订约意志之外,重新分配交易双方在交易中应当获得的利益和风险,其追求的价值目标,是公平和公正。最高人民法院《关于适用〈中华人民共和国合同法〉若干问题的解释(二)》第 26 条规定,合同成立以后客观情况发生了当事人在订立合同时无法预见的、非不可抗力造成的不属于商业风险的重大变化,继续履行合同对于一方当事人明显不公平或者不能实现合同目的,当事人请求人民法院变更或者解除合同的,人民法院应当根据公平原则,并结合案件的实际情况确定是否变更或者解除。

情势变更适用的法律效力,包括两种:一是变更合同,即变更合同内容,消除显失公平的结果,使合同在公平基础上得到履行。二是解除合同,并免除当事人的法律责任。

四、工程合同的解除

工程合同的终止,指的是工程合同因某种原因而引起当事人权利义务的消灭,包括合同履行完毕的自然终止和履行过程中某种原因导致的合同终止。

根据《合同法》第 91 条的规定,导致工程合同终止的原因主要有:债务已经按照约定履行;合同解除;债务相互抵销;债务人依法将标的物提存;债权人免除债务;债权债务同归于一人(混同);法律规定或者当事人约定终止的其他情形。工程合同解除是工程合同终止的原因之一。

（一）工程合同解除的概念

工程合同的解除，是指合同成立之后，尚未履行或未全部履行之前，合同当事人依法行使解除权或者双方协商决定，提前解除合同效力的行为。

（二）解除的种类

根据工程合同解除是由单方面行使解除权解除合同，还是由双方当事人协商解除合同，可以分为：单方解除和双方解除。单方解除，指的是具备当事人约定的或法律规定的解除条件时，享有解除权的一方行使解除权，单方通知对方解除合同，解除合同的通知到达对方时合同解除。双方解除，又称为协议解除，指的是当事人协商一致解除合同。根据合同解除的依据是法律规定还是当事人约定，可分为：约定解除和法定解除。另外，工程合同解除还可以分为约定解除和法定解除。

1. 约定解除

根据《合同法》第 93 条的规定，当事人协商一致，可以解除合同。当事人可以约定一方解除合同的条件。解除合同的条件成就时，解除权人可以解除合同。约定解除包括：(1) 当事人协商一致解除合同。由于建设工程周期较长，在履行过程中，出现了某种情况，当事人认为没有必要继续履行合同，双方协商一致，解除原合同。(2) 约定一方解除合同条件的解除。当事人在合同中约定了解除合同的条件，在履行过程中，约定解除条件出现时，当事人一方单方行使解除权，从而终止合同关系。

2. 法定解除

法定解除，主要是指当事人不履行合同的主要义务，致使合同的目的无法实现，另一方可以单方通知对方解除合同。《合同法》第 94 条规定："有下列情形之一的，当事人可以解除合同：(一) 因不可抗力致使不能实现合同目的；(二) 在履行期限届满之前，当事人一方明确表示或者以自己的行为表明不履行主要债务；(三) 当事人一方迟延履行主要债务，经催告后在合理期限内仍未履行；(四) 当事人一方迟延履行债务或者有其他违约行为致使不能实现合同目的；(五) 法律规定的其他情形。"最高人民法院《关于审理建设工程施工合同纠纷案件适用法律问题的解释》第 8 条和第 9 条，分别规定了发包人和承包人的法定解除权。

（三）解除权的行使

1. 发包人的解除权

承包人具有下列情形之一，发包人有权请求解除建设工程施工合同的：(1) 明确表示或者以行为表明不履行合同主要义务的；(2) 合同约定的期限内没有完工，且在发包人催告的合理期限内仍未完工的；(3) 已经完成的建设工程质量不合格，并拒绝修复的；(4) 将承包的建设工程非法转包、违法分包的。

2. 承包人的解除权。

发包人具有下列情形之一，致使承包人无法施工，且在催告的合理期限内仍未履行相应义务，承包人请求解除建设工程施工合同的，应予支持：(1)未按约定支付工程价款的；(2)提供的主要建筑材料、建筑构配件和设备不符合强制性标准的；(3)不履行合同约定的协助义务的。

《合同法》第95条规定："法律规定或者当事人约定解除权行使期限，期限届满当事人不行使的，该权利消灭。法律没有规定或者当事人没有约定解除权行使期限，经对方催告后在合理期限内不行使的，该权利消灭。"解除权的行使期限一般只存在于约定解除期限的解除和法定解除中。《合同法》第96条规定："当事人一方依照本法第九十三条第二款、第九十四条的规定主张解除合同的，应当通知对方。合同自通知到达对方时解除。对方有异议的，可以请求人民法院或者仲裁机构确认解除合同的效力。法律、行政法规规定解除合同应当办理批准、登记等手续的，依照其规定。"根据法律规定，单方行使解除权的，通知对方即可，通知到达对方时工程合同解除，但实践中工程合同是否解除，双方往往发生争议，最后通过人民法院或仲裁机构来确认。

(四)合同解除的法律后果

根据《合同法》第97条和第98条的规定，工程合同解除后的法律后果有：(1)合同解除后，尚未履行的，终止履行。无论何种情形的解除，都是因为合同没有履行的必要或合同不能继续履行下去，因此，解除后的工程合同失去法律效力，不应继续履行。(2)已经履行的，根据履行情况和合同性质，当事人可以要求恢复原状、采取其他补救措施，并有权要求赔偿损失。(3)合同的权利义务终止，不影响合同中结算和清理条款的效力。根据最高人民法院《关于审理建设工程施工合同纠纷案件适用法律问题的解释》第10条的规定，建设工程施工合同解除后，已经完成的建设工程质量合格的，发包人应当按照约定支付相应的工程价款；已经完成的建设工程质量不合格的，修复后经竣工验收合格的，承包人承担修复费用，修复后的建设工程经竣工验收仍不合格，承包人不能请求支付工程价款。合同解除包括两种：协商解除与单方解除。

第三节 工程合同的缔约过失责任与违约责任

一、工程合同缔约过失责任

(一)工程缔约过失责任的概念

缔约过失责任，是指在订立工程合同过程中，一方或双方当事人因违反诚实信用原则而负有的先合同义务，导致合同不成立，或者合同虽然成立，但因不符合法定的生效条件而被确认无效或被撤销，给对方当事人造成信赖利益的损失时所应当承担的民事赔偿责任。在工程招投标中，招标人已发出中标通知书，但基于一方过错而导致工程合同最终没有订立的，属于缔约过失责任的表现，过错方应当赔偿对方信赖利益损失。

（二）工程缔约过失责任的构成要件

1. 缔约上的过失发生在工程合同订立过程中

只有在合同尚未成立，或者合同虽然成立但因不符合法定的生效要件而被确认为无效或被撤销时，才能成立缔约过失责任。此外，在合同订立过程中，因一方故意欺诈，意思表示不真实，损害社会公共利益，或者违反法律、行政法规的强制性规定，致使合同成立后被确认无效或被撤销，对有过失的一方造成另一方的损害，应当适用缔约过失责任。

2. 缔约当事人违反了先合同义务

先合同义务，是指在订立合同过程中，当事人依据诚实信用原则所应负的告知、协助、保护和保密等义务。缔约当事人违反先合同义务是构成缔约过失责任的前提条件，如在工程招投标过程中，发包人未能如实告知工程量清单构成，因双方对工程错漏项计价无法谈妥而导致合同无法有效成立。

3. 违反先合同义务的当事人主观上有过错

缔约过失责任的归责原则是过错责任原则，行为人主观上可被归责，具体表现为故意和过失。故意是行为人预见到自己行为的后果，仍然希望它发生或者听任它发生的心理状态；过失是行为人应当预见到自己的行为可能发生不良后果，但疏忽大意而没有预见或者虽然预见到了但轻信能够避免损害而发生的一种主观心理状态。

4. 缔约上的过失给对方当事人造成信赖利益的损害

无损害无责任，缔约过失责任的成立，在于损害事实的发生。作为缔约一方的缔约过失行为而使合同不能有效成立，导致相信合同能够有效成立的缔约过失责任构成要件的损害是信赖利益的损害，是指因缔约相对人所支付的各种费用和遭受的其他损失。只有在缔约相对人遭受信赖利益的损害，且这种损害是直接由缔约过失行为所导致，相对人才能依据缔约过失责任请求损害赔偿。

根据《合同法》的规定，工程合同的缔约过失主要有以下几种表现形式：假借订立工程合同，恶意进行磋商；故意隐瞒与订立工程合同有关的重要事实或者提供虚假情况；泄露或不正当使用在订立工程合同过程中知悉的商业秘密；其他违背诚实信用原则的行为。

（三）缔约过失责任的赔偿范围

对此，我国尚无法律明确规定，一般认为，缔约过失赔偿责任的范围是信赖利益的损失，即缔约当事人信赖合同有效成立，但因缔约相对人的缔约过失行为致使合同不成立、虽然成立但被确认无效或被撤销所造成的损失。对信赖利益的赔偿，应当使当事人恢复到未订立合同之前的良好状态，从而体现对当事人的救济。当事人在合同订立之前的状态与现有状态之间的差距，就是信赖利益损失的范围。信赖利益的损失包括直接损失和间接损失。

1. 直接损失

(1)缔约费用，如通信费、为了订立合同而赴实地考察所支付的合理费用等；(2)准备履行合同所支出的费用，如信赖合同有效成立而购买房屋、机器设备或雇工支付的费用，或者为运送或受领标的物所支出的合理费用等；(3)因支出缔约费用或准备履行合同支出费用而失去的利息；(4)由于一方当事人在订立合同过程中未尽到照顾保护义务而使对方当事人的人身受到伤害所支出的医疗费用和因身体伤害而减少的误工收入；(5)由于一方当事人在订立合同过程中未尽通知、说明义务致使对方当事人遭受的财产上的实际损失。

2. 间接损失

工程合同相对人因信赖合同有效成立而丧失的与第三人另订立合同机会所遭受的损失。

需要注意的是，直接损失和间接损失必须是在可以客观预见的范围内，必须是基于信赖关系而产生的损失。而且，对于该信赖利益的赔偿，应当以履行利益为限度。

二、工程合同违约责任

(一)违约责任的构成要件

1. 当事人有违反工程合同约定的违约行为

《合同法》第107条规定："当事人一方不履行合同义务或者履行合同义务不符合约定的，应当承担继续履行、采取补救措施或者赔偿损失等违约责任。"据此确立了对违约责任实行严格责任制原则，当事人不履行合同义务或履行合同义务不符合约定时，无论是否存在主观过失或故意，都应承担违约责任，除非存在免责事由。

工程合同当事人的违约行为，是指当事人不履行和不适当履行义务。前者是指合同当事人不能履行或者拒绝履行合同义务；后者是指履行合同义务不符合约定，即不适当履行，如不按照工程设计图纸施工或逾期交工，都构成违约行为。

违约行为既包括合同期限届满时不履行合同的实际违约行为，也包括在履行期限届满之前，当事人明确表示或以行为表明不履行合同的预期违约行为。《合同法》第108条规定："当事人一方明确表示或者以自己的行为表明不履行合同义务的，对方可以在履行期限届满之前要求其承担违约责任。"如发包人在质保期满之前明确表示不予返还质保金的，承包人可以选择在质保期届满之前要求返还，也可以等待质保期满再追究违约责任。

2. 违反工程合同约定不存在免责事由

工程合同生效后，当事人因不可抗力事件或约定的免责事由发生，造成工程合同不能履行或不适当履行的，依法可以免除违约责任。

免责事由包括：(1)不可抗力。不可抗力，是指当事人在订立工程合同时不能预见、对其发生和后果不能避免并不能克服的客观情况。不可抗力的事件范围一般包括：①自然事件，如水灾、火灾、地震、瘟疫等；②社会事件，如战争、动乱、暴乱、武装冲突、罢工等；③政府法律、行政行为等。对于因不可抗力导致的建设工程合同不能履行或不适当履行，应当根据不可抗力的影响程度，部分或者全部免除责任。当然，不可抗力发生后，当事人一方应当及时通知对方，以减轻可能给对方造成的损失，并且应当在合理的期限内提供证明，及时通知对方，避免给对方造成更大的损失，否则对扩大的损失不应当免除责任。(2)约定的免责事由。在工程合同履行过程中，常因为复杂情势导致工程合同不能履行或者不能完全按照约定履行，如果当事人在订立合同时将其作为免责事由写入了合同条款，则违反合同约定一方不承担违约责任。如工程合同约定因发包人迟延付款超过 30 天的，承包人有权停止施工待款，约定的情形发生时，施工人的停工不构成违约，因停工导致的工期拖延也不构成违约。

(二)工程合同违约责任的主要类型

1. 发包人迟付或拒付工程款

发包人没有按照合同约定的预付款、进度款、结算款的支付时间支付款项，或者没有在质保期满后的约定时间内及时返还保修金。

2. 工程延期交付

因发包人或承包人购买材料迟延进场，或者管理混乱等原因，导致工程进度滞后于预订的工程进度，最终导致竣工验收日晚于合同约定的竣工日，构成工期延误的违约。

3. 工程质量不达标

发承包双方往往在工程合同中约定了工程质量的标准，如创泰山杯、省级优良工程、质量优良等，如果承包人施工的工程质量没有达到约定的质量标准，则因工程质量不达标而构成违约。

(三)承担工程合同违约责任的主要形式

1. 继续实际履行

继续实际履行，是指违约当事人无论是否已经承担赔偿损失或者违约金的责任，都必须根据对方的要求，并在自己能够履行的条件下，对原工程合同未履行部分继续按照要求履行。《合同法》第 109 条规定："当事人一方未支付价款或者报酬的，对方可以要求其支付价款或者报酬。"《合同法》第 110 条规定："当事人一方不履行非金钱债务或者履行非金钱债务不符合约定的，对方可以要求履行，但有下列情形之一的除外：(一)法律上或者事实上不能履行；(二)债务的标的不适于强制履行或者履行费用过高；(三)债权人在合理期限内未要求履行。”根据此条的规定，对于非金钱债务的实际履行，法律规定了限制性条件，对于具有这些情形的当事人不得请求实际履行。

2. 采取补救措施

采取补救措施，是指当事人违反工程合同的行为发生后，为防止损失发生或者扩大，而由违反合同行为人依法律规定或者约定采取的维修、返工、减少价款或者报酬等补救措施，以弥补权利人损失。《合同法》第 111 条规定："质量不符合约定的，应当按照当事人的约定承担违约责任。对违约责任没有约定或者约定不明确，依照本法第六十一条的规定仍不能确定的，受损害方根据标的的性质以及损失的大小，可以合理选择要求对方承担修理、更换、重作、退货、减少价款或者报酬等违约责任。”

3. 赔偿损失

赔偿损失，是指当事人一方因违反工程合同造成对方损失时，应对守约方因此导致的经济损失予以补偿。《合同法》第 113 条规定："当事人一方不履行合同义务或者履行合同义务不符合规定，给对方造成损失的，损失赔偿额应当相当于因违约所造成的损失，包括合同履行后可以获得的利益，但不得超过违反合同一方订立合同时预见到或者应当预见到的因违反合同可能造成的损失。”

4. 违约金

违约金，是指当事人在工程合同中约定因一方违约而向另一方支付一定数额的金钱。违约金可以分为约定违约金和法定违约金，其根本属性是其制裁性，此外还具有补偿性。《合同法》第 114 条第 1 款、第 2 款规定，当事人可以约定一方违约时应根据违约情况向对方支付一定数额的违约金，也可以约定因违约产生的损失赔偿额的计算方法。约定的违约金低于造成的损失的，当事人可以请求人民法院或者仲裁机构予以增加，约定的违约金过分高于造成的损失的，当事人可以请求人民法院或者仲裁机构予以适当减少。违约方支付违约金后并不当然免除继续其履行的义务。《合同法》第 116 条规定："当事人既约定违约金，又约定定金的，一方违约时，对方可以选择适用违约金或者定金条款。”

综上所述，工程合同法是工程建设与管理的重要法律依据，在我国工程建设领域较多遵循熟人社会交易规则、管理较为粗犷的工程实践中，工程合同法的顺利实施对于工程建设可持续健康发展起着尤为重要的作用。

第十一章 工程民法学之三

工程知识产权法学是工程民法学富有特色的重要内容。知识经济是科技进步与经济发展到一定阶段的表现。目前,知识经济已经不再是一个概念而是客观存在的现实。在知识经济的态势下,知识的价值有了与自然经济时期完全不同的表现。知识经济的核心是科技创新,保护科技创新的源泉就离不开知识产权法律制度。工程领域从勘察、设计到施工都是富有创造性的活动,工程领域涉及众多的科技创新。因此,从探讨一般知识产权法律制度入手,结合工程领域知识产权保护的特殊性,研究工程领域知识产权的常见种类和特点,明确工程领域知识产权侵权的保护手段,对加强工程领域知识产权保护有重要的现实意义。

第一节 知识产权法概述

一、知识产权的概念和范围

(一)知识产权的概念

在民事权利制度体系中,知识产权的用语是与传统的财产所有权相区别而存在的。① 与一般民事权利保护的客体是有形的物相对应,知识产权保护的客体是无形的信息、是与有形的表达载体相分离的思想、发明、标记、图像、表达性作品。②概言之,知识产权制度是将某些知识信息予以产权化以激励其创造者。在 20 世纪 60 年代以前,知识产权尚未成为国际上广泛使用的法律概念,人们一般将基于创造性智力成果所获取的民事权利称为“无形财产权”(intangible property),当代西方学者将该项权利的客体称为“知识财产”(intellectual property),是法学理论上的一大进步。著名法学家北川善太郎是日本推行“知识产权”概念的始作俑者。在我国曾经采用智力成果权的名称,1986 年颁布的《民法通则》开始正式使用知识产权的概念。

关于知识产权的概念在我国学者的著述中曾有两种代表性的表述:一种将知识产权定义为人们对其创造性的智力成果依法享有的专有权利;另一种将知识产

---

① 参见吴汉东主编:《知识产权法学》,北京大学出版社 2009 年版,第 1 页。

② 参见[美]威廉 · M. 兰德斯、理查德 · A. 波斯纳:《知识产权法的经济结构》,金海军译,北京大学出版社 2005 年版,第 1 页。

权定义为人们对其创造性的智力成果和商业标记依法享有的专有权利。早期的著述均采用第一种定义,坚持这一定义的是郑成思先生。如他在其主编的《知识产权法教程》中给知识产权下的定义是:"知识产权指的是人们可以就其智力创造的成果所依法享有的专有权利。"近年来,随着对知识产权研究的深入,取第二种定义的人渐多,如刘春田主编的《知识产权法教程》的定义是:"知识产权是智力成果的创造人依法享有的权利和生产经营活动中标记所有人依法享有的权利的总称。"吴汉东主编的《知识产权法》的定义是:"知识产权是人们对于自己的智力活动创造的成果和经营管理活动中的标记信誉依法享有的权利。"

(二)知识产权的范围

知识产权有广义和狭义之分。广义的知识产权包括著作权、邻接权、商标权、商号权、商业秘密权、地理标记权、专利权、植物新品种权、集成电路布图设计权等各种权利。广义的知识产权范围目前已为两个主要的知识产权国际公约认可,分别是1967年签订的《成立世界知识产权组织公约》和1994年关贸总协定缔约方签署的《知识产权协定》(TRIPS)。我国《民法总则》第五章"民事权利"第123条明确规定,民事主体依法享有知识产权。知识产权的客体包括:作品;发明、实用新型、外观设计;商标;地理标志;商业秘密;集成电路布图设计;植物新品种;法律规定的其他客体。学者通说认为发现权、发明权和科技成果推广的权利,不具有知识产权专有财产权的权利性质,在将来的民事立法中,有关知识产权保护的范围应不包括这些权利。[①]

与前述广义的知识产权概念相比,狭义的知识产权包括著作权(含邻接权)、商标权和专利权。传统上,按照智力产品的性质分类,著作权和专利权的客体属于创造性智力成果,商标权保护的客体属于标识性的智力成果;按照权利应用的领域,著作权主要应用于文学艺术领域,因此著作权又被称为文学产权;而商标和专利应用于工业领域,因此商标权和专利权又经常被合称为工业产权。其实工业产权的概念大于商标权和专利权。随着科技进步和社会发展,文学艺术领域和工业产权领域不断交汇融合,知识产权保护的范围也在不断扩大。

二、知识产权法的概念、体系

(一)知识产权法的概念

知识产权法是调整因知识产品而产生的各种社会关系的法律规范的总和,它是国际上通行的确认、保护和利用著作权、工业产权以及其他智力成果专有权利的一种专门法律制度。[②]

---

① 参见吴汉东主编:《知识产权法学》,北京大学出版社2009年版,第2~3页。

② 同上书,第23页。

具体来说,知识产权法是调整因创造、使用智力成果而产生的各种社会关系的法律规范的总和,知识产权法律制度既是制度文明的典范,也是激发创造力和促进社会进步的加速器。[①] 知识产权法的发展历史起源于十七八世纪,随着科学技术成果在生产领域的广泛利用,知识产品的价值与自然经济时期有了本质的改变,知识产品与其他有形的物一样具备了价值和交换价值,知识产品的创造者寻求法律对他们的财产权利予以确认,并寻求不同于保护有形物的财产权利的法律手段,就出现了以保护无形的信息为客体的知识产权法律制度。

(二)知识产权法的体系

知识产权法的体系,是指调整知识产权相关的权利义务关系的法律规范由哪些法律文件构成。知识产权法律制度历史并不悠久,我国的知识产权法律制度的发展始于清朝末年。新中国成立后,由于计划经济体制等原因,知识产权法律制度建立的时间更晚。改革开放后,我国的知识产权法律制度建设飞速发展,目前已经建立了较为完备的知识产权法律制度。

知识产权法是由基本法规范、各专门法和中国加入的国际公约和双边协定共同构成的知识产权法律体系。

在我国《民法总则》实施之前,我国对知识产权进行法律保护的基本法规范是《民法通则》,其中第五章第三节专门规定了知识产权保护的相关内容,第 94 条规定:"公民、法人享有著作权(版权),依法有署名、发表、出版、获得报酬等权利。"第 95 条规定:"公民、法人依法取得的专利权受法律保护。"第 96 条规定:"法人、个体工商户、个人合伙依法取得的商标专用权受法律保护。"我国《民法总则》于 2017 年 10 月 1 日起实施,在第 123 条明确规定了知识产权保护的客体。

我国还相继制定了保护知识产权的专门法律制度。

(1)知识产权保护专门的法律。此处的法律是狭义的,是指全国人大及其常委会制定的法律。其中最重要的知识产权法律制度是三个狭义的知识产权保护的专门法律,分别是:1982 年 8 月 23 日,全国人大常委会审议通过的《商标法》(1993 年修正、2001 年修正、2013 年修正);1984 年 3 月 20 日,全国人大常委会审议通过的《专利法》(1992 年修正、2000 年修正、2008 年修正);1990 年 9 月 7 日,全国人大常委会审议通过的《著作权法》(2001 年修正,2010 年修正)。除此之外,1993 年 9 月 2 日全国人大常委会审议通过了《反不正当竞争法》(2017 年修订),这是知识产权保护的兜底法律制度。

(2)行政规章。除了全国人大常委会制定的法律,国务院还制定了保护知识产权的条例,针对上述三个狭义知识产权保护法律制度制定的实施细则和条例,分别是:《商标法实施条例》《专利法实施细则》《著作权法实施条例》。除此之外,还

---

① 参见刘春田主编:《知识产权法》,高等教育出版社、北京大学出版社 2007 年版,第 23 页。

针对一些知识产品制定了保护条例,1997 年 3 月 29 日国务院发布的《植物新品种保护条例》,专门规定了植物新品种保护的有关内容;2001 年 3 月 28 日,国务院发布的《集成电路布图设计保护条例》,针对集成电路的特点规定了集成电路布图设计保护的有关内容;国务院 2001 年 12 月 20 日第 339 号令公布的《计算机软件保护条例》,自 2002 年 1 月 1 日起施行,专门规定了对计算机软件进行保护的有关内容;2006 年由国务院颁布了《信息网络传播权保护条例》,针对信息网络传播权的特点,通过该条例界定了信息网络传播权的适用范围、保护技术措施、关于合理使用法定许可的具体条件等内容。

(3)部门规章。本书仅介绍与工程领域知识产权保护有关的部门规章。主要有 2003 年 10 月 22 日建设部和国家知识产权局联合出台的《工程勘察设计咨询业知识产权保护与管理导则》。其针对工程领域知识产权的特点,对工程领域知识产权的类型、法律适用、保护范围、权利归属、侵权处理等内容进行了规制,较为完整地规定了工程领域知识产权保护的内容。

(4)司法解释。最高人民法院和最高人民检察院也先后各自或联合发布了一些关于知识产权保护的司法解释,如果涉及工程领域知识产权保护的时候,可以查询相关司法解释的有关规定。

随着对外开放的不断加深和互联网的迅速发展,知识产权的国际保护成为知识产权法律制度的重要组成部分。我国也加入了一些知识产权保护公约,分别是:1980 年加入了《世界知识产权组织公约》,1985 年加入了《保护工业产权巴黎公约》,1989 年加入了《商标国际注册马德里协定》,1990 年加入了《关于集成电路知识产权条约》,1992 年加入了《保护文学和艺术作品伯尔尼公约》和《世界版权公约》,1993 年加入了《保护唱片制作者防止唱片被擅自复制日内瓦公约》,1994 年加入了《专利合作条约》。2001 年 12 月 11 日,我国加入了世界贸易组织,并成为 TRIPs 协议的缔约方。[①]

三、工程知识产权的研究现状

工程领域知识产权保护已经开始受到关注,首先是工程领域从业者及管理者开始关注并研究工程领域知识产权保护,他们最直接体会到工程领域知识产权保护的必要性、重要性及难度,从各自的领域对工程知识产权保护进行了探讨。大连都市发展设计有限公司韩金涛发表于 2015 年第 13 期《理论前沿》第 498 页的文章《浅谈建筑工程行业的知识产权保护问题》,从建筑工程行业从业者的角度,对建筑工程行业的知识产权保护问题提出了自己的想法。上海建工集团有限公司的舒家英发表于《建筑施工》第 38 卷第 12 期第 1766 页的《建筑工程招投标中投标企业知识产权保护的问题及对策》,针对投标过程投标文件知识产权屡屡被侵犯的原

① 参见刘春田主编:《知识产权法》,高等教育出版社、北京大学出版社 2007 年版,第 25 页。

因、保护对策进行了分析探讨。张家港市交通控股有限公司的陈国军发表于2014年第24期《理论前沿》第455页的《浅论工程建设合同中的知识产权保护》，介绍了工程建设合同中知识产权保护的重要性及相关条款，提出了相应的知识产权保护措施。黑龙江省齐齐哈尔市泰来县城市管理局的韩伟发表在2014年第5期《技术与管理》第148页的《浅谈建筑工程招投标中的知识产权保护》，分析了目前招投标活动中对投标方知识产权侵犯的现状、原因、危害性及对策，对建筑工程招投标中的知识产权保护提出了自己的建议。中冶赛迪集团有限公司阚波发表在《科技创业家》2014年第2期（下）第243页的《工程总承包合同的知识产权条款制定策略》，分析了勘察设计企业面临的工程总承包合同中知识产权条款的类型和存在问题，结合具体情况提出对应策略。

同时工程领域知识产权保护也引起了一些学者的关注。东南大学法学院胡朝阳、施建辉发表于2009年第12期《现代管理科学》第81页的文章《浅析工程项目建设与管理中的知识产权保护》，针对工程项目建设与管理所涉及的勘察、设计、施工等创造性活动的特点，分析了工程项目建设与管理单位可以通过著作权登记、专利申请、商标注册和专有技术等方式保护知识产权。① 外交学院潘皞宇发表在《西北大学学报》2016年5月的论文《国际大科学工程中知识产权保护的困境及应对模式》，针对国际大科学工程的特殊性以及知识产权制度本身的局限性，探讨了该工程领域知识产权利用和保护的现实困境和法律适用障碍，寻求国际大科学工程利用和保护知识产权具有普适性的基本理念和操作模式。② 湘潭大学法学院的蔡高强、刘奇功发表于2014年7月的《北京航空大学学报》第20页的《论嫦娥工程专利保护制度的完善》对嫦娥工程涉及的知识产权权属、激励机制、管理机制及专利申请和保护进行了研究。海军工程大学的刘宝平、魏华、孙胜祥发表在2014年第12期《武汉理工大学学报》第834页的《装备研制过程中知识产权运用分析》，探讨了装备研制过程知识产权保护的特殊性及运用手段。

工程领域知识产权保护已经受到相关人员及学者的关注，取得了一些研究成果，但对于工程领域知识产权保护进行系统、深入、全面的研究成果仍未实现。为了更好地对工程领域知识创新进行有效保护，需要对工程领域知识产权保护进行系统深入的研究。

第二节　工程领域知识产权常见类型及侵权救济

工程领域涉及范围很广，包括工程招投标、勘察、设计、施工、监理及各种档案

---

① 参见胡朝阳、施建辉：《浅析工程项日建设与管理中的知识产权保护》，载《现代管理科学》2009年第12期。

② 参见潘皞宇：《国际大科学工程中知识产权保护的困境及应对模式》，载《西北大学学报》（哲学社会科学版）2016年第3期。

管理工作。工程领域既是一项凝结工程勘察设计施工者的创造性劳动，也是一项运用他人创造性智力成果的活动，[①]这些过程都涉及知识产权的利用和保护。因此本节基于知识产权的特点，结合工程领域各种活动的特殊性，分析工程领域知识产权的常见类型、特点、侵权方式及救济途径，供读者在工程活动中参照使用。

一、工程招投标中的知识产权保护

招投标是建筑行业常用的订立合同方式。招投标的过程中涉及知识产权保护的内容。

（一）工程投标方案的著作权保护

在工程招投标过程中，投标方制作的投标文件属于著作权法保护的作品，我国《著作权法》，作品自创作完成之日起著作权自动产生，因此，投标方的投标文件自创作完成之日起就受到著作权法的保护。依据《著作权法》的相关规定，除非另有约定，工程勘察设计施工人员依法对下列作品享有著作权：工程勘察投标方案、专业工程设计投标方案、建筑工程设计投标方案（包括创意和概念性投标方案）。[②]

招投标过程双方的民事主体地位在形式上是平等的，在实质上招标方往往有一定的优势。招标方有可能借助其优势地位，在招标书中约定其对中标或未中标的方案有部分或全部的使用权。对于未中标方案该条款的效力是无效的，因为未中标方与投标方并未依法产生合同关系，招标方对未中标方案不享有当然的使用权；对于中标的方案享有的使用权也应受到一定限制，即招标方仅享有在该特定招标项目上的一次性使用权。[③]

（二）工程投标过程技术方案新颖性丧失之预防

工程投标方案中有可能涉及新技术的应用，为了满足招标方的要求并尽可能中标，投标方在制作标书的过程中详细表述技术方案。因为招标过程要公开，就有可能使得技术方案因投标活动而被不特定的人知晓，使技术方案失去了新颖性，如果此后投标方想就这些新技术申请专利权保护时，就会因新颖性丧失而导致专利权申请被驳回；同时在专利权侵权诉讼中也会成为宣告专利权无效的理由。

在投标过程中投标方要注意技术方案新颖性丧失的预防，要在投标书中明确招标方对哪些技术方案有保密义务、应该采取哪些保密措施、只能由哪些特定的人知晓该技术方案，并且要求开标的时候不能涉及这些需要保密的技术方案。

（三）工程投标方案的侵权救济

如前所述，工程招投标过程中的投标文件属于《著作权法》保护的作品，如果

---

① 参见胡朝阳、施建辉：《浅析工程项目建设与管理中的知识产权保护》，载《现代管理科学》2009 年第 12 期。

② 同上。

③ 参见于海东：《建设工程招投标中的知识产权保护》，载《甘肃政法成人教育学院学报》2005 年第 3 期。

符合著作权侵权的要件,可以依照我国《著作权法》的规定依法要求侵权人承担侵犯著作权的法律责任。

著作权侵权行为,是指未经著作权人或者相关权利人许可,以《著作权法》规定的权利内容中的一种或多种使用作品的方式,使用受著作权保护的著作权客体和邻接权客体,又不符合法律规定的权利限制情形的行为。《著作权法》第 47 条和第 48 条分别规定了一般侵权行为和严重侵权行为。

1. 一般侵权行为

《著作权法》第 47 条规定:"有下列侵权行为的,应当根据情况,承担停止侵害、消除影响、赔礼道歉、赔偿损失等民事责任:(一)未经著作权人许可,发表其作品的;(二)未经合作作者许可,将与他人合作创作的作品当作自己单独创作的作品发表的;(三)没有参加创作,为谋取个人名利,在他人作品上署名的;(四)歪曲、篡改他人作品的;(五)剽窃他人作品的;(六)未经著作权人许可,以展览、摄制电影和以类似摄制电影的方法使用作品,或者以改编、翻译、注释等方式使用作品的,本法另有规定的除外;(七)使用他人作品,应当支付报酬而未支付的;(八)未经电影作品和以类似摄制电影的方法创作的作品、计算机软件、录音录像制品的著作权人或者与著作权有关的权利人许可,出租其作品或者录音录像制品的,本法另有规定的除外;(九)未经出版者许可,使用其出版的图书、期刊的版式设计的;(十)未经表演者许可,从现场直播或者公开传送其现场表演,或者录制其表演的;(十一)其他侵犯著作权以及与著作权有关的权益的行为。"

该条规定的侵权行为被概括为一般侵权行为,该种情形下侵权人只承担民事责任。该条采用列举加概括的立法方式,先列举了侵犯著作权的 10 种具体情形,最后规定了著作权侵权行为的兜底条款,除了列举的 10 种情形之外,凡是未经著作权人许可擅自使用《著作权法》保护的作品的行为都构成此类著作权侵权行为。

2. 严重侵权行为

《著作权法》第 48 条规定:"有下列侵权行为的,应当根据情况,承担停止侵害、消除影响、赔礼道歉、赔偿损失等民事责任;同时损害公共利益的,可以由著作权行政管理部门责令停止侵权行为,没收违法所得,没收、销毁侵权复制品,并可处以罚款;情节严重的,著作权行政管理部门还可以没收主要用于制作侵权复制品的材料、工具、设备等;构成犯罪的,依法追究刑事责任:(一)未经著作权人许可,复制、发行、表演、放映、广播、汇编、通过信息网络向公众传播其作品的,本法另有规定的除外;(二)出版他人享有专有出版权的图书的;(三)未经表演者许可,复制、发行录有其表演的录音录像制品,或者通过信息网络向公众传播其表演的,本法另有规定的除外;(四)未经录音录像制作者许可,复制、发行、通过信息网络向公众传播其制作的录音录像制品的,本法另有规定的除外;(五)未经许可,播放或者复制广播、电视的,本法另有规定的除外;(六)未经著作权人或者与著作权有关的权利人许可,故意避开或者破坏权利人为其作品、录音录像制品等采取的保护著作权或者与著作权有关的权利的技术措施的，法律、行政法规另有规定的除外；（七）未经著作权人或者与著作权有关的权利人许可，故意删除或者改变作品、录音录像制品等的权利管理电子信息的，法律、行政法规另有规定的除外；（八）制作、出售假冒他人署名的作品的。”

二、勘察设计企业的知识产权保护

勘察设计过程是工程领域技术性强、知识产权保护需求最高的领域，尤其是设计领域涉及多种知识产权的类型，下面逐一介绍勘察设计企业可能存在的知识产权类型。

（一）工程勘察设计档案的知识产权保护

工程勘察设计档案是工程人员根据建设工程和法律法规的要求，进行工程勘察、设计，编制建设工程勘察、设计文件活动所形成的历史记录，它真实记录下了工程勘察、设计这种富有创造性的劳动成果，作为一种重要的信息资源应该受到知识产权的保护。[①] 工程勘察设计档案作为主要的信息资源，首先受到著作权法的保护，同时各个勘察设计企业也要重视档案管理，重视工程勘察设计档案的知识产权保护工作。

工程勘察设计档案中要注意下列资料的归档管理，因为依据《著作权法》的相关规定，除非另有约定，工程勘察设计施工人员依法对下列作品享有著作权：（1）工程勘察、设计和施工阶段的原始资料、计算书、工程设计图及说明、技术文件和工程总结报告；（2）工程咨询的项目建议书、可行性研究报告、专业性评价报告、工程评估书、监理大纲；（3）科研活动的原始数据、设计图及说明书、技术总结和科研报告；（4）企业自行编制的计算机软件、企业标准、导则、手册、标准设计。[②]

（二）建筑设计的知识产权保护

1. 建筑作品的著作权保护

目前，《著作权法》明确保护建筑作品。建筑作品由于其实用性、艺术性和科学技术性的综合特点而与其他一般作品的著作权保护相比存在较多的特殊性，建筑作品的著作权保护不断受到重视。建筑作品的产生源于建筑艺术的产生，当建筑设计师所赋予建筑以独特的艺术美感时，建筑已不再成为只具有单纯的居住功能的载体，它已经成为建筑设计师一定美学构思的表达形式，这种表达形式可能被他人复制并借此营利，所以应当由其创作者享有版权并得到某种程度的保护。[③]

我国《著作权法实施条例》中对建筑作品下的定义为：“以建筑物或者构筑物

① 参见姚刚：《工程勘察设计档案开发利用与知识产权保护》，载《中国勘察设计》2004 年第 7 期。

② 参见胡朝阳、施建辉：《浅析工程项目建设与管理中的知识产权保护》，载《现代管理科学》2009 年第 12 期。

③ 参见马原主编：《著作权法分解适用集成》，人民法院出版社 2003 年版，第 235～238 页。

形式表现的有审美意义的作品。”而目前对于建筑作品的范围，国际组织、部分国家和地区的观点各有不同，为了更有效地讨论建筑作品的著作权保护问题，就必须对建筑作品的范围进行明确的界定。

目前，国际组织对建筑作品的范围给予明确界定的成果有：1986 年于瑞士伯尔尼签订并经多次修订的《保护文学和艺术作品伯尔尼公约》，公约将“建筑作品”和油画归入一类，认为“建筑作品”属于美术作品，而将建筑设计图、草图及建筑模型归入另一类单独的作品，将建筑设计图即模型从建筑作品中分离出去。① 另外一份文件是世界知识产权组织与联合国教科文组织在 1986 年年底公布的，该文件指出，建筑作品应当包括两项内容：建筑物本身、建筑设计图与模型。②

各国对建筑作品的保护存在两种立法例：一种立法例把建筑物、建筑模型和建筑设计图一体保护，认为建筑作品是由三者组成的；另一种立法例认为建筑作品仅仅包括建筑物本身，把建筑模型和建筑设计图归入美术作品或艺术作品予以保护，而把建筑设计图和模型归入了受著作权法保护的另一类作品。各国只是对建筑作品本身的界定上存在差异，但普遍认为对建筑物、建筑模型和建筑设计图都要予以保护。

我国大陆和香港特别行政区均采取了《保护文学和艺术作品伯尔尼公约》的保护方法，即建筑作品仅指建筑物本身，把建筑设计图及其模型归入了受《著作权法》保护的另一类作品。

建筑作品的著作权包括人身权和财产权。建筑作品的人身权包括发表权、署名权、修改权和保护作品完整权。关于建筑物的发表权的行使，《保护文学和艺术作品伯尔尼公约》第 3 条第 3 款规定，建筑作品的建造不构成发表。我国是该公约的签字国，并没有对此条作出保留。因此，建筑物的建成在我国也不意味着建筑物的发表。关于建筑作品的署名权，对于建筑作品，特别是设计图纸，其作品的性质是实际建筑物建造的（有时甚至是唯一的）依据，图纸作者必须对作品承担技术上的责任。因此，建筑设计图纸的设计者在图纸上行使署名权的方式受到诸多的限制。首先，作者署名应该使用真名，不能使用假名、缩写名等其他特殊方式，更不得匿名。其次，作者署名位置往往受到一定的限制。此外，建筑作品作者的署名权只能善意地行使。关于建筑作品的修改权和保护作品完整权，建筑作品的作者同其他作品的作者一样享有修改权。主要是指，他人未经其同意不得修改有关建筑物的造型。日本《著作权法》第 20 条第 1 款规定，著作权人有权保持其著作物的完整性和标题的完整性，不接受违背著作权人意愿的修改、删改或其他改动。同时该条第 2 款第 2 项规定，由于建筑物的扩建、重建、修缮或更换图

---

① 参见刘春田主编：《知识产权法》，高等教育出版社、北京大学出版社 2005 年版，第 51 52 页。

② 参见司法部律师资格考试委员会编审：《全国律师资格考试大纲及必读法律法规汇编》，中国政法大学出版社 2000 年版，第 321 ~ 325 页。

案的改动不适用上款规定。[1] 这也就是说,建筑作品的权利人可以为使用该建筑物而对该建筑物进行扩建、重建、修缮或更换图案,而不视为对该建筑作品著作权人保护作品完整权的侵犯。笔者认为,在建筑作品的修改权保护方面,我国可以借鉴日本这一立法例。

建筑作品著作财产权,是著作权人基于对作品的利用而给自己带来的经济收益。对于建筑作品来说财产权主要涉及复制权、发行权、展览权等,就建筑作品而言,建筑作品的特点决定了其主要财产权为复制权,复制是最能实现建筑设计作品价值的使用方式,所以本书重点探讨建筑作品的复制权。

《保护文学和艺术作品伯尔尼公约》对复制权的解释是,"以任何方式和采取任何形式复制这些作品的专有权利"。[2] 狭义的复制权一般仅指以同样形式制作成品的权利。广义的复制权是除狭义复制权外,还包括以不同于作者原来形式表现该作品的权利。本书所讨论的复制权取其广义,即建筑作品复制权包括从平面到平面(二维建筑产品到二维建筑产品)的复制,仅仅对建筑作品中的建筑设计图适用。也包括从平面到立体(二维建筑产品到三维建筑产品,即建筑物和建筑模型)的复制和从立体到平面(三维建筑产品到二维建筑产品)的复制,即建造实体的建筑物是建筑设计图纸创作和使用的最重要的目的。还有第三种复制是从立体到立体(三维建筑产品到三维建筑产品)的复制,这种复制主要针对建筑物而言。综上所述,建筑作品的复制应理解为,以任何方式和采取任何形式对已经存在的作品及其内容进行非创造性的、重复性的、具有物质固定性的再现。[3]

2. 外观设计专利权保护

建筑设计作品还可以受到专利法的保护,就特定的作品申请外观设计专利权。我国《专利法》所称的外观设计,是指对产品的形状、图案或者结合以及色彩与形状、图案的结合所作出的富有美感并适于工业应用的新设计。[4] 按照外观设计的定义,建筑作品如果是与现有设计不相同或不相近似的新设计,也可以申请外观设计专利权。自 2001 年 7 月 1 日起,国家对不取决于地理条件、可重复再现的固定建筑物给予外观设计专利保护。建筑设计的门、窗、楼梯、装饰图案,以及其他建筑单元可以不受地理条件限制地再现。因此,在一些普通住宅、别墅和公建设计中,建筑师可以选择性地将某些可重复性的建筑设计通用图,制成建筑模型后申请外观设计专利。[5] 建筑设计申请外观设计专利权保护,目前尚未得到广泛的认知和实践。建筑作品的外观设计专利权保护有一定的可行性,基于专利权保护的排他性强于著作权,通过申请外观设计专利权的方式保护建筑设计方案有极其重要的

---

① 参见吴汉东等:《西方诸国著作权制度研究》,中国政法大学出版社 1998 年版,第 125 ~ 128 页。

② 姚欢庆:《知识产权侵权行为归责原则研究》,载《浙江社会科学》2001 年第 4 期。

③ 参见刘岸华编著:《著作权实用》,人民出版社 2004 年版,第 68 ~ 70 页。

④ 参见吴汉东主编:《知识产权法》,北京大学出版社 2009 年版,第 158 页。

⑤ 参见水健、王葶:《浅议建筑设计作品的知识产权保护》,载《建筑设计管理》2013 年第 7 期。

现实意义。

3. 商业秘密保护

商业秘密一般指不为公众所知悉，能为权利人带来经济利益，具有实用性并经权利人采取保密措施的技术信息和经营信息。商业秘密包括经营秘密和技术秘密。经营秘密对于市场主体来讲普遍存在，主要包括经营策略、销售渠道、定价方针、客户资源等；技术秘密包括技术诀窍、生产方案、设计图纸、配方、未公开的技术资料等。[①] 因此建设设计过程中的设计方案、图纸、施工技巧等，不想公开或者不适宜用于著作权和专利权保护的经营信息和技术信息，都可依我国《反不正当竞争法》等进行商业秘密保护。

商业秘密保护的前提是，信息必须具有保密性、实用性，因此建设设计企业要加强对经营信息和技术信息的保密，要制定切实可行的保密制度，并且要执行到位并保留好采取保密措施的证据。

三、项目施工中的知识产权保护

在项目施工过程中，重点是要预防可能出现的知识产权侵权行为，主要从以下几个方面分别论述。

（一）工料采购环节

建筑施工环节涉及大量的材料采购，所采购的材料类别众多，有些涉及专利技术和商标权的保护。如果施工企业采购的材料是涉嫌侵犯他人专利权或商标权的行为，即购买的是未经许可生产的侵犯他人专利权的产品或者未经许可侵犯他人商标权的产品，就会陷入知识产权侵权纠纷中。

1. 有可能涉嫌侵犯专利权

《专利法》第 70 条规定："为生产经营目的使用、许诺销售或者销售不知道是未经专利权人许可而制造并售出的专利侵权产品，能证明该产品合法来源的，不承担赔偿责任。"这种行为被称为"善意侵权"，结合《专利法》的规定，对"善意侵权"行为相关的法律责任进行如下叙述：

首先，为生产经营目的使用或者销售不知道是未经专利权人许可而制造并售出的专利产品或者依照专利方法直接获得的产品，构成免除赔偿责任的"善意侵权"，即若侵权人能证明其产品的合法来源，不承担赔偿责任，但是应该停止侵权。其次，在被告知侵权后如继续使用库存的侵权产品，则要承担相应的赔偿责任。最后，法院对认定"合法来源"的证据要求很严格，要求能够举证证明以合理的价格从合理的渠道采购的产品才构成合法来源。

因此，在采购环节要注意尊重他人的专利权，可以在采购合同中约定出卖方的

---

① 参见吴汉东主编：《知识产权法》，北京大学出版社 2009 年版，第 344 ~ 345 页。

权利瑕疵担保义务。如果涉及专利侵权的话，由产品的提供者承担相应的责任。其中，应该包括善意使用人的经营利益损失以及因侵权纠纷影响工期等产生的违约责任。

2. 有可能涉嫌侵犯商标权

《商标法》也规定了善意侵权的法律责任，该法第64条第2款规定："销售不知道是侵犯注册商标专用权的商品，能证明该商品是自己合法取得并说明提供者的，不承担赔偿责任。"关于此类善意侵权行为的认定与法律责任，与上述专利法的有关规定基本一致。

（二）施工环节

一方面，施工环节要注意知识产权的保护，在施工合同中对知识产权的归属及技术方案的保密等作出约定；另一方面，要注意防范知识产权侵权纠纷的发生。在实践中，有可能出现某些工程项目施工单位通过对他人创作完成的工程勘察设计作品的篡改使用而进行施工的情况，导致侵犯了他人的知识产权，而陷入知识产权侵权纠纷。在签订施工合同时，应明确技术开发、技术引进、技术转让等涉及知识产权归属条款；施工单位对于项目建设的新工艺、新材料、新设备，如属委托开发应与有关单位达成知识产权归属及专有技术保密协议；[①]如果是发包方提供的新材料及设备，要明确权利瑕疵担保义务。

四、工程领域知识产权保护的预防措施

工程领域知识产权受到侵害后，权利人采取措施维护自己的合法权益固然重要，但是笔者认为加强工程领域知识产权保护的预防措施，严格遵守各项法律法规，预防权属纠纷和侵权行为的发生，能更好地实现知识产权价值，减少知识产权权利人的损失。

（一）加强知识产权保护的制度建设

工程领域从招投标、设计、施工、档案管理等各个环节都涉及知识产权保护，因此对于各个环节的规定都要细致、规范，对于各个环节中可能产生的著作权、商标权、专利权、商业秘密权等知识产权，要结合自己企业的情况，制定针对项目和具体人员的专门管理规定或签订协议；对于其他研究成果，包括但不限于研究数据、材料样品、不公开的技术资料等，通常也要制定专门的管理办法。

如果在工程领域需要与其他企业的合作，除了一般合作涉及的标的、价款、付款方式、工程质量、违约责任等约定之外，还要关注知识产权的归属约定。主要可能涉及的事项有：新技术的归属权与实施权，包括由谁实施、实施范围、实施限制、保密条款等约定；在实施过程产生的改进技术的归属和交换的约定，对合作一方尤

---

① 参见胡朝阳、施建辉：《浅析工程项目建设与管理中的知识产权保护》，载《现代管理科学》2009年第12期。

其是放弃改进技术成果权属方的相关补偿规定;信息保密方面的约定等。

(二)注重对研发过程及研究人员的管理

企业的新技术依赖于研究人员的研发过程,因此要注重对研发人员进行规范化的管理。首先要通过定期学习或讨论,增强研发人员的责任心和知识产权保护意识。在管理方面,企业要加强对新技术研究过程的管理和控制,目前很多企业不注意知识产权管理,使很多职务发明被当做个人发明申请了专利权,这样就会给企业造成很大损失,因此要加强技术研发的过程控制。同时,还要关注人员变动时知识产权的保护措施,包括人员离职或调入时带出或带入科研成果的管理和控制,事先约定竞业禁止的相关条款。

(三)制定相关保密协议

知识产权的客体是非物质性的信息,非常容易被传播且不容易被权利人发现,因此企业要加强信息保密工作,建立完善的保密制度。要针对不同的人群,分别制定详细、规范的保密制度,对于重要岗位的人员,要逐一签订保密协议,在保密协议中要明确界定保密信息的范围、保密措施以及违反保密协议的责任;对于涉及相关技术或商业秘密的研究成果,是否能够进行公开或发表也需要进行事先约定。

第十二章　工程经济法学

第一节　工程经济法学的一般理论

一、工程经济法学的概念

按照国内经济法学界的一般理解，经济法学作为一个独立的法的部门，有着自己特定的调整对象。具体来说，我国经济法学是调整国家在协调本国经济运行过程中发生的经济关系的法律规范的总称。经济法学的调整对象是在国家协调、干预、控制和管理的本国经济运行过程中发生的经济关系。工程建设活动是一种重要的社会经济行为，直接对国家政治、经济、军事等方面的安全与发展，产生重要影响。对于工程建设活动而言，其本质属性应当是一种重要的经济活动（既包括生产，也包括消费、分配等），并且这种经济活动及其所形成的社会关系，自然要受到国家的协调、干预、控制和管理。在市场经济条件下，这种经济关系主要包括工程建设市场规制关系和工程建设宏观调控关系。

（一）工程建设市场规制关系

工程建设市场规制关系是国家进行工程建设市场规制管理的过程中发生的经济关系。国家以职权对进入工程建设市场关系的各个主体、行为和客体等方面进行必要的管理、监督和检查，有助于完善市场规则，有效地反对垄断、制止不正当竞争，保护消费者合法权益，以维护市场竞争和市场机制正常运行。具体包括：（1）对工程建设市场主体的规制。主要解决工程建设市场主体资格、市场准入等问题，旨在维护社会主义工程建设市场秩序及交易安全。企业法人是工程建设市场中最重要的主体。对工程建设企业依法进行规制，就是要使工程建设企业有其健全的组织和制度，成为一个合格的法人实体，以适应工程建设市场机制和工程建设宏观调控机制的需要。（2）对进入工程建设市场的工程建设市场主体行为的规制。对工程建设市场主体行为的规制，是为了防止和制止不正当竞争和破坏性垄断，规范市场竞争行为和保证良好的社会主义工程建设市场竞争秩序。（3）对工程建设市场客体的规制。对工程建设市场关系的客体——商品和服务等方面的规制，是为了保护当事人的合法利益和消费者的正当权益。

（二）工程建设宏观调控关系

工程建设宏观调控关系，是国家对工程建设运行进行规划、调节和控制过程中发生的经济关系。它涉及现实社会中的国民经济整体利益、社会公共利益和国家的根本与长远利益。工程建设宏观调控关系主要包括工程建设计划调控关系、工程建设财税调控关系、工程建设金融调控关系、工程建设产业调控关系、工程建设储备调控关系、工程建设涉外调控关系等七大类工程建设宏观调控关系。工程建设宏观经济调控的目的在于弥补工程建设市场调节的不足和改变其消极方面，努力实现经济总量和结构的基本平衡，协调各方面的经济利益，实现经济社会的良性互动和协调发展。

二、工程经济法学的范围

结合国内经济法学界的一般观点，具体而言，在社会主义市场经济体制之下，我国工程建设法律规范体系主要包括：工程建设主体法、工程建设市场监管法、工程建设宏观调控法和工程建设涉外管理法等内容。其调整对象应当主要包括工程建设主体资质与资格管理、工程建设市场监管、工程建设宏观调控、工程建设涉外管理等内容。

（一）工程建设主体法

工程建设主体法主要包括工程建设行为主体即工程企业和从业人员，在获取、变更、终止主体资质与资格过程中所适用的法律规范。工程建设行为主体包括工程建设的企业单位主体和工程建设的专门从业人员主体两大类。我国现行的工程建设主体法律制度对于这两类行为主体的规制和调整，分别体现在工程建设资质管理制度和工程建设资格制度两个方面，前者包括建设工程勘察、设计、施工、监理、开发单位等资质管理制度，后者则包括注册建筑师、建造师、结构工程师、监理工程师等资格管理制度。

（二）工程建设市场监管法

工程建设市场监管法主要包括国家对于工程建设市场经营和竞争秩序进行监督管理过程中所适用的法律规范。主要是工程建设发包承包管理制度、工程建设合同法律制度、工程建设领域里的反不正当竞争和反垄断法律制度、工程建设质量和安全法律制度等。

（三）工程建设宏观调控法

工程建设宏观调控法主要包括国家对工程建设活动进行总体调节和控制所适用的各种法律规范，诸如工程统计法、工程规划与计划法、工程投资与金融法、工程价格法、工程建设政府采购法、工程建设税法等内容。

（四）工程建设涉外管理法

工程建设涉外管理律制度主要是指调整在涉外工程建设活动的法律规范的总称。具体而言，它包括涉外工程建设投资法、涉外工程建设承包法、涉外工程法律适用等内容。

第二节 重要的工程经济法律制度

一、工程建设市场准入制度

工程建设市场准入,是指对建设行为参与主体或其他主体进入工程建设领域或者市场从事建设活动加以限制或禁止的规制或制度。市场准入规制的方法归结起来,主要有许可或审批和标准两大类。许可或审批是使用最为广泛的市场准入方法,包括批准、注册、核准、登记、资质认证等任何具有审批性质的政府规制方法。在工程建设领域,市场准入通常是指企业的准入,也包括自然人的准入。工程建设市场准入制度主要包括工程建设的企业单位主体的市场准入和工程建设的专门从业人员主体市场准入两种。

(一)工程建设的企业单位主体的市场准入

1. 工程建设的企业单位主体的市场准入概述

为了建立和维护建筑市场的正常秩序,确立进入建筑市场从事建筑活动的准入规则,工程建设行业的市场准入实行市场主体资质评估认证制度,也即建设行政主管部门对从事建设活动的房地产开发企业、工程总承包企业、建筑业企业、勘察设计企业和工程监理企业等的人员素质、管理水平、资金数量、业务能力等进行审查,以确定其承揽的工程的范围,并发给相应资质证书的一种制度。《建筑法》第12条和第13条规定了从事建筑活动的建筑施工企业、勘察单位、设计单位、工程监理单位进入建筑市场应当取得相应资质。

2. 工程建设从业单位的资质等级划分标准

《建筑法》第13条明确规定:“从事建筑活动的建筑施工企业、勘察单位、设计单位和工程监理单位,按照其拥有的注册资本、专业技术人员,技术装备和已完成的建筑工程业绩等资质条件,划分为不同的资质等级,经资质审查合格,取得相应等级的资质证书后,方可在其资质等级许可的范围内从事建筑活动。”这在法律上确定了我国工程建设业从业资格许可制度。工程建设从业单位的资质等级划分标准,是从其拥有的注册资本、专业技术人员数量和等级、技术装备和已完成的建筑工程的业绩等方面来加以规定的。每一类从业单位的资质等级标准都由相应的法规作出具体规定。

在中华人民共和国境内申请建筑业企业资质,实施对建筑业企业资质监督管理,适用《建筑业企业资质管理规定》。企业应当按照其拥有的资产、主要人员、已完成的工程业绩和技术装备等条件申请建筑业企业资质,经审查合格,取得建筑业企业资质证书后,方可在资质许可的范围内从事建筑施工活动。建筑业企业资质分为施工总承包资质、专业承包资质、施工劳务资质三个序列。施工总承包资质、专业承包资质按照工程性质和技术特点分别划分为若干资质类别，设有12个类别，一般分为4个等级（特级、一级、二级、三级），各资质类别按照规定的条件划分为若干资质等级，专业承包序列设有36个类别，一般分为3个等级（一级、二级、三级）。施工劳务资质不分类别与等级。

（二）工程建设的专门从业人员主体市场准入

1. 工程建设的专门从业人员主体市场准入概述

执业资格许可制度，是指对具备一定专业学历的从事建筑活动的专业技术人员要求其参加相关考试以获取执业资格，并按规定进行注册后，就确定了其执业的技术资格，获得相应建筑工程文件签字权的一种制度。《建筑法》第14条对此作出了规定："从事建筑活动的专业技术人员，应当依法取得相应的执业资格证书，并在执业资格证书许可的范围内从事建筑活动。"

在技术要求较高的行业实行专业技术人员执业资格制度，在发达国家已有100多年的历史，现已成为国际惯例。当前世界大多数发达国家对从事涉及公众生命和财产的建筑活动的专业技术人员都制定了严格的执业资格制度，如美国、英国、日本、加拿大等。自20世纪80年代中期开始，我国也先后在律师、会计、教师、建筑、医生、资产评估等行业开始实行执业资格制度。为了适应社会主义市场经济体制建立，自20世纪80年代末开始，原建设部在调研国外一些发达国家在专业技术人员资格管理方面好的经验和做法的基础上，结合建设行业发展的需要，会同国家人事部逐步建立了注册建筑师、勘察设计注册工程师、造价工程师、注册城市规划师、监理工程师、房地产估价师、房地产经纪人、建造师、物业管理师等九项执业资格制度。其中，建筑行业是从1992年开始实行注册监理工程师制度的。2004年，根据《行政许可法》，经国务院批准除房地产经纪人外，其他八项执业资格正式列入行政许可项目。另外，国家安监局与国家人事部建立的注册安全工程师职业资格制度，也应当属于建设工程领域的从业人员资格制度。

2. 以建造师为例

建造师执业资格制度起源于英国，迄今为止已有150余年历史。世界上许多发达国家已经建立了该项制度。2002年12月5日，人事部、建设部联合印发了《建造师执业资格制度暂行规定》（人发〔2002〕111号），这标志着我国建立建造师执业资格制度的工作正式建立。该规定明确规定，建造师是指从事建设工程项目总承包和施工管理关键岗位的专业技术人员。2003年2月27日，国务院《关于取消第二批行政审批项目和改变一批行政审批项目管理方式的决定》（国发〔2003〕5号）规定："取消建筑施工企业项目经理资质核准，由注册建造师代替，并设立过渡期。"2003年4月23日，建设部发布《关于建筑业企业项目经理资质管理制度向建造师执业资格制度过渡有关问题的通知》（建市〔2003〕86号文），对过渡期作出了规定。2006年12月28日，原建设部发布《注册建造师管理规定》（建设部令第153

号),进一步规范注册建造师的注册、执业、继续教育和监督管理。2007 年 11 月 19 日,建设部发布《关于建筑业企业项目经理资质管理制度向建造师执业资格制度过渡有关问题的补充通知》(建办市〔2007〕54 号)规定,2008 年 2 月 27 日开始停止使用建筑业企业项目经理资质证书,但是具有统一颁发的建筑业企业一级项目经理资质证书,且未取得建造师资格证书的人员,符合该通知规定条件的,经审批可取得一级建造师临时执业证书,一级建造师临时执业证书有效期为 5 年,于 2013 年 2 月 27 日废止。

根据《注册建造师管理规定》的规定,注册建造师,是指通过考核认定或考试合格取得中华人民共和国建造师资格证书,并按照该规定注册,取得中华人民共和国建造师注册证书和执业印章,担任施工单位项目负责人及从事相关活动的专业技术人员。未取得注册证书和执业印章的,不得担任大中型建设工程项目的施工单位项目负责人,不得以注册建造师的名义从事相关活动。注册建造师划分为 14 个专业:房屋建筑工程、公路工程、铁路工程、民航机场工程、港口与航道工程、水利水电工程、电力工程、矿山工程、冶炼工程、石油化工工程、市政公用与城市轨道工程、通信与广电工程、机电安装工程、装饰装修工程。注册建造师分为一级注册建造师和二级注册建造师。

二、工程建设市场监管法律制度

(一)城乡规划实施中的"一书三证"制度

城乡规划实施是城乡规划行政主管部门根据城乡规划法律规范和已批准的城乡规划,对城乡规划区内各项建设用地和建设活动进行规划审查,并核发规划许可的行政行为。[①] 因此,城乡规划的实施是把城乡规划的内容付诸于现实的活动。城乡规划实施管理行政许可主要表现为"一书三证"。

1984 年 1 月 5 日,《城市规划条例》以行政法规的形式,对建设用地许可、临时用地许可、建设工程许可及改变地形地貌活动的许可作出了规定。在此基础上,1989 年《城市规划法》规定了"一书两证"的规划许可制度,即城市建设项目的规划管理要求核准建设方的"选址意见书"和"建设用地规划许可证"、"建设工程规划许可证"。《城乡规划法》规定,我国城镇规划实施管理实行"一书两证"的规划管理制度,即依法核发"选址意见书""建设用地规划许可证""建设工程规划许可证";乡村规划实施管理实行"乡村建设规划许可证"的规划管理制度。"一书三证"构成了我国城乡规划实施管理的主要法定手段和形式,依法核发"一书三证"是《城乡规划法》赋予城乡规划行政主管部门的法定职责,各类建设工程必须严格实行规划许可制度,不得以政府文件、会议纪要、领导批示等形式取代。这一许可

① 参见耿毓修编著:《城市规划管理与法规》,东南大学出版社 2004 年版,第 120 页。

制度是确保开发建设符合规划的关键环节，基本上保证了规划区内的土地利用和各项建设依照规划实施，避免了城市混乱无序发展。

1. 建设项目选址意见书

《城乡规划法》第36条规定："按照国家规定需要有关部门批准或者核准的建设项目，以划拨方式提供国有土地使用权的，建设单位在报送有关部门批准或者核准前，应当向城乡规划主管部门申请核发选址意见书。前款规定以外的建设项目不需要申请选址意见书。"该条款将城乡规划对重大建设项目的用地管理和控制与放松政府管制有机地结合起来。

按照国家规定需要有关部门批准或者核准的建设项目，往往是涉及基础设施建设和公共利益的重大建设项目。而这些项目多以划拨方式提供国有土地使用权，因此需要城乡规划主管部门核发建设项目选址意见书，使其选址和建设既能为有效实施省域城镇体系规划提供保证，有利于城乡建设功能发挥，又能兼顾建设单位的利益和人民群众的切身利益。

2. 建设用地规划许可证

在城市、镇规划区内以划拨方式提供国有土地使用权的建设项目，经有关部门批准、核准、备案后，建设单位应当向城市、县人民政府城乡规划主管部门提出建设用地规划许可申请，由城市、县人民政府城乡规划主管部门依据控制性详细规划核定建设用地的位置、面积、允许建设的范围，核发建设用地规划许可证。建设单位在取得建设用地规划许可证后，方可向县级以上地方人民政府土地主管部门申请用地，经县级以上人民政府审批后，由土地主管部门划拨土地。

以出让方式取得国有土地使用权的建设项目，在签订国有土地使用权出让合同后，建设单位应当持建设项目的批准、核准、备案文件和国有土地使用权出让合同，向城市、县人民政府城乡规划主管部门领取建设用地规划许可证。城市、县人民政府城乡规划主管部门不得在建设用地规划许可证中，擅自改变作为国有土地使用权出让合同组成部分的规划条件。

3. 建设工程规划许可证

在城市、镇规划区内进行建筑物、构筑物、道路、管线和其他工程建设的，建设单位或者个人应当向城市、县人民政府城乡规划主管部门或者省、自治区、直辖市人民政府确定的镇人民政府申请办理建设工程规划许可证。申请办理建设工程规划许可证，应当提交使用土地的有关证明文件、建设工程设计方案等材料。需要建设单位编制修建性详细规划的建设项目，还应当提交修建性详细规划。对符合控制性详细规划和规划条件的，由城市、县人民政府城乡规划主管部门或者省、自治区、直辖市人民政府确定的镇人民政府核发建设工程规划许可证。

4. 乡村建设规划许可证

在乡、村庄规划区内进行乡镇企业、乡村公共设施和公益事业建设的，建设单位或者个人应当向乡、镇人民政府提出申请，由乡、镇人民政府报城市、县人民政府城乡规划主管部门核发乡村建设规划许可证。在乡、村庄规划区内使用原有宅基地进行农村村民住宅建设的规划管理办法,由省、自治区、直辖市制定。

在乡、村庄规划区内进行乡镇企业、乡村公共设施和公益事业建设以及农村村民住宅建设,不得占用农用地;确需占用农用地的,应当依照《土地管理法》有关规定办理农用地转用审批手续后,由城市、县人民政府城乡规划主管部门核发乡村建设规划许可证。建设单位或者个人在取得乡村建设规划许可证后,方可办理用地审批手续。

(二)建设工程的开工与竣工验收法律制度

1. 建筑工程施工许可制度

建筑工程施工许可制度,是指建设行政主管部门根据建设单位的申请依法对建筑工程是否具备施工条件进行审查,符合条件者准许该建筑工程开始施工并颁发施工许可证的一种制度。《建筑法》第 7 条第 1 款规定:"建筑工程开工前,建设单位应当按照国家有关规定向工程所在地县级以上人民政府建设行政主管部门申请领取施工许可证;但是,国务院建设行政主管部门确定的限额以下的小型工程除外。"这个规定确立了我国工程建设的施工许可制度。施工许可证,是指建筑工程开始施工前,建设单位向建筑行政主管部门申请的可以施工的证明。我国目前对建设工程开工条件的审批,存在颁发"施工许可证"和批准"开工报告"两种形式。多数工程是办理施工许可证,由建委审批,作为开发计划;部分工程则为批准开工报告,由发改委审批,作为基建计划。

2. 建筑工程竣工验收备案制度

建筑工程竣工验收,是指建筑工程完工且具备法定条件后,由建设单位组织有关单位依法定程序及相关依据对所有工程项目进行全面检验与测试。建设工程经验收合格的,方可交付使用。《建设工程质量管理条例》第 16 条规定,建设单位收到建设工程竣工报告后,应当组织设计、施工、工程监理等有关单位进行竣工验收。建设工程竣工验收应当具备下列条件:(1)完成建设工程设计和合同约定的各项内容;(2)有完整的技术档案和施工管理资料;(3)有工程使用的主要建筑材料、建筑构配件和设备的进场试验报告;(4)有勘察、设计、施工、工程监理等单位分别签署的质量合格文件;(5)有施工单位签署的工程保修书。建设工程经验收合格的,方可交付使用。

《建设工程质量管理条例》第 49 条规定,建设单位应当自建设工程竣工验收合格之日起 15 日内,将建设工程竣工验收报告和规划、公安消防、环保等部门出具的认可文件或者准许使用文件报建设行政主管部门或者其他有关部门备案。建设行政主管部门或者其他有关部门发现建设单位在竣工验收过程中有违反国家有关建设工程质量管理规定行为的,责令停止使用,重新组织竣工验收。

（三）建设工程安全生产许可法律制度

根据《安全生产许可证条例》第 2 条的规定，国家对矿山企业、建筑施工企业和危险化学品、烟花爆竹、民用爆破器材生产企业实行安全生产许可制度。企业未取得安全生产许可证的，不得从事生产活动。《建筑施工企业安全生产许可证管理规定》第 2 条第 1 款、第 2 款规定，国家对建筑施工企业实行安全生产许可制度。建筑施工企业未取得安全生产许可证的，不得从事建筑施工活动。建筑施工企业从事建筑施工活动前，应当依照规定向省级以上建设主管部门申请领取安全生产许可证。

建筑施工企业取得安全生产许可证，应当具备下列安全生产条件：（1）建立、健全安全生产责任制，制定完备的安全生产规章制度和操作规程；（2）保证本单位安全生产条件所需资金的投入；（3）设置安全生产管理机构，按照国家有关规定配备专职安全生产管理人员；（4）主要负责人、项目负责人、专职安全生产管理人员经建设主管部门或者其他有关部门考核合格；（5）特种作业人员经有关业务主管部门考核合格，取得特种作业操作资格证书；（6）管理人员和作业人员每年至少进行一次安全生产教育培训并考核合格；（7）依法参加工伤保险，依法为施工现场从事危险作业的人员办理意外伤害保险，为从业人员交纳保险费；（8）施工现场的办公、生活区及作业场所和安全防护用具、机械设备、施工机具及配件符合有关安全生产法律、法规、标准和规程的要求；（9）有职业危害防治措施，并为作业人员配备符合国家标准或者行业标准的安全防护用具和安全防护服装；（10）有对危险性较大的分部分项工程及施工现场易发生重大事故的部位、环节的预防、监控措施和应急预案；（11）有生产安全事故应急救援预案、应急救援组织或者应急救援人员，配备必要的应急救援器材、设备；（12）法律、法规规定的其他条件。

（四）工程建设招投标法律制度

招标投标是在市场经济条件下进行工程建设、货物买卖、财产出租、中介服务等经济活动的一种竞争形式和交易方式，是引入竞争机制订立合同的一种法律形式。在工程建设领域实行招标投标，是我国建筑市场走向规范化、完善化的重要举措。将竞争机制引入工程建设领域，反对和防止垄断，通过公平竞争，实现投资效益的最优化；把工程项目的发包方、承包方和中介方统一纳入市场，实现交易公开化，赋予交易行为以极大的透明度；通过严格、规范、科学、合理的运作程序和监督机制，有力地保证了竞争过程的公正和市场交易的安全。目前，我国招标投标领域内的法律有《招标投标法》；行政法规有《招标投标法实施条例》；部委规章主要包括《工程建设项目施工招标投标办法》《工程建设项目勘察设计招标投标办法》《工程建设项目货物招标投标办法》《机电产品国际招标投标实施办法（试行）》《评标委员会和评标方法暂行规定》《工程建设项目招标投标活动投诉处理办法》《必须招标的工程项目规定》。另外，还包括一些关于招标投标的地方性法规。《招标投标法》第3条和《必须招标的工程项目规定》对强制招标的工程建设项目的范围问题作出了规定。

三、工程建设宏观调控法律制度

(一)固定资产投资法律制度

固定资产投资,是指政府机构或企业投入新增固定资产或更新、改造现有固定资产的投资。固定资产投资包括基本建设投资和更新、改造投资两部分。基本建设投资,是指投入新建、扩建、改建与恢复方面的生产性和非生产性固定资产投资。它包括建筑安装工程投资,设备、工具和装置投资以及其他投资。目前,我国固定资产投资方式主要是国家投资,即以国家预算资金为来源并纳入国家计划的基本建设投资,包括直接拨款和"拨改贷"方式。

固定资产投资法是调整固定资产投资关系的法律规范的总称。它是国家管理固定资产投资活动的法律依据,是各类投资主体进行固定资产投资活动的法律准绳。固定资产投资法的调整对象是固定资产投资关系,具体包括固定资产投资管理关系和固定资产投资协作关系。我国固定资产投资法的基本内容包括以下几个方面:一是固定资产投资体制;二是固定资产投资主体法律制度;三是固定资产投资管理法律制度;四是固定资产投资程序法律制度。

1. 固定资产投资体制

固定资产投资体制是投资管理机构的设置、职权划分以及管理方式等制度的总称,它包括固定资产投资计划管理体制、投资资金管理体制、投资许可证制度、项目责任制及项目法人制等。国务院《关于投资体制改革的决定》(2004年7月16日发布)规定,允许各类企业以股权融资方式筹集投资资金,逐步建立起多种募集方式相互补充的多层次资本市场。经国务院投资主管部门和证券监管机构批准,选择一些收益稳定的基础设施项目进行试点,通过公开发行股票、可转换债券等方式筹集建设资金。在严格防范风险的前提下,改革企业债券发行管理制度,扩大企业债券发行规模,增加企业债券品种。按照市场化原则改进和完善银行的固定资产贷款审批和相应的风险管理制度,运用银团贷款、融资租赁、项目融资、财务顾问等多种业务方式,支持项目建设。允许各种所有制企业按照有关规定申请使用国外贷款。制定相关法规,组织建立中小企业融资和信用担保体系,鼓励银行和各类合格担保机构对项目融资的担保方式进行研究创新,采取多种形式增强担保机构资本实力,推动设立中小企业投资公司,建立和完善创业投资机制。规范发展各类投资基金。鼓励和促进保险资金间接投资基础设施和重点建设工程项目。

2. 固定资产投资主体法律制度

固定资产投资主体法律制度,是以确认投资主体的法律地位、规范投资主体的投资行为为主要任务的一项基本制度。确认投资主体的法律地位,规范投资主体的投资行为是投资法的一项主要任务。对于不同的固定资产投资项目,应依照不同投资主体的不同职能,划分不同投资主体的投资范围。公益性项目的投资由各级政府承担;基础性项目的投资由各级政府通过成立的专业投资公司或企业法人作为投资主体进行投资,并且鼓励和吸引其他各类投资主体参与;竞争性项目的投资,政府不再承担,由企业法人投资主体自主决策、自担风险,所需资金自行筹集、自负盈亏。企业投资主体是多元化投资主体体系中居基础地位的投资者。

3. 固定资产投资管理法律制度

固定资产投资管理法律制度,是关于对固定资产投资资金的来源和使用进行管理,合理控制投资规模和投资增长速度,优化投资结构,提高投资效益等方面的调控制度的总称。对固定资产投资资金的调控,主要分为固定资产投资财政拨款的管理、固定资产投资贷款的管理、自筹资金投资的管理和利用外资投资的管理。

4. 固定资产投资程序法律制度

固定资产投资程序法律制度是国家对固定资产投资行为从项目决策到竣工验收等的过程中所应经过的基本环节所规定的程序性法律制度。基本建设程序,是指基本建设全过程依次运行的各个阶段、各个环节应遵循的工作程式和规则。其主要阶段和环节是:提出项目建议书,进行可行性研究,选择建设地点,编制、审批计划任务书,编制、审批设计文件,列入年度计划,施工准备,组织施工,生产准备,竣工验收和投产。根据《建筑法》的规定,建筑法律制度包括建筑许可制度、建筑工程发包与承包制度、建筑工程监理制度、建筑安全生产管理制度和建筑工程质量管理制度。

(二)工程建设政府采购法律制度

为了规范政府采购行为,提高政府采购资金的使用效益,维护国家利益和社会公共利益,保护政府采购当事人的合法权益,促进廉政建设,第九届全国人大常委会第十八次会议于 2002 年 6 月 29 日通过了《政府采购法》,自 2003 年 1 月 1 日起施行。《政府采购法》所称的政府采购,是指各级国家机关、事业单位和团体组织,使用财政性资金采购依法制定的集中采购目录以内的或者采购限额标准以上的货物、工程和服务的行为。政府采购应当有助于实现国家的经济和社会发展政策目标,包括保护环境,扶持不发达地区和少数民族地区,促进中小企业发展等。政府采购原则上应当采购本国货物、工程和服务。政府采购采用以下方式:(1)公开招标;(2)邀请招标;(3)竞争性谈判;(4)单一来源采购;(5)询价;(6)国务院政府采购监督管理部门认定的其他采购方式。公开招标应作为政府采购的主要采购方式。

1. 公开招标方式

公开招标方式,是指招标采购单位(采购人及采购代理机构)依法以招标公告的方式邀请不特定的供应商参加投标的方式。采购人不得将应当以公开招标方式采购的货物或者服务化整为零或者以其他任何方式规避公开招标采购。货物服务采购项目达到公开招标数额标准的,必须采用公开招标采购。采购人可以依法委托采购代理机构办理货物服务招标事宜,也可以自行组织开展货物服务招标活动。

2. 邀请招标方式

邀请招标方式,是指招标采购单位依法从符合相应资格条件的供应商中随机邀请 3 家以上供应商,并以投标邀请书的方式,邀请其参加投标的方式。符合下列情形之一的货物或者服务,可以依照《政府采购法》采用邀请招标方式采购:(1)具有特殊性,只能从有限范围的供应商处采购的;(2)采用公开招标方式的费用占政府采购项目总价值的比例过大的。

3. 竞争性谈判方式

竞争性谈判方式,是指要求采购人就有关采购事项,与不少于 3 家供应商进行谈判,最后按照预先规定的成交标准,确定成交供应商的方式。符合下列情形之一的货物或者服务,可以采用竞争性谈判方式采购:(1)招标后没有供应商投标或者没有合格标的或者重新招标未能成立的;(2)技术复杂或者性质特殊,不能确定详细规格或者具体要求的;(3)采用招标所需时间不能满足用户紧急需要的;(4)不能事先计算出价格总额的。

4. 单一来源方式

单一来源方式,是指采购人向唯一供应商进行采购的方式。符合下列情形之一的货物或者服务,可以采用单一来源方式采购:(1)只能从唯一供应商处采购的;(2)发生了不可预见的紧急情况不能从其他供应商处采购的;(3)必须保证原有采购项目一致性或者服务配套的要求,需要继续从原供应商处添购,且添购资金总额不超过原合同采购金额 10% 的。

5. 询价方式

询价方式,是指只考虑价格因素,要求采购人向 3 家以上供应商发出询价单,对一次性报出的价格进行比较,最后按照符合采购需求、质量和服务相等且报价最低的原则,确定成交供应商的方式。采购的货物规格、标准统一、现货货源充足且价格变化幅度小的政府采购项目,可以依照规定采用询价方式采购。

(三)工程建设税收法律制度

税收是国家为了实现其职能,并依靠国家政治权利,强制、无偿地参与国民收入分配与再分配取得货币或实物的一种手段。所谓税收,是以实现国家公共财政职能为目的,基于政治权力和法律规定,由政府专门机构向居民和非居民就其财产或特定行为实施的强制、非罚与不直接偿还的金钱课征,是一种财政收入的形式。[①] 工程建设中的主要税种包括增值税、企业所得税、环境保护税、城市维护建

① 参见徐孟洲主编:《税法学》,中国人民大学出版社 2005 年版,第 3 页。

设税、教育费附加、房产税、城镇土地使用税、车船税和印花税。

1. 增值税

增值税是以商品和劳务在流转过程中产生的增值额作为征税对象而征收的一种流转税。2017 年 11 月，经修改后发布的《增值税暂行条例》规定，在中华人民共和国境内销售货物或者加工、修理修配劳务（以下简称劳务），销售服务、无形资产、不动产以及进口货物的单位和个人，为增值税的纳税人。纳税人分为一般纳税人和小规模纳税人。小规模纳税人以外的纳税人应当向主管税务机关办理登记。小规模纳税人会计核算健全，能够提供准确税务资料的，可以向主管税务机关办理登记，不作为小规模纳税人计算应纳税额。

纳税人兼营不同税率的项目，应当分别核算不同税率项目的销售额；未分别核算销售额的，从高适用税率。小规模纳税人以外的纳税人销售货物、劳务、服务、无形资产、不动产（以下统称应税销售行为），应纳税额为当期销项税额抵扣当期进项税额后的余额。当期销项税额小于当期进项税额不足抵扣时，其不足部分可以结转下期继续抵扣。小规模纳税人发生应税销售行为，实行按照销售额和征收率计算应纳税额的简易办法，并不得抵扣进项税额。纳税人进口货物，按照组成计税价格和《增值税暂行条例》规定的税率计算应纳税额。纳税人发生应税销售行为，按照销售额和《增值税暂行条例》规定的税率计算收取的增值税额，为销项税额。纳税人发生应税销售行为的价格明显偏低并无正当理由的，由主管税务机关核定其销售额。纳税人购进货物、劳务、服务、无形资产、不动产支付或者负担的增值税额，为进项税额。

增值税税率：(1) 纳税人销售货物、劳务、有形动产租赁服务或者进口货物，除下述第(2)项、第(4)项、第(5)项另有规定外，税率为 17%。(2) 纳税人销售交通运输、邮政、基础电信、建筑、不动产租赁服务，销售不动产，转让土地使用权，销售或者进口下列货物，税率为 11%：①粮食等农产品、食用植物油、食用盐；②自来水、暖气、冷气、热水、煤气、石油液化气、天然气、二甲醚、沼气、居民用煤炭制品；③图书、报纸、杂志、音像制品、电子出版物；④饲料、化肥、农药、农机、农膜；⑤国务院规定的其他货物。(3) 纳税人销售服务、无形资产，除上述第(1)项、第(2)项、第(5)项另有规定外，税率为 6%。(4) 纳税人出口货物，税率为零；但是，国务院另有规定的除外。(5) 境内单位和个人跨境销售国务院规定范围内的服务、无形资产，税率为零。国务院常务会议决定，自 2018 年 5 月 1 日起，将制造业等行业增值税从 17% 降至 16%，将交通运输、建筑基础电信服务等行业增值税从 11% 降至 10%。

2. 企业所得税

企业所得税是对我国境内的企业和其他取得收入的组织的生产经营所得和其他所得征收的所得税。2017 年 2 月，经修改后公布的《企业所得税法》规定，在中华人民共和国境内，企业和其他取得收入的组织（以下统称企业）为企业所得税的纳税人,依照该法的规定缴纳企业所得税。个人独资企业、合伙企业不适用该法。企业分为居民企业和非居民企业。居民企业,是指依法在中国境内成立,或者依照外国(地区)法律成立但实际管理机构在中国境内的企业。非居民企业,是指依照外国(地区)法律成立且实际管理机构不在中国境内,但在中国境内设立机构、场所的,或者在中国境内未设立机构、场所,但有来自中国境内所得的企业。

居民企业应当就其源于中国境内、境外的所得缴纳企业所得税。非居民企业在中国境内设立机构、场所的,应当就其所设机构、场所取得的来源于中国境内的所得,以及发生在中国境外但与其所设机构、场所有实际联系的所得,缴纳企业所得税。非居民企业在中国境内未设立机构、场所的,或者虽设立机构、场所但取得的所得与其所设机构、场所没有实际联系的,应当就其来源于中国境内的所得缴纳企业所得税。

企业每一纳税年度的收入总额,减除不征税收入、免税收入、各项扣除以及允许弥补的以前年度亏损后的余额,为应纳税所得额。企业所得税的税率为25%。非居民企业在中国境内未设立机构、场所的,或者虽设立机构、场所但取得的所得与其所设机构、场所没有实际联系的,应当就其源于中国境内的所得缴纳企业所得税,适用税率为20%。

3. 环境保护税

环境保护税是为了保护和改善环境,减少污染物排放,推进生态文明建设而征收的一种税。2016年12月公布的《环境保护税法》规定,在中华人民共和国领域和中华人民共和国管辖的其他海域,直接向环境排放应税污染物的企业事业单位和其他生产经营者为环境保护税的纳税人,应当依照该法规定缴纳环境保护税。

应税污染物(应税污染物详见该法所附《环境保护税税目税额表》《应税污染物和当量值表》)的计税依据,按照下列方法确定:(1)应税大气污染物按照污染物排放量折合的污染当量数确定;(2)应税水污染物按照污染物排放量折合的污染当量数确定;(3)应税固体废物按照固体废物的排放量确定;(4)应税噪声按照超过国家规定标准的分贝数确定。环境保护税(环境保护税的税目、税额详见该法所附《环境保护税税目税额表》)应纳税额按照下列方法计算:(1)应税大气污染物的应纳税额为污染当量数乘以具体适用税额;(2)应税水污染物的应纳税额为污染当量数乘以具体适用税额;(3)应税固体废物的应纳税额为固体废物排放量乘以具体适用税额;(4)应税噪声的应纳税额为超过国家规定标准的分贝数对应的具体适用税额。

下列情形,暂予免征环境保护税:(1)农业生产(不包括规模化养殖)排放应税污染物的;(2)机动车、铁路机车、非道路移动机械、船舶和航空器等流动污染源排放应税污染物的;(3)依法设立的城乡污水集中处理、生活垃圾集中处理场所排放相应应税污染物,不超过国家和地方规定的排放标准的;(4)纳税人综合利用的固体废物,符合国家和地方环境保护标准的;(5)国务院批准免税的其他情形。纳税人排放应税大气污染物或者水污染物的浓度值低于国家和地方规定的污染物排放标准30%的,减按75%征收环境保护税。纳税人排放应税大气污染物或者水污染物的浓度值低于国家和地方规定的污染物排放标准50%的,减按50%征收环境保护税。

4. 城市维护建设税

城市维护建设税是我国为了加强城市的维护建设,扩大和稳定城市维护建设资金的来源开征的一税种。2011年1月,经修改后发布的《城市维护建设税暂行条例》规定,凡缴纳消费税、增值税、营业税的单位和个人,都是城市维护建设税的纳税义务人,都应当依照该条例的规定缴纳城市维护建设税。

城市维护建设税,以纳税人实际缴纳的消费税、增值税、营业税税额为计税依据,分别与消费税、增值税、营业税同时缴纳。城市维护建设税税率如下:纳税人所在地在市区的,税率为7%;纳税人所在地在县城、镇的,税率为5%;纳税人所在地不在市区、县城或镇的,税率为1%。开征城市维护建设税后,任何地区和部门,都不得再向纳税人摊派资金或物资。遇到摊派情况,纳税人有权拒绝执行。

5. 教育费附加

教育费附加是对缴纳增值税、消费税、营业税的单位和个人征收的一种附加费。2011年1月,经修改后发布的《征收教育费附加的暂行规定》中规定,凡缴纳消费税、增值税、营业税的单位和个人,除按照国务院《关于筹措农村学校办学经费的通知》(国发〔1984〕174号文)的规定,缴纳农村教育事业费附加的单位外,都应当依照该规定缴纳教育费附加。教育费附加,以各单位和个人实际缴纳的增值税、营业税、消费税的税额为计征依据,教育费附加率为3%,分别与增值税、营业税、消费税同时缴纳。凡办有职工子弟学校的单位,应当先按该规定缴纳教育费附加;教育部门可根据它们办学的情况酌情返还给办学单位,作为对所办学校经费的补贴。办学单位不得借口缴纳教育费附加而撤并学校,或者缩小办学规模。

6. 房产税

2011年1月,经修改后发布的《房产税暂行条例》规定,房产税在城市、县城、建制镇和工矿区征收。房产税由产权所有人缴纳。产权属于全民所有的,由经营管理的单位缴纳。产权出典的,由承典人缴纳。产权所有人、承典人不在房产所在地的,或者产权未确定及租典纠纷未解决的,由房产代管人或者使用人缴纳。上述列举的产权所有人、经营管理单位、承典人、房产代管人或者使用人,统称为纳税义务人。房产税依照房产原值一次减除10%~30%后的余值计算缴纳。具体减除幅度,由省、自治区、直辖市人民政府规定。没有房产原值作为依据的,由房产所在地税务机关参考同类房产核定。房产出租的,以房产租金收入为房产税的计税依据。房产税的税率,依照房产余值计算缴纳的,税率为1.2%;依照房产租金收入计算缴纳的,税率为12%。

下列房产免纳房产税:(1)国家机关、人民团体、军队自用的房产;(2)由国家财政部门拨付事业经费的单位自用的房产;(3)宗教寺庙、公园、名胜古迹自用的房产;(4)个人所有非营业用的房产;(5)经财政部批准免税的其他房产。除《房产税暂行条例》规定外,纳税人纳税确有困难的,可由省、自治区、直辖市人民政府确定,定期减征或者免征房产税。

7. 城镇土地使用税

2013 年 12 月,经修改后发布的《城镇土地使用税暂行条例》规定,在城市、县城、建制镇、工矿区范围内使用土地的单位和个人,为城镇土地使用税的纳税人。土地使用税以纳税人实际占用的土地面积为计税依据,依照规定税额计算征收。土地使用税每平方米年税额如下:(1)大城市 1.5 元至 30 元;(2)中等城市 1.2 元至 24 元;(3)小城市 0.9 元至 18 元;(4)县城、建制镇、工矿区 0.6 元至 12 元。

经省、自治区、直辖市人民政府批准,经济落后地区土地使用税的适用税额标准可以适当降低,但降低额不得超过《城镇土地使用税暂行条例》规定的最低税额的 30%。经济发达地区土地使用税的适用税额标准可以适当提高,但须报经财政部批准。下列土地免缴土地使用税:(1)国家机关、人民团体、军队自用土地;(2)由国家财政部门拨付事业经费的单位自用的土地;(3)宗教寺庙、公园、名胜古迹自用的土地;(4)市政街道、广场、绿化地带等公共用地;(5)直接用于农、林、牧、渔业的生产用地;(6)经批准开山填海整治的土地和改造的废弃土地,从使用的月份起免缴土地使用税 5 年至 10 年;(7)由财政部另行规定免税的能源、交通、水利设施用地和其他用地。土地使用税按年计算、分期缴纳。缴纳期限由省、自治区、直辖市人民政府确定。

8. 车船税

2011 年 2 月公布的《车船税法》规定,在中华人民共和国境内属于该法所附《车船税税目税额表》规定的车辆、船舶(以下简称车船)的所有人或者管理人,为车船税的纳税人。(车辆的适用税额详见该法所附的《车船税税目税额表》和《车船税法实施条例》)

下列车船免征车船税:(1)捕捞、养殖渔船;(2)军队、武装警察部队专用的车船;(3)警用车船;(4)依照法律规定应当予以免税的外国驻华使领馆、国际组织驻华代表机构及其有关人员的车船。对节约能源、使用新能源的车船可以减征或者免征车船税;对受严重自然灾害影响纳税困难以及有其他特殊原因确需减税、免税的,可以减征或者免征车船税。从事机动车第三者责任强制保险业务的保险机构为机动车车船税的扣缴义务人,应当在收取保险费时依法代收车船税,并出具代收税款凭证。

9. 印花税

2011 年 1 月,经修改后发布的《印花税暂行条例》规定,在中华人民共和国境内书立、领受该条例所列举凭证的单位和个人,都是印花税的纳税义务人。下列凭证为应纳税凭证:(1)购销、加工承揽、建设工程承包、财产租赁、货物运输、仓储保管、借款、财产保险、技术合同或者具有合同性质的凭证;(2)产权转移书据;(3)营业账簿;(4)权利、许可证照;(5)经财政部确定征税的其他凭证。

纳税人根据应纳税凭证的性质,分别按比例税率或者按件定额计算应纳税额。(具体税率、税额详见该条例所附的《印花税税目税率表》)应纳税额不足1角的,免纳印花税。应纳税额在1角以上的,其税额尾数不满5分的不计,满5分的按1角计算缴纳。下列凭证免纳印花税:(1)已缴纳印花税的凭证的副本或者抄本;(2)财产所有人将财产赠给政府、社会福利单位、学校所立的书据;(3)经财政部批准免税的其他凭证。

四、工程建设涉外管理法

(一)境外主体承包国内工程法律制度

我国在2001年12月11日加入了WTO组织,成为其第143个成员。从此在WTO组织的统一的法律框架指导下,按照国际贸易规则建立我国市场经济体系。加入世界贸易组织给我国建筑业发展带来了机遇,也带来了不同程度的挑战。2002年9月,根据我国加入WTO建设领域的承诺,原建设部和外经贸部联合颁发了《外商投资建筑业企业管理规定》和《外商投资建设工程设计企业管理规定》。这两个规定的颁布,使我国建筑市场进一步开放,同时规范和完善了外商投资建筑业企业和工程设计企业管理体制,对外国企业进入中国市场,在中国设立企业,开展施工和设计活动具有较大的影响。以上两个规定的颁布,意味着我国对施工、设计这两个建筑业中最大的行业的涉外市场准入制度已经建立起来。在我国加入世界贸易组织10周年之际,国务院新闻办公室发表《中国的对外贸易》白皮书,全面介绍了改革开放以来,特别是加入世界贸易组织后,我国不断扩大对外开放,在平等互利基础上积极同世界各国开展经贸合作的情况。

1. 外商投资的建筑业企业

《外商投资建筑业企业管理规定》规定,外商投资建筑业企业,是指根据中国法律、法规的规定,在中华人民共和国境内投资设立的外资建筑业企业、中外合资经营建筑业企业以及中外合作经营建筑业企业。

根据《外商投资建筑业企业管理规定》的规定,外国服务提供者在中华人民共和国境内从事建筑活动,必须在中国境内设立企业,并按照国民待遇原则,取得建筑业企业资质。外资建筑业企业只允许在其资质等级许可的范围内承包下列工程:(1)全部由外国投资、外国赠款、外国投资及赠款建设的工程;(2)由国际金融机构资助并通过根据贷款条款进行的国际招标授予的建设项目;(3)外资等于或者超过50%的中外联合建设项目,以及外资少于50%,但因技术困难而不能由中国建筑企业独立实施,经省、自治区、直辖市人民政府建设行政主管部门批准的中外联合建设项目;(4)由中国投资,但因技术困难而不能由中国建筑企业独立实施的建设项目，经省、自治区、直辖市人民政府建设行政主管部门批准，可以由中外建筑企业联合承揽。中外合资经营建筑业企业、中外合作经营建筑业企业应当在其资质等级许可的范围内承包工程。

2. 外商投资建设工程设计企业

《外商投资建设工程设计企业管理规定》对外商投资建设工程设计企业的市场准入条件进行了调整，明确了外商独资以及中外合资合作建设工程设计企业的资质条件。外商投资建设工程设计企业，是指根据中国法律、法规的规定，在中华人民共和国境内投资设立的外资建设工程设计企业、中外合资经营建设工程设计企业以及中外合作经营建设工程设计企业。

外商投资建设工程设计企业的外方投资者及外国服务提供者应当是在其本国从事建设工程设计的企业或者注册建筑师、注册工程师。中外合资经营建设工程设计企业、中外合作经营建设工程设计企业中方合营者的出资总额不得低于注册资本的25%。外商投资建设工程设计企业申请建设工程设计企业资质，应当符合建设工程设计企业资质分级标准要求的条件。外商投资建设工程设计企业中，外国服务提供者在中国注册的建筑师、工程师及技术骨干，每人每年在中华人民共和国境内累计居住时间应当不少于6个月。

（二）我国对外承包工程的基本情况

对外承包工程是我国实施“走出去”战略的主要形式之一。随着这一战略的实施，我国对外承包工程也取得了更加显著的成绩。我国对外承包工程的现行法律法规主要涉及对外承包工程的综合性管理、对外承包工程企业资格管理、对外承包工程项目投标（议标）许可、对外承包工程质量安全管理、对外承包工程项下外派劳务管理、对外承包工程保函风险专项资金管理、对外经济技术合作专项资金管理、外汇与对外担保管理等方面的法律法规。

（三）我国对外承包工程的主要法律制度

“对外承包工程”在我国法律中有明确的定义界定。《对外承包工程管理条例》第2条规定：“本条例所称对外承包工程，是指中国的企业或者其他单位（以下统称单位）承包境外建设工程项目（以下简称工程项目）的活动。”《对外承包工程资格管理办法》第2条对“对外承包工程”做了进一步具体界定：“本办法所称对外承包工程，是指中国的企业或者其他单位承包境外建设工程项目，包括咨询、勘察、设计、监理、招标、造价、采购、施工、安装、调试、运营、管理等活动。”

1. 对外承包工程双边及多边投资保护制度

2007年4月发布的《关于鼓励和规范企业对外投资合作的意见》初步形成较为完整的境外投资政策体系。截至2010年，中国与130个国家签订了双边投资保护协定（如印度、哥伦比亚等），与东盟、智利等7个国家和地区签署了自贸协定，与我国香港、澳门特别行政区签署了《更紧密经贸关系安排》，与我国台湾地区签署了《海峡两岸经济合作框架协议》。这为我国企业对外承包工程建立了双边、多边经贸、投资保护条约机制。2010 年商务部出台了《关于 2010 年全国对外投资合作工作的指导意见》,我国企业需依据《对外投资国别产业导向目录(一)》《对外投资国别产业导向目录(二)》《对外投资国别产业导向目录(三)》对外投资,这对我国企业对外承包工程起到了引导作用。

2. 对外承包工程资格制度

2017 年修订后的《对外承包工程管理条例》将该条例第二章对外承包工程资格全部予以删除,即正式取消了“对外承包工程资格审批”。这一变化表明今后企业走出去承包国外工程将不再受相关资格限制,这一变化有利于进一步调动企业对外承包工程的积极性。《对外承包工程管理条例》和《对外承包工程资格管理办法》是我国对外承包工程资格制度的基本法律规定。

国务院商务主管部门应当会同国务院有关部门建立对外承包工程安全风险评估机制,定期发布有关国家和地区安全状况的评估结果,及时提供预警信息,指导对外承包工程的单位做好安全风险防范。对外承包工程的单位不得以不正当的低价承揽工程项目、串通投标,不得进行商业贿赂。对外承包工程的单位应当与境外工程项目发包人订立书面合同,明确双方的权利和义务,并按照合同约定履行义务。

3. 对外承包工程投标(议标)许可制度

2017 年修订后的《对外承包工程项目投标(议标)管理办法》删去了《对外承包工程项目投标(议标)管理办法》第 2 条中的“依法取得对外承包工程资格的”。

根据《对外承包工程项目投标(议标)管理办法》,依法取得对外承包工程资格的企业或其他单位以投标或议标方式承包合同报价金额不低于 500 万美元的境外建设工程项目,应当在对外投标或议标前按照该办法规定办理对外承包工程项目投标(议标)核准(以下简称对外承包工程项目核准)。商务部负责对外承包工程项目核准工作,建立对外承包工程项目数据库系统管理对外承包工程项目核准。对外承包工程的单位应当通过对外承包工程项目数据库系统申请对外承包工程项目核准。

中国驻项目所在国使馆(领馆)经商机构应当在对外承包工程的单位根据申请后通过对外承包工程项目数据库系统提出明确意见。中国驻项目所在国使馆(领馆)经商机构在提出意见时应当综合考虑外经贸政策、驻在国安全风险、项目环保与可能涉及的多国利益以及企业业务开展情况、突发事件报送和项目外派劳务人员等问题。有关商会应当在中国驻项目所在国使馆(领馆)经商机构出具意见后通过对外承包工程项目数据库系统提出明确意见。有关商会在提出意见时应当综合考虑企业公平竞争和行业自律等有关情况。

具有下列情形之一的,不予办理对外承包工程项目核准:(1)申请单位受到商务部或者其他部门暂停经营对外承包工程或相关业务的处罚尚未期满;(2)申请核准前3年内因实施对外承包工程项目的不规范经营行为或重大失误给中国与项目所在国双边关系和经贸合作造成严重影响;(3)申请核准前3年内参加对外承包工程项目投标(议标)时擅自以中国政府或者金融机构的名义对外承诺融资;(4)申请核准前2年内未按规定向商务主管部门报告其开展对外承包工程的情况,或未按规定向有关部门报送业务统计资料;(5)申请核准前3年内不遵守《境外中资企业机构和人员安全管理规定》,并导致重大事故;(6)申请核准前2年内未按《对外承包工程管理条例》要求向中国驻工程项目所在国使馆(领馆)报告订立工程项目合同情况或不接受使馆(领馆)在突发事件防范、工程质量、安全生产及外派人员保护等方面的指导;(7)申请核准前3年内曾因以欺骗、贿赂等不正当手段取得《核准证》被商务部撤销核准。

获得对外承包工程项目核准的单位,可以就相关项目向境内金融机构申请办理保函、信贷或信用保险,向境内金融机构申请项目保函、信贷或信用保险时,应当提交《核准证》等相关文件。境内金融机构不得向未依据该办法办理对外承包工程项目核准的单位开立保函、提供信贷或信用保险。

4. 规范承包制度,禁止转包、再分包,强化质量和安全管理

《对外承包工程管理条例》第10条规定,对外承包工程的单位应当加强对工程质量和安全生产的管理,建立、健全并严格执行工程质量和安全生产管理的规章制度。对外承包工程的单位将工程项目分包的,应当与分包单位订立专门的工程质量和安全生产管理协议,或者在分包合同中约定各自的工程质量和安全生产管理责任,并对分包单位的工程质量和安全生产工作统一协调、管理。对外承包工程的单位不得将工程项目分包给不具备国家规定的相应资质的单位;工程项目的建筑施工部分不得分包给未依法取得安全生产许可证的境内建筑施工企业。分包单位不得将工程项目转包或者再分包。对外承包工程的单位应当在分包合同中明确约定分包单位不得将工程项目转包或者再分包,并负责监督。

5. 规范劳动用工制度

《对外承包工程管理条例》第11条规定,从事对外承包工程外派人员中介服务的机构应当取得国务院商务主管部门的许可,并按照国务院商务主管部门的规定从事对外承包工程外派人员中介服务。对外承包工程的单位通过中介机构招用外派人员的,应当选择依法取得许可并合法经营的中介机构,不得通过未依法取得许可或者有重大违法行为的中介机构招用外派人员。对外承包工程的单位应当依法与其招用的外派人员订立劳动合同,按照合同约定向外派人员提供工作条件和支付报酬,履行用人单位义务。

6. 对外承包工程的人员和财产安全管理制度

对外承包工程的单位应当有专门的安全管理机构和人员,负责保护外派人员的人身和财产安全,并根据所承包工程项目的具体情况,制定保护外派人员人身和财产安全的方案,落实所需经费。对外承包工程的单位应当根据工程项目所在国

家或者地区的安全状况，有针对性地对外派人员进行安全防范教育和应急知识培训，增强外派人员的安全防范意识和自我保护能力。对外承包工程的单位应当为外派人员购买境外人身意外伤害保险。

7. 对外承包工程备用金制度

对外承包工程的单位应当按照国务院商务主管部门和国务院财政部门的规定，及时存缴备用金。前款规定的备用金，用于支付对外承包工程的单位拒绝承担或者无力承担的下列费用：(1)外派人员的报酬；(2)因发生突发事件，外派人员回国或者接受其他紧急救助所需费用；(3)依法应当对外派人员的损失进行赔偿所需费用。

8. 对外承包工程报告、统计制度

对外承包工程的单位与境外工程项目发包人订立合同后，应当及时向中国驻该工程项目所在国使馆（领馆）报告。对外承包工程的单位应当接受中国驻该工程项目所在国使馆（领馆）在突发事件防范、工程质量、安全生产及外派人员保护等方面的指导。

对外承包工程的单位应当制定突发事件应急预案；在境外发生突发事件时，应当及时、妥善处理，并立即向中国驻该工程项目所在国使馆（领馆）和国内有关主管部门报告。国务院商务主管部门应当会同国务院有关部门，按照预防和处置并重的原则，建立、健全对外承包工程突发事件预警、防范和应急处置机制，制定对外承包工程突发事件应急预案。

对外承包工程的单位应当定期向商务主管部门报告其开展对外承包工程的情况，并按照国务院商务主管部门和国务院统计部门的规定，向有关部门报送业务统计资料。

第十三章　工程行政法学

工程法学系统、综合地研究现代建筑工程建造与政府管制中的法律现象及其规律,交叉融合研究是该学科的最大特点。这种交叉既涉及法学与工程相关的土木、建筑、管理、投资、保险等学科,又涉及行政法、民法、刑法等部门法学学科。工程行政法学是其中重要的组成部分。建设工程领域中典型的行政法律制度包括建设行政许可、行政处罚、监督管理、行政责任等。

第一节　工程行政法学概述

一、基本概念

工程行政法学是有关建设行政主管部门行使职权管理行政相对人的各种法律制度的总称。研究对象是建设工程领域中的行政法律制度。工程行政法学实际上是一门建设行业监管法学,主要调整国家建设行政主管部门在管理建设活动中所发生的各种社会关系,主要法律规范包含在《建筑法》《土地管理法》《城市房地产管理法》《招标投标法》以及其他行业中有关建设工程监督管理方面的法律法规中。

二、工程行政法学的主要内容

1. 建设计划方面的法律规范

建设计划法主要通过指令性计划制度和指导性制度的实行,从而实现国家对建设市场的调整,以指导建设市场健康有序发展。计划法对建设业的调整作用,事关一个国家的建设事业发展的前途与命运。国家通过对建设项目的计划管理,有助于解决盲目建设、重复建设等问题。

2. 建设规划方面的法律规范

建设规划是指为了实现一定时期内的经济和社会发展目标,确定城市或乡村规模和发展方向,合理利用土地,协调城乡空间布局和各项建设的综合部署和具体安排。建设规划法是调整在编制、审批和实施城乡建设规划过程中发生的各种社会关系,保障土地利用及各项建设活动符合建设长远规划,对违反规划法的行为进行处罚的各种规范的总称。建设规划规范的主要渊源存在于《建筑法》《城乡规划法》等法律中。建设规划是城乡建设的基本依据,是保证土地合理利用和城乡生产、生活协调运行的重要手段。只有科学合理地编制城乡建设工程规划,明确城乡的发展方向和发展格局,通过规划指导建设和管理,在规划的引导和控制下,逐步实现城乡经济和社会发展目标。

3. 建设市场管理方面的法律规范

建设市场管理,是指城乡建设主管部门负责本行政区域内土木工程、建筑工程、线路管道和设备安装工程及装修工程实施活动的监督管理。主要包括市场准入(即资质的管理)、建设工程质量、施工安全、招投标管理(强制招投标、自愿招投标等)、建设工程节能与环保(绿色建材、建筑物节能、建筑环保)等内容。

4. 工程建设政府投资与采购方面的法律规范

政府采购,是指各级国家机关、事业单位和团体组织,使用财政性资金采购依法制定的集中采购目录以内的或者采购限额标准以上的货物、工程和服务的行为。工程建设政府投资与采购法,是指在实施政府采购法律中,应当将工程建设投资纳入该法约束中。主要涉及政府对基础设施建设、其他建筑物的投资决策、招投标的强制采用、绿色环保建材政府采购的优先购买等。财政部、环境保护部于2014年7月份联合发文规定,政府采购工程项目应当严格执行环境标志产品政府优先采购制度。在确定工程总包单位时,采购人及其委托的采购代理机构应当明确落实环境标志产品政府采购政策要求。

在政府投资工程中推行政府采购制度,是规范政府投资工程管理的一项有效措施。政府投资工程,大多属于部门、单位和团体使用财政管理的其他资金或使用财政性资金作为还款来源的借(贷)款投资建设的工程,其采购活动理应纳入政府采购的管理范畴。

5. 建设监督检查方面的法律规范

为规范建筑业企业的行为,建立健全建设市场准入清出机制,维护建设市场秩序,根据《建筑法》《行政许可法》等基本法律规定,对一定区域内建设企业和市场进行监管、查处违法行为的法律规范的总称。监督检查是落实建设工程领域法律规定的重要手段和途径。

6. 建设责任方面的法律规范

建设责任法,是指建设法律关系各类主体由于违反建设法律规范的行为而依法应当承担的法律后果,主要包括民事、行政和刑事责任。在工程行政法律中,建设责任法主要是指行政责任,包括对违法的行政相对人的处罚、行政机关工作人员的处分等内容。

三、工程行政法律关系

工程行政法律关系,主要是建设行政主管部门与参与建设活动的各类主体,如建设方、勘察方、设计方、监理方、施工方等之间基于建设管理法律规范形成的行政法律关系。

（一）工程行政法律关系主体

法律关系主体，主要是指参加管理、监督建设活动，受建设工程法律规范调整，在法律上享有权利、承担义务的自然人、法人或其他组织。

1. 建设行政主体

建设行政主体，是指建设行政主管部门，依据法律、法规，以自己的名义行使建设行政管理职权，并能独立承担因此产生的相应法律责任的组织。《建筑法》第6条规定："国务院建设行政主管部门对全国的建筑活动实施统一监督管理。"各级政府的"三定"方案将建设行政管理权依次赋予了住房和城乡建设部、建设厅和建委，因此，他们是我国的建设行政主体，享有建设工程领域中的行政管理权。建设行政主体主要职权有监督检查权、行政许可权、行政处罚权等。

2. 建设行政法律关系相对人

建设行政法律关系相对人指在行政法律关系中与行政主体相对应一方的公民、法人和其他组织。相对人是与行政主体相对应的一个概念，在建设行政法律关系中，建设主管部门是行政主体，被监管的设计人、监理人、建筑业企业、个人等就成了建设行政法律关系的相对人。

（二）工程行政法律关系客体

工程行政法律关系客体，即联系主体双方权利义务关系的媒介，通常表现为一定的标的和利益载体。一是物。既可以是物质形式，也可以是货币形式。既可以是消费资料，也可以是建筑设备等生产资料。二是行为。既可以是作为，也可以是不作为。既包括建设主管行政主体的行为，也包括建设行政相对人的行为，如建筑业企业的施工行为、监理公司的监理行为等。三是精神财富，即建设行政法律关系主体从事智力活动所取得的成果，如专利、发明等。

（三）工程行政法律关系内容

工程行政法律关系的内容，是指工程建设活动中，工程行政法律关系主体所享有的权利和承担的义务，即建设行政主体的权利义务和行政相对方的权利义务，以及行政法制监督主体的权利义务和被监督的行政主体及其工作人员的权利义务。

（四）工程行政法律关系的产生、变更与消灭

1. 工程行政法律关系的产生

工程行政法律关系的产生，是指工程行政法律关系当事人之间形成行政法上的权利义务关系。行政法律关系的产生除必须存在行政法律关系的主体和客体以及内容以外，还必须具备以下两个基本条件：（1）具有相应的行政法律关系赖以发生的法律根据，即有相应的建设行政法律规范的存在。没有建设工程行政法律规范的确认和调整，相关主体的权利义务就无法确定，也就不可能形成建设行政法律关系。（2）具有导致行政法律关系发生的法律事实。没有法律事实存在，即使有

行政法律规范，也不可能形成行政法律关系。

2. 工程行政法律关系的变更

工程行政法律关系的变更就是指工程行政法律关系构成要素的变更。其包括：(1)工程行政法律关系主体的变更。建设行政部门的机构改革，职能的转变等。(2)工程行政法律关系客体的变更，如建设工程规划的变更。(3)工程行政法律关系内容的变更。工程行政法律关系主体权利义务发生变化。

3. 工程行政法律关系的消灭

工程行政法律关系的消灭是指工程行政法律关系权利义务的消灭。其包括建筑业企业的市场退出，如破产等；工程行政法律关系主体权利义务内容的消灭，如原工程行政法律关系中的权利义务由于政府改革而发生变化等。

四、工程行政法的作用

从一定意义上讲，工程行政法主要研究工程建筑行业政府监管问题。研究建筑工程领域的行政法问题，对于丰富工程法理论、促进建筑市场健康发展具有重要的价值和作用。

(一)我国建筑行业监管变革与现状

1. 建筑行业政府监管的历史发展

(1)计划经济体制下的高度行政垄断、政企合一管理体制时期(1949～1978年)

自1950年起，我国开始实行生产资料私有制的社会主义改造，到1956年基本进入单一公有制的计划经济时期。在此计划经济体制下，建筑业处于高度行政垄断、政企不分的状态，建筑产品不被视为商品，设计、施工任务的分配，完全采取自上而下的行政手段，发包单位和承包单位之间没有互相选择的自由，整个建筑市场是完全封闭的市场体系。这一阶段，建筑业行政管理体制按照纵向隶属关系分别由若干部门管理，设计、施工分属不同的主管行政系统，每个部门又有直属企业、直供企业和归口管理企业之分，每个城市不仅有中央企业、省属企业、市属企业、区县企业之分，还有国营企业、集体企业之别。这些企业分别隶属于若干部门，各主管部门各自为政，自成体系。政企不分、行政垄断的完全封闭型的市场体系导致经济领域几乎不存在自由的市场交易。

(2)计划经济向市场经济过度与监管职能的萌芽时期(1978～1988年)

十一届三中全会通过了一系列决议，明确将我国的工作重点转移到经济建设，实行了改革开放的新决策。1980年4月2日，邓小平同志发表了关于建筑业和住宅问题的重要讲话，指出建筑业是国民经济的一个重要物质生产部门，必须把建筑业放在重要地位。1982年，党的十二大进一步确立了建设有中国特色社会主义的新理论，明确了“计划经济为主，市场经济为辅的原则”。1984年，明确将我国经济形式确定为有计划的商品经济。国家的政策方针为改革建筑业和基本建设管理体制指明了方向。1984 年,由原城乡建设环境保护部和国家计委共同起草并以国务院名义下发《关于改革建筑业和基本管理体制若干问题的暂行规定》,对建设项目投资包干责任制、招标责任制等问题做了规定。1982 年,撤销国家建工总局;1988 年,组建建设部。由于行业管理没有理顺,政府主管部门在实践中充当了“裁判员”和“运动员”的双重角色:一方面作为国有建筑企业的所有者、经营者,另一方面又是建筑行业的监管者。

随着建筑市场的开放,建筑生产活动导致的社会性问题日益突出,如工程质量合格率低,重大质量安全事故频发。为扭转这种状况,政府成立了一些新的社会性监管机构,如为保证工程质量、防止倒塌事故,改变了原来自检自评的质量检验制度,政府按地区建立了工程质量监督机构,代表政府履行监督职责,把企业的自我监督和社会监督结合起来,以社会监督为主,实行第三方认证制度。

(3)市场化改革取向的监管体制的确立(1988 年至今)

1993 年颁布了《公司法》,国有企业改革正式启动,逐步向现代企业制度转变。1998 年 3 月 1 日开始实施《建筑法》,加强了建筑活动的监督管理,为维护建筑市场秩序、促进建筑业的健康发展提供了法律保护。1998 年,国务院机构改革方案明确设置建设部,下设标准定额司、建筑管理司、勘察设计司对全国建筑业进行监管。2008 年,机构改革进一步深化,原建设部改组为住房与城乡建设部,下设标准定额司、建筑市场监管司、工程质量安全监管司、建筑节能与科技司等部门,对全国建筑业实施监管。

在历史演变过程中,地方建设行政机构的总体设置与中央建设行政对应,其职能范围与中央建设行政机构大体相同。但是 2002 年之后,地方建设行政机构的设置出现分散化和多样化的现象。

2. 我国建筑行业监管的现状

(1)建筑业监管机构的设置模式

我国建筑业的政府监管属于部委内设置的监管机构,由住房与城乡建设部对全国建筑市场秩序、质量安全、价格和标准、环境保护、建筑节能等方面实施监管。

从政府职能的纵向配置关系来看,目前监管体系主要有三种模式,即中央一体化垂直型、省以下一体化垂直型和一般化对等分权型。金融、国税、海关铁路等采用中央一体化垂直型;2011 年之前工商、质量监督采用省以下一体化垂直型;卫生、教育、环保采用一般化对等分散管理模式。建筑业政府监管机构职能的纵向配置属于一般对等分权管理模式。同时,由于《建筑法》并没有对地方建筑监管体制作出规定,所有地方政府可以根据当地政府机构的具体情况有所调整,所以地方政府的建筑业监管机构设置出现分散化和多样化的现象。地方监管机构在其职权范围内负责本辖区内建筑业的监管,受上一级建筑业监管机构和地方政府的双重领导,并以地方政府领导为主,其人员配备为公务员。

（2）建筑业政府监管职能

监管目标：监督管理建筑市场、规范市场各方主体行为，实现资源的合理有效分配，保护各方主体的合法权益；监管建筑工程质量安全，保证消费者的生命和财产安全；推进建筑节能、减排，促进建筑业的可持续发展。

主要监管职能：依法对建筑市场进行监管；实行必要的企业准入制度和个人职业注册制度；进行服务质量监管；保障公平公正；建立科学规范的工程建设标准体系，并对执行情况进行监督、指导；就建筑工程项目的备案、工程质量、安全生产，以及竣工验收等方面拟定政策、规章制度，并对执行情况进行监督，以保障建筑工程的产品和质量；就建筑及工程施工的节能减排等方面会同有关部门拟定相关的政策、规划，并对实施情况进行监督，以实现建筑业的可持续发展。

（3）人力资源与资金来源

中国建筑业监管机构的人员构成基本上是传统的公务员，其经费源于财政拨款。

（二）加强建设行业监管的必要性

1. 解决建筑业存在着行政性垄断导致的不充分竞争

由于长期受计划经济的影响，目前建筑业或明或暗地存在行业垄断、地方保护现象。例如，铁路及相关设施建设、民航基础设施建设、水利设施建设、通信设施建设等，民航局、水利部、工信部等主管部门对本部门权限范围内的专业工程建设进行监管，这些行业的企业集团大部分既有企业职能又有行业管理职能，形成一定程度的行业垄断。地方保护方面，几乎所有的省、市级别的地方政府都有自己的建工集团。在建筑交易市场上，往往倾向于本地的企业。另外，一些地区出于地方税收等利益的考虑，人为设置市场壁垒，采取形形色色的手段对外地企业进行不应有的干预和限制：要求外地企业进入本地必须注册子公司或者分公司，否则不得进行招标投标活动、承接工程；提高外地企业进入的门槛，使外地企业与本地企业处于不平等的竞争地位；增加审核或检验的次数；等等。

2. 消除建筑业存在信息不对称问题

首先，建筑行业具有网状性、复杂性的特点，涉及多层级的参与主体，如业主市场（需求市场，包括政府公共建筑物业主）、承包商和供应商市场（供给市场）、生产要素市场（土地、劳动力、资本、技术和管理者）、中间产品和服务市场（建筑材料、专业技术代理和各种类型的招投标市场），市场结构复杂。其次，由于产品的后验性和多生产过程的特征，决定了建筑市场中厂商占有信息主导优势。最后，产品技术的专业性决定了业主不得不采取专业代理（包括外包）的方式，这就大大延伸了市场运行的链条和长度，增加了市场代理风险。因此，这种信息不对称和代理成本过高导致仅依赖市场的价格机制很难实现资源的有效配置和优胜劣汰过程。解决信息不对称所带来的逆向选择问题，除了企业自身解决以外，也需要政府监管部门推动建筑行业的信息透明制度,完善市场的信息体系和声誉机制。

3. 减少建筑业存在明显的负外部性问题

外部性广泛存在于各产业经济中,建筑业也不例外。建筑业是高耗能、污染大的行业。一方面,建筑产品生产过程中伴随着大量的能源消耗,包括电能、煤、水、燃油等能源;另一方面,建筑行业又造成了严重的污染,包括废水、废气、粉尘污染、噪声污染、固体建筑垃圾等。市场机制往往不能很好地解决上述建筑业对环境造成的污染、资源枯竭等,这些问题有赖于政府的控制和干预行动才能得以解决。

综上所述,建筑业基于其产品特征、技术条件、市场结构和组织特征等特殊性,存在高度的行政性垄断、明显的负外部性、信息不对称以及公共物品等市场失灵因素,客观上需要政府监管。工程行政法学就是研究对工程建设活动进行的政府监管行为的问题。党的十八大提出在坚持走中国特色的新型工业化、信息化、城镇化、农业现代化道路的背景下,工程建筑行业要在推进"四化同步"中起到非常重要的作用。而工程行政法学就是要研究工程建设领域的政府监管问题,为经济建设保驾护航。

第二节 工程行政典型制度

工程行政法学实际上是一门建设行业监管法学,旨在调整国家建设行政主管部门在管理建设活动中所发生的各种社会关系,主要包括《建筑法》《土地管理法》《房地产管理法》《招标投标法》以及其他行业中有关建设工程监督管理方面的法律法规。在这些法律部门中,工程行政法学中典型的制度主要有工程行政许可、行政处罚、监督管理和行政法律责任等基本制度。

一、建设工程行政许可

《行政许可法》第 2 条规定:"行政许可,是指行政机关根据公民、法人或者其他组织的申请,经依法审查,准予其从事特定活动的行为。"因此,建筑许可是指建设行政主管部门或者其他有关行政主管部门准许、变更和终止公民、法人和其他组织从事建筑活动的具体行政行为。建筑许可的表现形式为施工许可证、批准证件(开工报告)、资质证书、职业资格证书等。实行建筑许可制度旨在有效地保证建筑工程质量和安全,这也是国际上的通行做法。《建筑法》规定的建筑许可包括施工许可与从业资格许可两种。

实践证明,实行施工许可,既可以保证建设工程的合法性和可行性,监督建设单位尽快建成拟建项目,防止闲置土地,影响社会公共利益;又能保证建设项目开工后能够顺利进行,避免由于不具备施工条件而盲目上马,给参与建筑工程的单位造成不必要的损失;同时也有助于建设行政主管部门对在建项目实施有效的监督管理。实行从业资格制度,有利于确保从事建筑活动的单位和个人的素质,提高建筑工程的质量,确保建筑工程的安全和国家财产安全。建立建筑许可制度实际上类同于在宏观的建筑市场的"门口"设立了一个"售票员"和"检票员",通过这个"售票"和"检票"的程序,防止不具备条件的建筑工程的上马,防止不具备法定资格的公民或者企业涉足建筑工程。从而维护建筑市场秩序,保证建筑业健康、有序地发展。

(一)施工许可

1. 实施施工许可证的范围

建筑工程施工许可制度是建设行政主管部门根据建设单位的申请,依法对建筑工程是否具备施工条件进行审查,符合条件者,准许该建筑工程开始施工的一种制度。施工许可证,是指建筑工程开始施工前,建设单位向建筑行政主管部门申请的可以施工的证明。根据《建筑法》第7条的规定,建筑工程开工前,建设单位应当按照国家有关规定向工程所在地县级以上人民政府建设行政主管部门申请领取施工许可证;但是,国务院建设行政主管部门确定的限额以下的小型工程除外。另外,按照国务院规定的权限和程序批准开工报告的建筑工程,不再领取施工许可证。对于"限额以下的小型工程"的范围,住房和城乡《建筑工程施工许可证管理办法》中规定其是指"工程投资额在30万元以下或者建筑面积在300平方米以下的建筑工程"。省、自治区、直辖市人民政府住房城乡建设主管部门可以根据当地的实际情况,对限额进行调整,并报国务院住房城乡建设主管部门备案。按照国务院规定的权限和程序批准开工报告的建筑工程,不再领取施工许可证。

2. 申请领取施工许可证的条件

施工许可证的申请条件,是指申请领取施工许可证应当达到的要求。施工许可证申请条件的确定:一是为了保证工程的合法性,如规定"已经办理该建筑工程的用地批准手续""已经取得规划许可证"等;二是为了保证建筑工程开工后,组织施工能够顺利进行,如规定"有满足施工要求的施工图纸及技术资料""建设资金已经落实"等。

根据2019年4月23日修订的《建筑法》规定,申请领取施工许可证,应当具备下列条件:(1)已经办理该建筑工程用地批准手续;(2)依法应当办理建设工程规划许可证的,已经取得建设工程规划许可证;(3)需要拆迁的,其拆迁进度符合施工要求;(4)已经确定建筑施工企业;(5)有满足施工需要的资金安排、施工图纸及技术资料;(6)有保证工程质量和安全的具体措施。建设行政主管部门应当自收到申请之日起7日内,对符合条件的申请颁发施工许可证。上述六方面条件,是建设单位申领施工许可证所必须具备的条件。这六个条件,必须同时具备,缺一不可。为了避免政府随意增加门槛,《建筑工程施工许可证管理办法》还规定,县级以上地方人民政府住房城乡建设主管部门不得违反法律法规规定,增设办理施工许可证的其他条件。

具体来说,从业资格许可的内容包括:建筑企业、勘察单位、设计单位和监理单位从事建筑活动应具备的条件;建筑施工企业、勘察单位、设计单位和工程监理单位应在许可范围内从事建筑活动;专业技术人员从事建筑活动应依法取得执业资格证书。企业资质管理系列文件《建筑业企业资质等级标准》、《建筑业企业资质管理规定》、《建筑业企业资质管理规定和资质标准实施意见》及住房和城乡建设部《关于建筑业企业资质管理有关问题的通知》(建市〔2015〕154号)对从业资格许可进行了简化和部分取消的改革。

1. 从业单位的基本条件

从事建筑活动的建筑施工企业、勘察、设计单位和工程监理单位,应当具备下列条件:有符合国家规定的注册资本;有与其从事的建筑活动相适应的、具有法定执业资格的专业技术人员;具备从事相关建筑活动所应有的技术装备;法律、行政法规规定的其他条件。

2. 从业单位的资质审查制度

(1)概述

资质审查,是指从事建筑活动的建筑施工企业、勘察单位、设计单位和工程监理等单位,按照其拥有的注册资本、专业技术人员、技术装备和已完成的建筑工程业绩等资质条件,划分为不同的资质等级,经资质审查合格,取得相应等级的资质证书后,方可在其资质等级许可的范围内从事建筑活动。

(2)建筑施工企业

《建筑业企业资质等级标准》(建市〔2014〕159号)、《建筑业企业资质管理规定和资质标准实施意见》(建市〔2015〕20号)、《建筑业企业资质管理规定》(住房和城乡建设部令第22号),对施工企业的资质等级、资质标准、申请与审批、业务范围等作出了明确规定。

第一,企业资质类别划分情况。建筑施工企业资质分施工总承包企业、专业承包企业和劳务分包三个序列。获得施工总承包资质的企业,可以对工程实施总承包或者主体工程实行施工承包。获得专业承包资质的企业,可以承接施工总承包企业分包的专业工程或者建设单位按照规定发包的专业工程。专业承包企业可以对所承接的工程全部自行施工,也可以将劳务作业分包给具有相应劳务分包资质的劳务分包企业。获得劳务分包资质的企业,可以承接施工总承包企业或者专业承包企业分包的劳务作业。

第二,企业资质等级划分情况。各资质类别按照规定的条件划分为若干等级。施工总承包企业资质分为特级、一级、二级、三级;专业承包企业资质分为一级、二级、三级和无级别;劳务分包企业资质分为一级、二级和无级别。其中,房屋建筑工程施工总承包企业资质分为特级、一级、二级、三级。

第三,承包工程范围。建筑企业的资质不同,其可承包的工程范围也不同。住房和城乡建设部《关于建筑业企业资质管理有关问题的通知》(建市〔2015〕154

号)中取消《建筑业企业资质等级标准》中建筑工程施工总承包一级资质企业可承担单项合同额3000万元以上建筑工程的限制。取消《建筑业企业资质管理规定和资质标准实施意见》特级资质企业限承担施工单项合同额6000万元以上建筑工程的限制以及《施工总承包企业特级资质标准》(建市〔2007〕72号)特级资质企业限承担施工单项合同额3000万元以上房屋建筑工程的限制。

(3)勘察单位和设计单位

2015年5月4日,住房和城乡建设部第24号令修正的《建设工程勘察设计资质管理规定》、2007年8月1日起施行的《工程监理企业资质管理规定》、2006年3月22日发布的《工程造价咨询企业管理办法》(建设部令第149号),对工程勘察单位,工程设计单位的资质等级与标准、申请与审批、业务范围等作出了明确规定。

第一,工程勘察业务分类。按照勘察企业的资质和信誉、技术力量、技术装备和管理水平的不同,可以分为勘察综合类、勘察专业类、勘察劳务类。

第二,工程设计资质情况。工程设计资质分工程设计综合资质(分级标准另行公布)、工程设计行业资质和工程设计专项资质三类。工程设计综合资质分级标准另行公布;工程设计行业资质设甲、乙、丙三个级别。除建筑工程、市政公用、水利和公路等行业设工程设计丙级资质可独立进入设计市场外,其他行业工程设计丙级资质设置的对象仅为企业内部所属的非独立法人设计单位;工程设计专项资质根据专业发展需要设置级别,工程设计专项资质的设立,需由相关行业部门或授权的行业协会提出,并经建设部批准。

(4)工程设计专项资质,根据资历和信誉、技术力量、技术水平和技术装备及应用水平的不同,可以分为工程设计专项资质甲级、工程设计专项资质乙级。

(5)监理单位

根据《工程监理企业资质管理规定》,对工程监理单位的资质等级与标准、申请与审批、业务范围等作出了明确规定。工程监理企业的资质等级分为甲级、乙级和丙级,并按照工程性质和技术特点划分为若干工程类别。

(6)工程造价咨询单位

《工程造价咨询企业管理办法》对工程造价咨询单位的资质等级与标准、申请与审批、业务范围等作出了明确规定。工程造价咨询单位资质等级分为甲级、乙级。

3. 从业人员执业资格审查制度

执业资格制度,是指对具备一定专业学历、资历的从事建筑活动的专业技术人员,通过考试和注册确定其执业的技术资格,获得相应建筑工程文件签字权的一种制度。从事建筑活动的专业技术人员,应当依法取得相应的执业资格证书,并在执业资格证书许可的范围内从事建筑活动。目前,我国对从事建筑活动的专业技术人员已建立起9种执业资格制度,即注册建筑师、监理工程师、注册结构工程师、注册城市规划师、造价工程师以及注册建造师等。

(1)注册建筑师,是指依法取得注册建筑师证书,并从事房屋建筑设计及相关业务的人员。1995 年 9 月 23 日,国务院颁布的《注册建筑师条例》,2008 年 1 月 29 日,建设部颁布的《注册建筑师条例实施细则》,对注册建筑师的考试注册管理、执业范围等作出了具体规定,我国注册建筑师分为两级,即一级注册建筑师和二级注册建筑师。

(2)监理工程师系岗位职务,是指经全国统一考试合格并经注册取得监理工程师岗位证书的工程建设监理人员。1996 年 6 月 4 日,建设部颁布的《监理工程师资格考试和注册试行办法》,对注册监理工程师的考试、注册管理、权利义务等作出了具体规定。

(3)注册结构工程师,是指取得注册结构工程师执业资格和注册证书,从事房屋结构、桥梁结构及塔架结构等工程设计及相关业务的专业技术人员。1997 年 9 月 1 日,建设部、人事部联合颁布的《注册结构工程师执业资格制度暂行规定》,对注册结构工程师的考试、注册管理、权利义务、法律责任等作出了具体规定。我国注册结构工程师分为一级注册结构工程师和二级注册结构工程师。

(4)造价工程师,是指经全国造价工程师执业资格统一考试合格,并取得造价工程师注册证,从事建设工程造价活动的人员。1996 年 8 月 26 日,人事部与建设部联合颁布了《造价工程师执行资格制度暂行规定》,对注册造价师的考试、注册管理、权利义务关系作出了具体规定。2000 年 1 月 21 日,建设部以 75 号令颁布了《造价工程师注册管理办法》。2018 年 7 月 20 日,住房和城乡建设部、交通运输部,水利部和人力资源和社会保障部联合发布了《造价工程师职业资格制度规定》和《造价工程师职业资格考试实施办法》。造价工程师分为一级造价工程师和二级造价工程师。

(5)建造师,是指依法取得建造师注册证,从事建设工程项目总承包、施工管理的专业技术人员。2002 年 12 月 5 日,人事部与原建设部联合颁布了《建造师执业资格制度暂行规定》,并于 2004 年 2 月 19 日以国人部发〔2004〕16 号文件印发了《建造师执业资格考核认定实施办法》和《建造师执业资格考核认定办法》。上述规定和办法对建造师的考试、注册管理、建造师的职责等作出了具体规定。

依据上述规定和办法,目前我国实行一级建造师(constructor)和二级建造师(associate constructor)两种资格并存的制度。按照《建筑业企业资质等级标准》的规定,一级建造师可以担任特级、一级建筑业企业资质的建设工程项目施工的项目经理;二级建造师可以担任二级及以下建筑业企业资质的建设工程项目施工的项目经理。

二、行政处罚

(一)概念和特征

行政处罚,是指行政主体为达到对违法者予以惩戒,促使其以后不再犯,有效实施行政管理,维护公共利益和社会秩序,保护公民、法人或者其他组织的合法权益的目的,依法对行政相对人违反行政法律规范尚未构成犯罪的行为,给予人身的、财产的、名誉的或其他形式的法律制裁的行政行为。

(二)建设领域的行政处罚

在我国工程建设领域,对于建设单位、勘察设计单位、施工单位、工程监理等参建单位而言,行政处罚是更为常见的行政责任承担方式。《行政处罚法》是规范和调整行政处罚的设定和实施的法律依据。行政处罚包括治安、工商行政、财政金融、文教卫生、环境保护等方面的各类处罚。

按照处罚影响的权益不同,建设领域的行政处罚主要有三种:第一,财产罚,即强制要求违法者缴纳一定数额的货币或实物,或者限制、剥夺其某些财产权,如罚款、没收非法所得、责令赔偿等。第二,行为罚,即限制或者剥夺行政违法者某些特定行为能力和资格的处罚,如责令停产停业、暂扣或者吊销许可证、执照。第三,申诫罚,是行政机关向违法者发出警戒,申明其有违法行为,通过对其名誉、荣誉、信誉等施加影响,引起其精神上的警惕,使其不再违法的处罚形式,如警告、通报批评。

按照处罚的对象不同,建设领域的行政处罚主要有:

第一,对建设单位的行政处罚。建设单位具有下列情形的,将受到罚款、责令改正等行政处罚:(1)未取得施工许可证或者开工报告未经批准擅自施工的;(2)将建筑工程肢解发包的,责令改正,处以罚款;(3)要求建筑设计单位或者建筑施工企业违反建筑工程质量、安全标准,降低工程质量的;(4)涉及建筑主体或者承重结构变动的装修工程擅自施工的;(5)在工程发包与承包中索贿、受贿、行贿;(6)发包单位将工程发包给不具有相应资质条件的承包单位的。此外,《建设工程质量管理条例》还对建设单位违法招投标、竣工验收和移送档案的行为规定了相应的处罚规则。

第二,对勘察、设计单位的行政处罚。勘察、设计单位具有下列情形的,将受到罚款、责令改正、降低资质、没收违法所得等行政处罚:(1)超越本单位资质等级承揽工程的;(2)承包单位将承包的工程转包或者违法分包的;(3)建筑设计单位不按照建筑工程质量、安全标准进行设计的;(4)《建设工程质量管理条例》还对违反前置标准的行为规定了相应的罚则。

第三,对监理单位的行政处罚。监理单位具有下列情形的,将受到罚款、责令改正、降低资质、没收违法所得等行政处罚:(1)超越本单位资质等级承揽工程的;(2)工程监理单位与建设单位或者建筑施工企业串通、弄虚作假、降低工程质量的;(3)《建设工程质量管理条例》还对工程监理单位恶意串通、违法转让监理义务等情形规定了相应的罚则。

第四,对施工单位的行政处罚。施工单位具有下列情形的,将受到罚款、责令改正、降低资质、没收违法所得等行政处罚:(1)超越本单位资质等级承揽工程的;

(2)建筑施工企业转让、出借资质证书或者以其他方式允许他人以本企业的名义承揽工程的;(3)承包单位将承包的工程转包的,或者违反《建设工程质量管理条例》规定进行分包的;(4)施工单位与监理单位或建设单位串通,弄虚作假,降低工程质量的;(5)建筑施工企业在施工中偷工减料的,使用不合格的建筑材料、建筑构配件和设备的,或者有其他不按照工程设计图纸或者施工技术标准施工的行为的;(6)对建筑安全事故隐患不采取措施予以消除的;(7)建筑施工企业不履行保修义务或者拖延履行保修义务的;(8)在工程中行贿承包单位的。

三、建设工程监督检查

行政监督检查,是指行政机关或法定授权的组织依法对管理相对人遵守法律、法规和规章的情况进行督促检查。检查的具体内容主要是公民、法人或其他组织是否依法正当行使权利和履行义务。

(一)监督检查的基本手段

监督检查的基本手段有:

(1)进入被检查企业经营场所(包括施工现场)实地检查;(2)就监督检查事项询问有关人员;(3)要求被检查企业提供与监督检查事项相关的文件和资料;(4)采取记录、录音、录像、照相、复印等方式收集相关材料;(5)法律法规规定可以采取的其他监督检查措施。

(二)监督检查内容

监督检查的主要内容是指从事工程建设的各类企业是否存在下文所述的行为。

1. 建筑业企业

(1)超越本企业资质等级或者以其他企业的名义承揽工程,或允许其他企业或者个人以本企业的名义承揽工程;(2)与招标人或者其他投标人串通投标,或以行贿等不正当手段谋取中标;(3)将承包的工程转包或者违法分包;(4)无正当理由放弃中标;(5)违反工程建设强制性标准;(6)恶意拖欠聘用人员工资;(7)隐瞒或者谎报、拖延报告工程质量安全事故或破坏事故现场、阻碍事故调查;(8)建设工程项目部实际到岗人员与经备案建设工程合同人员名册严重不符,或项目部关键岗位人员经常离岗;(9)未依法履行工程质量保修义务或拖延履行保修义务,造成严重后果;(10)瞒报、虚报、拖延或者拒绝上报建筑业类报表;(11)工程所在地建设行政主管部门依法确定的其他不良行为;(12)其他违法违规行为。

2. 工程监理企业

(1)超越本企业资质等级或者以其他企业的名义承揽业务,或允许其他企业或者个人以本企业的名义承揽业务;(2)与招标人或者其他投标人相互串通,或以行贿等不正当手段谋取中标;(3)与建设单位或者施工单位串通,弄虚作假、降低工程质量;(4)将不合格的建设工程、建筑材料、建筑构配件和设备按照合格签字;

(5)转让工程监理业务;(6)在重大质量安全事故中负有责任;(7)工程所在地建设行政主管部门依法确定的其他不良行为;(8)其他违法违规行为。

3. 招标代理机构

(1)超越本企业资质等级或者以其他企业的名义承揽业务,或允许其他企业或者个人以本企业的名义承揽业务;(2)采用行贿、给予其他利益或者诋毁他人等不正当手段进行竞争或向投标人收取回扣;(3)与招标人或者投标人串通,在招标中弄虚作假、规避招标、肢解发包、明招暗定或为他人索取不正当利益;(4)因工作失误严重影响其代理招标项目的公平竞争;(5)为投标人提供其代理招标项目的投标咨询服务;(6)编制的招标文件、标底或者工程控制价格严重失实;(7)隐瞒或者歪曲招标投标真实情况,泄露应当保密的与招标投标活动相关的情况和资料;(8)其他违法违规行为。

4. 造价咨询单位

(1)超越本企业资质等级或者以其他企业的名义承揽业务,或者允许其他企业或个人以本企业的名义承揽业务;(2)编制的预决算价格严重失实,明显偏离市场成本价;(3)无故拖延出具咨询成果报告;(4)工程所在地建设行政主管部门依法确定的其他不良行为;(5)法律、法规和规章禁止的其他恶劣行为。

5. 质量检测机构

(1)超出资质范围从事检测活动;(2)涂改、倒卖、出租、出借或者以其他形式非法转让资质证书;(3)转包检测业务;(4)伪造检测数据,出具虚假检测报告或者鉴定结论;(5)出具错误的检测结论造成严重后果;(6)未按国家有关技术标准、规范要求进行抽样、检测或违反工程建设强制性标准,造成质量安全事故或者致使事故损失扩大;(7)其他违法违规行为。

(三)监督检查的实施方式

(1)定期检查。定期检查,是指建设行政主管部门对本行政区域内建筑业企业按规定周期实施的检查。定期检查的周期一般为两年。(2)抽查。抽查,是指建设行政主管部门对本行政区域内建筑业企业进行的随机检查。(3)专项稽查。专项稽查,是指建设行政主管部门对定期检查、抽查、日常监督管理,或者投诉、举报处理工作中,发现存在违法违规嫌疑的建筑业企业实施的专门监督检查。

四、行政责任

(一)概述

建设工程领域行政法律责任,是指建设工程领域行政法律关系的主体由于违反行政法的规定而应承担的法律后果。建设工程领域行政法律责任并不是仅指建设行政主管部门因其行政活动违法而承担的法律责任,还包括相对人的因违反建设行政管理而承担的法律责任。

建设行政法律责任按照责任主体的不同,主要可以分为三种:

(1)建设行政主体的法律责任。建设行政主体的法律责任,是指建设行政主体违反行政法规范而应承担的法律责任。建设行政主体的法律责任有的要向国家承担,有的要向行政相对人承担。其中当建设行政主体作出的违法行政行为不涉及行政相对人但损害了国家、社会公共利益时,就要向国家承担法律责任;当建设行政主体作出的违法行政行为侵害了行政相对人的合法权益时,则要向行政相对人承担法律责任。

(2)行政公务人员的法律责任。行政公务人员的法律责任,是指建设行政主体中的行政公务人员违反行政法规范而应承担的法律责任。行政公务人员的法律责任是一种个人责任,这种个人责任主要是针对国家(由建设行政主体代表)承担的。

(3)行政相对人的法律责任。行政相对人的法律责任,是指行政相对人违反建设法律规范而应当承担的法律责任。行政相对人的法律责任也是一种个人责任,这种责任主要是向国家承担的。

(二)建设工程中的行政责任

1. 建设工程中的行政责任概述

建设工程中的行政责任,是指建设行政主体及其公务人员违反行政法律规范(主要是建设法)而构成行政违法或不当所应承担的法律责任。行政责任具有这样几个特征:(1)行政责任与建设行政主管机关及行政公务人员行使行政职权的行为紧密相连;(2)行政责任是建设行政主管机关及行政公务人员的行政行为违法或不当所产生的法律后果;(3)行政责任是建设行政主管机关及行政公务人员的法律责任,行政公务人员因行政公务关系所实施的公务行为违法或不当而引起的法律后果,概由建设行政主管机关承担,然后再由建设行政主管机关依照法律规定,按照法定内部程序决定对行政公务人员是否追究法律责任及追究什么责任;(4)行政责任是一种独立的法律责任,既不同于纪律或道义责任,也不同于其他诸如刑事、民事等法律责任。

2. 行政责任的构成条件

行政责任必须具备一定的条件要素才能构成。一般来讲,行政责任的构成条件有以下几项:

(1)行政违法或行政不当是行政责任产生的前提条件。依照法律规定行使职权和履行职责时,应当遵守权限不越权,履行职务不失职,符合法律的目的而不滥用职权,遵守程序而不违反,行政合理而避免失当,是建设行政主管机关及行政公务人员应当遵守的法律义务。一旦建设行政主管机关及行政公务人员违反这些法律义务,则构成行政违法或行政不当,就要承担相应的法律后果即行政责任。

(2)行政责任主体必须是建设行政主管机关及行政公务人员。具有法律上的权利能力和行为能力,是行为人承担法律责任的条件之一。同样,行政责任的承担,也必须是具有行政权利能力和行政行为能力的组织及人员。这其中只有依法独立享有行政职权和负有行政职责,并能以其名义实施行政行为的组织,才具有承担行政责任的能力。

(3)引起行政责任的行政违法或行为不当必须发生在建设管理行为或者与建设管理职务有关的行为中。前面说过,行政责任主体是具有独立法定资格和地位的建设行政主管机关和行政公务人员,承担责任的前提条件是行政违法或行政不当,但行政违法或不当,又多是通过行政公务人员或者受委托者实施的。因此,必须严格在执行公务行为中发生的违法、区分行政公务人员违法及其他社会组织违法行为的性质。只有行政公务人员在执行职务中发生的违法以及其他受委托者在行政委托情况下发生的违法行为,才能引起建设行政主管机关的行政责任。行政公务人员以及受委托组织在行政职务之外所为的行为不能引起建设行政主管机关的行政责任。对行政人员的行政责任,必须是发生在行政职务行为中或者与行政职务有关的行为中。其他非行政组织和非行政公务人员所为的行为是不能引起行政责任的。

(4)行政责任须为法律规范所确认。首先,承担行政责任的依据和方式须为法律规范所确认。建设行政主管机关及行政公务人员在什么情形下承担什么样具体形式的法律责任,是依据行政法律规范的规定进行的。其次,行政责任的内容须为法律规范所确认。没有法律规范对责任内容的规定,行政责任的承担也将成为一个难题。

行政责任的承担,在多数情况下是以给行政相对人的合法权益造成一定程度的侵犯为客观事实的。但是,行政相对人权益受到一定程度的侵犯,只能成为某些包含有特定内容的责任方式的个别构成要件,不能作为行政责任构成的一般或普遍条件。因为,从法理上来说,行政责任是行政违法或行政不当的必然法律后果,而行政违法或行政不当不是以行政相对人权益受到一定程度的损害或侵犯为必须具备的普遍要件的。

3. 建设行政主管机关的行政责任

(1)对建设行政主管机关法律责任的追究由具有法定监督权力的国家机关进行。主要有:首先,权力机关。建设行政主管机关是权力机关的执行机关,权力机关有权监督它的活动,并通过一定的权限与程序对它的行政责任进行确认和追究。其次,有权行政机关。有权行政机关以行政程序确认建设行政主管机关承担行政责任,大概有三种具体做法:一是建设行政主管机关依法自我承担行政责任;二是建设行政主管机关的上级主管机关通过执法监督检查发现其行政行为违法或不当,以撤销、纠正、责令履行职务和责令赔偿损失等方式要求建设行政主管机关承担行政责任;三是行政机关通过行政监察和行政复议等行政监督和救济制度,决定建设行政主管机关承担一定的行政责任。最后,人民法院。按照《行政诉讼法》的规定,人民法院通过司法审查程序以裁判方式确认和追究建设行政主管机关的行政责任。

(2)建设行政主管机关承担法律责任的具体方式主要有:

第一,责令作出检查、通报批评。这是一种惩戒性的行政法律责任通过责令检查或通报批评,对作出违法或不当行政行为的建设行政主管机关起一种警诫的作用。责令检查通常由上级行政机关决定,由有违法行为的建设行政主管机关对其作出;通报批评一般由权力机关、上级行政机关或审计、监察部门等有权的机关以书面形式作出,通过报刊、文件等予以公布。第二,赔礼道歉、承认错误。建设行政主管机关作出违法或不当行政行为,损害相对方的合法权益时,必须向对方当面承认错误、赔礼道歉。第三,恢复名誉、消除影响。当建设行政主管机关的违法或不当行政行为造成相对方名誉上的损害、产生不良影响时,要以为对方恢复名誉、消除影响的责任形式作出精神上的补救。第四,返还权益。当建设行政主管机关违法剥夺相对一方的权益时,其承担的法律责任通常是返还该权益。第五,恢复原状。当建设行政主管机关的违法或不当行为给相对方的财产带来改变其原有状态的损害时,建设行政主管机关要承担恢复原状的补救性法律责任。第六,停止违法行为。这是行为上的惩戒性法律责任。如果违法行政行为在持续的状态中,法律责任的追究机关有权责令建设行政主管机关停止该违法行政行为。第七,责令履行职责。这是因建设行政主管机关不履行或拖延履行职务而须承担的一种法律责任。第八,撤销违法的行政行为。对于建设行政主管机关的违法行政行为,建设行政主管机关自己或有权的机关应予以撤销,建设行政主管机关要承担违法行为被撤销的法律后果。第九,纠正不当的行政行为。纠正不当的行政行为是对建设行政主管机关自由裁量权进行控制的法律责任方式。行政机关对滥用自由裁量权的不当行政行为要负法律责任,纠正不当的行政行为通常由行政主体自己改变,或由上级行政机关、行政复议机关以及司法机关予以变更。第十,赔偿损失。赔偿损失是一种补救性的行政责任。建设行政主管机关的违法行为造成相对方人身损害的,应依法赔偿损失;造成财产上的损害,如果不能返还财产和恢复原状的,也应依法赔偿损失。

4.行政公务人员的行政责任

(1)行政公务人员行政责任的特征

行政公务人员的行政责任是基于其在行政职务关系中的权利义务主体身份而形成的。首先,行政公务人员的行政责任是基于其所拥有的公务人员资格与身份而实施确认和追究的,与其公民个人身份无关。其次,行政公务人员对行政资任的承担,是以其违反行政法律规范所规定的行现职务上的法律义务为根据的。行政职务上的法律义务是从公务人员资格取得时就产生并存在于整个任职期间的。

行政公务人员的行政责任主要是向建设行政主管机关和国家承担的。行政公务人员的行政责任是以其与建设行政主管机关之间的行政职务关系为基础的,即使因违法执行职务行为所引起，行政公务人员也不直接对外向行政相对人承担行政责任。因此，行政公务人员的行政责任包含着较强的惩罚性内容，即使具有一定补救性内容的责任方式也不例外，如实施行政追偿责任。同时，行政公务人员的行政责任内容也以职务方面的权利和义务为多。

行政公务人员的责任是一种个人责任。首先，行政公务人员的行政责任是因其自己行为违法所产生的否定性后果，与其权利义务主体相辅相成。其次，行政公务人员行政责任由其自己承担，不存在替代或转移。当然这里的责任是相对于建设行政主管机关所承担的组织责任和国家责任而言的，是指责任的承担者是个人。但它与基于公民身份所形成的个人责任在责任的法律依据、内容及方式方面都是不同的。

行政公务人员的行政责任主要依赖于行政系统内部法律监督制度进行确认和追究。行政公务人员因公务行为所引起的某些法律责任，如民事责任和刑事责任，虽然与职务行为有一定联系，但在法律性质上已超出行政范围，不属于行政责任范围。

(2)行政公务人员行政责任的确认

行政公务人员承担行政责任的条件包括：第一，具有违反行政法律义务的情形。第二，具有一定的主观过错。虽然有关法律规范并未明确规定主观过错是行政公务人员承担行政责任的必备要件，但是由于行政公务人员的行政责任是一种个人责任，按照个人承担法律责任的一般要求，应当具有一定的过错；同时根据国家赔偿法、行政诉讼法及国家公务员法律制度所规定应当承担的情形来看，都是要求行政公务人员具有一定主观过错。对行政公务人员的个别行政违法行为的认定可能还应当具备某些个别法律条件。

确认的机关主要有：第一，国家权力机关。根据《宪法》和有关组织法的规定，国家权力机关对其决定产生的政府组成人员，以罢免方式直接实施行政责任的追究。第二，有任免权的行政机关，即按有关组织法和《公务员法》对国家公务员有任免权限的国家行政机关，主要是国务院和县级以上地方各级人民政府及其工作部门。任免机关按照法定权限对由其任命的行政公务人员实施行政处分和其他行政责任的追究。第三，行政监察机关。行政监察的对象是国家行政机关及其工作人员和行政机关任命的其他工作人员。行政监察机关拥有检查权、调查权、建议权和决定权，包括对行政公务人员的违法乱纪行为进行立案查处和实施一定的行政处分权。

(3)行政公务人员承担行政责任的具体方式

行政公务人员承担法律责任的方式主要有：第一，罢免行政领导职务。罢免行政领导职务适用于具有行政违法行为的各级政府组成人员。它是国家权力机关对违法失职的政府组成人员的惩戒行为。《宪法》规定，全国人民代表大会有权罢免国务院总理、副总理、国务委员、各部部长、各委员会主任、审计长、秘书长。《地方各级人民代表大会和地方各级人民政府组织法》规定,地方各级人民代表大会有权罢免本级人民政府的组成人员。第二,行政处分。行政处分是行政公务人员最主要的法律责任,它只适用于行政公务人员,是对行政公务人员职务身份的制裁,是一种内部行为和责任方式。行政处分的具体种类有:警告、记过、记大过、降级、撤职、开除。目前,适用行政处分的法律依据和基本程序是《公务员法》和《行政监察法》中的有关规定。第三,对违法所得的没收、追缴或者退赔。行政公务人员违反行政法义务所取得的财产属于非法所得,监察机关及其他有权机关依法对非法所得实行没收、追缴或者责令退赔。第四,赔偿损失,是指行政公务人员代表行政机关行使职权时侵害了行政相对人的合法权益并造成损害的,行政机关在对行政相对人赔偿损失后,依法责令有故意或重大过失的行政公务人员负担部分或全部赔偿费用。这种赔偿损失责任是行政公务人员向国家承担的,既有财产内容,又有制裁因素,属于一种内部行政法律责任。第五,其他责任形式,如被责令检讨、予以通报批评、当面向受害人作出赔礼道歉等。

(三)行政相对人的法律责任

对行政相对人法律责任的追究,主要由建设行政主管机关依法行使行政管理权得到实现。建设行政主管机关实施对行政相对人行政法律责任的追究,取决于职能事项范围和法定的权限方式。一般来讲,建设行政主管机关通常以行使行政处罚权、行政强制权对行政相对人的法律责任进行追究。

行政相对人承担法律责任的方式主要有:(1)履行法定义务。行政相对人因怠于履行法定义务而构成行政违法行为时,行政机关可以责令其依法履行该项义务。(2)接受行政处罚。行政处罚是一种惩戒性的行政法律责任,包括申诫罚、财产罚、行为罚和人身自由罚四种。(3)向受害人承认错误、赔礼道歉。行政相对人的行政违法行为被确认后,有关建设主管机关可以责令其向因违法行为而造成损害的受害人当面承认错误、赔礼道歉。(4)返还原物、恢复原状和责令改正。行政相对人的行政违法行为系占有他人财物或公共财物、改变特定对象原有状态的,有关建设主管机关可责令其返还财物、恢复特定对象的原有状态。(5)赔偿损失。行政相对人的行政违法行为给国家、集体或他人的利益造成损害的,应当依法承担赔偿责任。

第十四章　工程刑法学

第一节　工程刑法学概述

一、工程刑法学的概念与内容

工程刑法学属于刑法学的分支学科之一，广义的工程刑法学是集工程刑法实体法学、程序法学、政策法学于一体的综合学科。狭义的工程刑法学专指研究工程领域内犯罪、刑事责任及刑罚的科学。

刑法学是研究刑法及其所规定的犯罪、刑事责任和刑罚的科学，它属于部门法学的范畴，是部门法学中最重要的学科之一。刑法学分为刑法总论和刑法分则，其中总论部分主要有刑法的基本原则、刑法的效力范围、犯罪的概念和构成、犯罪客体、犯罪客观方面、犯罪主体、犯罪主观方面、正当行为、故意犯罪的停止形态、共同犯罪、罪数形态、刑事责任、刑罚概说、刑罚的体系和种类、刑罚裁量、刑罚裁量制度、刑罚执行制度、刑罚的消灭。刑法总则的内容统领和指导工程刑法学的全部内容。分则部分包括概述、危害国家安全罪、危害公共安全罪、破坏社会主义市场经济秩序罪、侵犯公民人身权利民主权利罪、侵犯财产罪、妨害社会管理秩序罪、危害国防利益罪、贪污贿赂罪、渎职罪、军人违反职责罪等十类犯罪。

《刑法》共规定了六类与工程活动有关的犯罪，即工程事故类犯罪、工程欺诈类犯罪、工程环境类犯罪、工程腐败类犯罪、工程侵权类犯罪和工程渎职类犯罪。这些犯罪都只能或者可能发生在工程建设领域，对于公共安全、社会主义市场经济秩序、公民的人身权利、财产权利、国家的环境资源保护以及国家机关工作人员的监管制度等造成了严重危害。这些犯罪发生在工程建设的各个环节，对于工程活动顺利进行和工程质量造成了重大危害。其中，工程事故类犯罪中的工程重大安全事故罪、教育设施重大安全事故罪，工程欺诈类的串通投标罪、合同诈骗罪，工程环境类犯罪的非法占用耕地罪，工程腐败类犯罪的受贿罪、行贿罪，工程侵权类犯罪的强迫职工劳动罪、雇用童工从事危重劳动罪，工程渎职类犯罪的环境监管失职罪，非法批准征用、占用土地罪，非法低价出让国有土地使用权罪等都是工程建设领域内的多发性犯罪，社会影响极坏，危害极大，为社会所高度关注。但是我国刑法中目前尚无工程犯罪的专章，这些犯罪散见于我国刑法分则的第二章、第三章的第三节和第八节、第四章、第五章、第六章的第六节、第八章、第九章等章节中。刑法对这些危害工程质量与工程管理活动的犯罪从多个章节进行的规制，为我们从整体上研究工程刑法奠定了基础。

二、刑法学的分类及工程刑法学的定位

（一）刑法学的分类

由于犯罪是一种复杂的社会现象，对犯罪与刑罚问题研究的视角和手段是多样的，从而形成了不同的刑事法学科。

从刑法学研究对象的范围来看，刑法学可分为广义刑法学与狭义刑法学。广义刑法学，是指将所有涉及犯罪与刑罚的现象以及刑事政策都纳入刑法学研究的范畴，包括实体刑法、刑事诉讼法（研究对犯罪如何侦查、起诉、审理、判决等整个刑事诉讼程序的科学）、犯罪学（研究犯罪现象、犯罪原因和犯罪预防的科学）、犯罪心理学（研究犯罪人的心理活动及其规律的科学）、监狱法学（研究监狱立法和对罪犯的管理、教育和改造实践的科学）等；狭义刑法学，是指以刑事实体法规定的犯罪与刑法作为研究的对象。工程刑法学属于狭义的刑法学。

从刑法学的历史沿革来看，可分为现代刑法学和刑法史学（刑法的历史演变为研究对象，研究中国历史上刑法思想和刑法制度的产生、发展和演变的一门法律科学）。工程刑法学属于现代刑法学的范畴。

从研究的方法来看，可分为理论刑法学（从理论的高度系统研究刑法的一般原理原则）、解释刑法学（亦称注释刑法学，主要是以刑法的现行规范为对象，阐明刑法的立法精神和原理原则）、比较刑法学（是对世界各国的刑事法律从理论和实践上进行比较研究的科学）。工程刑法学既受理论刑法学的指导，又具有解释刑法学的内容，还有比较刑法学的方法，因此属于多种研究方法并存的学科。

从研究的地域范围来看，可分为国内刑法学（研究本国刑法的科学）、外国刑法学（研究本国以外各国刑法及其理论的科学）、国际刑法学（研究国际犯罪及其惩罚的基本理论和司法实践）。工程刑法学主要属于国内刑法学。

从研究刑法内容的范围来看，可分为普通刑法学和特别刑法学。普通刑法学是以刑法典为基础，全面研究刑法的内容；而特别刑法学，则是从某方面或某类罪的角度研究刑法特定的内容，如经济刑法学、军事刑法学、行政刑法学、环境刑法学等，他们可谓一般刑法学的分支。工程刑法学属于典型的特别刑法学。

（二）工程刑法学的定位

工程刑法学是工程法学和刑法学的交叉学科，是刑法学研究中亟待开垦的处女地。随着工程建设领域各种犯罪的不断出现和日趋严峻，工程刑法学的研究必将越来越为理论界和司法实践所重视。随着社会生产和生活的不断发展，产生了许多新类型的犯罪，需要对这些犯罪进行研究进而产生新的刑法理论，从而推动了刑法分支学科的发展。工程是人类改造自然、完善自身生存条件的重要活动，是人类的社会行为之一；而法律是人们的行为规范，为了保证工程活动有序进行，用法

律规范工程活动就是十分自然的事情。这样,工程犯罪成为刑法学的研究对象,规制工程犯罪活动也就是刑法的重要任务之一。

三、工程刑法学的研究意义

由于刑事立法的分散性和不完整性,对于工程领域内的犯罪问题,目前在学术界还没有形成系统的研究,各方面的研究还处于起步阶段,可以说是一个比较新的研究领域。对于此问题目前还没有专著面世,研究成果散见于某些专题性专著的章节或一些论文中。目前对于工程领域类犯罪的研究基本上都是从犯罪学角度出发的,但存在几方面的严重缺陷:一是体系的不完整,主要表现在整体结构、犯罪原因体系、犯罪预防体系上。二是犯罪原因体系与预防体系缺少对应性,主要表现在原因体系与预防体系的脱节以及预防体系缺乏层次性上。三是目前研究有偏离现实的趋势,表现在研究体系的设立和观点的展开没有立足于服务实践的基础上,实用性不强。鲜有论著是从刑法学的角度系统研究工程领域的犯罪问题。然而,建筑业作为国家经济的支柱性产业,工程领域的犯罪给国家经济造成重大损失,如建筑工程领域的犯罪容易导致建筑质量低劣,危害人民群众生命安全,较大范围的存在权钱交易和腐败,严重扰乱了市场管理秩序,破坏公平竞争,同时腐蚀了一大批国家干部,损害了政府和公务人员的形象。一些政府官员在层层转包过程当中渔利,利用手中职权,收受回扣、贿赂,不劳而获,不少领导干部因收受贿赂沦为罪犯。因此,对工程领域的犯罪问题进行深入系统的研究,剖析犯罪现象,从而找到预防与惩罚的手段,具有很强的理论及现实意义。

(一)工程刑法学研究的理论意义

1. 工程刑法学的研究是工程类学科理论研究的重要分支之一

进入21世纪以来,工程哲学、工程社会学、工程经济学、工程伦理学、工程管理学、工程文化学、工程方法论等研究在国内外方兴未艾,与"工程"有关的学科渐成显学、热点。工程是由多因素或多方面的要素构成的综合整体,工程活动不仅是体现人与自然关系的"技术行为",也是体现人与人的关系的"社会行为"。正是由于工程活动是包括了多方面的要素或因素的综合整体,这就使工程活动成为必须进行跨学科研究的领域和对象,需要从管理学、经济学、社会学、生态学、伦理学、历史学、地理学、环境学、文化心理学等方面,开展交叉性的、多学科的综合研究。法律是人类社会关系的调整器,在"工程类学科"蓬勃发展的今天,法学当然不能缺席。毫无疑问,包括刑法学在内的工程法学研究是工程类社会科学的重要分支之一。

2. 工程刑法学的研究有助于刑法理论向纵深发展

从发展的角度讲,刑法理论研究如果缺乏超前性或预测性,那么很难说它具有学术和学科发展的活力。从现实来讲,刑法理论如果回避目前新问题的挑战,那么其生命价值迟早会被社会实践所湮没。仅从理论研究来看,由于工程领域预防打击犯罪的重要性、复杂性和突出性，对工程刑事法律的应用有一定的研究，这就为“工程刑事法学”研究奠定了良好的理论基础。所以，将新兴的工程社会科学研究领域与传统的刑法学研究领域进行融合，利用工程社会科学领域勃兴的契机和理论基础，将“与工程有关的刑事法律研究”升级为“工程刑事法学”，是社会发展的需要，也是刑法学学科本身深入发展的必然。工程科学与刑法科学相互交叉、融合与演变，使工程刑法学这门新学科的形成成为科技发展的必然趋势之一。

（二）工程刑法学研究的现实意义

1. 工程刑法学的研究是全面建成小康社会、进而全面建成社会主义现代化强国的现实需要

刑法学等一切法律科学均是面向社会现实的学科。由于工程活动是社会存在和发展的最基础的活动方式，作为“社会一员”的任何个体往往首先是一个具体的“工程共同体的成员”之一。作为工程组织的基本方式和“工程活动共同体”的基本组织方式的“企业”，也是现代社会重要的基层组织方式和社会结构的基本细胞。这就决定了相当大量的社会活动和社会问题都以其在工程活动和工程共同体中的表现形式为重要表现方式，甚至是最重要的表现形式。例如，对于许多人关注的风险问题而言，工程活动是风险发生的最重要的来源和场所之一；对腐败现象而言，工程领域几乎可以说是腐败现象发生的最常见的领域；对于污染问题而言，污染现象的直接来源不是科学，甚至也不是技术，而是工程；如此等等。因此，从当前现实社会生活的需要与全面建设小康社会、进而全面建成社会主义现代化强国的目标看，工程刑法学的研究具有重要意义。

2. 工程刑法学的研究是工程实践、司法实践的现实需要

工程刑法学的研究能够为工程实践、司法实践提供可供参考的标准。从有关工程社会实践来看，工程建设与运行中的法制问题多且难以解决。能在检察机关、审判机关、仲裁机构、法律服务机构、工程建设管理行政机关、土木工程类企业及其他企业从事法律工作的高素质复合型、应用型法律职业人才较为匮乏，对于工程领域犯罪的定罪量刑标准模糊，法律、技术、人员等各个层面都难以满足司法实践的需要。深入开展工程刑法研究，将为有关教育、培训工作奠定基础。

第二节　工程刑法学的常见罪名

工程领域是一个非常大的经济范畴领域，也一直是违法犯罪行为发生最为密集的领域。我国现行法律体系中对于工程领域的犯罪虽然没有专门的法律法规予以规制，但关于工程领域各个环节犯罪行为的规定却散见于刑事法律体系中。我国刑法中可能涉及工程领域的犯罪有重大责任事故罪，强令违章冒险作业罪，重大劳动安全事故罪，工程重大安全事故罪，非国家工作人员受贿罪，对非国家工作人

员行贿罪,签订、履行合同失职被骗罪,徇私舞弊低价折股、出售国有资产罪,背信损害上市公司利益罪,非法吸收公众存款罪,公司、企业人员受贿罪,合同诈骗罪,职务侵占罪,挪用资金罪,挪用公款罪,伪造、变造、买卖国家机关公文、证件、印章罪,贪污罪,受贿罪,单位受贿罪,行贿罪,对单位行贿罪,滥用职权罪,玩忽职守罪,非法批准征用、占用土地罪,非法低价出让国有土地使用权罪等30余个罪名。本书主要就工程领域常见多发罪名做一介绍。

一、工程事故类犯罪

(一)重大责任事故罪

1. 重大责任事故罪的概念及构成

重大责任事故罪,是指在生产、作业中违反有关安全管理的规定,因而发生重大伤亡事故或者造成其他严重后果的行为。

本罪的构成要件是:

(1)本罪侵犯的客体是生产、作业的安全,即从事生产、作业的不特定或多数人的生命、健康的安全和公私财产的安全。

(2)本罪的客观方面表现为在生产、作业中,违反有关安全管理的规定,因而发生重大伤亡事故或者造成其他严重后果的行为。具体来说,本罪的客观方面包括三个构成要素:第一,行为人必须违反有关安全管理规定。安全管理规定具体包括三个方面:一是国家颁发的各种有关安全生产、作业的法律法规的明文规定;二是企业、事业单位及其上级管理机关所制定的规程、规章等明文规定;三是虽无法律法规等的明文规定,但却反映了生产、科研、设计、施工中安全操作的客观规律,公认的在企业、事业单位中通行的行之有效的正确的操作习惯和惯例。第二,违反有关安全管理规定的行为必须发生在生产、作业的过程中,与生产、作业有直接的联系。如果违反有关规定而发生的事故与生产、作业无关,则不构成本罪。第三,必须因违反有关安全管理规定的行为而导致了重大伤亡事故或其他严重后果。重大伤亡事故和其他严重后果的标准,根据2007年3月1日实行的最高人民法院、最高人民检察院《关于办理危害矿山生产安全刑事案件具体应用法律若干问题的解释》第4条规定,发生矿山生产安全事故,具有下列情形之一的,应当认定为《刑法》第134条、第135条规定的"重大伤亡事故或者其他严重后果":一是造成死亡1人以上,或者重伤3人以上的;二是造成直接经济损失100万元以上的;三是造成其他严重后果的情形。对刑法规定的其他领域内的责任事故犯罪中重大伤亡事故以及严重后果的标准,除有特别规定之外,可以依据此标准认定。

(3)本罪的主体为一般主体,主要是从事生产、作业的人员,包括对安全事故负有责任的个体、承揽工程者和无证从事生产、作业的人员。单位不能成为本罪的主体。

3.施工许可证的颁发程序及其管理规定

(1)施工许可证的颁发。依照《建筑法》第7条、第8条等规定,建设单位应当在建筑工程开工前,申请领取施工许可证。(2)施工许可证的有效期与延期。领取施工许可证后,建设单位应当自领取施工许可证之日起3个月内开工。因故不能按期开工的,应当向发证机关申请延期;延期以两次为限,每次不超过3个月。既不开工又不申请延期或者超过延期时限的,施工许可证自行废止。

4.中止施工与恢复施工

中止施工,是指建筑工程开工后,在施工过程中,因特殊情况的发生而中途停止施工的一种行为。恢复施工,是指建筑工程中止施工后,造成中断施工的情况消除,而继续进行施工的一种行为。

(二)从业资格许可

建筑业作为我国经济的重要支柱产业,关系到国民经济的健康发展及人民的生产生活。通过资质管理对建筑市场起到规范和督促作用。2017年2月21日,国务院办公厅颁布的《关于促进建筑业持续健康发展的意见》指出:“进一步简化工程建设企业资质类别和等级设置,减少不必要的资质认定。选择部分地区开展试点,对信用良好、具有相关专业技术能力、能够提供足额担保的企业,在其资质类别内放宽承揽业务范围限制,同时,加快完善信用体系、工程担保及个人执业资格等相关配套制度,加强事中事后监管。强化个人执业资格管理,明晰注册执业人员的权利、义务和责任,加大执业责任追究力度。有序发展个人执业事务所,推动建立个人执业保险制度。大力推行‘互联网+政务服务’,实行‘一站式’网上审批,进一步提高建筑领域行政审批效率。”国务院关于建筑业资质资格管理优化的指导意见,除了体现国家简化行政审批制度,提高效率,便民服务;同时还加强明确责任与义务,加大追责力度。也体现了政府部门为充分发挥市场配置资源的决定性作用,进一步简政放权,促进建筑业发展的决心。首先,简化类别和等级设置,减少不必要的认定。这可以大大减少建筑企业的负担,不用再疲于应付各种不必要的资质要求。其次,基于信用、技术、优质工程等为企业提供担保,更符合市场需求与实际情况,可促使企业将工作重点回归到核心业务。最后,关于个人职业资格的管理改革。在建筑业长时间存在资质挂靠、买卖等不良之风,除了扰乱市场秩序,引发恶性竞争之外,还对建筑工程安全质量等造成极大影响。很多不具备相应的资质的企业,为了得到工程项目订单,往往会通过很多非正常手段,通过资质买卖,从而达到目的,这已经是行业公开的潜规则。此次关于个人资质管理的改革,有助于解决此类问题。根据2014年11月住房和城乡建设部发布《建筑业企业资质标准》,资质标准的升级最直观的体现就是淘汰了“项目经理证”这一过渡产品,取而代之的是“注册执业证书”;增加了企业资质申请的专业人员数量及要求,提高了建筑业资质的门槛。

(4)本罪的主观方面表现为过失。这里的过失,是指应当预见到自己的行为可能发生重大伤亡事故或者造成其他严重后果,因为疏忽大意而没有预见或者已经预见而轻信能够避免,以致发生这种结果的主观心理状态。

2. 重大责任事故罪的刑事责任

根据《刑法》第135条的规定,犯本罪的,处3年以下有期徒刑或者拘役;情节特别恶劣的,处3年以上7年以下有期徒刑。因此,犯重大责任事故罪而情节特别恶劣的,是本罪的加重处罚事由。这里的情节特别恶劣,是指造成伤亡的人数较多,或者致使公私财产遭受特别重大损失,或者在社会上造成极为恶劣影响的等。

(二)重大劳动安全事故罪

1. 重大劳动安全事故罪的概念及构成

重大劳动安全事故罪,是指安全生产设施或者安全生产条件不符合国家规定,因而发生重大伤亡事故或者造成其他严重后果的行为。

本罪的构成要件是:

(1)本罪侵犯的客体是生产、作业场所的人身与财产安全。在社会主义现代化建设中,劳动者作为生产力中的决定性因素,对经济、社会的发展起着非常重要的作用,因此,必须注重对劳动者安全和健康的保护。

(2)本罪的客观方面表现为厂矿等企业、事业单位的劳动安全设施不符合国家规定,因而发生重大伤亡事故或者造成其他严重后果的行为。

(3)本罪的主体为一般主体,与事故有关的直接负责的主管人员和其他责任人员都可以成为本罪的主体。实践中常见的如对建筑安全生产设施或者安全生产条件不符合国家规定负有直接责任的建筑企业生产经营单位负责人、管理人、实际控制人、投资人,以及对安全生产设施或者安全生产条件负有管理、维护职责的工人等。

(4)本罪在主观方面表现为过失,即行为人对发生的重大伤亡事故或者其他严重后果应当预见,由于疏忽大意而没有预见或者虽已经预见但轻信能够避免。对于建筑单位存在事故隐患,有关直接责任人则是明知或者应该知道的,有的甚至是经有关部门多次责令改正而未改正。造成这种情况的原因,有的是片面追求经济效益,不肯在劳动安全和劳动卫生方面进行投入;有的是工作不负责任,疏忽怠惰;有的是心存侥幸心理。无论属于哪种情况,都不影响构成本罪,但在具体量刑时可以作为酌定情节予以考虑。

2. 重大劳动安全事故罪的刑事责任

根据《刑法》第135条的规定,犯本罪的,对直接负责的主管人员和其他责任人员,处3年以下有期徒刑或者拘役;情节特别恶劣的,处3年以上7年以下有期徒刑。

(三)工程重大安全事故罪

1. 工程重大安全事故罪的概念及构成

工程重大安全事故罪,是指建设单位、设计单位、施工单位、工程监理单位违反国家规定,降低工程质量标准,造成重大安全事故的行为。

本罪的构成要件是:

(1)客体要件。本罪侵犯的客体是建筑工程质量标准的规定以及公众的生命、健康和重大公私财产安全。

(2)本罪在客观方面表现为违反国家规定,降低工程质量标准,造成重大安全事故的行为。违反国家规定而造成严重后果,是这种犯罪行为的本质特征。

但是,并不是任何违反与安全生产有关的国家规定的行为都构成犯罪,只有引起重大安全事故,造成严重后果,危害公共安全的行为,才构成犯罪。重大安全事故,是指因工程质量问题导致建筑工程坍塌,致人重伤、死亡或重大经济损失的情况。这是构成本罪的重要条件。重大伤亡事故,一般是指死亡 1 人以上,或者重伤 3 人以上。严重后果,既包括重大人身伤亡,也包括重大的直接经济损失。直接经济损失的数额,一般掌握在 5 万元以上。直接经济损失虽不足上述规定的数额,但情节严重,使生产、工作受到重大损失的,也应追究直接责任人员的刑事责任。

(3)本罪的主体是建设单位、设计单位、施工单位或者监理单位。

(4)本罪在主观方面表现为过失,既可以是出于疏忽大意的过失,也可以是过于自信的过失。

2. 工程重大安全事故罪的刑事责任

根据《刑法》的规定,构成犯罪的,对直接责任人员,处 5 年以下有期徒刑或者拘役,并处罚金;对后果特别严重的,即造成多人伤亡或者使公私财产遭受特别重大损失等,处 5 年以上 10 年以下有期徒刑,并处罚金。

二、工程欺诈类犯罪

(一)串通投标罪

1. 串通投标罪的概念及构成

串通投标罪,是指投标者相互串通投标报价,损害招标人或者其他投标人利益,或者投标者与招标者串通投标,损害国家、集体、公民的合法权益,情节严重的行为。

本罪的构成要件是:

(1)客体要件。本罪侵犯的客体是复杂客体,既侵害了正常的招标、投标市场秩序,也侵害了国家、集体和公民的合法权益。招标、投标是一种竞争性很强的市场交易方式,其优越性在于优胜劣汰,使整个社会的人力、物力、财力资源得到更好的配置,其本身应当遵循公开、公平、公正和诚实信用的原则。倘若当事人通过串通投标的不正当手段排斥他人的正当竞争，就会使招标投标活动丧失其原有功能，进而损害国家利益、社会公共利益和其他投标当事人的合法权益。

（2）本罪在客观方面表现为串通投标的行为。串通投标，是指在招标投标过程中，违反有关程序所发生的限制竞争行为的统称。具体地说，就是指在招标投标的过程中，投标人之间私下串通，抬高标价或压低标价，共同损害招标人或其他投标人的利益，或者投标人与招标人之间相互勾结，损害国家、集体、公民的合法权益的行为。

本罪属情节犯，只有情节严重的串通投标报价，损害招标人或者其他投标人利益的行为才能构成本罪，情节不属严重，即使实施了串通投标，损害招标人或者其他投标人利益的行为，也不能以本罪论处。情节严重，主要是指采用卑劣手段串通投标的；多次实施串通投标行为的；给招标人或者其他投标人造成严重经济损失的；造成恶劣的影响甚至国际影响的；等等。

（3）主体要件。本罪的主体就招标人而言，是特殊主体，就投标人而言，是一般主体，凡达到刑事责任年龄且具备刑事责任能力的自然人均能构成本罪。单位犯本罪的，实行两罚制，即对单位判处罚金，对其直接负责的主管人员和其他直接责任人员追究相应的刑事责任。

（4）主观要件。本罪在主观方面必须出于故意，即明知自己串通投标的行为会损害招标人或其他投标人的利益，但仍决意为之，并希望或放任这种危害后果的发生。过失不能构成本罪。

2. 串通投标罪的刑事责任

自然人犯本罪的，处3年以下有期徒刑或者拘役，并处或者单处罚金。单位犯本罪的，对单位判处罚金，对其直接负责的主管人员和其他直接责任人员依上述规定追究刑事责任。

（二）合同诈骗罪

1. 合同诈骗罪的概念及构成

合同诈骗罪，是指以非法占有为目的，在签订、履行合同的过程中，骗取对方当事人财物，数额较大的行为。

本罪的构成要件是：

（1）客体要件。本罪侵犯的客体为复杂客体，既侵犯了合同对方当事人的财产所有权，又侵犯了市场秩序。

（2）客观要件。本罪客观方面表现为在签订、履行合同的过程中，骗取对方当事人财物，数额较大的行为。主观方面是故意，且具有非法占有他人财物的目的。故意可以产生于订约前、订约后履行合同的过程中。

（3）主体要件。本罪的主体是一般主体，凡达到刑事责任年龄且具有刑事责任能力的自然人均能构成本罪。除了自然人之外，单位亦能成为本罪主体。本罪是在合同的签订和履行过程中发生的,主体是合同的当事人一方。

(4)主观要件。本罪主观方面只能是故意的,并且具有非法占有公私财物的目的。

2. 合同诈骗罪的刑事责任

构成本罪,数额较大的,处3年以下有期徒刑或者拘役,并处或者单处罚金;数额巨大或者有其他严重情节的,处3年以上10年以下有期徒刑,并处罚金;数额特别巨大或者有其他特别严重情节的,处10年以上有期徒刑或者无期徒刑,并处罚金或者没收财产。

三、工程腐败类犯罪

(一)贪污罪

1. 贪污罪的概念及构成

贪污罪,是指国家工作人员利用职务上的便利,侵吞、窃取、骗取或者以其他手段非法占有公共财物的行为。受国家机关、国有公司、企业、事业单位、人民团体委托管理、经营国有财产的人员,利用职务上的便利,侵吞、窃取、骗取或者以其他手段非法占有国有财物的,以贪污罪论。与前两款所列人员勾结,伙同贪污的,以共犯论处。

贪污罪属于一种严重的经济犯罪,不仅损害了党和国家的形象,阻碍了社会主义法制建设的进程,同时还降低了党政机关的工作效率,造成整个社会的信任危机。贪污罪是工程领域常见多发的犯罪。本罪的构成要件为:

(1)本罪的犯罪对象是公共财物或非国有单位的财物,其中,当然的国家工作人员而为的贪污罪的对象,是公共财物;拟定的国家工作人员中的受国家机关、国有公司、企业、事业单位、人民团体委托管理、经营国有财产的人员而为的贪污罪的对象,是公共(国有)财物;在国有单位从事公务的人员而为的贪污罪的对象,是国有财产;受国有单位委派到非国有单位从事公务的人员而为的贪污罪的对象,是国有或非国有单位财物;勾结、伙同国家工作人员或受国家机关、国有公司、企业、事业单位和人民团体委托管理、经营国有财产的人员而为的贪污罪的对象,既可以是公共财物,也可以是国有财产。

(2)客观方面要件。本罪的客观方面表现为利用职务之便,侵吞、窃取、骗取或者以其他手段非法占有公共财物的行为。利用职务上的便利,是指行为人利用其职责范围内主管、经手、管理公共财产的职权所形成的便利条件,假借执行职务的形式非法占有公共财物,而不是因工作关系或主体身份所带来的某些方便条件,如因工作关系而熟悉作案环境,凭借工作人员身份进出某些机关、单位的方便等。贪污手段多种多样,但归纳起来不外乎是采取侵吞、窃取、骗取或者其他手段非法占有公共财物。侵吞财物,是指行为人将自己管理或经手的公共财物非法转归自己或他人所有的行为。

(3)主体要件。贪污罪的主体是国家工作人员或者受委托管理、经营国有财产的人员。贪污罪的主体的本质特征是从事公务。这里的从事公务,是指代表国家机关、国有公司、企业、事业单位、人民团体等单位履行组织、领导、监督、具体负责某项工作等职责。

(4)主观方面要件。本罪在主观方面必须是直接故意,并具有非法占有公共财物的目的。过失不构成本罪。其故意的具体内容表现为行为人明知自己利用职务之便所实施的行为会发生非法占有公共(国有)财物或非国有单位财物的结果,并且希望这种结果的发生。犯罪的目的,是非法占有公共(国有)财物或非国有单位财物。

2. 贪污罪的刑事责任

《刑法》第 382 条规定,国家工作人员利用职务上的便利,侵吞、窃取、骗取或者以其他手段非法占有公共财物的,是贪污罪。受国家机关、国有公司、企业、事业单位、人民团体委托管理、经营国有财产的人员,利用职务上的便利,侵吞、窃取、骗取或者以其他手段非法占有国有财物的,以贪污论。与前两款所列人员勾结,伙同贪污的,以共犯论处。

第 383 条规定,对犯贪污罪的,根据情节轻重,分别依照下列规定处罚:

(1)贪污数额较大或者有其他较重情节的,处 3 年以下有期徒刑或者拘役,并处罚金。(2)贪污数额巨大或者有其他严重情节的,处 3 年以上 10 年以下有期徒刑,并处罚金或者没收财产。(3)贪污数额特别巨大或者有其他特别严重情节的,处 10 年以上有期徒刑或者无期徒刑,并处罚金或者没收财产;数额特别巨大,并使国家和人民利益遭受特别重大损失的,处无期徒刑或者死刑,并处没收财产。对多次贪污未经处理的,按照累计贪污数额处罚。

(二)受贿罪

1. 受贿罪的概念及构成

受贿罪,是指国家工作人员利用职务上的便利,索取他人财物,或者非法收受他人财物,为他人谋取利益的行为。受贿罪侵犯了国家工作人员职务行为的廉洁性及公私财物所有权。

本罪的构成要件为:

(1)犯罪客体。本罪侵犯的客体是国家机关工作人员的职务廉洁性。

(2)客观方面。本罪在客观方面表现为行为人利用职务上的便利,索取他人财物,或者非法收受他人财物,为他人谋取利益。利用职务上的便利,是指利用本人职务上主管、负责或者承办某项公共事务的权利所形成的便利条件。

受贿罪的行为方式有两种:一是索贿,即行为人在公务活动中主动向他人索取财物。二是收受贿赂,即行为人非法收受他人财物,并为他人谋取利益。谋取的利益可以是不正当利益,也可以是正当利益。主动索取他人财物的行为,比被动受贿具有更大的社会危害性。因此《刑法》规定,利用职务上的便利索取他人财物的就构成受贿,而不要求行为人有为他人谋取利益这个条件。

受贿罪在客观方面除了有索贿和收受贿赂这两种基本行为形态外,还包括以下两种表现形式:①收受回扣、手续费,如《刑法》第385条第2款规定。②斡旋受贿,如《刑法》第388条规定。

(3)犯罪主体。本罪的犯罪主体为国家工作人员,具体规定同贪污罪。

(4)主观方面。本罪的主观方面为故意。

2.受贿罪的刑事责任

根据《刑法》及2016年4月18日最高人民法院、最高人民检察院《关于办理贪污贿赂刑事案件适用法律若干问题的解释》的规定,受贿数额在3万元以上不满20万元的,应当认定为"数额较大",依法判处3年以下有期徒刑或者拘役,并处罚金。

受贿数额在1万元以上不满3万元,具有以下情形之一的(曾因贪污、受贿、挪用公款受过党纪、行政处分的;曾因故意犯罪受过刑事追究的;赃款赃物用于非法活动的;拒不交代赃款赃物去向或者拒不配合追缴工作,致使无法追缴的;造成恶劣影响或者其他严重后果的),或者具有下列情形之一的,应当认定为"其他较重情节",依法判处3年以下有期徒刑或者拘役,并处罚金:(1)多次索贿的;(2)为他人谋取不正当利益,致使公共财产、国家和人民利益遭受损失的;(3)为他人谋取职务提拔、调整的。受贿数额在20万元以上不满300万元的,应当认定为《刑法》第383条第1款规定的"数额巨大",依法判处3年以上10年以下有期徒刑,并处罚金或者没收财产。受贿数额在10万元以上不满20万元,具有该解释第1条第3款规定的情形之一的,应当认定为《刑法》第383条第1款规定的"其他严重情节",依法判处3年以上10年以下有期徒刑,并处罚金或者没收财产。贪污或者受贿数额在300万元以上的,应当认定为《刑法》第383条第1款规定的"数额特别巨大",依法判处10年以上有期徒刑、无期徒刑或者死刑,并处罚金或者没收财产。受贿数额在150万元以上不满300万元,具有该解释第1条第3款规定的情形之一的,应当认定为《刑法》第383条第1款规定的"其他特别严重情节",依法判处10年以上有期徒刑、无期徒刑或者死刑,并处罚金或者没收财产。受贿数额特别巨大,犯罪情节特别严重、社会影响特别恶劣、给国家和人民利益造成特别重大损失的,可以判处死刑。符合本情形的,根据犯罪情节等情况可以判处死刑缓期2年执行,同时裁判决定在其死刑缓期执行2年期满依法减为无期徒刑后,终身监禁,不得减刑、假释。

(三)非国家工作人员受贿罪

1.非国家工作人员受贿罪的概念及构成

非国家工作人员受贿罪,是指公司、企业或者其他单位的工作人员利用职务上的便利,索取他人财物或者非法收受他人财物,为他人谋取利益,数额较大的行为。属妨害对公司、企业管理秩序罪的一种。

本罪的构成要件为:

(1)本罪的客体是国家对公司、企业以及非国有事业单位、其他组织的工作人员职务活动的管理制度。在市场经济的运行机制中,公司、企业以及事业单位、其他组织,后者如教育、科研、医疗、体育、出版等单位扮演着十分重要的角色。这些单位的工作人员通过自己合法的职务活动,使公司、企业、事业单位等在市场经济体制中的角色得以正常而出色地发挥。因此,有关法律对这些单位的工作人员的职务活动做了规范,建立起一套明确的管理制度。相关人员受贿罪则是对这套管理制度的直接侵犯,从而产生公司、企业、事业单位等管理层的腐败,危害公司、企业、事业单位的根本利益,破坏正常的社会主义市场公平竞争的交易秩序。

(2)客观方面表现为利用职务上的便利,索取他人财物或非法收受他人财物,为他人谋取利益,数额较大的行为。

(3)犯罪主体是特殊主体,即公司、企业或者其他单位的工作人员。公司、企业的工作人员,是指在公司、企业、其他单位中从事领导、组织、管理工作的人员,如公司的董事、监事以及公司、企业的经理、厂长、财会人员以及其他受公司、企业聘用从事管理事务的人员。"其他单位的人员"包括非国有事业单位或者其他组织的工作人员,如教育、科研、医疗、体育、出版等单位的从事组织领导以及履行监督、管理职责的人员。在国有公司、企业、国有其他单位中从事公务的人员和国有公司、企业、国有其他单位委派到非国有公司、企业以及其他单位从事公务的人员利用职务上的便利受贿的,不成立公司、企业、其他单位人员受贿罪,而应依照《刑法》第385条、第386条的受贿罪处罚。

(4)主观方面表现为故意,即公司、企业、其他单位人员故意利用其职务之便接受或索取贿赂,为他人谋取利益。

2. 非国家工作人员受贿罪的刑事责任

《刑法》第163条规定,犯非国家工作人员受贿罪,受贿数额较大的,处5年以下有期徒刑或者拘役;受贿数额巨大的,处5年以上有期徒刑,可以并处没收财产。

第三节 工程领域的职务犯罪预防

工程领域是一个很大的经济活动范域,如工程建设的范围就很广,几乎包括了各个部门。工程领域全过程环节众多,且市场不规范,竞争无序;又有巨额的资金流动,动辄上亿元,甚至几十亿。所以工程领域一直是职务犯罪发生最为密集的领域,尤其在经济快速发展的地区更为突出。

工程领域的腐败和职务犯罪具有极其严重的社会危害性。首先,作为国家经济的多项支柱性产业,工程领域的职务犯罪给国家经济造成巨大损失;其次,工程领域的职务犯罪容易导致工程质量低劣,危害人民群众生命安全;最后,较大范围的存在权钱交易和腐败,严重扰乱了建筑市场管理秩序,破坏公平竞争,同时腐蚀了一大批国家干部,损害了政府和公务人员的形象。因此,对工程领域的腐败和职务犯罪进行系统的研究,剖析犯罪现象,从而寻找预防与惩罚的手段,具有很强的现实意义。

一、工程领域职务犯罪的概念

工程领域的职务犯罪,是指建设、施工单位、建筑中介、管理部门的公职人员在从事建筑活动过程中,私用或滥用公共权力,造成重大损失,依照法律应受刑罚处罚的行为。

二、工程领域职务犯罪的特点

与其他领域的职务犯罪相比,工程领域职务犯罪自有其运行规律,其特点主要有以下五个方面:

(1)权钱交易具有半公开性和行规性。由于市场竞争的激烈性,承揽工程的企业若想得到工程项目,除了与对手竞争技术设备、质量安全、企业信誉外,还有人际关系方面的竞争;加之工程施工企业不同于工业生产型企业,不仅客户少,而且施工周期长,只要能承接一两项大型施工项目,就能满足企业全年甚至几年的生产任务,往往是一个大型工程就能救活一个企业。所以,为了企业的生存和发展,部分企业领导不得不采取各种公开或隐蔽的手段进行工程项目攻关。

(2)犯罪数额巨大。工程领域是资金高投入的行业,一般建设工程造价少则几百万元,多则数千万甚至上亿元,高造价和不尽合理的预算给承包方留下了巨大的利润空间。在实践中,施工企业为赢得高额回报,往往在行贿数额的标准之间竞争,谁能达到行贿的最高标准,也往往谁就能获取最大的利益。行贿者为了谋取不正当的利益,受贿者为了得到更大利益,往往导致行贿受贿的数额巨大。

(3)犯罪手段因多样化而更具隐蔽性。从侵犯经济关系的职务犯罪,特别是贪污犯罪和受贿犯罪来看,犯罪手段越来越趋于智能化和复杂化,犯罪分子为逃避法律制裁,不断变换作案手法。例如,贪污采用开假发票、私设小金库等方式,把各种正常的业务活动、政府行为作为索取贿赂的筹码。

(4)犯罪具有群体性。由于工程审批环节多、专业分工细、涉及的社会关系广泛,所以一项工程至少需要经历立项、勘探、设计、招标、施工、质量监督、竣工验收、结算审计、付款、工程维护等多道程序。企业往往是多头送礼,因此形成了以工程项目为轴线的行贿受贿关系,使得建筑工程领域职务犯罪有向群体性方向发展的趋势。

(5)严重的工程质量问题与工程领域职务犯罪有着很大的关联性。玩忽职守罪,是工程领域最常见的职务犯罪之一。国家机关工作人员的玩忽职守是一种对于人民的生命财产漠不关心的行为,随意滥用人民赋予的神圣职权,对于理应承担的职责不予履行或不正确履行。

三、工程建设过程中职务犯罪表现

工程领域职务犯罪大多发生在工程建设单位,现在已发展到国家机关等单位。概括起来,工程领域职务犯罪主要存在于以下七个大的环节之中。

(一)规划设计环节

规划在工程建设过程中是一个非常重要的环节。规划的重要性主要体现在"一书三证"的审批发放上,这同时也是犯罪发生的关键原因所在。《城乡规划法》第30条、第31条、第32条规定了城乡规划行政主管部门在城乡规划实施过程中负责签署"选址意见书"和核发"建设用地规划许可证""建设工程许可证",乡村建设规划许可证简称"一书三证",它是建设单位或者个人依法取得建设用地和建设工程规划许可及其合法权益的法律凭证,是保证城乡用地及建设按规划进行的法律手段。在此环节中,"建设项目选址意见书"和"建设用地规划许可证"关系到土地使用及其投资成本;而"建设工程规划许可证"对于房地产开发商来说更为重要,它既关系到用地,还关系到"容积率",直接影响开发商的盈利多少。而设计文件中涉及的每一细节问题,如建筑标准、结构、基础、材料、设备等,对工程造价和设计取费都有很大影响。这些建设行业腐败的高危区域与相关行政管理部门或国家公职人员直接相关,如在用地审批阶段,极容易出现未批先用、边报边用、越权批地、擅自下放土地审批权等问题。而项目审批部门出现这些问题的情况又分两种:一种是不负责任,渎职、滥用职权或受利益驱动对审批项目明知是违反国家政策而违规上马;另一种是收受贿赂,对不符合审批条件或条件不健全的项目违规批准立项。

(二)招标投标环节

招标投标是在长期经济活动中形成的一种成熟的交易方式,具有公开、公平、竞争、择优等特点。建设工程项目招标投标是确保工程质量的重要前提之一,此环节因为关系到发包方的利益和承包方的生存问题,因此违法违规现象最为突出。

在工程招标投标过程中,少数建设单位和施工单位严重违反《招标投标法》的相关规定,进行私下交易,私下串标,权钱交易。建设单位存在的问题主要是建设项目发包缺乏透明度,完全公开投标少,私下议标多,规避招标、虚假招标、肢解分包、压级压价。特别是一些领导,受利益驱动热衷于插手工程建设或搞行政干预,借机收受贿赂。从表面上来看,招标投标的入围、评标,由专家、领导集体决策,但实际上的结果个人说了算的现象时有发生。

(三)材料采购环节

在工程建设市场,个别建材供应商也在不择手段地贿赂材料采购人员。一个工程建设项目，物资采购往往占到总产值的60% ~80%，采购什么标准的材料，是否按设计要求采购，关系到工程施工成本。这一环节出现问题的情形有：(1)一些施工单位偷工减料、以次充好、以假充真；(2)具体负责采购的领导或工作人员趁机利用职权，大搞私下采购、越权采购、超量采购，或收受回扣，或伪造单据，虚报冒领，侵吞工程款；(3)有些建设单位、设计单位的主管领导或工作人员利用职务之便，硬性地自行采购，或指定厂家、指定产品，以非它不要，非它不用的蛮横态度，把一些质量低劣、规格不符的材料设备、建筑材料强加给建筑承包单位，个人从中获利。在建设行业的大宗物资采购中，概括起来有“五舍五求”现象，即在物资质量上“舍优求劣”，在供货单位上“舍大求小”，在路途上“舍近求远”，在价格上“舍廉求贵”，最终实质是“舍公求私”。例如，南京某房产公司经理范某（正处级），用足了经营活动中的关系，你给我“优惠条件”，我给你实惠，即“双赢”，利用担任房产公司经理的职务便利，收受南京某公司奉送的月牙湖住房一套，价值62万余元。①

（四）施工环节

在工程施工过程中，有的施工企业不信守合同，承包工程中为谋取各自利益而采取不正当的手段，如将已承包的工程项目再违法转包、层层分包，从中谋利；有的在施工中违规操作、偷工减料、粗制滥造或用高额行贿手段收买有关人员逃避处罚等。结果造成工程质量低劣，甚至危及人民群众生命财产的安全，而其中不免隐藏贪污、贿赂、渎职等职务犯罪。

（五）质量监督环节

建筑工程质量监督，是指政府出于保证建设工程使用安全和环境质量的目的，授权第三方专门机构对建设工程质量实施强制监督。② 质量监督机构属于把关的部门，在监督工作中是具有比较大的权力的，当其在监督过程中发现有违反工程质量管理规定行为和影响工程质量的问题时，有权采取责令改正、局部暂停施工等强制措施，必要时还可报告委托部门给予行政处罚。

质量监督环节的问题主要来自行政执法部门，突出表现为执法人员不负责任，徇私枉法。在施工过程中，工程质量的每一道环节都应有监督人员的监督和制约，一些技术力量薄弱的建筑企业或个体从业人员则借机贿赂工程质量检验、验收人员。一些工程质量监督人员则会消极履行职责，如对工程是否转包分包、承包单位资质符合规定等问题徇私枉法。同时，在质量监督、工程验收中还存在以权谋私、“吃拿卡要”现象，一些管理和监督建筑施工的工作人员凭借职权，向承包方索取贿赂。

---

① 参见周洲、滕志强：《职务犯罪预防》，中国检察出版社2004年版，第164~165页。

② 参见姚惠娟主编：《建筑法》，法律出版社2003年版，第237页。

（六）决算结算环节

在实践中，工程项目超概算现象十分严重。一方面，可能是承包方在招投标环节弄虚作假，虚高要价；另一方面，可能就是发包方趁机捞取部门和个人私利，让少数犯罪分子得逞。施工企业为了尽早顺利地得到工程款，则采取行贿的手段获取不正当利益；很多建设单位负责人，也是因手中握有工程价款划拨权，决定着拨不拨、拨多少、什么时间拨，而收受施工企业好处费，走上了犯罪道路。

（七）工程完工后留守环节

工程完后留守环节极易被人忽视，一些大的工程完工后，往往会剩余大量废料或边角料，由于管理不严，这些东西被工程留守人员变卖后，会出现个人贪污或几个人私分的情况，这些环节也会有职务犯罪的存在空间。

四、工程领域职务犯罪的预防

（一）工程领域职务犯罪预防的概念

工程领域的职务犯罪预防，是指工程领域的相关国家机关，建设行业从业单位和个人针对工程领域职务犯罪的状况、特点、规律、成因，以遏制、减少、防止工程领域的职务犯罪为目的，从法律法规、规章制度机制上提出预防对策，综合采取政治、经济、教育、行政、法律等手段，不断消除各种能够引发职务犯罪的因素的预防性、体系性的防范活动。

（二）工程领域职务犯罪的一般预防

从腐败犯罪最显著的特征来看，这是一种利用公共权力谋取个人私利的权力离轨行为。权力产生与对社会资源的强制性调整，源于对社会资源的非自然性的配置。进入文明的有阶级的社会后，人们对资源的需求量增大，需要对稀缺资源进行配置，权力机构和运行规则应运而生。稀缺资源的配置，是权力产生的渊源，权力运行的动力，同时也是产生权钱交易、导致腐败的基本因素。在任何国度，国家为了保证经济的健康发展和社会的稳定，都要对经济进行管制和调控。工程市场涉及很多的稀缺资源，其产品和生产多数涉及公众利益，特别是人民生命财产安全和国家利益，所以，工程市场历来都是计划性最强的市场。要对工程领域的职务犯罪行为进行有效的预防和控制，首先就必须减少权力对稀缺资源的配置，使稀缺资源的权力配置与建筑市场配置达到某种均衡性，从而消除市场经济对权力直接的依赖性，从根本上减少职务犯罪的可能。同时，必须加强工程领域内的制度建构。制度作为他律的一种主要形式，具有稳定性、强制性和后果可测性的特点，在控制职务犯罪、约束官员行为过程中可以防止主观随意性，做到不因领导人的更换和个人好恶变化而发生改变。特别是在建筑领域、水利工程等大型工程领域，其往往涉及大规模投资、采购以及建设项目的资金运作问题，关乎国计民生，关乎社会发展，如果不建立一套强有力的制约机制,其危害程度是可想而知的。

在行业管理方面,预防工程领域职务范围还需做到以下几点:一是努力提高经济活动的透明度,以解决信息不对称的问题;二是加强财政资金投资项目的管理,对于政府直接投资的公益、公用工程项目,应由严格的利益约束和健全的投资责任,建立健全法人责任制,形成专门的监管队伍;三是建立规范的市场机制,保证公开、公正、平等的竞争环境;四是要充分发挥行业协会的作用,利用行业自律机制来约束市场主体的经营行为。

(三)工程领域职务犯罪的刑事预防

刑罚具有抑制职务犯罪动机的形成、控制职务犯罪蔓延的作用,刑罚所具有的带强制性的巨大心理压力,是通过法律手段给行为人心理或生理上的痛苦,从而最大限度地挫败和减少其进行职务犯罪活动的侥幸心理,迫使行为人不得不增强自我控制的能力,使其由惧怕刑法的惩戒而自动放弃职务犯罪行为方式的运用或促使其向良性转化。工程领域的职务犯罪是严重的经济犯罪,而且其犯罪成本非常高,它通常是以对社会资源的巨大耗费甚至人的生命为昂贵代价,因此对于工程领域的职务犯罪应当在一定程度上给予严格的法定刑。然而更为重要的是,在对职务犯罪行为的预防上,制度的完善远比严酷刑罚更为有效。当前腐败形势严峻固然有多方面原因,但没有完善对权力进行有效制约的制度是最主要的因素。

目前,世界上很多国家专门对职务犯罪进行立法。例如,新加坡制定了预防职务犯罪的《预防腐败法》《没收贪污所得法》等法律规范,韩国有《反腐败法》《实名制法》等;伯利兹有《预防公共生活腐败法》,美洲国家组织有《反腐败公约》,联合国也制定了《反腐败的实际措施》及我国已经加入的《联合国反腐败公约》。近年来,我国社会各界对制定反职务犯罪法律呼声一直很高。随着反职务犯罪的斗争形势的发展,有学者建议我国对职务犯罪的专项立法条件已成熟,我国有必要尽快建立一部融合实体法规范与程序法规范于一体的“反贪污贿赂法”或“反腐败法”,设置包含查办案件和预防犯罪双重职能的反腐败机构或反贪机构,从中明确预防机构的权利、责任和运作程序。

第十五章　绿色建筑工程法学

随着人类与环境的矛盾越来越冲突,可持续发展的理念在全球范围内得到了广泛的认可。目前,我国城乡建设增长方式仍然粗放,发展质量和效益不高,建筑建造和使用过程能源资源消耗高、利用效率低的问题比较突出,绿色建筑被认为是解决建筑业可持续发展的有效途径。发展绿色建筑能够在节能减排、保护环境和促进生态文明建设等多方面有重大意义。

第一节　绿色建筑概述

一、绿色建筑的内涵

"绿色建筑"(green building)的理念在国际上最早产生于20世纪60年代,是在生态学和建筑学综合研究之下提出的。20世纪70年代的石油能源危机,使人们意识到耗用自然资源最多的建筑产业必须走可持续发展的道路,从而使绿色建筑的理念越发受到人们的关注。20世纪80年代,随着建筑节能技术的推陈出新,绿色建筑的相关研究也逐渐成为德、英、法等发达国家建筑研究的新热点。1990年,世界首个绿色建筑标准在英国发布。1992年,在巴西里约热内卢的"联合国环境与发展大会"上,与会者第一次正式确立"绿色建筑"概念,绿色建筑由此成为兼顾环境与健康的研究体系,并在越来越多的国家实施和推广,成为当今世界建筑发展的重要方向。此后的40多年间,绿色建筑由理念到实践在发达国家逐步完善,各国先后成立了绿色建筑协会等组织,推出了各自的绿色建筑标准,同时通过加强技术交流与合作,共同探索继续深化实践绿色建筑的发展道路。

"绿色建筑"的概念于20世纪90年代开始引入我国,自1992年巴西里约热内卢的"联合国环境与发展大会"以来,我国政府相续颁布了若干相关纲要、导则和政策规定,大力推动绿色建筑的发展。2006年,住房和城乡建设部正式颁布了《绿色建筑评价标准》,同时签署了"绿色建筑科技行动"合作协议,为绿色建筑技术发展和科技成果产业化奠定了基础。2007年出台了《绿色建筑评价技术细则(试行)》和《绿色建筑评价标识管理办法(试行)》,此后又相继启动了《绿色工业建筑评价标准》和《绿色办公建筑评价标准》编制工作,逐步完善了适合中国国情的绿色建筑评价体系。①

绿色建筑也称生态建筑、生态化建筑、可持续建筑。关于绿色建筑的概念,美国环保署(U. S Environmental Protection Agency,EPA)将"绿色建筑"定义为是以生态环保和节约资源的方式所设计、建造、翻新、运营或者再利用的建筑。② 我国《绿色建筑评价标准》也对绿色建筑进行了定义,根据住房和城乡建设部《绿色建筑评价标准》(GB/T 50378—2019)的规定,绿色建筑(green building),"指在建筑的全寿命周期内,节约资源、保护环境、减少污染,为人们提供健康、适用和高效的使用空间,最大限度地实现人与自然和谐共生的高质量建筑"。

绿色建筑的内涵包括四个方面:一是广义上的节能,除"四节"外,主要是强调减少各种资源的浪费。节能就是要求人们在构建和使用建筑物的全过程中,最大限度地节约资源、保护环境、呵护生态和减少污染,将因人类对建筑物的构建和使用活动所造成的对地球资源与环境的负荷和影响降到最低限度。二是保护环境,强调的是减少环境污染,减少二氧化碳排放。三是满足人们使用上的要求,为人们提供"健康"、"适用"和"高效"的使用空间。创造"健康"、"适用"和"高效"的使用空间是人们构建和使用建筑物的基本要求之一。四是强调与自然和谐共生。自然和谐即要求人们在构建和使用建筑物的全过程中,亲近、关爱与呵护人与建筑物所处的自然生态环境,将认识世界、适应世界、关爱世界和改造世界统一起来,做到人、建筑与自然和谐共生。只有这样,才能兼顾与协调经济效益、社会效益和环境效益,实现国民经济、人类社会和生态环境又好又快地可持续发展。

二、绿色建筑与可持续发展

(一)可持续发展与科学发展观

1. 可持续发展

可持续发展是在人类面临文明加速进化与生态环境不断恶化、富裕与贫穷的差距不断拉大这两大失衡的背景下产生的一种新的发展模式和发展观。应当承认,发展是一个内涵不断丰富的概念和范畴。传统的发展观是单纯的经济增长观,即片面强调物质财富的增长,而经济社会发展到目前这个阶段,应当强调经济、社会诸方面的协调可持续发展。

1987 年联合国世界环境与发展委员会在《我们共同的未来》中,对可持续发展给出了一个较为权威性的概念,即"既满足当代人的需求,又不对后代人满足其自身需求的能力构成危害的发展"。因而,可持续发展的核心,即在于正确处理人与

① 参见牛东宇、张国川:《促进我国绿色建筑发展的若干问题及对策》,载《城市建设理论研究》(电子版)2015 年第 5 期。

② 参见王义军:《中美绿色建筑政策法规比较研究及我国立法展望》,载《中国国际经济贸易法学研究会第一次会员代表大会暨中国与国际经济法律秩序的变革研讨会论文集》2012 年。

自然、人与人之间的关系，要求人类以最高的智力水平和泛爱的责任感去规范自己的行为，创造和谐的世界。要求人们在作出每一个行为选择时，不仅要考虑本代人的利益的平衡，同时要考虑代际人的利益平衡。

在对可持续发展概念的一般解释中，我们强烈地感到，可持续发展战略本身便蕴含着为保证这个战略实现的法治机理，或者说可持续发展战略的实现是要以相应的法治发展战略为后盾的。可持续发展目标可纳入社会整体经济效益原则、国家适度干预、经济公平、经济效益以及经济安全的分析框架之中。我国已经将可持续发展战略提到议事日程。《中国21世纪议程》明确提出，"要在2000年前后初步建立起与可持续发展有关的立法体系"。

2. 科学发展观

科学发展观的核心是坚持以人为本，全面、协调、可持续的发展观，相比于可持续发展而言，其内涵更加宏大与深刻。具体而言，"以人为本"即是以人的利益需求为基点，以实现人的全面发展为目标，保障人的经济、政治和文化权益，确保最广泛的人得以享受发展的成果。这一发展理念着重从受惠于发展利益的主体范围的角度阐释科学发展的内涵。"全面发展"强调社会经济生活诸多方面应并进而不能顾此失彼，更不能以人的基本生活权益的丧失为代价换取一时一地经济的繁荣。这一发展理念着重架构主体获致发展权益的客体内容。"协调发展"倡导城乡之间、区域之间、经济与社会之间、人与自然之间、国内发展与对外开放之间统筹协调发展。显然这一发展理念将视域投射到个人之外，力图搭建更为广泛的人与人、人与社会、人与自然的有机联系，也是从横向层面构设发展的空间维度，确保特定空间下发展的平衡性。"可持续发展"则从纵向角度提出发展的时间维度，将发展置于特定时间之下，确保发展的永续性。概括起来，科学发展观的理念是一种让最广泛的人获致最全面的发展权益，保持横向维度上发展的平衡性与纵向维度上发展的永续性，促进公平发展、全面发展、协调发展与可持续发展的思维模式和发展路径。

3. 绿色建筑与可持续发展

绿色建筑遵循可持续发展原则，体现绿色平衡理念，通过科学的整体设计，集成绿化配置、自然通风、自然采光、低能耗围护结构、太阳能利用、地热利用、中水利用、绿色建材和智能控制等高新技术，充分展示人文与建筑、环境及科技的和谐统一。绿色建筑具有选址规划绿色合理、资源利用高效循环、综合措施有效节能、建筑环境健康舒适、废物排放减量无害、建筑功能灵活适宜六大特点，不仅可满足人们的生理和心理需求，而且能源和资源的消耗最为经济合理，对绿色环境的冲击最小。

绿色建筑与传统建筑相比，绿色建筑不再局限于仅考虑建筑自身系统的可行性，而是在建筑与环境相互协调的基础上，以自然生态系统良性循环为基本原则，综合考虑生态环境、社会经济、历史文化、生活方式、建筑法则和适宜技术等多种因素而设计、建造和使用的建筑,其核心内涵就是为了节约资源和保护环境。①

(二)绿色建筑与生态文明

1. 生态文明

生态文明是人类文明发展的一个新的阶段,即工业文明之后的文明形态。生态文明是人类遵循人、自然、社会和谐发展这一客观规律而取得的物质与精神成果的总和。生态文明是以人与自然、人与人、人与社会和谐共生、良性循环、全面发展、持续繁荣为基本宗旨的社会形态。

党的十八大报告明确提出大力推进生态文明建设。建设生态文明,是关系人民福祉、关乎民族未来的长远大计。面对资源约束趋紧、环境污染严重、生态系统退化的严峻形势,必须树立尊重自然、顺应自然、保护自然的生态文明理念,把生态文明建设放在突出地位,融入经济建设、政治建设、文化建设、社会建设各方面和全过程,努力建设美丽中国,实现中华民族永续发展。坚持节约资源和保护环境的基本国策,坚持节约优先、保护优先、自然恢复为主的方针,着力推进绿色发展、循环发展、低碳发展,形成节约资源和保护环境的空间格局、产业结构、生产方式及生活方式,从源头上扭转生态环境恶化趋势,为人民创造良好生产生活环境,为全球生态安全作出贡献。党的十八届三中全会进一步指出,建设生态文明,必须建立系统完整的生态文明制度体系,用制度保护生态环境。要健全自然资源资产产权制度和用途管制制度,划定生态保护红线,实行资源有偿使用制度和生态补偿制度,改革生态环境保护管理体制。

2. 绿色建筑

大力发展绿色建筑是建设生态文明的重要举措。党的十七届五中全会提出,面对日趋强化的资源环境约束,要加快构建资源节约、环境友好的生产方式和消费模式,增强可持续发展能力。推进发展绿色建筑,把节能环保和绿色低碳理念体现到城乡规划、工业生产、建筑施工与生活消费等各个领域,将有效提高生态文明水平。

大力发展绿色建筑是有效促进资源节约与环境保护的重要途径。据统计,城市中的土地、能源、水、材料等资源消耗及污水、垃圾等污染物排放,约50%是由建筑产生的,抓住了绿色建筑这个龙头,也就抓住了节能减排的关键。绿色建筑标准要求在全寿命周期内最大限度地节能、节地、节水、节材,保护环境和减少污染。初步估算如采取严格的建筑节能措施、大力发展低碳绿色建筑,"十二五"期间新建建筑将形成4500万吨标准煤节能能力,而且,有利于在广大群众中牢固树立节约资源与保护环境的观念,加快建立节能减排长效机制。

大力发展绿色建筑是保障和改善民生的有效手段。近年推动实施的北方采暖

---

① 参见李学征:《中国绿色建筑的政策研究》,重庆大学管理科学与工程专业2006年硕士学位论文,第6页。

区既有居住建筑节能改造,不仅每个采暖季节能30%以上,而且改造后住宅室内温度普遍能够提高5摄氏度左右,取得了节能环保、改善民生等多重政策效应,已成为深受广大群众欢迎的“节能暖房”工程与民生民心工程。绿色建筑标准充分体现了以人为本的理念,要求为人们提供健康、舒适、安全的居住、工作和活动空间,对建筑物日照环境、采光通风和热舒适性都有明确规定,将为城乡居民改善居住条件、促进消费升级提供基本制度保障。

大力发展绿色建筑是促进实现城乡建设模式转型升级的必然要求。当前促进我国经济结构战略性调整,迫切需要打造大的政策平台,找准突破口。房地产产业链条长,对下游产业的带动作用大,如建筑用钢占全社会钢材消费的50%,建筑用水泥占全社会水泥消费的60%等。绿色建筑集成了节能节地节水、数字化、智能化等新技术新产品,是建筑业转型升级的重要方向。在欧洲国家低碳社区、零能耗建筑发展方兴未艾,美国也将绿色建筑作为新一轮科技创新的主要方向。在我国大力推动发展绿色建筑,将有效带动新型建材、新能源、节能服务等产业发展,推动我国建筑行业集约内涵式增长,极大地促进经济结构调整。

三、绿色建筑的发展

“二战”后,随着欧洲、美国、日本经济的飞速发展,同时受20世纪70年代的石油危机的影响,各国意识到自然能源消耗最多的建筑也应该是可持续的,建筑能耗问题开始备受关注,节能要求极大地促进了建筑节能理念的产生和发展。国外绿色建筑的起步比国内要早很多,有关绿色建筑的相关制度也相对比较成熟。绿色建筑的概念也在20世纪60年代被提出来。现在,全世界范围内绿色建筑已经成为潮流,绿色建筑也成为通行的理念。为了使绿色建筑具有可操作性,世界各国也逐步建立并完善相应的绿色建筑评估体系。继英国、美国、加拿大之后,日本、德国、澳大利亚、法国等也相继出台了适合于其地域特色的绿色建筑评估体系。50多年来,绿色建筑由理念到实践,由于发达国家绿色建筑的发展起步比较早,其逐步完善并形成了较成体系的设计方法、评估方法,各种新技术、新材料层出不穷。在世界上的一些国家,如丹麦的太阳风社区、英国的贝丁顿零耗社区、美国的赫斯特大厦等,都十分注重绿色公共住宅的设计和可再生能源的利用,对建筑材料、太阳能装置等设施的应用也非常考究,尽量降低或者不使用石油等含碳燃料。这些发达国家的绿色建筑已经初见成效并向着深层次应用发展。①

(一)国外绿色建筑的发展

1987年,联合国环境署发表《我们共同的未来》报告,确立了可持续发展的思

---

① 参见冯春华、芦荣:《浅谈绿色建筑国内外发展现状及我国发展绿色建筑的必要性》,载《建筑工程技术与设计》2017年第6期。

想。1990 年,世界首个绿色建筑标准在英国发布。1992 年,“联合国环境与发展大会”使可持续发展思想得到推广,绿色建筑逐渐成为发展方向。以下主要从英国、美国、日本三个绿色建筑发展比较成熟的国家分别探讨绿色建筑的发展状况。

1. 英国绿色建筑的发展

英国是世界上最早提出并实践绿色建筑、低碳建筑的国家之一,在此方面居于全球领先地位。英国绿色建筑萌发于 20 世纪中叶以后,它的发展历程大致可分为以下三个时期:

(1)理论酝酿时期(20 世纪 60 ~ 70 年代)。20 世纪中叶,工业发达国家的环境问题日益严重,并逐步演变成全球性的危机。1972 年,联合国在瑞典首都召开人类讨论环境问题的第一次国际会议,并发表了《联合国人类环境会议宣言》,标志着全球环境意识的觉醒。正是在这种背景下,建筑师们开始从不同角度进行反思、探讨建筑业的新出路。剑桥大学约翰·佛雷策和阿里克斯·派克等人开始研究“自维持”住宅(autonomous house)。自维持住宅就是“除了接受邻近自然环境的输入以外,完全独立维持的住宅”。[①] 他们开始研究建筑材料的热性能、暖通设备的能耗效率和可再生能源等技术问题,为建筑节能和绿色建筑的发展奠定了基础。1970 年,能源危机之后,英国建筑界关注建筑节约能源问题,建设了一批低能耗住宅,其中比较突出的是米尔顿·凯恩斯市(Milton Keynes)彭妮兰(Pennyland)住宅小区。他们在设计中研究、运用了一系列被动式太阳能技术,对与能耗有关的因素,如维护结构的保温、采光、太阳辐射、建筑蓄热能力和人工采光等都进行了有益的探索。节能建筑虽然不是完全意义上的绿色建筑,但节能建筑的研究和探索却为绿色建筑的发展积累了技术和经验。

(2)实践探索时期(20 世纪末期)。1987 年,联合国环境与发展委员会(World Commission on Environment and Development, WCED)在《我们共同的未来》的报告中,向全世界正式提出了可持续发展战略;1992 年,里约热内卢全球首脑会议通过了《21 世纪议程》等纲领性文件,标志着可持续发展已经成为全人类的共同行动纲领。在这种背景下,英国的绿色建筑也进入了新的发展阶段。1994 年,英国政府率先制定了本国的可持续发展战略——《可持续发展:英国的战略选择》,这一国家战略的确立为建筑节能和绿色建筑发展创造了较好的社会环境。20 世纪末期,在理论与技术方面,英国建筑研究院(Building Research Establishment, BRE)加快了能源与环境问题的研究,并于 1990 年出台了世界第一个绿色建筑评价体系。

(3)初步发展时期(21 世纪)。21 世纪以来,越来越多的英国人士进一步确立了可持续发展的战略思想,节能环保已成为英国的政治时尚。自 2001 年以来,政府拨款数十亿英镑,提高居民家庭能效,责成能源公司提供节能灯泡、保温设备、高

① 清华大学建筑学院、清华大学建筑设计研究院编著:《建筑设计的生态策略》,中国计划出版社 2001 年版,第 27 ~ 40 页。

能效电器和锅炉。英国政府已出台了世界第一部《气候变化法案》,第一个用法规的形式规定,到 2020 年英国的二氧化碳排放要减少 26% ~32% ,到 2050 年要减少 60% 。举办 2012 年伦敦奥运会对绿色建筑发展起了积极的推动作用,伦敦政府计划在泰晤士河两岸长达 40 英里的区域内除建设绿色的奥林匹克比赛场馆外,还要建设新的废物处理系统和 16 万个新的"零碳化"住宅,使这里成为英国第一座生态城。英国政府的大力推动及社会的高度环保意识,使节能和绿色建筑有了较大发展。为了展示节能和绿色建筑发展的成就,英国从 2004 年开始每年举办一届伦敦国际绿色建筑和节能环保展览会(Eco Build)。2012 年展览会规模空前,有 1500 家供应商展示了各类富有吸引力的节能和绿色建筑产品,举行了 130 场研讨会,标志着英国的绿色建筑进入了初步发展时期。

2. 美国绿色建筑的发展

作为能源消耗和二氧化碳排放的大国,美国越来越重视绿色建筑的发展。美国的建筑有其独特性,人均住房面积居世界首位。一般家庭都拥有一套自己的住房,其中大部分住宅都是 3 层以下的独立房屋,供暖、空调全部是分户设置,电力、煤气、燃油等能源是家庭日常开销的一个主要部分。因此,美国政府深刻认识到发展绿色建筑及节能的重要性和必要性,高度重视提高能源利用,把发展绿色建筑、实施建筑节能工作始终置于重要的战略地位。

20 世纪初,美国纽约市涌现出大批摩天大楼,其中熨斗大厦和纽约时报大厦使用了窗户深嵌入墙中的设计,可以减少阳光射入。此后,洛克菲勒中心利用了可调节窗户和空中花园两项先进技术,以达到建筑与生态系统的和谐。美国早期的建筑设计和技术利用等,已经包含了生态系统和自然环境,成为绿色建筑理念形成的萌芽。

直到 20 世纪 60 年代,美国建筑师保罗 · 索勒瑞在研究中把生态学(ecology)和建筑学(architecture)两个词完美合并,提出了"生态建筑"(绿色建筑"arology")的新理念;而 1963 年 V. 奥戈亚在《设计结合气候:建筑地方主义的生物气候研究》中,提出建筑设计与地域、气候相协调的设计理论。1969 年,美国建筑师伊安 · 麦克哈格在其著作《设计结合自然》一书中提出人、建筑、自然和社会应协调发展,并探索了建造生态建筑的有效途径与设计方法,它标志着生态建筑理论的正式确立。此后,绿色建筑在美国的发展,很大程度上得益于能源短缺的国际现状,尤其是 20 世纪 70 年代席卷全球的经济危机,更让美国人认识到,石油、天然气等化石能源是有限的,如何节约有限的能源,实现当代和子孙后代可持续发展的绿色建筑,成为全球化的一个重要命题。20 世纪 90 年代之后,绿色建筑理论研究开始走入了正规。1991 年,布兰达 · 威尔和罗伯特 · 威尔合著的《绿色建筑:为可持续发展而设计》问世,提出了综合考虑能源、气候、材料、住户、区域环境的整体的设计观。阿莫里 · B. 洛温斯在文章《东西方的融合:为可持续发展建筑而进行的整体设计》中指出:"绿色建筑关注的不仅仅是物质上的创造,而且还包括经济、文化交流和精神等方面。”1992 年,联合国环境与发展大会使可持续发展思想得到推广,绿色建筑逐渐成为发展方向。特别是对于已经完成工业化进程的美国等发达国家和地区而言,工业领域在全社会能耗方面占据的比重不高,建筑领域的能耗量则高于其他领域,成为节能降耗的重点。发展绿色建筑,也因此成为美国等发达国家和地区节能减排的重点。

随着国际绿色浪潮的推动,1993 年美国创建了绿色建筑委员会(U. S Green Building Council,USGBC),这是世界上较早推动绿色建筑的组织之一。但是,当时美国大多数商业建筑都缺乏最基础的环保技术,特别是所有建筑商与开发商都对建筑业实行绿色产业化为难。“绿色建筑产业如何才能实现更好的发展呢?”USGBC 发言人科尔曼・玛丽指出,“政府应该当仁不让地承担起推动产业绿色化和推广绿色建筑的责任!”美国政府在全国发展绿色建筑产业化方面,所做的工作比较具有借鉴性。1993 年,克林顿就任美国总统后,可持续发展理论的支持者就开始游说克林顿政府,希望把白宫作为绿色建筑的一个实验场,以推行建筑业的绿色产业化改造。同年 4 月的“地球日”当天,克林顿政府为了启动绿色建筑产业化的计划,宣布将总统府邸(白宫)改造成“一个节约能源的典型”。3 年后,“绿色白宫”计划对这座建成将近 200 年之久的建筑物实施了各种各样的改造措施,取得的效果也是显而易见的——白宫每年节约的能源、用水和固体废弃物花费等达到 30 万美元之巨,每年可以减少二氧化碳排放 845 吨。白宫的绿色改造取得的巨大成就,激励了美国政府对其他公共建筑如五角大楼等进行改造,也为绿色建筑产业在全美的推行与普及,开了一个先例。在 2000 年的加州能源危机和 2001 年“9・11”事件后,能源价格居高不下,迫使“最烦恼环保”的美国建筑商与开发商们也开始认识到运用节能与环保新科技推行绿色建筑产业化的紧迫性与重要性。

在美国绿色建筑产业化的启动初期,由于参议员理查德・布卢门撒尔等对于国会与 MAM 的促进,2000 年美国绿色建筑委员会在评审了来自英国和加拿大的现有标准之后,开发出了《节能和环保设计导引(LEEDTM)正式版》绿色建筑等级的认证系统。弗吉尼亚科技大学的建筑系教授吉米・琼斯表明:“LEEDTM 的出台,由此推行了美国绿色建筑产业步入规范化发展轨道,从最初的简单模式,发展到集节能、设计和环保为一体的新型建筑产业,成为各国绿色建筑产业化发展模式与方向的潮流导向。”

3. 日本绿色建筑的发展

日本是一个能源非常匮乏的国家,曾经历过经济高速发展、环境严重污染的时期,后来通过高成本整治污染、发展节能环保产业、循环经济产业使日本重新恢复清洁美丽的环境。加之经历了 20 世纪 70 年代两次石油危机,日本全社会的能源危机和环保意识不断增强。特别是 2011 年惨烈的“3・11 大地震”之后发生的福岛核电站泄漏事故,不仅给日本带来了严重的能源危机,还造成了不可忽视的生态危机。绿色住宅的出现与绿色建筑产业化的发展迎合了这一需要,因此在房地产市场中脱颖而出。

日本的建筑产业经历了从追求数量到追求质量的变化过程。“劣质建筑在日本历史上也曾大量存在”，日本经济产业事务次官立冈恒良指出，“但随着日本全社会的能源危机和环保意识不断增强，绿色建筑日益成为满足人们生产与生活的更高要求，以实现减少资源能源消耗的新选择”。在这一新选择中，日本政府和地方政府更是高度重视如何充分有效地利用和节约资源与能源，特别是在能耗占到社会总能耗30%的建筑行业的节能方面，不断研究推出应用了先进的技术，取得了卓越的成效。在保持同样生活水平的前提下，以每座公用建筑与每户住宅为计算单位的运营与生活的能耗量，日本仅为英国、法国、瑞典的50%和美国的30%左右。现在日本绿色建筑产业化进一步勃然兴起，正在悄悄地改变着日本人的居住意识。

在战略发展与未来目标方面，2007年6月，日本内阁会议制定的《21世纪环境立国战略》中指出，为了实现建设可持续社会的目标，需要综合推进低碳社会、循环型社会和与自然和谐共生的社会建设。2009年，日本政府公布了《绿色经济与社会变革》的战略政策草案，方案重点支持政府采取环境、能源措施刺激绿色建筑产业等新产业经济，实现与自然和谐共生的社会目标。2010年，日本政府在《绿色经济与社会变革》的新发展战略中又提出了“2020年之前使零能耗住宅成为标准的绿色建筑”的目标。为此，国交省、经产省、环境省的方针是在2020年之前要求所有新建住宅和建筑物必须符合绿色化节能标准，计划在今后不断修改《节约能源法》的同时，进一步明确建筑产业绿色化具体程序。国交省称：“要利用绿色建筑产业领跑者的标准进行规制，同时以低碳住宅作政策引导，以实现目标。”在各方的大力推动下，绿色建筑产业化迅猛发展，绿色建筑对日本经济也产生了积极影响。

（二）我国绿色建筑的发展

1. 我国古代绿色建筑的发展

绿色建筑在我国的发展可以追溯到古代。在古代建筑物中，所用材料主要取之于自然物，如石块、草筋、土坯等。可以说古代建筑拥有一定的绿色观念，并且也拥有丰富的绿色建造经验。我国传统民居的建筑材料大部分都是可以循环利用的，并且对环境的影响也不大。在先前人们的智慧下，很多具有地方特色的建筑类型保留下来，为我们现在发展绿色建筑提供了借鉴。例如，黄土高原的窑洞建筑，福建西南山区的土楼建筑，新疆地区的阿以旺民居等。

2. 新中国成立后绿色建筑的发展

中国绿色建筑的发展现状及方向一直是业界关注的热点。有学者认为按照时间顺序，中国绿色建筑发展可以分为三个阶段：“浅绿”、“深绿”和“泛绿”。[①] 我们

---

① 参见孙大明等：《我国绿色建筑特点和发展方向》，载《建设科技》2011年第7期；王琴、张綦斌、赵丽坤：《中国绿色建筑区域发展路径研究》，载《价值工程》2018年第2期。

认为在绿色建筑的“浅绿”阶段之前，前期关于绿色建筑的理论和实践的发展也为绿色建筑后续的发展提供了支撑，我们将之称为萌芽阶段和试点阶段。本书中，我们把中国绿色建筑的发展分为四个阶段：分别是绿色建筑的萌芽阶段、绿色建筑的试点阶段、绿色建筑的推广阶段和绿色建筑的全面发展阶段。

（1）绿色建筑的萌芽阶段（20 世纪 80 年代初到 1993 年）

1973 年，在联合国人类环境大会的影响下，我国首部环保法规性文件《关于保护和改善环境的若干规定（试行草案）》由国务院颁布执行。20 世纪 80 年代以后，我国开始提倡建筑节能，但是有关绿色建筑的系统研究还处于初始阶段，许多相关的技术研究领域还是空白。

绿色建筑首先从建筑节能起步。我国的建筑节能工作始于 20 世纪 80 年代。20 世纪 80 年代初，我国开始改革开放，经济复苏。多年积压的住房紧缺问题爆发，全国范围内掀起了建筑热潮。由于当时建设水平低，建筑质量差，基本没有考虑保温隔热，建筑冬冷夏热问题突出。在这种情况下，各地尝试研究改善建筑性能的办法，较有代表性的是北方地区生土建筑的研究和实践。由于生土建筑取材方便、造价低廉、施工简单，又可以改善建筑室内环境，至今仍为人们所津津乐道，成为中国建筑技术因地制宜的研究典范和绿色建筑的雏形。① 1986 年，《民用建筑节能设计标准（采暖居住建筑部分）》发布，建筑节能率目标是 30%。1994 年，该标准修订，将建筑节能率目标提升至 50%，并制定了《建筑节能“九五”计划和 2010 年规划》。

（2）绿色建筑的工作试点阶段（1994～2003 年）

1994 年，我国发表《中国 21 世纪议程》，同时启动《国家重大科技产业工程——2000 年小康型城乡住宅科技产业工程》。1996 年，发表《人类居住发展报告》，对进一步改善和提高居住环境质量提出了更高要求和保障措施。以 1994 年《中国 21 世纪议程》通过为标志，建筑能耗、占用土地、资源消耗以及建筑室内外环境问题逐渐成为人们关注的焦点，建筑的可持续发展成为政府和行业的共识，绿色建筑探索性的研究开始活跃，通过政府资助和国际合作的研究项目，国外绿色建筑技术和研究成果进入中国，中国绿色建筑的理论逐渐清晰。②

2001 年，原建设部住宅产业化促进中心研究和编制了《绿色生态住宅小区建设要点与技术导则》，提出以科技为先导，以推进住宅生态环境建设及提高住宅产业化水平为总体目标，并以住宅小区为载体，全面提高住宅小区节能、节水、节地、治污总体水平，带动相关产业发展，实现社会、经济、环境效益的统一。1999 年，《民用建筑节能管理规定》发布，并于 2005 年进行了修订，期间还分别出台了夏热冬冷地区和夏热冬暖地区建筑节能规划。自 20 世纪 90 年代绿色建筑概念开始引入中国，1992 年巴西里约热内卢联合国环境与发展大会以来，中国政府相续颁布

① 参见卜增文等：《实践与创新：中国绿色建筑发展综述》，载《暖通空调》2012 年第 10 期。
② 参见刘先觉：《现代城市发展中面临的生态建筑学新课题》，载《建筑学报》1995 年第 2 期。

了若干相关纲要、导则和法规，大力推动绿色建筑的发展。2003 年，党的十六届三中全会提出了“以人为本，树立全面协调可持续发展观，促进经济社会全面发展”的科学发展观战略，为绿色建筑的发展提供了成长的动力和社会基础。

（3）绿色建筑的推广阶段（2004～2008 年）

2004 年 9 月，原建设部“全国绿色建筑创新奖”的启动标志着我国的绿色建筑发展进入了全面发展阶段。2005 年，首届国际智能与绿色建筑技术研讨会在北京召开。与会的各国代表发表了《北京宣言》，对 21 世纪智能与绿色建筑发展的背景、指导纲领和主要任务取得共识。《北京宣言》认为，世纪之交，国际社会普遍对全球环境保护和发展更为关注，致力于推进可持续发展，以“绿色”思想为指导，将各种先进适用技术应用于建筑物，促进资源节约与环境保护。《北京宣言》还提出，建筑的发展应服务于各类不同的民族和社会群体，尤其应当把服务处于贫穷和落后状态的民族和社会群体当作重任。我们要基于对自然和环境的尊重，植根历史传统，探索未来，推进绿色适宜技术发展和使用，增强人类绿色价值观和促进绿色生活方式。同时《北京宣言》还为以后的主要任务制定了方向：“推进思想交流，加强人才培养，完善制度建设，节约与合理利用资源，促进技术发展，重视产品研发，加强传统保护，优化人居建设。”2005 年，发布了原建设部《关于推进节能省地型建筑发展的指导意见》。2005 年，原建设部、科技部联合出台《绿色建筑技术导则》，提出因地制宜发展绿色建筑。2006 年，在第二届国际智能、绿色建筑与建筑节能大会暨新技术与产品博览会上，原建设部部长就建设发展节能省地型建筑进行了深入的剖析，提出发展节能省地型建筑应该从国民经济结构、经济增长方式转变、国家粮食和安全的高度进行研究、思考。在这一阶段，重点强调建筑节地节能节水节材（四节），注重建筑建造过程中的总资源消耗，按照减量化、再利用、资源化的原则，搞好资源的综合利用，实现建筑的科学发展观，落实建筑可持续发展的具体要求。

这一阶段，一些先行者在建设中尝试使用绿色技术和产品。此阶段绿色理念往往仅体现在产品和技术的应用上，尚不能深入整体环节中，因此被称为“推广”阶段。该阶段建筑的特点主要是：①以试点建筑为主，如清华超低能耗楼、上海建科院办公楼等，注重探索绿色技术的效果；②较易出现技术堆砌现象，产生外表绿色，但实际能耗高的“外绿内红的西瓜式”建筑；③增量成本较高，因初期绿色产品尚未形成规模，小批量采购价格较高，使用进口产品多，种种因素导致此阶段增量成本较高；④发展不平衡。[①]

（4）绿色建筑的全面发展阶段（2008 年以后）

我国绿色建筑的推广已不再是中央政府及地方政府为主要力量，拓展到了产业开发及业主，并从政府主导的法律法规转为市场的引导及经济的激励政策。

---

① 参见孙大明等：《我国绿色建筑特点和发展方向》，载《建设科技》2011 年第 7 期。

2008年4月,住房和城乡建设部成立了绿色建筑评价标识办公室,其主要职责是对绿色建筑的标识评价进行管理工作,并发布有关的管理要求。2009年,国家开始大力推进一、二星级绿色建筑评价标识。在我国"十二五"纲要中,再次提到要大力推广绿色建筑、绿色施工、推广使用先进环保的建筑材料、设备,以及优化的信息结构管理模式。自此,国家第一次将绿色建筑的发展正式列入我国中长期发展规划中。"十二五"期间,财政部、住房和城乡建设部等部门相继颁布了《关于加快推动我国绿色建筑发展的实施意见》《"十二五"绿色建筑和绿色生态城区发展规划》《绿色建筑行动方案》等重要文件,标志着我国绿色建筑发展进入全速发展时期。

在2008年"第四届国际智能、绿色建筑与建筑节能大会暨新技术与产品博览会"以"推广绿色建筑,促进节能减排"为主题,筹建成立了城市科学研究会节能与绿色建筑专业委员会,启动了绿色建筑职业培训及政府培训。2008年,住房和城乡建设部组织推动绿色建筑评价标识和绿色建筑示范工程建设等一系列措施。2008年3月,成立中国城市科学研究会节能与绿色建筑专业委员会,对外以中国绿色建筑委员会的名义开展工作。2008年8月,由国务院签发的《民用建筑节能条例》和《公共机构节能条例》,又分别对民用建筑以及公共建筑进行节能管理,以便降低建筑使用过程中的能源消耗,提高能源利用效率。

2009年8月27日,我国政府发布了《关于积极应对气候变化的决议》,提出要立足国情发展绿色经济、低碳经济。2009年11月底,在积极迎接哥本哈根气候变化会议召开之前,我国政府作出决定,到2020年单位国内生产总值二氧化碳排放将比2005年下降40% ~45%,作为约束性指标纳入国民经济和社会发展中长期规划,并制定相应的国内统计、监测、考核。2009年,中国建筑科学研究院环境测控优化研究中心成立,协助地方政府和业主方申请绿色建筑标识。2009年、2010年分别启动了《绿色工业建筑评价标准》《绿色办公建筑评价标准》编制工作。在2011年举行的"第七届国际智能、绿色建筑与建筑节能大会暨新技术与产品博览会"以"绿色建筑:让城市生活更低碳、更美好"为主题,传达了国家"十二五"国民经济和社会发展规划关于住房城乡建设领域节能减排的新要求。2012年开始,政府逐渐引导市民、房地产及企业开发绿色建筑,国家住房和城乡建设部发布《关于加强绿色建筑评价标识管理和备案工作的通知》,鼓励业主、房地产开发、设计、施工和物业管理等相关单位开发绿色建筑。2013年,国家首次出台了强制节能标准,对"十二五"期间的建筑发展提出了目标:城市及乡镇的所有新建建筑都要强制执行绿色建筑能源节约标准。

2013年1月1日,为深入贯彻落实科学发展观,切实转变城乡建设模式和建筑业发展方式,提高资源利用效率,实现节能减排约束性目标,积极应对全球气候变化,建设资源节约型、环境友好型社会,提高生态文明水平,改善人民生活质量,国务院办公厅以国办发〔2013〕1号转发国家发展改革委、住房和城乡建设部制定的《绿色建筑行动方案》。该行动方案分充分认识开展绿色建筑行动的重要意义,指导思想、主要目标和基本原则，重点任务，保障措施四部分。重点任务是：切实抓好新建建筑节能工作，大力推进既有建筑节能改造，开展城镇供热系统改造，推进可再生能源建筑规模化应用，加强公共建筑节能管理，加快绿色建筑相关技术研发推广，大力发展绿色建材，推动建筑工业化，严格建筑拆除管理程序，推进建筑废弃物资源化利用。

这一阶段，一些充分体现因地制宜思想的绿色建筑逐渐涌现，绿色理念开始深入到策划、设计、建设、运行、产品等各环节。该阶段建筑的特点主要是：①注重因地制宜原则：对技术的本地适用性进行了分析，并引入传统的建筑节能理念，如重庆市节能示范中心，结合了重庆地区吊脚楼建筑风格；②出现绿色改造项目：根据当地气候特征，选择适用技术，使建筑焕发新生，如南海意库，即结合深圳的气候特点，将旧厂房改建为绿色办公建筑，成为南方地区的节能典范；③在普通建筑中构建生态技术体系，如世博沪上·生态家，此项目整合里弄、山墙、老虎墙、石库门等上海地域传统元素，并针对江南气候特征，结合上海气候，为高密度城市住宅生态示范；④获得绿色建筑设计标识的项目较多，获得绿色运行标识的项目较少；⑤申请多国绿色认证标识成为时尚，一些项目既希望获得国际认证，又能符合国标要求；⑥2010年起，全国绿色建筑增长极快；⑦绿色建筑多缺乏特点，除少量优秀项目外，多数项目相似度高；⑧绿色建筑增量成本呈下降趋势，其中太阳能光伏、地源热泵等设备价格有所下降；⑨绿色建筑的种类不断地增多，包括浙江妇幼保健医院、深圳宝安医院等多个医院进行绿色尝试，上海中心、武汉中心等10多个超高层探索绿色解决之路，苏州金鸡湖酒店、天津圣光酒店等6个绿色环保酒店，西安府谷中学、宁波莼湖中学绿色学校等。①

自2011年起，国内出现生态城市热潮，带动了绿色建筑从建筑向城区的发展，其中生态城市要求新建建筑中绿色建筑的比例在80%以上，既有建筑改造的比例在50%以上。基于绿色建筑理论研究的成果，北京、上海、广州、杭州等经济发达地区结合自身特点，积极开展了绿色建筑关键技术体系的集成研究和应用实践。一系列示范建筑、节能示范小区、生态小区陆续形成，并且成为我国绿色建筑的技术展示、教育基地和促进研发的平台。截至2012年年底，全国累计评出绿色建筑评价标识项目742项，总建筑面积7581万平方米。由于经济发展水平、气候条件、政策支持等的不同，我国绿色建筑评价标识项目分布不均衡，江苏、广东、上海、山东、北京等省市的项目数量和总建筑面积较多，五省市标识项目数量占全国的57.5%，总面积占全国的53.7%，其中仅江苏省就占全国的23.6%。绿色建筑的继续发展和最终实现，将是绿色的常态化，绿色建筑将成为普通建筑，生态（低碳）城市推动了绿色建筑发展。

---

① 参见孙大明等：《我国绿色建筑特点和发展方向》，载《建设科技》2011年第7期。

第二节　绿色建筑的政策法规体系

一、国外绿色建筑的政策法规体系的发展

（一）英国

英国相当重视运用法规和政策推动建筑节能和发展绿色建筑，出台了比较完备的法律、法规体系。

1997 年 12 月，欧盟在日本京都签署了《京都议定书》，承诺至 2012 年把碳排放量在 1990 年基础上减少 8%。英国也是当时签署条约的 15 个成员之一，自愿至 2012 年减排 12.5%。作为碳排放大户的建筑业承担着英国 50% 的减排任务。为了达到承诺的减排目标，英国政府对本国的建筑业可持续发展十分关注，尤其在绿色建筑方面的政策法规体系的建立完善方面，开展了大量的工作。

作为欧盟成员国，英国建立了以“国际条约 + 国内法”为主要形式、一整套有机联系且相当完备的绿色建筑相关政策法规体系。国际条约包括全球性条约（如《京都议定书》等有关协定）和欧盟法令；国内法由基本法案 Act、专门法规 Regulation、技术规范 Code 和 Guidance 三个层次组成。适用于英国绿色建筑的欧盟指令主要有《节能指令》《能效标识指令》《锅炉能效指令》《节能减排指令》（于 2006 年 4 月被《能源利用效率和能源服务指令》代替）和《家用冰箱和冰柜能效指令》等。其中较为重要的是《建筑能效指令》[修订版本《建筑能效指令（修订版）》2010/31/EU 将从 2020 年开始生效]。该指令对英国绿色建筑的相关法律法规的制定具有深远的影响，主要是规定了各成员国必须制定建筑能效最低标准、建筑物用能系统技术导则和建筑节能监管制度，实行建筑能源证书制度。

英国现行与绿色建筑相关的法规包括：《气候变化法案》《建筑法案》《可持续和安全建筑法案》《家庭节能法案》《住宅法案》《建筑法规》《建筑产品法规》《建筑能效法规（能源证书和检查制度）》《可持续住宅规范》等。

《建筑法规》是英国建筑业的指导法规，针对建筑的节能性能、可再生能源的利用和碳减排等方面规定了最低的性能标准，有着非常重要的地位。以建筑节能性能为例，《建筑法规》考虑了建筑各个部分的节能性能，如建筑的围护结构、供暖系统、照明系统和空调系统等，并为各个部分节能性能参数设定了最低性能标准。《建筑能效法规（能源证书和检查制度）》是英国政府为了促进建筑能效标识而制定的重要法规，其主要内容是关于建筑能源证书[包括住宅建筑能效证书（EPCs）、公共建筑展示能效证书（DECs）]和空调系统的检查制度。

为了更好地指导建筑业进行建筑节能设计和改造，英国政府委托英国建筑研究院开发了《可持续住宅规范》。该规范是为新建住宅建筑设计的可持续性进行评价，于 2007 年 4 月取代了《生态住宅评估》，具有一定的法律强制性。该规范自

2008 年起对英格兰的所有新建住宅和威尔士政府和相关部门资助或者推荐的新建住宅,以及北爱尔兰地区的所有新建的独立公租屋强制执行建筑评价。该规范对新建住宅建筑的能效和碳排放、节水、建材、地表径流、废弃物、污染、健康和福利、运营管理、生态等方面进行评价,并根据建筑的碳排放水平划分为 6 个标准级别,分别用 1 ~6 星级来表示。

(二)美国

自 20 世纪 70 年代末开始,美国从联邦政府到地方政府围绕着发展绿色建筑产业这一目标,相继出台了大量的政策法规与优惠策略,体现出美国政府对于建筑可持续性问题的重视。

1. 主要法律法规

早在 20 世纪 70 年代末 80 年代初,能源危机促使美国政府开始制定并实施建筑物及家用电器的能源效率标准。1975 年出台的《能源政策和节能法案》为能源利用、节能减排提供了法律依据。1977 年,美国政府颁布了《新建筑物结构中的节能法规》,在 45 个州开展建筑节能工作,收到明显成效。1978 年颁布《节能政策法和能源税法》,这一阶段美国处于节能工作开展的初期,侧重于激励采取建筑节能措施。1988 年颁布《国家能源管理改进法》,1991 年的总统行政命令 12759 号等。1992 年制定了《国家能源政策法》并于 2003 年进行了修订,将以往的“目标”转换为“要求”,实现了节能标准从规范性要求到强制性要求的转变。1998 年出台国家能源综合战略,1999 年总统行政命令 13123 号,2001 年《税收激励政策—“2001 安全法”(H. R. 4)》。2005 年《能源政策法案》成为新阶段美国实施绿色建筑、建筑节能的法律依据之一。2009 年 6 月,美国众议院通过了《2009 年清洁能源和安全法案》。该法案第 201 节“建筑节能法典”提出了制定住宅和商用建筑的国家建筑节能法典的要求,以实现国家建筑节能的各种目标。此外,奥巴马于 2009 年 10 月签署总统令,规定从 2020 年起联邦政府的所有新办公楼的设计应满足 2030 年零能耗的要求,2015 年回收 50% 的垃圾,2020 年节水 26% 。一些政府机构的管理规定也要求政府机构建造的建筑必须符合特定的绿色标准,租赁或接受政府机构资助的建筑也应当符合特定的绿色标准。

2. 主要节能政策

美国还制定了一系列经济措施激励开发绿色建筑及高效节能产品。美国的绿色建筑实施政策采取了“胡萝卜 + 大棒”的模式。其政策可以分为两大类:一是制定相关产品、设备、系统的最低能源效率标准,以法律、法规形式颁布执行,是强制性的标准,如环境部规定 1000 平方米的建筑必须进行强制性的节能措施审查。二是通过激励政策措施鼓励厂家、用户来实现更高的能源效率标准,是自愿性的标准,属于市场行为。经济激励是成功实施能效标准和绿色建筑的关键举措。美国联邦政府、各级州政府以及公用事业单位等都采取了一系列经济激励措施来促进高效节能产品的推广普及工作,这些财政激励措施主要有节能基金、节能产品(建筑物)、现金补贴(贴息补助与直接补贴的方式)、抵免税收、抵押贷款、加速折旧制度、低收入家庭节能计划、技术支持(免费检测、技术培训)等形式。较有效的激励策略是通过组织措施激励市场,对实施绿色建筑的开发商给予额外的建筑密度奖励或加快申请程序的权利。例如,1978 年出台的《节能政策法和能源税法》,规定了民用节能投资和可再生能源投资可享受 15%(最多不超过 300 万美元)的税收优惠。1992 年制定并于 2003 年修订的《国家能源政策法》规定,符合国际节能标准的住宅和商业建筑,可享受税收减免。2001 年颁布的《税收激励政策—"2001 安全法"(H. R. 4)》,规定了对 2001 年至 2003 年期间新建的住宅,比国际普遍采用的标准节能 30% 或 50% 以上的,每套住宅减免 1000 美元或 2000 美元的税收等。2005 年,国会通过的《能源政策法案》对符合"能源之星"要求的项目免除相应税金。此外,美国部分州还针对各自不同情况减免税收。除了上述规定外,美国还推出节能基金、节能(建筑)产品现金补贴、税收抵免、抵押贷款、加速折旧制度、低收入家庭节能计划等财政税收措施,激励节能建筑发展。这些激励政策对美国绿色建筑市场的发展起到巨大的推动作用。

为了更好地促进绿色建筑的发展,除了颁布相关法律法规之外,美国还相继出台了一系列配套制度和措施,包括对实施绿色建筑的开发商给予额外的建筑密度、高度的奖励或加快工程项目建设申请程序的奖励等。同时,美国还注重进行绿色建筑方面的技术培训、免费检测等的技术支持,某些城市还提供免费的绿色建筑开发计划编制或认证培训工作。此外,美国还建立了一系列的绿色建筑评价体系,主要包括"能源之星"项目认证、LEED 评价体系、IGCC 评价体系、NGBS 评价体系以及全美第一个强制性地方绿色建筑标准 CalGreen 加州绿色建筑规范标准等。①

(三)日本

日本是亚洲发达国家,其建筑行业经历了由普通建筑向节能环保型建筑产业绿色化的转变过程,它的发展第一动力是各级政府的立法颁布和政策引导。

日本通过不断完善的法规与政策颁布,大力引导绿色建筑的应用和产业绿色化的推广,形成了一套较为完善的法规体系。日本绿色建筑发展起步较早,1979 年日本政府颁布的《节约能源法》为节能管理工作奠定了基础。此后,为适应不断发展的经济与社会需要,《节约能源法》前后修订了 8 次。作为《节约能源法》的附属法规,日本政府引导绿色建筑和产业绿色化相关的法律还有:1980 年颁布的《住宅节省能源基准》,1982 颁布的《房屋质量保证促进法》,1998 年颁布的《地球温暖化对策推进法》,2000 年颁布的《促进住宅品质保证法》,2001 年颁布的《资源有效利用促进法》等。

---

① 参见方东平、杨杰:《美国绿色建筑政策法规及评价体系》,载《建设科技》2011 年第 6 期。

在综合法层面，日本在1993年制定了《环境基本法》，该法确立了发展循环型社会的立法宗旨。2000年，又制定了《推进形成循环型社会基本法》，该法全面体现和贯彻了循环经济的思想，也有较为完善的促进绿色建筑产业发展的制度安排。

在单行立法层面，日本也有针对性很强的立法。例如，《住宅节省能源基准》也经历了1988年、1992年和1999年的3次修订。在这个过程中逐渐强化了发展绿色建筑产业关于日照和热损失的基准值，设置了绿色建筑采暖空调标准，扩大完善了绿色建筑气密性保温隔热设计的适用范围，并且根据不同区域、地域的自然条件，因地制宜地制定了包括绿色建筑运营中关于换气、空调采暖、空气污染等在内的一系列绿色化规定条款。

在重点立法层面，日本将建筑废弃物视为"建筑副产品"，非常重视对建筑废弃物的循环利用。例如，1977年的《再生骨料和再生混凝土使用规范》、2000年的《建设工程用材再资源化法》、同年制定的《建筑材料循环法》、2001年的《建筑废物处理法》、2002年的《建筑废弃物再利用法》，并将原《再生资源利用法》修订为《资源有效利用促进法》等。

在配套立法层面，日本建设省还制定了《混凝土副产物的再利用有关用途暂定标准(案)》《建设废弃物副产物对策行动计划》和《再生骨料和再生混凝土使用规范》等。以明确建筑废物处理与再利用的标准和义务，增加了从源头上减少废物产生的内容，从而扩大了有效利用的范围，并对绿色化建筑产业的各行业和产品明确了有效利用的重点。

二、我国绿色建筑政策法规体系的发展

20世纪80年代以后，我国开始大力提倡建筑节能。我国政府在推进绿色建筑方面，最早可追溯到1991年。20世纪90年代开始，绿色建筑概念开始引入中国，绿色建筑相关的技术、评价体系等研究也逐渐兴起。到目前为止，中国绿色建筑政策法规的发展大致经历了四个阶段。

(一)第一阶段(20世纪90年代初至2004年)

20世纪90年代，随着社会的发展，气候日益反常，北方地区出现了沙尘天气，多个城市出现缺水状况且全球的温室效应日益明显，这一系列的问题迫使环境被提到一个新的高度。1994年，中国积极回应巴西里约热内卢联合国环境与发展大会对走可持续发展之路的动员，出版了《中国21世纪议程——人口、环境与发展白皮书》，国务院颁布了《中国21世纪初可持续发展行动纲要》，纲要强调环境保护与污染防治，绿色建筑引入中国。2001年，原建设部《夏热冬冷地区居住建筑节能设计标准》以贯彻国家有关节约能源、环境保护的法规和政策，改善夏热冬冷地区居住建筑热环境，提高采暖和空调的能源利用效率。

2001年，原建设部住宅产业促进中心制定了《绿色生态住宅小区建设要点与

技术导则》,2003 年中国工商联房地产商会推出了《中国生态住宅技术评估手册》,同年《绿色奥运建筑评估体系》发布,为绿色建筑的发展奠定了坚实的技术基础。在此阶段,我国还颁布了《可再生能源法》《节约能源法》,其中《节约能源法》首次将建筑节能列入了法律,在国家级长远战略中,把建筑的节能作为独立的章节列出,为推进绿色建筑的发展提供了法律依据。

(二)第二阶段(2005～2007 年)

2005 年,首届国际智能与绿色建筑技术研讨会,首次完整地提出绿色建筑的理念,并发表了《北京宣言》。2006 年,住房和城乡建设部正式颁布了《绿色建筑评价标准》(GB/T 50378—2006)。2006 年 6 月 1 日,《绿色建筑评价标准》开始实施,并于 2007 年启动"100 项绿色建筑示范工程与 100 项低能耗建筑示范工程"。2006 年 3 月,科技部和原建设部签署了"绿色建筑科技行动"合作协议,为绿色建筑技术发展和科技成果产业化奠定基础。2007 年 6 月,原建设部出台了《绿色建筑评价技术细则补充说明(试行)》,同年 8 月又出台了《绿色建筑评价标识管理办法(试行)》,开始建立起适应我国国情的绿色建筑评价体系。2007 年,依据《绿色建筑评价标准》,住房和城乡建设部组织相关单位编制了《绿色建筑评价技术细则(试行)》。在这一阶段,国家出台了《民用建筑节能条例》《公共机构节能条例》《民用建筑节能管理规定》,从能源利用、法律法规等方面逐步推进绿色建筑的发展。

(三)第三阶段(2008～2012 年)

2008 年 4 月,住房和城乡建设部组织成立了绿色建筑评价标识管理办公室,主要负责绿色建筑评价标识的管理工作,发布了《一二星级绿色建筑评价标识管理办法(试行)》等一系列绿色建筑相关的管理制度,推动了全国绿色建筑评价标识工作的大范围快速发展。截至 2010 年年底,已评出 114 个获得星级标识的绿色建筑。

2012 年 4 月 27 日,财政部、住房和城乡建设部联合发布《关于加快推动我国绿色建筑发展的实施意见》,明确将通过财政激励机制、健全标准规范及评价标识体系、推进相关科技进步和产业发展等多种手段,到 2020 年,绿色建筑占新建建筑比重超过 30%,建筑建造和使用过程的能源资源消耗水平接近或达到现阶段发达国家水平。加强相关政策激励、标准规范、技术进步、产业支撑、认证评估等方面能力建设,建立有利于绿色建筑发展的体制机制,以新建单体建筑评价标识推广、城市新区集中推广为手段,实现绿色建筑的快速发展。

(四)第四阶段(2012 年至今)

这一阶段以党的十八大报告中生态文明建设为契机,绿色建筑的推动力量在全社会全面铺开。党的十八大报告指出,大力推进生态文明建设。建设生态文明,是关系人民福祉、关乎民族未来的长远大计。面对资源约束趋紧、环境污染严重、生态系统退化的严峻形势,必须树立尊重自然、顺应自然、保护自然的生态文明理念,把生态文明建设放在突出地位,融入经济建设、政治建设、文化建设、社会建设各方面和全过程,努力建设美丽中国,实现中华民族永续发展。

2013 年 1 月 1 日,《绿色建筑行动方案》以邓小平理论、“三个代表”重要思想、科学发展观为指导,把生态文明融入城乡建设的全过程,紧紧抓住城镇化和新农村建设的重要战略机遇期,树立全寿命期理念,切实转变城乡建设模式,提高资源利用效率,合理改善建筑舒适性,从政策法规、体制机制、规划设计、标准规范、技术推广、建设运营和产业支撑等方面全面推进绿色建筑行动,加快推进建设资源节约型和环境友好型社会。

为规范可再生能源建筑应用城市示范及农村地区县级示范的验收评估工作,经商财政部同意,住房和城乡建设部 2014 年制定了《可再生能源建筑应用示范市县验收评估办法》,规范指导可再生能源建筑应用城市示范及农村地区县级示范的验收评估工作。2014 年住房和城乡建设部办公厅、国家发展改革委办公厅、国家机关事务管理局办公室《关于在政府投资公益性建筑及大型公共建筑建设中全面推进绿色建筑行动的通知》,在政府投资公益性建筑和大型公共建筑建设中全面推进绿色建筑行动。中国房地产研究会人居环境委员会等单位编制的《绿色住区标准》,将于 2014 年 10 月 1 日起正式施行。该标准是我国绿色住区建设领域首个行业协会标准。该标准涵盖了居住环境、资源利用、开放街区、步行交通、商业布点、人文创新、住区多样性以及提供就业机会等绿色住区可持续发展的内容,旨在使可持续发展理念融入项目开发建设和管理中,保证市民生活在一个设施齐全、出行便捷、环境美好、品味多样的绿色和谐社区中。

2014 年住房和城乡建设部发布公告,批准《绿色建筑评价标准》为国家标准(GB/T 50378—2014),自 2015 年 1 月 1 日起实施。2014 年版《绿色建筑评价标准》标准在修订过程中,总结了近年来我国绿色建筑评价的实践经验和研究成果,开展了多项专题研究和试评,借鉴了有关国外先进标准经验,广泛征求了有关方面意见。修订后的标准评价对象范围得到扩展,评价阶段更加明确,评价方法更加科学合理,评价指标体系更加完善,整体具有创新性。

三、我国绿色建筑法规体系

虽然也出台了一系列推动绿色建筑的政策和规定等,但缺乏针对绿色建筑的专门立法。目前我国没有专门对绿色建筑领域的立法,且相关的法律中缺少绿色建筑的具体内容。缺乏明确的法律责任与处罚措施。当涉及法律层面的问题时,现有政策和规定难以解决绿色建筑发展过程当中涉及的各种法律问题。我国第一部规范建筑活动的法律《建筑法》对建筑节能、新型建材和建筑科技等工作没有作出强制性的规定,而是采用了“支持”、“鼓励”和“提倡”的文字表述。目前,出台的关于绿色建筑的文件，如国家发展改革委、住房和城乡建设部颁布的《绿色建筑行动实施方案》，地方出台的关于绿色建筑和建筑节能的管理规定等文件多是以“方案、规定”等字样出现，缺乏对绿色建筑中行为各方的法律约束，缺乏法律效力，很难有效解决、制约和调节绿色建筑活动当中出现的与绿色建筑发展不符的各种问题和行为。[①] 我国绿色建筑法规制度体系的系统性不足，特别是建筑法、能源法、节约能源法等没有明确绿色建筑的定位，绿色建筑的上位法缺乏。此种情况，从绿色建筑规划到绿色建筑拆除都没有健全的法律法规予以支持，也没有有效的法规制度予以约束，这必然会导致绿色建筑建设不佳，难以建成真正意义上的绿色建筑，相应的绿色建筑的发展也必然会受到一定影响。[②] 目前，我国绿色建筑的法律法规体系按照从宏观到微观的顺位，可以分为法律、行政法规及地方性法规、部门规章及标准和配套制度等四个层次。

（一）法律

我国在绿色建筑方面没有专门的法律，关于绿色建筑方面的法律规定，多散见于《节约能源法》《建筑法》和《可再生能源法》等法律之中。

我国绿色建筑法律体系是以建筑节能制度为基础。关于建筑节能方面的法律主要有：1998 年 3 月 1 日施行的《建筑法》，这是我国首次将建筑节能作为发展国家经济的一项长远战略方针。自 2006 年 1 月 1 日起施行的《可再生能源法》，以及 2008 年 4 月 1 日修订后施行的《节约能源法》。

1.《节约能源法》

《节约能源法》第一次从国家法律的层面对建筑节能做了专章规定，对建筑节能工作提出了明确的要求，这在一定程度上促进了绿色建筑的发展。《节约能源法》是指导中国节能工作的基础性法律。《节约能源法》从法律上把节约能源确定为国家发展经济的长远战略方针，《节约能源法》在“合理使用与节约能源”一章中专门规定了“建筑节能”。建筑工程的建设、设计、施工和监理单位应当遵守建筑节能标准。不符合建筑节能标准的建筑工程，建设主管部门不得批准开工建设；已经开工建设的，应当责令停止施工、限期改正；已经建成的，不得销售或者使用。建设主管部门应当加强对在建建筑工程执行建筑节能标准情况的监督检查。房地产开发企业在销售房屋时，应当向购买人明示所售房屋的节能措施、保温工程保修期等信息，在房屋买卖合同、质量保证书和使用说明书中载明，并对其真实性、准确性负责。使用空调采暖、制冷的公共建筑应当实行室内温度控制制度。国家采取措施，对实行集中供热的建筑分步骤实行供热分户计量、按照用热量收费的制度。新建建筑或者对既有建筑进行节能改造，应当按照规定安装用热计量装置、室内温度

---

① 参见朱敏：《国内绿色建筑发展现状与立法的必要性研究》，载《城市建设理论研究》2016 年第 15 期。

② 参见李崇乔：《绿色建筑发展现状、挑战与政策建议》，载《建材发展导向》2017 年第 9 期。

调控装置和供热系统调控装置。县级以上地方各级人民政府有关部门应当加强城市节约用电管理,严格控制公用设施和大型建筑物装饰性景观照明的能耗。国家鼓励在新建建筑和既有建筑节能改造中使用新型墙体材料等节能建筑材料和节能设备,安装和使用太阳能等可再生能源利用系统。

2.《建筑法》

《建筑法》第4条规定,国家扶持建筑业的发展,支持建筑科学技术研究,提高房屋建筑设计水平,鼓励节约能源和保护环境,提倡采用先进技术、先进设备、先进工艺、新型建筑材料和现代管理方式。《建筑法》进一步在"建筑安全生产管理"一章中的第41条规定,建筑施工企业应当遵守有关环境保护和安全生产的法律、法规的规定,采取控制和处理施工现场的各种粉尘、废气、废水、固体废物以及噪声、振动对环境的污染和危害的措施。

3.《可再生能源法》

《可再生能源法》第13条规定,国家鼓励和支持可再生能源并网发电。建设可再生能源并网发电项目,应当依照法律和国务院的规定取得行政许可或者报送备案。建设应当取得行政许可的可再生能源并网发电项目,有多人申请同一项目许可的,应当依法通过招标确定被许可人。《可再生能源法》第17条还规定,国家鼓励单位和个人安装和使用太阳能热水系统、太阳能供热采暖和制冷系统、太阳能光伏发电系统等太阳能利用系统。国务院建设行政主管部门会同国务院有关部门制定太阳能利用系统与建筑结合的技术经济政策和技术规范。房地产开发企业应当根据前款规定的技术规范,在建筑物的设计和施工中,为太阳能利用提供必备条件。对已建成的建筑物,住户可以在不影响其质量与安全的前提下安装符合技术规范和产品标准的太阳能利用系统;但是,当事人另有约定的除外。

(二)行政法规

我国目前没有专门规制绿色建筑方面行政法规。关于绿色建筑方面的行政法规方面的规定,多散见于《民用建筑节能条例》《公共机构节能条例》等行政法规之中。我国关于建筑节能方面的行政法规主要包括:1991年4月16日,国务院发布的《固定资产投资方向调节税暂行条例》,规定节能建筑可以减免固定资产投资方向调节税。该法规对当时建筑节能的发展具有一定的刺激和推动作用,但已于2001年1月1日停止执行。国务院还于2000年1月30日施行《建设工程质量管理条例》及2008年10月1日施行《民用建筑节能条例》。特别是《民用建筑节能条例》的出台,为绿色建筑的实施提供了可操作性的法规依据,把我国建筑节能工作推到了一个新的阶段。

1.《公共机构节能条例》

公共机构节能,是节能工作的重要组成部分。推行公共机构节能,是贯彻落实科学发展观,加快建设资源节约型、环境友好型社会的重要举措,也是公共机构加强自身建设、树立良好社会形象的必然要求。针对当前公共机构节能工作中存在的责任不明晰、规章制度不健全、能耗底数不清、监督和约束不力等问题,《公共机构节能条例》规定了八个方面的基本管理制度:(1)明确规定公共机构负责人对本单位节能工作全面负责。(2)规定公共机构应当建立、健全本单位节能管理的规章制度。(3)规定公共机构应当实行能源消费计量制度,区分用能种类、用能系统实行能源消费分户、分类、分项计量。(4)规定公共机构应当指定专人负责能源消费统计,如实记录能源消费计量原始数据,建立统计台账。(5)规定公共机构应当在有关部门制定的能源消耗定额范围内使用能源,加强能源消耗支出管理。(6)明确规定公共机构应当优先采购列入节能产品、设备政府采购名录和环境标志产品政府采购名录中的产品、设备。(7)规定公共机构新建建筑和既有建筑维修改造应当严格执行国家有关建筑节能设计、施工、调试、竣工验收等方面的规定和标准。(8)实行能源审计制度。

2.《民用建筑节能条例》

加强对新建建筑的节能管理,是从源头上遏制建筑能源过度消耗,防止边建设高能源消耗建筑、边进行节能改造的有效途径。为此,《民用建筑节能条例》在不增加新的行政许可的前提下,对新建建筑节能实施全过程的监管,主要体现在以下几个环节:(1)在规划许可阶段,要求城乡规划主管部门在进行规划审查时,应当就设计方案是否符合民用建筑节能强制性标准征求同级建设主管部门的意见;对于不符合民用建筑节能强制性标准的,不予颁发建设工程规划许可证。(2)在设计阶段,要求新建建筑的施工图设计文件必须符合民用建筑节能强制性标准。施工图设计文件审查机构应当按照民用建筑节能强制性标准对施工图设计文件进行审查;经审查不符合民用建筑节能强制性标准的,建设主管部门不得颁发施工许可证。(3)在建设阶段,建设单位不得要求设计单位、施工单位违反民用建筑节能强制性标准进行设计、施工;设计单位、施工单位、工程监理单位及其注册执业人员必须严格执行民用建筑节能强制性标准;工程监理单位对施工单位不执行民用建筑节能强制性标准的,有权要求其改正,并及时报告。(4)在竣工验收阶段,建设单位应当将民用建筑是否符合民用建筑节能强制性标准作为查验的重要内容;对不符合民用建筑节能强制性标准的,不得出具竣工验收合格报告。(5)在商品房销售阶段,要求房地产开发企业向购买人明示所售商品房的能源消耗指标、节能措施和保护要求、保温工程保修期等信息。(6)在使用保修阶段,明确规定施工单位在保修范围和保修期内,对发生质量问题的保温工程负有保修义务,并对造成的损失依法承担赔偿责任。

既有建筑节能改造,是指对不符合民用建筑节能强制性标准的既有建筑的围护结构、供热系统、采暖制冷系统、照明设备和热水供应设施等实施节能改造的活动。针对既有建筑节能改造举步维艰、改造费用筹集困难、改造进展缓慢等问题,《民用建筑节能条例》做了以下规定:(1)确立既有建筑节能改造的原则。既有建筑节能改造应当根据当地经济、社会发展水平和地理气候条件等实际情况，有计划、分步骤地实施分类改造。(2)强化对既有建筑节能改造的管理。县级以上地方人民政府建设主管部门应当对本行政区域内既有建筑的建设年代、结构形式、用能系统、能源消耗指标、寿命周期等组织调查统计和分析，制定既有建筑节能改造计划，明确节能改造的目标、范围和要求，报本级人民政府批准后组织实施。(3)明确既有建筑节能改造的标准和要求。实施既有建筑节能改造，应当符合民用建筑节能强制性标准，优先采用遮阳、改善通风等低成本改造措施。既有建筑围护结构的改造和供热系统的改造，应当同步进行。(4)确立既有建筑节能改造费用的负担方式。国家机关办公建筑的节能改造费用，由县级以上人民政府财政负担；居住建筑和公益事业使用的公共建筑的节能改造费用，由政府、建筑所有权人共同负担。

(三)部门规章

目前，与绿色建筑相关的节能部门规章是我国绿色建筑法规体系的主体，为我国绿色建筑的发展提供了重要的保证。

自 1998 年以来，国务院下属的各部委先后出台了多部与法律法规配套的关于建筑节能或绿色建筑的规章制度，主要有：原建设部于 1998 年 4 月 1 日施行的《建筑节能试点示范工程(小区)工作要点》；国家经济贸易委员会通过了《重点用能单位节能管理办法》；原建设部、发改委与财政部于 2003 年 12 月 5 日联合印发的《关于实施〈夏热冬暖地区居住建筑节能设计标准〉的通知》，建设部于 2004 年 2 月 11 日颁布的《建筑节能试点示范工程(小区)管理办法》，2006 年 1 月 1 日施行的《民用建筑节能管理规定》以及 2007 年 8 月 21 日印发的《绿色建筑评价标识管理办法(试行)》。2012 年，各部委围绕建筑节能与绿色建筑先后出台了多个红头文件，对今后绿色建筑的发展起到积极的推动作用，如住房和城乡建设部印发的《"十二五"建筑节能专项规划》及科技部、外交部、发改委等 16 个部门印发的《"十二五"国家应对气候变化科技发展专项规划》等。其中财政部、住房和城乡建设部于 2012 年 4 月 27 日出台的《关于加快推动我国绿色建筑发展的实施意见》，对绿色建筑的发展起到重要的宏观指导作用，其提出"到 2020 年，绿色建筑占新建建筑比重超过 30%，建筑建造和使用过程的能源资源消耗水平接近或达到现阶段发达国家水平"的目标，并对高星级绿色建筑给予财政奖励：2012 年奖励标准为二星级绿色建筑 45 元/平方米，三星级绿色建筑 80 元/平方米。意见还提出对按绿色建筑标准设计建造的一般性住宅和公共建筑，实行自愿性评价标识；对按绿色建筑标准设计建造的政府投资的保障性住房、学校、医院等公益性建筑及大型公共建筑，率先实行评价标识。意见对我国绿色建筑由"启蒙"时代向"快速发展"时代转变起到积极的推动作用，对建设生态城市也具有特殊意义。[①] 为落实《绿色建筑行动方案》和《促进绿色建材生产和应用行动方案》有关要求，推动绿色建筑和建材工业转型升级、推进新型城镇化，2015 年 10 月 14 日，住房和城乡建设部、工业和信息化部发布了《关于印发〈绿色建材评价标识管理办法实施细则〉和〈绿色建材评价技术导则（试行）〉的通知》，做好《绿色建材评价标识管理办法》的实施工作。

1.《民用建筑节能管理规定》

《民用建筑节能管理规定》规定，鼓励民用建筑节能的科学研究和技术开发，推广应用节能型的建筑、结构、材料、用能设备和附属设施及相应的施工工艺、应用技术和管理技术，促进可再生能源的开发利用。国家鼓励多元化、多渠道投资既有建筑的节能改造，投资人可以按照协议分享节能改造的收益；鼓励研究制定本地区既有建筑节能改造资金筹措办法和相关激励政策。新建民用建筑应当严格执行建筑节能标准要求，民用建筑工程扩建和改建时，应当对原建筑进行节能改造。采用集中采暖制冷方式的新建民用建筑应当安设建筑物室内温度控制和用能计量设施，逐步实行基本冷热价和计量冷热价共同构成的两部制用能价格制度。建筑节能标准和节能技术应当作为注册城市规划师、注册建筑师、勘察设计注册工程师、注册监理工程师、注册建造师等继续教育的必修内容。

2.《重点用能单位节能管理办法》

《重点用能单位节能管理办法》规定，重点用能单位应贯彻执行国家的节能法律、法规、方针、政策和标准。重点用能单位应建立健全节能管理制度，运用科学的管理方法和先进的技术手段，制定并组织实施本单位节能计划和节能技术进步措施，合理有效地利用能源。重点用能单位每年应安排一定数额资金用于节能科研开发、节能技术改造和节能宣传与培训。重点用能单位应健全能源计量、监测管理制度，配备合格的能源计量器具、仪表，能源计量器具的配备和管理应达到《企业能源计量器具配备和管理导则》规定的国家标准。重点用能单位应建立能源消费统计和能源利用状况报告制度。重点用能单位应指定专人负责能源统计，建立健全原始记录和统计台账。重点用能单位应在每年 1 月底前向主管经济贸易委员会报送上一年度的能源利用状况报告。报告应包括能源购入、能源加工转换与消费、单位产品能耗、主要耗能设备和工艺能耗、能源利用效率、能源管理、节能措施和节能经济效益分析、预测能源消费等。重点用能单位应建立能源消耗成本管理制度。重点用能单位应根据国家经济贸易委员会和省、自治区、直辖市经济贸易委员会会同有关部门制定的单位产品能耗限额，制定先进、合理的企业单位产品能耗限额，实行能源消耗成本管理。重点用能单位应建立有利于节约能源、降低消耗、提高经济效益的节能工作责任制。

---

① 参见中国建设报：《2012 建筑节能与绿色建筑政策文件及解读》，载《中国建设报》2012 年 9 月 18 日，第 3 版。

3.《绿色建筑评价标识管理办法(试行)》

为规范绿色建筑评价标识工作,引导绿色建筑健康发展,原建设部通过了《绿色建筑评价标识管理办法(试行)》,用于规范已竣工并投入使用的住宅建筑和公共建筑评价标识的组织实施与管理。评价标识的申请遵循自愿原则,评价标识工作遵循科学、公开、公平和公正的原则。绿色建筑等级由低至高分为一星级、二星级和三星级三个等级。建设部负责指导和管理绿色建筑评价标识工作,制定管理办法,监督实施,公示、审定、公布通过的项目。对审定的项目由建设部公布,并颁发证书和标志。任何单位和个人不得利用标识进行虚假宣传,不得转让、伪造或冒用标识。

(四)地方性法规和地方规章

在地方上,自1998年《节约能源法》开始实施以来,截至2004年6月,各地已有20多个省先后颁布了总计约70项以《节约能源法》实施条例或者实施办法为主要内容的节能法规。[①] 比如,《北京市建筑节能管理规定》《上海市节约能源条例》《重庆市民用建筑节能管理暂行办法》《山东省节约能源条例》《山东省节能监察办法》《山东省公共机构节能管理办法》等。

例如,《山东省节约能源条例》第18条规定,对主要耗能行业的单位产品能耗实行预警调控制度。省节能行政主管部门应当会同有关部门根据产业发展水平,制定主要耗能行业单位产品能耗预警控制线。超出预警控制线的,生产单位应当在规定的期限内采取措施,降低能耗;逾期仍超出预警控制线的,可以对生产单位采取调控措施。《山东省节约能源条例》第16条规定,省节能行政主管部门应当会同有关部门根据国家有关规定和本省经济发展水平,制定本省限期淘汰的用能产品、设备和生产工艺目录,报省人民政府批准后向社会公布。生产、进口和销售的用能产品、设备应当符合强制性能源效率标准。禁止生产、进口、销售国家和省明令淘汰或者不符合强制性能源效率标准的用能产品、设备;禁止使用国家和省明令淘汰的用能设备、生产工艺。

(五)技术标准规范、评估体系、技术导则等

我国目前已经制定了多个与绿色建筑相关的标准规范,包括推行新型建材和新型墙材的标准,初步建立了国家和地方绿色建筑标准体系已经发布的绿色建筑标准,包括《民用建筑热工设计规范》、《民用建筑节能设计标准》(采暖居住建筑部分)、《夏热冬冷地区居住建筑节能设计标准》等。(详见表15-1、表15-2、表15-3)

---

① 参见黄献明等:《中国绿色建筑制度建设现状及发展趋势——中国绿色建筑发展现状及趋势调研报告之二(制度篇)》,载筑能网:http://www.topenergy.org/news_4254.html,最后访问日期:2006年4月23日。

表 15－1 绿色建筑相关技术规范

序 号	名 称	编 号
1	城市居住区规划设计规范	GB 50180－93
2	城乡建设用地竖向规划规范	CJJ 83－2016
3	声环境质量标准	GB 3096－2008
4	民用建筑热工设计规范	GB 50176－2016
5	民用建筑隔声设计规范	GB 50118－2010
6	民用建筑工程室内环境污染控制规范	GB 50325－2010
7	采暖通风和空气调节设计规范	GB 50019－2015
8	建筑给水排水与采暖工程施工质量验收规范	GB 50242－2002
9	建筑给水排水设计规范	GB 50015－2009
10	建筑照明设计标准	GB 50034－2013
11	建筑采光设计标准	GB 50033－2013
12	环境空气质量标准	GB 3095－2012
13	大气污染物综合排放标准	GB 16297－1996
14	地面水环境质量标准	GB 3838－88
15	生活饮用水卫生标准	GB 5749－2006
16	室内装饰装修材料有害物质限量	GB 18683－2001
17	建筑材料放射性核素限量	GB 6566－2010
18	建筑外窗气密性能分级及其检测方法	GB T7107－2002
19	居住区智能化系统配置与技术要求	CJ/T 174－2003
20	住宅建筑节能设计标准	DG/TJ08－205－2000
21	既有采暖居住建筑节能改造技术规程	JGJ 129－2000
22	采暖居住建筑节能检验标准	JGJ 132－2001
23	夏热冬冷地区居住建筑节能设计标准	JGJ 134－2010
24	太阳热水系统设计、安装及工程验收技术规范	GB/T 18713－2002
25	住宅建筑围护结构节能应用技术规程	DG/TJ 08－206－2002
26	城市热力网设计规范	CJJ 34－2016
27	地面辐射供暖技术规程	JGJ 142－2016
28	公共建筑节能设计标准	DGJ 08－107－2004
29	住宅建筑节能检测评估标准	DG/TJ 08－801－2004

续表

序　　号	名　　称	编　　号
30	公共建筑节能设计标准	GB 50189－2015
31	地源热泵系统工程技术规范	GB 50366－2009
32	民用建筑太阳能热水系统应用技术规范	GB 50364－2005
33	住宅性能评定技术标准	GB/T 50362－2005
34	外墙外保温工程技术规程	JGJ 144－2008
35	建筑工程绿色施工评价标准	GB/T 50640－2010
36	民用建筑太阳能应用技术规程(热水系统分册)	DGJ 08－2004A－2006
37	外墙外保温专用砂浆技术要求	DB 31/T 366－2006
38	大型商场、超市空调制冷的节能要求	SB/T 10427－2007
39	绿色工业建筑评价标准	GB/T 50878－2013
40	绿色办公建筑评价标准	GB/T 50908－2013
41	绿色住区标准	CECS 377－2014
42	绿色建筑评价标准	GB－T 50378－2014
43	建筑施工场界环境噪声排放标准	GB 12523－2011

表 15－2　绿色建筑评估体系

序　　号	名　　称
1	绿色奥运建筑评估体系
2	中国生态住宅技术评估手册

表 15－3　绿色建筑技术导则

序　　号	名　　称
1	绿色建筑技术导则
2	绿色施工导则
3	绿色建筑评价技术细则
4	建筑能效测评与标识技术导则
5	绿色生态住宅小区建设要点与技术导则
6	夏热冬冷地区既有居住建筑节能改造技术导则(试行)
7	绿色超高层建筑评价技术细则
8	绿色工业建筑评价导则
9	绿色保障性住房技术导则(试行)

(六)政策

我国在绿色建筑的倡导和规制方面,政策居多。在国家节能减排大趋势下,政府的宏观政策导向要求商品房的开发愈加注重节能和环保性能。为此,国家发展和改革委员会、住房和城乡建设部、国土资源部及环境保护部等部委相继为房地产行业制定了包括土地、财税、建筑标准、环境监督核查等措施在内的多项政策,用以保障绿色建筑的应用和推广,详见表15-4。

表15-4 绿色建筑方面的政策

序号	名称	文号
1	原建设部关于加强民用建筑工程项目建筑节能审查工作的通知	建科〔2004〕174号
2	全国绿色建筑创新奖管理办法	建科函〔2004〕183号
3	原建设部关于新建居住建筑严格执行节能设计标准的通知	建科〔2005〕55号
4	原建设部关于认真做好《公共建筑节能设计标准》宣贯、实施及监督工作的通知	建标函〔2005〕121号
5	原建设部关于组织开展全国工程质量监督执法检查的通知	建质函〔2005〕130号
6	北京宣言	2005年
7	建设部关于推进节能省地型建筑发展的指导意见	建科〔2005〕78号
8	国务院办公厅关于进一步推进墙体材料革新和推广节能建筑的通知	国办发〔2005〕33号
9	国务院办公厅关于严格执行公共建筑空调温度控制标准的通知	国办发〔2007〕42号
10	原建设部等五部委关于加强大型公共建筑工程建设管理的若干意见	建质〔2007〕1号
11	建设部、财政部关于加强国家机关办公建筑和大型公共建筑节能管理工作的实施意见	建科〔2007〕245号
12	住房和城乡建设部、财政部关于推进北方采暖地区既有居住建筑供热计量及节能改造工作的实施意见	建科〔2008〕95号
13	北方采暖地区既有居住建筑供热计量改造工程验收办法的通知	建城〔2008〕211号
14	住房和城乡建设部关于扩大农村危房改造试点建筑节能示范的实施意见	建村函〔2009〕167号
15	住房和城乡建设部、财政部关于进一步推进可再生能源建筑应用的通知	财建〔2011〕61号
16	住房和城乡建设部、财政部关于进一步推进公共建筑节能工作的通知	财建〔2011〕207号
17	住房和城乡建设部、财政部关于推进夏热冬冷地区既有居住建筑节能改造的实施意见	建科〔2012〕55号

续表

序　　号	名　　称	文　　号
18	住房和城乡建设部、财政部关于加快推动我国绿色建筑发展的实施意见	财建〔2012〕167 号
19	国务院办公厅关于转发发展改革委　住房和城乡建设部绿色建筑行动方案的通知	国办发〔2013〕1 号
20	住房和城乡建设部关于印发“十二五”绿色建筑和绿色生态城区发展规划的通知	建科〔2013〕53 号
21	住房和城乡建设部办公厅、国家发展和改革委员会办公厅、国家机关事务管理局办公室关于在政府投资公益性建筑及大型公共建筑建设中全面推进绿色建筑行动的通知	建办科〔2014〕39 号
22	节约型校园节能监管体系建设示范项目验收管理办法（试行）	建科〔2014〕85 号
23	绿色建筑评价标识管理办法（试行）	建科〔2007〕206 号
24	绿色建材评价标识管理办法	建科〔2014〕75 号

由于绿色建筑涉及范围非常广，因此除了要制定相关法规政策外，建立相应的配套机制也是必不可少的。我国在这方面也取得了一定的成果，制定了一系列相关制度或措施，如能效标识制度、绿色能源制度、供热体制改革及合同能源管理（Energy Performance Contracting，EPC）机制等。其中，能效标识制度，是指通过在耗能产品或其包装物上标明产品能源效率等级性能指标，从而为用户和消费者提供必要的参考信息，以引导和帮助消费者选择高能效节能产品。具体针对绿色建筑而言，就是通过能效标识将绿色建筑的环境与经济效益量化，从而利用市场机制推动绿色建筑的发展。在我国，能效标识制度正在逐步发展。2004 年 8 月 13 日，国家发改委、质检总局发布了《能源效率标识管理办法》，要求对节能潜力大、使用面广的用能产品实行统一的能效标识制度。该办法致力于通过建筑能效标识制度以使新建建筑执行建筑节能制度标准，通过不断加大建筑能效测评审查，对达不到建筑节能设计要求的建筑，规定不能施工；对能效达不到要求的建筑，坚决禁止售卖，从而为增强绿色建筑在市场上的竞争力提供支持。[①]

综观我国目前推动绿色建筑发展的法律法规，总体来说，我国绿色建筑的法律法规体系在结构上还很不完善，大部分的法律规范偏重原则性，缺乏具体的实施细则，法律法规体系尚未完全形成。我国目前尚未将建筑节能或绿色建筑法律的制定提上日程。《建筑法》对建筑节能仅有“支持”、“鼓励”和“提倡”的表述，而没有制定具体条款，对建筑节能难以起到实际作用。《节约能源法》第三章第三节对建筑物的设计和建设的节能工作作出了规定，但是这些规定过于原则、笼统，缺乏指

① 参见费衍慧：《我国绿色建筑发展现状以及可借鉴的国外经验》，北京林业大学 2011 年学位论文，第 18 页。

导性和可操作性;第六章虽然对于违反建筑节能标准的法律责任作出规定,但是由于前面的规定过于宽泛,使这些罚则形同虚设,且其惩戒力度较轻,对于违规者无法起到威慑作用,从而导致执行不力。正是由于法律规定的不健全,严重影响了绿色建筑相关法律的贯彻落实。目前我国较有操作性的绿色建筑规定是由建设部或其他部委制定的一些规范性文件、办法、规定和通知等规章,但目前实行的经济激励措施形式简单,针对对象单一,导致激励程度不足,难以真正达到推动绿色建筑发展的目的。

我国应继续深入研究和吸取发达国家的成功经验,对绿色建筑相关的法律法规政策进行补充、完善,特别要在《建筑法》与《节约能源法》中填补与绿色建筑相关的内容,统筹考虑绿色建筑、建筑节能的有关规定,为其他效力层次较低的政策法规提供上位法的依据。同时,随着绿色建筑工作的深入,尽快制定出台与绿色建筑密切相关的法律法规,建议以专门法的形式规范绿色建筑实施行为。另外,应加快《城乡规划法》与《土地管理法》等有关法律关于绿色建筑条款的修订,使其适应绿色建筑的发展,保证绿色建筑立法体系的完善。我国还应进一步完善配套的行政法规、部门规章以及规范性文件,逐步形成"法律 + 行政法规 + 部门规章 + 规范性文件",由宏观到微观,相互联系、相互补充、协调一致的绿色建筑法律法规体系,共同推进绿色建筑的市场化和产业化。[①]

① 参见王义军:《中美绿色建筑政策法规比较研究及我国立法展望》,载《中国国际经济贸易法学研究会第一次会员代表大会暨中国与国际经济法律秩序的变革研讨会论文集》2012 年。

第十六章　工程纠纷解决机制

工程纠纷解决机制是工程法学研究的重要组成部分。本章主要介绍工程纠纷的基本理论、国际工程纠纷解决机制与我国工程纠纷解决机制的现状，使读者“引论”式地了解我国工程纠纷的基本解决方式和国际上主要通行的工程纠纷解决模式。

第一节　工程纠纷概述

“纠纷”一词并非严格的法学概念，更多意义上是在社会学角度被理解。日本学者千叶正士认为，纠纷是指“一定范围的社会主体相互之间丧失均衡关系的状态”①，实质上纠纷除对社会秩序会产生破坏或威胁外，同时也具有积极效能，即“纠纷不仅是社会的冲突状态，表明社会自身的协调程度，也是一种秩序和规范连接的状态，反映着社会的规范化或法制化程度”。② 所谓法律意义上的纠纷，是指公民、法人、其他组织之间因人身、财产或其他法律关系所发生的对抗冲突（或者争议），主要包括民事纠纷、行政纠纷、刑事纠纷。民事纠纷是平等主体间的有关人身、财产权的纠纷；行政纠纷是行政机关之间或行政机关同公民、法人和其他组织之间由于具体行政行为而产生的纠纷；刑事纠纷是因犯罪行为而产生的纠纷。建设工程项目通常具有投资大、建造周期长、技术要求高、协作关系复杂和政府监管严格等特点，因而在建设工程领域里常见的是民事纠纷和行政纠纷。

一、工程纠纷的主要种类

（一）工程民事纠纷

工程民事纠纷通常具有三个特点：第一，民事纠纷主体之间的法律地位平等；第二，民事纠纷的内容是对民事权利义务的争议；第三，民事纠纷的可处分性（针对有关财产关系的民事纠纷具有可处分性，而有关人身关系的民事纠纷多具有不可处分性）。在建设工程领域，较为普遍和重要的民事纠纷主要是合同纠纷和侵权纠纷。

---

① 刘荣军：《程序保障的理论视角》，法律出版社 1999 年版，第 1 页。

② 宓群：《建筑工程纠纷解决模式探究》，浙江大学 2012 年学位论文，第 25 页。

工程合同纠纷,是指工程法律关系双方当事人由于对合同条款理解的不一致,或履行合同不符合约定所引起的权利义务纠纷。工程合同是承包人进行工程建设,发包人支付价款的合同,主要包括工程设计合同、工程施工合同、工程勘察合同。因工程项目具有内容复杂性、技术专业性、生产周期长、涉及主体多等特点,故工程环境变数较大,工程合同在履行过程中也会产生诸多纠纷。工程合同纠纷是导致工程合同不能履行的重要原因,工程合同纠纷解决条款也成为工程合同中最重要的条款之一。在工程纠纷领域,因国民经济增长下降、产业结构的调整、房地产投资回落等因素的影响,2015 年工程纠纷突出,工程案件的数量及金额均有较大幅度上升,工程纠纷案件主要围绕债权清偿、工期违约、质量缺陷以及相关合同纠纷。[①] 合同纠纷的内容,主要表现在争议主体对于导致合同法律关系产生、变更与消灭的法律事实以及法律关系的内容有着不同的观点与看法。合同纠纷的范围涵盖了一项合同从成立到终止的整个过程。工程侵权纠纷是工程领域一方当事人对另一方侵权引发的纠纷。工程领域里的侵权纠纷可以发生在工程招标投标、合同、设计、施工、监理、征收等各个阶段。按照侵权责任行为适用的归责原则分类,工程侵权行为可分为过错的侵权行为、过错推定的侵权行为与无过错的侵权行为,过错的侵权行为如侵害生命健康权的行为、侵害物权的行为、侵害其他财产权的行为;过错推定的侵权行为,如用人者的侵权行为,违反安全保障义务的侵权行为、物件致害侵权行为;无过错的侵权行为,如环境污染侵权行为、工伤事故、危险作业致人损害的侵权行为等。

发包人和承包人就有关工期、质量、造价等产生的建设工程合同争议,是建设工程领域最常见的民事纠纷。

(二)工程行政纠纷

在行政法律关系中,一方面行政机关对公民、法人和其他组织行使行政管理职权,应当依法行政;另一方面公民、法人和其他组织也应当依法约束自己的行为,做到自觉守法。在各种行政纠纷中,既有因行政机关超越职权、滥用职权、行政不作为、违反法定程序、事实认定错误、适用法律错误等所引起的纠纷,也有公民、法人和其他组织逃避监督管理、非法抗拒监督管理或误解法律规定等而产生的纠纷。

行政机关的行政行为具有以下特征:第一,行政行为属于执行法律的行为。任何行政行为均须有法律根据,没有法律的明确规定或授权,行政机关不得作出任何行政行为。第二,行政行为具有一定的裁量性。这是由立法技术本身的局限性和行政管理的广泛性、复杂性等所决定的。第三,行政机关在实施行政行为时具有单方意志性,不必与行政相对人协商或征得其同意,便可依法自主作出。第四,行政

---

① 参见谭敬慧:《中国建设工程争议解决年度观察(2016)》,载北京仲裁委网:http://www.bjac.org.cn/news/view?id=2839/,最后访问日期:2017 年 12 月 20 日。

行为是以国家强制力保障实施的,带有强制性。行政相对人必须服从并配合行政行为,否则行政机关将予以制裁或强制执行。第五,行政行为以无偿为原则,以有偿为例外。只有当特定行政相对人承担了特别公共负担,或者分享了特殊公共利益时,方可为有偿的。

在建设工程领域,易引发行政纠纷的行政行为主要有如下几种:

1. 行政许可。行政许可,是指行政机关根据公民、法人或者其他组织的申请,经依法审查,准予其从事特定活动的行政管理行为,如施工许可、专业人员执业资格注册、企业资质等级核准、安全生产许可等。行政许可易引发的行政纠纷通常是行政机关的行政不作为、违反法定程序等。

2. 行政处罚。行政处罚,是指行政机关依照法定职权、程序对于违法但尚未构成犯罪的相对人给予行政制裁的具体行政行为。常见的行政处罚为警告、罚款、没收违法所得、责令停业整顿、降低资质等级、吊销资质证书等。行政处罚易导致的行政纠纷,通常是行政处罚超越职权、滥用职权、违反法定程序、事实认定错误、适用法律错误等。

3. 行政强制。行政强制包括行政强制措施和行政强制执行。行政强制措施,是指行政机关在行政管理过程中,为制止违法行为、防止证据损毁、避免危害发生、控制危险扩大等情形,依法对公民的人身自由实施暂时性限制,或者对公民、法人或者其他组织的财物实施暂时性控制的行政行为。行政强制执行是指行政机关或者行政机关申请人民法院,对不履行行政决定的公民、法人或者其他组织,依法强制履行义务的行政行为。行政强制易导致的行政纠纷,通常是行政强制超越职权、滥用职权、违反法定程序、事实认定错误、适用法律错误等。

4. 行政裁决。行政裁决,是指行政机关或法定授权的组织,依照法律授权,对平等主体之间发生的与行政管理活动密切相关的、特定的民事纠纷(争议)进行审查,并作出裁决的行政行为,如对特定的侵权纠纷、损害赔偿纠纷、权属纠纷、国有资产产权纠纷以及劳动工资、事实认定错误、适用法律错误等。

二、工程民事纠纷的法律解决途径

民事纠纷的法律解决途径主要有四种:和解、调解、仲裁、诉讼。《合同法》第128条规定,当事人可以通过和解或者调解解决合同争议。当事人不愿和解、调解或者和解、调解不成的,可以根据仲裁协议向仲裁机构申请仲裁。涉外合同的当事人可以根据仲裁协议向中国仲裁机构或者其他仲裁机构申请仲裁。当事人没有订立仲裁协议或者仲裁协议无效的,可以向人民法院起诉。当事人应当履行发生法律效力的判决、仲裁裁决、调解书;拒不履行的,对方可以请求人民法院执行。

(一)和解

和解,是指建设工程纠纷当事人在自愿友好的基础上,互相沟通、互相谅解,从而解决纠纷的一种方式。和解不受程序约束,也不具有程序法上的效力,当事人仍具有申请调解、仲裁和诉讼的权利,和解在建设工程民事争议处理的任何阶段都可以进行。建设工程发生纠纷时,当事人应首先考虑通过和解解决纠纷。通过和解解决争议,当事人可以积极寻求双方利益的平衡点,化解矛盾,并有效防止矛盾激化和事态扩大。事实上,在工程建设过程中,绝大多数纠纷都可以通过和解解决。

和解的特点:(1)简便易行,能经济、及时地解决纠纷。(2)纠纷的解决依靠当事人的妥协与让步,没有第三方的介入,有利于维护合同双方的友好合作关系,使合同能更好地得到履行。(3)和解协议不具有强制执行的效力,和解协议的执行依靠当事人的自觉履行。

和解的应用非常广泛,发生争议后,当事人便可自行和解,即使在申请仲裁或者诉讼后也可进行和解。当事人申请仲裁后,自行和解,达成和解协议的,可以申请仲裁庭根据和解协议作出裁决书,也可以撤回仲裁申请。当事人达成和解协议,撤回仲裁申请后反悔的,可以根据仲裁协议申请仲裁。和解可以发生在民事诉讼的任何阶段。当事人在诉讼中和解的,应由原告申请撤诉,经法院裁定撤诉后结束诉讼。当事人可以通过和解处理争议,但是审判阶段的和解没有法律效力。当事人和解后,可以申请法院调解,制作调解书,产生法律效力。在执行中,双方当事人在自愿协商的基础上达成和解协议,产生结束执行程序的效力,如果一方当事人不履行和解协议或者反悔的,对方当事人可以申请人民法院按照原生效的法律文书强制执行。

(二)调解

调解,是指建设工程当事人对法律规定或者合同约定的权利、义务发生争议,第三人依据一定的道德和法律规范,通过摆事实、讲道理,促使双方互相作出适当的让步,平息争端,自愿达成协议,以求解决建设工程纠纷的方法。调解可以从广义和狭义两个方面加以理解:广义的调解包括了各种形式的调解,有社会调解、法院调解和仲裁调解等;狭义的调解是指诉讼和仲裁外的调解。在我国,调解的主要方式是人民调解、行政调解、仲裁调解、行业调解以及专业机构的调解。调解能够较经济、较及时地解决纠纷,有利于消除合同当事人的对立情绪,维护双方的长期合作关系。但是调解协议不具有强制执行的效力,调解协议的执行依靠当事人的自觉履行。

(三)仲裁

仲裁,亦称"公断",是当事人双方在纠纷发生前或纠纷发生后达成协议,自愿将纠纷交给第三者,由第三者在事实上作出判断、在权利义务上作出裁决的一种解决纠纷的方式。这种纠纷解决方式必须是自愿的,因此必须有仲裁协议。如果当事人之间有仲裁协议,纠纷发生后又无法通过和解和调解解决,则应及时将纠纷提交仲裁机构仲裁。《仲裁法》规定,平等主体的公民、法人和其他组织之间发生的合同纠纷和其他财产权益纠纷,可以仲裁。下列纠纷不能仲裁:(1)婚姻、收养、监护、扶养、继承纠纷;(2)依法应当由行政机关处理的行政争议。我国《仲裁法》的调整范围仅限于民商事仲裁,劳动争议仲裁和农业集体经济组织内部的农业承包合同纠纷的仲裁不受《仲裁法》的调整;依法应当由行政机关处理的行政争议不能仲裁。仲裁的受理应当以仲裁协议为前提,还体现在仲裁的整个过程,许多内容都可以由当事人自主确定。仲裁裁决作出后是终局的,对当事人具有约束力。仲裁裁决具有强制执行的法律效力,当事人可以向人民法院申请强制执行。由于中国是《承认及执行外国仲裁裁决公约》的缔约国,中国的涉外仲裁裁决可以在世界上100多个公约成员国得到承认和执行。

(四)诉讼

诉讼,是指建设工程当事人依法请求人民法院行使审判权,审理双方之间发生的纠纷,作出有国家强制力保证实现其合法权益、从而解决纠纷的审判活动。合同双方当事人如果未达成仲裁协议,则只能以诉讼作为解决纠纷的最终方式。

三、工程行政纠纷的法律解决途径

行政纠纷的法律解决途径主要有两种,即行政复议和行政诉讼。

(一)行政复议

行政复议是公民、法人或其他组织(作为行政相对人)认为行政机关的具体行政行为侵犯其合法权益,依法请求法定的行政复议机关审查该具体行政行为的合法性、适当性,该复议机关依照法定程序对该具体行政行为进行审查,并作出行政复议决定的法律制度。这是公民、法人或其他组织通过行政救济途径解决行政争议的一种方法。当事人提出行政复议,必须是在行政机关已经作出行政决定之后。行政复议以书面审查为主,以不调解为原则。行政复议的结论作出后,即具有法律效力。只要法律未规定复议决定为终局裁决的,当事人对复议决定不服的,仍可以按《行政诉讼法》的规定,向人民法院提请诉讼。

(二)行政诉讼

行政诉讼是公民、法人或其他组织依法请求法院对行政机关具体行政行为的合法性进行审查并依法裁判的法律制度。《行政诉讼法》规定,公民、法人或者其他组织认为行政机关和行政机关工作人员的具体行政行为侵犯其合法权益,有权依照本法向人民法院提起诉讼。除法律、法规规定必须先申请行政复议的以外,行政纠纷当事人可以自主选择申请行政复议还是提起行政诉讼。行政纠纷当事人对行政复议决定不服的,除法律规定行政复议决定为最终裁决的以外,可以依照《行政诉讼法》的规定向人民法院提起行政诉讼。

第二节 民事诉讼

以诉讼方式解决工程纠纷具有法律效力的终局性、程序严谨公正、强制执行力保障等优势，但通过诉讼方式解决工程纠纷，也存在如下弊端：一是诉讼程序需要由法院开庭审理，因而往往需要耗费较长的时间；二是审判过程一般属于公开审判，不利于当事人保护商业秘密，也会损害双方的商业信誉与良好形象；三是需要聘请律师等，成本昂贵；四是纠纷双方处于敌对状态，合作关系难以维系。

一、民事诉讼的法院管辖

民事诉讼中的管辖，是指各级法院之间和同级法院之间受理第一审民事案件的分工和权限。

（一）级别管辖

级别管辖，是指按照一定的标准，划分上下级法院之间受理第一审民事案件的分工和权限。我国法院有四级，分别是：基层人民法院、中级人民法院、高级人民法院和最高人民法院，每一级均受理一审民事案件。我国《民事诉讼法》主要根据案件的性质、复杂程度和案件影响来确定级别管辖。在实践中，争议标的金额的大小，往往是确定级别管辖的重要依据，但各地人民法院确定的级别管辖争议标的数额标准不尽相同。

最高人民法院《关于调整高级人民法院和中级人民法院管辖第一审民商事案件标准的通知》（法发〔2015〕7 号）规定：（1）当事人住所地均在受理法院所处省级行政辖区的第一审民商事案件。北京、上海、江苏、浙江、广东高级人民法院，管辖诉讼标的额 5 亿元以上一审民商事案件，所辖中级人民法院管辖诉讼标的额 1 亿元以上一审民商事案件。天津、河北、山西、内蒙古、辽宁、安徽、福建、山东、河南、湖北、湖南、广西、海南、四川、重庆高级人民法院，管辖诉讼标的额 3 亿元以上一审民商事案件，所辖中级人民法院管辖诉讼标的额 3000 万元以上一审民商事案件。吉林、黑龙江、江西、云南、陕西、新疆高级人民法院和新疆生产建设兵团分院，管辖诉讼标的额 2 亿元以上一审民商事案件，所辖中级人民法院管辖诉讼标的额 1000 万元以上一审民商事案件。贵州、西藏、甘肃、青海、宁夏高级人民法院，管辖诉讼标的额 1 亿元以上一审民商事案件，所辖中级人民法院管辖诉讼标的额 500 万元以上一审民商事案件。（2）当事人一方住所地不在受理法院所处省级行政辖区的第一审民商事案件。北京、上海、江苏、浙江、广东高级人民法院，管辖诉讼标的额 3 亿元以上一审民商事案件，所辖中级人民法院管辖诉讼标的额 5000 万元以上一审民商事案件。天津、河北、山西、内蒙古、辽宁、安徽、福建、山东、河南、湖北、湖南、广西、海南、四川、重庆高级人民法院，管辖诉讼标的额 1 亿元以上一审民商事案件,所辖中级人民法院管辖诉讼标的额2000万元以上一审民商事案件。吉林、黑龙江、江西、云南、陕西、新疆高级人民法院和新疆生产建设兵团分院,管辖诉讼标的额5000万元以上一审民商事案件,所辖中级人民法院管辖诉讼标的额1000万元以上一审民商事案件。贵州、西藏、甘肃、青海、宁夏高级人民法院,管辖诉讼标的额2000万元以上一审民商事案件,所辖中级人民法院管辖诉讼标的额500万元以上一审民商事案件。(3)解放军军事法院管辖诉讼标的额1亿元以上一审民商事案件,大单位军事法院管辖诉讼标的额2000万元以上一审民商事案件。(4)婚姻、继承、家庭、物业服务、人身损害赔偿、名誉权、交通事故、劳动争议等案件,以及群体性纠纷案件,一般由基层人民法院管辖。

根据最高人民法院《关于调整部分高级人民法院和中级人民法院管辖第一审民商事案件标准的通知》(法发〔2018〕13号,自2018年8月1日起实施)的规定,(1)当事人住所地均在受理法院所处省级行政辖区的第一审民商事案件贵州省、陕西省、新疆维吾尔自治区高级人民法院和新疆维吾尔自治区高级人民法院生产建设兵团分院管辖诉讼标的额3亿元以上一审民商事案件,所辖中级人民法院管辖诉讼标的额3000万元以上一审民商事案件。甘肃省、青海省、宁夏回族自治区高级人民法院管辖诉讼标的额2亿元以上一审民商事案件,所辖中级人民法院管辖诉讼标的额1000万元以上一审民商事案件。(2)当事人一方住所地不在受理法院所处省级行政辖区的第一审民商事案件,贵州省、陕西省、新疆维吾尔自治区高级人民法院和新疆维吾尔自治区高级人民法院生产建设兵团分院管辖诉讼标的额1亿元以上一审民商事案件,所辖中级人民法院管辖诉讼标的额2000万元以上一审民商事案件。甘肃省、青海省、宁夏回族自治区高级人民法院管辖诉讼标的额5000万元以上一审民商事案件,所辖中级人民法院管辖诉讼标的额1000万元以上一审民商事案件。(3)本通知未作调整的,按照最高人民法院《关于调整高级人民法院和中级人民法院管辖第一审民商事案件标准的通知》(法发〔2015〕7号)执行。

根据最高人民法院《关于调整高级人民法院和中级人民法院管辖第一审民事案件标准的通知》(法发〔2019〕14号,自2019年5月1日起实施)的规定,(1)中级人民法院管辖第一审民事案件的诉讼标的额上限原则上为50亿元(人民币),诉讼标的额下限继续按照最高人民法院《关于调整地方各级人民法院管辖第一审知识产权民事案件标准的通知》(法发〔2010〕5号)、最高人民法院《关于调整高级人民法院和中级人民法院管辖第一审民商事案件标准的通知》(法发〔2015〕7号)、最高人民法院《关于明确第一审涉外民商事案件级别管辖标准以及归口办理有关问题的通知》(法〔2017〕359号)、最高人民法院《关于调整部分高级人民法院和中级人民法院管辖第一审民商事案件标准的通知》(法发〔2018〕13号)等文件执行。(2)高级人民法院管辖诉讼标的额50亿元(人民币)以上(包含本数)或者其他在本辖区有重大影响的第一审民事案件。(3)海事海商案件、涉外民事案件的级别管辖标准按照本通知执行。

(二)地域管辖

地域管辖,是指按照各法院的辖区和民事案件的隶属关系,划分同级法院受理第一审民事案件的分工和权限。地域管辖实际上是以法院与当事人、诉讼标的以及法律事实之间的隶属关系和关联关系来确定的,主要包括以下几种情况:

1. 一般地域管辖

一般地域管辖,是以当事人与法院的隶属关系来确定诉讼管辖,通常实行"原告就被告"的原则,即以被告住所地作为确定管辖的标准。根据《民事诉讼法》的有关规定,(1)对公民提起的民事诉讼,由被告住所地人民法院管辖;被告住所地与经常居住地不一致的,由经常居住地人民法院管辖。其中,公民的住所地是指该公民的户籍所在地。经常居住地是指公民离开住所至起诉时已连续居住满1年的地方,但公民住院就医的地方除外。(2)对法人或者其他组织提起的民事诉讼,由被告住所地人民法院管辖。被告住所地是指法人或者其他组织的主要办事机构所在地或者主要营业地。

2. 特殊地域管辖

特殊地域管辖,是指以被告住所地、诉讼标的所在地、法律事实所在地为标准确定的管辖。我国《民事诉讼法》规定了11种特殊地域管辖的诉讼,其中与工程建设领域关系最为密切的是因合同纠纷提起的诉讼。根据《民事诉讼法》规定,因合同纠纷提起的诉讼,由被告住所地或者合同履行地人民法院管辖。根据最高人民法院《关于适用〈中华人民共和国民事诉讼法〉的解释》(法释〔2015〕5号)的规定,合同约定履行地点的,以约定的履行地点为合同履行地。合同对履行地点没有约定或者约定不明确,争议标的为给付货币的,接收货币一方所在地为合同履行地;交付不动产的,不动产所在地为合同履行地;其他标的,履行义务一方所在地为合同履行地。即时结清的合同,交易行为地为合同履行地。合同没有实际履行,当事人双方住所地都不在合同约定的履行地的,由被告住所地人民法院管辖。

发生合同纠纷的,《民事诉讼法》还规定了协议管辖制度。所谓协议管辖,是指合同当事人在纠纷发生前后,在法律允许的范围内,以书面形式约定案件的管辖法院。协议管辖仅适用于合同纠纷。《民事诉讼法》规定,合同的当事人可以在书面合同中协议选择被告住所地、合同履行地、合同签订地、原告住所地、标的物所在地人民法院管辖,但不得违反本法对级别管辖和专属管辖的规定。

3. 专属管辖

专属管辖,是指法律规定某些特殊类型的案件专门由特定的法院管辖。专属管辖是排他性管辖,排除了诉讼当事人协议选择管辖法院的权利。专属管辖与一般地域管辖和特殊地域的关系是:凡法律规定为专属管辖的诉讼,均适用专属管辖。我国《民事诉讼法》规定了3种适用专属管辖的案件,其中因不动产纠纷提起的诉讼,由不动产所在地人民法院管辖,如房屋买卖纠纷、土地使用权转让纠纷等。

应当注意的是,根据最高人民法院《关于适用〈中华人民共和国民事诉讼法〉的解释》的规定,农村土地承包经营合同纠纷、房屋租赁合同纠纷、建设工程施工合同纠纷、政策性房屋买卖合同纠纷,按照不动产纠纷确定管辖。不动产已登记的,以不动产登记簿记载的所在地为不动产所在地;不动产未登记的,以不动产实际所在地为不动产所在地。

(三)移送管辖和指定管辖

移送管辖,是指地方人民法院受理某一案件后,发现对该案无管辖权,为保证该案件的审理,依照法律相关规定,将该案件移送给有管辖权的人民法院。移送管辖的实质是对案件进行移送,而不是对案件管辖权进行移送。它是对管辖发生错误所采用的一种纠正措施。移送管辖通常发生在同级人民法院之间,但也不排除在上、下级人民法院之间移送。

指定管辖,是指上级人民法院以裁定方式,指定下级人民法院对某一案件行使管辖权。根据我国《民事诉讼法》规定,有管辖权的人民法院由于特殊原因,不能行使管辖权的,由上级人民法院指定管辖。人民法院之间因管辖权发生争议,由争议双方协商解决;协商解决不了的,报请它们的共同上级人民法院指定管辖。上级人民法院有权审理下级人民法院管辖的第一审民事案件;确有必要将本院管辖的第一审民事案件交下级人民法院审理的,应当报请其上级人民法院批准。下级人民法院对它所管辖的第一审民事案件,认为需要由上级人民法院审理的,可以报请上级人民法院审理。指定管辖的实质,是法律赋予上级人民法院在特殊情况下有权变更和确定案件管辖法院,以适应审判实践的需要,保证案件及时正确地裁判。

(四)管辖权异议

管辖权异议,是指人民法院受理案件后,当事人对管辖权有异议的,应当在提交答辩状期间提出。人民法院对当事人提出的管辖权异议,应当审查。异议成立的,裁定将案件移送有管辖权的人民法院;异议不成立的,裁定驳回。对该驳回管辖权异议的裁定不服的,当事人可以依法上诉。人民法院对当事人提出的管辖权异议,未经审查或审查后尚未作出裁定的,不得进入该案的实体审理。

(五)管辖权转移

管辖权转移,是指经上级人民法院决定或者同意,将某个案件的管辖权由上级人民法院转交给下级人民法院,或者由下级人民法院转交给上级人民法院。就管辖权转移的实质而言,是对级别管辖的一种变通和补充。根据我国《民事诉讼法》规定,上级人民法院有权审理下级人民法院管辖的第一审民事案件,也可以把本院管辖的第一审民事案件交下级人民法院审理。下级人民法院对它所管辖的第一审民事案件,认为需要由上级人民法院审理的,可以报请上级人民法院审理。上级人民法院有权审理下级人民法院管辖的第一审民事案件;确有必要将本院管辖的第一审民事案件交下级人民法院审理的,应当报请其上级人民法院批准。下级人民法院对它所管辖的第一审民事案件,认为需要由上级人民法院审理的,可以报请上级人民法院审理。

二、民事诉讼的当事人

(一)当事人

民事诉讼中的当事人,是指因民事权利和义务发生争议,以自己的名义进行诉讼,请求人民法院进行裁判的公民、法人或其他组织。民事诉讼当事人主要包括原告和被告。公民、法人和其他组织可以作为民事诉讼的当事人。法人由其法定代表人进行诉讼,其他组织由其主要负责人进行诉讼。

(二)诉讼代理人

诉讼代理人,是指根据法律规定或当事人的委托,代理当事人进行民事诉讼活动的人。诉讼代理人通常也可分为法定诉讼代理人、委托诉讼代理人和指定诉讼代理人。在工程建设领域,最常见的是委托诉讼代理人。

当事人、法定代理人可以委托一至二人作为诉讼代理人。委托诉讼代理人既可以是律师,也可以是当事人的近亲属、有关的社会团体或者所在单位推荐的人,以及经人民法院许可的其他公民。委托他人代为诉讼的,必须向人民法院提交由委托人签名或盖章的授权委托书,授权委托书必须记明委托事项和权限。诉讼代理人代为承认、放弃、变更诉讼请求,进行和解,提起反诉或者上诉,必须有委托人的特别授权。针对实践中经常出现的授权委托书仅写"全权代理"而无具体授权的情形,最高人民法院还特别规定,在这种情况下不能认定为诉讼代理人已获得特别授权,即诉讼代理人无权代为承认、放弃、变更诉讼请求,进行和解,提起反诉或者上诉。

三、民事诉讼的证据

证据,是指能够证明案件事实的一切材料。在工程建设主体维护自身权利的过程中,根本的目的就是要明确对方的责任和自身的权利。证据是工程建设主体维护权利的基础。

(一)证据的种类

根据我国《民事诉讼法》规定,证据包括:(1)当事人的陈述;(2)书证;(3)物证;(4)视听资料;(5)电子数据;(6)证人证言;(7)鉴定意见;(8)勘验笔录。证据必须查证属实,才能作为认定事实的根据。

1. 书证和物证

书证,是指以所载文字、符号、图案等方式所表达的思想内容来证明案件事实的书面材料或者其他物品。书证一般表现为各种书面形式文件或纸面文字材料(但非纸类材料亦可成为书证载体),如合同文件、各种信函、会议纪要、电报、传真、电子邮件、图纸、图表等。

物证,是指能够证明案件事实的物品及其痕迹,凡是以其存在的外形、重量、规格、损坏程度等物体的内部或者外部特征来证明待证事实的一部或者全部的物品及痕迹,均属于物证范畴。例如,在工程实践中,在对建筑材料、设备以及工程质量进行鉴定的过程中所涉及的各种证据,往往表现为物证这种形式。

2. 视听资料

视听资料,是指利用录音、录像等技术手段反映的声音、图像以及电子计算机储存的数据证明案件事实的证据。根据最高人民法院《关于民事诉讼证据的若干规定》的有关规定,只要不是以侵害他人合法权益(如侵害隐私)或者违反法律禁止性规定的方法(如窃听)取得的视听资料,均可作为认定案件事实的依据。

3. 证人证言和当事人的陈述

证人,是指了解案件情况并向法院、仲裁机构或当事人提供证词的人。证人就案件情况所做的陈述即为证人证言。凡是知道案件情况的单位和个人,都有义务出庭作证。有关单位的负责人应当支持证人作证。不能正确表达意思的人,不能作证。经人民法院通知,证人应当出庭作证。有下列情形之一的,经人民法院许可,可以通过书面证言、视听传输技术或者视听资料等方式作证:(1)因健康原因不能出庭的;(2)因路途遥远,交通不便不能出庭的;(3)因自然灾害等不可抗力不能出庭的;(4)其他有正当理由不能出庭的。

当事人陈述,是指当事人在诉讼或仲裁中,就本案的事实向法院或仲裁机构所做的陈述。人民法院对当事人的陈述,应当结合本案的其他证据,审查确定能否作为认定事实的根据。当事人对自己的主张,只有本人陈述而不能提出其他相关证据的,其主张不予支持,但对方当事人认可的除外。

4. 鉴定意见和勘验笔录

当事人申请鉴定,应当注意在举证期限内提出。当事人申请鉴定经人民法院同意后,由双方当事人协商确定有鉴定资格的鉴定机构、鉴定人员,协商不成的,由人民法院指定。当事人对人民法院委托的鉴定部门做出的鉴定意见有异议申请重新鉴定,提出证据证明存在下列情形之一的,人民法院应予准许:(1)鉴定程序或者鉴定人员不具备相关的鉴定资格的;(2)鉴定程序严重违法的;(3)鉴定结论明显依据不足的;(4)经过质证认定不能作为证据使用的其他情形。对于有缺陷的鉴定结论,可以通过补充鉴定、重新质证或者补充质证等方法解决的,不予重新鉴定。

勘验笔录,是指的人民法院为了查明案件的事实,指派勘验人员对与案件争议有关的现场、物品或物体进行查验、拍照、测量,并将查验的情况与结果制成的笔录。

5. 电子数据

电子数据是基于电子技术生成、以数字化形式存在于磁盘、光盘、存储卡、手机等各种电子设备载体，其内容可与载体分离，并可多次复制到其他载体的文件。[①] 同传统证据相比，电子证据存在于计算机等电子介质上，看不见，摸不着，极易遭到破坏，这种特有属性决定了当事人直接取证的困难性，因此，电子证据的保全就显得尤为重要。

电子证据是伴随着电子技术的发展而出现的一种全新的证据表现形式，与传统证据相比，电子证据需要依托于计算机而存在。计算机通过对相应的信息进行一定程度上的处理，将其转换成为二进制的计算机可以接受的语言。电子证据的存在必须依附于一定的电子介质，如芯片、磁带、光盘、软盘、硬盘、移动存储设备等，具体来说，司法实践中常见的电子证据可分为三类：一是与现代通信技术有关的电子证据，如电传资料、传真资料、手机录音证据等；二是与计算机技术或网络技术有关的电子证据，如电子邮件、电子数据交换等；三是与广播技术、电视技术、电影技术等其他现代信息技术有关的电子证据。[②]

（二）证据的应用

1. 举证时限

举证时限，是指法律规定或法院、仲裁机构指定的当事人能够有效举证的期限。举证时限是一种限制当事人申诉与诉讼的行为。如果当事人没有在法律规定或仲裁委员会、法院指定的期限内提交证据的，视为放弃举证权利。我国《民事诉讼法》规定当事人对自己提出的主张应当及时提供证据。人民法院根据当事人的主张和案件审理情况，确定当事人应当提供的证据及其期限。当事人在该期限内提供证据确有困难的，可以向人民法院申请延长期限，人民法院根据当事人的申请适当延长。当事人逾期提供证据的，人民法院应当责令其说明理由；拒不说明理由或者理由不成立的，人民法院根据不同情形可以不予采纳该证据，或者采纳该证据但予以训诫、罚款。

根据最高人民法院《关于适用〈中华人民共和国民事诉讼法〉的解释》（法释〔2015〕5 号），人民法院应当在审理前的准备阶段确定当事人的举证期限。举证期限可以由当事人协商，并经人民法院准许。人民法院确定举证期限，第一审普通程序案件不得少于 15 日，当事人提供新的证据的第二审案件不得少于 10 日。举证期限届满后，当事人对已经提供的证据，申请提供反驳证据或者对证据来源、形式等方面的瑕疵进行补正的，人民法院可以酌情再次确定举证期限，该期限不受前款规定的限制。

---

① 冯晓静：《电子证据保全若干问题研究》，载中国法院网：https://www.chinacourt.org/article/detail/2013/11/id/1145848.shtml，最后访问日期：2019 年 3 月 5 日。

② 姚维振：《电子商务法》，安徽师范大学出版社 2014 年版，第 156 页。

当事人申请延长举证期限的,应当在举证期限届满前向人民法院提出书面申请。申请理由成立的,人民法院应当准许,适当延长举证期限,并通知其他当事人。延长的举证期限适用于其他当事人。申请理由不成立的,人民法院不予准许,并通知申请人。当事人逾期提供证据的,人民法院应当责令其说明理由,必要时可以要求其提供相应的证据。当事人因客观原因逾期提供证据,或者对方当事人对逾期提供证据未提出异议的,视为未逾期。

当事人因故意或者重大过失逾期提供的证据,人民法院不予采纳。但该证据与案件基本事实有关的,人民法院应当采纳,并依照我国《民事诉讼法》第 65 条、第 115 条第 1 款的规定予以训诫、罚款。当事人非因故意或者重大过失逾期提供的证据,人民法院应当采纳,并对当事人予以训诫。当事人一方要求另一方赔偿因逾期提供证据致使其增加的交通、住宿、就餐、误工、证人出庭作证等必要费用的,人民法院可予支持。

2. 证据交换

证据交换是人民法院在审理民事案件时,根据当事人的申请或对于证据较多及复杂疑难案件,于答辩期满后,开庭审理前在审判人员的主持下,双方当事人将能够证明各自主张的所有证据进行交换。最高人民法院《关于民事诉讼证据的若干规定》(法释〔2001〕33 号)规定,经当事人申请,人民法院可以组织当事人在开庭审理前交换证据。人民法院对于证据较多或者复杂疑难的案件,应当组织当事人在答辩期届满后、开庭审理前交换证据。交换证据的时间可以由当事人协商一致并经人民法院认可,也可以由人民法院指定。人民法院组织当事人交换证据的,交换证据之日举证期限届满。当事人申请延期举证经人民法院准许的,证据交换日相应顺延。证据交换应当在审判人员的主持下进行。在证据交换的过程中,审判人员对当事人无异议的事实、证据应当记录在卷;对有异议的证据按照需要证明的事实分类记录在卷并记载异议的理由。通过证据交换确定双方当事人争议的主要问题。

3. 质证

质证,是指当事人、诉讼代理人及第三人在法庭的主持下,对当事人及第三人提出的证据就其真实性、合法性、关联性以及证明力的有无、大小予以说明和质辩的活动或过程。广义质证通常指在诉讼或仲裁活动中,一方当事人及其代理人对另一方出示的证据的合法性、与本案争议事实的关联性、真实性,是否有证明力,是否可以作为本案认定案件事实的根据,进行的说明、评价、质疑、辩驳、对质、辩论以及用其他方法表明证据效力的活动及其过程。狭义的质证仅指在诉讼活动中,在证据交换程序中或是在法庭审理过程中的法庭调查阶段,进行的前述活动。证据应当在法庭上出示,并由当事人互相质证。最高人民法院《关于民事诉讼证据的若干规定》(法释〔2001〕33 号)规定,未经质证的证据,不能作为认定案件事实的依据。当事人在证据交换过程中认可并记录在卷的证据,经审判人员在庭审中说明后,可以作为认定案件事实的依据。涉及国家秘密、商业秘密和个人隐私或者法律规定的其他应当保密的证据,不得在开庭时公开质证。

(1)对书证、物证、视听资料进行质证

最高人民法院《关于民事诉讼证据的若干规定》(法释〔2001〕33号)规定,对书证、物证、视听资料进行质证时,当事人有权要求出示证据的原件或者原物。但有下列情况之一的除外:①出示原件或者原物确有困难并经人民法院准许出示复制件或者复制品的;②原件或者原物已不存在,但有证据证明复制件、复制品与原件或原物一致的。质证时,当事人应当围绕证据的真实性、关联性、合法性,针对证据证明力有无以及证明力大小进行质疑、说明与辩驳。

(2)证人、鉴定人和勘验人的质证

最高人民法院《关于民事诉讼证据的若干规定》(法释〔2001〕33号)规定,不能正确表达意志的人,不能作为证人。待证事实与其年龄、智力状况或者精神健康状况相适应的无民事行为能力人和限制民事行为能力人,可以作为证人。当事人申请证人出庭作证,应当在举证期限届满10日前提出,并经人民法院许可。人民法院对当事人的申请予以准许的,应当在开庭审理前通知证人出庭作证,并告知其应当如实作证及作伪证的法律后果。证人因出庭作证而支出的合理费用,由提供证人的一方当事人先行支付,由败诉一方当事人承担。证人应当出庭作证接受当事人的质询。证人在人民法院组织双方当事人交换证据时出席陈述证言的,可视为出庭作证。出庭作证的证人应当客观陈述其亲身感知的事实。证人为聋哑人的,可以其他表达方式作证。证人作证时,不得使用猜测、推断或者评论性的语言。审判人员和当事人可以对证人进行询问。证人不得旁听法庭审理;询问证人时,其他证人不得在场。人民法院认为有必要的,可以让证人进行对质。

鉴定人应当出庭接受当事人质询。鉴定人确因特殊原因无法出庭的,经人民法院准许,可以书面答复当事人的质询。经法庭许可,当事人可以向证人、鉴定人、勘验人发问。询问证人、鉴定人、勘验人不得使用威胁、侮辱及不适当引导证人的言语和方式。

当事人可以向人民法院申请由一至二名具有专门知识的人员出庭就案件的专门性问题进行说明。人民法院准许其申请的,有关费用由提出申请的当事人负担。审判人员和当事人可以对出庭的具有专门知识的人员进行询问。经人民法院准许,可以由当事人各自申请的具有专门知识的人员就案件中的问题进行对质。具有专门知识的人员可以对鉴定人进行询问。法庭应当将当事人的质证情况记入笔录,并由当事人核对后签名或者盖章。

4. 证据的审核认定

最高人民法院《关于民事诉讼证据的若干规定》(法释〔2001〕33号)规定,人民法院应当以证据能够证明的案件事实为依据依法作出裁判。审判人员应当依照法定程序,全面、客观地审核证据,依据法律的规定,遵循法官职业道德,运用逻辑推理和日常生活经验，对证据有无证明力和证明力大小独立进行判断，并公开判断的理由和结果。

审判人员对单一证据可以从下列方面进行审核认定：(1)证据是否原件、原物，复印件、复制品与原件、原物是否相符；(2)证据与本案事实是否相关；(3)证据的形式、来源是否符合法律规定；(4)证据的内容是否真实；(5)证人或者提供证据的人与当事人有无利害关系。审判人员对案件的全部证据，应当从各证据与案件事实的关联程度、各证据之间的联系等方面进行综合审查判断。在诉讼中，当事人为达成调解协议或者和解的目的作出妥协所涉及的对案件事实的认可，不得在其后的诉讼中作为对其不利的证据。以侵害他人合法权益或者违反法律禁止性规定的方法取得的证据，不能作为认定案件事实的依据。

最高人民法院《关于民事诉讼证据的若干规定》(法释〔2001〕33 号)规定，下列证据不能单独作为认定案件事实的依据：(1)未成年人所做的与其年龄和智力状况不相当的证言；(2)与一方当事人或者其代理人有利害关系的证人出具的证言；(3)存有疑点的视听资料；(4)无法与原件、原物核对的复印件、复制品；(5)无正当理由未出庭作证的证人证言。一方当事人提出的下列证据，对方当事人提出异议但没有足以反驳的相反证据的，人民法院应当确认其证明力：(1)书证原件或者与书证原件核对无误的复印件、照片、副本、节录本；(2)物证原物或者与物证原物核对无误的复制件、照片、录像资料等；(3)有其他证据佐证并以合法手段取得的、无疑点的视听资料或者与视听资料核对无误的复制件；(4)一方当事人申请人民法院依照法定程序制作的对物证或者现场的勘验笔录。

双方当事人对同一事实分别举出相反的证据，但都没有足够的依据否定对方证据的，人民法院应当结合案件情况，判断一方提供证据的证明力是否明显大于另一方提供证据的证明力，并对证明力较大的证据予以确认。因证据的证明力无法判断导致争议事实难以认定的，人民法院应当依据举证责任分配的规则作出裁判。人民法院就数个证据对同一事实的证明力，可以依照下列原则认定：(1)国家机关、社会团体依职权制作的公文书证的证明力一般大于其他书证；(2)物证、档案、鉴定结论、勘验笔录或者经过公证、登记的书证，其证明力一般大于其他书证、视听资料和证人证言；(3)原始证据的证明力一般大于传来证据；(4)直接证据的证明力一般大于间接证据；(5)证人提供的对与其有亲属或者其他密切关系的当事人有利的证言其证明力一般小于其他证人证言。

四、民事诉讼的审判程序

审判程序是人民法院审理案件适用的程序，可以分为一审程序、二审程序和审判监督程序。

(一)一审程序

一审程序包括普通程序和简易程序。普通程序是《民事诉讼法》规定的民事诉讼当事人进行第一审民事诉讼和人民法院审理第一审民事案件所通常适用的诉讼程序。适用普通程序审理的案件，根据《民事诉讼法》的规定，应当在立案之日起6个月内审结。有特殊情况需要延长的，由本院院长批准，可以延长6个月；还需要延长的，报请上级法院批准。

1. 起诉和受理

(1)起诉。根据我国《民事诉讼法》规定，起诉必须符合下列条件：原告是与本案有直接利害关系的公民、法人和其他组织；有明确的被告；有具体的诉讼请求、事实和理由以及属于人民法院受理民事诉讼的范围和受诉人民法院管辖。起诉方式，应当以书面起诉为原则，口头起诉为例外。在工程实践中，基本都是采用书面起诉方式。起诉应当向人民法院提交起诉状，并按照被告人数提出副本。起诉状应当记明下列事项：①当事人的姓名、性别、年龄、民族、职业、工作单位和住所，法人或者其他组织的名称、住所和法定代表人或者主要负责人的姓名、职务；②诉讼请求和所根据的事实和理由；③证据和证据来源，证人姓名和住所。起诉状中最好写明案由，民事案件案由是民事诉讼案件的名称，反映案件所涉及的民事法律关系的性质，是法院将诉讼争议所包含的法律关系进行的概括。根据最高人民法院2011年2月修改后发布的《民事案件案由规定》，工程实践中常用的有两类：一类是购买建筑材料可能遇到的买卖合同纠纷，包括分期付款买卖合同纠纷、凭样品买卖合同纠纷、试用买卖合同纠纷、互易纠纷、国际货物买卖合同纠纷等；另一类是工程进程中可能遇到的各种合同纠纷，包括建设工程勘察合同纠纷、建设工程设计合同纠纷、建设工程施工合同纠纷、建设工程分包合同纠纷、建设工程监理合同纠纷、装饰装修合同纠纷。

(2)受理。根据我国《民事诉讼法》规定，法院收到起诉状，经审查，认为符合起诉条件的，应当在7日内立案并通知当事人。认为不符合起诉条件的，应当在7日内裁定不予受理。原告对裁定不服的，可以提起上诉。审理前的主要准备工作如下：①送达起诉状副本和提出答辩状。人民法院应当在立案之日起5日内将起诉状副本发送被告，被告在收到之日起15日内提出答辩状。被告提出答辩状的，人民法院应当在收到之日起5日内将答辩状副本发送原告。被告不提出答辩状的，不影响人民法院审理。②告知当事人诉讼权利义务及组成合议庭。人民法院对决定受理的案件，应当在受理案件通知书和应诉通知书中向当事人告知有关的权利和义务，或者口头告知。普通程序的审判组织应当采用合议制。合议庭组成人员确定后，应当在3日内告知当事人。

2. 开庭审理

(1)法庭调查。法庭调查，是在法庭上出示与案件有关的全部证据，对案件事实进行全面调查并由当事人进行质证的程序。法庭调查按照下列程序进行：①当事人陈述；②告知证人的权利义务，证人作证，宣读未到庭的证人证言；③出示书证、物证和视听资料；④宣读鉴定结论；⑤宣读勘验笔录。

(2)法庭辩论。法庭辩论,是当事人及其诉讼代理人在法庭上行使辩论权,针对有争议的事实和法律问题进行辩论的程序。法庭辩论的目的,是通过当事人及其诉讼代理人的辩论,对有争议的问题逐一进行审查和核实,借此查明案件的真实情况和正确适用法律。

(3)法庭笔录。书记员应当将法庭审理的全部活动记入笔录,由审判人员和书记员签名。法庭笔录应当当庭宣读,也可以告知当事人和其他诉讼参与人当庭或者在5日内阅读。当事人和其他诉讼参与人认为对自己的陈述记录有遗漏或者差错的,有权申请补正。如果不予补正,应当将申请记录在案。法庭笔录由当事人和其他诉讼参与人签名或者盖章。

(4)宣判。法庭辩论终结,应当依法作出判决。根据我国《民事诉讼法》的规定,判决前能够调解的,还可以进行调解。调解书经双方当事人签收后,即具有法律效力。调解不成的,如调解未达成协议或者调解书送达前一方反悔的,法院应当及时判决。原告经传票传唤,无正当理由拒不到庭的,或者未经法庭许可中途退庭的,可以按撤诉处理;被告反诉的,可以缺席判决。被告经传票传唤,无正当理由拒不到庭的,或者未经法庭许可中途退庭的,可以缺席判决。法院一律公开宣告判决,同时必须告知当事人上诉权利、上诉期限和上诉的法院。最高人民法院的判决、裁定,以及超过上诉期没有上诉的判决、裁定,是发生法律效力的判决、裁定。

(二)第二审程序

第二审程序(又称上诉程序或终审程序),是指由于民事诉讼当事人不服地方各级人民法院尚未生效的第一审判决或裁定,在法定上诉期间内,向上一级人民法院提起上诉而引起的诉讼程序。由于我国实行两审终审制,上诉案件经二审法院审理后作出的判决、裁定为终审的判决、裁定,诉讼程序即告终结。

1. 上诉期间

当事人不服地方人民法院第一审判决的,有权在判决书送达之日起15日内向上一级人民法院提起上诉;不服地方人民法院第一审裁定的,有权在裁定书送达之日起10日内向上一级人民法院提起上诉。

2. 上诉状

当事人提起上诉,应当递交上诉状。上诉状应当通过原审法院提出,并按照对方当事人的人数提出副本。

3. 二审法院对上诉案件的处理

第二审人民法院对上诉案件,经过审理,按照下列情形分别处理:(1)原判决、裁定认定事实清楚,适用法律正确的,判决驳回上诉,维持原判决、裁定;(2)原判决、裁定认定事实错误或者适用法律错误的,依法改判、撤销或者变更;(3)原判决认定基本事实不清的,裁定撤销原判决,发回原审人民法院重审,或者查清事实后改判;(4)原判决遗漏当事人或者违法缺席判决等严重违反法定程序的,裁定撤销原判决,发回原审人民法院重审。

第二审法院作出的具有给付内容的判决,具有强制执行力。如果有履行义务的当事人拒不履行,对方当事人有权向法院申请强制执行。对于发回原审法院重审的案件,原审法院仍将按照一审程序进行审理。因此,当事人对重审案件的判决、裁定,仍然可以上诉。

(三)审判监督程序

审判监督程序即再审程序,是指由有审判监督权的法定机关和人员提起,或由当事人申请,由人民法院对发生法律效力的判决、裁定、调解书再次审理的程序。

1. 审判监督程序的提起

(1)人民法院提起再审的程序。人民法院提起再审,必须是已经发生法律效力的判决裁定确有错误。其程序为:各级人民法院院长对本院已经发生法律效力的判决、裁定,发现确有错误,认为需要再审的,应当提交审判委员会讨论决。最高人民法院对地方各级人民法院已经生效的判决、裁定,上级人民法院对下级人民法院已生效的判决、裁定,发现确有错误的,有权提审或指令下级人民法院再审。按照审判监督程序再审的案件,裁定中止原判决、裁定、调解书的执行,但追索赡养费、扶养费、抚育费、抚恤金、医疗费用、劳动报酬等案件,可以不中止执行。人民法院按照审判监督程序再审的案件,发生法律效力的判决、裁定是由第一审法院作出的,按照第一审程序审理,对所作的判决、裁定,当事人可以上诉;发生法律效力的判决、裁定是由第二审法院作出的,按照第二审程序审理,所作的判决、裁定是发生法律效力的判决、裁定;上级人民法院按照审判监督程序提审的,按照第二审程序审理,所做的判决、裁定是发生法律效力的判决、裁定。2008 年 11 月发布的最高人民法院《关于适用〈中华人民共和国民事诉讼法〉审判监督程序若干问题的解释》规定,人民法院审理再审案件应当开庭审理。但按照第二审程序审理的,双方当事人已经其他方式充分表达意见,且书面同意不开庭审理的除外。

(2)当事人申请再审的程序。当事人申请不一定引起审判监督程序,只有在同时符合下列条件的前提下,由人民法院依法决定,才可以启动再审程序。当事人对已经发生法律效力的判决、裁定,认为有错误的,可以向上一级人民法院申请再审,但不停止判决、裁定的执行。当事人的申请符合下列情形之一的,人民法院应当再审:①有新的证据,足以推翻原判决、裁定的;②原判决、裁定认定的基本事实缺乏证据证明的;③原判决、裁定认定事实的主要证据是伪造的;④原判决、裁定认定事实的主要证据未经质证的;⑤对审理案件需要的主要证据,当事人因客观原因不能自行收集,书面申请人民法院调查收集,人民法院未调查收集的;⑥原判决、裁定适用法律确有错误的;⑦审判组织的组成不合法或者依法应当回避的审判人员没有回避的;⑧无诉讼行为能力人未经法定代理人代为诉讼或者应当参加诉讼的当事人,因不能归责于本人或者其诉讼代理人的事由,未参加诉讼的;⑨违反法律规定，剥夺当事人辩论权利的；⑩未经传票传唤，缺席判决的；⑪原判决、裁定遗漏或者超出诉讼请求的；⑫据以作出原判决、裁定的法律文书被撤销或者变更的；⑬审判人员审理该案件时有贪污受贿、徇私舞弊、枉法裁判行为的。对违反法定程序可能影响案件正确判决、裁定的情形，或者审判人员在审理该案件时有贪污受贿、徇私舞弊、枉法裁判行为的，人民法院应当再审。当事人申请再审，应当在判决、裁定发生法律效力后6个月提出；6个月后发现新证据的，据以作出原判决、裁定的主要证据是伪造的，据以作出原判决、裁定的法律文书被撤销或者变更，以及发现审判人员在审理该案件时有贪污受贿、徇私舞弊、枉法裁判行为的，自知道或者应当知道之日起6个月内提出。最高人民法院《关于适用〈中华人民共和国民事诉讼法〉审判监督程序若干问题的解释》规定，申请再审期间不适用中止、中断和延长的规定。

(3)人民检察院的抗诉。抗诉是指人民检察院对人民法院发生法律效力的判决、裁定，发现有提起抗诉的法定情形，提请人民法院对案件重新审理。最高人民检察院对各级人民法院已经发生法律效力的判决、裁定，上级人民检察院对下级人民法院已经发生法律效力的判决、裁定，发现有符合当事人可以申请再审情形之一的，或者发现调解书损害国家利益、社会公共利益的，应当按照审判监督程序提起抗诉。地方各级人民检察院对同级人民法院已经发生法律效力的判决、裁定，发现有符合当事人可以申请再审情形之一的，或者发现调解书损害国家利益、社会公共利益的，可以向同级人民法院提出检察建议，并报上级人民检察院备案；也可以提请上级人民检察院向同级人民法院提出抗诉。

五、民事诉讼的执行

审判程序与执行程序是并列的独立程序。审判程序是产生裁判书的过程，执行程序是实现裁判书内容的过程。执行程序，是指人民法院的执行机构依照法定的程序，对发生法律效力并具有给付内容的法律文书，以国家强制力为后盾，依法采取强制措施，迫使具有给付义务的当事人履行其给付义务的行为。

(一)执行根据

执行根据是当事人申请执行、人民法院移交执行以及人民法院采取强制措施的依据。执行根据是执行程序发生的基础，没有执行根据，当事人不能向人民法院申请执行，人民法院也不得采取强制措施。执行根据主要有：(1)人民法院制作的发生法律效力的民事判决书、裁定书以及生效的调解书等；(2)人民法院作出的具有财产给付内容的发生法律效力的刑事判决书、裁定书；(3)仲裁机构制作的依法由人民法院执行的生效仲裁裁决书、仲裁调解书；(4)公证机关依法作出的赋予强制执行效力的公证债权文书；(5)人民法院作出的先予执行的裁定、执行回转的裁定以及承认并协助执行外国判决、裁定或裁决的裁定；(6)我国行政机关作出的法律明确规定由人民法院执行的行政决定。

（二）执行案件的管辖

发生法律效力的民事判决、裁定，以及刑事判决、裁定中的财产部分，由第一审人民法院或者与第一审人民法院同级的被执行的财产所在地人民法院执行。2008年11月发布的最高人民法院《关于适用〈中华人民共和国民事诉讼法〉执行程序若干问题的解释》规定，申请执行人向被执行的财产所在地人民法院申请执行的，应当提供该人民法院辖区有可供执行财产的证明材料。人民法院受理执行申请后，当事人对管辖权有异议的，应当自收到执行通知书之日起10日内提出。

（三）执行程序

1. 当事人申请执行

人民法院作出的判决、裁定等法律文书，当事人必须履行。如果无故不履行，另一方当事人可向有管辖权的人民法院申请强制执行。申请强制执行应提交申请强制执行书，并附作为执行根据的法律文书。申请强制执行，还须遵守申请执行期限。申请执行的期间为两年。申请执行时效的中止、中断，适用法律有关诉讼时效中止、中断的规定。这里的期间，从法律文书规定履行期间的最后1日起计算；法律文书规定分期履行的，从规定的每次履行期间的最后1日起计算；法律文书未规定履行期间的，从法律文书生效之日起计算。

2. 直接移交执行

对于具有执行内容的生效裁判文书，由审判该案的审判人员将案件直接交付执行人员，随即开始执行程序。提交执行的案件有三类：具有给付或者履行内容的生效民事判决、裁定（包括先予执行的抚恤金、医疗费用等）；具有财产执行内容的刑事判决书、裁定书；审判人员认为涉及国家、集体或公民重大利益的案件。

3. 向上一级人民法院申请执行

人民法院自收到申请执行书之日起超过6个月未执行的，申请执行人可以向上一级人民法院申请执行。上一级人民法院经审查，可以责令原人民法院在一定期限内执行，也可以决定由本院执行或者指令其他人民法院执行。

有下列情形之一的，上一级人民法院可以根据申请执行人的申请，责令执行法院限期执行或者变更执行法院：①债权人申请执行时被执行人有可供执行的财产，执行法院自收到申请执行书之日起超过6个月对该财产未执行完结的；②执行过程中发现被执行人可供执行的财产，执行法院自发现财产之日起超过6个月对该财产未执行完结的；③对法律文书确定的行为义务的执行，执行法院自收到申请执行书之日起超过6个月未依法采取相应执行措施的；④其他有条件执行超过6个月未执行的。

（四）执行异议

1. 当事人、利害关系人提出的异议

当事人、利害关系人认为执行行为违反法律规定的，可以向负责执行的人民法院提出书面异议。当事人、利害关系人提出书面异议的，人民法院应当自收到书面异议之日起15日内审查，理由成立的，裁定撤销或者改正；理由不成立的，裁定驳回。当事人、利害关系人对裁定不服的，可以自裁定送达之日起10日内向上一级人民法院申请复议。最高人民法院《关于适用〈中华人民共和国民事诉讼法〉执行程序若干问题的解释》中规定，当事人、利害关系人申请复议的书面材料，可以通过执行法院转交，也可以直接向执行法院的上一级人民法院提交。上一级人民法院应当自收到复议申请之日起30日内审查完毕，并作出裁定。有特殊情况需要延长的，经本院院长批准，可以延长，延长的期限不得超过30日。执行异议审查和复议期间，不停止执行。被执行人、利害关系人提供充分、有效的担保请求停止相应处分措施的，人民法院可以准许；申请执行人提供充分、有效的担保请求继续执行的，应当继续执行。

2. 案外人提出的异议

执行过程中，案外人对执行标的提出书面异议的，人民法院应当自收到书面异议之日起15日内审查，理由成立的，裁定中止对该标的的执行；理由不成立的，裁定驳回。案外人、当事人对裁定不服，认为原判决、裁定错误的，依照审判监督程序办理；与原判决、裁定无关的，可以自裁定送达之日起15日内向人民法院提起诉讼。案外人提起诉讼，对执行标的主张实体权利，并请求对执行标的停止执行的，应当以申请执行人为被告；被执行人反对案外人对执行标的所主张的实体权利的，应当以申请执行人和被执行人为共同被告。该诉讼由执行法院管辖，诉讼期间不停止执行。

（五）执行和解

在执行中，双方当事人自行和解达成协议的，执行人员应当将协议内容记入笔录，由双方当事人签名或者盖章。一方当事人不履行和解协议的，人民法院可以根据对方当事人的申请，恢复对原生效法律文书的执行。

（六）执行措施

执行措施，是指人民法院依照法定程序强制执行生效法律文书的方法和手段。在执行中，执行措施和执行程序是合为一体的。执行人员接到申请执行书或者移交执行书，应当向被执行人发出执行通知，责令其在指定的期间履行，逾期不履行的，强制执行。被执行人不履行法律文书确定的义务，并有可能隐匿、转移财产的，执行人员可以立即采取强制执行措施。

执行措施主要有：(1)查封、冻结、划拨被执行人的存款；(2)扣留、提取被执行人的收入；(3)查封、扣押、拍卖、变卖被执行人的财产；(4)对被执行人及其住所或财产隐匿地进行搜查；(5)强制被执行人和有关单位、公民交付法律文书指定的财物或票证；(6)强制被执行人迁出房屋或退出土地；(7)强制被执行人履行法律文书指定的行为；(8)办理财产权证照转移手续；(9)强制被执行人支付迟延履行期间的加倍债务利息或迟延履行金;(10)依申请执行人申请,通知对被执行人负有到期债务的第三人向申请执行人履行债务。

2012 年 8 月经修改后颁布的《民事诉讼法》、最高人民法院《关于适用〈中华人民共和国民事诉讼法〉执行程序若干问题的解释》、2010 年 7 月发布的最高人民法院《关于限制被执行人高消费的若干规定》、2013 年 7 月发布的最高人民法院《关于公布失信被执行人名单信息的若干规定》以及 2013 年 8 月发布的最高人民法院《关于网络查询、冻结被执行人存款的规定》,对于执行措施增加了如下内容:

1. 被执行人未按执行通知履行法律文书确定的义务,应当书面报告当前以及收到执行通知之日前一年的财产情况,具体包括:(1)收入、银行存款、现金、有价证券;(2)土地使用权、房屋等不动产;(3)交通运输工具、机器设备、产品、原材料等动产;(4)债权、股权、投资权益、基金、知识产权等财产性权利;(5)其他应当报告的财产。被执行人报告财产后,其财产情况发生变动,影响申请执行人债权实现的,应当自财产变动之日起 10 日内向人民法院补充报告。对被执行人报告的财产情况,申请执行人请求查询的,人民法院应当准许。申请执行人对查询的被执行人财产情况,应当保密。对被执行人报告的财产情况,执行法院可以依申请执行人的申请或者依职权调查核实。被执行人拒绝报告或者虚假报告的,人民法院可以根据情节轻重对被执行人或者其法定代理人、有关单位的主要负责人或者直接责任人员予以罚款、拘留。

2. 被执行人不履行法律文书确定的义务的,人民法院可以对其采取或者通知有关单位协助采取限制出境,在征信系统记录、通过媒体公布不履行义务信息以及法律规定的其他措施。对被执行人限制出境的,应当由申请执行人向执行法院提出书面申请;必要时执行法院可以依职权决定。执行法院可以依职权或者依申请执行人的申请,向媒体公布被执行人不履行义务信息,有关费用由被执行人负担;申请执行人申请在媒体公布的,应当垫付有关费用。

3. 被执行人具有履行能力而不履行生效法律文书确定的义务,并具有下列情形之一的,人民法院应当将其纳入失信被执行人名单,依法对其进行信用惩戒:(1)以伪造证据、暴力、威胁等方法妨碍、抗拒执行的;(2)以虚假诉讼、虚假仲裁或者以隐匿、转移财产等方法规避执行的;(3)违反财产报告制度的;(4)违反限制高消费令的;(5)被执行人无正当理由拒不履行执行和解协议的;(6)其他有履行能力而拒不履行生效法律文书确定义务的。

人民法院应当将失信被执行人名单信息,向政府相关部门、金融监管机构、金融机构、承担行政职能的事业单位及行业协会等通报,供相关单位依照法律、法规和有关规定,在政府采购、招标投标、行政审批、政府扶持、融资信贷、市场准入、资质认定等方面,对失信被执行人予以信用惩戒。人民法院应当将失信被执行人名单信息向征信机构通报,并由征信机构在其征信系统中记录。失信被执行人是国家工作人员的,人民法院应当将其失信情况通报其所在单位。失信被执行人是国家机关、国有企业的，人民法院应当将其失信情况通报其上级单位或者主管部门。

4. 被执行人未按执行通知书指定的期间履行生效法律文书确定的给付义务的，人民法院可以限制其高消费。被执行人为自然人的，被限制高消费后，不得有以下以其财产支付费用的行为：(1)乘坐交通工具时，选择飞机、列车软卧、轮船二等以上舱位；(2)在星级以上宾馆、酒店、夜总会、高尔夫球场等场所进行高消费；(3)购买不动产或者新建、扩建、高档装修房屋；(4)租赁高档写字楼、宾馆、公寓等场所办公；(5)购买非经营必需车辆；(6)旅游、度假；(7)子女就读高收费私立学校；(8)支付高额保费购买保险理财产品；(9)其他非生活和工作必需的高消费行为。被执行人为单位的，被限制高消费后，禁止被执行人及其法定代表人、主要负责人、影响债务履行的直接责任人员以单位财产实施上述规定的行为。限制高消费一般由申请执行人提出书面申请，经人民法院审查决定；必要时人民法院可以依职权决定。被执行人违反限制高消费令进行消费的行为属于拒不履行人民法院已经发生法律效力的判决、裁定的行为，经查证属实的，依照《民事诉讼法》第 102 条的规定，予以拘留、罚款；情节严重，构成犯罪的，追究其刑事责任。

5. 人民法院与金融机构已建立网络执行查控机制的，可以通过网络实施查询、冻结被执行人存款等措施。

(七)执行中止和终结

1. 执行中止

执行中止是指在执行过程中，因发生特殊情况，需要暂时停止执行程序。有下列情况之一的，人民法院应裁定中止执行：(1)申请人表示可以延期执行的；(2)案外人对执行标的提出确有理由异议的；(3)作为一方当事人的公民死亡，需要等待继承人继承权利或承担义务的；(4)作为一方当事人的法人或其他组织终止，尚未确定权利义务承受人的；(5)人民法院认为应当中止执行的其他情形，如被执行人确无财产可供执行等。中止的情形消失后，恢复执行。

2. 执行终结

在执行过程中，由于出现某些特殊情况，执行工作无法继续进行或没有必要继续进行的，结束执行程序。有下列情况之一的，人民法院应当裁定终结执行：(1)申请人撤销申请的；(2)据以执行的法律文书被撤销的；(3)作为被执行人的公民死亡，无遗产可供执行，又无义务承担人的；(4)追索赡养费、扶养费、抚育费案件的权利人死亡的；(5)作为被执行人的公民因生活困难无力偿还借款，无收入来源，又丧失劳动能力的；(6)人民法院认为应当终结执行的其他情形。

第三节　仲　　裁

仲裁是解决民商事纠纷的重要方式之一。我国 1994 年 8 月颁布了《仲裁法》，

2009 年 8 月 27 日,2017 年 9 月 1 日分别对《仲裁法》进行了修正。2006 年 8 月最高人民法院发布了《关于适用〈中华人民共和国仲裁法〉若干问题的解释》。此外,《承认和执行外国仲裁裁决公约》是有关仲裁裁决的国际公约,该公约为执行外国仲裁裁决提供了保证和便利。

仲裁协议是当事人仲裁自愿的体现,当事人申请仲裁,仲裁委员会受理仲裁、仲裁庭对仲裁案件的审理和裁决,都必须以当事人依法订立的仲裁协议为前提。《仲裁法》规定,没有仲裁协议,一方申请仲裁的,仲裁委员会不予受理。仲裁和诉讼是两种不同的争议解决方式,当事人只能选用其中的一种。当事人达成仲裁协议,一方向人民法院起诉的,人民法院不予受理,但仲裁协议无效的除外。因此,有效的仲裁协议可以排除法院对案件的司法管辖权,只有在没有仲裁协议或者仲裁协议无效的情况下,法院才可以对当事人的纠纷予以受理。仲裁实行一裁终局的制度。裁决作出后,当事人就同一纠纷再申请仲裁或者向人民法院起诉的,仲裁委员会或者人民法院不予受理。

一、仲裁协议

(一)仲裁协议的形式

仲裁协议,是指当事人自愿将已经发生或者可能发生的争议通过仲裁解决的书面协议。根据《仲裁法》规定,仲裁协议包括合同中订立的仲裁条款和其他以书面形式在纠纷发生前或者纠纷发生后达成的请求仲裁的协议。据此,仲裁协议应当采用书面形式,口头方式达成的仲裁意思表示无效。仲裁协议既可以表现为合同中的仲裁条款,也可以表现为独立于合同而存在的仲裁协议书。在实践中,合同中的仲裁条款是最常见的仲裁协议形式。

根据最高人民法院《关于适用〈中华人民共和国仲裁法〉若干问题的解释》规定,《仲裁法》第 16 条规定的其他书面形式的仲裁协议,包括以合同书、信件和数据电文(包括电报、电传、传真、电子数据交换和电子邮件)等形式达成的请求仲裁的协议。此外,2004 年 8 月颁布的《电子签名法》还规定,能够有形地表现所载内容,并可以随时调取查用的数据电文,视为符合法律、法规要求的书面形式;可靠的电子签名与手写签名或者盖章具有同等的法律效力。

(二)仲裁协议的内容

仲裁协议应当具有下列内容:(1)请求仲裁的意思表示;(2)仲裁事项;(3)选定的仲裁委员会。这三项内容必须同时具备,仲裁协议才能有效。

请求仲裁的意思表示,是指条款中应该有"仲裁"两字,表明当事人的仲裁意愿。该意愿应当是确定的。有的当事人在合同中约定发生争议可以提交仲裁,也可以提交诉讼,根据这种约定就无法判定当事人有明确的仲裁意愿。仲裁事项,可以是当事人之间合同履行过程中的或与合同有关的一切争议,也可以是合同中某一特定问题的争议;既可以是事实问题的争议,也可以是法律问题的争议,其范围取决于当事人的约定。选定的仲裁委员会,是指仲裁委员会的名称应该准确。最高人民法院《关于适用〈中华人民共和国仲裁法〉若干问题的解释》规定,仲裁协议约定的仲裁机构名称不准确,但能够确定具体的仲裁机构的,应当认定选定了仲裁机构。仲裁协议约定两个以上仲裁机构的,当事人可以协议选择其中的一个仲裁机构申请仲裁;当事人不能就仲裁机构选择达成一致的,仲裁协议无效。仲裁协议约定由某地的仲裁机构仲裁且该地仅有一个仲裁机构的,该仲裁机构视为约定的仲裁机构。该地有两个以上仲裁机构的,当事人可以协议选择其中的一个仲裁机构申请仲裁;当事人不能就仲裁机构选择达成一致的,仲裁协议无效。

(三)仲裁协议的效力

1. 对当事人的法律效力

仲裁协议一经有效成立,即对当事人产生法律约束力。发生纠纷后,当事人只能向仲裁协议中所约定的仲裁机构申请仲裁,而不能就该纠纷向法院提起诉讼。

2. 对法院的约束力

有效的仲裁协议排除法院的司法管辖权。《仲裁法》规定,当事人达成仲裁协议方向人民法院起诉未声明有仲裁协议,人民法院受理后,另一方在首次开庭前提交仲裁协议的,人民法院应当驳回起诉,但仲裁协议无效的除外。

3. 对仲裁机构的法律效力

仲裁协议是仲裁委员会受理仲裁案件的基础,是仲裁庭审理和裁决案件的依据。没有有效的仲裁协议,仲裁委员会就不能获得仲裁案件的管辖权。同时,仲裁委员会只能对当事人在仲裁协议中约定的争议事项进行仲裁,对超出仲裁协议约定范围的其他争议无权仲裁。

4. 仲裁协议的独立性

仲裁协议独立存在,合同的变更、解除、终止或者无效,以及合同成立后未生效、被撤销等,均不影响仲裁协议的效力。当事人在订立合同时就争议解决达成仲裁协议的,合同未成立也不影响仲裁协议的效力。

5. 仲裁协议效力的确认

当事人对仲裁协议效力有异议的,应当在仲裁庭首次开庭前提出。当事人既可以请求仲裁委员会作出决定,也可以请求人民法院裁定。一方请求仲裁委员会作出决定;另一方请求人民法院作出裁定的,由人民法院裁定。当事人向人民法院申请确认仲裁协议效力的案件,由仲裁协议约定的仲裁机构所在地的中级人民法院管辖;仲裁协议约定的仲裁机构不明确的,由仲裁协议签订地或者被申请人住所地的中级人民法院管辖。

二、仲裁的申请和受理

(一)申请仲裁的条件

当事人申请仲裁,应当符合下列条件:(1)有仲裁协议;(2)有具体的仲裁请求和事实、理由;(3)属于仲裁委员会的受理范围。

(二)申请仲裁的方式

当事人申请仲裁,应当向仲裁委员会递交仲裁协议、仲裁申请书及副本。其中,仲裁申请书应当载明下列事项:(1)当事人的姓名、性别、年龄、职业、工作单位和住所,法人或者其他组织的名称、住所和法定代表人或者主要负责人的姓名、职务;(2)仲裁请求和所依据的事实、理由;(3)证据和证据来源、证人姓名和住所。对于申请仲裁的具体文件内容,各仲裁机构在《仲裁法》规定的范围内,会有不同的要求和审查标准,一般可以登录其网站进行查询。

(三)审查与受理

仲裁委员会收到仲裁申请书之日起5日内,认为符合受理条件的应当受理,并通知当事人;认为不符合受理条件的,应当书面通知当事人不予受理,并说明理由。仲裁委员会受理仲裁申请后,应当在仲裁规则规定的期限内将仲裁规则和仲裁员名册送达申请人,并将仲裁申请书副本和仲裁规则、仲裁员名册送达被申请人。被申请人收到仲裁申请书副本后,应当在仲裁规则规定的期限内向仲裁委员会提交答辩书。仲裁委员会收到答辩书后,应当在仲裁规则规定的期限内将答辩书副本送达申请人。被申请人未提交答辩书的,不影响仲裁程序的进行。被申请人有权提出反请求。

(四)财产保全和证据保全

为保证仲裁程序顺利进行、仲裁案件公正审理以及仲裁裁决有效执行,当事人有权申请财产保全和证据保全。当事人提起财产保全及/或证据保全的申请,可以在仲裁程序开始前,也可以在仲裁程序进行中。当事人要求采取财产保全及/或证据保全措施的,应向仲裁委员会提出书面申请,由仲裁委员会将当事人的申请转交被申请人住所地或其财产所在地及/或证据所在地有管辖权的人民法院作出裁定;当事人也可以直接向有管辖权的人民法院提出保全申请。申请人在人民法院采取保全措施后30日内不依法申请仲裁的,人民法院应当解除保全。

三、仲裁的开庭和裁决

(一)仲裁庭的组成

仲裁庭的组成形式包括合议仲裁庭和独任仲裁庭两种,即仲裁庭可以由三名仲裁员或者一名仲裁员组成。(1)合议仲裁庭。根据仲裁规则的规定或者当事人约定由三名仲裁员组成仲裁庭的，应当各自选定或者各自委托仲裁委员会主任指定一名仲裁员，第三名仲裁员由当事人共同选定或者共同委托仲裁委员会主任指定。第三名仲裁员是首席仲裁员。(2)独任仲裁庭。根据仲裁规则的规定或者当事人约定一名仲裁员成立仲裁庭的，应当由当事人共同选定或者共同委托仲裁委员会主任指定仲裁员。但是，当事人没有在仲裁规定的期限内约定仲裁庭的组成方式或者选定仲裁员的，由仲裁委员会主任指定。

仲裁员有下列情形之一的，必须回避，当事人也有权提出回避申请：(1)是本案当事人或者当事人、代理人的近亲属；(2)与本案有利害关系；(3)与本案当事人、代理人有其他关系，可能影响公正仲裁的；(4)私自会见当事人、代理人，或者接受当事人、代理人的请客送礼的。当事人提出回避申请，应当说明理由，在首次开庭前提出。回避事由在首次开庭后知道的，可以在最后一次开庭结束前提出。

（二）开庭和审理

仲裁审理的方式分为开庭审理和书面审理两种。仲裁应当开庭审理作出裁决，这是仲裁审理的主要方式。但是，当事人协议不开庭的，仲裁庭可以根据仲裁申请书、答辩书以及其他材料作出裁决，即书面审理方式。为了保护当事人的商业秘密和商业信誉，仲裁不公开进行，当事人协议公开的，可以公开进行，但涉及国家秘密的除外。当事人应当对自己的主张提供证据。仲裁庭认为有必要收集的证据，可以自行收集。证据应当在开庭时出示，当事人可以质证。当事人在仲裁过程中有权进行辩论。

仲裁庭可以作出缺席裁决。申请人无正当理由开庭时不到庭的，或在开庭审理时未经仲裁庭许可中途退庭的，视为撤回仲裁申请；如果被申请人提出了反请求，不影响仲裁庭就反请求进行审理，并作出裁决。被申请人无正当理由开庭时不到庭的，或在开庭审理时未经仲裁庭许可中途退庭的，仲裁庭可以进行缺席审理，并作出裁决；如果被申请人提出了反请求，视为撤回反请求。

（三）仲裁中的和解与调解

当事人申请仲裁后，可以自行和解。达成和解协议的，可以请求仲裁庭根据和解协议作出裁决书，也可以撤回仲裁申请。当事人达成和解协议，撤回仲裁申请后反悔的，仍可以根据仲裁协议申请仲裁。仲裁庭在作出裁决前，可以先行调解。当事人自愿调解的，仲裁庭应当调解。调解不成的，应当及时作出裁决。调解达成协议的，仲裁庭应当制作调解书或者根据协议的结果制作裁决书。调解书与裁决书具有同等法律效力。调解书经双方当事人签收后，即发生法律效力。在调解书签收前当事人反悔的，仲裁庭应当及时作出裁决。

（四）仲裁裁决

仲裁裁决是由仲裁庭作出的具有强制执行效力的法律文书。独任仲裁庭审理的案件由独任仲裁员作出仲裁裁决，合议仲裁庭审理的案件由3名仲裁员集体作出仲裁裁决。裁决应当按照多数仲裁员的意见作出，少数仲裁员的不同意见可以记入笔录。仲裁庭无法形成多数意见时，按照首席仲裁员的意见作出。仲裁裁决书由仲裁员签名，加盖仲裁委员会的印章。对裁决持不同意见的仲裁员可以签名，也可以不签名。裁决书自作出之日起发生法律效力。

裁决书的效力：(1)裁决书一裁终局，当事人不得就已经裁决的事项再申请仲裁，也不得就此提起诉讼；(2)仲裁裁决具有强制执行力，一方当事人不履行的，对方当事人可以到法院申请强制执行；(3)仲裁裁决在所有《承认和执行外国仲裁裁决公约》缔约国(或地区)可以得到承认和执行。

四、仲裁裁决的执行

(一)仲裁裁决的强制执行力

仲裁裁决作出后，当事人应当履行裁决。一方当事人不履行的，另一方当事人可以依照我国《民事诉讼法》的规定，向人民法院申请执行。受申请的人民法院应当执行。根据我国最高人民法院的相关司法解释，当事人申请执行仲裁裁决案件，由被执行人所在地或者被执行财产所在地的中级人民法院管辖。申请仲裁裁决强制执行必须在法律规定的期限内提出。根据《民事诉讼法》第239条的规定，申请执行的期间为2年。申请执行时效的中止、中断的规定，适用法律有关诉讼时效中止、中断的规定。申请仲裁裁决强制执行的期限，自仲裁裁决书规定履行期限或仲裁机构的仲裁规则规定履行期间的最后一日起计算。仲裁裁决书规定分期履行的，依规定的每次履行期间的最后一日起计算。仲裁裁决书未规定履行期间的，从仲裁裁决书生效之日起计算。

(二)仲裁裁决的不予执行和撤销

根据我国《仲裁法》《民事诉讼法》的规定，被申请人提出证据证明裁决有下列情形之一的，经人民法院组成合议庭审查核实，裁定不予执行：(1)当事人在合同中没有仲裁条款或者事后没有达成书面仲裁协议的；(2)裁决的事项不属于仲裁协议的范围或者仲裁机构无权仲裁的；(3)仲裁庭的组成或者仲裁的程序违反法定程序的；(4)裁决所依据的证据是伪造的；(5)对方当事人向仲裁机构隐瞒了足以影响公正裁决的证据的；(6)仲裁员在仲裁该案时有索贿受贿、徇私舞弊、枉法裁决行为的。仲裁裁决被法院依法裁定不予执行的，当事人可以根据双方重新达成的仲裁协议申请仲裁，也可以向法院提起诉讼。

当事人提出证据证明裁决有上述情形之一的，可以向仲裁委员会所在地的中级人民法院申请撤销裁决。此外，人民法院认定该裁决违背社会公共利益的，应当裁定撤销。当事人申请撤销裁决的，应当在收到裁决书之日起6个月内提出。仲裁裁决被人民法院依法撤销后，当事人之间的纠纷并未解决。根据《仲裁法》的规定，当事人就该纠纷可以根据双方重新达成的仲裁协议申请仲裁，也可以向人民法院起诉。

第四节　调解、和解制度与纠纷评审

一、调解

我国的调解方式主要有人民调解、行政调解、仲裁调解、法院调解和专业机构调解等。

（一）人民调解

2010 年 8 月颁布的《人民调解法》规定，人民调解，是指人民调解委员会通过说服、疏导等方式，促使当事人在平等协商基础上自愿达成调解协议，解决民间纠纷的活动。人民调解制度作为一种司法辅助制度，是人民群众自己解决纠纷的法律制度，也是一种具有中国特色的司法制度。

1. 人民调解的原则和人员机构

人民调解的基本原则是：(1) 当事人自愿原则；(2) 当事人平等原则；(3) 合法原则；(4) 尊重当事人权利原则。

人民调解的组织形式是人民调解委员会。《人民调解法》规定，人民调解委员会是村民委员会和居民委员会下设的调解民间纠纷的群众性自治组织，在人民政府和基层人民法院指导下进行工作。人民调解委员会由 3 ~ 9 人组成，设主任 1 人，必要时可以设副主任若干人。人民调解员由人民调解委员会委员和人民调解委员会聘任的人员担任。人民调解员应当具备的基本条件是：(1) 公道正派；(2) 热心人民调解工作；(3) 具有一定文化水平；(4) 有一定的法律知识和政策水平；(5) 成年公民。

2. 调解协议

经人民调解委员会调解达成调解协议的，可以制作调解协议书。当事人认为无须制作调解协议的，可以采取口头协议的方式，人民调解员应当记录协议内容。经人民调解委员会调解达成的调解协议具有法律约束力，当事人应当按照约定履行。当事人就调解协议的履行或者调解协议的内容发生争议的，一方当事人可以向法院提起诉讼。经人民调解委员会调解达成调解协议后，双方当事人认为有必要的，可以按照《民事诉讼法》的规定，自调解协议生效之日起 30 日内共同向调解组织所在地基层人民法院申请司法确认调解协议。人民法院受理申请后，经审查，符合法律规定的，裁定调解协议有效，一方当事人拒绝履行或者未全部履行的，对方当事人可以向人民法院申请强制执行；不符合法律规定的，裁定驳回申请，当事人可以通过调解方式变更原调解协议或者达成新的调解协议，也可以向人民法院起诉。

（二）行政调解

行政调解，是指国家行政机关应纠纷当事人的请求，依据法律、法规和政策，对属于其职权管辖范围内的纠纷，通过耐心的说服教育，使纠纷的双方当事人互相谅解，在平等协商的基础上达成一致协议，促成当事人解决纠纷。行政调解分为两种：(1)基层人民政府，即乡、镇人民政府对一般民间纠纷的调解。(2)国家行政机关依照法律规定对某些特定民事纠纷或经济纠纷或劳动纠纷等进行的调解。行政调解属于诉讼外调解。行政调解达成的协议也不具有强制约束力。

（三）仲裁调解

仲裁调解是仲裁机构对受理的仲裁案件进行的调解。仲裁庭在作出裁决前，可以先行调解。当事人自愿调解的，仲裁庭应当调解。调解不成的，应当及时作出裁决。调解达成协议的，仲裁庭应当制作调解书或者根据协议的结果制作裁决书。调解书与裁决书具有同等法律效力。调解书经双方当事人签收后，即发生法律效力。在调解书签收前当事人反悔的，仲裁庭应当及时作出裁决。调解可以在仲裁程序中进行，即在征得当事人同意后，仲裁庭在仲裁程序进行过程中担任调解员的角色，对其审理的案件进行调解，以解决当事人之间的争议。仲裁与调解相结合是中国仲裁制度的特点。该做法将仲裁和调解各自的优点紧密结合起来，不仅有助于解决当事人之间的争议，还有助于保持当事人的友好合作关系，具有很大的灵活性和便利性。

（四）法院调解

《民事诉讼法》规定："人民法院审理民事案件，根据当事人自愿的原则，在事实清楚的基础上，分清是非，进行调解。"法院调解是人民法院对受理的民事案件、经济纠纷案件和轻微刑事案件在双方当事人自愿的基础上进行的调解，是诉讼内调解。法院调解书经双方当事人签收后，即具有法律效力，效力与判决书相同。在民事诉讼中，除适用特别程序的案件和当事人有严重违法行为，需给予行政处罚的经济纠纷案件的情形外，各案件均可适用调解。

1. 调解方法

《民事诉讼法》规定，人民法院进行调解，可以由审判员一人主持，也可以由合议庭主持，并尽可能就地进行。人民法院进行调解，可以用简便方式通知当事人、证人到庭。人民法院进行调解，可以邀请有关单位和个人协助。被邀请的单位和个人，应当协助人民法院进行调解。

2. 调解协议

调解达成协议，必须双方自愿，不得强迫。调解协议的内容不得违反法律规定。调解达成协议，人民法院应当制作调解书。调解书应当写明诉讼请求、案件的事实和调解结果。调解书由审判员、书记员署名，加盖人民法院印章，送达双方当事人。调解书经双方当事人签收后,即具有法律效力。但是,下列案件调解达成协议,人民法院可以不制作调解书:(1)调解和好的离婚案件;(2)调解维持收养关系的案件;(3)能够即时履行的案件;(4)其他不需要制作调解书的案件。对不需要制作调解书的协议,应当记入笔录,由双方当事人、审判人员、书记员签名或者盖章后,即具有法律效力。调解未达成协议或者调解书送达前一方反悔的,人民法院应当及时判决。

(五)专业机构调解

近年来,我国出现了以处理民商事法律纠纷的专业调解机构,如中国国际商会(中国贸促会)调解中心和北京仲裁委员会。专业机构调解是当事人在发生争议前或争议后,协议约定由指定的具有独立调解规则的机构按照其调解规则进行调解。所谓调解规则,是指调解机构、调解员以及调解当事人之间在调解过程中所应遵守的程序性规范。

专业调解机构进行调解达成的调解协议对当事人双方均有约束力。目前,具有独立调解规则的专业调解机构并不多。专业调解机构备有调解员名单,供当事人在个案中指定。调解员由专业调解机构聘请经济、贸易、金融、投资、知识产权、工程承包、运输、保险、法律等领域里具有专门知识及实际经验、公道正派的人士担任。

二、和解

和解与调解的区别在于:和解是当事人之间自愿协商,达成协议,没有第三人参加,而调解是在第三人主持下进行疏导、劝说,使之相互谅解,自愿达成协议。

(一)和解的类型

和解的应用很灵活,可以在多种情形下达成和解协议。

1. 诉讼前的和解

诉讼前的和解,是指发生诉讼以前,双方当事人互相协商达成协议,解决双方的争执。这是一种民事法律行为,是当事人依法处分自己民事实体权利的表现。和解成立后,当事人所争执的权利即归确定,所抛弃的权利随即消失,当事人不得任意反悔要求撤销。但是,如果具有下列情形之一的:和解所依据的文件,事后发现是伪造或涂改的;和解事件已为法院判决所确定,而当事人于和解时不知情的;当事人对重要的争执有重大误解而达成协议的,当事人都可以要求撤销和解。

2. 诉讼中的和解

诉讼中的和解是当事人在诉讼进行中互相协商,达成协议,解决双方的争执。《民事诉讼法》规定:“双方当事人可以自行和解。”这种和解在法院作出判决前,当事人都可以进行。当事人可以就整个诉讼标的达成协议,也可以就诉讼的个别问题达成协议。诉讼阶段的和解没有法律效力。当事人和解后,可以请求法院调解,制作调解书，经当事人签名盖章产生法律效力，从而结束诉讼程序的全部或一部。结束全部程序的，即视为当事人撤销诉讼。

3. 执行中的和解

执行中的和解是在发生法律效力的民事判决、裁定后，法院在执行中，当事人互相协商，达成协议，解决双方的争执。根据《民事诉讼法》规定，在执行中，双方当事人自行和解达成协议的，执行人员应当将协议内容记入笔录，由双方当事人签名或者盖章。一方当事人不履行和解协议的，人民法院可以根据对方当事人的申请，恢复对原生效法律文书的执行。

4. 仲裁中的和解

根据《仲裁法》规定，当事人申请仲裁后，可以自行和解。和解是双方当事人的自愿行为，不需要仲裁庭的参与。达成和解协议的，可以请求仲裁庭根据和解协议作出裁决书，也可以撤回仲裁申请。当事人达成和解协议，撤回仲裁申请后又反悔的，可以根据原仲裁协议重新申请仲裁。

（二）和解的效力

和解达成的协议不具有强制约束力，如果一方当事人不按照和解协议执行，另一方当事人不可以请求人民法院强制执行，但可以向法院提起诉讼，也可以根据仲裁协议申请仲裁。法院或仲裁庭通过对和解协议的审查，对于意思真实而又不违反法律强制性或禁止性规定的和解协议予以支持，也可以支持遵守协议方要求违反协议方就不执行该和解协议承担违约责任的请求。但是，对于一方非自愿作出的或违反法律强制性或禁止性规定的和解协议不予支持。

三、争议评审机制

建设工程争议评审（以下简称争议评审），是指在工程开始时或工程进行过程中当事人选择的独立于任何一方当事人的争议评审专家（通常是3人，小型工程1人）组成评审小组，就当事人发生的争议及时提出解决问题的建议或者作出决定的实时争议解决方式。当事人通过协议授权评审组调查、听证、建议或者裁决。一个评审组在工程进程中可能会持续解决很多的争议。如果当事人不接受评审组的建议或者裁决，仍可通过仲裁或者诉讼的方式解决争议。采用争议评审的方式，有利于及时化解争议，防止争议扩大与拖延而造成不必要的损失或浪费，保障建设工程的顺利进行。

（一）争议评审制度的起源与发展

争议评审制度起源于美国，其概念在20世纪60年代美国华盛顿州Boundary大坝工程中首次应用，当时的联合技术咨询组针对一些争议问题提出了建议。但这还不是真正意义上的争议评审。建设工程争议评审委员会（Dispute Review Board，现称Dispute Resolution Board，DRB）制度最早在1975年美国科罗拉多州艾森豪威尔隧道工程中采用,取得了成功。这条隧道的土建、电气和装修三个合同共计 1. 28 亿美元,都采用了争议评审的方式解决争议,在 4 年工期内有 28 次不同的争议听证和评审,而 DRB 的意见都得到了双方的尊重而未发生仲裁或诉讼,在美国赢得了较大的正面效应。美国由 14 个建筑业有关机构和代表组成的美国建筑业争议解决委员会,协助美国仲裁协会(AAA)制定了一种可供建筑业选择使用的非诉讼纠纷解决程序(Alternative Dispute Resolution,ADR)。世界银行关注到美国的实践,逐渐在其贷款项目中试用。1980 年至 1986 年由世界银行和泛美开发银行贷款的洪都拉斯 E1 Cajon 大坝项目,首次在国际工程项目中采用争议评审机制。该项目金额高达 2030 万美元的 5 次争议均由 DRB 调解成功并为争议双方所接受,工程按期完工,DRB 费用仅为 30 万美元。至 2006 年,有超过 2000 宗国际性项目使用或计划使用争议评审为纠纷解决机制,项目建设总值超过 1000 亿美元。

据 DRB 网站的统计,采用争议评审的项目提交法院或仲裁解决的争议数量平均为每个项目 1. 2 件,远远少于未采用争议评审的项目最终提交法院或仲裁解决争议的数量。争议评审是一种相对较为理想的纠纷解决机制。如项目的争议事项不大,则花费可低至项目最终建设合同造价的 0. 05% 。当然,如果项目难度高且存在重大争议,则费用可达合同造价 0. 25% 。

1995 年 1 月,世界银行开始在其招标文件中强制要求由其贷款的项目必须采用争议评审制度。同年,国际咨询工程师协会(FIDIC)在《设计—建造与交钥匙工程合同条件》中提出了“争议评审”的概念,并相继在其他类型合同条件中引入“争议评审”机制。2004 年 9 月 1 日,国际商会(ICC)推出《争议小组规则》,明确规定了争议小组的 3 种类型:(1)Dispute Review Board(简称 DRB,争议评审组),小组只提供建议性意见,没有约束力,当事人在规定期限内对建议提出异议的,该建议对当事人不发生约束力;(2)Dispute Adjudication Board(简称 DAB,争议裁决组),其决定具有约束力,当事人在另行达成协议或决定被裁决或判决推翻之前要遵照执行;(3)Combined Dispute Board(简称 CDB,综合争议组),可以根据争议的性质和当事人的意思表示就争议作出建议或有约束力的决定。2005 年 5 月,世界银行推出的标准招标文件统一规定为争议小组(Dispute Board,DB),该小组作出的决定对于双方当事人均有约束力,除非被友好争议解决或仲裁裁决推翻外,当事人应当遵照执行。争议评审与其他争议解决机制相比的优势是:专业性、快速反应、现场解决问题、创造良好气氛、争议双方不需要律师的介入,以及双方最终仍保留诉讼或仲裁的救济途径等。

(二)我国争议评审制度的实践

在我国,争议评审制度的运用还较少,只有一些世界银行贷款项目如二滩水电站工程项目、黄河小浪底水利枢纽项目、万家寨水利工程项目、昆明掌鸠河引水供水工程等运用了争议评审机制,均取得良好效果。

(三)我国对争议评审的规定

2007年11月国家发改委、建设部、信息产业部等9部门联合发布了《〈标准施工招标资格预审文件〉和〈标准施工招标文件〉试行规定》,其规定了争议评审内容,即当事人之间的争议在提交仲裁或者诉讼前可以申请由专家组成的评审组进行评审。采用争议评审的,发包人和承包人应在开工日后的28日内或在争议发生后,协商成立争议评审组。争议评审组由有合同管理和工程实践经验的专家组成。

合同双方的争议,应首先由申请人向争议评审组提交一份详细的评审申请报告,并附必要的文件、图纸和证明材料,申请人还应将上述报告的副本同时提交给被申请人和监理人。被申请人在收到申请人评审申请报告副本后的28日内,向争议评审组提交一份答辩报告,并附证明材料。被申请人应将答辩报告的副本同时提交给申请人和监理人。除专用合同条款另有约定外,争议评审组在收到合同双方报告后的14日内,邀请双方代表和有关人员举行调查会,向双方调查争议细节;必要时争议评审组可要求双方进一步提供补充材料。除专用合同条款另有约定外,在调查会结束后的14日内,争议评审组应在不受任何干扰的情况下进行独立、公正的评审,作出书面评审意见,并说明理由。在争议评审期间,争议双方暂按总监理工程师的确定执行。发包人和承包人接受评审意见的,由监理人根据评审意见拟定执行协议,经争议双方签字后作为合同的补充文件,并遵照执行。发包人或承包人不接受评审意见,并要求提交仲裁或提起诉讼的,应在收到评审意见后的14日内将仲裁或起诉意向书面通知另一方,并抄送监理人,但在仲裁或诉讼结束前应暂按总监理工程师的确定执行。

2013年3月国家发改委、住房和城乡建设部等9部门联合发布了《关于废止和修改部分招标投标规章和规范性文件的决定》,将《〈标准施工招标资格预审文件〉和〈标准施工招标文件〉试行规定》修改为《〈标准施工招标资格预审文件〉和〈标准施工招标文件〉暂行规定》,但对其《标准施工招标文件》未作任何修改。2013年4月住房和城乡建设部、国家工商行政管理总局经修改后发布的《建设工程施工合同(示范文本)》,将争议评审单列为一节,并规定争议评审小组作出的书面决定经合同当事人签字确认后,对双方具有约束力,双方应遵照执行。

为了促进我国工程建设领域的当事人运用争议评审机制,及时化解纠纷,保障建设工程顺利进行,中国国际经济贸易仲裁委员会和北京仲裁委员会依据《标准施工招标文件》,并参考国际商会的《争议小组规则》以及FIDIC合同条件中的相关规定,根据各自的案例实践制定了建设工程争议评审规则。

(四)纠纷评审制度

北京市仲裁委员会制定了《建设工程合同纠纷评审规则》,于2009年3月1日起施行。为便于当事人采用纠纷评审方式预防、减少和及时解决建设工程纠纷,中国国际经济贸易仲裁委员会于2014年制定了《建设工程纠纷评审规则》(以下简称《贸仲纠纷评审规则》），该规则于2015年1月1日起施行。我国2017年版《建设施工合同（示范文本）》规定了纠纷评审制度，同时规定在纠纷解决程序中是否采用纠纷评审由当事人双方自由约定，当事人对纠纷评审的规则、程序、费用承担、评审结论等也享有充分的选择权。

1. 纠纷评审小组的确定

依照《建设工程施工合同（示范文本）》（GF－2017－0201）20.3.1规定，合同当事人可以共同选择1名或3名纠纷评审员，组成纠纷评审小组。除专用合同条款另有约定外，合同当事人应当自合同签订后28日内，或者纠纷发生后14日内，选定纠纷评审员。

选择1名纠纷评审员的，由合同当事人共同确定；选择3名纠纷评审员的，各自选定1名，第三名成员为首席纠纷评审员，由合同当事人共同确定或由合同当事人委托已选定的纠纷评审员共同确定，或由专用合同条款约定的评审机构指定第三名首席纠纷评审员。除专用合同条款另有约定外，评审员报酬由发包人和承包人各承担一半。

2. 纠纷评审小组的权力

我国《建设工程施工合同（示范文本）》（GF－2017－0201）未对纠纷评审小组的权利作出规定，根据《贸仲纠纷评审规则》第27条之规定，除非当事人另有约定，评审组的权力包括但不限于：（1）决定评审组对所涉纠纷的管辖权及评审纠纷的范围；（2）决定评审程序的安排；（3）召集会晤、进行现场考察和召开调查会，并决定与此有关的任何程序事宜；（4）询问当事人、当事人的代理人和证人；（5）要求当事人提交补充材料和书面意见；（6）根据评审纠纷的需要，决定进行鉴定或者聘请专家就某一具体的法律或技术问题出具意见；（7）在一方当事人缺席的情况下继续评审程序并出具评审意见；（8）采取其他必要措施保证评审程序顺利进行和评审组正常履行职责。

3. 纠纷评审小组的决定

依照《建设工程施工合同（示范文本）》（GF－2017－0201）20.3.2规定，合同当事人可在任何时间将与合同有关的任何纠纷共同提请纠纷评审小组进行评审。纠纷评审小组应秉持客观、公正原则，充分听取合同当事人的意见，依据相关法律、规范、标准、案例经验及商业惯例等，自收到纠纷评审申请报告后14日内作出书面决定，并说明理由。合同当事人可以在专用合同条款中对本事项另行约定。

4. 纠纷评审小组决定的效力

依照《建设工程施工合同（示范文本）》（GF－2017－0201）20.3.3规定，纠纷评审小组作出的书面决定经合同当事人签字确认后，对双方具有约束力，双方应遵照执行。任何一方当事人不接受纠纷评审小组决定或不履行纠纷评审小组决定的，双方可选择采用其他纠纷解决方式。

纠纷评审制度在我国正处于初步发展时期，尚缺乏充分的经验积累与深入的理论研究,有待于在以后的实践中不断地完善与推广。

第五节 行政复议与行政诉讼制度

行政复议、行政诉讼处理和解决的都是行政争议,但二者又有着明显区别。行政复议,是指行政机关根据上级行政机关对下级行政机关的监督权,在当事人的申请和参加下,按照行政复议程序对具体行政行为进行合法性和适当性审查,并作出决定以解决行政侵权争议的活动。行政诉讼,是指人民法院应当事人的请求,通过审查具体行政行为合法性的方式,解决特定范围内行政争议的活动。行政诉讼和民事诉讼、刑事诉讼构成我国的基本诉讼制度。

此外,行政复议以具体行政行为为审查对象,但可应当事人的申请,依法附带审查该具体行政行为所依据的行政机关相关规定(抽象行政行为)的合法性,而行政诉讼只对具体行政行为进行审查;行政复议不仅审查具体行政行为的合法性,也审查具体行政行为的适当性,行政诉讼只审查具体行政行为的合法性;具体行政行为经行政复议后,对行政复议不服的,绝大多数情况下还可依法再提起行政诉讼,但不允许经行政诉讼裁判生效后就同一行政纠纷再提行政复议。

一、行政复议

(一)行政复议的范围

行政复议的目的,是防止和纠正违法的或者不当的具体行政行为,保护公民、法人和其他组织的合法权益,保障和监督行政机关依法行使职权。因此,只要是公民、法人或者其他组织认为行政机关的具体行政行为侵犯其合法权益,就有权向行政机关提出行政复议申请。

根据2009年8月经修改后颁布的《行政复议法》规定,有11项可申请行政复议的具体行政行为,结合建设工程实践,其中7项尤为重要:(1)对行政机关作出的警告、罚款、没收违法所得、没收非法财物、责令停产停业、暂扣或者吊销许可证、暂扣或者吊销执照、行政拘留等行政处罚决定不服的;(2)对行政机关作出的限制人身自由或者查封、扣押、冻结财产等行政强制措施决定不服的;(3)对行政机关作出的有关许可证、执照、资质证、资格证等证书变更、中止、撤销的决定不服的;(4)认为行政机关侵犯合法的经营自主权的;(5)认为行政机关违法集资、征收财物、摊派费用或者违法要求履行其他义务的;(6)认为符合法定条件,申请行政机关颁发许可证、执照、资质证、资格证等证书,或者申请行政机关审批、登记有关事项,行政机关没有依法办理的;(7)认为行政机关的其他具体行政行为侵犯其合法权益的。

此外,公民、法人或者其他组织认为行政机关的具体行政行为所依据的下列规定不合法,在对具体行政行为申请行政复议时,可以一并向行政复议机关提出对该规定的审查申请:(1)国务院部门的规定;(2)县级以上地方各级人民政府及其工作部门的规定;(3)乡、镇人民政府的规定。但以上规定不含国务院部、委员会规章和地方人民政府规章。规章的审查依照法律、行政法规办理。下列事项应按规定的纠纷处理方式解决,不能提起行政复议:(1)不服行政机关作出的行政处分或者其他人事处理决定的,应当依照有关法律、行政法规的规定提起申诉;(2)不服行政机关对民事纠纷作出的调解或者其他处理,应当依法申请仲裁或者向法院提起诉讼。

(二)行政复议的申请

公民、法人或者其他组织认为具体行政行为侵犯其合法权益的,可以自知道该具体行政行为之日起 60 日内提出行政复议申请;但法律规定的申请期限超过 60 日的除外。因不可抗力或者其他正当理由耽误法定申请期限的,申请期限自障碍消除之日起继续计算。依法申请行政复议的公民、法人或者其他组织是申请人。作出具体行政行为的行政机关是被申请人。申请人可以委托代理人代为参加行政复议。申请人申请行政复议,可以书面申请,也可以口头申请。

对于行政复议,应当按照《行政复议法》的规定向有权受理的行政机关申请,如"对县级以上地方各级人民政府工作部门的具体行政行为不服的,由申请人选择,可以向该部门的本级人民政府申请行政复议,也可以向上一级主管部门申请行政复议"。申请行政复议,凡行政复议机关已经依法受理的,或者法律、法规规定应当先向行政复议机关申请行政复议、对行政复议决定不服再向人民法院提起行政诉讼的,在法定行政复议期限内不得向人民法院提起行政诉讼。公民、法人或者其他组织向人民法院提起行政诉讼,人民法院已经依法受理的,不得申请行政复议。

(三)行政复议的受理

行政复议机关收到行政复议申请后,应当在 5 日内进行审查,依法决定是否受理,并书面告知申请人;对符合行政复议申请条件,但不属于本机关受理范围的,应当告知申请人向有关行政复议机关提出。在行政复议期间,行政机关不停止执行该具体行政行为,但有下列情形之一的,可以停止执行:(1)被申请人认为需要停止执行的;(2)行政复议机关认为需要停止执行的;(3)申请人申请停止执行,行政复议机关认为其要求合理,决定停止执行的;(4)法律规定停止执行的。

(四)行政复议决定

行政复议原则上采取书面审查的办法,但申请人提出要求或者行政复议机关负责法制工作的机构认为有必要时,可以向有关组织和人员调查情况,听取申请人、被申请人和第三人的意见。行政复议决定作出前,申请人要求撤回行政复议申请的,经说明理由,可以撤回;撤回行政复议申请的,行政复议终止。

行政复议机关应当在受理行政复议申请之日起60日内作出行政复议决定,其主要类型有:1.对于具体行政行为认定事实清楚,证据确凿,适用依据正确,程序合法,内容适当的,决定维持。2.对于被申请人不履行法定职责的,决定其在一定期限内履行。3.对于具体行政行为有下列情形之一的,决定撤销、变更或者确认该具体行政行为违法:(1)主要事实不清、证据不足的;(2)适用依据错误的;(3)违反法定程序的;(4)超越或者滥用职权的;(5)具体行政行为明显不当的。对于决定撤销或者确认该具体行政行为违法的,可以责令被申请人在一定期限内重新作出具体行政行为。

申请人在申请行政复议时可以一并提出行政赔偿请求,行政复议机关对符合国家赔偿法有关规定应当给予赔偿的,在决定撤销、变更具体行政行为或者确认具体行政行为违法时,应同时决定被申请人依法给予赔偿。

二、行政诉讼

(一)行政诉讼受案范围

行政诉讼受案范围,是指哪些行政争议可以进入行政诉讼加以解决。该受案范围确定了行政机关行政行为受司法监督的限度,以及公民、法人或其他组织获得司法救济的范围。

《行政诉讼法》规定,法院受理公民、法人和其他组织对下列具体行政行为不服提起的诉讼:(1)对拘留、罚款、吊销许可证和执照、责令停产停业、没收财物等行政处罚不服的;(2)对限制人身自由(如强制隔离、强制约束)或者对财产的查封、扣押、冻结等行政强制措施不服的;(3)认为行政机关侵犯法律规定的经营自主权的;(4)认为符合法定条件申请行政机关颁发许可证和执照,行政机关拒绝颁发或者不予答复的;(5)申请行政机关履行保护人身权、财产权的法定职责,行政机关拒绝履行或者不予答复的;(6)认为行政机关没有依法发给抚恤金的(如伤残抚恤金、遗属抚恤金、福利金、救济金等);(7)认为行政机关违法要求履行义务的(如财产义务、行为义务,典型表现为乱收费、乱摊派);(8)认为行政机关侵犯其他人身权、财产权的;(9)法律、法规规定可以提起行政诉讼的其他行政案件。

但是,法院不受理公民、法人或者其他组织对下列事项提起的诉讼:(1)国防、外交等国家行为;(2)行政法规、规章或者行政机关制定、发布的具有普遍约束力的决定、命令;(3)行政机关对行政机关工作人员的奖惩、任免等决定;(4)法律规定由行政机关最终裁决的具体行政行为。

(二)行政诉讼管辖

行政诉讼管辖指不同级别和地域的人民法院之间在受理第一审行政案件时的权限分工。

1. 级别管辖

行政诉讼案件一般都由基层人民法院管辖,有下列情形之一的,应当由中级人民法院管辖第一审行政案件:(1)确认发明专利权的案件、海关处理的案件;(2)对国务院各部门或者省、自治区、直辖市人民政府所做的具体行政行为提起诉讼的案件;(3)本辖区内重大、复杂的案件。高级人民法院和最高人民法院只管辖本辖区范围内重大、复杂行政诉讼案件。

2. 一般地域管辖

行政案件由最初作出具体行政行为的行政机关所在地人民法院管辖。经复议的案件,复议机关改变原具体行政行为的,也可以由复议机关所在地人民法院管辖。对限制人身自由的行政强制措施不服提起的诉讼,由被告所在地或者原告所在地人民法院管辖。因不动产提起的行政诉讼,由不动产所在地人民法院管辖。两个以上人民法院都有管辖权的案件,原告可以选择其中一个人民法院提起诉讼。原告向两个以上有管辖权的人民法院提起诉讼的,由最先收到起诉状的人民法院管辖。

(三)起诉与受理

提起诉讼应当符合下列条件:(1)原告是认为具体行政行为侵犯其合法权益的公民、法人或者其他组织;(2)有明确的被告;(3)有具体的诉讼请求和事实根据;(4)属于人民法院受案范围和受诉人民法院管辖。行政争议未经行政复议,由当事人直接向法院提起行政诉讼的,除法律另有规定的外,应当在知道作出具体行政行为之日起3个月内起诉。经过行政复议但对行政复议决定不服而依法提起行政诉讼的,应当在收到行政复议决定书之日起15日内起诉;若行政复议机关逾期不作复议决定的,除法律另有规定的外,应当在行政复议期满之日起15日内起诉。

人民法院接到起诉状,经审查,应当在7日内立案或者作出裁定不予受理。原告对裁定不服的,可以提起上诉。

(四)审理

《行政诉讼法》规定,行政诉讼期间,除该法规定的情形外,不停止具体行政行为的执行。法院审理行政案件,不适用调解。除涉及国家秘密、个人隐私和法律另有规定的外,人民法院公开审理行政案件。人民法院审理行政案件,以法律和行政法规、地方性法规为依据。地方性法规适用于本行政区域内发生的行政案件;审理民族自治地方的行政案件,并以该民族自治地方的自治条例和单行条例为依据。人民法院审理行政案件,参照国务院部、委根据法律和国务院的行政法规、决定、命令制定、发布的规章以及省、自治区、直辖市和省、自治区的人民政府所在地的市和经国务院批准的较大的市的人民政府根据法律和国务院的行政法规制定、发布的规章。经人民法院两次合法传唤,原告无正当理由拒不到庭的,视为申请撤诉;被告无正当理由拒不到庭的,可以缺席判决。

（五）判决

法院对行政诉讼的一审判决有以下几种：1. 认为具体行政行为证据确凿，适用法律、法规正确，符合法定程序的，判决维持。2. 认为具体行政行为有下列情形之一，判决撤销或者部分撤销，并可以判决被告重新作出具体行政行为：（1）主要证据不足的；（2）适用法律、法规错误的；（3）违反法定程序的；（4）超越职权的；（5）滥用职权的。3. 认为被告不履行或拖延履行法定职责，判决其在一定限期内履行。4. 认定行政处罚显失公正（同类型的行政处罚畸轻畸重，明显的不公正）的，可以判决变更。5. 认为原告的诉讼请求依法不能成立，直接判决否定原告的诉讼请求。6. 通过对被诉具体行政行为的审查，确认被诉具体行政行为合法或违法的判决。

我国实行二审终审制。当事人不服人民法院第一审判决的，有权在判决书送达之日起 15 日内向上一级人民法院提起上诉；不服人民法院第一审裁定的，有权在裁定书送达之日起 10 日内向上一级人民法院提起上诉。逾期不提起上诉的，人民法院的第一审判决或者裁定发生法律效力。

第二审人民法院在二审程序中对上诉案件进行审理，并依法作出驳回上诉、维持原判或者撤销原判、依法改判，或者裁定撤销原判，发回原审人民法院重审。

当事人对已经发生法律效力的判决、裁定，认为确有错误的，可以向原审人民法院或者上一级人民法院提出申诉，但判决、裁定不停止执行。

（六）执行

当事人必须履行人民法院发生法律效力的判决、裁定。公民、法人或者其他组织拒绝履行判决、裁定的，行政机关可以向第一审人民法院申请强制执行，或者依法强制执行。行政机关拒绝履行判决、裁定的，第一审人民法院可以采取以下措施：（1）对应当归还的罚款或者应当给付的赔偿金，通知银行从该行政机关的账户内划拨；（2）在规定期限内不执行的，从期满之日起，对该行政机关按日处 50 元至 100 元的罚款；（3）向该行政机关的上一级行政机关或者监察、人事机关提出司法建议。接受司法建议的机关，根据有关规定进行处理，并将处理情况告知人民法院；（4）拒不执行判决、裁定，情节严重构成犯罪的，依法追究主管人员和直接责任人员的刑事责任。

公民、法人或者其他组织对具体行政行为在法定期间不提起诉讼又不履行的，行政机关可以申请人民法院强制执行，或者依法强制执行。

第十七章　国际工程法学

国际工程承包，是国际技术经济合作的形式之一。它通过国际性的市场竞争机制，以合同条款为纽带，实现各国人民之间在施工技术、施工管理、建设资金和劳务等方面的国际性交流，促进共同发展。因此，国际工程承包有着广阔的发展前景。

我国政府非常明确地提出要实施“走出去”的开放战略，通过“走出去”发展海外经营，可以同时带动我国民航、海运、进出口贸易和金融、保险等相关行业的业务发展，带动国外企业对中国的投资和其他中外经济技术合作，推动同有关国家的友好外交关系，推进中国建筑企业改革，这些年海外的业务实践也证明了国际工程承包事业的确是货物贸易、技术贸易和服务贸易的综合载体。随着中国加入 WTO 后建筑市场的开放，中国将有许多项目在世界范围内进行招标，中国工程市场也是国际市场的一部分，而且是最具活力、最具吸引力的市场，特别是独资、合资项目及国际金融组织贷款项目，这些项目从招标、投标到评标基本上都是按国际惯例实施的。在国内会更多地遇到大量被国内习惯称为“涉外工程”的国际工程，我国的工程项目管理也逐渐与国际接轨。

第一节　国际工程与国际工程法概述

一、国际工程概述

（一）国际工程的概念

国际工程（International Project）是指一个工程项目的咨询、设计、投资、融资、采购、施工以及培训等各个阶段的参与者来自不止一个国家、地区或国际组织，并且按照国际上通用的工程项目管理理念进行管理的工程。[①] 在许多发展中国家，根据项目建设资金的来源（如外国政府贷款、国际金融机构贷款等）和技术复杂程度，以及本国工程公司的能力局限等情况，允许外国公司承包某些工程；还有世界银行贷款项目或者地区性发展银行（如亚洲开发银行、非洲开发银行和多国合作基金等）贷款的项目，必须按贷款银行的规定，允许一定范围的外国公司投标，这些都属于国际工程。在我国，对于外商投资项目或者引进技术的特殊复杂项目，也允许外国公司参加投标承包建设，或者与中国工程公司联合投标承包，这也被视为国际

---

① 何伯森：《国际工程合同管理》，中国建筑工业出版社 2016 年版，第 1 页。

工程。

对于国际工程的定义,可以从以下四个方面来理解:

1. 国际工程包含国内和国际两个市场

国际工程既包括我国公司去国外参与投资和实施的各种工程,也包括国际组织、外国政府或外国公司来中国投资和实施的工程。我国目前是一个开放的市场,特别是加入 WTO 后,工程项目市场会更加对外开放,在国内也会遇到大量被国内习惯称为“涉外工程”的国际工程。这些国际工程主要包括建设资金来自国外(包括世界银行等国际金融组织)、咨询公司和承包商是外国公司的项目。

2. 国际工程包括咨询和承包两大行业

按照传统的习惯划分,国际工程包括咨询和承包两大行业。

(1)国际工程咨询。国际工程咨询包括对工程项目前期的规划、投资机会研究、可行性研究、项目评估、勘测、设计、招标文件编制、工程监理、工程管理、后评价等。咨询业是以高水平脑力劳动为主的智力服务型的行业,既可以为建设单位——业主一方服务,也可以应承包商聘请为其进行施工管理、成本管理等工作,还可以为贷款方(银行)服务。

(2)国际工程承包。国际工程承包包括对工程项目进行投标、施工、设备和采购及设备安装调试、分包、提供劳务等。按照业主的要求,有时也作施工详图设计和部分永久工程的设计。

3. 国际上处于发展阶段的新工程建设管理模式

(1)将项目实施全过程或某一阶段的服务交由一家公司总承包的模式。如“设计—建造”模式(Design-Build,DB),即将设计与建造工作统一由一家公司实施;又如“设计—采购—施工/交钥匙”模式(Engineer-Procure-Construct/Turnkey,EPCT),即将咨询设计的绝大部分工作内容和设备采购、安装、施工一并发包给一家公司实施;还有“设计—建造—运营”模式(Design-Build-Operate,DBO),即除了设计、建造工作外,也将项目建成后一定期限的运营交由一家公司实施;此外还存在各种项目管理承包模式(Project-Management-Contracting,PMC)等。

(2)将项目的投融资与实施交由一家公司负责的模式。现在国际工程承包的一个重要的发展方向即项目业主方由于缺乏资金,因此要求项目实施的一方也承担项目的投资和/或融资。如“建造—运营—移交”模式(Build-Operate-Transfer,BOT),即要求项目实施的公司从地方政府获得特许权,既负责项目的投资和/或融资以及设计和建造,又负责项目建成后的运营,通过运营收费来还贷和盈利,最终将项目交给地方政府;又如“公司伙伴关系”模式(Public-Private Partnership,PPP),即要求私营企业按照相关政府部门的要求负责项目的投资和/或融资与实施,建成后交给相关政府部门运营,由相关政府部门和使用单位陆续向私营企业偿还资金。

(3)工程项目管理模式。项目管理服务是指专业化的项目管理公司为业主提供的项目管理服务工作。以项目的生存周期为主线,项目管理服务主要是针对项目中的管理过程而言的,它并不针对项目中创建项目产品的过程。工程项目管理模式主要有以下几种。

①设计—招标—建造模式(Design-Bid-Build,DBB)是一种传统的模式,在国际上比较通用,世界银行、亚洲开发银行贷款项目和采用国际咨询工程师联合会(FIDIC)的合同条件的项目均采用这种模式。这种模式最突出的特点是强调工程项目的实施必须按设计—招标—建造的顺序方式进行,只有一个阶段结束后另一个阶段才能开始。

②建设管理模式即 CM(Construction Management)模式,就是在采用快速路径法进行施工时,从开始阶段就雇用具有施工经验的 CM 单位参与到建设工程实施过程中来,以便为设计人员提供施工方面的建议且随后负责管理施工过程。

③项目管理模式(Project Management,PM)是指项目业主聘请一家公司(一般为具备相当实力的工程公司或咨询公司)代表业主进行整个项目过程的管理。这家公司在项目中被称为"项目管理承包商"(Project Management Contractor),简称为 PMC。PMC 作为业主的代表或业主的延伸,帮助业主在项目前期策划、可行性研究、项目定义、计划、融资方案,以及设计、采购、施工、试运行等整个实施过程中有效的控制工程质量、进度和费用,保证项目的成功实施,达到项目寿命期技术和经济指标最优化。

④建造—运营—移交模式(Build-Operate-Transfer,BOT)的基本思路是:由项目所在国政府或所属机构为项目的建设和经营提供一种特许权协议作为项目融资的基础,由本国公司或者外国公司作为项目的投资者和经营者安排融资,承担风险,开发建设项目,并在有限的时间内经营项目获取商业利润,最后根据协议将该项目转让给相应的政府机构。

⑤"私人主动融资",即 PFI(Private Finance Initiative),是英国政府于 1992 年提出,其含义是公共工程项目由私人资金启动,投资兴建,政府授予私人委托特许经营权,通过特许协议政府和项目的其他各参与方之间分担建设和运作风险。

⑥国家私人合营公司模式(Private Public Partnership,PPP)是国际上新近兴起的一种新型的政府与私人合作建设城市基础设施的形式。其典型的结构为:政府部门或地方政府通过政府采购形式与中标单位组成的特殊目的公司签订特许合同(特殊目的公司一般由中标的建筑公司、服务经营公司或对项目进行投资的第三方组成的股份有限公司)由特殊目的公司负责筹资、建设及经营。政府通常与提供贷款的金融机构达成一个直接协议,这个协议不是对项目进行担保的协议,而是一个向借贷机构承诺将按与特殊目的公司签订的合同支付有关费用的协定,这个协议使特殊目的公司能比较顺利地获得金融机构的贷款。

⑦EPC(Engineering Procurement Construction)是指公司受业主委托,按照合同约定对工程建设项目的设计、采购、施工、试运行等实行全过程或若干阶段的承包。

通常公司在总价合同条件下，对其所承包工程的质量、安全、费用和进度进行负责。

4. 国际工程咨询和承包被列入服务贸易的范畴

国际工程项目实施的成果归业主所有，咨询工程师受业主雇佣，在项目前期为业主进行策划、设计，并可为业主进行项目管理，承包商则受业主雇佣完成项目的实施。从本质上看，咨询工程师和承包商出售给业主的均是技术能力和相应的管理能力，是一种服务，而非项目本身。因此，在国际贸易和 WTO 的贸易规则中，国际工程咨询和承包均被明确列入服务贸易的范畴。

总之，国际工程涵盖了广阔的领域，各国际组织、国际金融机构、外国政府等投资方、各咨询公司和工程承包公司等在本国以外地区参与投资和建设的工程项目的总和，就组成了全世界的国际工程。①

（二）国际工程的特点

与一般的国内工程相比，国际工程存在如下特点：

1. 合同主体的多国性

复杂的大型国际工程可能涉及许多国家，如工程所在国、总承包商的注册国，还有贷款金融机构、咨询设计公司、设备供应和安装公司、各类专业工程分包商以及劳务等可能分属不同的国家，由多个不同的合同和协议规定它们之间的法律关系，所有这些合同和协议并不一定都适用工程所在国法律。特别是解决它们之间的争议并不一定都采取仲裁程序或司法程序，即使采取仲裁或司法途径解决争议，也可能不在同一地点由同一仲裁机构或者同一有专属管辖权的法院处理所有争议。这一多国性特征使国际工程的法律关系变得极为复杂和难以处理。签约各方属于不同国别，因此可能涉及多国的不同法律制度的制约，这种制约不仅有程序方面的，还有实体方面的。国际工程涉及的法律范围极广，包括招标投标法、建筑法、公司法、合同法、劳动法、投资法、金融法、外汇管制法、社会保险法、税法、外贸法，等等。如果工程所在国的法律体系比较健全和完备，而且合同中有明确的法律适用条款，就比较容易处理。但是许多发展中国家的法律并不完备，许多是不成文的行业习惯以及并未明示“有约束力”的国际惯例。为此，作为国际承包商除了应当聘请当地在工程承包方面有经验的律师或法律顾问以外，还必须在签订合同时澄清各项涉及法律和管理的重大问题。同时，随着国际工程涉及的利益相关方不断增多，业主、总包方以及不同的分包方、业务相关方都要组建具有不完全相同利益的团队。即使是同一个团队的成员，由于来自世界各地，利益诉求、工作习惯与风俗习惯也不尽相同，为了实现工程建设的总目标，跨文化管理的难度不断加大。

2. 货币和支付方式的多样性

国际工程承包通常要使用多种货币，包括承包商要使用部分本国货币支付其

---

① 何伯森：《国际工程承包》，中国建筑工业出版社 2015 年版，第 3 页。

国内应缴纳的费用和总部开支，使用工程所在国的货币支付当地费用，使用多种外汇支付材料、设备采购费用，等等。国际工程承包的支付方式除了现金和支票支付手段外，还有银行信用证、国际托收、银行汇付等多种方式。由于业主支付的货币和承包商使用的货币整体上存在着差异，而且在整个漫长的工期内按陆续完成的工程内容逐步支付，使承包商时刻处于货币汇率浮动和利率变化的复杂国际金融环境之中，把握不好就会带来巨大损失。

3. 国际政治、经济影响因素的权重很大

第二次世界大战结束以来，世界政治、经济、文化都处于不断变革之中，特别是20世纪90年代初以来，冷战结束，世界格局发生了重大转折。一方面经济全球化趋势不断发展，另一方面其消极作用日益凸显。世界经济多极化与世界经济区域化并存，南北矛盾突出。世界政治多极化趋势在曲折中发展，国际形势总体上趋于和平、缓和、稳定，但依然存在局部的战乱和动荡。未来一个时期，国际安全挑战将更加复杂多元，从经济危机到社会动荡，从文化冲突到热点冲突、恐怖活动，从全球挑战到地区灾害，乱象纷呈且相互交织。霸权主义、强权政治和新干涉主义有所上升，局部动荡频繁发生，粮食安全、能源资源安全、环境安全、网络安全等全球性问题更加突出。部分国家或地区由于不可避免受到周边国家或地区经济危机、文化冲突、宗族冲突等方面的影响，风险较大。

因此，除了工程本身的合同权利和义务之外，国际工程项目会受到国际政治、经济、文化等形势变化的巨大影响。例如，某些国家对于承包商实行国别或地区的限制或歧视性政策；还有些国家的项目受到国际资金来源的制约，可能因为国际政治经济形势变化（如制裁、禁运等）而终止；或因工程所在国的政治形势变化（如内乱、战争、派别斗争等）而使工程中断。国际承包商必须密切关注所在国及其周围地区，乃至国际大环境的变化和影响，采取必要的防范风险应变措施。

4. 规范标准庞杂，差异大

国际工程都要求采用国际上广泛接受的技术标准、规范和各种规程。国际工程承包的合同文件通常分两部分：一是针对商务和法律方面的文件，主要规定各方的义务、责任和权利；二是针对技术方面的细节，不仅包括工程的内容和范围，还要规定工程、设备、材料和工艺各方面的技术要求，这一部分主要包括图纸和详细的技术规范。

另外，国际工程的技术标准要求越来越高，工程建设中使用的技术、规范等越来越细化、多样，不同国家技术标准的规范很难统一。高新技术产业化使工程承包业及相关产业的科技含量不断增加，信息技术的广泛应用使工程管理技术水平日益提高，科技含量已经成为国际工程承包市场竞争的新杠杆。国际服务贸易标准化对工程承包商资质和服务标准的新要求，将成为市场准入新的技术壁垒。在科学技术不断发展的基础上，国际性的行业技术标准组织不断完善，覆盖的全球市场不断扩大，技术标准、规范、规程不断深化、细化；同时，欧洲、美国以及其他国家的行业技术标准组织也在不断完善、发展,技术标准、规范、规程也不断深化、细化。由于历史原因,国际性的行业技术标准组织制定发布的技术标准、规范、规程与区域性组织、规程既有一致的地方,也有较大的区别。各个国家也可能有自己的标准、规范和规程。在一项国际工程合同中如果不强调统一的标准、规范和规程,工程就可能由于规定繁芜、互不协调而争议不断。

因此,承包商进入国际市场时,必须熟悉国际常用的各种标准、规范、规程,并使自己的施工技术和管理适应国际标准、规范和各种规程管理的要求。同时,也要熟悉进入国家和地区工程建设标准、规范和各种规程,并在工程建设的前期增加投入,尽量统一各利益相关方在工程上的标准、规范和各种规程,使各团队成员能够步调一致地开展工作。

5. 高风险行业

国际工程是一个充满风险的行业,这是国际形势的复杂性和国际工程本身的复杂性决定的。根据风险的来源不同,可以将国际工程总承包风险分为工程外部风险和工程内部风险。工程外部风险是国际工程所处外部环境下所面临的普遍性风险,包括政治风险、经济风险、法律风险、自然环境风险、社会文化风险等。工程内部风险指与工程总承包模式的专业特点相关的,在设计、签约、采购、分包、施工、运营等各个阶段专属于特定项目的风险。工程总承包模式所涉及的阶段不同,所引起的风险也会不同。一般来说,包括设计风险、合同风险、分包及采购风险、采购风险、索赔风险,等等。

国际工程风险的特点有两点:(1)风险大。通常情况下,国际工程从策划、投标、缔约、履约到合同终止,再加上维修期,最少也要2年以上,大型或特大型工程的周期更长,有的甚至在10年以上。国际工程建设周期持续时间长,所涉及的风险因素多,如所在国政治、经济、文化、社会治安、自然条件、技术条件、市场价格等因素。这些因素相互作用相互影响产生错综复杂的关系,同时每一种风险因素都可能产生许多不同的风险事件。国际工程涉及的领域广、合同期限长,常使承包商面临诸多难题,如资金紧张、材料供应脱节、清关手续烦琐等。(2)参与工程建设的各方均有风险,但各方的风险不尽相同。工程建设各方所遇到的风险事件有较大的差异,即使是同一风险事件对建设工程不同参与方的后果有时也迥然不同。例如,同样是通货膨胀风险事件,在可调价格合同条件下,对业主来说是相当大的风险,而对承包商来说风险很小;在固定总价合同条件下,对业主来说不是风险,而对承包商来说是相当大的风险,这就需要承包商在报价时计入一定量的风险费或不可预见费来减少一旦风险发生时所受的损失。

与国内工程相比,除了政治、经济、文化因素可能带来的风险之外,宗教、自然、经营管理等风险普遍存在。只有将风险评估、预警、处理预案、保险等内容转变为企业海外经营的必修课和必要支出,才能防患于未然。

6. 跨学科的系统工程

国际工程涉及多个专业和多个学科，这个跨专业和学科的新学科也在不断地发展和创新。从工程项目准备到项目实施，整个项目管理过程十分复杂，对人才素质有很高的要求。从事国际工程的人员既要掌握某一个专业领域的技术知识，又要了解涉及项目管理、法律、金融、外贸、保险、财会等多方面的其他专业的知识。① 从工程项目准备到项目实施，整个项目管理过程十分复杂，因而国际工程是跨学科的、对人才素质有很高要求的复杂的系统工程。国际工程不但是一个跨专业的新学科，而且是一个不断发展和创新的学科。

7. 严格的合同管理

由于国际工程的各个参与方来自不同国家或地区，不可能依靠行政管理的方法进行工程项目管理，必须采用国际上多年来业已形成惯例性的、行之有效的一整套的合同管理方法。国际上常用的合同条件包括 FIDIC、ICE、AIA、NEC 等已为国际工程界广泛采用，这些合同条件为各参与方制定了严格的参与规则。采用这套方法从前期招标文件的准备到招标、投标、评标的过程虽然费时费力，但是能为以后订立合同、从而在工程实施阶段严格按照合同进行项目管理打下良好的基础。

8. 国际工程市场总体上是持续稳定的市场

国际工程市场遍布五大洲，虽然某些国家或地区的政治形势和经济形势在某一个阶段并不十分稳定，但大部分国家和地区是稳定的。目前的国际工程市场由发达国家所垄断。国际工程市场是从西方发达国家多年前到国外去投资、咨询和承包开始的，他们凭借雄厚的资本、先进的技术、高水平的管理和多年的经验，占有绝大部分国际工程市场。就全球来说，尽管国际资本流向可能有所变动，但很大一笔投资是用于工程建设的，因而国际工程市场总体来说是稳定的。

二、国际工程建设的一般程序

国际上大型工程项目建设的一般程序包括如下阶段：

（一）机会研究

机会研究，也可称为投资机会研究，是进行可行性研究之前的预调研。预调研旨在把项目由设想变成初步的项目投资建议。预调研花费时间较短，需要 1 ~ 2 个月，经费较少，占总投资的 1‰ ~ 2‰。机会研究的重点是做投资环境分析，对建设投资和生产成本进行初步估算。机会研究又分为一般机会研究（鉴定某一地区或部门的投资机会）和特定机会研究。

---

① 《国际工程项目管理的特点与管理模式分析》（下），载徐晓权：《航天工业管理》2007 年第 10 期。

(二)可行性研究

可行性研究包括以下内容:

1. 预可行性研究

预可行性研究也称为初步可行性研究。目的是对机会研究阶段提出的项目方案通过技术和经济分析作出鉴别和估价,判断投资建议是否可行,项目是否有必要进行详细的可行性研究。一般预可行性研究需要花费2~3个月,费用占总投资的1.25‰~2.5‰。

2. 可行性研究

可行性研究也称为详细可行性研究。它是对预可行性研究确定的项目方案进行全面深入的技术经济论证,为投资决策提供全面扎实的基础。它调查的范围更广泛,数据更准确,主要内容是对各种可能的拟建方案和建成投产后的经济、社会、环境效益进行技术经济分析、预测和论证,确定项目建设的可行性,并在可行的情况下提出最佳建设方案及建设地点的建议,作为决策和设计的依据。

可行性研究报告是业主投资决策、筹措资金和申请贷款的依据,是编制设计文件的依据,也是业主签订设计、施工、设备采购等有关合同或协议的依据,所需时间因项目的难易程度而有所区别,费用占总投资的0.5%~2%。

3. 辅助研究

辅助研究不是一个阶段,而是大型投资项目在可行性研究阶段中进行的专题研究,如市场、原材料供应、项目规模、设备选择等专题。辅助研究可以在可行性研究之前或与之同时进行。

(三)项目评估

完成可行性研究报告之后,一般都要委托另一家咨询公司对可行性研究报告进行评估,重点是可行性研究报告的真实性和可靠性。评估要权衡各种方案的利弊,向业主提出明确的评估结论。不同的业主对评估的内容有不同的要求。项目评估一般包括:项目投资建设的必要性和市场预测评估;项目建设条件和技术工艺评估;项目的财务评估;经济和社会效益评估;环境评估,项目风险及对策评估以及组织结构评估。根据评估报告,业主最后确定是否立项以及立项后的各项准备工作,并确定项目投资目标、项目规模、投资额度及建设地点。

(四)项目实施准备

项目实施准备包括确定项目实施模式,组建项目投资目标、筹集资金,确定项目进度要求,办理各种审批手续和工程设计等。设计工作开始后的一段时间,由咨询设计单位协助业主进行工程施工招标(包括招标文件准备、资格预审、招标、评标等)、谈判和签订合同等工作。

(五)工程设计

工程设计是项目实施准备的一项重要内容,一般包括三个阶段:

1. 概念设计

概念设计也称为规划设计或方案设计,主要包括项目的设计依据、基础资料、工程总体布置、主要建筑物和设备选型、环保设施、技术经济分析、价格估算和方案评价。

2. 基本设计

基本设计即初步设计,根据对概念设计的审查意见和要求编制,应就已确定的方案进行深入的分析和计算,对图纸和技术要求进一步深入研究和细化。对于单个建筑物,内容包括建设场地和总平面图、各层平面图、立面图、主要剖面图、结构构件布置图、主体结构、装饰工程和各种设备以及工程概算和技术经济指标。

3. 详细设计

详细设计即施工详图设计,这部分设计在国外多半在签订合同后由承包商负责设计,咨询工程师批准后可用于施工。国外有时只作初步设计即开始招标,以便早开工,早投产。

(六)工程施工与设备采购、安装

工程施工与设备采购、安装是在实施阶段同时进行的工作,一般通过招标采购。世界银行、亚洲开发银行文件称之为工程采购及货物采购。有时可以由一家总承包商承担这两项工作,有时由业主分开招标,由供应商负责设备的供货、安装和调试。

(七)试车竣工验收及投产

试车包括两个阶段:承包商及其分包商进行工程测试和业主方的试运行。在合同文件中应将所有的试车要求(包括检查、测试、维护和试运行等)包含在相应的条款和规范中。工程调试的目的是检验所安装的设备功能是否达到设计和规范要求。承包商应将每一个部位和全部系统的工程调试时间包含在整个过程进度表中,即要在合同规定的竣工时间内完成调试。在工程移交时,承包商应提交实际竣工图、试车检验报告和操作维修手册,包括健康、安全和环保的应急措施,还应提交相应的计算机软件和 CAD 培训课件等。业主试运行的目的是确保工程按计划安装和运行。该工作由业主方人员组织实施,需要时请咨询专家协助,也可要求承包商参加。

(八)项目后评价

项目后评价是世界银行贷款项目生命周期中的最后一个阶段,在英国称为竣工后评价。项目后评价是在项目正式投产一年后,按照严格的程序对项目执行的全过程进行认真回顾,总结经验和教训,供下一个新项目参考。

后评价的内容一般包括过程评价(理想和项目实施过程中的管理等)、效益评价(财务评价、国民经济评价)、影响评价(经济影响、环境影响和社会影响)、可持续性评价和综合评价。凡世界银行贷款项目都是在项目竣工投产一年后,由世界银行派专家对项目进行后评价。

三、国际工程法概述

(一)国际经济法及其体系

国际经济法是一个新兴的、综合性的、多层次的法律部门。我国大多数国际经济法学者认为国际经济法"是一个包括国际法规范与国内法规范在内的新兴的独立的法学部门"。[①] 它是调整国家、国际组织、不同国家法人与个人间经济关系的国际法和国内法的总称。

经济法学者从经济法体系理论提出的国际经济调节法学说对国际经济法的概念及其体系进行了极其有益的论证。漆多俊教授认为,国际市场的形成和正常运行具有一障碍即国家调节的局限,国际市场的市场调节固有三缺陷(垄断和不正当竞争、市场唯利性及其不进入某些领域、市场盲目滞后性及其调节的事后被动性),为此,需要国际调节三方式(排除政府规制和市场机制两个方面的市场障碍,国际组织通过直接或间接投资调节国际社会经济结构和运行,发布经济信息和经济预测并且运用金融、财政、税收等经济政策和其他调节工具引导政府和民间主体经济活动的健康发展),从而形成了作为国际经济调节法的国际经济法体系的三构成(市场障碍排除法、国际组织投资法、国际经济指导调控法)。其中,国际社会直接对国际市场之市场调节的调节关系又可分为通过各国国内法间接调整市场主体活动的传统国家间国际法的间接规范和直接调整市场主体活动的新型国际法的直接规范。这种国际调节说提出的国际经济法体系遵循了经济法的逻辑而且非常具有启发意义。[②]

在国际法学者中,库雷西(Asif H. Qureshi)的教科书具有更加自觉的国际经济法体系意识,该书第一版分论性质的内容分为国际货币法、国际贸易法和国际发展法三个部分,其中,国际投资法归入国际发展法。该书第二版分论性质的内容则分为国际货币法、国际贸易法、国际要素流动法和国际发展法四个部分,其中,国际投资法成为国际要素流动法的组成部分,而国际要素流动法的组成还包括了国际劳动法,另外,避免双重征税的法律被作为国际财政法也被归入国际要素流动法。在该书第一版和第二版序言之中,作者都特别强调,不同领域的国际经济法需要放在国际经济法整体语境之中予以理解,国际经济秩序广阔视角的法律分析是要把握不同领域国际经济法彼此之间的相互影响以及确保国际经济(法)在自由与福利

---

① 车丕照:《国际经济法》,中国法制出版社 2008 年版,第 2 ~ 8 页。

② 漆多俊、漆彤:《国际调节与国际经济法学科理论新视角》,载《当代法学》2004 年第 2 期。

两极之间保持平衡。①

另外,在我国国际经济法学者余劲松、吴志攀在其所著的教科书《国际经济法》中,则按照其所调整的社会关系及与之相适应的调整方法分类,将构成国际经济法统一体系的法律规范划分为国际贸易法、国际投资法、国际金融法、国际税法与国际组织法。从广义上讲还可包括国际发展法、国际环境法等。此外若进一步划分,还可分为国际货物买卖法、国际技术转让法、海商法、国际产品责任法、国际反托拉斯法等。这与美国学者杰赛普所提出的“跨国法”体系很不相同,这里只包括涉及经济领域的跨国法规范。②

根据国际经济法的概念,我们认为国际经济法体系应该划分为国际贸易法、国际投资法、国际金融法、国际税法与国际组织法。国际工程法包含国际贸易、国际投资、国际金融、国际税收等内容,它是国际经济法的一个重要组成部分。

(二)国际工程法的主体和调整对象

国际工程法是指调整由国际上不同国家参与的包括咨询、融资、采购、承包、管理及培训等阶段组成的建设项目之相关各方权利义务的各种条约、国际习惯等各种法律规范的总称,这是狭义的国际工程法的概念。根据上文国际经济法的概念和体系,国际工程法是调整国家、国家组织、不同国家法人与个人间关于工程咨询、工程融资与投资、工程承发包、工程招投标、工程建设、工程合同等国际工程经济关系的国际法规范和国内法规范的总称。

1. 国际工程法的主体

国际工程法的主体是指在国际工程经济法律关系中可以享受权利及承担义务的法律人格者,即国际工程经济法律关系的参加者或当事人,包括自然人、法人、国家、国际经济组织,但主要是国家、国际经济组织和法人。法人是一种拟制主体,其权利能力和行为能力具有同一性,同时产生、同时灭亡,且受法人的经营范围和活动章程的限制。对于法人这个特殊的主体,在确定其在内国是否有权利能力与行为能力时,受本国标准与内国标准的双重约束。首先,内国应根据法人本国法律的相关规定来确定其权利能力与行为能力。其次,外国法人在内国进行活动时,其还必须满足内国法律的相关规定,即外国法人也受内国法律的约束。一般而言,外国法人符合了内国法与本国法确立的双重标准后,其便可在内国进行民事活动,享有一定的权利,且须履行一定的义务。主权国家是国际社会中最为重要的主体,国家是国际经济法的主要制定者,在国际经济法律关系中,国家作为国际经济关系的主体,主要是指以国家名义参加国际经济流转的国家代表和政府机关。国家同其他国家或国际经济组织缔结或参加有关调整国际经济关系的条约或协定;在本国制

① 何志鹏:《国际经济法的概念反思与体系重构》,载《国际经济法学刊》2006 年第 4 期。

② 余劲松、吴志攀主编:《国际经济法》(第 3 版),北京大学出版社 2009 年版,第 10 ~ 11 页。

定对外经济政策和法律,依法对本国的涉外经济活动进行管理和法律调整;同时,还直接参与对外经济贸易活动,成为国际工程合同的当事人。国际组织是国际法上新兴的主体,是一种派生主体,如WTO、世界银行、亚洲开发银行、国际货币基金组织等,其活动仅限于自己的章程所规定的范围内,任何国际组织在进行活动时,不得滥用其所有的权利,更不得干涉国家内政。

2. 国际工程法的调整对象

国际工程法调整的对象,是指国际工程法所调整的特定的社会关系,具体包括国家、国家组织、不同国家法人与个人间关于工程咨询、工程融资与投资、工程承发包、工程招投标、工程建设、工程合同等国际工程经济关系。国际工程法所调整的对象是国际工程经济法律关系,既包括国际法上的工程经济法律关系,也包括国内法上的工程经济法律关系,而且在一项具体的国际工程经济法律关系中,往往同时具有双重的法律关系。①

因此,国际工程法既调整国家间、国际经济组织间、国家与国际经济组织间所发生的国际工程经济法律关系;也调整自然人、法人同国家、国际经济组织间,一国自然人、法人同他国自然人、法人之间所产生的工程经济关系。同时,国际工程法既调整国际工程纵向经济关系——也就是国家、国际经济组织依据国际条约或国内法对国际工程经济活动进行管理和调节的关系,如工程投资与融资、工程承发包、工程招投标、工程合同等;同时也调整国际工程横向经济关系——自然人、法人、国家、国际经济组织相互之间发生的超越一国国境的国际工程经济关系。

(三)国际工程法的渊源

国际工程法的渊源,是指国际工程法所包含的法律规范。国际工程法包括国际法和国内法两个方面的渊源。关于调整国际工程经济关系的国际法规范有国际条约与国际惯例,关于调整国际工程经济关系的国内法规范则包括涉外经济法,如对外贸易法、外国投资法、海外投资保险法、外汇管理法、涉外经济合同法、涉外税收法,等等。国际工程法的规范表现为各国涉外经济立法、国际条约和国际惯例中各种规范的总和,既包括国际法规范,又包括国内法规范;既包括实体性规范,又包括程序性规范;既包括强制性规范又包括任意性规范。② 国际工程法渊源有国际条约、国际习惯、国际经济组织的规范性文件,各国国内的涉外工程法,及其他如一般法律原则、国际商务惯例、判例等。

1. 国际经济条约

国际经济条约是国家、国际组织间所缔结的以国际法为准并确定其相互经济关系中权利义务的国际书面协议,对缔约国有拘束力,是国际经济法的重要渊源。

---

① 曹建明:《国际经济法学》,中国政法大学出版社1999年版,第6页。

② 姚梅镇:《国际经济法概论》,武汉大学出版社1989年版,第27~28页。

而调整国际经济关系的带有普遍性的国际公约和多边条约更是国际经济法的直接渊源。

关于国际公约和多边条约，它们是由世界上大多数国家或许多国家通过国际组织或国际会议共同制定的行为规范，如《联合国国际货物销售合同公约》《多边投资担保机构公约》《解决国家与他国国民间投资争议公约》等。这些公约或条约由于多数国家参加而带有普遍性，因而直接构成了国际经济法的渊源。而至于它们的效力是否具有普遍约束力并在多大范围内有约束力，则又取决于各国政府或各国立法机关的签署、批准或参加。关于双边条约，是由两个国家之间缔结的调整双边经济关系的条约，主要有商务条约、通商航海条约、贸易协定、支付协定、贷款协定、经济援助协定、投资保护协定和避免双重征税协定等。双边条约原则上只对缔约国具有约束力，并不直接构成国际经济法的渊源。

目前，在国际工程领域，尚没有直接调整国际工程的相关条约。从国际法上说，WTO 本身包含着三位一体的因素。“入世”明确含有加入这套包括货物贸易（GATT 1994）、服务贸易（GATS）和知识产权贸易（TRIPs），以及解决争端机制等几大块国际条约群及其多边条约群的世界贸易法典的含义。这些构成当今规范世界多边贸易的一个庞大而复杂的法律体系。WTO 是用国际条约规范世界贸易的，其条款都是用规定各成员方法律义务的方式来表述的。按照《国际法院规约》第 38 条关于国际法渊源的表述，WTO 条约群正是国际法的组成部分。目前，WTO 各相关文件成为调整国际工程法律关系的重要依据，WTO 各相关文件应视为国际工程法的渊源。WTO 要求各成员国实施统一的对外经贸政策，主张各成员国不分大小，实行非歧视的贸易待遇原则，给予外国货物国民待遇，保护知识产权，逐步开放服务贸易市场，主张公平贸易和公平竞争，各国工程建设市场的开放度将会不断提高。

2. 国际惯例

国际惯例指在长期的国际交往中，经过反复实践、反复使用，而逐步形成的习惯性法律规范。国际工程合同领域内的国际惯例属于国际经贸惯例，一般属于任意性惯例。任意性惯例不同于具有法律约束力的通例、常例或通行做法等，但是其仍具有法律约束力。国际惯例一般具有任意性，只有在当事人双方明确表示援引某惯例的规定时，该国际惯例才对他们有约束力。对这类惯例，允许当事人修改或补充。国际经贸惯例已为不少国际条约或国内法肯定和承认。① 如《联合国国际货物销售合同公约》第 9 条规定：“（1）双方当事人业已同意的任何惯例和他们之间确立的任何习惯做法，对双方当事人均有约束力。（2）除非另有协议，双方当事人应视为已默示地同意对他们的合同或合同的订立适用双方当事人已知道或理应知道的惯例，而这种惯例，在国际贸易上，已为有关特定贸易所涉同类合同的当事

① 米良：《论国际工程法的渊源及 FIDIC 合同条件的适用》，载《云南大学学报》（法学版）2011 年第 6 期。

人所广泛知道并为他们所经常遵守。”在国际工程承包中，FIDIC 合同条件、NEC 合同条件、AIA 合同条件等文本完全符合上述要求。

(1)FIDIC 合同条件。国际咨询工程师联合会编制的土木工程施工合同条件通常简称 FIDIC 合同条件，是一种行之有效的标准合同管理方法，已被大多数国际工程项目承包采纳。后文中将对 FIDIC 合同条件详细阐述。

(2)NEC 合同条件。NEC 合同条件是由英国土木工程师协会编制的工程合同体系。NEC 系列工程施工合同条件体系包括 6 个主要选择条款即计价方式选择、9 项核心条件、15 项次要选项条款、发包人可以从中选择适合自己项目的条款。6 个主要选择条款即计价方式选择，主要为固定总价合同、固定单价合同、目标总价合同、目标单价合同、成本加酬金合同、目标管理合同等。这些不同的主要选项提供各种风险在雇主和承包商之间不同的基本分摊方案。由于风险分摊不一样，每个选项使用的向承包商付款的方式也不同。

(3)AIA 合同条件。美国建筑师学会制定并发布的合同主要用于私营的房屋建筑工程，针对不同的工程管理模式出版了多种形式的合同条件，在美国得到广泛应用，AIA 出版的系列合同文件在美国建筑业及国际工程承包领域具有较高的权威性。经过多年的发展，AIA 合同文件已经系列化，形成了包括 80 多个独立文件在内的复杂体系，这些文件适用于不同的工程建设管理模式、合同类型以及项目的不同方面，根据文件的不同性质，AIA 文件分为 A、B、C、D、F、G、INT 系列。其中：A 系列，是关于业主与承包人之间的合同文件；B 系列，是关于业主与建筑师之间的合同文件；C 系列，是关于建筑师与提供专业服务的咨询机构之间的合同文件；D 系列，是建筑师行业所用的有关文件；F 系列，财务管理报表；G 系列，是合同和办公管理中使用的文件和表格；INT 系列，用于国际工程项目的合同文件（为 B 系列的一部分）。每个系列又有不同的标准合同文件。

3. 重要国际组织的决议

重要国际组织的决议指普遍性的国际组织所作出的有关国际经济的规范性决议。根据国际法，国际组织并无立法权，国际组织所通过的决议一般来说并不对其会员国具有强制力，而是按照《联合国宪章》上“具有建议的效力”。而“建议”本质在于：它们不创设遵守的法律义务。因此，国际组织的决议不同于经国家签署或批准而产生法律约束力的国际条约。但是，符合国际法公认的准则而具有重要意义的国际组织决议，具有法律效力，应当看作是国际法的渊源。1974 年 5 月 1 日第六届特别联大全体会议通过的《建立新的国际经济秩序宣言》和《行动纲领》，1974 年 12 月 12 日第 29 届联大全体会议通过的《各国经济权利和义务宪章》，其中所确立的国家对自然资源永久主权原则、建立新的国际经济秩序原则等，均已被国际社会公认，完全具有国际法的效力，是国际工程法渊源中的一个不可分割的组成部分。

4. 国内法渊源

国内立法作为国际工程法的渊源，指各国制定的关于调整国际工程法律关系的法律、法令、条例、规定等规范性文件。[①] 由于国际工程的发展，一国为便于进行对外国际工程活动，往往参照国际上通行的实践或规定，结合本国情况，制定本国专门适用于国际工程法律关系的法律，如合同法、建筑法、招标投标法、对外贸易法、外国投资法、外汇管理法、国际商事合同法等，因而成为国际工程法的国内渊源。

第二节　国际工程法律制度

国际工程法是指调整由国际上不同国家参与的包括咨询、融资、采购、承包、管理及培训等阶段组成的建设项目之相关各方权利义务的各种条约、国际习惯等各种法律规范的总称。国际工程法中重要法律制度包括国际工程投融资法律制度（该部分内容另有专章予以阐述）、国际工程招投标法律制度、国际工程合同法律制度、国际工程索赔法律制度、国际工程争议解决法律制度等。本节主要对国际工程招投标法律制度、国际工程合同法律制度、国际工程争议解决法律制度进行介绍。

一、国际工程招投标法律制度

国际工程有多种项目采购方法，但是作为一种跨国经济活动，一般业主方都采用招标方式进行采购，特别是世界银行、亚洲开发银行贷款的项目，一般是要求通过公开的竞争性招标来优选承包商或供应商。

（一）国际工程的招标程序

关于国际工程招标，在国际上逐渐形成了一套工程项目招标程序的国际惯例。具体工程项目在执行时，可以根据每一个项目的具体情况增减相关流程。

下面介绍“FIDIC 合同指南”（2000 年版）中编制并推荐使用的“招标程序”中的“招标程序流程图”，该“流程图”主要用于国际工程施工合同的招标，共分为确定项目策略、对投标人进行资格预审、招标和投标、开标、评审投标文件及授予合同六个部分。

1. 确定项目策略（Establishment of Project Strategy）

一个工程项目在前期策划阶段，应研究采用何种策略最利于实现项目的目标，这取决于项目的性质、复杂程度、融资渠道、项目的生命周期费用、业主的管理能力以及外界的政治和经济环境等。确定项目策略包括确定项目采购方法和项目实施的日程表。

项目采购方法一般指业主方在选择项目的服务方（如咨询、承包、供货等）时，

① 米良：《论国际工程法的渊源及 FIDIC 合同条件的适用》，载《云南大学学报》（法学版）2011 年第 6 期。

从确定需求到项目完成的全过程中所采用的方法,包括招标方式等。但在确定项目采购方法之前,必须首先确定采用何种项目管理模式(EPC、BOT、PMC 等)。确定项目的管理模式后才能决定项目的采购方式和招标方式。采购方式确定后就能确定哪些采购工作需要招标,如设计、设备、施工等,然后确定招标方式和合同授予准则。这个阶段还应根据项目采购方法和招标方式来确定整个项目的时间进度表,包括项目的招标、设计、施工、验收等工作的里程碑日期。同时也应规定招标工作的日程表,包括项目的某些部分单独招标的日程表。

2. 对投标人进行资格预审

在国际工程招标过程中,对投标人进行资格预审是一个非常重要的环节。资格预审的目的在于通过投标之前的审查,挑选出一批确有经验、有能力和具备必要的资源以保证能够圆满完成项目的公司获得投标的资格。

为了确保招标具有一定的竞争性,在资格预审合格的前提下,通过资格预审的公司通常以 6 ~ 10 家为宜,具体情况还要根据项目的具体情况来确定。为了防止一些通过资格预审的公司不来投标,因而要求通过资格预审的公司回函确认他们是否参加投标。资格预审的程序包括业主方编制资格预审文件、通过刊登广告等方式邀请承包商参加资格预审、向承包商出售或颁发资格预审文件、承包商填写资格预审文件并送交业主方、由业主方对所有的资格预审文件进行分析评审、最后确定通过资格预审的公司即进入“短名单”的公司,并将通过资格预审的公司名单通知所有的申请人,而不必解释原因。如业主急于开工,或对于比较简单的中小型工程,也可以不进行资格预审而进行资格后审,即在招标文件中加入资格审查的内容,投标人在提交投标文件时提交资格审查资料,评标时先对投标人进行资格审查,不合格者取消被评标资格。

3. 招标和投标

(1)招标

招标是业主方采用市场采购的方式对将要实施的工程项目的全过程或某一阶段特定任务的实施者进行选择的方法和过程。工程采购是通过招标在市场中优选一家合格的承包商来完成合同中要求的工程项目实施的全部有关工作。

①招标文件的内容。招标文件可以认为是业主方准备的合同草案,是制定合同的基础,其中绝大多数内容将来都是正式合同的组成部分,因而对业主和承包商来说,招标文件十分重要。业主方在大多数情况下都是聘请咨询公司编制招标文件。招标文件内容一般包括:投标邀请书、投标人须知、招标资料表、合同条件(通用、专用)、技术规范、图纸、投标文件格式、工程量表、投标文件附录和投标保函格式、协议书格式、其他各种保函格式以及附加资料表和资料数据等。一般投标邀请书和投标人须知仅为招标阶段使用,不构成合同文件。业主/工程师可在投标文件中要求投标人提交与评标或与订立合同有关的附加资料和附加数据,包括:投标人执行合同的组织机构和人员、项目进度计划、一些子项目的价格分解、拟分包的工

作和拟使用的分包商、关键岗位的职员、拟定的履约保证人以及拟使用的施工设备清单等。

②招标文件的颁发。招标文件的颁发一般采取出售的形式,只出售给那些通过资格预审的公司。

(2)投标人现场考察

投标人现场考察是指业主方在投标人购买招标文件后的一定时间(一般为一个月左右)内,组织投标人考察项目所在现场的一种活动。目的是让投标人在阅读和研究招标文件后有机会实地考察了解现场的实际情况。一般现场考察和标前会议一并举行,由业主方负责有关组织工作,投标人自费参加该项活动。

(3)投标人质疑

投标人质疑有两种方式:信函方式或标前会议方式,或者两者同时采用。采用何种方式应由业主方在招标文件的“投标人须知”中说明。

①信函方式。由投标人在规定时限(如提交投标文件截止日期之前28日)内,将质疑的问题书面形式递交给业主/工程师。业主/工程师将汇总所有投标人的问题,用书面答复发给所有的投标人。

②现场考察与标前会议相结合的方式。投标人可以在规定时间内将质疑的问题书面提交业主方,也允许在会议中提问。业主应在会议上回答所有的问题,向所有投标人发送书面的会议纪要以及对所有有关问题的解答。业主应说明此类书面会议纪要及问题解答是否作为招标文件的补遗。如果是,则应将之视为正式招标文件的内容。

(4)招标文件补遗

招标文件补遗应编有序号。补遗的内容多半出于业主方对原有招标文件的解释、修改或增删,也包括在投标人会议上对一些问题的解答和说明。

(5)投标书的提交和接收

投标人应在招标文件规定的投标截止日期或延后的投标截止日期之前,将完整的投标文件按要求密封、签字后送交业主指定地点。业主方应由专人签收保存投标文件,且在开标前不得启封。如果投标文件的递交迟于投标截止日期或者投送到非指定地点,一般将被视为废标,并将被原封不动地退回。

4. 开标

开标是指在规定的正式开标日期和时间(一般为提交投标文件截止日期和地点),业主方在正式的开标会上启封每一个投标人的投标文件。业主方在开标会上只宣读投标人名称、投标价格、备选方案价格和检查是否提交了投标保证。同时也宣读因过期提交等原因而被取消投标资格价格的投标人的名称。一般开标应采取公开开标,也可采取限制性开标,即只邀请投标人和有关单位参加。

5. 评审投标文件

评标包括以下几个部分的工作:(1)评审投标文件。评审投标书由专业人士进行,业主一般组建评标委员会进行评标。评标委员会的主要工作是审查每份投标文件是否符合招标文件的规定和要求,并审查投标人的人员、设备、技术方案、业绩、财务、银行融资能力等;同时核算投标报价有无运算方面的错误。包含有偏差的投标文件。在评审投标文件后,业主方一般要求报价最低的几个投标人澄清其投标文件中的问题,包括投标问价中的偏差。偏差指的是投标书总体符合要求,但个别地方提出一些与招标文件的规定不同的要求。业主方可以接受此投标文件,但在评标时由业主方将此偏差的资金价值采用“折价”方式计入投标价,然后按照评标后的投标价大小排序。如果因投标文件包含的偏差太大而不可能决定偏差的资金价值,则一般认为投标文件不符合要求,将之退还给投标人。(2)对投标文件的裁定。对投标文件的裁定一般简称决标,指业主方在综合考虑了投标书的报价、技术方案以及其他方面的情况后,最后决定选中一家承包商中标。除非特殊情况,否则业主应将合同授予投标文件符合要求且评标后投标价最低的投标人。如果在投标人须知中允许投标人提交备选方案,则在评标时也应对备选方案进行比较。如果世界银行、亚洲开发银行等金融机构的贷款项目,则要等贷款银行对业主选中的承包商进行认真严格的审查后,才能最终正式决标。(3)废标。有时业主方因下列原因宣布此次招标作废,取消所有投标。这些原因包括:每一个投标人的报价都大大高于业主的标底;每一份投标书都不符合招标文件的要求;或收到的投标书太少,一般指不多于3份。此时业主方应通知所有的投标人,说明废标原因,并退还他们的保证金。

6. 授予合同

授予合同包括以下四个步骤:(1)签发中标函。在经过决标确定中标候选人之后,业主要与评标价格最低的投标人进行深入的谈判,将谈判达成的一致意见写成一份谅解备忘录。此备忘录经双方签字确认后,业主方即可向此中标人发出中标函,中标函应明确指出承包商应实施的工程范围以及合同价格。(2)履约保证。履约保证是指投标人在招标文件规定的时间内或在签订合同协议书时,按照招标文件规定的保函或者担保的形式和金额,向业主方提交的一份保证承包商在合同期间履约的担保性文件。(3)编制合同协议书。一般均要求业主与中标人正式签订一份合同协议书,且合同协议书的格式须由业主规定,并由业主方准备此协议书稿。协议书中除规定双方基本的权利、义务以外,还应列出所有的合同文件。在有些国家,法律规定收到中标函,即可认为合同成立,无须再签订合同协议书。但是大多数国家一级国际金融机构的习惯做法还是要求采用合同协议书签字盖章的形式,使合同正式生效。(4)通知未中标的投标人。只有在中标人与业主签订了合同协议书并提交了履约保证后,业主才将投标保证退还中标人。招投标工作至此完成。然后,业主应通知所有未中标的投标人,并退还他们的投标保证。

(二)国际工程的招标方式

国际工程招标时,通常采用的招标方式一般可分为以下几种:

1. 公开招标(无限竞争性公开招标)

公开招标是业主在国内外主要报纸及有关刊物上刊登招标广告,凡对此招标项目感兴趣的承包商都有均等的机会购买资格预审文件,参加资格预审,预审合格者均可购买招标文件进行投标。这种招标方式可以为一切有能力的承包商提供平等的竞争机会,业主方也可以选择比较理想的承包商,同时有利于降低工程造价,以合理的最低价采购合适的工程、货物或服务,保证采购按事先确定的原则、标准和方法公开进行,增加招标透明度,减少和防止贪污腐败现象的发生。因此,一般各国的政府采购,世界银行、亚洲开发银行的绝大部分采购均要求采用公开招标的形式。这种招标方式的不足在于从准备招标、投标、评标到授予合同,均要花费很长的时间,文件较烦琐。如果是货物采购,可能造成设备规格多样化,从而影响标准化和维修。此外还要防止一些投机商故意压低报价以挤掉其他态度严肃认真而报价较合理的承包商。

2. 邀请招标(有限竞争性招标)

邀请招标一般不在报上登广告,业主根据自己的经验和资料,或请咨询公司提供承包商的情况,然后根据企业的信誉、技术水平、过去承担过类似工程的质量、资金、技术力量、设备能力、经营能力等条件,邀请某些承包商来参加投标。邀请招标一般 5 ~ 8 家为宜,但不能少于 3 家,投标者太少则缺乏竞争力。这种招标方式的优点是邀请的承包商大都有经验,信誉可靠。缺点则是可能漏掉一些在技术上、报价上有竞争力的后起之秀。世界银行、亚洲开发银行贷款项目如果要采用邀请招标需要征求银行同意,一般适用于合同金额较小,供货人数量有限等情况。

3. 议标

议标也称谈判招标或指定招标。适用于工期紧、工程总价较低、专业性强或军事保密工程,有时对专业咨询、设计、指导性服务或专用设备、仪器的采购安装、调试、维修等也采用这种方式。议标最好找两家公司同时谈判。这种招标方式节约时间,可以较快地达成协议、开展工作;但是无法获得有竞争力的报价。

4. 两阶段招标

对于 EPCT 合同,某些大型的、复杂的设施,或特殊性质的工程,或复杂的信息和通信技术,要求事先准备好完整的技术规范是不现实的,此时可采用两阶段招标。先邀请招标人根据概念设计或性能要求提交不带报价的技术建议书,并要求投标人应遵守其他招标要求。在业主方对此技术建议书进行仔细评审后,指出其中的不足,并分别与每一个投标人一同讨论和研究,允许投标人对技术方案进行改进以更好地符合业主的要求。凡同意改进技术方案的投标人,均可参加第二阶段投标,即提交最终的技术建议书和带报价的投标文件,业主据此评标。世界银行、亚洲开发银行的采购指南中均允许采用两阶段招标。

5. 双信封投标

双信封投标适用于某些形式的机械设备或制造工厂的招标,其技术工艺可能有选择方案时,可以采用双信封投标的方式,即投标人同时递交技术建议书和价格建议书。评标时首先开封技术建议书,并审查技术方面是否符合招标文件的要求,之后再与每一位投标人就其各自的技术建议书进行讨论,以使所有的投标文件达到所要求的技术标准。亚洲开发银行允许采用此种方法,但需事先得到批准,并应注意将有关程序在招标文件中写清楚。世界银行不允许采用此种方法。

二、国际工程合同法律制度

合同在国际工程中占据着中心地位,体现了相关的法律法规和惯例,规范了当事人的权利、义务与责任以及工程实施过程中的风险分担,是国际工程参与各方实施工程管理的基本依据。

(一)国际工程合同的概念和特征

1. 国际工程合同的概念

合同的概念可表述为:"合同是两个或两个以上当事人依法达成的明确相互权利义务关系的具有法律约束力的协议。"其本质是规定合同双方的权利、义务,以及保证实现此类权利和义务的可靠且可操作的程序。国际工程合同是指不同国家的有关法人或个人之间,为了实现在某个工程项目中的特定目的,所签订的确定相互权利和义务关系的协议。由于国际工程是跨国的经济活动,因而国际工程合同远比一般国内合同复杂。

2. 国际工程合同的特征

国际工程合同一般具有如下特征:

(1)国际工程的合同管理是工程项目管理的核心。国际工程合同从前期准备(指编制招标文件)招投标、谈判、修改、签订到实施,都是国际工程中十分重要的环节,只有订立一个好的合同才能保证项目的顺利实施。

(2)国际工程合同文件内容全面,包括合同协议书、投标书、中标函、合同条件、技术规范、图纸、工程量表等多个文件。编制合同文件时,各部分的论述都应力求详尽具体,以便在实施中减少矛盾和争议。

(3)国际工程咨询和承包在国际上已有上百年历史,经过不断地总结经验,在国际上已经有了一批比较完善的合同范本,如 FIDIC、ICE、AIA 等国际知名机构都编制了标准的合同范本,可供采用和借鉴。

(4)每个工程项目都有各自的特点,"项目"本身就是不重复的、一次性的活动,国际工程项目由于处于不同的国家和地区,不同的工程类型、不同的资金条件、不同的合同模式、不同的业主和咨询工程师、不同的承包商,因而可以说每个项目都是不尽相同的。

(5)国际工程合同制定时间长,实施时间更长。一个合同实施期短则 1 ~ 2 年,长则 20 ~ 30 年(如 BOT 项目)。因而合同中的任一方都必须十分重视合同的订立和实施。依靠合同来保护自己的权益。

（6）一个国际工程项目往往是一个综合性的商务活动，实施一个工程除主合同外，还可能需要签订多个其他合同，如融资贷款合同、各类货物采购合同、分包合同、劳务合同、联营体合同、技术转让合同、设备租赁合同等。其他合同均是围绕主合同、为主合同服务的，但每一个合同的订立和管理都会影响到主合同的实施。

合同的签订和管理是搞好国际工程项目的关键。工程项目管理包括进度管理、质量管理与造价管理等，而这些管理均是以合同要求和规定为依据。项目各方都应配备得力人员认真研究合同，管好用好合同。国际工程公司都应尽早地主动培养一批合同专家，以满足日益对外开放的国内市场和走向国际市场实施国际工程项目的需要。

（二）国际工程合同类型

国际工程合同的形式和类别非常之多，有许多分类方法。按工作范围可分为全过程总包合同（EPC Turnkey）、设计—管理承包合同（Design-manage）、设计—采购承包合同（Design-procure）、管理承包合同（PMC）、设计服务合同（Design service）、咨询服务合同（Procurement service）、施工或供货安装承包合同（Construction/Supply-Erection/ME）等。按合同关系分类，一般分为总承包合同（Main Contract）和分包合同（Construction Subcontract）。分包合同包括施工分包、设计分包、劳务分包、设备材料供应分包、运输分包等。本部分主要介绍按照支付方式进行的合同分类，一般分为总价合同、单价合同和成本补偿合同。

1. 总价合同

总价合同也称约定总价合同或称总价包干合同。这种合同一般要求投标人按照招标文件要求报一个总价，在这个价格下完成合同规定的全部工作内容。总价合同一般有以下六种形式。

（1）固定总价合同

如果是施工总承包合同，则承包商的报价以业主方的详细的设计图纸及计算书为基础，并考虑到一些费用的上升因素，如图纸及工程要求不变动则总价固定，但当施工中图纸或工程质量要求有变更，或工期要求提前，则总价也应改变。这种合同适用于对工程项目要求十分明确的工程项目。采用这种总价合同，承包商承担全部风险，将为许多不可预见的因素付出代价，因此一般报价较高。

（2）调价总价合同

这种合同在报价及签订合同时，以招标文件的要求及当时的物价计算总价。但在合同条款中双方商定：如果在执行合同中，由于通货膨胀引起工料成本增加达到某一限度时，合同总价应相应调整。采用这种合同形式，业主承担了通货膨胀这一不可预见的费用因素的风险，承包商承担其他风险。当工程项目工期较长时，可采用这种形式的合同。

(3)固定工程量总价合同

该合同业主要求投标人在投标时按单价合同办法分别填报业主方编制的工程量表中各分项合同的单价,从而计算出工程总价,据之签订合同。原定工程项目全部完成后,根据合同总价付款给承包商。工期较长的大中型工程一般应分期付款,但要在合同中具体说明。如果改变设计或者增加新项目,则用合同中已确定的单价来计算项目调整后的总价;如果工程量表中没有相应的单价,则由双方讨论确定一个新的单价。这种方式适用于工程量变化不大的项目。

(4)附费率表的总价合同

与上一种合同类似,只是当业主方没有力量或来不及编制工程量表时,可规定由投标人编制工程量表并填入费率,以之计算总价及签订合同。该种形式适用于合同额较大的、可能有变更及分阶段付款的合同。

(5)管理费总价合同

业主雇用某一公司的管理专家对发包合同的工程项目进行管理和协调,并由业主支付一笔总的管理费用。采用这种合同时,要明确具体的工作范围。

(6)目标合同

目标合同也是一种总价合同,在签订合同时,对承包商设定了一定的成本和工期目标以及完成这些目标的奖励。但根据招标文件的不同要求,又可分为两种类型:①带分项工程表的目标合同。这类目标合同由承包商提交分项工程表,并对其准确性负责,承包商根据分项工程表在投标时提交一个总价,经过谈判,与业主签订总价目标合同。②带工程量清单的目标合同。这类目标合同由业主提交工程量清单,并对其准确性负责,承包商根据分项工程表在投标时提交一个总价,经过谈判,与业主签订总价目标合同。

在各种总价合同执行过程中,对很小的单项工程,在完工后一次支付;对于较大的工程,在投标时投标人最好报出各分部工程的价格,以便按施工过程中的里程碑分阶段支付,或按完成工程量的百分比支付。总价合同的适用范围一般包括两类工程:一是在房屋建筑(包括住宅和楼宇)中使用;二是在一些大型工程包括设计—建造和 EPCT 项目中使用。

2. 单价合同

当准备发包的工程项目的内容和设计指标一时不能十分确定,或是工程量不能准确确定时,则以采用单价合同形式为宜。对于业主方而言,单价合同的主要优点是可以减少招标准备工作,缩短招标准备时间,可以鼓励承包商通过提高工效等手段节约成本,业主只按照工程量表的项目支付,可减少意外开支。但业主方存在的风险在于工程的总造价一直到工程结束都是未知数,也存在许多风险因素。单价合同又分为以下三种形式:

(1)估计工程量单价合同

业主准备此类合同的招标文件时,委托咨询设计单位按分部分项工程列出工程量表并填入估算的工程量，承包商投标时在工程量表中填入各项的单价，据之计算出总价作为投标报价之用。但在每月结账时，以实际完成的工程量结算。在工程全部完工时，以竣工图和某些只能现场测量的工程量为依据，最终结算工程的总价格。

（2）纯单价合同

在设计单位还来不及提供施工详图，或虽有施工图但由于某些原因不能比较准确地估算工程量时采用这种合同。招标文件只给出各分项工程内的工作项目一览表、工程范围及必要的说明，而不提供工程量。承包商只要给出表中各项目的单价即可，将来施工时按照实际工程量计算。有时也可由业主一方在招标文件中列出单价，而投标一方提出修正意见。双方磋商后确定最后的承包单价。

（3）单价与子项包干混合式合同

以估计工程量单价合同为基础，但对其中某些不易计算工程量的分项工程则采用包干办法，而对能用某种单位计算工程量的，均要求报单价，按实际完成工程量及工程量表中的单价结算。这种方式在很多大中型工程中普遍采用。

3. 成本补偿合同

成本补偿合同也称成本加酬金合同（简称 CPF 合同），即业主向承包商支付实际工程成本中的直接费（一般包括人工、材料和生产设备费及施工机械设备费），并按事先协议好的某一种方式支付管理费及利润的一种合同方式。对工程内容及其技术经济指标尚未完全确定而又急于上马的工程、完全崭新的项目，或是临时增加的不易计算工程量的项目以及施工风险很大的项目，均可采用这种合同形式。其缺点是发包单位对工程造价不易控制，而承包商在施工中也不注意精打细算、节约成本。成本补偿合同有多种形式：

（1）成本加固定费用合同

根据双方讨论同意的工程规模、估计工期、技术要求、工作性质及复杂性、所涉及的风险等来考虑，确定一笔固定数目的报酬金额作为管理费及利润，对人工、材料、机械台班费等直接成本则实报实销。如果设计变更或增加新项目，当直接费用超过原定估算成本的 10% 左右时，固定的报酬金额也要增加。

（2）成本加定比费用合同

工程成本中的直接费加一定比例的报酬费，报酬部分的比例在签订合同时由双方确定。成本加定比费用合同与成本补偿合同相似，不同的只不过是所增加的费用不是一笔固定金额，而是按照成本的一定比率计算的一个百分比份额。

（3）成本加奖金合同

奖金是根据报价书的成本概算指标制定的，概算指标可以是总工程量的工时数的形式，也可以是人工和材料成本的货币形式，在合同中，概算指标被规定了一个底点和一个顶点，投标人在概算指标的顶点下完成工程时就可以得到奖金，奖金的数额按照低于指标顶点的情况而定；而如果投标人在工时或工料成本上超过指标顶点时，他就应该对超出部分支付罚款，直到总费用降低到概算指标的顶点为止。

(4)成本加保证最大酬金合同即成本加固定奖金合同

签订合同时，双方协商一个保证最大酬金额，施工过程中及完工后，业主偿付给承包商花费在工程中的直接成本和一定比例的管理费及利润。但最大限度不得超过成本加最大酬金。

(5)最大成本加费用合同

这种方式是在工程成本总价合同基础上加上固定酬金费用的方式，即当设计深度已达到可以报总价的深度，投标人报一个工程成本价，再报一个固定的酬金。合同规定，若实际成本超过合同中的工程成本总价，由承包商承担所有额外的费用；若承包商在实际施工中节约了工程成本，节约的部分可由业主和承包商分享。

(6)工时及材料补偿合同

在工时及材料补偿合同下，工作人员在工作中所完成的工时用一个综合的工时费率来计算，并据此予以支付。这个综合的费率，包括基本工资、保险、纳税、工具、监督管理、现场及办公室的各项开支以及利润等。材料费用的补偿以承包商实际支付的材料费为准。

(三)国际工程合同的基本内容

国际工程合同的基本内容依照合同类型的不同而有所不同。作为一种法律关系来说，其内容就是当事人享有的权利和承担的义务；作为一种法律文书来说，其内容是指合同的各项条款。此处所指的合同内容即据以确定当事人权利义务和责任的合同条款。根据有关法律规定及国际工程实践，国际工程合同的基本条款可分为两大部分，即合同的必备条款和合同的选用条款。

1. 合同的必备条款

合同的必备条款指一项合同必须具备的条款，若合同中缺少这类条款，或这类条款不明确，合同就很难履行，甚至导致合同本身不成立。概括各类合同，下列条款一般是必备条款：(1)关于合同当事人的名称或姓名、国籍、住所的条款。(2)关于签约日期、地点的条款：合同成立日期是确定合同有效期的起点，签约地点是日后确定司法管辖权和选择适用法律的根据之一。(3)关于合同标的种类、范围、技术条件、质量、标准、数量的条款。(4)关于价格条件、支付金额、支付方式和各种附带费用的条款。(5)关于合同履行的期限、地点和方式的条款。(6)关于违反合同的赔偿和其他责任的条款：合同依法成立后，不按照合同规定履行可能有多种原因。合同中规定违约责任条款，可维护合同的严肃性，督促当事人切实履行合同，这类条款应明确当事人承担违约责任的方式。

2. 合同的选用条款

(1)关于合同能否转让或合同转让的条件。(2)关于合同发生争议时的解决方法:合同发生争议时,及时解决合同争议可有效地维护当事人的合同利益。当事人可以在合同中约定解决争议的办法,即约定在协商调解不成时,或不经协商调解解决时,无论是通过仲裁还是通过诉讼来解决纠纷。(3)关于合同使用的文字及其效力。(4)关于履行合同承担风险责任的界限的条款:所谓承担风险责任的界限,是指合同标的物的风险责任,何时由一方转移到另一方。(5)关于标的物保险范围及保险费由何方负担的条款。(6)关于合同的担保条款:合同的担保是指合同当事人一方或第三方以确保合同能够切实履行为目的,应另一方之要求,而采取的保证措施。合同的担保是通过签订担保合同或担保条款表现出来的,通常采用在合同中订立担保条款这种法律形式,来保证合同的全面履行。(7)关于不可抗力条款:不可抗力条款是规定不可抗力事故的范围,通告发生不可抗力事故的时限及方法,应提供的证明不可抗力的文件,负责事项以及善后处理办法等的条款。(8)关于索赔条款:在索赔条款中,应确定解决索赔的基本原则,提出索赔的期限,提出索赔的通知方法及证明文件等。

上述条款无论是必备条款,还是选用条款,都是对一般合同而言的。对于某些合同,凡法律有特殊规定的,当事人还应依照有关的法律规定商订合同条款,以使合同条款趋于完备。此外,还有一些不必由当事人协商即成为合同内容的条款,这是指有关法律中规定的内容,就这些内容,当事人不论是否协商,是否写入合同,概不影响合同的效力,均为合同条款。

3. 合同的附件

在合同的主件之外,对合同中某些未能详尽说明的内容,一般作为合同的附件在合同中说明,附件是合同的组成部分,与合同主件具有同样的法律约束力。不同种类的合同,附件的内容也不相同。

(四)FIDIC 合同条件

1. FIDIC 的产生、发展和应用

FIDIC 是非政府国际组织“国际咨询工程师联合会”法文全称的缩写,该组织于 1913 年成立,目前已有 60 多个国家和地区成为其会员,中国工程咨询协会于 1996 年成为 FIDIC 的正式会员。FIDIC 是世界上多数独立的咨询工程师的代表,是最具有权威的咨询工程师组织。FIDIC 下设 2 个地区成员协会:FIDIC 亚洲及太平洋成员协会(ASPAC)、FIDIC 非洲成员协会集团(CAMA)。FIDIC 下设许多专业委员会,如雇主咨询工程师关系委员会、土木工程工程合同委员会、电器机械合同委员会、职业责任委员会等。FIDIC 总部机构现设于瑞士洛桑。

FIDIC 专业委员会编制了一系列规范性合同条件,构成了 FIDIC 合同条件体系。它们不仅被 FIDIC 会员国在世界范围内广泛使用,也被世界银行、亚洲开发银行、非洲开发银行等世界金融组织在招标文件中使用。在 FIDIC 合同条件体系中,最著名的有:《土木工程施工合同条件》(通称 FIDIC“红皮书”)、《电气和机械工程合同条件》(通称 FIDIC“黄皮书”)、《业主/咨询工程师标准服务协议书》(通称 FIDIC“白皮书”)、《设计—建造与交钥匙工程合同条件》(通称 FIDIC“橘皮书”)等。

为了适应国际工程业和国际经济的不断发展,FIDIC 对其合同条件要进行修改和调整,以令其更能反映国际工程实践,更具有代表性和普遍意义,更加严谨、完善,更具权威性和可操作性。尤其是近十几年,修改调整的频率明显增大。如被誉为“土木工程合同的圣经”的“红皮书”,第一版制定于 1957 年,随后于 1963 年、1977 年、1987 年分别出了第二、三、四版,1988 年、1992 年又两次对第四版进行修改,1996 年又作了增补。1998 年发行了第三版《客户/咨询工程师服务协议书范本》(白皮书)。1999 年,FIDIC 在原合同条件基础上又出版了多份新的合同条件,具体包括:《施工合同条件》(新红皮书)、《生产设备和设计—施工合同》(新黄皮书)、《EPC 交钥匙项目合同条件》(银皮书)、《简短合同格式》(绿皮书)。2004 ~ 2006 年世界银行等九个国际金融组织对 FIDIC 1999 年第一版的“新红皮书”进行了修改,形成了“多边银行协调版”,2010 年又对“多边银行协调版”进行了修改。2008 年,FIDIC 又出版了《设计、施工与运营项目合同条件》(金皮书),以满足国际上新发展的工程项目管理模式的需求,进一步扩大了工程承包的彩虹合同系列。2011 年,又出版了与 FIDIC“新红皮书”配套使用的《施工分包合同条件》。[①] 2017 年,FIDIC 对 1999 年版“黄皮书”和“银皮书”进行了修订。至此,FIDIC 向国际工程界提供了完整的标准合同体系。

2. FIDIC 合同条件的特点与应用

(1)FIDIC 合同条件的特点

FIDIC 所编制的合同条件具有以下特点:①国际性、通用性、权威性。FIDIC 所编制的各合同条件是通过总结国际工程合同管理的经验教训的基础上制定的,并不断吸收多个国际或区域专业机构的建议和意见进行修订,使之更臻完善。因此,FIDIC 合同条件具有很高的国际通用性,适用于不同国家和地区的法律和规定,既可用于国际工程,经过一定修订后又可用于国内工程。②各方的权利义务和责任规定明确,公正合理,便于操作。由于 FIDIC 合同条件客观地吸取了合同有关各方的意见,所以在其规定中公平合理地考虑了各方的利益,对雇主、承包商和工程师的权利和责任,以及三者在履行合同中的相互工作关系都做了详尽而合理的规定。在第四版中,更在雇主赋予工程师一定权限的同时,还在费用、工期和变更等事项的处理上,对工程师的权限加以合理的限制,以保证工程师在依据合同处理问题时能更加公正。③内容全面,条款前后规定一致,文字严谨,符合现有各法律体系的要求。④协议书、通用条件和专用条件三者形成既有分工、又灵活适用的有机整体。协议书明确了整套合同文件的内容,合同双方的最主要的权利和义务,经双方

① 米良:《论国际工程法的渊源及 FIDIC 合同条件的适用》,载《云南大学学报》(法学版)2011 年第 6 期。

签署后合同始能生效。通用条件是指对某一类合同标的都适用的规定。专用条件是专门为了合同所界定的具体工程项目所制定的,它是对通用条件的修改、删减和补充,这样就可以使合同条件适用于工程所在国或地区的法规的差异,工程项目的特点以及雇主对合同的各种要求。①

(2)FIDIC 合同条件的应用范围

包括:①土木工程项目;②雇主授权工程师对合同实施进行监督的工程;③主要适用于单价合同,但单价合同也可带有若干总价(包干)合同。

3. FIDIC 合同条件应用方式

FIDIC 合同条件是在总结了各个国家、各个地区的业主、咨询工程师和承包商各方经验基础上编制出来的,也是在长期的国际工程实践中形成并逐渐发展成熟起来的,是目前国际上广泛采用的高水平的、规范的合同条件。这些条件具有国际性、通用性和权威性。其合同条款公正合理,职责分明,程序严谨,易于操作。考虑到工程项目的一次性、唯一性等特点,FIDIC 合同条件分成了“通用条件”(General Conditions)和“专用条件”(Conditions of Particular Application)两部分。通用条件适于某一类工程,如红皮书适于整个土木工程(包括工业厂房、公路、桥梁、水利、港口、铁路、房屋建筑等)。专用条件则针对一个具体的工程项目,是在考虑项目所在国法律法规不同、项目特点和业主要求不同的基础上,对通用条件进行的具体化的修改和补充。FIDIC 合同条件的应用方式通常有如下几种:

(1)国际金融组织贷款和一些国际项目直接采用。在世界各地,凡世界银行、亚洲开发银行、非洲开发银行贷款的工程项目以及一些国家和地区的工程招标文件中,大部分全文采用 FIDIC 合同条件。在我国,凡亚洲开发银行贷款项目,全文均采用 FIDIC“红皮书”。凡世界银行贷款项目,在执行世行有关合同原则的基础上,执行我国财政部在世界银行批准和指导下编制的有关合同条件。

(2)合同管理中对比分析使用。许多国家在学习、借鉴 FIDIC 合同条件的基础上,编制了一系列适合本国国情的标准合同条件。这些合同条件的项目和内容与 FIDIC 合同条件大同小异。主要差异体现在处理问题的程序规定上以及风险分担规定上。FIDIC 合同条件的各项程序是相当严谨的,处理业主和承包商风险、权利及义务也比较公正。因此,业主、咨询工程师、承包商通常都会将 FIDIC 合同条件作为一把尺子,与工作中遇到的其他合同条件相对比,进行合同分析和风险研究,制定相应的合同管理措施,防止合同管理上出现漏洞。

(3)在合同谈判中使用。FIDIC 合同条件的国际性、通用性和权威性使合同双方在谈判中可以以“国际惯例”为理由要求对方对其合同条款的不合理、不完善之处作出修改或补充,以维护双方的合法权益。这种方式在国际工程项目合同谈判中普遍使用。

---

① 何伯森:《国际工程合同管理》,中国建筑工业出版社 2016 年版,第 153 ~ 158 页。

（4）部分选择使用。即使不全文采用 FIDIC 合同条件，在编制招标文件、分包合同条件时，仍可以部分选择其中的某些条款、某些规定、某些程序甚至某些思路，使所编制的文件更完善、更严谨。在项目实施过程中，也可以借鉴 FIDIC 合同条件的思路和程序来解决和处理有关问题。

需要说明的是，FIDIC 在编制各类合同条件的同时，还编制了相应的“应用指南”。在“应用指南”中，除了介绍招标程序、合同各方及工程师职责之外，还对合同每一条款进行了详细解释和说明，这对使用者是很有帮助的。另外，每份合同条件的前面均列有有关措辞的定义和释义。这些定义和释义非常重要，它们不仅适合于合同条件，也适合于其全部合同文件。

4. FIDIC 合同条件的内容

（1）施工合同条件（新红皮书）。新红皮书与原红皮书相对应，但其名称改变后合同的适用范围更大。该合同主要用于由发包人设计的或由咨询工程师设计的房屋建筑工程和土木工程。施工合同条件的主要特点表现为：以竞争性招标投标方式选择承包商，合同履行过程中采用以工程师为核心的工程项目管理模式。

（2）永久设备和设计—建造合同条件（新黄皮书）。新黄皮书与原黄皮书相对应，其名称的改变便于与新红皮书相区别。在新黄皮书条件下，承包人的基本义务是完成永久设备的设计、制造和安装。

（3）EPC 交钥匙项目合同条件（银皮书）。银皮书又可译为“设计—采购—施工交钥匙项目合同条件”，它与原来的设计——建造和交钥匙（工程）合同条件（“橘皮书”）相似但不完全相同。它适于工厂建设之类的开发项目，是包含了项目策划、可行性研究、具体设计、采购、建造、安装、试运行等在内的全过程承包方式。承包人“交钥匙”时，提供的是一套配套完整的可以运行的设施。

（4）合同的简短格式（简称绿皮书）。该合同条件主要适于价值较低的或形式简单，或重复性的，或工期短的房屋建筑和土木工程。

三、国际工程争议解决法律制度

国际工程项目通常具有跨文化、规模大、多参与方、长期性等特点。国际工程合同由于其技术上的专业性和内容上的复杂性，加之合同文件组成的多样性以及合同履行期间的长期性，已经成为争议解决难度最大的一种合同类型。[①] 传统的争议解决方式如仲裁和诉讼由于其效率低、费用高、对抗性强等缺点，已经不能满足复杂工程的需要。近年来，国际工程领域不断涌现新型的争议解决机制，其中包括调停方式、小型审判、争端审议委员会、争端裁决委员会、独立的裁决人等，这些机制与工程师决定、协商、调解等模式一起，统称为国际工程合同争议的“替代性争议解决模式”（Alternative Dispute Resolution，ADR）。国际工程合同领域越来越趋

① 周佑勇主编：《工程法学》（第 2 版），高等教育出版社 2017 年版，第 236 页。

向于采用替代性争议解决模式解决国际工程合同争议。

(一)ADR

ADR这一概念源于美国,原来是指20世纪逐步发展起来的各种诉讼外纠纷解决方式,现已引申为对世界各国普遍存在着的、民事诉讼制度以外的非诉讼纠纷解决程序或机制的总称。这一概念既可以根据字面意义译为"替代性(或代替性、选择性)纠纷解决方式",亦可根据其实质意义译为"审判外(诉讼外或判决外)纠纷解决方式"或"非诉讼纠纷解决程序""法院外纠纷解决方式"等。由此可见,ADR机制是一种独立或相对独立于法院诉讼的非诉讼纠纷解决方式,ADR作为多元化纠纷解决机制中的一种替代性解决方法,与法院诉讼的解决方式形成协调互动的关系,对于纠纷的解决起着越来越重要的作用。ADR是一个带有总括性、综合性、功能性和实践性的概念,又是一个不断发展与创新的开放性的概念,其内涵和外延均难以准确界定,目前国际上对ADR具体应包括何种程序和制度安排,仍存在较大分歧。

1. ADR的特点

(1)程序上的简易性和灵活性。ADR机制种类繁多,几乎没有固定的模式,但是都有一个显著的特点就是程序都十分灵活。当事人可视其争议的具体情况来选择合适的解决方案和程序。因此处理纠纷方便快捷,费用低廉。

(2)ADR程序中的当事人具有高度的自主性。从纠纷解决者与当事人之间的关系看,包括仲裁在内的ADR机制的构造是水平式的或平等的。允许当事人根据自主和自律原则选择适用的规范、标准和程序,如地方惯例、行业习惯、行业标准等规则解决争议,当事人的自主处分权和合意较之诉讼而言具有更重要的决定意义。

(3)当事人履行的自觉性。虽然通过适用ADR程序所达成的协议、裁断不具有法律约束力,但由于ADR程序完全是在双方当事人友好协商、互谅互让的基础上达成的,故一般多易于得到双方当事人的承认和自觉执行。随着ADR机制的不断完善化和精细化,各种非诉讼纠纷解决协议和裁断很可能逐渐具有一定的法律效力,令其拥有法律强制的坚强后盾,使诚信逐渐成为社会生活的主流。

(4)纠纷解决过程和结果的非对抗性。ADR机制是以妥协而非对抗的方式来解决纠纷的,和诉讼程序中那种双方唇枪舌剑、针锋相对的对抗方式比较起来,这种平和对话的方式更有利于维护双方之间长久存在的经贸交往和人际关系。

(5)ADR机制在纠纷解决基准上的非法律化。非法律化是指无须严格适用实体法规定,在法律规定的基本原则框架内,可以有较大的灵活运用和交易的空间。这样会将法律的滞后性减少到最小,当人们需要处理一些新颖的民事纠纷时,ADR机制就能够迅速提供一种或多种适应社会和科学技术发展变化的解决程序。

(6)ADR并不是一种封闭的体系,而是一种开放的、发展的体系。随着社会生活的发展,纠纷种类的增多,人们将会发明创造越来越多的ADR方式。

2. 国际工程建设领域内的 ADR

目前,世界各国普遍确立了不同程度、不同模式的 ADR 机制。ADR 制度和运作完全取决于特定社会的纠纷解决需求及其整体机制的设计,并不存在一种完美的、适用于任何国家和社会的模式和普遍规律。一般认为 ADR 的主要模式包括协商、调解、仲裁、小型审理、律师或中立专家的联合磋商(早期审理评议)、简易陪审团审判等。由于国际工程合同争议的特殊性,尤其是其成因和争议本身均具有较强的技术性、专业性和综合性,因此并不是所有的 ADR 都适合国际工程合同争议。经过多年的努力和探索,近年来国际上逐渐发展出一套适用于工程建设领域的 ADR 模式。

在国际工程建设领域常用的工程合同示范文本中,FIDIC 合同条件、英国 ICE 合同条件、世界银行工程采购招标文件范本中的合同条件、英国 NEC 合同条件等采用的 ADR 模式在国际工程合同实践领域具有较强的示范性。其中 FIDIC 合同土木工程施工合同条件(1987 年版)采用了以工程师为核心的 ADR 模式,英国 NEC 合同条件中的施工合同条件(ECC 1995 年版)以及英国 JCT 合同条件(1980 年版)采用以独立的裁决人为核心的 ADR 模式,英国 ICE 合同条件(1990 年版和 1998 年修订版)采用了以工程师和调解人为核心的 ADR 模式。[①]

3. DRB 争议解决机制

DRB(Dispute Review Board)最早起源于美国的土建工程施工,它旨在通过有别于仲裁和诉讼的非正式方式,及时、公正地解决施工过程中发生的争议,相比仲裁和诉讼而言,DRB 是一种更为柔和的争议解决方式。1998 年美国通过了《替代性纠纷解决法》(Alternative Dispute Resolution Act of 1998),对诉讼方式进行有效补充,对争议的解决采取以下几种方式:协商、调停、调解、小型审理、工程师决定、争议评审委员会、裁决、仲裁和诉讼。在这些最新发展起来的 ADR 方式中,最实际、最有效的方法是争议评审委员会争议解决机制。1995 年 1 月世界银行工程采购招标文件范本开始采用 DRB 模式,并规定世界银行贷款额超过 5000 万美元的工程项目的国际工程合同必须采用 DRB 模式。1996 年 FIDIC 将 DRB 争议解决模式纳入其“红皮书”修订草稿中。目前,我国香港地区已经普遍采用 DRB 模式,我国二滩水电站项目在 1992 年年底首次引进 DRB 模式后,黄河小浪底工程等一大批世界银行贷款项目也开始采用 DRB 模式。

DRB 作为一种非传统的解决争议的方法,其主要目的是协助双方解决一切不能自行解决的争议,涉及工期、质量、费用和风险。如今 DRB 的工作程序、指导思想和规范已成为现有合同条款的补充,其具体的工作步骤如下:

(1)DRB 的任命。在中标通知书签发后,投标书规定的开工日期前,工程项目合同双方联合任命一个 DRB。DRB 由具有相应资格的三名人员组成。双方均应

① 周佑勇主编:《工程法学》(第 2 版),高等教育出版社 2017 年版,第 237 ~ 238 页。

推荐一人,报他方认可,同时再由这两位 DRB 成员推荐第三位成员作为 DRB 主席。DRB 的各成员必须独立于各当事人,以保证其行为公正,并应定期到施工现场进行访问,以便熟悉工程进展情况,了解实际存在或潜在的问题及索赔事项。其报酬由双方平均支付。

(2)提交争议。提交争议于 DRB 前,争议双方应在规定时间内将争议通知并附所有证据和资料向工程师报告,工程师应在 42 日内做出决定。争议双方若任何一方不满意决定,可以以书面报告形式提交 DRB,委托 DRB 提出解决方案,并将副本送交另一方和工程师。

(3)现场调查、召开听证会。DRB 在收到报告书及证据材料后,应到施工现场开展调查研究,召开争议双方意见听取会。听证会期间,DRB 成员只能对争议双方进行提问,不能发表任何意见。听证会结束后,DRB 内部召开秘密会议,研究争议解决方案。

(4)提出建议。DRB 应在 56 日内或双方认可的期限内提出解决建议。业主或承包商任何一方不满意此建议,可在 14 日(或 28 日)内将仲裁意向通知另一方,否则任何一方无权着手仲裁程序。若 14 日(或 28 日)内未发出仲裁通知,该建议书即成为对合同双方均有约束力的最终决定。

4. DAB 争议解决机制

1995 年,FIDIC 首次将 DAB(争端裁决委员会)概念引入其出版的合同条件中,并在 1995 年 9 月出版的《设计—建造于交钥匙合同条件》中采用了 DAB 模式。1999 年 FIDIC 出版的系列合同条件中,《施工合同条件》《生产设备设计—施工合同条件》《设计采购施工(EPC)/交钥匙工程合同条件》均采用 DAB 模式。2005 年世界银行颁布的工程采购招标文件范本采用类似 DAB 的 DB 模式。

(1)争端裁决委员会的组成及报酬。合同双方经过协商,选定一个独立公正的争端裁决委员会,当发生合同争议时,由该委员会对其争议作出决定。合同双方在收到决定后 28 日内,均未提出异议,则该决定即是最终的,对双方均具有约束力。DAB 属于 FIDIC 工程合同特有的争议解决纠纷机制,根据工程项目的规模和复杂程度,争端裁决委员会可以由一人、三人或者五人组成,其任命通常有三种方式:①常任争端裁决委员会。在施工前任命一个委员会,通常在施工过程中定期视察现场。在视察期间,DAB 也可以协助双方避免发生争端。②特聘争端裁决委员会。由只在发生争端时任命的一名或三名成员组成,他们的任期通常在 DAB 对该争端发出其最终决定时期满。③由工程师兼任。其前提是,工程师是具有必要经验和资源的独立专业咨询工程师。DAB 的成员一般为工程技术和管理方面的专家,他不应是合同任何一方的代表,与业主、承包商没有任何经济利益及业务联系,与本工程所裁决的争端没有任何联系。DAB 成员必须公正行事,遵守合同。对争端裁决委员会及其每位成员的报酬以及支付的条件应由业主、承包商及争端裁决委员会的每位成员协商确定。业主和承包商应该按照支付条件各自支付其中的一半。

（2）采用DAB方式解决争端的优点。采用DAB方式解决争端的优点在于以下几个方面：①DAB委员可以在项目开始时就介入项目，了解项目管理情况及其存在的问题。②DAB委员公正性、中立性的规定通常情况下可以保证他们的决定不带有任何主观倾向或偏见。DAB的委员有较高的业务素质和实践经验，特别是具有项目施工方面的丰富经验。③周期短，可以及时解决争议。④DAB的费用较低。⑤DAB委员是发包人和承包人自己选择的，其裁决意见容易为他们所接受。⑥由于DAB提出的裁决不是强制性的，不具有终局性，合同双方或一方对裁决不满意，仍然可以提请仲裁或诉讼。

（3）DAB方式的法律适用与管辖范围。①DAB协议的法律适用。一般认为协议的效力不受主合同效力的影响，各方可约定适用的法律。②DAB实体法的法律适用。先由双方约定，若无约定可依最密切联系原则选择工程所在地国家的法律。当然亦可采用国际惯例等方法确定其适用。③DAB程序法的法律适用。依FIDIC合同附件中专门规定的程序规则。④DAB的管辖范围。一般遵照国际工程合同文本所包括的工程项目的适用范围和工程索赔争议的类别。

（4）DAB的法律效力。1999年版红皮书中第20.4款第4项规定："DAB应在收到此项委托后84天内，或在可能由DAB建议并经双方认可的此类其他期限内，提出它的决定，决定应是有理由的，并说明是根据本款规定提出的。决定应对双方具有约束力，双方都应迅速遵照实行，除非并直到如下文所述，决定在友好解决或仲裁裁决中应做出修改。"据此，DAB决定一经作出即对当事人具有约束力，而无论当事人是否同意。1999年版红皮书在第20.4款第7项进一步规定："如果DAB已就争端事项向双方提交了它的决定，而任一方在收到DAB决定后28天内，均未发出表示不满的通知，则该决定应成为最终的，对双方均具有约束力。"第20.7款规定："在以下情况下：(a)任一方在第20.4款[取得争端裁决委员会的决定]规定的期限内均未发出表示不满的通知；(b)DAB的有关决定(如果有)已成为最终的、有约束力的；以及(c)有一方未遵守上述决定。这时，另一方可以在不损害其可能拥有的其他权利的情况下，根据第20.6款[仲裁]的规定，将上述不遵守决定的事项提交仲裁。在此情况下，第20.4款[取得争端裁决委员会的决定]和第20.5款[友好解决]的规定应不适用。"对于争议双方在DAB的决定在规定时限(28天)内没有发出不满意的通知，该DAB决定对双方具有最终的约束力。但若合同任一方随后不执行该决定，则另一方可将对方不执行该决定的行为提交仲裁，此时其他程序(包括DAB及友好解决)均不适用，而另一方同时还享有合同规定的其他权利。也就是说，随后提起的仲裁针对的是"一方不履行DAB最终决定的行为本身"，而并不是DAB的最终决定，即仲裁庭不再审查DAB最终决定本身，仅是赋予其执行力。但是，1999年版红皮书毕竟是一份标准合同条件，当事人双方在合同中约定的DAB决定具有"最终约束力"能否排除仲裁或者诉讼的审查，当然还需要得到合同选择的适用国法律的认可。若认可,则赋予了 DAB 决定最终约束力,一方当事人不履行该决定时,由仲裁庭或者法院赋予其执行力。

5. ICE 合同的争议解决机制

ICE 合同由英国土木工程师协会(简称 ICE)制定,主要适用于道路、桥梁、水利等大型土木工程及构筑物,适用于英国和英联邦国家以及历史上与英联邦关系密切的国家。ICE 合同争议解决方式的特点在于提供了一种解决方式的选择,即当事人可以选择将争议提交调解人解决或者提交仲裁解决。如果当事人提出仲裁解决,则将失去调解方式的选择机会。

1994 年 ICE 合同颁布了调解程序,强调调解是为了快速确定解决方案。当事人在提出申请的 14 日内指定调解人并进行调解,请求调解的当事人应该在调解人指定之后即向调解人和其他当事人提交调解通知的副本,包括有关争议通知的文件副本。提议方应该提供争议观点和希望调解人考虑的事件说明。调解人有责任为当事人安排调解会议。在实施调解的时候允许调解人调查争议事实和具体情况,并在当事人许可的情况下,在法律或技术方面采取最大的灵活性。调解人得到许可,可以与任何当事人或当事人双方进行单独的讨论。调解人可以帮助当事人准备解决条款的协议,在当事人之间没有协议的情况下,调解人可以得到授权,提出建议书。调解人的建议应该是最终的,除非在建议方案的 1 个月内发出仲裁裁判通知请求推翻决定。[①]

6. JCT 合同的争议解决机制

JCT 合同由英国皇家建筑师学会等组成的联合会制定,主要用于房屋建筑,适用地域同 ICE 合同基本相同。早期的 JCT 合同版本规定对发生的争议一般通过工程师解决,直到 1998 年的 JCT 81 合同文本第 3 号修订,才第一次规定了专家裁决人的方式。

JCT 合同任命裁决人并不提倡在合同一开始就指定,而是在发生争议后,根据争议类型指定裁决人。在裁决人无法工作的情况下,还可以根据程序要求指定替代裁决人,但必须向当事人发出通知。这样可能需要指定很多不同的裁决人。

裁决人分为两类:已任命的裁决人或未任命的裁决人。在争议发生提交裁决人时就会出现两种情况:(1)已任命的裁决人必须在争议提交通知 7 日内进行裁决;(2)未任命的裁决人争议须在签订裁决人协议后的 7 日内进行裁决。裁决必须针对具体争议,以当事人的辩解和提出的补偿为基础进行考虑。裁决人有时需要得到技术或法律方面的咨询意见,发生的咨询和试验费用由当事人支付。只要裁决人认为有必要,不必得到当事人的同意,但须履行告知义务。裁决人必须做出决定,该决定具有法律约束力,除非争议通过仲裁或诉讼最终判决。如果一方当事人不满意裁决人的决定,他可以在接到决定的 14 日内将事件提交仲裁或者诉讼。当

---

① 周佑勇主编:《工程法学》(第 2 版),高等教育出版社 2017 年版,第 255 页。

事人在规定时间内没有提出不满意决定的,必须严格遵守裁决人的决定,一方不执行决定,另一方可以直接提起诉讼,由法院强制执行。

7. NEC 合同的争议解决机制

英国土木工程师协会认为,当时的英国建筑业普遍采用的 ICE 合同、JCT 合同以及 FIDIC 合同在运作方式上存在一些问题,如咨询工程师在合同管理中的独立性和公正性难以得到保障,合同双方当事人由于利益冲突容易产生大量争议,合同冗长且条款复杂、造成双方都试图抓住合同的漏洞而获得经济利益。因此 1986 年,英国土木工程协会的法律事务委员会领导一个由 ICE 成员、承包商和分包商代表,以及工程师顾问组成的编写小组起草了一种新的合同文件体系——《新工程合同》(New Engineering Contract),它由《工程施工合同》《工程施工分包合同》《专业服务合同》《裁决人合同》组成。该合同文本格式不仅能够促进项目的良好管理,而且语言简单清楚,有利于减少风险成本,费用超支以及不适当的履行,提高施工项目的成功率。

为了解决双方的分歧、减少争议、改善合同关系,NEC 特别引入了早期警告、补偿事件和裁决人制度。"早期警告"是指合同当事人双方一经察觉可能会影响工程成本、工期和质量的事件,双方有义务向对方发出警告,否则将承担未发出早期警告的处罚。这有利于减少或避免这类事件可能导致的冲突或争议,实现项目的顺利实施。"补偿事件"是指并非承包商的过失引起的事件,承包商有权对合同价款及工期的影响要求补偿,包括获得额外的付款和延长工期。NEC 合同对于补偿事件的界定非常明确,凡是有可能引起合同变动的情形出现,只要非承包商过错,均可算作补偿事件,而且双方均可提出。这表明了业主和承包商之间的一种合作机制,从项目本身出发,将争议消灭在萌芽阶段,最终减少争议的出现,维护项目的良性发展。"裁决人制度"是指合同双方事先指定好一名裁决人解决争议,并规定了基本事项、裁决过程和决定、裁决人费用支付、风险赔偿以及裁决人指定的终止等方面内容。

NEC 合同的争议解决机制的解决争议具体程序如下:(1)裁决人的指定。裁决人是合同条款中规定的专业人士,业主应在投标文件中提供裁决人名单,供承包商选择。若承包商不接受这位人选,在进行投标时应提出此问题,另外挑选一名合适人选,并得到业主同意。(2)争议的提出。在一方当事人对于合同中的某些事项不满意时,他们应该通知对方当事人,并在通知发出的 14 日内共同寻求问题解决。若未解决则转化为争议,当事人双方的任何一方在提交争议给裁决人之前,应事先通知对方和工程师。(3)裁决人决定。在提交争议裁决申请时,应同时提交涉及争议的有关信息,裁决人有权审核或修改工程师在争议过程中的任何决定或建议。裁决人的决定及依据应在提交裁决申请后的 28 日内或达成协议的延长期内送达当事人和工程师。如果当事人不满意裁决人的决定,可以在 28 日内向审判庭提出审判该事项的通知,否则此决定将产生法律约束力。

与传统的合同不一样,NEC 积极努力地改善合同关系,管理工作,重新分配风险,并以此鼓励合作,保障利益。NEC 的指导思想是提倡长远利益,合伙合作以及具体责任化到个人,从而减少“谁做,做什么,什么时候做,怎样做”的问题。基本来说,NEC 是通过明确合同参与各方的职责、提高利益关系人的管理效率来减少索赔,抑制诉讼。

8. AIA 合同的争议解决机制

AIA 合同系列由美国建筑师学会(AIA)制定,主要适用于美国和美国势力影响的地区。AIA 合同的争议解决方式主要有协商、调解、仲裁和诉讼等,鼓励争议双方采用协商、调解等非诉讼争议解决方式。当协商不能取得一致时,再将争议付诸其他解决程序之前,双方应按照美国仲裁协会《施工行业调解规则》调解争议。一旦一方向对方和美国仲裁协会提出调解要求,双方应在提出要求的 60 日内解决争议。在 60 日内不能通过调解予以解决,双方应将争议提交合同附录的争议解决菜单,当事人可从菜单中选出双方同意的单一或累进使用的程序。

这些程序主要包括:(1)争议评审委员会(DRB)。一般由 3 名成员组成,应该在施工开始之前选出该委员会,委员会应定期开会并作出咨询决策机构。(2)咨询仲裁。按照美国仲裁协会《施工行业调解规则》进行咨询仲裁。(3)小审判。在高级管理人员出席的情况下,将情况提交经双方共同推荐的个人成员,作出非约束性的建议。(4)有约束力仲裁。将争议提交距工地现场最近的美国仲裁协会(AAA)办公室,由仲裁协会作出有约束力的裁决,该裁决应是终局的。(5)诉讼。向位于项目所在地管辖权之内的相应的州或联邦法庭提出诉讼。AIA 合同文本有两个突出的特点:一是大力实践非诉讼纠纷解决方式,这与美国积极鼓励采用非诉讼纠纷解决方式相对应。1998 年美国通过了《替代性纠纷解决法》对非诉讼纠纷解决方式有充分的认识和广泛应用的基础。二是强调业主和承包商的友好关系,现代合作双赢的思想逐步取代了传统管理中的风险转嫁和利益纷争的做法。

(二)仲裁

1. 仲裁的概念

由于诉讼在解决工程承包合同争议方面存在明显的缺陷,国际工程承包合同的争议,尤其是较大规模项目的施工承包合同争议,双方即使协商和调解不成功,也很少采用诉讼的方式解决。当协商和调解不成时,仲裁是国际工程承包合同争议解决的常用方式。

2. 仲裁的地点

国际工程承包合同争议解决的仲裁地点,通常有以下三种选择:(1)在工程所在国仲裁,这是比较常见的选择。有些国家规定,承包合同在本国实施,则只准使用本国法律,在本国仲裁,裁决结果要符合本国法律,拒绝其他第三国或国际仲裁机构裁决,这对外国承包商很不利。(2)在被诉方所在国仲裁。(3)在合同中约定的第三国仲裁。

3. 仲裁的效力

在双方的合同中应该约定仲裁的效力,即仲裁决定是否为终局性的。如果合同一方或双方对裁决不服,是否可以提起诉讼,是否可以强制执行等。

4. 仲裁的特点

与诉讼方式相比,采用仲裁方式解决合同争议具有以下特点:(1)仲裁程序效率高,周期短,费用少。(2)保密性。仲裁程序一般都是保密的。从开始到终结的全过程中,双方当事人和仲裁员及仲裁机构都负有保密的责任。(3)专业化。建设工程承包合同争议的双方往往会指定那些具有建设工程技术、管理和法规等知识的专业人士担任仲裁员,从而可以更加快捷、更加公正地审理和解决合同争议。

(三)诉讼

诉讼,是指司法机关在双方当事人和其他诉讼参与人的配合之下,依法审理和解决争议的全部活动。国际民事诉讼是指含有国际因素或者从某个主权国家的角度来说含有涉外因素的民事诉讼。一般而言,因涉外民事关系引发的民事诉讼称为涉外民事诉讼或国际民事诉讼。国际民事诉讼处理的争议为国际民事诉讼关系或涉外民事诉讼关系(含有国际或涉外因素的民事诉讼关系)争议,法院在审理国际民事案件时也会适用审理国内民事案件的一般民事诉讼程序规范。国际民事诉讼中的法律适用既包括各国国内法中的相关规定,也包括国际上有关国际民事诉讼程序的双边或多边国际条约。

1. 国际民事诉讼程序

国际民事诉讼程序一般如下:

(1)起诉和受理。起诉是当事人因自己的合法权益受到侵害时,向法院提出诉讼请求,要求给予确认和保护的行为。受理是法院对原告的起诉进行审查,确定是否立案,法院受理案件之后,应及时将起诉通知和诉状副本送达被告,并要求被告在一定期限内提交答辩状。

(2)预审。英美法系国家的诉讼程序在开庭之前应明确争议的范围和主要争论点,大陆法系国家则由独立法院进行预审,在预审中确定双方争议的范围。

(3)开庭审理。①英美法系国家的诉讼。争议案件可分为事实问题和法律问题两个方面。陪审团一般由 12 名陪审员组成,其职权在于断定事实,听取证言并作出结论,而法官的职责在于确定案件所应适用的法律。庭审往往双方以当事人对抗的形式进行。先由双方当事人的律师做开庭陈述;接着由原告律师询问原告证人,目的在于引导陪审团和法官接受自己的主张;由被告律师进行反询问。被告律师如认为原告缺乏充分的诉讼理由,可以申请法院驳回原告起诉。如果此项请求没有被法院接受,被告律师可以令被告证人出庭接受询问,并由原告律师对其进行反询问。②大陆法系国家的诉讼。案件由法官开庭审理。开庭时,由双方当事人进行辩论，一般由原告或其委托律师首先陈述自己的诉讼请求，指出被告违约或侵权行为的实施，提出诉讼请求等；然后由被告或其委托律师发言，对原告的指控提出答辩，辩论完成后，由法院作出判断。①

（4）判决。英美法系国家当采用了陪审团时，法院的判决不必说明理由，只援引陪审团的决定即可。在没有陪审团的场合，法院所作的判决除应包括法官所作的决定外，还应包括作出这种决定的推理过程，说明事实根据和法律根据。此外，还允许在判决中包括持不同意见的法官的观点。大陆法系国家法官的判决书只是提及立法文件，简略叙述事实以及得出的结论，判决中不允许出现不同观点。

（5）上诉。各国的审级制度分为两审终审和三审终审而有所不同。英美法系国家有两级上诉法院，但上诉法院只审查下级法院的书面记录，不接受新的证据。上诉审查一般限于审查法律问题，对陪审团断定的事实一般不予审查。大陆法系国家的二审法院的审理程序，对案件的事实和法律问题都进行审理。当事人可以提交新的证据，但不能提出新的诉讼请求。

2. 法院调解

法院调解有利于促使当事人相互谅解，彻底解决争议，维持合作关系。同时，也减少诉讼程序，节约诉讼成本，提高办案效率。

美国法院的附属调解，法官不参与调解，而是把案件交给非营利性的调停协会来进行，但其程序根据法院的规则决定。这种方式是指当事人之间运用协商的方式，在中立第三人（调解人）的帮助下达成和解的纠纷解决方式。法院附设调解可以分为“强制性”和“自愿性”两种类型，这是它与传统调解方式的一个重要区别。当然这种“强制性”和“自愿性”仅仅是描述案件如何进入调解程序，而不是用来描述在调解程序中所发生的或达成的结果的类型。尽管法院对于调解过程有一定的指导作用，但从本质上说，法院附设调解仍是通过当事人的合意解决纠纷的方式。根据 1996 年联邦司法中心和公共资源中心对联邦法院的调查，调解是最普遍的法院附设 ADR 的形式。在 1996 年，超过一半的联邦地区法院提供调解服务，或者与一个法院外的 ADR 服务提供者联合进行。

3. 对外国法院判决的承认和执行

承认外国法院判决是指一国承认外国法院判决所确认的当事人之间的权利义务及其他事项在本国境内具有同等的法律效力。执行外国法院判决是指一国在承认外国法院判决的基础上，依照本国的法定程序，与执行本国判决一样，对外国判决予以强制执行。

承认和执行外国法院判决的程序是指被请求国法院以何种方式承认和执行请求国法院的判决。承认和执行外国法院判决的程序，大陆法系国家和英美法系国家规定不同：（1）执行令程序：大陆法系国家采用此种方式。被请求国法院根据请

---

① 何伯森：《国际工程合同管理》，中国建筑工业出版社 2016 年版，第 413～414 页。

求国法院的请求,对原判决进行形式审或实质审,认为该外国法院判决符合承认和执行条件的,须发执行令,交付执行。(2)诉讼和登记程序:英美国家采用。所谓诉讼式程序,也称重新起诉程序,即英美国家法院不直接承认和执行外国法院判决,如果外国法院判决需在英美国家得到承认和执行,则需当事人重新在英美国家法院起诉,同时将外国法院判决作为证据提交,经英美国家法院重新审理,如果认为外国法院的判决与本国法律无抵触之处,则作出一个内容与外国法院相同的判决,然后根据一般程序予以执行。

第十八章　国际工程项目的投融资法律制度

第一节　国际工程项目投融资基础法律理论

国际工程项目的开展和实施需要大量资本的投入，工程承包企业资金不足和融资渠道不畅是其进一步发展的最大障碍。随着我国“一带一路”倡议的实施，“走出去”的企业进行海外工程融资的能力将会变得越来越重要，而选择合理的融资模式是确保项目成功的关键。

一、国际工程投融资的概念、特点及作用

国际工程项目从咨询、投资、招投标、承包（包括分包）、设备采购、培训到监理，各个阶段的参与者来自不止一个国家，并且按照国际上通用的工程项目管理模式进行管理的工程。国际工程项目投融资的模式是国际工程进行过程中一个实质性环节，它关系到项目的资金能否按时出资到位，项目各方当事人的权利能否实现、义务能否按时履行，项目能否顺利进行等。因此，任何一家国际工程承包公司，它能否在国际工程市场获得成功，不仅取决于其技术水平、管理经验以及它在实际活动中赢得的信誉，还要看它筹集资金的能力和使用资金的本领。

（一）国际投融资的概念

投融资按严格的定义可分为投资和融资两方面。投资的基本含义是指在一定时期内，以预期收益或效益为目的而把货币转化为各种资产和形成资本的经济活动。国际投资是国际间资金流动的一种重要形式，是投资者为获得一定经济效益而将其资本投入国外的一种经济活动。国际投资可按不同的标准予以分类，如按投资主体，可分为政府或官方投资和国际私人投资；依投资时间长短，可分为长期投资和短期投资；按投资形式与性质，可分为直接投资和间接投资。①

融资简单来讲就是资金的融通，通过金融手段和工具，使资金流转起来。进一步的定义也有称其为货币流通的调节和信用活动的总称，包括货币的发行、存款、放款、汇兑、储蓄、发行有价证券等一系列金融活动。②

投融资是投资与融资密切联动的完整过程，在国际经济活动中是不可分割、互

---

① 陈安主编：《国际经济法》，法律出版社 2006 年版，第 280 页。

② 廖凡：《国际金融法学的新发展》，中国社会科学出版社 2013 年版，第 9 页。

相融合、可互相转化的环节。国际工程市场上更多的是借助于“投融资”一词来概括资金的融通筹集与投放使用的全部内容。只有国际投融资这一完整概念才能体现生产资本国际化和借贷资本国际化的统一,因而也能使国际投资和国际融资的内在联系及区别得以凸显。国际工程项目投融资可以定义为是投资者对一个大型工程项目贷款或投资,该工程项目建成后,再用项目生产的产品销售收入来偿还融资者的投资或贷款,或用该项目经营收入来偿还该项目的投资。[①]

在法律视角下,投融资是经济主体为获取经济、社会利益而进行具有密切联动性的资本融入与投出,并承担风险的经济活动。资本是投融资活动的终点,投资与融资是投融资主体资本运动的不可分割的两个环节。投融资不是投资与融资的简单相加,而是包含投资与融资密切联动、互相转化的经济活动。

(二)国际投融资的分类

国际投融资按照不同标准,有以下几种不同的分类:一是按照投融资主体不同,分为政府投融资、市场投融资和个人投融资;二是按照投融资周期不同分为长期投融资和短期投融资;三是按照投融资的地域不同分为国内投融资和国外投融资;四是按照投融资方式不同分为直接投融资和间接投融资。

(三)国际工程项目投融资的特点

1. 风险大

国际工程项目投融资的投资集中程度高,受市场变化影响的时间长,收回投资的方式直接同工程项目经营或项目产品的销售有直接关系。

2. 利润高

国际工程项目融资投产后,经营所得或产品销售情况如果良好的话,投资者的收益比其他种类的融资方式都更大,而且收益是长期的、稳定的,甚至是带有垄断性的高额回报,由此极大地吸引着国际投资的参与者。

3. 多集中于大型基础设施建设

国际工程项目投融资主要是发展大型基本建设工程,如能源项目、交通项目、大型经营项目、大型水利工程等。这些项目的建设周期长,建设投产后的经营周期更长,而且投资回报率高而稳定。投资者还可以将建成的项目转让,获得资本经营收益。

(四)国际投融资的作用

国际投融资已经成为国际经济合作的一种重要形式。对于资本输入国来说,国际投融资兼有积极性和消极性两方面的作用。一方面,外国投资为了逐利,可能无视东道国的经济发展目标,控制东道国的经济命脉,甚至造成东道国经济的畸形

---

① 吴志攀主编:《国际金融法》,法律出版社1999年版,第29页。

发展。因此，世界各国，包括发达国家，均在利用外资的同时，又对外资施加不同程度的限制，以维护其主权和利益。另一方面，国际投融资对东道国的经济发展又具有积极作用。资本输入国通过利用外资，可以解决国内资金困难，可引进国外先进技术和科学管理知识，加速基础设施的建设和自然资源的开发，促进本国经济的发展。

从资本输出国的角度看，国际投融资的影响和作用也有双重性。一方面，资本输出国投资者通过海外投资，可以占领或扩大海外市场，保证国外原材料的供应，利用国外的廉价劳动力，增强在国际市场上的竞争力，取得高额利润，从而给本国的经济发展和国际收支产生积极的影响和作用。但另一方面，大量资本输出，也可能会减少资本输出国国内的就业机会，减少商品的出口，导致技术外流、国内投资减少，影响国际收支平衡等。

从国际的角度看，随着国际投融资的发展，大量资金和技术投放到世界各国和地区，不仅促进了有关国际的经济技术发展，而且也促进了生产和资本的国际化，对整个世界的经济增长以及国际分工与合作，都起到了重大作用。国际工程项目投融资一般应用于发展中国家有固有收益的基础设施的建设上。在发展中国家，基础设施建设通常属于政府专营行业，私人机构或私人资本被禁止进入这一领域。但是，由于基础设施建设往往是发展中国家经济发展的"瓶颈"，利用外资加快本国基础设施建设就成为很多发展国家一项重要的政策。

二、国际工程投融资法的概念及渊源

（一）国际工程投融资法的概念

国际工程投融资法，是指用以调整一定跨国经济主体为获取经济、社会利益，在国际工程市场进行具有联动性的资本融入与投出活动，承担相应社会责任与投融资收益风险国际经济活动的法律法规和政策的总称。

（二）国际工程投融资法的法律渊源

国际工程项目投融资法律渊源具有自身的特征，对其了解和掌握有助于进一步了解国际工程项目投融资的特征，并有助于准确地适用准据法。法律适用的多样性是工程项目投融资的一个重要法律特征，这个特征决定了项目融资法律渊源的多样性：

1. 国内立法

国际工程项目投融资涉及的国内立法比较广泛。在我国，国内立法包括由最高立法机关制定的如《公司法》《合同法》《担保法》《招标投标法》《证券法》《商业银行法》《信托法》《预算法》《环境保护法》等法律。还包括由国务院制定的行政法规以及国务院相关部委，主要包括住房和城乡建设部、国家发展和改革委员会、商务部等行业主管部门，制定的规范基础设施投融资行为的一些部门规章和规范性文件等。

2. 国际立法

(1)国际条约

由于国际工程投融资涉及的法律关系纷繁复杂,有关的国际公约可以从几个角度来理解:首先,通过不同的法律关系来确定,有关的国际投资条约有《解决国家和他国国民间投资争端公约》《多边投资担保机构公约》《与贸易有关的投资措施协定》《服务贸易总协定》等,[①]有关国际金融条约有《国际货币基金协定》和《金融服务协议》等国际公约,以及大量的双边条约,如货币协定、贷款协定、支付协定、外汇融资协定、投资保护协定等,也是项目投融资的重要国际法渊源。其次,区别不同的公约性质加以分析,有的公约则属于冲突法公约如《国际货物买卖合同法律适用公约》等,有的公约属于程序法公约如 1958 年 6 月 10 日在纽约签署的《承认及执行外国仲裁裁决公约》等。

(2)国际惯例

国际工程项目投融资中的国际惯例是指在工程项目投融资的长期实践中逐步形成的成文的或不成文的且被当事人广泛采纳作为确定其权利义务的规则,例如有关支付的由国际商会制定的《跟单信用证统一惯例》、国际清算银行制定的《关于统一银行的资本计算和资本标准的协议》、有关担保的如国际商会第 325 号出版物《合同担保统一规则》以及国际复兴开发银行的《贷款协定和担保协定通则》等。

(三)国际工程项目投融资的法律属性

1. 投融资法律制度的私法属性

首先,就投融资主体而言,主要包括法人、非法人组织和自然人,还有代表国家公权力的政府。法人、非法人组织、自然人之间的投融资活动只涉及私权法律关系,应属于私法调整的范围,具有私法属性。其次,投融资目的之一即追求经济利益。工程投融资主要维护私人经济利益,归于私法调整范围,具有私法属性。最后,就调整方法而言,工程投融资是投融资主体受自我意愿所进行的经济活动,投融资法律涉及合同、担保等诸多民事法律关系,以"协商"的个别性调整方法进行法律关系调整,体现投融资主体的意志自由,具有私法属性。

2. 投融资法律制度的公法属性

工程投融资的主体、利益、调整方法亦体现了其公法属性。首先,就主体而言,如上所述,除了法人、非法人组织和自然人之外,投融资的主体还包括代表国家公权力的政府。私人主体与政府之间的、政府自身的工程投融资活动是工程投融资的重要类型,在实践中,往往表现为政府为企业工程项目投融资、政府建设基础设施项目的投融资。这类投融资活动涉及国家公权力参加的法律关系,具有公法属

---

① 参见于劲松、吴志攀主编:《国际经济法》,高等教育出版社 2009 年版,第 230 页。

性。其次,工程投融资的主要目的之一是追求社会利益,维护的是公共利益,其法律关系归于公法调整范畴,体现了工程投融资的公法属性。最后,就调整方法而言,投融资法律制度所涉及的法律关系并不完全像普通民事主体之间的法律关系一样,它要求投融资主体对工程承担社会责任,政府通过财政税收、信贷等政策加以规制,涉及国家对工程资源的管理、对金融的宏观调控和对经济活动的干预,具有公法属性。

(四)国际工程投融资法的必要性

国际工程项目投融资活动在发达国家和发展中国家都有很快的发展。在发达国家,投资的环境比较完善,配套设施比较齐全,管理人员的素质较高,有较完善的法制环境。这些对于投资者来说,投资的风险相对降低。但是,发达国家和地区的人工成本、土地和生活费用成本较高,投资的收益也就相对降低。而在大多数发展中国家,在能源、交通和通信设施等基础工程项目的发展水平较低,这些领域需要投资建设的项目较多,政府也多提供优惠政策支持投资这些项目,这对海外投资具有吸引力。但是,发展中国家的法律制度还不完善,执法难的问题突出,有些领域政府干预较多,存在很多不确定的因素和风险。这些都导致了不同国家在相关法律制度和合同观念有所不同,发达国家的投融资经验也不能直接照搬到发展中国家市场上来。

从另外一个角度来讲,在国际工程项目投融资活动中,投资国和接受投资的东道国的法律不同。例如,美国、英国、加拿大、新西兰、澳大利亚、新加坡和我国香港地区等商业和金融方面采用普通法系的法律传统,而欧洲大陆的大多数国家、俄罗斯、日本都采用大陆法系的法律传统。两大法系在法律术语、规则的解释和观念方面都存在很多不同。如果投资者和东道国属于不同的法系时,投融资项目的谈判就需要就一些法律概念的解释和程序性问题达成共识。所以,研究工程项目投融资的有关法律是十分必要的。①

三、国际工程项目投融资的发展过程

国际工程项目投融资方式自20世纪50年代以来经历了一个从简单到融资方式和工具多样化的发展历程。早期的用于基础设施等工程项目的资金主要来自各国的中央政府和地方政府,另外国际金融机构,如世界银行、亚洲开发银行、非洲发展银行、欧洲复兴开发银行以及各种基金等组织也提供贷款资助各国基础设施发展项目。20世纪80年代初期,土耳其总理首次提出了建设—运营—转让的BOT的概念,随后此种融资方式得到了广泛运用。

1994年中国成立了国家出口信用机构——中国进出口银行。经过十多年的

---

① 于劲松、吴志攀主编:《国际经济法》,高等教育出版社2009年版,第351页。

发展,中国进出口银行已成为中国机电产品、高新技术产品出口和对外承包工程及各类境外投资的政策性融资的主渠道,其开办的出口买方信贷、出口卖方信贷、对外优惠贷款等业务,有力地促进了我国对外经济技术合作的档次和层次。随着中国银行业改革进程的加快,国有商业银行以及股份制银行也陆续开办了出口信贷业务,为中国外经企业进行国际工程项目承包融资提供了更多的选择机会。

20 世纪 80 年代中期以来,伴随世界经济的复苏,项目融资的方式在国际金融界开始活跃起来,特别是在能源、电信、交通、电力等大型基础设施方面,项目融资方式得到了金融界和商界的认可和使用。20 世纪 90 年代以来,在美国、加拿大、欧洲、澳大利亚以及中东欧地区,在基础设施发展领域出现了公共私人合伙即 PPP 方式,即由政府和私人机构合作发展基础设施项目的方式。在中国,部分奥运项目(如国家主体育场)也采取了 PPP 方式进行融资建设。

自 2008 年全球金融危机爆发后,国际工程项目融资出现两个重要特点:一是新兴市场国家基础设施的项目数量和金额上升较快,成为基础设施投融资快速发展的重要区域。二是私人部门参与国际基础设施项目融资的规模不断上升,逐渐成为基础设施投融资的重要来源。

从我国基础设施建设资金构成来看,当前融资依然过多依赖政府财政资金和银行贷款,融资结构单一的问题非常突出,导致城市基础设施建设后续无力。随着地方融资平台的出现,以银行贷款方式进行基础设施融资的比重不断加大,这样一来造成地方政府债务规模不断累积,单纯的财政收入已经无法负担,只能不断地借新债还旧债,这也为我国公共财政埋下巨大风险隐患。党的十八届三中全会确定“允许社会资本通过特许经营等方式参与城市基础设施投资和运营”的改革方向以来,2014 年,国务院发布《关于创新重点领域投融资机制鼓励社会投资的指导意见》,大力倡导在若干重点发展领域(不限于城市基础设施)创新投融资体制,吸引和鼓励社会资本(特别是民间资本)参与投资。充分发挥政府投资的引导和带动作用,要求在同等条件下,政府投资优先支持引入社会资本的项目,根据不同项目情况,通过投资补助、基金注资、担保补贴、贷款贴息等方式,支持社会资本参与重点领域建设。

第二节　国际工程项目投融资的主要方式

随着世界经济一体化和全球化进程加快,工程建设市场也呈现全球化的趋势,国际建设工程的投资规模逐渐扩大,我国也有越来越多建筑企业走出国门承建国际工程项目。国际工程项目投融资方式自 20 世纪 50 年代以来经历了一个从简单到复杂的融资方式和工具多样化的发展历程。

一、政府融资

对于大多数发展中国家来说，政府资金是大型基础设施建设的一项主要的资金来源。各国中央政府和地方政府融资的工程项目，业界通俗称为"当地币"项目，其主要特点是资金来源于工程所在国政府，支付货币全部为当地币。政府资金主要是以财政融资的方式投入基础设施建设。

（一）政府融资平台

在现行法律制度框架下，政府通常仅承担社会公共管理的职能，而不能以政府的身份直接进行融资活动，故为了解决基础设施建设资金缺口问题，就必须构建一个有效的载体来代其进行具体的融资运作。当前，我国各地政府构建平台的做法基本一致，即由政府国有资产管理部门出资设立专门从事于城市基础设施的国有投融资公司，该种投融资公司在法律规定的范围内，对投资的基础设施的保值、增值承担责任，这就在制度设计上保证了"政企分开"原则的实现。投融资公司受我国《公司法》及公司章程的约束和调整，在政府的授权委托下，代表政府行使对基础设施建设的投融资职能。

（二）政府融资途径

政府融资平台筹措项目建设资金的渠道主要有以下两种途径：一是以依靠银行贷款为主要方式。在我国，各地政府融资平台在筹集基础设施项目建设资金时，其首要的选择往往都是直接向银行申请贷款支持，尤其是倾向于向国家开发银行等政策性银行和工、农、中、建等国有商业银行贷款。由于此类银行的贷款资金来源稳定、贷款周期较长、贷款规模庞大、手续方便，在我国已成为基础设施建设资金的最主要来源渠道。二是以发行企业债券为补充方式。根据我国《预算法》的规定，地方政府不得发行地方政府债券。鉴于该法律制度的障碍，地方政府限于其身份而丧失了发行市政债券的主体资格，故而只能依赖于其构建的融资平台发行企业债券（具有准市政债券的性质）来进行基础设施建设资金的募集。但由于发行企业债券的准入条件较严格，必须符合我国《公司法》《证券法》等法律的规定，故一般作为融资的补充方式。

二、国际银行贷款

国际银行贷款是借款人为支持某一项目，在国际金融市场上向外国银行借入资金。国际银行贷款主要有国际商业银行贷款和国际银团贷款两种方式。

（一）国际商业银行贷款

国际商业银行贷款，是指一国或多国商业银行向另一国借款人提供贷款，这是国际性商业银行的主要资产业务。这种银行贷款从一个国家转移到另一个国家，涉及不同国家的货币和法律,还涉及不同国家的银行和政府主管部门。与政府贷款或国际金融机构贷款不同,国际商业贷款一般不受银行的任何限制,资金可由借款人根据自己的需要自由使用。但国际商业银行贷款利率水平是通过借贷资本的供需状况自发竞争形成的,利润水平较高。根据贷款期限的不同,国际商业贷款可分为:短期贷款,期限多为1~7天或1~3个月,少数贷款为6个月或1年;中期信贷,多为1年以上、5年以下的贷款;长期信贷,5年以上的贷款。国际商业银行贷款采用专门合同规定借款人与贷款银行双方的债权债务。①

(二)国际银团贷款

国际银团贷款又称国际辛迪加贷款(Syndicated Loan),是高额国际商业贷款中普遍采用的贷款形式。由于国际工程项目贷款数额巨大,单个银行无力或不愿提供,②因此由两家或两家以上的银行组成银行团(所谓的辛迪加)共同贷款。国际银团贷款的通常做法是由一家银行作为"牵头银行",由它联络若干家其他商业银行参加,共同组成银行团。③ 参加银行团的成员银行分别承担贷款总额的一部分数额,再将贷款总额分期贷给借款人。银团的规模视情况需要而定,但无论其大小,通常都要按照一个银团贷款协议来执行。银团成员间的关系不是合伙,也不构成有限责任公司,而是为此项贷款专门临时组成的契约关系,成员银行分别各自独立地按一定比例承担一部分贷款数额。借款人通过代理机构或其他实现约定的安排获得所有贷款。④

这种融资方式手续较复杂,可行性论证和审批时间长,并且通常国际贷款机构会附加苛刻的条件,在实践中可执行性较差。

三、国际金融机构贷款

国际金融机构贷款是指国际货币基金组织、国际复兴开发银行(IBRD)、国际开发协会(IDA)、国际金融公司(IFC)、亚洲开发银行(ADB)、联合国农业发展基金会和其他国际性、地区性金融组织提供的贷款。世界银行贷款主要指国际复兴开发银行(IBRD)贷款和国际开发协会(IDA)信贷,其目的是通过长期贷款的支持和政策性建议帮助会员国家提高劳动生产力,促进发展中国家的经济发展和社会进步,改善和提高生活水平。

国际金融组织和机构贷款项目是我国企业从事国际工程承包的主要方式之一。在工程项目融资中,可以为我国提供项目贷款的包括国际复兴开发银行(IBRD)、国际开发协会(IDA)、国际金融公司(IFC)和亚洲开发银行等35个国际

---

① 徐冬根主编:《国际金融法》,高等教育出版社2006年版,第50页。

② 我国《商业银行法》规定,对同一借款人贷款数额不得超过该银行注册资本的10%。

③ 伏军主编:《国际金融法》,对外经济贸易大学出版社2013年版,第90页。

④ 徐冬根主编:《国际经济法论》,武汉大学出版社2004年版,第307~310页。

金融组织,涉及领域包括能源、交通、环保等基础设施和国家重点项目。虽然国际金融机构融资数量有限,程序也较为复杂,但是它们提供的项目贷款一般都带有优惠条件,追索权一般为有限追索权,贷款期限较长,一般可以达到 7 ~ 30 年,有些特殊的项目期限更长,完全迎合了大型国际工程项目融资的要求。因此,对于项目发起人而言,国际金融机构融资贷款是在进行项目融资过程中必须考虑的资金来源之一。

近年来,我国先后主导和发起设立了亚洲基础设施投资银行和金砖国家开发银行等新兴国际金融机构,这也将有力地促进发展中国家基础工程项目的实施和建设。

四、出口信贷

出口信贷(Export Credit),是指一国政府为支持和扩大本国大型机械设备、成套设备、大型工程项目等的出口,以提供利息补贴及信贷保险的方式,鼓励本国的银行对本国出口商或外国进口商(或进口商的银行)提供贷款、分期付款及其他资金融通便利的一种国际信贷和融资方式。目前世界上至少已有 70 多个国家设立了不同的出口信贷机构,一种是政府成立出口信贷机构(Export Credit Agency,ECA),另一种是商业银行或私人银行向进出口商提供信贷。世界上著名的有美国进出口银行、法国巴黎银行等。1994 年,为支持中国的成套设备、船舶、大型工程项目等出口的需要,中国政府成立了中国进出口银行,作为政策性的 ECA 机构。1998 年 12 月,中国政府成立了中国出口信用保险公司,为出口信贷提供保险支持。结合中国进出口银行业务开展的实际情况,本部分主要介绍常用的两种出口信贷融资方式。

(一)买方信贷

买方信贷是指出口商银行为支持和扩大本国资本货物出口,对进口商提供出口信贷,以使国外进口商即期支付出口商的一种融资方式。买方信贷的借款人可以是进口商、进口商银行或财政部。中国进出口银行买方信贷业务参照了经济合作与发展组织(OECD)颁布的《关于官方支持的出口信贷准则的约定》中的相关条款。我国的出口买方信贷主要用于支持中国机电产品、大型成套设备等资本性货物以及船舶、高新技术产品和服务的出口,支持中国企业带资承包国外工程。

(二)卖方信贷

卖方信贷是指出口商向国外进口商提供的一种延期付款的信贷方式。卖方信贷的实质是出口商从出口银行取得中、长期贷款后,再向进口方提供的一种商业信用。在卖方信贷项下,借款人为出口商(或承包商),国外进口商(或业主)在出口商交付货物或工程竣工后延期支付给出口商(或承包商)。出口信贷在一定程度上强化了一国工程服务出口的竞争力,但是也加剧了各个国家对出口信贷补贴的压力。为了寻求合作,各国先后就出口信贷达成了一系列协议。

五、国际合作开发

国际合作开发通常是指国家利用外国投资共同开发自然资源的一种国际合作形式。一般由资源国政府或国家公司同外国投资者签订协议,在资源国指定的开发区,在一定的年限内,允许外国投资者同资源国合作,进行勘探、开采自然资源,并进行共同生产,按照约定比例承担风险、分享利润。这种合作方式可以适用于各种自然资源的大型开发及生产,但通常用于风险大、投资多、技术要求高、建设投产周期长、单靠资源国本国的资金和技术往往难以形成规模的工程项目投资,如石油和其他矿产资源的开发工程。[①] 国际合作开发主要有特许经营、合营制、产品分成合同、服务合同、外商投资成片开发土地等五种基本模式。

(一)特许协议

特许协议,又称经济开发协议,是指一个国家同外国私人投资者,约定在一定期间,在指定地区内,允许其在一定条件下享有专属于国家的某种权利,投资从事与公用事业建设或自然资源开发等特殊经济活动,予以特别许可的法律协议。[②]

(二)合营制

合营制分为两种:一是建立合营企业的股权式合营,即由东道国与外国公司组成的以勘探、开发自然资源为经营目标的独立企业;二是契约式合营或合作,即合作者间仅达成一个联营协议,而没有组成联合的企业组织,未组成新的独立法人,合作各方在财务、法律上均各自保持其独立性,各自承担法律责任。两种方式的共同特点,是合营各方享有特许权,共同投资,分担开发成本,分享净收益等。[③]

(三)产品分成合同

产品分成合同是国际合作开发的一种新的合同形式,其基本特征是:(1)资源国拥有对作业区的土地和资源的所有权,外国公司为开发资源购置的设备最后要成为资源国的财产。(2)资源国国家公司负责资源开发作业的经营管理,外国合同者则依合同的规定负责施工作业。(3)外国合同者负责提供资源勘探、开发和生产所需的所有费用和技术,并承担生产费用风险。(4)在这个合同期间,全部资源产品在弥补开发费用后由国家公司与外国公司依合同规定分成。

(四)服务合同

典型的服务合同中,私人公司给政府或国家公司提供某种特定的服务,以取得

---

① 廖益新:《国际经济法》,厦门大学出版社 2012 年版,第 263 页。
② 姚梅镇:《国际投资法》,武汉大学出版社 1987 年版,第 356 页。
③ 廖益新:《国际经济法》,厦门大学出版社 2012 年版,第 258 页。

规定的报酬。在服务合同中约定,东道国政府或国家公司具有自然资源勘探和开采权,独立投资和经营,自负盈亏。同时,通过与外国公司签订服务合同,把资源勘探开发的某些工作交由外国合同者。服务项目可以是油田的全部勘探、开采和生产工作,也可以是勘探、钻井、铺设管道、建设平台以及设计开发方案中的任何一项或几项工作。资源产品全部由东道国或其国家公司取得,外国合同者只是取得相应的报酬,或取得一部分资源产品。

(五)外商投资成片开发土地

我国为了加快土地成片开发,以加强开发区的公用设施建设,改善投资环境,吸引外商在开发区投资举办先进技术企业和产品出口企业,发展外向型经济,允许外商投资从事开发经营成片土地。因此,外商成片开发成为我国土地合作开发的一种新形式。1990 年 5 月 19 日国务院颁布了《外商投资开发经营成片土地暂行管理办法》(以下简称《管理办法》),用以调整外商成片开发土地的有关问题。

外商投资成片开发土地是指在取得国有土地使用权后,依照规划对土地进行综合性的开发建设,平整场地、建设供排水、供电、供热、道路交通、通信等公用设施,形成工业用地和其他建设用地条件,然后进行转让土地使用权、经营公用事业;或者进行建设通用工业厂房以及配套的生产和生活服务设施等地面建筑物,并对这些地面建筑物从事转让或出租的经营活动。成片开发应有明确的开发目标,有明确意向的利用开发后土地的建设项目。

根据《管理办法》的规定,外商投资成片开发土地,在经济特区、沿海开放城市和沿海经济开放区范围内进行。在这些地区一般都划有特定的区域作为开发区,外商投资成片土地开发,先在开发区内进行。成片开发区通常采取更为优惠的政策,但它并不是由外商高度“自治”的,或实行“一国两制”的区域,而仍是我国主权管辖下的开放区的一部分。开发区内的事务,如税务、工商、海关、治安、司法、环保、土地等,均由中国政府有关机构负责管理。开发区内的一切活动都必须遵守我国法律和法规。

六、工程项目融资

国际工程项目融资是近几十年在国际上兴起的一种新的投资合作方式。所谓国际项目融资是指投资者对大型工程项目贷款或投资,该工程项目建成后,再用项目生产出来的产品或服务收入偿还贷款或投资,即它是为了一个特定的工程项目所安排的融资,其贷款人满足使用该项目的现金流量和收益作为偿还贷款的资金来源。[①] 项目融资是一种财务与合同的系统安排,它将项目本身的经济收益、项目的风险和各种担保联系起来,“主要适用于发电设施、高等级公路、桥梁、隧道等基

---

① 徐冬根:《国际金融法律与实务研究》,上海财经大学出版社 2000 年版,第 3 页。

础设施建设项目,以及其他投资规模大且具有长期稳定预期收入的建设项目。[①]按照我国相关法律规定,项目融资一般"是指以境内建设项目的名义在境外筹措外汇资金,并仅以项目自身预期收入和资产对外承担债务偿还责任的融资方式"。[②]项目融资的形式有很多种,主要包括 BOT、ABS、PPP、SOT 等模式。

(一)BOT

BOT(Build-Operate-Transfer)即建设—经营—转让,是指政府通过契约授予私营企业(包括外国企业)以一定期限的特许经营权,许可其融资建设和经营特定的公用基础设施,并准许其通过向用户收取费用或出售产品以清偿贷款,回收投资并赚取利润;特许权期限届满时,该基础设施无偿转移给政府。

BOT 作为项目投融资的一种主要方式,是国际经济合作发展到一定阶段的产物。1996 年,联合国工业发展组织公布了《通过建设—经营—转让(BOT)项目发展基础设施的指南》(以下简称 BOT 指南)。2000 年联合国国际贸易法委员会公布了《私人投融资基础设施项目法律指南》(以下简称 PFI 法律指南);2003 年,联合国国际贸易法委员会公布了《私人投融资基础设施项目示范立法条款》,为世界各国开展 BOT 提供了普遍规范和操作模本。1995 年我国当时的外经贸部发布了《关于以 BOT 方式吸收外商投资有关问题的通知》,随后相关部委又联合发布了《关于试办外商投资特许权项目审批管理有关问题的通知》和《境外进行项目融资管理暂行办法》,对 BOT 项目的审批与项目融资等有关问题作了规定。

BOT 项目工程投资有利于促进东道国基础设施的建设,并缓解国家的财政负担和资金困难,有利于东道国引进管理人才、先进管理经验及技术和设备,同时,BOT 方式可以使投资者参与其他投资方式难以涉足的一国基础设施项目的建设,获得丰厚的利润回报。它巧妙地解决了基础设施的公共安全性和私人资本追逐利润的本质之间的矛盾,因此,BOT 方式深受政府和投资者的青睐。

(二)ABS

ABS(Asset-Backed-Securitization),即可称为资产支撑证券化。ABS 融资方式是 20 世纪 80 年代开始在美国兴起,以后很快发展到其他国家的一种新型投资方式,它既可以把沉淀的资产变为可流动的资产、实现套现,又为投资者提供了一种新的投资工具。ABS 融资模式是指以项目所属的资产为基础,以该项目资产所能带来的预期收益为保证,通过在国际资本市场上发行高档证券来募集资金的一种项目融资方式。简单地说,ABS 融资模式就是把那些缺乏流动性但又能产生可预测的稳定现金流的资产汇集起来,通过一系列的结构安排将风险与收益进行分离,对其进行信用增级和评级,然后在金融市场上以此为基础发行证券进行融资。

---

① Stephen Syrett, Project Finance Yearbook 1991/1992, Euro money Publication PLS, 1991, p. 9.

② 参见国家计划委员会、国家外汇管理局:《境外进行项目融资管理暂行办法》第 1 条。

ABS由原始权益人将城市基础设施在未来一定时期内稳定的可预期收入转让给"特殊目的载体"(Special Purpose Vehicle,SPV),SPV通过一定的法律和融资手段,对项目资产中风险和收益进行分离、组合,将这部分可预期的收入证券化,在资本市场上进行销售融通到项目建设所需的资金。

改革至今,我国已相继出台了公司法、破产法、银行法、担保法、证券法、信托法、保险法、合伙企业法等法规,已初步具备了ABS融资所必备的法律框架。但由于ABS是一种市场化程度较高的资金运作方式,各个环节都必须严格以契约的形式在法律法规的框架下完成,如确认SPV与原始权益人之间真实销售交易的具体标准、规定交易程序的透明度等。我国目前还没有为资产证券化专门立法。

(三)PPP

PPP,是指政府与私营机构签订长期合作协议,部分出资参股并授权民营机构代替政府建设、运营或管理基础设施(如道路、桥梁、电厂、水厂及自然资源开发等)或其他公共服务设施(如医院、学校、监狱等)并向公众提供公共服务,到协议期限后移交给政府,即公共部门(public)与私营机构(private)形成良好的合作伙伴关系(partnership)的一种公共基础设施建设模式。公共部门和私营部门各有其独特的优势,并能够通过合作实现优势互补,实现比单方行动更优的结果。例如,公共部门可以制定相应的政策对项目施加影响,但资金不足、管理效率低;私营部门资金充足、有管理经验、主动性和创新力强,但风险承担能力有限。因此,其在国外被广泛应用于地铁、海底隧道、体育场馆等大型基础设施项目的建设。而在国内,尽管引入PPP模式较晚,但应用的实例已初露端倪,如国家奥运体育馆、北京地铁4号线、10号线一期工程(含奥运支线)以及广州西朗污水处理系统等基础设施项目。国内外实践表明,PPP模式能够有效地减轻政府财政压力、满足公共基础设施建设需要,同时提高基础设施投资和管理效率。①

PPP项目对私人投资者的吸引力在于政府政策法律的稳定性、透明度、担保安排、相应的税收及其他费用和预期的投资回报率等多方面因素。PPP模式的法律架构问题涉及PPP模式运作的多个方面,触及包括金融、公司、行政、工程等多个领域,PPP模式强调公共部门与私人的合作关系,强调在长期运作中的相互信赖,法律是保证这种关系的唯一土壤,PPP模式只有在成熟而完善的立法架构中才能发挥重要作用。

(四)SOT

SOT(Subsidize in Building,Operate and Transfer),也称为建设期补偿—运营—

---

① 袁永博、叶公伟、张明媛:《基础设施PPP模式融资结构优化研究》,载《经济技术与管理研究》2011年第3期。

转移。SOT 是一种创新的模式,其基本做法是:将一个完整的项目分割成公益性部分和营利性部分两个项目,公益性部分由项目所在国政府以其国家财政担保,从国家政策性金融机构申请出口买方信贷,营利性部分则由私营部门出资成立的 SOT 项目公司投融资。全部建成后,公益性部分租赁给私人 SOT 项目公司经营,并授予项目公司一定年限的特许经营权。政府通过从 SOT 项目公司收取租金和特许经营费用偿还部分融资的本息,私人部门通过经营收回投资和投资收益。项目特许期满后,SOT 项目公司无偿将全部项目权益移交给政府或续签合同。

第十九章　工程法学的美学基础

工程建筑不仅要满足人们的基本使用需求，也将现代人对于美的追求和理解涵盖其中。本章主要介绍与工程法学密切相关的美学基本概念、基本原理，掌握美学、工程美学、法美学在新时期的崭新含义，同时也是将绿色、生态、环保、法治、和谐美等观念得到进一步的普及与深化。

第一节　美学相关基本概念

一、美学的概念

美学顾名思义就是以“美”为中心的学科，美无处不在，无时不有，而且从人类诞生的第一天起，对美的追寻和探究的脚步就没有停止过。

美学是一门既古老又年轻的学科。说美学古老是因为我们一直强调人对美的发现的和追求是与人类的发展史同步进行的，所以，有了人，就有了美，也就有了美学思维。“美学”一词源自希腊文 Aisthetikcs，在英语中则写为 Aesthetics，最初的词根含义是“感觉”“感性”。说美学又是年轻的学科则是指美学独立，美学思维历史悠久，但在早期的发展过程中多是零散的，且与其他学科混杂在一起。1750 年，德国美学家鲍姆加登在他的《美学》一书中主张建立美学学科，这也标志着美学的独立。鲍姆加登因此也被称为“美学之父”，他对于美学最初的定义是“对感观的感受”，简言之，美学就是“感受学”或“感性学”，是人们认识美、感知美的学科，那么人的感性认识使得美及其相关的艺术等活动成为可能。现代汉语中的“美学”二字也不是国人的独创，而是 20 世纪初根据日语典籍翻译而来的，后者则是沿用西方的传统美学观点。在《美学小辞典》中对于美学的定义是：“从人对现实的审美关系出发，以艺术作为主要对象，研究美、丑、崇高等审美范畴和人的审美意识，美感经验，以及美的创造、发展及其规律的科学。”[①]这一对于美学的定义将美学的基本信息囊括其中，有一定的概括性和普适性。

二、美学的研究对象

关于美学的研究对象形成大致以下三种观点[②]：（1）美学的研究对象就是“美”

---

① 邱明正、朱立元：《美学小辞典》（增补本），上海辞书出版社 2007 年版，第 3 页。

② 李泽厚：《美学三书》，安徽文艺出版社 1999 年版，第 443 页。

本身,美学学科的建立就是围绕着美,在1885年出版的《新亚美利加百科全书》中关于“美学”这一词条中这样写道:“美是研究自然和艺术中的美的科学。”①这一定义指出美学要讨论的问题不是具体的某一个美的事物,而是所有那些能够称为美的事物所共同具备的那个“美本身”,即能够使一切美的事物之所以美的根本原因。(2)美学是艺术哲学,是研究艺术一般原理的。持这样观点的就是德国著名的哲学家、美学家黑格尔,他认为美学就是以艺术以及与之相关的艺术活动作为研究对象。他给自己的著作虽然命名为《美学》,但是他认为全书的内容确切来说是艺术哲学。(3)美学是研究人的审美心理或审美感受的科学。这一派观点的代表就是休谟和博克,而这两个人也是隶属于英国的经验派美学,这些美学家的共同之处就是他们都非常注重对人们进行审美时的心理特征、生理表现、审美经验的研究与分析。这也被称为是现代美学发展的新趋势。

根据以上的综合研究,我们认为美学是研究主体性的人的特有活动——审美活动的学科,②按照审美活动的存在领域,美学的研究对象的范围大致包含以下四个版块:自然环境中的审美——自然美、艺术领域中的审美——艺术美、社会生活中的审美——社会美以及审美教育和修养——美育。

美是难的,美学也是难的,从以上的分析我们可以看出,无论美是什么,美学是什么都是非常复杂的,没有一种观点可以替代所有的说法让所有人接受。美和美学问题包罗万象,一切与之相关的内容都是思考和研究的对象,也正因为这一点,使得美学问题在社会发展的各个领域都是有所体现,也是可以与其他学科进行重组与发展,在不同的学科里焕发着不一样的光彩。与此同时,美学也是日益摆脱纯学理式的研究而走近普通民众,走向社会生活的方方面面,与现代化建设实践紧密相连,展现生命之美、创造之美。

三、美学的学科发展脉络

美学最初的探索就是围绕着美展开的,而现实生活中美的现象呈现多样化,美时时处处都在。因此,要想掌握美学的发展历程就首先要先了解美,即什么是美,美从哪里来,人的审美活动是如何展开的,等等,这些问题也构成了美学学科的发展路径。

美是丰富复杂的,千百年来古今中外有很多的美学家和理论家一直不停地通过各种途径来探寻着美的踪迹和美的规律,首先就让我们跟随这些美学家的脚步去看一看。

美学的最初理论探索是在古希腊,这里也是西方文明的发祥地。西方美学探索的第一人是公元前6世纪的毕达哥拉斯,他作为一位数学家、哲学家、思想家,从

---

① 石晓燕:《何谓美学》,中央编译出版社2010年版,第1页。

② 《美学原理》编写组:《美学原理》,高等教育出版社2015年版,第13页。

铁匠铺敲打铁块而发出的叮叮当当的声音中听出了和谐的旋律，即成比例的数是和谐与美的根本保证，因此他认为数的和谐就是美，这一观点影响了很多人，由此拉开了西方对于美的理论探寻之旅。在此之后，古希腊的智者与哲学家——苏格拉底也在不同的场合与不同的人辩论到底什么是美，给我们留下了“美是难的”的结论。这一结论缘自那场著名的辩论，即苏格拉底和希庇阿斯探讨“什么是美”与“什么东西是美的”，后来由苏格拉底的学生柏拉图记录和整理而成《大希庇阿斯篇》，后者也是西方第一篇系统讨论美的著作。[①] 老师的追问和未解之题引发柏拉图的深入思考，他另辟蹊径，进而得出“美是理念”或“美是理式”的观点（理念和理式为同一的概念，只是由于翻译不同而已），即世界的本原就是理念，在人类诞生之前理念就已经存在了，它是对于名下的所有个别物的无限概括，物的存在就是理念的载体，[②]理念是永恒的，而现实世界只是理念世界的摹本，是第二位的。此后柏拉图的学生亚里士多德打破老师的思维模式，重新在现实世界中找寻美，认为美产生于大小、秩序和一定的尺度，合适的、适度的才是美。后来的西方美学家普罗丁、狄德罗、黑格尔、康德、叔本华、克罗齐、车尔尼雪夫斯基、马克思等也是从不同的角度对美是什么得出自己独特的见解，形成不同的流派，为美的理论王国的建构做出卓越的贡献。

中国人对于美的追求也是不甘落后的，从原始人在洞穴所刻画的图像，到山顶洞人用兽骨、蚌壳磨制，用铁矿石粉进行着色而成的装饰物，所有人无不为这些朴素而真实的美所深深打动。此后中国儒家思想的创始人孔子则把对于美的理解提升到理论的高度，认为“里仁为美”，他还将美与善联系在一起，认为二者没有本质的区别。在回答子张所问的“何谓五美”的问题时，孔子是这样说的：“君子惠而不费，劳而不怨，欲而不贪，泰而不骄，威而不猛。”[③]同时，在孔子的眼里，自然景物的美也是与人的高尚品德相一致的，“知者乐水，仁者乐山”，等等，无不体现出儒家的“仁政”“礼教”主张。儒家思想的另一位代表孟子则认为“充实之谓美”，将人格的美与善结合起来。而作为道家思想代表的老子则认为“无为而无不为”是美，庄子更是指出“天地有大美而不言”，主张美不必要去刻意强求，做好自己就是最美。

到了现代，即20世纪50年代中期到60年代初期，我国美学界对于美到底是什么即美的本质的大讨论，既是对西方关于美是什么的理论借鉴与吸收，也是中国传统追问美的延续。在这场争论中形成了旗帜鲜明的四大派，[④]分别是以蔡仪先生为代表的“客观派”，认为美是客观存在的，它不会因为有没有人的欣赏而增添或者减损自身的这份美，美的东西就是典型的；以吕荧、高尔泰先生为代表的“主观

---

① 凌继尧：《美学十五讲》，北京大学出版社2003年版，第10页。

② 同上书，第13页。

③ 《论语·尧曰篇》。参见杨伯峻：《论语译注》，中华书局出版社1980年版，第208页。

④ 董学文、金永兵：《中国当代文学理论（1978—2008）》，北京大学出版社2008年版，第10页。

派”,他们主张美来自作为审美主体的人的情感体验,没有人的参与、创造或者欣赏,美就不能称为美;而以朱光潜为代表的“主客观统一派”,则认为“美既离不开物(对象或客体),也离不开人(创造和欣赏的主体)”,应该是对于主观派与客观派的兼收并蓄和融合统一;还有以李泽厚先生为代表的“美是社会性与客观性的统一派”,即承认美的客观性,但是必须与人的劳动实践紧密相连,他的这一观点被认为是马克思主义美学观的传承与创新,这一派的观点形成后来的“实践美学”,对于中国美学界颇有影响。

综上所述,无论是西方美学界还是在中国,对于美的探寻可谓是众说纷纭,每一派的观点都有一定的道理,但是想要让所有人都能接受又是困难重重。但是正因为美的多彩复杂和美的永恒魅力,千百年来人们对于美的热情不减,在不同的时代有着不同的感悟,也使美学的学科发展永远焕发着新的活力,时创时新。

四、美学的学科特性

美学是复杂的,美学首先是一门人文学科,因为它是以主体性的人为中心而建构起自身的理论体系。美学的研究对象主要是人的审美活动以及在审美活动中的审美心理或者审美感受,这些都极具主观性和强烈的感情性,而美学的终极目标也是在于实现主客合一的审美境界,这也是代表着人作为自由追求的主体自我的极致状态。[①] 美学同时又是一门理论学科,它在现代社会往往被视为实用型学科,被要求解释现实生活中的具体审美现象。美学同时以追问美的本质为理论骨骼,具有哲学深层思维的特性,是哲学的重要组成部分,也同时构建人生哲学的新格局。

由于审美与人类生活的根本性关系,人类生活的各个方面都渗透着审美的意识,因此,美学还与其他学科融合产生新的分支学科,如伦理美学、工程美学、科学美学、广告美学、生态美学等,丰富着现代学科发展的新领域,拓展研究方面的新方向。

五、美学的意义

美学或者说是美学意识早已经存在于我们的心中,美是超功利的,对于美和美学的追求也是在人类满足了基本物质生存之后衍生出的更高的精神追求,即所谓的审美理想。这是一种无限接近至高、至善的向往和升华,这也就是马斯洛所指出的人生需求的最高层面,主要指认知的需求和审美的需要。因此,美学的无用之用是建立在对审美对象的超功利性和对自我高级精神满足的追求之上,是超脱物欲的升华,正如德国著名社会学家、哲学家马克斯·韦伯所强调的美或者美学思维将日常生活中受到种种规则约束和压制之下的人解救出来,他这样说道:“无论怎样理解,艺术都承担了这一世俗的救赎功能,即它提供了一种从日常生活的刻板尤其

① 《美学原理》编写组:《美学原理》,高等教育出版社2015年版,第14~15页。

是从理论和实践的理性主义的压力中解脱出来的救赎。”[①]这也是美学学科所具有的对日常生活局限的超越。

同时美还是人类的希望,美不仅改善了我们的日常生活,使我们的生活更加多姿多彩、趣味盎然,而且让我们获得更为丰富的生活体验,让我们的生活充满希望。现代科技改变着人类的生活,我们变得更为自信,但是随之相伴的是人的美感钝化、麻木,城市的疏离感让人充满压抑,我们必须打破这一切,那么美学即是突破。美学是一种生活方式,它让我们体味自然、艺术和社会之美,培养善于发现美的眼睛,提高我们的审美敏感度,抗争一味地技术性的思维方式和功利主义的态度,实现诗意地栖居。

第二节　真、善、美的新统一:工程美学及法美学

一、工程美学

(一)工程美学的定义

在《美学百科全书》中对于工程美学的定义是“研究物质生产和器物文化中有关美学问题的应用美学学科。这一名称的确立与这一学科的研究的中心范畴——技术美具有直接的关系”。[②] 从这个定义中我们可以清晰地看出,工程美学是美学走向社会实践的例证,而研究工程美学与科学生产和技术发展有着密切的关系,也就是说工程美学与科学美学、技术美学息息相关。

科学美学顾名思义就是研究科学之美,思索不同学科在理论体系的内容及形式上所包含的思维美、趣味美、完整美、和谐美等,科学家求真向善精神所具有的智慧美和激励美,以及各种科学产品所展现出的美等,是自然学科与人文学科的完美融合。技术美学一词是由捷克设计师佩特尔·图奇内在20世纪50年代最早提出的,即研究工业生产、设计、建筑、农业、商业、服务业中的美学问题,采用技术与艺术相结合的手段,贯穿于产品设计与生产的整个过程中,技术不再是单纯满足人们物质需要的工具,同时也要满足审美需求。

工程作为科学与技术的结合,也是将理论研究与实践应用做到完美统一,在现实社会中发挥着重要的作用与价值。同样,在现代社会,随着科学技术的高度发展,现代工程在生活中处处时时可见,人们对于工程的要求也包含实用与审美两大项,二者相辅相成,缺一不可。正是对应了“人类社会的发展可以说有两大动力,一是科学的推动作用,一是审美理想的拉动作用”,[③]工程美学应运而生。简言之,工

---

① 石晓燕:《何谓美学》,中央编译出版社2010年版,第224页。
② 李泽厚、汝信:《美学百科全书》,社会科学文献出版社1990年版,第167页。
③ 李庚香:《法美学》,大象出版社2007年版,第66页。

程美学就是运用美学的基本原理来思考和探讨工程的一系列审美问题，包括规划、设计、建筑过程等动态过程，还有静态过程中的造型、材料、工程完成后的建筑物与周围环境的协调性，带给人们的审美感受，以及审美活动对于工程建设的作用等问题，是美学在工程中的实际应用。①

（二）工程美学的依据

1. 对美的永恒追寻：科技与美学的完美结合

美，无处不在，无时不有，对于美的永恒追求伴随人类社会前进的步伐也从未停止过，这样的追寻美、创造美的情结是永恒的，在任何时代都不会有丝毫逊色。现代工程的蓬勃发展是高科技发展的必然结果，也是科技与生活、理想与艺术共同演绎的美丽画面，所有这些都为人类更好地生存提供坚实的保障，也为人们的日常生活增添了许多便利和时尚。正如西方新现代主义建筑美学家迈耶所宣称的那样："我的来源包括许多来自建筑历史的东西，但是，我从来不逐字逐句地引用和隐喻。我的意义总是内在性的，我的隐喻纯粹是建筑化的。现代主义的诗学、技术的美和实用仍然吸引着我。"②很多地方的建筑工程融入设计者、规划者、建设者等的很多心血，一旦完成，就会成为此地的地标性建筑，也会成为城市与城市人的荣耀。工程美学的提倡与建立坚持以实用性与科技性为主导，以实现经济效益与审美享受的最佳性为最终目标，所满足的不仅是建筑工程的实用价值，同时也是将审美欣赏纳入其中，兼顾经济效益、社会效益与审美效益，是现代社会科技与美学完美结合的典范。

2. 和谐共生发展观与以人为本的时代使命

科学与技术的快速发展带动经济的高速前进，现代人的生活业已发展天翻地覆的变化，但是整个社会唯科技至上，每个人都是以自我为中心，所有的努力似乎只是为了自己。当今社会生存竞争的高度压力，人们对物质生活的不懈追求，楼房是越盖越高，但是人与人的距离却是越来越远。与之相伴随的是人文精神和审美感受开始出现衰败，人类的精神生态陷入了迷茫和困惑的境地。与此同时，在今天，人类文明无限扩张，人类征服自然，并且使自然成为人类的奴仆，在制造了大量物质财富的同时，却使人与自然处于对立的局面。那就是人类无休止地对自然进行所谓的开发，导致自然界伤痕累累，致使人类的生存状态处于种种的矛盾之中。

这样的状况必须进行改变，人的审美情操与生态关怀的回归成为这一改变的关键之所在。工程美学的建立就是本着树立全新的和谐共生理念，打破人类中心主义和唯物质论，尊重和热爱每一个生命个体的生存权利和审美情感。坚持以人为本，工程建筑调和人与环境的关系，尊重人类的情感与各种需求，将工程的建设

---

① 闫波、姜蔚、王建一：《工程美学导论》，哈尔滨工业大学出版社 2007 年版，第 22 页。

② 万书元：《当代西方建筑美学》，东南大学出版社 2001 年版，第 45 页。

提升到一个新的层次，实现物质与精神，实用与审美，经济效益与审美享受的统一，以创造更适合人类栖居的世界。

二、法美学

（一）法美学的定义

法美学就是以美学的思维和方法来考察法学问题，作为一门新兴学科，它生命力旺盛，也极具自己的特点。而法学作为人文社会科学中的重要组成部分，也是人类社会生活的重要组成，它以法律及其相关现象和规律为其主要内容，同时以服务社会、造福人民为己任，以实现公平正义，维护社会正常秩序为其根本目的与归宿。法律和法学的严谨、理性、客观与我们通常所讲到的美、美感似乎有着很大的距离，两者看起来是格格不入的，其实不然，作为将法学与美学结合起来的法美学闪耀着熠熠光辉。

法美学这一术语最早是由德国法学家古斯塔夫·拉德布鲁赫所提出的，这一学科也是由他提倡建立的。1932 年，拉德布鲁赫在其《法哲学》书中，主张通过文学创作和艺术作品来认识法律的本质。之所以有这样的建议，是因为作者清醒地看到，随着社会发展进入现代化进程尤其是工业化阶段以来，法与艺术渐趋分离，甚至是越走越远，处于相互对立的地位，[①]而“法的世界”与“艺术（美）的世界”之间的隔膜给现代人及现代社会造成深刻的影响。[②] 但是在人类社会的早期阶段，不论是中国还是西方，法律与艺术有着千丝万缕的联系，两者相互映衬，相得益彰，发挥着重要的影响和作用，因而法学与美学的融合与回归是一种必然。

西方学术界的柏拉图、梭伦、维科等在其文章或著作中已经将法律与美学的紧密关系进行了梳理，而德国历史法学派的重要代表雅格布·格林更是对这两者的亲密关系作出详细的讲解。他于 1816 年发表长篇论文《论法之诗》，从诗性的法律语言、法律象征、诗歌形式诸角度考察了法与诗歌之间的关系以及德意志古法中的诗性规则，他在文章的篇首这样写道：

> 不难理解，法和诗相互诞生于同一张温床。……的确，两者的起源都建立在两种本性之上：一种建立在惊奇之上，另一种建立在信奉之上。这里的惊奇，我更愿把它当作是任何一个民族法律和民歌的开始。没有这种难以企及性，就没有任何神圣性。……信仰某种东西不过就是对惊奇的传达。我们有责任把它作为一项遗产从祖辈那里继承下来，流传给后代。……所以，诗中蕴含有法的因素，正像法律中也蕴含有诗的因素。……现代科学切分细如毫发，但也不能将两者分开。……任何诗人都不是真正纯真地歌唱的歌手，他们也不会歌唱法律。……毫无疑问，诗歌和古代的法律必须是相互证明、同样有效的，两者与民族的习俗和节日都是连在一

---

① 李庚香：《法美学》，大象出版社 2007 年版，第 14 页。

② 舒国滢：《从美学的观点看法律——法美学散论》，载《北大法律评论》2000 年第 2 期。

起的。[①]

格林的观点一目了然，诗(泛指艺术)中蕴含着法的因素，正像法中也蕴含着诗(艺术)的因素。此后，亦有很多的德国法学家延续着艺术与法的研究与分析，所涉及的话题也是走向具体化，即有所谓的法与绘画、法与戏剧、法与诗歌、法与美，等等。现代主义和后现代主义的很多学者也是在将法学与美学融合在一起的道路上作出各自的贡献，例如汉斯・费尔所著的《法律上的悲剧》、H. 施托克哈默的《作为科学的美学与法学》、H. 特里佩尔的《论法的风格：法美学文集》、H. 马尔库塞的《法的世界与美学》等，[②]在这些学者的心目中认为，在人类最富有人性和最丰富的部分，法律牢牢占有其一席之地。[③] 所以，法美学在现代社会的兴起与发展可以说是一种必然。

在中国，对于法学与美学关系的探讨也是有着很深的历史渊源。在古代汉字中"法"字写作"灋"，在东汉时期由许慎所著的《说文解字》中是这样解释的："灋，刑也。平之如水。从水，廌所以触不直者去之，从去，会意。"三点水意为"如水之平"，有平静、公平之意；而"廌"则是缘自神话故事，相传这是一种神兽，具有明辨是非曲直的神力，非常擅长审案，在审判过程中如果遇有难题或者不能断定谁有罪，那么就将此神兽放出来，凡是被它的犄角顶到的一方即为有罪者；而"去"就是指对被廌的犄角所顶的有罪一方的惩罚。所以，"灋"字的内涵既包括了"水"中虚无的意象，也包括"廌"这种上古的传说，还有"去"现实的法治意义，从字形结构来讲，充满了平衡之美，也表现出了古人对自然的崇尚与敬畏。

而古代中国最早的律法的确是来自自然。相传五帝中的伏羲能够预知天地自然的变化，为了帮助原始初民的生产与生活，他就把预测和观察到的内容和现象记录下来，以供人们在需要的时候方便查阅和使用，久而久之，他总结出了最基本而成系统的变化规律而形成法条，即为八卦。八卦中蕴含着"天人谐和"的整体性、直观性的思维方式和辩证法思想，这种将天地自然的规律以最和谐、最富有美感的方式融合在八卦中，对原始社会中人类的生产与生活进行指导和规范，即成了最早的法。当然这也是一个神话传说，但是从这样的故事中我们也是可以清晰地看到，法同天地阴阳的变化与和谐之美有着密切的关联。

概括之，法美学是一门把美学运用到法的领域中去的新兴学科，提倡用美学的观点和研究方法研究法的问题。它是法哲学的一个组成部分，与法律科学和法律伦理学并存，与人的全面解放——"自由自觉的存在"同步，是对人的审美性存在的一种肯定。作为法学与美学的交叉学科，它是用生命美学的观点研究"法之美"

---

① Jacob Grimm, Von der poesie im Recht, in：Zeitschrift fuer geschichtliche Rechtswissenschaft, Band Ⅱ, 1816, Heft1, SS. 27 - 28. 转引自舒国滢：《从美学的观点看法律——法美学散论》，载《北大法律评论》2000 年第 2 期。

② 李庚香：《法美学》，大象出版社 2007 年版，第 15 页。

③ 舒国滢：《从美学的观点看法律——法美学散论》，载《北大法律评论》2000 年第 2 期。

的边缘学科，是一门能够独立出来的新兴学科，是一门体现正义的形象、体现人文关怀的人文学科。[①]

（二）法美学的美学特质

1. 人性生命之美的凸显

法美学是一门人文学科，它的出发点是社会生存的人以及人与人之间构成的基本关系，那么对于人性之美、生命之美的赞扬和凸显，对于每一个生命个体的充分尊重构成法美学的人学特质，也是人本主义和人文主义关怀的最好诠释。这一点其实与法学的人性之本有着极为密切的关联，可以说是一脉相承的根本特征，即"法之美"的背后是"人之美"，"法之美"与"人之美"异质同构。[②]

法的现代化是现代社会发展的一个重要组成部分，也是社会进步的重要标准之一，法律通常是以一种理性的面孔存在，这与法律所主张、追求的社会公平、安宁有着极大的关系，所以理性化是有着积极的作用，是人类文明进步的象征。自欧洲的启蒙思想运动起，将耶稣基督从此赶下神坛，将神长期以来对于人的主体意识的压抑得以释放，将人的地位重新予以正位，自由、平等、民主、理性是其目标。在经历过中世纪长达千年的神性对人性、神权对人权、崇拜对理性的极度抑制和黑暗时期之后，人性及人的自我意识开始觉醒，理性意识逐渐成为主流，因为它是人类成为有智慧、有思想，又不同于动物，成为最为特殊的群体的最本质特征，也是助推社会发展进步的加速器。斯宾诺莎曾这样说过："一个人听从理智的指挥——换言之他越自由，他越始终遵守他们国家的法。"[③]这样的观点在洛克那里得到进一步的说明："一般地说，法律，在它支配着地球上所有人民的场合，就是人类的理性；每个国家的政治法规和民事法规应该只是把这种人类理性适用于个别的情况。"[④]法律的理性光辉在这些学者和思想家的笔下越发闪耀。

不可否定，理性或者说法律的理性之美在人类的发展史上的确发挥着重要的作用，正是因为有了理性和法律的存在，在保证公平正义和同情弱者的前提下，社会上生活的人遵守法律和条规，那么生活是有规则的、有秩序的，也是轻松自在的。但是物极必反，理性发展到极致已经失去其最初的作用而走向了另一个极端，即沦为纯粹的工具理性，人和社会在这场变化中也是走向异化。"工具理性"一词是相对于"价值理性"而言的，这两个概念都是德国的政治经济学家和社会学家——马克斯·韦伯最早提出的，他被公认为是现代社会学和公共行政学最重要的创始人之一。在韦伯看来，价值理性就是"通过有意识地对一个特定的行为——伦理的、美学的、宗教的或作任何其他阐释的——无条件的固有价值的纯粹信仰，不管是否

---

① 李庚香：《法美学》，大象出版社2007年版，第171页。

② 同上书，第75页。

③ 张宏生：《西方法律思想史》，北京大学出版社1983年版，第160页。

④ 同上书，第217页。

取得成就”。[①] 它所关注的是这个世界的意义、人性、人的审美理性、最终归宿等。而工具理性是指“行动只由追求功利的动机所驱使,行动借助理性达到自己需要的预期目的,行动者纯粹从效果最大化的角度考虑,而漠视人的情感和精神价值”。[②] 它的核心是效率,促使人们拼命追逐物质和金钱并以此为直接目的,没有审美也没有情感,走向了极端化,人成为“单面人”,人与人、人与社会、人与自然之间没有了和谐与彼此尊重,这无疑是一种悲哀。

法美学则是要打破这种工具理性所带来的疏离感、异化感、无审美感、无理想等,它以人的更好生存和未来发展为目的,从生命美学为出发点,主张在现代人文理性的基础上重建新的“主体性”和“主体间性”(人的主体情感、法律情感,彼此间的互动交融等),使理性与非理性统一,使人性与物性之间平等,使自我与他者兼容,使人性与生产方式相统一。[③] 因而赞赏生命之可贵,凸显人性之光辉,将工具理性中的漠视审美感、人性、伦理、理想、公平、惧怕、尊重、敬畏等进行重新审视和回归,以消减现代人的生存焦虑,这是法美学所秉持的基本理念。它关注人类的生存现状与未来走向,重视人的健康,尤其是心理和精神的健康;它同情弱者,关心生命中的危机和困难,立足于解决问题;重视人类和社会的可持续发展,更是着眼于人类的命运、幸福和前景,以人类诗意地栖居为落脚点。

2. 公平正义之美的张扬

能否真正实现公平正义是衡量一个国家或社会文明发展水平高低的重要标准,也是我国构建社会主义和谐社会的重要特征之一。我国自现代化发展以来,除了重视经济科技发展给人民生活带来的切实变化以外,对于民众的精神需求和愿望也是格外关注,确保每个人都能公平享受社会发展成果,每个人的合法权益受到保护,实行依法治国的治国方略。党的十八大报告将依法治国战略提升到新高度,即“依法治国就是依照体现人民意志和社会发展规律的法律治理国家,而不是依照个人意志、主张治理国家;要求国家的政治、经济运作、社会各方面的活动统统依照法律进行,而不受任何个人意志的干预、阻碍或破坏。”今天,全面深化改革攻坚克难,方兴未艾。面对前所未有的矛盾风险挑战和改革发展稳定的繁重任务,以习近平同志为总书记的党中央大力弘扬社会主义法治精神,高度重视运用法治思维和法治方式执政兴国,推动依法治国进入新阶段。依法治国在党和国家工作全局中的地位更加突出、作用更加重大,正由国家基本方略向治理基本方式层层推进、稳步前行,贯穿于治国理政全过程、各方面,必将为实现经济发展、政治清明、文化昌盛、社会公正、生态良好的治理目标奠定更加坚实的制度基础。“理国要道,在于公平正直。”在日新月异的改革时代,人民更加期待公平正义,折射出社会和谐发展对

---

① [德]马克斯·韦伯:《经济与社会》(上卷),林远荣译,商务印书馆 1997 年版,第 56 页。

② [德]马克斯·韦伯:《新教伦理与资本主义精神》,马奇炎、陈婧译,北京大学出版社 2012 年版,第 89 页。

③ 李庚香:《法美学》,大象出版社 2007 年版,第 10 页。

法治的更高要求。“全面深化改革必须以促进社会公平正义、增进人民福祉为出发点和落脚点”，这是党面对新形势的郑重宣示。“让人民群众在每一个司法案件中都感受到公平正义”，这是党对人民的庄严承诺。全面推进依法治国，就是要以人民的期待为导向，以法治巩固人民主体地位、维护人民合法权利；在坚持依法治国和以德治国相结合中，把法治精神融入规范社会行为的核心价值观，为建设法治中国打牢群众基础，给全面推进依法治国注入动力。由此可见，我们现代化建设对于依法治国和实现公平正义的高度重视。

法律在现代社会却遭遇到一些现实困境和难题。本来法律按照理性与规则建立起来的一系列制度和专门化机构有助于社会发展与生活的正常进行，也有助于实现公平正义，这无疑是历史的进步，韦伯曾这样说过：“在古代类型的统治中，统治者深受各种同情、偏袒、恩赐和感激等情感因素的影响，而现代文化则要求排除这种情感因素，严格地依靠‘职业’专家，而且，这种专家越复杂，越专门化，就越需要。官僚机构可以提供这一切。它将司法行政作为实现以‘法律’为基础，将法律制度系统地理性化的前提。”①这样可以说法律实现在社会生活中的重要作用，人们实现对社会的控制。本来这一切按照理想应该是“居庙堂之高则忧其民，处江湖之远而忧其君”的状态，就是说上层权力机构的当权者与下层生活的普通百姓应该是心心相通、互相体恤、相互扶持的。但是现代人的生存困境在某种程度上却是在拉大为官者与普通民众之间的距离，不可否认，法律在很多时候成为政治统治的工具，沦为满足特权阶级的武器，对于普通民众的切身关怀显得很是不足，民众想要拥有的公正、和平、正义越行越远。

另外，在现代化进程中快速迈进的中国，社会主义市场经济的法律体系遇到正义被质疑的问题，对“人性”理解的偏差，对普通民众的基本尊重不够，对弱势群体的关怀不到位等，所有这些问题都亟须解决。因而，法美学是一门人学，也是力求改变现实困境，回归到法律本初的目的，就像前面所剖析的法字的古汉语写法的用意一样，希望实现社会的公平、正义、祥和、幸福。法本身就是正义的象征，面对社会底层的疾苦，面对弱势群体的呼喊，法学家不能无动于衷；面对中国出现的两极分化与贫富差距、地区差距、城乡差距，法律不能再是一堆冷冰冰的法律条文，它应该体现生命、人情与温暖……②因此，在法美学视野中，实现公平正义，社会和谐必就必须做到以下三点：即实现对“公民”身份的平等尊重，真正体现社会主义制度的优越；实现对权力的法律控制，真正做到依法治国；强化对弱势群体的关注与保护，真正做到社会主义福利人人共享。

3. 和谐共生之美的归宿

如果按照人类的理想和规划，用法律构建起一个体系完整、条理清晰、责任明

① ［德］马克斯·韦伯：《论经济与社会中的法律》，张乃根译，中国大百科全书出版社 1998 年版，第 352 页。

② 李庚香：《法美学》，大象出版社 2007 年版，第 116 页。

确的世界，在这个世界中应该是人人平等、相互尊重，个体与个体之间、个体与群体之间、群体与世界之间形成密切不可分、相互协作和竞争、彼此间牵一发而动全身的共同体或者是一条完整的环链，缺少任何一个要素都是不完整的，也是不和谐的。但是，众所周知，人类生存的现实世界却出现了危机，正如美国学者爱德华·T.哈尔所说的那样："在当代人类世界有两种相关的危机：第一种也是最直观的危机是污染/环境的危机；第二种更微妙，也同样是致命的，这就是人自身的危机——他同自己的联系，他的外延，他的制度和他的观念，他同所有包围他的那一切关系的危机，还有他和居住在地球上的各个群体之间的关系的危机，一句话，他同他的文化的危机。"①

我们今天就要致力于改变现状，消除生存危机。法美学所注重的和谐共生之美是一种主张将人的发展与社会发展的均衡起来的一种理念，这就是一种和平共处的生存方式和生存状态。在我国学术界，著名美学家周来祥先生坚持和谐理念，在他看来，和谐是中国社会一直以来所坚持的一种理想和设计，而长久以来的中国人也是沿着这样一种规划努力前行，即"和谐，是人和自然、主体与客体、理性和感性、自由和必然、实践活动的合目的性和客观世界的规律性的和谐统一。"②如果没有了这样的人与自我、人与社会、人与自然的和谐，那么美就荡然无存，人类社会和人的生活就会失去很多光彩和意义，这也与中国古代社会所追求的"天人合一"是相一致的。因此，我们追求的和谐共生是意味着不以个人与某个小群体的利益为出发点，而是要兼顾其他，彼此互帮互助，实现生活的幸福安康。

社会发展和谐共生理想的最终实现需要法的支撑和奠基，这也与前面所提及的法美学的以人为本、坚持依法治国、法律制度的制定以尊重和保障普通民众的各项权益为前提，尤其是对弱势群体倾注更多的人性关怀和帮助、政府与民众有着良好的合作和相互信任等美学特性紧密联系在一起。同时还必须打破特权思想，在整个世界系统中，破除"人类中心主义"的弊端，充分尊重其他物种的权利；同时，在人类社会生活中，必须摒弃私利，彻底实现人人平等、社会公正，这个平等与公正要体现在方方面面，权力不是为满足个人私欲的工具，真正做到权为民所用、情为民所系、利为民所谋，这才是社会主义中国构建和谐共生之中国梦的根本之所在。

① 朱亚明、倪琪：《当代澳大利亚景观设计概述》，载《华中建筑》2007年第3期。

② 周来祥：《论美是和谐》，贵州人民出版社1984年版，第73页。

第二十章　工程法学的系统论基础

随着工程建设的快速发展,技术与经济等领域的法律问题开始凸显,工程法学即是在这一背景下应运而生的一门新兴的法学交叉学科。工程法学主要研究探讨现代工程建设、管理等各方面所涉及的法律现象及其规律,体现了学科之间的交叉融合。其中,既有法学与其他学科的交叉,如与土木工程、建筑设计、工程管理等相关学科,也涉及法学内部学科的交叉,如与民法、刑法、行政法等。[①] 跨学科的研究方法与研究对象使工程法学作为一门独立的法学交叉学科受到越来越多的重视。

系统是广泛存在于自然界与人类社会的一种现象。系统思维方式和系统科学方法被广泛运用于自然科学和人文社会学科的研究中,工程法学的研究也同样需要系统论的视野。基于系统思维与相关系统科学研究方法,以系统的观点看待工程与法学,在方法上和视角上可以为工程法学的研究带来一些新的启发。

第一节　系统论概述

为了探讨工程法学的系统论基础,首先对系统论的基本概念、原理和方法进行概述。

一、系统论

(一)一般系统论

从古希腊的哲学家和中国古代的思想家、军事家,到近现代许多伟大的思想家,都有关于系统思想的深刻论述。但从系统思想发展到系统论以及相关系统理论,则是与近现代科学技术的兴起与蓬勃发展紧密联系的,直到 20 世纪中叶才实现。有人称,系统论是继相对论和量子力学后,又一次“改变了世界的科学图景和当代科学家的思维方式”的新理论。[②]

系统论是“研究系统的模式、原则和规律,并对其功能进行数学描述”的理论,[③]其代表人物为美籍奥地利生物学家贝塔朗菲(Ludwig Von Bertalanffy,1901 ~ 1972),其 1968 年出版的《一般系统论的基础、发展与应用》一书,于 1973 年进行了

---

① 戴谋富编著:《工程法概论》,人民交通出版社 2013 年版,第 4 5 页。

② 魏宏森等著:《复杂性系统的理论与方法研究探索》,内蒙古人民出版社 2008 年版,第 41 页。

③ 汪应洛主编:《系统工程》(第 4 版),机械工业出版社 2008 年版,第 2 页。

修订,此书成为一般系统论的经典之作。一般系统论可以定义为:“关于整体的一般科学。”在一般系统论出现之前,“整体”往往被人们看作一个不明确的、模糊的、半形而上学的概念。“一般系统论的精致形态可以说是一门数理逻辑科学,它以自己的纯粹的形式适用于各种经验科学。”①其主题是“寻找适用于一般化的系统或者它们的子级模型、原理和定律”。②

贝塔朗菲构建了一种系统科学的体系结构,他认为系统研究主要可以分为三个层次:③第一个层次是系统的科学,也叫做数学系统论,包括探讨物理学、生物学、心理学等各门科学中“系统”的科学理论的专门系统论,也包括适用于所有系统的原理性的一般系统论。通过探索整体和整体性而得出的科学理论属于系统论的这一层次。第二个层次是系统技术,既包括控制技术、计算机化、自动化等硬件以及控制理论、对策论、信息论等软件,也包括系统工程学以及其他类似的有关技术方法的多个领域,在现代系统研究发展中占有重要的地位。第三个层次是系统哲学。如同物理学、化学等科学一样,一般系统论也有关于它的科学哲学,系统的概念构成了一种新的范式,由于引进“系统”这个新的科学范式而产生了思想和世界观的某种重新定向。机械论的世界观认为,自然界的规律是盲目的。不同于传统的机械论世界观,这种新的自然哲学是机体论的,认为世界是一个庞大的组织。这种新的自然哲学包括三部分内容:④第一部分是系统本体论,其主要探讨“什么是系统”“系统是怎样体现在可观察世界的各个不同层次上”。第二部分是系统认识论。经典科学的基本范畴是通过分析方法所得到的组成要素以及单向的、纯粹的因果关系。不同于基于经典科学的逻辑实证主义或经验主义的认识论,系统认识论强调要研究多变量的、有组织的整体需要有新的范畴,如相互作用、组织性、目的性等。第三部分是价值论,即研究人在世界中的作用与地位问题。传统的机械主义片面强调技术的作用,贬低人的价值。系统论的价值论则更加强调人及其在系统中的价值。虽然这种系统论的不同层次仅仅是贝塔朗菲的一种设想,而且他一提出来就遭到各界的批评,然而同时也受到各界关注,引发了广泛讨论。

(二)广义的系统论

区别于贝塔朗菲的一般系统论,我国学者魏宏森1982年提出广义系统论,作为联系系统科学与马克思主义哲学辩证唯物主义的桥梁。广义系统论“是把对象作为组织和自组织复杂系统进行专门的科学技术哲学研究的一般系统理论”,它研究系统科学中的哲学问题,是对一般系统论、信息论、控制论、耗散结构、协同和超

---

① 魏宏森、宋永林:《开创复杂性研究的新学科——系统科学纵览》,四川教育出版社1991年版,第23页。
② 曾国屏:《走向综合的系统科学——读〈开创复杂性研究的新学科〉》,载《系统辩证法学报》1994年第4期。
③ 颜泽贤、范冬萍、张华夏:《系统科学导论——复杂性探索》,人民出版社2006年版,第7~8页。
④ 魏宏森、宋永林:《开创复杂性研究的新学科——系统科学纵览》,四川教育出版社1991年版,第20~21页。

循环论等现代复杂性系统理论中的科学技术哲学问题进行综合的一门横断科学。[①] 广义系统论属于科学技术哲学的范畴。

1985 年,魏宏森又提出了广义系统论的八大基本原理:[②]其一,整体性原理。整体性是系统之所以成为系统的最基本的特征之一。系统是由若干要素组成的具有一定新功能的有机整体,组成系统整体的各个要素具有了孤立的要素所不具有的性质和功能,因而,整体的性质和功能不等于各个要素的性质和功能的简单相加。其二,开放性原理,指的是系统通过不断地与外界环境进行物质、能量、信息交换,实现不断发展并保持自身动态稳定性。开放不仅体现在空间维度,还体现在时间维度,开放的本质是面向未来的。其三,层次性原理。由于组成系统的要素的差异,使得不同的系统在结构、功能等方面表现出等级差异,形成了不同的系统等级。系统和要素是相对的概念,一个要素可能是下一层级系统的系统,一个系统可能是上一层级系统的要素。其四,目的性原理。在一定范围内,系统的变化不受或者较少受到外部条件的影响,在内部要素和外部环境相互作用中,表现出趋向于某种预先确定状态的特性。这一特性是组织系统在发展变化的过程中经常表现出来的。其五,分解协调原理。这一原理指的是,在认识和构造系统的过程中,可以将系统的结构和活动分解为若干关联的部分,可以通过调整结构或协调关系从而使系统的功能达到预定的最优效果。其六,自组织原理,是指在由众多要素组成的开放系统中,在系统内外两方面因素复杂的相互作用下,由于要素之间协同和竞争的运动,会出现某些偏离系统稳定状态的涨落,有的涨落会在某种外界和内部条件的作用下得到放大,使要素在更大范围内产生协同运动,自发组织起来,从而使系统从无序到有序,从低级有序到高级有序。其七,稳定性原理。这一原理指开放系统具有一定的自我稳定能力,在一定范围内可以自我调节,因而在外界作用下,可以保持和恢复其原有的有序状态、结构、功能。系统的发展变化也是在稳定的基础上发展变化的。其八,突变性原理。突变的过程是指系统从一种稳定状态进入另一种稳定状态的过程,是系统实现质变的一种方式。突变的多样性带来系统发展的多样性。此外,《系统论——系统科学哲学》一书中还提出了"系统的相似性"原理,指的是"系统具有同构和同态的性质,体现在系统的存在和功能、存在方式和演化过程具有共同性",[③]这种有差异的共性是系统统一性的表现。

二、系统思维方式

系统论、信息论、控制论、协同学等系统理论与系统科学对于揭示组织性、复杂

---

① 魏宏森:《复杂性系统的理论与方法研究探索》,内蒙古人民出版社 2008 年版,第 366 页。

② 参见魏宏森、宋永林:《开创复杂性研究的新学科——系统科学纵览》,四川教育出版社 1991 年版,第 61 ~ 69 页。

③ 魏宏森、曾国屏:《系统论——系统科学哲学》,清华大学出版社 1995 年版,第 276 页。

性的对象的内在机制和运动规律有积极意义,为人们研究自然界、技术系统和社会经济系统组织的复杂性、不确定性提供了科学理论依据,也提供了一种新的科学思维方式,即系统思维方式。这种思维方式“根据概念、系统的性质、关系、结构,把对象有机地组织起来构成模型,研究系统的功能和行为,着重从整体上去揭示系统内部各要素之间以及系统与外部环境的多种多样的联系、关系、结构与功能。”①以系统思维方式去认识对象,其基本思路如下:②

(1)系统思维方式把对象看作系统,这一系统是各要素以一定的联系组成的结构与功能的统一整体。然后着重考察各部分之间的联系与相互作用。同样的要素可以具有不同的联系,因而就会有不同的结构和功能。研究部分离不开整体,即便单独研究一个部分,也要将其作为更高一层级的系统中的一个子系统加以研究。

(2)在这种思维方式下,可以认识到系统具有非加和的性质,即系统性。也就是说,由各要素组成的整体会涌现出一些不同于各要素功能简单相加的新功能。认识到这一点,可以更好地认识和把握对象的整体性,理解和处理组织性、复杂性、不确定性等问题。构造新系统主要在于利用这种性质来获得某种新功能,实现“1 +1 >2”的效果。

(3)系统思维方式认为,任何系统都处于一定环境中,任何现实的系统都是开放系统,与外界环境有着多种多样的联系。任何系统都要通过与环境不断进行物质、能量和信息的交换才能得到自身的发展,且这一环境必须与其相适应。认识到系统的开放性有助于理解系统从无序到有序的转化,以及系统的自适应性和自组织性等特性。

(4)这一思维方式往往要借助模型来认识并模拟对象,从而揭示对象的运动规律。基于对真实的对象的研究,形成关于该对象的概念,然后以模型的方式运用数字、符号、图表等形式化的手段来模拟对象的行为。它强调的是关于对象的整体认识,而非太过精确的认识。通过整体性的认识,便可以运用模型的方式来模拟对象的行为。

通过系统思维方式和传统思维方式的异同比较,来进一步了解系统思维方法:③

(1)与形而上学思维方法不同。不同于形而上学的传统思维方式,系统思维方式重点考察事物的整体而非部分,因而其更加强调综合而非分析。形而上学的思维方式对于分析与综合采取单向思维,将它们看作完全不同的两个阶段,先分析后综合,先研究各部分的性质和规律,然后综合描述整体性质。然而这种思维方式

① 魏宏森、宋永林:《开创复杂性研究的新学科——系统科学纵览》,四川教育出版社 1991 年版,第 80 页。
② 同上书,第 80 ~81 页。
③ 同上书,第 81 ~84 页。

不能很好地适用于多因素、复杂性系统。而系统思维方法对于分析与综合则采取双向性思维，运用系统思维，在综合的指导下进行分析，使分析的结果不断地反馈到综合之中，使分析和综合双向互动、彼此渗透，从事物的相互联系中把握事物的整体功能。

（2）与还原论的异同。还原论寻找共同具有的物质实体作为差异的共同基础进行还原，而系统思维则将对象中组织结构方面相同的东西作为共同特征进行还原。还原论强调独立地对部分进行微观分析，而系统思维把部分联系起来研究，相对于还原论，则更有利于揭示复杂事物的运动规律。系统思维方法也可以被看作一种还原，是将对象还原为系统的行为。在某种意义上来说，系统思维方式是对还原论思维方法的一种补充。

（3）与整体论思维方式的异同。整体论思维方式探求复杂现象的方法主要是通过思辨、猜测，进而对整体作模糊的、混沌的描述，对于组成整体的各部分的细节则不加以详细研究。而系统论思维方式则是在对部分和整体分别进行仔细考察的基础上，再从整体上把握事物，因而是一种更加精细的整体论。系统思维与整体论思维方式的相异之处在于，其不满足于纯粹的逻辑思维、概念判断和推理，而是倾向于进一步用模型来模拟、检验推理，从而扩展、深化、丰富人们的认识。

（4）与辩证思维的异同。系统思维方式和辩证思维都认为事物是联系的、发展的，但是系统思维把对事物的认识提高到系统水平，将对象看作要素按照不同方式组合成的结构与功能的统一体，“把结构看作是系统内部联系的描述，而把功能看作是系统与外部联系的表征，并且指出了联系的层次性”。① 不同于辩证思维，系统思维方式认为事物之间的联系是通过信息来实现的，因此更重视研究信息而非物质。“它以系统、信息、反馈层次、结构、复杂性等概念，大大丰富和深化了联系范畴。它以开放系统的自适应、自组织等概念丰富和深化了发展的范畴。”②因此，可以说，系统思维大大深化和发展了辩证思维，使辩证思维更加具体化。

三、系统科学方法

20 世纪初以来，以系统为研究对象、以系统思想为中心的一类学科群发展迅速。系统科学是基于一般系统论、信息论、控制论、协同学、突变论等，在这些学科的相互交融中不断发展起来的跨学科的综合性科学。

所谓系统方法，就是“根据事物本身的特征，将对象放在具体的形式中加以考

① 魏宏森、宋永林：《开创复杂性研究的新学科——系统科学纵览》，四川教育出版社 1991 年版，第 83 页。

② 同上书，第 83 ~ 84 页。

察和研究的一种方法”。[①] 这种科学方法关注对象的整体与部分、整体与环境的相互联系与相互作用,通过对研究对象进行分析与综合的双向互动与相互渗透,从而认识和把握事物的规律,实现对问题的最优化处理。

系统方法,或系统科学方法的内容一般可以分为两个方面:一方面是运用系统相关的概念、原理、规律来分析、认识事物的方法。系统相关的基本概念包括系统、结构、要素、功能、时间、信息、控制、反馈、分解、协调等。系统相关的基本原则主要包括整体性、综合性、最优化、稳定性、层次性等。另一方面是用于处理具体系统问题的系统分析技术,诸如系统工程、模型化、符号法、形式化、最优化方法等。

系统科学方法的基本特点包括综合性、整体性、最优化、定量性、信息化等,具体来说如下:[②]

第一个特征是综合性。近代科学革命以来的科学研究成果,凸显了分析方法的重要性,将整体分解为部分、把复杂性的事物分解成简单性的事物再加以精确的研究。但是,过度强调分析,可能会忽视事物本身、各事物之间的相互联系,这就需要综合的方法,从综合到分析,将对象的各部分、各方面、各种因素加以考察,找出其中的共性和规律。必须从研究对象的要素、结构、功能、联系方式、历史发展等方面进行综合的、系统的考察。系统方法的综合性表现为其跨学科特性。一方面,在系统科学中,传统科学知识以及具体的系统被作为整体进行交叉性的研究。另一方面,系统科学方法在一定意义上也适应于不同学科,体现出横断性的特征。[③] 因此,系统科学的研究超越了经典科学中分明的学科界限,表现出综合性、跨学科性与横断性。

第二个特征是整体性。整体性是系统方法的基本出发点,系统科学始终把研究对象作为一个有机整体来考察,认为世界上各种事物都是由各要素组成的有机整体,从整体、部分、环境的相互联系的关系揭示系统的整体性及其运动规律。各组成部分的性质和活动的总和,并不等于整体的性质和活动。整体的性质与运动规律存在于部分与整体、系统与环境的相互联系、相互作用之中。系统方法从整体出发,对研究对象采取全面的分析,从而突破了单纯靠分析的方法或者从分析到综合的方法的局限性。将对象作为有机整体来考察,通过整体、部分、环境的关系,从而揭示出系统的特征和运动规律。系统方法为人们从整体上研究客观事物提供了有效方法,比传统的机械论方法更有利于把握事物的整体面貌。

第三个特征是最优化。最优化是指“一个系统的整体联系在运动中达到最适

---

① 李以章、乐传新、周路明编著:《系统科学——基本原理、哲学思想与社会分析》,华中师范大学出版社 1991 年版,第 190 页。

② 魏宏森:《系统科学方法论导论》,人民出版社 1983 年版,第 64 ~ 70 页。

③ 颜泽贤、范冬萍、张华夏:《系统科学导论——复杂性探索》,人民出版社 2006 年版,第 7 页。

当的状态，系统具有最佳功能。"[①]最优化是物质系统演化过程中的一种趋向性，也是运用系统科学方法解决问题所要达到目标。系统与环境长期的相互作用自发地实现自然系统的最优化。以此为客观依据，人们自觉地运用系统科学方法，从而实现系统的最优化。具体而言，首先确定系统的最优目标，将整个系统分成不同的层次结构，综合运用各种系统科学方法和技术，实现整体和部分关系的动态协调，使部分的功能和目标与系统整体的最佳目标相符合，以达到整体最优化。最优化的方法可以在实践中为系统提供从设计、到实施、再到管理和运行的最优方案。因此，这种方法不仅有理论价值，而且更具有实践意义。

第四个特征是定量化。在研究对象和处理问题时，运用系统科学方法倾向于采用各种数学语言和数学工具，从而使得对象与问题得到精确的定量化的表述。这一系统科学方法使人们不仅对工程、技术系统，而且对许多复杂的社会、经济、法律系统的研究也能够从定性走向定量。

第五个特征是信息化。传统的科学方法在解决问题时主要着眼于物质和能量的运动变化，而系统科学方法则更加重视信息。系统方法不局限于物质与能量的具体形态，而把控制系统看作是信息的传输、加工、处理过程。由于内部存在着信息流，才使得系统能够维持目的性的运动以及稳定的状态。系统方法在解决实际问题时，往往把具体问题变换为信息的形式加以处理。

运用系统方法，应遵循综合、全面分析问题的原则，从整体出发，以联系、发展的眼光，结合系统内外部相互作用，着眼于信息的流动，动态地去考察系统的特性与活动，把握系统的运动规律，在解决实际问题中实现系统的最优化。

第二节 工程、法学与系统论

系统思维与系统科学方法广泛运用于各种自然科学与人文社会学科的理论研究与实践中。探讨工程法学的系统论基础，首先分别对系统论视野下的工程与系统论视野下的法学进行探讨。

一、系统论视野下的工程

"工程"这一概念有广义和狭义之分。就其广义而言，工程可理解为一群人为达到某种目的在一个较长时间周期内进行协作活动的过程。就其狭义而言，工程可理解为以某种设想的目标为依据应用有关的科学知识和技术手段通过一群人的有组织活动将某个（某些）现有实体（自然的或人造的）转化为具有预期使用价值

① 李以章、乐传新、周路明编著：《系统科学——基本原理、哲学思想与社会分析》，华中师范大学出版社 1991 年版，第 191 页。

的人造产品的过程。[①] 在此所讨论的是狭义的工程概念。

(一)系统工程与工程系统

最早把工程当作"系统"来研究的是系统工程学者。系统工程,一般认为是按照系统科学的原理和方法组织管理工程活动的科学思想和技术。钱学森曾指出:"系统工程是组织管理系统的规划、研究、设计、制造、试验和使用的科学方法,是一种对所有系统具有普遍意义的科学方法。"[②]可见,系统工程论属于一门组织管理的技术。

工程系统论是关于一般性的工程系统所共通的规律的理论。它采用一般系统方法论,寻找存在于各种不同的工程系统中的共通的规律。而后,在一般系统论的理论框架下,将这些工程系统的共通规律构建成一个理论体系。工程系统论的研究对象包括各类工程系统,以期概括各种不同的工程系统中存在的共通性的规律,力求从特殊中寻找一般。因此,工程系统论在系统科学的学术体系中位于一般系统论之下的层次,它的全部概念、原理、方法论、理论框架都受到一般系统论的指引和约束。而在工程系统论的下一个层次,是具体工程领域的具体工程系统论。[③]从学科层次上来看,对于一般系统论,工程系统论是较低层次的学科,而相对于其他的具体的工程相关学科,包括系统工程,它则是一门元学科。"工程系统论为系统工程等具体工程学科提供理论基础,而系统工程等具体工程学科则是在工程系统论指导下产生和发展的工程技术与方法的集合。"[④]

在贝塔朗菲看来,一般系统论是概括所有系统共同规律的最高系统知识。一般系统论将系统看作为了一个或者一组共同的目标而联系在一起的实体或过程的集合。因此,作为这样的集合的工程可以被看作一类系统。王连成认为,工程系统论就是概括所有工程共同规律的最高系统知识。[⑤] 类比一般系统论的研究对象和研究内容,工程系统论的研究对象即为一般工程系统,主要研究内容是一般工程系统的生成、演化、发展、消亡的规律。这些研究内容是现实中的工程组织、工程管理、工程技术的基本理论基础,适用于大多数的工程系统。下面,将对工程系统的要素和结构进行探讨与分析。

(二)工程系统的要素

钱学森认为,作为系统的工程有六个基本的要素,包括人、物资、设备、财、任务、信息。[⑥] 这一划分主要是从工程系统中人的活动和物的流动来考察的。李喜

---

① 王连成:《工程系统论》,中国宇航出版社 2002 年版,第 78 页。
② 汪应洛主编:《系统工程》(第 4 版),机械工业出版社 2008 年版,第 9 页。
③ 王连成:《工程系统论》,中国宇航出版社 2002 年版,第 100 ~ 103 页。
④ 同上书,第 105 页。
⑤ 同上书,前言 3。
⑥ 钱学森等:《论系统工程》(第 2 版),湖南科学技术出版社 1998 年版,第 15 页。

先把工程理解为知识的集合体及其相互联系和演变，认为考察工程系统时要着眼于知识的流动、组织、管理。他提出，技术知识、科学知识、管理知识、价值观念是构成工程系统的四个基本要素。①

王连成认为，基于工程的狭义的内涵，任何一项工程都包含着以下基本要素：②其一，用户，即期望使用工程产品的那些人或组织。其二，目标，即用户的价值期望和价值追求。其三，资源或物资，即实现用户期望目标所需要的基本的物质条件，既包括原材料、设备、工具、设施、能源等硬性的资源，也包括信息、资金等软性的资源。其四，行动者，包括工程的承包分包企业、设计部门、施工部门、供应商、监理单位、后勤保障等各种建设、用人、施工单位等。其五，方法与技术，即工程相关的行动者在实现他们所承担的工程任务时所使用的各种技术和管理手段。其六，过程，即工程从开始到结束中间经历的各个阶段，主要包括立项、决策、规划、审批、建设、验收、使用、废除等。其七，时间，指的是整个工程的持续时间，也可以称为工程的生命周期或系统的开发周期。其八，活动，在工程过程的每个阶段和每个步骤中，每个行动者有哪些行为，需要依据什么法规、文件、标准，如何去做等，这些都是此要素所涉及的问题。

由于个体工程本质上都是系统性的，不同的工程之间必然存在某种系统论意义上的同构性，因而可以在特殊性中发现一般性，必然会有某些相同或相似的系统规律可循。上述八个要素基本上同时存在于一般的工程中，构成工程系统的整体。同时，现实中的工程都是具体的、特殊的、作为个体的工程，因而这些要素在不同的工程中有不同的表现形态。

（三）工程系统的结构

对于一般工程系统的结构，有学者认为，可以从知识维度、过程维度、信息维度和价值维度进行考察。从知识维度来看，工程系统可以划分为四种要素，包括技术知识、科学知识、管理知识和价值观念。③ 四要素的功能表现为："价值决定工程的目的性，科学决定工程的合理性，技术决定工程的可行性，管理决定工程的有效性。"④工程系统的结构是以实现价值为目标，以运用知识为手段，价值流和知识流交织在一起形成的过程。从不同维度出发分析工程系统的结构，可以从多个侧面了解工程作为系统所具备的功能。但是，这在一定意义上并不利于从整体上把握工程系统的架构。

结合系统论的理论原理和具体工程实践的操作需要，基于组成工程系统的八个基本要素，王连成认为，工程的结构由工程对象系统、工程过程系统、工程技

---

① 李喜先：《工程系统论》，科学出版社 2007 年版，第 27～28 页。

② 王连成：《工程、工程系统、工程系统论与工程科学体系》，载《中国工程科学》2001 年第 6 期。

③ 李喜先：《工程系统论》，科学出版社 2007 年版，第 28 页。

④ 同上书，第 30 页。

术系统、工程管理系统、工程组织系统和工程支持系统六个子系统所组成：[①]其一，工程对象系统，即用户所期望的产品，既可能是纯粹物理系统，也可能是纯粹抽象系统，还可能是二者的结合。可以将工程开始时的工程对象系统的存在形态称作概念的工程对象系统，将工程结束时的工程对象系统的存在形态叫做实现的工程对象系统，也就是工程产品。其二，工程过程系统，是工程经历的所有的阶段或步骤及其所有活动的有序集合，涉及工程对象系统开发的整个生命周期。其三，工程技术系统，是工程技术活动及在此过程中所使用的原理、方法、手段的集合。其四，工程管理系统，是工程管理活动及其所使用的全部原理、方法、手段的集合。其五，工程组织系统，是为获取用户所期望的产品所涉及的所有组织或个人，及其所具备的组织准则、道德水准、行为规范、技能、知识结构的集合。其六，工程支持系统，是为工程技术活动和工程管理活动正常而有效地进行提供保障的全部实体的集合。六个子系统及其相互之间的逻辑关系见下图 20－1。

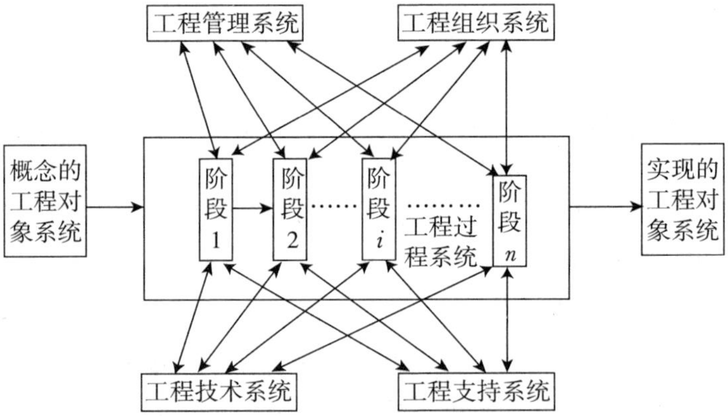

图 20－1　工程系统的体系结构[②]

无论在历史上，还是在现实中多种多样的工程案例中，由于人们常常习惯地把工程系统简单地等价为工程对象系统，因此使许多工程问题得不到正确地认识和处理。系统论的扩展性为获得对工程问题的正确认识和处理提供了一种有效的结构框架。事实上，根据上述分析，工程系统涉及对象、过程、技术、管理、组织和支持等各种系统，在各个子系统组成的工程系统的结构中，知识流和价值流融贯其中。因此，研究工程法学不应只看到工程的过程及其最终形成的对象、成果、产品等具体的方面，从系统论的视角看，还包括具体工程背后隐含的技术、组织、管理、支撑方面所涉及的法律问题。

---

① 王连成：《工程、工程系统、工程系统论与工程科学体系》，载《中国工程科学》2001 年第 6 期。

② 同上。

二、系统论视野下的法学

(一)系统思维运用于社会科学

系统思维和系统科学方法不仅在自然科学、技术、工程领域发挥着重要的作用,对社会科学等领域也有着深远的影响。在系统科学的视野下,整个社会就是一个极其庞大而复杂的系统,因此,系统科学的理论、观点、思想、方法同样可以用于人类社会的分析研究。

系统思维有利于全面认识对象的性质。例如,法学研究这一特定的社会现象。对于法律的研究对象,并不仅限于纸面上的一般的法律条文,事实上,还包括法的产生、本质、特征、发展、功能、制定、实施、监督等方面。[1] 这要求人们在研究具体法律问题时,必须充分考虑它与政治、经济、社会之间的相互关系,从社会现象的相互联系、相互作用中把握法律这一社会现象。随着社会科学中各交叉学科和交叉研究领域的研究越来越丰富,这种整体性思维方式在社会科学研究中的作用也越来越重要。

系统思维有利于认识社会现象的动态性。社会现象处于不断变化之中,而且还往往不可逆转,体现了动态性的特征。人们在认识社会现象时必须充分了解这一特性。例如,在现代法学中,对于法这个词,可以从静态的和动态的两种意义上理解。静态的法一般指法律规则、制度等;动态的法则泛指立法、执法、司法、守法等活动过程。[2] 根据社会系统的动态性特征,法学所研究的对象不仅限于静态的法律法规,更包括立法、执法、司法、守法等活动的、动态的发展过程,应抓住这种社会现象的动态性特征,从而搞清变化的原因、动力及各种作用。

系统思维有利于认识社会现象的开放性。现实中的系统都是开放的系统,总是处于与环境的相互联系和相互作用之中。社会系统是典型的开放系统,需要不断与外界进行物质、能量、信息的交换。例如,完善法律体系、加强法制建设、全面推进依法治国不仅需要完善立法、执法、司法体系,更要求建设和营造与之相应的社会、政治、经济、文化等方面的软环境。

系统思维有利于认识社会结构的层次性。社会系统是一个结构有序、层次分明、立体交叉的网络系统。处于不同层次的子系统,具有不同的功能。例如,法制系统(体系)包括立法体系、执法体系、司法体系、守法体系、法制监督体系等处于不同层次的子系统。理解系统结构层次性这一点有利于明确研究对象本身的地位、性质、特点、运动规律,明确它与周围层次的相互关系,从而有利于明确某层次

---

① 沈宗灵主编:《法理学》(第3版),北京大学出版社2009年版,第4页。

② 同上书,第23页。

对其他层次的影响,明确协调各不同法律部门、不同层次的关系。理解结构的层次性有利于研究不同层次的结构对系统整体功能的影响。

(二)系统法学

系统科学思维和方法运用于法学是系统科学在具体社会科学领域有效性的体现。系统科学可以为法学的理论研究和法有关的实践活动提供系统的思维方式,一些具体的现代系统科学的研究方法也可以为法学研究工程相关问题提供必要的理论支撑。同时,系统科学和法学相结合,也会使法学原来使用的一些方法,如哲学的方法、社会调查的方法、比较的方法等使用的范围更宽,得以发挥更大的作用。[①] 系统法学在一定意义上是一个方法学派。可以说,系统法学就是将系统科学与法学相结合,综合运用系统论、控制论、信息论、协同学、耗散结构理论、突变论等系统科学的理论和方法对各种法律和法律现象进行多因素、多变量的综合考察所形成的跨学科的综合研究。

1979 年年末,钱学森提出了建立系统工程科学体系的倡议,其中就包括法治系统工程。[②] 20 世纪 80 年代,我国一些法学工作者开始尝试用系统科学方法分析法律现象,并于 1985 年 5 月召开了全国首届法制系统科学讨论会。[③]

钱学森提出基础科学—技术科学—工程技术的科学技术体系结构理论,按照这一结构理论,系统科学可分为系统学、系统技术科学与系统工程三个层次。将这三个层次作为方法论引入法学,就构成了系统法学的三个层次:[④]其一,法系统学,它是研究法制系统的一般原理、概念、范畴、原则和方法,对整个法系统技术学和法制系统工程起着指导作用。其二,法系统技术学,是运用系统技术进行法学研究时和法制/法治实践中产生的如法系统论、法律控制论、信息法学、法系统动力学等交叉学科。其三,法制系统工程,它们是直接见之于法制实践的工程技术,即运用系统法学和法系统技术学的理论和方法技术,辅之以电子计算机和电子网络,以解决立法、司法、律师、公证、政府执法以及公民和社会对法制系统调控的具体问题。

熊继宁提出,法制系统工程是"综合运用系统科学、计算机和网络技术以及相关法学专业知识,研究和解决法制系统的创建、运行和维护问题的法律实践"。[⑤] 从系统法学与法制系统工程的关系来看,系统法学对于法制系统工程的实践起到理论概括和指导的作用,反过来,法制系统工程的实践则是系统法学理论的运用和实现。

系统法学采用系统思维,运用系统科学方法,对法和法律现象进行重新理解以

---

① 熊继宁:《系统法学导论》,知识产权出版社 2006 年版,第 28 页。

② 钱学森:《大力发展系统工程、尽早建立系统科学体系》,载《光明日报》1979 年 11 月 10 日。

③ 季卫东、齐海滨:《系统论方法在法学研究中的应用及其局限——兼论法学方法论问题》,载《中国社会科学》1987 年第 1 期。

④ 熊继宁:《法制/法治系统工程与系统法学》,载《中国政法大学学报》2009 年第 4 期。

⑤ 熊继宁:《系统法学导论》,知识产权出版社 2006 年版,第 11 页。

及全面的考察研究。[①] 系统法学在法学研究中引入系统论、控制论、信息论等现代科学方法，往往表现出与传统法学研究方法不同的方式，其研究方法主要有以下特征：[②]其一，从整体出发、注重综合、立体网络式思维。其二，从"实物"中心到"系统"中心。其三，"综合—分析—综合"的方法。其四，动态平衡和互动适应。其五，"质—量"研究的统一。其六，"过去—现在—未来"的思维方式。其七，注重研究和减少不确定性、偶然性和复杂性。其八，人—机结合/人—网结合的综合集成体系。其九，"规范—行为—价值""理论—政策""决策—对策"相关照。系统法学的这些方法特征，能够使有关法和法的现象得到更加科学的说明。

第三节　系统论视野下的工程法学

在现代工程建设的快速发展下诸多技术与经济等相关问题应运而生，工程法学就是在这一背景下应运而生的一门新兴学科。工程法学主要研究探讨现代工程建设、管理等各方面所涉及的法律现象及其规律，体现了学科之间的交叉融合。

一、工程法学在法学体系中的定位

工程法学在法学体系中有何种定位，首先要看法学体系如何划分。"法学体系是法学各个分支学科构成的一个有机联系的整体。"[③]法学体系的划分有诸多不同的标准，按照沈宗灵等学者的划分，根据法律的不同类别，法学可以分为国内法学、国际法学、法律史学、比较法学和外国法学等；根据法律的制定和实施过程，法学可以分为立法学、法律解释学、法律社会学等；从认识论的角度出发，法学可以分为理论法学和应用法学；从法学与其他学科的关系来看，一般可将法学分为法学本科和法学边缘学科。事实上，在法学体系中还包括法学与自然科学、工程、技术或其他人文社会科学学科之间的一些边缘学科，包括犯罪学、司法鉴定学、法律统计学、法律教育学等。[④]

法学研究法律这一特定的社会现象。法学的核心问题就是关于法的本质、制定、适用等问题的研究。直接回答核心问题的是法学学科，不直接回答法学核心问题的边缘性研究，则属于法学边缘学科。例如，法律教育学其核心是教育学，而非法学，属于法学边缘学科。工程法学有别于法学边缘学科，其核心是法学，而非工程，研究的是工程中的法律问题。正如伦理学中的医学伦理、科技伦理、环境伦理归属于应用伦理学，工程法学属于法学在工程这一具体领域的应用。工程法所涉

---

① 熊继宁：《系统法学导论》，知识产权出版社 2006 年版，第 28 页。
② 同上书，第 21 页。
③ 沈宗灵主编：《法理学》（第 3 版），北京大学出版社 2009 年版，第 5 页。
④ 同上书，第 6 页。

及的问题横跨了行政法、民法、刑法、劳动与社会保障法、环境法等多个不同的法律部门。

二、工程系统论对工程法学的启发

目前的工程法学的研究对象主要在于建筑工程与建设工程。例如,多种版本的《建设工程法》,所涉及的内容主要都是建设工程招标投标、合同、风险防范、质量管理、安全生产、环境保护与节能等相关的法律法规,也涉及建设工程纠纷解决、索赔等制度。此外,还包括与工程建设相关的其他法律制度,如劳动法、消防法、城市规划法以及建设用地、房屋拆迁、工程建设标准化等制度。再如,同济大学出版社 2001 年出版的《土木工程相关法规》主要内容涉及土木工程建设程序管理法规、从业资格管理法规、勘察设计法规、招标投标法规、建设工程合同法规、质量管理法规、安全管理法规、工程竣工验收备案管理法规、工程建设标准化法规、建设项目环境保护法规和建筑节能法规等。事实上,这些著作主要针对的是高等院校土木工程及相关专业的教学以及土木工程领域的监理、设计和施工单位的工程技术人员、管理人员在实际工作中遇到的法律问题。虽然这些也会涉及工程法学,但是主要功能是基于实际应用的法律法规指导其中很少涉及针对工程的法学理论研究。

系统论的视角为工程法学的研究提供了新的研究框架。工程法学的对象——工程本身就具有系统性,从系统性的视角看工程,可以将工程看作一个系统。基于系统论,可以将工程视为由工程对象系统、工程过程系统、工程技术系统、工程管理系统、工程组织系统和工程支持系统等多个子系统组成的开放性的系统。以工程过程系统为核心,技术、管理、组织、支撑系统作用于工程过程的各个阶段,知识流和价值流融会在整个系统之中,实现工程对象系统的内化到外化。但是基于具体的实践,人们常常习惯地把工程系统简单地等价为具体的工程对象系统,因此许多工程问题并未得到正确的界定、认识以及处理。系统论的扩展性为获得对工程问题的正确界定、认识和处理提供了一种有效的结构框架。

在系统论视角下,采用系统思维方式,运用系统科学的相关方法,工程法学的研究呈现出整体性、开放性、多样性等特征。工程法学将涉及工程对象系统、工程过程系统、工程技术系统、工程管理系统、工程组织系统和工程支持系统中的法律现象及其规律的探讨,法律问题及其解决,法制建设及其治理。其中,针对工程对象系统,工程法学研究不只局限于建筑土木工程,也涉及水利、交通、通信、电力、矿业等不同行业不同类型的具体和抽象的工程。由于工程建筑法并不能覆盖所有的工程领域,因此,其应作为工程法的一个子领域。对于概念的工程对象系统和实现的工程对象系统,与其相关的工程法学研究也应该有所区分。针对工程过程系统,工程法学的研究应涉及工程立项、决策、规划、审批、建设、验收、使用、废除等全生命周期内的一切建设与管理活动中所涉及的法律问题。针对工程技术系统,工程活动中所涉及的所有技术的法律问题都应纳入工程法学的研究范围。针对工程管理系统，工程管理及其所运用的方法所涉及的法律问题也都应纳入工程法学的研究范围。针对工程组织系统，从概念的工程对象系统到实现的工程对象系统，为获取工程对象系统产品所涉及的所有组织、个人及其技能、知识结构、组织准则、道德水准和行为规范所涉及的法律问题都应纳入工程法学的研究范围。针对工程支持系统，为正常进行工程的技术和管理活动提供支撑与保障的实体所涉及的法律问题也应纳入工程法学的研究范围。

三、系统思维在工程法学中的运用

系统思维和系统科学方法为法学等社会科学研究提供了一种方法论指导，面对社会各种复杂性对象，需要采用系统的思维进行研究，工程法学的学科归属法学作为社会科学本身也可从系统科学的研究方法中获得启发。因此，在系统论的视野下，工程法学的研究可以借鉴并综合运用系统法学的研究方法。①

其一，对于工程法相关的现象，从整体出发、注重综合思维，注意把握多因素多变量，综合研究纵横文错关系，避免把事物割裂开来，只考察单因素、单变量、纵向关系、横向关系。

其二，在进行工程法学的研究时，运用"综合—分析—综合""全局—局部—全局""整体—部分—整体"的思维逻辑来处理工程法学研究和工程法制建设问题。通过综合治理，实现整体优化，并最终实现协调发展。

其三，在工程法学的研究中，强调从动态中去把握事物，把法律控制的过程看作是一个动态的过程，强调工程相关的法制系统在动态中达到内平衡，在与环境互动中实现协调和适应。

其四，对工程法学的研究，要注重"定性—定量"研究的统一。为了使问题得到精确的表述，可以引入一些数学手段和工具，使对工程法和有关工程法的现象的研究从定性走向定量。例如，可以把整个工程法学系统分成不同的等级和层次，使部分功能和目标服从系统的整体目标，通过数学方法，在动态中协调整体与部分的关系，以达到总体最优。

其五，注重"过去—现在—未来"的研究。传统的历史性研究及其对现实的启发可以归为"过去—现在"的研究。工程不只是现实的，更是面向未来的，基于工程的这一性质，工程法学应该不仅注重研究和解释工程法及其相关现象的过去和现在，在关注工程法与工程法制的历史性研究的同时，更应注重研究未来，站在预见性的高度，通过过去和未来从而更深刻地把握现在。

其六，工程法学的研究中，要充分运用计算机、网络及其他科学技术的作用。针对具体问题，从不同的角度运用系统论、控制论、信息论、系统动力学等复杂性研究中的科学方法。工程相关的法学问题往往可归为复杂性问题，在分析复杂的工

---

① 熊继宁：《系统法学导论》，知识产权出版社 2006 年版，第 21～24 页。

程法学问题时，可以发挥大数据的思维和云计算的方法，基于理论原理，探索得出定性、定量相结合的结论。

其七，运用系统分析的研究方法进行工程法学的研究，应尽量避免行为研究（解决“是什么？”的问题）、价值研究（解决“喜好什么？”的问题）、规范研究（解决“应该是什么？”的问题）相分离的范式，①应综合理论研究和政策研究，争取做到行为研究、价值研究与规范研究相统一，理论研究和政策研究相结合。

从系统的视角看工程及其相关的法律、法制、法治建设问题，以解决工程相关的立法、司法、律师、公证、政府执法以及公民和社会对法制系统调控的具体问题。工程法学不只是调整工程关系的法律规范，从系统的思维出发，其涉及工程相关的法律现象及其规律的探讨，工程相关法律问题及其解决，工程相关的法制建设及其治理等一系列问题。基于系统法学的思维与研究方法，工程法学的研究应从整体出发，注重综合的思维，力求做到定性与定量研究相结合，时间维度与空间维度的研究相辅助，理论维度与实践维度的研究相统一，规范、行为和价值维度的研究相关照。反过来，面向实践、面向未来的工程法学的研究也会为系统法学与工程系统论的研究增添新的理论内涵和实践依据。在工程法学的研究中实现系统法学与工程系统的相互构建应当成为工程法学发展的方向。

---

① ［美］R. M. 克朗：《系统分析和政策科学》，陈东威译，商务印书馆 1985 年版，第 47 页。

第二十一章　工程法学的安全科学基础

第一节　安全科学

工程法学以工程领域的公正与秩序为研究内容,与安全学之间有着天然的联系。本章主要介绍工程法学与安全学密切联系的安全学基本理念与原理,以期为工程法学提供基本的安全学基础。

一、安全概述

(一)安全的概念

在我国古代汉语中,“安全”未作为词组使用,而是仅由“安”字加以表达,但“安全”的思想和理念时常得到体现。如《易 · 系辞下》语“是故君子安而不忘危,存而不忘亡,治而不忘乱,是以身安而国家,可保也”;《左传 · 襄公十一年》语“居安思危……安不忘危,预防为主”。其中,“安”均指向的是与“危”相对的状态,表达的即为“安定、安全”之意。① “无危则安,无缺则全”,安全就意味着没有危险且尽善尽美。② “安全”是现代汉语中的基本词汇,《辞海》对“安”字的第一个释义就是“安全”,即“有保障,没危险;不受威胁,不出事故”,既可用于人,也可用于物。③与汉语中“安全”相对应的英语词汇为“safety”或“security”,④虽然这两个词的具体含义和用法均存在不同,但均有安全的含义,即免于危险、没有恐惧。

自从人类社会诞生以来,安全就成为自发的追求目标,亦承载了对生命的尊重。现代安全技术将人的身心作为评判安全与否的着眼点,认为安全是指各种事物对人不产生危害、不导致危险、不造成损失、不发生事故、运行正常、进展顺利的状态;并将事物自身可靠性的问题排除出“安全”的范畴。⑤ 实际上,在对安全的科学理性认识中,安全虽然孜孜追求的是“绝对安全”,但这确实是无法达到的目标。换句话说,“绝对安全”是不存在的,安全更多的是相对于危险危害而言的,危险或不安全因素是普遍、客观存在的。与之相适应的,安全是人们对事物的一种具体认

---

① 方克立:《中国哲学大辞典》,中国社会科学出版社 1994 年版,第 499 页。
② 苗金明:《安全法学导论》,清华大学出版社 2014 年版,第 7 页。
③ 冯志纯:《现代汉语用法词典》,四川辞书出版社 2010 年版,第 18 页。
④ [英]霍恩比:《牛津高阶英汉双解词典》(第 8 版),商务印书馆 2014 年版,第 1019 页、第 1864 页。
⑤ 张景林、林柏泉:《安全学原理》,中国劳动社会保障出版社 2012 年版,第 1 ~ 2 页。

识,是人们对客观事物实际状态的心理感受和认知,是在某种或某些影响人的身心的不利因素低于某种程度时候,人或人类作为主体的一种模糊判断。也就是说,整个系统中的安全性(S)与危险性(D)贯穿于系统工作,即 $S = 1 - D$,而实际运行中的 D 总是大于零的,通常所说的"安全",并不是绝对不存在危险,只是危险的发生概率较小,以至于认为不会发生超过人们承受能力的危险或事故。

根据以上的分析,安全是在不间断的危险识别以及控制的过程中,人本身或人类社会的危险停留在人们可接受的水平以内。各个领域或系统中的安全集合起来共同构成人类整体的安全,如工程安全、机械安全、矿业安全、交通安全、核工业安全等,就形成社会生存、生产、生活领域的大安全。

(二)安全的本质

安全是人类社会在漫长发展史中的最基本要求,位于人类需求层次理论中的第二个等级。但究其实质而言,安全本为人们在思维之网上经过抽象确立的概念或理念,则其本质到底为何,对这一问题的探索既可以体现安全科学的独立性,也有助于把握不同时代或同时代不同领域的安全问题。

关于安全的实质,有的观点将无事故的状态界定为安全;[①]也有的论者引用动力学的方法,将安全描述为系统从无序到有序,渐变与突变相统一的状态。应该说,这两种观点都有一定的合理性。但是,一方面,安全所指向的状态绝非仅指零事故的"绝对安全",这是由于在科学视角中,事故既有严重损失的事故、较轻低损失事故,也有无损失无伤害事故,要追求各种事故的零发生是不可能的;并且,普通公民话语中的安全、平安更多表达的是一种理想化的抽象概念,并非强求绝对安全的实现。另一方面,安全是一种历史的、动态的存在。在人类社会的漫长历史中,人类对安全的认识经历了从消极到主动、从分散到系统的发展历程:生产力相对落后时期,人类对自身的安全认识处于消极的无知状态,直至工业革命后才进入局部安全认识状态,又在大生产系统和机器系统的运行中形成系统的安全认识状态,发展至今安全科学已成为独立的体系。在历史发展轴线上的安全状态,呈现不断发展的特性。除此以外,安全还作为过程表征出现,是一种相对于事故萌芽、孕育而存在的安定状态。另外,在动态的安全系统工程技术措施建立和不断完善的背景下,安全有效率、安全失效率、安全度等量化指标已经成为表征安全与否相对科学和严密的标准。

可见,安全兼具过程性与状态性,描述的是复杂因素和系统共同作用下的动态过程或状态,是立足于人本身,将人身损害或财产损失控制在当时人们可以容忍的范围内;安全兼具绝对性与相对性,指的是社会中的人和物均免于损伤的目标,在

---

① 田思进:《基于状态空间分析法的系统安全理论与应用研究》,载《2008(沈阳)国际安全科学与技术学术研讨会论文集》2008 年。

具体的历史条件下,这种目标则是得到具体实现的。

由上述分析可见,安全的出发点和立足点均为人,或者说,安全的本质在于人的安全。正是由于在不同历史时期或同一时期的不同领域抑或同一领域的不同层次上,影响和制约其中主体的主要因素有不同,安全的影响因子也就存在不同。安全则是所有这些影响因素的关系的总和。

二、安全科学

(一)安全科学的由来

安全科学的研究是在人们的生产和生活中,为了生命和健康得到保障,使相关设备、财产以及事物免受危害等,揭示安全的客观规律并提供安全学科理论、应用理论和专业理论。①

安全科学的发展以人们对安全的理性认识为必要条件,而对安全的认识由感性上升到理性以生产力水平提高、安全技术发展为先导。特别是自 18 世纪以瓦特发明蒸汽机为标志的工业革命以来,生产力水平飞跃发展,人类社会逐渐从农业社会过渡到工业社会,从家庭手工业转入了社会化工业。与之相伴随的,是对安全的认识和重视进入更加理性的阶段。机器首先在纺织领域使用,之后便迅速扩展到冶金、采矿和交通运输等,这些复杂技术的使用也带来工人伤亡事故和职业病日益增多。针对这些危害,煤矿行业首先探索新的生产技术和方法,如 18 世纪后,英国设计出煤矿井下通风换气方法,出版著作《矿工肺病和冶金工业病》,之后,戴维发明矿工安全灯。在安全管理方面,出现了一系列预防风险和保障安全的制度设计。例如,1817 年英国创建检验公司,1833 年美国制定《蒸汽船检验规则》,1844 年英国修订《2T 法》(《工厂法》)规定机器设备必须安装安全装置,1864 年英国创办锅炉保险公司,1867 年美国麻省通过工厂检查员法。直至 10 世纪初,英国、美国、荷兰等发达资本主义国家普遍确立了安全技术体系。

当科学技术发展到 20 世纪 50 年代,生产高度机械化、电气化和自动化更加成为明显特征。一方面,现代技术更加复杂,新材料(如核能、高能火箭燃料等)更加多样,一旦出现安全危险,可能造成的财产损失和人员伤害更加严重;另一方面,在物质生活水平已经高度发达的条件下,人们更加关注生活环境的高质量、安全和健康的严密保障。这促使理论研究和实践观察不得不改变过去割裂的、就事论事的方法,转而以体系的、理性的、综合的高度去了解和认识各种安全论题,并最终导致了安全科学的问世。

最早的关于安全科学的论著出现于 20 世纪 70 年代的美国和英国,美国理论界出版了《安全科学文摘》,英国则由学者哈克顿和罗宾斯发表了《安全科学导

---

① 吴超:《安全科学方法学》,中国劳动社会保障出版社 2011 年版,第 6 ~ 7 页。

论》。1981 年,德国学者库尔曼出版的《安全科学导论》明确提出"安全科学"的学科概念,成为首部比较完整描述"安全科学"的著作。到了 20 世纪 90 年代,第一届世界安全科学大会在德国科隆召开,首次在世界范围内提出"安全科学",将安全科学的研究论题在世界范围内加以明确。从以上论述中可以看出,在安全科学的诞生过程中,工业或行业部门的共性安全问题已经得到识别,如以人为本的安全设计和安全技术,以安全法规、安全制度为内容的安全管理学等,均构成安全科学研究的重要内容。

(二)安全科学的学科界定

安全科学是自然科学与社会科学相交叉的一门新兴学科,也是一个典型的综合性学科。[①] 进入 21 世纪以来,安全科学学科地位在理论界得到了新的认可和提高。随着时间的推移和生产力的进步,安全相关的时空范围进一步扩展,与此同时,安全科学作为理论学科,其研究对象也在不断发生变化。

关于安全科学的研究对象,存在诸多有价值的观点,梳理起来可以发现大概经过了三个发展阶段。第一阶段,认为安全科学的研究对象是"技术应用中的安全问题",这是由学者库尔曼在明确提出安全科学研究对象的定义后加以界定的。在这种观点中,安全科学的研究不包括军事或社会的安全和保安,这也是我国传统安全理念中的定位。另外,关于劳动保护是否属于安全科学的研究对象,由于受到苏联体制的影响,我国学者大多对此持肯定态度,并在此基础上将生产安全、工业卫生等纳入研究范围。第二阶段,将安全科学的研究对象界定为安全工程。这就在安全因素的考察中引入了"人—机—环"的模式,实现了安全科学研究对象的系统化,并在安全科学对象中加入财产安全因素。第三阶段,认为安全科学的对象是自然的、社会的与人有关的安全问题。这是在当今生产和科学技术发展,尤其是高科技发展背景下,伴随着自然环境的变化和公众对安全认识的深化以及社会与自然的交织而出现的。这种观点体现的是大安全观的理论主张。

在大安全观的视野中,影响自然与社会安全的因素是种类繁多和形式各异的,据此,安全科学的研究内容不能仅仅局限于事故,并且,通常情况下的事故是千百隐患共同作用下、暂时发生的极端状态,在更多或更长的时间内安全处于向更安全或孕育事故发展的动态过程。于是,人们提出了许多具体的研究对象,如全球气候变暖、核材料的安全使用、陆地沙漠化、大气污染;国家之间以及内部安全有关的战争、恐怖袭击、金融危机;新技术的安全性、工程安全、生产安全,等等。这些存在于自然与社会领域的安全问题,已经不能完全地割裂开来。安全科学无力解决专业领域的具体技术问题,但是灾害产生的原因以及灾害问题中的共性理论研究是很

① 刘潜等:《安全科学学科性质及其基本特征探索》,载《全国第二次安全科学技术学术交流大会论文集》,2002 年。

有意义的。

据此，安全科学是着眼于人的安全或与人相关的安全，以客观存在于生存、生活、生产领域的安全问题为研究对象，探索安全基础科学理论，寻求社会科学层次上的安全系统与安全管理，研究安全状态如何控制或转化为危险状态的理论和技术，等等。[①] 安全科学的顶层理论结构由安全学和安全系统学构成，支撑结构由灾害学、社会安全学、安全工程学构成。安全科学综合理论体系构架如图 21－1 所示。

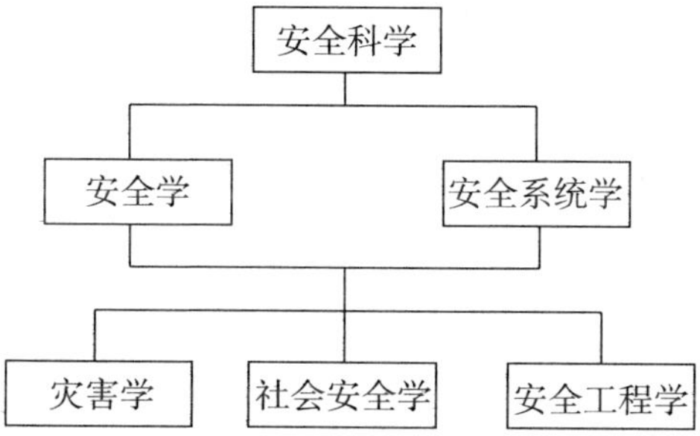

图 21－1　安全科学综合理论体系构架

（三）安全科学基础科学——安全学的理论体系

安全学是安全科学学科体系的重要组成部分，其在自然辩证法的指导下，为安全学科领域提供理论基础，已经发展成为关于安全基础科学的体系性理论。

1. 安全的属性理论

在现代生产力水平和科学技术均相对较高的条件下，安全的自然属性和社会属性出现耦合的趋势。纵观人类发展历程，安全需要是人的本性，也是人类生存与生活的基本前提，尤其是在以人为本、重视人与人性本身的社会中，安全的自然属性是毋庸置疑的；安全要素中的很大一部分都与社会关系及其运动规律密切相关，如安全文化、安全伦理、安全法规等，都呈现明显的社会属性。

2. 安全观理论

安全观理论主要研究安全的地位和作用。安全观与世界观、人生观和价值观相互联系：安全旨在保障人的身心免受外界因素的损失和伤害，安全观构成人生观的最基本目标；安全观是实现人生目的和价值的保障；安全的展开是以维护人们的身心价值为目标的，安全观的核心是生命价值观。大安全观应该成为当今安全科学中的重要内容，其是在科学、技术和社会推动下，以地球上的安全问题为视角的观念。

3. 安全哲学理论

以辩证唯物主义的理论来认识安全学，可以得出以下结论：绝对安全与相对安

① 张景林、蔡天富：《构思“安全学”》，载《中国安全科学学报》2004 年第 10 期。

全是辩证统一的,生命与安全是人类生存生活的基本前提;依据系统论观点,安全问题具有系统性,是安全内部各要素之间的相互关系,系统的优化依赖于安全系统的最优运行;安全方法主要有事故突变法、风险分析法、事故致因法。

4. 安全动力学理论

在生产力水平相当低下的历史时期,认识和评价世界的工具是“卜”与“易”,这种方法的不合理性显而易见。只有在认识水平提高之后,才对安全系统有新的理性认识:安全系统为物质的动态发展过程,不断发生能量的、物质的、信息的交换;安全系统具有非线性的特征,当系统中的某些要素渐变到某个落差点时,系统就会发生突变。

三、我国安全科学的发展

我国安全科学的缘起始于新中国成立以后,也遵循以科学技术为先导、不断拓展研究领域的规律。[①] 大体而言,我国安全科学经历了三个发展阶段。

(一)初步建立阶段

我国安全科学大致是在新中国成立以后才有所发展的。至20世纪70年代末期,我国工业发展大多借鉴苏联的制度模式,重视工业生产中人的安全,将劳动保护列为一项基本国策,这一阶段的安全科学主要指向的是安全技术和安全管理。如原劳动部成立了劳动保护研究所、卫生部成立了劳动卫生研究所、原冶金部成立了安全技术研究所,开展了矿山安全技术、工业防尘技术、机电安全技术等研究工作。[②] 这些都对当时条件下的工业卫生以及相关的安全生产技术和安全管理进行了研究。几乎与此同时,我国安全技术也开始发展:一是劳动安全技术,主要包括机电安全、工业防毒、工业防尘等,这些是作为劳动保护的内容存在的;二是产业安全技术,如矿业安全技术(包括防瓦斯煤尘爆炸、顶板支护、爆破安全、防水工程等),这些技术与产业生产技术密切联系,并随着产业技术的提高而不断提高。

(二)逐步发展阶段

在改革开放和现代化进程的推动下,我国安全科学在20世纪70年代末至90年代初经历了稳步发展阶段。这一阶段我国采矿、交通运输等诸多领域的生产技术均得到大幅提高,其中的保障性措施和制度的效能也得到肯定。在整个社会环境中,安全科学不断发展,如50多所安全科学技术研究院、中心等成立;1982年和1985年召开两次全国劳动保护科学技术体系学术讨论会,并在会上明确提出“安全科学”的学科概念和安全科学技术体系结构的框架;到80年代中期,安全工程本科专业正式成为教育部认定的高等学校工科专业,并实现了完整的学位教育体系。

---

① 吴超等:《比较安全学》,中国劳动社会保障出版社2014年版,第9页。

② 张景林、林柏泉:《安全学原理》,中国劳动社会保障出版社2012年版,第15页。

此外,安全科技与管理工作也更加得到重视。可以说,无论是在数量和规模上,还是质量上,安全科学技术和科学研究体系已经基本形成。

(三)迅速发展阶段

20 世纪 90 年代以来,我国经济快速发展,安全生产科学技术也取得了突破性进展,尤其是在 2000 年以后的十年为发展的“黄金十年”。[①] 该时期内,国家 GDP 迅猛增长,但生产安全形势趋于严峻,煤矿、道路交通、建筑等领域事故频发,公共安全领域也出现了如“非典”(SARS)、禽流感等事件。对此,国家提出了“科学发展观”的理念和方针,为安全学科的发展奠定了理论基础;包括产业安全在内的安全科学技术大力发展,并纳入国家科学技术发展规划。安全科学基础理论研究不断健全和完善,涉及安全法学、安全哲学、安全经济学、安全文化学,等等;[②]同时,安全科学受到来自医学、心理学、管理学、行为学和社会学等学科的关注,并利用各自的分析方法进行研究。安全管理进入制度化、法律化的轨道,主要体现为 2001 年国家安全生产监督管理局成立,2002 年我国《安全生产法》颁布实施。《安全生产法》是安全生产工作的基础性、综合性、纲领性法律。自《安全生产法》颁布实施以来,针对安全生产的严峻形势,国务院先后出台了一系列行政法规和政策文件,对指导、加强安全生产法工作起到了有益的补充。《安全生产法》颁布实施以来我国经济社会发生了深刻变化,安全生产工作面临新情况、新问题。为应对新情况和新问题,2014 年 8 月 31 日第十二届全国人民代表大会常务委员会通过了关于修改《中华人民共和国安全生产法》的决定,自 2014 年 12 月 1 日起施行。

第二节　工程、法学与安全科学

工程、法学与安全科学在学科性质上是不同的:工程属于自然科学;法学属于社会科学,亦兼有人文科学的特征;安全科学则属于交叉科学,是与相邻科学如环境科学、生态科学、系统学、地学等相交叉的综合理论体系。在学术发展中,随着学科研究的不断深入和扩展,工程、法学与安全科学各成体系,又彼此联系。

一、工程与安全科学

(一)安全工程是安全科学的重要研究对象

工程天然是排斥事故的,而如何避免事故或者认识保障安全的要素,则是安全学的重要研究议题。工程是社会主体以自然科学原理为指导、以已经掌握的实践经验和技巧为前提,研究、开发、设计或生产产品、工艺等的服务,还包括在工程存

---

① 吴超等:《比较安全学》,中国劳动社会保障出版社 2014 年版,第 207 页。

② 罗云:《安全科学导论》,中国质检出版社、中国标准出版社 2013 年版,第 41 页。

续期间的修补。现代工程具有鲜明的时代特点：一切工程活动必须以满足人类日益增长的生活和社会需求为目标，旨在取得良好的社会效益；工程项目在技术上是先进的，充分利用现代科技；现代工程应具有成本低、效益好的特点；现代工程必须注意对环境的影响；现代工程必须满足信息化社会的要求，实现操作自动化、智能化、信息化。可见，从广义上说，工程实际上是人、物、环境共存的系统，追求人（主体）—机（对象）—环境（条件）之间关系的协调。① 只有当工程实施过程中的人、物等均实现和谐时，工程设计、施工以及形成物才能实现良好的状态，这种和谐实际上就包含了不遗余力地彻底消除危害危险、避免事故，以实现安全。

工程依据科学原理或规律而完成，安全是贯穿于工程施工和功能实现整个过程的重要目标。安全工程以实现安全服务为直接目的，包含了安全预测、设计、施工、运转、总结、反馈和提高等诸多具体安全技术活动与方法。毋庸置疑，人类活动的各个领域，均需要工程技术以保障安全，并根据相关领域的特点设立针对性的专门技术或具有综合性的安全工程技术。② 可见，安全工程的关注领域非常广泛。

当前我国正处于全面而深刻的经济转型时期，大规模的工业化、城市化进程不断推进，安全工程与安全科学建设更加迫在眉睫。不可否认，随着工业化的发展与文明的进步，安全生产技术有较大改进，安全生产观念有较大强化，安全管理制度基本建立，安全科学与文化不断发展。但是，工程建设规模扩大，工程领域的重大事故仍然频发，安全事故总起数、事故总伤亡人数仍然居高不下，工程领域安全形势依然严峻，并呈现出新的特点：第一，矿产资源开发的难度加大与矿难发生率高同时存在。以煤炭行业为例，2012 年我国煤炭百万吨死亡率约为 37.4%，是发达国家产煤百万吨死亡率的数倍甚至十数倍。矿产资源的长期大规模开发，埋藏于浅部的高品位矿产资源日益枯竭，大批矿山过渡到深部开发，自然条件不断恶化，瓦斯突出、冲击地压等灾害的复杂性加大。第二，工业化进程的不断加快，增加了工程建设中的不安全因素。无论是老装置的改造还是新装置的建设，单套装置生产规模不断扩大成为共同趋势；电网由区域电网向全国电网过度，高电压、远距离和交直流混合输变电技术在推广使用；民航、高速铁路和公路、水上交通步入高速发展时期，危险因素的种类增多，危害程度增加。第三，随着城市化进程速度的加快，输送易燃易爆介质的长输管道、城镇燃气输配管道系统在大幅度增长；城市建筑密度越来越大，人口密度越来越高，城市灾害事故放大、耦合的可能性和严重性均在增加。

（二）安全科学的技术科学层次——安全工程学

安全科学为了把握安全的本质及其变化规律，探析了安全要素的构成及其相

---

① 苗金明：《安全法学导论》，清华大学出版社 2014 年版，第 12 页。

② 姜伟、佟瑞鹏、傅贵：《安全科学与工程导论》，中国劳动社会保障出版社 2016 年版，第 55 页。

互作用。安全要素即在理想状态下,能够独立实现安全的充分条件,主要包括"安全人体""安全物质""安全人与物关系"。但是,绝对理想状态中的上述要素是无法在现实中存在的,为了达到和保持相对的安全状态,具有可行性的做法是,以现有的三要素为基础,系统性地运筹、调节、匹配和控制各要素,进而接近和保有整体上的安全状态。

二、法学与安全学

古代"法"与"刑"同义,"法"与"律"也是同义的。日本首先将"法"与"律"连用作为一个合成词,在清末民初传入我国。法学,即法律科学,围绕法律、法律科学而展开。在现代汉语中,"法律"一词有广义与狭义之分。广义上的法律,是指由国家制定或者认可并由国家强制力保证实施的各种行为规范的总和,即整体或者抽象意义上的法律。狭义上的法律,是专指拥有立法权的国家机关依照立法程序制定和颁布的规范性文件,在我国指的是全国人民代表大会及其常委会制定的规范。法律作为上层建筑,具有四个基本特征:(1)法是调整人们行为的规范;(2)法是由国家制定或者认可并具有普遍约束力的行为规范;(3)法通过规定人们的权利和义务来调整社会关系;(4)法通过一定的程序制定、修订并由国家强制力保证实施。

安全科学旨在利用生产经营活动中生产经营设备、设施和作业环境形成有机结合的安全保障体系,从而能够最大限度地有效防范、及时处置各种危险与有害因素,而其安全生产中的保障体系也是法律关注的公平与秩序的存在空间。安全科学关涉安全、科学、工程、技术等诸多领域,作为新兴的综合科学学科,与法学的交叉部分就形成了安全法学(见图21－2)。

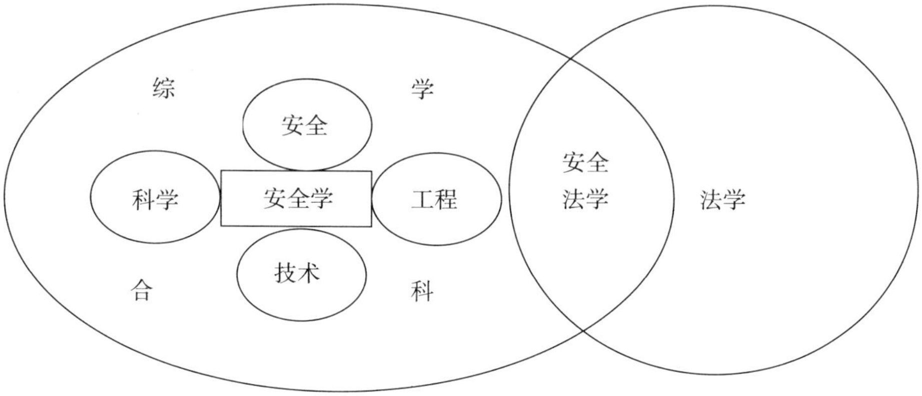

图21－2　安全学科与法学交叉示意

(一)安全法学概述

安全法,是指国家立法机关按照一定程序制定的、调整生产经营活动及其相关活动中人身安全关系、财产安全关系及其他相关关系的安全法律规范的总和。安全法具有特殊的调整对象，这也决定了安全法在法律部门中的独立性。在国家整体法律体系中，安全法的调整范围、调整对象、调整方式和内部体系结构都是特殊的社会关系，可以说安全法是专门调整安全关系的特别法。而且，安全法的法律渊源有宪法和行政法、民法、刑法等。例如，宪法中有关保护人民群众生命财产安全的法律原则规定，关于安全的原则规定等，通过安全法对特定的安全关系主体、特定事件、特定空间、特定行为（生产经营活动）实施具体的法律调整，进而将宪法的原则体现并落实在安全领域。

安全法具有以下特征：安全法的调整对象是调整生产经营活动及其相关活动中人身安全关系、财产安全关系及其相关关系；安全法是由国家制定或者认可并具有普遍约束力的行为规范；安全法通过规定主体的权利、义务和责任来调整安全关系；安全法通过一定的程序制定并由国家强制力保证实施。

就安全法的性质而言，第一，安全法兼具公法与私法的性质。安全法一方面在企业安全管理中允许必要情况下国家行政权力和国家刑事权力的干预，以保护从业人员的生命、健康，这是公法性规定；另一方面，安全法肯定了在企业安全生产中从业人员的一系列权利，如拒绝违章指挥、强令冒险作业的权利，获得工伤保险补偿和损害赔偿的权利等，这都是私法性质的规定。可见，安全法具有公法和私法的双重性质。第二，安全法具有专业法的性质。安全法之所以成为独立的法律部门，还由于安全法的专业性特点。在广泛而复杂的社会关系中，安全法的调整范围围绕安全基本问题和安全特殊问题展开，只要属于安全基本问题和安全特殊问题，都属于安全法的调整范围，这是由于安全法具有极为鲜明的专业、行业特点。安全法既关注各个行业、领域内存在的基础安全问题，又解决不同行业、领域内存在的特殊安全问题，而这些问题都具有专业特点。安全问题的解决必须遵循客观规律，既离不开科学化、人性化的管理，又必须依赖先进可靠的安全科学技术。不同行业、不同企业的安全法律关系，关涉诸多社会科学和自然科学的专业技术、管理方式方法和科学技术手段、措施等，这些就构成了安全法的科学基础、人文学基础和专业基础，并且体现在安全法律规范之中，使其具有更强的专业性，由此形成了独立的安全法律体系。第三，安全法兼具实体法和程序法的性质。安全法规定了特定主体的权利义务，属于实体性规定，还规定了安全法律关系中的程序性内容。比如，安全法规定劳动合同应当有保障从业人劳动安全、防止职业危害、办理工伤社会保险的事项等，都是实体性规定；与此同时，安全法规定了生产安全事故报告和调查处理程序等，都是程序性规定。

（二）安全法的渊源

我国安全法的渊源主要有以下几种：

1. 调整安全生产的综合性法律——《安全生产法》

这是安全法律领域最主要的单行法律。《安全生产法》的出台前后经历了二十一年的时间。1981 年 3 月,原国家劳动总局主持起草了《劳动保护法(草案)》,于 1987 年上报国务院,后经立法变迁,确定为《安全生产法》,由第九届全国人民代表大会常务委员会第二十八次会议于 2002 年 6 月 29 日通过公布,自 2002 年 11 月 1 日起施行。由此,我国的安全生产法律制度不断趋于完善,安全生产形势更加良好。在我国日新月异的经济与社会环境中,《安全生产法》不断出现与安全生产现实不相适应的情况,为适应社会主义市场经济发展的需要,2014 年 8 月 31 日第十二届全国人民代表大会常务委员会第十次会议通过《全国人民代表大会常务委员会关于修改〈中华人民共和国安全生产法〉的决定》,自 2014 年 12 月 1 日起施行。

《安全生产法》规定了安全生产中各主体的权利、义务以及安全生产监督管理部门的监督责任,以"加强安全生产工作,防止和减少生产安全事故,保障人民群众生命和财产安全,促进经济社会持续健康发展"。第一,生产经营单位应当提供安全生产保障。生产经营单位应当具备安全生产条件;单位的主要负责人对安全生产工作负有职责;生产经营单位应当具备安全生产条件所必需的资金投入;相关单位应当设置安全生产管理机构或者配备专职安全生产管理人员。第二,从业人员享有安全生产权利,并承担相应义务。从业人员享有订立劳动合同的权利;有权对本单位安全生产工作中存在的问题提出批评、检举、控告;有权拒绝违章指挥和强令冒险作业。从业人员应当接受安全生产教育和培训,在作业过程中严格遵守安全生产规章制度和操作规程,服从管理。第三,规定了安全生产的监督管理制度、生产安全事故的应急救援与调查处理。

安全生产法在维护市场经济秩序、保证国民经济发展的安全生产方面发挥了较好的作用,为社会主义市场经济的稳定、健康发展提供了更好的安全制度环境。

2. 行业安全法规——《矿山安全法》《建筑法》等

这在安全法渊源中所占数量最多,指全国人民代表大会常务委员会及其他有权机关制定的具有行业性或者专业性的、调整特殊安全关系的法律法规,其中既包括基本法律如《矿山安全法》《建筑法》等,也包括安全行政法规如《安全生产许可证条例》《矿山安全条例》《矿山安全监察条例》等,还包括关于安全生产的部门规章、地方性法规和政府规章等。[①] 行业安全法规具有调整范围的相对局限性、法律位阶的相对低层性、法律条文较强的操作性等特点。

如以矿山安全为例,现有的行业安全法规分为煤矿安全法规与非煤矿矿山安全法规。属于前者的法律规范有:《煤炭法》《矿山安全法》《安全生产法》《煤矿安全监察条例》《国务院关于预防煤矿生产安全事故的特别规定》《安全生产许可证条例》和国家安全生产监督管理总局制定的有关规章、安全标准非煤矿矿山安全分支法律体系。属于后者的法律规范有《矿山安全法》《安全生产法》《矿山安全法实施条例》《安全生产许可证条例》和国家安全生产监督管理总局制定的有关部门规

① 于群:《论安全法学理论研究的必要性及主要框架内容》,载《甘肃政法学院学报》2007 年第 5 期。

章、安全标准。

3. 其他法律规范中关于安全方面的规定

安全法律规范不仅存在于专门的安全法中,还存在于民商法、刑法、行政法、经济法、诉讼法等部门法中。民商法作为安全法的重要法律渊源主要涉及生产经营单位的认定、安全违法行为侵害民事权利的认定、行业生产安全合同签订的规则、安全生产紧急避险权、生产安全事故损害赔偿规则原则、超层越界开采侵权赔偿制度、安全设备器材质量问题中的损失赔偿制度、减免安全责任合同条款无效的规定等。刑法对安全生产中严重违反安全管理制度、造成严重后果的行为进行处罚,设立了重大责任事故罪、强令违章冒险作业罪、教育设施重大安全事故罪、消防责任事故罪等。行政法中涉及安全法规定的主要体现在关于行政许可、行政处罚与行政监察制度在安全领域的具体运用。劳动法中在安全方面的法律规定包括:劳动安全卫生保护权利、劳动安全卫生制度、社会保险制度。

第二十二章　工程法学的政策学基础

由于工程领域的法律调整与政策调整的并存与互补性，工程法学与政策学之间存在密切的联系。工程方面的很多法规和规章来自政策规定，或者说工程法的前身是工程政策。实践中行之有效的工程政策可以通过立法途径转化为工程法律。在没有来得及制定工程法律之前，工程政策则发挥了对相关工程领域的调节作用。本章主要介绍政策与政策学的基本概念与基本原理，以便对与工程法学密切相关的政策学知识有一定的了解，明确"政策"、"政策学"、"法律政策"与"工程政策"的区别和联系，为理解和掌握工程法学奠定政策学基础。

第一节　政策与政策学

一、政策

(一)政策的概念与特征

国内学者尤其是法学界对政策概念的认识经历了一个由窄到宽的过程。中华人民共和国成立初期我国的法学理论完全照搬苏联，"文革"结束恢复法学教育后接近十年时间里法学理论仍然没有摆脱苏联法学理论的影响，将法律界定为阶级统治的工具，将政策定义为政党制定并通过的规范性文件。受这一认识的影响，法学界普遍对政策持一种忽视甚至漠视的态度，认为政策不属于法学研究和关注的对象。

根据现代政策学理论，政策不仅仅指政党通过的规范性文件，而且还具有更广泛的内涵和外延。厦门大学教授陈振明认为政策是特定主体(如政党、政府以及其他政治组织)为实现特定的目的而采取的政治行为或制定的行为准则。政策具有多样化的表现形式，如措施、条例和办法等。[①] 中国人民大学谢明教授将政策界定为社会公共权威为实现特定的目标，指导和规范人们的行为而颁布的行动准则或行动方案。其表现形式既包括法律法规和行政规定等正式规范，也包括政府规划甚至国家领导人的口头和书面指示及相关策略等。[②] 还有部分学者将政策定义为

① 陈振明：《政策科学：公共政策分析导论》，中国人民大学出版社2003年版，第16～17页。
② 谢明：《公共政策导论》，中国人民大学出版社2004年版，第25页。

公共权力机关通过政治过程所制定的为实现公共目标或解决公共问题而达成的方案。① 尽管这些学者界定的政策内涵和外延并不完全相同,但都认为政策的制定主体除了政党之外,还包括其他社会公共权威,政策制定的目的是解决内容广泛的公共问题,政策的表现形式具有多样性,甚至有学者将法律视为政策的一种特殊表现形式。

综合学者的观点并结合政策学的最新发展,本文认为广义上的政策可以被界定为国家为实现一定的社会公共目的而制定的行为指导原则或准则。政策可以根据制定主体、政策目标和政策内容等因素划分为不同的类型。② 政策的制定主体一般为代表国家行使行政管理职能的政府部门,在我国政策的制定主体包括政府和中国共产党。因此,我国的政策根据制定主体的不同可以分为政党政策与国家(或政府)政策,而国家政策在层次上又可以分为中央政策和地方政策。按照政策内容的原则与具体程度,可以将政策分为总政策、基本政策和具体政策。按照政策的内容,可以将政策分为经济政策、社会政策、环境政策、科技政策等。以科技政策为例,科技政策是政府通过战略指导等政策手段作用于大学等科研机构和企业部门,以促进科学发现、技术发展和创新。③ 因此,政策除了政党政策外,还包括政府制定的政策,政府制定的政策即为公共政策。第二次世界大战以后,当代公共行政学最重要的发展便是公共政策学在西方的兴起,西方国家普遍重视公共政策学对于政策制定的理论指导作用,④政府制定的公共政策同样也应该是法学尤其是公法学应当关注的现象。

政策作为公共权威的一种表达方式,具有如下基本特征:首先是政策调整的领域非常广泛。在现代社会,政府的服务范围在逐渐扩大,政府服务的内容或方式在很多情况下是在政府的指导下进行的,因此政策的影响力可以渗透到社会生活的各个领域。其次是政策的指导性。政策的指导性表现为政策内容的原则性与宏观性,政策主要体现为对社会公众的号召性与期盼性,并不像法律规范那样具有强制性,要求社会公众必须遵守。因此相对法律来讲,政策是一种较低层次的社会规范。最后是政策的灵活性。政策的制定主体和制定程序都不如法律那样严格,因此政策的制定具有相对灵活性。政策的灵活性特点使其具有较强的适应环境的能力,容易随环境的变化而做相应的调整。无论是旧的政策不适应时代发展的要求还是新出现的社会问题还没有相关政策进行调整,都可以通过政策进行较为灵活的反应。当然,政策的灵活性这一功能的另一个方面则是其具有随意性的弊端。因缺少应有的规范,政策随意性也经常会带来严重的社会后果,如一些地方政府根

---

① 李景鹏等:《现代化进程中的政治与行政》(下册),北京大学出版社 1998 年版,第 722 页。

② 王胜光、胡贝贝、程郁:《创新发展政策学研究的基本命题》,载《科学学研究》2015 年第 3 期。

③ 樊春良:《科技政策学的知识构成和体系》,载《科学学研究》2017 年第 2 期。

④ 肖生福:《公共政策学本土化的困境与出路》,载《重庆科技学院学报》(社会科学版)2015 年第 12 期。

据当地行政领导的意思随意发布命令或指导，甚至朝令夕改，既破坏了政府的公信力，也会造成巨大的经济损失。

（二）政策与法律的区别与联系

政策与法律虽然存在密切的联系，但两者在制定主体和程序、规范形式、适用的范围以及稳定性等方面，都具有泾渭分明的区别。这些区别具体表现为：(1)两者的制定主体或意志属性不同。法律是由专门的国家立法机关根据法定的职权和程序制定颁布的，它体现了国家意志，而政策则依据其制定主体的不同体现了不同的意志属性。如政党的政策是特定政党尤其是执政党的领导机构根据其政党纲领规定的程序制定的，仅仅是特定政党意志的体现，一般不具有国家意志的属性，同样，地方政府制定的政策则体现了地方政府的意志。(2)两者的规范形式不同。法律具有明确的规范形式，这些规范形式包括宪法、法律、行政法规等，并且法律规范必须具有高度的明确性和准确性，从而对人们的行为做出明确的指引。而政策则很少提供具体和明确的行为指引，更多地表现为一种号召性和倡导性。(3)强制性效力不同。法律一旦实施就具有强制性，要求社会公众必须普遍遵守。而政策由于规范内容的号召性和概括性，对社会公众一般不具有强制实施的效力，但对于其制定主体如政党和政府部门则具有一定的强制力。(4)稳定程度不同。由于法律具有严格的制定程序，一部法律的出台往往要经过几年甚至十几年的起草和准备过程，而且有些法律本身便是对经实践检验为正确的政策的定型化，因此，法律具有很强的稳定性。而政策的制定和出台程序不像法律那样严格，为了对新出现的社会现象和问题及时作出反应，需要政策具有更高程度的灵活性，以更好地适应社会发展的需要。

法律与政策之间虽然具有泾渭分明的区别，但两者之间的区别主要是静态的表现形式。法律和政策在动态的国家治理上具有紧密的联系。在现代福利国家，随着政府职能范围的逐渐扩大，很多法律规范承担着政府的政策调控任务，政府或执政党制定的政策已经广泛并深刻地融入国家法律体系之中。部分法律规范尤其是行政规章或地方性法规往往是对一些长期和重大公共政策的落实和执行，几乎所有的法律规范包括宪法和基本法律都是特定国家政策制度化的结果。行政法与公共政策的联系最为紧密，因为现代行政具有高度的扩张性，尤其是授益性行政行为在很多情况下可以不受行政法定原则的拘束，行政机关实施的这些行为往往是根据自己制定的政策来进行，因此现代行政法表现出鲜明的政策性特征。同时，效力位阶越低的行政法规范越容易成为公共政策的载体。可以说，现代行政立法的主要驱动力便是不断变革和出台的公共政策。例如，行政法上的各种试验性立法（在我国一般称为某某暂行条例、规定和办法）即是公共政策向标准化立法转型过程中阶段性的表现形式。因此，现代法学研究应当正视公共政策对法律的全面渗透和深刻影响，在承认法与公共政策之异质性的基础上，研究如何将两者更好地进行融汇。①

二、政策学

(一)政策学的产生和特点

政策学又被称为公共政策学、政策研究学或政策科学,是20世纪60年代产生于美国并兴盛于西方国家的一个跨领域、综合性的新兴学科。政策学的产生被称为当代西方社会科学研究中的一次"革命"。② 政策学之所以产生于美国,是因为随着越南战争激发的反战运动风起云涌以及美国国内的种族问题、城市化问题、犯罪问题、教育问题、就业问题等导致一系列的社会危机与混乱,为了应对这些复杂的社会问题,同时政府为摆脱治理无能的窘境,迫切需要科学的政策研究以求解公共治理之困。但是由于政策议题的复杂性使单一学科的研究不足以解释并指导政策实践,而同时期美国社会科学领域研究的迅速发展恰好为政策科学提供了知识的源泉。不同学科之间的交流与合作开辟了公共政策研究的新领域,也产生了大量高质量的政策学研究新成果。③ 美国的政府机构、企业、财团以及基金会更是为公共政策的研究和发展提供了大量研究资金资助。政策学虽然最先出现于美国,却不是美国的专利,而是人类社会政治、经济和文化发展到一定历史阶段的产物,是全人类共同拥有的科学文化成果。

从政策学的产生过程可以发现,政策学具有典型的跨学科性和应用性特征。跨学科性是指政策学的产生和内容本身便是多学科共同作用的结果,第二次世界大战后西方科学技术发展突飞猛进,交叉学科不断涌现,特别是运筹学、管理科学、控制论、信息论、系统论的广泛应用为公共政策学的产生奠定了方法论基础。这一时期的计量经济学、统计学、行为科学、应用社会学、组织理论以及决策学的发展为公共政策学的产生提供了知识基础。政策学的另一突出特点是其应用性,政策学尽管需要一定的理论基础作为指导,但其绝非如同哲学那样属于纯思辨的学问,相反,政策学的宗旨和目的在于更好地解决社会公共问题,可以说政策学是社会科学领域应用性最强的学科,因此政策学是需要学者和政府官员共同进行研究的学问。④

(二)政策学的研究对象和范围

政策学是综合运用各门学科的知识和手段来解决社会公共问题的一门应用性学科,与自然科学的研究内容不同,政策学的研究内容是在认识和分析人类社会和

---

① 鲁鹏宇:《法政策学初探——以行政法为参照系》,载《法商研究》2012年第4期。

② 刘雪明:《当代中国公共政策学学科建设研究》,载《理论探讨》2007年第6期。

③ 谭英俊:《公共政策学的建构逻辑与发展路径:向第三分水岭进军——兼评公共政策》,载《桂海论丛》2012年第3期。

④ 黄建伟:《理解公共政策学——概念界定五部曲》,载《高等农业教育》2006年第5期。

人的行为的基础上,帮助政策制定部门制定出更加科学有效的政策。因此,政策的功能机制和运行机制便成为政策学的主要研究对象,政策的运行机制研究的是政策与社会环境的双向作用及其方式与条件,政策的功能机制研究的是政策的功能特性以及在特定条件下如何更好地发挥政策的功能。具体来讲,政策的运行机制包括政策的制定原因和目的、政策制定前的规划和论证、政策的制定通过、政策的执行和终止等过程,目的是研究如何制定科学有效的政策以及如何确保政策在社会实践中的执行。政策的功能机制主要包括政策的评估和咨询环节,以检验政策的运行是否达到了政策制定的目的或良好的社会效果。因此,政策学的研究必须紧密围绕特定的政策实践,必须既广泛地借鉴和运用现代科学理论和技术方法来分析、透视和把握研究对象,又不能完全遁入纯思辨的理论王国。只有将政策学理论与政策实践有机结合,才能使政策学研究更好地发挥对人类政策实践的指导作用,从而产生社会效益和经济效益。

美国耶鲁大学的林布隆教授则用更浅显易懂的语言,对于上述政策的运行机制和功能机制进行了阐述,他认为政策的运行机制主要应解决政策的制定是否符合人民的需求,政策的目的是否要解决特定的公共问题以服务社会公众,即政策的制定过程是否受到社会公众"控制"的问题。政策的功能机制应解决政策是否有能力解决特定的公共问题,从而满足社会公众的需要,即政策的效力问题。因此,人们把政策学比喻成社会医学,即政策学能够发现需要解决的社会问题是什么并作出准确的诊断和治疗,从而促进社会的健康发展。在现代民主社会,广泛的民意基础是政策合法性的来源及有效性的保障。

三、政策学与法学的结合:法律政策学

法律政策学是传统的法学研究与新兴的政策科学研究在一个新的层面上的交叉与融合。法律政策有广义和狭义两种理解,广义的法律政策泛指为实现特定的社会目的而采取的各种法律手段和方法。因此,广义的法律政策不仅包括立法政策和司法政策,而且包括通过法律手段形成的社会政策的一切领域,如住房政策、人口政策以及环境政策等。狭义的法律政策仅指立法政策,即在立法上为解决各种社会问题、达到一定社会目的而采取的对策。

如果追根溯源,法学与政策学实质上具有相同的起源——政治学。只不过法学脱胎于政治学的历史要古老得多,而政策学脱胎于政治学则是第二次世界大战之后的事情。两者之所以出现分离,最为重要的原因便是它们各自的研究视角和核心的差异。法学研究的核心在于权利,权力虽然也是法学领域的重要研究课题,但法学家对权力的研究和关注的出发点和归宿在于如何控制权力和防止权力侵害公民的权利,因此法学本质上是关于权利的科学。而政策学的研究核心则是权力,政策学本质上是研究权力行使的科学。法律是权利的外在表现,而政策则是权力的外在表现。法律与政策在社会实践中既相互区别又相互依存,由于法律要防范

政策对公民权利可能造成的侵害,因此两者在一定程度上又彼此对立,这种冲突在国家治理时以何者为主的情况下表现得尤为明显。如何解决权利与权力、法律与政策之间的冲突便成为国家治理的重要议题,唯有在法治的框架下才能很好地解决两者之间的冲突。在法治社会中法律是制度性和普遍性的规范,而政策是工具性和特殊性规范。作为制度性和普遍性规范的法律当然要求是相对稳定、一视同仁的,而作为工具性和特殊性规范的政策则可以是相当灵活并有所偏重的。以灵活性见长的政策并不能为所欲为,它只能在法律允许的范围内查漏补缺,或是在不违背法治精神的前提下,对社会生活中某些处于不利状态的特殊群体或事项作倾斜性照顾,而不能突破法律的框架。①

汉语中的"法律政策学"一词至少可以有三种理解:一是"法律政策—学",即对法律政策的研究;二是"法律—政策学",即对法律的政策(学)研究;三是"法律—政策—学",或称政策法学,即对政策的法学研究。这三种理解,都可以在研究实践中找到其对应物,或者说它们实际上标示了法律政策学的三种研究路向。②法律政策学研究的核心在于法律与政策的关系,具体而言可以分为:(1)对法律政策的研究。对法律的政策学研究主张用政策学的观点和方法来研究法律现象,具体内容包括研究政策对法律,包括立法、执法和司法过程的影响。(2)对法律的政策(学)研究。对法律的政策(学)研究用政策的观点和方法研究法律现象(主要侧重政策对法律,包括立法、司法过程的影响),它实际是一种法学研究的方向和方法,因此也被称为政策法学派。(3)对政策的法学研究。对政策的法学研究则是将法学原理或用法律角度的方法分析公共政策,并认为公共政策是一种应用和实施法律的过程和活动,因此需要运用法学理论来分析公共政策,从而判定公共政策在制定和实施过程的合法性和正当性,以及依法实施的公共政策和法院的司法裁决是否充分保护了公民的合法权益和增进了社会福祉。③ 因为并非所有的政策目标都具有正当性,有的政策并不能经受住合法性的拷问,也不是所有的政策都有必要转换成法律。④ 总之,法律政策学的核心在于运用法治思维和视角来分析和考察政策与法律两者之间的关系,并重点探讨如何实现公共政策向法律政策的转化、法律和政策之间的冲突与衡平、法律政策的价值选择与价值综合等问题上。⑤

---

① 参见胡平仁:《法律政策学:平衡权利与权力的科学》,载《当代法学》2001年第3期。
② 参见胡平仁:《法律政策学的研究路向》,载《当代法学》2001年第5期。
③ 参见黄建伟:《理解公共政策学——概念界定五部曲》,载《高等农业教育》2006年第5期。
④ 参见喻文光:《PPP规制中的立法问题研究——基于法政策学的视角》,载《当代法学》2016年第2期。
⑤ 参见胡平仁:《法律政策学的研究路向》,载《当代法学》2001年第5期。

第二节　工程政策与工程法学

一、工程政策

(一)工程政策的概念和作用

工程政策是政府制定的调整工程领域活动的相关政策,是公共政策的分支或下位概念。工程政策有狭义和广义之分。狭义的工程政策是指政府部门制定的与工程相关的命令、条例和指导标准等,如工程质量标准、工程技术标准、工程环境标准、工程劳动保护标准等。广义的工程政策还包括政府的大型规划、关于大型工程建设的具体行动计划及相关策略等。由于我国的工程政策涉及的领域和政府部门非常广泛,因此我国的工程政策呈现出制定主体多样化、政策目标的多重性和复合性以及政策价值多元性的特点。

工程政策主要有如下作用:第一,引导作用,任何工程政策都具有明确的目标,能够引导工程建设主体和政府主管部门按照政策制定者所希望的方向发展。如前几年国家对高速铁路工程建设所给予的政策支持和财政补助。第二,激励作用,工程政策的制定者为了达到特定的政策目标,可以采取特定的激励措施,如税收减免或土地使用费的优惠等措施。第三,调控作用,即政府的工程主管部门运用政策手段对工程活动中出现的利益冲突进行调节与控制,如政府可以制定政策要求房地产开发商在其开发的商业住宅中保留部分区域作为保障性住房。第四,分配作用,即利用工程政策手段对社会公共利益进行协调与分配,如对西部基础设施工程建设予以政策倾斜。相比于工程法律,工程政策由于具有灵活性的特点,对我国工程领域的调整作用更大。

(二)我国的工程政策

我国的工程政策学研究起步较晚,并形成了区别于其他国家的一些特色政策领域,如由于最近几年包括雾霾等环境污染问题日益得到政府和政策制定部门的关注,我国尤其关注环境保护和可持续发展方面的工程科技政策。再如,2014 年以来,我国开始了公私合营(PPP)在工程领域的广泛运用,国家发展和改革委员会和财政部等出台了大量指导 PPP 运行的工程政策。[①] 我国现有的工程政策按不同的标准可以进行不同的分类,按照工程政策体系的层次,可将工程政策分为国家政策、行业政策和地方政策。国家政策是中央政府管理和建设工程的根本指导思想与大政方针,如《国家十一五规划》、《南水北调工程规划》、《三峡工程发展规划》、《关于促进建筑业持续健康发展的意见》(国办发〔2017〕19 号)等。行业政策是不

---

① 参见杜建、武夷山:《我国科技政策学研究态势及国际比较》,载《科学学研究》2017 年第 9 期。

同工程行业制定的专业政策,如《铁路技术管理规程》等。地方政策是地方政府根据本地的工程建设需要和特点制定的,相对国家政策和行业政策,对方政策的内容更加具体。如《山东省人民政府办公厅贯彻国办发〔2017〕19号文件促进建筑业改革发展的实施意见》(鲁政办发〔2017〕57文)等。

按照工程建设的过程,工程政策可以分为工程建设前期政策、工程建设实施政策和工程建设后期政策。工程建设前期政策主要是一些辅助性或者筹备性的政策。如征地拆迁政策、青苗补偿政策、工程招标投标政策、工程咨询政策、工程融资政策等。工程建设实施政策主要是一些关于工程建设和实施的具体性的政策,如工程质量标准、工程技术标准、工程劳动安全标准以及工程环保标准等。工程建设后期政策则是一些鉴定性、总结性的,如工程质量评定政策、工程移交政策、工程后评估政策等。

按工程的要素标准,工程政策又包括规定工程参与人员的政策、规定工程材料的政策和调整工程机械方面的政策。工程参与人员方面的政策主要是针对特定工程参与人员的具体的认定和资质要求的政策,如《特种作业人员上岗执行办法》《关于安全人员持证上岗的若干规定》等。关于工程材料方面的政策是对工程所使用材料的质量标准的一些具体化的规定,如《水泥质量评定标准》《钢材质量评定标准》等。调整工程机械的政策是对工程机械问题的具体规定,如《机械台班定额》《施工机械操作规程》等。

(三)我国工程政策体系的不足

我国工程建设的总量上居于世界第一位,并且是世界最大的基础设施建设和投资市场,但我国工程行业的整体竞争力和质量在世界的排名并不靠前。国内工程市场普遍存在无序甚至违规经营和恶性竞争现象,工程建设过程中不时会引发各种社会问题如建筑工人的权益受侵害、建设工程质量问题、建设工程安全事故等。我国在国际工程市场上所占的份额也与工程大国的地位颇不相称。导致这些问题的原因诸多,但我国的工程政策体系没能充分发挥其导向、规范和激励作用,导致我国工程企业缺乏创新能力和营利模式落后等无疑是最重要的原因。更为严重的是,由于我国工程政策制定主体的多样化,导致工程政策相互之间的不协调甚至冲突,即所谓"政策打架"现象,这些都说明我国的工程政策体系在运行系统、工程政策的内部协调机制以及工程政策与社会外部协调方面都存在问题。

1. 工程政策运行系统存在的问题

工程政策运行系统是指工程政策的制定、执行、反馈和优化四个环节所构成的动态过程。我国工程政策系统在这四个环节都存在问题:(1)工程政策制定不完善。我国工程政策的制定过程不够严谨,政策制定部门往往临时组建一个由相关政府机构工作人员和工程院所的研究人员组成的政策制定小组,但由于参与政策制定的政府机构工作人员在数量、时间和能力上有限,而工程研究人员虽然在某一特定工程专业领域是专家，但在政策制定方面的经验积累不够，因此在时间要求比较紧张的情况下，这些政策制定人员相互之间缺乏有效的沟通与协调，就会导致政策的仓促出台，政策的内容不够科学合理。（2）工程政策执行情况不理想。制定科学的工程政策还需要在实践中得到良好的执行才能达到预期目标。工程政策的良好执行需要相关主体对政策的正确理解和解释，由于政策本身的原则性使得政策在执行中可能被任意歪曲理解，我国工程实践中的一些利益团体常常对不利于自身的国家政策"阳奉阴违"、敷衍执行，甚至抵制执行。（3）工程政策监督机制缺失。我国目前工程政策一个很突出的问题就是工程政策制定与运行缺乏必要的监督机制，这也是由政策的特点决定的，由于政策本身不具有或仅具有较弱的强制性，因此工程的监督机制存在天然的短板，很多政策往往是在实际运行中出现了问题，并且问题被进一步放大之后才引起相关部门的重视，做出适当的政策调整。如高速公路建设中的环保政策，是在造成了严重的水土流失和生态破坏之后才出台的，是以对环境的巨大破坏作为代价的。（4）工程政策反馈优化机制不畅。为了保证工程政策更加科学合理，一项工程政策在实施的过程中需要进行不断的完善，其中可能会发生多次修订和调整，这就是工程政策的调整优化过程。由于我国工程政策的制定部门与执行部门相互脱节，政策制定部门只负责制定政策，而执行部门则只负责执行政策，相互之间缺少沟通与协调机制，因此没有人关心某一特定工程政策的实效如何，导致我国的工程政策缺乏优化的过程。

2. 政策体系内部的协调机制不完善

在我国包括国家发展和改革委员会、住房和城乡建设部、财政部、交通运输部等多个政府部门以及省级甚至市级政府都可以制定工程政策，这些不同部门制定的数量和名目众多的工程政策形成一个工程政策体系，对某一特定的工程问题，可能不同的部门制定的政策都会进行规定，在这种情况下就需要有一个科学有效的政策协调机制来协调不同政策的实施，使各种政策能形成合力从而充分发挥功能。然而我国工程政策体系内部却缺乏相应的协调机制，并导致了严重的社会问题。

首先，对同一工程问题多个部门都竞相出台政策，导致政出多门。虽然工程领域由于分工的不同，各个部门制定的工程政策在多数情况下一般不存在冲突；但对于一些特定的问题，相应的主管部门为了为本部门谋取利益，会争相出台相关的政策规定，从而导致这些不同部门制定的政策存在重复甚至冲突。例如，关于工程技术人员的资格认定，同为造价工程师和监理工程师，交通运输部与住房和城乡建设部分别有不同的考试办法，但事实上这两个部门的考试内容并没有本质区别，考试的基本原理完全相同。这既是对国家行政资源的浪费，也是对工程技术人员时间和金钱的浪费。为了推进简政放权、放管结合、优化服务改革，深化人才发展体制改革，推进工程建设领域执业资格的优化，2016 年 1 月 20 日，国务院发布《关于取消一批执业资格许可和认定事项的决定》（国发〔2016〕5 号），交通运输部的公路水运工程造价人员资格取消，纳入国家职业资格制度体系。根据《国务院关于取消公路监理工程师资格许可和认定事项的决定》(国发〔2016〕68号),公路水运工程监理工程师资格取消,纳入监理工程师职业资格统一实施。再如,党的十八届三中全会确定"允许社会资本通过特许经营等方式参与城市基础设施投资和运营"的改革方向以来,中国政府首次以国务院《关于创新重点领域投融资机制鼓励社会投资的指导意见》(国发〔2014〕60号)的形式,大力倡导在若干重点发展领域(不限于城市基础设施)创新投融资体制,吸引和鼓励社会资本(特别是民间资本)参与投资。2014年以来,为鼓励私营企业、民营资本与政府合作,参与公共基础设施建设,国家发展和改革委员会、财政部等部委相继出台了70多项相关的政策,这些不同部门出台的政策内容重叠甚至相互冲突,造成政策执行部门以及公私合作双方在实践中无所适从,尤其是国家发展和改革委员会和财政部在竞争PPP决策和立法主导权的过程中,分别制定的特许经营管理办法和PPP法草案,有可能引发立法冲突和监管失效问题。[①] 又如,关于推行工程总承包的政策。工程总承包是国际通行的工程建设项目组织实施方式之一,但是我国建设领域在改革开放初期才开始尝试工程承包和组织方式的变革,并相继制定了关于工程总承包的政策。1982年原化工部对江西氨厂改尿素工程实行第一个以设计为主体的工程总承包试点。1984年原国家计委在总结原化工部工程总承包经验的基础上,将工程总承包纳入了国务院颁发的《关于改革建筑业和基本建设管理体制若干问题的暂行规定》(国发〔1984〕123号),明确提出了对项目建设实行全过程总承包的要求。1987年国家计委等五部委联合颁发《关于批准第一批推广鲁布革工程管理经验试点企业有关问题的通知》。此后,原国家计委、建设部等部委相继下发文件,要求在设计、施工企业组建开展工程总承包试点,并先后批准了94家工程总承包试点企业,指出"试点企业可对工程项目实行设计、采购、施工全过程的总承包"。1992年4月3日建设部发布实施的《工程总承包企业资质管理暂行规定(试行)》规定,工程总承包企业是指对工程从立项到交付使用全过程承包的企业,应当是具有独立法人资格的企业,不包括以设计院为主体的设计工程公司,并且企业自有资金1亿元以上,其中自有流动资金3000万元以上。2003年2月13日建设部发布《关于培育发展工程总承包和工程项目管理企业的指导意见》(建市〔2003〕30号)的规定"鼓励具有工程勘察、设计或施工总承包资质的勘察、设计和施工企业,通过改造和重组,建立与工程总承包业务相适应的组织机构、项目管理体系,充实项目管理专业人员,提高融资能力,发展成为具有设计、采购、施工(施工管理)综合功能的工程公司,在其勘察、设计或施工总承包资质等级许可的工程项目范围内开展工程总承包业务。工程勘察、设计、施工企业也可以组成联合体对工程项目进行联合总承包""鼓励大型设计、施工、监理等企业与国际大型工程公司以合资或合作的方式,组建国际型工程公司或项目管理公司,参加国际竞争"。2016年,为落实《中共中央、国

---

① 参见喻文光:《PPP规制中的立法问题研究——基于法政策学的视角》,载《当代法学》2016年第2期。

务院关于进一步加强城市规划建设管理工作的若干意见》，实现设计、采购、施工等各阶段工作的深度融合，深化建设项目组织实施方式改革，推广工程总承包制，提升工程建设质量和效益，提高工程建设水平，促进企业做优做强，推动产业转型升级，服务于“一带一路”战略实施。住房和城乡建设部发布了《关于进一步推进工程总承包发展的若干意见》（建市〔2016〕93 号），推进工程总承包，进一步指出工程总承包企业应当具有与工程规模相适应的工程设计资质或者施工资质，相应的财务、风险承担能力，同时具有相应的组织机构、项目管理体系、项目管理专业人员和工程业绩。

其次，不同工程领域之间人为地形成了不合理的分割。在我国，由于行业资质监管等政策原因，铁路工程施工企业不能进入公路建设市场，承揽公路工程的施工，反之亦然。同样，铁路工程施工企业和公路工程施工企业也无法承揽水电工程的施工。2017 年以来，国务院和地方人民政府相继在建筑业企业资质简化方面出台了许多政策。根据 2017 年 2 月 24 日国务院办公厅发布的《关于促进建筑业持续健康发展的意见》（国办发〔2017〕19 号），为进一步深化建筑业“放管服”改革，加快产业升级，促进建筑业持续健康发展，为新型城镇化提供支撑，进一步简化工程建设企业资质类别和等级设置，减少不必要的资质认定。选择部分地区开展试点，对信用良好、具有相关专业技术能力、能够提供足额担保的企业，在其资质类别内放宽承揽业务范围限制。山东省、江苏省先后发布了关于工程建筑业企业的资质简化政策。山东省人民政府办公厅《关于贯彻国办发〔2017〕19 号文件促进建筑业改革发展的实施意见》（鲁政办发〔2017〕57 号）规定，推动建筑劳务企业转型，取消建筑劳务资质认定。放宽承揽业务范围，对具有相关专业技术能力、能够提供足额担保、信用良好的房建、市政企业，允许其承接资质类别内上一等级资质范围的工程。江苏省政府《关于促进建筑业改革发展的意见》（苏政发〔2017〕151 号）规定，取消劳务企业资质，实行专业作业企业备案管理制度。扩大承接业务范围，对信誉良好、具有相关专业技术能力、能够提供足额担保的企业，允许其在资质类别内承接高一等级资质相应的业务；具有市政公用、公路、水利水电、港口与航道工程其中一项资质的一级及以上施工总承包企业，能够提供足额担保且项目负责人具有相应业绩的，可以跨专业承接其他三项同等级资质相应的业务。取得施工总承包资质的企业，可以承接总承包资质覆盖范围内的专业承包工程。

3. 工程政策的体系与内容滞后于社会的发展与需求

工程政策体系是整个社会系统中的一个子系统，它的完善和良性运行必须要与整个社会大系统相协调，并能符合社会的需求。然而我国的工程政策在体系和内容上却滞后于社会的需求，导致工程政策在实践中运行不畅。

首先，我国的工程政策在制定过程中公众参与不充分，影响政策的公众认可度。我国的工程政策往往由政府主管部门和相关工程领域的专家共同制定的，在这一过程中公众参与不充分，保障公众参与的制度和措施不足够，以至于政策制定过程中公众不能充分了解政策制定的原因、基础、预期的社会效果，使得工程政策不能充分反应公共政策的本质特征——公共性。

其次,我国现有的工程政策对创新的激励不够。我国虽然有着世界上最大的工程市场,但却并非工程强国,其中最重要的原因便是我国的工程技术不够先进,工程企业不愿意在工程技术的改进方面进行投资,国家政策对工程企业进行技术创新的扶持力度不够。工程建设占用、耗尽了大量的资源,加剧了自然资源枯竭的程度。①

最后,我国还有部分工程政策内容更新不够及时,影响政策的作用发挥。我国还有一些工程建设技术标准没有随着社会的发展而进行相应的更新或升级,如现有的工程技术标准中缺乏防止噪声和灯光污染的技术规则,公路工程建设中对生态环境的保护政策执行不力等,导致我国的工程建设领域存在严重的环境破坏问题和劳动安全问题。

二、工程政策与工程法律的关系

我国工程政策种类繁多,涉及的内容广泛,工程政策贯穿于工程领域的各个方面以及工程的整个过程,而工程法律由于制定程序严格,因此尽管在适用上具有更高的权威性,但工程法律无论是在数量还是影响上都要略逊于工程政策。可以说我国的工程领域在很大程度上受工程政策的引导,尤其是大型工程建设领域以及政府投资的工程。因此工程政策自身的科学性、政策系统内部的协调性以及工程政策与整个社会大环境的协调性都会制约我国工程建设业的健康和可持续发展。以保障性工程建设为例,由于我国尚未出台《住房保障法》,因此关于政府在保障性住房工程建设中的义务完全是由国家关于住房保障的政策规定的。如 2009 年 12 月 24 日,住房和城乡建设部联合财政部等六部委联合下发《关于推进城市和国有工矿棚户区改造工作的指导意见》,指导全面落实全国保障性安居工程工作。2011 年 9 月 29 日,国务院办公厅下发《关于保障性安居工程建设和管理的指导意见》(国办发〔2011〕45 号),其中第 2 条第 3 款明确要求,“加快实施各类棚户区改造。棚户区改造要坚持政府主导、市场运作,发挥多方面积极性,改造资金由政府适当补助,住户合理负担。国有林区、垦区和工矿(含煤矿)棚户区改造,企业也要安排一定的资金”。2014 年 3 月,国务院办公厅下发的《关于推进城区老工业区搬迁改造的指导意见》(国办发〔2014〕9 号),要求地方各级政府要优先安排城区老工业区的棚户区改造项目,要积极引入市场机制,吸引社会力量参与棚户区改造。鼓励国家开发银行及有关大型商业银行为城区老工业区棚户区改造提供资金支持。2014 年 5 月 13 日,国家发展和改革委员会发布《关于创新企业债券融资方式扎实推进棚户区改造建设有关问题的通知》,表态支持借助其他金融手段帮助棚户

① 参见刘峰、丁军强:《我国工程政策体系存在的问题及对策研究》,载《科技情报开发与经济》2008 年第 15 期。

区改造突破资金“瓶颈”。

工程政策与工程法律发挥作用的表现形式并不相同。如同其他政策一样，工程政策是政府部门对工程进行宏观调控和管理的手段和工具，因此工程政策主要调整的是政府与相关主体如建筑业企业以及工程从业者之间纵向的管理关系，而工程法律如《建筑法》则既包括政府与企业纵向管理的公法规范，还包括工程主体在工程建设过程中发生的平等关系的私法规范。工程政策与工程法律作为调整工程行为的两种不同的社会规范尽管发挥作用的具体形式不同，但在建设法治国家的社会背景下，两者之间应当具有相容性并保持相互之间的高度和谐。要确保两者之间的相容性和协调性，尤其是两者之间的相互衔接，避免工程法律与工程政策相互冲突情形的发生，首先要求工程政策制定和实施的整个过程要遵循法治原则。工程领域的法治原则意味着法律应当在工程领域具有最权威的地位，与工程相关的任何行为都应遵循既有的法律规定，包括工程政策的制定和实施行为同样不能脱离法治的框架，即工程政策的法律化。工程政策要遵循法治原则仅仅是工程政策与工程法律关系的一个方面，两者之间关系的另一个方面是工程法律制定和实施的过程同样应当充分考虑工程政策的要求，此为工程法律的政策化。

（一）工程政策法律化

工程政策法律化最核心的要求便是运用法律思维指导工程政策的制定和实施。法治并不排斥法律之外的其他社会规范，法治只是意味着其他社会规范不能与法治原则相背离，更不能破坏法治的根基和权威。我国现行工程政策存在的问题根源便在于政策制定、执行、监督、反馈与优化的整个系统和环节部分地背离了法治的原则。首先，在工程政策的制定上，有些政策的出台没有进行科学和民主的论证过程，甚至很多政策完全是为本部门利益出台的，是利己的政策，而不是从社会公共福利和利益的角度出发。其次，在政策的实施过程中，很多政策执行部门选择性执行政策，即能给本部门带来利益的政策会坚决甚至不惜余力去执行，而对于不能为本部门带来利益的政策则选择睁一只眼闭一只眼，甚至根本就不去执行。最后，在政策的监督和反馈环节，缺乏有力的监督渠道和反馈途径，政策是否被执行以及执行的社会效果如何没有相应的机制来监督和反馈。由于缺乏政策的监督和反馈机制，政策的优化机制自然无从形成。要改变这种政策制定和执行的随意性和任意性，就必须加大对政策制定和执行部门的法治教育，同时加强对这些部门的社会监督尤其是媒体监督，从内部和外部两个方面同时入手，使工程政策制定和执行部门切实树立法治意识和思维，在制定工程政策时才能自觉遵守法律，并依法制定出科学的工程政策。工程执行部门也才能真正从社会公共利益的角度出发去严格执行工程政策，并能对政策执行的社会效果进行及时的跟踪和反馈，从而保证科学的政策得到切实的执行，而不成熟的政策能够得到及时的修正和废止。

工程政策法律化的另外一个表现是经实践检验为正确的工程政策可以经过立

法程序转化成工程法律，从而使工程政策获得更为规范的表现形式和更高的权威。工程政策法律化并不意味着以法律替代政策或者以政策代替法律。因为在现代法治国家，政府的一切行为都必须在法治的框架内进行，虽然政策具有灵活性的特征，但政策的制定和执行都不能脱离法治的束缚，它只能在法律制度的范围内查漏补缺，或是在不违背法治原则的基础上，对暂时没有法律规范的社会问题做出特别的安排。政策法律化可以有多种方式：一是在政策的制定过程中坚持民主和法治原则，并能进行深入的社会调查和广泛征集民意，确保政策制定的科学性；二是在政策执行过程中，要遵循行政法治原则，以规范政策执行部门的权力，防止制定良好的政策在执行过程中因人为的因素而变样，尤其是防止政策执行部门利用权力为自己谋取不当利益；三是为特定领域的政策进行专门立法。当今世界各国政府都会利用各种政策手段对国内经济进行各种形式的宏观调控以应对复杂多变的全球化竞争，在这种情况下，如果固守法律规范的严谨性和稳定性，则难以对经济形式做出及时的反应，但如果任由政府职能部门随意出台政策，又可能突破法治的框架和破坏法律的权威性。因此，最好的解决办法就是为特定领域的政策制定和执行进行专门的立法。如美国于 1969 年颁布实施了《全国环境政策法案》，该法案并没有为环境政策增添任何实质性内容，其目的在于使行政管理机构在做出行政决定前要充分考虑环境的影响。我国可以借鉴美国的这一立法经验，为工程领域的政策制定《工程政策法》。通过这样的政策立法为相关领域的政策确立一些刚性的实体规范和程序规则，使政策不至于脱离法治的轨道。再如，环境问题事关全局而又十分复杂，全国统一的环境立法往往很难达到预期目的，在这种情况下，可以将行之有效的环境政策通过地方立法或部门规章的方式予以固定或者制定《环境政策法》，使我国的环境政策更具权威性。总之，在当代法治社会，一些重要的政策往往会以法律的形式发布，此即“为政策立法”。“为政策立法”的主要目的是从实体和程序两个方面防止政策制定和实施过程中的随意性，保障政策的合法性与科学性以及政策实施的有效性，进而保障人权，维护社会的和谐与稳定。①

就工程领域的政策而言，由于工程法律数量的有限性，我国工程领域在很大程度上是在工程政策的指导和引领下发展的，如上文介绍的工程拆迁中的征地补偿政策、青苗补偿政策、工程招标投标政策等在经过多年的发展和修正的基础上都已经经过立法程序取得了法律的形式，如《国有土地上房屋征收与补偿条例》《招标投标法》等。目前，随着社会环保意识的增强和工程产业的升级，很多地方政府出台了关于建筑工程的环保标准，如为了保证建筑工程的质量，住房和城乡建设部也制定了一些工程质量和安全标准，这些工程政策性规定在经过实践的运行和检验后，将来便会被立法机关认可从而经过立法程序上升为国家或地方层面的法律法规。

---

① 参见胡平仁：《法律政策学的学科定位与理论基础》，载《湖湘论坛》2010 年第 2 期。

（二）工程法律政策化

工程政策法律化仅仅是工程政策与工程法律关系的一个方面，该方面强调的是工程法律对工程政策制定、实施、监督、反馈和优化整个过程的规制作用，而工程政策与工程法律关系的另一个方面则表现为工程政策对工程法律制定和实施的促进和补充作用。

首先，在立法层面上，工程政策对工程法律的制定起着促进作用。政策对法律制定的这种促进性作用在我国的表现尤其突出。如作为国家和政府保障低收入群体居住权的国家安居工程政策出台后，尽管国家层面的住房保障法尚未颁布，但很多地方政府已经颁布了关于本地区保障性住房筹资和建设的地方性法规和规章，这些地方性法规和规章制定的依据便是国家的保障性住房政策。

其次，在执法层面上，工程政策对工程法律的实施具有补充作用。法律调整的是一般的社会关系，而非特定的人或事物，因此法律对社会关系的调整是一种一般性调整，而非个别调整，这就决定了法律对社会关系的调整具有僵化性和滞后性的特点，这既影响了法律的有效实施，又使法律对社会的调整功能得不到有效的发挥。同时由于工程在审批、建设过程中本身情况的复杂性和多样性，相关政府部门还应当在法律的框架下制定具体的工程政策措施，以落实工程法律对具体工程实施的调整缺少灵活性和针对性的不足。如《招标投标法》《政府采购法》出台后，国家发展和改革委员会、住房和城乡建设部以及各地政府制定了大量关于招标规模和标准、招标公告和公示信息发布、公共资源交易平台管理等方面的政策性文件以保障上述两部法律的实施。

最后，在司法层面上，工程法律的解释和适用需要考虑工程政策的规定，工程政策可以作为工程法律的背景规范发挥作用。法律是一门解释性的学问，但是对于法律解释的规则，法理学界基本已经达成共识，除了最为基本的文义解释和整体解释外，还包括历史解释，而历史解释便是要求法律解释者尤其是法官在解释某一法律规则时要考虑法律制定的历史背景，而法律制定时的社会政策无疑是重要考量的因素。因此，为了对工程法律做出正确的解释，法官需要考察工程法律制定和出台过程中的工程政策。

总之，就法律与政策之间关系的一般理论而言，法律政策化解决的是法律的工具性和目的性问题，目的在于通过法律机制实现预定的政策目标；而政策法律化关注的则是政策的合法性和正当性问题，因为并非所有的政策都具有合法性目标。实际上，政策科学本身即包含合法性判断，法律科学同样也注重规范的实用性，因此双方完全可以找到契合点。工程法律与工程政策的关系同样具备该两方面的特质，无论是立法者还是政策制定者都要充分认识到工程法律与工程政策的高度相关性，在法治思维指导下科学制定工程法律尤其是工程政策，并协调两者在执行和实施中的关系，发挥两者的协同作用，共同促进我国工程建设的健康和可持续发展。

第二十三章　工程法学的社会学基础

第一节　社会学概述

一、社会的概念

社会学中的“社会”一词是英文 society 的译语，而它又是源于拉丁语 socius（译为伙伴）一词。社会具有广义和狭义之分，广义的社会概念泛指区别于自然界的人类社会；狭义的社会概念通常把社会区别为不同层次，如可以把城市、社区、学校、家庭等分别看作一定意义上的社会，也可以把一定历史阶段上的特定的社会形态称之为社会。① 实际上，社会的本质既不在于整体之中，也不在于个体之中，而是在人与人的关系、个体与整体的关系中去探寻。所以，社会是指由具有一定联系、相互依存的人们组成的超乎个人的、有机的整体，它是人们社会生活的体系。②

二、社会学的研究对象

在社会学发展史上，社会学家从多个角度去研究社会，从而确定了各自的社会学研究对象。在社会学创立时期社会学家多是将社会整体作为研究对象，并力图从宏观上去认识社会，发现其规律。当社会学作为一门学科被确立之后，学者们对社会学研究对象的认识也更加具体化。实际上这些不同的对象只是社会现象的某一个特定的层面，确定某一社会要素为研究对象有利于深入具体地研究社会，但是任何从某一具体的研究对象出发的研究又都有局限性。

从综合性、包容性的角度出发，可以这样界定社会学：社会学是从社会整体出发，通过社会关系和社会行动来研究社会结构及其功能、社会过程及其原因和规律的社会科学。

事实上，社会学的研究对象涉及社会生活中的任何领域。第一，社会学将各种类型的社会都看作整体。所谓各种类型的社会是指社会有多种多样的存在形式，社会学以社会为研究对象，从全球社会、国家到各种社会组织及群体，这些研究对象都被看作由不同部分组成的整体。所谓社会学的整体观即是在分析具体社会时不是采取孤立态度，而是将它置于内部、外部的普遍联系之中。第二，社会关系和

---

① 李芹主编：《社会学概论》，山东大学出版社 1999 年版，第 54 页。

② 王思斌主编：《社会学教程》，北京大学出版社 2003 年版，第 31 页。

社会行动是社会学研究的具体入手点。要对社会现象进行科学认识，就必须从其组成部分开始，对其进行认识和"测量"。社会现象的基本组成单位是具体的社会关系和社会行动，它们所反映的是作为社会成员的个体或社会群体之间的联系，这种联系在一定程度上反映了社会的性质。第三，社会学要探索的是部分对于整体的意义，社会关系、社会结构变化的原因及其规律性。早期学者们致力于从宏观上认识社会兴衰的规律，后来的社会学家则从更具体的方面发现社会产生、发展、发挥功能、矛盾冲突及变化的规律。第四，社会学是一门社会科学，它是对社会现象的具体研究。社会学是因为社会问题的突显和人们探索解决这些问题的途径而产生，其具体研究主要是面对现实，其目的是增强对社会的理论性的认识，并在这种认识下去改善社会。①

三、社会学的产生和发展

社会学的出现既是社会发展的要求，也是人类思想发展的必然产物。社会学产生于19世纪的欧洲，在学科形成的过程中，早期社会学家发挥了重要作用。孔德(Auguste Comte，1798～1857)被称为西方社会学的创始人，他主张用实证主义的方法研究社会，即在观察的基础上，运用归纳法和演绎法，能够发现和解释社会运行的因果规律。斯宾塞(Herbert Spencer，1820～1903)受达尔文生物进化论的影响，将社会与生物有机体相类比，提出社会进化论的思想。迪尔凯姆(Emile Durkheim，1858～1917)论述了实证主义社会学的方法论，主张用社会事实来说明社会问题，对社会学研究方法的发展做出了重要贡献。19世纪末至20世纪初，社会学在美国获得了蓬勃发展。美国社会学的"芝加哥学派"推动了城市问题研究和社区研究。帕森斯(T. Parsons，1902～1979)将欧洲社会学引入美国，建立了结构功能学派。此外，社会交换论、符号互动论、社会冲突论等理论和学派取得快速发展。20世纪80年代后，社会学随着全球社会一体化的发展以及新一代社会学家的崛起，社会学研究出现新的发展趋势：一是多种综合并存的局面，而没有一统天下的综合理论；二是关注宏观和微观的综合以更准确地解释社会现实；三是通过对某一传统理论的重构来进行理论综合；四是经验研究中广泛借鉴其他学科的思想。② 这个时期社会学家代表如吉登斯、哈贝马斯、科尔曼、福柯等。实证研究一直是美国社会学的主流，学术自由也是美国社会学理论不断创新的社会条件之一，至今，美国社会学在世界范围内具有重大的影响力；西欧国家社会学与美国社会学的明显差异在于其理论思维和批判性，当代西欧社会学家也以其特有的形式影响世界社会学的发展。

---

① 王思斌主编：《社会学教程》，北京大学出版社2003年版，第31页。

② 贾春增主编：《外国社会学史》，中国人民大学出版社2000年版，第438～446页。

四、社会学的功能

社会学的功能则是社会学作为一门科学在知识体系中的特殊效能与在社会生活所起到的作用。

(一)描述功能——社会是怎样的

描述功能,是指通过客观而完整地收集、整理和记录事物发展的具体过程和现状资料,真实地再现社会生活图景的过程。社会学借助一定的技术手段和方法搜集社会生活各个领域的实际资料,经过加工整理,记录书面文字或符号,就转换成社会信息。社会学所描述的社会信息必须具有代表性、可靠性、稳定性和及时性,任何片面的、虚假的、无效的、过时的信息都可能造成认识上的混乱和决策上的失误。描述的类型有:一是印象描述。即特写式地记叙社会现象的一种研究方法,在社会学的实地调查报告中普遍运用。二是概观描述。即是素描式地记叙社会面貌的一种研究方法。素描式粗线条地对人的面貌或事物轮廓的勾勒,在社会学研究中就是用简练的语言把社会现象的轮廓告诉大家,它常常应用于社会区域或社会集团结构一般特征或属性的研究中。三是类型描述。即是对于社会现象或社会问题进行分类观察、记叙与分析的一种研究形式。四是典型描述。即是对有代表性的社会现象和社会行为进行描写与分析的一种研究方法。描述在社会调查报告中广泛地被使用。

(二)解释功能——社会为什么这样

解释功能,是指社会学在研究过程中借助概念和范畴进行理论抽象,将描述功能得出的感性资料上升到理性认识,从而对社会现象的形成、发展及其过程作出科学的解释。它包括对社会现象进行客观的因果性考察和人的社会行动动机的意义理解。社会学的解释具有两方面的作用。一是说明社会事实之所以产生的原因。人类社会是一个有机统一体,社会中的各种现象和过程都是相互联系、相互作用和相互依存的,每一种社会现象都有其发生、发展的条件,都要受到各种具体条件的制约。二是理解“意义”,是指把握社会行动所表达的精神内容。任何社会现象都是由社会行动者在某种价值观或动机驱使下做出的行为构成的。理解就是对事件的参与者的情境做出界定,了解他的意向,把握社会行动者的主观动机,最终是为了对社会行动作出因果分析。解释的主要类型有:(1)因果解释。旨在揭示研究对象产生的原因,以及这个产生过程所遵循的规律。(2)通则解释。即根据已知的定律解释当前的社会现象。这是一个经验概括的过程,也是一个理论推导的过程,经验通过归纳上升为定律。(3)功能解释。功能解释假定一个动态系统的存在,系统的每一部分都具有一个功能,并且这个功能对维持系统的存在必不可少。功能解释较适合解释某个社会现象的存在,而难以解释现象中的变化。(4)意向功能。是一种从行动者主观精神活动方面所做的解释。当涉及如需要、动机、观念、态度、情绪、价值、目标等内容的解释时,通常使用意向性解释。意向解释试图寻找引起人们行动的动机与社会事件之间的相互关系。(5)发生解释。这是一种回溯解释,即从被解释对象较早时期开始的历史发展进程,来解释它为什么以目前的形式存在。

(三)预测功能——社会将会怎样

预测功能是在调查研究的基础上,根据已知因素,运用现有知识、经验和科学方法对将来可能发展的趋势做出预计和推测的过程。它所揭示的是社会事件和状态将来会怎样。例如,对未来人口老龄化问题的预测、未来家庭结构和功能的预测、社会变迁对社会生活影响的预测等。预测通常有两种形式:一是科学预言,基于绝对可信度的、关于对未来的非概率的判断;二是科学预测,是可信度较高的、关于对未来的概率判断。社会学关于未来社会的研究属于科学预测。社会预测的客观依据有两个:一是规律性与重复性,二是事物的连贯性与持续性。随着现代社会结构和功能的分化,社会生活节奏的加快,对社会学的预测功能也提出了越来越高的要求,而科学技术的飞速发展和新兴边缘交叉学科的不断涌现,也为进一步从整体上管理社会过程提供了先进方法,促使社会学预测水平日臻完善。在社会发展过程中的很多重大建设项目或社会政策都需要预测其近期和远期的社会后果,从而提出更合理和适应的发展对策。

(四)规范功能——社会应该怎样

规范功能是确定预定的社会目标,及达到预定目标而采取的行动和手段,以及对社会目标、行动与手段的合理性和可行性评价的过程。美国学者克朗指出规范性研究的基本结论应是:"如果你想得到某种结果,那么在特定条件下采取规定的行动,就会以某种确定的概率取得成功。"认识、解释、预测社会的目的,是为了改造社会,规范性研究实际上是按照一定的标准来对社会进行设计。社会管理者希望社会按照人们的一定的意愿运行。在社会学的研究过程中,描述、解释、预测的阶段,应该保持"价值无涉",但是在成果应用阶段,应当承担起社会的责任,以最大多数社会成员的利益为准绳。规范性研究分为两个阶段:第一,价值定向。确定社会问题解决的基本途径或社会改革的基本方向,从价值、方向上确定如何对社会问题进行定向控制。第二,政策设计。即把有关理论知识、方法技巧与专门资料应用于决定政策、评价当前政策或提出可供选择的政策方案。政策设计是价值定向的继续与发展,由不可操作变为可操作成果。①

五、工程社会学的研究对象

工程社会学是把工程事件当成社会事实,并运用社会学的基本概念、理论和方

① 朱力等:《社会学原理》,社会科学文献出版社 2003 年版,第 29 ~ 34 页。

法对工程事件进行分析的一门学科,它主要解释工程事件在发生、发展和终结过程中,人、工程、社会结构之间的相互作用及其相互影响,它是应用社会学的分支之一。根据社会生活的基本单位、社会基本制度、基本的社会过程的三分框架理论,工程社会学的研究对象可以分为:

(一)工程活动的主体及相关利益群体

社会行为和社会关系;个人;人群(包括民族和阶级);社区,"社"指人群、人类集体社会,"区"即地区、空间、环境,包括城市和农村;社团与组织;人口;社会。

(二)关于工程方面的各类制度

政治和法律制度;经济制度;奖惩制度;文化和宗教制度;教育和科学制度;娱乐和福利制度;道德和美学制度。

(三)工程建设中的基本社会过程

工程项目社会评价;工程所导致的社会分化和分层;工程过程中的合作、调解、同化;工程所引起的社会冲突;工程中的沟通(包括意见的形成、表达和变化);工程的社会化和教育;工程社会控制(如工程寻租行为控制、工程风险控制、工程越轨行为控制等);工程导致的社会过失;工程所导致的社会整合;工程所导致的社会变迁等。①

六、工程社会学的研究方法

由于工程社会学的建立与自然和人文科学都有着密切的联系,因此工程社会学可能在理论和方法上受到其他多学科如工程学科的影响。但是,工程社会学作为社会学的分支之一,其研究方法主要还是运用社会学的理论和研究方法,如调查研究、实地研究等。在工程社会学研究中,要考虑到工程对相关利益者特别是弱势群体的影响,所以评估研究也是工程社会学特别重要的研究方法。另外,由于工程活动是工程、科学、技术、政治、经济、社会、管理等综合性的人类活动,因此工程社会学的研究方法除了从社会学角度进行研究之外,还要从工程学、管理学、经济学等其他角度来进行研究。工程社会学既要处理好理论研究与经验研究、定性研究与定量分析的关系,也要处理好社会学研究方法与工程学、管理学、经济学等其他学科研究方法的关系。

七、社会学与工程社会学的联系

(一)工程的社会性

工程的社会性首先表现为实施工程的主体的社会性。实施工程的主体通常是

---

① 史明宇、陈绍军:《工程社会学与社会工程学辨析》,载《学术界》2011 年第 3 期。

一个有组织、有结构、分层次的群体,需要有分工、协调和充分的内部交流。一些特大型工程,像“阿波罗工程”“三峡工程”等往往会动用十几万、几十万甚至上百万名的工程建设者。而在这样的群体内部,又有不同的社会角色:决策者、设计者、管理者以及各种层次的执行者,各施其能。工程决策者确定工程的目标和约束条件,对工程的立项、方案做出决断,并把握工程起始、进展、结束或中止的时机;工程设计者即通常意义上的(总)工程师,根据工程的目标和约束条件(如资源、性能、成本等),设计和制定具有可行性的计划和行动方案;工程管理者负责对人员和物资流动进行调度、分配和管理,保障工程的有效实施;工程执行者即通常意义上的工人和技术人员,负责工程项目的实际建造。

工程社会性的另一个主要表现形式是工程(特别是大型工程)对社会的经济、政治和文化的发展具有直接的、显著的影响和作用。工程是人类通过有组织的形式、以项目方式进行的成规模的建造或改造活动,如水利工程、交通工程、能源工程、环境工程等,通常会对一个地区、一个国家的社会生活产生深刻的影响,并显著地改变当地的经济、文化及生态环境;另外,由于工程项目的目标比较明确,工程实施的组织性、计划性比较强,因此社会对工程相应的制约和控制也比较强。一个大型工程项目的立项、实施和使用往往能反映出不同的阶层、社区和利益集团之间的冲突、较量和妥协。另外,大多数现代工程技术,如能源技术、设计技术等,其发明、改进、运用和推广是一个社会化的过程,这些技术对社会的影响以及社会对它们的控制也是显而易见的,然而这些工程技术活动往往又是通过工程化的方式实现的。①

(二)工程社会学的社会学议题

工程社会学是以工程实践过程中出现的社会现象为导向,以工程参与者的行为模式为对象。社会现象的多样性和研究对象的多元性决定了工程社会学研究理论和研究领域的丰富性和复杂性。

1. 工程社会结构

美国社会学家帕森斯、莫顿等结构主义者把社会结构解释为一个群体或一个社会中各要素相互关联的方式。地位和角色是社会结构中最主要的组成要素。任何一个工程活动,从构思、设计到可行性分析,再到工程的实施,直到对工程结果实际效果的评价,都涉及社会因素。身处于社会之中的工程活动,受到了社会结构与社会关系的影响;同时工程活动也会影响并带来社会结构的变迁。工程的内部也具有独立的社会结构,即工程社会结构,是指对工程过程发生影响的各要素相互关联的方式,这些要素包括建设参与主体及其拥有的各类社会资源。通过对工程群体和个体的角色,以及互动行为的理论分析和实证研究,最终描绘出工程社会

① 朱京:《论工程的社会性及其意义》,载《清华大学学报》(哲学社会科学版)2004年第6期。

结构。

2. 工程社会设置

工程社会设置，是指用来使工程满足社会基本需要的社会结构中相对稳定的一组要素。[①] 社会对于工程的基本需求是其能够满足社会的功能和监管的需求，同时，工程的内部社会也存在生存和发展的愿望。因此，工程的社会设置是多重的，不仅具有程序、市场、人力资源、监督体系、信用制度的设置，同时也存在各类不成文的"潜规则"。工程的社会设置是稳定的，但并非是一成不变的。研究工程社会设置的变迁过程，通过社会设置变迁原因的考察，我们能够揭示工程与社会力量之间相互影响的过程，以及工程内部社会对于社会设置的反馈、适应甚至是违背和扭曲的过程。

3. 工程的建设过程

工程建设过程是指工程事件发生、发展和终结的过程，它涵盖了工程的生命周期，可划分为项目立项阶段、项目设计阶段、项目实施阶段和项目运营阶段。[②] 工程建设过程的排序和划分是遵循特定的自然规律和社会规律。在工程建设的过程中，工程内部的组织、人员、物资等均与外部社会环境进行物质、信息和能量的交流、交换，以保证工程建设获取足够的社会资源和社会支持。同时，工程将受到工程社会结构和工程社会设置以及社会经济、文化、政治变迁的影响，并对其产生反作用。对工程建设过程的认识和分析，能够揭示社会经济、文化、政治的本质和规律。因此，工程建设过程以及与社会的互动关系成为工程社会学的研究对象。

4. 工程社会控制

工程运作过程中的资源多、参与的主体多、运作的程序多，此"三多"使其社会互动复杂化，在合作与竞争的同时，也存在冲突与越轨。因此，完善监管制度，引入社会监督，对工程形成有效的社会控制是必不可少的。工程社会控制是指在工程项目的整个生命周期中，建立科学适用的工程管理和实施程序，引导和约束工程项目的参与组织和个人，使工程项目的科研、立项、规划设计、招标采购、施工、调试、验收、运营等各方面的工作能够良性运行，通过启动、计划、实施、监控和收尾，高效配置社会资源，实现项目发起的目标，满足工程项目可持续发展以及环境和社会公众的要求。

5. 工程文化

工程自产生之日起，由于其体量大，并且年限长，自然地成为一种符号载体，不断地通过视觉与人类交流信息，传递工程内在的隐喻与象征。工程的细部特征，如建材的选择、空间的布置、群体的组合等也反映着建造者的自然理念、哲学思想、价值观念、民族性格、地域特色等文化要素。工程发展记载了历史上大量的经济、文

---

① [美]戴维·波普诺：《社会学》，李强等译，中国人民大学出版社 2007 年版，第 95 页。

② 毛如麟等：《建设工程社会学导论》，载《科技进步与对策》2009 年第 21 期。

化、科学技术的信息，是人类文化发展历程的见证。对古代工程遗产的保护是对传统文化的尊重和继承。城市建筑文化受到地域和文化两种因素的制约，地域因素相对较为稳定，而社会文化、社会生活处在日益更替之中，随着时间的推移和社会的发展，城市建筑原有环境必然不适应新的观念和社会生活对它的需求，改造工程会大量产生。城市工程改造应是在尊重城市原有结构和空间格局的基础上，有选择地拆除与更新某些无法维修的建筑，其目的是强调城市的动态发展、适应新的社会文化生活需求，这些工程效果应使历史文化得以传承，同时又赋予城市新的内容。因此，在城市的改建、新建过程中，应该注重在传统文化的基础上进行新工程的建设，在保持城市文化延续的基础上，有步骤、有内涵地更新城市面貌。①

6. 工程与生态环境

生态环境问题实质上是人类不适当地干预周围环境而引起生态系统的失调和失衡。工程作为人类改造自然的重要产物，对于生态环境的影响存在必然性和长久性。首先，工程对生态环境的影响具有必然性。在工程的建设过程中，对自然环境必然存在不可避免且不可回复的改变。从社会学角度出发，衡量这种改变是否"合理"的标准就是工程能否实现社会效益的最大化，而非单纯的经济利益或个体利益的最大化。其次，工程对生态环境的影响具有长久性。工程的使用寿命普遍较长，一般为几十年至一百年，对生态环境影响的广度和深度将是复杂和深远的。因此，在建设项目立项阶段，不能仅仅从人类社会自身的角度出发，应从多方面进行综合评估。

7. 工程的全球化

随着科学技术的发展，全球性的国家间的相互交往，经济发展和世界市场的形成，信息工业的蓬勃兴起，扩大了人类的活动领域以及相互之间的沟通和联系，使全球社会呈现出相互依存、共同发展的局面。工程领域也逐步摆脱地域的限制，全球性的工程合同条款（Fédération lnternationale Des lngénieurs Conseils，FIDIC 合同）、认证机构（Project Management Professional，PMP、International Project Management Professional，IPMP）、研究机构（Project Management Institute，PMI）以及工程管理软件（Primavera Project Planner for Enterprise/Construction，P3E/C）等国际组织、机构、产品不断涌现，并在全球范围内形成社会互动。工程全球化是全球社会学下工程社会学的一个分支，它是从全球资源配置的角度，对全球范围内工程投资、设计、招投标、施工、运营、管理、认证等工程现象进行研究，运用社会学的方法，追踪其发生、发展、变化的规律。②

① 吴云鹏：《论城市文脉的传承》，载《现代城市研究》2007 年第 9 期。
② 毛如麟等：《工程社会学导论》，载《科技进步与对策》2009 年第 21 期。

第二节 法与社会学

社会学法学是“规定性”的(prescriptive),着重法律的规定;法社会学是“描述性”的(descriptive),着重陈述社会、法律事实,二者的出现拓宽了法律研究的方法和视角。它们研究的核心问题都是将法律作为一种社会现象,关注法律与社会之间的相互作用关系,其中包括法律如何影响社会,社会如何作用于法律。[①]

在法社会学发展历史上,许多学者在研究纷繁复杂和变动不安的社会现象时,形成了独特的法社会学研究视角,为我们深入地把握这门学科提供了途径。社会学考察社会的视角往往是暗含在或体现在社会学的各种研究中,因此,在了解法社会学的理论视角过程中需要我们结合工程法学的相关问题仔细、认真地体会、分析与掌握。

一、社会学法学的概念

1911 年,美国法学家庞德(Roscoe Pound,1870 ~ 1964)首先使用了“社会学法学”(sociological jurisprudence)一词并且至今沿用。[②] 社会学法学思想受多种哲学和社会思潮的影响,孔德的实证主义、詹姆士的实用主义哲学、霍姆斯的现实主义法学对它的形成和发展都产生了一定影响。社会学法学主张以社会学观点和方法研究法律的实行、功能和效果。从法律的目的上看,社会学法学注重法律的作用而不是抽象的内容,认为法律是社会控制的工具;从对法律的认识上看,社会学法学认为法律是一项社会制度,可以通过经验发现并且有意识创造;从法律效力上看,社会学法学认为法律规则的权威是社会利益而不是国家强制或社会压力;从法律的形式渊源上看,社会学法学从实际作用出发,认为法律采取何种形式并不重要,只需符合法律秩序条件。[③]

二、社会学法学的研究特点

综观社会学法学的各种学说和观点,社会学法学可以归纳为以下几方面的特点:

(一)实效性

社会学法学从根本上是注重法律的实际效果的学说派别,这一特性是该学派的根本出发点也是其最后的归宿。社会学法学的核心是从实际出发再回到实际中去的原则,这也是社会学法学派安身立命之本。庞德从人性角度分析人的双重

---

① 丁玮:《社会学法学思想探研》,载《长春工程学院学报》(社会科学版)2003 年第 4 期。
② 戚诚伟、顾慈怡、陈金平:《介评社会学法学及其主要流派》,载《法制与社会》2010 年第 2 期。
③ 丁玮:《社会学法学思想探研》,载《长春工程学院学报》(社会科学版)2003 年第 4 期。

性——相互合作的社会本性和不同主张与要求的个人主义本性，从而引申出其社会利益与社会控制的学说。社会学法学的正义观就是合理地实现法律安排和社会控制，以便最大限度地满足不同利益的需要，而法律的价值和作用就取决于其在实现上述目的的过程中的效果。

（二）兼容性

社会学法学提供了广阔的阐释视角和方法，对各种法学流派的观点和方法采取了兼收并蓄的态度，尽管庞德等人对分析法学、历史法学和哲理法学的观点有所批判，但在社会学法学理论中仍然吸取了不同流派的观点为己所用。庞德将立法与适用的效果都涵盖在社会学效果的研究范围内，对立法实效也作了考察。同时，庞德又强调历史的研究方法，认为历史研究是对法律理性思考的重要组成部分。虽然韦伯的"价值无涉"论否认法律内涵，社会学法学的一般观点认为法律是有价值的，这并不妨碍法学成为一种法律科学，一些观点还认为法律与道德有着极为密切的关系，以上观点又与新自然法学派的观点相近，与价值论者研究互有交叉。

（三）实用主义哲学

实用主义讲求从现实出发，检验一种理论或制度不能从理论或制度出发想当然地让现实屈就于理论与制度。一种制度与学说的合理性与价值在于能否与现实相契合，实用主义的方法能够调和不同流派和学说的观点"为我所用"即"为实际所用"，起到兼收并蓄的效果。在实用主义哲学思想影响下，社会学法学体现了很强的包容性，各派的学说都可以在其中找到自己的影子。社会学法学不仅开创了一片全新的研究领域，而且提供了崭新的思维模式和方法视角。①

三、法社会学的概念

1892 年，意大利学者安齐洛迪在著作《法律哲学与社会学》一书中首次提出"法社会学"（sociology of law）的概念。1913 年，奥地利法学家埃利希的代表作《法社会学原理》是法社会学的第一部系统作品，埃利希因此被誉为"欧洲法社会学之父"。法社会学是借助社会学实证方法，以法的实际运行作为研究对象的一门新兴学科。②

社会学法学与法社会学存在诸多相同之处：一是两者都是采取社会学的观点和方法来看待法律；二是两者都将法律作为研究对象，认为法律是一种社会现象。然而，从语义学的角度看，社会学法学与法社会学之间在含义上存在一定差异：庞德认为，法社会学是理论学科，而社会学法学则是应用学科，两者分属于不同学科门类。法社会学是从法学与社会学跨学科的意上而言，而社会学法学则是从研究

---

① 丁玮：《社会学法学思想探研》，载《长春工程学院学报》（社会科学版）2003 年第 4 期。

② 胡平仁：《法社会学的百年历程》，载《山东大学学报》（哲学社会科学版）2007 年第 2 期。

方法和理论重心上谈。从20世纪60年代后,社会—法律研究(socio-legal studies)的出现证明了法社会学所涉及的领域更加宽泛。所以社会学法学与法社会学之间的关系是法社会学发展了社会学法学,两者是包含关系,即法社会学包含社会学法学,其内涵大于后者。①

四、法社会学的研究特点

按照国际社会科学传统划分,不仅法学而且社会学都有法社会学这一分支学科。法社会学是法学与社会学之间的一个边缘学科。法律通过在社会生活中的实行而履行自己的社会功能并实现其社会目的,它的实行越接近其社会目的,它所具有的社会效益也越大。② 法社会学的研究对象是法与社会的互动关系。具体研究有三个指向:第一,以社会学的观点和方法来研究法律,强调法律是社会现象,法律与其他社会因素相互作用。第二,法社会学强调法律的"社会化",主张从"个人本位"转向"社会本位"。第三,法社会学强调法律的实行、功能和效果,因此又称为功能法学。③

法社会学研究范式既具有对社会事实研究的说明性和阐释性特征,又具有认知的独特性和特殊性特征。因此,法社会学研究一方面在更大层面上扩大关注的法律现象样本,得出更有代表性的解释;另一方面从实践层面关注法律现象的发展过程,更加深入地阐释法律事实。通过社会学理论的支撑,结合对社会微观层面法律现象、法律过程的剖析,提炼出各种经验模型,加以理论上的反思、检验,最终形成既能反映宏观社会结构与法治全景,又能对具体的法律现象研究提供指导的法社会学研究范式。另外,法律只是社会子系统的部分,必须将法律现象或法律事实置于社会整体之中,要将其与社会联系起来,从社会与法律现象的关系中去研究,这就决定法社会学是一种关系研究、动态研究和过程研究。④

五、法社会学对工程法学的意义

(一)提供了工程法学研究的理论基础和依据,有助于明确学科的学术定位

工程法学对工程活动不但需要进行微观研究,而且需要对工程活动进行中观和宏观研究。所谓微观研究,主要是指研究工程共同体中的各个成员和以企业为主要表现形式的工程活动共同体;所谓中观研究,主要是指研究由同类企业形成的行业、产业、产业集群、区域性工程活动等;所谓宏观研究,主要是指从国家和全球的"角度"和"视野"研究工程活动问题。对工程活动的微观、中观和宏观研究各有其自身的特殊意义和价值,三者相互联系、相互渗透、相互作用而不可相互替代。

---

① 戚诚伟、顾慈怡、陈金平:《介评社会学法学及其主要流派》,载《法制与社会》2010年第2期。

② 沈宗灵:《法律社会学的几个基本理论问题》,载《法学杂志》1988年第1期。

③ 沈宗灵:《现代西方法理学》,北京大学出版社1992年版,第248页。

④ 何珊君、朱作德:《法社会学研究范式的系统性梳理与各自特征的研究》,载《河海大学学报》(哲社版)2014年第2期。

正确认识工程活动的社会性质与社会功能是为工程法学进行“学术定位”的客观基础与依据。①

（二）拓宽了工程法学学科的知识域，适应了工程法学实践发展的需要

工程法学的知识域涉及的学科领域极其广泛，包括工程社会学、工程经济学、工程伦理学等。对现代建设工程可持续发展而言，工程法学实践中面临知识域更新的迫切需要。工程法学在现代工程建设中发挥着日益重要的作用，而又因为任何一项工程的建设都直接涉及其对社会影响因素的评价、社会认同标准的识别和社会参与途径的选择，以及该项目建成之后的一种运营管理模式，所有这些都离不开社会学的基本理论支撑。

首先，关注工程对社会的影响是工程社会学研究的一个必要维度，工程社会学自诞生之日起便应该致力于探讨“工程社会”②秩序如何可能的问题。中国目前正处于高速工业化阶段，工程项目特别是大型工程项目层出不穷，为工程社会学的发展提供了坚实的基础。其次，工程社会学的研究能够提高工程的决策水平。在工程社会学看来，工程不仅仅是工程问题，而且还牵涉工程的社会问题。如工程的地理分布、工程的受益者和影响者、工程建设中人与人之间的矛盾，等等。这些社会问题工程技术专家往往较少考虑到，因此社会学家参与工程建设就有了现实合理性。最后，工程社会学能提高工程项目的社会发展指标，保护相关利益者特别是弱势群体的利益。在当代中国，一方面经济高速发展；另一方面，经济高速增长导致了社会分化加剧，社会矛盾日益突出。工程社会学的参与和研究，可以使弱势群体的声音不被强势话语所湮没，确保他们的利益不因工程项目的进行而受到损害。

（三）引入了定量和定性的研究方法，提升了工程法学研究的科学范式

西方法社会学认为法律是一种社会工程，是社会控制或调整的工具，应重视对社会中的人的行为分析，侧重对各种利益关系的分析，提倡结合多种社会科学进行综合研究，在工程法学中引进自然科学、行为科学的方法和手段都是有益的借鉴。法社会学研究方法是为工程法学的研究对象服务的，研究对象的改变也势必导致研究方法的改变。因此，将经济因素、政治因素与文化因素嵌入法社会学和工程法学的研究中势必会促进以问题为结点的跨学科研究。在对工程法学的具体研究中可以使用实验、观察、参与式等系统定量和定性方法收集和分析材料，从主题的创新性研究设计和理论的指标化到材料的分析、阐述与推理，强调理论研究与实践的衔接，强调用定性、定量及两者混合方法达到研究目的。③

---

① 李伯聪：《工程社会学的开拓与兴起》，载《山东科技大学学报》（社会科学版）2012年第1期。

② 李伯聪：《工程共同体研究和工程社会学的开拓——工程共同体研究之三》，载《自然辩证法通讯》2008年第1期。

③ 何珊君：《当代法社会学研究方法变迁的新特征》，载《贵州社会科学》2014年第1期。

第二十四章　工程法学的人类学基础

第一节　人类学概述

一、人类学的概念

人类学,英文 anthropology,源自于希腊文 anthropos 与 logos。前一词意为"人",后一词意为"学问、科学"。从字面意义看,人类学就是研究人的科学。"人类学"这一术语可以追溯到亚里士多德,但作为一门正式的、具有独立研究领域的学科,人类学是相对晚近的西方文明的产物。

根据英国人类学家哈登的研究,最早在 1501 年就出现"人类学"一词,当时主要指的是人的体质方面的研究。1655 年出版的《抽象人类学》中,首次出现了人类学的英语形式。其中对人类学下了这样的定义:"人类学或人类本性史,迄今为止一般可以分为两类:第一类为心理学,即关于理性灵魂的本性的讨论;第二类为解剖学,也就是说,通过解剖揭示人体的结构或者构造。"①可见,在人类学发展早期,人类学的研究更多的是对人类躯体的研究。甚至有的学者,如林惠祥,他认为此时的人类学"只可算作动物学的附庸,还不配一种独立的科学"。②

进入 20 世纪后,人类学研究不断深入,研究范围不断扩展。美国人类学家威斯勒认为,人类学是研究人的科学,包括所有把人类当做社会的动物而加以讨论的问题。英国功能学派人类学家马林诺夫斯基认为"人类学是研究人类及其在各种发展程度中的文化的科学,包括人类的躯体、种族的差异、文明、社会构造以及对于环境之心灵的反应等问题之研究。"③1986 年出版的《简明不列颠百科全书》将人类学定义为研究人类社会中的行为、信仰、习惯和社会组织的学科。1989 年出版的英国《社会科学百科全书》也指出"文化人类学关心的是作为社会存在的人及其习得的行为方式,而不是遗传传递的行为方式"。④

无论人类学家对人类学的定义多么不同,在一点上是一致的,即人类学不仅局限于人类体质方面的研究,更多地涉及对人类社会及文化的研究。

---

① 夏建中:《文化人类学理论学派——文化研究的历史》,中国人民大学出版社 2003 年版,第 2 页。
② 林惠祥:《文化人类学》,商务印书馆 2005 年版,第 3 页。
③ 同上书,第 4 页。
④ 夏建中:《文化人类学理论学派——文化研究的历史》,中国人民大学出版社 2003 年版,第 1 页。

二、人类学的学科体系

广义的人类学研究涵盖了社会科学、人文科学以及自然科学等领域。而狭义的人类学指社会人类学或文化人类学或民族学。由于人类学在不同国家和地区有不同的学术传统，人类学学科的划分不尽相同。在美国，"人类学被划分为四个领域：体质人类学和三个文化人类学分支学科——考古学、语言人类学和民族学"。①

(一)体质人类学

体质人类学或者生物人类学，主要研究人类文化的生物学基础。一方面体质人类学从生物学的角度研究人类如何产生、如何演化；另一方面体质人类学关注现代人类在生物特征上存在哪些差异以及其原因是什么。近年来，体质人类学的研究内容也在不断增加，如分子生物学。这使体质人类学开创了一系列高科技的研究方法，发展出了专门的领域。

(二)考古学

考古学或考古人类学通过对人类遗存的研究，重建古代人类的历史，追溯人类社会的文化变迁。在美国，考古学有句名言："美洲的考古学便是人类学。不然它便什么都不是。"②考古人类学由史前考古学和历史考古学构成。史前考古学关注史前的无文字社会，历史考古学关注有文字记载以来的社会。现今的考古学在研究范围上也在不断扩展，不仅研究人类的历史，也通过实物研究现代人的生活。

(三)语言人类学

文化人类学分支中，研究人类语言的被称为语言人类学。语言学作为一门独立的学科，其产生要较人类学久远，其理论也影响了人类学家。例如，人类学家列维・斯特劳斯受语言学家雅各布逊音位学理论的影响，提出了结构人类学的理论。语言人类学家关注当代的各种语言有什么不同，结构上有什么差异；关注语言的起源，以及随着历史的发展语言又有哪些发展和变化；通过语言来研究人的思维本质，研究人类是如何交流的，又是如何理解世界的。语言人类学家不仅将语言当作一种交流体系和一种思维方式，更将语言视为一种文化现象。

(四)民族学

民族学，或社会人类学或文化人类学，主要研究人类社会的文化。民族学通过研究亲属制度、宗教、民间艺术、政治经济体制等方面来关注人类社会的观念和实践，同时探讨人类文化的变迁。

---

① [美]威廉・A. 哈维兰：《文化人类学》，张钰、瞿铁鹏译，上海社会科学院出版社 2007 年版，第 8 页。

② 田兆元：《文化人类学教程》，华东师范大学出版社 2006 年版，第 5 页。

三、人类学的中心概念——文化

自人类学创立以来,文化一直是这门学科的中心概念。第一个在科学意义上对文化下定义的是英国人类学家泰勒,他在《原始文化》中认为:"文化或文明,就其广泛的民族学意义来讲,是一个复合的整体,包括知识、信仰、艺术、道德、法律、习俗以及作为一个社会成员的人所习得的其他一切能力和习惯"。[①] 这一经典定义为当时许多人类学家所接受。自泰勒以降,人类学家对文化的定义更为多样。英国人类学家马林诺夫斯基认为"文化是包括一套工具及一套风俗——人体的或心灵的习惯,它们都是直接地或间接地满足人类的需要。"[②]美国人类学家博厄斯认为,文化"包括一社区中所有社会习惯、个人对其生活的社会习惯的反应,及由此而决定的人类活动"。[③] 北美人类学家克罗伯和克拉克洪在20世纪50年代研究文化概念时,搜集到了160种以上个文化定义。虽然文化的概念层出不穷,但大部分人类学家认为文化具备这样一些特征,即文化是习得的,文化是共享的,文化是基于象征的,文化是整合的。

(一)文化是习得的

所有人类都有文化,任何文化都是人类后天习得的和创造的。文化不能通过生理遗传,文化是人类学习的结果。通过学习文化,人们学会了群体的生产与生活方式,知道在特定的情况下如何行为。通过学习文化,群体得以存在、延续,并形成族群认同。

(二)文化是共享的

文化是群体的属性,是人类群体或社会共享的成果,包括价值观念、行为准则、语言、信仰以及技术等。文化使社会成员能够理解彼此的行为,理解自身生活的意义。正因为人们共有一种文化,社会成员才能够预见彼此在特定的环境中如何行为以及如何反应。文化为群体成员所共享,并不意味着所有成员所思所为都是一致的。群体成员还存在着因性别、年龄、阶层等差异而呈现出来的文化差异。

(三)文化是象征的

文化是一种象征体系。美国人类学家怀特认为,文化起源于人类对象征符号的运用。文化依赖象征符号,在某一特定文化中,象征符号具有特定的含义和价值。艺术、宗教以及货币都与象征符号的应用有关。语言是文化中最重要的象征符号,它用字词来代替某种事物。通过语言,人类可以在代与代之间传承文化信息,特别是语言可以使人们在积累的经验中学习。

---

① 泰勒:《原始文化》,广西师范大学出版社2005年版,第1页。

② [英]马林诺夫斯基:《文化论》,费孝通译,华夏出版社2002年版,第15页。

③ 庄孔韶:《人类学通论》,山西教育出版社2002年版,第23页。

(四)文化是整合的

当人类学家在进行跨文化比较时,往往将文化分成许多具体的文化成分。这些文化成分都从不同的侧面维持着社会的团结和运行。文化是系统的,各个构成部分相互依存。文化要发挥功能其各部分必定整合在一起,相互适应,和谐运行。如果系统中某个部分发生改变,也会影响其他部分,甚至是整体的变化。

四、人类学的研究范式

(一)田野工作

人类学的田野工作要求人类学者在所研究地生活一年甚至更长的时间,通过参与观察和亲身体验来获取充分、翔实的民族志资料。所谓民族志就是在田野工作中对人类文化活动的观察和记录。通过参与观察,人类学家能够更大程度理解他们的生活方式,而研究的深度如何取决于在田野工作中被研究对象信任的程度。田野工作不仅局限于描述文化,同时也要说明文化各方面之间的相互联系。田野工作是人类学最基本的工作,以致英国人类学家塞利格曼说:“人类学的田野研究就如殉道者的血之于教会。”①

在田野工作中,人类学家一般采用主位与客位的研究方法。主位和客位是人类学研究中的两个重要概念。人类学家马文·哈里斯明确界定了这两个术语,并被广为接受。所谓主位研究是指人类学家要从当地人的视角去研究文化,通过田野调查,搜集反映当地人对事物的认识和观点的民族志资料。看当地人如何思考的?他们是如何感知世界的?要以当地人的思维去解释文化、理解文化。所谓客位研究是指人类学家要以研究者的立场来研究文化,以人类学的理论、概念和术语来解释、分析文化现象,用比较的和历史的眼光看待民族志提供的材料。

我们应该认识到人类学家自身有文化偏见,而被研究者也有文化偏见,因此,在田野工作中,要将主位与客位的研究方法有机地结合起来。以主位的研究方法来如实的描述文化、理解文化,以客位的研究方法来解释文化、分析文化。

(二)文化相对论

文化相对论,又称文化相对主义,认为每一种文化都有其存在的价值,都有自己的价值准则,一切文化的价值都是相对的、平等的,文化谈不上进步或落后。因此,文化没有优劣之分,任何社会的文化都是在其历史中形成的,有其独创性和充分的价值。一种文化不能以另一种文化的标准来衡量,也不能用普遍、共同、绝对的标准去衡量一种文化的价值。

坚持文化相对论能够使我们克服民族中心主义的狭隘。所谓民族中心主义就

---

① [美]威廉·A.哈维兰:《文化人类学》,瞿铁鹏、张钰译,上海社会科学院出版社2007年版,第15页。

是以本民族文化的价值观念来理解、判断其他民族的文化价值观念和文化传统。民族中心主义能够塑造社会的凝聚力，但是民族中心主义往往将自己社会的文化看作优秀的、正常的、高级的文化，总是利用自己社会的文化价值观来评估其他社会中的文化。

坚持文化相对论就是将文化置于具体的、历史的环境和社会中加以考察，客观地描述文化现象，按照这个社会的传统与经验去解释。

（三）文化整体论

文化整体论是人类学研究的基本特征。人类学家在研究人类社会文化时，要涉及所有的方面，包括政治、经济、宗教信仰、艺术、社会组织、语言等。人类社会是一个复杂的、有结构、有层次的整体，这个整体的各个部分是相互依存、相互作用的。人类学研究就是要将整体的各个要素联系起来，系统的研究，深入理解整体的各个部分是如何相辅相成、如何联系的，以及整体是如何作为整体运行的。同时，要将人类社会文化的各个方面置于更大的生物和社会环境中考察，才能认识这种文化的意义。对于人类学家来说，理解一个文化的整体，比认识错综复杂的细节更为重要。

整体性原则还要求人类学研究要打破学科樊篱，从单一学科研究转向多学科、多角度的综合研究。既要从社会文化的视角，也要从生物、心理的视角深入把握人类社会；既要关注人类社会的历史形成，也要联系人类社会的现实因素。

（四）跨文化比较

跨文化比较研究，是人类学研究的一种基本方法。在人类学研究的早期阶段，人类学更多关注非西方社会。由于人类学家总是面临他者、异文化等问题，“比较”一直作为潜在的观念而存在于学科的发展中。人类学比较研究是把全世界不同民族、不同时代的人类社会都纳入自己的研究领域中，在同一研究中进行比较分析。美国文化人类学家哈维兰指出：“理想的情况是，文化人类学的理论产生于世界范围内的比较。跨文化比较的研究者考察世界范围社会样本，以便发现为解释文化现象而提出的假说看起来是否普遍适用。”①

跨文化比较有两种基本形式：共时性比较与历时性比较。所谓共时性比较，是对同一时代不同区域内的人类社会文化资料进行跨文化的人类学比较。所谓历时性比较，是对不同时代同一区域内的人类社会文化资料进行比较，以揭示文化变迁的模式。

人类学的跨文化比较能够避免研究过程中的狭隘目光，对于认识人类社会的复杂性、差异性与多样性具有重要意义。同时跨文化比较研究也可以端正我们的文化观，克服民族中心主义，纠正文化偏见，消解文化自卑感，使人类社会达成更好

---

① ［美］威廉·A. 哈维兰：《文化人类学》，瞿铁鹏、张钰译，上海社会学科学院出版社 2007 年版，第 26 页。

的文化交流。

第二节　人类学与法学

一、人类学与法学

人类学与法学的科际整合，形成一门交叉学科领域——法律人类学或法人类学。日本学者千叶正士认为："法人类学是从社会人类学、文化人类学、民族志学等立场对法展开研究。"①赵旭东认为："法律人类学，顾名思义，就是对异文化的法与社会关系的研究。它强调非西方法律的法律表达，而排斥以西方法律的概念和逻辑去厘定异文化中法律的有无。"②张永和主张："法律人类学是以研究国家法律领域之外所存在的，能够调整人与人之间、人与社会之间和人与自然之间的规范现象以及调整过程的学科。"③解释人类学家格尔茨认为法人类学研究不是将法学和人类学简单组合，提倡将法学研究与人类学研究相互开放，发挥二者的长处，互相借鉴。

（一）法人类学的兴起

法人类学的研究兴起于19世纪。最初，受殖民统治的影响，较为关注社会控制及殖民地的民间法、习惯法等。1861年，英国法学家兼律师梅因出版了《古代法》。在《古代法》中，梅因对英国人、罗马人、斯拉夫人、爱尔兰人及印度人的古代法律制度进行比较研究，认为法律经过了神判时代到习惯法再到法典时代的历程。同时，梅因认为随着社会的发展，血缘关系的重要性下降，而地缘关系的重要性凸显，从身份到契约的进化将使个人与个人间的契约关系占主导地位，个人也因此获得了自决的自由。同年，瑞士法学家巴霍芬出版了《母权论》。巴霍芬认为母系社会向父系社会的过渡，蕴含着对原始戒律的突破，进而引起宗教观念、法律制度的变化。

美国人类学家摩尔根受梅因及巴霍芬的影响较大。摩尔根在《古代社会》中通过对美国印第安人亲属制度、婚姻家庭等的考察，以及对古希腊、古罗马历史的论述和对亚欧澳等部落制度的研究，阐明了部落社会中的婚姻家庭法、赔偿法、财产继承法等的演变过程。

一个有趣的现象是，早期法人类学研究者很多都是法学家出身。例如，梅因和巴霍芬是大学里的法学教授，在罗马法以及比较法学方面的研究颇有造诣；摩尔根亦是律师出身，曾为印第安人提供过法律帮助。可见，早期研究法人类学的这些学

---

① 吴大华：《论法人类学的起源和发展》，载《广西民族大学学报》（哲学社会科学版）2006年第6期。

② 赵旭东：《法律与文化——法律人类学研究与中国经验》，北京大学出版社2011年版，第1页。

③ 张永和：《法人类学作为独立学科的诞生及其他》，载《现代法学》2005年第1期。

者往往是从研究法律史的角度切入的，或者这样讲，法学家主导了早期法人类学的研究。

这些早期的法人类学家受古典进化论的影响，通常将初民社会的各种法律制度当作西方法律制度的前身，视西方的法律制度为先进的、进步的，这种欧洲中心主义色彩为后来学者所批判。

（二）法人类学的发展

人类学功能学派的创始人马林诺夫斯基于1926年出版的《原始社会的犯罪与习俗》被视为法人类学研究的经典。与早期的法人类学家不同，马林诺夫斯基运用了系统的人类学的田野调查的方法进行他的研究，从而使法人类学成为一门真正意义上的人类学分支学科。

在《原始社会的犯罪与习俗》中，马林诺夫斯基从功能主义的观点出发，对特罗布里恩德岛的部落社会进行了研究。他认为法律是一种文化现象，既包括正式的也包括非正式的规则和限制，要将这些法律和规则放到它所存在的整个文化背景中去考察。马林诺夫斯基认为，法律和秩序是贯穿于初民社会的部落惯习中的。土著居民之所以遵守法律，互惠是最重要的因素，或者说，在互惠中社会控制得以实现。他给法律下了一个人类学的定义，他认为法律规则与其他规则的区别就在于“它们被视为一个人的义务和另一个人的权利要求，它们不仅受心理动机的约束，还受到相互依赖……为基础的特定社会约束力机制实施的制裁。”①

马林诺夫斯基将人类学的田野调查方法引入法人类学研究中，丰富了研究方法，奠定了后世法人类学研究的基础。同时，也有力地反驳了早期法人类学家认为的初民社会只有习俗，没有法律的观点，建立了初民社会的非国家法律观。鉴于马林诺夫斯基对于法人类学研究的贡献，甚至有学者认为他是法人类学的创始人。总之，马林诺夫斯基关于法人类学的研究是具有里程碑意义的。

另一人类学功能主义的创始人拉德克里夫·布朗也对法人类学进行了研究。然而与马林诺夫斯基将法律看成一种文化现象不同的是，拉德克里夫·布朗认为法律是通过强制力来建立社会秩序的，主张“法这个领域将被看做是与有组织裁定领域相同的。在没有法律裁定的社会里，强加给个人的义务一般被看成是习俗，而不是法律。在这个意义上讲，尽管任何社会都有得到裁定支撑的习俗，但一些简单社会却没有法律。”②在拉德克里夫·布朗看来，法律的存在与权力有关。法律本质上是处于稳定状态的社会秩序，并且这种稳定是通过必要的强制力的实施来维持的。拉德克里夫·布朗的这一观点，亦影响后来的法人类学研究。

---

① ［美］威廉·A.哈维兰：《文化人类学》，瞿铁鹏、张钰译，上海社会科学院出版社2007年版，第371页。

② ［英］拉德克里夫·布朗：《原始社会的结构与功能》，潘蛟等译，中央民族大学出版社2002年版，第237页。

（三）法人类学的两个派别

在拉德克里夫·布朗和马林诺夫斯基不同研究取向的影响下，法人类学出现了两个派别：法学家派和非法学家派。法学家派以霍贝尔、帕斯比西等人为代表，非法学家派以波汉南、古里弗、特纳等人为代表。

法学家派主张以西方的法律观念来解释初民社会的法律，如霍贝尔。霍贝尔在《原始人的法》中认为法律是社会文化现象，法与社会文化密不可分。因此，我们不能离开社会文化来研究法律。同时，霍贝尔还归纳了法人类学的研究方法，即观念方法、描述方法、案例方法。另外，霍贝尔还对法律的功能、法律与宗教的关系也进行了论述。由于霍贝尔在法律人类学研究方面的贡献，被公认为是继马林诺夫斯基之后的又一位享誉世界的法人类学研究大师。

非法学家派主张不应以西方的法律观念和术语去解释初民社会的法律，而要将法律置于初民社会的文化脉络中去理解；不要对初民社会是否有法律过度关注，而应以更宽泛的视角来看待初民社会的法律；将冲突与纠纷看作是社会生活的地方特征，是社会文化的一部分。这一派别认为应关注初民社会的秩序怎样维持，以及通过何种方式来调节冲突与纠纷。例如，波汉南与霍贝尔不同，他不认为法律的强制力是主要的，而认为法律是一种折中的方法，通过此种方法人们可以协调他们的行为与他们的所接受的理想原则之间的冲突。

这两个派别的研究各具特色，也各受批评。法学家派在研究初民社会法律时以西方法律制度为参照体系，带有西方中心主义色彩。而非法学家派对法律的界定较为模糊，以致概念上容易混淆。20 世纪 60 年代之后法人类学的研究发生了转变：首先，向典型纠纷案例的分析及纠纷处理过程的描述转变；其次，从对初民社会法律的关注转向西方社会自身的反思。

（四）法人类学的再发展

法学家派与非法学家派的分歧演变出了两种研究范式，即以规则为中心的范式和以过程为中心的范式。以规则为中心的范式“与拉德克利夫—布朗所认为的社会秩序源于强制施行的规则的观点紧密相连”；而以过程为中心的范式源于“马林诺夫斯基所明确倡导的秩序来自于有着自我利益的个体的不断选择的观点”。[①] 规则与过程的研究在 20 世纪 80 年代以后出现了变化，本来就没有多少拥趸的以规则为中心的研究范式愈加式微了。

在这一时期，许多法人类学家又将讨论集中于法律多元主义之上。所谓法律多元是指两种或多种法律制度共存于同一社会的状况。20 世纪 50 年代以来，法人类学家在研究殖民地法律问题时发现，西方殖民者在将西方的法律制度强行移植到殖民地社会后虽然对殖民地的国家法律体系产生了重大影响，但并没有取代殖

---

① 赵旭东：《法律与文化——法律人类学研究与中国经验》，北京大学出版社 2011 年版，第 3 页。

民地社会的原有法律。在社会领域,这些国家依然靠传统规范和程序等非国家法律去解决法律问题。国家法律与非国家法律之间互有重叠,也相互作用,甚至相互冲突。不仅如此,法人类学家发现不仅在殖民地国家,现代西方社会也存在法律多元的现象。法律是与宗教、民族、性别、阶层等密切相连的,法律多元源自文化多元。法律多元又被分为古典法律多元主义和新法律多元主义。古典法律多元主义关注殖民地和后殖民地社会中西方或外来法律制度与本土法律制度之间的关系。新法律多元主义则主要关注现代社会尤其是西方社会中多种秩序规则之间的相互关系。

受后现代主义的影响,解释人类学家格尔茨在《地方性知识:从比较的观点看事实和法律》中用阐释的方法来分析法律,认为法律本身也是一种地方性知识,与一定时间的人群和一定地点的文化有关。西方的法律是根植于西方社会土壤之上的一种地方性知识,西方的法律概念并不一定适用于非西方环境,因此,它并不具有普世意义。而非西方的法律则根植于与其相应的社会文化之上,只有理解其存在的文化背景,才能真实而深刻的理解其法律意义。这可以说是对西方中心主义、普遍主义的一种批判。格尔茨的法人类学研究启示我们应以更广阔的视野、更宽广的胸怀去看待西方与非西方。

目前,法人类学的研究已经突破传统,视野更为广阔。今天的法人类学家更关心这样的话题:"(1)历史与权力;(2)权力与意识形态;(3)作为文化的法律;(4)作为隐喻的法律。"①

二、人类学与工程法学

(一)人类学与工程

什么是工程?有些学者认为工程是科学的应用,一些学者认为工程是社会变革的工具,也有学者认为工程是复杂的知识体系和熟练技艺,还有学者认为工程是一个设计或制造的过程。中国工程院院士殷瑞玉在《关于工程与工程哲学的若干认识》中认为工程应有广义与狭义之分。"广义的工程是把人类的一切活动都看做工程,包括社会生活的许多领域","而狭义的工程是指与生产、建设活动密切联系、运用自然科学理论和现代技术原理才能得以实现的活动"。② 无论我们如何定义工程,有一点是显而易见的,即工程活动的主体是人。工程活动是现代社会存在和发展的基础,是人类的创造性的、改变自然的实践活动。同时工程活动是联系自然界和人类社会最重要的中间环节,是复杂的社会实践过程。工程既包括自然科学领域内人类认识世界、改造世界的活动,也具备社会科学性质,帮助人类认识社会,利用社会发展规律改造社会。

---

① 赵旭东:《法律与文化——法律人类学研究与中国经验》,北京大学出版社 2011 年版,第 6 页。
② 殷瑞玉:《关于工程与工程哲学的若干认识》,载《工程研究》2004 年第 1 期。

作为人类学的研究对象——文化,是人类的社会实践活动。在这个意义上,工程与人类学之间是联系紧密的。工程与人类学之间的结合形成全新的交叉领域。人类学与工程的交叉领域还涉及土木工程、网络工程、基因工程等,甚至军事、太空等领域。

(二)人类学与工程法学

在我国的法律体系中,并没有所谓的“工程法”。周佑勇将工程法定义为“规范各项工程活动,调整工程关系的法规范总称”。[①] 人类学对于工程法的立法、执行及研究具有多方面的启示。

1. 人类学将法律视为一种文化现象,认为法律与特定社会的文化背景密切相关

我国的法律制度很多都是以西方法律制度为参照移植而来。西方的法律制度是在西方文化的基础上发展而来的,中国的法律制度也要建立在本民族的文化基础之上。也就是说,中国要发展自己的法律制度和法律文化。在工程法的立法过程中,人类学的田野作业方法有助于我们充分理解中国的国情和民族文化,制定出适合中国的本民族的法律。人类学家马林诺夫斯基的功能主义理论也启示我们,只有制定出真正满足社会需要、合适本民族的法律制度才能有效地解决中国社会的具体问题。

2. 人类学向来注重对非正式制度研究

人类学的这些研究成果启示我们在解决争端时不仅要发挥作为正式制度——法律的作用,也要发挥非正式制度的作用。法人类学认为,法律是多元的,国家颁布的法律只是社会解决争端的一种。作为非正式制度的地方性知识、民族传统也是解决争端的机制,而依据其所作出的调解与仲裁有着法律所不具备的优势。因此,在工程争议解决过程中,我们除了可以诉之于法律之外,也要强调发挥调解、仲裁制度特别是民间调解制度的作用。随着我国现代化进程的加快,各种工程争议越来越多,法院有关工程的诉讼量也越来越大,充分发挥调解与仲裁机制,将使争议的解决更有效率,更能平衡各利益群体。

3. 在我国,工程法学的研究尚处于起步阶段,需要从其他社会科学包括人类学吸收新的理论来促进自身的发展

人类学研究的取向能够为工程法学研究提供新的思路、贡献新的方法;人类学研究的广阔胸怀与世界视野,将使工程法学的研究更具前瞻性、开放性;人类学研究的人文主义传统,将使工程法学更具人文关怀。

---

① 周佑勇主编:《工程法学》,中国人民大学出版社2010年版,第5页。

第二十五章 工程法学的传播学基础

工程法学中相关法律的颁布、修正或解释，具体到草案的发布、各种意见稿的征求、各大媒体对相关条文的研究或专家解读等都涉及了丰富的传播活动。在工程法学立法层面上，涉及的传播主体是有关的权力机构和大众传媒，体现了工程法传播的双向性和反馈性。工程法传播的目的在于帮助工程建设者、工程教育者、新闻媒体及工程有关的联系者心中确立工程法学的相关法律意识、法律观念，并使之内化为法律信仰，并在工程实施中予以确切体现。工程法学的传播学基础试图将工程法学与传播理论结合在一起，即工程法学以媒介为渠道与受众进行信息双向交流的过程，研究工程法律规范体系中的传播行为、传播过程及与人和社会的关系。

第一节 传播学概述

一、传播学概念及其研究范围

对于“传播”，古今中外有许多不同的解释。在我国古代，“传”与“播”通常是拆开来用的，他们有着相近但不同的含义。“传”的行为客体通常是知识、消息、情感，主要强调“流动”之意。如韩愈《师说》“师者，所以传道授业解惑也”中的“传”指的是传授、教授。“播”的原意是播种、撒种，引申义主要强调“散开”。如《文心雕龙·檄移》“明白之文，或称露布，播诸视听也”中的“播”有传布、宣告之意。方汉奇教授认为，我国“传播”一词的合用出现在 1400 年前，大约始见于《北史·突厥传》一书：“传播中外，咸使知闻。”[①]意为：广泛地宣布、传扬。经过数千年的发展，“传播”的意义变化不大。在当代日常生活中，人们一般将“传播”用于事物（包括知识、消息、病菌等）的传递、散播。传播学中所使用的“传播”是英语“Communication”的对译词。Communication 源自拉丁语的 communicatio 和 communis，其意义广泛，包括“通信”“会话”“交往”“交通”“交流”，等等。它与汉语中一般意义上的“传播”有区别，Communication 的意域更加广泛。

在世界传播学研究中，对“传播”这一基本概念的解释更是不胜枚举。1976 年美国学者法兰克·丹尼斯在《人类传播功能》一书中对传播的定义作过统计，共有

---

① 方汉奇：《中国近代传播思想的衍变》，载《新闻与传播研究》1994 年第 1 期。

126 种之多。而近三四十年以来,更是有许多新的定义问世。不同学者从不同的角度给“传播”下了不同的定义。例如,符号学家查尔斯·桑德斯·皮尔士就是从符号学的角度对其进行定义的,他认为“传播的唯一手段是像(icon)的集合”。社会学家威尔伯·施拉姆从社会学角度对“传播”进行定义:“我们在传播的时候,是努力想同谁确立‘共同’的东西,即我们努力想‘共享’的信息、思想或态度”;“我们可以给传播下一个简单的定义,它即是对一组告知性符号采取同一意向”。心理学家卡尔·霍夫兰认为传播就是“某个人(传播者)传递刺激(通常是语言的)以影响另一些人(接受者)行为的过程”。[①]

自 20 世纪 80 年代传播学传入我国以来,我国学者陆续对什么是传播进行了讨论和概括。早在 1990 年徐耀魁就提出:“传播就是人们进行信息交流的一种活动”。随后,在 1997 年,胡正荣认为:“所谓传播,就是信息的流动过程”。1999 年,郭庆光进一步发展了这种观点,认为“所谓传播,即社会信息的传递或社会信息系统的运行”。由此我们可以知道,传播就是信息在传与受两端间的传递与流动。

二、传播学的学科体系

传播学的发展已有近百年的历史。由于学者们的方法论和学术立场不同,形成了各种各样的流派。主要是以美国为代表的经验学派,又称传统学派。除此之外,就是以欧洲为典型的批判学派。20 世纪 60 年代以前,传播学的研究一直都是经验学派一统天下。后来,欧洲的批判学派异军突起,才打破了这种一枝独秀的局面,形成了两家分庭抗礼之势。

(一)经验学派

经验学派是西方传播学的主流学派,以美国学者为代表。美国的经验学派除了在方法论上坚持经验性实证研究立场以外,还有以下两个重要特点:一是实用主义的研究目的;二是多元主义的社会观。实用主义哲学通过皮尔士、杜威、米德等人的学术思想深刻地影响了美国的传播学研究。经验学派的主要学者——拉斯韦尔和他的宣传研究、拉扎斯菲尔德等人的“传播流”研究、霍夫兰等人的说服实验、卡兹等人的“创新与普及”研究,无不带有明确的实用目的。他们的着眼点在于考察传播过程的结构与功能,传播对人的心理、态度和行为的影响,以及如何通过传播来达成个人或群体的目标,这使传播效果问题一直是经验学派关注的核心和焦点。经验学派崇尚多元主义社会观,他们否定西方资本主义社会是阶级支配的社会,而认为是一个由多元利益相互竞争、相互制衡的社会,因此,传播学研究的重要任务不是为了变革现存资本主义制度,而是通过改进传播机制来实现社会管理。

① 李正良:《传播学原理》,中国传媒大学出版社 2007 年版,第 44 ~ 45 页。

在多元主义者看来,资本主义社会并不存在阶级支配现象,而是由相互竞争的各社会集团和利益派别所组成的复合体,这些集团和派别的合纵连横状况是与时俱变的。大众传播媒介是一种保持着自己独立领域的组织体,它在国家、政党以及其他利益集团面前保有一定的自治性。控制大众传播媒介的并非传媒企业的所有者,而是独立的、享有相当的自由决断权的专职管理者和专业工作者。大众传播制度和受众之间基本上是一种均衡的、平等的关系。之所以如此,是因为受众可以根据自己的需求自由地选择接触各种传播媒介,自主地决定自己或赞成、或反对、或顺应、或挑战的态度。经验学派的这种多元主义意识形态,决定了他们不可能从批判的立场上研究资本主义制度下的大众传播,也不可能触及资本主义社会的基本矛盾。至多,他们只能出于维护现存制度的目的,从"管理"的制度做一些完善的工作。20 世纪 60 年代以后,经验学派的这些倾向,受到了来自批判学派的激烈抨击。[①] 总之,经验学派的研究兴趣主要集中在传播与人的行为问题上,着意探索如何通过传播来控制和修正人的行为,这些研究对社会管理来说具有很高的应用价值。但是,由于经验学派的方法论和学术立场的倾向性,他们有意无意地忽视和回避了传播学研究的许多重大课题,如信息生产和传播与宏观社会结构、信息传播与社会的上层建筑和经济基础的关系、传播制度与社会制度的关系等。这些问题,正是传播学的另一主要学派——批判学派研究的重点。

(二)批判学派

传播学中的批判学萌芽于 20 世纪 60 年代,70 年代开始兴盛,直至 80 年代已经成为传播学研究中的主流之一。批判学派的传播学研究植根于欧洲悠久的历史和文化传统之中,但是其影响和发展已波及世界许多国家和地区。60 ~ 80 年代,批判学派和经验学派之间的大辩论曾是传播学研究瞩目的焦点。经过这场大辩论,双方在方法论上虽然有所接近,但在社会观和传播观上依然存在根本的对立和分歧。具体而言,批判学派的理论基础主要有两个:一是成立于 1923 年以德国法兰克福大学社会学研究所为主的一个学术派别——"法兰克福学派";二是 20 世纪 60 年代开始在欧洲流行的"西方马克思主义"。这些学者主张用"马克思主义"的观点对资本主义社会结构、文化及意识形态等进行评判。法兰克福学派学者一开始就对美国传播学的实用主义和实证主义态度抱有强烈的批判态度。与"经验学派"不同的是其目的不是为了解决现实的社会问题,而是为研究现代社会的一般趋势以及人的基本价值,并在此基础上探讨大众传播的社会作用。具体来说:(1)批判学者认为"促销文化"(promotional culture)是现代资本主义社会的一般倾向;(2)他们着重分析大众传媒是怎样表现和强化这一倾向的;(3)关心的焦点是资本主义垄断媒介是如何剥夺了人的尊严和自由的;(4)研究的目的是探讨

① 郭庆光:《传播学教程》(第 2 版),中国人民大学出版社 2011 年版,第 252 ~ 255 页。

恢复这些被剥夺自由的人的基本价值的方法和途径。

由于学者们研究的对象、分析问题的角度和方法的差异，批判学派中也形成了各种各样的流派。

1. 政治经济学派，又称“政治经济传播媒介理论学派”。该派重点分析西方垄断传播体制的经济结构和市场经济运行过程。其代表是英国累斯特大学大众传播研究中心的 G. 默多克和 P. 格尔丁等。该学派依据马克思关于一个阶级是社会上占统治地位的物质力量，同时也是社会上占统治地位的精神力量；支配着物质生产资料的阶级同时也支配着精神生产资料的观点，从经济基础对上层建筑的决定作用出发来揭示资本主义社会大众传媒支配与控制的现状。

2. “文化研究”（Cultural Studies），也称伯明翰学派。该派着重研究大众传播在社会及文化过程中所扮演的角色。该学派创始人是 G. 马尔库塞等西方马克思主义者，经过 S. 霍尔、D. 莫利等人的发展，形成了“文化研究”学派。该学派继承了格拉姆西、阿尔都塞等新马克思主义者的观点，反对简单的“经济基础还原”论，其思想是大众传播通过新闻、娱乐和商业信息的选择、加工和结构化活动，时时刻刻在为社会事务赋予各种“意义”，但是“赋予的意义”并不是中立的，而是有着利益和意识形态的驱动。

3. 意识形态“霸权”理论。该派着力研究意识形态本身，研究意识形态的表达方式。该派学者认为，在现代资本主义社会，支配阶级不再主要依靠国家、军队、法院等“强制装置”，而主要是通过意识形态“霸权装置”来维护自身利益。以私有制为基础的大众传播制度就是重要的意识形态“霸权装置”之一，大众传媒通过日常的新闻报道、宣传和广告活动，把支配阶级的特殊利益描述为社会的“普遍利益”，其目的是操作形成“同意”或“社会合意”，但这归根结底只不过是一种“虚假的合意”，因为它掩盖了阶级支配的实质。

4. 哈贝马斯的批判理论。该派主要观点集中于对资本主义社会商业化体制下文化工业及大众文化的批评上。主要代表是德国哲学家和社会学家哈贝马斯。他在 1962 年、1968 年、1971 年先后出版了《公共性的结构转化》《传播行为理论》《知识和人类兴趣》。在这三部著作中，哈贝马斯提出通过改善“传播的合理性”来实现社会变革的观点。他反对导致人的异化的片面追求“工具合理性”的立场，提倡“综合的合理性”，即主张通过扩展“没有支配和强制的传播关系”来改革社会，建立基于“理性合意”的新型社会关系。哈贝马斯认为大众传播属于“公共领域”，要以“传播的合理性”来取代“工具的合理性”。主张建立没有“支配和强制”的传播关系的社会，反对现代资本主义社会带来的人的异化的现实存在。

5. 女权主义批判理论。该理论最具批判学派思潮特色，由“自由女权主义者”“激进女权主义者”“立场女权主义者”“后现代女权主义者”的学说构成。主要代表有 J. 马绍、P. 巴泽乃尔和 D. 蒙比、R. 克莱尔等人。该流派认为，传统形式的组织天然就是“父权制”，女性有自己独特的观察世界和通过互动创造意义的独特方式。他们强调突出女性地位,提倡合作的价值、综合性思维和相互联系。

批判学派中还有其他一些流派,在此不再逐一介绍。总体来说,批判学派具有以下几个特点:第一,他们都对现行的资本主义制度持否定和批判态度,这也是他们之所以被称为批判学派的最主要理由。第二,他们更多地将传播理论和社会理论结合在一起,着重考察与社会结构和意识形态相关的宏观问题,这些问题在经验学派的研究中大多有意无意地受到忽视和回避,但他们本身的重要性和启发意义是不容置疑的。第三,批判学派在方法论上以思辨为主,反对实证主义态度。不过,批判学派并不排斥实证调查和量化研究。①

不难看出,与经验学派在现存制度内部寻找解决社会问题对策的立场相对,批判学派是把资本主义制度本身作为变革对象的。罗杰斯曾经承认,经验学派和批判学派都关心传播的社会控制作用:经验学派的核心课题是“如何”控制或“在多大程度上”进行控制;而批判学派关心的焦点则是“谁在控制”、“为什么存在支配与控制”以及“为了谁的利益进行控制”。这种学术关心的不同,显然是由他们的社会观和意识形态立场所决定的。

三、传播学的历史发展

(一)传播学的发展历程

1. 传播学已流传,扩散到世界各国

传播学自从20世纪40年代至50年代形成于美国以来,在世界上的许多国家和地区都有较大的发展。英、法、德等国的传播学从20世纪50年代起步,前进步伐较大,现基本形成各自的学派,并且成为传播学研究的另一重要基地。日本的大众传播研究起步于20世纪50年代末,它的理论体系基本遵循美国的经验学派。苏联自20世纪60年代起,开始重视研究传播学理论。苏联学者根据自己的研究分别提出了各自的传播模式,较著名的有菲尔索夫传播模式和阿列克谢耶夫传播模式。可见,传播学渊源于欧洲,诞生在美国,随之流向美洲,传至欧洲,进入亚洲,现在已经遍及整个世界。传播学凭借其优越性与适应性,使其在知识竞争中处于有利地位,极易冲破民族文化的防线,与当地文化融为一体,所以才在世界各国生根、开花和结果。

2. 传播理论多姿多彩,学术流派层出不穷

综观当代传播学界,在一般性理论中有:结构和功能论、认知和行为论、互动和习性论、阐释和批判论等;在主题性理论中有:控制分析、内容分析、媒介分析、受众分析、效果分析等;在层面性理论中有:人际传播论、群体传播论、组织传播论、大众传播论等。这些理论中,还有各种各样的理论形式,如受众研究中的社会分类论、

---

① 李正良:《传播学原理》,中国传媒大学出版社2007年版,第36~40页。

社会关系论、社会参与论;效果研究中魔弹效果论、微弱效果论、条件效果论、分层效果论等。从总体上看学术流派,主要有经验学派、批判学派和本土学派;从学科看传播学派,主要有社会学派、社会心理学派、政治经济学派、社会文化派、媒介生态学派等。

3. 研究机构相继成立,科研队伍不断壮大

国际性的传播研究机构有五十几家,如“新闻学与大众传播教育协会”“传播与文化研究中心”“国际大众传播研究协会”“国际大众媒介研究中心”“国际传播学联盟”“国际传播学会”等。地区性的研究机构更多,如“亚洲大众传播研究和信息中心”“非洲传播教育理事会”“阿拉伯受众研究中心”“欧洲媒介研究所”“北欧大众传播研究文献中心”“拉丁美洲传播研究协会”等。各个国家也都建立了许多传播研究机构,在我国就有新闻与传播研究机构约 150 家。与此同时,科研队伍日益壮大。仅在美国就有约一万人自称是专搞新闻与传播研究的。在我国,国家和地方的社会科学院、综合性大学,新闻传播媒介的相关教育与科研部门,都拥有一定数量的科研人员,总数相当可观。

4. 研究专著大量出版,学术刊物纷纷创办

根据联合国教科文组织的《世界交流报告》(1989)中有关数据推算,自 20 世纪 80 年代以来,全世界每年至少出版了 200 本与传播学有关的专著,而且数量还在逐年增加。传播学作为一门学科,它已具备了自身的概念、术语、规则、原理、方法和理论体系。它在与人和社会的相互作用中存在特定的规律性,它在政治、经济、文化、科技的交互活动中产生了巨大的作用,从而吸引了许多科研人员投入到对它的研究行列,奉献出一批批的研究成果。自 20 世纪 70 年代以来,与传播研究有关的学术期刊纷纷创办,逐年递增。截至 1989 年,较有影响的国际性和地区性的传播研究刊物约有 300 种,其中有:《国际传播学公报》《媒介间》《国际教育媒介》《传播研究趋势》《传播学杂志》《媒介发展》《传播与政治》《非洲传播》《亚洲大众传播学公报》《发展传播学报道》《人类传播研究》等。在我国,新闻与传播研究期刊约有 80 种,其中有 60 种左右较有学术性和理论性。此外,各种国际性、区域性和国家性的传播学研讨会也定期、不定期地举行。在这种情况下,全世界每年发表的传播研究论文,其数量之大可想而知。①

(二)传播学的发展趋势

传播学是一门十分年轻的学科,也是一门很有发展前途的学科。在中国,目前仍处于摸索、探路阶段。传播学的发展呈现出以下两个主要趋势:

1. 科学化趋势

作为一门新兴的交叉学科,传播学是从宣传学、政治学、社会学、心理学、新闻

---

① 邵培仁:《传播学》,高等教育出版社 2000 年版,第 19 ~ 21 页。

学等学科交叉边缘地带“跑马圈地”形成的一块领地，也是传播学者用信息论、系统论、控制论的锄头开垦出来的一块处女地。它的产生、形成乃至不断发展，既是工业革命、信息革命、技术进步的声声召唤，也是多姿多彩的人类传播活动的强烈要求，既是人类对自身传播行为的认识逐步深化的必然产物，也是传播学摆脱对其他相关学科的依赖走自创自建之路的必然抉择。

2. 本土化趋势

传播学最先出现在美国，对于引进这门学科的其他国家来说，传播学是舶来品。但是，引进不是照搬，不是移栽，而只是一种手段、一种途径，最根本的是要通过引进达到系统了解、分析研究、批判吸收、自主创造、为我所用的目的。本土化趋势，既不是一概排斥西方传播学，也不是照抄照搬西方传播学，它实际上是“迎中有拒、拒中有迎”，努力把内面和外面两个世界的优点和精华都收归己用。重视传播学的本土化建设，还要注意继往开来，承前启后。

传播学进入中国只有短短的几十年时间，正处于发展时期。目前主要着力于传播学的深层次本土化、网络传播、分众传播诸方面的研究。在这短短的几十年内，传播学在中国大陆的发展并非一帆风顺。对于这段历史，专家学者们的评价大体相似，如徐培汀和孙旭培的“五阶段”说，明安香的“三部曲”论，李彬的“三代人”观，等等。还有学者把中国传播学的发展分成三个阶段，并分析了三个阶段的特点：“第一个阶段的贡献可以说在于‘面’上——使传播学研究得以全面铺开，第二阶段的成就在于‘线’上——使传播学研究沿着系统化的线路伸展，而第三阶段的作为则在于‘点’上——针对各种现实问题或理论课题定点进行深钻细研。”①对于中国传播学来说，正确处理引进与吸收、批判与借鉴的关系，实现传播学本土化是一个关键问题。本土化建设既可以增强其学科个性和民族特点，也可以推进其走出国门、走向世界，适应传播学研究的国际化趋势。而更重要的是可以为中国大众所接受，成为他们的精神食粮。因此，中国传播学只有针对中国国情，联系传播实际，从中国传播文化和现代学术中吸取营养，适应中国的社会特征、文化积淀和受众的心理态势、价值取向等条件，才能真正在中国大地上生长，才能真正融入中国的主流文化，成为一个有机组成部分，也才能参与国际传播研究的沟通与交流，取得与国外学者平等对话的地位和权利，并为国际传播学作出贡献。②

第二节　传播学视角下的工程法学

工程的发展伴随着文明的进程，体现并传播着各个时代的思想和文化。“在现代社会中，工程已经成为一个标志、一个象征、一个符号，设计者和工程建设者、运

① 吴廷俊：《传播学的导入与中国新闻教育模式改革》，载《新闻大学》2002 年第 1 期。

② 邵培仁：《传播学》，高等教育出版社 2000 年版，第 21 ~ 25 页。

营者、使用者往往赋予了工程远超出其实用功能的意蕴和内涵。”①工程法学是一门边缘性法学学科，是法学学科与工程学科的有机融合。这一学科将工程领域中的规范标准问题法律化、制度化，使各个工程领域都会有法可依、有章可循，这是依法治国和构建社会主义和谐社会的必然选择。工程领域属于经济法、行政法、民法、刑法共同规范的范畴，其调整的对象涉及工程领域中多重法律关系。本部分以工程法学基础理论为基础，将应用传播学理论对工程法传播、公众理解工程法学及公众参与工程决策进行分析。工程法学依靠传播让公众认知、理解并参与，工程法传播是公众参与工程决策的前提。

1848 年美国著名政治学家拉斯韦尔在《传播在社会中的机构与功能》中提出的“5W”模式，将传播过程划分为五要素：“谁”（Who）→“说什么”（Says What）→“通过什么渠道”（In Which Channel）→“对谁”（To Whom）→“取得什么效果”（With What Effects）。“谁”的研究重点在于传播主体，关注对信息的控制问题；“说什么”关注传播内容；“通过什么渠道”在于传播媒介；“对谁”强调传播受众；“取得什么效果”重点关注传播行为和内容的作用或影响。工程法学以工程法律规范体系及其发展规律为核心，基本任务是对工程建设涉及的立法和司法实践给予科学的理论指导。在工程立项、审批、建设等一系列涉法问题中，均有信息流动，无时无刻不进行着传播活动。该传播过程符合传播学基础性研究对传播主体、传播受众、传播内容、传播媒介、传播效果的分类。工程法学的传播学基础试图将工程法学与传播理论结合在一起，即工程法学以媒介为渠道与受众进行信息双向交流的过程，研究工程法律规范体系中的传播行为、传播过程及与人和社会的关系。下面将从传播学的视角对工程法学的基本内容进行具体解读和分析。

一、工程法学的传播主体

传播主体即传播者是工程法传播活动的主体，是传播活动过程中信息流的源头，也是整个工程法传播过程的出发点。一般工程法传播活动由其主导，既是传播内容的发出者，又是传播内容的选择者和控制者。工程法传播的主体既可以是个人也可以是组织。鉴于工程法学的专业性、复杂性及晦涩性，对于它的传播更需要借助专业人士的解码、解释和分析，才能使受众获得真正的理解和掌握。因此，国家传播主体、组织传播主体、专业人士往往处于主体地位。当然，普通民众掌握了工程法学知识后，以此来指导自身的日常生活也能成为传播主体。

二、工程法学的传播内容

工程法传播的内容是传播主体和受者之间联系的基础，依附于一定传播渠道之上，即传播主体所发出信息的具体内容。不同的传播主体所传播的内容将会有

---

① 王异虹等：《工程传播是传播学研究的新对象和新内容》，载《自然辩证法研究》2011 年第 11 期。

所不同。一般体现为工程法学相关的法律知识、法律信息、法律意识、法律信仰等。与工程法学相关的具体法律制度有：工程建设从业资格制度、城乡规划法律制度、工程招标投标法律制度、建设工程合同法律制度、工程建设勘察设计法律制度、工程质量法律制度、工程安全法律制度、工程建设标准化法律制度、工程建设风险防范制度、工程建设环境保护法律制度、企业法律制度、劳动法律制度、工程建设争议解决制度等。这都属于工程法学有待传播的信息。

三、工程法学的传播渠道

工程法传播渠道是指传播主体发送信息、受者接受信息的途径和方法，为传播内容提供了一定的手段和媒介。也可称为传播主体与受者之间的中介、载体或路径。这些途径和方法是信息流动不可缺少的重要元素。传播渠道大致可以分为人际传播和大众传播。人际传播一般指人与人之间直接通过口头方式进行的信息交流活动，具体表现为工程法律人一方为主体而进行的人际传播，或普通民众之间的人际传播。大众传播，一般认为是专业化的媒介组织运用先进的传播技术和产业化手段，以一般大众为对象而进行的大规模的信息生产和传播活动。[①] 其具体的媒介载体包括报社、电视台、电台、网络等。这里的传播主体是新闻媒介，它们作为专业化收集、处理和传播信息的大型组织机构，在工程法学传播过程中将会发挥重要作用。载体是工程法学传播渠道的必要组成部分和应有内容，传播渠道只有通过一定载体才能发挥其实际作用。

四、工程法学的传播受者

"受者，是传播活动过程信息流的终点。"[②]即工程法学传播活动中法律知识和观念的接受者和传播客体。对于工程法学传播活动来说，它的受者是全体社会成员。传播主体与传播受者是传播活动的两极，二者在传播活动的顺利开展过程中占有举足轻重的地位。这是因为整个传播活动就是传播主体针对受者展开的，同时受者自身素质的差异性会影响传播效果。这就需要根据传播受者自身特点开展有针对性的主体传播活动。学界一般倾向于认为，受众会根据自我需求和兴趣特点来有针对性、有倾向性的挑选相应的信息，而非仅仅被动、消极的承受着传播主体的传播活动，他们享有充分的自由和能动性，从而能够对传播活动、传播效果产生一定影响，起着一定的导向或限制作用。[③] 由此可知，工程法学的传播主体在充分认识、了解和掌握受者的主体性与特性的基础上，有针对性地制定传播战略才能达到最佳的传播效果。

---

① 参见郭庆光：《传播学教程》（第2版），中国人民大学出版社2011年版，第七章"大众传播"相关内容。

② 王异虹等：《工程传播是传播学研究的新对象和新内容》，载《自然辩证法研究》2011年第11期。

③ 胡焕武：《试论法律传播的要素与功能》，载《郑州铁路职业技术学院学报》2005年第4期。

五、工程法学的传播效果

工程法学传播效果,是指在工程法学的传播过程中对受者思想、情感、观念和行为等方面产生的影响和作用。它作为工程法学传播活动的最终评价和重要导向,可以揭示出受者对传播主体、传播内容、传播渠道等反响,反映出传播目的是否真正得以实现。不同的受者产生不同的传播效果,接收到不同的传播信息。因此,受者的分类可以作为传播效果研究的依据。通过对传播效果进行客观的评析,有助于传播主体总结经验教训、改进传播渠道、调整传播策略,使工程法学的传播活动不断进步。总而言之,工程法学的传播效果就是尽量实现工程法学的传播目标,使工程法学的相关知识、观念、信息等能够在受者中得以较好的传播和实现。

随着大数据的普及和5G网络的到来,互联网已经成为各种传播方式和途径的大熔炉。在这里,各种传播模式可以在相互流动、相互借鉴对方优势资源的基础上更好地开展工程法学传播。这种相互影响与彼此借鉴,相互监督与彼此融合会是工程法学传播模式的发展趋势,值得引起我们的进一步关注。

六、工程法学与传播学的展望

在当今法治社会,传播学与法学作为"社会的良知"拥有相似的价值观和社会功能,二者的学科和职业的联系相当紧密。国内已开始关注通晓两门学科知识技能的复合型人才,如中国人民大学的新闻学院与法学院联合开设新闻—法学实验班,寄希望于培养懂法(具备法治理念、法律思维和法律知识)的新闻人;懂新闻(熟悉新闻传媒功能及相关实务)的法律人;熟悉新闻传媒、具备法律知识的文化产业人才。事实上,这种做法在发达国家已很常见。法学理论在借鉴传播原理过程中,面对法律实践建构起规范科学,依托于传播学理论中的传播模式,通过法律知识的传播来塑造全社会的法治认同。提升法律知识传播能力应成为培养实践型法治人才的重要目标,而传播学为法律知识传播能力的培养提供了理论坐标。

随着我国立法进程的不断发展和演变、现代工程经济与科技的发展,20世纪以来工程法学作为一门新兴的法学交叉学科已初具规模,取得了一定的成就,形成了具有中国特色、中国风格、中国气派的中国工程法学风范。工程法学以跨学科的研究方法,系统、综合地研究现代工程营建与政府管制中的法律现象及其规律,既涉及法学外学科之间的交叉,也涉及法学内学科之间的交叉。法学外学科即与工程相关的土木、建筑、管理、投资、保险等学科;法学内学科即行政法、民法、刑法等部门法学学科。追本溯源,我们应该了解工程法学的发展变迁,既可以总结过去的经验和过失,也可以不断推陈出新,吸收众多国家和地区的工程法学经验,为更好地实现工程法学的繁荣发展贡献力量。所以梳理工程法学的传播历程,对于工程法学科下一步发展具有借鉴意义。

另外,传播学与工程法学知识传播具有理论契合。法律自制定以后无论其作出了怎样的规定，公众通常被默认已经对法律有所悉知，其传播的过程与效果往往被认为是理所当然的，公众不得以不知法为借口而逃避制裁。但实际情况却并非如此。以工程法学为例，虽然立法者制定之后会将之公之于众，工程法规明确规定了各种违法犯罪行为及其所应承担的法律责任，法律所规定的禁止事项应当成为公众应尽的义务。但从另一方面来看，以法律条文形式存在的法律信息受制于语言表达的抽象性，加之工程法术语的专业性，公众难以充分理解，甚至在一些疑难案件中，从事法学专业人士也会产生不同的判断，难以做出一致的回答。

传统自上而下的传播模式，主要是通过法制新闻、违法案件报道以及守法宣传等形式，而现代传播途径与方法逐渐多元化，强调法律规范文本与司法案件的传播。目前，互联网已经成为法律条文传播主要的传播媒介。现代传播的基本形态具体可归结为以下情形：一是工程法学中相关法律的颁布、修正或解释，具体到草案的发布、各种意见稿的征求、各大媒体对相关条文的研究或专家解读等都涉及了丰富的传播活动。例如，在工程法学立法层面上，涉及的传播主体是有关的权力机构和大众传媒，体现了工程法传播的双向性和反馈性。二是通过微博、微信等自媒体社交平台实现相关案件的咨询、法律问题讨论、热点问题分析与法律意见发表等。三是司法案例公开即裁判文书网上公开，凸显阳光司法的同时也让工程建设者、工程教育者、新闻媒体及工程有关人士从真实的司法案件中获知工程法学知识，达到传播效果。四是法律实践过程中个案化的传播，即通过人与人之间（法学专业人士与普通公众之间）的法学说理及语言转化来实现工程法学信息传递的过程。

传播学推崇“交流”，提倡信息传播的广泛性与有效性，传播对象是广大民众，目的是使他们成为接收者，并通过传播媒介作用或影响于传播行为和内容。作为传播学的理论延伸，则强调法律职业者运用其法律专业的说理论证能力、交流技巧与语言转化技能将裁判结论向相关当事人进行传播，即工程法学知识的传播，这将对工程建设者、工程教育者、新闻媒体及工程相关的人的法律意识与法律思维产生重要影响。意大利刑法学家切萨雷·贝卡里亚在《论犯罪与刑罚》中指出：“知识传播得越广泛，就越少滋生弊端，就越能创造福利”①。促进工程法学知识的传播，有助于人们更好的感知、理解并认同，在心中确立工程法学的相关法律意识、法律观念，这样公众认知事物与明辨是非的能力将会提高，社会交往过程中“滋生弊端”的可能性将会降低。在实务上，涉及工程法的问题大量涌现，司法审判实务则往往以司法解释和各级法院的内部指导意见以救其急。工程法学是一门实践学科，其所指向的是现实中争议问题的解决。正因如此，传播学将为法律职业者查阅并获取法律规范信息、进行规范性法律解释、将法律规范适用于具体案件以及最终将法律知识传播给他人提供了体系性的专业能力。

---

① ［意］切萨雷·贝卡里亚：《论犯罪与刑罚》，黄风译，中国法制出版社 2005 年版，第 128 页。

第二十六章　工程法学的人学基础

工程法学是工程与法学相交叉、相融合而产生的一次新的革命。作为适应人类新的需要的工程发展的新方向，工程法学已成为引领工程发展的新的法学使命，并逐渐达成工程界和法学界的共识。无论是工程还是法学，都离不开主体的人。正是基于人的需要、对人性的尊重和在具有前瞻性的人学文化理念和理论的推动指导下，工程法学才得以在21世纪获得长足发展；而工程法学实践的推进和创新又不断丰富践行着人学理论的内涵。

第一节　马克思主义人学基本知识

一、马克思主义人学的内涵

马克思主义人学是一门正在建设中的综合性的基础学科。20世纪80年代以后，我国进入了以经济发展为中心、改革开放的大环境，人的主体性高扬，人的觉醒、人的解放和人的现代化成为时代最强音。尊重人的权利，培养人的能力，实现人的自由、价值和全面发展成为社会发展的目的和出发点。被遮蔽许久的本就存在于马克思主义中的熠熠生辉的人学思想逐渐被敞开来，人学研究成为马克思主义理论新的重要生长点，也步入了学术研究的前台。

马克思主义人学有广义和狭义之分。广义的马克思主义人学就是以实践的人为本的哲学，马克思主义哲学中包含着的丰富的关于人的理论学说都可以称作马克思主义人学。“马克思哲学的研究对象，首先是从事实践活动的人；而对人，尤其是对个人的完整的认识和理解，是贯穿马克思一生哲学研究的主线；马克思哲学所实现的变革，各时期实现的主题转换，都是从对人的理解开始的。因而人的问题与人学，在马克思哲学中占中心的地位。”[①]从这个意义上讲，整个马克思主义理论都可以被视为马克思主义人学。狭义的马克思主义人学就是在马克思主义的理论中关于人的问题的具体范畴、具体观点的系统阐述。按照历史与逻辑相统一的原则，马克思主义人学理论包括人的存在论、人的本质论和人的发展论。按照关于人的问题的具体观点的论述，马克思主义人学理论包括马克思主义现实的人、马克思主义人的异化理论、马克思主义人性论、马克思主义人的主体性理论、马克思主义有

① 韩庆祥：《哲学的现代形态——人学》，黑龙江教育出版社1996年版，第8页。

个性的人的理论、马克思主义人的需要和利益论、马克思主义人的价值论、马克思主义人的全面发展的理论等具体理论观点。按照社会关系的视角来考察人，马克思主义人学理论包括人与自然的基本关系、人与社会的基本关系，人与世界历史的基本关系等理论观点。

二、马克思主义人学内容

马克思主义人学的内容是丰富而广阔的，下面着力选取最为基础和核心的观点予以介绍：

（一）人性和人的本质

人性问题是人学问题的基础和核心。中西方哲学与文化中对人性历来就有不同的解读。我国自改革开放以来，人性的解放与进步已然成为社会发展的重要动力，当然也是社会进步的积极结果反馈。反思我国历史，为什么在近代以后走向衰败，最根本的衰败是什么？是人性的衰退，是创造力的衰退，是人的主体性的衰退，进而表现在民族凝聚力和创造力方面的下降，从而没有现代化素质的人也就必然落后于世界现代化的进程。改革开放以来，学界对人性问题进行了全方位的探讨，有的学者从属性的视角，把人的自然属性、社会属性、精神属性进行了划分；也有学者从个体属性、群体属性和类属性进行了划分；马克思主义人性论认为人同时具有这三重属性构成了人的整体性的统一。有的学者对人的理性和非理性，不确定性和开放性、符号性和工具性等属性作了全面把握。同时，学者们也在研究中发现人的多重存在特性与存在状态相互交织的一面，如自然人、生物人、理性人、政治人、经济人、阶级人、道德人等。学者们借助于多重参照系统深化对人性的研究，提升人性自觉和解放。

马克思主义人学关于人的本质强调的是人的社会性。马克思指出："人的本质不是单个人所固有的抽象物，在其现实性上，它是一切社会关系的总和。"[①]主要包括：一是人的本质是人的社会性，在人的自然属性、社会属性和精神属性中，社会性是最根本、最本质的属性，人的社会性是由社会关系决定着人的现实本质。二是人的本质是全部社会关系的总和。人的社会关系是丰富多彩的，如生产关系、政治法律关系、思想道德关系、科学文化关系、民族关系、血缘关系等。社会生活中每一个人都是从各种各样的社会关系中获得自己的本质规定。在这些所有的社会关系中起决定和基础作用的是以物质生产劳动为基础的生产关系。要理解人的本质就必须把人放在以物质生产劳动为基础的生产关系形成的各种社会关系中进行综合分析。三是人的本质是具体的、历史的，是处在不断发展变化的过程中逐渐生成的。

改革开放以来我国人性解放和人性自觉可以从不同的视角来加以概括，总体

---

① [德]马克思、恩格斯：《马克思恩格斯选集》（第1卷），人民出版社1995年版，第56页。

来说主要体现在：一是人的个性化发展。现代市场经济社会为个人的主动性、能动性和创造性的发挥提供了源源不断的动力。二是人的主体性发展。市场经济是以效率为原则的经济，实行优胜劣汰，强调的是能力本位。市场交换和竞争为人们之间提供了足够的自由、充分的尊重和平等。在这样的平台下，个人的能力及其发挥，个人素质的提高成为人们在市场竞争中的各个领域考量的关键。三是人的多元化发展。人的多元化发展突出体现在：第一，独立性增强。在市场经济体制下，人们追求符合社会要求的自我设计、自我发展越来越多地进入了社会生活，自主独立的意识不断增强。第二，差异性明显。由于属于不同的群体、社会角色和社会阶层，人们对经济和社会发展的价值期待不同，认识问题、观察世界的角度、标准、目的出现了许多不相同的方面，利益要求、道德观念、价值取向、政治诉求等方面就出现了明显的差异。第三，选择性强化。全球化、网络化发展，社会结构多层面的展开，人们的物质文化生活的满足方式日益丰富，满足内容日益多样，不仅可以在这个领域选择，也可以在另一些领域选择；不仅可以一次性选择，也可以反复多次进行选择；不仅可以单向选择，也可以双向选择甚至多向选择。第四，多变性凸显。随着市场经济和改革发展的深入推进，人们内心深处的观念冲突呈现多变性、多样性的态势。

人性的解放和自觉既是改革开放近四十年来推动社会发展进步的动力，也是改革开放促进人的发展的最重要成果。人性实际上是一种悖论性存在，人学研究的关键也在于认识和解读这些悖论性难题，从而随着时代的发展优化人的生存和发展，不断提升和优化人的本质。

（二）人的需要和利益

人的需要和利益是推动着人类社会不断向前发展的内在动力，是马克思主义人学研究的关键问题。马克思恩格斯有许多关于需要和利益的表述，他们认为："人们首先必须吃、喝、住、穿，然后才能从事政治、科学、艺术、宗教等。"①"人们为之奋斗的一切，都同他们的利益有关。"②"'思想'一旦离开'利益'，就一定会使自己出丑。"③"正确理解的利益是全部道德的原则。"④"每一既定社会的经济关系首先表现为利益。"⑤阶级之间的斗争"首先是为了经济利益而进行的，政治权力不过是用来实现经济利益的手段"。⑥ 列宁也指出："只要人们还没有学会透过任何有关道德、宗教、政治和社会的言论、声明、诺言，揭示出这些或那些阶级的利益，那他

① ［德］马克思、恩格斯：《马克思恩格斯文集》（第3卷），人民出版社2009年版，第601页。
② ［德］马克思、恩格斯：《马克思恩格斯文集》（第1卷），人民出版社2009年版，第187页。
③ 同上书，第286页。
④ 同上书，第335页。
⑤ ［德］马克思、恩格斯：《马克思恩格斯文集》（第3卷），人民出版社2009年版，第320页。
⑥ ［德］马克思、恩格斯：《马克思恩格斯文集》（第4卷），人民出版社2009年版，第305页。

们始终是而且会永远是政治上受人欺骗和自己欺骗自己的愚蠢的牺牲品。”①“只有那些立足于已被认识的一定阶级的实际利益的战士,才是强而有力的;凡是把这些在现代社会中已经起着主要作用的阶级利益蒙蔽起来,都只会削弱战士的力量。”②

通过马克思主义经典作家对利益的描述,马克思主义利益的基本特征表现为:一是利益的主体是人;二是利益的前提是需要;三是利益的本质是社会关系;四是利益的样态是具体的与历史的。可以说,在人类社会的历史发展的长河中,人类总是围绕着利益旋转着,可能利益的内容和形式在发生着变化,但其人类对利益本身孜孜不倦的追求却一刻也没停歇过,利益是人类社会发展的最终动力。要解开社会历史发展之谜,就必须研究历史主体的思想动机。马克思主义揭示了人们从事社会活动各种直接动机的背后,隐藏着的最后动因,就是利益。“历史不过是追求着自己目的的人的活动而已。”③利益构成人类一切活动的出发点与归宿。离开了马克思主义的利益思想和利益分析方法,就无法从最终意义上解释历史发展的最终动因,无法解释生产力为什么永恒发展,无法解释社会基本矛盾为什么不断地解决又会不断地产生,无法解释为什么要变革生产方式,无法解释阶级斗争的真正目的,无法解释人为什么要劳动,无法解释为什么说是人民群众要创造历史。

根据新时代中国社会的发展和变化,习近平总书记在十九大报告中作出了“中国特色社会主义进入新时代,我国社会主要矛盾已经转化为人民日益增长的美好生活需要和不平衡不充分的发展之间的矛盾”④的新判断。可见人的需要和利益总是在不断演化中发展着,正是这样,它也推动着人类社会不断进步和前行。

(三)人的发展和价值

马克思主义关于人的发展,实现人的价值的理论是整个马克思主义人学理论的目的和归宿。在哲学意义上人的发展是指人的进步的状态,人的价值具有丰富的内涵,在马克思主义人学理论中最重要的是实现人的社会价值和个体价值的内在统一。马克思主义认为人的发展的理想状态是人的自由、全面和充分的发展。从人的发展内容上来说包括人的能力和素质的发展、人的社会关系的发展和人的个性的发展。人的自由而全面的发展是马克思主义人学的最高命题。实现人的自由而全面的发展是马克思主义理论体系、马克思主义发展史和共产党人永远坚持的基本精神,决定着共产党的性质和根本宗旨,是共产党人必须始终坚持的最高理想和价值目标。

习近平总书记在党的十九大报告中指出:“必须坚持以人民为中心的发展思

---

① [苏]列宁:《论马克思主义》,载《列宁专题文集》,人民出版社2009年版,第71页。
② [苏]列宁:《论无产阶级政党》,载《列宁专题文集》,人民出版社2009年版,第32页。
③ [德]马克思、恩格斯:《马克思恩格斯文集》(第1卷),人民出版社2009年版,第295页。
④ 本书编写组:《党的十九大报告学习辅导百问》,党建读物出版社、学习出版社2017年版,第9页。

想，不断促进人的全面发展、全体人民共同富裕。”[①]“把人民对美好生活的向往作为我们的奋斗目标。”[②]以人民为中心的发展思想彰显了中国共产党最根本的人民政治立场，也昭示着中国共产党不忘初心、矢志不移的价值取向。中国社会主义现代化强国建设，最终目的还是让人民获得感、幸福感、安全感更加充实、更有保障、更可持续。这丰富了马克思主义的人学思想，推动人学理论的发展与完善。

第二节　马克思主义人学对工程法学研究的辐射

人学研究的突破具有很强的辐射性，它影响着很多人文社会科学用人学的思维、方法、理论等去考量，从人学视域来探讨工程法学，一定会为工程法学的研究开拓出一道亮丽的风景线。

一、考察人的总体性方法为工程法学提供方法论指导

总体性方法是马克思主义人学考察人的科学范式，它集中表现为从现实的实践和现实的社会关系出发，把人的本质、存在和发展当做整体来研究。马克思主义所界定的“现实的人”是存在于现实世界的整体性的人，即总是处于各种活动、人与自然、人与社会的关系之中的，由历史过程等各种因素交织而成的社会有机体中的人。因此，作为工程法学研究的各方主体（包括政府、业主、勘察单位、设计单位、施工单位、监理单位、开发商、供应商、消费者等）在考量问题时，必须尊重人的总体性特征，按照属人的世界来构造。

（一）人的存在的整体性理解

在马克思主义人学视野中，现实的人是复杂而又有多层次的，人是自然存在物，实践存在物，社会存在物的统一。人的存在是一个整体结构的存在，是自然属性、社会属性和精神属性的统一体。

在对人与自然环境的关系上，马克思主义人学不仅强调把人放在自然界中去考察，看到人的肉体组织的自然属性，而且要看到正是人与自然之间的能量交换，从而使人获得了自然存在的基础。特别是当今生态环境这一人生存的世俗基础日益得到破坏的境遇下，人们越来越重视人与自然之间关系的处理，生态文明在工程法学中已经成为理念，生态效益已经成为工程法学的衡量指标。

在人和自然界发生关系之中，人们为了能够进行生产，必须以一定的方式结合起来进行物质生产活动或者产品交换活动。“孤立的一个人在社会之外进行生产——这是罕见的事。”[③]通过马克思主义的历史唯物主义我们也可以发现：现实

---

① 本书编写组：《党的十九大报告学习辅导百问》，党建读物出版社、学习出版社 2017 年版，第 15 页。

② 同上书，第 17 页。

③ ［德］马克思、恩格斯：《马克思恩格斯全集》（第 3 卷），人民出版社 1995 年版，第 25 页。

的个人越是处于生产活动中,越是属于一个整体:起初是家庭,然后是氏族,然后是公社,然后就是市民社会,人是社会存在物,总是处于一定的社会关系之中。同时,人的精神属性使人更有能动性,从而改造世界的同时改造人自身。

从总体性的视角来看,人的存在的三种纬度不是互相独立,而是有着内在联系的,这三种存在的维度构成一个完整的整体结构,不可或缺。整体性的人的存在对工程法学的研究影响在于:从人与自然,人与人,人与社会的存在维度来考量人的自然属性、社会属性和精神属性,从而不会支离破碎、孤立静止地看人生存的一个侧面、一个维度,而是更加丰富完整地理解工程法学赋予人的生存的意义。

(二)人的本质的总体性理解

马克思在《关于费尔巴哈的提纲》中认为:“人的本质不是单个人所固有的抽象物,在其现实性上,它是一切社会关系的总和。”①对马克思关于人的本质的理解仅仅从社会关系的静态角度去解读还是不完整的,从方法论的角度来看,马克思站到了总体性视角来考察人的本质。因为一方面马克思所揭示的“一切社会关系”是指所有社会关系,而非某些或某一部分社会关系;另一方面“总和”不是社会关系的简单相加,而是马克思认为它们是作为整体、以总和的形式发挥作用的。

对人的本质以社会关系视角作总体性理解的方法论,对工程法学的研究是助益于方法论层面的:一是在理解为人的工程方面,要看到社会关系整体对局部的优先性,决定性,从而克服单从某一经济关系、政治关系等某一、某几个社会关系去考量工程法学,从而克服其片面性;二是在社会关系视野中,可以多层次、多侧面、多角度来考量工程法学,从而整合多种社会关系交织下力的合力,从而使工程法学更优于人的本质的方向去发展。“从人是一切社会关系的总和上来把握人的本质的规定性。要研究社会关系一切方面的内在联系,注意经济关系的基础和决定性作用的同时,要注意政治关系的主导性、文化关系的先导性,法律关系的规范性,道德关系的伦理性,并注意这些关系的相互影响和综合作用。”②

(三)人的发展的总体性理解

人的自由而全面的发展始终是马克思主义人学坚守的理论旨趣和革命追求目标。在人的发展的结构总体中,马克思是这样描述的:“只有当现实的个人把抽象的公民复归于自身,并且作为个人,在自己的经验生活、自己的个体劳动、自己的个体关系中间,成为类存在物的时候,只有当人认识到自身‘固有的力量’是社会力量,并把这种力量组织起来因而不再把社会力量以政治力量的形式同自身分离的时候,只有到了那个时候,人的解放才能完成。”③由此可以看出,马克思在人的发

---

① [德]马克思、恩格斯:《马克思恩格斯选集》(第1卷),人民出版社1995年版,第56页。
② 邹邵清:《当代思想政治教育方法论发展研究》学位论文,西南大学2010年。
③ [德]马克思、恩格斯:《马克思恩格斯文集》(第1卷),人民出版社2009年版,第46页。

展中蕴含着人的解放。人的解放与人类的解放是人的发展结构中的同位语，马克思强调的前者“人”是指“现实的个人”，是活生生的每一个个体；而后者“人类”是指“类”意义上的人，是指所有人或者一切人。类与个体在发展到解放的程度实现了统一。

在人的发展的过程总体中，马克思是这样描述的：“这种共产主义，作为完成了的自然主义，等于人道主义，而作为完成了的人道主义，等于自然主义，它是人和自然界之间、人和人之间的矛盾的真正解决，是存在和本质，对象化和自我确证，自由和必然，个体和类之间的斗争的真正解决。”①由此可见，人的发展是一个历史过程，这其中包含的内容丰富，是一个人能力、个性、需要和关系全面发展的过程。

人的发展的总体性对工程法学的影响，可参考陈新夏提出的自然资源和环境的持续发展——经济的持续发展——社会的持续发展——人的持续发展，在这个链条中，贯穿于始终起起因和最终目的链条和环节就是推动人的持续发展。工程法学要做的正是在推动人的发展过程中实现人与自然、个体与类、人与人之间和谐发展的过程。

二、“人的对象化”理论为工程法学提供科学与价值相统一的理论根基

马克思主义人学中“人的对象化”理论在于要把人放在对象性的活动、关系和成果中，通过人所创造的对象世界理解人，通过改变对象和充分发挥人的本质的力量，使人和对象发生全面的关系，从而彰显出人占有自己全面的本质，并且使物按人的方式同人发生关系，使人也按人的方式同物发生关系，进而使人以全部的感觉在对象性世界中肯定自己，通过对象性活动或对象性成果使其呈现对人的意义。通过人的对象化活动，人成为对象性关系的存在物。

马克思所谈的“对象”主要是针对资本主义商品经济社会时期所创造的“物”。马克思这里所说的“物”具体包括商品、货币、资本、交换关系以及社会物质财富等。在资本主义商品经济社会，人的需要主要表现为物的需要，人的力量主要表现为物的力量，人和人的关系主要表现为物和物的关系，人沦为被“物”役使的状态中。马克思所鄙视的商品拜物教、资本拜物教、货币拜物教就是描绘的资本主义商品经济社会中充斥着“物”对人的生存和发展所具有的决定作用和价值崇拜。

因此，作为中国特色社会主义的商品经济活动来说，我们要看到人的对象化所创造的“物”的丰富与多样，它一方面能带来社会历史进步事实的同时；另一方面也通过价值和人文的眼光来看待对象，这就是“物中见人”。由此出发，这一人学理论对工程法学的启示在于：

第一，要处理好一切工程活动或产品（人创造的物）与人之间的和谐关系。要使“物”以合乎人性的方式同人发生积极肯定的关系，使物成为人的生存和发展的

---

① ［德］马克思、恩格斯：《马克思恩格斯文集》（第1卷），人民出版社2009年版，第185页。

基础,为人的生存质量的提高,为人的发展服务,不要使人创造出来的物反而成为它的奴隶。同时,在人对待物的时候,也要以合乎人性的方式同物发生积极肯定的关系,而不是仅仅以“占有”“消费”物的方式对待物,无止境地追求感性的物质享受,遗忘人自己本身的存在,造成个体物质追求对精神追求,物质生活对精神生活单向性支配关系;造成索取与给予,权利与责任的紧张关系。“占有式”的对待物使人由于丧失更高层次的需要和追求,极易导致空虚感和迷茫感的充斥。同时,从一定意义上说,人的利益需要的满足,就是对现实世界的一种索取过程,任何索取都应当以对对象世界的给予为补偿,索取与给予、权利与责任之间应当是一种对等的、关系化的过程。

第二,从人学层面上看待工程活动,既见工程又见人,坚持物的原则与人的原则相统一。所有的工程活动不仅仅是经济行为、经济活动,它同时是优化人的生存、为人的生存和发展提供服务的活动。任何工程活动都是要丰富人的需要,挖掘工程产品对人的价值和意义的活动。

三、人的需求的时代发展呼唤工程法学研究的与时俱进

(一)人关系性存在的需求呼唤工程法学与之相适应

20 世纪社会和人都被技术形态化,在工具理性、主客体二元对立的思维方式下,技术决定论使我们的人造工程作为征服、改造自然的客体对象呈现出来,而忘却了人与自然、人与人、人与社会之间的关系性存在,失去了对生态的伦理关怀。20 世纪后半期生态理论及生命科学的发展已经动摇了传统伦理观及工程的功利主义原则,在解决人与自然、人与人、人与社会的问题上开始运用关系性思维方式思考我们的建筑工程,开始注重生态善恶,生态良心、生态义务和生态正义问题。在绿色工程设计和实施行为中,通过倡导热爱自然、敬畏生命的道德准则,促使人类选择符合绿色道德规范的行为,激发人类保护自然的热情,提升人类生态道德水平。通过承担维持生态平衡稳定的强制性的责任,履行生态义务逐渐成为工程界的自觉行动。在工程后果上实现生态正义,达到人与自然之间,代内之间和代际之间的公正。体现这样关系性存在的生态伦理观的绿色工程将在 21 世纪成为主题。随着生态建筑学、生态城市、人居环境等理论研究的深入,在科学技术的飞速发展的当代,人们在欣赏科技理性带来的巨大成果的时候,也开始反思它为生态伦理所承受的代价,人类在绿色工程中渴望回归自然的心理更加突出,人们对高质量工程生态环境的要求更加激烈。

(二)人对可持续发展的需求呼唤工程法学与之相适应

工程法学适应正是由于人们认识到传统工程发展模式、传统工程体系在生态破坏中成了一名杀手,是不可持续的发展,这才有力地唤起了工程活动的普遍觉醒,工程法学作为一种新的边缘性运动应时而生。20 世纪 60 年代,美籍意大利建

筑师保罗·索勒瑞把“Ecology”和“Archtecture”两词合并为“Arology”,由此可见,工程必须人类随着时代发展所带来的生态需求问题。在资源、环境危机不断向人类发出挑战信号后,1972年西方罗马俱乐部《增长的极限》报告出炉,为沉醉于经济和技术增长巨大成就的西方世界敲响了警钟,这反映在同时期西方一些工程师理念上,开始运用可持续发展理论设计工程,人们越来越关注作为人类改造自然的结果的工程与自然生态的和谐。以绿色建筑发展为例:1993年国际建协《芝加哥宣言》号召探求自然生态的可持续发展作为建筑设计的重要依据,认为经济持续发展是社会发展的前提与基础,社会持续发展是经济发展的结果与目的,环境生态持续发展是经济、社会发展的条件,而绿色建筑应是三者的综合体,是经济持续发展、社会持续发展、环境生态持续发展理论在绿色建筑中的综合运用。推而广之,工程法学正是人类反思传统工程行为后果,在适应和满足以注重节约和环保为主要内容的可持续发展的人的需求,适应时代发展下才产生的。

四、人学理念指引工程法学的价值评判和研究范围

(一)工程法学评价标准越来越要注入人文关怀特质

工程法学的研究范围开始从能源方面,工程材料,技术要素的法学研究逐渐扩展到了全面审度工程活动对人生活的人文环境、周边生态环境,乃至全球生态环境的影响,更加注重满足人的“健康、适用、高效使用空间”需要的影响。对工程本身来说不仅要求能提供安全、舒适、高效利用,还要具有与自然环境相和谐的良好外部环境。对工程的评价范围也已经从环境问题、资源问题与社会问题结合起来。而这些范围的扩大都是与以人文关怀为发展价值旨归的人学理论相关联的。

工程法学倡导评判工程的标准不仅在技艺层面,还要包括“为人而建”层面。不仅具有科学技术指标,法律规章制度的指标,更重要包含了文化价值的意蕴。不仅与减少能源消耗有关,同时也含主体性和社会意识,工程要成为与自然和谐共生、有利于生态系统与人居系统共同安全、健康且满足人类功能需求、生理需求、心理需求及舒适度需求的属人的工程。

(二)工程法学的研究范围需要纳入正确的人学价值理念

原建设部副部长宋春华提出“以核心价值观的高度,研究新时期的建筑方针”的观点,认为“在建设领域内树立正确的价值观念、统一各方主体(包括政府、业主、设计、营造、监理、开发商、供应商、消费者等)的思想、端正设计理念、矫正建筑评价标准、切实提高投资效益是十分必要和迫切的”。[①] 习近平总书记强调“我们要建设的现代化是人与自然和谐共生的现代化,既要创造更多物质财富和精神财富以满足人民日益增长的美好生活需要,也要提供更多优质生态产品以满足人民

① 宋春华:《贯彻文化强国战略,繁荣建筑设计创作》,载《中国建设报》2012年8月29日。

日益增长的优美生态环境需要”。①

工程法学就其研究范围的构成来说可划分为三个层次。第一层次可以称为表层形态的实体的物,即人类创造物化形态,各种工程本身;第二层形态是各种规范、法规、制度、具体政策等的制度形态,是精神形态的制度化、规范化。第三层即最深层形态就是价值理念。如伦理道德、宗教感性、民族习性和价值观念等,它无声无形,但它却在直接指导各种规范、法规和制度的制定和产生。

在现今,工程法学的研究范围向人学研究转向就是要扩大和渗透各方主体具有符合人与环境和谐共生的生态伦理价值理念、人居系统与自然系统和谐共生的共生观。一定的工程法学观表现为一定的工程现象。而“和谐共生的工程”反映了绿色工程是对周围环境、历史环境以及与时代发展相伴随的社会人文环境的适应。“和谐共生的工程观”的建立是人们在21世纪对绿色工程科学体系的理解、认识以及文化的价值观基础之上的新型绿色工程价值观。它蕴含着从局部考察到整体观照、从系统研究到研究系统、从静态理解到动态分析、从实体思维到关系思维、从人类中心到生态本位的理念转换。“和谐共生的工程观”要确立整体性、动态性、关系性、系统性地对待人与自然的生态思维方式,要求用系统、整体、动态、联系、协同共生等生态特性的视角、思维、观念、原则来分析解决问题。体现的对人与自然的和谐相处,而不是把人和自然任何一方看作自己的“对立面”或“异己的力量”肆意破坏。

---

① 本书编写组:《党的十九大报告学习辅导百问》,党建读物出版社、学习出版社2017年版,第40页。

第二十七章　工程法学的文化学基础

第一节　关于文化学

文化学（Culturology），亦称文化科学，是一门综合性学科，是在各专门学科的基础上，以一切文化现象、文化行为、文化本质、文化体系以及文化产生和发展演变的规律为研究对象，综合研究文化系统内部各子系统之间的相互关系，以期从整体上把握其性质、特征等内容，从而掌握文化发展的一般规律的科学。本章的论述主要是以文化学为切入点，从各文化要素对工程法学的影响等方面加以阐释，探讨文化、工程、法学之间的关系。

一、文化

（一）文化的概念

文化是天地万物（包括人）的信息的产生融汇渗透的过程。《辞海》中对文化的解释为：广义文化指"人类社会历史实践过程中所创造的物质财富和精神财富的总和"，狭义文化指"社会的意识形态，以及与之相适应的制度和组织机构"。文化可以分为物质文化层面和精神文化层面。例如，说"中国拥有五千年的古国文化"就是指中华民族在整个历史过程中所创造出来的一切物质和非物质财富的总和。自然存在物及其运动不是文化，如山川河流、日月星辰本身都不是文化，但人类据此而创造出来的历法、文学、艺术以及其他物品却是文化。人可以点头和摇头，这种生理机能本身不是文化，但赋予点头和摇头以一定的含义，使其成为一种沟通符号，这时点头和摇头就成为文化。英国文化学者泰勒认为："文化或文明是一个复杂的整体，它包括知识、信仰、艺术、道德、法律、风俗以及作为社会成员的人所具有的其他一切能力与习惯。"①

（二）文化的特性

文化是人类的产物，为人类所独具。凡是人类，必有文化，动物则没有文化。从人类的社会属性来看，文化的特性又可以总结为以下三个方面：

1. 相通性和差异性

作为文化，它既是一种社会现象，又是一种历史现象。每一个社会都有与其相

---

① ［英］泰勒：《原始文化》，蔡江浓编译，浙江人民出版社1988年版，第1页。

适应的文化生产方式,并直接影响一个人的人格及行为方式,而且由于地理环境的不同,不同的民族也形成了不同的文化。文化是一个民族区别其他民族的标志,人类文化的千姿百态、丰富多彩,从一定意义上讲是由于不同的地理环境所决定的。例如,建筑、服饰、风俗习惯,还有整体而言的民族性格、民族精神等。文化的民族性并不意味着文化的相互隔绝和排斥,不同的民族文化在形成过程中,出现了大量相近相似的内容,因此文化又具有人类的共通性。例如,求爱、男女分工、睦邻友好等都是共同的。文化渗透在人们的血液里,人们心甘情愿、自觉不自觉地依它行事,正因为由于文化的共同性的特征,所以世界各种文化之间才可以交流,才能沟通。

2. 时代性与永恒性

不同的时代,社会生产力发展状况不同,社会经济关系、政治关系发展状况不同,文化也就呈现不同的时代特征。文化的时代特征是由社会生产力的发展状况以及社会经济关系、政治关系的发展状况所决定的,是随着社会生产力的变化以及社会经济关系、政治关系的变化而变化的。然而,人类文化深层结构中的某些内容,在一定程度上可以超越时代,形成永久性文化。作为一个民族的物质和精神的体现,文化对于凝结民族的群体思维方式、道德观念、审美观念而形成的民族文化精神,它的影响是持久的,不会轻易发生改变,也不会随着时间的流逝而消逝。我们可以看到,即使许多中国人在国外,依然保持着中国的传统文化,在华侨聚集的地方,兴起众多的中式建筑,家里陈设着中式器具,中华民族传统的风俗习惯在衣食住行的各个方面都充分体现。

3. 继承性与变异性

文化是一定社会、一定时代的产物,是一份社会遗产,是连续不断的积累过程。每一代人都出生在一定的文化环境之中,并且自然地从上一代人那里继承了传统文化。同时,文化的继承,并非原封不动的代代照搬,随着历史的变迁,不同地区的传播,文化从内容到形式都会出现变异。每一代人都根据自己的经验和需要对传统文化加以改造,在传统文化中注入新的内容,抛弃那些过时的不合需要的部分,保守的因素使文化成为连续性的稳定存在,而变革的因素使文化得以创新和发展。

(三)文化的功能

文化的功能可以从不同的层面观察,主要体现在以下几个方面:

1. 整合

文化具有整合功能。社会群体中不同的成员都是独特的行动者,他们基于自己的需要、根据对情景的判断和理解采取行动。文化是他们之间沟通的中介,如果他们能够共享文化,那么他们就能够有效地沟通,消除隔阂、促成合作。文化虽然属于精神范畴,但它可以依附于语言和其他文化载体,形成一种社会文化环境,对生活于其中的人们产生同化作用,为他们的价值观、审美观、是非观、善恶观涂上基本相同的“底色”,也为他们认识、分析、处理问题提供大致相同的基本点,进而成为维系社会、民族生生不息的巨大力量。

2. 导向

文化具有导向功能。这种导向功能主要包括提供知识、协调社会管理、工具社会进步成果三方面。通过共享文化,行动者可以知道自己的何种行为在对方看来是适宜的、可以引起积极回应的,并倾向于选择有效的行动。任何社会形态的文化,本质上不只是对现行社会的肯定和支持,而且包含着对现行社会的评价与批判。人类社会发展的历史表明,当一种旧的制度、旧的体制无法进一步运转下去的时候,文化对新的制度、新的体制建立的先导作用十分明显。

3. 维持秩序

文化具有维持秩序的功能。由于社会是人的社会,而每个人所处的环境、自身素质和精神物质需求又不尽相同,所以常态中的社会仍然会存在人与自然、人与人、人与社会等矛盾,如果这些矛盾不能妥善解决,这个社会的常态就会被打破。从人类社会发展的历史来看,人们解决这些矛盾常常采取多种手段,而依靠文化的力量去化解这些矛盾就是其中不可或缺的方面。这是因为,法律、理想、道德、礼俗、情操等文化因子,蕴含着社会主体可以“做什么”“哪些不可以做”“应该怎样做”“不应该那样做”的意蕴。所以,要化解人与自然、人与人、人与社会等种种矛盾,就必须依靠文化的熏陶、教化、激励的作用,发挥先进文化的凝聚、润滑、整合作用,只有这样,一个社会才能健康、有序、和谐和可持续发展。

二、文学与文化学

当人类文化发展到一定阶段,以往各门学科涉及文化研究的状况已不能适合形势发展的时候,文化学便应运而生了,文化学的发展是随着人类社会的变化和发展而不断演变。文化学从当初研究史前时代,逐步发展到研究现代、后现代;研究范围从村落社区,发展到民族、国家,直至全球;从侧重精神文化,发展到全面研究物质文化、政治文化、制度文化、社会文化、生态文化;从关注精英文化,发展到关注大众文化;从研究的单一性、简单性,发展到多样性、复杂性。文化学的主要研究对象为:文化的起源、演变、传播、结构、功能与本质,文化的共性与个性、特殊规律与一般规律等问题。从构成方面来看,文化学的研究对象有纵向的历史文化、现实文化,也有横向的不同区域、国家或民族的文化;从层次上来看,有理论文化和实践文化。文化学研究的兴起,适应了时代和社会的需求,文化学对社会文化生活同时也发挥着评判、凝聚、教化、定向等功能,可以促进社会的和谐、协调发展。

文化学学科体系包括文化的本体论研究、文化的认识论研究、文化的价值论研究、文化的方法论研究、文化的实践应用研究等。文化学包含多个流派,包括进化学派、传播学派、历史学派、社会学派、结构主义学派、功能学派、心理学派、后现代学派等。文化学的体系结构有不同的划分,一般来说,包括文化学原理、文化史、文化学说史、文化学分支学科等。作为一门新兴学科,文化学随着社会的发展,目前如今已渗透进各领域,形成众多分支学科,如文化生态学、文化地理学、文化比较学、文化经济学、民族文化学、建筑文化学、语言文化学、旅游文化学等。

第二节 工程法学与文化

文化、工程、法学的关系密不可分,互相影响,互为制约,对于工程法学来说,文化是工程法学产生的基础,是工程法学得以实施的重要保障,同时也影响工程法学的内容,决定着法律实施的结果。

一、工程与文化的关系

工程是人类特有的各种具体实践活动过程的总称,以依靠科学精神认识和把握工程设计、施工和结果评价为根本原则。人是工程建设的主体和载体,是工程建设的出发点和工程建设过程的根本和最终目的,以探索自然、改造自然、创造物质财富为宗旨的工程活动是以人类的思维方式为指导的。人类的工程活动是极其复杂的,几乎涉及人类生活的所有领域,触及人类社会的人与自然、人与社会、人与人之间的所有关系。

工程不仅是人类科学知识和技术的结晶,而且也是科学精神的结晶,更是人文关怀、伦理道德观念和生活方式的终极托付。"文化"是基础,"工程"是平台,工程的建设与人类的文化紧密结合,互相促进,共同发展,工程的负面影响同时也是人类文化副作用的一个体现。工程和文化是有机统一的。冰冷的土木建筑工程本身就是钢筋混凝土的组成,但是在建设过程中,借助了丰富的人类文化内容,就能让人感到亲切和温暖,而工程本身也被赋予了人文主义精神、人本主义价值意义。工程的建设和发展见证着历史的发展,沉积着人类的情感,镌刻着文化的记忆,沿袭着未来的脚步。例如,中国的长城、法国的埃菲尔铁塔都已经成为一种文化的象征,是民族的精神支柱,而中国的传统建筑工程常常带有民族文化的特色,苗寨、土家族风格的吊脚楼,这些都是建筑工程与文化相互影响、相互适应的重要体现。

二、法与文化的关系

(一)法的产生与文化的发展

法律是人类在改造外在和内在自然过程中获得的一种能力或习性。有了文化,人类不再直接面对自然,而是凭借知识、信仰、艺术、道德、法律、习惯等为媒介与自然打交道,满足物质或精神的需要。一个已被他人造成损害的人,如果按照其生物本性直接做出反应,只能以自身的力量向对方挽回损失或进行报复,但文化赋予了他一种本领,使其不必与对方发生直接接触,只须诉诸一个凌驾于社会成员之上的裁决机构就可以达到报复或赔偿的目的。支配这种间接反应系统运行的文化规则就是法律。法的产生和发展过程就是人的动物本性逐渐消退的过程,亦即人类在文化上进化的过程。法律体现了特定民族文化对人的生物性的重新塑造,重新界定的范围、种类、方式和程度等。

文化是特定民族或特定时代人普遍认同的,由内在的民族精神或时代精神,价值取向、习俗、伦理、规范等构成的相对稳定的行为方式,而法是民族精神和民族共同意识的体现。一个民族之所以能融为一体,是由于这个民族的共同信念,是由于一个民族的同族意识。法律的存在,是同民族的存在和民族的特征有机联系在一起的。不同的民族在不同的历史条件下有不同的共同性格、共同意识,因而他们的法律也自然是不相同的。“每一种文化都有其特定的法律,而每一种特定的法律也都有其特定的文化。”①文化传统不仅代表着一个民族的过去,事实上也是构成其法律精神的渊源和基础。法律作为文化内容之一,是为社会秩序作出贡献的规则形式,同时也是作为社会控制的手段和方法之一。

(二)法与文化的相互作用

文化与法的作用是相互的。

首先,文化对法有决定作用:第一,法所反映的是社会中居支配地位的生产生活方式的要求。另外,生产生活中一些物质形态的东西也会决定和影响法的内容。第二,法律所包含的基本价值标准,是社会中居主导地位的价值标准(包含价值共识和信仰)。任何法都包含着一定的价值准则,如公平、正义、自由等。这些准则既是法律追求的目标、方向,又是法律规则、制度合法性的根据。第三,法律规则通常是社会中通行的重要规则的重述。法律规则是经制定和认可产生的,制定的规则可能在社会中没有原形,但一定有社会的权利要求、愿望,一定要与社会主流的价值、道德、习惯等对应。文化对法律的影响使人们的法律认识具有相对性,而这些具有相对性的法律认识反过来又使人们在遇到同一问题或事实时会有不同的反应。

其次,法对文化有促进作用。具体表现为:第一,法律促进文化事业的发展。法律通过对文化事业建设、管理制度的规范,保证和促进文化事业的发展。例如,通过保证文化事业的资源投入,保证文化事业组织的设置和法律地位,保证社会成员参与文化活动等,促进文化事业的发展。第二,法律强化文化的价值准则。法律将文化的价值准则和信仰作为自己的合法性根据和目标,实际上是通过国家意志强化了社会主文化的价值准则和信仰。这种强化不仅进一步保证和提高了文化价值准则作为判定行为、制度正当性标准的地位,同时还进一步向社会推广这些价值

① [德]伯恩哈德·格罗斯菲尔德:《比较法的力量和弱点》,孙世彦、姚宗建译,清华大学出版社 2002 年版,第 68 ~ 69 页。

准则，使更多人了解和接受这些准则。第三，法律强化社会文化的行为模式。法律通过重述文化的习惯、道德、宗教规则的方式，来确认和保证对文化的认可。

三、工程法学与文化的关系

（一）工程法学与传统“天人合一”思想的结合

文化的基本相互关系是自然和人，是人同世界的积极对话。我国的传统思想文化中，人与自然的关系是一直儒、释、道三家都强调的，人与自然应该和谐共处，人类应善待自然、爱护自然、遵循自然规律，节约自然资源。工程建设、工程设施的存在一方面要符合人的目的和需要；另一方面也要适应自然和与自然共生的人文传统。一条公路的建设，要符合建造者的目的、质量、使用者和周围居住人群复杂的需要，同时也要符合这片地方的自然环境和文化背景。中国古典园林建筑艺术，是通过池水湖面、假山花木对自然界景物的抽象和模拟，将建筑的美和自然的美融合在一起，达到一种融情山水、感悟自然的“天人合一”的状态，这些都是工程与文化相互影响、相互适应的重要体现。

随着工业文明的飞速发展，人与自然的关系迅速恶化，环境问题的存在成为客观事实，当这种客观事实严重危及人类社会生活乃至生存时，作为法的延续，尤其是作为文化连续性的法的产生成为必然。工程法学是对各项工程策划、勘察设计、建设、运行，以及后续维护中涉及各种法律规范的总和。工程法学建立的目的是调整与工程有关的社会关系。建筑工程在其全生命周期内从规划设计、施工到拆除等很多方面对其周围的环境产生影响，特别是对于地球资源、能源的巨大消耗和浪费，对地域生态环境的影响甚至破坏，在工程改造过程中对周围相关环境的污染和破坏。我国陆续颁布了《建筑法》《环境保护法》《水污染防治法》等，2011 年出台了《非物质文化遗产保护法》，从而使人与自然、工程活动与自然的关系从法律的角度得到了重要保障。以三峡工程的施工为例，三峡工程就是一项是以人为本、尊重自然、“天人合一”、人与自然和谐共处的重大水利工程，在施工过程中，本着生态环境和工程建设和谐共同发展理念，依据《水污染防治法》《野生动物保护法》《可再生能源法》等相关法律法规，形成水电环境认证的法律基础，建立了绿色水电认证机制，做到“在保护中开发，在开发中保护，预防为主，保护优先”的可持续发展原则，给动植物的生存尽量保持其特有生活的条件，为被破坏的栖息地的鸟类以及鱼类创造更好的避难所和居住地，实现了工程建设与生态环境的共同可持续发展，实现了工程实践和“天人合一”思想的完美结合。

（二）工程法学与城市化进程中的文化传承

文化具有历时性与共识性、继承和延续的特质，建筑一方面是作为工程建设的重要方面；另一方面带有各个历史时期的时代特征，反映各个历史时期的政治、经济状况和科学技术水平。从文化角度来审视人类的工程建设，引导社会的工程实践,促进人与自然和谐相处,建设生态文明,是时代赋予我们的重要使命。经历了数百年的时事变迁,特别是近 20 多年来改革开放大潮的洗礼,当今的政治经济状况和科学技术水平以及人文背景都发生了翻天覆地的变化。我们今天的国际化都市已经不能与封建王朝时期的封闭城镇同日而语,这些变化要求相关的建筑平面布局、建筑体量、结构形式、建筑材料以及施工技术随之改变。进入到工业文明,工程建设的重要体现在了城市的不断扩张与繁荣。随着社区化建设进程的推进,许多传统建筑都处于湮灭的危险之中,这些对传统文化的存在形态造成了极大的破坏。

长期以来,人们对城镇化和传统文化的关系存在认识上的误区,认为传统文化会阻碍城镇化,要加快城镇化的进程,就必须摧毁“旧的文化”。但现代化的城镇化工程建设和传统文化的存在并不矛盾,将传统与现代对立起来的思维方式是不符合文化的发展规律的。城镇化虽然是经济社会发展的必然趋势,但城镇化没有固定的模式,每个国家的城镇化都应与本国的传统文化和历史紧密联系在一起,任何国家的现代化都应建立在对本国优秀传统文化的继承之上,传统文化应成为城镇化的推动力。所以,一方面,在工程实践过程中,在城镇化推进的过程中,要与中国优秀的传统文化相结合,另一方面保护已有的相应的文化传统。目前,我国现行的法律依据主要有《文物保护法》《历史文化名城名镇名村保护条例》《城乡规划法》《文物行政处罚程序暂行规定》《文物保护工程管理办法》,以及配套的地方性法规和地方行政规章。例如,陕西省人大常务委员会 2013 年公布《陕西省建筑保护条例》明确规定,对历史文化名城、名镇、名村中的文物造成损毁的,依照文物保护法律、法规的规定给予处罚;构成犯罪的,依法追究刑事责任。综观上述法律,主要对传统建筑的保护主体、保护范围、所有权归属问题等方面做出了规定。这些法律法规确立了历史文化名城、名镇、名村保护制度,进一步加强对历史文化名城、名镇、名村的保护,保持和延续传统格局和历史风貌,维护历史文化遗产的真实性和完整性。《城乡规划法》将自然与历史文化遗产保护作为城市总体规划、镇总体规划的强制性内容,以及乡规划和村庄规划的内容。关于城乡规划的实施,法律也有明确规定:在城市新区的开发和建设中,严格保护自然资源和生态环境,体现地方特色;在旧城区改建中,保护历史文化遗产和传统风貌;在城乡建设和发展中,依法保护和合理利用风景名胜资源。例如,2015 年重庆市发布了《重庆市历史文化名城保护规划》,明确提出重庆是山地城市典范,对 5 个市级历史文化街区、20 个传统风貌区等若干历史文化资源按照分层分片控制、分级分类保护、突出地方特色、强调永续利用的理念进行规划管理。《重庆市历史文化名城保护规划》涉及历史文化街区、传统风貌区、历史文化名镇等都被纳入分层分片控制、分级分类保护、突出地方特色、强调永续利用的理念进行规划管理的范畴。

(三)工程法学与生态补偿机制映射下的文化自觉

文化的发展和人类社会的发展进步是密不可分的,在人类的改造活动和生物圈的相互作用、相互关系中,人既可以盲目地破坏生物圈的正常结构和功能,也可以自觉地建设一个更加有效与和谐的生态系统。人类社会要可持续发展,要改变被工程建设毁坏的人与自然的关系,首先要做的就是充分认识到自己是人与自然大系统的一部分,使生态系统恢复或尽量恢复到原有的平衡状态。而在这种认识的过程和实践的过程中,法律制度作为人类文化的重要组成部分,对社会利益冲突的协调起着重要作用。联合国环境与发展委员会在《我们共同的未来》中指出:"国家与国际的法律往往落后于事态的发展。人类的法律必须重新制定,以使人类活动与自然的永恒的普遍规律相协调。"

生态补偿是指在道德层面,是指怀着感恩的心情,反哺环境、回馈自然,回报自然以及尊重关爱自然,既体现了人与人的关系,又体现了人与自然的关系,生态补偿的法制化研究有助于实现人与自然及人与人的双重和谐。生态补偿是国家强制性要求对生态资源、环境开发、利用而必须补偿、维护生态平衡,是工程法学的重要内容之一,强调工程法学的协调机制在生态补偿机制中的重要性和权威性,可以有效降低政策协调、经济协调和观念协调的主观随意性和变动性,从而最大限度地保持利益制度和整个社会的稳定,对于生态保护和建设的可持续性具有至关重要的意义,也是人在生产活动中的自觉性的体现。

在工程法学中,利益协调机制主要体现在对从事对生态环境有影响的行为时对生态环境自身的补偿、对开发利用环境资源时对受损的人们的补偿、对开发利用所带来的生态风险(包括对环境的风险和对人的风险)的补偿和对保护治理生态环境的补偿等方面。在欧洲,是通过国家与农户之间的协议,充分明确国家在生态补偿中的主体责任,并划定区域内补偿标准和区域之间分界线上土地的补偿标准。而在我国,2007 年国家环保总局下发了《关于开展生态补偿试点工作指导意见》,省地级环保行政主管部门也同时出台了相应的法律法规,浙江省下发了《浙江省人民政府关于进一步完善生态补偿机制的若干意见》、广东省印发了《广东省生态保护补偿办法》、苏州市下发了《关于建立生态补偿机制的意见(试行)》,等等,都充分表现各级政府对于环境工程建设中出现的人与自然关系的危机的重视。2004 年我国建立了中央森林生态效益补偿基金,并由财政部和国家林业局出台了《中央森林生态效益补偿基金管理办法》。在自然资源日益减少、人口日益增加、环境质量日益恶化、活动空间日益缩小、选择机会日益减少的时代,不同利益诉求的群体不得不为了十分有限自然资源和空间的占有、使用和分配,展开激烈斗争和竞争,产生纷繁复杂的涉及环境因素的冲突。

通过这种利益平衡和利益协调机制,一方面,缓解人与自然的紧张关系,使自然资源在符合自然生态规律的前提下自我运行,保障和维持自然资源的比较充足的数量和质量,使可再生自然资源能够在满足人们需要的情形下持续供应。另一方面,缓解人与人之间的紧张关系,包括不同利益、不同区域和不同流域的人们之间紧张关系,从人与自然关系的和谐从而达到人与人之间关系的和谐。

第二十八章　工程法学的经济学基础

第一节　经济学概述

19世纪80年代以来,社会科学家们试图使人们对社会的研究达到对自然界研究的水平,直到萨缪尔森1942年出版《经济分析基础》,这一诉求才告一段落。在这一方面,经济学获得了比其他社会科学更明显的技术上的优势。随后,经济学的数量分析方法和行为理论与每个学科的传统研究模式相结合,使政治学、历史、地理、生物学及社会学等领域的研究都发生了改变。经济研究模型就走进了法律研究,并且从这些模型派生出的一些分析也出现在法学院的必修课中。由于发展迅速,经济学也被称为"最古老的艺术和最新颖的科学""社会科学的皇后"。

一、经济学的定义

(一)资源的稀缺性和选择性

经济学对人类经济活动的研究是从资源开始的。资源是指用于满足人类需要的有形产品和无形产品,经济学研究聚焦于必须付出成本(代价)才能获取的稀缺资源,即相对有限的资源。

经济学家认为在一个社会中,人们的消费欲望以及由这种欲望引起的对物品、劳务的需要是无限多样的,因此,如何使用相对有限的资源来满足无限多样化的需要之间的问题,就是经济学所要研究和回答的问题。

经济学家把满足人类欲望的物品分为"自由物品"(free goods)和"经济物品"(economic goods)。前者指人类无须经过努力就可以自由取用的物品,比如:阳光、空气等,其数量是无限的,但在后来的研究中发现,过去认为可以取之不尽的阳光、空气等物品其实也是有限的,滥用的结果依然会带来阳光的减少、空气的污染、可用水资源的缺乏,所以自由物品也是相对的。稀缺性是指生产这些物品所需要的资源是不足的,经济学上所讲到的稀缺性也是相对的,稀缺性强调的不是资源的绝对数量的多少,而是相对于欲望无限的有限性。

选择性是指资源配置,即如何利用既定的资源更高效地生产更多的经济物品,以便更好地满足人们需要。比如,煤炭即可以用于发电、炼钢,又可以用于做饭、取暖,同一资源可以满足人们不同的欲望,但由于资源的稀缺,人们多种多样的、无限的需求无法得到完全满足,人们不得不做出评价和选择。因此,经济学就是在研究稀缺资源在各种可供选择的用途之间如何进行分配。

(二)经济学解决的基本问题

1. 资源配置问题

人们进行选择的过程就是资源配置过程,选择要解决三个基本问题:

第一,生产什么。由于资源有限,如人们用于生产某种产品的资源多一些,用于生产其他产品的资源就会少一些,因此,人们需要做出决定,用多少资源生产某种产品,用多少资源生产其他产品。

第二,怎样生产。不同的生产方法和资源组合方式是可以相互替代的。同样的产品可以用劳动密集型或者技术密集型的资源组合方式来进行生产,人们需要做出选择,即各种资源如何进行有效组合,才能提高效率。此外,同样的资源组合方式在不同的外部环境下会有不同的劳动生产率,所以,人们需要知道资源配置在何种外部环境下最有效。

第三,为谁生产。产品根据什么原则、采用什么机制进行分配,分配数量由谁来决定。

由于资源的稀缺性和选择性引发的这三大基本问题,被称为资源配置问题,即微观经济学研究的范畴。

2. 资源利用问题

当经济出现衰退,意味着经济资源的限制和浪费。所以,经济学不仅要研究资源配置问题,还要研究资源的利用问题。即如何利用现有稀缺资源,使之生产出更多的产品。资源利用包括三个问题:第一,为什么资源得不到充分利用;第二,经济水平及其产量为什么会产生波动,如何实现经济增长;第三,货币如何影响经济社会,如何应对通货膨胀和通货紧缩。因此,在资源配置既定的前提下,研究社会范围内的资源利用问题,以实现社会福利最大化,是宏观经济学研究的领域。

经济学也可以被称为研究稀缺资源配置和利用的科学。①

二、微观经济学与宏观经济学

经济学是研究市场经济体系运动规律的学科,它说明稀缺的生产资源如何通过市场供给机制自动配置,财富如何通过生产环节生产出来,又通过交换环节自然而然分配给社会成员消费。它对市场经济体系运行的矛盾如经济周期波动提出解释和解决的对策,以促进国民财富的稳定增长和国民生活水平的提高。经济学家主要从资源配置和资源利用两个角度来进行研究,分别形成微观经济学和宏观经济学。②

---

① 陈友龙、缪代文:《现代西方经济学》(第2版),中国人民大学出版社2011年版,第3页。

② 朱烨、金继荣、王涛武:《西方经济学》,中南大学出版社2013年版,第2~3页。

（一）微观经济学

微观经济学是考察市场经济体系中各个要素及构成环节的微观结构，说明市场体系是如何构成和自发运作的，以及运作的效率、缺陷和对策。例如，微观经济学分析供求原理及其关系，需求及消费者行为、供给及生产者行为，要素市场及收入分配，市场均衡，市场失灵及微观经济政策等，从而说明稀缺的生产资源如何通过市场供给机制自动配置，财富如何通过生产环节生产出来，又通过交换环节分配给社会成员以供其消费。均衡价格的决定问题、社会财富分配的公平问题、市场体系配置资源的效率问题是微观经济学的基本理论问题。

微观经济学其核心包括以下理论：(1)均衡价格或供求理论。主要从需求及供给方面来说明价格的决定及价格机制对生产的调节作用。(2)消费者行为理论或需求理论。研究单个消费者怎样做出行为选择，解释需求的决定及如何实现消费者效用最大化。(3)生产理论。研究单个生产者的行为，解释供给的决定及如何实现生产者最大化利润。(4)市场理论或厂商均衡理论。研究在各种不同市场机制中产量和价格是如何决定的。(5)生产要素价格理论或分配理论。研究生产要素的价格决定问题。(6)一般均衡理论与福利经济学。均衡理论考察整个社会经济体系中各个市场、各个商品的供给与需求，怎样在相互作用下趋于全面均衡。福利经济学则是研究如何通过最适度的资源配置和最适度的国民收入分配，使整个社会实现福利极大化。

（二）宏观经济学

宏观经济学从总体上考察市场体系的运作质量、波动原因及政府可能采取的对策，以尽量保障市场经济体系稳定运行和国民财富的稳定增长。国民收入核算和决定理论概括出一套度量经济运行质量及波动幅度的指标体系：GDP 及增长率、失业率、通货膨胀率等。依据这些指标体系，政府采取相应的财政及货币政策来调节经济波动，以提高经济运行的稳定性和促进国民财富的稳定增长。周期理论、失业理论、通货膨胀和经济增长理论是宏观经济学的基本理论问题。

宏观经济学主要包括以下一些理论：(1)国民收入决定理论。研究国民生产总值和国民收入的计算，主要研究国民收入如何决定及国民收入为什么会发生变动的问题。(2)就业理论。把国民收入和就业总量相联系，分析就业量的决定，也称作“收入和就业分析”。(3)通货膨胀理论。研究社会经济中通货膨胀的成因、类型和宏观对策。(4)经济周期理论。研究社会经济周期性波动的类型及其产生原因。(5)经济增长理论。研究经济增长的影响因素、经济增长的实现途径、经济增长的潜力，以及对经济增长的评价等。(6)宏观经济政策。分析政府如何通过财政和货币政策干预社会经济生活，以实现国民经济的均衡增长。①

---

① 张瑞恒：《经济学原理》，重庆大学出版社 2002 年版，第 11～12 页。

三、经济学的产生及发展

经济学最初是研究家庭致富的学问，“经济”在古希腊语中是对家庭事务的管理，特别是家庭收入和供给的管理，用最合理的方法管理家庭收支，就是“经济”一词的最初含义。例如，最早提出“经济”一词的古希腊学者色诺芬(Xenophon)认为，“经济”是指家政管理和持家之道。亚里士多德(Aristotle)认为，经济即家政管理，是研究奴隶主家庭成员之间关系和致富技术的学问。当时的许多经济学家都把经济学局限于家政管理的范围，有位英国学者曾经出版《经济观察与建议》一书，它的经济学研究甚至包括如何选择太太的问题。

从亚当·斯密开始，经济学成为研究国家致富的学问。他提出了第一个完整形态的政治经济学理论体系，认为经济学是研究国民财富的性质及产生和发展条件的学问。经济学的研究目的是：(1)给人民提供充足的收入或生计；(2)给国家提供充足的收入，使公务得以进行。总之，他认为经济学的目的就在于富国裕民，基于整个国民经济来讨论财富问题。大卫·李嘉图提出，经济学是研究资本主义各种经济现象及内部规律的学问，其目的在于探讨最大限度地增加国民财富，并对这一财富进行合理的分配。同时代的德国经济学家提出了“国民经济学”概念，认为国民经济学是正确了解各国当前利益和特有环境，促使一国和发达的工业国家并驾齐驱的学问。在他们看来，经济学研究的仍然是特定国家如何发达起来的问题。

西斯蒙第是第一个提出不以财富本身为研究对象的经济学家。他提出经济学要以人的幸福为研究对象，经济学是为人类谋福利的理论，其研究对象是人们的物质福利，而且强调人们对财富的享受是研究的重点。这样，经济学的研究重点从古典学派的国民财富转变到人们的物质福利。第一个对经济学进行综合的穆勒认为，经济学就是研究财富的性质及其生产与分配法则的学问。

作为古典学派革命者和批判者的马克思主义认为，政治经济学是“研究人类社会中支配物质生活资料的生产与交换的科学”，[①]简言之，是研究人类生活生产关系发展规律的科学。到此为止，经济学家主要是研究财富的性质、创造与分配问题。所不同的是，一些经济学家只研究财富的生产与分配本身，如萨伊；一些经济学家则强调财富生产与分配背后的生产关系及其规律的研究，如李嘉图、马克思等。

经济学研究对象发生革命性变化的是边际经济学的产生发展。斯坦利·杰文斯认为经济学是研究如何以最小痛苦获得最大幸福的学问。他主张不要称为“政治经济学”而叫做“经济学”。在此基础上，卡尔·门格尔继承了萨伊的观点，认为

---

① 中共中央马克思恩格斯列宁斯大林著作编译局编：《马克思恩格斯选集》(第3卷)，人民出版社2012年版，第489页。

经济学可以像自然科学那样成为精确的科学。此后,经济学遵循这一思路,将经济学变成了基于一系列公理性假设之上的科学,如“稀缺性”“经济人”“经济理性”等,纯粹研究为了使人的福利最大化、欲求满足最大化而优化资源配置的学问,生产关系基本被排斥在经济学研究之外。

迄今为止,保罗·萨缪尔森在《经济学》中给经济学下的定义是最为广泛传播和被接受的。他把经济学定义为“经济学是研究人和社会如何进行选择,来使用可以有其他用途的稀缺资源以便生产各种商品,并在现在或将来把商品分配给社会各个成员或集团以供消费之用”的学问。所以,他认为,经济学的研究范围包括:人与人之间与生产和交换有关的种种活动;经济的总体运动,如价格、产量和失业等;对稀缺资源的使用方式如何选择;人们如何组织他们的生产和消费活动;货币、利息率和财富。约瑟夫·E. 斯蒂格利茨则将经济学的研究范围界定为四个问题:“生产什么,生产多少?如何生产?为谁生产?谁来决策,如何决策?”①

四、经济学与政府、企业和个人的关系

(一)经济学与政府

20 世纪 80 年代以来,经济学家已经成为各国政府首脑的经济顾问,其日程上写满了经济问题:发达国家首脑的经济会议、税收立法和经济制裁等。现代宏观经济学的鼻祖凯恩斯在 1936 年的经典著作《就业、利息和货币通论》中说:“经济学家和政治哲学家们的思想,不论他们是在对的时候,还是在错的时候,都比一般所设想的更有力量,的确,世界就是由他们左右,讲求实际的人自认为他们不受任何学理的影响,可是他们经常是某个已故经济学家的俘虏。”凯恩斯的宏观经济理论给经济带来的震动,对国家经济运行的影响,无不证明经济学理论对政府以及经济事件的巨大影响。

(二)经济学与企业

经济学是研究资源配置的效率和效果的学科,是许多管理学科和部门经济学科的理论基础,对于企业及相关人员如投资者等正确预测国民经济的波动、判断经济走向具有极其重要的意义。

(三)经济学与个人

经济学对经济运行的描述,几乎涵盖了生活的方方面面。我们在各种媒体上遇到的价格、择业、利润、赤字、债券、股票、经营决策、竞争策略都能在经济学中找到答案。掌握经济学知识,懂得经济事务,是现代人的基本素养,这些知识不仅能帮助人们正确认识经济环境,对宏观经济政策和动向有比较客观和全面的把握,还

---

① [美]约瑟夫·E. 斯蒂格利茨:《经济学》(上册),张帆、黄险峰译,经济科学出版社 1997 年版,第 17 页。

可以提升人们正确认识社会环境的能力，摆脱个人经验主义，正确认识到什么是“谷贱伤农”，为什么价格越低供给越短缺，“短缺——排队——定量配给——黑市交易——价格控制——短缺”的恶性循环是如何形成的。但是我们也要充分认识到经济学不等于经济，经济学注意的是整个经济制度的作用，其目标是社会和国家的政策，不是某一个人的决策，更不会具体教给我们怎样赚钱，怎样经营公司等，但个人可以在经济学的学习中得到许多经济活动的逻辑解释和客观描述。①

第二节　工程学、经济学与法学的关系

一、工程经济学

（一）工程经济学概述

工程经济学是工程技术与经济核算相结合的边缘交叉学科，是自然科学、社会科学融合的综合科学，与生产建设和经济发展直接联系的应用性学科。其研究对象是工程项目技术经济分析的一般方法，即研究采用何种方法、建立何种体系才能正确评估工程项目的有效性，才能寻求到技术和经济的最佳组合。

工程经济学是经济学的重要组成部分，它研究问题的出发点、分析问题的方法和主要指标内容都与经济学一脉相承。经济学是工程经济学的理论基础，而工程经济学是经济学的具体化和延伸。作为研究工程技术实践活动经济效果的学科，工程经济学试图寻求工程技术与经济效果的内在联系，揭示二者协调发展的内在规律，促进技术的先进性和经济的合理性的统一。其研究对象是各种工程项目（或投资项目），包括公共项目、企业投资项目，其核心是工程项目的经济性分析，任务是对工程项目及其相应的环节进行经济效益分析，对各种备选方案进行分析、论证、评价，从而选择技术上可行、经济上合理的最佳方案。其目的在于培养工程技术人员的经济意识，增强经济观念，运用工程经济分析的基本理论和经济效益的评价方法，从可持续发展的战略高度，以市场为前提、经济为目的、技术为手段，确保工程项目有较高质量，并以最少的投入产生最佳产出。②

在工程经济学作为一门独立的学科产生之前，工程与经济都有其相互独立的研究和实践领域。随着人类实践活动的发展，人们对于工程项目相关的资源的稀缺性，工程实践活动将产生的经济效果、社会效果以及对生态、环境的影响有了更清楚的了解，这就使人们去研究探寻工程技术与经济效果的内在联系，追求工程技术的先进性与经济合理性的协调统一。工程经济学的产生可追溯到1887年，惠灵顿《铁路布局的经济理论》一书的出版，该书开创了工程领域中的经济评价工作。

---

① 陈友龙、缪代文：《现代西方经济学》（第2版），中国人民大学出版社2011年版，第21～23页。

② 宋国防等：《工程经济学》，天津大学出版社2000年版，第3页。

1915 年斯坦福大学教授菲什(J. C. L. Fish)出版了第一本直接冠名为《工程经济学》(Engineering Economics)的著述,将投资模型与证券市场联系起来。而真正使工程经济学成为一门系统化科学的是格兰特教授(Eugene Grant),他在 1930 年发表了誉为经典之作的《工程经济原理》,首创了工程经济的评价理论与原则。我国对工程经济学的研究和应用始于 20 世纪 70 年代后期,是一门较年轻的学科,随着社会经济大发展、科学技术的进步,以及市场竞争的日益激烈,提高了进行工程项目经济分析和决策的难度,增加了工程经济学的重要性。

(二)工程经济学的研究历史发展和内容

工程经济学研究的主要内容包括资金的时间价值理论、工程项目的可行性研究理论、投资项目经济评价指标体系与多方案择优理论、不确定性分析、设备更新的经济分析、生产经济、价值工程理论等。

无论是第一代的工程经济学家惠灵顿、戈尔德曼,还是当代的里格斯,乃至布西,都认为工程经济学就是为工程师准备的经济学。惠灵顿直接将工程经济学定义为"使工程师少花钱多办事的艺术"。这样一来,工程经济学的具体研究内容就涵盖了工程项目规划、投资项目经济评价、投资决策分析及生产经营管理领域的决策问题。1887 年,惠灵顿(Arthar M. Wellington)在《铁路布局的经济理论》中提出,资本化的成本分析法可应用于铁路最佳长度或路线曲率的选择,从而开创了工程领域的经济评价工作。工程经济并不是建造艺术,而是一门少花钱多办事的艺术。后来的工程经济学家承袭了惠灵顿的见解,20 世纪初,斯坦福大学教授菲什在《工程经济学》将投资模型与证券市场联系起来,分析内容包括投资、利率、初始费用与运营费用、商业与商业统计、估价与预测、工程报告等。

格兰特教授在《工程经济原理》一书中以复利计算为基础,讨论了判别因子和短期评价的重要性以及长期资本投资的一般方法,首创了工程经济学的评价理论和原则。

日本学者千住镇雄、伏见多美雄等自 20 世纪 50 年代开始,对工程经济学进行研究,他们认为无论是企业还是非营利组织,为合理的运营发展,都以经济为准则或尺度选择行为方案,这是基于经济性的分析。

第二次世界大战以后,工程经济学受凯恩斯经济理论的影响,研究内容从单纯的工程费用效益分析扩大到市场供给和投资分配领域,从而取得重大进展。1961 年,乔尔·迪安教授所著的《资本预算》一书不仅发展了现金流量的贴现方法,而且开创了资金限额分配的现代分析方法。

自 20 世纪 60 年代以来,工程经济学(包括公司理财学)研究主要集中在风险投资、决策敏感性分析和市场不确定因素等方面。主要代表人物是美国的德加莫、卡纳尔和塔奎因教授。提供投资分析和公司理财一般理论基础和方法的则是四位先后获得诺贝尔奖的经济学家莫迪里安尼(Franco Modigliani)、马克维兹(Harry

Markowitz)、夏普(William Sharpe)和米勒(Merton Miller)。

基于此,工程经济学的研究内容主要集中于应用工程学和经济学的综合知识来研究项目的投资和生产过程的各类经济问题,因此,其主要研究内容包括项目投资的可行性分析及经济评价指标体系、技术设备的使用和更新、项目的风险和不确定分析、成本分析和控制、企业规模的选择等主要内容。[①] 其目的就是对工程项目的各个备选方案进行分析、评价,以选择和确定有限资源的正确配置和合理使用,使之在技术上可行,经济上合理,效果上最佳。

二、法经济学

(一)法经济学概述

法经济学是将经济学的基本原理和分析工具运用到法学的研究领域,研究法律的制定、法律的结构以及法律制度对经济社会的影响。法经济学者选取法律和经济两者之间的互动关系作为突破口,将法律作为经济生产的内生变量,发现和解释深藏于法律现象中的经济逻辑,即法经济学是一门运用经济理论(主要是微观经济学及其福利经济学的基本概念)来分析法律的形成、框架和运作以及法律及法律制度所产生的经济影响的学科。[②] 波斯纳进而总结法经济学是“将经济学的理论和经验方法全面运用于法律制度分析”的学科。[③]

法经济学是一门20世纪60年代在美国兴起的经济学和法学交叉的学科,也可以看做新制度经济学的一个分支学科,是经济学对非市场交易领域的扩展而发展成长的一个研究领域。经济学与法学的关系非常密切。经济学在研究人类追求利益最大化的过程中,约束条件是最重要的。按照新制度经济学的分析,约束条件有正式制度、非正式制度及实施机制。而在正式制度中,法律对经济主体的影响最直接、最重要,所以经济学家越来越关注法律对经济的影响。经济学与法学的相互渗透、相互促进可以大大地提高一个国家制度的效率。在许多方面,法与经济学研究的影响已经超过了当初的预想。将经济学纳入法律研究中,这大大地改变了传统的法学研究方法,法律规则开始被作为一个运行的体系加以研究。法学与经济学的结合同时也影响了经济学界,扩展了以市场中的个体与组织选择作为研究对象的微观经济分析领域,促进了对其他制度与非市场现象的研究。

在1960年法经济学正式诞生以前,尽管也存在一些对税收、公司、公用事业和公共运输业管制等重要经济领域的研究工作,但法律的经济分析重点是反托拉斯法的经济分析。随着经济学向法学领域的扩展,经济学与法学在逐渐交融的过程

① 杨克磊:《工程经济学》,复旦大学出版社2007年版,第4~5页。

② Nicholas Mercuro, Steven G. Medema. *Economics and Law: From Posner to Post-Modernism*, Princeton University Press, 1997.

③ Posner, R. A. “The Law and Economics Movement”. *A. E. R. Papers and Proceedings May*, 1987.

中经历了萌芽阶段与酝酿阶段。1958 年，迪莱克特创办了《法律与经济杂志》(Journal of Law and Economics)，推动了经济学与法学的结合。1960 年，科斯在《社会成本问题》一文中提出了著名的科斯定理。1991 年美国经济学会下属的《经济学文献杂志》在新修订的权威经济学分类中，专门对法经济学新增加了一个分类号 K，这标志着经济学界对法经济学作为经济学的一个独立分支的广泛认可。20 世纪 80 年代初，法经济学被介绍到中国后，越来越多地引起了社会科学研究者的关注，甚至又出现了一些新的研究领域，比如：法学与金融学。80 年代后期，法经济学开始进入到了大学的课程体系。①

在法经济学发展的过程中，有些学者也提出，经济学的原则在用于法律分析方面存在泛化或不当的问题。首先，把经济效率作为取舍法律制度和评价其优劣的唯一而且最高的标准，排斥法律的其他价值和作用的存在，未免过于绝对化。其次，在社会经济生活中，并非所有的东西都是可以交换的。重要的法律价值和原则是不可以进行交易的，也并非任何法律问题都可以还原为一定的货币单位来计算比值。人的基本自由和权利(包括财产权)本身就是目的，为了一个制度的正常运行，法律应当不惜一切代价来保护它们，而不会去考虑成本因素和经济原因。如果所有的东西都可以交易，那么法律也就没有存在价值了，那也就是否定法律本身了。最后，法律的经济分析也不能涵盖人类行为分析的所有领域，经济与法律是一种互动关系而不是一种替代关系。

虽然法经济学充斥着这些或那样的意见，反对和赞同也从来没有间断过，然而，法经济学一直在不断地发展，法经济学分析方法已经成为理解法律现象最重要的视角之一，尽管法律世界的复杂性决定了法律的经济分析仍可能是一个意见纷呈的领域，但是，法律的经济分析已经被越来越多的世界各地法学和经济学从业人员熟知，也正在运用于越来越多的国家司法实践。②

(二)法经济学的研究内容

尽管法经济学在研究范围上还存在较大的分歧，但是对法经济学研究的核心内容分歧很小。根据尼古拉斯. 麦考罗和斯蒂文·G. 曼德姆的定义，法经济学是一门运用经济理论(主要是微观经济学及其福利经济学的基本概念)来分析法律的形成、法律的框架和法律的运作以及法律与法律制度所产生的经济影响的学科。③ 类似的，现代法经济学最重要的代表人物史蒂文·萨维尔也曾指出，法经济学主要解决以下两个问题：第一，法律规则对个体行为的影响；第二，这种影响从社

---

① 陈国富：《法经济学》，经济科学出版社 2006 年版，第 1 页。

② 同上书，第 28 页。

③ [美]尼古拉斯·麦考罗、斯蒂文·G. 曼德姆：《经济学与法律——从波斯纳到后现代主义》，吴晓露、潘晓松、米慧译，法律出版社 2005 年版，第 1 页。

会层面是否合适。①

法经济学的主流学派主要是指以芝加哥大学为代表的主张用新古典经济学的分析方法研究法律问题的法经济学学派，芝加哥大学法学院的罗纳德·科斯教授和理查德·A.波斯纳教授是最重要的代表人物。该学派认为，法经济学是非市场经济学中的一个特殊领域，是建立在某些法律领域具体指示基础上的一系列经济研究。该流派另一著名法经济学家大卫·弗里德曼在《新帕尔格雷夫经济学辞典》指出，对法律的经济分析涉及三种不同的但相互关联的论题：一是运用经济学语言分析法律规则的效果。二是运用经济学判定何种法律规则在经济上是有效率的，以便建议可以采用何种法律规则。三是运用经济学预测法律规则的演化和发展。②

除了主流流派外，法学家和其他的法经济学家用各种不同的角度提出了不同的法经济学定义，纽约大学的罗纳德·德沃金认为，法经济学是研究争议和分配问题。因为如果承认一个社会整体运行的规则是建立在价格基础之上的，那么需要处理的就是分配。美国法学家罗宾·麦乐怡教授从比较研究的角度阐述了法经济学分为“法与经济学”和“法律的经济学分析”两种不同的提法。他认为，法与经济学的研究应当集中于考察经济哲学、政治哲学、法哲学在涉及社会制度安排与法律制度框架的选择时三者之间的关系，是一门在研究中可以包容一切不同政治意识形态的开放的学科。③

法经济学主要讨论经济学能给法律规则和制度增添什么新的东西，同时我们还发现了经济学家可以从法律中学到的东西。通过研究，经济学家不停地称颂自愿交换的重要性，但经济学并没有详细说明交换要做到自愿意味着什么。如果经济学家倾听法律教给他们的东西，就会发现他们的模型可构造得更接近现实，可以使经济学变成真实世界的经济学。这也是科斯为什么很重视对法律研究的重要原因。经济学与法学相互渗透、相互促进根源于法学和经济学在研究对象和价值观上具有相当的共同性。法律权利其实就是资源的法律形式，法学的一个核心问题就是法律如何以其特有的权利义务结构公正地配置资源。所有法律活动，包括一切立法和司法活动乃至整个法律制度，事实上都有分配稀缺资源的作用。经济学以研究如何有效率地配置资源为主要任务，“凡是以多种用途为特征的资源稀缺情况下产生的资源分配与选择问题均可以纳入经济学的范围，均可以用经济分析加以研究。”④在稀缺资源配置的问题上，法学和经济学在本质上是互补和一致的。此外，在分析方法上，经济学还提供了一套分析包括法律行为在内的所有人类行为

① 史晋川：《法经济学》，北京大学出版社 2007 年版，第 3 页。

② ［英］伊特韦尔等编：《新帕尔格雷夫经济学大辞典》，经济科学出版社 1996 年版，第 7 页。

③ 史晋川：《法经济学》，北京大学出版社 2007 年版，第 37 页。

④ 陈国富：《法经济学》，经济科学出版社 2006 年版，第 39 页。

的相对完整的框架。

三、经济法学概述

经济法学产生于20世纪20年代的德国，是研究经济法及其发展规律的法学学科。首先，它是一门法学学科，与法理学、宪法学、行政法学等同属于法学体系的学科；其次，它是以经济法及其发展规律为研究对象。该学科不仅研究经济法现状，还研究经济法历史发展；不仅研究静态经济法，还研究动态经济法。

国外经济法是随着资本主义从自由竞争发展到垄断时期，传统法律制度不断突破并逐步演进产生与发展的。德国在第一次世界大战期间和战后，制定了《关于限制契约最高价格的通知》《煤炭经济法》等有关经济法规。随后在法国、日本、苏联、东欧等地得到发展。1979年以后，随着经济法的研究和实践发展，经济法学在我国应运而生，经济法学在我国的发展极大地推动了社会主义经济法学理论的创立，奠定了公正合理的国际经济政治新秩序和经济立法的理论基础。

"经济法学"与"法经济学"之间存在三个基本区别：第一，"法经济学"属经济学领域，而"经济法学"则属法学领域；第二，经济法学研究经济领域诸问题（如宏观调控和市场规制等）的法律，而"法经济学"则用经济学的方法和概念研究几乎所有的法律，除"经济法"之外，还包括各套法律系统、法律制度以及犯罪和刑罚各种专门立法中的经济问题；第三，"经济法学"是用法律的准则和价值观分析经济问题，强调的是公正，而"法经济学"则是用经济学的准则和价值观判断研究法律问题，强调的是效率。①

四、经济学与工程法学

（一）经济学和工程法学的差异

1.经济思维的差异

经济学家与法学家的研究思维是有差异的。法学家更多的是从公平角度分析问题，而经济学家则更多的是从效率角度分析问题。

波斯纳认为，在整个法律体系的诸多领域，经济学思维的影响是非常明显的。这种影响的过程或机制是法经济学要探讨的重要问题。经济学是如何分析法律问题的呢？戴维·弗里德曼认为主要有三个方面：第一，用经济学预测法律的效果。经济学的基本问题之一就是研究约束条件下的最大化问题。同样，经济学可以把法律作为一个约束条件来研究人类的行为及其效果。第二，用经济学找出在经济学意义上有效率的法律法规。社会经济生活中的法律法规有很多，但是并不是所有的法律法规都是有效率的。我们可以用经济学来分析哪些法律法规是有效率

① 马治国、张宝亚：《经济法学》，西安交通大学出版社2004年版，第2页。

的,哪些法律法规是无效率的或是低效的,从而为社会经济中法律法规的优化找到客观的依据。第三,用经济学说明法律法规的发展趋势。法律法规的体系是多样的,并且不同的法律法规还出现了相互融通的趋势,法律法规发展的趋势是什么样的,这也可以用经济学加以研究。经济学家极其重视效率,而效率仅仅是一把标尺。在法经济学的分析中,经济学家将问题从有关公平、正义、公正之类的争执转变为有关效率的争执。

2. 角色定位的差异

法学家可能更多地偏向于立法的立场(制定这个法律应该达到什么目的)。如劳动立法就是要保护劳动者权益,而经济学家可能更会关注这个法律的后果问题。假定立法的目的是对的,比如说要保护劳动者,但是不是真正的保护劳动者,这是经济学家要讨论的问题。有些法学家认为,如果一个国家只讨论立场,这个国家不可能制定出好的制度,不可能有好的政策。在欧美国家,对法律进行经济分析的法学家对经济分析的重视,来自他们对正统的法学家的"法条主义"作风的挑战。波斯纳 1997 年在《法律的经济分析》一书中指出:"这种研究法律的方式,从一开始就单刀直入,将法律制度的结构和法律主要规则视为理所当然,把不同时代所决定的判例全部当作似乎是昨天决定的(而不是将旧的判例视为历史的结晶)。"①从而认为这会使得法律失去外在的视角,法律学术也就会流于一般化。

(二)经济学与工程法学的融合

1. 研究目的和价值具有共通性

法学研究的核心目的是追求公平。波斯纳认为"法的经济分析的解释和改革能力都存在宽泛但确定的边界。然而,通过向社会表明了或就非经济的正义理想,什么是必须放弃的,经济学总是能够提出明确的价值。正义的需求并不是没有代价的。"然而这个代价并不是无限的,这个代价必须在可以接受的范围内,我们没有理由放弃效率。波斯纳认为,正义与效率本身就是一体的,正义本身具有不同词义,有时正义可以解释为分配正义,即一定程度的经济平等,此时,经济不平等将造成不正义的结果,这一结果同样也是非效率的。罗尔斯则认为,能够使社会中的贫困阶层的生活状况得到明显改善的措施,可以得到已构成社会和将构成社会的每个人的同意。"只有当没有任何其他可选择的分配方式可以使社会中最贫困者的生活得到改善时,那么现存的收入和财富分配才是正义的。"因此正义(公平)与效率并不排斥,应该说,法学研究的目的与价值是在于追求公平与效率的统一。从经济学上看,帕累托在 1906 年出版的《政治经济学教程》一书中提出了检验一个社会生产资源是否达到了最优配置的判断标准,即如果某种优化的结果可以在不使其他人的境况变得更坏的情况下,使一些人或至少一人的境况变得更好时,社会福利

---

① [美]波斯纳:《法律的经济分析》,蒋兆康译,中国大百科全书出版社 1997 年版,第 2 页。

就会得到改善。这也体现出经济学家们对公平与效率的理想王国的追求。经济学者总是在考虑:如何能有“效率”地追求“公平”。由此可见,公平与效率的统一同样也是经济学家研究的目的与价值。

2. 研究领域具有共同性

法律理论吸收了诸多经济学概念,如激励效应、机会成本、信息不对称、搭便车。经济学则意识到有效的产权与契约制度是经济增长发展的基础。这种意识让各种法律概念更为开放。比如,不动产产权问题,在《物权法》正式出台之前,人们对《物权法(草案)》争议最大的问题之一就是住宅用地 70 年使用权的问题。《物权法》第 149 条对此问题的最终规定是:“住宅建设用地使用权期间届满的,自动续期。”而对于这样一个只有 18 个字的规定背后涉及的内容并未做出进一步的解释,致使住宅这一普通老百姓最重要的私有财产处于一种弱保护状态。住宅产权人拥有住宅所有权和住宅用地使用权两种权利,但这两种权利的期限是不一致的,住宅所有权是永久性的,住宅用地使用权的最高期限却只有 70 年。对此房地产经济学家表示,房屋产权 70 年,“以房养老”难以推行。房屋产权的不确定性,方便了公权力“便宜行事”,却损害了民众的切身利益,牺牲了许多改革和进步的可能性。法学家们则可能强调法律严格的自足和规则主义。经济学家则更多看到法律过多的后果,害怕法律过多使政府干预能力过大,会限制社会的自由、侵犯产权,故经济学家主张适度的法律才是好法。这两种角度的争论正说明法学和经济学有着共同的研究领域或者交集。

3. 融合与交叉是学科发展的必然趋势

法学本身是一门历史悠久的学科,并且其历史积淀之深,与包罗万象的现实联系紧密,因而法律需要专业精英来操作,且行业门槛较高,人们普遍认为法律需要长时间的学习和经验积累,法学家则坚信法律是一套完备的规则总称。学习法律,需要了解法律的历史、原理以及相关的案例和分析。对法律的注释是法学家的主要工作,因此甚至出现了注释法学派。法学家认为法学有着自成一派的内在原理,对法条的解释是一个纯粹的文字研究和逻辑推理过程。然而,没有万能和完美的事物,法律本身也存在无法解释的灰色地带,因此社会对法学研究改革的呼声越来越高,尤其是在美国,20 世纪初两次世界大战之间引出的法律现实主义运动,其核心思想就在于把法律从所谓的古典法律思维的真空剥离出来,把法律更多地植根现实。

第二十九章　工程法学的教育学基础

第一节　教育学概述

一、教育与教育学的概念

教育是人类特有的社会现象,它随着人类社会的产生而产生,随着人类社会发展而发展。人类生产劳动的进行是产生教育的最具基础性的条件,语言的形成则是教育产生的另一个重要的社会条件。

关于教育起源问题的回答,历来存在分歧。在西方有“生物起源说”和“模仿起源说”,苏联教育界一直坚持“教育起源于劳动”的观点。“起源”不同于“产生”和“出现”,仅说明某事物存在的必要性和可能性是不够的,还要说明该事物由何而生,从何演化而来,也就是说,要找出教育从中脱胎的事物,即教育的原型。能够成为教育原型的事物必须包含着教育的基本要素,而且要素间具有内在联系。在原始社会人类活动中具有这些条件的活动,就是人类相互非物质性的交往活动。只要这类交往发生,就必然有交往的双方和交往的内容,并产生交往的结果——在交往双方身上产生认识、情感、意识和行为的影响。当这类交往被意识到,并逐渐形成较为固定的内容和较为固定的教和学的关系时,教育活动就演化而生了。因此可以说,人类的教育活动起源于交往,在一定意义上,教育是人类一种特殊的交往活动。

当生产力发展到一定水平,一部分人有可能脱离生产劳动,当语言发展到了文字的出现后,学校便出现了。教育与社会的发展、教育与人的发展有着本质的联系,一方面,教育为社会的发展、为人的发展提供了保证;另一方面,社会和人的发展又不断向教育提出更高、更新的要求,促进教育的不断发展。学校的出现是教育形成自己相对独立形态的标志,这是相当重要的一步。自此以后,教育就有了两种形态:专门化的学校教育;依然在生产劳动过程中进行的非学校教育。随之而来的是教育的功能也发生了分化,并分别在不同的形态中得到体现。

就教育的最一般意义而言,教育是培养人的一种社会活动,是传承社会文化、传递生产经验和社会生活经验的基本途径。从广义地说,凡是增进人们的知识和技能,影响人们的思想观念的活动,都具有教育作用。但作为区别于其他社会活动的广义教育,则指以影响人的身心发展为直接目的社会活动。狭义的教育主要指学校教育,是教育根据一定的社会要求,有目的、有计划、有组织地通过学校教育工作对受教育者的身心施加影响,促使他们朝着所期望的方向变化的活动。

教育学是一门以教育现象、教育问题为研究对象,探索教育规律的科学。目的是深化人们对教育的认识,更新人们的教育观念,并为教育的发展和改进提供工作依据,为提高教育管理水平和教学水平提供理论选择与指导。教育学与其他许多社会科学一样,有一个漫长而且又短暂的历史。

二、教育学的学科体系①

随着科学心理学的诞生并开始真正进入教育实践,随着对人类本性和人类活动进行科学研究的各门学科涉足教育领域,教育学就已经走向了它的终结。教育学的解释域逐渐被各门更基本更深入的学科所挤压和覆盖,其解释域的消失是其理论可能性完成的标志。② 不可忽视,一种质疑教育学独立学科地位的理由,即它和其他学科关系暧昧,没有自己独立的研究范畴和话语体系,只是借用其他学科的研究成果来研究人的发展问题而已。陈桂生先生也指出:以学科标准衡量一门学科的独立地位,其关键更在于它是否形成独特的概念系统和运用这些概念进行逻辑推理的命题,构成严密的理论体系。③ 不少人还引用杜威的话来反诘教育学的独立性。杜威说过,我们没有一门特别独立的桥梁建筑学,同样也没有一门特别独立的教育科学,但是,从其他科学抽取来的资料,如果集中在教育上的问题,就成为教育科学的内容。④ 而事实上,教育学旨在探讨人的成长发展这样一个复杂问题,广泛吸收和借用其他相关学科的研究成果,几乎是不可避免的。显然,我们不能将“人的成长发展”这一问题人为主观拆散,分别交付其他各门相关学科各自研究。更何况,“借用”现象绝非仅存于教育科学领域,而是存在于科学界极其普遍的现象。在一定程度上,“借用”只能说明教育学的“开放性”,并不能对其学科地位构成致命动摇。因此,问题的症结并不在于教育学是否吸收相关学科的研究成果,而在于如何吸收这种成果。

(一)教育学科体系的建立

二百多年来,根据研究教育现象的不同角度、方面和不同种类、领域,教育学已由初始的模糊性综合走到现代的多学科分化,成为一个教育学科群。教育学从一门学科发展为以教育为研究中心的一个学科群,经过了从“单数”到“复数”的发展历程。这是教育学的繁荣进步。诚如《中国大百科全书》(教育卷)中认为的那样:“教育学具有综合性、理论性和实用性的特点,需要用哲学、政治学、经济学、社会

---

① 陈文勇等:《学科性质、学科体系抑或学科功能——理性审思情报学学科地位的独立原点》,载《情报理论与实践》2008年第2期。

② 吴钢:《论教育学的终结》,载《教育研究》1995年第7期。

③ 陈桂生:《关于教育学“独立”的学科地位问题》,载《江西教育科研》1996年第1期。

④ 赵祥麟等:《杜威教育论著选》,华东师范大学出版社1981年版,第281页。

学、生理学、病理学、卫生学等方面的知识对教育进行综合性的研究，以利于揭示教育规律、论证教育原理、说明教育方法、指导教育实践。”

在中国教育学历经先抄日本、后袭美国、再学苏联的三个发展阶段中，其理论体系主要起始于两个基本问题，即教育与社会、教育与个人的发展关系。这两个基本问题又可分解为教育与政治、教育与经济、教育与科技、教育与文化、教育与个人的社会化、教育与身心发展阶段、教育与个性特征的关系等一系列具体问题。故而，从理论上说，一切有利于教育学功能达成的研究，都应被纳入教育学的研究范围。但也正因如此，教育学者对教育学的研究对象、研究范围和学科体系颇感茫然。正如教育学的创始人夸美纽斯(Johann Amos Comennius,1592～1670)所说的那样：“有关教育问题的讨论因缺乏知识基础使得一种令人满意的教育理论一直没有出现，并导致教育理论的研究过分依赖于业已形成的那些知识体系。”不过，我们更应看到，每一种体系仅是人类认识和实践发展到一定阶段的历史产物，必然带有时代局限。“我们永远不能一劳永逸地证明某一论断是绝对的真理，一切认识都具有‘相对性’与‘或然性’，永远存在需不断修正与完善自身的开放空间。”①因此，在我们保证和坚持每一体系严密性的同时，更要关注和致力于其开放性。

(二)教育学科体系的丰富

多学科的加入是教育学再生的起点，而不是教育学的终结。可以说，真正教育学的诞生与这些学科的加入有直接关系。此时教育学没有必要把自己封闭起来，追求一种孤独的方法，或依赖于某一门学科的概念和方法，它可以自由地驰骋，架设起多学科交流的平台；它可以根据需要选择自己的言说对象和言说方法，从而表现出一种智慧学问的本性来。② 概言之，教育学产生和发展的历史充分表明，不同教育学派的产生和并存是教育学体系趋于丰富、逐步完善的良性表达。更为关键的是，“教育学要赢得尊严，就必须真切地关注现实的问题。任何“营造体系”的企图都是一种理智的虚妄，教育学的思想空间必须依托于千百万人最真切的教育实践，必须从最鲜活的、由实践提出的问题出发，进行理论的探索，必须摈弃“营造体系”的癖好而回到真实的教育之境来。

很明显，教育学理论研究者的视野无法离开“手段”这个因素。因为离开了手段，我们便背离了“目的—手段—结果”的整体框架，也就无法建立对教育的整体理解。但是早期在大教学论框架下建立起来的规范性理论并不能支撑起整个教育学，这些规范性理论不具有足够的解释力，也不具备令人满意的干预力。对于复杂的教育实践而言，那些规范性理论越是具体就越是接近教条，越是抽象就越不能指导实践。

---

① 贺来：《宽容意识》，吉林教育出版社2001年版，第102页。

② 肖川：《教育的理想与信念》，岳麓书社2002年版，第14页。

针对手段要素(某种新方法、新模式、新媒体、新技术)普遍有效性的研究,基本上破坏了教育学研究的科学性。这类研究虽然采用的是教学实验法,具有了一定的科学外表,但却不具备科学性。这种研究带给人们的只有对教育的误解和误信。在这种研究中,影响效果的各种要素变化的时机和速度都无法预料,这些要素的变化也无法时时监测。在教学实验中,除了部分手段要素,很多其他影响要素也都是无法控制的。这就导致了此研究最明显的缺陷:教学效果与手段要素之间的因果关系难以建立。正因如此,研究情境也就很难被鉴别出来,即使鉴别出来了也不具有再现性。对于自然科学的实证研究,干扰是需要控制的,控制得越好,实验效果越好,归因也容易。但是对基于教学效果的实证研究而言,问题异常复杂。虽然原因和结果之间的联系是完全确定的,但是因素和结果间的联系则是随机的。此外,这类研究背离科学性的另一根本原因是效果证据是学生的学习绩效。学生是发展中的个人,绩效数据无论是个体意义上还是统计意义上都是无法在教育实践的尺度上重现的。以学生的学习效果为证据破坏了证据的可再现性。总体来说,对于这类研究而言,实验可以重做,但是研究却无法重复。这种实证研究的结论,根本无法上升为理论,强行上升为理论,就只能处在“一实验就成功,一推广就失败”的尴尬境地。其实这类实验或者实证研究的困境也就是教育学理论建构的困境。这种教育学理论建构的真正困境是什么,当然不是研究方法失灵,而是没有确立可以被科学地研究的研究对象。

(三)教育学科系统的构建

人们普遍将教育活动(类似的提法包括教育问题、教育现象)看作教育学理论的研究对象。但教育活动又是动态的,其价值、意义和方式是生成性的,因而教育活动不具备科学意义上的“可重复性”、“可验证性”和“可操作性”,而是流动的、情景的和不可确定的。由此,有研究者放弃了科学性的追求,满足于教育研究的社会人文特征。严格说,人类的任何实践活动都是不可重复的。重复的只是在特定尺度上实践活动中的某些成分而已。每种科学理论只选择人类实践活动中某些可重现的成分作为研究对象。

教育活动并不能成为教育学的研究对象,但是教育学研究对象必然存在于教育活动之中。这种研究对象既是独特的,是其他学科不研究的;又要能够帮助研究者产生对教育的整体理解。要确立这个研究对象,我们不得不回到更原始的问题,教育到底是什么?这个问题更加准确的提问是教育者和教育机构到底能做些什么?我们不能单从目的论的角度理解教育实践,但对于一种实践的整体理解,的确离不开它的根本目的。因此教育必然是一种发展人的特殊情境,一种半强制(法律意义上的)的交往情境。我们希望交往引发学习、学习积累引发发展。实际上,学生的发展总是与教育者或者教育机构的预期不完全一致,且这种一致的期望越具体这种不一致性就越强。

从性质上讲,教育不是强制认知(或认识),教育实践的核心成分是交往。离开了交往,我们不可能完整地理解教育。教育的本质矛盾是学生发展的自我建构与教育者的文化传递之间的矛盾。这个矛盾是在学生发展的可能性空间中展开的矛盾。所谓的教育规律其实是有关这个可能性空间的规律,且这些规律无法表现为命题系统或者公式系统,只能以模拟系统的方式来表达。即使我们明确了解了这个可能性空间,我们也无法确定个体在这个空间中的演变。从这个角度看,所谓的教育,至少教育学意义上的教育,是一种设计、规划、开发、实施、评测、维护和改进这个可能性空间的过程,这一系列工作的目的是学生的发展。我们所能做的就是审慎地看待这种规划(包含大量的有意识的设计),且必须从整体上理解这种规划,这就需要使用一个明确的范畴表征它,即教育系统。教育系统不可能是一种直观的物质系统,因为其功能是传递文化、响应学生发展需求,所以它是一种抽象的信息系统。这种系统为文化信息在各个主体之间的流动提供了闭合网络。

从系统论的角度来看,教育实践是一种复杂且系统的运行过程,表现为多种系统之间的相互作用。参与这些相互作用的系统包括行政系统、经济系统、人际交往系统、个体心理系统等,还包括教育系统。因为,除了教育系统之外,其他系统要么是自然生成的,要么其功能设计并不直接指向教育目的。真正使这些系统相互作用而形成合力直接指向教育目的的实际上就是教育系统。

有了这个答案,让我们再回到教育学研究的科学性问题上来。找到可再现的研究对象是教育学研究具有科学性的基本前提。历史经验表明,这个对象不可能是直观的对象,我们必须尝试着寻找某种抽象的研究对象。这个抽象的系统就是教育系统。教育系统一直是教育活动中重复出现的对象。把教育系统当作教育学理论的研究对象意味着,我们设计什么就围绕什么展开研究。教育学理论研究教育系统的构建和实施,包括如何设计教育系统,教育系统的结构、功能、性能及其变异,教育系统的交往(事实的和价值的)效应与系统特征的关系等。当然,学生学业成败并不能用来定义教育系统的功能,虽然教育系统的功能与学生的学业水平之间具有内在联系。教育系统的功能是由自身的属性和特征来定义,只不过教育系统的功能要对学生的学业水平有一定的预测力。

围绕着教育系统展开的研究体现了"目的—手段—结果"这个整体理解的框架。有了对教育系统的认识,对各种教育问题、教育现象的解释首先是基于教育系统的具体结构、功能和特征给出的,即各种因素如何在这个系统的框架下相互作用才出现了那些教育问题和教育现象,其次才是教育学基础学科理论的局部解释。

很明显,用直观的范畴(如教学方法、教学策略、教育方式等)无法描述教育系统。这些范畴将教育系统看作是行为系统,而教育系统的本质是信息系统。这些直观的范畴所代表的立场与"结构—功能"的科学系统论立场完全不同。我们需要新的理论范畴,需要自觉地将教育系统看作是技术系统,用结构、功能、系统特征的框架来理解教育系统。教育系统是一种抽象的信息系统,因此对教育系统的研究离不开系统建模。对教育系统的建模不是指对教育过程的建模,而是指对教育系统中的信息流动进行建模,这种建模必然要区分两个层次,一个是设计态的系统建模;另一个是实施态的系统建模。二者具有密切联系,这种联系使系统实施过程中表现出来的缺陷有可能成为系统设计的改进要素。对教育进行系统建模离不开教育技术学,这里的教育技术不是指教育实践中应用的各种媒体技术和方法的总和,而是指教育系统的构造技术。

总之,一旦我们将教育系统看作是教育学的研究对象,教育学研究的科学性才是可能的。只有如此,我们所建立的教育学理论才可能成为科学性理论。可大致将其划分为三个分支:教育技术学、教育现象学和教育价值学。教育技术学研究教育系统的构造,教育现象学研究教育系统自身的特征与其事实效应之间的联系,教育价值学研究教育系统自身的特征与其价值效应之间的联系。这三方面的研究,为从"目的——手段——结果"框架上理解教育提供了理论支撑。

三、教育学的发展历程

作为一门独立学科的教育学,它有着自己产生、发展和完善的过程。关于这个问题,各个学者的划分不一。本章选取几个主流的观点,将教育学划分为以下几个阶段:

(一)教育学的萌芽阶段(前教育学阶段)

在这个阶段,人们对教育问题的研究已经开始,但还很不完整,人们对教育的认识活动主要停留在经验和习俗的水平,是对经验的总结或对教育事实的记述和描绘,从而没有形成系统的理性认识。此时,教育包含在哲学的大范畴中,这一时期的教育思想和观点,主要体现在一些哲学家、思想家、教育家的言论和著作中。

1. 中国古代的教育思想

在中国古代的先秦时期,儒家、墨家、道家和法家的教育思想和主张,奠定了古代教育思想的基础。其中,以孔子为代表的儒家十分注重后天的教育工作,主张"有教无类",在教学内容、教学方法、道德教育和教师方面都有独到见解;以老子为代表的道家主张"法自然"认为教育是最大的错误,是多余的,彻底取消教育是最好的教育。这一时期出现了我国最早也是世界最早的成体系的古代教育学著作《学记》,对我国古代教育经验和儒家教育思想进行了高度概括。

2. 西方古代的教育思想

在欧洲,古希腊和古罗马的文化遗产中,也有着丰富的教育思想和教育经验。这些教育思想和教育经验主要体现在一些哲学家、思想家的著作中。如苏格拉底(Socrates,公元前469年~公元前399年)的产婆术,通过问答式的方法让学生自己得到答案,是发现法的前身;柏拉图(Plato,公元前427年~公元前347年)的《理想国》总结了当时的雅典和斯巴达的教育经验,提出了儿童早期教育和培养哲学王的教育观；亚里士多德（Aristotle，公元前384年~公元前322年）最早提出教育要适应儿童的年龄阶段，进行德智体多方面和谐发展教育的思想家；昆体良（Marcus Fabius Quintilianas，35~100）的《论演说家的教育》，则更是比较系统地论述了有关儿童教育的问题，被称为是世界上最早的研究教学方法的著作，这一些都体现了这一时期人类的教育认识。

（二）从教育术到教育学

14~16世纪欧洲文艺复兴运动盛行，新文化广泛传播，进步的思想家宣扬以人为中心，要求个性解放，重视现实生活，崇尚理性和知识，并且进行了很多实际的教育革新活动，启示了教育的新发展。到了17~19世纪，随着新航路的开辟，资本主义的产生和发展，人类在各个领域的发展达到一个新阶段，认识渐渐由综合向分化发展，也就需要新的更具科学性的教育思想来适应教育实践的客观要求，加之以往教育知识和实践的丰富积淀，教育学渐渐从哲学的母体中分化出来，产生了一些新型的实科学校。为培养讲授实科教师的迫切需要，17世纪末开始，欧洲陆续出现了一些教师讲习所，讲习新教师需要的新的教育教学方法。其次，近代以来的学科分化趋势也为教育学从哲学中分化出来提供了契机。

（三）独立形态教育学的形成

独立形态教育学形成的三个条件：第一，把教育问题和教育思想作为客观存在的事实进行研究，即把教育问题作为研究对象；第二，独立体系的初步形成及教育学有自己一系列反映教育本质规律的相互联系的概念、范畴、体系；第三，教育学有科学的研究方法。这些标志的出现先后经历了两百多年，因此，教育学的独立是一个历史过程，而非是一瞬间就可以完成的。

最先提出教育学这个概念的，是"英国唯物主义和整个现代实验科学的真正始祖"弗兰西斯·培根（Franais Bacon，1561~1626）。培根在1623年撰写了《论科学的价值和发展》一书，对"各种科学作了百科全书那样广博的观测"。其中，他把教育学作为一门独立科学开列出来，认为是关于"指导阅读"的学问，从此教育学的发展进入了一个新的历史阶段。

1632年，捷克教育家夸美纽斯，他所著的《大教学论》（Magna Didactica，1632）是教育学成为一门独立学科的标志。在这本书中，他提出了普及初等教育，主张建立适应学生年龄特征的学校教育制度，论证了班级授课制，规定了广泛的教学内容，提出了教学的便利性、彻底性、简明性与迅捷性原则，高度评价了教师这一职业，强调了教师的作用。这一著作开创了对教育学这门科学进行专门研究的先河，是近代最早的一部教育学著作。

在夸美纽斯之后，有许多著名的哲学家、思想家写出了专门的教育学著作，为教育学的创立做出了自己的贡献。如英国哲学家洛克（John Locke，1632~1704）于1693年出版的《教育漫话》（*Some Thoughts Concerning Education*），提出了完整的绅士教育理论体系。法国思想家卢梭(Jean Jacques Rousseau,1712～1778)于1762年出版的《爱弥儿》(*Emile*),深刻地表达了卢梭的资产阶级个人主义教育思想。瑞士教育家裴斯泰洛齐(Johan Heinrich Pestalozzi,1746～1827)分别于1781年、1783年、1785年和1787年出版了他的四卷本教育小说《林哈德与葛笃德》(*Lienhard and Gertrud*),在该书中,他把教育目的规定为全面、和谐地发展人的一切天赋力量和能力。他是西方教育史上第一位将教育和生产劳动相结合思想付诸实践的教育家。

在教育学创立过程中,德国著名哲学家康德(Immanuel Kant,1724～1804)功不可没。他在哥尼斯堡大学期间,先后四次讲授教育学。1803年,《康德论教育》(*On Education*)一书出版。康德认为"只有人是需要教育的",强调运用启发方法,注重实践。他开创了哲学教育学时代。

康德之后,对教育学的创立做出重要贡献的是赫尔巴特(Johann Friedrich Herbart,1776～1841)。他是近代德国著名的心理学家和教育学家,在世界教育史上被认为是"现代教育学之父"或"科学教育学的奠基人"。1806年出版的《普通教育学》(*The Science of Education*)是公认的第一本现代教育学著作。他把教育建立在扎实的心理学和伦理基础之上,试图对教育学赋予科学规律的形式。

作为现代教育的代言人,杜威(John Dewey,1859～1952)被誉为20世纪人类历史上少数几个最有影响力教育家之一,他的教育思想与赫尔巴特的教育思想针锋相对。对于教育的本质问题,杜威认为教育即生活,教育即生长,教育即经验的持续不断的改造。在教育目的上,把生长作为教育的目的,反对外在固定的、终极的教育目的,同时也强调教育的社会性目的,即教育是民主的工具,教育是为了民主,也应是民主的。在道德教育上,他提倡与人合作的新个人主义,重视理智的作用,主张在社会性的情景中实施道德教育。在思维与教学方法上,他提倡反思思维,并把思维的五步法运用到教学方法上,帮助学生积累知识、锻炼智慧。杜威的教育理论不仅全面系统,论证精整,而且充满新的时代气息,杜威作为现代教育的代表人物,其教育理论对20世纪的东西方社会都具有深远的影响。

总之,教育学是在种种主客观条件下创立的,凝聚了好几代人的心血,最终使教育认识从教育术上升为教育学的阶段,进而确立了自身的学科地位,成为一门独立的学科。

(四)教育学发展中形成的多样化阶段

自19世纪末以来,教育学的理论基础和研究方法更为多样。教育学的有关理论在得到进一步的逻辑推证和说明的同时,呈现多样化的景象,出现了许多新的教育学派和重要的教育学著作,特别是马克思主义的产生不仅提供了科学世界观与方法论,而且对教育领域中的一些根本问题做出了科学的说明,为教育科学化水平的提高奠定了理论基础。

1. 实验教育学

19 世纪末 20 世纪初,在欧洲教育学者利用实验、统计和比较方法研究教育问题,出现了"实验教育学"。代表人物及著作有拉伊(Wilhelm Lay,1862 ~ 1926)《实验教育学》、梅伊曼(Ernst Meumann,1862 ~ 1915)《实验教育学纲要》。主要观点有:反对以赫尔巴特为代表的强调概念思辨的教育学,认为这种教育学对检验教育方法的优劣毫无用途;主张用实验分析研究儿童心理、生理问题;把教育实验分为三个阶段,就某一问题构成假设;根据假设制订计划,进行实验,将实验结果应用于实际,以证明其正确性;认为教育实验与心理实验的差别在于心理实验是在实验室里进行,而教育实验则要在真正的学校环境和教学实际中进行;主张用实验、统计和比较的方法探索儿童的身心发展,其结论作为教改依据。

2. 文化教育学(又称精神学科教育学)

19 世纪末出现在德国的一种教育学说,代表人物和著作有狄尔泰(Wilhelm Dilthey,1833 ~ 1911)《关于普遍妥当的教育学的可能》、斯普朗克(Eduard Spranger,1882 ~ 1963)《教育与文化》等。主要观点有:人是一种文化的存在,因此人类历史是一种文化史;而教育是在社会历史中进行,因此教育过程是一种历史文化过程;教育研究既不能采用赫尔巴特纯粹的概念思辨来进行,也不能完全采用实验教育学的实验系统来进行,而必须采用精神科学或文化科学的方法,即理解与解释的方法进行;教育的目的就是个体接受社会历史的客观文化,把客观文化变为个体的主观文化,主要通过陶冶、唤醒、培养儿童人格的方式进行。

3. 实用主义教育学

19 世纪末 20 世纪初,在美国兴起一种实用主义教育思潮,代表人物和著作有美国的杜威《民主主义与教育》、克伯屈(William Kilpatrick,1871 ~ 1965)《设计教学法》等。主要观点有:教育是经验的不断改组和改造的过程;提出教育即生活,学校即社会;提出以儿童为中心,倡导基本的教学方法——"做中学"(learn by doing)形成了著名的教育流派,即现代教育派。

4. 马克思主义教育学

马克思主义的产生和在全世界的传播是哲学和社会科学领域中最伟大的变革,马克思主义经典作家虽没有教育学方面的著作,但有许多精粹的教育论述,这些论述指导着马克思主义教育学的编写。代表人物和著作有:克鲁普斯卡娅(Надежда Константиовна Крупуская,1869 ~ 1939)《国民教育与民主制度》(第一部马克思主义教育学)、加里宁(Mikhail Kalinin,1875 ~ 1946)《论共产主义教育》、马卡连柯(Антон Семёнович Макаренко,1888 ~ 1839)《教育诗》、凯洛夫(Kairov,1893 ~ 1978)《教育学》。他们主要观点有:教育是一种社会历史想象,在阶级社会中具有鲜明的阶级性,不存在脱离社会影响的教育;教育起源于社会性生产劳动,劳动方式和性质的变化必然引起教育形式和内容的改变;现代教育的根本目的是促进学生个体的全面发展;现代教育与现代大生产劳动的结合不仅是发展社会生产力的重要方法,也是培养全面发展的人的唯一方法;在教育和社会的政治、经济、文化的关系上,教育一方面受他们的制约,另一方面又具有相对独立性,并反作用于他们,对于促进工业社会政治、经济、文化的发展具有巨大的作用;马克思主义唯物辩证法和历史唯物主义是教育科学研究的方法论基础,既要看到教育现象的复杂性,不能用简单的态度和方法来对待教育研究,又要坚信教育现象是有规律可循的,否则就会陷入不可知论和相对论的泥泞中去。

5. 批判主义教育学

20 世纪 70 年代之后,在美国兴起的一种教育流派。代表人物和著作有:鲍尔斯(Samuel Bowles,1939 ~)、金帝斯(Herbert Gintis,1929 ~)《资本主义美国的学校教育》、吉鲁《批判教育学、国家与文化斗争》、阿普尔(Michael Apple,1942 ~)《教育与权力》、布厄迪尔(Pierre Bourdieu,1930 ~)《教育、社会和文化的再生产》。主要观点有:当代资本主义教育是维护现实社会不平等、不公正的根源;造成不平等、不公正是教育受政治经济制度的制约,下层子女难以取得成功;人们将此看做自然的事实,没有意识到是统治者造成的;批判教育学的目的在于揭示真相,以达到解放师生、家长意识的目的;对于教育现象的认识和研究,不能仅采用伪科学主义的方法,而应该采用实践、批判的态度和方法。

(五)当代教育学的新发展阶段

社会的发展、文化的交流和人的主体性的高扬,使得世界越来越呈现多元化的格局。学术的发展和教育活动本身的日益丰富,促使了教育学的多元化。不仅教育学的研究问题、教育学的研究基础、模式和学科体系更加多样,而且对教育学研究与实践的关系也产生了不同的理解。

20 世纪初,教育学研究主要集中在学校教育问题,教学过程中出现的问题上,到了 20 世纪末,已经从微观的教育教学过程扩展到宏观的教育规划,从教育内部关系扩大到教育外部关系,从基础教育扩展到高等教育,从正规教育扩展到非正规教育等,形成了巨大的教育问题领域。当代教育学基础包括了更加广阔的学科领域,如脑科学、生理学、社会学、政治经济学、法学、人类学、技术学、管理学等。与之相关就是教育学研究模式的多样化,可以从科学主义、人文主义等角度研究,从层次而言也出现了基础研究、应用研究、行动研究、咨询研究等多种层次类型,相互渗透,相互依赖,构成教育学研究的完整体系。

随着教育学的不断发展,教育学研究也越来越关注教育实践问题,如何指导教育实践,解决教育实践中的各种问题。与此同时,当代教育实践的发展也日益呼唤着教育理论的指导,为教育学的发展提供了强大的社会动力。

第二节　教育学视角下的工程法学

一、工程与工程教育

纵观历史，工程教育从起始的工程实践到强调工程科学基础，从工程实践的回归到愈加通识化，它实质上是一个向工程的本质不断皈依、逆反、重聚、演进的过程。工程教育不是遗世独立的象牙之塔，较之其他的教育大类，它具有更清晰更广阔的历史与社会背景，更强烈更直接的功利倾向和道德责任。这应当成为我们了解工程教育未来发展趋势的出发点。

美国《培养 2020 的工程师：为新世纪变革工程教育》（以下简称《培养 2020 的工程师》）描绘了未来工程师应该具备的品质，包括很强的分析能力；实践才能；创新意识和创新能力；较高的伦理道德标准以及职业素养；动态、机敏、具有弹性、灵活地更新并应用知识的能力；良好的沟通能力；商务与管理技能；领导才能；终身学习能力，等等。对此已有多篇文章评介，兹不赘述。可以肯定的是，目前对新型工程师素质的大量描述反映了未来工程教育的若干发展趋势。

（一）向工程实践回归的趋势

在新世纪，工程教育将进一步走出技术教育和科学教育的阴影，完成本质独具的自我认知，作为工程自身的教育来承担新的更重大的历史使命。这种转变主要体现在，赋予重视工程思维训练、强调工程实践能力培养以更丰富更深刻的时代内涵。以美国麻省理工学院（MIT）为代表掀起的"回归工程运动"自 20 世纪末以来，在世界范围内方兴未艾。实践训练在工程教育中的作用得到充分强调，旨在培养学生创新能力、特别是工程设计能力的"以问题为中心"，融合"理论教学"和"研究型教学"的实践性课程得到开发。实践性教育重新成为指导工程教育改革的重要思想，它指导了一系列以学生参与科研实践与工业实践为主的教学改革。如 MIT 实施了三种课外工程实践计划：本科研究导向计划（UROP）、本科实践导向计划（UPOP）和技术创业计划。德国的工程教育则强调工程师不但要具有扎实的理论功底，也要兼备熟练与高起点的技术执行能力。工科教师多来自工业企业的工程第一线，工科大学明确规定学生在校期间必须完成足够周时的生产实习（如亚琛工业大学机械系为 26 周），等等。可以预知，在 21 世纪，工程教育向工程实践回归的趋势将越来越明显。

（二）宽泛化趋势

工程教育宽泛化将通过吸引更多、来源更广泛的学生普及工程教育，保持工程实践的活力。美国《培养 2020 的工程师》认为，随着人口老龄化，从事工程实践的人力资源结构将受到影响，特别是一些新行业的出现，也会导致许多工程学院的入学危机，为了保持充足的生源，工程学院必须通过通识化的方式吸引新的学生。目前美国工程教育正在实施的一个方案就是通过创造新的工程学位（或者说，使工程学位多样化）来吸引更多的学生。如传统的文理学位提供的一般是培养政府、工业以及社会各层面领导者所需的知识、技能与思维的教育，现在则有学校授予新型的“文理学位”（liberal arts degree），以便有志于掌握技术文化的学生毕业后有更广的职业选择范围。拉费耶特学院以及普林斯顿大学所创建的相对于工程科学学士学位（BS）的工程文理学士学位（Bachelor of Arts，以下简称 AB）就是例证。在拉费耶特学院，AB 一年级的课程与 BS 一年级的课程相同，但在以后的几年里，AB 学生能从更广阔的选修课程组里选修其他（如经济、管理以及文理等）科目。再如哥伦比亚大学创造的“3/2 计划”结合三年文理（liberal arts）学习与两年工程（engineering）学习，学生最后获得 AB 和 BS 两个学位，也是有意义的探索。

工程教育宽泛化还可以通过广泛的工程教育扩大学生职业选择范围并满足社会需要。工程教育一般被认为是为了尽快让学生就业于工业领域而设置的，但一些行业已经意识到这种状况远远不能满足社会需要。美国《培养 2020 的工程师》预言，到 2020 年，公众将意识到工程职业在社会文化系统中发挥的重大作用，工程师的职业选择机会将会通过工程教育进入非工程职业领域。佐治亚理工学院院长克劳罕（G. Wayne Cloughan）在《改革工程教育》一文中也提到，必须使工程师的教育更加宽泛化，以扩大他们的就业平台，同时，许多工程以外的工作，如政府政策领域，都极其需要那些懂得技术知识、思维清晰以及逻辑能力强的工程人才。

工程教育宽泛化将提高学生终身学习的能力。在当今这样一个“知识爆炸”、技术飞速更新的时代，仅靠大学教育是远远不能适应科技和经济发展需要的。一个工程学生不可能在四年里学到他们想学的一切，甚至连最基本的知识也不一定能学完。所以，工程教育应该努力为学生应对即将面临的未知的挑战做准备。如《培养 2020 的工程师》所指出的，工程教育要避免“教师教得越来越多，学生学得越来越少，直到授之以尽，得之寥寥”。综上所述，工程教育宽泛化趋势不可逆转。

美国《培养 2020 的工程师》明确提出，重新设计的工程教育的目标之一就是提高学生通过通识教育追求工程创造的机会，未来工程实践的环境更加需要工程教育延续这条道路，通过更加宽泛的方式培养既具有科学人文素养又具有较强适应能力的复合型工程人才。

（三）整合化趋势

近年来，整合的理念不仅频繁地用在企业管理上，而且也深入到教育领域，特别是工程教育领域，一些诸如资源整合、技术整合、媒体整合、课程整合、学科整合等活动已经使工程教育发生了很大的变化。在新世纪，整合化理念将继续延伸与扩展，与其配套的机制将得到进一步发展。

学科整合是工程教育整合化趋势中最为显著的内容和特征。就如巴德兰

(Adnan Badran)在《高等工程教育与全球化》(Globalization and Higher Engineering Education)中所预言的,随着科学研究的深入,许多传统的学科将被整合起来,形成交叉学科与研究,学科之间的“墙”将倒塌,新的工程领域将会不断涌现,而市场将是促使交叉的重要力量,数学家、工程师、商人以及化学家等将处在同一间实验室里共同发现、创造与创新。

整合的理念必须配合整合的机制,才能真正推动工程教育的改革。为了实现学科交叉,许多国家建立了整合高校内部工程学科的机制与机构,美国与英国的许多高校已经将大部分工科类学科整合到一个工程学院,这样不仅可以更好地统筹发展整个工程教育,还可以模糊学科界限,促进复合性工程人才培养。MIT 工程学院创建了横跨整个工程学院以及其他部分学院的“工程系统部门”(Engineering System Division,ESD),其使命是扩展与改革工程教育与实践,它不仅可以直接产出工程系统问题的普遍解决方案,还可以通过交叉融合多种学科的方式发展新的学科项目,培养复合型工程人才。

(四)更加注重学生工程道德养成的趋势

在 21 世纪,人类将面临更多的技术与社会挑战,如资源问题、环境问题等,这些挑战对工程师的工程伦理道德提出了更高的要求,未来的工程师必须认真应对这些问题,遵照人道主义、生态主义、安全无害等原则,做到既尊重自然也关怀人类后代的生存权和发展权,正如克劳罕所说,我们的问题不再仅仅是改进单个技术,而是怎样把它变得更好从而更好地服务于整个社会,但要让技术更好地服务于社会,不仅需要具有技术能力的工程师,更重要的是需要具有伦理道德的工程师,而这两者都是工程教育的当然使命。

加强工程伦理教育是世界工程教育的发展趋势,美国(ABET)EC2000 对工程人才的 11 条要求中就包括了对伦理责任、对工程在全球和全社会的影响的理解。许多国家也正在把道德标准加入他们的工程人才要求中去。英国华威大学的许多工程专业都开设了“工程师职业与社会”课程,里面涉及许多职业道德与伦理问题。斯蒂芬(Karl Stephan)在《工程伦理是一个选择吗?》(*Is Engineering Ethics Optional?*)一文中也指出,工程的产出将比以前任何时候都多,它将用更加广泛多样的方式影响我们的社会与生活。因此,在未来的工程世界里,工程伦理的理论与实践更能彰显工程师教育的重要性和必要性。

(五)全球化与合作化趋势

随着工业与经济全球化趋势的加剧,工程正日益走向全球化。在此背景下,工程实践因各国语言、文化、习俗、法律系统、环境、规则以及顾客喜好的不同而不同;社会需要具有国际视野、能够应对不同商业文化与政府法规的工程师;工程实践团队将由不同民族、文化、语言以及地理分布的工程师组成;工程设计将兼顾当地与国际特色。简言之,全球化将对工程实践以及工程师造成巨大的影响。为适应这种趋势,工程教育亦须加快全球化步伐。

美国著名新闻记者托马斯·弗里曼(Thomas L. Friedman)在《世界是平的》(*The World is Flat*)一书中把全球化进程分成了三个阶段:全球化Ⅰ(1492~1800)把地球从大尺寸缩成了中尺寸,讲究国家的概念,也就是说,在这个阶段,推动变革的主要行动者是国家,国家是全球整合的驱动力。全球化Ⅱ(1800~2000)把世界从中尺寸缩成了小尺寸,这期间推动变革的主要力量是跨国公司。跨国公司让市场和人才走向了全球化。全球化Ⅲ是指2000年以后,宽频互联网把世界连成了一体,缩成了微尺寸,这个时代以个人为主体,不但可以直接进行全球合作,而且可以以个人的名义直接参与国际竞争。21世纪是全球化Ⅲ的时代,为此,工程教育必须实现自身的全球化,培养在全球人才市场上具有竞争优势的工程人才。

为了适应经济全球化发展的需要,20世纪80年代美国等一些国家就开始构筑工程教育与工程师国际互认体系,该体系现有六个协议,包括关于工程技术教育学历互认的《华盛顿协议》《悉尼协议》《都柏林协议》,以及关于工程技术人员执业资格互认的《工程师流动论坛协议》《亚太工程师计划》《工程技术员流动论坛协议》。我国正在为加入《华盛顿协议》创造条件,而各国申请加入这些协议的过程,实际上就是工程教育全球化的过程。

目前,许多国家的高校正在通过教育和学术合作使本国的工程教育与国际接轨。瑞典皇家理工学院(the Royal Institute of Technology)、林克平大学(Linkoping University)、查尔姆斯理工大学(Chalmers University of Technology of Sweden)和美国麻省理工学院(the Massachusetts Institute of Technology)于2000年10月建立了国际工程教育合作组织,以改进各国的工程本科教育,他们发起的CDIO(Conceiving-Designing-Implementing-Operating)项目,即构思——设计——实施——运作,旨在为学生提供一个强调工程实践四个基本环节的教育,来自丹麦、加拿大、南非、英国、美国和中国的许多高校都加入了该项目。

计算机和信息技术革命也推动了工程教育的全球化。它打破了地域与国家界限,给人们提供了一个接受工程教育的平等机会。网络资源共享是工程教育全球合作的重要方式。由来自100个国家的6000个成员(教育家和研究者)组成的工程教育与研究国际网络(International Network for Engineering Education and Research, INEER),便是这样一个全球共享网络。

二、我国的法学教育

新中国建立以来特别是改革开放以来,我国的法学教育发展非常迅速,为我国社会主义现代化建设培养了大量的专门人才,为我国的法治建设事业提供了源源不尽的智力支持。今天,我国有630余所高等院校在培养各级各类法律专业的学生,法学在校生总人数多达60万余人,其中本科生在校总人数30多万人,是改革开放初期的 200 余倍。[①] 尽管过去三十余年我国法学教育取得巨大的成绩,但仍然存在一些较为突出的问题。

(一)我国当前法学教育存在的问题

今天,我国能够进行法学教育的高等院校超过 400 所,而且自 1990 年以来,经过 20 多年的发展,高等院校法学院系的师资得到了极大的提高,办学条件和教学方式方法都得到很大的发展,法学教育取得的成就是惊人的,但也存在不少的问题,比如,教育内容和人才培养模式与我国实际有脱节,学校教学和社会需求不能很好衔接;法学教学方法较为陈旧单调,不能切合社会对法律人才的现实要求,等等。

1. 中国法学教育内容上存在的问题

目前,我国法学教学内容以核心课为主干,各个高校根据自身情况开设不同类型的专业选修课。核心课必须开设,这就造成了法学本科教学出现同质化的倾向。再加上就业的压力,现在大多数法学本科生在第 7 学期要参加司法考试,导致学生完全围绕核心课程去学习,且侧重于专业理论知识的学习,这导致专业知识同质化的学生越来越多。教学内容的基本要求和司法考试为基础的就业指挥棒相结合,造就了中国法学教育仍旧处于应试教育的沉疴中,带来了四个方面的问题:(1)法学学生的知识不够全面,不能综合发展。(2)法学学生在专业层面也很难符合"专"的要求。(3)适应社会需求的高端人才稀少。(4)法学教育中关注知识的传授,而忽视对学生道德以及职业道德层面的教育。

2. 中国法学教育方式方法上存在的问题

当前,我国法学教育的最大不足之处在于教学与实际严重脱节,法学职业化教育的要求不能在教学方法中充分体现。每年有 30 万名法学本科生涌向就业市场,而其大学教育却很少为其提供职业素质和能力的训练。这些毕业生严重缺乏法律实务能力,由此出现了这些法学教育成品不能满足社会需求的现象,这就是当今法学教育的最大缺陷。

近几年来,鉴于法学毕业生的就业形势非常严峻,一些法学院系在法学人才培养上开始积极的探索,[②]为适应新的人才培养目标与方式,这些法学院系进行了人才培养体系的课程改革。但问题是,这些法学院系在进行课程改革时,相应的教学

---

① 如部分高校在坚持传统大法科教育的基础上,开始探索契合社会需求的法学专业方向的教育之路,如针对刑侦领域的"法学刑事司法方向"等。2011 年 11 月,教育部与中央政法委联合出台文件,实施"卓越法律人才培养计划",这是中国法学教育领域的重大战略部署。2012 年 5 月,北京大学等 20 多所高校参与法学教育实践基地和卓越法律人才教育培养基地共建。8 月,完成首批卓越法律人才教育培养基地规划,包括 60 个应用型、复合型法律职业人才教育培养基地,22 个涉外法律人才教育培养基地和 12 个西部基层法律人才教育培养基地。与此相对应的是,各省市也纷纷出台省市级"法学卓越人才培养基地"建设项目。这些都是在新形势下,法学本科教育及培养模式的改革。

② 参见《九、关于法学教育和法学研究》,载《中国法治建设年度报告 2009 年》,道客巴巴:http://www.doc88.com/p-3939073438087.html,最后访问日期:2018 年 1 月 12 日。

方法的改变并不充分,法学本科生职业化教育不够充分,“过分强调课程改革,忽略了教学方法的改革。这些以实践教学为主的法学职业教育表明我国多数法学院系在职业教育教学方法上呈现表面化的特征,不能满足法学职业的需要,不能为学生就业提供良好的职业技能教育,导致法学教学与社会实际要求之间的脱节。”

(二)法学教育改进的对策

1. 进行更高层次的通识教育

法学本科生应当是高素质的学生,应“具有良好的人文素养和广博的知识结构”。[①] 法学教育坚持的是学科内的通识教育,这使法学学生具备了坚实的专业理论知识,但法学之外的学科知识的获取则更多的是依靠个人兴趣,依靠学生的个人路径。而且,法律工作者并不能仅仅依靠专业知识技能去服务社会和大众,他应具有丰富的人文素养和基本的自然科学的常识,具备良好的个人道德和坚定的法治信念,有正确的人生观、世界观和价值观,法律知识的习得与应用应以这些为基础,才能真正发挥法律的力量。所以,在法学教育中为了培养高素质复合型法律人才,应该坚持和优化素质教育。美国人庞德指出,现代社会中法律是实现社会控制的首要工具和最终有效手段。[②] 法律是一门“经世致用”的学问,涉及复杂的社会关系的调整问题,既要求极强的专业性,同时又带有广泛的综合性。从功利主义的角度看,我们培育出来的法学毕业生应胸怀宽广,目光远大,能够胜任各种社会管理和服务工作。这就要求我们在法学学生的培养上坚持更高层次的通识教育,不仅仅专注于法学知识的习得,更要放宽视野,积极地学习更多的人文社科知识。在这里建议条件好的院校的法律院系应该要求法学本科生拿到政治学、经济学、历史学、哲学等学科的第二学位,一般院校的法律院系应该为学生积极开设这些学科的课程。在这些课程中不仅要求学生习得广泛的人文社科知识,更重要的是培养学生宽广的视野和训练学生分析研究问题的方法。

2. 坚持法学教育的就业方向

法学教育上遭遇了明显的“热招生、冷就业”现象,法学学生的就业率在近几年一直排名靠后,职业化教育的不足是这一现象最大的原因。我们应该有针对性地发展以就业为导向的教育。

首先,在课程设置上要突出实务技能课程的比重,压缩纯理论知识课程,增开律师实务等课程。同时,在开设的课程教学上严格要求案例教学,使学生每时每刻都与真实的法律案件接触,刺激他们的学习兴趣。其次,以学生主动参与开放式课题教学为主,改变传统的教师控制课堂、填鸭式知识灌输教育方法,积极学习国外

---

① 施天涛:《职业化训练:卓越法律人才理念的践行——访清华大学法学院副院长施天涛》,载《中国大学教育》2012 年第 9 期。

② [美]罗斯科·庞德:《通过法律的社会控制——法律的任务》,沈宗灵等译,商务印书馆 1984 年版,第 12 ~ 13 页。

先进教学经验和方法。以美国“诊所”式法律教育模式为学习对象，让有法律实务经验的教师带领学生直接接触诉讼案件，亲身参与到诉讼的各个环节，融理论与实践于一体。这些教师的挑选是关键，一方面要求他们实务能力强，另一方面要求其有强烈的责任心，这样才能保证效果。当然，这里还涉及修订对教师的评价指标体系的问题，要让教师们愿意从科研的专注中迈向实践教学首位，要综合衡量高校教师的评价机制。再次，切实将法学学生培养计划中的各种实习有机结合起来。目前，法学本科阶段的实习主要有认识实习、专业调查、专业咨询、模拟法庭和毕业实习等，应该让这些实习连接起来，进行精心的设计，使它们能够结合案例教学、诊所式教学等开放性教学方式，将学生在较长时间内（如持续两年左右）得到不断的实务训练。最后，要充分地利用好实践教学基地，找准学校与实践基地各自需求的契合点，展开强有力的工作，从而为法学学生实践层面的教学开辟新局面。

3. 合理有效地引导教师

解决中国法学教育困境，加强法律职业教育的落脚点在教师身上。前文已经分析要改变中国法学教育的缺陷需要高素质的教师队伍，那么如何建设这样的一支队伍呢？目前来看，比较稳妥的办法是合理有效地引导法律院系教师积极投身到指导本科生的实务技能训练中，让他们在法律职业教育中发挥主导作用。第一，要务就是积极引导，让大部分教师不再唯科研马首是瞻，使其从书本中抬起头，将目光放在学生身上，并将自身置于学生之中，将自己的专业理论知识与实务技能毫无保留地传授给学生。这要求改变目前对法律院系教师的科研为主的评价指标体系，转向教学导向的评价指标体系。第二，建立法学学生导师制，深化原有的学业指导教师制度，加深学生与教师之间的联系，方便教师对学生的指导。同时，以学生法律职业技能的优劣考评教师，进行一定程度的奖惩，促使教师关注学生在职业教育和实务技能上的发展。

总之，我国当前法学教育存在较为严重的教育与实践相脱节的地方，出现了某种程度上的法学教育失败的情况，其原因是多方面的，只有坚持适应社会发展的教育理念，才能从根本上解决问题。

三、工程法学教育的基本思路

教育模式、人才培养方式的不断创新和与时俱进，努力适应经济社会发展和产业转型调整的需要是职业教育实现科学发展的内生动力。

（一）传统工程法学教育模式的弊端

法律教育要是钻在象牙塔里搞“经院哲学”，或者只搞理论上“空对空”的烦琐论证，注定不会有大的作为。不可否认，传统法学教育为我国培养出了包括理论界和实务界在内的大批优秀人才，为社会主义现代化建设和法治建设提供了强有力的智力支撑与人才保证。但进入 21 世纪以来，随着我国社会结构的深刻变更，社会生活的日新月异，以及工程文明的繁荣兴起，这种传统的、以单一学科为主要依据的法律教育模式，已越发显现出教育的不足和与经济社会快速发展的不适应。

工程文明的兴起以及繁荣、健康、和谐发展，呼唤传统法学教育与其同步伐、同进程、同发展，要求传统法学教育模式的更新换代。在工程文明不断进步的前提下，工程法学教育自觉地适应了社会条件的发展变化，一方面，在工程法学教育模式下培养了一专多能，具备综合素质的应用型人才；另一方面，满足了工程事业发展的人才需求，促进了我国工程事业法治化、标准化、规范化的进程。实践证明，法学教育只有与具体的生产实践有机结合、统筹兼顾，与工程事业相互配合、相互协作，才能健康、科学、和谐地发展。

（二）工程法学教育的发展思路

工程法学是一门边缘性法学学科，是法学学科与工程学科的有机融合，是以新视角、新思路、新方法探索提高法学教育的有益尝试。这一学科将工程领域中的规范、标准问题法律化、制度化，使各个工程领域都会有法可依、有章可循，这应是依法治国和建设和谐社会的必然选择。工程法学领域属于经济法、行政法、民法、刑法规范的范畴，其调整的对象涉及工程领域中多重法律关系。工程法学是各学科相互交叉的新兴学科，促使工程思维与法律思维有机融合，整合了工程学科与法学学科的科际资源，开辟了法律教育、工程教育的新领域。

1. “专业 + 产业”教育模式

“专业 + 产业”教育模式的诞生和发展，正是高等教育主动适应经济社会发展而进行实践教育教学改革的重要举措之一。地区、行业经济和社会发展的需要决定着高校专业设置的种类，地方经济社会发展和行业、产业结构调整决定着高校专业结构调整的方向。高等教育应该主要面向地方经济建设、社会发展和民生改善，为当地经济社会发展输送各类合格人才。

2. 要培养既有一定专业理论知识又有较强实践操作能力的实用型、技术型人才

要求学生具有一定的专业理论知识，应该以一定学科领域的科学文化知识为基础来设置专业，要求学生具有较强的实践操作能力。工程法学教育实现了法学学科与工程学科的有机结合，促进了两大学科的共同繁荣发展，更利于复合型实用人才的培育成长。

3. 完善工程文化价值教育

文化对人具有持续而深刻的塑造、引导、规范功能，高等教育应在文化传承、育人育德、培育行业新风上有所作为。优秀企业文化的培育和工程文化的塑造能引领学生规范、诚信、责任意识的养成，引导毕业生就业后尽快适应工作岗位，找准自己的人生坐标，建功立业，奉献社会。

工程文化是一种和谐、美丽、生动而具有久远历史的秩序文化形态。工程文化

是工程事业发展过程中长期积淀的社会现象，是工程文明的产物，在人们心里产生了深刻、不易变更的印记。和谐工程文化，应是一个理论体系完整，工程学科与人文学科，工程思维与法学思维，工程文明与精神文明相互融合、相互协调的一种良性有序状态。工程文化演进的过程应是一个多学科、多领域交织、对话、交融、共赢、和谐运行的进程，在这一进程中，法学思维、法学理论应渗透到工程思维和工程理论中，两种思维、两种学科的相融沟通、相得益彰，促进和谐工程文化的不断进化。优秀企业文化与工程文化的相互渗透、交融、对话，正是职业教育的一项重要内容。

4. 强化工程法学意识教育

工程法学意识教育是一种具有历史意义的文化价值教育。工程法学教育整合了工程学科与法学学科的科际资源，开辟了法学教育、工程教育的新领域。工程法学属于工程文化中构建和谐与秩序的规范、标准与程序。没有文化的工程是浅薄的工程，没有和谐文化的工程更缺少思想内涵与价值。因此，理工类高校教育要重视人文学科特别是法学学科教育的渗透影响，注重科际资源的整合，把法学教育和专业学科教育相融合。同样，在文科类院校尤其是单一学科院校的学生，注重对其进行工程文化的熏陶与培育，加强工程技术知识的培训和工程思维的锻炼。

第三十章　工程法学的心理学基础

正如美国著名法学家伯尔曼所指出的"法律必须被信仰,否则它将形同虚设"[①]。作为社会规范的法律不仅是以法典、规章制度等外在的物质形式存在,它的制定、实施和功能实现也受到人的主观意识的制约。因此,对于法学的研究,不可避免地要涉及人的心理层面。工程法学作为一门法学交叉学科,与心理学也有着密不可分的关联。本章主要介绍和工程法学相关的心理学基本知识和基本理论,为工程法学的研究奠定心理学基础。

第一节　心理学的基础理论

一、心理学的研究对象

心理学是研究心理现象的科学,它既研究个体心理也研究群体心理。[②] 人的生活就是由人的心理和行为支撑的,在一定意义上,心理活动是我们第一个直接接触、认识和体验的现实。心理现象表现形式多种多样,我们可以从不同的视角进行研究。[③]

(一)心理过程、心理状态与心理特征

认知是人获得知识或应用知识的过程,这是人最基本的心理过程。它包括感觉、知觉、记忆、思维和语言等。人接受外界输入的信息,将这些信息经过神经系统的加工处理,转换为内在的心理活动,进而支配人的行为,这个过程就是认知的过程,也就是信息加工的过程,即人脑接受、储存、加工各种信息的过程。[④] 人们的认识活动是在动机的支配下进行的,动机是驱使个体的活动朝向一定目标的内部动力。动机不同,所采取的行为就不同。人们的认识活动总会在认识客观事物的同时采取一定的态度,引起满意、喜爱、恐惧、愤怒、厌恶等的主观体验,这就是情绪。情绪是人对社会中的人、事深刻了解,切实体验的基础上产生的,它对认知产生巨大的影响,积极的情绪情感体验激发人们认识的斗志,而消极的情绪情感体验则使

---

① [美]伯尔曼:《法律与宗教》,三联书店 1991 年版,第 28 页。

② 叶奕乾等:《普通心理学》,华东师范大学出版社 2010 年版,第 1 页。

③ 黄希庭:《心理与人生》,暨南大学出版社 2005 年版,第 2 页。

④ 王雁:《普通心理学》,人民教育出版社 2003 年版,第 3 页。

人消沉,阻碍人们认识与创造的热情。上述这些心理现象都有一定的心理操作的加工程序,因而被称作心理过程。除了心理过程之外,心理学还研究心理状态,它是人在一定时间内各种心理活动的综合表现,如思维过程中的灵感状态、情绪过程中的激情状态、动机过程中的确信状态等。人在获得和应用知识的过程中,还会形成各种各样的心理特征,造成人与人之间的心理差异。人们的心理特性有些是暂时、偶然出现的,有些是稳固、经常出现的。这些心理特征是心理学研究对象的另一重要方面。

（二）意识和潜意识

潜意识是指隐藏在意识层面之下的,没有觉知到的所有经验。通常状态下,个体在意识状态下,能够认识事物、评价事物,认识自我,评价自我,改变环境等。意识和潜意识都属于心理学研究的内容。

（三）个体心理与群体心理

亚里士多德曾说过,能独自生活的人,不是野兽就是上帝。人是社会中人,他不能不与其他成员发生联系而独来独往,人作为社会的成员,总是生活在各种社会团体中,并与之结成各种各样的关系,从而产生了各种群体心理和行为。心理学不仅要研究个体心理,也研究群体心理以及个体心理与群体心理相互影响的问题。心理学通过研究行为来研究人的心理,行为是在一定刺激情景下产生的反应系统。行为不同于心理,但两者又有着密切的联系。引起行为的刺激常常通过心理的中介而起作用。由于心理条件的不同,同样的刺激在不同人身上的反应也常常不相同。心理支配行为,又通过行为表现出来。人的心理具有一定的内隐性,我们无法直接测量或者观察到,而行为却具有外显性。由于行为总是人们一定心理活动的表现,因此,我们总是通过观察和分析行为来客观地研究、推测人们的心理活动。因此,从这个意义上说,心理学是研究人的心理和行为的科学。

心理学的任务是通过科学的方法对心理现象全方位地观察,从而得出其一般规律和特殊规律,并应用这些规律为人类的实践活动服务。换句话说,心理学就是通过描述、解释、预测和控制人的心理和行为,探索和揭露人的心理活动和行为产生的规律,提高人类的生活质量。① 心理学研究的意义,从理论上来讲,它对于科学地解释心理现象,形成科学的世界观和人生观,让人们理解心理学和认识心理学有重大的影响。另外,从实践意义上来讲,心理学研究中提示的心理规律,能帮助人们去预测和控制心理现象的发生和发展,从而为人类不同领域的实践服务。

---

① 参见[美]理查德·格里格、菲利普·津巴多:《心理学与生活》(第16版),王垒、王甦等译,人民邮电出版社2003年版,第4页。

二、心理的本质

人的心理现象是非常复杂的。辩证唯物主义对人的心理做出了科学的解释，认为人的心理是脑的机能，是对客观现实的反映。[①]

（一）心理是脑的机能

心理是脑的机能，也就是说脑是从事心理活动的器官，心理现象是脑活动的结果。没有脑的心理或者说没有脑的思维是不存在的。正常发育的大脑为心理发展提供了物质基础。人的大脑是最为复杂的物质，是物质发展的最高产物。尽管这一论断得到了人们的生活经验、临床事实以及解剖学、生理学等大量资料的证实，但是人们获得这样的认识，确实走过了漫长的探索之路。

（二）心理是对客观现实的反映

健全的大脑给心理现象的产生提供了物质基础，但是大脑只是从事心理活动的器官，客观事物作用于感觉器官，通过大脑的活动将客观外界事物变成映像，从而产生人的心理，因此，客观现实是心理的源泉和内容。客观现实既包括自然界，也包括人类社会，还包括人类自己。心理是人对客观现实的主观映像，这种主观映像既可以是事物的形象，也可以是概念，还可以是体验，同时心理又是人对客观现实的能动反映，它不是镜子式的反映，通过心理活动不仅能认识事物的外部现象，而且还能利用这些认识指导实践活动，改造客观世界。

三、心理学的研究领域

心理学是一门内容广泛的学科，一般可分为基础心理学和应用心理学。基础心理学着重于理论体系的建立和基本规律的探讨，应用心理学则将心理学的理论运用到实际生活，包括工业、工程、组织管理、市场消费、医疗保健、体育运动以及军事、司法、环境等各个领域，服务于提高人们的生活质量和工作质量。心理学的应用领域甚广，根据心理学研究涉及的领域，主要有以下几个分支：

（一）教育心理学

教育心理学研究教育和教学过程中的种种心理现象及其变化，揭示在教育、教学影响下，受教育者学习和掌握知识、技能、发展智力和个性的心理规律。同时，它还研究形成道德品质的心理特点以及教育和心理发展的相互关系等。

（二）医学心理学

医学心理学是把心理学的理论、方法与技术应用到医疗实践中的产物，是医学与心理学结合的产物。它既具有自然科学性质，又具有社会科学性质，包括基本理

---

① 参见郭念峰：《国家职业资格培训教程心理咨询师（基础知识）》，民族出版社 2011 年版，第 4 ~ 6 页。

论、实际应用技术和客观实验等内容。医学心理学研究和解决人类在健康或患病以及二者相互转化过程中的一切心理问题，即研究心理因素在疾病的病因、诊断、治疗和预防中的作用。

（三）工业心理学

工业心理学研究工业劳动过程中人的心理特点和行为方式，涉及企业生产管理、组织变革发展、人力资源利用、工程技术设计、工作环境控制、产品销售使用等多方面的内容。它以企业中的人—机关系、人际关系和人—工作环境关系为研究对象，人是工业心理学研究的中心环节。根据工业心理学研究所涉及的分支领域，工业心理学包括了企业人事心理学、工业管理心理学、工程心理学、劳动心理学、消费心理学等。

（四）法律心理学

法律心理学作为心理学与法学的交叉学科，主要是用心理现象来解释法律问题的一门科学，[①]是以心理学的方法来研究和解决法学问题。根据法律心理学的研究内容的不同，法律心理学的研究具体包括立法心理、犯罪心理、侦察心理、司法鉴定心理等内容。

（五）军事心理学

军事心理学研究人在军事活动条件下的心理学问题，这些问题包括军事人员的选拔和培训、军队中的人际关系和组织、人的因素和安全、人因工程和士气等。军事心理学把军事组织看成一个小的社会整体，研究其中的社会过程，如指挥员和士兵的关系，战争条件下群体内部情绪的相互影响等。

第二节　法律心理学

法学对心理学问题的关注，早出现的是对群体心理学的研究，而这方面的研究促成了法理学和政治学中的心理学运动。这一运动是以柏林大学法学教授祁克（Otto Von Gierke）的著作为起点的。

一、法律心理学的内涵及其产生的历史背景

（一）法律心理学的内涵

从心理学家的立场出发，赫尼（Haney）从精神病学家“在法律制度内部”工作与社会学家、人类学家“在法律制度外部”工作的学科交叉实践特点中获得启发，在法律与心理学交叉研究的语言表述关系中，通过变换介词的方法梳理出三个主

---

① 参见乐国安等编著：《法律心理学》，华东师范大学出版社 2016 年版，第 7 页。

要的知识取向,分别为“法律中的心理学”(Psychology in the Law)、“心理学与法律”(Psychology and the Law)以及“关于法律的心理学”(Psychology of the Law)。①

依据布莱克本(Blackburn)的解释,“法律中的心理学”是指法律领域的具体问题的心理学应用。例如,目击证人的可靠性、被告人的心理健康、离婚父母对孩子监护能力的评估等问题;“心理学与法律”是指罪犯、律师、检察官、警察与法官等人的心理现象及其规律;“关于法律的心理学”是指将法律视为一个整体性观念,在较抽象的分析层次上研究法律是否能够以及通过什么样的媒介影响人们与法律的相关社会行为。例如,为什么人们会普遍遵循法律或者不遵循法律,社会公众对不同刑罚的知觉与态度等问题。

由此,这三个方面的研究,在理论层次上存在由低到高的纵向差别:“法律中的心理学”主要是为了回答法律实践中遇到的具体问题,“关于法律的心理学”关注较为抽象的甚至带有哲学意味的理论问题。“心理学与法律”则处于二者之间,处理现实的具体法律问题但不将法律原则视为既定不可变的,力求进行理论分析但又不特别追求结论的普遍适用性。这一分析框架有助于理解心理学对法律研究的知识参与,但毕竟不是一种严格的概念划分,所以对有些具体的研究进行归类时,难免出现模糊。

(二)法律心理学产生的历史背景

心理学作为一门独立的学科始于 1879 年,以冯特在德国莱比锡大学建立了第一个心理学实验室为标志。关于法律心理学形成的原因应该回归到 19 世纪的社会与法律的背景中。

在西方国家,直到 13 世纪,法律几乎都是依靠神学哲学来支撑自身以维持权威。在 16 世纪基督教改革运动中,教会的法律权威被摧毁,而且法律理论的权威性神学基础也被摧毁。到 17 世纪上半叶,有关帝国连续性的学理原则以及由此产生的罗马法的约束力,也都不再有效和灵验了。法律从神学中出来,又跌入到“理性”之中。结果,法律科学和法律本身中的所有东西都必须以理性为依凭。此外,在法理学思想和法院对法律材料的实际适用及发展方面也展开了一场运动并最终形成了 18 世纪自然法学派。但是自然法学混淆了实际的权威性律令体意义上的法律与人们对特定论者所认为的应然法律所做的思考,于是 19 世纪出现了一系列以反对与修正自然法学为目标的各种法学派,包括历史法学派、形而上学法学派、分析法学派等。在 19 世纪末,欧洲大陆又出现了反对当时占据支配地位的历史法学派的运动,产生 20 世纪所特有的两大法学派——社会哲学法学派和社会学法学派,而且还形成了一种具有重大影响的方法——经济学解释方法,而这种方法则导

① 参见乐国安等编著:《法律心理学》,华东师范大学出版社 2016 年版,第 7 页。

向了一种新现实主义法学派的形成。

正是由于社会哲学法学派与社会学法学派的形成,才使法学与广袤的社会状况紧密结合在一起;再加上经济学解释方法在法学中成功应用,在一定程度上驱使法学家尝试运用当时先进的社会科学方法来分析与解释法律。这些条件为心理学与法学结合提供了契机。当然,此时除了心理学与法学结合外,法学还与许多社会科学紧密联系,如法律与社会学,法律与人类学等。在20世纪,法学家又力图通过某种社会哲学的形式而将法理学与其他社会科学部门统合起来。

二、法律心理学的形成

最早出现的法律心理学派的代表人物是早期社会学法学派中的一些社会学家,也即社会学法学派发展过程中心理学阶段的一些代表人物,例如法国的社会学家、犯罪学家加布里尔·塔尔德(G. Tarde,1843~1904),他认为人类社会生活是一个发明、模仿、冲突和适应的循环过程,法是在模仿者的服从心理的基础上建立的;美国的社会学家沃德(L. F. Ward,1841~1913)认为心理力是一切社会现象的基础;20世纪初德国法学家奥托·冯·基尔克(O. F. von Gierke,1841~1921)认为法来自集团人格和集团意志;里昂·彼得拉任斯基(Lew. J. Petrazycki,1867~1931)是20世纪法律心理学派中最有影响的人物,他认为法律现象是由独特的心理活动构成的,法可分为实在法与直觉法,后者就是以心理活动为基础的法。现代资产阶级法学中的美国现实主义法学派以及斯堪的纳维亚法学派,也都被称为法律心理学派。[①]

(一)法学家对法律心理学的研究

从学科产生来看,法学是与医学、神学并列的最古老的三大学科之一,法学家对法律领域的心理学问题的关注也比心理学家对这一领域的关注要早。法学领域涉及心理学内容的最早时间难以考究,但刑法学鼻祖——意大利刑法学家贝卡里亚(Beccari)在1764年出版的《论犯罪与刑罚》一书中,已经详细地谈到了证人的可信程度、讯问与口供,其中已经涉及许多心理学的内容。尤其是谈到刑讯时,指出"每一个人的气质与算计都随着本人的体质与感觉的差异而各不相同,刑讯的结局正体现着个人气质与算计的状况。因此,一位数学家大概会比一位法官把问题解决得更好;他根据一个无辜者筋骨的承受力与皮肉的敏感度,计算出会使他认罪的痛苦量"。1876年被称为犯罪学之父的龙勃罗梭(Cesare Lombroso)出版了《犯罪人论》一书,将犯罪之人的个性纳入犯罪研究的视野中,引起了人们对于心理学和法律两个学科结合的兴趣。

---

① 乐国安等编著:《法律心理学》,华东师范大学出版社2016年版,第7页。

(二)心理学家对法律心理学的研究

1879年,德国心理学家冯特(Wilhelm Wundt,1832~1920)建立了第一个心理学实验室,标志着心理学成为一门独立的学科。当时,心理学家对法律领域的研究还缺乏兴趣,只不过在研究知觉与记忆时发现了知觉与记忆的不可靠性,客观上为证言的不可靠性奠定了理论基础,但这对于心理学家而言仅仅是一个副产品而已。法国的比奈(Alfred Binet,1857~1911)在1900年就试图了解儿童的作证能力。在德国,威廉·路易·施特恩(William Louis Stern)在1902年发表论文《证人的心理》并开办了一个杂志《为证人心理学投稿》,而且他还被法庭聘请为专门识别证言的专家。他坚信"完全正确的回忆不是一项规则,而是一个例外"。他的研究在美国与欧洲引起一个热潮,使曾跟随冯特研究的美国心理学家雨果·闵斯特贝格(Hugo Munsterberg)出版了《在证人席上》一书,作者在该书中就指出:"实验心理学已经达到了这样一个阶段,在这个阶段,注意它对生活的实际需要能够提供的服务,似乎是很自然也是很合理的。"他强调心理学对实践的服务,希望心理学成为公共生活的一个重要领域,而法律制度是实现这一使命的一种工具。于是,他研究了记忆的扭曲、证言的准确性、供述易受暗示、催眠在询问中的应用、犯罪侦查与犯罪预防,在一定程度上影响了心理学家对法律心理学主题的思考范围。盖伊·蒙特罗·斯惠普尔(Guy Montrose Whipple)1909~1912年在《心理学报》发表的系列论文中,将"证人证言"这个术语引进英语,向美国读者介绍了将证人证言和证据与知觉和记忆联系起来的一些经典性研究。由此可见,心理学家对法律领域的关注是在19世纪末,始于对基础理论知觉与记忆的研究。①

经过这些人的努力,法律领域终于被看成是心理学的一个合适的研究对象,心理学也被看成法律链接的一个研究对象。但是,由于心理学家的研究风格和研究目的与法律人的要求和心理期待的差异,导致了从事心理科学规律研究的心理学家与致力于减轻个人的有害行为的司法实践人员之间的分歧:一方面,法庭面临着如何处置由于心理障碍或犯罪倾向而进行了违法行为的问题;另一方面,实验室中的心理学家已经研究了各种不同的现象,如知觉与记忆规律的研究。由于这种分歧,使整个法律心理学在第一次世界大战到20世纪70年代中期,都陷入了低潮。到了20世纪70年代时,实验心理学家与社会心理学家又开始关注法律领域,但是心理学家的研究与法律期待的距离仍然存在。

三、早期法律心理学的主要观点

在法学理论中,一般将法社会学当作法理学对待。庞德认为,法社会学主要有两个取向:一是经济学取向;二是心理学取向。所以,以心理学的方法研究法学课

---

① 参见李安:《从心理学法学到法律现实主义》,载《国外社会科学》2008年第6期。

题,解决法学问题的学科当然属于法学,而且是法社会学的主要分支。

(一)欧洲大陆状况及其法律观点

奥地利思想家尤金·埃利希(Eugen Ehrlich,1862 ~ 1922)提出了一种彻底的社会学法律理论。他认为,“活法”是“联合体的内在秩序”,即与国家实施的法律相对的由社会实施的法律,活法是支配社会生活的法律。由于尤金·埃利希把裁判纠纷而制定的“审判规范”与那些产生于社会并决定普通人的实际行为的“组织规范”做了比较,指出:“人们履行法律义务与其说是一个有意识思考的问题,不如说是一个无意识地使自己习惯于周围人的情感和思想的问题,最重要的规范只是通过联想起作用的”。由此,人们认为尤金·埃利希的法律理论中有一种心理学的成分:他认为习惯在法生活中具有非常重要的分量。波兰法律哲学家里昂·彼得拉任斯基更详尽地阐述了法律中的心理学因素。他认为,法律现象是由独特的心理过程构成的,只有通过运用内省的方法才能观察到这种过程。他提出了一种“直觉法律”的理论,这种理论认为个人的法律意识和人的内在经验在解释法律现象和社会现象的时候具有重大作用。

法律心理学派是随着社会学和其他社会科学中出现心理学派而开始兴起的。19 世纪末 20 世纪初,资本主义固有的社会矛盾激化。面对不断涌现的社会问题,传统的自然法学和分析法学不能够提供解决方案。在孔德的实证主义哲学和社会学理论的影响下,一些法学家注意到社会学原理和方法,并将这种实证的、经验的方法具体运用于法学的研究中。在 19 世纪中叶,对社会科学具有重要影响的是生物学。社会科学家在国家和法律的研究中,纷纷引进自然科学的各种方法,采用进化论的概念,主张有机体的国家理论。到 19 世纪后期,多种因素促进心理学理论不断地向社会科学研究渗透。黑格尔形而上学的理性主义和孔德实证主义的哲学,使学者将注意力集中到各民族的民族精神和作为民族精神自然表现的法律上。群众心理学研究运动的兴起,就是关注民族精神的结果之一。学者们企图通过语言、神话、风俗和法律的研究发现各个民族和人民心灵上的特点。[①]

法学家基尔克和凯恩就将国家看成是由许多各具心理人格的同等团体组成的。这种国家概念,极容易推导出政治过程的性质是心理的,政治服从产生于心理势力。他们从团体意识的角度研究团体生活。于是,人性和人类行为的种种法则成为研究的起点,本能与冲动、理智与意志成为社会科学的研究重点。社会学中的心理学理论也被法学家所采用,开拓社会学法学研究的新领域,形成法律心理学派。法律心理学把法律看成一种社会现象,并改用社会心理学研究方法,从现实社会环境中寻找法的渊源。

总之,法律心理学注重法律的作用、法律的效果和法律的社会目的的研究,其

---

① 参见乐国安等编著:《法律心理学》,华东师范大学出版社 2016 年版,第 8 页。

主要法律观点是：(1)法是个人心理活动的产物，是个人与个人之间的心灵交往造成的。法律规范同样要经历发明、模仿和冲突的过程。法律规范中所体现的观念或行为方式，就是群体中优秀的个体在社会冲突过程中为了适应生活而创造的。(2)法律规范确定的行为模式，常常是人们在现实生活中已经采用的行为。法律规范所确定的行为方式必须要和当时的社会发展水平相一致，才会被人们争相模仿发生效力。(3)最根本的社会力是一切生物推动其行为的欲求的力，欲求是社会的主要起源和根本力量。法律同其他社会现象一样，都起源于人类的欲求和情感。法律心理学派的主要代表人物有法国社会学家和犯罪学家塔尔德、美国社会学家沃德和波兰法学家彼得拉任斯基。其中，塔尔德和沃德对法律现象所作的心理学解释，构成了心理学派的理论基础，而彼得拉任斯基被认为是法律心理学派中造诣最深和富有创新精神的代表。

(二)美国的状况及其司法观点

杜威(J. Duwey)和弗兰克(Jerome Frank)等人对司法的实际运作做了专门研究，心理学在司法领域的功能才初步显示出来。他们将实证主义、社会学研究和心理学研究结合在一起，尤其是采用了心理学的研究范式，如内省法、自我报告法等方法。他们通过法官的"自我报告法"对法官如何为案件寻找答案进行研究，结果表明："理解法官发现裁判结论的实际心理运作不仅有助于法官为案件提供更加高明的裁判结论，还能够使裁判结论的正当化更加明晰，裁判'发现'的心理过程与结论的正当化证成之间并非毫无关系的相互独立过程，相反，裁判思维本身既包括'发现'与'检测'案件答案的思维，也包括将思维结果予以说明的思维"。杜威和弗兰克借助心理学家对"问题解决"的已有研究成果，来诠释法官在裁判过程中是如何发现案件的答案或为案件提供创造性的答案。他们认为，结论的说明在法律裁判中并没有显示出比结论的"发现"更重要，并依赖于顿悟的直觉判断与裁判结论的阐明进行区分，有助于解释为什么对结论的阐明可以以逻辑推理的形式进行。

赫尔曼·坎托罗维茨在德国首届社会学会议上曾当着与会的社会学家宣称，法社会学只是法学家以兼职的身份来做才能结硕果。人们通常认为，不理解法律家所使用的概念、符号和论证方法，社会学法学就不会得到发展，法律心理学也是如此。由此，一方面，与法律和法律机关的关系得到了强调；另一方面，法律作为一个整体被其复杂性所消解，法律湮没在作为"全能背景因素"的社会功能之中。这样，造成了法律心理学研究课题的模糊性。于是，经验的法律心理学研究开始转移其关注点。第一种将注意力从法律转到了法律家和法律职业；这一研究类型与法律心理学并无理论上的相互联系，而只与角色理论和职业心理相关。第二种研究将注意力放在司法机构的行为上，将行为主义的理论引入法律判决之中。第三种关注的焦点不在法律，而在人们对法律的态度、观点以及法律知识在大众中的传播。上述研究都严格受到了各自的法律主题的限制，其中都不见法律本身，而且各种研究也缺乏内在一致性。

四、20 世纪后的融合——融入法律现实主义

晚近以来,在实证主义社会学、新康德主义相对论、弗洛伊德心理学和现象学的影响下,经济解释导向了那种自诩为法学现实主义的理论,而这种法学现实主义理论又具有若干形式。在现实主义法学家看来,逻辑实际上是在一项司法裁决以后采用的,其目的就是要给某项根据一种在那些被认为是指导审判之权威性依据之外的基础而达到的裁定添上理性的色彩。心理学研究指出:第一,我们还必须考虑对非理性的个人行为所施加的各项约束因素;第二,法官的所作所为不可能好于我们对他们的期望。于是,许多现实主义者都把行为主义心理学作为抨击逻辑、观念、原则和任何指导审判的权威性依据的基础。因此他们认为,判决是根据一种感情经验而达成的,而原则和逻辑在其间只具有次要的作用。又由于心理学在司法领域已得到某些成功应用。有些法学家将对法院所进行的心理学调查以及对司法活动所进行的心理学研究在公认的论著中得到系统化。在 19 世纪的心理学独立的初期,将心理学独特的系统化知识就融入现实主义的范式之中,最终被称为心理学现实主义。①

心理学现实主义者认为,法律并不是一种增进对内在本性进行控制的力量,以便可以遏制法官和行政官员所具有的有可能导致他们专断、不平等且不公正地运用政治组织社会力量的种种偏见和个人化倾向的力量。因此,心理学现实主义者渐渐达成了一种在很大程度上与经济决定论者所主张学说相类似的学说,只是它所依据的基础是心理学。他们坚持认为司法行为与行政行为中的非理性要素就是现实或实在的,而其间的理性要素则是幻觉。就其极端形式而言,心理学现实主义认为司法过程中的每个环节都完全而且肯定是由那些决定个别法官的行为的心理因素所构成的。这种心理学现实主义从"法官"的角度来考虑司法过程,而且在很大程度上还致力于关注抽象法官的每一个环节。就温和形式而言,心理学现实主义认为司法过程是由那些在很大程度上无力为人们所发现的个人心理因素所决定的,进而认为司法行为"在一个具有任何点滴新颖的案件中"都是无从预见的。心理学法律现实主义通过对许多法律判决进行分析发现,许多法律判决是基于不确定的事实、模糊的法律规则或者不充分的逻辑作出的。因此,"真正的"判决根据并不清楚;他们对不同官员在类似情况下所作出的判决的比较表明,法官的个性、政治因素或偏见对判决的影响比法律要大。这些研究成果冲击着以往法律者所恪守的某些信念,心理学现实主义由此获得了生命力,法律心理学这一称谓也基本被现实主义法学所取代而逐渐为人们所淡忘了。

法律现实主义,是当代法学理论界最值得瞩目的法学学派之一。20 世纪 20 ~

---

① 乐国安等编著:《法律心理学》,华东师范大学出版社 2016 年版,第 10 页。

30 年代,在美国形成规模宏大的现实主义法律运动,并将现实主义法学推向高潮。现实主义理念打开了法学封闭的大门,从此,法学与社会科学的相互结合与渗透已不可逆转。社会科学方法的导入给法学带来了新的思维和发展动力,开始重现检验法学据以自洽的前提,推翻了一些神话、修正了一些前提,也描画出了法律的真实作用及其限度。借助社会科学乃至某些自然科学的手段和方法,可以更准确和全面地发现和界定事实;而借助其他学科的研究思路,则可以对法律现象乃至规则提供更加开放和现实的解释。在 20 世纪末至 21 世纪初的大约 10 年间,一些西方学者开始重新密切关注心理学与法律、情感与法律之间的相互影响,并着重研究其他心理学与社会科学在分析和解决法律问题中的应用。此类体现交叉学科研究成果的学术文章不断被发表于各种法律期刊上,一批在西方法律学术界极具影响力与权威的法律期刊也持续刊载了法律学家与心理学家共同的经验研究的学术成果。①

总之,法律心理学是以心理现象解释法律为特征的法学总称,在西方法学史中,属于社会学法学派的一个支派,又称社会法律心理学派。心理学在法律中得以应用是心理学本身需要拓展的研究领域,也是法律领域需要有心理学的加入。法律人研究法律心理学,其研究目标是解决法律问题,研究方法以阐释性为主;心理学家研究法律心理学,其研究目标是深化心理学理论,研究方法以经验性为主。但是这两个群体之间往往缺乏交流。其实,法律与心理学有着广阔的结合空间,在美国被收入 SSCI 的法律杂志中就有多个涉及法律与心理学,如:forensic psychology, law and human behavior, psychology, public policy 等,还不包括法律与社会科学中所包含的心理学内容。而我国没有一个法学期刊是关乎法律与心理学的,甚至一个栏目都没有,所以,单从我国法学专业期刊的单一性来说,我们关于法律心理学的研究还是严重不足的。

第三节　工程心理学

工程心理学(engineering psychology),作为心理学分支学科,是一门采用心理学及其相关学科的科学研究方法,通过对人机环中的人、机器和环境界面的研究,实现界面优化,从而提高工作、学习绩效,创造舒适环境,防止事故发生的学科。②工程心理学研究人与机器、环境相互作用中人的心理活动及其规律。其目的是使工程技术设计与人的身心特点相匹配,从而实现人、机、环境三者之间的合理配合,提高系统效率、保障人机安全、并使人在系统中能够有效而舒适地工作。工程心理学的研究范围很广,涉及生理学、解剖学、人体测量学、生物力学、医学等人体科学

① 明辉:《西方法律与心理学研究的生成、发展与趋势》,载《国外社会科学》2009 年第 4 期。

② 葛列众:《工程心理学》,华东师范大学出版社 2017 年版,第 2 页。

和电子、机械、计算机等技术科学。

一、工程心理学的学科性质

工程心理学的研究是围绕人、机器和环境系统进行的。作为一门学科，工程心理学的研究目的与其他学科有明显的不同。

（一）人、机器、环境系统

1. 人、机器、环境系统

人、机器、环境系统是由彼此相互作用的人、机器和环境三个要素组成的系统。其中，“人”泛指在一定环境下使用或者不使用机器的人们；“机器”是指人所使用、控制的一切客观对象；“环境”不仅指物理环境、社会环境，也包括情景意识。物理环境指的是由声、光、空气、温度、振动等物理因素构成的工作场所；社会环境则是指由团体组织、社会舆论、工作气氛、同事关系等组成的社会环境，而情景意识主要指操作者基于环境（系统、环境、设备及其他成员）信息和已有知识形成的动态化心理表征。这个心理表征协助操作者完成个体子目标，以及和其他操作人员共享的整体目标，并在此过程中得到不断的更新。在人、机器和环境三要素中，人是重要的。这不仅是因为人可以制造、控制机器，也可以选择和创造环境，人、机器和环境三个要素彼此组合可以形成各种属于人机环系统的子系统。工程心理学研究中关注的子系统是人和机器组成的人机系统和人环境系统。操作工人操作机床是人机系统的典型例子，其中操作工人是人，而机床则是机器。其次，工程心理学还关注人环境系统，例如，在高温环境下工作的装配工人，其中，高温环境是系统中的环境部分，而装配工人则是人。人的各种活动通常都是在人、机器、环境三方面因素相互作用下完成的，所以在研究人机系统和人环境系统等子系统的时候，还应该考虑其他因素的作用。

2. 人机界面

人机环系统中，界面（interface）指的是人、机器和环境三个要素彼此作用的交界面，也称为接口，例如，人的视觉系统和计算机显示屏就构成视觉系统和显示屏界面，通过该界面，可以实现人和计算机的彼此交互。人、机器和环境三个要素构成的界面有两种基本的类型。一种是与人相关的界面；另一种是与人无关的界面，例如，机器和环境的界面。工程心理学只研究与人相关的人和机器界面、人和环境界面。人机界面是人机环系统中人和机器之间的界面，包括人机器硬件界面（以下简称人硬件界面）和人机器软件界面（以下简称人软件界面）两种基本类型。人硬件界面中，硬件指的是人所使用的一切具有物理形态的机器总称，例如，各种车床、工具、劳动防护、日常生活、文娱用品和衣着服饰等。人手握铁锹进行劳动，手和铁锹之间构成了手和铁锹的界面；人搜索计算机屏幕上的特定字符，人的视觉系统和字符之间构成了视觉系统和字符的界面。人软件界面中，软件指的是程序、方法、规则、守则、手册和管理制度等不同形式的软件，例如，计算机的程序、操作规则等。人操作计算机程序，人和程序之间就构成了人和程序之间的软件界面。人遵循一定的操作规则，人和操作规则之间就形成了人和规则软件界面。

3. 人环境界面

人无论是工作学习，还是休闲，总是处在一定的环境之中。人和环境组成的界面就是人环境界面。人物理环境界面指的是人和声音、光线、气温、振动、个人空间等物理环境构成的界面。我们平时工作的办公室或车间、日常生活的家庭居住环境、学习的教室环境等各种物理环境都和在这些环境中工作、居住学习的人构成了人物理环境。除了人物理界面，在环境中人的工作、学习和生活还受到社会因素和情景因素的影响。

可见，工程心理学的研究对象具体的就是指人机环系统中的人机界面和人环境界面。

（二）工程心理学的研究目的

工程心理学是心理学科中的一门应用科，其研究目的和研究途径和其他的学科有着明显的不同。人的各种活动是在人机环系统中进行的。有不少学科的研究和人机环系统相关，例如，心理学、教育学把人作为研究对象，各种工业工程学科和环境学科则分别把“机器”和“环境”作为研究对象。这些学科的研究在一定程度上都可以提高人的工作学习绩效和舒适度，创造高效、舒适的环境，防止错误和事故发生。例如，心理学、教育学通过对人的素质培养，可以提高人的工作学习绩效。环境学科通过对环境的研究，可以创造更为舒适的环境。各类工业工程学科可以通过新材料、新工具、新设备的发明制造，新型劳保装置的使用来改进工作绩效，防止错误和事故发生。但是，工程心理学和上述这些学科有明显的不同：工程心理学研究的对象是人机界面和人环境界面，不是具体的“人”或者“机器”或者“环境”。工程心理学是采用心理学及其相关学科的科学方法，通过研究人机环系统中的人机界面和人环境界面，使和人相关的界面设计及其和界面设计相关的产品设计能够符合机器操作者和产品使用者的心理、行为和生理的特点和规律，从而提高学习、工作和使用的绩效和舒适程度，降低工作负荷，创造有利于学习、工作和使用绩效和舒适的环境，防止错误和事故发生。

工程心理学是通过研究人机环系统中的人机界面和人环境界面以及与界面设计相关的产品设计问题，来实现其研究的目的。工程心理学要求这些界面及其和这些界面人相关的设计问题能够符合系统操作者和产品使用者的心理、行为和生理特征的规律和特点。[1]

---

① 葛列众：《工程心理学》，华东师范大学出版社 2017 年版，第 4 页。

二、工程心理学的历史发展

通常认为工程心理学自第二次世界大战后才作为一门学科发展起来。

(一)早期研究

工程心理学作为一门科学其发展起源于第二次世界大战后期,其学科历史是短暂的。但是工程心理学研究倡导在界面产品中考虑人的因素的意识起源于人类早期发展历史中的工具制作。原始人类为了自己或者家人制作各种生产、生活用具就会有意识或者无意识地考虑其中的人的因素的作用。例如,原始人打磨工具手柄为自己使用时,会考虑手柄尺寸和自己手掌大小之间的匹配关系。随着生产力的发展,社会分工出现,逐步改变了制作生活用品和生产工具过程中生产者即使用者的模式,制作者或者生产者越来越多地为他人制作和生产工具。特别是随着工业革命的出现,大规模生产方式开始出现,技术发展使生产者更多地注重生产的效率和产品功能的实现,很少注意使用者的要求。在这一背景下,19 世纪晚期至 20 世纪前期出现了工程心理学的萌芽,即早期的人机界面研究时期。这个时期的主要特点是机器的生产并不强调考虑使用者的需要,而是强调人或者使用者对机器的适应,即人适应机器。在这个时期,心理学家的任务更多的是为现成的机器选拔和训练操作人员。①

德国心理学家闵斯特伯格首先把实验心理学应用于工业生产。他用实验心理学方法为企业选拔、训练工人和改善工作环境。1912 年左右,他出版了《心理学与工业效率》等著作,被视为工程心理学的先声,其中"使工人从工作中得到愉快和喜悦"的思想,对现代工程心理学仍有极大的指导意义。第一次世界大战加快了心理学在工业和生产部门的应用速度。随着军事的发展,新式装备的制造对操作者提出了特殊的生理心理素质要求,心理学家用各种心理学的方法为现有机器选拔与训练操作人员,使人能够适应机器的性能。

(二)学科诞生

第二次世界大战期间,技术的进步使得武器装备的性能和复杂性大大提高,即使经过选拔和训练的操作人员操作效率也会非常低下,特别是当应激事件发生时,往往会导致很多人为事故的发生。忽视人机系统构建中人的因素而导致的绩效低下和人误事故的发生,促使人们认识到机器和人是一个整体,武器装备只有与使用者的身心特点匹配时才能安全而有效地发挥其性能,避免事故。因此,必须对人的身心特点与要求有所了解,尤其是对处于系统中的人的行为、能力水平、操作可靠性等有充分的认识,才能进行有效的设计。至此,工程技术才真正与心理学密切结合起来,"人适应机器"的理念逐步转到"机器适应人"的阶段,而工程心理学也逐

① 葛列众:《工程心理学》,华东师范大学出版社 2017 年版,第 4 页。

步成为一门独立的学科。20 世纪 40 年代中期至 60 年代是工程心理学的成长阶段。这个阶段的工程心理学关注的是机器适应人的问题，但是研究重点主要在军事工业领域，研究的领域是机器开关、按钮、操作杆等控制器和表盘指针式仪表设计中的人的因素的问题，即研究使仪表、控制器与人的感觉知觉特性及手足运动器官的反应特性相适应的问题。通常，这个时期的工程心理学研究被称为“开关表盘”时代。同时，英美等国在这期间也开始了最初的追踪动作研究，如监控作业中，操作者的特点研究等。

在这个时期，工程心理学相关机构和出版物也有了新的发展。1945 年，美国军方成立了工程心理学实验室；1950 年，英国成立了世界上第一个人类工效学会；1949 年，查普尼斯等出版了《应用实验心理学》一书。该书系统地论述了人机工程学的基本理论和方法，为工程心理学奠定了理论基础。通常认为这本书是第一部真正意义上的工程心理学著作；同时，美国塔弗兹学院出版了《心理物理学资料手册》。这本手册是工程心理学的第一本资料手册。

（三）学科拓展

20 世纪 60 年代后期至今，工程心理学逐步进入高速发展时期。这一时期的工程心理学研究领域和应用范畴有了新的拓展。工程心理学的研究逐步发展应用到航天、医药、计算机、汽车工业和服务业等各个领域。60 年代后，宇宙航空事业开始发展，对工程心理学起了很大的推动作用，大量与航天有关的人机界面的研究得以进行。70 年代以后，随着计算机学科的发展和生产过程自动化程度的提高，人机交互方式和人在系统中的地位和作用发生了深刻变化。操作者在人机系统中不仅仅是机器的操作者，而且也成为自动化机器的监控者，而且人在人机系统中的体力负荷降低，心理负荷增大。人机之间的交互方式不仅仅是机械的，也有对话的。这些新的问题，新的交互方式，开拓了工程心理学的研究领域，推动了工程心理学的发展。80 年代以后，随着信息论、控制论等新学科的进一步发展，工程心理学的研究成果大量应用到产业界。各类生产系统的安全和可靠研究成为重要领域。90 年代后，随着计算机和信息技术的进一步发展和普及，各类专家系统和人工智能技术日益完善，终将创造出具有人类思维能力的智能系统。这当中包含着大量全新的工程心理学问题，给工程心理学提出了研究的新方向和课题，如新兴人机交互界面研究、产品可用性和用户体验研究。

因此，第二次世界大战是工程心理学发展史上的分水岭。早期制作过程中人的因素的考虑是自觉的、无意识的一种觉悟。第二次世界大战前的工程心理学是经验的，人机界面的优化主要是围绕着人对机器的适应进行的。“二战”后的工程心理学则是沿着科学的范畴进行，更多的实验研究，更多的人的因素的考虑，人机界面的优化更多地强调机器对人的适应。随着社会的进步，生产力不断提高，工程心理学的研究将会不断地深入，应用也不断地拓展。智能机器系统的出现将会使人和机器的关系,从机器对人的适应逐步变为彼此交互适应的新阶段。

三、我国的工程心理学

工程心理学研究在中国起步较晚。20 世纪 30 年代,我国的工程心理学开始发展。50 年代到 60 年代,我国的心理学家就已结合生产实践开始了人机系统方面的研究工作。在"文化大革命"中,工程心理学的研究被迫中断。随后的 70 年代后期至 80 年代后期,我国的工程心理学得到了重建。90 年代以后,工程心理学开始飞速发展。

(一)学科建立

20 世纪 30 年代,清华大学开设了工业心理学课程。陈立先生出版了我国第一本工业心理学专著《工业心理学概观》。这本著作论述了环境因素与效率、疲劳与休息、工作方法与效率、工业中之事故、工厂中之组织、工作中之激励与动机等问题。这个时期是我国工程心理学的萌芽期。

20 世纪 50 年代到 60 年代,我国工程心理学家在操作分析、工伤事故预防和人机界面的设计方面做了许多工作。1957 年,曹日昌研究了时间间隔对触觉定位的影响;1957 年,李家治等对工业事故的原因进行了分析研究;1959 年,中国科学院心理研究所劳动心理组对转炉炼钢工人火焰视觉判断进行了初步研究;1959 年,陈立等研究了细沙工培训中的心理学问题;1961 年朱祖祥研究了劳动竞赛中的心理学问题;1962 ~ 1965 年,李家治等对闪光信号频率中的界面设计问题进行了一系列的研究;1963 年和 1964 年,徐联仓对信号相关的界面设计做了系列研究;1965 年和 1966 年,李家治等对闪光信号的界面设计做了多项研究;1965 年和 1966 年赫葆源对开关板电表的工程心理学问题做了研究;1966 年,封根泉研究了低负荷条件下的信号察觉的效率;1966 年,曹日昌等对弱电集中控制电站信号显示的工程心理学做了研究。1966 年,彭瑞祥等对中小学教室照明环境进行了研究。这些研究对我国工程心理学的发展起到了非常大的推动作用,也解决了当时工业设计中的许多人机界面问题。在"文化大革命"时期,我国工程心理学的研究被迫停顿。[①]

(二)学科重建

20 世纪 70 年代后期至 80 年代后期是我国工程心理学的重建时期。这一时期,工程心理学的发展进入一个新的阶段。中国科学院心理研究所、航天医学工程研究所、空军医学研究所、杭州大学(现在的浙江大学)、同济大学等单位分别建立了工效学或工程心理学研究机构。1979 年,杭州大学(现在的浙江大学)建立了我国第一个工业心理学专业,招收培养我国高校第一批工程心理学硕士和博士研究生。1980 年,封根泉出版了我国第一本工程心理学专著《人体工程学》。1981 年,

---

① 葛列众:《工程心理学》,华东师范大学出版社 2017 年版,第 5 页。

中国科学院心理学研究所和中国标准化研究所共同建立了“中国人类工效学标准化技术委员会”,并与国际人体工程标准化综合研究所共同建立了“中国人类工效学标准化技术委员会”,同时还与国际人体工程标准化技术委员会建立了联系。1988年,杭州大学的工业心理学专业被国家教委批准为国家重点学科。1989年,杭州大学的工业心理学实验室被批准为国家专业实验室。1989年,中国人类工效学会成立。1995年,《人类工效学》杂志创刊。1990年,朱祖祥教授编写了我国高校使用的第一本《工程心理学》教科书。这一时期,工程心理学的研究主要集中在人机界面评价、设计;环境的设计、控制,工作负荷和人体测量学四个方面。人机界面评价和设计研究主要有视觉显示器相关的工效学研究以及各种工业生产机械设备和生活设施的人机界面设计的研究。环境的设计和控制方面的研究工作主要是与环境照明对视觉作业的影响相关的研究。工业负荷研究主要有各种工作的负荷分析和工作负荷指标两个方面。人体测量学研究主要有刘宝善等基于握杆操纵技术的应用对359名歼击机飞行员的19项人体测量数据的研究等。这个时期的其他工效学研究有:李良民关于飞机座舱工效学标准的研究,陈善广等关于语音识别的工效学研究,符文琛等对于工伤事故的工效学分析。

20世纪70年代后期至80年代后期,工程心理学学科得到了重建,多个全国性的学术组织和多个学术研究机构成立,初步形成了工程心理学的教育体系,工程心理学研究工作得到了飞速的发展,研究领域不断扩大,研究的成果也日益增多。

（三）学科发展

20世纪90年代后期至今是中国工程心理学的快速成长发展期。工程心理学的研究已经涵盖了工程心理学学科的各个领域,很多研究成果都在生产实际中得到了应用。工程心理学逐渐形成了自己的学科体系,许多工程心理学的专著、辞典和教科书陆续出版,例如,方俐洛等和朱祖祥的工程心理学,朱祖祥、刘金秋和项英华的人类工效学,朱祖祥的工业心理学大辞典,张侃等的工程心理学笔记,朱祖祥和葛列众等的工程心理学教程。在这一时期,全国人类工效学标准化及技术委员会还专门编辑人类工效学标准汇编。

工程心理学研究建立了全国性的学术团体,继1989年中国人类功效学会和20世纪80年代中国心理学会工业心理学专业委员会成立以后,2014年,中国心理学工程心理学专业委员会成立。工程心理学的研究机构遍及全国,不少高校、企业都有相应的研究机构。除了原有的中国科学院心理研究所、中国航天员科研训练中心、空军医学研究所、浙江大学(原杭州大学)、同济大学等工程心理学以及相关的研究机构外,清华大学、北京航空航天大学、陕西师范大学、浙江理工大学、海军医学研究所、中国标准化计量研究院也都成立了与工程心理学相关的研究机构。成都飞机研究所、中国航空无线电电子研究所等军工企业,华为、联想、中国移动、阿里巴巴、方太等公司也都有相应的工程心理学及其他与此相关的研究机构。

四、工程心理学的研究领域

根据研究问题的不同,工程心理学的研究可以分成界面显示、人机控制交互、人和环境界面、负荷及其应激、安全与事故分析、人计算机交互、产品可用性和神经工效学等八个研究领域。其中,界面显示、人机控制交互和人与环境界面三方面的研究属于传统问题的研究。人计算机交互、产品可用性和神经工效学的研究属于新兴问题的研究,负荷及其应激和安全与事故分析的研究属于工程心理学的通用性问题的研究。工程心理学自诞生起,一致关注显示、控制和人环境的交互问题。

界面显示是机器对人的作用,是机器向人显示机器的状态和人监控、操作机器所需要的各种信息。研究的问题主要有:视觉显示中文字、符号、标志和仪表、灯光、电子显示器上的信息显示及相关的突显、编码和兼容性等问题,听觉显示中的言语可懂度和自然度以及语音和非语音界面设计的问题。人机控制交互涉及的是人对机器的作用,是人对机器的各种操作和监控。研究的主要问题有:传统的开关、旋钮、控制杆等控制器的研究,眼动、脑控等新型控制界面的研究以及追踪和监控相关的工效学研究。人和环境界面主要涉及的是人和环境界面的交互作用的相关研究,研究的主要问题是物理、社会和情景环境对操作的交互影响的规律和特点。人计算机交互、产品可用性和神经工效学的研究之所以属于新兴问题的研究是因为这些领域都是对新技术和新的研究推动下产生的新的问题的研究。计算机的出现和网络时代的到来,促使了人与计算机交互的研究。在这个领域研究中,机器的含义仅仅包括计算机机器相关的设备和软件。研究的主要问题有:菜单、填空等传统界面,自适应等新型的智能界面、网络界面以及鼠标、键盘灯相关的硬件界面。产品可用性和用户体验研究是在20世纪90年代后逐步发展起来的。技术的创新、物质生活的丰富化和社会的进步不可避免地造成了不同用户产品需求的差异性以及对产品使用和享受的追求。在这个背景下出现的产品可用性和用户体验研究强调了产品和用户之间功能需求上的匹配,追求用户在使用产品过程中的高效、舒适和良好的用户体验。神经工效学是在认知科学和脑神经机制研究的推动下发展起来的,这类研究的重点是人的操作行为的神经和脑机制。负荷及其应激和安全与事故分析这两类研究属于工程心理学的通用性问题研究,因为人机系统中人或者操作者的各种操作行为都与负荷、应激和安全有关。负荷主要研究的是生理和心理上的负荷对工作绩效和人的舒适度的影响;应激是一个复杂的概念,以往的研究表明:可以从生理学、物理学、情绪状态和认知四个方面去加以理解。在工程心理学的学科范围中,对应激的研究更多的是考虑应激对操作行为的影响作用,并确保在应激条件下,人机系统的整体有效性。安全事故方面的研究主要包括事故原因、事故结论和事故预防三个基本的研究领域,其目的是基于对以往事故的分析,构建有效的理论假设,并建立合理的事故预防机制来降低事故发生的概率和事故造成的危害程度。①

工程心理学的研究开始摆脱只重视行为规律和特点的研究，而开始注重这种规律和特点背后的原因机制的研究。工程心理学的研究的应用从过去的静态界面的优化开始转变为注重动态界面的优化。随着技术的创新，人们生活水平的提高，工程心理学的应用会不断地扩大，而工程心理学研究的机制性和动态性的特点将会进一步提高工程心理学的研究水平。

第四节　工程心理学与工程法学

法学是研究法、法的现象以及与法相关问题的专门学问，是关于法律问题的知识和理论体系。法是调整人们行为的规则，而人的行为同人的心理活动是不可分的。因而法学与心理学也必然具有密切的联系。

一、法学与心理学

法律是整个社会中最具普遍性与渗透性的权利力量，心理学要对社会有影响，那么至关重要的就是要对法律有影响。鉴于法律对人和社会的影响力，以及心理学的研究和实践的广泛范围，使我们对于人们的行为举止、心理历程有更好且更精妙的理解，法学与心理学之间重叠之处是在不断扩展的。事实证明，心理学的许多知识已经有很多为法学所用。②

关于心理学对法学的影响，美国加州大学伯克利分校心理学系终身教授彭凯平曾这样讲道③：过去普遍认为，法学与心理学的关系主要体现在犯罪心理学上，即用心理学的原理去解释犯罪。传统犯罪心理学从犯罪人的人格、病理等方面去寻求其犯罪原因。这样一来，犯罪人的个人因素，如其早期经历、所受教育、家庭背景等都可能成为诱发其犯罪的深层次原因。当然，现代犯罪心理学已经对此作了修正。现代犯罪心理学不仅从个人性格，还从认知因素、社会环境等来研究犯罪人的犯罪动机和犯罪原因。其实，犯罪心理学只是法学和心理学关系的一个方面，是法学的某一具体学科和心理学的交叉研究，对于整个法学来说，心理学对于法学最重要的意义在于心理学最终要为法学提供的是研究方法和思维方式。我们都知道人类思维的有限理性，而这必然影响到人们对法律的判断和决策。人们在想问题时，更多地靠的是直觉原则，而不是根据科学标准。这无疑与法律的理性相违背。心理学为法学设计的科学和理性原则，将会有助于法学的研究。另外，心理学对法

① 葛列众：《工程心理学》，华东师范大学出版社 2017 年版，第 6 页。

② ［加］詹姆斯 R. P. 奥格洛夫：《进两步，退一步：20 世纪的法心理学运动》，邓云成、汪若男译，载《厦门大学法律评论》2013 年第 2 期。

③ 彭凯平、灿文：《心理学如何影响法学》，载《苏州大学学报》（哲学社会科学版）2004 年第 5 期。

学的理论研究也会产生影响。因此,探讨法学和心理学的关系意义重大。第一,它有助于改进法律的教学方法。第二,它可以帮助我们把法律进一步规范化、科学化。第三,可以提高中国的法学研究的地位和影响。通过引入新的概念体系,将利于我们进行交流和对话。第四,对国际法学界作出中国的贡献。科学具有普遍适用性,用科学的原则来研究法律将对世界各国均有借鉴作用。

二、工程法学与心理学

随着我国经济社会的快速发展,各类工程建设如火如荼但是由于制度的不完善和监管的不到位,在工程建设过程中的争议也随之而来,而解决争议必然要依靠法律,整合法律与工程有关的各种相关资讯,广泛涉猎土木、建筑、机电、财务、会计、管理、保险、科技等资料,由学术、理论和实践的角度对涉及工程建设的法律及工程契约进行深入研究有着重大的意义。

工程法学是一门边缘性法学学科,是法学学科与工程学科的有机融合,它将工程领域中的规范、标准问题法律化、制度化,使各个工程领域都会有法可依、有章可循,这应是依法治国和建设和谐社会的必然选择。根据美国著名法学家科本的观点,"法是人的工具",它与人的思维、情感和行为是密不可分的。于是,法学家和心理学家合作,开始将心理学的基本原理和实证范式运用到对法律基本原理的探讨之中,心理学的实证研究对于深入地理解和分析法律问题不仅极其重要,而且必不可少。[①] 比如,在法律情景中,因果关系的判定是一个十分重要的问题。如果一个伤害发生了,受害者要求当事人赔偿,而当事人却声称是非故意的,那么原告就必须要证明在被告的行为与伤害之间有一个相当接近的因果关系。找出事件的因果关系非常重要,只有这样才能够证明被告需要承担重大责任。但是研究发现,同文化背景下的个体对事件原因的分析有很大的差异,这些差异会影响法律中的因果关系的判断,从而导致归因错误,影响法律的公正性。归因方式会对因果关系的判断产生很大的影响。在对个体归因方式的研究中,心理学家有一些重要的发现。李罗斯(Ross)提出的"基本归因错误"是广为人知的错误归因的方式,即观察者具有高估被观察者的行为是由其内在的稳定特质决定的心理倾向。基本归因错误说明了依靠陪审团的常识去进行因果判断以满足法律要求的复杂性。再如,法律的一个很重要的任务是需要对人们的意愿进行客观检测。[②] 这种对意向的关注有明确的心理学根源。意向性是发展心理学中"心理理论"研究的基础,同时,在归因理论中也起到越来越重要的作用。法学中的合同法试图规范人们对承担合同的法律责任的影响,所以关注责任归因的心理学研究对理解合同法的心理基础很有意义。根据人们对责任评判中的理由的分析,美国心理学家弗里茨·海德(Fritz

---

① 参见刘邦惠、彭凯平:《跨文化的实证法学研究:文化心理学的挑战与贡献》,载《心理学报》2012 年第 3 期。
② 同上。

Heider,1896～1988)认为责任的归因分析有五个水平:关联关系、因果关系、可预知性、意向和理由。海德认为,在责任归因中,内部的心理状态评判比单纯的关系评判或者结果评判更重要。这些观点表明,合同形成过程中的心理活动可能影响人们对合同法的理解。

工程法学的研究与心理学的研究,在研究对象上有着天然的联系,心理学作为研究人的心理活动及其发生、发展规律的科学,其基本任务是揭示和描述人的心理现象;预测和控制人的心理活动以及理解和说明人的心理活动。心理支配行为,[①]并通过行为表现出来,在心理学实践中一直把对心理和行为的预测和控制作为重大课题来研究。工程建设项目存在着涉及层面广、法律关系复杂等特点,在项目的审批、招标、评标、工程的设计、项目资金的运用以及安全生产与环境保护等方面无不涉及人的问题,因此工程法学是从规范的角度研究人的行为,围绕着工程建设问题,制定怎样的法律法规,怎样规范人的行为,解释人的行为,从而更有利于国家的长远发展。因此,在这个意义上,可以说工程法学和心理学都是从不同角度研究行为的科学,学科研究对象上有着天然的联系。由于法律承担着体谅民情民意的功能,故法学家有必要对法律的实用性以及法律程序的标准化进行反思,心理学的研究成果可以为工程法学研究的未来提供经验支持。

---

① 叶奕乾等:《普通心理学》,华东师范大学出版社1997年版,第14页。

第三十一章　工程法学的工程管理学基础

工程法学是工程管理专业较为重要的支撑学科，本章主要介绍了工程管理专业的基本概念、发展历史和支撑平台，阐述了工程管理的法律法规体系及其建设中的问题。通过本章的内容，使读者对工程管理专业有一个宏观的总体的了解，明确工程管理与工程法学的关系，为进一步学习工程法学和工程管理专业奠定基础。

第一节　工程管理学概述

一、工程管理

(一)管理的概念

管理同人类社会息息相关，是人类共同劳动的产物，凡是人类社会活动皆需要管理。“科学管理之父”弗雷德里克·泰勒《科学管理原理》的出版，标志着西方管理科学的诞生，这本书指出“管理就是确切地知道你要别人干什么，并使他用最好的方法去干”。“管理理论之父”亨利·法约尔，在其著作《工业管理和一般管理》提出“管理”是由计划、组织、指挥、协调与控制等职能为要素组成的活动过程。法约尔对管理的看法颇受后人的推崇与肯定，形成了管理过程学派，为管理科学的发展提供了一套科学的理论构架。在现代市场经济中工商企业的管理最为常见。除此之外，还有很多种类的管理，如社会管理、城市管理、行政管理等。对于古今中外的很多工程，没有管理是不可能完成的，而把工程管理作为一门科学来研究，却比管理学晚的多。

(二)工程管理的概念

随着社会的发展，大中型工程项目越来越多，它们投资大、规模大、技术要求高、系统复杂，参与的部门和人员多，新技术、新材料、新工艺层出不穷。仅靠专业性工作人员的参与和努力，很难保证项目的成功，还需要对专业人员、资金、物资、人力等各种资源进行管理和组织的工程管理专业。美国电气电子工程师协会(IEEE)工程管理学会对工程管理的解释为：工程管理是关于各种技术及其相互关系的战略和战术决策的制定及实施的学科。美国工程管理学会(ASEM)对它的解释为：工程管理是对具有技术成分的活动进行计划、组织、资源分配以及指导和控制的科学和艺术。在国内，中国工程院(CAE)在咨询报告中将工程管理界定为：

为实现预期目标，有效地利用资源，对工程进行的决策、计划、组织、指挥、协调和控制。

广义的工程管理既包括对重大建设工程实施（包括工程规划与论证、决策、工程勘查与设计、工程施工与运行）的管理，也包括对重要、复杂的新产品、设备、装备在开发、制造、生产过程中的管理，还包括技术创新、技术改造、转型、转轨的管理，以及产业、工程和科技的发展布局与战略的研究与管理等。

建筑工程管理，直接面向建筑行业，涉及建筑业管理与技术方面的研究和实践，是广义的工程管理的一部分，包括建筑科学、建设管理、施工技术与工艺管理，也涉及建筑工程项目的运作模式，建筑工程相关各方的管理。目前，我国工程管理专业主要是这种"工程管理"，可以认为它是狭义的"工程管理"。

项目管理是工程管理的一个主要的组成部分。它采用项目管理方法对工程实施阶段的建设过程进行管理，通过计划和控制保证工程项目目标的实现。工程管理不仅包括工程项目管理，还包括工程的决策、工程估价、工程合同管理、工程经济分析、工程技术管理、工程质量管理、工程的投融资管理、工程资产管理等。它与工程管理有一个交集——工程项目管理。

工程管理是一门管理科学与工程学的交叉学科，是涉及整个工程系统的综合性工作，可以从许多角度进行描述，包括：(1)工程管理包括对工程的前期决策的管理、设计和计划的管理、施工的管理、运营维护管理等，是对工程全生命周期的管理。(2)工程管理包括技术、质量、安全和环境、造价、进度、资源和采购、现场、组织、法律和合同、信息等工程各方面的管理工作。(3)工程管理是对工程的策划、实施和运营过程进行高效率的计划、组织、指导和控制，以及对工程进行动态的、系统的管理。(4)工程管理的目标是取得工程的成功，然而对于一个具体的工程，其目标要求是多元化的，包括优质的质量、良好的经济效益和运营收益，较高的工程相关方的满意度，以及较好的环境协调性和可持续发展能力等。

（三）工程管理学的发展历史

现代工程管理起源于军事航天工程项目的发展。20 世纪 50 年代，国际上人们将系统方法和网络技术（CPM 和 PERT 网络）应用于工程（主要是美国的军事工程）的工期计划和控制中，得到了很大成功。最重要的是美国 1957 年的北极星导弹研制和后来的登月计划。这些方法很快就在大型的、特大型的工程建设中应用。

工程管理作为一门新兴的专业学科开始于 20 世纪 80 年代末期，当时，西方国家对工业工程教育进行评估，发现传统的工业工程教育只注重车间层次的效率和数学方法的运用，其毕业生和工程师们大都缺乏必要的沟通技巧和管理知识。美国工业工程学会的调查发现，70% 的工程师在 40 岁之后都自然承担了工程管理的工作。由此，便将传统的工业工程教育做了调整，产生了工程管理这样一个新的学科领域。

工程管理理论,首先从原联邦德国和日本传入我国。彼时正是改革开放已经起步,开始向纵深发展的时候。探求如何利用工程管理理论解决改革问题,并在改革中发展我国的工程管理科学,是当时我们所面临的现实问题。此后,由于世界银行等国际金融组织贷款和外商投资建设工程的大量增加,以及国际文化交流的进一步发展,工程管理理论和实践经验在我国得到进一步推广应用,尤其是国际金融组织贷款建设的工程,按其贷款规定,必须按国际惯例实行工程管理。1984 年,鲁布革水电站饮水系统工程是我国第一个利用世界银行贷款,并按其规定进行国际竞争性招标和工程管理的工程。该工程通过合理的项目管理缩短了工期,降低了造价,取得了明显的经济效益,成为我国项目管理在建设工程方面应用的范例。此后,我国的许多大中型工程相继实行项目管理体制,并逐步实施了项目资本金制、法人负责制、合同承包制、建设监理制等。

我国的工程管理专业作为高等教育的一门学科于 1998 年国家教委对高等教育专业进行调整时,该专业代替了原来的建筑经济与管理、房地产开发与经营等专业。其目的是培养具备管理学、经济学和土木工程技术的基本知识,掌握现代管理科学的理论、方法和手段,能在国内外工程建设领域从事项目决策和全过程管理的复合型高级管理人才。

二、工程管理的支撑平台

工程管理是涉及整个工程系统的综合性工作,负责工程的建设过程,担负协调各个工程专业的责任,所以工程管理专业人员必须对整个工程系统都十分熟悉,需要有综合性知识。其中对于技术、管理、经济和法律的基础理论和基本方法的要求尤为突出,技术、管理、经济和法律成为工程管理行业的四个重要支撑平台。

(一)技术平台

工程技术平台主要是回答"如何做"的问题,技术是工程的根本,也是工程管理的依托,要取得工程的成功离不开科学技术方案的选择和准确实施。工程管理专业人员必须要掌握工程涉及的技术问题,才能对这些技术方案的可行性、适应性和经济性进行评价和决策,并进行实施和监督。主要的工程技术问题分为工程结构、工程材料和工程施工等内容。近几年,新的建筑形式、新材料以及新工艺的出现,对现代工程管理有着巨大的、深刻的、全面的影响。及时跟踪和掌握这些新技术将是完善工程管理理论和方法,保证工程取得成功的重要前提。

(二)经济平台

经济平台主要回答"如何做效益更高"的问题,良好的经济效益是实施工程项目的根本目的。工程项目的目标不仅追求工程按时建成和运营,实现使用功能,而且要取得相应的经济效益。从工程的构思开始,经过工程建设投入运营,直到工程结束,人们面临许多经济问题。工程技术的选择、工程的融资方案、工期安排都会对工程的建设成本、工程的质量、进度等产生影响,进而影响工程的经济效益。另外,工程建成后的运营收益和维护费用也是影响工程投资收益的重要因素。现代工程的资金限制越来越严格,对经济性能的要求也越来越高,经济性和资金问题已经成为现代工程能否立项的关键。

(三)管理平台

管理平台主要回答"如何更好地实现目标"的问题,即通过计划、组织、协调与控制手段,实现工程目标,为工程的建设和使用增值。现代工程规模大、结构复杂,新材料、新技术、新工艺应用较多,同时资金有限、质量要求高、还需按期完成施工,必须有强有力的管理才能保证工程建设顺利实施,最终实现工程建设的目标。现代工程管理强调,对工程的管理活动必须贯穿工程的全生命周期,包括项目概念的提出、立项申请、可行性研究、决策评估、市场定位、设计前的准备、设计阶段、招标投标、开工准备、材料设备的选购及施工、动用前准备、以及运营维护。要取得一个工程的成功,必须按照工程的目标,将各个活动通过计划合理的安排,从而形成一个高效、有序、协调的过程。此外,还应在计划的实施中不断地检查与控制,及时对出现的偏差进行修正。因此,工程管理在工程建设过程中非常重要。

(四)法律平台

法律平台主要回答"依据是什么"的问题,即在工程建设的各个领域都必须以法律法规为依据。由于工程建设具有投资额大、持续时间长、结构复杂、对人类的工作和生活影响深远的特点,承担着很大的社会责任和历史责任。为了最大限度地保障建设工程的健康发展,为人们创造良好的工作环境、生活环境和生产环境,国家通过制定和实施建设法律法规来规范建筑市场和强化工程管理的职能、职责,维护建设市场秩序。另外,现代工程的参与主体多,特别是在工程建设的实施过程中,需要多方参与主体(如建设单位、设计单位、监理单位、承包商、分包商、政府监督机构)密切配合才能完成工程任务,而多方参与主体共同完成任务的前提就在于以法律法规作为各方行动的准则。因此,为了保证工程的顺利进行,保护工程相关者各方面的利益,必须要有强有力的法律法规作为保障。

第二节 工程管理的法律体系建设

一、工程管理的法律法规体系

法律法规作为政府进行行业管理的重要手段,在建筑市场中起着不可估量的作用,具有规范和协调整个建筑市场的有效运转、保护合法建设行为、处罚违法建设行为、促进建筑行业健康发展的重要功能。法律平台是工程管理专业的重要支撑平台之一,正确理解和有效运用建设法律法规,是对工程管理从业者必需的基本要求。

我国工程建设的法律体系,从纵向结构看,按照现行立法权限分为五个层次,即法律、行政法规、地方性法规、行政规章和地方性规章。从横向结构看,涉及工程管理全过程的各个方面,如策划阶段的土地审批和城乡规划等工作,实施阶段的建设工程质量管理、建设工程发包与承包、建设节能、建设安全生产管理、工程担保等工作,运营阶段的税收征管、物业管理等工作。

宪法是由全国人民代表大会依照特别程序制定的具有最高效力的根本法,也是工程建设法规的最高形式,是国家进行建设管理、监督的权力基础。

法律是指全国人民代表大会和全国人民代表大会常务委员会制定颁布的规范性法律文件。建设法律既包括专门的建设领域的法律,也包括与建设活动相关的其他法律,例如,前者有《城乡规划法》《建筑法》《城市房地产管理法》等,后者有《民法通则》《合同法》《行政许可法》《消防法》等。

行政法规是国家最高行政机关国务院根据宪法和法律就有关执行法律和履行行政管理职权的问题,以及依据全国人民代表大会及其常务委员会特别授权所制定的规范性文件的总称。现行的建设行政法规主要有《建设工程质量管理条例》《建设工程安全生产管理条例》《建设工程勘察设计管理条例》《城市房地产开发经营管理条例》《招标投标法实施条例》等。

地方性法规是指省、自治区、直辖市的人民代表大会及其常务委员会根据本行政区域的具体情况和实际需要,在不同宪法、法律、行政法规相抵触的前提下,可以制定地方性法规。目前,各地方都制定了大量的规范建设活动的地方性法规,例如《北京市建筑市场管理条例》《上海市建筑市场管理条例》《山东省建筑市场管理条例》等。

行政规章是由国家行政机关制定的法律规范文件,包括部门规章和地方政府规章。部门规章是由国务院各部、委制定的法律规范性文件,如住房和城乡建设部制定颁布的《房屋建筑与装饰工程工程量计量规范》和《建筑工程施工发包与承包计价管理办法》。地方性政府规章是由省、自治区、直辖市以及省、自治区人民政府所在地的市和国务院批准的较大的市的人民政府所制定的法律规范性文件,如《北京市建筑工程施工许可办法》《上海市建设工程工程量清单计价应用规则》《济南市建筑工程质量监督管理规定》等。

二、工程管理法律法规的完善

我国现阶段工程管理的法律法规体系已经较为全面,然而仍有不少法律法规与我国经济社会和工程建设的实际发展状况不相适应,亟待进一步修改和完善。近年来,我国城镇化的大规模建设引发了很多问题,如城镇化建设以及旧村改造中的农田征收、住房拆迁等问题。依法解决城镇房屋拆迁问题不仅有利于保证城市化工作的顺利开展,也有利于保护公民合法财产所有权。

随着近几年绿色建筑的发展,行业技术问题已经取得了重大突破性进展,很多技术的应用已经较为成熟。然而与之对应的法规体系尚不完善,严重阻碍了绿色建筑的积极推广,例如,与建筑垃圾回收利用、可再生能源发电并网、中雨水回收利用以及综地利用等问题相关的法律法规、优惠政策与监管机制都亟须制定,以期尽快解决建筑行业的环境污染问题。

建筑工业化不仅有利于提高劳动生产效率、缩短工期、保证工程质量,也可实现节能减排,实现综合效益的提高。所以近年来,我国地方政府陆续出台了一系列的相关激励政策,以推动建筑构部件预制化生产和装配式建造的发展。然而当前规章制度和政策,约束力较小,影响力较弱,亟须建立和制定国家层面的法律法规,有针对性地解决我国工业化发展中存在的问题,更有效地促进建筑工业化的发展。

除此之外,与 EPC(Engineering Procurement Construction)模式、建筑节能、建筑信息化 BIM(Building Information Modeling)的应用等相关的立法不全、规定不明确、法律建设滞后,限制了创新技术的应用推广,严重阻碍了建筑业的产业升级。因此,应结合当前的经济社会发展状况,分析我国建筑业存在的重点问题和主要矛盾,不断修订完善配套的法律法规,是促进建筑业健康可持续发展的一项重要工作。

第三十二章　工程法学的财政学基础

财政学是与工程法学较为相关的学科。本章主要介绍与工程法学相关的一些财政学基本概念、基本原理，使读者对与工程法学相关的经济学知识有一定的了解，明确“财政”“税收”“国家预算”的区别和联系，为学习工程法学奠定财政学知识基础。

第一节　财政学基本知识

一、财政的概念

当今人们生活在市场经济环境中，市场通过商品的买卖来满足人们的各种需要。但是，人们的需要是多样化的，市场不可能提供人们所需要的所有物品。市场不能提供或不适于由市场提供的物品，则必须由政府系统来提供。由国家机关和政府部门提供的用来满足社会公共需要的物品和服务，称为公共物品（public goods）。公共物品是这样一些产品，无论每个人是否愿意购买它们，它们带来的好处不可分割地散布到整个社区里。公共物品具有非排他性和非竞争性。公共物品的功能是满足公共需要。

政府承担着市场不可能承担的诸多的政治和社会职能，包括行政、国防、治安、义务教育、基础科研、公共卫生和公共设施建设等。以城市公共设施建设为例，城市的交通、通信、供水、供气、排水、排污、净化环境和公园等，显然不能完全依赖于市场提供，理所当然基本属于政府的职责范围。政府不但是单纯的消费者，而且还要承担涉及国计民生和带有战略性的重大工程建设任务。诸如三峡水利枢纽工程、青藏铁路、南水北调以及西气东输工程等，只能在政府拨付资金的前提下采取多渠道筹资的形式来兴建。

政府作为公共权力机构和公共服务机构，它的收入来自于民，而后用之于民。政府收入的主要来源是税收。因为企业是商品生产和经营以及提供劳务的主体，所以企业也是政府为满足公共需要而提供钱财的主要承担者。作为我国主要税种的增值税和消费税，是由企业缴纳的，占到整个税收收入的50%左右。企业还要缴纳企业所得税。当然，企业作为主要纳税人的同时，不仅享用政府提供的公共工程和公共服务，而且享受到政府提供的各种优惠的支持，如税收优惠、投资抵免、出口退税和财政补贴等。个人收入达到一定的标准也要缴纳个人所得税。

财政学的英文为“Public Finance”(也有人译为公共财政)。“财”和“政”两个字的合成可以明确无误地表达财政的本意,“财”是指政府收支,“政”则是治理,所以,财政就是政府收支及其治理。从财政学科的属性来看,财政学是一门综合性很强的学科。财政学属于应用经济学,不仅是经济学和政治学的交叉,而且是经济学与其他多门相关学科之间的交叉,如经济学与法学、公共管理学以及社会学之间的交叉等。

二、财政的产生和发展

财政是伴随着国家的产生而产生的,所以财政活动是一种历史悠久的经济现象。人类社会随着社会生产力的不断提高,出现了私有财产,产生了国家。国家一旦产生,就必须从社会分配中占有一部分国民收入来维持国家机构的存在并保证实现其职能,于是才伴生了财政这种特殊的经济行为和经济现象。财政从诞生的那一刻就注入了两种因素,即政治因素和经济因素。

综观我国几千年来留下的古籍,可以看到“国用”“国计”“度支”“理财”等用词,都是关于古代财政即政府理财之道的记载。清朝光绪二十四年,即1898年,在戊戌变法“明定国是”诏书中有“改革财政,实行国家预算”的条文,这是在政府文献中最初启用“财政”一词。“财政”一词出现在中文词汇中只有一百余年的历史。我国古代的理财家还提出“量入为出”“轻徭薄赋”“藏富于民”等颇有见地的财政思想。

古今中外的历史实践表明,国家事务的重大变革往往渗透着财政原因。如我国先秦的商鞅变法、唐代实行“两税法”、明代实行“一条鞭法”、清代的“摊丁入亩”基本上都是围绕着财税问题展开的;17世纪英国的“光荣革命”确立的税收法定原则为英国在工业革命中的崛起奠定了基础;19世纪末美国的预算制度变革开启了“进步时代”的大幕,推动美国进入世界强国之列。①

把财政学推向历史前台的则是20世纪30年代的凯恩斯主义。20世纪30年代的空前大危机,催生了以宏观经济分析为主要特色的凯恩斯主义,财政学也因此在西方经济学中占据了显赫的位置。凯恩斯抛弃了政府只当“守夜人”的教条,认为财政支出可以直接形成社会有效需求,弥补私人部门需求的不足,使市场经济达到充分就业。凯恩斯首次系统论证了财政赤字的经济合理性,论证了政府投资具有“倍数”扩张社会总需求的作用。凯恩斯主张通过国家投资拉动经济增长的政策,缓解了资本主义大危机带来的灾难。这一理论居于统治地位达半个世纪。

20世纪70年代初,经济“滞胀”问题席卷西方世界,而凯恩斯主义拿不出妙方良策。供给学派的拉弗描绘了一条表示政府收入与税率关系的相关曲线(拉弗曲线),为刺激供给的减税政策提供了理论依据。20世纪80年代的里根总统和随后

---

① 楼继伟:《深化财税体制改革　建立现代财政制度》,载《求是》2014年第20期。

的布什总统都曾经实行过以减税为核心的财政货币政策,但都以失败告终。2018年1月1日,美国开始实施新的税改方案:提高个人和家庭所得税起征点,普遍降低所得税税率;取消企业替代性最低税;将企业所得税税率从35%一次性下调至21%;遗产税维持不变,但豁免额翻倍等。

新中国财政发展和改革的历史忠实地反映了中国社会主义建设不同历史时期社会经济发展的状况。在不同的社会经济发展阶段,财政依托改革,有效履行自身职能,促进了社会生产力的发展,为新中国成长奠定了强大的物质基础,在国家经济安全、国防安全和基础设施建设方面做出了突出贡献。进入21世纪以来,持续增加教育、医疗卫生、社会保障、就业等民生性支出,民生性投入占到全部财政收入的70%以上。实行结构性减税政策,减轻企业和居民负担,发挥中央和地方两个积极性。这些政策和措施有力保证了社会安定和发展。

习近平总书记所做的十九大报告提出:“加快建立现代财政制度,建立权责清晰、财力协调、区域均衡的中央和地方财政关系。建立全面规范透明、标准科学、约束有力的预算制度,全面实施绩效管理。深化税收制度改革,健全地方税体系。”财政制度体现政府与市场、政府与社会、中央与地方关系,涉及经济、政治、文化、社会和生态文明建设各个方面,是国家治理体系的重要组成部分。加快建立有利于转变经济发展方式、维护市场统一、促进社会公平正义的可持续的现代财政制度,可以促进更高质量、更有效率、更加公平、更可持续的发展,进而更好推动人的全面发展、社会全面进步。①

三、财政的职能

(一)资源配置职能

资源配置就是运用有限的资源形成一定的资产结构、产业结构以及技术结构和地区结构,达到优化资源配置的目标。在市场经济体制下,市场在资源配置中起决定性作用。政府在资源配置中的职能主要是保持宏观经济稳定,加强和优化公共服务,弥补市场失灵。主要手段有:(1)确定公共需要的基本范围,确定财政收支占GDP的合理比例,从而实现资源配置的总体效率;(2)优化支出结构,保证重点支出,压缩一般支出,提高资源配置的结构效率;(3)合理安排财政投资的规模和结构,坚持稳中求进的总基调,着力稳增长、调结构;(4)通过政府投资、税收政策和财政补贴等手段,带动和促进民间投资,吸引外资,提高经济增长率。

(二)收入分配职能

我国明确实行按劳分配与要素分配相结合的分配原则,各阶层居民的收入分为劳动收入与非劳动收入。所谓社会公平是指将收入差距维持在现阶段各阶层居

① 肖捷:《加快建立现代财政制度》,载《人民日报》2017年12月20日,第7版。

民所能接受的合理范围内。目前我国的基尼系数已接近0.5,说明收入差距已经偏大。财政实现收入分配职能的机制和手段主要有:(1)规范工资制度,对行政事业单位的工作人员,提高工资的透明度,取消各种明补和暗补,适当提高工资水平;(2)加强税收调节,发挥税收是调节收入分配主要手段的作用;(3)扩大转移性支出的规模和范围等,使每个社会成员得以维持起码的生活水平和福利水平。

(三)经济稳定与发展职能

经济稳定包含充分就业、物价稳定、国际收支平衡等多重含义。发展是一个通过物质生产的不断增长来全面满足人们不断增长的基本需要的概念,发展的总目标是构建和谐社会。财政实现经济稳定与发展职能的手段有:(1)维系总供给与总需求的大体平衡,针对不断变化的经济形势而灵活地变动支出和税收,实行"相机抉择"的财政政策;(2)加快基础设施发展,消除经济增长中的"瓶颈",加快产业结构的转换;(3)切实保证民生性的社会公共需要,使增长与发展相互促进、相互协调。

四、财政学的主要内容

财政学主要包括三个方面的内容:一是财政支出部分,包括财政支出的规模和结构,并将财政支出项目分为购买性支出和转移性支出,分别进行具体分析;二是财政收入部分,包括财政收入的规模和结构,而后分析税收原理和我国的现行税收制度;三是国家预算部分,阐述国家预算基本知识、预算管理制度和预算管理体制。本部分将简单阐述这三个方面的内容。除此之外,财政学的内容还包括财政基本理论、国债、财政平衡与财政赤字、国际税收和开放经济下的财政货币政策等内容。考虑到本书的相关性,这些内容不再赘述。

(一)财政支出

根据《2016年政府收支分类科目》,支出功能分类科目中类级科目包括:一般公共服务支出、外交支出、国防支出、公共安全支出、教育支出、科学技术支出、文化体育与传媒支出、社会保障和就业支出、社会保障基金支出、医疗卫生与计划生育支出、节能环保支出、城乡社区支出、农林水支出、交通运输支出、资源勘探信息等支出、商业服务业等支出、金融支出、援助其他地区支出、国土海洋气象等支出、住房保障支出、粮油物资储备支出、预备费、国债还本付息支出、其他支出、转移性支出、债务还本支出和债务利息支出。

还有一种分类对分析财政支出与经济活动的关系有重要意义。以财政支出是否与商品和服务相交换为标准,将财政支出分为购买性支出和转移性支出两大类。购买性支出直接表现为政府购买商品和服务的活动,包括购买进行日常政务活动所需的或用于国家投资所需的商品和服务的支出,如政府各部门的事业费以及各部门的投资拨款等。转移性支出则直接表现为资金无偿的、单方面的转移,主要有补助支出、捐赠支出和债务利息支出。购买性支出执行资源配置的职能较强，转移性支出执行收入分配的职能较强。购买性支出中，和工程相关性比较高的是基础设施投资和农林水事务支出。

基础设施是支撑一国经济运行的基础部门，主要包括交通运输、通信、水利、供电、机场、港口、桥梁和城市供排水、供气等。政府筹资建设的项目主要有：关系国计民生的重大项目（如三峡工程、青藏铁路）；维护国家安全的需要（如宇航事业、核电站）；反垄断的需要；具有明显的排他性的项目（如市政道路、排水设施）。发展中国家的财政，除具有弥补市场失灵的作用，还部分地充当着社会资本原始积累的角色。相应地，发达国家的基础设施已经有了相当的基础，政府干预的程度相对较弱。目前我国政府的基础设施投资占财政总支出的比例在下降。

财政对“三农”的投入是有关农业发展、农村建设和农民生活多方面支出的一个综合性项目。政府主要是提供以农田水利为核心的基础设施和农民急需的生活设施建设、环境保护、技能培训等。大江大河的治理、大型水库和各种灌溉工程等，投资额大，投资期限长，牵涉面广，投资以后产生的效益不易分割，也应由政府投资主导。中央财政中，农林水事务支出占公共财政支出的比重逐年上升，2015 年已达 10% 左右。

（二）财政收入

目前我国编制四种预算，相应地就有四类财政收入，即一般公共预算收入、政府性基金预算收入、国有资本经营预算收入和社会保险基金预算收入。广义财政收入是四类预算收入之和，狭义的预算收入仅指一般公共预算收入，简称公共预算收入。本节主要阐述公共预算收入，简略介绍政府性基金收入和国家税收。

1. 公共预算收入

公共预算收入包括税收收入和非税收入。最近几年来，税收收入所占的比重为 80% ~90%。非税收入包括专项收入、行政事业性收费和罚没收入。专项收入是指根据特定需要由国务院批准或者经国务院授权由财政部批准，设置、征集和纳入预算管理、有专门用途的收入，包括排污费收入、水资源费收入、教育费附加收入、矿产资源补偿费收入等。政府收费主要是使用费，实际上是政府模拟私人物品的定价方式收取的公共物品的价格，以便回收提供特殊商品和服务的全部或部分成本。此外，政府还有少量的其他收费，如罚没收入和捐赠收入等。

2. 政府性基金收入

政府性基金是国家通过向社会征收以及出让土地、发行彩票等方式取得的收入，专项用于支持特定基础设施建设和社会事业发展的支出的一种基金。土地出让收入是市县人民政府根据法律规定，以土地所有者身份出让国有土地使用权所取得的收入，主要是以招标、拍卖、挂牌和协议方式出让土地取得的收入等。土地出让收入构成政府基金收入的主体。近年来土地出让收入增长较快，个别地方甚至出现了“土地财政”。

3. 国家税收

税收是公共预算收入的主要构成部分，参见表 32－1。国家征税除了为公共物品的供给筹措经费外，还发挥调节经济的功能。税收存在的客观性和必要性在于弥补市场失灵和调节宏观经济。税收的“三性”是指税收的强制性、无偿性和固定性。税收的“三性”可以集中概括为税收的权威性。公平与效率贯穿于税收制度和税收政策的全过程。

表 32－1　2011～2015 年税收收入情况①

类　型	2011 年	2012 年	2013 年	2014 年	2015 年
税收收入（亿元）	89, 738	100, 614	110, 530	119, 175	124, 922
预算收入（亿元）	103, 874	117, 253	129, 209	140, 370	152, 269
税收收入/预算收入（%）	86. 39	85. 81	85. 54	84. 90	82. 04

目前，我国现行税制包括四大类共计 19 个税种。一是流转税类，主要针对商品和劳务的销售额征税，包括增值税和消费税，这两类税的税额在全部税收收入中占到一半左右；二是所得税类，主要针对企业和个人的所得（纯收入或净所得）征税，包括企业所得税和个人所得税，这两类税的税额在全部税收收入中占到 1/4 左右；三是资源税类，主要包括资源税和城镇土地使用税；四是财产税和行为税类，包括 12 个税种。流转税类和所得税类虽然只包括四种税，但是税额却占到了全部税收收入的 70%～80%。

根据党的十九大报告精神，财政部门将着力完善直接税体系：（1）建立综合与分类相结合的个人所得税制度，优化税率结构，完善税前扣除，规范和强化税基，加强税收征管，充分发挥个人所得税调节功能。（2）按照“立法先行、充分授权、分步推进”的原则，推进房地产税立法和实施。对工商业房地产和个人住房按照评估值征收房地产税，适当降低建设、交易环节税费负担，逐步建立完善的现代房地产税制度。2019 年 1 月 1 日修订后施行的《个人所得税法》，修订个人所得项目体系，初步迈向综合与分类相结合的税制。

（三）国家预算

国家预算是政府的基本财政收支计划，是国家的重要立法文件。从形式上来看，国家预算就是按照一定的标准将财政收入和支出分门别类地列入特定的表格，可以使人们清楚地了解政府的财政活动；但从实际内容来看，国家预算反映国家和政府活动的范围、方向和政策。同时，由于国家预算和决算要经过国家权力机构的

---

①　参见国家统计局网：http://data.stats.gov.cn/easyquery.htm？cn＝C01，最后访问日期：2018 年 1 月 12 日。

审批方能生效,因而又是国家的重要立法文件,体现国家和权力机构和全体公民对政府财政活动的监督。

我国《预算法》第5条规定,预算一般包括一般公共预算、政府性基金预算、国有资本经营预算和社会保险基金预算。四种预算应当保持完整、独立;后三种预算应当与一般公共预算相衔接。一般公共预算是对以税收为主体的财政收入,安排用于保障和改善民生、推动社会经济发展、维护国家安全、维持国家机构正常运转等方面的收支预算。政府性基金预算是对按照法律、行政法规的规定在一定期限内向特定对象征收、收取或者以其他方式筹集的资金,专项用于特定公共事业发展的收支预算。国有资本经营预算是政府以所有者身份依法取得国有资本收益,并对所得收益进行分配而发生的各项收支预算;该预算应当按照收支平衡的原则编制,并安排资金调入一般公共预算。社会保险基金预算是对社会保险缴款、一般公共预算安排和其他方式筹集的资金,专门用于社会保险的收支预算。

我国现行的预算管理制度共包括四个方面的内容:

1. 编制部门预算

部门预算要反映部门的所有收入和支出。既反映一般预算的收入和支出,也反映基金预算的收入和支出;在部门一般预算中既反映预算内收支,也反映预算外收支;在预算内收支中,既反映财政部门直接安排的预算拨款,也反映其他具有预算分配权的部门安排的资金。总之,部门预算是一种全面反映部门收支活动的预算。

2. 实施政府采购制度

政府采购制度是以公开招标、投标为主要方式选择供货商,从国内外市场为政府部门或所属团体购买商品或劳务的一种制度。它具有公开性、公正性、竞争性的特征,而公开竞争是政府采购制度的基石。我国现行《政府采购法》,其宗旨就是规范政府采购行为,提高政府资金的使用效率,保护政府采购当事人的合法权益。

3. 完善国库集中收付制度

国库集中收付制度一般也称为国库单一账户制度,包括国库集中支付制度和收入收缴管理制度,是指由财政部门代表政府设置国库单一账户体系,所有的财政性资金均纳入国库单一账户体系收缴、支付和管理的制度。财政部门集中掌握预算资金的支付权,可以防止滥收滥支的违纪现象,提高资金的使用效益。

4. 实行"收支两条线"管理

"收支两条线"管理是针对预算外资金管理的一项改革,其核心内容是将预算外收支纳入预算管理范围,形成完整统一的各级预算,提高法治化管理和监督水平。"收支两条线"就是全面掌握预算外收支的情况,真实反映部门和单位的财政收支全貌。

根据党的十九大精神,绩效管理将融入预算管理的全过程。围绕提升财政资金使用效益,将绩效理念和方法深度融入预算编制、执行和监督的全过程,注重成本效益分析，关注支出结果和政策目标实现程度。绩效管理覆盖所有财政资金，体现权责对等，放权和问责相结合。强化绩效目标管理，建立预算安排与绩效目标、资金使用效果挂钩的激励约束机制。加强绩效目标执行动态监控。

第二节　财政和工程法学

一、财政和工程

（一）基础设施投资的性质

基础设施是支撑一国经济运行的基础部门，它决定着工业、农业、商业等直接生产活动的发展水平。基础设施是指社会经济活动的公共设施，主要包括交通运输、通信、水利、供电、机场、港口、桥梁和城市供排水、供气等，也是政府投资的主要领域。从整个生产过程来看，基础设施为整个生产过程提供"共同生产条件"。从经济性质看，基础设施从总体上来说可以归类为混合物品，可以由政府提供，可以由市场提供，也可以采取混合提供方式。

基础设施特别是大型基础设施，大都属于资本密集型行业，需要大量的资本投入，而且它们的建设周期比较长，投资后形成的生产能力和回收投资的时间往往需要许多年，这些特点决定了大型的基础设施很难由个别企业独立投资来完成。尤其在经济发展的初级阶段，没有政府的强有力支持，很难有效地推动基础设施的发展。

（二）政府投资基础设施的方式

1. 政府直接出资

政府直接出资的项目主要包括两类：一是维护国家安全的需要，如宇航事业、核电站、战备公路等，可以由政府直接承担投资责任；二是具有明显的非排他性或很高的排他成本，诸如市区道路、上下水道、过街天桥等，单项投资不大，数量众多，也适合于作为纯公共物品由政府投资提供。

2. 政府采取多种渠道集资

此类项目主要是关系到国计民生的重大项目，诸如长江三峡工程、青藏公路、南水北调等关系国家社会经济发展以及人民的当前和长远利益的重大项目，只能由政府采取多种渠道集资来提供。

3. 政府与民间共同投资的提供方式

对于具有一定的外部效应、盈利率较低或风险较大的项目，政府可以采用投资参股、优惠贷款、提供借款担保、低价提供土地使用权，部分补贴和减免税收等方式，与民间共同投资，混合提供。如高速公路、集装箱码头及高新技术产业等基础设施建设，适于采取这种提供方式，政府在其中主要发挥资金诱导和政策支持作用。

4. 政府投资,法人团体运营运作

这种提供方式有几个优点:一是政府拥有最终的决策权,又可以使政府从具体的经营活动中解脱出来;二是法人团体拥有经营自主权,责任明确,可以提高成本—效益的透明度,提高服务质量。道路、港口甚至中小型机场等适于采用这种提供方式。

5. BOT 投资方式(建设—经营—转让投资方式)

BOT 投资方式是近年发展和兴起的一种基础设施的提供方式,是指政府将一些拟建的基础设施建设项目通过招商转让给某一财团或公司,组建项目经营公司进行建设经营,并在双方协定的一定时期内,由项目经营公司通过经营,偿还债务,收回投资并盈利,协议期满,项目产权归政府。这种投资方式的最大特点是鼓励和吸引私人投资者特别是外国直接投资者发电厂(站)、高速公路、能源开发等基础设施进行投资。

(三)经典案例:三峡工程

长江三峡水利工程投资来源和构成是政府筹资建设重大工程的典型例证。三峡工程是一座具有防洪、发电、航运、养殖、旅游、保护生态、净化环境、开发性移民、供水灌溉等巨大综合效益的宏伟工程,建设资金量之大,调动资源之多,是新中国成立以来绝无仅有的。三峡工程静态总投资(未含物价上涨及施工期贷款利息)按 1993 年 5 月末价格计算,为 900. 9 亿元人民币。其中枢纽工程投资 500. 9 亿元,水库淹没处理及移民安置费用 400 亿元,三峡工程施工期 17 年,全部完成建设约需 20 年,第 11 年(2003 年)开始发电收益,后期工程投资较易解决。因此,工程投资的关键是发电前 11 年的资金,按 1993 年 5 月末价格计约 650 亿元。

三峡水利工程的资金来源多采用多元化的集资办法,主要有:(1)三峡工程建设基金。国务院确定自 1992 年开始在全国电网征收 0. 3 分/度的三峡工程建设基金(扶贫地区及农业排灌用电除外),1994 年起征收标准改为 0. 4 分/度,1996 年到 0. 7 分/度。截至 1995 年年底,三峡工程建设基金为工程提供的建设资金约占整个工程建设资金总需要量的一半,是三峡工程最主要的资金来源。(2)自有资金,包括葛洲坝水电厂和三峡电站施工期的发电收入。(3)国内外贷款、发行债券及股份化集资。上述三项资金来源作为国家注入三峡工程建设的资本金,是工程筹资的基础。

二、相关法律法规

(一)《预算法》[①]

1994 年 3 月 22 日第八届全国人民代表大会第二次会议通过《预算法》,自

① 刘小川:《新预算法的五个创新性亮点》,载《第一财经日报》2014 年 12 月 3 日,第 4 版。

1995 年 1 月 1 日起施行。2014 年 8 月 31 日和 2018 年 12 月 29 日分别对《预算法》进行了第一次修正和第二次修正。《预算法》的目的就是："规范政府收支行为，强化预算约束，加强对预算的管理和监督，建立健全全面规范、公开透明的预算制度，保障经济社会的健康发展"。预算、决算的编制、审查、批准、监督，以及预算的执行和调整，必须依照《预算法》规定执行。该法律对我国深化财税体制改革方案实施以及提升国家依法治理水平起到法律支撑与保障作用。

根据《预算法》，财政投资工程建设必须要纳入政府预算；并且工程建设全过程的资金使用情况都要规范、透明；工程竣工后还要进行绩效评价。人大、政府财政部门、审计部门以及社会公众会在不同的时期进行全方位审查。根据目前的运行情况，公共工程的前期可行性研究，建设过程中的质量、资金、进度等全方位管理监督都已经比较完善；比较欠缺的是工程的投资后评价。应该从产生的社会效益和经济效益等方面进行全面评价，通过定性和定量的统计方法，和前期的可行性研究进行比较，形成一个完整的闭环。

（二）《政府采购法》

2002 年 6 月 29 日第九届全国人民代表大会常务委员会第二十八次会议通过《政府采购法》，自 2003 年 1 月 1 日起施行。2014 年 8 月 31 日对《政府采购法》进行了修正，与其配套的《政府采购法实施条例》则于 2015 年 3 月 1 日起施行。《政府采购法》的目的就是："规范政府采购行为，提高政府采购资金的使用效益，维护国家利益和社会公共利益，保护政府采购当事人的合法权益，促进廉政建设"。各级国家机关、事业单位和团体组织，使用财政性资金采购依法制定的集中采购目录以内的或者采购限额标准以上的货物、工程和服务的行为，必须按照政府采购法及实施条例的规定执行。

政府采购工程以及与工程建设有关的货物、服务，采用招标方式采购的，适用《招标投标法》及其实施条例；采用其他方式采购的，适用《政府采购法》及实施条例。《政府采购法》所称工程，是指建设工程，包括建筑物和构筑物的新建、改建、扩建及其相关的装修、拆除、修缮等；所称与工程建设有关的货物，是指构成工程不可分割的组成部分，且为实现工程基本功能所必需的设备、材料等；所称与工程建设有关的服务，是指为完成工程所需的勘察、设计、监理等服务。政府采购工程以及与工程建设有关的货物、服务，应当执行政府采购政策。政府采购工程依法不进行招标的，应当依照政府采购法和条例规定的竞争性谈判或者单一来源采购方式采购。

（三）《基础设施和公用事业特许经营管理办法》

《基础设施和公用事业特许经营管理办法》自 2015 年 6 月 1 日起施行。为鼓励和引导社会资本参与基础设施和公用事业建设运营，提高公共服务质量和效率，保护特许经营者合法权益，保障社会公共利益和公共安全，促进经济社会持续健康发展，国家发展与改革委员会、财政部、住房和城乡建设部、交通部等联合发布了该办法。

该办法所称基础设施和公共事业特许经营，是指政府采用竞争方式授权中华人民共和国境内外的法人或者其他组织，通过书面协议明确权利义务和风险分担，约定其在一定期限和范围内投资建设经营基础设施和公共事业并获得收益，提供公共产品或者公共服务。国家鼓励和引导能源、交通运输、水利、环境保护、市政工程等基础设施和公共事业领域的项目实施特许经营。

特许经营可以采取下列方式：(1)在一定期限内，政府授予特许经营者投资新建或改扩建、运营基础设施和公用事业，期限届满移交政府；(2)在一定期限内，政府授予特许经营者投资新建或改扩建、拥有并运营基础设施和公用事业，期限届满移交政府；(3)特许经营者投资新建或改扩建基础设施和公用事业并移交政府后，由政府授予其在一定期限内运营；(4)国家规定的其他方式。实施机构应当与依法选定的特许经营者签订书面特许经营协议。

基础设施和公用事业特许经营期限应当根据行业特点、所提供公共产品或服务需求、项目生命周期、投资回收期等综合因素确定，最长不超过30年。对于投资规模大、回报周期长的基础设施和公用事业特许经营项目可以由政府或者其授权部门与特许经营者根据项目实际情况，约定超过上述特许经营期限。

第三十三章　工程法学的城乡规划学基础

第一节　城乡规划学概述

一、城乡规划学的内涵

城乡规划是为了实现一定时期内城乡的经济和社会发展目标,各级政府统筹城乡发展建设空间布局,保护生态和自然环境,合理利用自然资源所做的综合部署和具体安排。城乡规划是以促进城乡经济社会全面协调可持续发展为根本任务、促进土地科学使用为基础、促进人居环境根本改善为目的,涵盖城乡居民点的空间布局规划。

21 世纪是城市的世纪,中国作为世界上人口最多的发展中国家,未来 20 年中国城镇化进程将对全球发展产生深远影响。党中央和国家政府高度重视我国城乡建设事业科学发展,将社会经济、生态资源、生命安全等与城市和乡村建设统筹考虑,作为国家中长期发展战略。

现代城乡规划在学科理念上已经发生很大的变革。现代城乡规划学科是以城乡建成环境为研究对象,以城乡土地利用和城市物质空间规划为学科的核心。研究对象包括:对区域发展、社会经济宏观层面的研究;对城乡规划设计理论、方法和技术问题研究;对城乡规划的管理、法规、政策体系等层面的研究(见图 33－1)[①]。

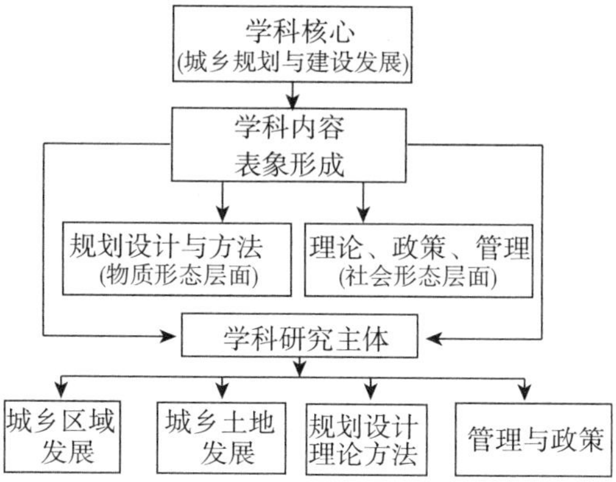

图 33－1　现代城乡规划学科研究内容与对象关系

① 赵万民等:《关于"城乡规划学"作为一级学科建设的学术思考》,载《城市规划》2010 年第 6 期。

二、城乡规划学科的发展

城乡规划是一门古老而又年轻的学科。西方传统的城市规划来源于建筑学和建造工程学科，最早可以追溯到古希腊和古罗马时代传统的建筑和城市形态空间设计。西方现代城市规划概括地说开始于18世纪的工业革命，由于工业革命引起的城市化，城市规模的高速增长带来了一系列社会、经济和环境问题，现代城市规划思想由此产生和发展。经过100多年的发展、适应和完善，现代城市规划理论与实践在缓解区域与城乡矛盾、引导城乡经济建设与发展、优化和提升城市形态功能、维护城市生态与环境可持续发展等方面，显示出无可替代的科学性和社会适应性。

现代城乡规划学思想的理论基础是在建筑学、工程技术、社会学、经济学、生态学等综合理论上逐渐形成与发展起来的。现代城乡规划学的开拓者如霍华德倡导的“田园城市”理论、盖迪斯的“生态学”思想、芒福德的“城市人文”思想等，极大地推动、深化和提升了现代城乡规划的思想理论，并在解决城市化所造成的“城市病”和“社会矛盾”方面发挥着重要的理论与实践指导作用，形成了现代城市规划物质形态和社会学科交叉融合的理论拓展体系。20世纪中叶，以城市问题为导向的研究和实践成为国际政界和科学界共同关注的焦点问题，社会、经济、政治、生态环境等交叉学科理论与思想涌入城市规划领域，促进了城市问题和城市发展研究的繁荣，并出现了诸如城市社会学、城市经济学、城市生态学、城市地理学、城市管理学等交叉学科。20世纪末，人类与环境的“可持续发展”规划思想成为国际共识，对城市规划发展提出保护资源环境、建设人类和谐家园的更高目标和任务。“低碳城市”“共生城市”等新的城市永续模式应运而生。城市规划思想的未来发展重点将会是研究城市规划与全球气候、区域发展等之间的关系，研究城市生命体和城市人的永续与和谐发展，并促进规划理念、技术方法向前推进。

我国早期城市规划营造思想可追溯至春秋战国时代，经过后世2000多年的发展，形成了以中国哲学思想和文化理念为特色的东方城乡规划理论体系和历史发展脉络。20世纪初，西学东渐兴起，中国接受西方建筑学和城市规划思想，将其融入中国传统体系，逐步形成“中学为体、西学为用”的中国近现代城市规划教育以及城市规划建设的理论和实践体系。20世纪80年代，改革开放使城市规划和城市建设事业进入全新的历史时期，中国特色的经济发展模式和城镇化道路，成就卓著，令世人瞩目。我国城乡建设事业的发展、人才队伍的成长、城乡规划建设的理论建树和实践成就对当代世界城市规划学科的构成和发展产生了很大的影响和价值贡献作用。

三、城乡规划学的学科体系

（一）城乡规划学科的理论基础

城乡规划理论是关于城市和乡村规划的普遍性和系统化的理性认识，是理解城市发展和规划过程的知识形态。城乡规划本身的复杂性、综合性与实践性，而且涉及不同的价值基础，因此规划理论本身也是多层次、多方面的。其理论基础兼容了自然科学、社会科学、工程技术和人文艺术科学的理论内容与技术方法。城乡规划学科的理论总体上可以分为两个部分：

一是关于城乡空间发展理论。包括城市发展的规律、城市空间组织、城市土地使用、城市环境关系等方面的相关理论，这些理论主要描述和解释城市发展的现象、发展演变及其规律的内容，通过这些理论可以认识城乡规划研究和实践对象的发展演变规律。包括城市经济子系统、政治子系统、交通通信子系统和空间子系统等。

二是关于城乡规划基础理论。涉及规划性质、思想、规划技术和方法，是关于如何处理城乡规划的本质内容、如何认识城市及其空间，如何来组织这些内容，依据怎样的思想来规划和建设城乡环境。

（二）所设二级学科

1. 区域发展与规划

主要研究方向：区域发展政策与战略、区域规划与城镇化。

研究内容：区域发展、城乡统筹、城乡经济学、城乡土地规划、城镇化理论、政策与发展战略等。

2. 城乡规划与设计

主要研究方向：城市规划理论与方法、城市设计、乡村规划。

研究内容：城市规划与设计、城乡规划理论、城市设计、乡村规划与设计、城乡景观规划、新技术在城乡规划中的应用等。

3. 住房与社区建设规划

主要研究方向：住房政策与规划（包括房地产）、社区建设规划。

研究内容：城市住房政策、住区开发、房地产开发、社区建设与管理。

4. 城乡发展历史与遗产保护规划

主要研究方向：城乡历史发展与理论、城乡历史文化遗产保护规划与设计。

研究内容：城市建设史、城乡历史发展与理论、城市历史文化遗产保护规划与设计、乡镇历史文化遗产保护规划。

5. 城乡生态环境与基础设施规划

主要研究方向：城乡生态规划、城乡安全与防灾。

研究内容：城乡生态规划理论、乡村自然生态环境保护规划、社会型基础设施规划、工程型基础设施规划。

6. 城乡规划与建设管理

主要研究方向：城乡建设管理。

研究内容：城乡安全与防灾、城市建设管理、城市管理与法规、乡村建设管理。

(三)法定城乡规划体系

我国《城乡规划法》中所称的城乡规划,包括城镇体系规划、城市规划、镇规划、乡规划和村庄规划。城市规划、镇规划分为总体规划和详细规划,详细规划分为控制性详细规划和修建性详细规划(见图 33 -2)。

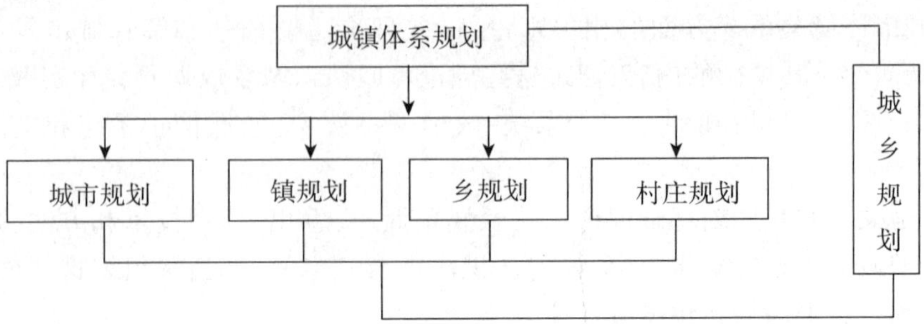

图 33 -2 城乡规划体系的关系

四、城乡规划的研究内容

(一)城市发展战略研究

城市发展战略是对城市经济、社会、环境的发展所做的全局性、长远性和纲领性的谋划。其核心是要解决一定时期的城市发展目标和实现这一目标的途径。一般包括战略目标、战略重点、战略措施等内容。从本质上说,城市总体规划就是对城市发展的战略安排,是战略性的发展规划。总体规划是以空间部署为核心制定城市发展战略的过程,是推动整个城市发展战略目标实现的组成部分。总体规划工作的开展必须研究城市和区域发展背景,以及城市的社会、经济发展,以城市社会、经济、文化、科技的全面发展为城市发展的目标,对城市发展一定时期内的城市性质、城市发展可能规模和城市空间发展结构做出正确分析,进而提出合理的引导、调控的策略和手段,使总体规划建立在可靠的、科学的基础之上。

(二)城市用地布局

城市用地布局是城市规划最核心的内容,其任务是在城市的性质和规模基本确定之后,在城市用地适用性评定的基础上,根据城市自身的特点和要求,对城市各组成用地进行统一安排,合理布局、使其各得其所、有机联系,并为今后的发展留有余地。用地布局的合理性,关系到城市建设与管理的整体有序性、经济性,关系到长远的社会效益与环境效益。

根据《城市用地分类与规划建设用地标准》(GB 50137—2011),市(县)域范围内所有土地,包括建设用地与非建设用地。建设用地包括城乡居民点建设用地、区域交通设施用地、区域公用设施用地、特殊用地、采矿用地等,非建设用地包括水域、农林用地以及其他非建设用地等。城市用地对应于所担负的城市功能，划分为不同的用途。城市建设用地共分为8大类、35中类、44小类，如表33－1所示。

表33－1　城市建设用地分类

类别代码			类别名称
大类	中类	小类	
R	3	7	居住用地
A	9	13	公共管理与公共服务用地
B	5	11	商业服务业设施用地
M	3	—	工业用地
W	3	—	物流仓储用地
S	5	2	道路与交通设施用地
U	4	11	公用设施用地
G	3	—	绿地与广场用地

城市用地布局规划首先要满足各类城市用地的功能要求，相互之间形成合理的功能关系。中小城市一般采用集中紧凑发展的空间布局结构，有力提高城市效率，减少道路建设、市政设施的投入。大城市和特大城市就应避免单一中心、同心圆式向外蔓延的发展模式，采用多中心放射式或分散式等的布局结构，以利简化城市功能分区，分散城市交通，优化城市环境质量。城市空间布局形态可以依据不同城市的地理条件、用地条件、对外联系和城镇分布等因素，采用集中式、组团式、带状、枝状和星座状等形态。

（三）城市道路交通

城市交通系统的目的是实现城市中各种人员和货物更加有效自由地移动。城市综合交通可以分为两部分，即城市交通和城市对外交通。前者主要指城市内部的交通，主要通过城市道路、公共交通系统来组织；城市对外交通则是以城市为基点与外部空间联系的交通，如铁路运输、水陆运输、公路运输等。城市交通发展战略是城市交通事业发展的纲领。它是对城市交通系统规模、城市交通服务水准、城市交通方式结构、城市交通管理体制、城市交通环境等一系列重大问题进行宏观性、全局性、前瞻性的判断与决策。有关城市交通宏观对策的制定必然会对城市交通产生长远和根本性的影响。

（四）住区规划

居住是城乡居民生活中至关重要的一个方面，居住功能是城市的主要功能之一，住区规划也是城市规划重要的组成内容之一。住区规划就是围绕城乡的居住功能和要求,根据区位条件和土地使用条件,以人为本,综合各项物质要素和社会要素,创造宜居的居住环境。住区规划和建设的水平,还在很大程度上反映该地区乃至国家不同时期社会政治、经济、文化和科学技术发展的水平。

(五)城市工程系统规划

供电、燃气、供热、通信、给水、排水、防灾、环境卫生等各项城市工程系统构成了城市基础设施体系,为城市提供最基本的必不可少的物质运营条件。城市工程系统规划的任务是根据城市经济社会发展目标,结合本城市实际情况,合理确定规划期内各项工程系统的设施规模、容量,布局各项设施,制定相应的建设策略和措施。

(六)城市生态环境保护建设

城市生态规划是以生态学及城市生态学的原理为指导,以实现城市人与环境的关系的平衡协调为目的,为城市居民创造最优城市环境的一种规划类型。城市环境规划是指对一个城市地区进行环境、检测、评价、区划以及因经济发展所引起的变化预测;根据生态学原则提出调整产业结构,以及合理安排生产布局为主要内容的保护和改善环境的战略部署。城市环境规划的目的在于调控城市中人类的自身活动,减少污染,防止资源被破坏,从而保护城市居民生活和工作、经济和社会持续稳定发展所依赖的基础——城市环境。

(七)城市历史文化遗产保护与城市更新

随着现代化进程的加快,我国城市中许多重要的文化遗产及其生存环境受到严重威胁,加强文化遗产保护刻不容缓。城市历史文化遗产保护的目的,是对人类记忆的历史信息及其文化意义在城市中的具体表象进行保存,确保历史城镇、街区和文物整体的和谐关系,并适应城市可持续发展的需要。中国目前已形成由文物、历史文化保护区、历史文化名城(镇、村)的保护体系。城市更新是对城市中已经不适应现代生活需求的地区所作必要的、有计划的改建活动。城市更新的内容包括基础设施的改造、居住环境的改善、功能定位与土地利用的调整、交通的重组、城市公共空间系统的完善等。

第二节　城乡规划学的法学基础

一、城乡规划法规体系

(一)我国现行的城乡规划法规体系

1. 城乡规划法

《城乡规划法》是我国城乡规划法规领域的主干法。《城乡规划法》是为了确定城乡规划在社会发展过程中的作用、地位以及与城乡规划有关的法律规章在社会法系中与其他法规的相互关系而制定的。因此其主要内容是界定城乡规划的内容、确立城乡规划体系的内外部框架及其作用范围和作用方式、确定城乡规划行为合法性的法律程序和相应原则。

《城乡规划法》的指导思想是,按照贯彻落实科学发展观和构建社会主义和谐社会的要求,统筹城乡建设和发展、局部利益与整体利益、经济发展和环境保护、现代化建设与历史文化保护等,促进合理布局,节约资源,保护环境,体现特色,充分发挥城乡规划在引导城镇化健康发展、促进城乡经济社会可持续发展中的统筹协调和综合调控作用。

《城乡规划法》共 7 章、70 条,对制定和实施城乡规划的重要原则和全过程的主要环节作了基本的法律规定,成为我国各级政府和城乡规划主管部门工作的法律依据,也是人们在城乡发展建设中必须遵守的行为准则。

2. 城乡规划实施行政法规

城乡规划行政法规是指国务院根据宪法和法律,按照法定程序制定的有关行使城乡规划制定、实施、管理及监督权限,履行行政职责的规范性文件的总称。城乡规划领域的行政法规主要是 1993 年 11 月 1 日起施行《村庄和集镇规划建设管理条例》,他是国务院为了加强村庄、集镇的规划建设管理,改善村庄、集镇的生产、生活环境,促进农村经济和社会发展制定。

3. 城乡规划地方性法规

城乡规划法规是由地方国家权力机关根据国家城乡规划法和相关的法律法规,在不同宪法、法律和行政法规相抵触的前提下,结合地方社会、政治、经济、文化等方面的具体情况,制定和颁布的在本行政区域范围内城乡规划制定、实施、管理和监督的规范性文件。如《山东省城乡规划条例》。

4. 城乡规划行政规章

行政规章是指国务院各部委以及各省、自治区、直辖市的人民政府和省、自治区的人民政府所在地的市以及设区市的人民政府根据宪法、法律和行政法规等制定和发布的规范性文件。国务院各部委制定的称为部门行政规章,其余的称为地方行政规章。城乡规划部门规章主要有:《城市规划编制办法》《城市国有土地权出让转让规划管理办法》《开发区规划管理办法》《城镇体系规划编制审批办法》《建制镇规划建设管理办法》《城市规划编制单位资质管理规定》《城市绿线管理办法》《城市紫线管理办法》《城市黄线管理办法》《城市蓝线管理办法》等。

5. 其他相关的法律法规

城乡规划与城乡建设和发展过程中的所有行为直接相关,因此,城乡规划既受到规范这些行为的法律法规的制约,同时也对这些行为进行规范。与城乡规划相关的法律法规主要涉及行政管理、土地管理、环境管理、房地产管理、绿化管理、文物和风景名胜区管理等方面。

6. 城乡规划技术标准

城乡规划技术标准是城乡规划行为合法化的一项重要标准,它所规范的主要是城乡规划内部的技术行为,它的内容应当能够涵盖城乡规划过程中的所有的一般化的技术性行为,也就是在城乡规划编制和实施过程中具有普遍规律性的技术依据。

7. 城乡规划文本

城乡规划经法律程序审批之后方具有法律效力。因此,城乡规划文本同样具有法律法规的特征。城乡规划文本是根据国家和地方的各项法律法规,运用城乡规划的技术操作,对特定地域范围内的城乡建设和发展内容进行具体规定的法定文件。城乡规划文本应该包括两部分内容,即文字性的文本和对文字文本进行说明或具体化的图纸。

我国有关城乡规划的法规在近20年时间内有了很大的发展,但仍然存在许多问题和空缺,使城乡规划控制和引导城乡建设和发展的作用还未能充分发挥。其表现在城乡规划法规尚缺乏完整的体系性,城乡规划中的许多内容和行为还都缺乏必要的法律规范;某些法律和法规条文可操作性较差;缺少对程序法的重视而难以规范规划编制和管理的过程;同时,在现行的法律和法规之间、在城乡规划法规和相关法规之间还存在不配套、相互衔接不够的状况。因此,在今后的一段相当长的时间内,规划立法仍将是一项重要工作。

(二)《城乡规划法》

2007年10月28日第十届全国人民代表大会常务委员会第三十次会议通过《城乡规划法》,自2008年1月1日起施行。2015年4月24日和2019年4月23日对《城乡规划法》进行了第一次修正和第二次修正。《城乡规划法》对城乡规划的制定、实施、修改、监督检查和法律责任作出了规定。《城乡规划法》共分为7章、70条,下面简要介绍一下其主要规定:

第1章"总则"共11条。包括立法目的,城乡规划和规划区的概念,制定和实施城乡规划的原则和要求,城乡规划与国民经济和社会发展规划、土地利用总体规划的关系,城乡规划编制和管理经费来源等。

第2章"城乡规划的制定"共16条。包括全国、省域城镇体系规划的编制和审批程序城市、镇总体规划、详细规划的编制和审批程序,乡规划、村庄规划的编制和审批程序,首都的总体规划、详细规划的特殊需要,城乡规划编制单位的资质条件等。

第3章"城乡规划的实施"共18条。包括城乡规划实施的原则,城市新区的开发和建设与旧城区的改建、历史文化名城、名镇、名村级风景名胜区的保护,城市地下空间的开发和利用,城市、镇的近期建设规划的制定、期限和备案,城乡规划确定的禁止擅自改变用途的基础设施、公共服务设施用地和生态环境用地,选址意见书、建设用地规划许可证、建设工程规划许可证、乡村建设规划许可证的核发,建设单位变更规划条件的批准程序等。

第4章"城乡规划的修改"共5条。包括城乡规划实施评估,城乡规划修改的权限和程序,修改规划给规划许可相对人的合法权益造成损失的补偿,修建性详细规划、建设工程设计方案的总平面图的修改以及修改对利害关系人合法权益造成损失的补偿等。

第5章"监督检查"共7条。包括县级以上人民政府及其城乡规划主管部门对城乡规划编制、审批、实施、修改的监督检查,地方人大常委会或者乡、镇人民代表大会对城乡规划的实施情况的监督,城乡规划主管部门对城乡规划的实施情况进行监督检查时有权采取的措施,上级人民政府城乡规划主管部门对有关城乡规划主管部门的行政处罚的监督等。

第6章"法律责任"共12条。包括有关人民政府及城乡规划主管部门在编制城乡规划方面的法律责任,城乡规划主管部门违法核发选址意见书、建设用地规划许可证、建设工程规划许可证、乡村建设规划许可证的法律责任,有关部门违法审批建设项目、出让或划拨国有土地使用权的法律责任,违反国家有关标准编制城乡规划的法律责任,未取得建设工程规划许可证或未按照建设工程规划许可证的规定进行建设的法律责任,违法进行临时建设的法律责任,县级以上地方政府对违法建设的行政强制执行,构成犯罪的刑事责任等。

二、城乡规划基本法律制度

《城乡规划法》的颁布,建立了我国整体的城乡规划的新制度,最为鲜明的特征应该在于向现代行政的转变,并由此确立了城乡规划作为政府行为所需要进行规范的相应内容。如果把城乡规划看成行政行为,那么《城乡规划法》首先就应该是行政法,实质上是有关于政府在城乡规划方面具有怎样的权利,怎样行驶这些权利,在怎样的范围内行使,行使的过程中受到怎样的制约以及相应的补救措施与各自的责任追究等方面的规范。

(一)城乡规划编制制度

《城乡规划法》赋予地方各级政府编制不同级别城乡规划的权利,而具体的规划编制工作则是由各级城乡规划管理部门来承担的。各级政府组织编制城市、镇、乡和村规划法律制度的确立,体现了"政府的主要职责是把市、镇、乡和村规划好、建设好、管理好"和"城乡规划是城市政府主要职能"的立法思想。

为了加强城乡规划的实施及其监督,加强上下规划的衔接,确保区域协调发展,资源合理利用、环境与历史文化遗产的保护、促进城乡经济可持续发展,《城乡规划法》规定了编制城乡规划必须明确强制性内容。城市总体规划、镇总体规划的强制性内容包括:规划区范围、规划区内建设用地规模、基础设施和公共服务设施用地、水源地和水系、基本农田和绿化用地、环境保护、自然和历史文化遗产保护、防灾减灾等。

(二)城乡规划的实施制度

城乡规划实施管理主要是对各项建设活动实行审批或许可、监督检查以及违法建设行为进行查处等管理工作。通过对各项建设活动进行规划管理,保证各项建设能够符合城乡规划的内容和要求,使各项建设对城乡规划实施作出贡献,并限制和杜绝超出经法定程序批准的规划所确定的内容,保证法定规划得到全面和有效的实施。

1. 城市、镇"一书两证"和"乡村建设规划许可"制度

城乡规划主管部门依法对城乡规划区内的各项用地和建设活动进行城乡规划实施管理。根据《城乡规划法》,现行的城乡规划实施管理的基本制度是规划许可制度。即城乡规划行政主管部门根据依法审批的城乡规划和有关法律规范,通过核发建设项目选址意见书、建设用地规划许可证、建设工程规划许可证、乡村建设规划许可证,对各项建设用地和各类建设工程进行组织、控制、引导和协调,使其纳入城乡规划的轨道。

2. 城乡规划的监督检查制度

城乡规划监督检查贯穿于城乡规划制定和实施的全过程,是城乡规划管理工作的重要组成部分,也是保障城乡规划工作科学性和严肃性的重要手段。近年来,我国对城乡规划制定实施的监督检查有了较大程度的提高和加强。2002 年,国务院下发了《国务院关于加强城乡规划监督管理的通知》(国发〔2002〕13 号),明确要求健全城乡规划的监督管理制度,进一步强化城乡规划对城乡建设的引导和调控作用,促进城乡建设健康有序发展。为了落实国务院的要求,原建设部开展了派驻城乡规划督察员试点、城乡规划效能监察等一系列具体工作,各地人民政府也在推进城乡规划政务公开、建立完善的城乡规划监督、管理制度方面进行了许多有益的探索。

城乡规划的监督检查包括县级以上人民政府及其城乡规划主管部门对下级政府及其城乡规划主管部门执行城乡编制、审批、实施、修改情况的监督检查,也就是常说的政府层级监督检查;县级以上地方人民政府城乡规划主管部门对城乡规划实施情况进行的监督检查,即常说的对管理相对人的监督检查,包括严格验证有关土地使用和建设申请的申报条件是否符合法定要求,有无弄虚作假;复验有关用地的坐标、面积等与建设用地规划许可证规定是否相符;对已领取建设工程规划许可证并放线的建设工程,履行验线手续,检查其坐标、标高、平面布局等是否与建设工程规划许可证及违法建设行动等;地方人民代表大会常务委员会或者乡、镇人民代表大会对城乡规划的实施情况进行监督,如对《城乡规划法》实施情况进行执法检查;人民代表大会及其常委会通过受理人民群众的申诉、控告等,责成人民政府依法进行处理;上级人民政府城乡规划主管部门对有关城乡规划主管部门的行政处

罚的监督等。

3. 城乡规划公众参与制度

在计划经济体制下，城乡规划被认为是一个技术问题，参与其中的主要是政府部门和相关的技术人员，社会和公众基本处于事后被告知的地位。随着社会主义市场经济的逐步建立和发展，在城市规划建设中，社会关系将日趋复杂化，城市规划和建设的行为主体也日趋多元化。在这样一个多元社会群体利益相互冲突的社会里，面对的不仅是技术问题，长期沿袭下来的政府独自运作的封闭规划编制和管理模式不再适用，只有通过社会公众对规划的参与，增加规划的开放和透明度。确保社会公众对城乡规划的参与权，可以保证公众的有效监督，从而推动城乡规划的制定、修改和实施。从专业人员走向大众，使得城乡规划不再局限在行政和专业之内，在最大限度上减少城乡建设的失误，才能真正实现城乡规划的目标。

《城乡规划法》的颁布实施使得城乡规划中的公众参与获得法律层面的规范支持，确定了城乡规划的公开化与公众参与制度，赋予公众参与城乡规划的法律地位。《城乡规划法》只是对贯彻城乡规划公开化作出了原则性的规定，对公众参与的机构、范围、内容、程序、权力和监督等缺乏明确规定，公众参与城市规划的程度有限。在城乡规划的法治化建设中，要继续完善公众参与城市规划的实体性和程序性内容。借鉴国外经验，在规划的编制、审批、实施及行政复议中对公众参与的内容和程序进行明确的规定。[①]

---

① 郭建、孙惠莲：《城市规划中公众参与的法学思考》，载《城市规划》2004年第1期。

第三十四章　工程法学的园艺学基础

园艺学是与工程法学联系密切的学科之一。本章主要介绍了与工程法学密切相关的园艺学基本理论和基本知识，了解与工程法学密切相关的园艺学知识，明确“园艺”“园艺学”“园艺业”“园林”“园艺设施工程学”的区别和联系等，为学习工程法学奠定好园艺学知识基础。

第一节　园艺学基本知识

一、园艺

园艺，主要是指园艺生产的农业技术。[①] 园艺是农业生产和城乡绿化的一个重要组成部分，是包括果树、蔬菜、花卉及观赏树木的栽培与繁育技术。

园艺既是一门生产技术，又是一门形象艺术。单单从字面上来看，“园艺”一词是“园”和“艺”的组合，“园”字是指种植果树、蔬菜、观赏植物的地方，“艺”字则是指技能、技术。我们常说的种植蔬果花木的技艺就是园艺。

中国园艺具有悠久的历史，被誉为“园林之母”。园艺在人们日常生活以及农业和国民经济中占有十分重要的地位，也是农业产业结构调整和农民增收的热点领域。[②] 中国的园艺正向适生区、多元化、集约化、有机方向发展，在国际上的竞争力也越来越强。

二、园艺学

（一）园艺学的概念

园艺学是研究园艺植物种质资源和遗传改良、生长发育和栽培管理、采后处置或造型造景等理论和技术的综合性科学。[③] 现代园艺学与生物学领域的多个学科都有着密切的关系，特别是生物技术的发展，对园艺学的进步有着很大的促进作用。生物技术以及其他一些高新技术已经融进园艺学中。

园艺学科属于应用基础和应用型研究学科，是以农业生物学为主要理论基础，

---

① 参见李光晨：《园艺学概论》，中央广播电视大学出版社2002年版，第1页。

② 参见程智慧：《园艺学概论》，中国农业出版社2003年版，第1页。

③ 参见罗正荣：《普通园艺学》，高等教育出版社2005年版，第5页。

研究园艺作物生长发育和遗传规律的一门学科,是园艺业发展的基础。[①] 也是研究园艺作物起源与分类、种质资源、遗传育种、栽培、病虫害防治及采后处理、贮藏加工等应用技术与原理的综合性学科。

(二)园艺学的研究范围

随着科学技术的发展,园艺学的研究内容与分工也更加具体。园艺学一般包括果树园艺学、蔬菜园艺学、观赏园艺学和造园学四大类。有的学者也将园艺学分为五大类,即将苗圃学单列一类。果树园艺学是研究果树的品种、生长习性、栽培管理及产品处理的科学;蔬菜园艺学是研究蔬菜的品种、生长习性、栽培管理及应用的科学;观赏园艺学是指以观赏植物为对象,阐明其资源与分类、生物学特性及生态习性、繁殖与栽培、设施与设备、装饰与应用、采(产后)技术及经营管理等理论与应用的综合性学科,是园艺科学的重要分支。造园学又叫规划设计学,是研究园林绿地的设计、规划、施工和养护管理的科学。苗圃学是研究论述园林苗木的培育理论和生产应用技术的一门应用科学。

(三)园艺学的特点

园艺学虽然起源于古代的园艺技艺,但现代园艺学已逐步发展成为一门独立的学科。

1. 园艺学是一门应用科学

园艺学与植物学、植物生理学和生物化学、土壤学、气象学、农业化学、植物保护学、遗传育种学等学科有非常密切的关系,园艺学正是在这些学科的基础上,应用这些学科的理论和技术发展起来的。

2. 园艺学研究的是园艺作物的集约栽培技术

园艺学可以以相同的土地面积,通过大量的资金、劳力和技术的投入,获得几倍甚至是十几倍于其他农作物的经济效益。

3. 园艺学是一门形象艺术

将植物应用于美学是园艺学独一无二的特点,使之有别于其他的农业活动。所以,可以说园艺学是科学、技术与美学有机结合的综合性学科。

三、园艺业

(一)园艺业的概念及其特点

1. 园艺业的概念

园艺业是以园艺植物为中心的农业生产。[②] 是农业种植业生产中的一个重要组成部分,是农业生产的继续和发展,但又不同于以生产粮油为主的作物种植业,

---

① 参见何志华:《园艺学概论》,重庆大学出版社 2014 年版,第 2 页。

② 参见罗正荣:《普通园艺学》,高等教育出版社 2005 年版,第 2 页。

也不同于以生产林木产品为主的林业。[①]

2. 园艺业的特点

园艺业是与庭院栽培或者园田栽培有关的一种集约种植的园艺植物及其栽培管理、繁育、加工技术,是从事果树、蔬菜、观赏植物的生产管理,是植物园的规划设计、营建和养护管理的行业。园艺业对于丰富人类物质文化生活、绿化美化环境和改造人类生活环境具有非常重要的意义。可以说,园艺业是技术与艺术、科学与文化的“复合体”。

(二)园艺业的现状和发展趋势

1. 园艺业的现状

我国现代的园艺业,主要兴起于新中国成立之后。20 世纪 70 年代,塑料薄膜覆盖栽培兴起和发展,使北方地区早春和晚秋喜温蔬菜生产和供应得到改善。在 20 世纪 80 年代以后,园艺业得到了前所未有的发展,塑料日光温室的试验成功,使北方地区各季喜温蔬菜生产找到了适宜的发展之路,因而得以大面积地推广。蔬菜、果树的总面积和总产量的增长,在我国农业和世界农业中,都有飞速的变化。20 世纪 90 年代以后,随着农业结构的调整,园艺产业进一步发展,产业内部结构也更趋合理,设施蔬菜、设施花卉产业稳定发展,并趋向成熟,果树从种类和品种结构上趋向多元化,设施果树也得以发展,设施茶叶生产也有着明显的发展。目前,园艺业已逐步发展成为中国当代农业的支柱产业。

2. 我国园艺业的发展趋势

我国园艺业生产规模已居世界第一,但尚未进入世界园艺业生产强国行列。我国还存在单产低、优质品率低、产品加工率低、出口率低和整体效益低等弱点,但是随着我国加入 WTO、全球经济一体化的实现,园艺业已从单纯追求种植面积向追求产量转变,从数量型生产向质量效益型生产转变,通过产业结构调整,先进实用的园艺栽培技术正在逐渐普及,我国园艺业呈现出新的发展趋势。

(1)向适生区发展

我国园艺向适生区发展是生产高质量园艺产品和降低生产成本的重要手段。[②] 因此,研究各种园艺植物生长发育的产量及品质形成的适宜生态条件,进一步调整布局,选择适地种植,不但可以提高产品质量,而且可以降低生产成本,实现更高的生产效益。

(2)向多元化发展

人类社会由不同消费习惯和不同消费层次的人群构成,对园艺的需求也是多元化的。因此,园艺产品从总体上需要也正在向种类和品种的多元化发展。

---

① 参见何志华:《园艺学概论》,重庆大学出版社 2014 年版,第 2 页。

② 同上书,第 5 页。

(3)向产业化发展

目前,中国园艺生产正在向产业化的方向调整和发展,由分散式个体经营逐步过渡,进而适应市场的产业环境,形成规模效益。其中产业链包括生产、采后处理和加工、产品销售等多个环节,园艺产品在产业链中逐步升级,逐步升值,使我国园艺业由劳动密集型向技术密集型转变。同时,我国的园艺业正逐步成为一个融农业、工业和社会服务业为一体的,与第一、第二、第三产业协调发展的,最具发展活力的新型产业。①

(4)向绿色产品发展

随着社会的发展和人们生活水平的提高,人们对健康和食品安全的关注程度越来越高,园艺产品中的蔬菜和水果更是与人们的一日三餐紧密相连。人们更加关注园艺产品的污染问题,更加期望获得安全优质的园艺产品,不仅仅是要求其达到无公害化,绿色产品越来越成为人们追求的目标,要求与国际有机产品接轨。中国的园艺产品具有很大的市场优势和价格优势,在国际市场上竞争潜力大,尽快建立健全我国的园艺产品安全生产质量体系,逐步占据市场,全面实行绿色食品生产计划,从而促进我国园艺业的可持续发展势在必行。

(5)向休闲园艺发展

除了加快发展产业园艺、绿色园艺外,建立以娱乐、观光和旅游为主的休闲园艺,是现代园艺发展的大趋势。这是一种以农业活动为基础、农业与旅游业相结合的新型交叉式产业,充分发挥其观光、旅游价值,利用园艺资源和农产品,把农业生产、科技应用、艺术加工和游客参与农事活动等融为一体。②

目前,我国休闲观光农园主要分为两类:一类是高科技休闲观光园,规模大、投入高、科技含量高,在开展高科技园艺生产的同时,通过展示现代园艺设施和先进生产技术来开展旅游活动,带有很强的园艺科普功能。另一类是"农家乐"形式的休闲观光农园,面广量大。随着社会的发展、城镇化步伐的加快,在繁忙的都市生活之余,更多的城市人口希望利用节假日外出休闲、旅游观光,体验种植管理、采摘收获、品尝欢聚等带来的乐趣。这种集经济功能、旅游功能、生态功能和科普功能于一体的休闲园艺业,必将在我国,特别是大、中城市周边得以迅速发展。

第二节　园艺设施工程学与工程法学

一、园艺设施

(一)园艺设施的概念

园艺设施是指利用专门的保温防寒或降温防热材料、设备,创造具备适合作物

---

① 参见章镇、王秀峰:《园艺学总论》,中国农业出版社2003年版,第14页。
② 同上书,第16页。

生长发育的小气候条件,性能比较稳定,可以进行作物栽培生产的结构或建筑。①

在园艺设施中,从最简易的阳畦到大型的温室设计建造,从塑料薄膜棚室到大型锅炉、加温、照明和灌溉设备,包括成百上千种材料、设备,这些都称为园艺设施。

（二）设施工程

设施工程是一门直接为农业服务的应用技术学科,它主要是研究农业生物环境及其建筑设计、农业机器、农业排灌技术及设备、农业产品加工及贮藏工艺和设备、农用仪表及自动化系统、农业能源开发利用、农业自然资源开发利用、农业生态保护、农业机械化继电气自动化技术和管理以及农业生产新工艺等。

设施工程的主要内容包括设施工程的类型与形式、设施工程的设计与计算、设施工程的施工技术与成本概算等。

二、园艺设施工程学

（一）园艺设施工程学的概念

园艺设施工程学是一门涉及园艺学、园林学、建筑学、工程学、材料学和环境调节学的跨学科领域的综合性学科。② 它是在现代物理科学、生物科学、工程科学、经济科学和农业生产技术相结合的基础上,为满足农业生产和发展的需要而形成的一门新兴学科。

（二）园艺设施工程学的主要内容

园艺设施工程学的主要内容包括园艺(园林)设施的规划与设计,园艺设施工程材料的种类与特性,以塑料大棚和日光温室为重点的园艺设施的设计、施工及环境调控设施设备的设计等方面的内容。它是设施园艺学的一个分支。园艺设施学是一门涉及园艺学、环境调节工学、建筑工程学及机械、电子等的跨学科综合性课程。它主要包括园艺所用的设施、装置和环境调控等方面的内容。

（三）园艺设施工程的发展现状

设施园艺涵盖了建筑、材料、机械、自动控制、品种、栽培、管理等多种学科和多种系统,因而科技含量高,所以设施园艺的发达程度,往往是一个国家或地区农业现代化水平的重要标志之一,我国目前在推动农业现代化过程中,建立的很多农业高科技示范区,主要内容也是在搞设施园艺工程,说明了园艺设施工程是农业现代化的重要组成部分。③

---

① 参见吴凤芝:《园艺设施工程学》,科学出版社 2012 年版,第 1 页。

② 同上书,第 15 页。

③ 参见李圣超:《设施园艺工程与我国农业现代化》,载《中国果菜》2008 年第 1 期。

1. 园艺设施工程面积广

全国以蔬菜栽培为主体的设施园艺面积很广，设施类型主要为塑料拱棚和日光温室，位居世界第一。在一些大中城市郊区，蔬菜设施栽培面积已超过当地菜田总面积的10%以上，某些地区已接近30%，与发达国家的差距明显缩小。设施栽培分布的地域不断扩大，设施园艺由“三北”地区正向南方迅速发展，发展势头已超过北方，尤其在东南沿海经济发达地区发展更为迅速。

2. 设施园艺生产体系形成

北方广大地区大力推广与发展节能型日光温室，冬季不加温在北纬40度左右的高寒地区生产出喜温果菜，更高纬地区可生产耐寒蔬菜，基本消灭了冬春蔬菜淡季；南方大力推广塑料拱棚及遮阳网，降温防雨，克服了夏季蔬菜育苗的难题。我国人均蔬菜占有量居世界领先水平，其中设施蔬菜人均占有量更是遥遥领先，为“菜篮子工程”做出了巨大贡献。

3. 园艺设施工程水平高

园艺设施工程的总体水平有了明显提高，具体表现在园艺设施逐步向大型化发展，小型简易类型比重下降，通过国外的大型现代化温室及配套设施、专用品种，甚至是专家的引进，促进了我国温室产业的发展，使我国新型优化节能日光温室和国产连栋塑料温室得到进一步推广。由于设施结构设计更加科学合理，使设施内的光温水气环境得以优化，有利于作物生长发育，为高产优质奠定了基础。我国日光温室黄瓜已接近或达到设施园艺发达的荷兰、日本等国的水平。设施栽培作物种类日渐丰富，除蔬菜外，花卉也占有相当比重，果树设施栽培也正在迅速发展。

4. 都市农业悄然兴起

随着城市建设的发展，大中城市近郊区的耕地不断减少，城市周边地区兴起了都市农业。主要融合服务于大都市，保证都市多元化、高质量消费的需要，要做到可持续发展，且有利于生态环境的优化，因此往往把园艺设施工程作为首选项目。北京的“朝来农艺园”“锦绣大地”，上海浦东开发区的孙桥园艺试验场、东海农场等，将现代化的温室园艺与观光旅游结合起来，与向青少年进行农业科普教育结合起来，一举多得，拓展了园艺设施工程的功能。

5. 园艺设施工程受重视

随着农业在国民经济中的地位和作用越来越受到重视，一些相关政策向农业倾斜，使不少企业家也开始关注农业项目，把投资热点转向农业，多数也是从事设施园艺生产，为园艺设施工程事业提供了前所未有的发展机遇，也为相关产业提供了难得的商机。

6. 园艺设施工程科研强

国家科技部所列的国家级工厂化高效农业示范工程项目，总体目标是瞄准21世纪农业发展趋势，集中国内外设施园艺高新技术，在北京、上海、辽宁、浙江、广东等不同生态气候型及不同区域经济特点的五省市，建设一批以市场为导向，科技为先导,产业化为目标的科技经济一体化超前型示范工程模式。[①] 围绕蔬菜设施栽培的高产、优质、高效,主要研究内容有种子种苗工程、种植工艺工程、采后处理工程、设施环境控制工程、相关产业工程(包括温室制造、环控仪器设备、农机具、穴盘生产、蔬菜包装保鲜、专用肥料、生物农药厂等)等五大方面,足以说明国家对园艺设施工程的重视程度。

与园艺设施工程有关的科研项目,不仅仅有应用技术的研究,还有基础理论的研究。国家自然科学基金委已将"设施园艺高产优质的基础研究"列为重点项目启动实施,这在我国设施园艺工程学科领域还是第一次,反映出我国的园艺设施工程学科水平已跃上新台阶。

同时,一支从事设施园艺工程专业的科研队伍也悄然形成,为设施园艺的宏观决策、生产、科研、教学和推广,做出了大量工作。部分农业院校,也陆续开设了"设施园艺"课程,注重培养专业性人才。

三、与园艺设施工程相关的政策法规

在园艺设施工程学中,往往涉及一些法律法规和国家政策等内容,凸显了该学科与工程法学的关系。

(一)园林设施工程相关政策

2014 年国务院印发的《关于全面深化农村改革 加快推进农业现代化的若干意见》规定,"严格农业投入品管理,大力开展园艺作物标准园、畜禽规模化养殖、水产健康养殖等创建活动。完善农产品质量和食品安全工作考核评价制度,开展示范市、县创建试点。""创建优质农产品和食品品牌。继续推进农业标准化示范区、园艺作物标准园、标准化规模养殖场(小区)、水产健康养殖场建设。""做大做强优势特色产业。实施优势特色农业提质增效行动计划,促进杂粮杂豆、蔬菜瓜果、茶叶蚕桑、花卉苗木、食用菌、中药材和特色养殖等产业提档升级,把地方土特产和小品种做成带动农民增收的大产业。大力发展木本粮油等特色经济林、珍贵树种用材林、花卉竹藤、森林食品等绿色产业。实施森林生态标志产品建设工程。开展特色农产品标准化生产示范,建设一批地理标志农产品和原产地保护基地。推进区域农产品公用品牌建设,支持地方以优势企业和行业协会为依托打造区域特色品牌,引入现代要素改造提升传统名优品牌。"

实施乡村振兴战略,是党的十九大作出的重大决策部署,是决胜全面建成小康社会、全面建设社会主义现代化国家的重大历史任务,是新时代"三农"工作的总抓手。2018 年 1 月 2 日起实施的中共中央、国务院《关于实施乡村振兴战略的意见》对园林设施工程也有相应的规定。"实施休闲农业和乡村旅游精品工程,建设

---

① 参见李圣超:《设施园艺工程与我国农业现代化》,载《中国果菜》2008 年第 1 期。

一批设施完备、功能多样的休闲观光园区、森林人家、康养基地、乡村民宿、特色小镇。扶持小农户发展生态农业、设施农业、体验农业、定制农业，提高产品档次和附加值，拓展增收空间。”同时，国家也不断采取切实措施，坚持标本兼治、综合治理，全面加强园艺产品质量安全监管，取得了重要进展，园艺产品质量安全水平稳步提升，总体状况良好。

（二）园林设施工程学相关法律法规

我国《农业法》《环境保护法》《农产品质量安全法》《食品安全法》《城乡规划法》等法律法规，都对园艺设施工程有直接或间接的条文规定，这对于整合执法力量、提高人员素质和园艺标准化生产意识、确保农贸市场规范和园艺设施工程事业的进程等方面，日益发挥出越来越重要的作用。

1.《农业法》

我国《农业法》中涉及园艺设施工程的规定虽然尚不具体，但与园艺业有关的条文还是有章可循的。比如“国家支持依法建立健全优质农产品认证和标志制度。国家鼓励和扶持发展优质农产品生产。县级以上地方人民政府应当结合本地情况，按照国家有关规定采取措施，发展优质农产品生产。符合国家规定标准的优质农产品可以依照法律或者行政法规的规定申请使用有关的标志。符合规定产地及生产规范要求的农产品可以依照有关法律或者行政法规的规定申请使用农产品地理标志。”由此可以看出，大家耳熟能详的“莱阳梨”“金乡大蒜”“普洱茶”等，这些都是在国家政策的扶持下，结合当地生产特点，发展起来的优质园艺产业，由此带动了当地农副产品的生产和销售，使带有当地地名的园艺产品更具盛名。

根据我国《农业法》第 27 条规定，国家逐步建立统一、开放、竞争、有序的农产品市场体系，制定农产品批发市场发展规划。对农村集体经济组织和农民专业合作经济组织建立农产品批发市场和农产品集贸市场，国家给予扶持。目前，随着社会主义新农村建设和现代农业的发展，有相当一大批蔬菜、花卉、苗木等农民专业合作社以及家庭农场应运而生。这些新型经营主体的成立，极大地带动了当地农民的致富积极性和主动性，促进了当地园艺产业和社会经济的发展。

根据我国《农业法》第 22 条和第 36 条规定，国家采取措施提高农产品的质量，建立健全农产品质量标准体系和质量检验检测监督体系，按照有关技术规范、操作规程和质量卫生安全标准，组织农产品的生产经营，保障农产品质量安全。国家鼓励发展农产品进出口贸易。国家采取加强国际市场研究、提供信息和营销服务等措施，促进农产品出口。为维护农产品产销秩序和公平贸易，建立农产品进口预警制度，当某些进口农产品已经或者可能对国内相关农产品的生产造成重大的不利影响时，国家可以采取必要的措施。只有加强了农产品的质量安全监管、确保市场秩序、规范市场运行，才能为我国园艺设施工程事业提供良好的法制环境，使其健康有序发展，推动现代化农业的实现。

2.《城乡规划法》

我国《城乡规划法》规定，制定和实施城乡规划，应当遵循城乡统筹、合理布局、节约土地、集约发展和先规划后建设的原则，改善生态环境，促进资源、能源节约和综合利用，保护耕地等自然资源和历史文化遗产，保持地方特色、民族特色和传统风貌，防止污染和其他公害，并符合区域人口发展、国防建设、防灾减灾和公共卫生、公共安全的需要。在规划区内进行建设活动，应当遵守土地管理、自然资源和环境保护等法律、法规的规定。规划区范围、规划区内建设用地规模、基础设施和公共服务设施用地、水源地和水系、基本农田和绿化用地、环境保护、自然与历史文化遗产保护以及防灾减灾等内容，应当作为城市总体规划、镇总体规划的强制性内容。城乡建设和发展，应当依法保护和合理利用风景名胜资源，统筹安排风景名胜区及周边乡、镇、村庄的建设。搞好园艺设施工程，恰恰是符合上述的法律规定。发展都市农业，加强设施园艺建设，合理规划城市用地，有效地保护和改善了环境，同时也为农业高产高效生产做出贡献。

3.《食品安全法》

根据我国《食品安全法》规定，国家建立食品安全风险监测制度，对食源性疾病、食品污染以及食品中的有害因素进行监测。国家建立食品安全风险评估制度，运用科学方法，根据食品安全风险监测信息、科学数据以及有关信息，对食品、食品添加剂、食品相关产品中生物性、化学性和物理性危害因素进行风险评估。国务院卫生行政部门负责组织食品安全风险评估工作，成立由医学、农业、食品、营养、生物、环境等方面的专家组成的食品安全风险评估专家委员会进行食品安全风险评估。食品安全风险评估结果由国务院卫生行政部门公布。对农药、肥料、兽药、饲料和饲料添加剂等的安全性评估，应当有食品安全风险评估专家委员会的专家参加。通过这些规定足以看出我国对食品安全监管的重视，对于设施园艺工程来说，加强监管，从源头上抓起，有效避免园艺产品的安全风险，生产高质量、绿色环保的园艺产品。

4.《农产品质量安全法》

根据我国《农产品质量安全法》规定，县级以上人民政府应当将农产品质量安全管理工作纳入本级国民经济和社会发展规划，并安排农产品质量安全经费，用于开展农产品质量安全工作。国务院农业行政主管部门应当设立由有关方面专家组成的农产品质量安全风险评估专家委员会，对可能影响农产品质量安全的潜在危害进行风险分析和评估。国家引导、推广农产品标准化生产，鼓励和支持生产优质农产品，禁止生产、销售不符合国家规定的农产品质量安全标准的农产品。国家建立健全农产品质量安全标准体系。县级以上人民政府农业行政主管部门应当采取措施，推进保障农产品质量安全的标准化生产综合示范区、示范农场、养殖小区和无规定动植物疫病区的建设。对可能影响农产品质量安全的农药、兽药、饲料和饲料添加剂、肥料、兽医器械，依照有关法律、行政法规的规定实行许可制度。国家建立农产品质量安全监测制度。该法为保障农产品质量安全，维护公众健康，促进农业和农村经济发展提供的法律保障和制度支持，也为园艺业指明了发展的目标和方向。

5. 其他相关法律法规

城市园林绿化是国土绿化的组成部分，也受国家法律保障，并列为政府的职责，公民的义务。《宪法》《森林法》《环境保护法》等法律都作出了加强城市园林绿化建设，保护绿地、树木的规定，第五届全国人大第四次会议还作出了《关于开展全民义务植树运动的决议》，从法律上确立了城市园林绿化在国民经济和社会发展中的地位。随着城市化、工业化的发展，城市环境矛盾日趋突出，而园林绿化是城市生态系统中促进良性发展的积极因素，在创造优良的生产环境和改善人们的生存条件方面的作用是其他系统所不能代替的。所以，城市园林绿化是治理污染、提高环境质量必不可少的手段。①

为了为规范农产品生产经营行为，加强农产品产地管理、农产品包装和标识管理，建立健全农产品可追溯制度，保障农产品质量安全，原农业部相继通过了《农产品产地安全管理办法》《农产品包装标识管理办法》等配套规章，发布了41种农药禁限令。各个地方结合实际也相继出台了相关地方性政策法规。实施了“无公害食品行动计划”、毒鼠强专项整治、农产品质量安全专项整治等治理行动，推动了一个又一个突出问题的解决。

根据《农产品产地安全管理办法》规定，县级以上人民政府农业行政主管部门应当建立健全农产品产地安全监测管理制度，加强农产品产地安全调查、监测和评价工作，编制农产品产地安全状况及发展趋势年度报告，并报上级农业行政主管部门备案。农产品生产者应当合理使用肥料、农药、兽药、饲料和饲料添加剂、农用薄膜等农业投入品。禁止使用国家明令禁止、淘汰的或者未经许可的农业投入品。农产品生产者应当及时清除、回收农用薄膜、农业投入品包装物等，防止污染农产品产地环境。

四、促进我国园艺设施工程业发展的政策法规和具体措施

众所周知，荷兰设施园艺产业是世界现代化农业发展的代表，具有深刻的历史背景和客观原因。首先荷兰具有得天独厚的地理位置、气候优势和悠久的农业生产传统；其次，荷兰不仅拥有雄厚的工业基础，而且有着发达的市场经济体系为后盾；同时国家采用了适合本国国情的农业发展战略和政策，最充分地利用了自己的比较优势发展高效农业。

① 参见《城市园林绿化当前产业政策实施办法》，载中国园艺信息网：http://www.cgin.cn/news/2014/6/27/20146271511584 7572.shtml，最后访问日期：2018年1月12日。

我国人多地少、自然资源相对短缺,独立分散的农民个体生产经营方式均与荷兰有相近之处。但我国地区差异大,在借鉴先进经验的同时,还需发挥区域农业资源优势,扬长避短,充分发挥我国北方特色园艺产品的优势。为了促进我国设施园艺产业的可持续健康发展,有必要对设施园艺产业发展提供相应的政策法规支撑和应对措施。

(一)政策法规

1. 政府财政支持

我国农业是一个弱质产业,需要国家财政的大力支持,园艺设施工程事业的发展也不例外。虽然设施园艺业已经形成了产业,但其只是一个初级的朝阳产业。

一是从政府投入的各种项目中,争取设施园艺产业的发展资金。建议各级政府每年安排一定数量的农发基金用于设施园艺的发展,对发展设施园艺的农户给予一定的补贴,鼓励和引导农民发展设施园艺的积极性。特别是在西部一些自然环境条件比较差的地区,政府更应支持和引导优先发展设施园艺产业。比如,给予设施园艺小区一定的补助金额,由此吸引企业、农民等进行投资,促进了设施园艺小区建设的步伐,也促进设施园艺小区向规模化发展。

二是对从事设施园艺产业的科研、新技术和新品种的试验、示范与推广工作给予资金的优先安排。设施园艺研究包括基础研究、战略研究、应用技术研究和实际研究,政府每年应保障设施园艺科研、推广和教育等经费。基础研究、战略研究以及应用研究主要由农业科学科研院校承担,农业中心和推广站、植保站、土肥站负责解决设施农业领域中的实际问题,重点解决例如技术推广、植物防病、土壤施肥等重要的实际问题。要加强设施园艺的职业技术教育,培养具有一定设施园艺理论知识和实际操作技能的新型农民,不断提高农民素质。

2. 税收优惠政策

我国设施园艺工程事业的发展,虽然在经营体制、经营方式上类同于工业与商业方面的集团公司,但在经营内容的本质上又完全不同于工、商业集团公司。因此,在税收政策上对设施园艺行业的税收提供尽可能多的政策优惠,以促进我国设施园艺产业的发展,带动园艺设施工程的大力建设。如在运输园艺产品时,免收路桥费;除严重违章、严重超载危及安全的外,对发生一般违章的受优惠车辆不扣证、不扣车、不卸货,实行登记放行;各类收费站、检查站等站卡,对运输园艺产品的车辆优先放行,有条件的收费站设立专用通道。对在高速公路上运输园艺产品时减半收取路桥费,以这些做法确保运输园艺产品绿色通道畅通,为设施园艺的发展壮大提供方便。

3. 土地保障政策

设施园艺业的规模小、经营分散是我国设施园艺业经济效益低的主要原因之一，实现设施园艺发展的规模化生产和产业化经营，是提高我国设施园艺业经济效益的重要措施。目前，我国一家一户的生产承包责任制在一定程度上限制了设施园艺产业的规模化发展。因此，可在中央政策允许、鼓励农民在不改变土地农业用途的前提下进行土地转包、入股等交易。国家和各级政府应根据当地实际情况，制定有利于农业土地交易的灵活政策和措施，为设施园艺业的规模化、产业化发展提供土地政策保障，促进设施园艺产业做大做强。

4. 产业政策支撑

我国地域辽阔，冬季寒冷，夏季酷热，光照充足，水资源缺乏。在制定政策时，要采取一系列符合我国北方气候特点和国情的设施园艺发展战略及政策。在不同地区、不同时期和不同阶段设施园艺所采用的宏观政策应有所不同。在设施园艺发展初期，采用政府补贴政策，以鼓励农户扩大设施园艺面积，走外延扩大的道路。在设施园艺发展的中后期，政府要根据市场情况调整政策，营造有利于设施园艺产业规模化发展的宏观信贷政策、补贴政策，引导企业和农户走内涵发展的道路，做大做强设施园艺产业。在有效保护农业知识产权的基础上，进一步加强对设施园艺高新技术和信息网络技术方面的投入，帮助企业宣传，扩大国际交流合作，致力于消除国际市场贸易障碍，为设施园艺产品出口创造条件。

5. 法律法规保障

园艺设施工程业的发展应认真贯彻执行《公司法》《农业法》《科技进步法》《科技成果转化法》《知识产权法》《商标法》等有关方面的法律法规，通过法制教育、宣传普及，充分发挥法律对设施园艺生产行业的保障与推动作用。有关设施园艺生产方面的新材料、新技术、新品种等科研成果要及时取得法律保护，设施园艺产品应及时进行商标注册，实施名牌发展战略，从而获得良好的经济效益。通过法律保障，确保我国设施园艺的产业化健康发展。

重点是要加强地方立法，完善法律保障体系。地方立法是国家法律的延伸和补充。各地应结合本地区实际，对国家法律法规的细化和具体化，解决法律法规中未涉及或原则性的问题，增强法律的实用性和操作性。另外还应完善机制体制保障体系。成立专门委员会，由常务副市长甚至是市长亲自挂帅，实现对各有关监管部门的协调、指导，明确各监管部门的职责，形成统一管理、协调、高效运作的架构；农业系统内部合理分工，明确职责，形成合力。整合资源，实现综合执法。市、县党委、政府应制定规划，采取有力的工作措施，使农业综合执法有一个突破性的推进，要将园艺产品质量安全执法作为农业行政执法的重要内容，加强执法力量，完善手段，规范执法行为，加大执法力度。通过整合资源，形成合力，实现数量与质量、安全与效益的有机统一和整体提升。

（二）具体措施

1. 组建设施园艺产业职能部门，改革其管理体制

目前，我国缺乏一个相对独立的设施园艺产业职能部门，现有农业体制也不合理。设施园艺工程是多学科交叉的行业，生物、环境、工程等多个学科与领域的技术与产品缺一不可，相辅相成。工程通过设施创造一个园艺作物培育的环境，而这个环境要达到园艺作物生育生长的最佳标准。在这三者之间，生物是核心，环境是载体，工程是基础。[①] 因此，组建设施园艺产业职能部门，应当是一个综合性的政府职能机构，职能成立一个新部门。若将此产业归属于某一个部门，那只能是隶属于农业部门。

设施园艺产业职能部门首先应该从全球设施园艺产品的市场着眼，做好在全国范围内设施园艺产业的宏观规划和区域发展布局，制定相关发展对策，建立适宜的管理机制和运行机制，完善质量监测与技术服务体系，避免设施园艺产业盲目发展与重复建设，引导我国设施园艺产业协调健康的可持续发展。

值得一提的是寿光模式：规范和促进无公害蔬菜基地向绿色蔬菜基地和有机蔬菜基地转变，对全市 14 万户蔬菜种植户、40 万个蔬菜大棚实行编码，做到有据可查，有源可溯。尤其在农产品质量监管体系建立和网络化管理方面，走在了全国许多县市的前面。

2. 坚持以市场为导向，加强设施园艺工程的宏观管理

目前，我国的设施园艺基本分成三种形式：第一种是现代化科技园区，多由政府投资兴办，一大二公，其中问题不言而喻；第二种是农民自己的设施产业，目前是我国设施园艺产业的主体，农民自主经营，靠市场调节，没有系统的生产、销售与服务机制；第三种是私人投资兴建的设施园区，其经营方式具有一定的竞争力，但也遭受行业外部无序的软环境之苦，同样无法应付和处理设施园艺产业发展面临的设施材料、设备、生产项目和品种选择、市场信息调研、产品销售渠道开拓等一系列问题。从国家整体设施园艺行业发展来看，三种形式各行其是，基本上处于一种盲目发展状态。

设施园艺的宏观管理，要按照国家经济技术与社会发展的总体布置有序、健康、快速地发展，要尽快把设施园艺的开发建设纳入国家及各级地方政府的农业发展计划中，作为农业产业开发和国家科技创新体系的重要组成部分。面对设施园艺产品的国际国内庞大市场，应以效益为中心，制定相关金融和税收等政策，完善产品监督检验与技术服务体系，营造区域农产品销售中心，积极引导种植户参加行业协会或专业合作社，发展有潜力、市场前景好的特色园艺产品，并逐步向生产规模化、栽培专业化、操作标准化、产品品牌化的方向发展，推进产业化进程。

---

① 参见李晔等：《我国设施园艺产业发展对策探讨》，载《北方园艺》2007 年第 7 期。

3. 完善技术服务与培训体系，加强园艺设施工程建设人才的培养

设施园艺是一个科技含量较高的产业，经营与建设者都需要有较高的素质。然而我国目前设施农业生产者大多数文化和科技素质较低。近几年，我国设施园艺发展和提高的比较缓慢，主要原因就是我们在设施园艺的研究、技术开发、经营管理和生产管理等方面缺乏大批高素质的人才，尤其是缺乏面向广大生产第一线农户的生产与经营管理人才，这已成为制约我国设施园艺整体水平提高的“瓶颈”问题。因此，加快设施园艺生产与经营管理技术人才的培养，是设施园艺迈上新台阶与可持续发展的关键问题之一。

政府应该建立完善的技术服务与培训体系，联合教育与科研单位、龙头企业多方位多层次，通过广播、电视、书籍和网络等各种方式和途径，大力普及设施园艺的科学知识，使我们的设施园艺产业尽快转到以依靠科技进步和提高劳动者素质的轨道上来。要切实加强对设施园艺生产者的技术培训。通过培训一批符合设施农业可持续发展要求的技术人员，进而形成对不同层次的生产者进行技术指导，提高设施园艺生产者的技术和管理水平。比如与大学或科研单位联合，共建以农事企业和农业大户为主体的农民研修基地、农民科技培训基地、农民科技协会，并组建专家农村科技讲师团，巡回到基层进行技术讲座与培训。此外，多举办优秀青年农民大专班等多层次的培训项目，使广大农户看得见、学得到，加速了新产品、新技术和新产品等推广应用。

4. 制定国家或行业标准，促进设施园艺产业的规范化与标准化发展

近几年，虽然我国北方在温室骨架设计和覆盖材料方面取得了一些进展，但是其设计、制造、施工均不规范，粗制滥造现象屡见不鲜，主要原因是缺乏标准。因此，必须尽快制定温室产品设计、制造、施工以及生产栽培、加工等相关标准。否则，将给我国设施农业的发展带来不利影响。各地区应建立适用于不同档次的设施类型及标准参数，对农民自制设施提出指导建议，规范农民的自发行为，使建成的设施结构经济适用。我国在塑料大棚与日光温室的结构优化方面都做了不少研究工作，且取得了许多成果，但目前只有钢管装配式塑料大棚有国家标准。玻璃温室的结构标准尚未批准公布。至于日光温室标准、温室配套设备的标准至今仍是空白。所以在设施、设备标准化方面还有许多工作要做。

5. 强化设施园艺生产的保险意识，健全风险评估体系

设施园艺是一项高投入、高产出的产业，同时也是一项高风险的产业。要使科研、生产和经营单位的法人树立起强烈的保险观念，建立起相应的保险机构和体系，避免或减轻自然灾害与人为灾害对设施园艺生产造成不良影响，确保设施园艺生产健康发展。

此外，还要建立和完善风险评估体系。抓紧培养和凝聚一批园艺产品质量安全风险评估专家队伍，抓紧制定园艺产品质量安全风险评估战略规划、行动指南、技术规范和准则，收集和贮备一批园艺产品质量安全风险评估数据，开展相应

工作。

6. 监管体系构建

按照园艺设施工程的建设要求,实行产品质量安全全程监管,第一,应实行地环境的监管,对园艺产品生产区域实行分类管理、保护产地环境、对产地污染事故的处理力度等;第二,实行园艺产品生产过程的监管,包括对农业投入品的监管、推进标准化生产、建立健全生产记录、实行产地准出、加强包装标识的管理等;第三,要深入推进市场准入制度,扩大准入的品种范围,扩大流通环节的覆盖面。同时还要加强检验检测体系建设。要积极争取中央和地方财政支持,切实加强市、区县农产品检验检测体系建设,推进园艺产品基地和市场检测站点建设。强化园艺产品生产、经营者自律性检测。

第三十五章　工程法学的生态学基础

第一节　生态学基本知识

一、生态学的概念

生态(ecology)一般理解为生物在一定的自然环境下的生存状态,是生物与其环境形成的结构,以及由这种结构所表现出来的功能关系,并且通过物质流、能量流、信息流来加以反映。生态作为一种客观存在,是生态学研究的最基本的对象。

1869 年,德国生物学家赫克尔(Ernst Heinrich Haeckel)首次提出了生态学的概念。发展至今,生态学的概念可以简洁表述为,从关系角度,生态学是研究生物及其环境之间相互关系的科学,是研究自然系统和人类关系的科学。从生存条件、相互作用的角度,生态学是研究生物生存条件,生物及其群体与环境的相互作用的过程及其规律的科学。这里的生物在生态学创立之初及早期是指人以外的生物,在现阶段则主要指人类(尤其在一些与人类社会、经济、技术相关的生态学分支中)。生态学的重要的学科目的之一是指导人与生物圈(自然、资源及环境)的协调发展。[①] 由于人口的快速增长、人类对自然的掠夺性开发对环境和资源造成了极大的压力。人类迫切需要掌握生态学理论来调整人与自然、资源与环境的关系,协调社会、经济发展和生态环境的关系,促进可持续发展。

二、生态学类型及其研究内容

基础生态学以个体、种群、群落、生态系统等不同的等级单元为研究对象。个体生态学(autecology)研究生物个体与自然环境的相互关系。种群生态学(population ecology)研究特定空间同种有机体同自然环境的相互关系,在自然界中一个种总是以种群的形式存在,与环境的关系也必须从种群的特征及增长规律来探讨分析,研究的主要内容包括种群的出生率、死亡率、分布格局和某些动物种群独有的社群结构等特征。群落生态学(community ecology)研究的是群落与环境之间的相互关系,由于群落是具有直接和间接关系的多种种群聚集在一个特定的区域内,相互联系、相互依存组成一个统一的整体,多种生物种群间有着复杂的种间关系。生态系统生态学(ecosystem ecology)以生态系统为研究对象,生态系统

---

① 沈清基主编:《城市生态环境原理:方法与优化》,中国建筑工业出版社 2011 年版,第 2 ~ 3 页。

是自然界一定空间的生物群落与环境之间相互作用、相互影响、不断演变、不断进行着物质循环和能量流转而形成的相对稳定的统一体，是具有一定结构和功能的单位。[①] 生态学诞生后，在其发展过程中产生了大量的生态学分支学科，早期的生态学分支学科都是与生物密切相关，如微生物生态学、动物生态学、植物生态学、人类生态学等。近年来出现了一系列与人类社会经济、人居环境相关的生态学分支学科，如景观生态学、社会生态学等。把研究的重点放在人类如何在一个可持续发展的自然界生存的问题上，正在成为一个对解决人类生存重大问题起重要作用的学科。人类为了满足自身的需要，不断地改造环境，环境反过来也影响着人类。植物、动物和微生物间也存在复杂的相生相克的关系。随着人类活动范围的扩大与多样化，人类与环境的关系问题越来越突出。因此近代生态学研究的范围，除生物个体、种群和生物群落外，已扩大到包括人类社会在内的多种类型生态系统的复合系统。人类面临的人口、资源、环境等几大问题都是生态学的研究内容。

三、生态学基本原理

（一）生态系统与生态平衡

任何一个生态系统都是由生物系统和非生物系统组成，即由四种基本成分构成：生产者、消费者、分解者和非生物环境。

生产者。主要是能利用水、二氧化碳等无机物质通过光合作用合成碳水化合物、蛋白质、脂肪等有机化合物的植物种类，均属于生产者，还有一些利用化学能把无机物转化为有机物的化能自养型微生物也应列入生产者之列。

消费者。是直接或间接的依赖生产者制造的有机物质生存的异养生物。直接吃植物的动物叫植食性动物，又叫一级消费者；以植食性动物为食的动物叫肉食动物，也叫二级消费者，以后还有三级消费者，直到顶级消费者。还包括哪些杂食性动物、食碎屑者、寄生生物等。

分解者。是异养生物，指分解动植物的残体、粪便和各种复杂的有机化合物，吸收某些分解产物，最终能将有机物分解为简单的无机物，而这些无机物参与循环后可被无机物重新利用。主要包括细菌、真菌、某些原生动物和蚯蚓、白蚁、秃鹫等腐食性动物。分解对于物质循环和能量流动具有非常重要的意义，在任何生态系统中都是不可缺少的组成部分。

非生物环境。包括参加物质循环的无机元素和化合物，联系生物和非生物成分的有机物质（如蛋白质、糖类、脂类等）和气候或者其他物理条件（如温度、压力）。[②]

环境在没有人类严重干扰的情况下处于生态平衡的状态，生态系统的各成分

① 张先起、孙东坡主编：《环境水利》，黄河水利出版社2012年版，第29页。
② 文祯中主编：《生态学概论》，南京大学出版社2011年版，第4页。

能够相互适应、相互协调、相互补偿,使整个系统的结构和功能良好。能量流动、物质循环和信息传递构成了生态系统的基本功能。其中物质循环领域的环境问题比较突出。在工业化社会中大量化石燃料的使用,过量的二氧化碳、硫化合物进入到大气圈,温室效应明显,全球气候变暖,酸雨问题蔓延。工农业的发展使人类向环境中投放的化学物质与日俱增,大多数有毒物质沿着食物链各营养级传递,在生物体内残留且浓度不断升高。1953 年,日本九州鹿儿岛的水俣市出现的人体水俣病和狂猫症就是有毒物质汞在食物链上富集放大造成人和猫的中枢神经破坏的公害事件。虽然生态系统具有一定的自我调节机能,但是这种机能是有一定限度的,这个限度被称作生态容量,如果外界压力无节制地超过生态容量时,生态系统的自我调节能力就会降低,甚至消失,最后导致生态系统的衰退甚至崩溃,造成生态平衡失调。

(二)生态学基本原理

生态学的基本原理包括以下几方面的内容:

一是物物相关。自然界的各种事物之间是互相联系、互相制约、互相依存的关系,改变其中的某一部分,必然会对系统内部的其他组成部分产生影响,甚至影响系统整体。

二是相生相克。各生物之间彼此依赖、相互制约、协同进化。被捕食者为捕食者提供食物,被捕食者数量减少,捕食者的数量也随之减少。如果捕食者锐减,被捕食者数量就会激增,也会导致生态系统的失衡,彼此间相生相克。

三是互利共生。在自然生态系统中,常有两种以上的生物共同栖息在一起,互惠互利。如榕小蜂帮助无花果树传粉,作为报酬,榕小蜂的幼虫在无花果中生长发育。生物学家们认为每个物种都与其他物种有着千丝万缕的共生关系。物种间的互利共生对全球生态系统的运作有重大影响。而人类的活动会将这些互利系统推入未知的进化之路。

四是能流物复。生态系统中能量不停地流动,物质在不停地循环,能量只能通过生态系统一次,每经过一个级位或层次,就有一部分转化为热逸散到外界。物质则与能量不同,他会在生态系统中反复的进行循环,有些还会通过食物链在生物体内富集。因此必须提高能量的利用率,控制进入环境中的有毒有害物质及其迁移化的规律,以便加以有效的控制。

五是负载有限。任何生态系统的生物生产力都有一个限度,当外来的干扰超过此限度的时候,生态系统就会受到损伤,生态平衡就遭受到了破坏。因此人类的开发建设活动不应超过生态系统的承载能力,人类排放的污染物不应超过环境的自净能力。

六是协调稳定。只有各部分协调的生态系统才是稳定的。应当正确处理系统中各组成部分的关系。尤其是人类发展与环境的关系。只有让各组成部分相互协调,才能维持生态系统的平衡,保持人类生活的和谐、健康。

七是生态位原理。生态位是指物种在生物群落中的地位和角色,不仅包括生物所占有的物理空间,还包括它在生物群落中的功能和作用。每一种生物都有理想的生态位和现实的生态位。理想的生态位和现实的生态位之差就是生态位势。随着人类的发展逐渐形成了人工生态系统,人工生态系统的建立应正确地利用生态位原理,从实际出发,在发展中综合考虑经济社会发展水平和环境质量状况,使发展水平与生态系统的承受能力相适应。①

此外,美国科学家小米勒总结出了生态学三定律:生态学第一定律即我们的任何行动都不是孤立的,对自然界的任何侵犯都具有无数的效应,其中许多是不可预料的。这一定律是 G. 哈定(G. Hardin)提出的,可称为多效应原理。生态学第二定律即每一事物无不与其他事物相互联系和相互交融,此定律又称相互联系原理。生态学第三定律即我们所生产的任何物质均不应对地球上自然的生物地球化学循环有任何干扰,此定律可称为勿干扰原理。

第二节 生态工程法学

一、生态方法在工程建设领域的应用——工程生态学

生态方法又称生态学分析方法、生态学思维,是一种用生态学观点思考问题,研究现实事物的方法。目前生态方法已经广泛应用于自然科学、技术科学和社会科学领域。生态方法应用于经济领域促进了生态经济的发展,生态方法应用到社会领域促进了生态文明社会的建设,生态方法应用到法学领域促进了生态法和生态法学的发展。② 生态方法在工程建设领域中的应用促进了工程生态学的产生与发展。③ 随着社会的发展,工程建设活动的范围与规模日益扩大,工程建设活动与生态环境的矛盾越来越突出。如何减少和预防工程建设对生态环境的消极影响,协调工程技术系统与生态环境系统之间的关系是迫切需要解决的问题。工程生态学正是在此背景下产生的一门新学科。

二、工程生态学、生态法学、生态工程法学的关系

工程生态学是生态学在工程规划、建设和管理领域的具体应用,属于应用生态学的范畴。研究自然生态系统与工程技术系统的协调性,一方面研究工程建设对

---

① 施问超、邵荣、韩香云主编:《环境保护通论》,北京大学出版社 2011 年版,第 32 页。

② 蔡守秋:《生态法学方法论的要点》,载高鸿钧、王明远主编:《清华法治论衡》,清华大学出版社 2012 年版,第 2 页。

③ 吕忠梅:《环境友好型社会中环境纠纷解决机制论纲》,载《中国地质大学学报》(社会科学版)2008 年第 3 期。

生态环境的破坏与影响,另一方面研究减少和预防工程建设对生态环境影响的工程技术措施及管理措施。工程生态学与普通生态学是生态学的平行分支,它与管理、法律等社会学科结合,形成自然技术系统的生态保障,是属于自然环境保护科学的组成部分。工程生态学在学科体系中的位置,与生态学、生态法学、自然环境保护学等概念的等级关系,见图 35 - 1 所示。[①]

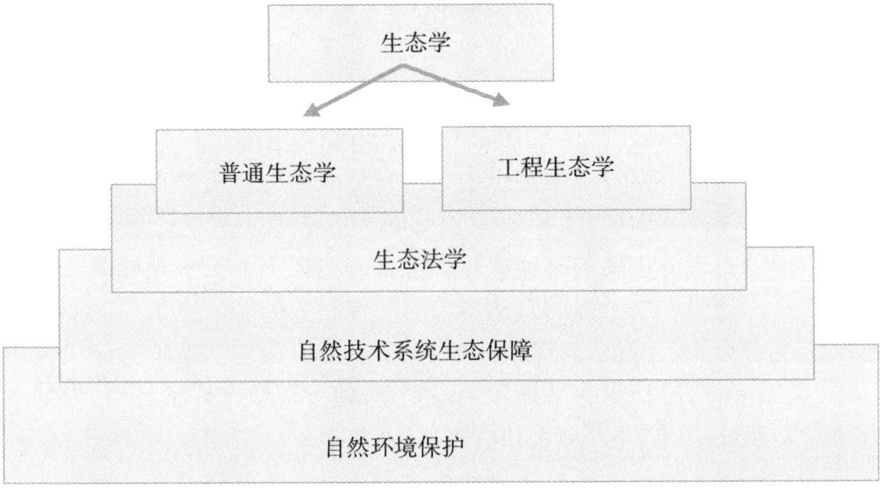

图 35 - 1　学科之间关系

目前,工程生态学在我国还未形成学科体系。但生态水利、生态公路、生态建筑等理论思想已经被提出,这些理论思想被实际应用到工程实践中去形成了一些环境影响评价技术导则。如生态水利工程学研究水利工程在满足人类需求的同时兼顾水域生态系统健康与可持续发展的原理与技术方法的工程学。国家环保总局与水利部制定了《环境影响评价技术导则(水利水电工程)》(HJ/T88—2003),对生态环境影响评价方法作出了详细的规定。生态公路建设中,2006 年交通部实施了《公路建设项目环境影响评价规范》(行业标准 JTGB03—2006)。生态建筑是我国建筑学界积极倡导的理念,一是减少对自然资源及自然环境的消耗和负面影响,二是构造适合人类健康舒适生活的生存环境,与周围的自然环境和谐统一。目前生态建筑的评估标准正在形成。

工程生态学对应的法学领域为工程法学和生态法学。工程法学是随着现代工程经济与科技发展而出现的一门新兴的法学交叉学科。[②] 生态法学属于法学研究的分支学科,是为了当代人和后代人的利益,调整社会与自然界相互作用领域里的

---

① 胡孟春、马荣华:《工程生态学》,中国环境科学出版社 2008 年版,第 3 4 页。

② 蔡守秋:《生态法学方法论的要点》,载高鸿钧、王明远主编:《清华法治论衡》,清华大学出版社 2010 年版,第 2 页。

生态社会关系的法律规范的学科,是针对人们在保护和利用自然环境准则方面开展理论研究的独立学科。① 它研究社会与自然相互关系和作用的法律原理,为调整生态领域具体门类的法律规则提供理论上的宏观指导,它的研究成果将得以在社会与自然这一特定领域的法律规制中体现、实施和解释。它同自然科学、哲学、社会学、经济学等存在不同程度的联系。②

作为一种以强制手段调整社会关系的工具,法律在保障生态平衡、资源保护及利用、环境污染治理等方面是一种非常重要的手段。生态保护法律贯穿生产、流通、消费的全过程,涉及政治、经济、文化等各个领域。工程生态学属于一门技术应用学科,探讨的是减少和预防工程建设对生态环境影响的工程技术措施及管理措施。技术领域的研究成果对工程建设中人与自然关系的行为要求必然需要规范化的法律制度得以保障。因此,工程建设领域的生态法是工程生态学的研究成果在社会运行中得以实现的重要的制度保障。生态方法在工程技术领域的渗透形成了工程生态学这一学科。以工程的营建与政府的规制中的法律现象为主要研究对象的工程法学也必然要求将生态方法贯穿其中。生态工程法学是工程建设领域防治环境污染、生态破坏,维护生态平衡和生态安全,建设环境友好型社会、资源节约型社会和生态文明社会,促进人与人和谐相处,人与自然和谐相处,保障经济、社会和生态可持续发展相关的各种法律规范和法律表现形式的总称。生态工程法学是生态方法在工程法学领域的应用,是工程生态学的技术成果在工程的营建中得以贯彻、实行的法治保障。生态工程法学是一门工程生态学与法学相结合而产生的交叉学科,涉猎范围广,知识结构复杂,需要多学科的基本理论知识作为基础。

三、生态工程法学中的工程与环境

"工程"是人类改造物质自然界的完整的、全部的实践活动过程的总称。③ 是将大自然的本然之物经过加工、改造创造出新的人工物的活动。工程的范围极其广泛,包括水利工程、海洋工程、交通工程、航天工程、市政工程、地下管线工程等。从农业社会的"自在工程"到工业社会的"自为工程",工程成为现代人基本的存在方式。工程作为一个开放的社会系统,它与环境在不断地进行着物质、能量和信息的交换。环境为工程提供了各类物质资源作为原材料,为工程系统的运行提供了环境空间,为工程活动的废弃物的排放提供了场所。而工程产品也脱离了与原来自然生态系统的内在关联,由"自在之物"转变为了"为我之物",工程对环境的破坏与摧残也日益严重,二者之间的矛盾日益突出。资本追逐利润的逻辑造就了工程建设领域的急功近利,工程活动中对自然资源无限的掠夺性开发致使资源枯竭、

---

① 王树义:《论俄罗斯生态法的概念》,载《法学评论》2001 年第 3 期。
② 马雁、李育全:《生态法学的起点择定与价值回归》,载《当代法学》2002 年第 6 期。
③ 李喜先等:《工程系统论》,科学出版社 2007 年版,第 139 页。

生态失衡、环境恶化。要从背离自然的工程走向与自然相和谐的工程，以生态价值观指导当代的工程实践法律这一调整社会行为的手段。[①] 生态工程法通过规定工程建设领域法律关系主体之间的权利、义务关系，通过对违反法律规定的主体科以相应的法律责任来调整人们的行为。可以为工程与环境关系的协调、和谐生态秩序的构建提供调节机制和强制保证。

工程活动的主体是工程共同体，也是工程生态法律关系的主体。工程活动的主体不仅仅是个体的工程师、技术工人、投资者、管理者、政府，而是由上述多元、异质的角色共同构成的组织。作为工程活动的主体，要保证工程活动有利于环境的保护，就必须明确工程活动过程中每一位成员的地位和角色，应当承担的环境保护义务和责任。投资者是工程活动的决策者，实施者和管理者，在工程活动中起着主导性的作用。在过去的十年间，产生了大量的自愿性质的，指导企业提升其社会与环境表现的指导守则，如联合国全球契约、国际商会可持续发展商务宪章、OECD多国企业指南和对环境负责的经济体联盟原则（CERES 原则）；如企业的环境表现向公众进行报告，向公众和雇员提供企业活动潜在环境影响的信息，并与受企业影响的公众及时的交流和协商，采纳先进的环境管理体制与环境合理型技术等。[②] 工程师是工程活动的设计者、工程方案的阐释者和工程活动的执行者，在工程共同体中起着非常关键的作用，由于其具有工程专业知识，最有可能知晓其行为对生态环境产生的影响及如何从技术层面去规避和解决这种消极影响。目前有关工程师的环境伦理规则很不规范，只有世界工程组织联盟（WFEO）在 1985 年制定的“工程师环境伦理规范”，但因没有得到普遍认可，未起到真正的作用。因此，实践中工程师很少有相应的环境伦理规范来指导他们的工程实践活动。除投资者之外的其他的工程管理者也应承担起相应的环境伦理责任，在工程建设项目开工前，对环境影响作出评估报告，应当在工程项目建成之时，实施“三同时”制度；在工程项目运行期间，采取相应的节能减排措施，使工程活动排放的废弃物不超过国家环境标准等。工人作为工程活动的直接操作者，在工程活动过程中应当按照规定的操作流程和程序进行操作，避免操作失误引发环境灾难的责任。[③] 政府作为社会公共事务的管理者，是社会环境公共利益、环境整体利益和长远利益的守护者，政府的职责决定了政府需要制定完整的环境规划、环境政策、环境法规和环境标准并将其有效地付诸实施。

工程活动还应遵循生态学的一般规律。生态学的基本原则和一般规律是人类活动的基本准则，只有遵循生态的原则和一般规律才能保护好人类赖以生存的生态环境。以城市改造为例，由于城市生态系统的特殊性，这项活动所适用的生态学

---

① 陈雯：《工程——环境悖论的伦理反思与超越》，载《内蒙古社会科学》（汉文版）2013 年第 5 期。

② 刘芳雄、吴宗金：《环境法调整机制变革与企业的环境责任》，载《河北学刊》2010 年第 6 期。

③ 肖显静：《论工程共同体的环境伦理责任》，载《伦理学研究》2009 年第 6 期。

原理与一般的人类活动不相同。城市改造中的生态学理念是从生态学的基本原理和规律提炼出来的,是生态学原理在城市改造中的基本体现。在立法中应当遵循的原则为:一是城市历史环境是城市生态环境的重要组成部分,应当保护生态系统的多样性。二是生态系统异质性的多样化。根据生态学原理,一个地区的异质性影响着该地区物种的多样性,应当在城市改造中增加有利于物种的多样性的异质性。三是注重对城市自然生态系统的保护。①

四、生态法应用于工程建设领域的主要问题

(一)城乡规划法中环境利益的增进

城乡规划作为一种社会管理的工具,是对一定时期内城市、农村的经济和社会发展、土地利用、空间布局以及各项建设的综合部署,以更好地发挥政府的公共服务职能,实现公共利益的最大化。城乡规划的核心就是解决一个空间环境问题,它是政治、经济、社会和文化依托的载体,也是人与自然相互结合依存的纽带,城乡规划的目标应当是人与自然的和谐发展。近年来我国城乡建设发展过程中规划立法上对环境保护的关注也在不断地加强。我国《城乡规划法》明确将改善人居环境,促进城乡经济社会全面、协调、可持续发展作为规划的目标。强调制定和实施城乡规划,应当遵循城乡统筹,合理布局、节约土地、集约发展和先规划后建设的原则。改善生态环境、促进资源、能源节约和综合利用,保护耕地等自然资源和历史文化遗产,保持地方特色、民族特色和传统风貌防止污染和其他公害。在城乡规划的实施方面,城市新区的开发和建设,应当合理确定建设规模和时序,充分利用现有市政基础设施和公共服务设施,严格保护自然资源和生态环境;旧城区的改建,应当保护历史文化遗产和传统风貌。在城乡规划过程中,应尽量减少有害气体、有毒物质的排放,提高土地利用价值,尽量退耕还林,注意保护自然资源,维护生物多样性,降低建筑物的密度,提高绿色植物标准,减少能源资源的分散消耗,积极开发应用新能源。②

(二)"多规合一"推进土地资源的优化配置

"多规合一"是将国民经济和社会发展规划、城乡规划、土地利用规划、生态环境保护规划等多个规划融合到一个区域上,实现一个区域一本规划、"一张蓝图"。③ 土地利用规划制度是对一定区域未来土地利用的计划和安排,由总体规划、详细规划和专项规划三个部分组成。而城乡规划是为了实现一定时期内城市、村庄和集镇的经济和社会发展目标,确定城市、村庄、集镇的性质、规模和发展方向,合理利用城乡土地,协调城乡空间布局和各项建设的综合部署和具体安排。城

① 藏留洋等:《生态学原理在城市改造中的应用——以天津市为例》,载《环境科学与管理》2008 年第 7 期。
② 林雪斐:《论城乡规划过程中环境保护因素的渗透》,载《城市建筑》2012 年第 15 期。
③ 卢为民、蒋琦珺:《以多规合一推进大都市土地资源的优化配置路径》,载《中国土地》2017 年第 1 期。

乡规划体系由城镇体系规划、城市规划、镇规划、乡规划和村庄规划组成。土地规划和城乡规划涉及共同的内容即土地资源的合理开发、利用和保护，以保护社会经济的可持续发展，防治环境污染和生态破坏的制度。

根据我国《城乡规划法》规定，城市总体规划、镇总体规划以及乡规划和村庄规划的编制，应当依据国民经济和社会发展规划，并与土地利用总体规划相衔接。各级各类空间规划在支撑城镇化快速发展、促进国土空间合理利用和有效保护方面发挥了积极作用，但也存在规划类型过多、内容重叠冲突，审批流程复杂、周期过长，地方规划朝令夕改等问题。建立全国统一、责权清晰、科学高效的国土空间规划体系，整体谋划新时代国土空间开发保护格局，尤为必要。国土空间规划是国家空间发展的指南、可持续发展的“空间蓝图”，是各类开发保护建设活动的基本依据。建立国土空间规划体系并监督实施，实现“多规合一”是党中央、国务院作出的重大战略部署。根据《中共中央 国务院关于建立国土空间规划体系并监督实施的若干意见》，建立国土空间规划体系并监督实施，将主体功能区规划、土地利用规划、城乡规划等空间规划融合为统一的国土空间规划，实现“多规合一”，强化国土空间规划对各专项规划的指导约束作用，建立全国统一、责权清晰、科学高效的国土空间规划体系，整体谋划新时代国土空间开发保护格局。到 2020 年，基本建立国土空间规划体系，逐步建立“多规合一”的规划编制审批体系、实施监督体系、法规政策体系和技术标准体系；基本完成市县以上各级国土空间总体规划编制，初步形成全国国土空间开发保护“一张图”。到 2025 年，健全国土空间规划法规政策和技术标准体系；全面实施国土空间监测预警和绩效考核机制；形成以国土空间规划为基础，以统一用途管制为手段的国土空间开发保护制度。到 2035 年，全面提升国土空间治理体系和治理能力现代化水平，基本形成生产空间集约高效、生活空间宜居适度、生态空间山清水秀，安全和谐、富有竞争力和可持续发展的国土空间格局。考虑到“多规合一”改革正在推进中，2019 年 8 月 26 日修正后的《土地管理法》为改革预留了法律空间，增加第 18 条，其规定，国家建立国土空间规划体系。经依法批准的国土空间规划是各类开发、保护和建设活动的基本依据。为了解决改革过渡期的规划衔接问题，《土地管理法》还明确：已经编制国土空间规划的，不再编制土地利用总体规划和和城乡规划。同时在附则中增加规定：编制国土空间规划前，经依法批准的土地利用总体规划和城乡规划继续执行。

（三）环境标准和工程建设标准化

环境标准是国家为了保护环境质量，控制环境污染物排放，从而保护人群健康、社会财富和生态平衡，按照法定程序制定的各种技术规范的总称。环境标准的主要内容是各种技术要求和量值的规定，采用标准文件所特有的术语、符号、代码、编号和其他技术规定。国家环境标准包括国家环境质量标准、国家污染物排放标准、国家环境监测方法标准、国家环境样品标准和国家环境基础标准等五大类。工程建设领域的环境问题类别众多,包括噪声污染、水污染、空气污染、固体废弃物污染等。工程建设标准是工程建设活动的技术依据和准则,是政府对工程建设实施有效科学管理的基础和手段,是保证工程质量安全、促进产业升级转型、强化生态环境保护、推动经济提质增效的重要途径。因此,与工程建设领域相关的国家环境标准也十分广泛,如环境标准技术要求——《建筑装饰装修工程质量验收规范》(GB 50210—2001)、《建筑材料用工业废渣放射性物质限制标准》(GB 6763—86)、《室内空气质量标准》(GB/T 18883—2002)、《建筑施工场界环境噪声排放标准》(GB 12523—2011)等。同时在工程建设中倡导"四节一环保",即对目前住宅小区建设中提出的高标准,以建筑节能、建筑节地、建筑节水、建筑节材和环境保护等标准作为合理安排城市布局,降低能源消耗的参照依据,制定相应的"四节一环保"验收规范和激励政策,保证绿色施工融入工程建设的每一个环节。①

(四)工程建设领域的环境影响评价制度

环境影响评价是指对规划和建设项目实施后可能造成的环境影响进行分析、预测和评估,提出预防或者减轻不良环境影响的对策和措施,进行跟踪监测的方法与制度。包括规划的环境影响评价和建设项目的环境影响评价两类。《环境影响评价法》要求对可能造成重大环境影响的,应当编制环境影响报告书,对产生的环境影响进行全面评价;对可能造成轻度环境影响的,应当编制环境影响报告表,对产生的环境影响进行分析或者专项评价;对环境影响很小、不需要进行环境影响评价的,应当填报环境影响登记表。对涉及水土保持的建设项目,必须有经水行政主管部门审查同意的水土保持方案。同时确立了公众参与制度,鼓励有关单位、专家和公众以适当的方式参与环境影响评价。

规划的环境影响评价范围包括两类:一类是土地利用的有关规划,区域、流域、海域的建设、开发利用规划;另一类是工业、农业、畜牧业、林业、能源、水利、交通、城市建设、旅游、自然资源开发的有关专项规划。但对于不设区的市、县、乡人民政府及有关主管部门制定的规划、国民经济和社会发展计划、重大决策、政策和立法活动我国目前尚未纳入环境影响评价的范围。2015 年《环境保护法》确立了环境规划并重申了环境影响评价制度。未依法进行环境影响评价的开发利用规划,不得组织实施。专项规划的编制机关对可能造成不良环境影响并直接涉及公众环境权益的规划,应当在该规划草案报送审批前,举行论证会、听证会,或者采取其他形式,征求有关单位、专家和公众对环境影响报告书草案的意见。同时为实现环境规划与城乡规划的衔接,《环境影响评价法》第 7 条规定:"国家有关部门、社区的市级以上地方人民政府及其有关部门对其组织编制的土地利用有关规划,区域,流域,海域的建设、开发利用规划,应当在规划编制过程中组织进行环境影响评价,编

① 杨鸿清:《四节一环保在工程应用中存在的问题及建议》,载《工程质量》2014 年第 4 期。

写该规划有关环境影响的篇章或者说明。未编写有关环境影响的篇章或者说明的规划草案,审批机关不予审批。”

建设项目的环境影响评价是对拟建项目的规模、性质、所在地区的自然环境和社会环境进行一般性的调查、分析的基础上,识别、预测和评估项目可能对环境带来的影响,并且提出减少不利影响,改善环境质量的对策和措施。目前我国建设项目的环境影响评价中存在工程分析粗糙、源强计算不准的问题,某些环境影响评价单位只以简单的工艺流程框图代替工程分析,无法客观准确地反映整个工程的概貌。评价标准选用不当,有些报告书质量不高,实质性内容较少,缺乏针对性和实用性。部分学者建议由熟悉生产工艺过程和实际的生产操作运行状况的工程设计单位、建设企业承担或参与工程分析。将建设项目的单项评价与该地区的环保规划相结合,推广区域的整体性评价,在区域环境评价的宏观指导下,对开发项目进行单项评价,进而提高环境评价质量、缩短评价周期。[①] 明确环境行政主管部门的具体审查内容,严格可行性报告的审核。[②]

(五)环境责任制度

我国环境与资源保护法律、法规详细地规定了破坏环境与资源的法律责任,包括行政责任、刑事责任和民事责任。工程建设中排放煤烟、倾倒废水等废弃物是不可避免的,是社会经济发展之必然,在一定范围之内应当给予免责。国家通过建立排污申报许可登记制度、排污许可制度、征收排污费制度和限期治理制度等将排污限制在可忍受的限度之内。即使在法律许可的排放限度内,也并不代表相关行为不会对环境权益造成侵害,更不代表侵害人责任发生根据的丧失、责任承担的免除,否则将违背“有损害就有赔偿”的社会正义要求。《环境保护法》第 6 条规定:“企业事业单位和其他生产经营者应当防止、减少环境污染和生态破坏,对所造成的损害依法承担责任。”排除了环境民事责任的违法性要件。工程建设领域环境法律责任制度的完善是多方面的,部分单行法对环境法律责任的规定仍存在比较概括、程序性语言多而具体内容较少的问题。如《环境影响评价法》中对环境影响评估后评价制度的法律责任、违反公众参与的法律责任都未给予明确的规定。再如在海洋工程溢油案中,我国海洋行政执法几乎是以行政处罚作为唯一归责手段,而刑事责任追究、生态损害赔偿和民事私益损害赔偿制度的功能未能得到有效的发挥。对此,我国工程建设领域应补充环境法律责任的规定,拓宽法律责任的渠道。

房地产开发中需要保护的环境包括两种:一种是房地产周围的环境,另一种是健康的建筑物自身的环境。目前我国房地产开发领域的环境问题依然层出不穷,缺乏科学化的、前瞻性的城乡规划及其法律保障,环保意识尚未贯彻到城乡规划中

① 季金美:《建设项目环境影响评价中存在的问题和对策探讨》,载《攀登》2005 年第 4 期。
② 张全东:《试论建设项目环境影响评价中的错位问题》,载《环境与可持续发展》2016 年第 5 期。

的各个层面，房地产开发企业与政府审批部门为追求经济利益而牺牲了环境利益的事件时有发生。许多项目审批过程中对环境影响评价制度、“三同时”制度和环境标准制度的适用走过场。例如，一些住宅小区与工厂毗邻而建引发若干年后居民投诉不断，这些都说明了在环境影响评价阶段的执法不严。我国《环境保护法》《城乡规划法》《环境影响评价法》等与环境保护有关的法律中，对环境保护的公众参与制度都有相应的规定，但从实践来看，环境影响评价阶段预防性的公众参与流于形式，更多的是以事后救济的方式出现，与环境保护预防优先的基本原则相违背。①

五、结语

建设环境友好型社会是我国的一项战略性任务，是党和国家针对整个社会系统提出的要求。就是要改变人与自然的不和谐、人的自身发展的不和谐状态。要求全社会都采取有利于环境保护的生产方式、生活方式、消费方式。建立人与环境良性互动发展的新模式，是涉及社会、经济、教育、科技、文化的系统性工程。从法学的角度来讲必须建立与环境友好型社会相适应的法律体系，环境友好型社会的建设需要法律从协调人与人之间的关系向协调人与自然的关系转变，运用法律的手段协调人与自然、人与人之间的关系，保护环境，维护生态平衡，降低能源开发与消耗。工程生态法就是在此社会背景下衍生的交叉学科，以生态学的视角对工程法学中的相关内容进行梳理，将生态法要遵循的多样性原则、有限性原则、共生性原则贯穿工程开发建设前及过程中，并将其作为生态工程法的核心指导思想，无疑对推动我国环境友好型社会的建立具有重要的意义。

---

① 徐丽媛：《项目建设与环境保护的法律制度——以房地产开发项目为例》，载《城市问题》2010 年第 8 期。

第三十六章　工程法学的地理学基础

第一节　地理学概述

一、地理学及其发展历程

“地理”一词在我国出现于《易经·系辞》,其中说“仰以观于天文,俯以察于地理”,在西方最早提出“地理”一词的是古希腊学者埃拉托色尼(公元前 276 年～公元前 194 年),它将 Geo(地球)和 graphy(描述)合在一起组成 geography(地理),表示对地球的描述。自诞生之日起,认识其所处的地理环境就成了人类生活的重要内容。对周围环境的全面和深入了解增大了个人存活下去的概率(找到更多的生存资源,应对更多的自然灾害),提高了人类社会发展的速度。随着人类社会的发展,地理知识不断积累,逐渐形成了一门研究地理环境以及人类社会与地理环境之间的关系的科学,这就是地理学。其研究的目的是为了更好地开发和利用自然资源、保护自然环境,协调人类与地理环境的关系。

地理学的发展过程大致可分为古代地理学、近代地理学和现代地理学三个时期:

(一)古代地理学时期

自远古至 18 世纪末是古代地理学时期。古代地理学以描述性记载为主,是一个漫长的多元化发展过程,分布在地球表面各地的人群分别按照自己的理解描述各自所处区域及周围一定范围内的地理事物,不同地区之间因环境阻隔而缺乏交流,因而,各区域的古代地理学发展各具特色。

(二)近代地理学时期

从 19 世纪初到 20 世纪 50 年代是近代地理学时期。近代地理学以解释性描述为主,既要描述地理事物的分布及其规律又要解释地理事物分布的原因。近代地理学由德国古典地理学家洪堡和李特尔奠基后,首先在他们的祖国(德国)得到发展。由于近代世界各民族的政治、经济、文化交流日益扩大,近代地理学也开始向世界各地传播,并在传播过程中形成了各种流派。全球性的一些重大地理学问题如环境、能源、交通、城市化,开始被各国地理学者协同研究。

(三)现代地理学时期

从 20 世纪 60 年代至今是现代地理学时期。现代地理学是现代科学技术革命的产物,并随着科学技术的进步而发展,其标志是地理数量方法、理论地理学的诞生和计算机制图、地理信息系统、卫星等应用的出现。现代地理学强调地理的统一性、理论化、数量化、行为化和生态化。

二、地理学的研究对象

(一)地球表层空间系统

地球表层可以解析出各个不同的研究角度或窗口,地理学则重在研究地球表层的空间系统。地理空间系统是具体的,是不脱离地球表层的。简言之,地理学就是研究地球表层自然和人类社会诸种事物的空间存在秩序的,如地表自然的地带性、非地带性规律,生物、气候、地形、水文的区域分布、结构、组织,以及空间演变规律等等。地理学研究的是区域的、空间的规律,是受空间四维制约的。

(二)人地关系地域系统

地理学关注人地关系与地域系统,二者复合便是人地关系地域系统。地理学研究始终没有脱离人类活动与地理环境之间的关系问题,也始终着眼于一定的地域系统,定位于地域系统、突出人地关系,并力求达到人地协调的目的。

三、地理学的特征

地理学是在研究地球表层的过程中逐渐形成的,并不断完善其理论、方法和手段。它具有下述特征:

(一)综合性

作为研究对象的地球表层是一个多种要素相互作用的综合体,决定了地理学研究的综合性特点。地理学研究地球表层,不限于研究其各个要素,更重要的是把它作为统一的整体,综合地研究其组成要素及它们的空间组合。它着重研究各种要素之间的相互作用、相互关系以及地表综合体的特征和时空变化规律。当然,由于地球表层的复杂性,可以对某一要素进行部门的研究,但这种研究是在地理学综合性的基础上进行的。因此,地理学的部门学科与一些相邻学科虽然有着共同的研究对象,但在研究目的、内容和方法上是不相同的。地理学的部门学科之所以成为地理学的一部分,不仅在其研究的客体是地球表层的一个有机组成部分,而且在方法论上有着共同的基础——综合性。因此,地理学是一门综合性的学科。

地理学的综合性研究分为不同的层次:两个要素相互关系(如气候和水文的关系、土壤和植物的关系等)的综合研究,是低层次的综合性研究;多个要素相互关系(如地貌、水文、气候、植被和土壤的关系,或聚落、城市、交通、政治等关系)的综合研究,是中层次的综合性研究;地球表层全部要素(包括自然、经济、政治、社会文化)之间相互关系的综合研究,是高层次的综合性研究。层次不同,综合的复杂程度也不同,层次越高复杂程度越大,综合的难度也越大。低层次、中层次的综合研究分别形成地理学的一些分支学科(如自然地理学、人文地理学等),这些综合研究不是地理学所独有的,生态学、社会学等学科也进行综合性研究。但是,高层次的综合研究,即人地相关性的研究,则是地理学所特有的。

综合性的特点决定了地理学的性质是一个横断学科。它与研究地球表层某一个圈层或某一个圈层中部分要素的学科,如研究大气圈的大气科学,研究水圈的水文科学,研究岩石圈的地质学,研究生物圈的生命科学,研究人类圈中社会经济、政治、文化、人口等要素的经济学、政治学、文化学、人口学,以至心理学、行为科学等,都有密切关系。地理学从这些学科吸取有关各种要素的专门知识,反过来又为这些学科提供关于各种要素及与其他现象间空间联系的知识。事实上,许多研究地球表层某一圈层或某一圈层中部分要素的学科是从地理学中分化发展而成的,如水文科学、海洋科学等。

(二)区域性

地球表层自然现象和人文现象地域分异的特点,决定了地理学研究的区域性特点。由于不同的地区存在不同的自然现象和人文现象,一种要素在一个地区呈现出的变化规律性在另一个地区不可能完全相同,因此,研究地理区域就要剖析不同区域内部的结构(各种成分之间、各部分之间的关系)。地理学区域性研究内容,包括区域内部结构和区际关系两个方面。这两方面相统一的研究任务,其他学科是难以担当的,所以很多地理学者认为区域研究是地理学研究的核心。

大尺度区域着重探讨全球或全大陆范围内的分异规律和内部结构特征,从而揭示全球或全大陆的总体特征;中尺度区域研究是分析国家或大地区范围内区域总体特征和地域分异规律,以及该地区对大尺度区域分异的作用;小尺度区域是揭示局部地区区域特征和分异规律,以及该地区对中尺度区域分异的作用。

(三)动态性

地球表层不断变化的特征,决定了地理学须以动态观点进行研究的特点。地理学研究既注重空间的变化,也注意时间的变化。地理现象无论是自然的或人文的,都是不断变化的。这种变化有周期性的,也有非周期性的;有长周期的,也有短周期的。用动态的观点研究地理学,要求把现代地理现象作为历史发展的结果和未来发展的起点,要求研究不同发展时期和不同历史阶段地理现象的发生、发展及其演变规律。这不仅是地理学本身发展的需要,也是地理学在国家建设、区域开发中发挥作用的需要。特别是现代地理学越来越重视对于区域的未来发展作出预测,并根据预测结果进行控制和管理,以保证人类科学合理地进行区域开发。因此,时间和空间动态相统一的观念,在地理学研究中越来越受到重视。

(四)研究方法的多样性

地球表层的复杂性决定了地理学研究方法的多样性。现代地理学研究主要采用野外考察与室内实验、模拟相结合的研究方法。地理学的研究对象是地球表层,关于地球表层的属性和特征,大部分数据和第一手资料主要来自野外考察,随着遥感技术的飞速发展,新技术广泛应用于地理学,提高了野外考察的速度和精度。地理定位研究、室内实验分析和地理数据处理、各种地理现象的实验室模拟(包括物理模型模拟和电子计算机模拟)等迅速开展起来,大大提高了工作效率,促进了地理学的发展。

(五)软科学性

地理学之所以被称为软科学,主要是指综合地理学在城市规划、区域规划和区域发展方略等中所起的作用。区域发展方略日益引起社会的重视,特别是在实现"人口—资源—环境—经济—社会"协调发展方面,而区域环境辨识或诊断是研究的基础。地理学家能够把区域发展方略的总战略与子战略有机地结合起来研究,并将其落实于地域地面结构上,同时还可探讨某些具有战术性和战略问题。因此,地理学表现出明显的软科学性,并能解决硬问题。

(六)工程性

地理学已经进行了地理工程设计和建设,直接服务于某些具体问题的解决。所谓地理工程指的是人们对地理环境进行有目的的开发、保护、利用和改造的工作,如沙漠化土地的景观生态设计、桑基鱼塘建设等,直接具有社会效益、经济效益和生态效益,即地理效益。地理工程着眼于地理学转化为地理应用技术乃至地理实践的实现。

四、地理学的学科体系

(一)地理学的总体系

地理学体系属于地理学的认识论问题,由于地理学研究的博杂性及人们对其认识的角度和深度的差异性,导致人们划分地理学体系的多样性。地理学至今还没有一个公认的分类体系。在西欧,传统的分类是将地理学分为通论地理学(部门地理学)和专论地理学(区域地理学)两部分,通论地理学中分出自然地理学和人文地理学两大分支,两大分支下再分次级分支学科。苏联长期把地理学分为自然地理学和经济地理学两大分支,然后再分次级分支学科。较多的西方学者把地理学分为自然地理学和人文地理学两部分,或分为自然地理学、经济地理学和人文地理学三部分,下面再分次级分支学科。这些分类方案中都没有考虑地理学的技术性分支—地图学和背景性分支—历史地理学。鉴于现代地理学发展迅速,不断出现新的生长点,形成新的知识领域或新的分支学科,遵循科学性兼顾稳定性，从现实出发兼顾历史的原则，按研究对象对地理学体系划分，见图36－1。

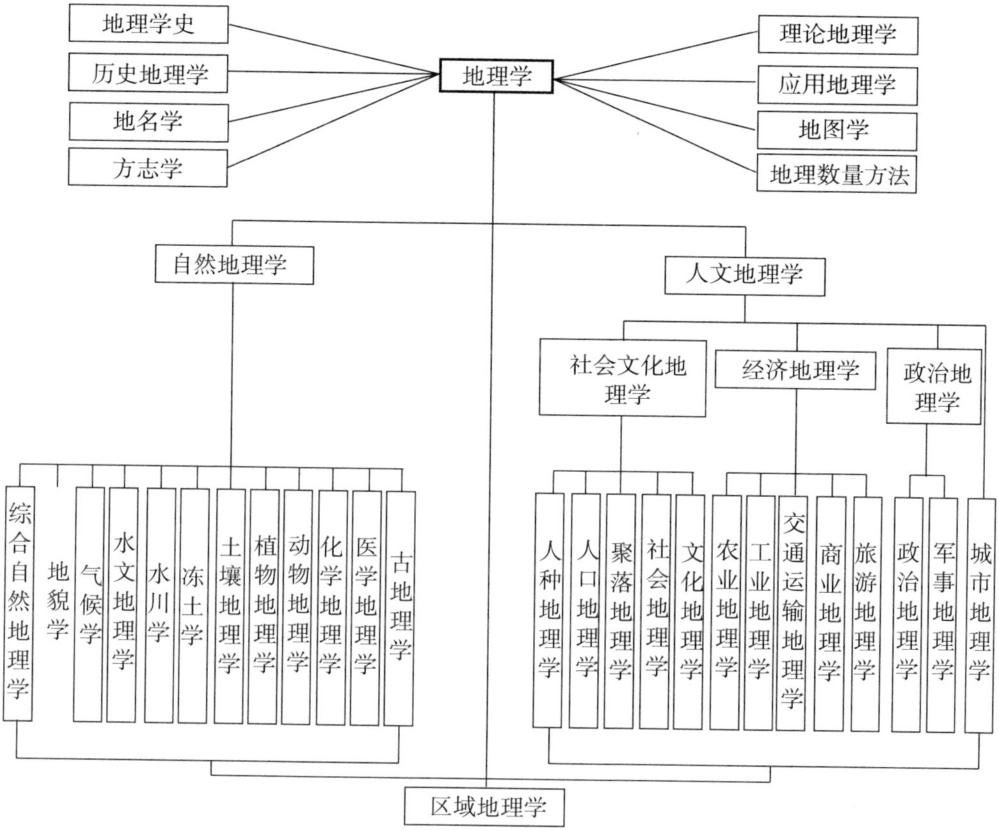

图36－1　《中国大百科全书——地理学》中的地理学体系（林超、杨吾扬，1990年）

（二）地理学与其他学科的关系

地理学是具有悠久历史的科学。在其发展过程中不断地分化、派生出新的学科。它们运用地理学的理论和方法，吸收其他学科营养独立成为新的科学体系。另外，地理学本身也从关系密切的其他学科中吸收新思想新方法改造自身。科学的发展就是这样既分化又融合，造成你中有我、我中有你的错综复杂状态。地球表层既是地理学的研究对象，又是人类活动的主要场所，各种自然要素与人文要素交错在一起，各种学科都在这里根植、生长，哲学、历史、经济、环境、生态等学科与地理相互交融，关系密切。地理学与这些学科交叉、渗透、汇合，且趋势越来越广泛、深入。

五、地理学的价值

作为科学门类之一的地理学有其自身独特的价值，按照人类的知识体系以及科学与社会之间的关系等,可划分为地理学的哲学价值、地理学的科学价值、地理学的应用价值和地理学的教育价值,下面重点介绍其科学价值和应用价值。

（一）地理学的科学价值

地理学作为科学的一部分,对于整个科学的发展存在着重要作用。以地理事实为基础而构建的地理常识知识和地理科学知识,既是整体的科学知识的组成部分,又是整体的科学知识构建与完善的基础,进而可以对某些学科的发展及其理论的构建提供一定的基础与借鉴。以大航海为鲜明特征的地理大发现和以此为基础而发展起来的近代地理学开阔了人类的视野,升华了人类对地球整体的理性认知,从而产生了哥白尼日心说、牛顿万有引力定律和达尔文生物进化论等具有巨大科学意义并深远地影响着人类理性的重大科学成就。作为理论知识的地理学的理论研究及其成果对于解决人类发展问题和其他学科的发展也有重要作用。地理学一向具有的"整体高于部分"的观念以及以此为基础而具有的"综合性",使在思考与解决困扰人类的诸多生存与发展问题中,充分认识到这些问题的本质是人地冲突或人地关系地域系统冲突。解决这些问题的唯一途径是将冲突转换为共生。此外,地理学特别是地理学的人地关系地域系统共生理论还给出了实现这种转换的方法论工具。同时,地理学中道库恰耶夫提出的自然地带性学说直接派生出了土壤学中的土壤发生学学派和以地理学为学科基础进行"可持续发展"的基础理论研究等。这样的事实,表明地理学的理论成果也可以为有关学科的理论建设提供必要的帮助。

（二）地理学的应用价值

科学在现代社会已成为生产力中最活跃的因素,并与技术一起成为第一生产力。作为科学组成部分之一的地理学也在经济发展与社会进步等诸多方面发挥着愈加重要的作用。这种作用便成为地理学的应用价值内涵。考察20世纪以来地理学的应用价值内涵,可以发现地理学的应用价值主要表现在参与资源调查与地区开发,编制地理区划和区域规划,进行景观生态设计和区域生态建设,参加国土规划以及进行旅游规划等方面上。现在,地理学已经成为我国西部地区加速开发、可持续发展战略的制定与施行、美丽中国建设、全面小康社会的实现等发挥出其他学科难以发挥的作用。地理学可以通过开展综合性基础研究和应用研究,在重点解决国家在自然资源持续开发利用、区域生态环境综合整治、农业可持续发展、促进生态系统良性循环以及地球信息应用领域的重大科学技术问题中发挥越来越重要的作用。

六、地理学的发展趋势

地理学的发展着眼于未来。随着科学技术的进步、各地区经济开发和建设以及环境管理和保护的需要,地理学将成为一门既有坚实的基本理论、应用理论的基础性学科，又是一门与生产实践进一步紧密结合的应用性学科。学科的内容和结构将发生变化，理论地理学、应用地理学、地理学中方法性学科和技术性学科如地理数量方法、地图学、地理信息系统等，将率先获得较大的发展；综合性分支学科、应用性分支学科，如综合自然地理学、经济地理学、区域规划学、城市地理学、旅游地理学、医学地理学、行为地理学、资源地理学、人口地理学等将有较快的进展；地理学研究中的人文化趋势将会强化，人文地理学在地理学中的比重将会增大。今后，人文地理与自然地理将高度综合，更加趋向于微观研究以探究地理事物的成因和变化机理，进一步拓展地理学的应用研究领域，研究方法和技术将更加现代化。未来的地理学将是一门在理论化和数量化基础上，进一步综合化、生态化、社会化的理论与应用并举的两栖科学。

第二节　地理学与工程法学

一、工程建设对地理环境的影响

狭义上，工程包括建筑物、构筑物或其他不动产的建设、变更、修缮、拆除等。工程建设及其运营过程必然改变原有的地理环境，并对其周边环境造成影响。近年来，随着城市化进程的加快，各种工程用地剧增，对地理环境的影响表现在土地，水文，气候，生态等多个方面。

（一）对土地的影响

工程建设将造成土地覆被变化，即由自然覆被转化为人工覆被。在这一过程中，不合理的土地利用活动会加剧水土流失，引发滑坡、崩塌等地质灾害，造成森林、耕地面积减少，草场退化，土壤污染等。

水土流失也叫土壤侵蚀，工程建设中的毁林、土壤扰动、基础开挖和施工弃土等是造成水土流失的根本原因。人类不合理的工程建设活动已经成为作用于地球表层的不可忽视的巨大营力，人类的工程建设活动引发的滑坡、地面岩溶塌陷、矿山采空区地面沉陷、崩塌及泥石流等地质灾害，占全部地质灾害总数的80%以上。

由于工程建设及工程运营活动，导致工程周边的土壤环境也受到了不同程度的污染。许多研究表明，城市交通干线两侧土壤中重金属元素的含量要显著高于远离交通干线的土壤。例如对香港交通干线两侧土壤的研究结果表明，交通干线两侧的土壤中Pb、Cu、Zn、Fe、Mn、Cd的含量显著升高；城市近郊农业土壤中重金属和有机污染物的浓度远比远郊农业土壤中的高。在杭州市郊、近郊农业土壤中重金属浓度为远郊的1.28～1.86倍，近郊农业土壤中多环芳烃浓度为远郊的1.50～8.50倍。

由此可见，工程建设对地表的改造，不只改变了地表的性质、土壤的理化学性状，也造成土壤污染，因此在工程规划时，应充分考虑工程建设活动对地表环境的影响。

(二)对水文的影响

工程建设造成大量的硬化地面,这种以建筑物和人工铺砌的地面滞水性、渗透性、热力状况均发生了明显变化,从根本上改变了下垫面的热力学、动力学特征,从而影响其水文循环。

硬化地面和排水设施的增加,使降水产生的地表径流汇水速度加快,地表径流量增加,减少了入渗。导致地下水得不到地表水足够的补给,破坏了自然界的水循环,使地表总径流量和峰值流量增加,径流时间缩短,造成许多洪水等灾害和地下水的缺乏。

水利工程的建设改变了自然水道,沟通不同的流域,调节了多水和少水区之间的水资源空间分布不平衡,也有利于航运的发展。修建水库也是人类影响水文状况的重要方面,实现了水资源的时间再分配,并获得防洪、发电、灌溉、航运等多重收益。水利工程的不利后果如造成了大量淹没区、改变了生物特别是水生生物的生境等。所以,在进行大的工程建设时,不仅要考虑其经济效益,也要充分考虑它对地理环境、生态环境造成的影响,以实现经济、资源、环境的持续发展。

(三)对气候的影响

工程建设改变了下垫面的组成和性质,用人工表面代替了土壤和草地等自然地面,从而改变了反射和辐射面的性质,改变了近地面层的热交换和地面的粗糙度,导致大气的物理状况受到影响。由于建设施工,道路交通等产生的扬尘和悬浮颗粒物也对城市空气环境质量产生不利影响,并影响大气中水汽的凝结和降水过程。

水利工程还会改变区域小气候。通常情况下,广大区域的气候状况主要受大气环流所控制。大中型水库和调水渠道工程建成后,原本的陆地变成了水体、湿地等,使局部地表空气变得比较潮湿,对局部小气候会产生一定的影响和损害。修建水库时所形成的大面积水面,使当地蒸发量增加,进而会造成降水量的增加。在水体与周围陆地的热力对比效应下,还会造成局地环流的改变。有关资料表明,库区和周边一定距离范围内降雨会有明显的增加,一般情况下,地势较高的地区的迎风坡降雨会增加,而背风坡的降雨会有所减少。水库修建后,库区的下垫面由陆面变成水面,水面与大气间的能量交换方式、强度均发生变化,进而导致气温高低发生变化,年平均气温会略有升高。

(四)对生物的影响

工程建设会对生物产生明显影响。以水利水电工程为例,我国主要的开发方式有:大江大河上的区域性重点工程(如三峡工程)、跨流域调水工程(如南水北调工程)、河流梯级开发、地方性中小型电站等。一般的水利工程对于河流生态系统的胁迫主要表现在两方面:(1)自然河流的渠道化。包括河流平面形态直线化,即河道的人工裁弯取直;河道横断面几何形态规则化,即把自然河流断面的复杂形状变成梯形、矩形及弧形等规则的几何形状;河床和边坡材料的硬质化,即河道的边坡及河床采用混凝土、砌石等硬质材料进行改造。自然河流渠道化必然会导致生物多样性的降低,两岸生态环境的变化与水文环境的改变,对生态环境带来极大的负面影响。(2)自然河流的非连续化。非连续化包括沿水流方向及垂直方向的非连续。一类是筑坝使沿水流方向的河流非连续化,造成了天然水文情势的变化,流动的河流生态系统变成了相对静止的人工湖,流速、水深、水温及水流边界条件都发生了重大变化,对生物的生境与栖息地产生极大的影响,导致生物种类与数量都会发生一定的变化。另一类是非连续化是由于河流两岸建设的防洪堤造成的侧向水流的非连续性,堤坝妨碍了汛期主流与岔流之间的沟通,阻止了水流的横向扩展;把干流与滩地和洪泛区隔离,使岸边地带和洪泛区的栖息地发生改变;原来可能扩散到滩地和洪泛区的水、泥沙和营养物质,被限制在堤防以内的河道内;该类非连续化终将导致两岸植被面积明显减少,鱼类无法进入滩地产卵和觅食,失去了避难所,鱼类、无脊椎动物等减少,导致滩区和洪泛区的生态功能退化。水电工程(尤其是水库大坝工程)对生物多样性的影响主要是由于水库蓄水、下泄受阻、流水贮存以及下泄控制4个方面的原因造成的。

二、地理学能为工程立法提供理论基础

目前,我国政府已经调整了经济高速增长的预期,以更加理性地面对中国所面临的经济和社会发展问题,政府对于环境保护的重视程度也日益高涨。过去那种以牺牲环境为代价换取经济高速发展的发展模式带来的严重后果表现为严重的环境污、生态破坏,迫切需要制定和完善相关的法律、法规,依法打击损害环境的行为。

为了有效解决工程建设与环境污染、生态破坏之间的矛盾,在制定工程规划及其生态环境保护规划的过程中,除了全面贯彻可持续发展、环保优先、公众参与等原则外,还需要进一步完善针对工程建设的环境保护法律法规,而工程建设相关的环境保护法律法规的制定离不开地理学的依据。

(一)地理学是科学分析工程建设可行性的基础

工程项目建设的可行性研究,除了从投入产出的角度进行经济分析以外,还要从工程建设的自然条件(地质、地貌、水文、气象、土壤、生物)、社会经济和文化条件等方面全面分析。地理学的综合性的特点为全面分析工程建设的可行性提供了可能,因此,地理学在工程项目建设前的可行性研究阶段,就可以因其具有的其他学科难以替代的综合性而大有作为。一方面,工程建设对地理环境产生多方面的影响,要全面分析工程建设的可行性离不开地理学。另一方面,由于工程建设要落

实到具体的区域，不同区域的自然条件、经济条件、社会文化条件不同，地理学强调区域分异研究的特点，能为工程建设的可行性研究提供基础资料。

（二）地理学在工程建设环境影响综合评价方面大有作为

工程项目在建设施工期、营运期、退役期都会对工程建设地点及周边地区产生不同程度的环境影响。工程建设施工期对于施工场地的植被清除、场地平整、工程地基挖掘、工程建设施工等不可避免地对生物量和生物多样性造成不利影响，同时，施工过程中的机械噪声、施工扬尘、施工弃土等对声环境质量、环境空气质量等造成不利影响。在营运期和退役期也会对水环境、大气环境、声环境和生态环境造成不利影响。为了对工程项目建设的环境影响做出科学评价，必须对工程项目所处的环境这一复杂的巨系统深入了解，因为人类活动改变环境系统的某一要素时，会产生一系列的连锁反应，通过一系列反馈负反馈的关系，影响整个系统，因此，要全面评价工程建设的环境影响就需要地理学的参与。

（三）地理学在减缓工程建设的不利影响方面能提供有益的指导

地理学在减轻工程项目建设的不利影响方面具有不可替代的作用。由于自然环境各要素之间，自然因素与经济因素、社会文化因素之间存在着相互影响、相互制约的关系，因此，在设计和落实减轻工程项目建设的不利影响方面，仍然需要地理学的指导。

第三十七章　工程法学的建筑学基础

建筑，作为我国国民经济的支柱性行业，在中国当今社会发展、经济体制改革中占有重要的地位，建筑行为在空间及时间范畴内具有庞大的体系结构，与其牵连的社会关系之复杂、对社会各个层面的影响作用不容忽视，与建筑相关的法律法规因客观条件所限制目前处于发展滞缓状态，这一现状也制约了我国建筑行业朝规模有序方向的发展脚步。鉴于目前建筑行业发展现状，本章内容将从建筑的概念、特性、发展概况、管理制度、技术体系与法律法规体系建立联系，结合建筑与法学的共通点建立适宜于我国建筑发展现状的建筑工程法学结构体系。

第一节　建筑学基础知识

一、建筑

（一）建筑的概念

建筑的起源是人类早期适应自然环境的进化结果，人类为了避风雨、御寒暑和防止野兽的侵袭，建立了一个赖以生存的场所空间。随着社会生产力、建筑材料、技术和艺术的发展，建筑在不同的社会历史发展中都形成了具有代表性的建筑形态。

对于建筑的描述，不同的历史阶段给出了不同的定义，其中包括“建筑就是房屋”“建筑就是基本建设”“建筑是凝固的音乐”“建筑是热情的雕塑艺术”，等等。

从建筑的本质出发，建筑是人们为满足日常生活、生产和其他社会活动所必需的物质空间，从广义上讲，建筑既表示建筑工程或土木工程营造过程，同时又表示营造成果。有时建筑也泛指建筑在一定历史发展阶段的概括性概念，如古埃及建筑、古希腊建筑、古罗马建筑、哥特式建筑、文艺复兴建筑、近现代建筑等。一般情况下，建筑仅指营建活动的成果，即建筑物和构筑物。建筑物是为人们生活、生产和其他活动提供的房屋或场所，如住宅、办公楼、厂房、商场等。构筑物是为某种工程目的而建造的、人们一般不直接在其内部进行生活或生产活动的建筑，如桥梁、水塔、纪念碑等。[①]

由上所述，根据建筑的自身属性进行定义：“建筑”是运用物质材料和技术手段所创造的，满足人们进行生产、生活和精神文化等功能及形象要求所形成的一个

---

① 崔艳秋、吕树俭主编：《房屋建筑学》（第 2 版），中国电力出版社 2008 年版，第 1 页。

为人们所享用的物质空间及环境。

(二)建筑的基本构成要素

"自从人类第一次学会分析思考并使用合适的材料让生活变得更舒适、更安稳以来,我们就面临着穿越一道又一道的边缘地带不断开拓新疆域的任务。在各门学科中,这些边缘地带一直是通向未来世界的必经入口。"①这也同样是人类进行建筑创作与营造的原动力,而无论从远古时期山洞穴居、树上巢居到后期的各种类型建筑,在建筑的变迁过程中,建筑的自身属性,即建筑的基本构成要素一直延续至今,构成建筑的基本要素是建筑功能、建筑技术和建筑形象。

1. 建筑功能

依据具体的使用目的和要求而建造的房屋,其所围合的多重空间形态组合,即成为建筑的功能。例如,满足家庭生活需要的住宅,满足教学活动需要的校舍,满足生产需要的工业厂房等,不同类型建筑具有不同的建筑功能。而随着人类社会的发展和人们物质生活水平的提高,建筑功能趋向多元化,人们对建筑功能的需求也朝越来越高的方向发展。

2. 建筑技术

与建筑相关的材料、结构、设备及施工等内容均属建筑技术范畴。建筑材料和建筑结构是构成建筑空间环境的骨架,建筑设备是保证建筑物达到某种使用需求的技术手段,建筑施工是实现建筑生产的过程和方法。随着社会生产和科学技术的不断发展,各种新材料、新结构、新设备的出现,施工工艺也随之不断更新。先进的建筑技术给建筑功能与建筑形式带来了崭新的体验,如大量的多功能综合体建筑、现代化的超高层建筑等。

3. 建筑形象

建筑既是物质产品,又是历史发展载体,在其本身存在诸多人文、历史、艺术等元素,更多的反映到建筑的形象。建筑不仅用来满足人们的物质功能要求,同时还满足人们的精神和审美需求。建筑形象包括建筑内部功能性空间的组合、建筑的外部形体、立面构图、细部处理、材料的质感与色彩等。良好的建筑形象能够准确地反映社会、历史、艺术的发展过程,同时也代表了建筑建设年代的经济技术发展水平,能够展现社会和时代的特点。与此同时,不同时期和不同地域、不同民族、不同信仰的建筑类型也具有不同的建筑外部形象及内部装修装饰,从而形成了不同的建筑风格和特色。

建筑功能、建筑技术、建筑形象三者是辩证统一的,既相互制约有所区别,又同时相互联系互融共生。在建筑的三重基本属性中,建筑功能起主导性作用,满足使用功能需求是建筑的首要前提,建筑技术是实现建筑目的的手段,其与建筑功能和

① 艾萨克·阿西莫夫:《新疆域》,马星垣译,上海科技教育出版社1999年版,第10页。

建筑形象存在矛盾互补关系，而建筑形象是功能、技术与艺术的综合体现。

（三）中国古代建筑的发展历史

我国古代建筑经历了原始社会、奴隶社会和封建社会三个历史阶段，其中封建社会是形成我国古典建筑的主要阶段。

原始社会建筑的发展是极缓慢的，在漫长的岁月里，我们的祖先从艰难地建造穴居和巢居开始，逐步地掌握了营建地面房屋的技术，创造了原始的木架建筑，满足了最基本的居住和公共活动要求。在奴隶社会，大量奴隶劳动和青铜工具的使用，使建筑有了巨大发展，出现了宏伟的都城、宫殿、宗庙、陵墓等建筑。这时，以夯土墙和木架构为主体的建筑已初步形成，但前期在技术上和艺术上仍未脱离原始形态，后期出现了瓦屋彩绘的豪华宫殿。经过长期的封建社会，中国古代建筑逐步形成了一种成熟的、独特的体系，无论在城市规划、建筑群、园林、民居等方面，还是在建筑空间处理、建筑艺术与材料结构方面，其设计方法和施工技术等，都有卓越的创造与贡献。直至今天，许多方面仍可为建筑创作提供有益的借鉴。

（四）中国近现代建筑的发展

中国近代建筑时期所指的时间范围是从 1840 年鸦片战争开始，到 1949 年中华人民共和国建立为止。中国在这个时期的建筑处于承上启下、中西交汇、新旧接替的过渡时期，这是中国建筑发展史上一个急剧变化的阶段。清王朝的闭关政策阻挡了西方建筑的传入，一直到 19 世纪中叶，除了北京圆明园西洋楼、广州“十三夷馆”以及个别地方的教堂等少数西式建筑外，中国基本上没有接触西方近代建筑文化。鸦片战争后，各种形式的西方建筑陆续出现在中国土地上，加速了中国建筑的变化。中国近代建筑包含着新旧两大体系：旧建筑体系是原有的传统建筑体系的延续，基本上沿袭着旧有的功能布局、技术体系和风格面貌，但受新建筑体系的影响也出现若干局部的变化。新建筑体系包括从西方引进的和中国自身发展出来的新型建筑，具有近代的新功能、新技术和新风格，其中即使是引进的西方建筑，也不同程度地渗透着中国特点。从数量上说，旧建筑体系仍然占据着优势。广大的农村、集镇、中小城市以至大城市的旧城区，仍然以旧体系的建筑为主。大量的民居和其他民间建筑基本上保持着因地制宜、因材致用的传统品格和乡土特色，虽然局部地运用了近代的材料、结构和装饰。从建筑的发展趋势来看，中国近代建筑的主流则是新建筑体系。

（五）中国当代建筑节能发展过程

1. 2000 年以来建设规模概况

伴随我国经济、社会和城镇化的高速发展，人民生活水平在不断提高，国内建筑业和房地产业规模的剧增。从 2001 年至 2010 年的十年间，我国房屋建设呈持续高速增长的态势，全国每年房屋竣工面积高达 182, 437. 1 万 ~ 304, 306. 1 万 m^2，年增长率约为 9%，其中住宅竣工面积为 130, 419. 6 万 ~ 183, 172. 3 万 m^2，占全国房屋竣工面积的60%左右,城镇住宅竣工面积呈逐年递增趋势。据国务院发展研究中心专家预测,到2020年年底,全国房屋建筑面积约达690亿m^2,另按照目前每年新增建筑面积20亿m^2计算,到2020年新增建筑面积将达到300亿m^2,相当于2000年的2倍多。①

2. 建筑节能标准研究发展概况

我国于20世纪80年代中期开始建筑节能战略的全面推进,时至今日经历了三步过程:第一步是1986年建设部颁布的《民用建筑节能设计标准(采暖居住建筑部分)》(JGJ26—1986),目标是在1980~1981年当地通用设计采暖能耗基线的基础上实现节能30%;第二步是从1996年开始在第一步节能目标的基础上节能30%,节能率累计达到50%;第三步是在第二步节能目标的基础上再节能30%,节能率累计达到65%,采取以北京、天津等重点城市率先推行三步节能设计标准,随后逐步向其他省市扩展的策略,建筑节能逐步向不断提高标准的方向发展。节能的主要途径包括两个方面:一是提高围护结构保温性能和门窗的气密性能,二是提高供热热源和管网系统的效率,达到建筑耗热量指标降低的目标。

建筑物耗热量指标是判定建筑是否达到节能标准的重要依据,它是指在采暖期室外平均温度条件下,为保持室内计算温度,单位建筑面积在单位时间内消耗的需由室内采暖设备供给的热量,单位是W/m^2。② 我国的现行建筑节能设计标准与气候相近的国家相比还有一定的差距,2010年9月20日,住房和城乡建设部总经济师李秉仁在国新办举行的发布会上表示:"即使执行节能65%的标准,我国建筑耗热量指标也比同等气候条件的发达国家高50%以上。"从衡量围护结构节能指标的传热系数K值来看,我国建筑外围护结构实施三步节能之后的传热系数大概是瑞典的1.3倍,德国的1.63倍,美国的1.41倍,加拿大的1.1倍,与日本和俄罗斯基本持平(如表37-1)。

表37-1 住宅建筑围护结构传热系数设计标准对比③

[单位:$W/(m^2 \cdot k)$]

部位	瑞典南部	德国柏林	美国与北京相近地区	加拿大	日本北海道	俄罗斯与北京相近地区	北京地区三步节能65%
外墙	0.17	0.5	0.32~0.45	0.36	4.2	0.77~0.44	0.7
外窗	2.5	1.5	2.04	2.86	2.33	2.75	2.5
屋面	0.12	0.22	0.19	0.23~0.4	0.23	0.57~0.33	0.45

① 德国能源署、住房和城乡建设部科技发展促进中心、住房与城乡建设部建筑节能中心联合主编:《中国建筑节能简明读本——对照德国经验的全景式概览》,中国建筑工业出版社2009年版,第7页。

② 中国建筑科学研究院主编:《严寒和寒冷地区居住建筑节能设计标准》(JGJ26—2010),2010年。

③ 张林峰、李志国:《我国建筑节能的发展》,载《建筑技术》2005年第10期。

按照国家确定的居住建筑能耗基线和每一阶段的节能比例来看，北方采暖地区下一步节能应该是在三步节能标准的基础上再节能30%，累计节能率达到75%，按照确定的围护结构和采暖系统的分担比例，四步节能的外墙、屋面、外挑楼板和外窗传热系数应分别控制在$0.40W/m^2 \cdot K$、$0.25W/m^2 \cdot K$、$0.40W/m^2 \cdot K$、$1.8W/m^2 \cdot K$以下，这一结果基本达到德国《建筑节能规范》（EnEV2001）的标准，与《建筑节能规范》（EnEV2009）和"被动房"标准还有一定的差距（表37－2）。从建筑围护结构的传热系数来看，我国要进行零能耗住宅的设计研究，首要工作仍是进一步提高围护结构的保温隔热性能，降低建筑自身对能耗的需求。

表37－2　寒冷地区四步节能标准与德国EnEV2001/2009、被动房标准比较

［单位：$W/(m^2 \cdot k)$］

建筑构件	四步节能K值	EnEv2001	EnEv2009	被动房标准
外墙	≤0.40	≤0.35	≤0.28	≤0.15
外窗	≤1.8	≤1.5	≤1.3	≤0.70 （SHGC≥0.48）
屋顶	≤0.25	≤0.25	≤0.2	≤0.15
外挑楼板	≤0.40	≤0.40	≤0.28	≤0.15

数据来源：四步节能K值数据来自天津市居住建筑四步节能设计技术指标征求意见稿，EnEv2001、EnEv2009数据来自Energieeinsparverordnung—EnEV2001、2009，被动房标准PHI发布的Certification as"Quality Approved Passive House"-Criteria for Residential-Use Passive House数据整理。

3. 建筑节能领域多种建筑命名之间的关系

我国于1986年开始建筑节能工作的开展，时至今日已发展了近30年，在这30年间的发展过程中，我国对于建筑节能的发展经历了不同的阶段，每一阶段都有各自的发展重点，并形成了不同形式的概念性定义，这其中主要包括节能建筑、生态建筑、可持续建筑，以及目前国内正在进行的大规模示范应用的绿色建筑。

节能建筑是按节能设计标准进行设计和建造，使其在使用过程中降低能耗的建筑。绿色建筑是指为人们提供健康、舒适、安全的居住、工作和活动的空间，同时在建筑全生命周期（物料生产、建筑规划、设计、施工、运营维护及拆除、回用过程）中实现高效率地利用资源（能源、土地、水资源、材料）、最低限度地影响环境的建筑物。绿色建筑到可持续发展建筑，都包含建筑节能的内容，节能建筑也从有效利用常规能源、充分利用新能源的单纯模式发展为能源、气候、环境等并重的综合模式。而"生态"的概念也已经从20世纪七八十年代的狭义的、小范围的、自我循环的含义扩展至当今年代的经济生态、文化生态、全球生态等更为广阔的领域；"绿色"一词已经有了它约定俗成的含义，当使用这个词汇时，很容易将之与环保、节能、健康、效率等方面的意义联系在一起，现在的"绿色"在一些行业已不只是一句简单的、充满理想与激情的口号,它已成为一系列的定量化的标准。节能建筑应该包含建筑对能源有效的、可持续的使用和建筑对环境、健康的影响等更多方面的内容,这就是建筑节能的外延。

二、绿色建筑

(一)绿色建筑的概念

绿色建筑是目前国内建筑业发展的最重要议题,从最初的节能建筑、生态建筑到后来的低碳建筑、可持续建筑、超低能耗建筑。作为目前与环境问题密切相关的绿色建筑,依托于当前的科技发展,已取得了切实可行的发展经验。关于绿色建筑有众多定义,但归纳起来,绿色建筑就是应用环境回馈和资源效率的集成思维去设计和建造的建筑。绿色建筑有利于资源节约(包括提高能源效率、利用可再生能源、水资源保护),绿色建筑充分考虑其对环境的影响和废弃物最低化和其对环境的影响和废弃物最低化,绿色建筑致力于创建一个健康舒适的人居环境、降低建筑使用和维护费用。它从建筑及其构件的寿命周期出发,考虑其性能和经济、环境的影响。①

根据《绿色建筑评价标准》(GB/T 50378—2014)中对绿色建筑的概念定义:绿色建筑是指在建筑的全寿命周期内,最大限度地节约资源(节能、节地、节水、节材)、保护环境和减少污染,为人们提供健康、适用和高效的使用空间,与自然和谐共生的建筑。

(二)绿色建筑的发展历程

第二次世界大战之后,随着欧美日经济的飞速发展,建筑能耗问题开始备受关注,节能要求促进了建筑节能理念的产生和发展。20 世纪 60 年代,出现了"生态建筑"新理念。70 年代,建筑节能被提上议事日程,低能耗建筑先后在世界各国出现。20 世纪 80 年代,节能建筑体系逐渐完善并开始应用。1992 年巴西里约热内卢"联合国环境与发展大会"的召开,标志着"可持续发展"这一重要思想在世界范围内达成共识。从此,一套相对完整的绿色建筑理论逐步形成,并在不少国家实践推广,成为世界建筑发展的方向。

21 世纪以来,西方发达国家开始建立绿色建筑评价体系与评估系统,其主旨在于通过具体评估技术定量客观的描述绿色建筑中各相关因素(如节能率、节水率、减少温室气体排放、材料的生态环境性能以及建筑经济性指标等)来指导建筑设计,为决策者和规划者提供参考标准和依据。

我国自 1992 年巴西里约热内卢联合国环境与发展大会以来,政府开始大力推动绿色建筑的发展,颁布了若干发展纲要、绿色建筑导则和相关法规,全国各省区

---

① 美国能源部:Green buildings introduction,载 http://www.sustainable.doe.gov/buildings/gbintro.shtml,最后访问日期:2018 年 9 月 10 日。

地市也纷纷按照国家绿色建筑产业的发展思路制定了适合于地方发展的绿色建筑评价导则及相关促进发展文件，全方位保证可持续发展和科学发展观的思想在整个社会绿色建筑发展过程中的实施。

2004年建设部启动的“全国绿色建筑创新奖”标志我国绿色建筑进入全面发展阶段，2006年于北京召开“第二届国际智能、绿色建筑与建筑节能大会”期间，建设部正式颁布《绿色建筑评价标准》(GB/T 50378—2006)标志我国绿色建筑进入快速发展期，2007年出台的《绿色建筑评价技术细则(试行)》和《绿色建筑评价标识管理办法》使我国绿色建筑发展政策体系逐渐完善，我国绿色建筑逐步走向科学、稳健、全面的推进发展期。

(三)绿色建筑的综合评价技术体系

根据我国的基本国情和绿色建筑的发展需要，我国《绿色建筑评价标准》(GB/T 50378—2006)将“四节一环保”作为绿色建筑发展的发展重点，并在该方向做了大量的技术研究和实践，其中将建筑设计、暖通空调、新型材料应用和楼宇自动化控制等多专业进行融合创新，使我国绿色建筑技术发展实践取得了重要的突破性进展。

1. 节能

建筑节能是在保证民用建筑使用功能和室内舒适度前提下的节约能耗工作，从边界理论分类来看主要指节约民用建筑运行过程中的能源消耗，重点研究减少建筑能耗需求、提高能源系统效率、开发利用新能源的关键技术。我国“十一五”国家科技支撑计划项目的相关研究将建筑节能主要锁定在以下五个方向，并且《绿色建筑评价标准》(GB/T 50378—2006)也以这五个主要研究方向进行评价标准条目的设置，其分别是：提高建筑设计中节能潜力的关键技术、降低北方采暖地区能耗的关键技术、降低长江流域建筑能耗的关键技术、研究“降低大型公共建筑能耗的关键技术”、可再生能源和新能源技术在建筑中的应用。

2. 节水

建筑中关于节水的应用技术措施同样是在保证合理用水需求的前提下，通过采取技术、管理、行政等多种手段和措施，对用水进行合理控制，对有限的水资源进行合理配置与优化利用，提高水资源利用效率。建筑节水包含三个方面的工作：一是减少用水量；二是提高水的有效使用效率；三是防止泄漏。《绿色建筑评价标准》(GB/T 50378—2006)中节水部分包括节水设备系统、计量付费系统、再生水利用系统、建筑结构系统和建筑材料系统五个部分。①

① 孙克放：《建设部住宅产业化促进中心》，载《绿色建筑设计策略及案例国际研讨会论文集》2006年12月15日。

3. 节地

2008 年 1 月 3 日，国务院发布《国务院关于促进节约集约用地的通知》，就提高土地节约集约利用提出了 5 项要求、23 项具体措施。按照我国现有建设量不断增加的趋势，在建筑领域推行节地要求，对实现国家的集约土地利用战略目标具有重要意义。要达成绿色建筑的节地目标，必须达到建筑用地的集约化利用，高效利用土地，提高建筑空间的使用率，减少城市用地压力，着眼于长远的可持续土地利用开发。建筑节地的要点，主要分为场地选址、场地原生态保护、旧建筑利用和地下空间利用四个部分。

4. 节材

《绿色建筑评价标准》（GB/T 50378—2006）中，对于建筑节材技术主要体现在建筑设计节材、建筑工程材料应用节材、建筑施工过程节材。在建筑设计节材方面，提倡采用工厂生产的标准规格预制成品，推进建筑产业化发展；在建筑工程应用节材方面，以轻质高强建筑材料应用技术，低水泥用量高性能混凝土的工程应用技术，建筑可循环再利用材料应用技术为主；在施工过程中尽量减少建筑材料的浪费以及垃圾的产生，采用科学的材料预算方案以降低建筑材料剩余量，应尽量就地取材以减少运输过程不必要损耗等。

5. 环境保护

环境保护关乎居民的切身利益和身体健康，绿色建筑要做到安全、健康、舒适、高效和适宜五大目标。因此，在《绿色建筑评价标准》（GB/T 50378—2006）中重点对人居环境中的化学污染、生物污染、放射污染、声光热环境、景观绿化等多个方面进行监控。

第二节　建筑法学

一、我国建筑法的立法过程

1984 年，原建设部提出了建设领域系统改革的纲领性文件——《发展建筑业纲要》。9 月，国务院颁发了《关于改革建筑业和基本建设管理体制若干问题的暂行规定》。这两个文件，是建筑业全面改革的纲领性文件，也为我国建筑立法工作走向体系化的道路奠定了基础。此后，随着建筑业改革深化，亟须建立较为完善的建筑法体系。从 1984 年起，原城乡建设环境部就成立了《建筑法》起草小组。起草《建筑法》，并于次年 1 月完成了初稿。随着建筑市场的日趋活跃，一些新情况、新问题不断出现，对草案内容先后做了多次大的调整。为了加快立法工作的步伐，1994 年原建设部成立了建筑法起草领导小组，进一步收集、研究国外建筑立法的经验，到上海、江西、江苏、湖南、湖北等地进行专题调查研究，先后听取了 30 个省、自治区、直辖市以及国务院有关部门的意见，多次召开专家论证会，于 1994 年 12

月向国务院报送了《中华人民共和国建筑法(送审稿)》。国务院法制局对送审稿反复研究修改后形成《中华人民共和国建筑法(草案)》。该草案于1996年8月经国务院常务会议通过。8月16日,国务院向全国人民代表大会常务委员会提出了《关于提请审议〈中华人民共和国建筑法(草案)〉的议案》。1997年11月1日,《建筑法》由第八届全国人民代表大会常务委员会通过。该法律自1998年3月1日起实施。《建筑法》是我国制定的第一部规范建筑活动的法律。《建筑法》作为一部霞要的产业立法,它体现了国家的意志和人民的利益,适应了社会主义市场经济体制的要求,确立了保障建筑业健康发展的秩序。其将建筑活动纳入法制的轨道,为建设活动中错综复杂的社会经济关系提供了公认的权威规则。对于保护有关当事人的合法权益,保障建筑活动的正常进行,公正有效地协调建筑活动中的经济关系提供了最为有力的法律保障。

我国的建筑法规体系是以《建筑法》为龙头,以行政法规为主体,以原建设部等部委的部门规章为补充的有机整体。现行的建筑法律体系已经基本上形成了一个完整的体系。经过几十年的发展,我国的建筑法规体系已经初具规模,日益完善。建筑法规体系是一个开放的体系,随着社会的发展,新的问题不断出现,调整建筑活动方面的法律、法规应当及时补充。

二、建筑法学的理论体系设想

划分独立的法律部门应以其调整对象和内容为标准,这是马克思主义法学分类学说中对于法学的基本理论体系架构原则。建筑法不是一个独立于外的法律部门,因为建筑法所调整的对象包括民事法律关系、经济法律关系和行政法律关系。从立法现状看,建筑法是一个松散型的联合体,而从学术研究的角度看,建筑法学应当是一个排列有序,主次分明、脉络畅通、精髓连贯的严密体系。因此,根据同济大学杨心明对各国法典和法学专注的体系编排方法,其提供了三种可供选择模式:一是苏联大经济法学派模式,由此演变为建筑活动与建筑部门法体系,分为三编,即总则、各种建筑活动的法律调整、建筑业内各部门的法律调整。二是日本经济法专著模式,由此演变为建筑组织与建筑活动法体系,也分三编,第一编是建筑法学总论,第二编是建筑组织法、重点研究建筑行为的主体,第三编是建筑活动法。三是联邦德国民法典模式,由此演变为建筑权利体系,分为四编(删去"亲属编"),第一编是总则,第二编是物权、重点指建筑物所有权,第三编是债、重点指建筑类合同,第四编是建筑物继承权。以上三种模式,各有优劣。第一种模式具有社会主义特征,但在建筑业内部再分部门,客观上有一定难度,且第二编与第三编的内容极易混淆,似不可取。第三种模式结构严谨,反映出商品经济条件下的法律意识,但不能充分体现我国建筑法学中的计划调节原则,也不宜采纳。第二种模式以管理建筑企业为核心,前后铺陈,左右衬托,并具有一定的弹性,经改造后可为我所用。①

由此,笔者认为,如果要编写一部《建筑法学》,建筑法学理论体系的框架设想可分为以下几个层次:第一编,建筑法学总论,包括:建筑法的定义、建筑法的地位、建筑法的历史沿革及外国建筑法简介、我国建筑管理机构。第二编,建筑组织法,包括全民所有制建筑企业法、集体所有制建筑企业法、私营建筑企业法、建筑行业公会法、建筑企业破产法。第三编,建筑管理及建筑活动,包括建筑投资法及城市规划法、建筑系列税法、建设银行法律制度、土地管理法、建筑环境保护法、建筑系列合同法、建筑工程及建筑物保险法、国际工程承包与劳务合作法律制度、建筑知识产权法、房屋产权及继承权法律制度、房屋租赁法律制度、建筑市场管理法律制度,等等。

三、我国建筑法学的理论体系建设的难点

社会主义国家制定建筑法的首要任务是:从总体上保证客观经济规律在建筑活动中得到普遍遵守。“在共产主义的高级阶段到来以前,社会主义者要求社会和国家对劳动标准和消费标准实行极严格的监督。”②我国目前建筑法学体系中缺乏“极严格的监督”的稳定而划一的法律或法规。我国房地产市场经过多年的膨胀式发展,地方政府、企业及相关生产单位通过改革取得了极大的进步,但作为国内投资最为热门的经济支柱产业,因法律法规前期储备不足,造成了一定投机违法行为出现,导致了房地产市场起伏不定的发展局面,产业发展长期性和稳定性受到极大威胁。

我国建筑法学体系建立过程中面临的另一较大挑战,为在体系发展过程中起平衡稳定作用的建筑市场管理法律尚不健全。建筑的发展与管理,需要利用经济杠杆来进行调节,实现提高生产率的目标,因此建筑管理必须与市场相结合,撇弃现有单纯行政干预管理模式。但是,建筑市场管理法所调整的社会关系是一种权力因素和财产因素相结合而形成的经济关系,其调整方法突破了传统民法所确认的平等、自愿原则。当今世界上没有纯粹的市场调节,以公有制为基础的社会主义经济更不能忽视计划调节和法律管制的作用。所谓建筑市场实质上包括三种市场:一是建设项目发包承包市场;二是建筑材料市场;三是地产和房产市场。与之相适应,应由一系列的法律制度来调整。

四、我国建筑法学的理论体系建设的重点

针对我国建筑法学理论体系建设难点剖析概述,确立以下重点建设方向及内容:

---

① 杨心明:《中国建筑法学的体系与难点初探》,载《同济大学学报》(人文、社会科学版)1990 年第 1 期。

② 列宁:《列宁选集》(第 3 卷),人民出版社 1972 年版,第 254 页。

第一，逐步完善立法，巩固“建设项目市场”秩序，建立健全建筑企业资信等级评定制度，全面核实各类证照签发情况，审查建设单位、施工单位账目，理清资金流动走向。

第二，严格管理建材经营市场，保障供管体系顺畅运行，切实贯彻《计量法》《价格管理条例》，保证经济合同的顺利履行。

第三，健全房地产市场秩序，加强交易监管，完善房地产市场配套管理机构，建立服务保障机构确保供需双方的切实发展利益。

第四，加强税收监管，利用市场进行间接调控，减轻管理审批手续，加强违法处置力度，加大企业等违法成本投入。

第三十八章　工程法学的土木工程学基础

土木工程是建造各类工程设施的科学技术的统称。它既指所应用的材料、设备和所进行的勘测、设计、施工、保养维修等技术活动，也指工程建设的对象，即建造在地上或地下、陆上或水中，直接或间接为人类生活、生产、军事、科研服务的各种工程设施。一般的土木工程项目包括：房屋建筑、市政交通、水利工程等。建造工程设施的物质基础是土地、建筑材料、建筑设备和施工机具。借助于这些物质条件，经济而便捷地建成既能满足人们使用要求和审美要求，又能安全承受各种荷载的工程设施，是土木工程学科的出发点和归宿。随着工程科学日益广阔，不少原来属于土木工程范围的内容都已经独立成科。从狭义定义上来说，土木工程就等于 civil engineering，即建筑工程（或称结构工程）。

本章涉及土木工程发展历史、建筑工程与建设程序、建筑工程材料、建筑构造、建筑结构、工程项目管理、建筑工程施工等内容。通过扼要介绍这些学科的概念和基本知识，使读者对相关知识有所了解，奠定一定的专业知识基础。

第一节　土木工程学科概述

一、土木工程发展历程

土木工程是一门古老的学科，它与社会、经济，特别是与科学、技术的发展密切相关。土木工程内涵丰富，主要是围绕建造材料、建造理论和建造技术三个方面的演变而不断发展的。土木工程的发展可划分为古代、近代和现代三个阶段。

（一）古代土木工程

古代土木工程大致从旧石器时代（约公元前 5000 年）到 17 世纪中叶。这一时期修建各种土木工程设施主要依靠经验。材料主要取之于自然，如石块，草筋，土坯等，公元前 1000 年左右开始使用烧制的砖。工具只有斧、锤、刀、铲和石夯等手工工具。尽管如此，还是留下了许多有历史价值的建筑，有些工程即使从现代角度来看也非常伟大。

各文明古国都有土木工程的杰作流传并屹立至今：北京故宫（1420 年）、伊斯坦布尔的索菲亚大教堂（532 ~ 537 年）规模宏大；赵州桥（605 ~ 618 年）历经千年尚能正常使用，为世界桥梁工程的杰作；公元前 3 世纪建造的都江堰是世界历史上最长的无坝引水工程,至今仍造福于四川人民,其设计巧妙为现代水利工程专家叹服;隋朝时开凿修建的京杭大运河全长1794公里,是世界历史上最长的运河,至今该运河的江苏、浙江段仍是重要的水运通道;山西应县木塔(公元1056年)八角九层,塔高67.3米,经历了多次大地震仍完好伫立;长城始建于公元前3世纪,东起山海关西至嘉峪关,全长6700公里,至今大部分仍基本完好;埃及金字塔建于公元前2700~公元前2600年,最大的胡夫金字塔,边长230.5米,高约140米,用230余万块巨石砌成。

这一时期,还出现了一些经验总结和描述外形设计的土木工程著作,如公元前5世纪的《考工记》、北宋李诫的《营造法式》、意大利文艺复兴时期贝蒂的《论建筑》等。

(二)近代土木工程

近代土木工程的时间跨度为17世纪中叶到第二次世界大战前后,历时300余年。在这一时期,土木工程逐步形成为一门独立学科。

工程设计理论方面:从17世纪开始以伽利略和牛顿为先导的近代力学同土木工程实践结合起来,逐渐形成材料力学、结构力学,流体力学、土力学等基础理论学科。随后,法国的纳维于1825年建立了容许应力法,从此,土木工程的结构设计有了比较系统的理论指导。

工程材料方面:1824年波特兰水泥的发明、1859年转炉炼钢法的成功及1867年钢筋混凝土的开始应用是土木工程史上的重大事件。

建造技术方面:产业革命为土木工程建造提供了新的施工机械和施工方法。打桩机、压路机、挖土机、起重机等纷纷出现,为快速高效地建造各类土木工程提供了有力手段。

建造材料、建造理论和建造技术的进步,近代土木工程中出现了许多举世瞩目的杰作:1889年法国建成了高达300米的埃菲尔铁塔,共有18,000余个钢构件;1931年建成的纽约帝国大厦高378米共102层,钢骨架总重超过50,000吨;1869年开凿成功的苏伊士运河将地中海和印度洋连接起来,从欧洲到亚洲的航行不必再绕行好望角;金门大桥1937年通车,是世界上第一座单跨超过1000米的大桥,主跨达到1280米。

(三)现代土木工程

现代土木工程始于第二次世界大战以后,现代科学技术的发展开创了土木工程新时代。

在建造材料方面,随着化学工业和冶金技术的不断发展,使高性能和高强混凝土的广泛应用,先进的冶金和轧钢技术已能生产出高强低合金钢筋和各种规格的型钢。高分子化学的发展,使高分子材料开始应用于工程结构。

在结构设计理论方面,借助计算机技术,分析理论已能考虑材料非线性和几何非线性。设计理论也由容许应力方法进入基于概率理论的可靠度设计方法。

建造技术从单一使用机械发展到机—电—计算机的一体化。施工质量大大提高，施工进度大大加快。

在现代土木工程已不再是单体工程，许多体现时代特征的工程已成为城市的标志和文化组成部分。1998 年建成的上海金茂大厦高 420.5 米，88 层；2010 年投入使用的迪拜哈利法塔高 828 米，162 层。

二、建筑工程与建设程序

（一）建筑工程的概念

建筑工程是指为新建、改建或扩建房屋建筑物和附属构筑物设施所进行的规划、勘察、设计和施工、竣工等各项技术工作和完成的工程实体以及与其配套的线路、管道、设备的安装工程。

“房屋建筑”指有梁、楼板（屋盖）、柱、墙、基础以及能够形成内部空间，满足人们生产、居住、学习、公共活动需要的工程。房屋建筑包括厂房、剧院、旅馆、商店、学校、医院和住宅等。“附属构筑物设施”指与房屋建筑配套的水塔、车棚、水池等。“线路、管道、设备的安装”指与房屋建筑及其附属设施相配套的电气、给排水、暖通、通信、智能化、电梯等线路、管道、设备的安装活动。

国家统计局统计，2016 年全国建筑业总产值 193,567 亿元，比上年同期增长 7.1%，全国建筑业房屋建筑施工面积 126.4 亿平方米，同比增长 2.0%。从新开工项目情况看，全年新开工项目计划总投资 493,295 亿元，同比增长 20.9%。近几十年我国建筑工程行业得到了飞速发展，在可以预见的未来仍将平稳增长。

（二）建设程序

建设程序反映了建设项目发展的内在规律和过程。建设程序分为若干阶段，这些阶段有严格的先后次序，这个次序就是建设程序。

建设程序是指工程建设项目从策划、选择、评估、决策、设计、施工、竣工验收到交付使用的整个建设过程中，各项工作必须遵守的先后次序法则，这个法则是人们在认识客观规律的基础上制定出来的，是建设项目科学决策和顺利进行的重要保证，基本程序见图 38－1。

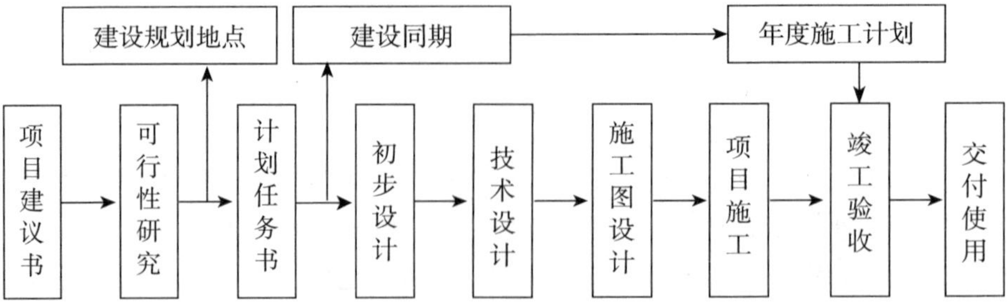

图 38－1　基本建设程序

我国工程建设程序主要内容包括：

1.项目建议书

项目建议书是业主单位向国家提出的要求建设某一建设项目的建议文件，是对拟建项目的必要性及可能性的设想。建设项目要符合国民经济长远规划以及部门、行业和地区规划的要求。

2.可行性研究

可行性研究是对建设项目在技术上和经济上（包括微观经济和宏观经济）是否可行的科学分析和论证工作。必须在勘察、试验、调查研究及详细技术经济论证的基础上编制可行性研究报告。

3.编制设计任务书

设计任务书是确定建设方案的决策性文件，是进一步编制设计文件确定项目实施投资目标、进度目标、质量目标的主要依据。主要包括建设目的和依据、建设规模及生产方式、资源利用、环境保护、建设地区与土地占用等内容。

4.编制设计文件

设计文件是在已批准的项目任务书的基础上编制的。对于一般的建设项目进行两阶段设计，即初步设计和施工图设计；对于重要项目进行三阶段设计，在初步设计后增加技术设计。

5.项目施工

在施工准备工作达到开工要求后，经审批即可组织全面施工。

6.竣工验收、交付使用

所有建设项目按设计要求完成施工后，通过检查验收和试运行即可交付使用。

第二节　材料、地基基础及工程结构

一、建筑工程材料

（一）建筑工程材料概述

1.建筑工程材料类别

建筑工程材料的品种、质量等特性直接影响所建造工程的功能、耐久性、经济性等诸多方面，并制约工程设计和施工方法。工程材料通常包括无机材料、有机材料和复合材料等。无机材料包括金属材料和非金属材料两大类。

金属材料分为有色金属（如铝、铜、合金等）和黑色金属（如钢、铁）两大类。非金属材料所涵盖的范围更广，包括天然石材、黏土及熔融制品、胶凝材料、无机人造石材等。有机材料包括木材、沥青、合成高分子材料、橡胶等。复合材料则是由上述不同类型材料复合而成的工程材料。

工程材料既可构成结构构件，如基础、柱、梁、墙、板等，即结构材料；也可在工程中起到专门的功能,如围护作用、防水作用、装饰作用、保温隔热作用等,即功能材料。

2. 新型工程材料的特点

随着科技的进步,工程材料的研制开发工作进展很快,新型工程材料具有轻质、高强和多功能等优点,与传统工程材料相比具有下述特点:(1)复合性。新型工程材料的复合性是将有机与有机、有机与无机或无机与无机材料在一定条件下按适当比例复合,再利用一定工艺条件有效地将几种材料的优良性能结合起来。(2)多功能。工程材料不仅要满足一般使用要求,往往还兼具防水、防火、电磁屏蔽、防菌、防辐射等功能要求。(3)绿色化。工程材料的绿色化不仅要求材料有良好的使用功能,还要求材料无毒、无害、环保。(4)节能。材料的生产应消耗较低的能源,并能循环利用。(5)轻质、高强。采用轻质、高强的材料可减少结构自重和构件尺寸,以满足工程大型化和空间化要求。(6)工业化。工程材料的生产和应用只有采用先进生产技术和设备,进行规范和系列化生产,才能得到广泛的应用,取得较高的经济效益。

(二)常用建筑工程材料

建筑工程中常用的胶凝材料有石灰、石膏、水泥等。使用胶凝材料拌和砂浆可以用于抹灰、砌筑等工作;以水泥、水、砂、石为主要组成成分的混凝土经过养护形成具有一定强度的人工石材,是工程中使用最为广泛的材料。工程中常将混凝土与钢筋或型钢等材料结合形成钢筋混凝土、钢管混凝土、劲性混凝土等组合结构构件。

钢材是建筑工程中应用量最大的金属材料,可分为钢结构用钢材(型材)和钢筋混凝土用钢材(线材)两大类。型材主要是指轧制成的各种型钢、钢板等;线材主要是指钢筋、钢丝等。结构中常用钢筋按强度分为 HPB300、HRB335、HRB400、HRB500 四个等级。钢材均匀致密、各项强度值较高、有良好的加工性能、连接方便、能承受较大的冲击和振动荷载,缺点是易锈蚀、耐火性差、维修费高等。

木材有轻质、高强、弹性和韧性好、耐冲击、导热性低、装饰性强等优点。木材加工后的材种可分为原木、原条、板方材、木质人造板材。天然木材应进行防腐、防虫处理。木材易燃,应与火源保持距离或设置防火墙,利用防火剂也可提高木材的防火性能。

常用墙体材料有砖、砌块、轻质墙板等。按照生产工艺不同,砖可分为烧结砖和非烧结砖。目前应用较广的非烧结砖为蒸压砖,其具有节约土地和能源、可充分利用工业废料的特点。砌块是采用各类混凝土、工业废料和地方性材料加工而成的尺寸较大的块状墙体材料。砌块块体尺寸较大、施工方便、劳动效率较高,是一种新型节能墙体材料。轻质墙板是工厂或施工现场预制的大板、条板或薄板,板高至少达到一个楼层,直接现装或组装成为一面墙体的板式材料。采用轻质墙板可改善墙体功能,减小自重,减少工程现场作业,加快墙体施工速度。

功能材料主要有防水材料、保温隔热材料、吸声材料、装饰材料等。

防水材料除常用的沥青类防水材料外,逐渐向高聚合物改性沥青、橡胶、合成高分子防水材料方向发展。

建筑保温隔热材料按材质可分为无机和有机两大类。前者一般用矿物质原料(如矿渣棉、石棉、玻璃棉、膨胀珍珠岩、膨胀蛭石、多孔混凝土等)制成的板、片、卷材或套管等制品;后者以有机原料(如软木、纤维板、刨花板、聚苯乙烯泡沫塑料、聚氮乙烯泡沫塑料等)制成的保温隔热材料。

有吸声特性的材料和结构称为吸声材料或结构。按照吸声机理可分为多孔性吸声材料、共振吸声结构以及空间吸声体、帘幕吸声体等。

装饰材料的品种很多,通常按照材料的属性分为砂浆、陶瓷、玻璃、石材、木材等。

二、地基与基础

建筑物上的全部荷载都将通过各种形式的基础传递到地基上,承担工程结构全部荷载、受工程结构影响的地层称为地基,向地基传递荷载的下部结构称为基础。

(一)工程地质勘查与地基

1. 工程地质勘查

工程勘查的目的在于查明相关岩土体的空间分布及工程性质,对工程所在场地的地基稳定性、建筑适宜性以及不同地段的地基承载力和变形特征等做出评价,为基础设计与施工提供依据。

工程地质勘查应与设计相配合,视不同的行业、工程类型及重要性、地质条件的复杂程度以及不同的设计阶段,所勘查内容的重点不同。按先后顺序可分为:可行性勘查、初步勘查、详细勘查和施工勘查。当场地条件简单成已有充分的工程地质资料和工程经验时,可以简化勘查阶段,跳过可行性勘查,有时甚至将初勘和详勘合并为一次性勘查。

工程地质勘查的方法包括岩土体的勘探、岩土试样的室内试验以及原位测试等。

2. 地基

地基按工程的设计、施工情况分为天然地基与人工地基,按地质情况分为土质地基和岩石地基。天然地基是指天然土体本身具有足够的强度,能直接承受建筑物荷载的地基。人工地基是指需预先对天然土层进行人工加固处理后才能被利用的地基。土质地基一般是指成层岩石以外的各类土,土质地基处于地壳的表层,施工方便,基础工程造价较低,是建筑物常用的持力层。岩石地基为成层岩石,当地基土体承载力、变形验算不能满足要求时，必须选择岩石地基。

地球表层的土类由于不同的地理环境、气候条件、地质成因、历史过程、物质成分和次生变化等原因，在成壤过程中形成有独特物理力学性质的区域土，称为特殊土。我国的特殊土主要有湿陷性黄土、红黏土、膨胀土以及冻土。

为达到工程使用要求，必须对软弱地基和特殊土地基进行处理，改善工程特性，以满足工程所需的强度和沉降要求。经各种地基处理方法获得的人工地基可以分为两类：一类是对天然地基土体全部进行改良，如预压（排水固结）法、强夯法、原位压实法、换填法等。另一类是形成复合地基，它可以由复合土与天然地基土体形成，如水泥土复合地基等；也可以由插入（也包括置换）的材料与天然地基形成，如低强度桩复合地基、树根桩复合地基等；也可以由插入的材料与得到改良（如挤密）的天然土体形成，如振冲挤密碎石桩复合地基等。

（二）基础工程

基础将上部结构荷载传递至地基，其结构形式多样，设计过程中应选择适应上部结构和场地工程地质条件、符合使用要求、满足地基基础强度和变形要求以及技术上合理的基础结构方案。

通常把位于天然地基上、埋置深度小于 5 米的一般基础（柱基或墙基）以及埋置深度虽超过 5 米，但小于基础宽度的大尺寸基础（如箱形基础），统称为天然地基的浅基础。而把位于地基深处承载力较高的土层上，埋置深度大于 5 米或大于基础宽度的基础，称为深基础。

1. 浅基础

建筑物的浅基础多用砖、石、混凝土或钢筋混凝土等材料做成。除钢筋混凝土外，所砌筑的基础因材料的抗拉性能差，截面形式要求具有足够的刚度，基础在受力时本身几乎不产生变形，这类基础称为刚性基础。若是钢筋混凝土基础，则材料的抗拉、抗压和抗剪性能都较好，且基础本身可有较小程度的变形，这类基础称为柔性基础。

浅基础按构造形式主要可分为独立基础、条形基础、筏板基础、箱形基础和壳体基础等，见图 38－2。

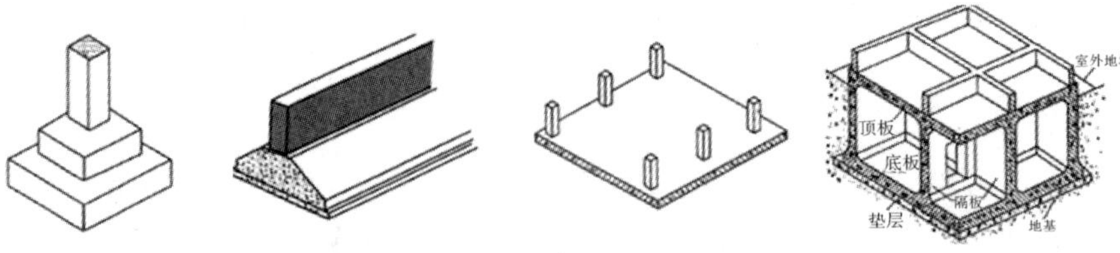

柱下独立基础　墙下条形基础　筏板基础　箱形基础

图 38－2　浅基础

2. 深基础

当建筑场地浅层的土质不能满足工程对地基承载力和变形的要求，而又不适宜采取地基处理措施时，就要考虑以下部坚实土层或岩层作为持力层的深基础方案。常用的深基础有桩基础、沉井基础和地下连续墙等，其中以桩基础应用最为广泛。

三、主体结构

建筑工程的分类方法有很多，可以按房屋建筑的层数或高度、房屋建筑的使用性质、所采用的材料或房屋建筑的结构体系进行划分。按照建筑物的结构体系不同，可分为排架与钢架结构、墙体承重结构、框架结构、框架—剪力墙结构、剪力墙结构等。

（一）排架结构与钢架结构

单层工业厂房常用排架结构或钢架结构，常见的装配式钢筋混凝土单层工业厂房主要由下列构件组成（见图 38－3）：（1）屋盖结构：主要由屋面板、天沟板、天窗架、屋架、托架等构件组成；（2）柱：主要有排架柱和抗风柱两类；（3）吊车梁：位于吊车行走轨道下部，支承在柱牛腿上；（4）基础：一般采用独立基础，常见的基础形式是杯形基础；（5）支撑：包括屋架支撑、天窗架支撑和柱间支撑。支撑的主要作用是加强厂房结构的空间钢度和稳定性，传递风荷载和吊车水平荷载的作用，在地震区还能传递地震作用力；（6）围护结构：主要包括屋面板、墙体、抗风柱、圈梁、连系梁、过梁、基础梁等构件。

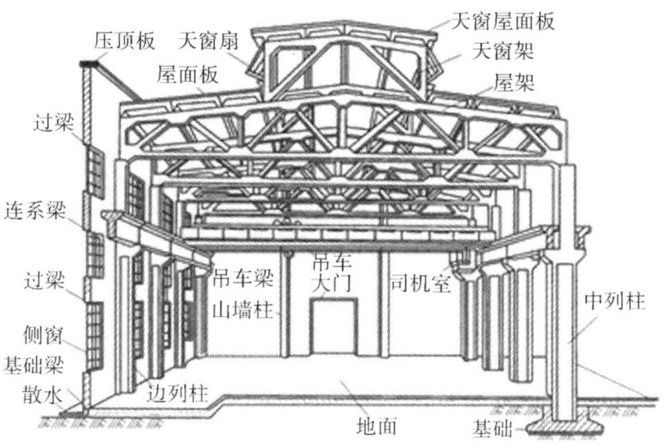

单层工业厂房构件

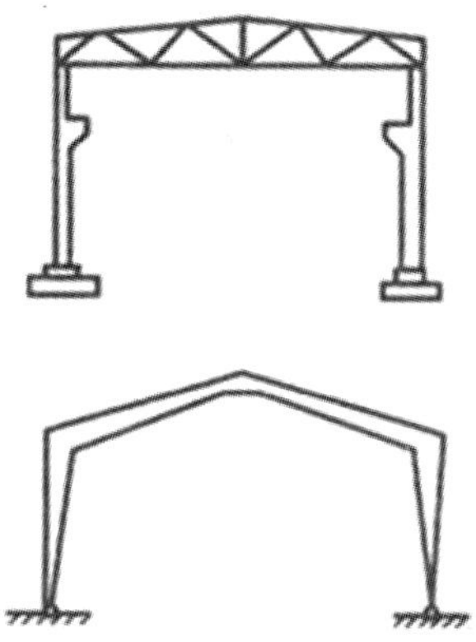

排架与刚架

图 38－3　单层工业厂房

（二）墙体承重结构

墙体承重结构是指墙体不仅承受竖向荷载，同时抵抗水平荷载的结构。墙体还可作为围护、房间分隔的构件。墙体承重结构根据材料不同可分为砌块墙体和混凝土墙体。

砌体结构以砖砌体、砌块砌体、石砌体砌筑的墙体作为竖向承重体系，来支撑由钢筋混凝土、钢—混凝土组合材料或木构件等构成的楼盖系统及屋盖系统，故常称为混合结构。图 38－4 所示为一栋砌体结构住宅。砌体结构的优点：砌体结构的主要承重构件可以就地取材，耐火性好，耐久性好，保温、隔热、隔音性能较好，施工简单，造价低，房屋的刚性较大。砌体结构的缺点：砌体强度低，抗压强度一般为混凝土抗压强度的 1/7 至 1/2，因而砌体的截面尺寸较大。普通混合房屋中，墙体占建筑物总重的一半以上，因自重大导致运输量大，地震引起的惯性力也大。砌体是由块材通过砂浆黏结而成，墙体砌筑工作繁重，施工进度慢，劳动强度高，整体性较差，抗震性能也较差，在地震区使用时，房屋层数和高度受到限制。

图 38－4　砌体结构

剪力墙结构是由剪力墙同时承受竖向荷载和水平荷载的结构。其抗剪能力很强，在抗震设防地区也称为抗震墙，自身平面内的刚度大、强度高，整体性好，在水平荷载作用下侧向变形小，抗震性能较好。根据墙体材料的不同，可分为钢筋混凝土剪力墙、钢板剪力墙和型钢混凝土剪力墙等。剪力墙结构在高层建筑中应用广泛，目前我国 10～30 层的高层住宅、宾馆多采用这种结构体系。1976 年建成的广州白云宾馆，是我国第一座高度超过百米的高层建筑，地上 33 层，建筑高度为 114 米，为钢筋混凝土剪力墙结构。

(三)框架结构

框架结构是由梁、柱组成的骨架来承受竖向荷载和水平荷载的结构。一般设计成梁、柱整体连接,相互之间不能自由转动但可以承受弯矩的钢框架结构。根据使用的材料不同分为钢筋混凝土框架和钢框架。其特点是在建筑上能提供较大空间,平面布置灵活,适用于民用建筑中的多层教学楼、办公楼、医院、商场以及多层工业厂房。但由于抗侧刚度较小,在水平荷载作用下侧向位移较大,在房屋的高度上和地震区的使用上受到限制。

多层钢筋混凝土框架结构(图 38 –5)可采用现浇,也可采用装配式或装配整体式。现浇混凝土结构整体性好,适应各种有特殊布局的建筑;装配式和装配整体式结构采用预制构件,现场组装,整体性较差,但便于工业化生产和机械化施工。随着泵送混凝土的出现,混凝土浇筑变得方便快捷,目前工程中多采用现浇混凝土。现浇混凝土的缺点是现场施工量大,湿作业量大,强度增长慢,工期长,需要大量模板。近年来,装配式整体式混凝土框架结构又重新被工程界关注。我国采用钢筋混凝土框架结构的高层建筑较多。20 世纪 80 年代建成的北京长城饭店主楼共 23 层,地上 22 层,地下 1 层,地上总高度为 83. 85 米,即为现浇钢筋混凝土框架结构。

混凝土框架

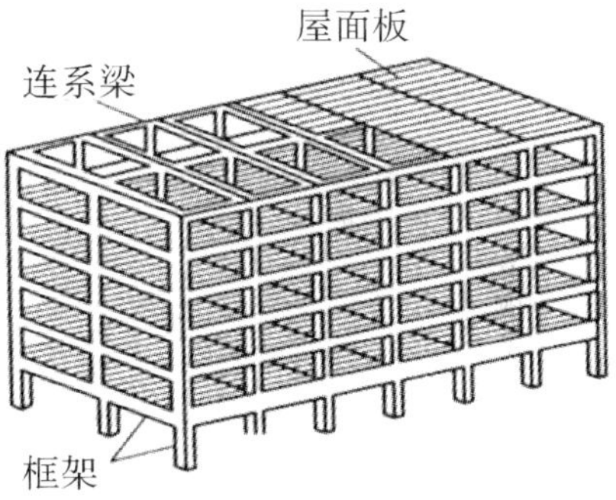

结构示意图

图 38 –5　钢筋混凝土框架结构

钢框架一般是在加工厂预制钢梁、钢柱,然后运送到施工现场拼装连接成整体框架,图 38 –6 所示为钢框架及梁柱节点连接。钢框架结构的优点是自重小、施工快、机械化程度高、抗震性能好,耐火、耐腐蚀性能较差,用钢量大,后期维修费用高。

混凝土框架

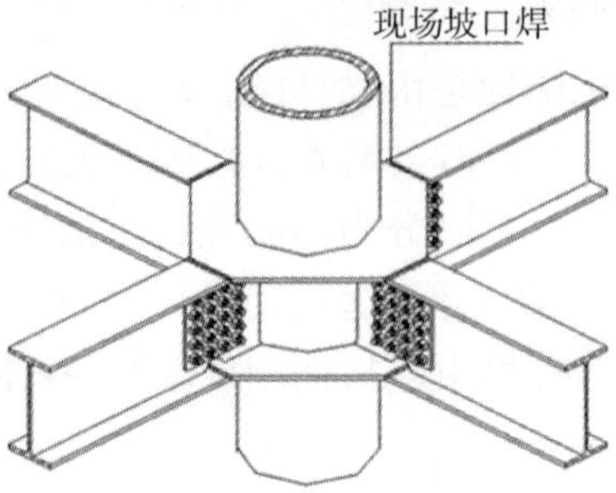

结构示意图

图 38－6　钢筋混凝土框架结构

(四)框架——剪力墙结构

框架—剪力墙结构(见图 38－7)是由框架和剪力墙两者组成的承受竖向荷载和水平荷载的结构。这种结构形式克服了框架结构侧向钢度小和剪力墙结构开间小的缺点;结合了框架结构和剪力墙结构的优点,建筑布置灵活,可以形成较大空间,同时结构抗侧能力较大,抵抗水平荷载能力强。在高层建筑中被广泛应用。

结构中的剪力墙承担绝大部分水平荷载,框架主要承担竖向荷载,框架—剪力墙结构一般采用以下几种形式:(1)框架和剪力墙分开布置,各自形成比较独立的抗侧力结构;(2)在框架结构的若干跨内嵌入剪力墙;(3)在单片抗侧力结构内分别连续布置框架和剪力墙;(4)上述两种或三种形式的混合。

在我国,无论是在地震区还是非地震区的高层建筑中,框架—剪力墙结构体系应用都非常广泛。可用于办公楼、旅馆、住宅以及某些工艺用房等。上海联谊大楼地上 29 层,高度为 106 米,采用框架—剪力墙结构形式。

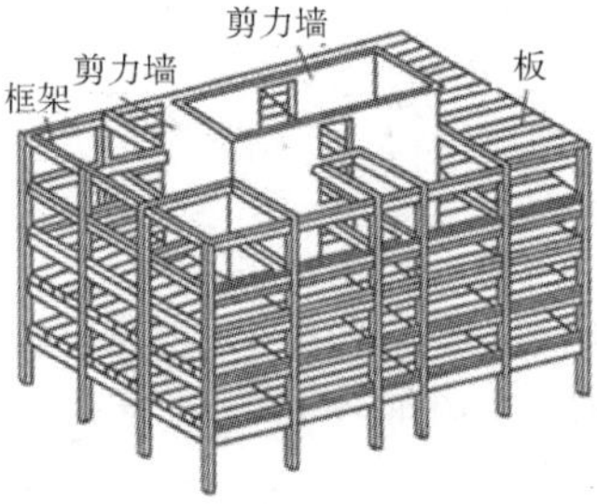

框架-剪刀墙结构

上海联谊大楼

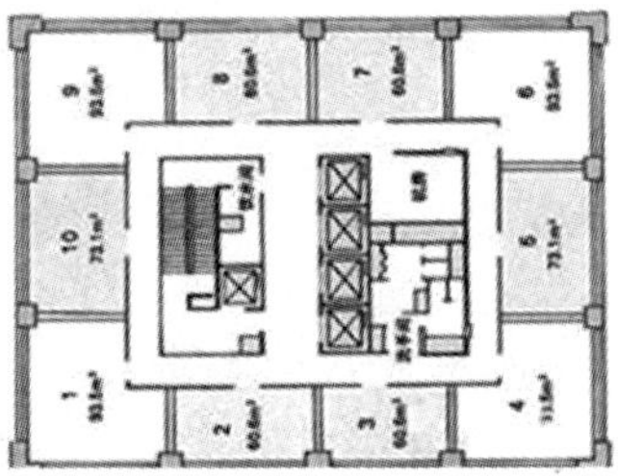

上海联谊大楼平面图

图 38－7　框架——剪力墙结构

(五)筒体结构

筒体结构是由框架结构与剪力墙结构演变而来的,它将剪力墙组成空间薄壁筒体或者是将框架减小柱距、增大梁高形成空间密柱框筒,参见图 38－8。筒体结构体系包括框筒结构、筒中筒结构、框架核心筒结构、成束筒结构等。筒体结构以空间受力为特征,其抗侧钢度和承载能力很大,抗扭钢度也很好,适用于更高的建筑物。在高度 100 米以上的建筑物中有 70% 以上使用筒体结构。

框筒体系

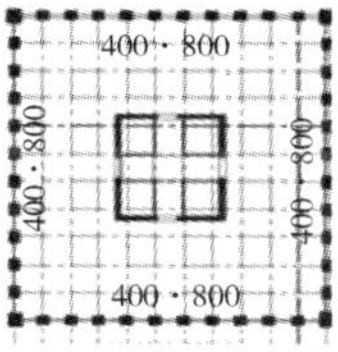

筒中筒体系

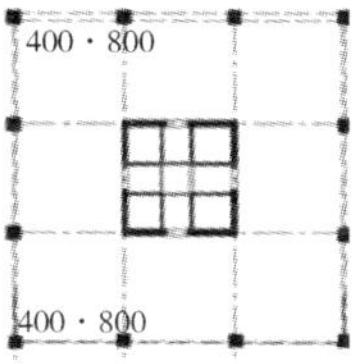

框架核心筒

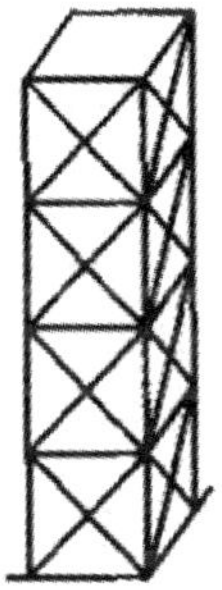

桁架筒体系

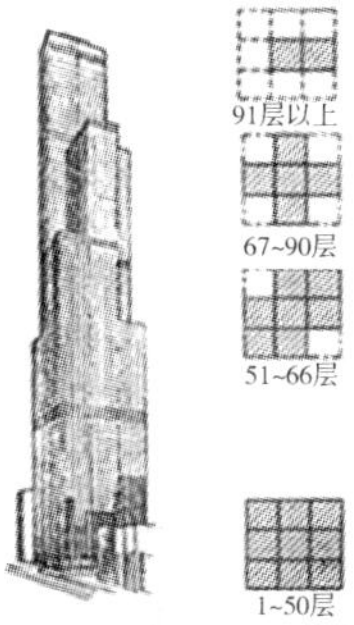

成束筒体系

图 38－8　筒体结构

(六)大跨度结构

大跨度建筑是指空间跨度比较大的建筑,如大型影剧院、展览馆、机场候机厅、火车站候车厅、体育场馆等。其结构体系有很多种,如网架结构,桁架结构、拱结构、薄壳结构、膜结构、悬索结构等。参见图 38－9。

网架结构

桁架结构

拱结构

薄壳结构

膜结构

斜拉索结构

图 38－9　大跨度结构

1. 网架结构

网架结构为大跨度结构最常见的结构形式,如图 38 – 9 所示,一般称为空间网架。网架的支承方式常结合建筑的使用功能和平面设计考虑。网架结构按外形的不同分为曲面网架和平面网架两类。常用的有网架周边直接支承于柱。网架周边支承于圈梁,圈梁支承于若干边柱(或砖墙),四点支承或多点支承等。

2. 桁架结构

桁架结构是大跨度建筑常用结构形式。主要用于体育馆、影剧院、展览馆、食堂、商场等公共建筑。为了使桁架的规格统一,有利于工业化施工,建筑的平面形式宜采用矩形或方形。桁架一般有上弦杆、下弦杆、腹杆组成。

3. 拱结构

拱结构的力学优点是在外荷载作用下,拱内主要产生压力,使构件摆脱了弯曲变形,构件内部拉应力很小,甚至为零。用抗压性能较好的材料(如砖石或钢筋混凝土)建造拱结构,正好发挥材料的性能。不过拱结构支座(拱脚)会产生水平推力,跨度大时推力也大。要对付这个推力仍是一桩麻烦而又耗费材料之事。古代建筑的拱主要采用砖石材料,近代建筑中,多采用钢筋混凝土拱,有的采用钢桁架拱,跨度可达百米以上。拱结构所形成的巨大空间常常用来建造商场、展览馆、体育馆、散装货舱等建筑。

4. 薄壳结构

薄壳结构是用混凝土等材料以各种曲面形式构成的薄壁结构,呈空间受力状态,强度和刚度都非常好。薄壳结构具有自重小、材料省、跨度大、外形多样的优点。按曲面生成的形式可分为筒壳、圆顶薄壳、双曲扁壳和双曲抛物面壳等。薄壳结构属空间结构体系,相当于把双向平板做成曲板,使曲板的内力改变为以受压为主。薄壳结构是一种"形"抵抗结构。薄壳结构赖以获得这种能力的"形"就是曲面。薄壳的结构效能归功于曲面的曲率和几何特征。但大多数薄壳结构的形体较复杂,现浇结构费时、费工、费模板、施工不便;由于板厚较小,隔热效果不是很好,长期日晒雨淋易开裂;壳板天棚的曲面容易引起室内声音反射和混响,对音响效果要求高的大会堂、体育馆、影剧院等建筑不适宜采用。

5. 膜结构

膜结构是由高强薄膜材料以及加强构件(刚架、钢柱或钢索)通过施加预应力以形成空间状态,常作为屋盖结构。膜结构是能承受一定的外荷载作用的一种空间结构形式。按照结构形式可分为张拉膜结构,气承式膜结构和骨架支撑膜结构。图 38 – 9 所示的气承式膜结构为安联球场。

6. 索结构

索结构是由轴心受拉的钢索作为主要承力构件的一种大跨度屋盖的理想结构形式。索结构主要可以分为斜拉索结构和悬索结构两种。

索结构的主要优点是:充分发挥材料的力学性能,利用钢索受拉,钢筋混凝土

(或钢)构件来受压受弯,由于主要构件承受拉力,外形与一般传统建筑迥异。建筑造型给人以新鲜感,可适合于方形、矩形、椭圆形等不同的平面形式。能跨越巨大的空间而不需要在中间加支点。索结构的主要缺点是在强风作用下容易丧失稳定性。

索结构主要用于体育馆、体育场、会堂、展览馆等建筑的屋盖。图 38 - 9 所示为斜拉索结构体育场雨篷。

土木工程中除上述结构类型外还有其他特种结构。特种结构是指具有特种用途的工程结构,包括烟囱、筒仓、水池、水塔、冷却塔、纪念碑、电视塔等,在此不一一叙述。

第三节　土木工程施工

土木工程施工是生产建设工程产品的活动,也是将设计图纸转化为土木工程实体的过程。从古代穴居巢处到今天的摩天大楼,从农村的乡间小道到城市的高架道路,从穿越地下的隧道到飞架江海的大桥。凡要将人们的构思(设计)变为现实,都要通过"施工"的手段来实现。

现代土木工程施工是涉及多工种、多专业的复杂系统工程。一栋房屋、一条道路、一座桥梁的施工,都由许多工种工程组成。如何根据施工对象的特点、规模和环境条件,选择合理的施工方法、制定有效的技术措施、进行科学的安排部署,实现设计意图和构思,使工程达到质量好、工期短、费用低的目标,涉及施工技术和施工组织两方面的内容。

近年来,随着我国工程建设规模的扩大,土木工程相关标准、规范也进行了大量的修订和调整。土木工程施工应严格遵守国家颁布的规范,并在应用中不断创新。

一、基础工程施工

基础工程施工主要包括:土方工程和基础施工。

土方工程包括土方开挖、填筑和运输,以及排水、降水、土壁支护工程。土方工程施工具有工程量大、劳动繁重、施工条件复杂,受气候、水文地质等因素的影响大,不确定因素多的特点。应根据工程情况,制订合理的施工方案,采用新技术和机械化施工。

基础工程可分为浅基础和深基础两大类。深基础施工技术复杂、造价高、工期长,但承载力高、变形小、稳定性好。

(一)土方工程

1. 土方施工前的准备工作

土方工程施工前应做好下述准备工作:(1)场地清理。包括清理地面及地下各种障碍,在施工前应拆除旧房和古墓,拆除或改建通信、电力设备、地下管线及建筑物,迁移树木,去除耕植土及河塘淤泥等。(2)排除地面水。场地内低洼地区的积水必须排除,同时还应注意雨水的排除,使场地保持干燥以利于土方施工。排除地面水一般采用排水沟、截水沟、挡水坝等措施。(3)修筑好临时道路及供水、供电等临时设施。(4)做好材料、机具及土方机械的进场工作。(5)做好土方工程测量放线工作。(6)根据土方施工设计做好土方工程的辅助工作,如边坡稳定、基坑支护及降低地下水等。

2. 放坡与土壁支护

在基坑土方施工中,必须使土方边坡处于稳定状态,防止土壁坍塌的主要技术措施是放坡和土壁支护。

土方边坡可做成直线形、折线形或跳步形,如图 38 - 10 所示。施工中,放坡坡度大小应综合考虑土质、开挖深度、施工工期、地下水位、坡顶荷载及气候条件等因素。

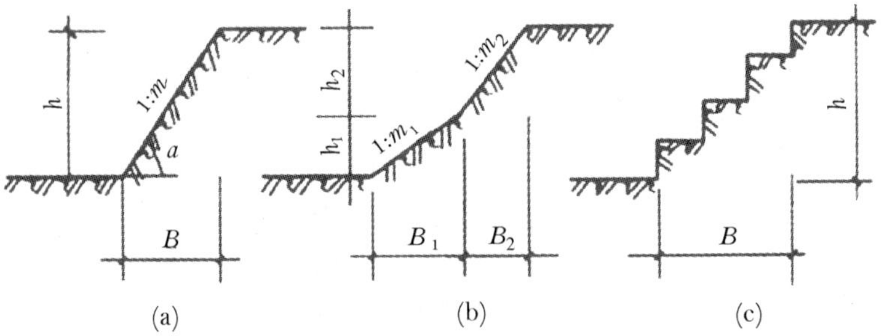

a 直线形　b 折线形　c 踏步形

图 38 - 10　土方边坡

基坑(槽)放坡开挖是比较经济的保证边坡稳定的方式。有时场地狭小,施工中不允许放坡时可采用支撑进行护坡。板式支护在工程中应用较多,如图 38 - 11 所示。

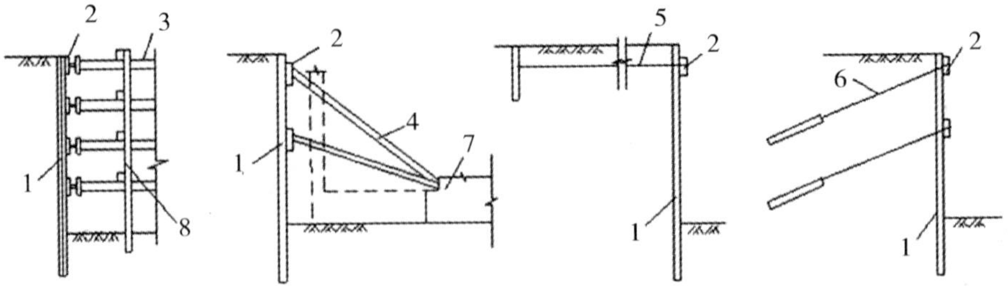

1. 板桩墙;2. 围檩;3. 钢支撑;4. 斜撑;5. 拉锚;

6. 土锚杆;7. 先施工的基础;8. 竖撑

图 38 - 11　板式支护

3. 基坑排水与降水

基坑土方开挖时,土壤的含水层常被切断,地下水会不断渗入基坑内。雨季时,地表水也会流入坑内。为了保证施工的顺利进行,防止边坡塌方和地基承载力下降,必须降低地下水位。人工降低地下水位的方法有排水沟集水井降水(明排法)和井点降水两大类,见图 38－12。

井点降水是在基坑开挖前,在基坑的四周埋设一定数量的滤水管,利用抽水设备抽水,使地下水位降至坑底以下,避免坑内涌水、塌方和坑底隆起现象。

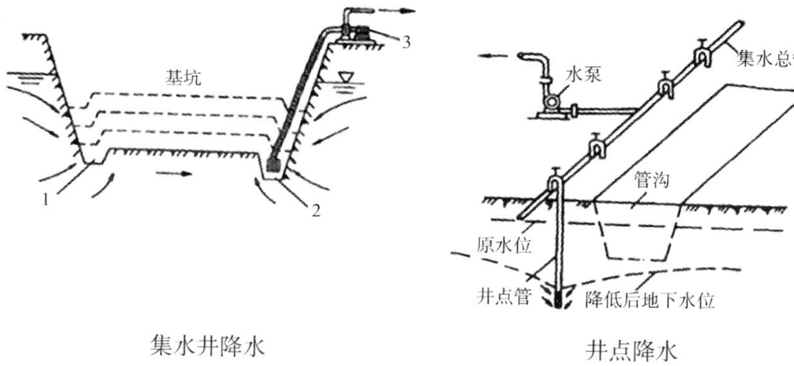

1. 排水沟;2. 集水井;3. 水泵

图 38－12　基坑降水

4. 土方开挖

土方开挖方法分为人工挖土和机械挖土,应尽量采用机械化施工,减轻劳动强度、提高施工效率。土方施工机械常用推土机、铲运机、挖掘机等。

推土机由拖拉机和推土铲刀组成,按行走方式分为托带式和轮胎式,推土机的特点是操纵灵活,运转方便,所需工作面较小,行驶速度高,且能爬 30°左右的缓坡。应用范围较广,常用于平整场地、开挖深度不大的基坑、移挖作填、堆筑堤坝、配合挖土机集中土方、修路开道等。

铲运机是一种能独立完成挖土、运土、卸土、填筑等工作的土方机械,其按有无动力设备分为自行式和拖式。铲运机操纵简单,不受地形限制,能独立工作,行驶速度高,生产效率高。铲运机常用于坡度在 20°以内的大面积土方的挖、填、平整、大型基坑开挖和堤坝填筑。

单斗挖掘机是土方开挖的常用机械。根据工作装置分为正铲、反铲、抓铲、拉铲四种。使用较多的是正铲与反铲式挖掘机。

5. 土方回填与压实

土方回填必须正确选择土料和填筑方法。填方土料应符合设计要求、保证填方的强度和稳定性。冻土、淤泥、膨胀性土,有机物含量大于 8% 的土等不能做填土;含水量过大的黏土也不宜做填土。

填土应分层进行，分层的厚度应根据所采用的压实机械及土的种类确定。填土的压实方法一般有碾压（包括振动碾压）、夯实、振动压实等几种。

（二）基础施工

基础施工主要介绍深基础工程中常见的预制桩、灌注桩施工的相关内容。

1. 预制桩施工

预制桩是在施工现场或工厂制作，然后进行吊装、运输、就位、沉桩。预制桩材料可以是钢筋混凝土、钢材、木桩等。预制桩沉桩时将土体向四周挤开，往往会引起桩区及附近土体的隆起和水平位移，为了减小挤土效应，需要采取一些技术措施。预制桩的沉桩方法主要包括锤击沉桩法、振动沉桩法和静力压桩法等。

锤击沉桩是利用桩锤从一定高度落下对桩施加冲击，克服土对桩的阻力，将桩送入土中。缺点是施工过程中会产生噪声，还会引起周围地面震动，严重时会对周边建筑造成破坏。锤击法所使用的打桩机主要包括桩架、桩锤和动力装置。

振动沉桩是利用固定在桩顶部的振动器（振动桩锤）所产生的激振力，使桩周围土体受迫振动，以减小桩侧与土体间的摩擦阻力。在重力及振动力共同作用下，将桩沉入土中。振动沉桩法也可借助起重设备进行拔桩。

静力压桩是利用桩机自重平衡沉桩阻力，在沉桩压力的作用下，克服土对桩的阻力，将桩压入土中。静力压桩法避免了桩锤的冲击，施工中无振动、噪声和空气污染，同时对桩身产生的应力也大大减小。因此，它广泛应用于城市建筑较密集的地区。

2. 灌注桩施工

灌注桩是在桩位就地成孔，然后在孔内安放钢筋笼，灌注混凝土成桩。根据成孔工艺可分为钻孔、套管成孔和人工挖孔三大类。钻孔灌注桩又可分为干作业成孔和泥浆护壁成孔。当成孔深达地下水位以下时，往往采用泥浆护壁以减少地下水渗流导致孔壁坍塌的可能性。

沉管灌注桩是利用锤击、振动等方法将带有桩靴的钢管沉入土中成孔，当钢套管达到要求深度后，放入钢筋笼，边灌注混凝土边拔出钢管而成桩。见图 38－13。

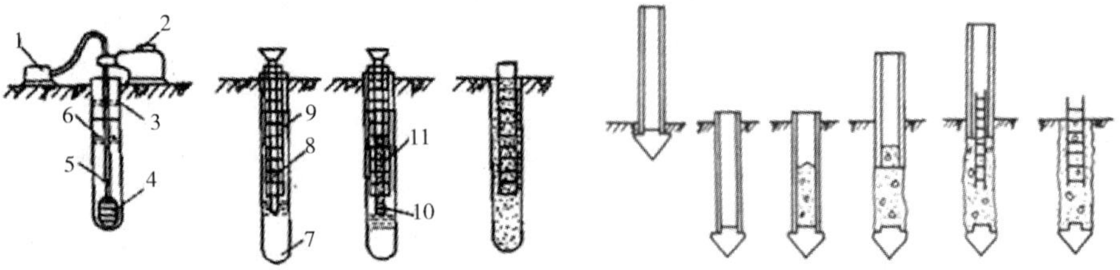

泥浆护壁钻孔灌注桩　　　　套管成孔灌注桩

图 38－13　灌注桩成桩工艺

二、主体结构施工

主体结构施工主要介绍钢筋混凝土结构主体工程的主要施工工艺和方法。

钢筋混凝土工程在土木工程施工中占有重要地位,它对整个工程的工期、成本、质量均有极大的影响。钢筋混凝土工程包括钢筋工程、模板工程和混凝土工程三个子分项工程。

钢筋混凝土工程按施工方法可分为现浇钢筋混凝土和预制装配式钢筋混凝土工程。前者整体性好,抗震能力强,节约钢材,而且不需要大型的起重机械;但现场模板消耗多,劳动强度高,工期较长,易受气候条件影响大。后者的构件可在工厂生产,具有降低成本、机械化程度高、缩短工期等优点;但耗钢量较大,施工时需要大型起重设备。

近些年来,一些新型工具式模板、大型起重设备及混凝土泵的出现,使现浇钢筋混凝土工程施工亦能达到很好的技术经济指标。目前我国的高层建筑大多数为现浇混凝土,预应力混凝土技术在大跨度结构、桥梁结构中应用较多。混凝土结构工程的施工将进一步朝保证质量、加快进度和降低造价的方向发展。

(一)钢筋工程

钢筋混凝土结构中钢筋起到关键性的作用。由于混凝土在浇筑后,钢筋质量难以检查,钢筋工程属于隐蔽工程,需要在施工过程中进行严格的质量控制,并应建立起必要的检查和验收制度。钢筋工程主要包括钢筋的进场检验,加工和绑扎安装,以及钢筋的连接等施工过程。

钢筋连接有三种常用方法:绑扎连接,焊接连接及机械连接。

钢筋绑扎连接是采用镀锌铁丝,按规范规定的最小搭接钢筋长度,绑扎在一起而成的钢筋连接。

钢筋焊接连接是工程施工中广泛使用的钢筋连接方法,钢筋焊接分为压焊和熔焊两种形式。压焊包括闪光对焊、电阻焊和气压焊、熔焊包括电弧焊和电渣压力焊。

钢筋机械连接包括套筒挤压连接和螺纹接头连接。螺纹连接是近年来大直径钢筋现场连接的主要工法。钢筋套筒挤压连接是将需连接的钢筋插入特制钢套筒内,利用液压驱动的挤压机进行径向或轴向挤压,使钢套筒产生塑性变形,紧紧咬住钢筋而实现连接。螺纹接头连接是将两根钢筋端部预先加工成锥形螺纹或直螺纹,然后用力矩扳手将两根钢筋端部旋入连接套而形成接头。

此外,钢筋工程还有钢筋的配料、代换、调直、除锈、切断和弯曲成形等工序。

(二)模板工程

模板是新浇筑混凝土成型的模型板,模板使用的材料有木、钢、复合材料、塑料和铝合金等。模板在施工中应能够保证结构和构件的形状、位置,尺寸的准确;具有足够的强度、刚度和稳定性;拆装方便,能够多次周转使用;接缝严密,不漏浆。模板系统包括模板、支撑和紧固件。模板工程量大,材料和劳动力消耗多,正确选择模板材料、形式、合理组织施工,对加速混凝土工程的施工和降低造价效果显著。

1. 模板的种类

木模板是最早被用作工程施工的模板,由于需要大量砍伐树木、自身周转次数低,近年来使用较少。

组合钢模板在20世纪80年代被推广使用,由平面模板、阳角模、阴角模和连接角模组成。

胶合模板有木胶合板和竹胶合板两种。近几年又开发出竹芯木面胶合板来替代木胶合板。目前,胶合板模板在工程中大量使用。这类模板一般为散装散拆式模板,制作拼装灵活;也可加工成基本元件(拼板),在现场进行拼装,拆除后亦可周转使用。胶合板是我国目前用量最大的一种模板材料。

此外,还有塑料模壳、预制混凝土薄板模板(久性模板)、压型钢板模板、装饰衬模等。

2. 模板支撑

模板的垂直支撑主要有散拼装的扣件式钢管脚手架、碗扣式脚手架、门式脚手架和可调整高度独立钢支柱等,见图38-14。模板的水平支撑主要有平面可调桁架梁和曲面可变桁架梁。

扣件式钢管脚手架在房屋建筑工程中被大量使用,特点是承载力较高、搭设灵活,但是承载力受到人为因素影响大。可调钢支柱具有可调节高度、安装与拆除速度快的特点,被广泛使用于早拆模板体系。

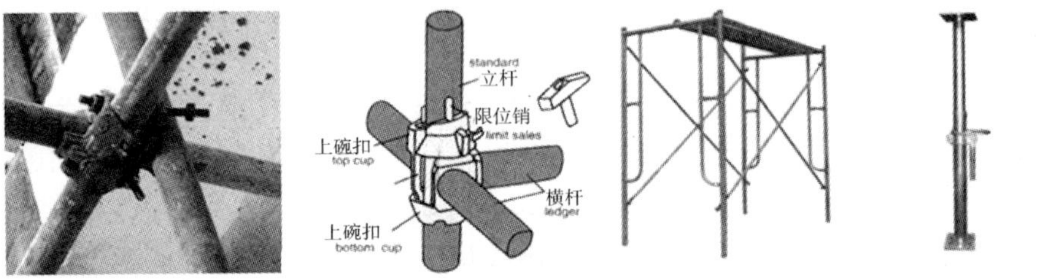

扣件式钢管脚手架　　碗扣式脚手架　　门式脚手架　　可调独立钢支柱

图38-14　支撑脚手架

3. 大模板

大模板在建筑、桥梁及地下工程中广泛应用,它是一种大尺寸工具式模板,如建筑工程中一块墙面用一块大模板。因为其自重大,装拆皆需起重机吊装,可提高机械化程度,减少用工,缩短工期。大模板是我国剪力墙和筒体体系的高层建筑、桥墩、筒仓等施工采用较多的一种模板,已形成工业化模板体系。

4. 滑升模板

滑升模板简称滑模,是一种工业化模板。用于现场浇筑高耸构筑物和建筑物的竖向结构,尤其是烟囱、筒仓、高桥墩、电视塔、竖井、双曲线冷却塔和剪力墙等。滑升模板由模板系统、操作平台系统和液压系统三部分组成。

5. 爬升模板

爬升模板简称爬摸。是施工剪力墙和筒体结构的高层混凝土结构、桥墩、桥塔等的一种有效的模板体系。模板能自爬,不需起重运输机械吊运,减少了施工中的起重运输机械的工作量。而且自爬的模板上还可悬挂脚手架,可省去结构施工阶段的外脚手架。

(三)混凝土工程

混凝土工程包括混凝土的配制、运输,浇筑、养护等施工过程,各施工过程既相互联系,又相互影响。任一过程施工不当都会影响混凝土工程的质量。近年来,在特殊条件下(寒冷、炎热、真空、水下、海洋、腐蚀、耐油、耐火及喷射等)的混凝土施工和特种混凝土(高强、膨胀、快硬、纤维、粉煤灰、沥青、树脂、聚合物、自防水等)的研究和推广应用,使具有百余年历史的混凝土工程面貌焕然一新。

1. 混凝土制备

混凝土的制备包括混凝土的配料和搅拌。

混凝土的配料应严格控制水泥、粗细骨料、水和外加剂的质量。应按照设计规定的混凝土强度等级和施工配合比(水、砂、石、水泥等各种材料的比例)控制投料的数量。

混凝土搅拌一般采用机械搅拌方法,从搅拌原理来看搅拌机可分为自落式和强制式两类。自落式搅拌机常用于小批量混凝土的现场搅拌;商品混凝土搅拌站采用统一配料、集中生产,常用强制式搅拌机。

2. 混凝土运输

混凝土从搅拌机中卸出后应及时送到浇筑地点,在运输过程中应保持混凝土不发生离析分层、成分改变,保证必需的稠度和坍落度,还须保证在混凝土初凝之前浇筑完毕。

混凝土的运输分水平运输和垂直运输两种情况,常用的水平运输机具主要有搅拌运输车、自卸汽年、机动翻斗车、皮带运输机、手推车、布料杆等。常用的垂直运输机具有塔式起重机、井架、混凝土泵。

混凝土搅拌运输车兼运输和搅拌双重功能。可根据运输距离、混凝土的质量要求等不同情况,采用不同的工作方式。当运输距离较大时,还可将干料全部装入搅拌筒,先做干料运输,在到达使用地点前加水搅拌。

泵送混凝土利用混凝土泵产生的压力,通过管道将混凝土输送到浇筑地点,一次完成垂直运输及结构物作业面的水平运输。将液压式混凝土泵装在汽车上便成为混凝土泵车。混凝土泵具有可连续浇筑、加快施工进度、保证工程质量、适合狭窄施工场所施工等优点，故在高层、超高层建筑、桥梁、水塔、烟囱，隧道和各种大型混凝土结构施工中应用广泛。

3. 混凝土浇筑

混凝土浇筑包括浇灌和振捣两个过程。保证混凝土的均匀性和振捣密实是确保工程质量的关键。

现浇钢筋混凝土结构施工中常常遇到大体积混凝土。如高层建筑基础底板、大型设备基础、大型桥梁墩台、水电站大坝等。大体积混凝土浇筑整体性要求高，不允许留设施工缝，应当采取措施以保证混凝土浇筑工作能连续进行。

混凝土浇筑应分层进行并振捣密实，混凝土振捣时，应用振动器。根据工作方式不同可分为内部振动器（也称插入式振动器）、表面振动器（也称平板振动器）、外部振动器（也称附着式振动器）和振动台四类。

混凝土浇筑成型后，为保证水泥水化作用能正常进行，应及时进行养护。养护是为混凝土凝结硬化创造必需的温度和湿度条件，防止水分过早蒸发、受冻以保证混凝土质量。

三、装饰工程施工

装饰工程是指房屋建筑施工中包括抹灰、油漆、刷浆、玻璃、裱糊、饰面、罩面板和花饰等工艺的工程，它是房屋建筑施工的最后一个施工过程，其具体内容包括内外墙面和顶棚的抹灰，内外墙饰面和镶面、楼地面的饰面、房屋立面花饰的安装、门窗等木制品和金属制品的油漆刷浆等。

装饰工程采用现代装饰材料及科学合理的施工工艺，对建筑结构进行有效的包覆施工，使其免受风吹雨打、湿气侵袭、有害介质的腐蚀以及机械作用的伤害等，从而起到保护建筑结构、增强耐久性、延长建筑物使用寿命的作用。

第四节　建设项目管理

建设项目是指需要一定的投资、按照一定的程序、在一定时间内完成的、符合质量要求的、以形成固定资产为目标的特定过程。建设项目管理则是指为实现建设项目的目标，运用系统的理论和方法对建设项目进行的计划、组织、指挥、协调和控制等管理活动。土木工程建设项目的投资大、工期长、不确定因素多、参与人员多，因此必须运用现代项目管理手段，完成好投资、质量、进度等目标的控制。

本节部分内容在本书其他章节中有更为详细的阐述，故在本节仅做扼要介绍。

一、工程建设法规

工程建设法律法规是国家权力机关或授权的行政机关制定的，旨在调整国家管理机关、企事业单位、社会团体以及自然人之间在建设活动或建设行政管理活动中,发生的各种社会关系的法律、法规的统称。建设法律法规调整的对象主要是"三建"(城市建设、村镇建设、工程建设)和"三业"(建筑业、房地产业、市政公用事业)活动中所产生的各种社会关系。

建设法律法规体系是指把已经颁布和需要制定的工程建设方面的法律、法规、规章等科学地衔接起来,形成的一个紧密联系、相互补充、协调配套的完整统一体系。建设法律法规体系的基本框架由纵向结构、横向结构和相关法规所组成。其中涉及的法律如《建筑法》《招标投标法》《合同法》《物权法》等。

二、项目招标投标与合同管理

招标投标是市场经济条件下进行大宗货物的买卖、工程建设项目的发包与承包及服务项目的采购与提供时所采用的一种交易方式。招标人用招标文件的方式将委托工作的内容及要求告之有兴趣参与竞争的投标人,让其按规定条件提出实施计划和价格,然后通过评审比较,选出报价合理、技术能力强、管理水平高、信誉好的单位(设计单位、施工单位、供货单位、监理单位),以合同形式委托完成。各投标人依据自己的能力和管理水平,按照招标文件规定的统一要求投标,争取获得实施资格,获得实施资格者即为中标人,并与招标人签订明确双方权利、义务的合同。

(一)工程招标投标的分类

工程招标投标可以按照不同的标准进行分类。(1)根据工程建设程序,工程招标投标可分为建设项目可行性研究、工程勘查设计、材料设备采购、施工招标投标。(2)根据行业和专业,工程招标投标可分为工程勘查设计、设备安装、土建施工、建筑装饰装修施工、工程咨询和建设监理、货物采购招标投标。(3)根据建设项目的组成,工程招标投标可分为建设项目、单项工程、单位工程、分部分项工程招标投标。(4)根据工程发包承包的范围,工程招标投标可分为工程总承包、工程分承包、工程专项承包招标投标。(5)根据工程是否有涉外因素,工程招标投标可分为国内工程和国际工程招标投标。

(二)工程项目招标投标

1. 建设工程招标的方式

建设工程招标方式分为公开招标和邀请招标两大类。

公开招标又称无限竞争招标,是由招标人在媒体发布招标广告,凡有意者不受地域和行业的限制均可参加资格审查,合格的单位可购买招标文件参加投标。

邀请招标又称为有限竞争性招标,这种招标方式不发布招标公告,向有能力并具相应资质的法人或组织发出邀请函,请他们参加投标。邀请对象的数目以5~7家为宜,不得少于3家。被邀请人同意参加投标后,从招标人处获取招标文件,按规定要求进行投标。

2. 招标项目应满足的条件

招标项目按照国家有关规定需要履行项目审批手续的,应当先履行审批手续,并获得批准。当工程项目的准备情况满足下列条件时,招标人才能向建设行政主管部门提出申请。

前期准备应满足的条件:建设工程已批准立项,向建设行政主管部门履行了报建手续并获得批准,建设资金满足建设工程的要求,建设用地已依法取得并领取了建设工程规划许可证,技术资料能满足招标投标的要求,法律、法规、规章规定的其他条件。

3. 招标投标程序

招标投标活动是一种交易行为,也是一种合同形成的过程。这个过程必须遵循以下招标程序:(1)申请招标;(2)编制招标文件;(3)发布招标公告;(4)资格审查;(5)发售招标文件;(6)现场考察;(7)标前会议;(8)开标;(9)评标;(10)定标。

(三)项目合同管理

1. 建设工程合同及分类

建设工程合同是承包人进行工程建设,发包人支付相应价款的合同。承包人和发包人为建设工程合同的双方当事人。建设工程合同具有资金量大、履行时间长、不能即时清结等特点,因此必须采用书面形式。

建设工程合同有以下多种分类方式。(1)根据工程建设阶段,建设工程合同分为勘查合同、设计合同和施工合同。(2)根据承发包方式,建设工程合同分为勘查、设计或施工总承包合同。(3)根据承包工程计价方式,建设工程合同分为总价合同、单价合同和成本加酬金合同。

2. 建设工程合同管理

建设工程合同管理是对工程项目施工过程中所发生的或所涉及的一切经济、技术合同的签订、履行、变更、索赔、解除、解决争议、终止与评价的全过程进行的管理工作。建设工程合同管理的任务是根据法律、政策的要求,运用指导、组织、检查、考核和监督等手段,促使当事人依法签订合同,全面实际地履行合同,及时妥善地处理合同争议和纠纷,不失时机地进行合理索赔,预防发生违约行为,避免造成经济损失,保证合同目标顺利实现,从而提高企业的信誉和竞争能力。

三、工程项目管理

(一)工程管理的目标

工程项目管理,是以建设项目为对象在既定的约束条件下,为最优地实现建设目标,根据建设项目的内在规律,从对项目构思到项目完成的全过程进行的计划、组织,协调和控制,以确保该建设项目在允许的投资和要求的质量标准下完成。

通常一个成功项目至少必须实现如下的预期目标:(1)在预定时间内完成项目的建设;(2)在预算费用范围内完成项目的建设;(3)满足预定的使用功能要求,达到预定的生产能力或使用效果;(4)被使用者接受和认可,同时顾及社会各方面以及各参加者的利益;(5)能合理、充分、有效地利用各种资源;(6)项目实施按计划有序进行,变更较少,不发生事故或其他损失,较好地解决项目过程中出现的风险、困难和干扰;(7)能够与自然环境、人文环境相协调,有助于社会就业、社会经济发展。

建设工程项目管理的核心内容可概括为"三控制、二管理、一协调",即进度控制、质量控制、费用控制,合同管理、信息管理和组织协调。

(二)工程项目成本控制

建设工程项目的成本管理是指在项目成本的形成过程中,采用专门的方法,对生产经营所消耗的人力、物力和财力进行计划、协调、限制和监督控制,调整将要发生的和已经发生的偏差,把各项生产费用控制在计划成本范围内,以保证项目成本目标的实现。

1. 项目参与各方成本管理的任务

工程项目的成本控制贯穿于项目建设全过程,包括工程项目从策划、立项到实施完成所进行的成本控制和承包商的施工项目成本控制。它们的成本控制过程、手段、方法有较大的差别。

对项目投资影响最大的阶段在于施工前的投资决策和设计阶段。在项目作出投资决策后,控制工程造价的关键就在于设计。有资料统计,初步设计阶段影响项目投资的可能性为75%～95%,技术设计阶段影响项目投资的可能性为35%～75%,施工图设计阶段影响项目投资的可能性为5%～35%。

除了自己投资、自己开发、自己经营的项目之外,多数情况下,业主是项目最终成果的接收者和经营者,要对整个工程项目的成本负责。如果业主参与投资,将与其他投资者共同拥有项目的最终成果,并从中获取利益和承担风险,业主成本管理的主要任务是筹集资金、落实资金来源。

施工项目成本管理是指施工企业以施工过程中直接耗费为对象,以货币为计量单位,对项目从开工到竣工所发生的各项收支进行全面系统的管理,以实现项目施工成本最优化目的的过程。包括落实项目施工责任成本、制订成本计划、分解成本指标、进行成本控制、成本核算、成本考核和成本监督的全过程。承包商实施成本控制的目的是多获取利润。

监理单位主要依据委托监理合同及与项目建设有关的施工合同、技术文件协助业主进行成本控制。

2. 施工项目成本控制

施工项目成本是指施工企业在建成一个工程项目的施工过程中所发生的全部生产费用的总和,包括所耗费的生产资料转移价值和劳动者的必要劳动所创造的价值。

施工项目成本控制是指在项目施工过程中,对影响施工成本的各种因素加强管理,并采取有效措施将施工中实际发生的各种消耗和支出严格控制在成本计划范围内。随时揭示并及时反馈,严格审查各项费用是否符合标准,计算实际成本和计划成本之间的差异并进行分析,采取措施纠正偏差,从而实现预期的成本目标。

(三)工程项目进度控制

建设工程进度控制是指对工程项目建设各阶段的工作内容、工作程序、持续时间和衔接关系。根据进度总目标及资源优化配置的原则编制计划并付诸实施,在进度计划的实施过程中经常检查实际进度是否按计划要求进行,对出现的偏差情况进行分析,采取补救措施或调整、修改原计划后再付诸实施,如此循环,直到建设工程竣工验收并交付使用。建设工程进度控制的最终目的是确保建设工程项目按规定的时间交付使用。

1. 进度控制的主要任务

代表不同方(业主方和项目参与各方)利益的项目管理都有进度控制的任务,各方控制的目标和时间范畴是不同的。(1)业主方进度控制的任务是控制整个现目实施阶段的进度,包括控制设计准备阶段的工作进度、设计工作进度、施工工作进度、物资采购工作进度以及项目动用前准备阶段的工作进度。(2)设计方进度控制的任务是依据设计任务委托合同对设计工作进度的要求控制设计工作进度。设计方应尽可能使设计工作的进度与招标、施工和物资采购等工作进度相协调。(3)施工方进度控制的任务是依据施工任务委托合同对施工进度的要求控制施工工作进度。在进度计划编制方面,施工方应视项目的特点和施工进度控制的需要,编制不同的控制计划和直接指导项目施工的进度计划。(4)供货方进度控制的任务是依据供货合同对供货的要求控制供货工作进度。供货进度计划应包括供货的所有环节,如采购、加工制造、运输等。

2. 进度控制的影响因素

建设工程具有规模庞大,工程结构与工艺技术复杂、建设周期长及相关单位多等特点,决定了建设工程进度将受到许多因素的影响。常见的不利影响因素如下:(1)业主因素;(2)勘查、设计因素;(3)施工技术因素;(4)自然环境因素;(5)社会环境因素;(6)组织管理因素;(7)材料、设备因素;(8)资金因素。

3. 进度控制的措施

进度控制的措施包括组织措施、技术措施、经济措施及合同措施。(1)组织措施:建立进度控制目标体系,明确建设工程现场组织机构中进度控制人员及职责分工。建立工程进度报告制度及进度信息沟通网络。建立进度计划审核制度和进度计划实施中的检查分析制度。建立进度协调会议制度。建立图纸审查、工程变更和设计变更管理制度。(2)技术措施:编制进度控制工作细则,指导控制人员实施进度控制。采用网络计划技术及其他计划方法,并结合计算机的应用,对建设工程进度实施动态控制。(3)经济措施:及时办理工程预付款及工程进度款支付手续。对应急赶工给予优厚的赶工费用。对工期提前给予奖励。对工程延误收取误期损失赔偿金。(4)合同措施:加强合同管理,协调合同工期与进度计划之间的关系,保证合同中进度目标的实现。加强风险管理,在合同中应充分考虑风险因素对进度的影响。

(四)工程项目质量控制

建设工程项目质量管理是保证工程项目质量符合建设标准的重要举措。质量管理的首要任务是确定质量方针、目标和职权,核心是建立有效的质量管理体系,通过具体的质量策划、质量控制、质量保证和质量改进,确保质量方针、目标的实现。

1. 影响工程项目质量的因素及控制

影响工程质量的因素很多,主要有5个方面:人(man)、材料(material)、机械(machine)、方法(method)和环境(environment),简称5M1E因素。(1)人的素质及控制。人是进行生产经营活动的主体,也是项目建设的决策者、管理者、操作者。人员的素质,即人的文化水平,技术水平、决策能力、管理能力、组织能力、作业能力,控制能力、身体素质及职业道德等,都将对规划、决策、勘查、设计和施工的质量产生影响。人作为控制的对象,要避免产生失误;人作为控制的动力,要充分调动积极性,发挥的主导作用。因此,应提高人的素质,健全岗位责任制,改善劳动条件,激励劳动热情;应根据项目特点,从确保质量出发,在人的技术水平、生理缺陷、心理行为、错误行为等方面控制人的使用;更重要的是提高人的质量意识。(2)工程材料及控制。对材料的控制主要通过严格检查验收,正确合理地使用,进行收、发、储、运的技术管理,杜绝使用不合格材料。(3)机械设备及控制。对设备的控制,应根据项目的不同特点,合理选择,正确使用、管理和保养。(4)方法及控制。对方法的控制就是要根据项目特点,选择技术可行、经济合理、有利于保证项目质量、加快项目进度、降低项目费用的实施方法,在项目进行过程中正确应用,并随条件的变化不断进行调整。(5)环境条件及控制。环境条件是指对项目质量特性起重要作用的环境因素,包括项目技术环境,如工程地质、水文、气象等;项目作业环境,如防护设施、通风照明等;项目管理环境,主要指项目实施的合同结构与管理关系的确定,组织体制及管理制度等;周边环境,如项目邻近的地下管线、建(构)筑物等。环境条件的控制就是根据项目特点和具体条件,加强环境管理,改进作业条件,把握好技术环境。

2. 质量管理的方法

质量管理的方法包括PDCA循环方法、三阶段控制方法、三全控制方法等。其中常用的方法为 PDCA 循环法,如图 38 - 15 所示。

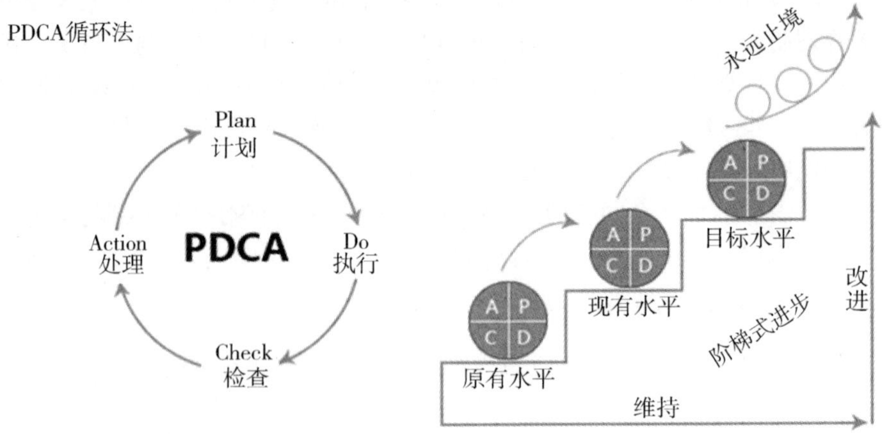

图 38 - 15 PDCA 循环原理

PDCA 循环包括策划(Plan)、实施(Do)、检查(Check)、处理(Act),PDCA 循环分为四个阶段:第一阶段是策划阶段(P 阶段):制定方针、管理目标、活动计划和项目质量管理的具体措施。第二阶段是实施阶段(D 阶段):实施措施和计划,按照第一阶段制订的措施和计划,组织各方面的力量贯彻执行。第三阶段是检查阶段(C 阶段):将实施效果与预期目标对比,检查执行的情况,进一步找出问题。第四阶段是处理阶段(A 阶段):总结经验,把遗留问题转入下一轮 PDCA 循环解决,为下一期计划提供数据资料和依据。

四、建设工程监理

(一)建设工程监理的范围和依据

建设工程监理,是指具有相应资质的工程监理企业受建设单位的委托,依据有关法律、法规,经建设主管部门批准的工程项目建设文件、建设工程委托监理合同及其他建设工程合同,对工程建设实施的专业化监督管理。目的在于确保工程质量,提高工程建设水平,充分发挥投资效益。从事工程监理活动,应当遵守"守法、诚信、公正、科学"的准则。

1. 建设工程监理的范围

根据《建筑法》和《建设工程质量管理条例》规定下列建设工程必须实行监理:(1)国家重点建设工程。(2)大中型公用事业工程:项目总投资额在 3000 万元以上的供水、供电、供气、供热等市政工程项目;科技、教育、文化等项目;体育、旅游、商业等项目;卫生、社会福利等项目;其他公用事业项目。(3)成片开发建设的住宅小区工程;建筑面积在 5 万平方米以上的住宅建设工程。(4)利用外国政府或者国际组织贷款、援助资金的工程。(5)国家规定必须实行监理的其他工程。

2. 建设工程监理的依据

建设工程监理的依据如下:(1)国家法律、行政法规;(2)国家现行的技术规范、技术标准;(3)建设文件、设计文件和设计图纸;(4)依法签订的各类工程合同文件等。

(二)建设工程监理的内容

建设工程监理的中心任务是工程质量控制,工程投资控制和建设工期控制。围绕这个任务,应对工程建设的全过程实施监理。在工程建设的各阶段监理工作的主要内容如下:

1. 建设工程决策阶段

(1)建设项目的立项决策;(2)建设项目的可行性研究;(3)参与设计任务书的编制等。

2. 建设工程勘查、设计阶段

(1)协助业主提出设计要求,组织评选设计方案;(2)协助选择勘查、设计单位,协助签订勘查、设计合同,监督合同履行;(3)督促设计单位限额设计、优化设计;(4)审核设计是否符合规划要求,是否满足业主提出的功能使用要求;(5)审核设计方案技术、经济指标的合理性,审核设计方案能否满足国家规定的具体要求和设计规范;(6)分析设计的施工可行性和经济性。

3. 建设工程施工招标阶段

(1)受业主委托组织招标,编制与发送招标文件(包括编制标底);(2)协助业主考察投标单位的承包能力和水平,提出考察意见;(3)协助业主依法招标、评标和定标;(4)协助业主与承建单位签订建设工程施工合同。

4. 建设工程施工阶段

(1)协助业主与承建单位编写开工报告,协助业主办理开工手续;(2)确认承建单位选择的分包单位;(3)参加施工图会审和设计交底;(4)审查承建单位提交的施工组织设计、技术方案、进度计划、质量保证体系和安全保证体系,并提出审查意见,下达单位工程施工开工令;(5)督促、检查承建单位执行建设工程施工合同、技术规范、标准,协调业主和承建单位之间的关系和争议;(6)审核承建单位或业主提供的材料、构配件和设备的清单及所列规格、技术性能与质量;(7)审批承建单位报送的施工进度计划,提出调整意见,督促承建单位实施进度计划;(8)协助业主编制用款计划,审核质量验收合格的工程量,签证工程款支付申请表,协助业主进行竣工结算工作;(9)督促承建单位按现行规范、质量控制标准和设计要求施工,控制工程质量;(10)检查工程使用的材料、构配件和设备的规格、技术性能和质量;(11)检查、落实施工安全保证措施和防护措施;(12)负责施工现场签证;(13)检查工程进度和施工质量,进行技术复核和隐蔽工程验收,组织有关单位人员进行检验和分项工程、分部(子分部)工程的验收,编写主要分部、分项工程和单位工程的质量评估报告和阶段工程质量评估报告,并报政府质量监督机构备案;(14)参加、监督和检查工程质量事故的调查、分析和处理;(15)督促整理合同文件、施工技术档案资料和竣工资料;(16)协助业主组织设计、施工和有关单位进行竣工初步验收,编写竣工验收报告,协助业主办理工程竣工的备案手续;(17)协助业主审查工程结算;(18)督促承建单位及时完成未完工程尾项和维修工程出现的缺陷。

5. 建设工程保修阶段

负责检查工程,鉴定质量问题的责任,督促承建单位回访和保修。

第三十九章　工程法学的交通工程学基础

第一节　交通工程学概述

一、交通工程学

交通工程学是交通运输工程学的一个分支。交通运输工程包括：道路交通、铁路交通、航空交通、水上交通和管道交通五项主要内容，而交通工程学只研究道路交通。与交通工程密切相关的学科有：汽车工程、运输工程、人类工程、城市规划、环境工程、自动控制、应用数学等，因此交通工程是一门多种学科互相渗透的新兴边缘科学。交通工程学是研究交通工程学科的基本理论，是从道路工程学科中派生出来的一门新兴学科，尽管是很贴近大家日常生活的学科，但要对其进行确切的界定是非常困难的。由于世界各国学者认识问题的角度、观点和研究方法不同，对交通工程学的定义也有多种提法。

20 世纪 40 年代，美国交通工程师协会指出：交通工程学（也称道路交通工程）是道路工程的一个分支，它涉及道路的规划、几何设计、交通管理和道路网、终点站、毗邻地带及道路交通与其他运输方式的关系。1983 年，世界交通工程师协会指出：交通工程学是运输工程学的一个分支，涉及规划、几何设计、交通管理和道路网、终点站、毗连用地和各种交通运输方式的关系。有的苏联学者认为交通工程学是研究交通运行的规律和对交通、道路结构、人工构造物影响的科学。英国学者认为交通工程学是道路工程中研究交通用途与控制、交通规划、线形设计的内容。我国交通工程学者将以上定义进行了总结：交通工程学是研究交通发生、发展、分布、运行规律，探讨交通调查、规划、设计、监控、营运、管理、安全的理论和方法及有关设施、装备、法律和法规，协调道路交通中人、车、路与环境之间的相互关系，使道路交通更加安全、高效、快捷、舒适、方便、经济的一门工程技术科学。

尽管各国学者对交通工程学的理解和认识不完全一致，但是他们对这个问题的界定有三个共同点，即交通工程学是从道路工程学分化出来的，它的主要研究对象是道路交通，它主要解决的问题是道路交通系统规划与管理中的问题。交通工程学是一门综合性很强的学科，只有将工程（Engineering）、教育（Education）、法规（Enforcement）、环境（Environment）和能源（Energy）5 个方面综合起来考虑，才能保证人、车、路之间合理的时间和空间关系。由于工程、教育、法规、环境和能源这 5 个英文字头都是字母 E，所以，人们常称交通工程学为“5E”学科。

二、交通工程学的研究内容

交通工程学主要研究以下内容：

1. 交通特性分析

交通特性分析主要包括交通参与者特性、交通工具特性、道路特性三个方面。交通参与者的特性包括司机和行人接受信息后的反应特性，司机的生理特性、心理特性。车辆特性包括车辆的构造和行驶性能，包括车身长度、宽度、自重、载重、动力性能，如加速、减速、制动等性能。

2. 交通调查

交通调查的目的是通过调查掌握交通流的基本特征。交通调查主要包括交通量调查、车速调查、行人和车辆起终点等调查交通资料，作为交通规划、道路及设施的设计、道路交通管理的重要依据。

3. 交通流理论

交通流理论的研究对象是连续车流及间断车流的运行状态，是研究分析交通工程问题的理论基础。包括分析交叉路口交通的“点”理论，解决路段行驶的“线”理论，研究网络车流的“面”理论。交通流的分析方法有三种：概率论方法、流体动力学模拟理论和交通动力学方法。

4. 交通规划

交通规划是根据调查的有关资料，对道路交通进行科学的综合性的规划。交通规划是城市总体规划中的一个重要组成部分，粗略地说可分成三个阶段。第一阶段是交通调查，对交通现状包括出行发生、交通工具、土地使用、路网交通现状、用地规划等做全面调查，并分析影响交通的社会、经济因素；第二阶段是构造各种数学模型进行交通需求预测，主要包括出行发生、出行分布、交通方式划分、交通分配等的预测；第三阶段是规划效果的评价及修正。

5. 交通管理

交通管理是现代交通不可缺少的重要组成部分，是保证交通畅通和安全的重要措施。它包括技术管理、法制管理、行政管理和安全教育。技术管理包括设计交通设施，设置交通标志、标线，实行交通渠化等。法制管理是指对车、路、人、环境颁布各种强制执行的交通法令。行政管理是对车、路、人的管理，如实行时差上下班制度，减少高峰交通量等。安全教育包括对驾驶员的培训、考核，进行交通法纪和交通安全的教育。通过交通管理，力求充分发挥现有道路及道路网的机能，确保交通安全通畅。

6. 汽车交通对环境污染的防治

汽车交通对环境污染主要是指车辆的振动、噪声、废气。交通工程主要是分析公害产生的根源，研究污染程度，如何进行监测及采取防治的措施。

7. 交通事故与道路交通安全

交通事故与道路交通安全主要是研究和掌握交通事故发生的规律，弄清交通事故与人、车、路、环境之间的关系，以及采取减少交通事故的措施。

8. 交通设计

交通设计包括道路交叉口交通设计、交通管理设施和交通安全构造物如停车场、停车站设计等。

9. 城市公共交通

城市公共交通主要研究城市的交通管理及交通控制，解决城市交通事故增加、环境污染等问题。交通控制通常分为三种：即点控制、线控制和面控制。(1)点控制。即用信号灯对一个交叉路口独立地实行控制，分别研究控制参数(相位、周期、绿灯时间、全红灯时间、损失时间)，周期时间(最小周期时间和最佳周期时间)，绿灯时间，重叠相位，车辆的延误，车辆的平均排队长度。(2)线控制。在一条干线路上的各个交叉口，分别设有交通信号机，它们彼此协调一致的动作，使交通沿干线尽可能不停止地通行。(3)面控制。是将相邻的多条干线路上的交叉口进行系统控制。

综上所述，交通工程学所研究的范围如图 39－1 所示。

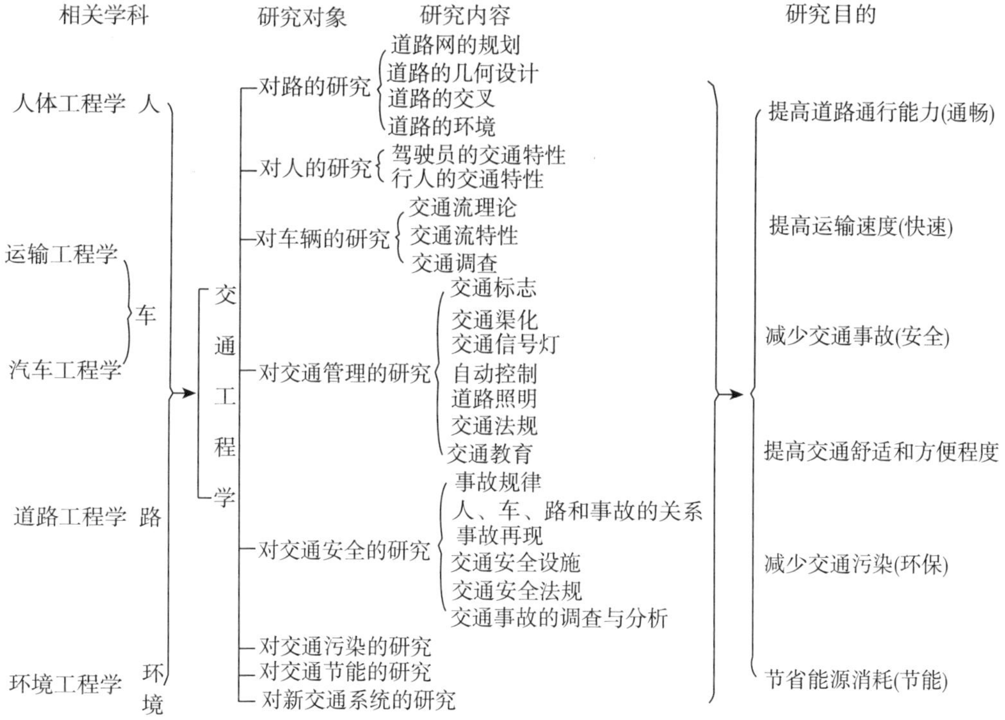

图 39－1　交通工程研究对象、内容和目的

三、交通工程学的产生和发展

交通工程学是一门新的综合性工程学科,一般都以美国1933年美国交通工程师学会的成立作为交通工程学学科诞生的标志。

交通工程学是伴随着科学技术的进步、生产经济的发展,为适应道路交通发展的需要而形成并逐渐完善的一门新的综合性学科。为了解决道路交通中人、车、路、环境四者之间在时间和空间上的关系,从而达到疏导交通、防止事故、减小污染的目的,许多国家在这方面投入了相当的人力、物力和财力,为交通工程学的发展奠定了基础。交通工程学自20世纪30年代诞生起,经过80多年的不断研究、应用和发展,日益得到了充实、发展和完善。其主要发展阶段如下:

20世纪30年代,在美国开始创立交通工程,成立了"交通工程师学会",当时的中心内容是研究采用交通管理的办法,如设置交通标志、安装手动信号机、路面画线等措施,来减少交通阻塞和保证交通安全。

20世纪40年代,随着汽车数量的增加,交通工程师们开始意识到,只靠简单的交通管理,无法根治交通问题,如果不以交通量大小为依据修建道路,则会带有很大的盲目性。于是交通工程学增加了交通调查、交通规划,并根据交通调查及远景交通量的预测进行合理的交通设计,研究提高路面质量与交叉口通行能力计算。

20世纪50年代,由于汽车数量的急增,不断地扩充道路,交通工程学发展较快,特别是有关交通流理论的研究。随着经济发展和人民生活水平的提高,开始建设高速公路,道路的改善更加刺激了汽车工业的发展。

20世纪60年代,汽车数量直线上升,交通拥挤、事故增多,人身伤亡和经济损失数字相当惊人。此阶段交通工程学研究的重点是起讫点调查、交通流特征的调查、交通信号和交通标志的设计、互通式立体交叉的研究,以及道路通行能力计算等。至此交通流理论也已自成体系。

20世纪70年代,由于汽车交通的发展,人们的日常活动范围扩大,造成交通拥挤严重。大量汽车尾气、噪声、振动危及人们的健康,再加上能源危机,迫使人们不得不对交通进行综合治理。这样,就开始重点研究并拟定合理的交通规划,减少不必要的客流,缩短行程,倡导步行,恢复并优先发展公共交通,选择最佳运行路线,从根本上改变交通组成,从而减少交通拥挤程度和交通事故,同时加强防治交通对环境的污染。

20世纪80年代以后,交通工程学又有了较大的发展。其表现如下:开展了对驾驶员和行人的心理、生理特性及生物节律的研究,道路通行能力的研究,汽车行驶性能(制动、转弯、撞击)及汽车碰撞时如何保证乘车人及驾驶员安全的研究,人—机系统的研究和应用范围进一步扩大。在公路几何设计方面,过去主要是以汽车运动力学平衡原则为线形设计基础,现在发展到要考虑驾驶员的驾驶生理和心理要求,线形组合要考虑对驾驶员的视觉诱导等方面的研究。在交通规划方面,研究经济发展对交通的定量需求和交通对经济发展的影响,并体现在交通规划和道路网设计上,从宏观上研究了路网密度的理论和计算公式。在交通控制方面,进行了在主要干线和主要街道上设置自动控制系统的研究及反光标志、标线、可变标志的研究。在设备与手段方面,交通控制与车辆检测、测试方面的自动化程度大大提高。在公害防治和环境保护方面,进行了汽车交通噪声控制和限制废气排放标准等工作。

目前世界各工业发达国家均集中大量人力、物力、财力,采用各种高新技术,研究智能运输系统(ITS),或称"智能车路系统"(IVHS)。目前已形成北美(美国、加拿大)、欧洲(有10多个国家)和日本三大研究集团,开发项目很多,概括起来有以下几个方面:先进的汽车控制系统(AVCS),又称智能汽车控制系统;先进的交通管理系统(ATMS),又称自动高速公路系统;先进的驾驶员信息系统(ADIS)。

我国的交通工程学,起步较晚但发展迅速。在我国,20世纪70年代末交通工程学才成为一门独立学科。在此之前,由于生产实际和交通管理的需要,道路建设者以及道路交通管理部门已经做了大量的工作,只不过是没有自觉地纳入交通工程的范畴。1973年,交通部公路科学研究所设置了交通工程研究室。20世纪70年代末,交通、城建和公安交通管理部门开展了交通工程学的理论学习和交通调查工作。1980年,上海率先在国内成立交通工程学会。1981年,中国交通工程学会宣告成立,标志着我国的交通工程学已进入正规、全面、系统的科学研究阶段。

第二节　交通工程法规

一、交通工程法规的立法背景

随着经济飞速的发展,我国机动车保有量迅猛增长,据统计截至2013年第一季度,我国私人汽车的保有量已经突破亿辆,我国成为汽车大国。交通行业的发展极大地促进了国家的发展和社会的进步,但也造成了很多问题。尤其道路交通安全问题随处可见,道路交通事故数量居高不下,这一问题严重威胁着人民的生命财产安全。2012年,我国发生了204,196起道路交通事故,总死亡人数为59,997人,总受伤人数为224,327人,以及11.7亿元的直接财产损失。为了缓解这一突出问题,除了加强交通工程学研究,优化路网设计、改善交通规划等外,加强交通工程法规建设也是至关重要的。

交通工程学是社会实践性很强的工程学科,而交通工程法规是工程技术色彩较强的法规门类。交通工程学和交通工程法规是维持公路交通体系运转的左右手,一方面,交通工程学研究是交通工程法规的基础之一,交通工程法规需要适应交通工程自然规律,才能建立有效的交通工程法规体系;另一方面,交通工程法规是交通工程学研究和实践的必要支撑,交通规划和管理的落实需要交通工程法规来实现。

二、交通法规概述

(一)交通法规的作用

为了使各种社会关系得以顺利建立和发展,为了使各种矛盾和冲突得以有效地解决,就需要有一套公众共同遵守的规则和标准。法律和法规应该能够调整公众行为,维持社会秩序,保护大多数遵纪守法者的利益,保证社会发展能正常进行。具体到道路交通法规,其作用是维护道路交通秩序,预防和减少交通事故,保护人身安全,保护公民、法人和其他组织的财产安全及其他合法权益,提高道路通行效率。道路交通法规,是指按宪法规定的有权立法的国家机关依立法程序制定的以国家强制力保证执行的用以管理道路交通的规范性文件的总称,它包括有关管理道路交通的法律、法规、规章等规范性文件。

我国道路交通管理法规,在几千年前的先秦时期就出现了,据《周礼》记载:"野庐氏掌达国道至于四畿""野庐氏",便是当时管理交通的主职官员,他的任务是保证百里之外通向国都的道路畅通。我国的汽车交通行业发展迅速,在这个过程中,我国的交通法规也随之不断发展进步。

新中国成立之后我国的交通法规不断调整进步。早在 1955 年,我国就制定了《城市交通规则》。1984 年 1 月城乡建设环境保护部和公安部发布了《城市公共交通车船乘坐规则》(1998 年修订)。1986 年,国务院将道路交通由公安机关统一管理后,先后颁布了《道路交通管理条例》(已废止)《道路交通安全法实施条例》等行政法规,公安部也相继制定了《机动车驾驶员考试办法》《交通违章处理程序规定》等 18 个配套部门规章制度,有力保障了道路交通的安全,为道路交通管理工作打下了坚实的基础。尤其是 2003 年 10 月 28 日,第十届全国人大常务委员会第五次会议审议通过《道路交通安全法》,并于 2007 年 12 月、2011 年 4 月进行修正,这是我国交通法规建设的重要成果。从这个过程可以看出,我国的交通法规建设是随着交通发展和时代进步而不断调整的。

(二)交通法规体系

道路交通法律法规是独特的体系,作为部门法,它不是独立的,不是单一的法的表现形式。它是由法律、行政法规、部门规章、地方性法规和规章等组成的法律体系。《道路交通安全法》是法律,也是我国交通法律法规的核心和基础。

(1)国务院发布的行政法规。这类法规在行政法规中所占比例最大,数量最多。如《道路交通安全法实施条例》等。

(2)国务院批准发布的行政法规。这类法规是由国务院职能部门制定和发布,但发布前需经国务院批准或转发的规范性文件。例如,1955 年的《城市交通规则》,就是由公安部制定经国务院批准。

（3）交通行政规章。行政规章，是指国务院所属各职能部门，根据法律和行政法规制定的规范性文件的总称。其名称通常叫规定、办法、细则等，如公安部发布的《交通管理处罚程序规定》，公安部、建设部联合发布的《停车场建设与管理暂行规定》等，交通行政规章是对有关交通法律和行政法规原则的具体化或适时补充。

（4）地方性交通法规和地方性交通规章。地方性交通法规，是指省、自治区、直辖市和经国务院批准的较大的市的人民代表大会及其常务委员会批准发布的条例、办法等。地方性交通行政规章，是指各级人民政府或经授权的公安厅（局）制定发布的规定、办法、通告等。地方性法规和规章仅在本行政区内有效。

（5）技术规范。技术规范，是指国家标准局或主管部、委制定发布的国家标准等带指令性即强制性的技术性文件。

三、交通法规的完善

（一）加强交通工程研究

应进一步加强交通流理论、交通规划、道路交通安全等方面的研究。[①] 通过交通工程理论和实践的结合，寻找更合理可靠的模型，在把国际研究中的模型引入中国交通工程研究中需要注意模型边界条件和基础参数等，并编制更适应我国交通工程实际情况的交通仿真软件。加强宏观研究和微观研究的联系，把人反应速度等的自然生理特点、交通心理特点和车辆的机械和动力水平，以及道路路线线性和附属设施等的影响进行综合研究。确定交通流和交通事故的可靠规律和主要影响因素，从而可以通过交通法规进行相应的控制和改善。尤其对于交通事故的研究，应该把道路路线和路面特点和人的主观因素结合起来，加深对交通事故机理的认识水平。

应加强定量分析。如今研究者大多根据道路交通事故的统计数据和对驾驶行为的调查展开分析，定性分析多，对交通事故机理的理解不够客观和直接。道路交通事故的发生是各影响因素耦合作用的结果。需要分析道路交通事故影响因素间的耦合关联，从复杂的影响因素（必然因素和相对可控偶然因素等）中挖掘出导致事故发生的决定性因素是研究的重要目的。

随着测试技术和电脑技术的进步，以及选用适当的数学理论，交通事故数据及事故发生时交通环境信息的采集、统计将更加科学、精确、详尽，可为客观分析事故和影响因素间的关系提供极大支撑，为进行交通事故机理的定量化研究打下坚实的基础。为了加强这方面的研究，可以针对目前各项交通事故调查，获取足量可靠数据资料并进行整理分析，从宏观层面筛选道路交通事故的主要影响因素，建立道路交通事故影响因素事故树，通过定性分析确定道路交通事故主要影响因素；其次

---

① 马建、孙守增、芮海田等：《中国交通工程学术研究综述·2016》，载《中国公路学报》2016 年第 6 期。

以事故树定性分析的结果为基础,通过适当数学方法,如适当的道路交通事故严重程度预测模型,将事故严重程度划分等级,选取若干个主要影响因素作为自变量,在建模过程中分析各主要影响因素与道路交通事故的关联程度。最终建立道路交通事故严重程度预测模型,并对模型进行成比例检验、拟合优度检验,验证模型的有效性。从而能从定量的层面上对驾驶员年龄、驾驶员驾龄、天气、道路能见度、道路照明条件、路侧防护设施等道路安全主要影响因素进行分析,最后针对主要影响因素从法规制定、安全教育、交通工程措施等方面提出相应的安全措施,也可以为交通法规的立法和修订提供直接的、可靠的支撑。此外,交通行业技术规范也应及时修订更新。

(二)重视社会意见

交通法规,必须遵守自然规律,另外,对人的主观意见也必须进行适当的考虑。这是因为(1)交通法规或者任何法规都是人的意志的体现,是自然规律和人的主观意识综合作用的结果;(2)交通学研究的对象是有意识的人,所谓"交通规律"这个概念自身,就不是纯粹的自然规律产物,而是受到人的意识、社会条件(交通物质基础之外的社会条件)等的影响。因为人不像纯自然物体一样永远遵守相同的物理或化学规律。从某种意义上来看,交通学所面对的人与经济学所面对的人有一定相似之处。经济学为了能够研究个人,假设了经济人,即假定人的思考和行为都是理性的,唯一试图获得的经济好处就是物质性补偿的最大化;但事实上人是很复杂的。交通研究中也要注意人的主观意见。

为了体现社会意识对交通法规的影响,可以在交通立法出台前进行可行性论证,也就是采用立法前评估制度。立法前评估是一个收集信息反映问题的过程,也是利益主体诉求的博弈过程。评估内容包括立法方案的必要性、合法性、协调性和可操作性。评估对经济、社会和环境产生的影响。当然,由于社会意识本身是很复杂的,不同的主体意见可能不一致甚至相反,需要通过合理的方法获得真实的有代表性的社会意见。

(三)执法程序化自动化

为了保证执法的效率和可靠性,应该加强执法过程的程序化和仪器自动化,减少人的影响,从而降低操作人员判断误差或者人情因素等问题的干扰。总体而言,交通执法的程序化和仪器自动化程度相对较高,如违章拍照判读的自动化,保证了判断的可靠性,仍然应该继续进行强化。但有的环节不够规范,有些地方存在干预交通违规判读的情况。还有不少的情况下,人的经验还很重要,可以通过布置更多、更合理的摄像头和加强自动判读技术的研究来改善这些情况,并在立法上进行适当的支持。凡事皆有利弊,强化交通问题判读的自动化、仪器化也要避免可能带来的弊端。如有的地方,交警对交通路口拥堵进行人为调整时,其指令可能与信号灯不一致,但交警又没有出现在摄像范围内,司机会担心被摄像头拍下,从而被判定为违规。这样的情况在制定执法程序时应该有所考虑。

（四）避免立法冲突

由于交通法规的复杂性和多层面性，不同法规中存在一定的冲突，为法规的执行和宣传带来了不少问题，应注意避免立法冲突，减少多头混乱。

法律冲突一般是指解决同一问题的不同法律由于各自内容的差异而导致相互之间在效力上存在抵触，主要表现在立法冲突、法律适用冲突这两方面。立法冲突是法律适用冲突的源头，法律适用冲突是立法冲突的结果。法律冲突的根源在于立法而其表现则在于适用。所以法律冲突的实质是立法冲突。有关道路交通管理方面的法规体系复杂，亦存在较多冲突。需通过完善立法程序、加强立法监督以及区域间立法协调等途径加以解决。

1. 道路交通管理法规冲突的主要表现形式

（1）法律和行政法规的冲突。例如，《道路交通安全法》规定的无过失保险模式和《机动车交通事故责任强制保险条例》规定的过失保险模式存在冲突。（2）法律和行政规章的冲突。例如，《道路交通安全法》规定的机动车验车条件和《机动车登记规定》的机动车验车条件存在冲突。（3）法律之间的冲突。例如，《道路交通安全法规定》的非现场执法方式与《行政处罚法》规定的处罚原则存在冲突。（4）地方法规之间的冲突。不同地区的交通法规有一定冲突，这导致车辆跨地区使用时可能产生一定问题。

2. 道路交通管理法规冲突产生的主要原因

产生道路交通管理法规冲突的主要原因包括：（1）下位法立法主体的缺位、错位；（2）上位法的漏洞和实际管理需要之间的矛盾；（3）上位法的滞后性和现实管理需要之间的矛盾；（4）行政区划导致的地区利益冲突。

3. 解决道路交通管理法规冲突的措施

通常可以采用以下几种措施来解决道路交通管理法规之间的冲突问题：（1）通过完善立法解决；（2）通过加强立法监督解决；（3）通过司法途径解决；（4）通过守法途径解决；（5）通过区域立法协调解决。

（五）重视普法

无论交通法规还是其他法规，在普法时，应尽量简明，避免混乱。从实际操作的角度看，可以从以下几个方面来加强普法：（1）从简明概略上入手，使公众在没有法律手册的情况下，也能明白交通违规、犯罪的轻重程度划分；（2）从系统性入手，使公众对法规脉络有一定认识，借助法律手册或电子资料能够迅速查找交通工程法规的相关章节条目，对交通法规进行详细深入的了解；（3）借助视频和网络技术，对典型交通案例进行分析宣传，对交通法规形象和深刻地普及。

第四十章　工程法学的机电工程基础

机电工程是一项综合性的高端科技工程，它涵盖了机械技术、电子技术、通信技术、控制技术等诸多现今的科技技术，融合了不同科技领域的先进科技理念，在现代的工程领域有着举足轻重的地位。

第一节　机电工程基本知识

一、机电工程的概念

日本企业界在 1970 年左右最早提出"机电一体化技术"这一概念，当时他们取名为"Mechatronics"，即结合应用机械技术和电子技术于一体。随着计算机技术的迅猛发展和广泛应用，机电一体化技术获得前所未有的发展，成为一门综合计算机与信息技术、自动控制技术、传感检测技术、伺服传动技术和机械技术等交叉的系统技术，正向光机电一体化技术（opto-mechatronics）方向发展，应用范围越来越广。①

二、机电的技术领域

（一）机械技术

机械技术是机电一体化的基础，机械技术的着眼点在于如何与机电一体化技术相适应，利用其他高新技术更新概念，实现结构上、材料上、性能上的变更，满足减小重量、缩小体积、提高精度、提高刚度及改善性能的要求。在机电一体化系统制造过程中，经典的机械理论与工艺应借助于计算机辅助技术，同时采用人工智能与专家系统等，形成新一代的机械制造技术。

（二）计算机与信息技术

机电工程中信息交换、存取、运算、判断与决策、人工智能技术、专家系统技术、神经网络技术均属于计算机信息处理技术。

（三）系统技术

系统技术即以整体的概念组织应用各种相关技术，从全局角度和系统目标出

---

① 宋现春等：《机电一体化系统设计》，中国计量出版社 2010 年版，第 1 页。

发,将总体分解成相互关联的若干功能单元,接口技术是系统技术中一个重要方面,它是实现系统各部分有机连接的保证。

(四)自动控制技术

自动控制技术范围很广,在控制理论指导下,进行系统设计,设计后的系统仿真,现场调试,控制技术包括如高精度定位控制、速度控制、自适应控制、自诊断校正、补偿、再现、检索等。

(五)传感检测技术

传感检测技术是系统的感受器官,是实现自动控制、自动调节的关键环节。其功能越强,系统的自动化程度就越高。现代工程要求传感器能快速、精确地获取信息并能经受严酷环境的考验,它是机电一体化系统达到高水平的保证。

(六)伺服传动技术

伺服传动技术包括电动、气动、液压等各种类型的传动装置,伺服系统是实现电信号到机械动作的转换装置与部件、对系统的动态性能、控制质量和功能有决定性的影响。

三、机电一体化的发展历史

机电一体化的发展大体可以分为三个阶段。20 世纪 60 年代以前为第一阶段,这一阶段称为初级阶段。在这一时期,人们自觉不自觉地利用电子技术的初步成果来完善机械产品的性能。特别是在第二次世界大战期间,战争刺激了机械产品与电子技术的结合,这些机电结合的军用技术,战后转为民用,对战后经济的恢复起了积极的作用。那时的研制和开发从总体上看还处于自发状态。由于当时电子技术的发展尚未达到一定水平,机械技术与电子技术的结合还不可能广泛和深入发展,已经开发的产品也无法大量推广。

20 世纪七八十年代为第二阶段,可称为蓬勃发展阶段。这一时期,计算机技术、控制技术、通信技术的发展,为机电一体化的发展奠定了技术基础。大规模、超大规模集成电路和微型计算机的迅猛发展,为机电一体化的发展提供了充分的物质基础。这个时期"mechatronics"一词首先在日本被普遍接受,大约到 20 世纪 80 年代末期在世界范围内得到比较广泛的承认。机电一体化技术和产品得到了极大发展,各国均开始对机电一体化技术和产品给以很大的关注和支持。

20 世纪 90 年代后期,开始了机电一体化技术向智能化方向迈进的新阶段,机电一体化进入深入发展时期。一方面,光学、通信技术等进入了机电一体化,微细加工技术也在机电一体化中崭露头角,出现了光机电一体化和微机电一体化等新分支;另一方面,对机电一体化系统的建模设计、分析和集成方法,机电一体化的学科体系和发展趋势都进行了深入研究。同时,由于人工智能技术、神经网络技术及光纤技术等领域取得的巨大进步，为机电一体化技术开辟了发展的广阔天地。这些研究，将促使机电一体化进一步建立完整的基础并逐渐形成完整的科学体系。

我国是从20世纪80年代初才开始在这方面开展研究和应用。国务院成立了机电一体化领导小组并将该技术列入“863计划”中。在制定“九五”规划和2010年发展纲要时充分考虑了国际上关于机电一体化技术的发展动向和由此可能带来的影响。许多大专院校、研究机构及一些大中型企业对这一技术的发展及应用做了大量的工作，已经取得了一定成果，但与日本等先进国家相比仍有相当差距。

四、机电一体化发展趋势

机电一体化是集机械、电子、光学、控制、计算机、信息等多学科的交叉综合，它的发展和进步依赖并促进相关技术的发展和进步。因此，机电一体化的主要发展方向如下：

（一）智能化

智能化是21世纪机电一体化技术发展的一个重要发展方向。人工智能在机电一体化的研究中日益得到重视，机器人与数控机床的智能化就是重要应用。这里所说的“智能化”是对机器行为的描述，是在控制理论的基础上，吸收人工智能、运筹学、计算机科学、模糊数学、心理学、生理学和混沌动力学等新思想、新方法，模拟人类智能，使它具有判断推理、逻辑思维、自主决策等能力，以求得到更高的控制目标。诚然，使机电一体化产品具有与人完全相同的智能，是不可能的，也是不必要的。但是，高性能、高速的微处理器使机电一体化产品赋有低级智能或人的部分智能，则是完全可能而又必要的。

（二）模块化

模块化是一项重要而艰巨的工程。由于机电一体化产品种类和生产厂家繁多，研制和开发具有标准机械接口、电气接口、动力接口、环境接口的机电一体化产品单元是一项十分复杂但又是非常重要的事。如研制集减速、智能调速、电机于一体的动力单元，具有视觉、图像处理、识别和测距等功能的控制单元，以及各种能完成典型操作的机械装置。这样，可利用标准单元迅速开发出新产品，同时也可以扩大生产规模。这需要制定各项标准，以便各部件、单元的匹配和接口。由于利益冲突，很难制定国际或国内这方面的标准，但可以通过组建一些大企业逐渐形成。显然，电气产品的标准化、系列化，无论是对生产标准机电一体化单元的企业还是对生产机电一体化产品的企业带来美好的前程。

（三）网络化

20世纪90年代，计算机技术等的突出成就是网络技术。网络技术的兴起和飞速发展给科学技术、工业生产、政治、军事、教育以及人们日常生活都带来了巨大的变革。各种网络将全球经济、生产连成一片,企业间的竞争也将全球化。机电一体化新产品一旦研制出来,只要其功能独到,质量可靠,很快就会畅销全球。由于网络的普及,基于网络的各种远程控制和监视技术方兴未艾,而远程控制的终端设备本身就是机电一体化产品。现场总线和局域网技术是家用电器网络化已成大势,利用家庭网络(Home Net)将各种家用电器连接成以计算机为中心的计算机集成家电系统(Computer Integrated Appliance System,CIAS),使人们在家里分享各种高技术带来的便利与快乐。

(四)微型化

微型化兴起于20世纪80年代末,指的是机电一体化向微型机器和微观领域发展的趋势。国外称其为微电子机械系统(MEMS),泛指几何尺寸不超过$1cm^3$的机电一体化产品,并向微米、纳米级发展。微机电一体化产品体积小、耗能少、运动灵活,在生物医疗、军事、信息等方面具有不可比拟的优势。微机电一体化发展的"瓶颈"在于微机械技术,微机电一体化产品的加工采用精细加工技术,即超精密技术,它包括光刻技术和蚀刻技术两类。

(五)绿色化

工业的发达给人们生活带来了巨大变化。一方面,物质丰富,生活舒适;另一方面,资源减少,生态环境受到严重污染。于是,人们呼吁保护环境资源,回归自然。绿色产品概念在这种呼声下应运而生,绿色化是时代的趋势。绿色产品在其设计、制造、使用和销毁的生命过程中,符合特定的环境保护和人类健康的要求,对生态环境无害或危害极少,资源利用率极高。设计绿色的机电一体化产品,具有远大的发展前途。机电一体化产品的绿色化主要是指,使用时不污染生态环境,报废后能回收利用。

(六)系统化

系统化的表现特征之一就是系统体系结构进一步采用开放式和模式化的总线结构。系统可以灵活组态,进行任意剪裁和组合,同时寻求实现多子系统协调控制和综合管理。表现特征之二是通信功能的大大加强未来的机电一体化更加注重产品与人的关系,机电一体化的人格化有两层含义:一层是机电一体化产品的最终使用对象是人,如何赋予机电一体化产品人的智能、情感、人性显得越来越重要,特别是对家用机器人,其高层境界就是人机一体化。另一层是模仿生物机理(仿生学),研制各种机电一体化产品。

第二节 机电工程与工程法学

一、机电工程相关法律法规

机电工程项目的实施包括设计、施工、应用三个阶段,目前针对设计和施工阶段的法律法规相对比较完善,而针对应用阶段的法律法规相对比较欠缺。因为机电工程项目的应用范围极其广泛,所以针对应用阶段的立法只能根据各行业发展的情况不断完善。

机电工程项目施工管理中应遵循相关的法律法规,在建造师执业资格考试的综合考试大纲中,对《建筑法》《招标投标法》《合同法》《建设工程质量管理条例》《建设工程安全生产管理条例》等提出了应掌握的要求。除上述法律法规外,还提出了掌握与机电工程密切相关的《计量法》《电力法》《特种设备安全法》等法律法规的要求。

机电安装工程涉及的工程类别和工程项目非常多。《注册建造师执业工程规模标准》将机电安装工程分为12种不同的类别,包括:一般工业、民用、公用建设工程的机电安装工程,净化工程、动力站安装工程、起重设备安装工程、工业炉窑安装工程、电子工程、环保工程、体育场馆工程、轻纺工业建设工程、机械汽车工业建设工程、森林工业建设工程及其他相关专业机电安装工程等。这12种类别的工程又分别包括不同的工程项目。

一般工业、民用、公用建设工程的机电安装工程又分机电安装、管道、通风空调、智能化、消防、自动控制、防腐保温、动力照明、变配电、非标设备制作安装等工程项目。净化工程又分为电子、医院、制药、生物、食品光电、精密机械工程项目。动力安装工程项目又分为锅炉房、热水交换站、氧气站、煤气站、制冷站等工程项目。起重设备安装工程又分为起重安装与拆卸、电梯及索道大型游乐设施的安装与维修等工程项目。电子工程又分为电子自动化、电子机房、电子设备工程项目。环保工程又分为噪声、有害气体、粉尘、工业污水、废料综合处理、禽、畜粪便沼气、厌氧生化处理池、烟气脱硫、医疗污水处理等工程项目。机械、汽车制造工业工程又分为机械设备安装、矿冶设备制造厂安装、工程机械部制造厂安装、通用设备制造厂安装、汽车、拖拉机、柴油机生产线等安装工程项目。轻纺工业建设工程又分为烟草制造、酿造、医药、饮料、手表、缝纫机、医疗器械、塑料制品工业、化纤、棉、毛纺设备安装,印染、造纸、制糖、啤酒等设备安装工程项目。其中电梯工程是机电工程应用的一个重要分支。

二、电梯工程相关立法

电梯是一种以电动机为动力的垂直升降机,装有箱状吊舱,用于多层建筑乘人或载运货物。电梯也有台阶式,踏步板装在履带上连续运行,俗称自动扶梯或自动人行道。垂直升降电梯具有一个轿厢,运行在至少两列垂直的或倾斜角小于15°的刚性导轨之间。轿厢尺寸与结构形式便于乘客出入或装卸货物。习惯上无论其驱动方式如何,将电梯作为建筑物内垂直交通运输工具的总称。按速度可分低速电梯(1米/秒以下)、快速电梯(1~2米/秒)和高速电梯(2米/秒以上)。19世纪中期开始出现液压电梯,至今仍在低层建筑物上应用。1852年,美国的E. G. 奥蒂斯研制出钢丝绳提升的安全升降机。19世纪80年代,驱动装置有进一步改进,如电动机通过蜗杆传动带动缠绕卷筒、采用平衡重等。19世纪末,采用了摩擦轮传动,大大增加电梯的提升高度。20世纪末电梯采用永磁同步曳引机作为动力。大大缩小了机房占地,并且具有能耗低、节能高效、提升速度快等优点,极大地助推了房地产向超高层方向发展。

(一)电梯制造、安装、验收相关法律法规

1927年,上海市工务局营造处工业机电股开始负责全市电梯登记、审核、颁照工作。1947年,提出并实施电梯保养工程师制度。1948年2月,制定了加强电梯定期检验的规定,这反映了中国早期地方政府对电梯安全管理工作的重视。

1974年,机械行业标准JB 816—74《电梯技术条件》发布,这是中国早期的关于电梯行业的技术标准。1985年,中国正式加入国际标准化组织电梯、自动扶梯和自动人行道技术委员会(ISO/TC178)。1987年,国家标准GB 7588—87《电梯制造与安装安全规范》发布。该标准等同采用欧洲标准EN81－1《电梯制造与安装安全规范》(1985年12月修订版)。该标准对保障电梯的制造与安装质量有十分重要的意义。1998年2月1日,国家标准GB 16899—1997《自动扶梯和自动人行道的制造与安装安全规范》开始实施。2004年1月1日国家标准GB 7588—2003《电梯制造与安装安全规范》开始实施。《特种设备安全监察条例》由国务院2003年第373号令公布实施,2009年第549号令进行了修改。条例中将电梯和锅炉、压力容器(含气瓶)、压力管道、起重机械、客运索道、大型游乐设施和场(厂)内专用机动车辆同列为涉及生命安全、危险性较大的特种设备。

除此之外,电梯的制造、安装与验收还要遵守相应的国家标准和机械标准,如GB 6067—85起重机械安全规程、GB 10060—2011电梯安装验收规范、GB/T 10058—1997电梯技术条件、GB/T 10059—1997电梯试验方法、GB/T 7024—1997电梯、自动扶梯、自动人行道术语、JG 5009—92电梯操作装置、信号及附件电梯曳引机、GB/T 13435—92、GB/T 7025.1—1997电梯主参数及轿厢、井道、机房的式样与尺寸、GB 12974—91交流电梯电动机通用技术条件液压电梯、JG 5071—1996液压电梯、JG 135—2000杂物电梯。

现有的与电梯工程相关的法律法规都是与电梯的制造、安装、验收相关,对于电梯的使用、维护却只有电梯公司自行制定的相关售后规定。

伴随经济的快速发展和城镇化进程的不断深入，我国的电梯行业正经历着一个高速发展期。我国电梯产量从1990年的1.03万台增长到2010年的36.5万台，年复合增长率19.5%，国内电梯需求量从2000年的仅3.72万台增长到2010年的32.97万台，到2010年年底，我国电梯保有量超过160万台。

经济的快速发展和城镇化进程持续推进是电梯需求增长的主要驱动力，历史数据回归分析显示房地产投资与电梯需求相关性很高。受国家政策调控影响商业性房地产投资增速会有所放缓，但是“十二五”期间3600万套保障房建设将提升对电梯的需求量，同时大量公共基础设施建设、节能改造更换和出口都将推动我国电梯的产量。2017年我国电梯年产量突破67万台。

（二）有关电梯报废的法律法规

虽然国家对电梯使用年限没有明确规定，但越来越多的电梯步入“老龄化”已成为不争的事实。随着电梯“老龄化”日益严重，要确保电梯安全运行，及时对老旧电梯进行更新改造显得尤为重要。电梯有多重安全装置，但易出问题的地方也不少，有人因为电梯开关门异常而被夹到过，有人碰到过电梯按钮失灵，显示屏黑屏看不清楼层的情况，有人经历过直掉几层楼的险境。2013年以来，湖北、西安、深圳等地电梯“要命”的新闻，不少人看了都说“坐电梯心里慌慌的”。2012年我国发生的电梯事故有36起，死亡28人。调查显示，21.74%的受访者称常遇到电梯故障。

欧美国家对电梯主要部件设计寿命为20年，国内一些厂家也是按照这个标准设计。中国电梯协会副秘书长张乐祥表示：“使用年限超过15年的电梯大概占在用电梯数量的10%，这一部分电梯都将面临更新改造。电梯真正使用寿命要结合实际使用情况来评估，不能单凭使用多少年来衡量。一些单位对旧梯进行更新改造不光考虑的是电梯使用寿命，还考虑了技术先进性、节能性以及舒适性等，多方面因素促使这块市场快速发展。”在欧美一些国家，旧梯更新改造已成为电梯厂家主要业务。而在中国，可以说这一市场才刚刚兴起，未来市场潜力巨大。由于“老龄化”电梯日益增多，上海市质监局于2012年7月率先发布了《电梯主要部件判废技术要求》，2012年12月1日正式实施。为了确保电梯安全运行，一些地方政府已把旧梯更新改造列为一项民生工程来抓。例如，重庆市江北区政府就表示，计划用3年时间完成老旧电梯的大修、改造、更新，并对使用9年以上的住宅老旧电梯（无大修基金）的大修、改造、更新，予以工程款40%～50%的补助。

虽然旧电梯更新改造市场前景乐观，但要落实此项工作也面临一些难题。旧电梯更新改造需要解决两大问题：一是资金来源问题；二是地方政府要制定相关报废制度和改造条例，另外再加以技术手段的辅助，电梯在寿命内的安全性会得到保障和提高，最终实现电梯报废处理的常态化要求，从而确保该项工作能够按照程序稳步推进。

三、机电工程法律法规的发展

电梯工程作为机电工程应用的一个重要分支，与其相关的现行法律法规主要针对设计和施工阶段，而针对应用阶段的法律法规相对比较欠缺。电梯工程相关的法律法规现状是工程类别和工程项目非常多的机电工程法律法规现状的典型代表。对于整个机电工程行业而言，科技的不断发展与进步使得机电安装在各种领域广泛应用，因而所涉及的专业涵盖了工业、建筑业、煤炭行业等，还包括对水、电、暖、消防、通信、通风等设备的安装。尽管所涵盖的行业不同、专业不一，但它的通用性却很强。整个机电安装工程从采买设备到安装、调试、操作、应用，再到最后的验收，都是为了要达到使用这一基本功能为核心目标。①

总之，机电工程的应用领域极为宽泛，各个领域的行业领军企事业单位和国家相关管理部门一直以来在立法方面作着积极的促进工作，但是目前来看，针对应用阶段和设备报废的法律法规相对比较欠缺。所以机电工程的法学工作重点是根据各行业发展的情况，完善现行针对设计和施工阶段的法律法规，同时制定针对应用阶段和报废方法的法律法规，让工程人员在每一个阶段的工作都有法可依、有法可循。

① 房勇：《机电工程施工技术管理综述》，载《装饰装修天地》2016 年第 15 期。

第四十一章　工程法学的信息电气基础

信息电气工程学科与工程法学联系密切。本章主要介绍了与信息电气工程学科的基本概念、基本原理，使读者对与工程法学密切相关的信息电气工程学科有一定的了解，明确交叉学科之间“管理”“控制”“信息”“电气”等概念在社会、自然环境及相关专业领域的界限和联系，为学习工程法学奠定系统思想基础，并通过在工程中融合信息与电气的学科体系知识交叉增强工程法学的管理与控制力度。

第一节　信息电气工程学科基本知识

一、信息电气工程概述

（一）信息与工程

信息，是控制论及信息论的基本概念，是人们关于某种事物的知识。作为一个科学概念，信息最早出现于通信领域。20 世纪 20 年代，哈特莱在探讨信息传输问题时，提出了信息和消息在概念上的差异。到了 40 年代，申农和维纳从通信和控制的角度提出了信息的概念。此后信息概念广泛渗入各门科学领域，各自从不同侧面对信息概念予以各种解释。在日常用语中，信息一般指消息、指令、情报、密码、数据、知识等，即对消息接受者来说预先不知道的通信内容，有时泛指一切有意义的信号，如声音、颜色、气味、自然景物；语言、文字、图像。信息是事物存在和变化的情况，是客观世界中各种事物的状态和特征的反映。①

就狭义而言，工程定义为“以某组设想的目标为依据，应用有关的科学知识和技术手段，通过一群人的有组织活动将某个（或某些）现有实体（自然的或人造的）转化为具有预期使用价值的人造产品”（如建筑物、轮船、铁路系统、海上系统、飞机、信息系统等）的目标，并且逐渐发展为一门独立的学科和技艺。《中国百科大辞典》中词条“工程”是将自然科学原理应用到工农业生产部门中而形成的各学科的总称，如机械工程、土木工程、生物工程和医学工程等。

信息工程作为一门新兴的信息技术工程学科，它产生于社会科学和自然科学相互交叉、科学技术和工程技术相互渗透的过程中。通常，信息工程具有四个方面的含义：（1）信息工程作为一种思想方法，反映了一种工程哲学观，即从信息活动

① 金炳华主编：《马克思主义哲学大辞典》，上海辞书出版社 2002 年版，第 373 页。

的角度，抽象地分析一个组织、一个机构或一个系统的行为，也就是用信息的方法观察问题、认识问题、解决问题。(2)信息工程提出了一系列科学的、系统的分析方法，帮助人们具体地分析一个组织的信息系统，研究信息传递的机制和决策过程。(3)信息工程引导人们利用各种先进的信息技术去提高系统的运行效率。(4)按照工程学的原理和方法，规划并实施一个组织的信息系统。①

(二)信息与信息社会

人类可以利用感官和人工反应系统来获取信息，识别信息，理解信息。经过传递，得以理解和实现其价值。语言、文字、电磁波就是人类相互传递信息的载体。信息可以事先存贮起来，必要时调取使用。结绳记事是人类原始的存贮信息的方法，录音、录像设备和电子计算机是人类存贮信息的现代化手段。信息是一个正在不断发展和变化的概念，认识论认为信息是人们对客观事物认识程度的度量。系统论认为信息是系统内外联系的特殊形式，物质、能量和信息构成系统的三大要素。控制论认为信息是认识确定性程度的标志。信息论认为信息是有意义的数据，是加工过的数据。②

从历史上来看，人类古代主要靠材料变化延长自己的肢体，近代靠能量变换增加自己的力量，现代则主要靠信息的利用强化人类的智力、脑力。有人甚至认为我们的时代是一个信息的时代，人类社会开始步入信息社会。③ 信息社会(information society)是以信息价值的产生为中心、使社会和经济得到飞速发展的社会。科学技术的迅速发展和社会的信息化给社会生活带来的变化，工业化社会之后的未来发展趋势中最根本的变化是工业社会已变成信息社会。美国社会学家约翰·奈斯比特 1982 年出版的《大趋势——改变我们生活的十个新方向》一书认为，信息社会始于 1956～1957 年。世界上有两个重要事件标志着工业时代的结束和信息社会的到来：一是 1956 年美国从事技术管理和事务工作的白领工人的人数第一次超过了蓝领工人；二是 1957 年苏联发射了第一颗人造地球卫星，展现了信息革命全球化的前景。

(三)工程的时代演化与变迁

综观人类历史进程中工程的发生和演变及与产业的紧密相关特点，可将工程的发展阶段大体上分为三个时期：农业时代的工程、工业时代的工程和知识产业时代的工程。

1. 农业时代的工程

农业时代的工程是以开发维护农业生产为主，以促进农业生产及相关发展的

---

① 冯健总主编：《中国新闻实用大辞典》，新华出版社 1996 年版，第 525 页。
② 柳克勋、金光熙主编：《工业工程实用手册》，冶金工业出版社 1993 年版，第 533 页。
③ 王彬主编：《中国成人教育百科全书·经济·管理》，南海出版公司 1994 年版，第 416～417 页。

一系列实践,这个时期的工程多以大体力劳动及大规模人力、物力为基本特征。

2. 工业时代的工程

“工业”被理解为用自然物质制造物品的事业,以此为特征所开辟的工业时代始于18世纪60年代。在这段时期中以英国为首的欧洲能获得对世界大部分地区的霸权,并进行着前所未有的扩张,是科学革命、工业革命和政治革命给予了不可阻挡的推动力。工业时代的工程体现了科学、技术发展的水平,并与资本主义制度的管理水平紧密相关,推动了近代史上最重要的工业化运动,其中包括机械化、电气化和初级信息化等。这时,许多工程的集聚开拓了许多新的产业或行业,如公路工程、铁路工程(含巨型的桥梁架设工程、隧道工程等)形成了交通运输行业;越洋海底电缆工程形成了电报、电话等通信行业;架设发送和接收无线电的电台工程,开拓了无线电通信产业;采矿工程等形成了建筑、冶炼等产业;化学工程导致了化学工业的发展等。

机械化是指在生产过程中直接运用电力或其他动力来驱动或操纵机械设备以代替手工劳动进行生产的措施或手段。利用机械设备但仍以人力或畜力推动而进行生产的,称为“半机械化”。机械化是提高劳动生产率、减轻体力劳动的重要途径。① 机械化是人类从农业时代向工业时代进化的第一步。而电气化是机械化的提升,苏联初期,列宁认为电能及地下煤(可燃)气体能源的普及应用是社会进步、人类环境条件改善的标志,因而提出全国实现电气化。② 这是最初电气化的由来。而现代人们理解的电气化(electrical,electrical power and equipment)主要是电能的生产、传输、分配、使用和电工装备制造等学科或工程领域的统称。是以电能、电气设备和电气技术为手段来创造、维持与改善限定空间和环境的一门科学,涵盖电能的转换、利用和研究三方面,包括基础理论、应用技术、设施设备。工业时代的工程开始尝试普遍地利用新的能源,如机械能、热能、化学能和电能等,并广泛地采用了新的动力机,如蒸汽机、内燃机、发电机、电动机等,构成有效的工具,特别是科学及技术等信息的推广传播应用,拓展了人们对工程的认识,引入了先进的管理技术,使得构成工程的多种要素也突显出来了,以致发展成为非常复杂的工程体系。

3. 知识产业时代的工程

20世纪40年代,人类开创了知识产业时代,并开始进入知识社会的初级阶段——信息社会。1976年,丹尼尔·贝尔在《后工业社会的来临——对社会预测的一项探索》一书中,对后工业时代进行了概括。实际上,后工业社会与信息社会是指同一历史阶段。同时,贝尔又使用了知识社会这一概念,并指证后工业社会双重的意义上直接就是知识社会。1969年,彼得·德鲁克在《不连续的时代》中,不遗余力地强调知识的中心地位;1993年,德鲁克在《后资本主义社会》一书中,论及

---

① 袁世全、冯涛主编:《中国百科大辞典》,华夏出版社1990年版,第1143页。

② [苏]斯·弗·谢尔肃夫:《列宁斯大林的苏联电气化》,燃料工业出版社1954年版,第3期。

后资本主义社会既是一个知识社会，也是一个组织社会，这样的社会是以知识为主的社会，充当主角的产业是知识或信息产业；1994 年，尼科・斯特尔在《知识社会》一书中，综合地论及了知识社会，强调知识社会的特性是知识价值论，而不是劳动价值论。因此，我们认为，正在形成的信息社会本质上应是知识社会。在这种社会里，最根本的资源不再是资本、自然资源、劳动力，知识才是社会、经济发展的战略性资源，是社会和文化变迁的源泉，创造财富的核心是知识创新。由此，我们将这个时代的工程集聚的产业称为知识产业，这样的时代称为知识产业时代，这个时代的工程称为知识产业时代工程。[①] 因此，信息是这个时代的工程里最关键的要素，并成为影响工程的价值、管理、技术组成的核心力量。因此，研究工程中的信息技术及依托信息实现工程电气化技术是工程技术乃至工程学的首要问题。

工业革命后的机械化及电气化建设把人力、畜力从繁重的体力工程劳作中解放出来。电磁波的发展，改变了工程过程中信息（号）的收集、计量、感知输出方式。质量检测作为狭义工程的一部分或作为一项广义工程正在向着信息化、智能化、网络化发展。规范化、信息化、智能化及网络化工程与检测工程的融合又缩短了科学（学科研究）及技术应用于工程、工程技术、工程规范及工程价值的循环周期，从而促进社会的进步、人类文明的发展，并将越来越向着高效、规范、精确、交叉融合的方向发展。

二、现代工程技术的重要分支：电气化与信息化

18 世纪末，工业革命的兴起及普及导致机械工程的产生，各类工业机械及发动机的设计、研制、试验及开发，导致工业化及机械化时代的到来。19 世纪，电磁学与化学发展改变了工程的面貌，电气工程与化学工程应运而生。电力工程完全改变了能量供给与分配的方式，电磁波的产生与利用发展出通信工程、无线电工程、计算机工程等。

（一）工程学科的电气化

古代的网络工程主要是道路或运输网络。工业革命之后 200 年间，由于社会及技术的发展，一种新型的工程样式——网络工程发展起来。工业革命以后，相继出现铁路交通网络、电报网络、自来水网络、污水污物排放网络、电话网络、电力网络、煤气网络、无线电广播网络、电视网络、有线电视、公路网等。第二次世界大战以后，工程领域有着突出的、质的变化。信息工程或电子工程的出现不仅仅是一个全新工程领域的出现，而且影响所有其他工程领域。

工程学科专业的电气化就是基于电力作为能源并在电能源的基础环境上进行生产创造和研究的一切专业和学科，电气化（electrification）是电力向社会的各个领

---

① 李喜先等著：《工程系统论》，科学出版社 2007 年版，第 10 页。

域广泛渗透并产生巨大影响的技术发展过程，是机械化进一步发展和自动化走向完善的动力基础。由于电比蒸汽更利于控制并能高效地生产和传输，到19世纪后半叶，发生了电力取代蒸汽在动力方面的统治地位的电力革命。电气化的技术有两个方面：电能的生产和电能的利用。电能的生产经历了一个由化学电池到大规模电站的发展过程。电能的利用即通常所说的电气化包含下列内容：(1)以电力作为动力资源，实现电力传动；(2)在生产工艺中使用电能；(3)用电工设备、电子仪器设备(包括电子计算机)，对生产设备、生产过程和其他工作进行自动检测、自动调节、自动控制、自动管理等；(4)在日常生活中以电能和电器作为改善生活环境和提高生活水平的手段。电气化对人类的发展起到了重要推动作用，它不仅从本质上改变了工业革命初期所奠定的以蒸汽机为主要动力来源的物质技术基础，还为人类开辟了电气通信的新时代，而且为人类社会向信息时代过渡作好了技术及科学实践上的准备。①

(二)工程学科的信息化

在一切通讯和控制系统中，信息是一种普遍联系的形式。在内容传播过程中，凡是能扩展人的信息功能的技术，都是信息技术。在现代社会，信息技术主要是指利用电子计算机和现代通信手段实现获取信息、传递信息、存储信息、处理信息、显示信息、分配信息等的相关技术。随着学科的交叉与融合，特别是信息技术的发展促使工程的电气化特征被信息化取代。自20世纪中叶起，信息作为与物质和能量并列的第三类资源，迅速进入人类开发资源活动的视野。电力工程、电气应用的需求随着检测与控制技术的发展，及计算机计算、分配、管理等人工智能技术的发展，使信息工程自动趋向学科交叉，信息交互，系统融合，以期工程能利用最短的时间，最少的人力、物力、能量，最全面最先进的科学规律及技术，达到工程的最佳目标，创造出最大的价值，并尽可能地拓宽科学及技术的发展。从而信息的交互变得异常重要。1948年，数学家香侬在《通讯的数学理论》中指出："信息是用来消除随机不定性的东西。"信息是宇宙中万事通物的基本组织单位，通信是实现信息整合、优化、发现规律，寻找方法，做出选择的必要手段。人与自然界的诸多部分通过信息的交流变换而组织成为一个整体。

1. 信息工程

信息工程外延的这种扩大使我们对信息本质的认识提高到控制，因而信息工程也就是形成信息控制的系统，它可以区分为物理载体、生命载体和心理载体的信息控制工程。

(1)物理载体信息控制工程。信息的物理载体控制是基于电磁，20世纪以来的信息革命是以电磁波为载体的信息控制技术，作为信息处理装置的电子计算机

① 金炳华主编：《马克思主义哲学大辞典》，上海辞书出版社2002年版，第440页。

的发明是其标志。电子电路集成化、信息处理数字化和信息传输网络化构成了信息技术革命的三部曲。电脑网络连接技术、光缆铺成的信息高速公路和安放在地球轨道上的通信卫星,这三者使得人类的通讯能力已经达到了覆盖全球的程度。

(2)生命载体的信息控制工程。信息的生命载体控制工程是基于生命遗传物质的基因结构而在生物体上实现的工程。

(3)心理载体的信息控制工程。信息的心理载体控制工程是一种心理操作的过程。属于这种心理操作的工程很多,其中形式逻辑推理和语法转换规则,无论在日常生活还是在科学研究中都非常重要。亚里士多德的逻辑学由于在科学中发挥了作用而得到发展。以演绎法为中心的现代逻辑学,在德国数学和哲学家莱布尼兹的“思维计算”思想的指引下,英国数学家布尔(1815～1864)和德摩根(1806～1871)奠定了符号逻辑的基础,逐渐发展出演绎逻辑、集合论、递归论、模型论、证明论等诸多分支。语法转换规则是把一种语法转换成另一种语法的规则体系,语言学已经先后发展出多种不同类型的转换规则体系,但迄今最为完善的还是美国语言学家乔姆斯基在其转换生成语法中建立的语法转换规则体系。转换规则的主要功能在于,把一个句子类型转换成另一个句子类型,也可以在一个句子中增减某些成分,改变一些句子成分的顺序,用一个句子中的成分代替另一个句子中的成分。

2. 信息技术

信息技术能够延长或扩展人的信息功能。信息技术主要包括以下几方面内容:(1)感测与识别技术。感测与识别技术的作用是扩展人获取信息的感觉器官功能。它包括信息识别、信息提取、信息检测等技术。信息识别包括文字识别、语音识别和图形识别等。通常是采用一种叫做“模式识别”的方法。这类技术的总称是“传感技术”。它几乎可以扩展人类所有感觉器官的传感功能。传感技术、测量技术与通信技术相结合而产生的遥感技术,更使人感知信息的能力得到进一步的加强。传感技术的任务是延长人的感觉器官收集信息的功能。(2)信息传递技术。信息传递技术的主要功能是实现信息快速、可靠、安全的转移。各种通信技术都属于这个范畴。包括卫星通信技术、光纤技术、激光技术、广播技术都是一种传递信息的技术。由于存储、记录可以看成是从“现在”向“未来”或从“过去”向“现在”传递信息的一种活动,因而也可将它看做信息传递技术的一种。通信技术的任务是延长人的神经系统传递信息的功能。(3)信息处理与再生技术信息处理。信息处理与再生技术信息的处理包括对信息的编码、压缩、加密等。在对信息进行处理的基础上,还可形成一些新的更深层次的决策信息,这称为信息的“再生”。信息的处理与再生都有赖于现代电子计算机的超凡功能。计算机技术则是延长人的思维器官处理信息和决策的功能,缩微技术是延长人的记忆器官存贮信息的功能。(4)信息施用技术。信息施用技术是信息化过程的最后环节。它包括控制技术、显示技术等。传感技术、通信技术、计算机技术和控制技术是信息技术的四大基本技术,其中现代计算机技术和通信技术是信息技术的两大支柱。

信息技术的发展对工程的各因素都有不同程度的推动作用。工程系统既有工程客户和工程主体之间的通信,也有设计者与施工者之间、不同施工者之间的通信,以及施工者与管理者之间的通信。工程活动中的信息联系和运动不止通信一种方式。如果把有关信息的各种操作,包括信息的各种活动等,统称为信息作业。这些作业都出现在工程活动中,立项、设计、施工、验收代表四个不同的信息作业群,整个工程就是各种复杂信息作业的集成体。有信息作业,就可能有新信息的产生,每项工程都产生自己独有的信息。工程活动各部分之间的信息联系和信息运动的方式,亦即工程活动中不同环节之间的信息关系的总和,包括各种信息作业的管理,使信息的发展扩展到了广义工程的范围,成为一个新的学科门类,形成国际化组织、会议、期刊、软件、数据库、程序、标准、协议等产品。

(三)信息时代的工程系统论

近代与现代的时代划分从工程的角度看还有一个更为重要的理由,这就是第二次世界大战结束之后,形成了一个庞大的学科群,其中的思想直接影响了工程乃至其他领域的发展,其标志是1948年出版的维纳(Wiener, Norbert, 1894～1964)的《控制论》。现在我们熟悉的许多概念及思想,大都在其中有所反映,有的也发展成为独立的学科分支。其中包括系统、控制、信息、通信、自组织、调节、反馈、自繁殖、自学习、自适应、自动控制等。另一位伟大数学家冯·诺伊曼(Von Neumann, John, 1903～1957)提供了另外一套概念,特别是对策论、决策理论、人工智能、计算机科学等,同时产生出系统工程、系统分析、运筹学等分支。这些先驱的贡献最终导致一系列新学科的建立,钱学森的《工程控制论》(1954年)的出版为控制论与工程的结合奠定基础。此外还产生生物控制论、经济控制论、社会控制论等,它们形成生物工程、经济工程、社会工程的理论基础。控制论与系统科学的思想与软件技术相结合影响近年工程设计及工程实践,促成整个工程领域的革命性变化。与此同时,工业工程、质量工程、价值工程等新兴领域也逐步建立及完善。

工程学作为一门应用学科,是用数学和其他自然科学的原理来设计有用物体的进程。该学科是研究自然科学应用在各行业中的应用方式、方法的一门学科,同时也研究工程进行的一般规律,并进行改良研究。工程学用于将科学转化为技术,同时也会将技术转化为新的科学和数学,工程与科学使用共同的知识、方法、思维方式、数学、仪器、理论构架,受控实验及大数据挖掘与信息增值研究与开发,同时组织技术的重要性不言而喻。

第二节 信息电气工程与工程法学

一、信息电气工程法治化的原因

(一)学科专业、行业发展的规范化需求

任何工程都通过一定的具有法律效力的契约或合同而把客户、承包者、供应商等联成一体的。工程立项是工程主客体的法律对话过程,完成立项的标志是签署合同,工程由此而进入法律的保护或惩治范围。工程客户与工程主体之间、主体的不同部分之间、主体与供货单位或监督部门之间,或多或少会有分歧、矛盾,甚至冲突。任何工程都把社会成员划分为受益者、非受益者和受害者(显在的或潜在的)三部分,而客户之外的受益者、非受益者和可能的受害者往往容易被忽视,但他们的存在以及对工程的应对行为迟早会反馈于工程系统,对工程的后续进展和产品质量发生影响。凡此种种,都需要靠法律来协调利益、解决问题、消除纠纷,以确保工程的顺利进行。法律知识是管理知识的必要组成部分,科学管理和依法管理不可偏废,甚至是相辅相成的。①

随着社会各项工程及技术的发展,信息电气工程的发展必不可少地需要相关学科专业的支持支撑与应用融合。电气自动化控制、电子工程的核心意义就是运用现代化的技术手段对数据信息进行一个比较综合的处理和全面的掌控,以此来提高工作效率,保真信息资源的共享、增值;并与现代化的社会发展形成共鸣,然后在现有的技术、管理基础上建设更加安全的掌控体系,进行全面的研发,创新分析,完善相应的法律法规,②为更加广阔的信息电气工程发展提供一个高效、规范、秩序的平台,已成为行业共识,并且在相关行业逐步与国际接轨。③ 同时随着政府及企业信息化建设的深入推进,信息化工程监理等规范化服务行业也出现了迅速的发展。④

(二)运营责任、安全及质量体系的保障管理运行要求

工程的产业化建设过程中生产及运营责任、安全与质量体系,是工程管理建设的核心,也是工程效益价值交换与生产的关键。工程项目建设的信息化管理内容包括申报审批规划、设计变更,概算控制、质量、资金、运行监理责任,规范明确健全到条例化、标准化、管理流程信息化,便利业主、监理单位和承建单位等三方的协同工作,提高工作效率;信息化流程管理的责任与权利还在于通过监理监督,组织工

---

① 李喜先等:《工程系统论》,科学出版社 2007 年版,第 39 页。

② 王磊:《电子信息工程的现代化技术》,载《商品与质量:房地产研究》2014 年第 5 期。

③ 王厚余:《结合现行做法谈建筑电气规范》,载《现代建筑电气》2014 年第 5 期。

④ 李锋:《信息工程监理公共服务平台研究》,载张政主编:《科技发展与管理创新》,武汉出版社 2009 年版,第 278 页。

程的验收及评价、运行维护及安全责任界定等法律责任。知识化劳动者的增多及岗位分工的精细化需要在工程建设劳动的环节中对沟通目标,协作效果及质量体系的达成与完善有精确的标准以保障工程建设及管理的秩序运行。责权明晰是保障质量及工程建设进度的方针、政策及纲领性标准。责权信息作为信息资源,在现代信息化、电气化、自动化高秩序低耗能的社会运作模式中,起到组织分析数据、消除不确定性的精确规范管理作用;行业技术操作规范明确条文化(信息化、有序化)要求管理及保障规范按规则、规律进行、进度的需求进行是社会建设、前进的保障。在大数据时代,不仅在信息、电气行业,交通、土木(建筑)等行业的信息化、电气自动化管理都有规范化、秩序化、法理化的需求。

二、信息电气工程的法治化

(一)信息电气工程与工程法学的交叉与融合

从系统的观点来看,社会法治是一个大系统,这个大系统有很多各自独立的子系统或亚子系统组成。用系统的观点认识理解法学所必备的基本理论、基本方法和技术。它包括控制论和信息论,运用信息论的原理,研究法律信息的计量、传递、交换、变换和储存等内容,目的是运用信息的手段,为实现法的最优控制提供科学的依据。法律法规秩序及法律法规功能的发挥与信息的关系极为密切,信息闭塞导致立法及执法的盲目性;信息失真会造成决策的失误,信息混乱则会导致立法和司法机关无所适从。法学的构筑与完善离不开现代科学技术的发展,社会经济的发展需要法学日益向自然科学靠拢,科学技术法规越来越多,技术分支越来越细化。交叉学科不断出现,工程法学和信息法学都是伴随这些社会需要而发展起来的。工程法学从工程的立项、决策、规划、建设、使用和废除的完整寿命周期里抽取信息,传递、交换、变化、储存,运用信息手段实现工程的全过程的规范调整保护及控制。从广义或宏观的角度来说,工程的规范调整保护是基于工程全过程的信息,信息之间的组织关系,而随着科学技术从小科学向大科学、从简单性科学向复杂性科学、从传统技术向高新技术的发展,以及系统科学、信息科学、生态科学、环境科学、生命科学、智能科学、思维科学、经济科学、社会发展理论等新兴科学的交叉融合使工程的全过程及工程法律法规信息的收集传递管理控制有了更先进智能的方法、手段、技术,迅速高效积累经验系统化为知识、规律,进而更全面广泛的对工程进行管理与控制。这些方法、手段、技术包括使用网络对工程的立项规划进行可行性审查,能量资源的调配、设计价值、施工安全、验收标准等,工程所有环节的行政许可规范及秩序维护都可以通过电气化及信息化及技术来实现功能操作及完善。

(二)交通工程信息化电气化的法律规制

交通工程又称“交通工程学”,是研究道路交通规律,并据以进行道路交通的规划、设计、运营、管理等工作的一门工程学科。主要研究内容包括:(1)交通特性的调查研究；(2)交通规划的制订；(3)交通流量、流速和密度的问题；(4)交通管理、交通安全和交通公害等。现代交通工程项目的信息化过程包括道路交通的建造条件、地理信息、人口密度、单位时间内流动人员数目等信息资源的收集、统计分析、线路的铺设、能源的获取选择；油气，电能，或新能源材料方式；交通工具选择包括高速铁路轨道、磁悬浮、汽车、电动车及相应道路的铺设规划设计、交叉与融合。交通过程中的线路规划调度、运营信息传递及增值信息服务与费用管理以及规划完成后到政府行政部门进行行政许可。特别是移动通信技术及信息服务项目的发展使现在可以利用微信进行许可审查预约、网上办公、在线办公、审批等相关过程的自动化智慧化过程。

1. 交通工程项目的行政许可

交通工程项目的行政许可中的信息包括审查是否符合规划法律、法规和规章要求以及国家及行业的技术规范要求，所在城市的总体规划要求符合已经审定的详细规划和规划设计要求及交通组织、城市环境景观、城市防灾、国家安全以及城市可持续发展要求等。上述信息的收集传递、组织、施用决策工程规划许可经认证通过进入施工。工程施工许可对施工条件进行审查，并对许可的证据及证件效力进行监督管理。审查规范安全生产的条件，加强安全生产信息收集监督管理，防止减少生产安全事故。

以交通工程中道路及配套设施建设的环节为标准，交通工程行政监管主要包括工程勘查设计、工程招投标、工程施工环节。交通工程勘查中的信息包括根据建设工程的要求，查明、分析、评价建设场地的地质地理环境特征和岩土工程条件，编制建设工程勘查文件的活动。特别是磁悬浮、轨道交通及无人驾驶等特殊项目的工程设计，则根据建设工程的要求，对建设工程所需的技术、经济、资源、环境等条件进行综合分析、论证，编制建设工程设计文件的活动，即对相关信息的收集、组织、决策，控制工程的有效进展。工程的招投标环节包括建设、经贸、水利、交通、铁道、民航、信息产业等行业和产业项目的招标投标活动的信息，如建设行政主管部门负责各类房屋建筑及其附属设施的建造和与其配套的线路、管道、设备的安装项目和市政工程项目的招标投标活动的监督执法；国家发展与改革委员会负责组织国家重大建设项目稽查特派人员，对国家重大建设项目的工程招标投标进行监督检查。

2. 工程施工过程中的信息处理

工程施工过程中的信息主要包括工程监理、工程质量保修。根据《建设工程质量管理条例》第 12 条的规定，必须实行工程监理的范围包括国家重点建设工程、大中型公用事业工程、成片开发建设的住宅小区工程、利用外国政府或者国际组织贷款、援助资金的工程以及国家规定必须实行监理的其他工程。工程监理制度指的是国家规定的建设工程，建设单位应当委托具有相应资质等级的工程监理单位，依照法律、法规以及有关技术标准、设计文件和建设工程承包合同，代表建设单位对施工质量实施监理的制度。而工程质量保修制度指的是施工单位在工程竣工验收通过后,在一定期限对其实施的工程承担维修责任,并对其产生的损失承担赔偿责任的制度。施工单位依法将建设工程分包给其他单位的,分包单位应当按照分包合同的约定对其分包工程的质量向总承包单位负责,总承包单位与分包单位对分包工程的质量承担连带责任。《建设工程质量管理条例》第 40 条明确规定,在正常使用条件下建设工程的最低保修期限为:(1)基础设施工程、房屋建筑的地基基础工程和主体结构工程,为设计文件规定的该工程的合理使用年限;(2)屋面防水工程、有防水要求的卫生间、房间和外墙面的防渗漏,为 5 年;(3)供热与供冷系统,为 2 个采暖期、供冷期;(4)电气管线、给排水管道、设备安装和装修工程,为 2 年。其他项目的保修期限由发包方与承包方约定。工程施工过程中监理及质量保修信息的收集传递保障工程目的有序进行。

工程施工质量的监理(管理)在 20 世纪前主要依据操作(技术劳动)者,或施工人员的技艺水平及经验来保证。20 世纪初,以 F. W. 泰勒为代表的科学管理理论的产生,促使产品的质量检验从加工制造中分离出来,质量管理的职能由操作者转移给工长,是"工长的质量管理"。随着企业生产规模的扩大和产品复杂程度质量管理的提高,产品有了技术标准(技术条件)。例如,土木建筑中的承重技术,资源能量消耗,人力、物资及劳务分配比例,气候、环境对工程进度的影响等技术细节的记录及管理都可以利用电气化信息化技术而解放更多的人力和物力,并实现标准化管理、网络管理及实时管理,从而使工程耗费及安全、风险、工期等工程干扰因素降到最低,提高工程价值。

交通工程的运营维护及交通规则,秩序的规章、调度规范则在电气自动化建设工程交付并进入公共服务设施投入运营后,借助大数据与网络云平台进行智慧化管理,包括无人值机、自动识别交费与扣费、安全规范驾驶、全球导航信息到无人驾驶这是信息化、电气化应用的最终目标及最高目标。

第四十二章　工程法学的材料学基础

材料学是工程法学所涉及的重要方面之一。本章主要围绕材料的内涵、分类、发展历程与趋势等内容做了系统、全面的介绍，并结合国内外政策法规，从法学的角度进行分析和论证，实现“材料”“工程”“法学”的有机结合。

第一节　材料学基本知识

一、材料概述

(一)材料科学与工程

1. 材料与材料学

材料是人类用于制造物品、器件、构件、机器或其他产品的物质，是人类生存、社会发展和科技进步的坚实基础，是冶金、机械、化工、建筑、信息、能源和航天航空等工业的支撑，被称为当代文明的三大支柱之一。从20世纪70年代起，人们就把信息、材料和能源作为社会文明三大支柱。随着高新技术的兴起，又把新材料与信息技术、生物技术并列作为新技术革命的重要标志。如今，材料已成为国民经济建设、国防建设和人民群众生活的重要组成部分。

材料学是研究材料组成、结构、工艺、性质和使用性能之间相互关系的学科，为材料设计、制造、工艺优化和合理使用提供科学依据。现代材料学科更注重研究各类材料及它们之间相互渗透的交叉性和综合性。

2. 材料科学与工程

材料科学与工程学科属于工学门类的一级学科，它主要研究材料的组成结构、合成加工、基本性质及使役性能等要素和它们之间相互关系的规律，并研究材料的生产过程及其技术。它既要探讨材料的普遍规律，又有很强的针对性，在机电、能源、建筑、激光、红外、环境保护、通信等技术领域中具有重要和广泛的应用。材料科学与工程学科以数学、力学、物理学、化学和生物学等基础科学为基础，以加工制造等工程学科为服务和支撑对象，是一个理工结合、多学科交叉的新兴学科，其研究领域涉及自然科学、应用科学以及工程学。材料科学与其他工程学科的结合发展和相互丰富，充实了人们对自然科学的认识，推动和促进了科学技术的发展和进步。

根据材料的研究与应用不同，材料学可以划分为材料科学与材料工程两大领域，两者既有区别又有联系，相辅相成，缺一不可。简言之，材料科学是研究材料的组织结构、性质、生产流程和使用效能以及它们之间的相互关系，集物理学、化学、冶金学等于一体的科学，侧重于材料结构与性能的研究，是一门与工程技术密不可分的应用科学。而材料工程则是研究、开发、生产和应用金属材料、无机非金属材料、高分子材料和复合材料的工程领域，侧重于基于材料性能的工程应用，属于工程技术的范畴。材料科学与工程技术有不可分割的关系。材料科学是研究材料的组织结构与性能的关系，从而发展新材料，并合理有效地使用材料；但是材料要实现商品化，需要经过一定经济合理的工艺流程才能制成，这就是材料工程。材料科学与工程的发展水平已经成为衡量一个国家的综合实力，也是体现一个国家国防力量和经济发展水平的重要的指标之一。

（二）材料的分类

材料根据不同的分类标准，可以划分为不同的材料类别。按材料结晶状态分类，可以划分为单晶质材料、多晶质材料、非晶态材料和准晶态材料；按材料维度分类，可以划分为零维材料、一维材料、二维材料和三维材料；按材料的功能用途分类可以划分为航空材料、电工材料、建筑材料和包装材料等；按材料的性能特征分类，可以划分为以力学性能为应用基础的结构材料和以物理及化学性能为应用基础的功能材料；按物理性质分类，可以划分为绝缘材料、磁性材料、透光材料、半导体材料和导电材料等；按材料的化学组成分类，可以划分为金属材料、无机非金属材料、高分子材料和复合材料。本书根据材料的化学组成对材料进行分类，重点介绍以下几种材料。

1. 金属材料

金属材料是最重要的工程材料之一，它包括金属和以金属为基的合金。工业生产上把金属和合金分为黑色金属和有色金属。黑色金属又称钢铁材料，包括含铁 90% 以上的工业纯铁，含碳 2% ~4% 的铸铁，含碳小于 2% 的碳钢，以及各种用途的结构钢、不锈钢、耐热钢、高温合金不锈钢、精密合金等。广义的黑色金属还包括铬、锰及其合金。有色金属是指除铁、铬、锰以外的所有金属及其合金。

2. 无机非金属材料

无机非金属材料是以某些元素的氧化物、碳化物、氮化物、卤素化合物、硼化物以及硅酸盐、铝酸盐、磷酸盐、硼酸盐等物质组成的材料，包括陶瓷、水泥、玻璃、耐火材料、搪瓷以及新型无机材料等。

3. 高分子材料

高分子材料也称为聚合物材料，是以高分子化合物为基体，再配有其他添加剂（助剂）所构成的材料。高分子材料包括塑料、橡胶、纤维、薄膜、胶粘剂和涂料等。其中，塑料、合成纤维和合成橡胶被称为现代高分子三大合成材料，已经成为国民经济建设与人民日常生活所必不可少的重要材料。

4. 复合材料

复合材料是由物理和化学性质不同的基体和功能体组合而成的一种多相固体材料。按照基体材料可分为金属基复合材料、聚合物基复合材料和无机非金属基复合材料。复合材料可综合发挥各种组成材料的优点，使一种材料具有多种性能，具有天然材料所没有的性能。

5. 新材料

新材料是指新出现的具有优异性能和特殊功能的材料，或是由于成分或工艺改进而性能明显提高或具有新功能的材料，其研发及工程化应用依赖于新原理、新方法、新技术、新工艺以及新装备的综合运用。和传统材料相比，新材料主要包括新型功能材料、高性能结构材料和先进复合材料几大类，并且具有结构功能一体化、材料器件一体化、纳米化、复合化和绿色化的特点。新材料产业为我国能源、资源环境、信息领域的发展提供了重要的技术支撑，是建设重大工程、巩固国防军工的重要保障。

二、材料科学与工程学科的发展历程与趋势

（一）材料科学与工程学科的发展历程

“材料科学”这个名词在20世纪60年代由美国学者首先提出。1957年，苏联人造地球卫星发射成功之后，美国政府及科技界为之震惊，并认识到先进材料对于高技术发展的重要性，于是一些大学相继成立了十余个材料科学研究中心，从此，“材料科学”这一名词开始被人们广泛使用。材料学科的发展过程遵循了现代科学发展的普遍规律，也是从细分走向综合。各门材料学科通过相互交叉、渗透、移植，由细分最终走向具有共同理论和技术基础的全材料科学。[①] 20世纪40年代以前，基础科学和工程之间的联系并不十分紧密。在20世纪20年代固体物理和材料工程两学科是分离的，到40年代两学科才有交叉。从60年代初开始出现了材料科学，到了70年代，材料科学和材料工程的学科内涵大部分重叠，材料科学兼备自然科学和应用科学的属性，故“材料科学与工程”（Materials Science and Engineering，MSE）作为一个大学科逐步为科技界和教育界所接受。[②]

1. 国外材料科学与工程学科发展历程

在20世纪60年代，美国西北大学M. E. Fine教授等人，首次提出了材料科学与工程这一概念。在此之前，国内外高校均没有明确完整的材料科学与工程教育。此时，材料科学与技术人才的培养分属冶金、化工或机械等专业。从20世纪60年代初起，欧美等国家高校中冶金、机械或化工等与材料有关的系或相关的专业及学科开始改设“材料科学与工程系”“材料科学系”“材料工学系”。至80年代中后期，欧美等国大部分高校已完成此项工作。这种教育符合材料科学技术发展趋势。

① 李强、陈文哲：《美国和欧洲的材料科学与工程教育》，载《高等理科教育》2002年第6期。

② 张钧林：《材料科学与工程的学科发展、现状与人才培养》，载《甘肃科技》2008年第15期。

近年来,美国与欧洲在材料教育方面的最显著特点就是把材料科学与工程看作是一门学科。在大学不再需要专门的材料主题。这些材料不再是冶金、陶瓷或电子材料学,而统称为材料,材料教育涉及的范围包括金属、陶瓷、高分子、半导体以及其他所有类型的材料。①

2. 国内材料科学与工程学科发展历程

中国的材料科学与工程教育起源于部分高校的采矿系、矿冶系等,可分为五个历史阶段。"文化大革命"前,我国基本上承袭了原苏联的培养模式与体系,材料科学技术人才被分割在十几个专业培养,分属于冶金、机械、化工等系内。这种教育模式一直延续到改革开放初期。20 世纪 70 年代后,我国逐步实行改革开放政策。在此期间,我国教育改革取得了一定成绩与经验,但在教育思想与人才培养模式上尚未有根本性突破,仍保留原苏联的做法。到了 80 年代,面对高新技术发展对材料人才培养需求的变化,特别是面对国外材料学科教育的改革,我国教育模式与内容的弊端越来越凸显。尤其是国内市场经济开始发展,且逐步取代计划经济,在工业组织上那种小而多、小而全的模式被大集团、大工业的生产所取代。随之,旧培养模式与体系也很难再维持,而不得不进行改革。特别是近几年来我国材料学科教育改革的迅速发展,多数设有有关材料专业的院校均已程度不同地对原教育模式进行了改革,并且出现了有根本突破的新思路和新方案。

国内大学的材料学科大体是从两类学校中通过不同的起点而发展。一类是在工科院校中通过冶金与机械,或金属、非金属、高分子三大类材料以及它们的复合材料所依存的专业而建立的学科,如工科院校的材料科学与工程系等,这种类型的学科侧重于从具体应用的角度来探求新材料的性能评价与使用。另一类是一些综合性大学在追踪科技前沿的基础上,由物理学与化学孕育并分化形成材料物理与材料化学新学科,建立了材料科学系或研究所,其特点是材料学与物理学、化学等学科交叉结合。这两类不同起点的材料学科在前进中经过自我完善而相互靠近,理工结合,并逐渐向基础研究与应用研究相结合的方向发展。

(二)材料科学与工程学科的发展趋势

材料科学技术的发展,特别是"材料科学与工程"一级学科领域的形成,以材料科学与工程一级学科来设置引导性专业已成为大势所趋。考虑到材料的多样性、广泛性和共性,全国设置了材料专业的院校已注意体现"厚基础、宽口径、多方向"的人才培养特色。② 宽口径教学的目标是培养基础扎实、知识面宽的人才,这要求加强并拓展一级学科基础课程。加强基础理论教学,增大基础课比重,拓宽基础课知识面;拓宽专业口径,调整专业结构,拓宽专业课和专业方向课的范围。此

---

① 尤显卿、汪冬梅等:《工科院校材料学科办学特色分析与思考》,载《合肥工业大学学报》2008 年第 1 期。

② 曲明贵、张瑞军、张福成等:《材料学科创新型人才培养的探索与实践》,载《教学研究》2012 年第 2 期。

外,还应注意增加新兴学科的内容。必须改革仅重知识结构优化、忽视思想素质提高,重科学技术掌握、忽视精神文明熏陶,重有形课程建设、忽视育人环境建设的片面做法。培养“宽口径、多方向”的材料工程的高级技术人才,必须树立“大工程、大材料”的思想,科学设计课程体系,特别是工程技术基础和专业公共基础平台的设计。在大工程技术基础方面,设立数学、物理、化学、物理化学、计算机基础、电工与电子技术、工程力学、机械设计基础及经济管理等课程,并使人文社会科学、自然科学和工程技术科学有机结合。材料科学与工业技术突飞猛进,对材料类专业人才的素质提出了越来越高的要求。由于材料科学与工程是一门实践性很强的学科,其内容和领域处于不断拓展之中。此外,材料科学与其他学科(包括物理、化学、机械电子等学科)关联性极强,这给高等学校材料科学与工程专业的教学体系和课程内容的建设带来了困难。如何在材料科学与工程学科内容日益丰富的情况下培养出适应材料产业和技术飞速发展的合格人才,是材料科学与工程教育面临的重要问题,也是材料科学教育改革与发展的推动力。①

随着社会和科技进步,应用上既需要性能更为优异的各类高强、高韧、耐热、耐磨及耐腐蚀等新型结构材料,也需要各种具有力、光、电、磁、声及热等特殊性能及其耦合效应的新型功能材料,同时对材料与环境的协调性等方面的要求也日益提高。生物材料、信息材料、能源材料、纳米材料、智能材料、极端环境材料及生态环境材料等已逐渐成为材料研究的重要领域。同时,计算机在材料科学中的应用,为深入了解材料成分、制备工艺、组织结构性能的关系提供了可能,也为材料制备过程组织演变模拟提供了强有力的工具,计算材料和虚拟工程逐步发展成材料科学与工程的一个重要分支。

展望未来,材料科学与工程学科的发展方向主要包括如下几个方面:实现微结构不同层次上的材料设计以及在此基础上的新材料开发;材料的复合化、低维化、智能化和结构功能一体化设计与制备技术研发;材料加工过程的智能化、自动化、集成化、超精密化技术的开发等。此外,一方面,要注重研究和解决有关材料的质量和工程问题,不断挖掘传统材料的潜力;另一方面,也要特别注重研究和解决与能源、信息相关的新兴材料,支撑社会可持续发展。

第二节　材料、工程与法学

一、建筑材料的发展与法学应用

(一)传统建材行业的能耗污染

当前,以电力、钢铁、有色、建材、石油加工、化工等行业为代表的高能耗、高污

① 罗延龄:《现代科学技术与现代材料科学》,载《中国科技纵横》2010年第22期。

染的传统行业，正面临着产能过剩严重、环境污染突出的问题，严重制约着经济、社会和环境的可持续发展。2007 年 6 月 3 日，国务院印发了《节能减排综合性工作方案》，进一步明确了实现节能减排的目标任务和总体要求。2007 年 12 月初，中央经济工作会议将节能减排作为 2008 年经济工作的重要任务之一。显然，以钢铁、石油、玻璃、水泥和陶瓷为主要生产原料的传统行业，由于产业结构的落后和单一，不足以适应当前经济社会的发展，因此，必要的产业升级势在必行。

建材工业是能源消耗和废气排放的大户，以建筑业普遍使用的水泥为例，在水泥生产过程中，其能源消耗费用占生产成本的 50% ~60%。根据全国在册水泥厂的统计，每年要消耗煤炭约为 1.2 亿吨，用电量达到 400 亿度，仅用电量就相当于 20 个秦山核电站一年的总发电量。然而，我国却是一个能源相对贫乏的国家，能源人均占有量远低于世界平均水平，以如此巨大的能源消耗去换取与日俱增的水泥产量，确非长久之计。近十年内，我国水泥生产过程中所排放的 CO_2 量近 75 亿吨之多。[①]

以传统陶瓷行业为例，在带来巨大经济效益的同时，也由于矿产资源消耗量大、能耗高、污染大，也带来了严重的环境问题。[②] 而长期以来，我国陶瓷产品的价格没有反映出环境成本。很多地方对矿产资源过度地开采，极大地破坏了生态环境，而且对陶瓷废料的回收再利用率极低，对环境造成严重的污染。这不仅将导致国内矿产资源、能源的匮乏，也阻碍了我国陶瓷行业的可持续发展。

现阶段，我国多数新型建材企业的竞争主要集中在中低端产品上，技术含量较高的产品较少，高端领域竞争并不激烈。为促进科技成果转化、推动建筑节能工作，2010 年，住房和城乡建设部与科技部联合印发了《既有建筑节能改造技术推广目录》，其中包括多项太阳能技术、供热技术、门窗材料、墙体材料、化学建材等建材类产品。为了更好地适应建设资源节约型、环境友好型社会的需要，建材工业的发展应当以科学发展观为指导，坚持以节能为中心，把节能作为中国建材工业发展的重中之重，按照循环经济的发展模式，走资源、能源节约型道路，在实现与经济、社会、环境协调发展的同时，实现行业自身的可持续发展。

（二）节能减排的政策和实践

1. 国外节能减排的政策和实践

节能减排是各国的共同义务，世界各国特别是发达国家，积极参与环境保护工作，陆续出台了法律法规和相关政策，通过完善的政策体系取得了良好的节能减排绩效。其经验大体可以划归为以下几个方面：

（1）完善的法律法规体系。美国在节能减排法规制定方面起着带头作用。早

---

① 车东进：《论中国建材工业的可持续发展》，载《科技资讯》2014 年第 6 期。

② 胡国林：《对陶瓷工业节能减排的思考》，载《中国陶瓷工业》2009 年第 1 期。

在1976年，美国就制定了《固体废物处置法》，旨在减少垃圾污染，改善环境。[①] 20世纪70年代以来的40多年里，美国在能源方面的法律建设日臻完善。2001年，“美国国家能源政策发展小组”建议加大公共财政对节能工作的支持力度。2003年，美国能源部出台了《能源战略计划》，把提高能源利用率上升到“能源安全战略”的高度，提出四大能源安全战略目标，在2005～2010年提供了200亿美元发展能源技术。此后，美国还颁布了《2005年国家能源政策法》，核心内容是以优惠政策来辅助科研力量，达到节能降耗的目的。根据该项法案，联邦政府在后续的十年内提供了近145亿美元的减免税优惠，以鼓励企业采取节能措施。

德国于2000年颁布《可再生能源法》，2004年颁布《可再生能源法修正案》，同年还出台了《国家可持续发展战略报告》。除了开源，德国还注重节流，2002年出台了《节省能源法案》，把减少化石能源和废弃物处理提高到发展循环经济的高度并建立了系统配套的法律体系。2005年颁布了《联邦控制大气排放条例》和《能源节约条例》。一系列的法规条例敦促企业提高能源利用效率，保证了德国能源成本的降低。

（2）高效的管理体系。日本具有世界上最高效的能源管理体系。日本节能管理体系分三层：第一层是以经产省及地方经产局为主干的节能领导机关，主要负责产业领域的节能管理。国家机构中与节能工作直接相关的部门还有环境省、国土交通省、文部科学省等。第二层是节能专业机构，如日本节能中心负责节能推进和组织实施，新能源产业技术开发机构负责组织、管理和推广应用研发项目。第三层是节能指定工厂和节能产品生产商和经销商，负责落实各项节能政策措施。各部门分工明确、协调有序，真正形成了齐抓共管的局面。为了更好地进行管理，在给节能指定工厂分类后，政府规定第一种能源管理单位必须配备能源管理师来指导该单位的节能减排工作。能源管理师每年进行能源管理师全国统一考试，每次合格率仅为25%，通过考试将获得经济产业大臣颁发的资格证书，并在经产省备案。目前全日本共有约6000名能源管理师。这样的管理制度保证了企业节能工作的专业高效推行。

（3）灵活的市场机制。发达国家节能减排之所以能取得重大进展，是其政府政策和市场机制相互配合的结果。他们利用市场机制的方式主要有两类：一是放开价格管制，促进能源和环保产业的市场化。在自由的市场竞争中产品能得到优化，同时能源也会因为价位的升高而被珍视和节约，如日本国内的排放权交易采取的是自愿制定减排目标的原则，如果没有达到减排目标的企业，可以从其他企业那里购买多余的减排量，也就是说，减排量可以在国内企业之间自由流转。这样，减排量也就成了名副其实的自由商品。二是征收能源税或环境税，通过税收压力直接敦促企业节约用能。

---

① 黄德林、邵月、艾希：《中西方节能减排政策比较研究》，载《资源与产业》2012年第2期。

(4)充分的资金技术支持。美国的节能技术先进,他们把提高工业能效的重点放在耗能集中的行业,包括农业、铝制品业、化学工业、木制品业、玻璃业、金属铸造业、采矿业、石油加工业和钢铁行业等。有些工业可以利用废热,这样可以大大地提高能源效率。就地发电对于可以利用发电过程中废热的企业很具吸引力。这种将发电和产热结合起来的系统称为热电联产系统,它的热效率要高于常规的发电站。有些热电联产系统生产的电力超过了自身的需求,多余的部分可以上网出售。美国的制造业中,大约45%以上的燃料用于燃烧产生蒸汽。通过提高蒸汽系统的效率,常用的企业生产设备可以节约20%蒸汽。

(5)科学的考核标准。节能减排能否规范化和常态化离不开严格的制度标准。1998年日本政府修订了《节能法》,同时推出了领跑者计划。该法设定的能效标准是同类产品的平均绩效标准目标,而非最低绩效标准,即厂商可以推出低于该标准的产品,但需要推出其他更高能效的产品,以使整个公司同类产品的平均绩效高于法定标准。正是通过设定这样的标准,日本的领跑者计划才能有效推进。德国有非常科学的统计系统。它非常重视能源统计工作,联邦政府设有联邦统计局,其中16个州也都设有统计分局。这些机构的统计工作者能接触最终用户和企业,保证了统计的客观性和准确性,从而更科学实际地制定政策和标准,促进节能减排。

2. 我国节能减排政策和实践

节约资源和保护环境是我国的一项基本国策。"十一五"之后,我国各级政府及相关部门把节能减排工作摆在重要位置,陆续出台了一系列旨在缓解能源压力、保护生态环境、实现可持续发展的行之有效的节能政策措施。概而论之,我国的节能减排政策实践主要包括以下几个方面:

(1)节能减排税收政策。税收是国家宏观调控微观市场主体的重要杠杆。为了推进节能减排,在增值税方面,自2001年7月1日起,我国对各级政府及主管部门委托自来水厂(公司)随水费收取的污水处理费,免征增值税;对燃煤电厂烟气脱硫生产的二水硫酸钙等副产品实行增值税减半征收。在消费税方面,自2005年起,对国家批准的定点企业生产销售的变性燃料乙醇实行免征消费税政策。虽然部分税收优惠政策仅适用于个别企业,但起到了很好的模范带头作用。在排污税方面,2003年7月1日,国务院颁布《排污费征收使用管理条例》,2009年1月1日,国务院又颁布了《关于实施成品油价格和税费改革的通知》。通过对排污者或资源使用者税基和税率的变化,国家可以约束或鼓励企业、消费者进行有效的节能减排。①

(2)节能减排财政政策。政府对节能减排产品实施绿色补贴、绿色采购等方式,鼓励企业生产绿色产品或增加产出。② 对于普通民众,国家发改委2009年5月

① 曾凡银:《中国节能减排政策:理论框架与实践分析》,载《财贸经济》2010年第7期。

② 胡国林:《对陶瓷工业节能减排的思考》,载《中国陶瓷工业》2009年第1期。

21日启动"节能产品惠民工程",通过财政补贴每年拉动节能产品消费4000亿~5000亿元,节电750亿kW·h,年减排二氧化碳7500万吨。

(3)节能减排金融政策。为了遏制高耗能高污染产业的盲目扩张,环保总局、人民银行、银监会三部门于2007年7月30日联合提出的一项全新的信贷政策《关于落实环境保护政策法规防范信贷风险的意见》,此意见规定了对不符合产业政策和环境违法的企业和项目进行信贷控制,各商业银行要将企业环保守法情况作为审批贷款的必备条件之一。各级环保部门要依法查处未批先建或越级审批,环保设施未与主体工程同时建成、未经环保验收即擅自投产的违法项目,要及时公开查处情况,即要向金融机构通报企业的环境信息,而金融机构要依据环保通报情况,严格贷款审批、发放和监督管理,对未通过环评审批或者环保设施验收的新建项目,金融机构不得新增任何形式的授信支持。2008年2月,国家环保总局发布《关于加强上市公司环境保护监督管理工作的指导意见》,在绿色信贷和绿色保险对企业间接融资进行环保控制的基础上,构建一个以绿色市场准入制度、绿色增发和配股制度以及环境绩效披露制度为主要内容的绿色证券市场,从资金源头上遏制"双高"企业无序扩张,建立良好环境,促进金融市场和环境双向互动发展。

(4)节能减排价格机制。价格是联系市场中两个微观主体——生产者和消费者的最为重要的纽带。国家通过价格杠杆不仅可以鼓励生产者生产更为节能的产品,而且能够约束消费者的消费行为,引导消费者们树立正确的绿色节能的消费观。

2017年1月,国务院印发《"十三五"节能减排综合工作方案》,明确了"十三五"节能减排工作的主要目标和重点任务,对全国节能减排工作进行全面部署。该方案从十一个方面明确了推进节能减排工作的具体措施:优化产业和能源结构,促进传统产业转型升级,加快发展新兴产业,降低煤炭消费比重,以及完善支持节能减排的价格收费、财税激励、绿色金融,建立和完善节能减排市场化机制,推行合同能源管理、绿色标识认证等。方案指出,在"十三五"期间要进一步强化建筑节能,实施建筑节能先进标准领跑行动,开展超低能耗及近零能耗建筑建设试点,推广建筑屋顶分布式光伏发电。编制绿色建筑建设标准,开展绿色生态城区建设示范,到2020年,城镇绿色建筑面积占新建建筑面积比重提高到50%。实施绿色建筑全产业链发展计划,推行绿色施工方式,推广节能绿色建材、装配式和钢结构建筑。强化既有居住建筑节能改造,实施改造面积5亿平方米以上,2020年前基本完成北方采暖地区有改造价值城镇居住建筑的节能改造。推动建筑节能宜居综合改造试点城市建设,鼓励老旧住宅节能改造与抗震加固改造、加装电梯等适老化改造同步实施,完成公共建筑节能改造面积1亿平方米以上。推进利用太阳能、浅层地热能、空气热能、工业余热等解决建筑用能需求。

(三)建材行业的可持续发展

可持续发展是一种注重长远发展的经济增长模式,指既满足当代人的需求,又不损害后代人满足其需求能力的发展,是科学发展观的基本要求之一。建筑材料作为人类消耗量最大的产品,其发展应该也必须遵循可持续发展的要求。可持续发展建筑宏观方面的意义在于,它必须着眼于未来,着眼于社会、经济持续发展的全局。在可持续发展的大前提下,未来一切将建筑的物态构成加入到社会、经济多产业的物质大循环中,使建筑业与其他方面相互融合、渗透,并最终构成似生态食物链的连接,才有可能为将来的建筑发展寻求到新的能源、材料途径,并为超过使用寿命期的建材提供物尽其用的渠道。可持续发展建筑微观方面的意义在于,体现在特定时期内的具体存在形式之中。我们应当立足于当前,在现有条件下通过总结已有的实践经验,发挥现有技术的潜能,发展绿色材料、生态材料和可持续材料,实现材料的可持续发展。建立并发展可持续发展的新型材料,可以将科技创新和政策法规两个方面结合,从技术和法律的角度进行推进建材行业的可持续发展。

1. 推进技术进步和科技创新

(1)开展建筑材料低碳、绿色、高性能化的基础理论研究,为发展新型低环境负荷建筑材料及其高性能复合材料制品提供理论指导,促进建材工业的绿色转型、技术升级和产品更新换代。

(2)组织开发高温窑炉节能、环保和低碳化技术。以水泥、玻璃、陶瓷等工业窑炉节能减排为重点,开发新一代节能窑炉、集成示范高能效工艺技术和装备,加快国内现有窑炉节能改造升级,突破 SO_2、NO_x 和 CO_2 气体减排关键技术,实现我国节能减排技术的跨越式发展。主要产品生产综合能耗达到同期国际领先或国际先进水平,加快实现我国建材工业窑炉产业向资源节约型、环境友好型转化。

(3)推广大型节能粉磨技术与装备。以矿业和原材料制造业的绿色节能和资源可持续为重点,大力发展高效节能粉磨、无球化粉磨技术与装备,加快现有矿物粉磨技术装备的节能改造和技术升级。

(4)高性能绿色节能建材及其先进制造技术。开发工业化、规模化生产的高强自保温烧结墙体材料、高强自保温泡沫混凝土材料、建筑用高性能岩棉保温材料、结构与保温一体化复合墙体部品构件、热塑性复合材料节能门窗材料、高性能节能玻璃窗、门及幕墙材料、改善室内健康环境质量功能材料等,开发屋面防水保温一体化材料和技术,满足绿色节能建筑要求。

2. 加快标准的制修订与标准的创新提升

(1)大力推进水泥窑协同处置废弃物、水泥生产企业二氧化碳排放量计算方法、水泥窑余热发电评价方法等方面标准的研究和制定工作。水泥窑协同处置企业要严格执行《水泥窑协同处置固体废物污染控制标准》和《水泥窑协同处置危险废物环境保护技术规范》,环保部门要对水泥窑协同处置垃圾废弃物进行全过程监管。水泥窑协同处置垃圾废弃物要遵循生态环境保护原则,垃圾收运路线禁止经过生态环境保护区、人口密集区;应对垃圾运输距离进行限定,超过限定运距的水泥厂不能进行协同处置。

（2）加快推进新能源玻璃、外墙外保温材料、石材复合板标准的制修订。[①] 为有效防止建筑外保温系统火灾事故，公安部、住房和城乡建设部联合制定了《民用建筑外保温系统及外墙装饰防火暂行规定》。另外，在低碳背景下，国内玻璃企业紧跟低碳经济的发展步伐，在日前推出了节能环保 AR 玻璃，这是在太阳能组件产品上一次新的开拓，也将极大地推动节能环保概念的普及推广。AR 光伏玻璃作为新兴节能环保产品广泛地应用于太阳能电池、太阳能热水器等组件领域。

（3）完善陶瓷产品节材、节水标准的制修订，重点推进薄化陶瓷砖、工业陶瓷新光源、新能源用工业陶瓷产品相关标准的制定。由中国建筑卫生陶瓷协会牵头，针对建陶行业制定的《安全生产标准》在 2015 年完成修订，2016 年开始实施，这将是中国建筑卫生陶瓷史上第一部规范企业安全生产的标准。

（4）积极开展具有节能环保、保温隔热、隔音、防水、防火、抗震等功能的新型墙体材料和装饰装修材料标准修订，重点关注节能标准。如烧结墙体屋面材料企业能源计量器具配备和管理导则；烧结砖瓦能耗等级限额；烧结砖瓦产品当量导热系数的测试方法等标准制修订。

当前我国正处于工业化、城镇化加速发展的重要阶段，经济社会发展面临着严峻的资源和环境双重约束。因此，要加快建材行业包括钢铁、水泥和陶瓷等产业结构的调整和升级；大力研发以绿色材料、生态材料、节能材料为主的新型工程材料；建立并健全政策法规，通过法律的约束来规范行业行为，实现建筑材料的可持续发展。

二、新材料发展与法学应用

（一）新材料的发展现状和存在的问题

近几年，世界各国纷纷在新材料领域制定了相应的规划，全面加强研究开发，并在市场、产业环境等不同层面出台政策。美国于 2009 年、2011 年和 2015 年分别发布《国家创新战略》，其中清洁能源、生物技术、纳米技术、空间技术、健康医疗等优先发展领域均涉及新材料；2011 年启动了材料基因组计划；2012 年制定的《先进制造业国家战略计划》，进一步加大对材料科技创新的扶持力度。欧盟为实现经济复苏、消除发展痼疾、应对全球挑战，于 2010 年制定了《欧洲 2020 战略》，提出三大战略重点。德国政府发布了《创意、创新、繁荣：德国高技术 2020 战略》，其中“工业 4.0”是十大未来项目中最为引人注目的课题之一。2013 年英国推出《英国工业 2050》，重点支持建设新能源、智能系统和材料化学等创新中心。日本于 2010 年发布了《新增长战略》和《信息技术发展计划》。韩国于 2009 年公布了《绿色增长国家战略及五年行动计划》和《新增长动力规划及发展战略》。巴西、印度、俄罗斯等

① 赵书健：《建筑节能若干问题的法律思考》，载《墙材革新与建筑节能》2008 年第 1 期；钟莲云、张德成：《建筑材料可持续发展的关键——绿色建材》，载《国外建材科技》2004 年第 1 期。

新兴经济体采取重点赶超战略,在新能源材料、节能环保材料、纳米材料、生物材料、信息材料等领域制定专门规划,力图在未来国际竞争中抢占一席之地。[①]

"十三五"以来,我国政府高度重视新材料产业的发展,随着《新材料产业"十三五"发展规划》和《"十三五"国家战略性新兴产业发展规划》等国家层面战略规划的出台,工信部、发改委等有关部委相继发布了新材料产业及其他战略性新兴产业的相关发展规划。科技部发布了相关科技发展专项规划,其中绿色制造科技发展、半导体照明科技发展、绿色建筑科技发展、洁净煤技术科技发展、海水淡化科技发展、新型显示科技发展、国家宽带网络科技发展、中国云科技发展、医学科技发展、服务机器人科技发展、高速列车科技发展、制造业信息化、太阳能科技发展以及风力发电、智能电网重大科技产业化工程等,都包含新材料的研发和应用内容。

我国新材料研发和应用发端于国防科技工业领域,经过多年发展,新材料在国民经济各领域的应用不断扩大,初步形成了包括研发、设计、生产和应用,品种门类较为齐全的产业体系。进入新世纪以来,我国新材料产业发展迅速,产业规模不断壮大,同时,新材料品种不断增加,高端金属结构材料、新型无机非金属材料和高性能复合材料保障能力明显增强,先进高分子材料和特种金属功能材料自给水平逐步提高,部分关键技术取得重大突破。在个别领域已经处于国际领先水平的产业集聚区加快布局,宏观发展环境积极改善,为下一步加快发展奠定了坚实基础。

但是,我国新材料产业总体发展水平仍与发达国家有较大差距,发展过程中还存在一些突出矛盾和问题,成为制约新材料产业快速发展的瓶颈。其中一个重要的原因是政策及保障机制难以适应新材料产业发展的要求,并且新材料产业缺乏统筹规划和政策引导。新材料产业的关键环节和重点领域存在"老办法管新事物"的现象,创新产品进入市场困难。行政审批周期长阻碍了企业创新的积极性。对于开发风险较大的项目,缺少资金保障机制的支持。市场的准入机制也存在一定的缺陷。此外,新材料产业服务平台尚未建立,风险投资、中介服务不能满足企业创新创业的需求。新材料成果转化和工程化过程需要大量投入,但面向工程化服务的多元化投融资体系和中介服务体系尚不完善,制约了新材料创新和产业的发展。

(二)加快发展我国新材料产业的政策建议

2017 年 1 月,由工信部、发改委、科技部和财政部联合印发了《新材料产业发展指南》。该指南提出,在"十三五"期间,要从突破重点应用领域急需的新材料、布局一批前沿新材料、强化新材料产业协同创新体系建设、加快重点新材料初期市场培育、突破关键工艺与专用装备制约、完善新材料产业标准体系等九个方面进行

---

① 屠海令、张世荣、李腾飞:《我国新材料产业发展战略研究》,载《中国工程科学》2016 年第 4 期;邵立勤:《新材料产业的发展战略》,载《中国电子商务》2008 年第 10 期。

重点研究。为加强我国新材料产业的提质增效和协同应用，提高新材料的基础支撑能力，推进新材料融入全球高端制造供应链的同时，进一步提高重大关键新材料的自给率，布局前沿新材料研发，形成一批具有前瞻性的创新成果，加快实现我国从材料大国向材料强国的转变，可以从以下几个方面开展工作。①

1. 加强顶层设计，完善产业政策

加强国家对新材料基础研究的投入，高度重视当前处于研发阶段的前沿新材料，适度超前安排。着力突破新材料产业发展的工程化问题，提高新材料的基础支撑能力。加快完善有利于推动新材料产业进步的政策和法规体系，制定新材料产业发展指导目录和投资指南，建立相关的技术标准体系，完善产业链、创新链、资金链。遵循"谁投资、谁负责"的原则，加强对国有资本投资回报率的监管；突出国家对重点行业的聚焦支持，防止出现"投资碎片化"，集中力量培育和塑造我国名牌新材料产品。

2. 完善新材料技术标准规范

瞄准国际先进水平，立足自主技术，健全新材料标准体系、技术规范、检测方法和认证机制。加快制定新材料产品标准，鼓励产学研用联合开发重要技术标准，积极参与新材料国际标准制定，加快国外先进标准向国内标准的转化。加强新材料品牌建设和知识产权保护，鼓励建立重要新材料专利联盟。加快建立新材料检测认证平台，加强产品质量监督，建立新材料产品质量安全保障机制。

3. 发挥市场的资源配置作用，建设以企业为主体的发展体系

在注重政府对新材料产业发展战略引导作用的基础上，加快营造新材料相关企业自主经营、公平竞争的市场环境，以企业为投资主体和成果应用主体，加强产学研用相结合，充分发挥市场配置资源的基础性作用，提高资源配置效率和公平性。推动优势企业实施强强联合、跨地区兼并重组、境外并购和投资合作，提高产业集中度，加快培育具有国际竞争力的企业集团。抓住我国工业化进程加速的历史机遇，培育、拓展新材料消费市场，特别是中高端市场，以需求带动发展，促进企业上档次、上规模，推动供给侧结构性改革，扩大与国际制造企业的全方位合作，推动新材料快速融入全球高端制造供应链。

4. 加强支撑体系建设，夯实发展基础

进一步加大对新材料制备和检测自动化设备的研发支持，集中力量开发改进产品质量、降低制造成本的核心装备，重视新型低成本制造工艺及其配套技术的开发，深化发展新材料的智能化制造技术。建设材料设计与极端条件下性能预测研发平台，制定材料服役性能和全寿命成本指标体系，全面提升我国材料应用水平。建立新材料结构设计—制造—评价共享数据库，以下游应用为牵引，构建与国际接轨又具我国特色的材料标准体系。从战略高度重视和研究新材料产业的知识产权

---

① 屠海令、张世荣、李腾飞：《我国新材料产业发展战略研究》，载《中国工程科学》2016 年第 4 期。

体系,加强知识产权保护,鼓励新材料研发中的原始创新与集成创新,逐步形成具有自主知识产权的材料牌号与体系,开展协同应用试点示范,搭建协同应用平台,推进新材料产业的结构调整和升级换代。

5. 加强人才培养,积极引进创新人才

实施创新人才发展战略,支持企业加强创新能力建设,不断加大新材料领域创新型人才的培养力度,吸收国外高水平的技术和管理人才,建立适合创新人才发展的激励和竞争机制。同时,鼓励新材料企业积极开展国际合作与交流,引进国外先进技术和管理经验,不断提升我国新材料企业管理水平。充分发挥行业协会、科研单位和大学的作用,共同建立新材料专家系统,加强新材料研发、生产和应用的直接沟通和交流。专家系统定期对国内外新材料研发和应用需求进行调研和评估,发挥思想库作用,就新材料发展和需要关注的重点问题提供咨询意见。

(三)新材料知识产权的保护

知识产权保护是企业的知识产权战略实施的前提和保障。强调新材料的原始创新,必须强化专利意识,重视知识产权保护。建立健全有利于新材料科技成果转化和产业发展的机制,理顺产权关系,保障科技人员权益。

1. 新材料知识产权的重要性

新材料的渗透性和应用性很强,一些基础研究的成果转化周期短,很快能够得到应用,呈现出基础研究、应用研究和产业化并行发展的新特点。因此,必须增强竞争意识,基础研究、原始性创新研究和技术创新并举,并把三者有机地结合起来,实现新材料科技的跨越发展。要在激烈的竞争中有立足之地,必须重视专利保护,以知识创新和技术创新为前导,获得自主知识产权,为培育新产业和改造传统产业提供技术源泉。知识产权保护制度的核心是国家通过法律保护知识产权人一定时期的独占性来鼓励智力创造活动。知识产权保护制度植根于市场经济,以知识成果的产权明确界定和有效保护为主要特征,为新材料科技创新提供了一种内在的动力机制和一个外部的公平竞争法律环境,对促进纳米技术发展具有重要作用。

2. 新材料知识产权的制定

新材料知识产权战略,要坚持科学发展观,结合企业实际,着眼于运用知识产权制度解决制约新材料技术发展的“瓶颈”,不断强化知识产权的作用,完善新材料技术企业知识产权工作的管理。要以创新的观念来统领制定的全过程,充分发挥市场机制的基础性作用。要坚持结合企业实际,突出重点的原则。牢牢抓住知识产权战略重点,力争在重点和优势领域取得突破,提高新材料自主知识产权拥有的数量和质量,促进企业应用知识产权的能力。

从国内来看,“十三五”是全面建设小康社会的关键时期,是加快转变经济发展方式的攻坚时期,经济结构战略性调整为新材料产业提供了重要发展机遇。一方面,加快培育和发展节能环保、新一代信息技术、高端装备制造、新能源和新能源汽车等战略性新兴产业,实施国民经济和国防建设重大工程,需要新材料产业提供支撑和保障,为新材料产业发展提供了广阔市场空间。另一方面,我国原材料工业规模巨大,部分行业产能过剩,资源、能源、环境等约束日益强化,迫切需要大力发展新材料产业,加快推进材料工业转型升级,培育新的增长点。

后　记

衷心感谢参与本著作撰写的优秀合作者们！是你们的精诚合作、辛勤耕耘使本著作得以诞生！

本著作有关工作详细完成情况如下：刘国涛总体构思、组织撰写、撰稿、统稿定稿、安排出版；马凤玲撰写了较多内容，并参与了统稿定稿；隋卫东参与了总体构思、组织撰写、撰稿。各部分具体撰写者是：前言：刘国涛；第一章：高衍超（防灾科技学院马克思主义学院）；第二章：梁飞（山东建筑大学马克思主义学院）；第三章：刘晓宏（山东建筑大学法学院）；第四章：刘国涛、马凤玲（山东建筑大学法学院）；第五章：刘国涛、马凤玲；第六章：刘国涛、马凤玲；第七章：王萍（山东建筑大学马克思主义学院）；第八章：马凤玲；第九章：马凤玲；第十章：王淑华（山东建筑大学法学院）；第十一章：赵凤梅（山东建筑大学法学院）；第十二章：马凤玲；第十三章：朱宝丽（山东建筑大学法学院）；第十四章：吴小帅（山东建筑大学法学院）；第十五章：隋卫东（山东建筑大学法学院）；第十六章：马聪（山东建筑大学法学院）；第十七章：马凤玲、刘国涛；第十八章：曹枫（山东财经大学法学院）；第十九章：纪燕（山东建筑大学艺术学院）；第二十章：孙灿（清华大学社会科学学院）；第二十一章：郭宁（山东建筑大学法学院）；第二十二章：董蕾红（山东建筑大学法学院）；第二十三章：赵静（山东建筑大学法学院）；第二十四章：曲洪祎（山东建筑大学马克思主义学院）；第二十五章：张文雅（中国社会科学院马克思主义研究院）；第二十六章：巩克菊（山东建筑大学马克思主义学院）；第二十七章：田媛（山东建筑大学校机关）；第二十八章：左敏（山东建筑大学法学院）；第二十九章：张鹏（山东建筑大学马克思主义学院）；第三十章：赵维燕（济宁医学院精神卫生学院）；第三十一章：李媛媛（山东建筑大学管理工程学院）；第三十二章：孙慧琳（山东建筑大学商学院）；第三十三章：曹鸿雁（山东建筑大学建筑城规学院）；第三十四章：张晓（山东农业大学继续教育学院）；第三十五章：王翠敏（山东建筑大学法学院）；第三十六章：郑昭佩（山东师范大学地理与环境学院）；第三十七章：房涛（山东建筑大学建筑城规学院）；第三十八章：边广生（山东建筑大学土木工程学院）；第三十九章：周浩（山东建筑大学交通工程学院）；第四十章：李彦凤（山东建筑大学机电工程学院）；第四十一章：崔玉珍（山东建筑大学信息与电气工程学院）；第四十二章：张希华（山东大学材料科学与工程学院）、孙凯（上海海事大学海洋科学与工程学院）；后记（刘国涛）。本书部分内容也是山东省人文社会科学立项课题（编号 17 – ND – FX –

05)的阶段性成果。

衷心感谢有关部门、单位的领导、专家和朋友们！是你们给予的真诚理解、帮助和支持，使得本著作撰写工作顺利完成并得以奉献社会！

衷心感谢法律出版社的领导和编辑们！你们广阔的学术胸怀、深远的学术眼光、卓越的编辑工作，使得本书得以在贵社高质量出版！

衷心感谢引用、参考文献的作者们！你们的优秀成果为作者提供了思路和借鉴，为论证提供了有力证据，为本书添彩。

本人是从山东师范大学被引进至山东建筑大学的。本书付梓之际，满怀感恩之情地衷心感谢我曾长期学习、工作过的山东师范大学的领导和老师们！是领导、老师们长期培养了我，一直以来给予了真诚的理解和支持！满怀感恩之情地衷心感谢山东建筑大学的领导和老师们！是领导、老师们的引领和帮助，使我的教学科研工作逐渐与建大深度接轨。在今后的工作中，本人将继续加强学习，积极投身到教学科研工作中去，协同创新，为培养卓越人才、为学科专业建设、为绿色工程法学的发展奉献绵薄之力！

感谢我的学生们！你们朝气蓬勃、努力学习，让我欣慰！感谢我的家人！你们给予了我幸福港湾！

期盼专家、读者不吝指正！真诚欢迎您光临山东建筑大学法学院指导、交流！

刘国涛

2019年9月，于山东建筑大学映雪湖畔

图书在版编目(CIP)数据

协同创新视域中的工程法学研究 / 刘国涛等著. --北京：法律出版社，2019
ISBN 978-7-5197-3812-9

Ⅰ. ①协… Ⅱ. ①刘… Ⅲ. ①建筑法－法的理论－中国 Ⅳ. ①D922.297.1

中国版本图书馆 CIP 数据核字(2019)第 202566 号

协同创新视域中的工程法学研究
XIETONG CHUANGXIN SHIYU ZHONG DE GONGCHENG FAXUE YANJIU

刘国涛
马凤玲 等著
隋卫东

策划编辑 刘秀丽
责任编辑 刘秀丽
装帧设计 汪奇峰

出版 法律出版社
总发行 中国法律图书有限公司
经销 新华书店
印刷 固安华明印业有限公司
责任校对 杨锦华
责任印制 张建伟

编辑统筹 独立项目策划部
开本 710 毫米×1000 毫米 1/16
印张 44
字数 868 千
版本 2019 年 11 月第 1 版
印次 2019 年 11 月第 1 次印刷

法律出版社/北京市丰台区莲花池西里 7 号(100073)
网址/www. lawpress. com. cn
投稿邮箱/info@ lawpress. com. cn
举报维权邮箱/jbwq@ lawpress. com. cn
销售热线/400-660-8393
咨询电话/010-63939796

中国法律图书有限公司/北京市丰台区莲花池西里 7 号(100073)
全国各地中法图分、子公司销售电话：
统一销售客服/400-660-8393/6393
第一法律书店/010-83938432/8433
西安分公司/029-85330678
重庆分公司/023-67453036
上海分公司/021-62071639/1636
深圳分公司/0755-83072995

书号:ISBN 978-7-5197-3812-9
定价:99.00 元